EUROPA
VERLAG

Deutsche Fassung herausgegeben
von Hans-Michael Bock
Übersetzt von Brigitte Westermeier
und Robert Wohlleben

James Monaco

Film verstehen

Kunst, Technik, Sprache, Geschichte und Theorie
des Films und der Neuen Medien
Mit einem Lexikon der Fachbegriffe

Mit Grafiken von David Lindroth

Europa Verlag Hamburg/Wien

Die Deutsche Bibliothek – CIP-Einheitsaufnahme
Ein Titeldatensatz für diese Publikation ist bei
der Deutschen Bibliothek erhältlich

Lizenzausgabe mit freundlicher Genehmigung der
Rowohlt Taschenbuch Verlag GmbH, Reinbek bei Hamburg

Die Originalausgabe erschien 1977, 1980, 1995, 2000 unter dem Titel
«How to Read a Film» bei Oxford University Press, London/New York

August 2000
Lektorat: Ludwig Moos
Layout: Stefan Kopanski
Umschlaggestaltung: Kathrin Steigerwald, Hamburg
unter Verwendung eines Fotos von Neil Leslie/Photonica
Gesamtherstellung Clausen & Bosse, Leck
ISBN 3-203-84111-8

Inhalt

Vorwort zur Neuausgabe

Aus mancherlei Gründen sind fast zwanzig Jahre verstrichen, seit *Film verstehen* *(How To Read a Film)* in zweiter amerikanischer und erster deutscher Ausgabe* erschien. Dafür gab es natürlich gute Gründe. Wir haben Kinder großgezogen, ein Haus gekauft, Geld verdient. Nebenbei haben wir zwei Firmen gegründet.

In dieser Zeit gab es zwar eine gehörige Zahl guter Filme (und einiges an kompetenter Literatur); Hollywood boomte in den achtziger und neunziger Jahren, indem neue Distributionswege die Ökonomie des Filmschaffens flexibler gestalteten. Unabhängige Filmemacher erlangten eine größere Freiheit durch kostengünstigere Technologien. Doch es gab keine bedeutendere Entwicklung, die unsere Sicht des Mediums und seiner Geschichte entscheidend verändert hätte. Stellt man eine Liste der wichtigen Filmemacher zur Mitte der siebziger Jahre auf, kann sie – mit nur wenigen Zusätzen und Streichungen – sehr wohl auch als Liste der maßgebenden Künstler am Ende der neunziger Jahre dienen. Und so hat das Buch sich gut gehalten.

Aber in den letzten zwanzig Jahren hat sich die ganze Welt verändert.

Der technologische Wandel ist unübersehbar. Die Mikrocomputer-Revolution hat die Kultur- und Wirtschaftsgeschichte der achtziger und neunziger Jahre tiefgreifend geprägt. Die Art, wie wir heute Text, Bild und Ton verarbeiten, ist radikal anders als vor zwanzig Jahren. Die Vereinigung der Medien, die sich bei der Erfindung des Kinos vor hundert Jahren bereits andeutete, ist heute beinahe Realität. Es scheint so, als sei der Film, das beherrschende Medium des 20. Jahrhunderts, lediglich das Vorspiel für die neuen Medien des 21. Jahrhunderts. So wie die alten chemischen und mechanischen Technologien durch die digitale Elektronik und Photonik verdrängt werden, so werden die Filmemacher vielleicht den alten Pioniergeist wiederentdecken. Das Medium ist dabei, sich selbst neu zu erfinden. Heute gilt: Wenn man etwas imaginieren kann, dann kann man es auch filmen.

* Die zweite deutsche Ausgabe von 1995 beruhte auf einer englischen Fassung, die nie im Druck herauskam.

Die Art, in der wir Filme konsumieren, hat sich fast noch stärker verändert. In den siebziger Jahren organisierten Cineasten ihr Leben um die Programmzeiten der Filmkunstkinos herum und fuhren ohne weiteres meilenweit, um die Vorführung eines seltenen Films nicht zu verpassen. Heute hat selbst in den abgelegensten Orten der Videoladen vier- oder fünftausend Titel auf Lager, und wenn man einen Film dort nicht finden kann, dann im Internet. Vor zwanzig Jahren besaßen nur wenige von uns Filme; heute ist es fast Ausnahme, keine zu haben. Filme sind nun fast wie Bücher – und Bücher werden immer filmischer. In den vergangenen zwanzig Jahren hat sich unser Umgang mit gefilmter Unterhaltung vervielfacht.

Diese Neuausgabe wurde von vornherein als Multimedia-Produktion konzipiert. Das Buch schien für einen solchen Ansatz wie geschaffen – nicht nur seines Themas wegen, sondern auch auf Grund seiner eher mehrschichtigen denn linearen Struktur. Die sieben Abteilungen des Buchs sind in sich geschlossen. Die Leser können sie nach Belieben lesen und benutzen (oder auch überblättern).

Im Frühjahr 1993 begann ich schließlich mit der Arbeit an der Revision. Das Sechsmonatsprojekt zog sich über Jahre hin, als wir mehr und mehr Möglichkeiten für spannende Multimedia-Ausfächerungen des Basistextes entdeckten. Die Filme, Zusatztexte und die gewaltig erweiterte Gelegenheit zu illustrierenden Standvergrößerungen lagen von Anfang an auf der Hand. Aber mit dem Fortschreiten des Projektes erkannten wir die Wichtigkeit praktischer Erprobung und verliebten uns in die Möglichkeiten, den Text mit Verfasseranmerkungen zu kommentieren. Als Autor, der immer viel zu gern Fußnoten und Parenthesen benutzt, wurde ich von dieser Möglichkeit unwiderstehlich in den Bann gezogen. Zu den Schwierigkeiten beim Schreiben über Film gehörte es immer, daß man nicht über dieselben Mittel verfügt wie die Leute, über die man schreibt. Multimedia stellt das Gleichgewicht her. Jetzt können wir ebensowohl vorführen wie erzählen.

Die erste amerikanische Ausgabe von *How To Read a Film* schrieb ich auf meiner 1962 gekauften elektrischen Smith-Corona-Schreibmaschine, auf der ich als freier Autor in den Siebzigern wohl anderthalb Millionen Wörter getippt hatte. Ich habe das Buch auf mehreren Power Books noch einmal geschrieben, wobei ich von Dateien ausging, die beim Computersatz für die zweite Ausgabe entstanden waren. Das Erlebnis war faszinierend. Die Werkzeuge der Schriftsteller – wie diejenigen der Maler – können sich deutlich auf das Werk auswirken. Die Romane von Henry James verdoppelten und verdreifachten sich in der Länge, als er erst einmal genug verdiente, um von der Niederschrift per Hand auf das Diktieren umzusteigen. Ernest Hemingway schrieb mit dem Bleistift und im Stehen; man spürt es in seiner Prosa. Der Hauptvorteil der Textverarbeitungs-Software ist die Möglichkeit, mühelos zu ändern. Als ich mich durch die fünfzehn Jahre alten Sätze hindurcharbeitete, merkte ich sofort, wie sehr das Handwerk sich verändert hatte. In der alten Prosa erkannte ich immer mehr Leerlauf. Wendungen, Nebensätze, manchmal auch ganze Sätze waren nur da, um die Zeit zu füllen, den Rhythmus beizubehalten, während ich an der Formulierung dessen getüftelt hatte, was mir vorschwebte. Das ist eine Funktion des Maschineschreibens. Viele von diesen Füllseln habe ich beseitigt.

Vielleicht noch wichtiger als die Freizügigkeit beim Ändern und die zunehmende Kontrolle über die Textarchitektur ist die vom elektronischen Publizieren eröffnete Möglichkeit, in Echtzeit zu schreiben. Sobald ein Buch einmal in Druck geht, ist es fertig. Die verlegerische Ökonomie steht häufigeren Ausgaben eines Werkes im Wege. Jetzt besitzen wir die Fähigkeit – und damit auch die Verantwortung – den Text stets «frisch» zu halten, also auf neuestem Stand. Eng verknüpft mit dieser neu erworbenen Möglichkeit ist die Interaktivität des elektronischen Textes.

Doch genauso, wie das aus dem 19. Jahrhundert stammende Film-Medium kaum so bald verschwinden dürfte, so schätze ich auch das Buch um so mehr als höchst geniales «Gerät», je mehr Zeit ich an Computern verbringe. Wie die schiefe Ebene oder das Rad ist auch das Buch eine schlichte Vorrichtung von unverwüstlicher Wandelbarkeit. Kein vernünftiger Mensch würde einen Computer-Bildschirm einer gut gedruckten Seite vorziehen, um Text zu lesen (oder Bilder anzusehen). Dieses Zeug hat eine unglaubliche Auflösung. Überdies ergibt sich durch das Verfahren, Seiten zusammenzuheften, ein ausgezeichneter Nachschlage-Mechanismus für zahlreiche Anwendungen.

Am Ende jedoch ist es nicht die technische Überlegenheit des Buchdrucks, in der sich der bleibende Wert des Buches erweist, sondern eher seine dingliche Realität. Es ist nur eine Frage der Zeit, bis die digitale Technologie mit der Auflösung und der Bildkraft des Buchdrucks aufwartet. Was sie aber niemals liefern kann, ist die Dinghaftigkeit eines Buches. In einer zunehmend virtuellen und abstrakten Welt werden diese dinglichen Objekte mit ihrem typischen Gewicht, typischen haptischen Reiz und typischen Geruch zunehmend geschätzt werden. «No ideas but in things», hat Wallace Stevens uns gesagt.

Der stark angewachsene Umfang des Materials, vor allem in den Anhängen (Bibliografie, Glossar und Chronik) hat beiderseits des Atlantiks zu einer Multiplizierung der Produkte geführt. Die vierte Ausgabe (die dritte amerikanische) erscheint in den USA als Textband *How To Read a Film*, als Lexikon *Dictionary of New Media*, als Multimedia-DVD (mit beiden Büchern, zusätzlichen Texten zu Film und Medien sowie vier Stunden Filmausschnitten) und bietet über das Internet ein Diskussionsforum mit dem Autor (www.readfilm.com). *Film verstehen* wurde gegenüber der zweiten Ausgabe (1995, der dritten in der Gesamtchronologie) noch einmal aktualisiert, die Kapitel zu Medien und Multimedia erweitert. Außerdem wurde das Buch erstmals mit einer Chronologie versehen, die vom deutschen Herausgeber ebenso umfangreich ergänzt und «europäisiert» worden ist wie die Bibliografie. Das bereits in der vorherigen Ausgabe selbständig erarbeitete Glossar wurde – unter Berücksichtigung des *Dictionary of New Media* – um Hunderte zusätzlicher Begriffe ergänzt, um europäische und deutsche Themen gründlicher zu erfassen.

Die Produktion der neuen Ausgabe von *How to Read a Film* war weitgehend eine Teamleistung. Ich bin allen Beteiligten sehr dankbar. Insbesondere möchte ich Jo Imeson, Kate Collins, Joellyn Ausanka und Curtis Church für ihre gewissenhafte Akribie danken. James Pallot, Jerrold Spiegel, Joe Medjuck und Curtis Church begleiteten die fortschreitende Revision mit wertvoller Kritik. Richard Allen (New York University), Raymond Fielding (Florida State University), Annette Insdorf (Columbia), Leo Braudy (University of Southern California), Steven Reich, Richard Reisman und Dan Streible (University of Texas) stellten wertvolle Informationen zur Verfügung. Ich bin zahlreichen anderen Filmwissenschaftlern dankbar, von denen ich über die Jahre gewissenhafte Rückmeldung bekommen habe. Richard Lorber (Winstar New Media) und Bruce Ricker (Rhapsody Films) steuerten sowohl Materialien als auch Ermutigung bei.

Ein Plus bei der Überarbeitung von *Film verstehen* war unter anderem auch die Chance, wieder mit David Lindroth und Hans-Michael Bock zusammenarbeiten zu können. Wie zuvor schon hat David Lindroth auch diesmal einfallsreiche und ansprechende Schaubilder – nun allerdings alle digital – beigetragen. Die gemeinsame Arbeit mit ihm war wieder ein Vergnügen. Hans-Michael Bock, der «General Editor» der deutschen Version, hat *Film verstehen* mit seinen Ergänzungen wieder einen spezifischen Geist eingehaucht, den eine simple Übersetzung nicht hätte vermitteln können. Die englischen (1977, 1980, 1999) und deutschen (1980, 1995, 2000) Ausgaben entstanden parallel und sich gegenseitig befruchtend. Ludwig Moos (Rowohlt Taschenbuch Verlag) half beim langwierigen Prozeß mit geduldiger Unterstützung. Ihnen allen mein herzlicher Dank.

Ich bin auch meiner Frau und meinen Kindern zutiefst dankbar. Während es schon Tradition ist, bei Texten dieser Art der Familie zu danken, ist es in diesem Fall mehr als angemessen. Sie boten mir nicht nur die Unterstützung, Ermutigung und Geduld, die jeder Autor braucht, sondern hatten direkt Anteil. Ihre Hilfe bei Recherche, Redaktion und Programmierung war unschätzbar. Ich hoffe, auch ihnen hat dieses Projekt mehr Spaß gemacht als jeder Familien-Flohmarkt.

Sag Harbor
Januar 2000 *J. M.*

Vorwort zur ersten Ausgabe

Ist es wirklich notwendig zu lernen, wie man einen Film versteht? Offensichtlich kann jeder, der nur ein wenig intelligent und mehr als vier Jahre alt ist, den Inhalt von Filmen, Schallplatten, Rundfunk und Fernsehen – mehr oder weniger – ohne besondere Ausbildung in den Grundzügen verstehen. Doch gerade weil die Medien die Realität so genau nachbilden, nehmen wir sie eher auf, als daß wir sie verarbeiten. Film und elektronische Medien haben in den letzten achtzig Jahren die Art, wie wir die Welt – und uns selbst – sehen, drastisch verändert; dennoch akzeptieren wir die Unmengen an Information, mit denen sie uns überhäufen, ohne zu fragen, wie sie uns vermitteln, was sie uns vermitteln. *Film verstehen* ist ein Versuch, diesen höchst wichtigen Prozeß – auf mehreren Ebenen – verständlich zu machen.

Zunächst sind Film und Fernsehen ganz allgemein Kommunikationsmedien. Bestimmte interessante Grundregeln der Wahrnehmung liegen ihnen zugrunde; Teil 3 «Filmsprache: Zeichen und Syntax» untersucht eine Anzahl dieser Regeln. Auf einer höheren Ebene ist Film eindeutig eine vollentwickelte Kunst – wahrscheinlich die wichtigste Kunst des zwanzigsten Jahrhunderts – mit einer ziemlich komplexen Geschichte ihrer Theorie und Praxis. Teil 1 «Film als Kunst» versucht, den Film in das Spektrum der traditionellen Künste einzuordnen; Teil 4 «Filmgeschichte» stellt in knappster Form die Entwicklung der Filmindustrie und -kunst dar; Teil 5 «Filmtheorie: Form und Funktion» untersucht einige der wichtigsten Modelle der letzten 75 Jahre.

Film ist ein Medium und eine Kunst, doch zugleich auch eine einzigartige technische Unternehmung. Teil 2 «Filmtechnik: Bild und Ton» ist – so hoffe ich – eine verständliche Erläuterung der fesselnden Wissenschaft vom Film.

Wie aus diesem Abriß deutlich wird, ist die Struktur von *Film verstehen* eher global als linear. In jedem der fünf Teile soll ein wenig erklärt werden, wie Film auf uns psychologisch wirkt, wie er uns politisch beeinflußt. Doch diese beiden Zentralfragen können von sehr verschiedenen Standpunkten angegangen werden. Da für die meisten Film zunächst eine Kunst ist, beginne ich mit diesem Aspekt. Da es schwierig ist zu verstehen, wie die Kunst sich entwickelt hat, ohne einige Grundkenntnisse der Technik zu besitzen, schließt sich die Erläuterung der Filmtechnik direkt an. Haben wir die Technik verstanden, können wir entdecken, wie Film als Sprache funktioniert (Teil 3). Da die Praxis der Theorie vorausgeht (oder vorausgehen sollte), kommt die Geschichte der Filmindustrie und -kunst (Teil 4) vor ihrer Intellektualisierung (Teil 5). Teil 6 betrachtet den Film im weiteren Zusammenhang der modernen Medien.

Diese Anordnung scheint mir die logischste, doch der Leser kann ebensogut mit der Geschichte oder Theorie, mit der Sprache oder Technik beginnen; und das Buch ist tatsächlich so angelegt, daß die Teile unabhängig voneinander, in beliebiger Reihenfolge gelesen werden können. (Daraus folgt eine kleine Zahl von Wiederholungen, für die ich um Nachsicht bitte.) Ich bitte ebenfalls zu bedenken, daß in Büchern dieser Art die Tendenz besteht, komplexe Phänomene festzuschreiben anstatt sie zu beschreiben. Auf den folgenden Seiten werden Hunderte analytischer Ansätze diskutiert, und ich bitte den Leser, sie als eben dies – als Ansätze, analytische Mittel – zu verstehen und nicht als feststehende Regeln. Die Beschäftigung mit dem Film ist gerade deshalb so fesselnd, weil alles im Fluß ist. Ich hoffe, daß *Film verstehen* ein Buch ist, das man diskutieren, angreifen und *benutzen* kann. Bei jedem Versuch, etwas zu verstehen, sind die Fragen oft wichtiger als die Antworten.

Noch ein paar Anmerkungen: Bibliografische Informationen, soweit sie nicht in Fußnoten berücksichtigt sind, finden sich in den jeweiligen Abteilungen des Anhangs II. Die Filmtitel sind im Original angegeben, deutsche Verleihtitel sind durch das Register der Filmtitel zu erschließen. In den Fällen, wo die Fotos Standvergrößerungen aus der Filmkopie wiedergeben, ist dies in der Bildunterschrift angegeben; in den meisten anderen Fällen handelt es sich um Werbefotos, so daß man geringe Abweichungen vom eigentlichen Filmbild vermuten muß.

Ich bin vielen, die mir in verschiedener Hinsicht halfen, Dank schuldig. *Film verstehen* wäre nie geschrieben worden ohne die unschätzbaren Erfahrungen, die ich als Filmdozent an der New School for Social Research machen konnte. Ich danke Allen Austill für diese Möglichkeit, Reuben Abel für sein Vertrauen in einen jungen Lehrer im Jahre 1967 und Wallis Osterholz für ihre unermüdliche Ermunterung und so notwendige Unterstützung. Ich bin besonders meinen Studenten an der New School (und der City University of New York) dankbar, die mir, wenn sie es vielleicht auch nicht wissen, mindestens ebensoviel gaben, wie ich ihnen geben konnte.

Meine Zusammenarbeit mit der Oxford University Press war ein besonderer Glücksfall. John Wright hat zu dem möglichen Erfolg dieses Buches mit Intelligenz, Köpfchen und Humor Unermeßliches beigetragen. Ellen Royer half, aus einem vielleicht lebendigen, sicherlich jedoch auswuchernden und hilfsbedürftigen Manuskript ein Buch zu machen. Ellie Fuchs, Jean Shapiro und James Raimes sind mir bei Oxford eine dauernde verläßliche Quelle. Ihnen allen gebührt mein herzlicher Dank.

David Lindroth hat mehr als drei Dutzend Schaubilder gezeichnet, die, meiner Meinung nach, entscheidend zur besseren Verständlichkeit beitragen. Ich glaube, sie sind ähnlichen Illustrationen dieser Art eindeutig überlegen. David hat nicht nur meine Kritzeleien in sinnvolle Entwürfe umgesetzt, sondern er trug beträchtlich zur Entwicklung dieser Entwürfe bei. Sein Anteil war unschätzbar.

Dudley Andrew und David Bombyk lasen das Manuskript und gaben strenge und detaillierte Kommentare, die enorm hilfreich waren. Ich möchte ebenso Kent

R. Brown, Paul C. Hillery, Timothy J. Lyons und Sreekumar Menon für ihre Lektüre und Kritik am Manuskript danken.

William K. Everson, Eileen M. Krest und mein Bruder Robert Monaco trugen wertvolle Informationen bei, die mir selbst entgangen wären, ebenso Jerome Agel, Stellar Bennett (NET), Ursula Deren (BBC), Kozu Hiramatsu (Sony), Cal Hotchkiss (Kodak), Terry Maguire (FCC), Joe Medjuck (Universität Toronto), Alan Schneider (Juilliard) und Sarah Warner (I.E.E.E.). Vielen Dank.

Jacques Charrière (*l'Avant-Scène*), Mary Corliss (Museum of Modern Art Film Stills Archive), Penelope Houston (*Sight and Sound*) und Marc Wanamaker (Bison Archive) waren bei der Bebilderung besonders behilflich. Shimon Ben Dor (Cameramart), Kent Carroll (Grove Press), Martha Coolidge, Helen Garfinkle (Darien House), Paul Hillery, Jane Iandola (Philadelphia Museum of Art), Jean-Marie Lavalou, Peter Lebensold (*Take One*), Pat Lyons (New American Library), Rita Myers (Museum of Modern Art), Joe Riccuiti (NBC), Lonnie Schlein (*New York Times*), Catherine Verret (French Film Office). Und Frederick Wiseman stellte freundlicherweise Fotos zur Verfügung, ebenso Allen Frumkin Gallery, Andy Warhol Enterprises, BBC, CBS, Farrar, Straus & Giroux, Films Inc., Granada Television, International Museum of Photography / George Eastman House, MGM, NET, New York Public Library, Paramount, Scientific American Inc., W. Steenbeck & Co., David Susskind, Time-Life Picture Agency, United Artists, Universal Pictures und Warner Bros. Dank ihnen allen.

Marc Fürstenberg, Claudia Gorbman, Annette Insdorf, Bruce Kewin und Clay Steinman machten, neben anderen, wertvolle Vorschläge für die Revision dieses Buches.

Penelope Huston von *Sight and Sound* und Peter Lebensold von *Take One* erlaubten mir großzügig, Material zu verwenden, das ursprünglich in ihren Zeitschriften publiziert war. Virginia Barber, meine Agentin, ermöglichte es mir finanziell, dieses lang dauernde Projekt zu beenden.

Schließlich danke ich meiner Frau, Susan Schenker, die das Manuskript las und kritisierte, Schwierigkeiten mit mir diskutierte, mir beim Schreiben des Anhangs half, und für vieles andere mehr. (Danksagungen geben die wahren Gefühle nur ungenau wieder.)

New York City *J. M.*
Januar 1977
Juni 1980

EINS

FILM ALS KUNST

Das Wesen der Kunst

Wenn Poesie das ist, was sich nicht übersetzen läßt, wie der Dichter Robert Frost formulierte, dann ist «Kunst» das, was sich nicht definieren läßt. Dennoch macht der Versuch Spaß. Kunst umschließt ein derart weites Feld menschlichen Strebens, daß sie fast mehr als Haltung denn als Handeln zu gelten hat. Im Laufe der Jahre hat das Wort die Grenzen seiner Bedeutung ausgeweitet, allmählich nur, aber beharrlich. Der Kunsthistoriker Raymond Williams hat Kunst als eines der «Schlüsselwörter» bezeichnet – eines der Wörter also, die verstanden werden müssen, wenn man die Wechselbeziehungen zwischen Kultur und Gesellschaft begreifen will. Wie bei «Gemeinschaft», «Kritik» und «Wissenschaft» läßt sich der Geschichte des Wortes «Kunst» eine Fülle von Informationen über das Funktionieren unserer Zivilisation entnehmen. Ein Rückblick auf diese Geschichte wird uns zu verstehen helfen, wie die relativ junge Kunst des Films in die allgemeine Vorstellung von Kunst paßt.

Bei den Griechen und Römern galten sieben Tätigkeiten als Künste: Geschichtsschreibung, Dichtkunst, Komödie, Tragödie, Musik, Tanz und Astronomie. Jede dieser Künste wurde von ihrer eigenen Muse beherrscht und hatte ihre eigenen Regeln und Ziele, aber alle sieben waren durch eine gemeinsame Aufgabe verbunden: Sie waren Werkzeuge, das Universum und unseren Platz darin zu beschreiben. Sie waren Mittel, die Geheimnisse der Existenz besser zu verstehen, und als solche übernahmen sie die Aura jener Geheimnisse. Daher hatten alle diese Künste auch einen religiösen Aspekt: Die darstellenden Künste zelebrierten die Rituale, die Geschichtsschreibung zeichnete die Herkunft des Volkes auf, die Astronomie erforschte die Himmel. In jeder dieser sieben klassischen Künste können wir die Wurzeln zeitgenössischer kultureller und wissenschaftlicher Kategorien entdecken. Die Geschichtsschreibung führt zum Beispiel nicht nur zu den modernen Kulturwissenschaften, sondern auch zur Prosa (Roman, Kurzgeschichte und so weiter). Astronomie steht stellvertretend für die gesamte Skala der modernen Naturwissenschaften. Gleichzeitig deutet sie in ihren astrologischen Funktionen von Voraussage und Interpretation einen anderen Aspekt der Kulturwissenschaften an. Unter der Rubrik Dichtkunst ließen die Griechen und Römer drei Richtungen gelten: Lyrik, Dramatik und Epik. Allen drei Richtungen entspringt die moderne Wortkunst.

Im dreizehnten Jahrhundert bekam das Wort «Kunst» jedoch eine erheblich praktischere Bedeutung. Das Curriculum der freien Künste an den Universitäten des Mittelalters zählte immer noch sieben Kunstrichtungen, aber die Methode der Definition hatte sich verschoben. Die literarischen Künste der klassischen Zeit – Geschichtsschreibung, Dichtkunst, Komödie und Tragödie – waren zu einer vage definierten Literatur- und Philosophiemischung verschmolzen und dann nach analytischen Prinzipien wie Grammatik, Rhetorik und Logik (das Trivium) neu geordnet worden, also eher nach strukturellen Elementen der Künste als nach ihren spezifischen Eigenarten. Tanz wurde von der Liste gestrichen und durch Geometrie ersetzt, ein Zeichen für die zunehmende Bedeutung der Mathematik. Von den antiken Kategorien blieben nur Musik und Astronomie unverändert erhalten.

Außerhalb der Universitäten war die Wortbedeutung sogar noch vager. Wir sprechen noch von der Kriegs-«Kunst», den ärztlichen «Künsten», sogar von der «Kunst» des Angelns. Im sechzehnten Jahrhundert war Kunst eindeutig synonym mit Kunstfertigkeit, und ein Stellmacher zum Beispiel war genauso ein Künstler wie ein Musiker: Jeder übte eine besondere Fertigkeit aus.

Im späten siebzehnten Jahrhundert begann sich das Wortfeld «Kunst» wieder zu verengen. Es wurde in zunehmendem Maße auf Aktivitäten angewandt, die nie zuvor eingeschlossen waren – Malerei, Bildhauerei, Zeichnen, Architektur –, das, was wir die «schönen Künste» nennen. Als sich moderne Wissenschaft und Künste trennten und zum Gegensatz wurden, bedeutete dies, daß Astronomie und Geometrie nicht länger im gleichen Licht betrachtet wurden wie Dichtkunst oder Musik. Im späten achtzehnten Jahrhundert stellte die romantische Vision vom Künstler als einem besonders Begnadeten wieder etwas von der religiösen Aura her, mit der das Wort in klassischen Zeiten umgeben war. Es wurde nun zwischen «Künstler» und «Handwerker» unterschieden. Der erste war «schöpferisch» und «phantasievoll», der letztere nur ein geschulter Handarbeiter.

Als sich im neunzehnten Jahrhundert der Begriff der Wissenschaft entwickelte, engte sich der Begriff «Kunst» weiter ein, als Reaktion auf die strenger logische Aktivität der Wissenschaft. Was einst «Naturphilosophie» gewesen war, wurde nun «Naturwissenschaft» genannt; die Kunst der Alchimie wurde zur Wissenschaft der Chemie. Die neuen Wissenschaften waren genau definierte intellektuelle Tätigkeiten, die auf strengen Vorgehensweisen beruhten. Die Künste (die immer mehr als das angesehen wurden, was die Wissenschaft nicht war) wurden in der Folge ebenfalls klarer definiert.

Mit der Mitte des neunzehnten Jahrhunderts hatte das Wort «Kunst» mehr oder weniger die Konnotationen, die wir heute kennen. Es bezog sich zunächst auf die visuellen oder «schönen» Künste, dann allgemeiner auf Literatur und Musik. Es konnte bei Gelegenheit ausgedehnt werden auf die darstellenden Künste, und obwohl es im weitesten Sinn immer noch die mittelalterliche Bedeutung von Fertigkeit mit einschloß, wurde es meistens, streng eingeschränkt, in bezug auf anspruchsvollere Bestrebungen benutzt. Die romantische Bedeutung vom Künstler als einem Auserwählten blieb erhalten: «Künstler» wurden nicht nur von «Handwerkern», sondern auch von «Artisten» unterschieden, den darstellenden Künstlern von niedrigerem sozialem und intellektuellem Rang.

Als sich im neunzehnten Jahrhundert der Begriff der «Kulturwissenschaften» bildete, war das Spektrum moderner intellektueller Aktivität vollständig, und der Bereich der Kunst hatte sich bis auf seine heutige Domäne eingeengt. Die Phänomene, die offen waren für eine Untersuchung durch wissenschaftliche Methoden, wurden unter der Rubrik «Wissenschaft» eingeordnet und genau definiert. Andere Phänomene, die Labortechniken und Experimenten weniger zugänglich waren, jedoch danach verlangten, mit einer gewissen Logik und Klarheit geordnet zu werden, wurden in der Grauzone der Kulturwissenschaften angesiedelt (Ökonomie, Soziologie, Politologie und manchmal sogar Philosophie). Die Bereiche intellektueller Bestrebungen, die weder in die Naturwissenschaften noch in die Kulturwissenschaften eingeordnet werden konnten, wurden der Domäne der Kunst überlassen.

Da die Entwicklung der Kulturwissenschaften die ganz praktische Bedeutung der Künste notwendigerweise begrenzte, entstanden, wahrscheinlich als Reaktion darauf, Ästhetiktheorien. Begründet in der romantischen Theorie vom Künstler als Propheten und Priester, feierte die spätviktorianische «L'art-pour-l'art»-Bewegung die Form vor dem Inhalt und veränderte abermals die zentrale Bedeutung des Wortes. Die Künste waren nicht mehr bloße Annäherungen an ein Verstehen der Welt; sie waren nun Ziel in sich selbst. Walter Pater erklärte, daß «alle Kunst den Charakter der Musik anstrebe». Abstraktion – reine Form – wurde das wesentliche Kriterium zur Beurteilung von Kunstwerken im zwanzigsten Jahrhundert.*

Der Drang zur Abstraktion nahm in den ersten zwei Dritteln unseres Jahrhunderts schnell zu. Im neunzehnten Jahrhundert hatte die Avantgarde-Bewegung das Konzept des Fortschritts von der sich entwickelnden Technik übernommen und entschieden, daß gewisse Künste zwangsläufig «fortschrittlicher» sein müßten als andere. Die Theorie der Avantgarde, die von der Romantik bis in neueste Zeit eine dominierende Vorstellung in der historischen Entwicklung der Künste war, drückte sich selbst am besten in der Abstraktion aus. In dieser Hinsicht imitierten die Künste tatsächlich die Wissenschaften und die Technologie. Sie suchten die Basisele-

* Ich stütze mich hierbei auf Raymond Williams' Essay in *Keywords: A Vocabulary of Culture and Society*, S. 32, 34.

mente ihrer «Sprachen» – die «Quanten» der Malerei, der Dichtkunst oder des Dramas.

Der Dadaismus der zwanziger Jahre parodierte diese Entwicklung. Das Ergebnis war die minimalistische Kunst in der Mitte dieses Jahrhunderts, die den Endpunkt im Kampf der Avantgarde um Abstraktion markierte: Samuel Becketts Zweiundvierzig-Sekunden-Drama (oder seine Zehn-Seiten-Romane), Joseph Albers' Farbübungen, John Cages tonlose Musikwerke. Nachdem die Kunst so auf ihre grundlegendsten Quanten zurückgeführt worden war, hatten die Künstler nur noch die Möglichkeit (außer dem Aufhören), die Strukturen der Künste wieder neu aufzubauen. Diese neue Synthese begann entschieden in den sechziger Jahren (obwohl die Avantgarde der Abstrakten noch einen letzten Trumpf ausspielen konnte: die sogenannte Konzeptkunst der Siebziger, die das Kunstwerk ganz und gar abschaffte und es allein bei der zugrundeliegenden Idee beließ).

Die Avantgarde hörte auf, von der Abstraktion fasziniert zu sein, und zwar zur selben Zeit, als parallel dazu die politische und ökonomische Kultur die Illusion des Fortschritts aufdeckte und an seiner Stelle eine Theorie der «Stabilität» entwickelte. Aus der überlegenen Sicht der neunziger Jahre könnten wir vielleicht sagen, daß die Kunst mehr als Politik und Ökonomie dazu beigetragen hat, den Wandel zu beschleunigen und zu erleichtern.

Das Zunehmen der Abstraktion, wenn auch sicherlich der Hauptfaktor in der historischen Entwicklung der Künste im zwanzigsten Jahrhundert, ist dennoch nicht der einzige Faktor. Die Kraft, die diesem Ästhetizismus entgegenwirkt, ist unser anhaltendes Verständnis für die politische Dimension der Künste: das heißt sowohl für ihre Wurzeln in der Gemeinschaft als auch für ihre Fähigkeit, uns die Gesellschaftsstruktur zu erklären.

In der westlichen Kultur war die Tragweite dieser Relevanz (die einst die Antike dazu brachte, Geschichtsschreibung und Musik auf eine Stufe zu stellen) sicherlich nicht so groß. Sie hat dennoch eine lange und rühmliche Geschichte, und zwar, wenn auch untergeordnet, parallel zum ästhetischen Impuls in Richtung Abstraktion. In den siebziger Jahren schien die Annahme noch sicher, daß nach dem allmählichen Verschwinden von Abstraktion und Reduktionismus die politische Dimension der Kunst – ihr sozialer Aspekt – an Bedeutsamkeit zunehmen würde. Aus der Perspektive der Neunziger zeigt sich, daß das nicht geschehen ist, zumindest nicht in dem Maß, wie wir es erwartet hatten. Statt dessen steuerten die meisten Künste, der Film voran, in eine wirtschaftliche Ruheperiode. In den meisten Bereichen der Gegenwartskunst ist die Zunahme des politischen und sozialen Moments offensichtlich: Ablesen kann man das an der zunehmenden Verbreitung von Dokumentarspielen und realitätsorientierten Sendungen im Fernsehen, am breiten Einfluß der Rap-Musik und an einem wieder erwachten Elan in der unabhängigen

Filmproduktion. Aber die Politik, die darin widergespiegelt wird, ist nicht besonders weit über den 1970 erreichten Stand hinaus fortgeschritten: Heute wie damals haben wir es mehr oder weniger mit denselben Problemlagen zu tun. «Laßt den Boten am Leben» (und macht nicht den Künstler verantwortlich). Und während die Künstler das Verschwinden der Avantgarde begriffen und akzeptiert haben, haben die Politiker sich noch nicht aus ihrer Abhängigkeit von der – heute ebenfalls obsoleten – Links-rechts-Dialektik befreit, von der auch die künstlerische Bewegung abhing.

Es gibt also mehr Politik in der Kunst – nur ist es Politik von schlechter Qualität. Darüber hinaus hat die Explosion in der Technologie der Künste seit Mitte der siebziger Jahre – darauf kommen wir in Teil 6 und 7 näher zu sprechen – die von uns erwartete neu erwachsende Relevanz überschattet und oftmals verdrängt. Diese Technologie ist der dritte grundlegende Faktor, der im Verlauf der vergangenen hundert Jahre die Geschichte der Künste bestimmt hat.

Ursprünglich konnte man Kunst nur in «Echtzeit» produzieren: Der Sänger sang das Lied, der Geschichtenerzähler erzählte die Geschichte, die Schauspieler spielten das Drama. Die Entwicklung des Zeichnens und (durch Bildsymbole) des Schreibens in der Frühgeschichte stellte einen Quantensprung in den Kommunikationssystemen dar. Bilder konnten gespeichert, Geschichten aufbewahrt werden, um später genau wiederholt zu werden. Durch siebentausend Jahre hindurch war die Geschichte der Künste hauptsächlich die Geschichte dieser beiden «Symbolmedien»: dem bildlichen und dem sprachlichen.

Die Entwicklung reproduzierender Medien, die sowohl grundsätzlich als auch von ihrem Entwicklungsstand her verschieden sind von «Symbolmedien», war geschichtlich genauso bedeutsam wie die Erfindung der Schrift siebentausend Jahre früher. Fotografie, Film und Tonaufzeichnung haben, alle zusammengenommen, unsere geschichtliche Perspektive dramatisch verändert.

Die symbolischen Künste machten die «Wieder-Holung» von Phänomenen möglich, aber sie erforderten die komplizierte Anwendung von Codes und Sprachkonventionen. Darüber hinaus wurden diese Sprachen von Individuen verwandt, und daher war und ist das Element der Auswahl höchst bedeutsam in den symbolischen Künsten. Dieses Element bildet die Grundlage der meisten ästhetischen Theorien der visuellen und literarischen Künste. Ästhetiker interessiert nicht, was gesagt wird, sondern wie es gesagt wird.

In krassem Gegensatz dazu stellen die reproduzierenden Künste einen viel direkteren Kommunikationskanal zwischen Gegenstand und Betrachter her. Sie haben aber zugegebenermaßen ihre eigenen Codes und Konventionen: Ein Film und eine Tonaufzeichnung sind schließlich nicht Realität. Aber im Vergleich zur geschriebenen wie zur bildlichen Sprache ist die Sprache der reproduzierenden

Medien zugleich bedeutend einfacher und weniger zweideutig. Zudem ist die Geschichte der reproduzierenden Künste – bis in jüngste Zeit – ein direktes Fortschreiten zu größerer Wahrheitstreue hin. Ein Farbfilm gibt mehr Realität wieder als ein Schwarzweißfilm, ein Tonfilm ist näher am wirklichen Erleben als ein Stummfilm, und so weiter.

Dieser qualitative Unterschied zwischen «Symbolmedien» und reproduzierenden Medien ist sehr klar für die, die letztere für wissenschaftliche Zwecke nutzen. Anthropologen sind sich zum Beispiel sehr genau der Vorteile des Films vor dem geschriebenen Wort bewußt. Der Film schließt die Intervention einer dritten Partei zwischen dem Gegenstand und dem Betrachter nicht völlig aus, aber er reduziert die Verzerrung erheblich, die durch die Gegenwart eines Künstlers unweigerlich entsteht.

Das Resultat ist ein Spektrum der Künste, das wie folgt aussieht:

- die *darstellenden Künste*, die in Echtzeit stattfinden;
- die *symbolischen Künste*, die auf festgelegten Codes und Sprachkonventionen beruhen (bildlicher wie auch sprachlicher Art), um Informationen über den Gegenstand zum Betrachter weiterzugeben;
- die *reproduzierenden Künste*, die einen direkteren Weg zwischen Gegenstand und Betrachter herstellen; Medien, die zwar ihre eigenen Codes haben, die aber qualitativ direkter sind als die Medien der symbolischen Künste.

Das heißt: bis jetzt. Die Anwendung digitaler Technologie in Film und Tonmedien, die in den späten achtziger Jahren in Schwung kam, weist auf eine neue Ebene der Auseinandersetzung voraus, die bereits dabei ist, unsere Haltung den reproduzierenden Künsten gegenüber zu revolutionieren. Schlicht gesagt, zerstören digitale Techniken wie «Morphing» oder «Sampling» unser Vertrauen in die Wahrheit der Bilder und Töne, die wir sehen und hören. Der Anschein von Wahrhaftigkeit ist noch da – aber wir können unseren Augen und Ohren nicht mehr trauen. (Teil 7 «Multimedia» befaßt sich im einzelnen mit diesen bedeutsamen Entwicklungen.)

Wie man Kunst betrachten kann

Um zu verstehen, wie die reproduzierenden Künste ihren Platz im Spektrum der Kunst begründeten, ist es zunächst notwendig, einige der Grundbegriffe dieses Spektrums zu definieren. Jede der klassischen und modernen Künste erhält den ihr eigenen Charakter durch eine Anzahl von sehr unterschiedlichen Faktoren, die sich aufeinander beziehen. Daraus ergeben sich einige komplizierte ästhetische Gleichungen. Es bieten sich sofort zwei Ordnungssysteme an, von denen eines seinem Ursprung nach hauptsächlich aus dem neunzehnten Jahrhundert, das andere eher zeitgenössisch ist.

Das Spektrum der Abstraktion

Das ältere dieser beiden Klassifizierungssysteme benützt zur Definition den Abstraktionsgrad einer bestimmten Kunst. Dies ist eine der ältesten Kunsttheorien, die zurückgeht auf Aristoteles' Poetik (viertes Jahrhundert v. Chr.). Dem griechischen Philosophen zufolge war Kunst am besten als eine Art Mimesis zu verstehen, als eine Nachahmung der Wirklichkeit, die von einem Medium abhing (durch welches sie sich ausdrückte) und von einer Vorgehensweise (die Art und Weise, in der man das Medium verwendete). Je mehr eine Kunst nachahmt, desto weniger abstrakt ist sie. In keinem Fall ist eine Kunst jedoch fähig, die Wirklichkeit vollständig zu reproduzieren.

Ein Spektrum der Künste, bezogen auf ihren Abstraktionsgrad, würde ungefähr so wie das nebenstehende Diagramm aussehen.

Die Design-Künste (Kleidung, Möbel, Eßgeschirr usw.), die oft nicht einmal für würdig befunden werden, im Spektrum der Künste zu erscheinen, würden sich am linken Ende dieser Skala befinden: in höchstem Maße mimetisch (eine Gabel kommt der genauen Reproduktion der Vorstellung von einer Gabel sehr nahe) und am wenigsten abstrakt. Wenn wir uns in der Skala von links nach rechts bewegen, finden wir als nächstes Architektur, die oft einen sehr niedrigen ästhetischen Stel-

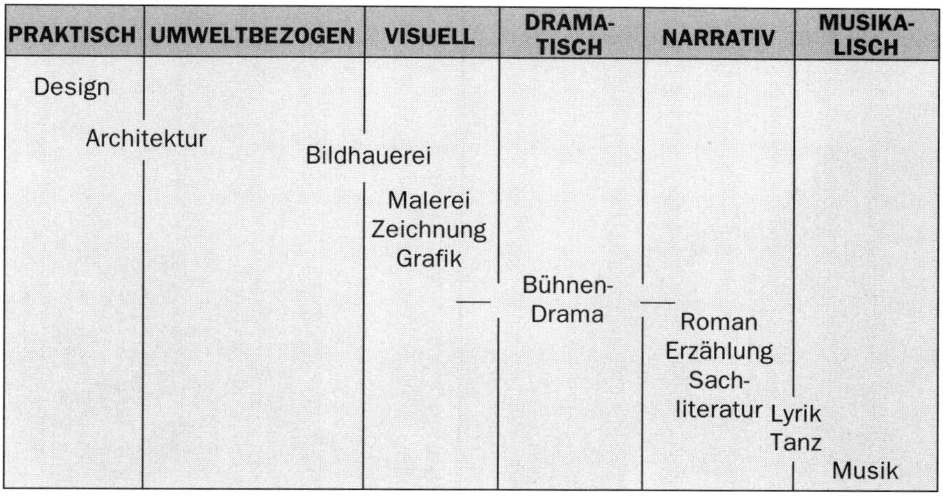

Diagramm A

lenwert hat; dann käme Bildhauerei, die sowohl umweltbezogen als auch visuell ist; danach im Zentrum des visuellen Teils Malerei, Zeichnen und die anderen grafischen Künste.

Die dramatischen Künste verbinden in unterschiedlichem Maße visuelle und narrative Elemente. Roman, Kurzgeschichte und oft auch Sachliteratur befinden sich eindeutig im narrativen Bereich. Dann kommt die Poesie; ihrer Natur nach grundsätzlich narrativ, neigt sie sich schon dem musikalischen Ende des Spektrums zu (doch manchmal auch, in der entgegengesetzten Richtung, dem visuellen); Tanz verbindet narrative Elemente mit Musik; und schließlich, ganz rechts im Spektrum, die Musik – die abstrakteste und «ästhetischste» der Künste. Walter Pater: «Alle Kunst strebt den Charakter der Musik an.»

Wo können Fotografie und Film eingeordnet werden? Da sie reproduzierende Künste sind, umfassen sie die Gesamtheit dieses klassischen Spektrums. Fotografie, die eine besondere Art von Film ist – Standbild statt bewegtes Bild –, befindet sich natürlicherweise im visuellen Teil des Spektrums, aber sie kann Funktionen übernehmen, die links davon in den praktischen und umweltbezogenen Bereichen liegen.

Film erstreckt sich in bedeutender Breite vom praktischen Bereich (als technische Erfindung ist der Film ein wichtiges wissenschaftliches Hilfsmittel) über den umweltbezogenen Bereich und die visuellen, dramatischen und narrativen Bereiche bis hin zur Musik. Obwohl wir Film am besten als eine der dramatischen Künste kennen, ist er in hohem Maße visuell. Deshalb sind mehr Filmsammlungen in Kunstmuseen zu finden als in Bibliotheken. Das narrative Element ist im Film auch

Edward Dayes Gemälde *Queen Square, London*, 1786, hat verblüffende Ähnlichkeit mit...

sehr viel stärker als in irgendeiner anderen dramatischen Kunst, was von Filmemachern seit D. W. Griffith gesehen wurde, der Charles Dickens als einen seiner Vorläufer angab. Und auf Grund seiner klaren, geordneten Rhythmen sowie seines Soundtracks hat der Film enge Verbindungen mit der Musik. Schließlich ist der Film in seinen abstrakteren Ausprägungen ebenfalls in starkem Maße umweltbezogen: Mit der Vervollkommnung der Wiedergabetechnik integrieren Architekten zunehmend gefilmte Hintergründe in ihre sonst eher handgreiflichen Konstruktionen.

Dieses Abstraktionsspektrum ist nur eine der Möglichkeiten, die künstlerische Erfahrung zu ordnen; es ist in keinerlei Hinsicht ein Gesetz. Der dramatische Bereich des Spektrums könnte leicht im visuellen und narrativen Teil untergebracht werden, und die praktischen Künste können mit den Umweltkünsten verbunden werden. Es handelt sich hier lediglich darum, den Grad der Abstraktion deutlich zu machen, von den mimetischsten Künsten bis zu den am wenigsten mimetischen.

(Wir erinnern uns, daß wir hier mehr Kunst als Wissenschaft betreiben: Die abstrakten Diagramme und Unterscheidungen an dieser Stelle – und das ganze Buch hindurch – sollten nicht dahin mißverstanden werden, daß sie mit dem Gewicht von Gesetzlichkeit daherkommen; sie sind schlicht Weisen des Hinsehens, Anläufe zum Verstehen. Wer an diesen Abstraktionen Gefallen findet, erprobe bitte ein paar eigene; wer sie nicht mag, blättere weiter zum Teil 2.)

...dieser Szene aus Stanley Kubricks *Barry Lyndon* (1975), der im achtzehnten Jahrhundert spielt. Der Film bedient sich der historischen Traditionen der älteren Künste.

Formen des Diskurses

Das zweite, modernere System, die verschiedenen Künste zu klassifizieren, beruht auf der Beziehung zwischen dem Werk, dem Künstler und dem Betrachter. Dieses dreiseitige Modell für die künstlerische Erfahrung lenkt unsere Aufmerksamkeit vom Werk selbst weg und hin zum Kommunikationsmedium. Der Abstraktionsgrad kommt auch hier ins Spiel, aber nur insoweit, als er die Beziehung zwischen dem Künstler und dem Betrachter betrifft. Wir sind nun nicht mehr an der Qualität des Werkes selbst interessiert, sondern an der Art der Vermittlung.

Wenn man das System der künstlerischen Kommunikation auf diese Art organisiert, würde es in etwa wie Diagramm B aussehen. Die vertikale Achse stellt die direkte Erfahrung einer Kunst dar, die horizontale ihre Vermittlung. Kunsterzeugnisse, bildliche Darstellungen und bildliche Reproduktionen (der Bereich über der horizontalen Achse) brauchen mehr Raum als Zeit. Aufführungen, Literatur und Filmreproduktionen hängen mehr von der Zeit als vom Raum ab. (In Diagramm A nehmen die Raum-Künste die linke Seite des Spektrums und die Zeit-Künste die rechte Seite ein.)

Jede einzelne Kunst in Diagramm B erstreckt sich aber eher über einen ganzen Bereich und ist nicht nur auf einen Punkt beschränkt. Ein Gemälde ist zum Beispiel sowohl ein Kunsterzeugnis als auch eine symbolische Darstellung. Ein Gebäude ist nicht nur ein Kunsterzeugnis, sondern auch zu einem Teil eine symbolische Dar-

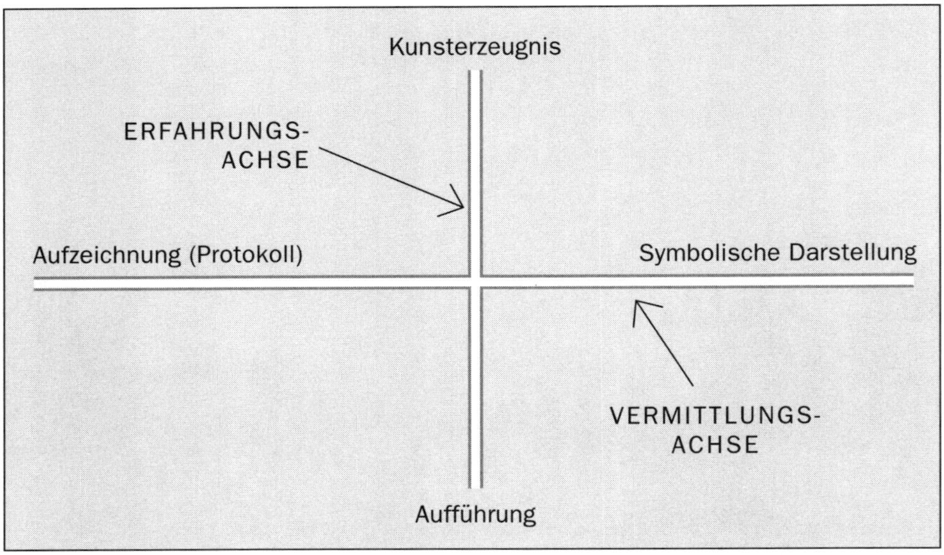

Diagramm B

stellung und manchmal eine Art von Aufführung. (Architekturkritiker benutzen häufig die Sprache des Dramas, um die Erfahrung eines Gebäudes zu vermitteln; während wir hindurchgehen, findet unsere Erfahrung in der Zeit statt.) Die Protokollkünste benutzen darüber hinaus häufig Elemente aus der Aufführung und der symbolischen Darstellung.

Das Spektrum in Diagramm A bietet uns einen Index für den Abstraktionsgrad an, den eine Kunst besitzt; in anderen Worten, es beschreibt die tatsächliche Beziehung zwischen einer Kunst und ihrem Gegenstand. Diagramm B bietet uns ein vereinfachtes Bild der verschiedenen Sprachformen, die dem Künstler zur Verfügung stehen.

Die Produktionsbeziehungen

Es sollte noch ein letzter Aspekt der künstlerischen Erfahrung untersucht werden: das, was die Franzosen die «rapports de production» (die Produktionsbeziehungen) nennen. Wie und warum wird Kunst produziert? Wie und warum wird sie konsumiert? Das «Dreieck» der künstlerischen Erfahrung:

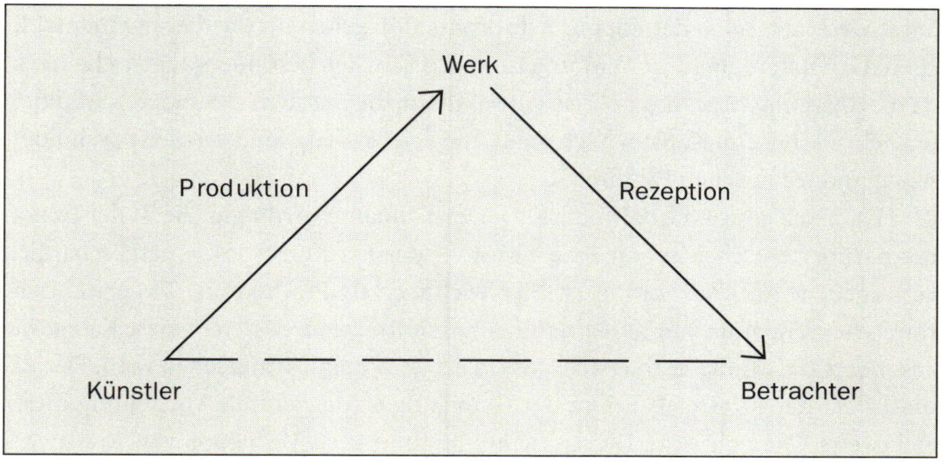

Diagramm C

Die Untersuchung der Beziehung zwischen Künstler und Werk liefert Produktionstheorien, während die Analyse der Beziehung von Werk und Betrachter Rezeptionstheorien ergibt. (Die dritte Seite des Dreiecks, Künstler–Betrachter, war bisher eher Möglichkeit als tatsächlich relevant, obwohl das gesteigerte Interesse an interaktiven Mitteln der Kommunikation, das aus den frühen achtziger Jahren mit dem Aufkommen der «online services» herrührt, dieser Beziehung einige interessante neue Möglichkeiten zu eröffnen scheint. Zum ersten Mal sind Künstler und Betrachter technologisch in den Stand gesetzt zusammenzuarbeiten.)

Ob wir uns nun der künstlerischen Erfahrung von der Produktionsseite oder der Rezeptionsseite her nähern, wir treffen auf eine Reihe von Determinanten, die dieser Erfahrung eine besondere Form verleihen. Jede Determinante hat eine gewisse Funktion, und jede Funktion liefert ihr eigenes, allgemeines Kritiksystem. Das Folgende ist ein Schema der Determinanten, ihrer Funktionen und der auf ihnen beruhenden Kritiksysteme:

DETERMINANTE →	Sozialpolitisch	Psychologisch	Technisch	Ökonomisch
FUNKTION →	Nützlich	Expressiv	«L'art pour L'art»	Karriere-Produkt
KRITIKSYSTEM →	Ethisch/ Politisch	Psychoanalytisch	Ästhetisch/ Formalistisch	Infrastruktur

Diagramm D

Diese Determinanten der Rapports de production gelten für die meisten menschlichen Aktivitäten, aber ihre Wirkung ist in den Künsten besonders augenscheinlich, da die ökonomischen und politischen Faktoren, die meistens die anderen Aktivitäten beherrschen, im Kunstbereich mehr im Gleichgewicht sind mit den psychologischen und technischen Faktoren.

Historisch gesehen ist die politische Determinante vorrangig: Sie ist der Faktor, der darüber entscheidet, wie eine Kunst – oder ein Kunstwerk – gesellschaftlich verwendet wird. Konsumtion ist hier wichtiger als Produktion. Die griechisch-römischen Theorien von Kunst als einer Erkenntnislehre passen in diese Kategorie, besonders da, wo die Suche nach Wissen als quasireligiös angesehen wird. Der Ritualaspekt der Künste als Feiern der Gemeinde ist die zentrale Vorstellung dieser Sichtweise. Die politische Determinante bestimmt das Verhältnis von Kunstwerk und Gesellschaft, die es hervorbringt.

Die psychologische Determinante ist ihrerseits introspektiv und richtet unsere Aufmerksamkeit nicht auf die Beziehung zwischen Werk und Welt, sondern auf die Verbindungen von Werk und Künstler und von Werk und Betrachter. Der tiefe psychologische Effekt eines Kunstwerks ist seit Aristoteles' Theorie von der Katharsis bekannt. Im frühen zwanzigsten Jahrhundert, zur großen Zeit der Psychoanalyse, konzentrierten sich die meisten psychologischen Analysen auf die Verbindung von Künstler und Werk. Das Werk wurde als Index für den psychischen Zustand seines Schöpfers genommen – eine Art von tiefreichendem und präzisem Rorschach-Test. In letzter Zeit hat sich das psychologische Interesse allerdings dem Werk und seinem Rezipienten, dem Betrachter, zugewandt.

Die technische Determinante beherrscht die Sprache der Kunst. Setzt man die Grundstrukturen der Kunst voraus – die besonderen Qualitäten von Ölfarbe zum Beispiel im Vergleich mit Tempera oder Acryl –, wo sind die Grenzen des Möglichen? Wie beeinflußt die Übertragung einer Idee durch die Sprache der Kunst diese Idee? Welches sind die Denkformen jeder speziellen künstlerischen Sprache? Wie haben diese Denkformen die Materialien beeinflußt, die der Künstler benutzt? Diese Fragen gehören in den Zuständigkeitsbereich der technischen Determinante. Die reproduzierenden Künste sind dieser Art von Analyse besonders zugänglich, da sie, mehr als die anderen Künste, auf einer sehr komplexen Technologie basieren. Teil 2 wird diese Faktoren genauer erörtern. Aber selbst die Künste, die scheinbar nicht technisch sind, wie der Roman, werden stark beeinflußt von der technischen Determinante. Den Roman, zum Beispiel, gäbe es in der heute bekannten Form nicht ohne die Erfindung der Druckerpresse.

Schließlich und endlich sind alle Künste ihrer Natur nach ökonomische Produkte und müssen als solche in ökonomischen Begriffen erfaßt werden. Wiederum sind der Film und die anderen reproduzierenden Künste die wichtigsten Beispiele

Es gibt zwei Arten, beim Filmemachen enorme Summen auszugeben. Für *Apocalypse Now* (oben) rekonstruierte Francis Ford Coppola den Vietnam-Krieg mit den sprichwörtlichen Tausenden von Mitwirkenden. Der Film kostete Mitte der siebziger Jahre mehr als 30 Millionen Dollar.

James Cameron verwandte sein 90-Millionen-Dollar-Budget für *Terminator 2* (1991) überwiegend für Special Effects, deren Kosten sogar Arnold Schwarzeneggers Star-Gage bescheiden aussehen ließen. *T2* war die erste Großproduktion, die sich ausgiebig digitaler Special Effects bediente. Innerhalb weniger Jahre sind die Kosten dieser Effekte dramatisch gesunken.

für dieses Phänomen. So wie die Architektur sind sie außerordentlich kapital- und arbeitsintensiv; das heißt, sie sind sehr kostenaufwendig und erfordern häufig eine große Anzahl von Arbeitskräften.

Diese vier Determinanten zeigen sich auf jeder Stufe des künstlerischen Prozesses in neuen Beziehungen. Die technischen und ökonomischen Determinanten bilden die Basis jeder Kunst. Die Sprache der Kunst und ihre Techniken existieren, bevor der Künstler sich entschließt, sie zu benutzen. Darüber hinaus wird jede Kunst durch gewisse ökonomische Realitäten eingeschränkt. Der Film als sehr kostenaufwendige Kunst ist in besonderem Maße Verzerrungen durch ökonomische Erwägungen ausgesetzt. Die hochentwickelte ökonomische Infrastruktur des Films – die komplizierten Regeln von Produktion, Distribution und Konsumtion, die ihm zugrunde liegen – bringt für die Filmemacher strenge Begrenzungen hervor, eine Tatsache, die von Kritikern oft nicht gesehen wird. Diese ökonomischen Faktoren stehen nun wiederum in Beziehung zu politischen und psychologischen Verwendungszwecken, für die eine Kunst eingesetzt werden kann. Als ökonomische Ware kann der Film zum Beispiel oft am besten begriffen werden, wenn er als Dienstleistung gesehen wird, die ihrer Natur nach psychologisch ist: Wir gehen meistens ins Kino, um emotional bewegt zu werden.

Mit diesen verschiedenen Determinanten konfrontiert, wählen Künstler innerhalb der bestehenden Möglichkeiten aus, wobei sie manchmal Neuland erobern, aber meistens die bestehenden Faktoren neu organisieren und neu kombinieren.

Wenn wir uns die andere Seite des künstlerischen Dreiecks hinunterbewegen, zeigen sich die Determinanten in neuen Beziehungen. Sobald ein Kunstwerk fertiggestellt ist, besitzt es, in gewissem Sinne, ein eigenständiges Leben. Es ist vor allem ein ökonomisches Produkt, das ausgewertet werden soll. Diese Auswertung zieht gewisse psychologische Effekte nach sich. Das Endprodukt ist, mit zunehmendem Einfluß des Films, politischer Natur. Ganz gleich wie apolitisch das Kunstwerk erscheinen mag, jedes Werk hat politische Relevanz, ob man das nun schätzt oder nicht.

Historisch gesehen wurden die politischen und psychologischen Determinanten seit der Klassik als wichtige Faktoren anerkannt. In der *Ars Poetica* erklärte Horaz zum Beispiel zu Kriterien für ein Werk, ob es utile et dulce, also «nützlich» und «süß» oder «erfreulich» sei. Der praktische Wert des Werkes wird bestimmt von der politischen Determinante, die Freude, die es bereitet, von der psychologischen.

Die technischen und ökonomischen Determinanten eines Kunstwerks wurden jedoch erst in jüngster Zeit beachtet. Die Semiotik untersucht die Künste und Medien als Sprachen oder sprachliche Systeme, technische Strukturen mit den ihnen innewohnenden Gesetzmäßigkeiten, die nicht nur bestimmen, was «gesagt» wird, sondern auch, wie es «gesagt» wird. Semiotik versucht, die Codes und Struktursysteme zu beschreiben, die im kulturellen Phänomen wirksam sind. Sie tut dies, indem sie ein linguistisches Modell benutzt; das heißt, die Semiotik des Films beschreibt Film als «Sprache».

Dialektische Kritik untersucht ihrerseits die Künste in ihrem ökonomischen Kontext. Pioniere auf diesem Gebiet waren, in den dreißiger und vierziger Jahren, die Philosophen der Frankfurter Schule – besonders Walter Benjamin, Theodor W. Adorno und Max Horkheimer. Dialektische Kritik analysiert die direkten Verbindungen zwischen Werk, Künstler und Betrachter, so wie sie in politökonomischen Begriffen ausgedrückt werden. Das Hinzukommen dieser beiden modernen Versuche, die Künste zu verstehen – Semiotik und Dialektik –, läßt uns die Komplexität der künstlerischen Erfahrung genauer und tiefer verstehen.

Es erlaubt uns auch mehr Freiheit beim Definieren ihrer Grenzen. Solange das Bild vom Künstler als Priester oder Prophet vorherrschte, gab es keine Möglichkeit, die Erfahrung des Werkes von seiner Schöpfung zu trennen. Kunst hing vom Künstler ab. Aber wenn wir die technischen und linguistischen Wurzeln der Ästhetik erkennen, sind wir eher geneigt, die künstlerische Erfahrung vom Blickwinkel des Rezipienten anzugehen. In anderen Worten, wir können uns vom Priester-Künstler befreien und eine «protestantische» Kunsttheorie entwickeln. Wir haben den praktischen Design-Künsten bereits den Eintritt ins Pantheon gestattet. Wir können darüber hinausgehen.

Einer der offensichtlichsten Kandidaten für das Spektrum der Künste ist der Sport. Die meisten Sportarten richten sich nach der grundlegenden dramatischen Struktur von Protagonist / Antagonist und können deshalb in Begriffen des Dramas gesehen werden. Daß die Handlung nicht vorgeschrieben ist, vergrößert nur ihre Möglichkeiten und das Spannungselement. Daß das «Grundthema» sich jedesmal wiederholt, wenn ein Spiel gespielt wird, verstärkt nur die rituellen Aspekte des Dramas. Die meisten Sportarten besitzen auch viele tänzerische Qualitäten. Die Medien haben es nicht nur ermöglicht, sportliche Ereignisse für zukünftige Studien und Unterhaltung aufzuzeichnen, sondern außerdem den Abstand zwischen den Sportlern und den Zuschauern erheblich verringert und so unser Gefühl für den choreographischen Aspekt der meisten Sportarten verstärkt.

Man stelle sich einen Fremden vor, dem sowohl Tanz als auch Sport völlig unbekannt sind und dem ein Beispiel aus jedem Bereich vorgeführt wird. Es gibt in beiden menschlichen Tätigkeiten kein Element, das uns zu einer Unterscheidung zwischen ihnen zwänge: Michael Jordan kommt Baryschnikov zumindest gleich. Der Unterschied zwischen den Leistungen dieser beiden Meister liegt auf einer Ebene mit dem Unterschied zwischen Jazz und klassischer Musik. Schon allein die Tatsache, daß Sport keine «Intention» hat (das heißt, daß er nicht stattfindet, um etwas zu vermitteln), erhöht die Vielfalt unserer Erfahrungsmöglichkeiten.

Auch andere Bereiche menschlichen Tuns bekommen, wie der Sport, eine neue Bedeutung, wenn wir uns ihnen mehr vom Standpunkt des Rezipienten und nicht dem des Produzenten zuwenden – Genußmittel zum Beispiel. Wir erfahren Essen und Trinken (und Parfum und andere die Sinne ansprechende Produkte) in ähnlicher Weise, wie wir die ästhetischste aller Künste, die Musik, erfahren. Eine Metapher, die wir für die Musik seit Shakespeare verwandt haben («Wenn die Musik der Liebe Nahrung ist...» in *Was ihr wollt*), bietet diesen engen Vergleich an.

Natürlich ist der Denkaufwand beim Essen außerordentlich gering; es ist schwer, eine «Aussage» in der Sprache grünen Gemüses zu machen. Aber das bedeutet nur, daß unsere Geschmacks-, Geruchs- und Tastsinne von anderer Art sind als unser Sehsinn und unser Gehör. Das Element der handwerklichen Fertigkeit bei der Bereitung von Essen und Trinken ist im Idealfall nicht geringer als in der Musik und der Malerei. Und Leute, die über Weine und Küche schreiben, benutzen oft Metaphern, die wir ebensogut auf Literatur oder Malerei anwenden könnten.

Wir wollen das umkehren: Wenigstens in mancher Hinsicht konsumieren wir Künste wie Musik, Film oder Literatur in derselben Weise, wie wir Speisen konsumieren. Wie die Musik kommt die Kunst des Essens und Trinkens nahe an eine rein synästhetische Erfahrung heran. Ein Zeichen dafür ist, daß unsere normale Erfahrung in diesen beiden Bereichen sich qualitativ von der in den narrativen Künsten unterscheidet. Wir konsumieren Musik, so wie Essen, regelmäßig und wiederholt. Wenn wir Mozarts Klavierkonzert Nr. 23 einmal gehört haben oder wenn wir eine einzige Flasche Chassagne-Montrachet getrunken haben, glauben wir nicht, daß wir ihre Möglichkeiten erschöpft haben. Wir denken auch nicht daran, das Konzert oder den Wein zu kritisieren, weil wir keinen «Sinn» darin entdecken können. Wenn die reine Ästhetik ein gültiges Kriterium für Kunst ist, dann sollten kulinarische Genüsse zum Spektrum zugelassen werden.

Was diese Theorie über die Kunst des Essens klarstellen sollte, ist selbstverständlich nicht mehr, als daß die Funktion des Betrachters oder Rezipienten im künstlerischen Prozeß genauso wichtig ist wie die des Künstlers/Produzenten. Wenn wir Wein oder Fußball nicht in das Spektrum der anerkannten Künste aufnehmen, so ist dies nicht der Fehler der Produzenten dieser Werke, sondern eher eine kollektive Entscheidung auf seiten des Rezipienten – eine Entscheidung, die aufgehoben werden kann.

Es gibt eine zweite Folgeerscheinung: Wenn die Summe der künstlerischen Erfahrung den Rezipienten genauso einschließt wie den Produzenten und wenn wir sie als ein Ergebnis ansehen aus

Produktion × Rezeption

dann ergibt sich eine neue Möglichkeit, die Summe zu vergrößern. Bisher haben wir uns bei der Bewertung eines Kunstwerks auf den Produktionsfaktor gestützt. Wir haben nur den Beitrag des Künstlers beurteilt, den wir meistens an einem künstlerischen Ideal gemessen haben:

$$\frac{\textbf{Ausführung}}{\textbf{Forderung}}$$

ein Quotient also, der bei der Beurteilung anderer ökonomischer Aktivitäten von mehr praktischer Natur (zum Beispiel bei der Produktion von Bohnerwachs oder Schraubenziehern) durchaus sinnvoll sein mag. Als System für künstlerische Bewertung ist er aber trügerisch, da seine Gültigkeit auf dem Nenner beruht, einer willkürlichen «Forderung». Aber wir können die künstlerische Erfahrung genauso leicht vergrößern, indem wir den Rezeptionsfaktor vergrößern, sowohl qualitativ als auch quantitativ.

Quantitativ gesehen hat das Kunstwerk um so mehr potentiellen Effekt, je mehr Menschen es betrachten. Qualitativ gesehen steht es in der Macht des Betrachters/Rezipienten, den Gesamtwert des Werkes zu vergrößern, indem er ein anspruchsvoller, kreativer oder sensibler Teilnehmer am Prozeß wird. In der Praxis ist dies keine neue Idee, auch wenn das in der Theorie so sein mag. Gerade der Film selbst ist besonders reich an dieser Art von Aktivität. Filmfans haben sich schließlich darin geübt, die thematischen, ästhetischen, ja sogar politischen Werte selbst in den Filmen von unbedeutenderen Regisseuren wie Jacques Tourneur oder Archie Mayo zu entdecken. Bestenfalls kann sich das durchschnittliche am Thema interessierte Publikum in seiner Kritik an solchen Fans orientieren; schlimmstenfalls haben diese eine Möglichkeit gefunden, größeren Gewinn aus schlechtem künstlerischem Material zu ziehen als wir anderen. Das ist die neue Ökologie der Kunst.

Die Künstler selber sind sich des Potentials dieser neuen empfänglichen und einfühlenden Beziehung sehr wohl bewußt. Zufallskunst («found art»), Zufallspoesie («found poetry»), aleatorisches Theater und musique concrète, sie alle gründen auf einem Verständnis der potentiellen Macht des Betrachters, die Werte künstlerischer Erfahrung zu vervielfachen. In all diesen Fällen nimmt der Künstler die Rolle eines Vor-Beobachters ein, eines Herausgebers, der nicht schöpferisch, sondern auswählend tätig ist. Die Dichterin Denise Levertov hat den Grund für dieses Unterfangen treffend ausgedrückt:

> Ich möchte dir etwas geben
> das ich gemacht habe
>
> einige Worte auf einer Seite – als ob
> ich sagte «Hier sind ein paar blaue Perlen»

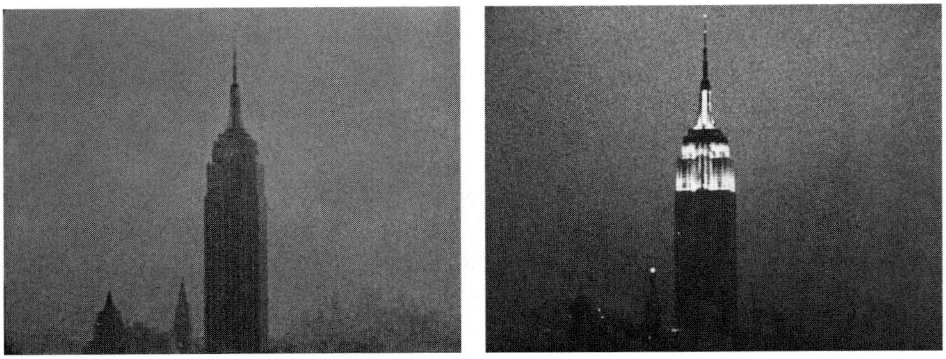

Found art. Andy Warhols Acht-Stunden-Film *Empire* (1964) besteht aus einem Bild: dem Blick auf das Empire State Building im Smog Manhattans. Das Bürogebäude als Kunstobjekt. (*Standvergrößerung. Warhol Enterprises*)

> oder «Hier ist ein leuchtendrotes Blatt, das ich auf der Straße
> gefunden habe» (denn
>
> Finden ist Auswählen, und die Wahl
> wird getroffen)...*

In acht Zeilen beschreibt sie nicht nur den tiefsten künstlerischen Antrieb, sondern sie rechtfertigt auch, warum man sich der Kunst vom Standpunkt des Rezipienten und nicht dem des Produzenten nähern kann: «Denn Finden ist Auswählen, und die Wahl wird getroffen.»

Das bedeutet nicht nur, daß die Betrachter ihre Wahrnehmungsfähigkeit fertigen Kunstwerken gegenüber steigern können, sondern ebenfalls, daß sie selbst als Künstler handeln können: Sie treffen die Wahl zwischen dramatischem, visuellem, narrativem, musikalischem Material und dem Material aus ihrer Umwelt, das sich ihnen Tag für Tag anbietet ... «die Wahl wird getroffen». Darüber hinaus hat diese künstlerische Gleichung einen moralischen Aspekt, denn sie impliziert in hohem Maße, daß der Betrachter dem Künstler gleichwertig ist. Das Wort «Rezipient» ist demzufolge mißverständlich, denn die Betrachter sind nicht mehr passiv, sondern aktiv. Sie nehmen einen vollwertigen Platz im künstlerischen Prozeß ein.

Die Bedeutung dieser neuen Bewertung der Rolle von Künstler und Betrachter kann gar nicht hoch genug eingeschätzt werden. Die größte Herausforderung, mit der die Künste in ihrer siebentausendjährigen Geschichte kämpfen mußten, kam durch die Techniken der Massenproduktion auf sie zu, die im Zuge der industriel-

* Aus Denise Levertov: *Here and Now.* Copyright 1957 Denise Levertov (City Lights Books).

len Revolution entstanden. Während es der Vorteil der Massenproduktion ist, Kunst nicht länger einer Elite vorzubehalten, bedeutet dies andererseits, daß die Künstler seit der industriellen Revolution ständig dafür kämpfen müssen, ihre Arbeit nicht zu einer Ware werden zu lassen. Nur die aktive Teilnahme des Betrachters am anderen Ende des Prozesses ist dagegen eine Garantie.

Wo das Kunstwerk einst nur nach willkürlichen Idealen und künstlichen Forderungen bewertet wurde, kann es heute als «halbfertiges» Material angesehen werden, das vom Betrachter nicht einfach konsumiert, sondern *genutzt* werden soll, um den künstlerischen Prozeß zu vervollständigen. Heute ist die Frage nicht: «Entspricht dieses Kunstwerk den Anforderungen?», sondern eher: «Wie können wir dieses Kunstwerk am besten verwenden?» Natürlich sprechen wir hier von einem Ideal. In Wirklichkeit konsumieren die meisten Betrachter Kunst – sei sie elitär oder populär – immer noch passiv. Aber die Tendenz zur teilhabenden künstlerischen Demokratie wächst.

Die neue Technologie verstärkt diese neue Gleichheit von Künstler und Betrachter. Jetzt ist der Betrachter technologisch imstande, das Werk des Künstlers in vielfältiger Weise umzuformen. Da wäre es dumm vom Künstler, die neugewonnene Freiheit des Betrachters nicht in Betracht zu ziehen. Jeder gewitzte Teenager mit einem Computer kann heute seine Lieblings-CD genauso leicht «sampeln» wie der Künstler, der die Aufnahme produziert hat. Und die meisten Kids, die mehr als eine Stunde täglich MTV einschalten, bekommen mit, daß es für die meisten Hits verschiedene Fassungen oder «Mixe» gibt, wie sie auch wissen, daß Filme in mehreren Versionen herausgebracht werden. Das Kunstwerk ist nicht mehr heilig. Statt ein abgeschlossenes Werk zu schaffen, produziert der Künstler heute – ob er es mag oder nicht – Rohmaterial, das wir Konsumenten beliebig verändern können: «... die Wahl wird getroffen».

Das Abstraktionsspektrum, die Sprachformen, die Determinanten, die Gleichung von Produzent und Rezipient (und ihre Folgeerscheinung, die Demokratisierung des Prozesses) – all diese verschiedenen Versuche, die Künste zu verstehen, sind – wie schon angesprochen – keine wissenschaftlichen Gesetze, sondern Hilfen zu einem Verständnis der künstlerischen Erfahrung. Als begriffliche Strukturen sind sie nützlich, aber sie sollten nicht zu ernst genommen werden. Auf solchen Wegen bewegt sich halt das Denken. Die Strukturierungen werden nicht durch Induktion gewonnen. Sie sind eher aus der künstlerischen Erfahrung selbst abgeleitet, und sie sollen diese Erfahrungen in den für sie passenden Kontext stellen: als ein Phänomen, das sowohl vergleichbar ist als auch einzigartig erscheint. Die Erfahrung der Kunst kommt an erster Stelle; abstrakte Kritik dieser Art ist sekundär – oder sollte es sein.

Darüber hinaus existiert keine dieser begrifflichen Strukturen isoliert. Alle Elemente sind in ständiger Bewegung, und ihre Beziehungen sind dialektischer Natur.

Es ist nicht wichtig, ob zum Beispiel Architektur eine Umweltkunst oder eine visuelle Kunst ist, aber es ist wichtig, daß diese Elemente innerhalb der Kunst in einer dialektischen Beziehung stehen. Das ist die zentrale Auseinandersetzung, die sie lebendig macht. Genausowenig ist es wichtig, ob wir den Film in die Reproduktions- oder die Symbolsparte einreihen (er zeigt Elemente der symbolischen Darstellung – und Elemente der Aufführung sowie des Kunsterzeugnisses). Das Entscheidende ist, daß die Kontraste zwischen und unter diesen verschiedenen Formen der Kraftquell der Filmkunst sind.

Ganz allgemein gesehen beschreibt das Abstraktionsspektrum die Beziehungen der Künste zu ihrem realen Rohmaterial; das System der Sprachformen erklärt die Methoden, mit denen die Künste vom Künstler zum Betrachter übermittelt werden; die Struktur der Determinanten beschreibt die Hauptfaktoren, die die Form der Künste definieren; die Künstler-Betrachter-Gleichung bietet neue Blickwinkel einer kritischen Annäherung an das Phänomen der Künste.

Film, Aufzeichnung und die anderen Künste

Die «aufzeichnenden» oder Protokollkünste bilden eine völlig neue Form des Diskurses, die parallel zu den bereits bestehenden existiert. Alles, was im Leben geschieht, zu sehen oder zu hören ist, kann auf Band oder Disk (CD, Bildplatte, Diskette) aufgezeichnet werden. Anstatt sich also irgendwo bequem im bestehenden Spektrum einzuordnen, umfaßt die «Filmkunst» eher alle alten Künste. Von Anfang an waren Film und Fotografie neutral: Die Medien existierten vor den Künsten. «Der Film ist eine Erfindung ohne Zukunft», soll Louis Lumière gesagt haben. Und zu seiner Zeit mag es wirklich so ausgesehen haben. Aber als diese revolutionäre Diskursform der Reihe nach auf jede der alten Künste angewandt wurde, entwickelte sie ein Eigenleben. Die ersten Filmexperimente «machten» Malerei im Film, «machten» den Roman, «machten» das Drama und so weiter, und allmählich zeigte sich, welche Elemente dieser Künste in Filmsituationen anwendbar waren und welche nicht.

Kurz, die Filmkunst entwickelte sich in einem Nachbildungsprozeß. Die neutrale Schablone des Films wurde über die komplexen Systeme von Roman, Malerei, Drama und Musik gelegt und enthüllte so neue Wahrheiten über gewisse Elemente dieser Künste. Wenn wir für einen Moment die Grobheit der ersten Aufzeichnungsprozesse außer acht lassen, funktionierte die große Mehrheit der Elemente aus diesen Künsten sehr gut im Film. In der Tat ist die Geschichte der Künste in den vergangenen hundert Jahren eng verknüpft mit der Herausforderung durch den Film. Während sich die Protokollkünste ohne Einschränkung bei ihren Vorläufern bedienten, mußten die Malerei, die Musik, der Roman, das Bühnendrama – sogar die Architektur – sich in Begriffen der neuen künstlerischen Sprache des Films neu definieren.

Film, Fotografie und Malerei

«Laufende Bilder» sind auf den ersten Blick den visuellen Künsten am meisten verwandt. Noch vor kurzer Zeit konnte der Film nur in sehr begrenztem Maße mit der Malerei konkurrieren: Erst in den späten sechziger Jahren waren die Filmfarben so

Daguerreotypie von William Shew, circa 1845–50. Wenn auch inzwischen in schlechtem Zustand, zeigt dieses Porträt immer noch, welch großartiger Einzelheiten und welch beeindruckender Tonabstufungen die Daguerreotypie fähig war. *(Originalgröße: 7,9 cm x 6,7 cm. The Museum of Modern Art, New York)*

ausgereift, daß man ihnen eine größere Bedeutung als nur die eines nützlichen, nicht sehr wesentlichen Hilfsmittels beimessen konnte. Trotz dieser klaren Begrenztheit wurden die großen Möglichkeiten von Fotografie und Film sofort erfaßt. Die technischen Medien übertrafen Malerei und Zeichnen ganz eindeutig in einem Aspekt, der zugegebenermaßen beschränkt, aber dennoch wesentlich war: Sie konnten Bilder von der Welt direkt aufzeichnen. Natürlich haben die visuellen Künste neben der genauen Nachahmung andere Funktionen, aber seit der frühen Renaissance war die Mimesis ein entscheidender Wert in der visuellen Ästhetik. Menschen, für die Reisen schwierig und risikoreich war, fanden die Reproduktion von Landschaftsszenen faszinierend, und das Porträt war eine fast mystische Erfahrung. Von Myriaden von Schnappschüssen, Paßfotos, Zeitungsbildern und Ansichtskarten überschwemmt, vergessen wir heute leicht diese Funktion der visuellen Künste.

Am 7. Januar 1839 verkündete François Arago der Welt in einer Vorlesung an der französischen Akademie der Wissenschaften, daß eine gebrauchsfähige Methode zur Aufzeichnung von fotografischen Bildern gefunden worden sei, und kurze Zeit später war das Porträt bereits ihr wichtigstes Arbeitsfeld. Die Daguerreotypie erlaubte Tausenden von Durchschnittsbürgern die Art von Unsterblichkeit, die bislang einer Elite vorbehalten war. Die Demokratisierung des Bildes hatte begonnen. Im Laufe weniger Jahre entstanden Tausende von Porträtgalerien.

Aber Louis Daguerres Erfindung war unvollkommen; sie produzierte ein Bild, aber konnte sich selbst nicht reproduzieren. Nur einen Monat nach Daguerres einzigartigem System beschrieb William Henry Fox Talbot, wie ein Bild reproduziert werden konnte, indem er in der Kamera ein negatives fotografisches Abbild festhielt und davon mehrere Positive gewann. Dies war das zweite wichtige Element der Fotografie. Als Frederick Scott Archers Kollodium-Verfahren Talbots rauhe Papier-Negative durch den Film ersetzte, war das System der Fotografie, das sowohl Bilder festhalten als sie auch unbegrenzt und präzise reproduzieren kann, vollständig.

Natürlich wurde die neue Erfindung der Fotografie gleich auf dem Gebiet angewandt, wo sie am nützlichsten war: dem Porträt. Die Malerei ging auf diese Herausforderung ein. Die Entwicklungs- und Reifejahre der Fotografie, ungefähr von 1840 bis 1870, sind genau die Jahre, in denen sich die Theorie der Malerei schnell von der Nachahmung fortentwickelte und eine anspruchsvollere Ausdrucksform suchte. Durch die Erfindung der Fotografie von der Pflicht befreit, die Realität nachzuahmen, konnten die Maler die Struktur ihrer Kunst umfassender erforschen. Dennoch existiert ganz sicher nicht eine einfache Ursache-Wirkung-Beziehung zwischen der Erfindung der Fotografie und dieser Entwicklung in der Geschichte der Malerei. Joseph Turner schuf zum Beispiel «antifotografische» Landschaftsbilder dreißig Jahre bevor Daguerre seine Erfindung vervollkommnete. Aber ihre Verbindung ist nicht nur rein zufällig.

Auf das Denken von Malern wie den Impressionisten (besonders Monet und Auguste Renoir) scheinen gerade die Eigenschaften des fotografischen Bildes einen direkten Effekt gehabt zu haben. Sie bemühten sich, die dem Augenblick entsprungene und anscheinend zufällige Qualität des mechanisch erhaltenen Bildes zu erfassen. Indem sie sich von der Idee der Malerei als Idealisierung hinweg- und auf wissenschaftlichen Augenblicksrealismus zubewegten, produzierten die Impressionisten Bilder, die als logisch verknüpft mit der Fotografie verstanden werden müssen. Da die Kamera nun existierte, reizte es die Maler, die Unmittelbarkeit des Augenblicks und die besondere Qualität des Lichts neu zu entdecken, zwei Faktoren, die von größter Bedeutung für die Ästhetik der Fotografie sind. Als Monet eine Reihe dieser Augenblicke nebeneinanderstellte, wie zum Beispiel in seinen Serien über Kathedralen und Heuschober, zu verschiedenen Tageszeiten gemalt, machte er den nächsten logischen Schritt: Seine gemalten Serienbilder (Bilderfolgen, die an das sogenannte Daumenkino erinnern) sind interessante Vorläufer des Films.

Die Fotografen selber scheinen sich in der Mitte des neunzehnten Jahrhunderts gelegentlich auf Bewegung hin orientiert zu haben – dem Zeit-Element – als Ver-

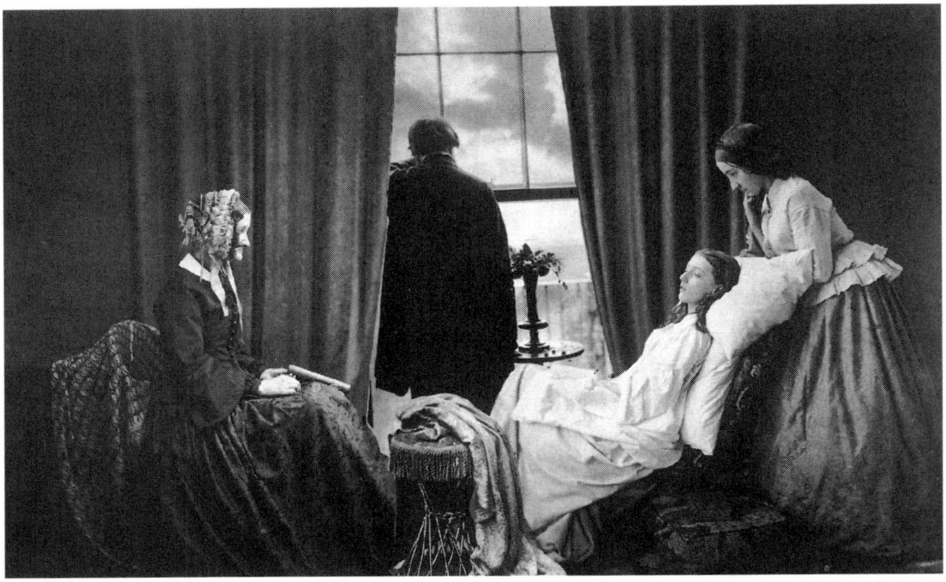

Die Kompositionsfotos von Fotokünstlern wie Rejlander und Robinson waren zum Teil eine Antwort auf die relative Unbeweglichkeit des Mediums im neunzehnten Jahrhundert. Diese spezielle Komposition, Henry Peach Robinsons *Fading Away* (1850), ist eine Collage aus fünf Negativen. Das System ermöglichte es dem Künstler, Details im Vordergrund genauso festzuhalten wie das Hintergrundlicht durchs Fenster. Die Kompositionstechnik ist ein direkter Vorläufer moderner Masken-Verfahren beim Film (siehe Seite 136–139). *(International Museum of Photography, George Eastman House)*

vollkommnung ihrer Kunst. Kurz nachdem das Porträt und die Landschaftsfotografie den dokumentarischen Wert von Fotos bewiesen hatten, verschmolzen Experimentatoren, wie Oscar G. Rejlander und Henry Peach Robinson in England, die beiden Formen, indem sie kunstvolle «tableaux» inszenierten, die denen in den Volkstheatern der Zeit nicht unähnlich waren. Sie nahmen hierfür Schauspieler und erzielten ihre Wirkung oft dadurch, daß sie Negativ-Collagen aufs minuziöseste zusammensetzten. Sicher sind diese fotografischen Dramen zunächst eine Antwort auf die Ideen der Maler (sie erinnern stark an die Präraffaeliten), aber wir können heute in Rejlanders und Robinsons kunstvollen Bildern bereits die Wurzeln des dramatischen Elements erkennen, das später, sobald die Bilder angefangen hatten zu laufen, ausschlaggebend werden würde. Wenn Rejlander und Robinson sentimentale Präraffaeliten waren, dann war es D. W. Griffith ebenfalls.

Im frühen neunzehnten Jahrhundert gibt es viele Beispiele für die subtilen Wechselbeziehungen zwischen der sich entwickelnden Technik der Fotografie und den anerkannten Künsten von Malerei und Zeichnen, und die nächste größere Entwicklung in der Ästhetik der Malerei im frühen zwanzigsten Jahrhundert fiel mit dem Aufkommen des Films zusammen. Wiederum kann man keine genaue Korrelation feststellen. Bestimmt war es nicht so, daß Marcel Duchamp sich eine Aufführung von *The Great Train Robbery* ansah, «Aha» rief und sich am nächsten Tag niedersetzte, um *Nu descendant un escalier* zu malen. Doch auch hier sind die Übereinstimmungen offensichtlich.

Von einer bestimmten Perspektive aus gesehen, können die Bewegungen des Kubismus und des Futurismus als direkte Reaktion auf die wachsende Vorrangstellung des fotografischen Bildes gesehen werden. Es ist so, als ob die Künstler gesagt hätten: Da die Fotografie diese Dinge so gut macht, werden wir unsere Aufmerksamkeit anderen Dingen zuwenden. Der Kubismus vermied Licht und Atmosphäre ganz bewußt (die Gebiete, auf denen die Impressionisten direkt – und erfolgreich – mit der aufkommenden Fotografie konkurriert hatten), um radikal und unwiderruflich mit der Tradition der Mimesis in der westlichen Malerei zu brechen. Der Kubismus stellt eine entscheidende Wendemarke in der Geschichte aller Künste dar; der Künstler befreite sich vom existierenden Muster der realen Welt und konnte zum ersten Mal seine Aufmerksamkeit dem Konzept eines Kunstwerkes zuwenden, das von seinem Motiv gelöst war.

Aus einer anderen Perspektive gesehen, entwickelte sich der Kubismus parallel zum Film. Bei dem Versuch, mehrere Perspektiveebenen auf der Leinwand festzuhalten, reagierten Picasso, Braque und andere direkt auf die Herausforderung des Films, der als ein sich bewegendes Bild komplexe, ständig wechselnde Perspektiven erlaubte, ja diese sogar förderte. In diesem Sinne ist *Nu descendant un escalier* ein Versuch, die vielfältigen Perspektiven des Films auf die Leinwand bannen. Die traditionelle Kunstgeschichte behauptet, daß die afrikanische Skulptur den Kubismus am entscheidendsten beeinflußte, und das stimmt zweifellos, da die Kubisten mit diesen Skulpturen wahrscheinlich viel vertrauter waren als mit den Filmen von Edwin S. Porter oder Georges Méliès. Aber die strukturelle Verwandtschaft zu untersuchen ist sicherlich reizvoll. Eines der wesentlichen Elemente des Kubismus war zum Beispiel der Versuch, auf der Leinwand eine Vorstellung von den Wechselbeziehungen zwischen verschiedenen Perspektiven zu erreichen. Das entstammt nicht der afrikanischen Bildhauerei, sondern es erinnert stark an die Dialektik der Montage im Film. Sowohl der Kubismus als auch die Montage vermeiden einen einzigen Blickwinkel und erforschen die Möglichkeiten von mehreren Perspektiven.

Die theoretische Beziehung zwischen Malerei und Film hält bis heute an. Die italienischen Futuristen produzierten augenscheinliche Parodien auf den Film; zeitgenössischer fotografischer Hyperrealismus führt die Kritik an der Kamera-Ästhetik fort. Doch die Verbindung der beiden Künste war nie wieder so eindeutig und klar wie zur Zeit des Kubismus. Die wichtigste Antwort der Malerei auf die Herausforderung durch den Film ist die Vorstellung, die der Kubismus als erster ermöglichte und die nun alle Künste gemein haben. Die Aufgabe der Nachahmung ist zum

Marcel Duchamps *Nu descendant un escalier*, no. 2 *(1912. Öl auf Leinwand. Philadelphia Museum of Art/ Louise and Walter Arenberg Collection)*

größten Teil den reproduzierenden Künsten überlassen worden. Die Künste der symbolischen Darstellung und des Kunsterzeugnisses haben sich auf eine neue, abstraktere Sphäre zubewegt. Die große Herausforderung, die der Film für die visuellen Künste darstellte, war sicherlich eine Funktion seiner mimetischen Fähigkeiten, aber sie hing auch mit dem einen Faktor zusammen, der den Film so radikal von der Malerei unterschied: Der Film bewegte sich.

1819 hatte John Keats die mystische Fähigkeit der visuellen Künste, die Zeit auf einen Augenblick einzufrieren, in seiner «Ode auf eine griechische Vase» gefeiert.

Die visuellen Konventionen des Kubismus wurden von einer Reihe avantgardistischer Filmkünstler benutzt. Die Theorie des Kubismus war sogar noch einflußreicher. Ingmar Bergmans Film *Persona* (1966) war ein sprechendes Beispiel für die kubistische Perspektive. Die Blickwinkel der Schauspielerin Elisabeth Vogler (Liv Ullmann, links) und ihrer Pflegerin (Bibi Andersson, rechts) sind so extrem ausbalanciert, daß ihre Gesichter auf dem Höhepunkt des Films (in einer anderen Aufnahme) im Bild miteinander verschmelzen. *(Standvergrößerung)*

Du noch unberührte Braut der Stille, Pflegekind
des Schweigens und langsamer Zeit...
Gehörte Melodien sind süß, doch die ungehörten
sind süßer...

O glückliches, glückliches Gezweig, das sein
Laub nicht abwerfen noch je vom Frühling Abschied nehmen kann!
Und du glücklicher, unermüdlicher Flötist,
der ewig-neue Lieder ewig spielt!

Noch seligere Liebe! Noch selig seligere Liebe!
Auf ewig glühend und stets vor dem Genuß!
So ewig lechzend und auf ewig jung...

Während der sechziger und siebziger Jahre gab es so etwas wie eine Rückkehr zum Realismus unter den älteren Nicht-Protokollkünsten. Der französische «nouveau roman» war eng mit dem Film verbunden, ebenso wie sich der amerikanische «Hyperrealismus» oder «Fotorealismus» auf die Fotografie als ästhetische Grundlage bezog. Philip Pearlsteins *Female Model on Deck Chair (1978. Öl auf Leinwand. Frumkin/Adams Gallery, New York)*

Der erstarrte Moment eines Stillebens, welches das Leben mitten in der Bewegung festhält, hat etwas Magisches und Berauschendes an sich. Aber Keats' Gedicht trägt eine lehrreiche Ironie in sich, denn es ist fast sicher, daß die Art von Vase, die er besang, Illustrationen wie auf einem Fries hatte, und Friese zählen zu den wichtigsten Versuchen der tonlosen visuellen Künste, eine Geschichte zu erzählen, von Ereignissen zu berichten – mit Existenz, kurz gesagt, ebenso in der Zeit wie im Raum.

In diesem Sinne vollendet der Film nur das Schicksal der Malerei. Richard Lester machte dies auf eine amüsante Art in den Nachspann-Titeln zu *A Funny Thing Happened on the Way to the Forum* (1966) deutlich. Der Film, der auf einem Musical basiert, das wiederum von einem Stück von Plautus (die klassische Verbindung) stammt, endet mit einer Aufnahme von Buster Keaton als Erronius, der ein weiteres Mal voller Zuversicht um Roms sieben Hügel läuft. Der Film geht an dieser Stelle langsam über in einen Animationsfilm im Stil eines Frieses, über den die Schlußtitel ablaufen. Keats' glückliches Gezweig, sein glücklicher Flötist und seine selig seligen Liebenden würden sich in ihrer ursprünglichen Inkarnation auf der Vase ebenfalls bewegen, wenn sie könnten.

Film und Roman

Das narrative Potential des Films ist so ausgeprägt, daß er seine engste Verbindung nicht mit der Malerei und nicht einmal mit dem Drama, sondern mit dem Roman geknüpft hat. Film und Roman erzählen beide lange Geschichten mit einer Fülle von Details, und sie tun dies aus der Perspektive des Erzählers, der oft eine gewisse Ironie zwischen Geschichte und Betrachter schiebt. Was immer gedruckt im Roman erzählt werden kann, kann im Film annähernd verbildlicht oder erzählt werden (obwohl die wildesten Phantasien eines Jorge Luis Borges oder eines Lewis Carroll eine Menge Spezialeffekte erfordern mögen). Die Unterschiede zwischen den beiden Künsten, von dem offensichtlichen und großen Unterschied zwischen visueller und sprachlicher Erzählweise abgesehen, sind leicht zu entdecken.

Zunächst einmal ist der Film begrenzter, da er in Echtzeit stattfindet. Erfolgreiche Romane sind in den letzten Jahren ein riesiges Reservoir an Material für kommerzielle Filme gewesen. Tatsächlich ist es inzwischen für die Verlage ein wesentlicher ökonomischer Faktor, das Material eines erfolgreichen Romans auch als Film zu verwerten. Manchmal scheint es fast so, als existiere der populäre Roman (im Gegensatz zur elitären Prosakunst) nur als erster Entwurf für den Film.

Aber der kommerzielle Film kann die zeitliche Spanne eines Romans nicht reproduzieren. Ein Drehbuch hat durchschnittlich 125–150 Typoskript-Seiten, ein landläufiger Roman das Vierfache. Handlungsdetails gehen fast regelmäßig bei der Übertragung vom Buch in den Film verloren. Nur die Fernsehserie kann diesen Mangel ausgleichen. Sie vermittelt noch ein wenig die gleiche Vorstellung von Dauer, die zum großen Roman gehört. Unter allen Verfilmungen von *Krieg und Frieden* zum Beispiel scheint mir die zwanzigteilige Serie der BBC in den frühen sechziger Jahren die erfolgreichste gewesen zu sein; nicht unbedingt, weil die schauspielerischen Leistungen oder die Regie besser waren als in den zwei- oder sechsstündigen Filmversionen (obwohl man darüber streiten könnte), sondern nur deshalb, weil die länger laufende TV-Serie die wesentliche Eigenschaft der Saga reproduzieren konnte – die Dauer.

Muß der Film sich auf der einen Seite auf eine kürzere Erzählung beschränken, hat er andererseits visuelle Möglichkeiten, die der Roman nicht hat. Was durch Beschreibung nicht vermittelt werden kann, läßt sich ins Bild übertragen. Und hier stoßen wir auf den grundlegendsten Unterschied zwischen beiden Erzählformen.

Audrey Totter und Robert Montgomery in *Lady in the Lake*. Ich-Erzählung im Film muß, wenn sie strikt durchgehalten wird, eine Menge Einfallsreichtum beim Einsatz von Spiegeln aufbringen, wenn der Erzähler / Held gesehen werden soll. *(Museum of Modern Art / Film Stills Archive)*

Romane werden vom Autor erzählt. Wir sehen und hören nur, was er uns sehen und hören lassen möchte. Filme werden auch von ihren Autoren erzählt, aber wir sehen und hören sehr viel mehr als das, was ein Regisseur notwendigerweise möchte. Es wäre eine absurde Aufgabe für einen Schriftsteller zu versuchen, eine Szene genauso detailliert zu beschreiben, wie sie im Kino vermittelt wird. (Der Romancier Alain Robbe-Grillet hat in Romanen wie *La Jalousie* und *Dans le Labyrinthe* genau auf diese Art experimentiert.) Wichtiger noch: Was auch immer der Romancier beschreibt, es wird durch seine Sprache, seine Vorurteile und seinen Blickwinkel gefiltert. Beim Film haben wir ein gewisses Maß an Freiheit auszuwählen, unsere Aufmerksamkeit eher auf dieses Detail und nicht auf ein anderes zu lenken.

Die treibende Kraft im Roman ist die Beziehung zwischen den Materialien der Geschichte (Handlung, Personen, Milieu, Thema und so weiter) und deren Umsetzung in Sprache; in anderen Worten: die Beziehung zwischen der Geschichte und dem Erzähler. Der Film dagegen gewinnt seine treibende Kraft aus den Materialien der Geschichte und der objektiven Natur des Bildes. Es ist, als sei der Autor / Regisseur in ständigem Konflikt mit der Szene, die er gerade filmt. Der Zufall spielt eine weitaus größere Rolle, und das Endresultat ist, daß der Betrachter sehr viel mehr Möglichkeiten hat, aktiv an der Erfahrung teilzunehmen. Die Worte auf der Buchseite sind immer dieselben, aber das Bild auf der Leinwand ändert sich ständig, je nachdem, wohin wir unsere Aufmerksamkeit lenken. Der Film ist, so gesehen, eine sehr viel reichere Erfahrung.

Aber er ist gleichzeitig ärmer, da die Person des Erzählers so viel schwächer ist. Es hat zum Beispiel nur einen wichtigen Film gegeben, der versucht hat, die für den Roman so nützliche Ich-Erzählung nachzuahmen, Robert Montgomerys *Lady in the Lake* (1946). Das Ergebnis war eine verkrampfte, klaustrophobische Erfahrung: Wir sahen nur, was der Held sah. Um uns den Helden zu zeigen, mußte Montgomery auf eine Reihe von Spiegeltricks zurückgreifen. Der Film kann sich den Ironien, die der Roman in seiner Erzählform entwickelt, annähern, aber er kann sie niemals nachahmen.

Verständlicherweise begegnete der Roman der Herausforderung des Films dadurch, daß er sich verstärkt gerade diesem Gebiet zugewandt hat: den subtilen, komplexen Ironien der Sprache. Wie die Malerei hat sich die Prosa im zwanzigsten Jahrhundert von der Nachahmung abgewandt und der Selbsterforschung zugewandt. Auf dem Weg dorthin hat sie sich geteilt. Das, was im neunzehnten Jahrhundert eine gemeinsame Erfahrung war, die Hauptform des sozialen und kulturellen Ausdrucks und die beliebteste Kunstform des neuen Lesepublikums aus dem Mittelstand, hat sich im zwanzigsten Jahrhundert in zwei Formen gespalten: den Unterhaltungsroman, der inzwischen so eng mit dem Film verknüpft ist, daß er manchmal sogar zuerst als Drehbuch entsteht; und den «elitären» Roman, das Arbeitsfeld der «künstlerischen» Avantgarde.

Dieser künstlerische Roman hat sich seit James Joyce ähnlich wie die Malerei entwickelt. Wie die Maler lernten auch die Romanciers durch die Erfahrung des Films, ihre Kunst zu analysieren und zu begreifen. Vladimir Nabokov, Jorge Luis Borges, Alain Robbe-Grillet, Donald Barthelme und viele andere schrieben Romane über das Romanschreiben (wie auch über andere Dinge), genauso wie viele Maler des zwanzigsten Jahrhunderts Bilder über das Malen von Bildern gemalt haben. Die Abstraktion beschränkt sich nicht mehr allein auf die menschliche Erfahrung, sondern hat sich längst den Ideen über diese Erfahrung zugewendet, wird letztlich zu einem Interesse an der Ästhetik des Gedankens. Jean Genet, Dramatiker und Romancier, hat gesagt: «Ideen interessieren mich nicht so sehr wie die Form der Ideen.»

In welcher Hinsicht ist der Roman noch durch den Film verändert worden? Seit den Tagen Defoes war es eine der wichtigsten Funktionen des Romans, wie der Malerei, eine Vorstellung von anderen Orten und Menschen zu vermitteln. Im frühen neunzehnten Jahrhundert, der Zeit Sir Walter Scotts, hatte diese Reiseberichterstattung ihren Höhepunkt erreicht. Danach, als zunächst die Fotografie, dann der Film

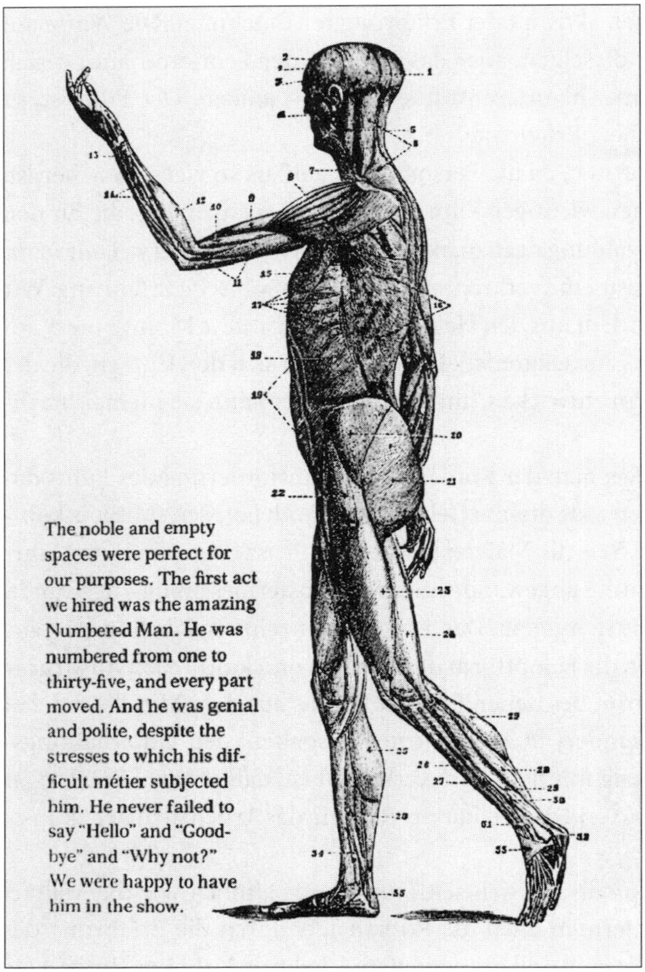

Donald Barthelmes «fictions» sind keine richtigen Romane und auch keine richtigen Gedichte. Er experimentierte oft damit, alte Lithographien und zeichnerische Zutaten in seine Texte mit einzubeziehen. Hier ist eine Seite aus seiner Erzählung «Flight of Pigeons From the Palace» (*Sadness.* Farrar, Straus & Giroux, 1972). Trotz ihrer Abstraktion eignen sich Barthelmes Erzählungen gut zur Dramatisierung, da sie sowohl eine sichtbare wie erzählerische Wirklichkeit besitzen.

diese Funktion zu übernehmen begann, schwächte sich der szenische und beschreibende Charakter des Romans ab. Darüber hinaus haben Romanschriftsteller es gelernt, ihre Geschichten in den kleinen Einheiten zu erzählen, die typisch für den Film sind. Wie zeitgenössische Stückeschreiber denken sie nun mehr in kurzen Szenen als in langen Akten.

Die Fähigkeit, mit Wörtern zu spielen, ist einer der größten Trümpfe des Romans. Filme haben natürlich auch Worte, aber im allgemeinen nicht in solcher Fülle und niemals mit der konkreten Beharrlichkeit des gedruckten Textes. Wenn die Malerei unter dem Einfluß des Films zum Design tendierte, dann nähert sich der Roman der Poesie, indem er seine Aufmerksamkeit verstärkt auf sich selbst richtet und sein eigenes Material zelebriert: die Sprache.

Film und Theater

Oberflächlich betrachtet, scheinen Theaterfilme noch am ehesten dem Bühnendrama vergleichbar zu sein. Sicherlich liegen dort die Wurzeln des kommerziellen Films zu Beginn dieses Jahrhunderts. Aber der Film unterscheidet sich in mehrfacher Hinsicht deutlich vom Bühnendrama: Er hat das lebendige, präzise, bildhafte Potential der visuellen Künste, und er hat größere erzählerische Möglichkeiten.

Der auffallendste Unterschied zwischen Bühnendrama und gefilmtem Drama ist, ebenso wie zwischen einer Prosaerzählung und einer Filmerzählung, der Blickwinkel. Wir sehen ein Bühnenstück so, wie wir wollen; wir sehen einen Film nur so, wie der Filmemacher will, daß wir ihn sehen. Und im Film können wir außerdem noch eine Menge mehr sehen. Es ist eine Binsenwahrheit, daß der Bühnenschauspieler mit seiner Stimme arbeitet, während der Filmschauspieler sein Gesicht einsetzt. Selbst unter den günstigsten Umständen hat das Publikum eines Bühnenstückes Schwierigkeiten, mehr zu verstehen als nur die eindeutigsten Gesten. (Im Englischen ist das Wort «audience» für das Theaterpublikum ein deutlicher Hinweis: Zuhörer – nicht Zuschauer.) Inzwischen braucht der Filmschauspieler dank der Synchronisation nicht einmal mehr die eigene Stimme; der Dialog kann später hinzugefügt werden. Aber das Gesicht muß außerordentlich ausdrucksstark sein, besonders wenn es in Großaufnahme bis zu tausendmal vergrößert wird. Für einen Filmschauspieler ist ein Drehtag befriedigend verlaufen, wenn ihm ein guter «Augenblick» gelungen ist. Wenn wir zusätzlich in Betracht ziehen, daß Filme mit «Rohmaterial» gemacht werden können – mit Amateurschauspielern, ja sogar Leuten, die nicht merken, daß sie gefilmt werden – erscheinen die Unterschiede zwischen Bühnenschauspielerei und Filmschauspielerei noch erheblicher.

Genauso wichtig wie der Unterschied zwischen den verschiedenen Arten zu spielen ist der Gegensatz von dramatischer Erzählweise im Film und auf der Bühne. Zur Zeit Shakespeares war die Szene die Grundeinheit für die Bühnenarbeit und nicht der Akt. Ein Stück bestand aus zwanzig oder dreißig Szenen und nicht aus drei bis fünf viel längeren Akten. Im neunzehnten Jahrhundert war dies bereits anders. Als sich das Theater von der Shakespeare-Bühne hin zur Guckkasten-Bühne entwickelte und als der Realismus endlich Bedeutung gewann, gab man der längeren, realistischeren Einheit des Aktes den Vorzug. Während eines dreißigminütigen Aktes konnte das Publikum seine Zweifel vergessen und in das Leben der Charaktere eintreten; die kürzere Einheit der Szene erschwerte dies.

Der Film entwickelte sich genau zu der Zeit, als diese Art von Bühnenrealismus ihren Höhepunkt hatte. Und genauso wie die Malerei und der Roman die Funktion der Nachahmung dem Film überlassen hatten, so tat es auch das Theater. Die Szene wurde wieder die Basis-Einheit. Strindberg und andere entwickelten einen expres-

Der «Augenblick». John Wayne als J. B. Books in Don Siegels Western *The Shootist* (1976). Selbst auf diesem Standfoto spricht das Gesicht Bände.

sionistischen (manchmal fast kubistischen) Gebrauch des Bühnenraumes. Pirandello analysierte die Struktur der Bühnenkunst im Detail und abstrahierte so die Erfahrung der Bühne für eine Generation zukünftiger Dramatiker.

In den späten zwanziger Jahren konnte das Avantgarde-Theater den Emporkömmling Film ernsthaft herausfordern. Es war sinnlos, realistische Bühnenbilder zu schaffen, wenn der Film wirkliche Schauplätze zeigen konnte; besonders subtile Gesten waren sinnlos, wenn sie nur in der ersten Reihe gesehen werden konnten. Das Publikum konnte um die Ecke ins Kino gehen und schweigende Schauspielerinnen wie die Garbo und die Gish sehen, die unglaubliche und wunderbare Dinge mit ihren Gesichtern machten, scheinbar ohne einen Muskel zu verziehen. Als der Ton und der Dialog auf der Leinwand dazukamen, ließ sich der Film mit dem Bühnendrama noch leichter vergleichen.

Aber das Theater hat dem Film gegenüber einen sehr großen Vorteil: Das Theater ist «live». Wenn es stimmt, daß der Film viele dem Theater unbekannte Effekte erzielen kann, nur weil er zu verschiedenen Zeiten gedreht wird, stimmt es aber auch, daß die Leute, die im Film auftreten, mit ihrem Publikum ganz offensichtlich nicht in Kontakt sind.

Zwei sehr unterschiedliche Theatertheoretiker zogen, jeder auf seine Weise, Nutzen aus dieser unbestreitbaren Tatsache. In den späten zwanziger und in den dreißiger Jahren entwickelten Bertolt Brecht und Antonin Artaud (immer noch die einflußreichsten Dramentheoretiker der Moderne) Theaterkonzepte, die auf der ständigen Interaktion zwischen Publikum und Ensemble beruhten. Artauds sogenanntes Theater der Grausamkeit erforderte eine anspruchsvollere und intimere Beziehung zwischen Darsteller und Zuschauer, als je zuvor im Theater existiert hat. Artauds Ziel war es, die Zuschauer ganz direkt und eng mit einzubeziehen, so wie es im Kino nie möglich wäre.

In seinem Manifest *Das Theater und sein Double* schrieb Artaud:« Wir schaffen Bühne wie Zuschauerraum ab. Sie werden ersetzt durch eine Art von einzigem Ort ohne Abzäunung oder Barriere irgendwelcher Art, und dieser wird zum Theater der Aktion schlechthin. Zwischen Zuschauer und Schauspiel... wird wieder eine direkte Verbindung geschaffen.» (S. 102/103)

Artaud stellte sich eine Art Frontalangriff auf den Zuschauer vor, «totales» Theater, in dem alle nur möglichen Ausdrucksformen angewandt würden. Er definierte die Sprache des Theaters neu als bestehend «in alldem, was die Bühne beschäftigt, in alldem, was auf einer Bühne in stofflicher Hinsicht sich manifestiert und ausdrückt und was sich zunächst einmal an die Sinne richtet statt gleich an den Geist wie die Sprache des Wortes... wie Musik, Tanz, Plastik, Pantomime, Gebärdenspiel, Intonationen, Architektur, Beleuchtung und Ausstattung.» (S. 40/41)

Wir können hieran sehen, daß die neue Bühnensprache, wie sie von Artaud verstanden wird, von der Filmsprache beeinflußt ist, selbst da, wo sie sich der zunehmenden Beherrschung durch die neue Kunst entgegenstellt. Da der Film keine festen Regeln, Traditionen und Schulen kannte, hatte er logischerweise den Wert jeder der von Artaud angeführten Komponenten schnell entdeckt: Plastik, Musik, Tanz, Pantomime etc. So sieht sich eine weitere der älteren Künste in eine Liebe-Haß-Beziehung mit der neuen Technologie gestellt. Aber Artaud hat nie den einen entscheidenden Vorteil des Theaters aus den Augen verloren: «daß das *Theater* der einzige Ort auf der Welt ist, wo eine Gebärde *unwiederholbar* ist». (S. 80)

Brecht schlug den entgegengesetzten Kurs ein. Seine Theorie des Epischen Theaters ist komplexer – man könnte sagen anspruchsvoller – als die von Artauds Theater der Grausamkeit. Er sah die grundsätzliche Bedeutung des Theaters ebenso wie Artaud in der Unmittelbarkeit und Intimität der Theateraufführung, aber Brecht wollte die Beziehung zwischen Schauspieler und Publikum als eine dialektische neu schaffen. Das Publikum sollte nicht länger seinen Unglauben freiwillig verdrängen. Dies ist im Kino um vieles leichter.

Die «epische Form des Theaters», schrieb Brecht, «macht ihn (den Zuschauer) zum Betrachter, aber weckt seine Aktivität, erzwingt von ihm Entscheidungen...

Die dramatische Form des Theaters verwickelt den Zuschauer in eine Aktion, vermittelt ihm Erlebnisse, der Mensch wird als bekannt vorausgesetzt, (ist) der unveränderliche Mensch, während er in der neuen epischen Form des Theaters ihr (der Handlung) gegenübergesetzt (wird), der Mensch Gegenstand der Untersuchung (ist), der veränderliche und verändernde Mensch...» *(Schriften zum Theater,* S. 1009/10*)*

All dies wird durch etwas erreicht, das Brecht den Verfremdungseffekt nannte, dessen Ziel es war, «den allen Vorgängen unterliegenden gesellschaftlichen Gestus zu verfremden. Mit sozialem Gestus ist der mimische und gestische Ausdruck der gesellschaftlichen Beziehungen gemeint, in denen die Menschen einer bestimmten Epoche zueinander stehen.» (S. 346) Dies ist sicher mehr als nur eine Theorie des Dramas. Brechts Episches Theater und sein Verfremdungseffekt können auf eine große Anzahl von Künsten bezogen werden, auch auf den Film. Und Brechts Ideen haben in der Tat einen herausragenden Platz in der Entwicklung der Filmtheorie.

Was Brecht für das Theater erreichte, war, die Teilnahme des Zuschauers zu intensivieren, allerdings auf eine intellektuelle Art, während Artaud gerade die intellektuelle Annäherung abgelehnt hatte, zugunsten eines Theaters, das den Zuschauer in Trance versetzen sollte. Beide Theorien waren jedoch eindeutig gegen ein Theater der Nachahmung gerichtet.

Auf Grund ihrer strukturellen Verwandtschaft beeinflussen sich Theater und Film gegenseitig mehr als andere Künste. Wenn es auch in Frankreich so ist, daß viele der wichtigsten Romanschriftsteller des zwanzigsten Jahrhunderts gleichzeitig Filmemacher waren (Alain Robbe-Grillet, Marguerite Duras), so scheinen in England, Italien, Deutschland und in den USA (hier weniger) die Leute, die beim Film arbeiten, ihre Karriere eher zwischen Leinwand und Bühne aufzuteilen. Die Verbindung war fruchtbar. Während Brechts und Artauds Theorien in den vergangenen vierzig Jahren herangereift sind, hat sich das Theater in den Bahnen weiterentwickelt, die sie vorhergesagt haben; sie sind von keiner radikal neuen Theatertheorie verdrängt worden. Auf Artaud stützt sich das zeitgenössische Theater bei seinem erneuerten Interesse am rituellen Aspekt der dramatischen Erfahrung und seinem Sinn für die gemeinschaftliche Feier, die dem Theater immer zugrunde gelegen hat.

Ein Großteil davon wird erreicht, indem das moderne dramatische Theater der Mise en Scène im Gegensatz zum Text die zentrale Stelle einräumt. Andererseits richtet sich das zeitgenössische Theater auch nach dem gesprochenen Wort als Energiequelle aus. Besonders die englischen Stückeschreiber haben das Konzept vom Theater als Gespräch entwickelt, das seine Wurzeln bei Brecht hat. Harold Pinter, John Osborne, Edward Bond und Tom Stoppard haben neben anderen in den vergangenen vierzig Jahren ein Theater der verbalen Darstellung geschaffen, das in kleinen Theatern eine Wirkung hatte, die im Film nie hätte erzielt werden können.

Die große Ähnlichkeit zwischen den verschiedenen Theaterformen und dem Spielfilm hätte für die alte Kunst sehr wohl eine Katastrophe bedeuten können. Es sind bereits früher Künste «gestorben»: Im siebzehnten Jahrhundert wurde zum Beispiel das narrative oder epische Gedicht durch die Erfindung des Romans verdrängt. Aber das Theater hat die Herausforderung durch den Film mit erneuerter Vitalität beantwortet, und die Wechselbeziehung zwischen den beiden Kunstformen hat sich als eine Hauptquelle kreativer Energie in der Mitte des zwanzigsten Jahrhunderts erwiesen.

Film und Musik

Die Beziehung des Films zur Musik ist unvergleichlich viel komplexer. Bis zur Entwicklung der reproduzierenden Künste hatte die Musik eine einzigartige Position in der Gesamtheit der Künste. Sie war die einzige Kunst, in der die Zeit eine zentrale Rolle spielte. Auch Roman und Theater existierten in der Zeit, aber der Betrachter kontrolliert die «Zeit» eines Romans, und wenn auch Rhythmen in den darstellenden Künsten bedeutsam sind, so werden sie dennoch nicht streng kontrolliert. Ein Stückeschreiber oder Regisseur kann Pausen angeben, aber das sind nur die gröbsten der Zeit-Signaturen. Musik, die abstrakteste der Künste, verlangt eine präzise Kontrolle der Zeit und hängt davon ab.

Wenn die Melodie die narrative Facette der Musik ist und der Rhythmus das einmalige Zeit-Element, dann könnte die Harmonie in gewissem Sinne die Synthese der beiden sein. Die Bezeichnungen, die wir in der Musik benützen, zeigen diese Verbindung an. Drei Noten, von links nach rechts gelesen, bilden eine Melodie. Wenn sie in den Kontext einer Zeit-Signatur gestellt werden, werden Rhythmen über die Melodie gelegt. Wenn wir sie jedoch vertikal neu arrangieren, ist Harmonie das Ergebnis.

Die Malerei kann Harmonien und Kontrapunkte innerhalb eines Bildes und zwischen mehreren Bildern schaffen, aber es gibt kein Zeit-Element. Das Drama experimentiert gelegentlich mit dem Kontrapunkt – Eugène Ionescos doppelte Dialoge sind ein gutes Beispiel –, aber die so erzielten Effekte sind unerheblich. Die Musik hängt jedoch ab von der Beziehung zwischen «horizontalen» Melodie-Linien, die in Rhythmen gesetzt werden, und «vertikalen» Harmonien.

(Nein, ich bin nicht sicher, wie ich Rap oder Hip-Hop in dieses Gleichungssystem einpassen kann. Rap wurzelt in einer jahrhundertealten und fruchtbaren Tradition rhythmischer Sprachkunst und ist wahrscheinlich die innovativste Kunstform der neunziger Jahre. Weil Rap auf CDs vertrieben und auf MTV gesendet wird, legt das nahe, daß er nur als «Musik» behandelt wird – obwohl er auf Melodie und

Harmonien verzichtet. Rap betont, daß der Rhythmus das einzig wesentliche Element der Musik ist. Wir sollten vielleicht, zumindest in einer Hinsicht, den Rap als letztes Röcheln der Abstraktion ansehen – ironischerweise der einzige wirklich populäre Ausdruck von Tendenzen des anvantgardistischen Abstraktionismus. Möglicherweise reicht es auch aus, Rap als Musikalisierung von Dichtung zu verstehen: «Alle Kunst strebt den Charakter der Musik an» – und auf deren Markt.)

Abstrakt gesehen bietet der Film hinsichtlich Rhythmus, Melodie und Harmonie die gleichen Möglichkeiten wie die Musik. Die mechanische Natur des Mediums Film erlaubt eine strenge Kontrolle der Zeit: Narrative «Melodien» können nun genau kontrolliert werden. Begebenheiten und Bilder können auf der Leinwand wie Kontrapunkte arrangiert werden. Die Filmemacher begannen sehr früh mit dem musikalischen Potential der neuen Kunst zu experimentieren. Seit René Clairs *Entr'acte* (1924) und Fernand Légers *Ballet mécanique* (1924/25) hat der abstrakte oder «Avantgarde»-Film seine Wirkung zu einem großen Teil der Musiktheorie zu verdanken. Sogar vor dem Tonfilm hatten die Filmemacher angefangen, eng mit Musikern zusammenzuarbeiten. Hans Richters *Vormittagsspuk* (1928) hatte eine Partitur von Hindemith, «live» gespielt. Zu Walter Ruttmanns *Berlin – Die Sinfonie der Großstadt* (1927) existierte ebenfalls eine eigens komponierte Partitur.

Musik fand schnell Eingang in die Filmerfahrung; Stummfilme wurden normalerweise mit Live-Musik aufgeführt. Darüber hinaus entdeckten die innovativen Filmemacher der Stummfilmzeit bereits das musikalische Potential des Bildes selbst. In den späten dreißiger Jahren schuf Sergej Eisenstein für seinen Film *Aleksandr Nevskij* bereits ein ausgefeiltes Schema, um die Kamera-Bilder mit der Partitur des Komponisten Sergej Prokofjew in Einklang zu bringen. In diesem Film sowie in vielen anderen, wie zum Beispiel Stanley Kubricks *2001: A Space Odyssey* (1968), ist die Musik oft primär und bestimmt die Bilder.

Da ein Film normalerweise mit einer Geschwindigkeit von 24 Bildern pro Sekunde projiziert wird, hat der Filmemacher sogar eine genauere Kontrolle über den Rhythmus als der Musiker. Die kürzeste Vierundsechzigstelnote, die im westlichen Notationssystem geschrieben werden könnte, würde $^{1}/_{32}$ Sekunde betragen, aber es wäre unmöglich, Noten mit dieser Geschwindigkeit tatsächlich auf einem Instrument zu spielen. Die $^{1}/_{24}$-Sekunden-Einheit, die die kleinste Einheit beim Film ist, übertrifft eindeutig die schnellsten Rhythmen in der westlichen Instrumentalmusik. Die am höchsten entwickelten Rhythmen in der Musik, die indischen Talas, nähern sich der Basis-Einheit des Filmrhythmus als einer oberen Grenze.

Wir lassen hierbei natürlich die Musik außer acht, die mechanisch oder elektronisch erzeugt wird. Schon bevor das System der Tonaufnahme herangereift war, bot das elektrische Klavier Musikern eine Gelegenheit, mit rhythmischen Systemen zu experimentieren, die für Menschen nicht mehr spielbar waren. Conlon Nancar-

Filmstreifen aus Légers *Ballet mécanique* (1924 / 25). Jeweils vier Bilder dauerten normalerweise ⅙ Sekunde auf der Leinwand. Das würde den Effekt einer rhythmischen Doppelbelichtung ergeben. *(Museum of Modern Art / Film Stills Archive)*

rows «Studies for Player Piano» (die ersten dieser Studien für mechanisches Klavier entstanden 1948) waren interessante Erkundungen dieser Möglichkeiten.

Der Film benutzt ebenfalls ein System musikalischer Konzepte, die in visuelle Begriffe umgesetzt werden: Melodie, Harmonie und Rhythmus sind seit langem Wertvorstellungen in der Filmkunst. Obwohl der Film per se der Musik starke ökonomische Anstöße gegeben hat, indem er Musikern einen bedeutenden Markt eröffnete, hatte er keine besonders starke ästhetische Wirkung auf die Musik. Die Techniken der Tonaufzeichnung haben jedoch die ältere Kunst revolutioniert. Der Einfluß der neuen Technologie machte sich in zwei Wellen bemerkbar.

Die Erfindung des Phonographen im Jahre 1877 veränderte die Verbreitung der Musik auf radikale Weise. Es war nicht mehr notwendig, eine Vorführung zu besuchen, ein Privileg, das über Jahrhunderte einer kleinen Elite vorbehalten gewesen war. Bachs Goldberg-Variationen, die als Nachtmusik für einen einzelnen begüterten Menschen geschrieben worden waren, den Grafen Kaiserling, den ehemaligen russischen Gesandten am Hof des Kurfürsten von Sachsen, und von seinem persönlichen Cembalospieler, Johann Gottlieb Goldberg, gespielt wurden, waren nun für Millionen Menschen erreichbar, die sich keinen Musiker vierundzwanzig Stunden zu ihrer privaten Verfügung halten konnten.

Tonaufzeichnungen und später Radiosendungen wurden bald kraftvoll sich durchsetzende Medien zur Verbreitung von Musik. Neben ihnen gab es noch Musikaufführungen, aber sie wurden von der Tonaufzeichnung verdrängt. Das hatte auf die Natur dieser Kunst eine ebenso tiefgreifende Wirkung wie die Erfindung der Druckpresse und des Buchdrucks mit beweglichen Lettern auf die Literatur. Die Technologie bestimmte sehr bald die Kunst.

So wie die Erfindung der beweglichen Druckletter die Literatur für die Massen zugänglich gemacht hatte, so demokratisierten die Tonaufzeichnungen die Musik. Die historische Bedeutung dessen kann nicht hoch genug eingeschätzt werden. Es gab aber auch einen negativen Aspekt bei der mechanischen Reproduktion von Musik. So ging die Volksmusik stark zurück, jene Kunst, die die Menschen in Ermangelung professioneller Musiker für sich selbst schufen. Im Endeffekt war das ein niedriger Preis für das Netz neuer Kanäle der Musikverbreitung, und tatsächlich hat die neue musikalische Bildung, an der die Tonaufzeichnung den entscheidenden Anteil hatte, sich später zugunsten der populären Künste ausgewirkt, die im zwanzigsten Jahrhundert wie nie zuvor im Mittelpunkt der Musikwelt stehen.

Obwohl die Erfindung des Phonographen eine tiefreichende gesellschaftliche Wirkung auf die Musik hatte, war ihre technische Bedeutung zunächst nur sehr geringfügig. Dies hängt mit der Begrenztheit des Edisonschen Systems zusammen. Erst in den späten vierziger und den frühen fünfziger Jahren wurde die Musik-Technik von den reproduzierenden Künsten beeinflußt – als das Magnet-Tonband den Phonographen als wichtigstes Aufnahmegerät zu ersetzen begann und die elektrische Transkription den elektronischen Methoden wich.

Die Wirkung war wiederum revolutionär. Musiker hatten mit elektronischen Instrumenten bereits jahrelang vor der Entwicklung des Magnet-Tonbandes experimentiert, aber sie waren durch die Begrenzungen der Vorführung immer noch eingeengt. Das Tonband befreite sie davon und erlaubte es, Musik zu «schneiden». Die Filmtonspur, die optisch und nicht magnetisch war, existierte bereits zwanzig Jahre vor dem Tonband, aber im Kontext des Films hatte man ihr immer eine dienende Rolle zugewiesen: Sie war niemals ein selbständiges Medium.

So wie das Tonband Einzug hielt in die Aufnahme-Studios, war die Tonaufzeichnung nicht mehr allein ein Mittel, Musikaufführungen aufzuzeichnen und zu verbreiten: Sie wurde nun ein zentrales Medium der Kreativität. Tonaufzeichnung ist inzwischen so sehr zu einem integralen Teil der Musikschöpfung geworden, daß sogar populäre Musik (nicht zu reden von Avantgarde- und Elite-Musik) seit den frühen fünfziger Jahren eher eine Schöpfung der Aufnahme-Studios ist als eine Musikaufführung. *Sergeant Pepper's Lonely Hearts Club Band* (1967) der Beatles, ein Meilenstein in der Entwicklung der praktischen Protokollkünste, konnte auf der Bühne nicht reproduziert werden. Es hat viele frühere Beispiele für diese Verlagerung gegeben, mindestens seit den beliebten Platten von Les Paul und Mary Ford in den frühen fünfziger Jahren. Aber die Platte der Beatles steht im allgemeinen für das Mündigwerden der Studio-Aufzeichnung als eine der wichtigsten kreativen musikalischen Kräfte.

Das Gleichgewicht hat sich heute so radikal verändert, daß «Aufführungen» populärer Musik (von Avantgarde-Aufführungen ganz zu schweigen) heute oft Tonaufzeichnungen integrieren, und manches läßt sich einfach überhaupt nicht live aufführen. Wenn die Techniken der visuellen Aufzeichnung eine ebenso große Wirkung auf das Theater gehabt hätten, dann bestünde heute eine durchschnittliche Theateraufführung zu einem großen Teil und das Avantgarde-Theater fast ausschließlich aus Film.

Die Beziehung von Tonaufzeichnung und den Musik-Künsten ist ganz offensichtlich sehr komplex. Wir haben hier nur die Grundzüge der neuen Dialektik beschrieben. Es kann als höchst bedeutungsvoll angesehen werden, daß, anders als die Technik der Bildaufzeichnung, die Technik der Tonaufzeichnung schnell in die Kunst der Musik integriert wurde. Film wurde von Anfang an als eine vom Theater, der Malerei und dem Roman unterschiedene Kunst angesehen, aber Tonaufzeichnungen werden noch heute in die Kategorie Musik mit eingeschlossen.

Dies ist zu einem Teil Ergebnis der bis in die sechziger Jahre praktisch einzigen Aufzeichnungsart – Schallplatten. Anders als der Film konnten Platten ihr Material nur einfach aufnehmen und es reproduzieren, aber sie konnten es nicht neu gestalten. Die Entwicklung von Tonband und elektronischer Technologie fügte jedoch der Tonaufzeichnung ein kreatives Element hinzu. Heute ist die Tonaufzeichnung eher flexibler und weiter entwickelt als die Bildaufzeichnung. Es mag nur eine Frage der Zeit sein, bis auch die Tonaufzeichnung als gesonderte Kunstform angesehen wird. Wenn das Radio die Erfindung des Fernsehens besser überstanden hätte, wäre dies eher geschehen, so aber wurde die Rundfunk-Kunst zu genau dem Zeitpunkt vom Fernsehen verdrängt, als die Tonaufzeichnung um 1950 herum als eigene Kunst zu entstehen begann. Das Radio beginnt erst jetzt seine Flexibilität wiederzugewinnen.

Bezeichnenderweise war die Tonaufzeichnung als eine integrierte Komponente des Films in diesen Jahren auch auf einem Tief, und sie ist erst in letzter Zeit wieder in Erscheinung getreten. Im Idealfall sollten in der Film-Gleichung Ton und Bild gleichrangig sein und nicht der Ton dem Bild untergeordnet, wie er es heute ist. Kurz gesagt, der Film hat gerade erst angefangen, auf den Einfluß der Musik zu reagieren.

Film und die Umwelt-Künste

Wenn es eine Kunst gibt, die dem Einfluß des Films und der Protokollkünste gegenüber relativ immun geblieben ist, so ist dies die Architektur. Anders als Roman, Malerei und Musik haben die Umwelt-Künste nicht direkt auf die neue Form künstlerischer Sprache reagiert. Wir können viel eher eine fruchtbare Verbindung zwischen Drama und Architektur erkennen als zwischen Film und Architektur. Die Funktion des Theaters als Gebäude hat nicht nur eine direkte Wirkung auf die in ihm produzierte Kunst gehabt: Architektonische Konstruktionen selber sind ein Teil der Aufführung geworden. Dieses Phänomen läßt sich in jedem Fall bis auf die «Masks» (höfische Maskenspiele in England) des frühen siebzehnten Jahrhunderts zurückverfolgen, deren kunstvolle, merkwürdige Ausstattungsentwürfe – besonders die des Architekten Inigo Jones – Ehrenplätze innehatten. Die neuere Tendenz zum umweltbezogenen, interaktiven Theater mit seiner dazugehörigen Theorie, nach der das Publikum physisch in den Ort einer Produktion ebenso einbezogen sein soll wie in ihre Erzählung, hat zu einer noch engeren Verbindung von Drama und Theater-Architektur geführt.

Aber so wie Brecht und Artaud es sahen, liegt die Achillesferse des Films genau hier: Wir können physisch nicht in die Welt des Bildes eindringen. Filmbilder können uns umgeben, uns psychologisch überwältigen, aber wir sind, strukturell gesehen, immer noch von ihnen getrennt. Selbst die Medien der sogenannten virtuellen Realität lassen etwas Entscheidendes vermissen: Man kann die von ihnen geschaffene Welt nicht anrühren oder ertasten. Wir können beim Film nicht selbst eingreifen. Die Architektur besteht hingegen auf Interaktion und erfordert diese sogar. Ihre Funktion ist praktischer Natur und ihre Form dementsprechend.

Immer noch bleibt die Beziehung zwischen Film und Umweltkünsten eher metaphorisch als direkt. Der Film kann die Architektur aufzeichnen (so wie er es mit jeder anderen Kunst auch kann), aber dies schafft kaum eine dialektische Beziehung. Die Theorie der Filmmontage mag einen leichten Einfluß auf die Architekturtheorie gehabt haben, aber er war mit Sicherheit minimal, wenn es ihn überhaupt gegeben hat. Obwohl wir uns Film oft als ein «konstruiertes» Werk vorstellen, ist es auch hier eher die Metapher der Konstruktion als die wirkliche Kunst des Bau-Entwurfs, die den Film beherrscht.

Wenn all dies auch in der Vergangenheit zutreffend war, so kann doch die Zukunft einige Überraschungen bringen. «Pop»-Architektur – die Las-Vegas-Ästhetik – läßt sich eher mit der Struktur des Films vergleichen als die Art von Elite-Architektur mit formalen künstlerischen Intentionen, die bis vor kurzem allein die Aufmerksamkeit der Architektur-Kritiker und -Historiker auf sich zog. Als gesellschaftlicher und politischer Ausdruck der Kultur kann die Architektur engere Parallelen zum Film haben, als es auf den ersten Blick erscheint. In den späten sechziger Jahren (besonders in *Deux ou trois choses que je sais d'elle*, 1966) erforschte Jean-Luc Godard diese zugegebenermaßen dürftigen Verbindungen. In den siebziger und achtziger Jahren haben sich die Architekten / Kritiker Robert Venturi, Denise Scott Brown und Stephen Izenour der Film-Architektur-Verbindung vom entgegengesetzten Standpunkt her genähert. In einer von ihnen entworfenen Ausstellung mit dem Titel «Signs of Life: Symbols in the American City» (Renwick Gallery, Washington, D. C., 1976) benutzten die Venturis ein System elektronisch gesteuerter Malerei, das von der 3M Company entwickelt worden war, um lebensgroße, sehr realistische Szenen aus dem Stadtbild zu produzieren, die dann in wirkliche Konstruktionen integriert wurden.

Die Ausweitung dieser Technik könnte bedeutend sein. Insofern, als Architektur eher eine Umweltkunst ist als nur ein Konstruktionssystem, könnte die objektive visuelle Komponente sich gut für eine fotografische – und möglicherweise kinematografische – Produktion eignen. Thomas Wilfreds markante «Lumia»-Lichtskulpturen sowie die «Light Shows», die in den späten sechziger Jahren häufig Rockkonzerte begleiteten, machen ebenfalls auf interessante Anwendungsmöglichkeiten der Filmtechniken auf die Umwelt aufmerksam.

In den frühen neunziger Jahren hat sich Bill Gates, der superreiche Gründer der Softwarefirma Microsoft, ein weitläufiges Wohnhaus in der Nähe der Hauptverwaltung seiner Firma in Redmond, Washington, gebaut. Diese durchgestylte Villa wurde mit zahlreichen großflächigen Wand-Bildschirmen zur – elektronischen – Anzeige großer Kunstwerke ausgestattet, für die Gates in anderem Zusammenhang die Rechte zur elektronischen Verbreitung erworben hatte. Das Resultat? Eine Art virtuelles Xanadu – die Antwort des Software-Zaren auf das Anwesen des Presse-Zaren Hearst an der Pazifikküste.

Während es kaum vorstellbar ist, daß die Integration von Fotografie und Architektur zu mehr führen könnte als Trompe-l'œil-Effekten, hat sich das wachsende Interesse an der Künstlichkeit der visuellen Umgebung schon durch zeitgenössische Entwicklungen angedeutet, die wir «Geräusch-Architektur» nennen könnten. Haben sich Architekten bisher immer mit der physischen Umgebung beschäftigt, die wir im allgemeinen so wahrnehmen, wie sie uns visuell übermittelt wird, so wenden sie ihre Aufmerksamkeit nun den Geräuschen unserer Umgebung zu.

Die «Muzak» in Aufzügen, Einkaufszentren und Bürogebäuden der sechziger und siebziger Jahre war das erste Beispiel für eine Geräusch-Welt. Die «Environment»-Serien, elektronisch erzeugte oder veränderte Aufnahmen, die von Syntonic Research Inc. produziert wurden, boten in den frühen Siebzigern weitaus raffiniertere Beispiele. Vom Computer erstellte Rekonstruktionen natürlicher Geräusche wie Ozeanwellen, Regen und Vogelgezwitscher lieferten die ersten psychologisch wirksamen Geräuschkulissen. Gesellschaftlich gesehen, hat die Allgegenwart von Radio und Fernsehen eine ähnliche Funktion: Sie dienen als Hör- und Sehkulisse, vor denen wir unseren Alltag leben.

Die Öffentlichkeits-Erfahrung «Muzak» ist durch die achtziger und neunziger Jahre hindurch im Rückgang begriffen. An ihre Stelle ist die Privat-Erfahrung des nahezu allgegenwärtigen Walkmans getreten. Wir erschaffen jetzt unsere eigenen individuellen Hör-Umgebungen, die wir mit uns führen können, wohin auch immer wir uns begeben. Wenn der Walkman der erste Schritt zu einer privaten virtuellen Realität war, dann war das Mobiltelefon der zweite. In den USA sind inzwischen genug von diesen für den Privatgebrauch konzipierten Geräten abgesetzt worden, so daß man sich leicht eine nicht allzu ferne Zukunft vorstellen kann, in der absolut niemand mehr der wirklichen Welt zuhört. Diese Möglichkeit gibt der Scherzfrage neue Bedeutung, ob denn ein Geräusch entstehe, wenn ein Baum im Wald umfällt, ohne daß jemand da ist, der es hören könnte, und führt zu einigen ernsthaften Fragestellungen über die elektronische Gesellschaft. Darüber mehr in Teil 7 «Multimedia».

Gegenwärtig befindet sich die Kunst solcher kulturellen Elemente noch auf einem sehr niedrigen Niveau: Hör-Umgebungen sind mehr ein Problem denn ein charakteristischer Zug des gegenwärtigen Lebens. Aber über kurz oder lang wird dies Problem angegangen, und die Architekten, die mit der Verantwortung für das Erscheinungsbild unserer künstlichen Welt betraut sind, werden sich intensiv mit der Hör- wie der Seh-Umgebung befassen müssen, und beiderlei Aufzeichnungen werden als Selbstverständlichkeit in die dingliche, konkrete Ausgestaltung unserer Umwelt integriert.

Die Struktur der Kunst

Film, Tonaufzeichnung und Video haben also eine tiefgreifende Wirkung auf die Natur und die Entwicklung fast aller anderen, traditionellen Künste gehabt und sind ihrerseits in nicht unbedeutendem Ausmaß von ihnen geformt worden. Aber wenn das Spektrum der Künste umfassend ist, so ist es die Domäne des Films und der Protokollkünste um so mehr. Film, Disks und Bänder sind Medien, das heißt Agenturen oder Kanäle der Kommunikation. Wenn auch die Kunst ihr Hauptanwendungsgebiet ist, so ist sie zweifellos nicht ihr einziges. Der Film ist überdies ein wichtiges wissenschaftliches Hilfsmittel, das neue Wissensgebiete erschlossen hat. Er stellt auch das erste wichtige allgemeine Kommunikationsmittel seit der Erfindung der Schrift dar.

Als Medium ist der Film ein der Sprache sehr ähnliches Phänomen. Er hat keine kodifizierte Grammatik, kein aufgelistetes Vokabular, er hat nicht einmal besondere Gebrauchsregeln; insofern ist er also kein Sprach*system* wie geschriebenes oder gesprochenes Deutsch. Er übt aber dennoch viele der Kommunikations-Funktionen der Sprache aus. Es wäre also sehr nützlich, wenn wir die Funktionsweise des Films mit einem gewissen Maß von logischer Präzision beschreiben könnten. In Teil 5 werden wir darauf eingehen, wie der Wunsch, eine rationale – sogar wissenschaftliche – Struktur für den Film zu beschreiben, länger als ein halbes Jahrhundert eines der wesentlichsten Motive von Filmtheoretikern war.

Seit den sechziger Jahren hat die Semiotik eine interessante Annäherung an die logische Beschreibung des sprachähnlichen Phänomens Film und der anderen Protokollkünste geliefert. Der Linguist Ferdinand de Saussure legte in den frühen Jahren dieses Jahrhunderts den Grundstock für die Semiotik. Saussures einfache, doch elegante Idee war es, Sprache nur als eines von vielen Systemen von Verständigungs-Codes anzusehen. Die Linguistik wird also schlicht zu einem Gebiet allgemeiner Erforschung von Zeichensystemen – «Semiotik» (oder «Semiologie»).

Der Film hat vielleicht keine Grammatik, aber er hat Systeme von «Codes». Er hat, strenggenommen, kein Vokabular, aber er hat ein Zeichensystem. Er benutzt auch die Zeichensysteme und Codes einer Anzahl anderer Kommunikationssysteme. Jeder musikalische Code kann zum Beispiel in der Filmmusik benutzt werden. Die meisten narrativen wie auch bildlichen Codes können ebenfalls im Film angewandt werden. Vieles aus der vorhergehenden Diskussion über die Beziehung zwischen Film und den anderen Künsten könnte quantitativ bestimmt werden, indem die Codes dieser Künste, die sich in den Film übertragen lassen, im Gegensatz zu denen beschrieben werden, die sich nicht übertragen lassen. Erinnern wir uns an Robert Frost: «Poesie ist das, was sich nicht übersetzen läßt.» So können gerade die Codes die besondere Stärke einer Kunst ausmachen, die sich in anderen Künsten nicht gut anwenden lassen.

Obwohl das Code-System der Semiotik einen großen Schritt dahingehend bedeutet, daß es möglicherweise präziser beschreibt, wie der Film das erreicht, was er erreicht, ist es aber insofern beschränkt, als es mehr oder weniger darauf besteht, den Film wie die Sprache auf grundlegende, getrennte, quantifizierbare Einheiten zurückzuführen. Wie die Linguistik eignet sich die Semiotik nicht besonders gut dafür, den vollständigen metaphysischen Sinn ihres Gegenstandes zu beschreiben. Sie beschreibt die Sprache oder das Kommunikationssystem des Films sehr gut. Aber sie kann nur schwer die künstlerische Wirkung des Films beschreiben. Ein der Literaturkritik entliehener Begriff mag in diesem Zusammenhang nützlich sein: die «Trope».

Im allgemeinen bedeutet der Begriff «Trope» in literarischer Kritik «bildlicher Ausdruck», das heißt eine «Wendung», in der die Sprache so verändert wird, daß sie mehr ausdrückt als die wortwörtliche Bedeutung. Das Konzept von Code und Zeichen beschreibt die Elemente der «Sprache» einer Kunst; der Begriff Trope ist notwendig, um die oft sehr ungewöhnliche und unlogische Art zu beschreiben, in der solche Codes und Zeichen benützt werden, um neue, unerwartete Bedeutungen zu schaffen. Wir beschäftigen uns nun mit dem aktiven Aspekt der Kunst. «Trope» aus dem griechischen «Tropos» bedeutete ursprünglich «Wendung», «Weg» oder «Art und Weise»; so weist das Wort sogar etymologisch eher auf eine Aktivität hin als auf eine statische Definition.

Rhythmus, Melodie und Harmonie sind zum Beispiel wichtige musikalische Codes. Innerhalb jedes dieser Codes gibt es Systeme von Subcodes. Ein synkopierter Schlag, so wie er für den Jazz ganz wesentlich ist, kann als Subcode angesehen werden. Aber die erregenden, eigentümlichen Synkopen von Thelonious Monks Musik sind Tropen. Es gibt keine Möglichkeit, sie wissenschaftlich quantitativ zu bestimmen, und genau das macht Thelonious Monks musikalisches Genie aus.

Ebenso werden Form, Farbe und Linienführung in der Malerei als Basiscodes angesehen. Die Arten der Konturierung – «hard edge» und «soft edge» – sind Subcodes. Aber die präzisen, Linien eines Bildes von Ingres oder die feinen, sanften Striche einer Skizze von Auguste Renoir sind ganz eigentümliche Tropen.

Beim Bühnendrama hat die Geste eine zentrale Stellung in der Kunst und ist einer ihrer grundlegenden Codes. Das Ausstrecken einer beringten Hand zum Treue-Kuß ist ein spezifischer Subcode. Aber die Art, wie Laurence Olivier diese Geste in *Richard III.* ausführt, ist auf eine besondere Art ihm eigentümlich: eine Trope.

Das System einer Kunst kann allgemein in semiotischen Begriffen als eine Ansammlung von Codes beschrieben werden. Die einzigartige Aktivität einer Kunst liegt jedoch in ihren Tropen. Der Film kann benutzt werden, um die meisten anderen Künste wiederzugeben. Er kann ebenfalls fast alle Codes übersetzen, die den narrativen, visuellen, musikalischen und dramatischen Künsten gemein sind. Schließlich hat er ein System von Codes und Tropen, das ganz auf ihn bezogen und spezifisch für die reproduzierenden Künste ist.

Seine eigenen Codes und Tropen rühren von seiner komplexen Technologie her – einem neuen Phänomen in der Welt der Kunst und der Medien. Um zu verstehen, wie der Film allen anderen Künsten *un*ähnlich ist – die zweite Phase unserer Untersuchung –, ist es notwendig, sich diese Technologie genau anzusehen.

Poesie ist das, was sich nicht übersetzen läßt. Kunst ist das, was sich nicht definieren läßt. Film ist das, was sich nicht erklären läßt. Wir wollen es dennoch versuchen.

ZWEI

FILMTECHNIK: BILD UND TON

Kunst und Technik

Jede Kunst wird nicht nur durch die Politik, die Philosophie und die Ökonomie einer Gesellschaft bestimmt, sondern auch durch ihre Technik. Dies Verhältnis ist nicht immer eindeutig: Manchmal führen technische Entwicklungen zu einer Veränderung des ästhetischen Systems einer Kunst; manchmal verlangen ästhetische Notwendigkeiten nach einer neuen Technik; oft entspringt die technische Entwicklung einer Kombination ideologischer und ökonomischer Faktoren. Doch solange nicht künstlerische Impulse durch diese oder jene Technik verwirklicht werden können, entsteht kein Kunstwerk.

Oft sind die Zusammenhänge sehr weitgreifend: Der Roman hätte ohne die Druckerpresse nie entstehen können, doch die rasante Weiterentwicklung der Drucktechnik in den letzten Jahren (kurz im Teil 6 angesprochen) hatte keinen erkennbaren Einfluß auf die ästhetische Entwicklung des Romans. Die ästhetischen Veränderungen, die der Roman in den dreihundert Jahren seiner Entwicklung erfuhr, hatten ihre Wurzel in anderen historischen Faktoren, vor allem im sozialen Umgang mit Kunst.

Das Schauspiel wurde radikal verändert, als neue Beleuchtungstechniken die Verlagerung nach innen und hinter eine schützende Rampe erlaubten, doch die im zwanzigsten Jahrhundert zu beobachtende Rückwendung zur offenen Spielfläche beruhte weniger auf technischen Neuerungen als vielmehr ideologischen Faktoren. Bach, auf dem Cembalo seiner Zeit gespielt, klingt ganz anders als auf einem modernen «wohltemperierten Klavier», doch Bach bleibt Bach. Die Erfindung der Ölfarbe eröffnete den Malern ein vielseitiges Medium, doch wäre die Ölfarbe nie erfunden worden, so hätten die Maler auf andere Weise gemalt.

Kurzum: Obwohl es Wechselwirkungen zwischen Kunst und Technik gab – nicht nur beschränkt auf ein Genie wie Leonardo da Vinci, der in beiden Bereichen Herausragendes leistete –, Wechselwirkungen, die die moderne Konzeption vom Antagonismus der beiden Gebiete Lügen strafen, so kann man doch die Geschichte der Malerei studieren, ohne je den Unterschied von Öl- und Acrylfarben erfahren zu haben. Ebenso kann man einen Überblick über die Literaturgeschichte gewinnen, ohne das Funktionieren der Linotype oder der Offset-Presse zu verstehen.

Doch beim Film ist das anders. Der große künstlerische Beitrag des Industriezeitalters, die Protokollkünste – Film, Tonaufzeichnung und Fotografie –, beruhen wesentlich auf einer komplexen, kunstvollen und sich immer weiter entwickelnden Technik. Niemand kann hoffen, jemals voll zu erfassen, wie diese Künste zu ihren Ergebnissen kommen, ohne ein Grundverständnis sowohl der zur Realisierung nötigen Technik als auch der ihr zugrundeliegenden Wissenschaft.

Die Bildtechnik

Die Erfindung der Fotografie im frühen neunzehnten Jahrhundert markiert einen bedeutenden Trennungsstrich zwischen dem vortechnischen Zeitalter und der Gegenwart. Die künstlerischen Impulse, die Natur nachzuahmen, waren vorher und nachher im wesentlichen die gleichen, doch die verbesserte technische Fähigkeit des zwanzigsten Jahrhunderts, Bilder und Töne festzuhalten und wiederzugeben, eröffnet erregende neue Möglichkeiten.

Vorher waren wir auf unsere beschränkten physischen Fertigkeiten angewiesen: Der Musikant erzeugte Töne durch Blasen, Zupfen oder Singen; der Maler realistischer Bilder mußte sich ganz auf sein Auge verlassen; der Schriftsteller – wenn auch nicht direkt den gegenständlichen Künsten zuzuordnen – war dennoch bei der Beschreibung von Vorgängen oder Personen auf seine eigene Beobachtungsgabe angewiesen. Die Aufnahmetechnik erlaubt es uns jetzt, Bilder, Töne und Ereignisse per

Diese Version der Camera obscura reflektiert das einfallende Licht auf einen Bildschirm an der Oberseite des Kastens, so daß ein Künstler das Bild nachzeichnen konnte. Ist das Loch klein genug, so erscheint eine Projektion des Bildes. Das optische Gesetz ist in Abbildung Seite 76 beschrieben. *(International Museum of Photography, George Eastman House)*

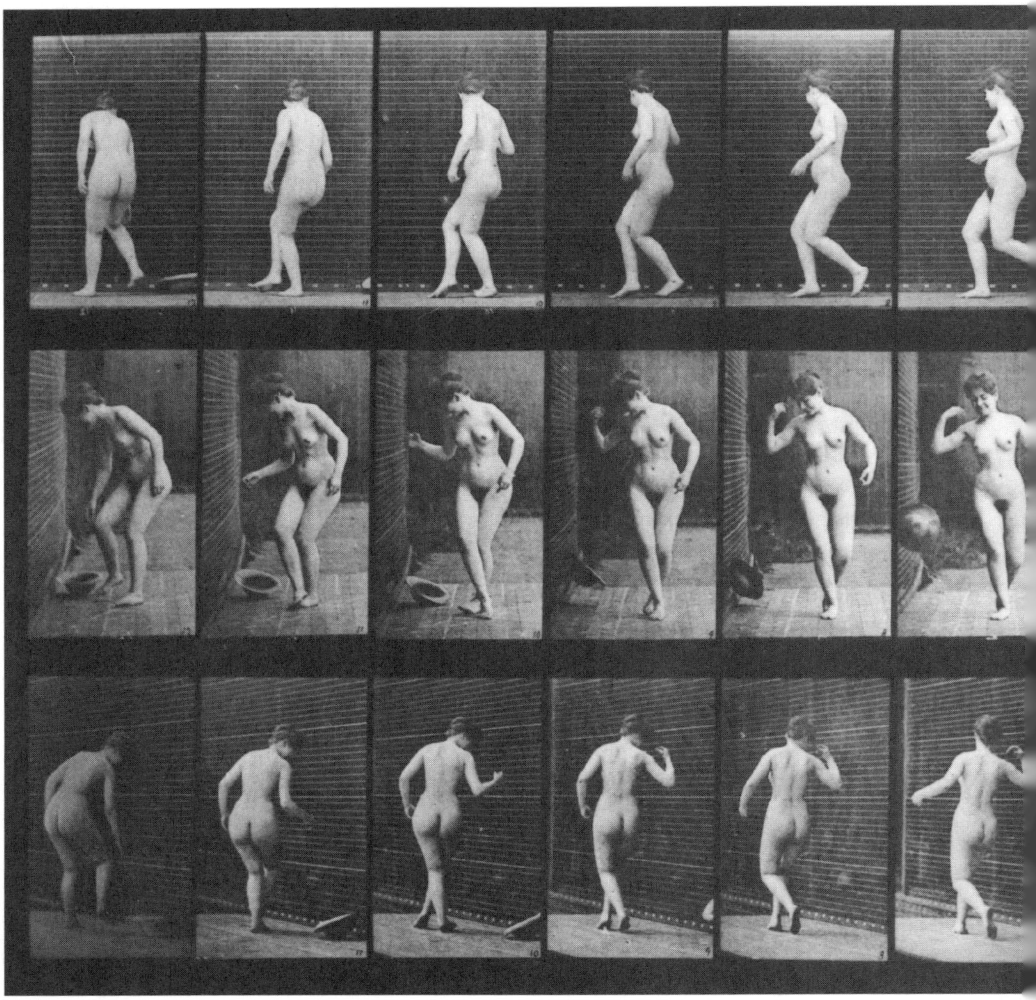

Zwischen 1870 und 1890 bereiteten die Experimente von Étienne Jules Marey in Frankreich und Eadweard Muybridge in Amerika den Weg vor für die Entwicklung der Filmkamera. Muybridge interessierte sich insbesondere für die Bewegungen von Menschen und Tieren. Diese Platte, *Woman Kicking*, wurde

Aufzeichnung festzuhalten und sie direkt einem Zuschauer zu vermitteln, ohne daß sich die Persönlichkeit und das Talent des Künstlers dazwischenschieben müssen. Ein neuer Kommunikationskanal ist entstanden, in seiner Bedeutung der geschriebenen Sprache ebenbürtig.

Auch wenn die Kamera erst gegen Anfang des neunzehnten Jahrhunderts in Gebrauch kam, so sind die Versuche, ein solches magisches Werkzeug zur direkten Aufzeichnung der Realität zu entwickeln, sehr viel älter. Die Camera obscura, die Großmutter der Foto-Kamera, entstand in der Renaissance. Leonardo hatte das

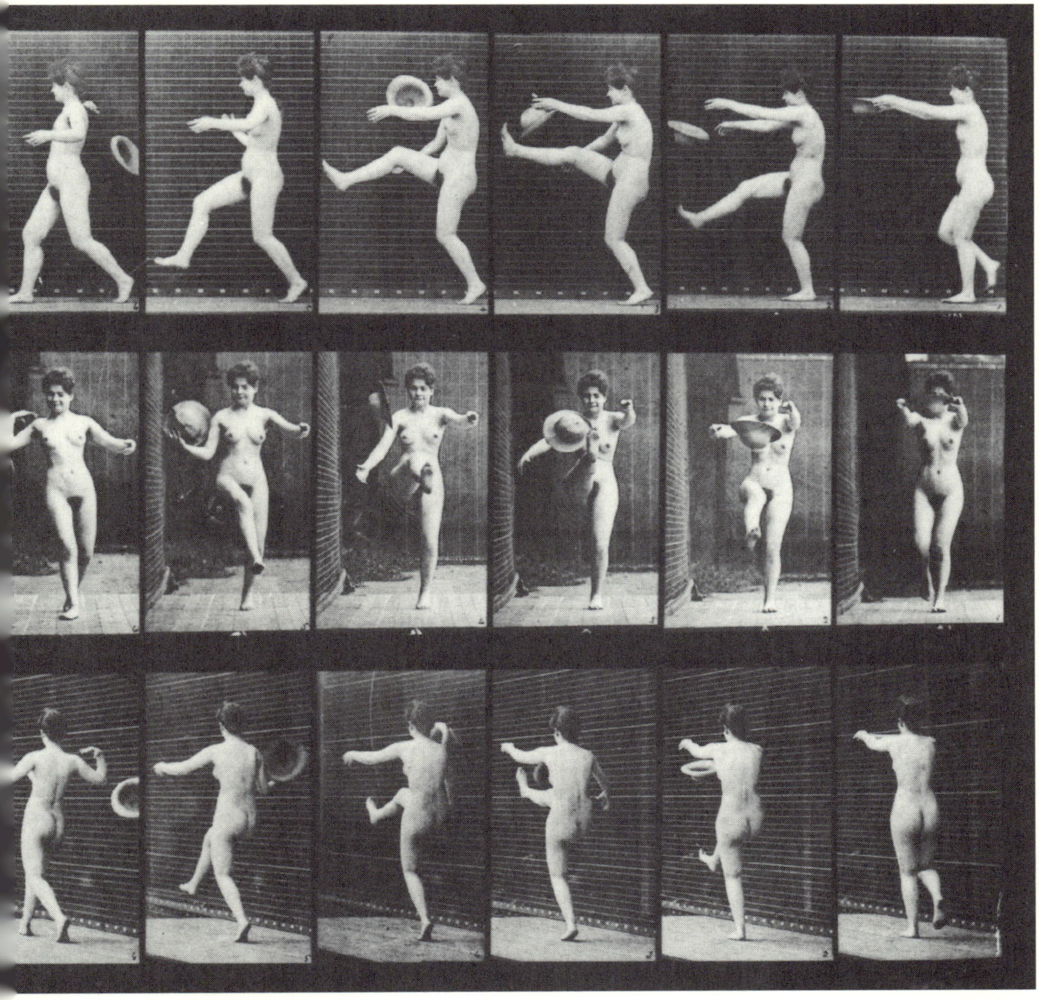

mit drei Kameras aufgenommen, die je zwölf Objektive hatten und mit einem elektrischen Zeitauslöser verbunden waren. Die drei Streifen zeigen die gleiche Handlung von der Seite, von vorn und von hinten. (*Platte 367, aus* Animal Locomotion. *1887. Collotypie. Museum of Modern Art, New York*)

Prinzip beschrieben, und im Jahre 1558 erschien der erste gedruckte Bericht über die Nützlichkeit der Erfindung, Giovanni Battista della Portas Buch *Magia naturalis.* Einige Hinweise führen zurück bis zu Alhazen, einem arabischen Astronomen des zehnten Jahrhunderts. Die Camera obscura (wörtlich «dunkler Raum») basiert auf einem einfachen optischen Prinzip, doch sie enthält schon alle Grundelemente der heutigen Foto-Kamera bis auf eines: den Film, das Medium, auf dem das projizierte Bild festgehalten wird.

Gewöhnlich wird die erste praktische Entwicklung eines solchen Mittels Louis

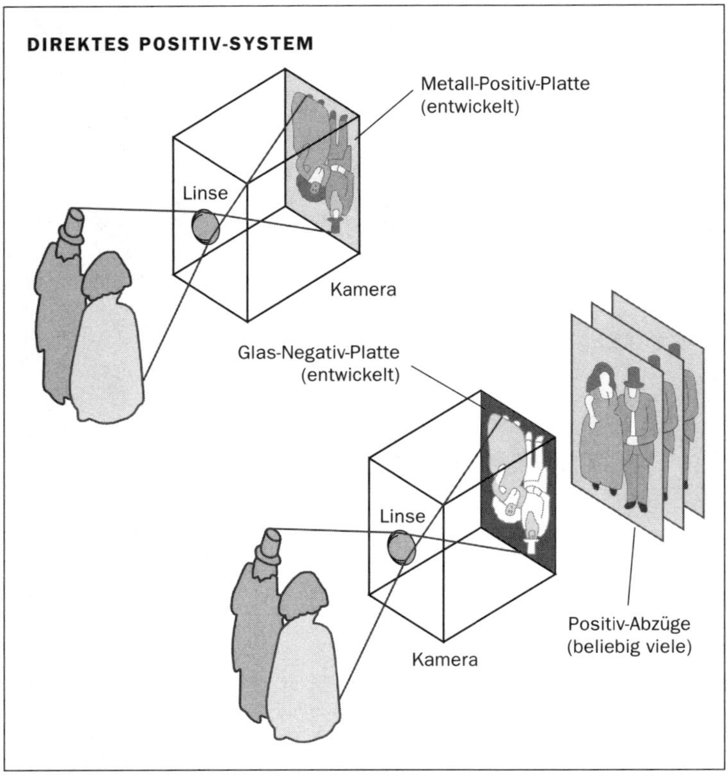

Fotografische Systeme. Das Negativ-Positiv-System (rechts) der Talbottypie, Collotypie und der modernen Fotografie erlaubt unendlich viele Reproduktionen des Bildes. Das direkte Positiv-System der frühen Daguerreotypien (links) ergibt ein einzelnes, einmaliges Bild. Moderne «Sofortfoto»-Systeme wie Polaroid-Land liefern ebenfalls direkte Positive und sind daher mit der Daguerreotypie zu vergleichen.

Daguerre 1839 zugeschrieben. Doch dessen Kollege Joseph Nièpce, der 1833 starb, hatte wertvolle Vorarbeit geleistet: Ihm glückte 1827 das erste «gelungene Experiment, ein Bild der Natur festzuhalten» (Beaumont Newhall). Gleichzeitig arbeitete William Henry Fox Talbot in ähnlicher Richtung: Die moderne Fotografie beruht auf seinem System der Negativ-Aufzeichnung und Positiv-Wiedergabe. Daguerre, dessen fotografische Platte ein Positiv war und deshalb nicht reproduzierbar (außer durch eine neue Fotografie), war in eine Sackgasse geraten: die Daguerreotypie markiert das Ende einer technischen Entwicklungslinie, nicht den Beginn. Dagegen erlaubten Fox Talbots Negative unbegrenzte Reproduktionen. Das Papier-Negativ wurde bald durch das flexible Kollodiumfilm-Negativ ersetzt, was nicht nur die Bildqualität entscheidend verbesserte, sondern auch eine Entwicklungslinie zur Aufzeichnung bewegter Bilder andeutete.

Wie die Foto-Kamera besaß auch die Film-Kamera ihre Vorläufer. Die Laterna magica, die Bilder auf eine Leinwand werfen konnte, stammt aus dem siebzehnten Jahrhundert und wurde schon 1850 für die Verwendung von Fotografien eingerichtet. Die Herstellung einer Illusion von Bewegung gelang in den dreißiger Jahren des letzten Jahrhunderts durch die sogenannten Wunderscheiben und das 1834 durch William Horner patentierte Zoetrop, dessen Vorläufer bis in das Altertum zurückreichen. In den siebziger Jahren begannen Eadweard Muybridge in Kalifornien und Étienne Jules Marey in Frankreich, mit der fotografischen Aufzeichnung von Bewegungen zu experimentieren. Émile Reynauds Praxinoskop (1877) war der erste funktionstüchtige Apparat zur Projektion laufender Bilder auf einem Bildschirm. 1889 beantragte George Eastman ein Patent für seinen flexiblen fotografischen Film, den er für die Rollfilm-Kamera entwickelt hatte, und das letzte Grundelement der Kinematografie war da.

Bis 1895 wurden alle diese Elemente zusammengeführt: Der Film war geboren.

Die Tontechnik

Die Technik der Tonaufzeichnung entwickelte sich sehr viel schneller. Edisons Phonograph, der für Geräusche die gleiche Bedeutung besitzt wie das Kamera-Projektor-System für das Bild, datiert vom Jahre 1877. In jeder Hinsicht ist er eine erstaunlichere Erfindung als die Kinematografie, denn er hat praktisch keine nennenswerten Vorläufer. Das Streben, statische Bilder aufzuzeichnen und wiederzugeben, ging der Entwicklung der laufenden Bilder um viele Jahre voraus, doch da es so etwas wie den «statischen» Ton nicht gibt, fand die Entwicklung der Tonaufzeichnung notwendigerweise auf einmal statt.

Ebenso wichtig wie der Phonograph, wenn auch in den meisten Geschichten der reproduzierenden Künste nicht erwähnt, ist Bells Telefon (1876). Es weist auf die gleichmäßige Übertragung von Tönen und Bildern voraus, deren Technik wir Radio und Fernsehen verdanken. Bells Erfindung zeigt auch, wie elektrische Signale in den Dienst der Tonaufzeichnung gestellt werden können.

Edisons Phonograph war eine rein mechanische Erfindung, was ihr den Vorzug der Einfachheit verlieh, gleichzeitig jedoch den technischen Fortschritt auf diesem Gebiet stark verzögerte. In gewisser Weise war der rein mechanische Phonograph, wie Daguerres Positiv-Foto, technisch eine Sackgasse. Erst Mitte der zwanziger Jahre dieses Jahrhunderts verband man Bells Theorien der elektrischen Tonübermittlung mit der Technik des mechanischen Phonographen. Zu etwa derselben Zeit verband man auch die Tonaufzeichnung mit der Bildaufzeichnung und erreichte so den Film, wie man ihn heute kennt.

Es ist ein interessantes Gedankenspiel, ob es jemals eine Periode des stummen Films gegeben hätte, wenn Edison nicht den mechanischen Phonographen erfunden hätte: Wahrscheinlich hätte sich andernfalls Edison (oder ein anderer Erfinder) Bells Telefon als Modell für den Phonographen genommen, und so wäre das System

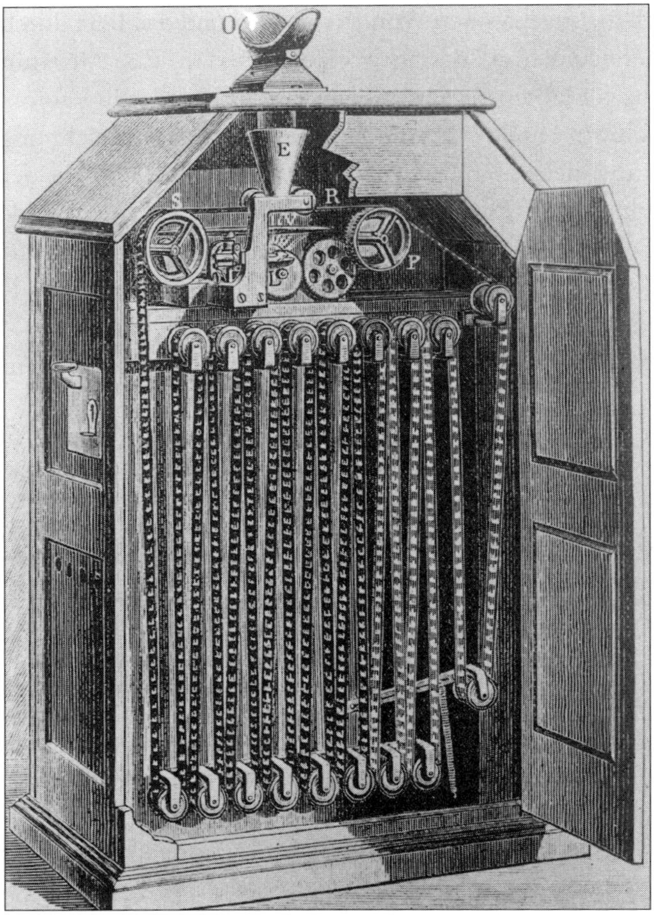

Edisons Kinetoskop war eine Guckkasten-Maschine für eine Person. Der Film bestand aus einer endlosen Schleife. *(Museum of Modern Art / Film Stills Archive)*

der elektrischen Tonaufzeichnung viel früher entwickelt worden, sehr wahrscheinlich rechtzeitig für die ersten Filmemacher.

Interessanterweise konzipierte Thomas Edison seinen Kinetographen als Zusatz zum Phonographen. So schrieb er 1894: «Im Jahre 1887 kam mir die Idee, es sei möglich, ein Gerät zu entwickeln, das für das Auge das tun sollte, was der Phonograph für das Ohr tut, und daß durch eine Verbindung der beiden alle Bewegungen und Töne gleichzeitig aufgezeichnet und reproduziert werden könnten.» *

William Kennedy Laurie Dickson, ein Engländer, der als Edisons Assistent einen großen Teil der Entwicklungsarbeiten durchführte, beschreibt Edisons erste Kon-

* Zitiert bei W. K. L. Dickson: «A Brief History of the Kinetograph, the Kinetoscope, and the Kineto-Phonograph», in: Raymond Fielding: *A Technological History of Motion Pictures and Television*, S. 9.

zepte des Kinetographen als paralleles Gegenstück zu seinem erfolgreichen Phonographen: «Edisons Idee... war es, den Phonograph-Zylinder mit einer ähnlichen oder größeren Trommel auf derselben Achse zu verbinden. Diese Trommel sollte mit stecknadelkopfgroßen Fotografien bedeckt sein, die natürlich zur Phonograph-Aufnahme synchronisiert werden mußten.»

Diese Konstruktion war natürlich nicht erfolgreich, doch die Idee der Verbindung von Ton und Bild war begründet. Selbst nachdem sich Dickson dem neuen perforierten, «endlosen» Eastman-Rollfilm zugewandt hatte, dachte er weiterhin an die notwendige Verbindung von laufenden Bildern und Tonaufnahme; die erste Demonstration seines Erfolgs für Edison am 6. Oktober 1889 war ein «talkie», ein Tonfilm. Dickson nannte das Gerät «Kinetophon». Edison war gerade von einer Auslandsreise zurückgekehrt. Dickson führte ihn in den Vorführungsraum und startete die Maschine. Er erschien auf der kleinen Projektionswand, trat näher, lüftete den Hut, lächelte und sprach sein Publikum direkt an:

«Guten Morgen, Mr. Edison, ich freue mich, daß Sie zurück sind. Hoffentlich gefällt Ihnen das Kinetophon. Um die Synchronisierung zu beweisen, werde ich meine Hand heben und bis zehn zählen.»

Diese weniger bekannten Worte sollten auf einer Stufe stehen mit Bells telefonischer Mitteilung «Mr. Watson, kommen Sie her, ich möchte Sie sehen» und Morses telegrafiertem Satz «Was hat Gott vollbracht?».

Wegen der technischen Probleme, die sich Edisons mechanischem Aufzeichnungssystem entgegenstellten – vor allem die Synchronisation –, kam es erst dreißig Jahre später zur erfolgreichen Verbindung von Ton und Bild. Doch die Sehnsucht, Ton und Bild zugleich zu reproduzieren, existierte schon in den ersten Tagen der Filmgeschichte.

Um 1900 waren alle grundlegenden Instrumente der neuen technischen Künste erfunden: Der Maler besaß die Alternative der Foto-Kamera; der Musiker die des Phonographen; und die Erzähler und Theaterleute befaßten sich mit den erregenden Möglichkeiten der bewegten Bilder. Jede dieser Aufzeichnungen konnte in großen Mengen reproduziert werden und so eine große Anzahl Menschen erreichen. Wenn die Rundfunktechnik auch noch in der Zukunft lag, so hatten doch Telefon und Telegraf funktionstüchtige Methoden der gleichzeitigen Kommunikation aufgezeigt; tatsächlich wird heute durch die Entwicklung der Kabeltechnik deutlich, daß die Kabelübertragung gegenüber dem Funk eine ganze Reihe von Vorteilen bietet, darunter insbesondere die direkte Ansprache. Obwohl die Frequenzen weitgehend besetzt sind, ist der Funk weiterhin lebenskräftig, wie sich in der Entwicklung der Mobiltelefonnetze in den achtziger Jahren gezeigt hat. Von jetzt an jedoch müssen Funk und Kabelübertragung als Zweige ein und derselben Industrie angesehen werden. Beim Übergang ins einundzwanzigste Jahrhundert wird der Konkurrenzkampf zwischen beiden Technologien noch für manche Turbulenz in dieser Branche sorgen.

Folgendes Diagramm zeigt die verschiedenen Stufen des Film-Prozesses:

BILD:	Optik →	Kamera →	Film-material →	Schnitt Labor →	Projektion
TON:	Mikro-fon →	Aufnahme-gerät →	Band, Film oder Platte →	Schnitt & Mischung →	Wiedergabe

Diagramm E

Auf jeder dieser Stufen können Variablen eingeführt werden, die einem Künstler ein größeres Einwirken auf den Prozeß ermöglichen. Auf jeder Ebene gibt es eine große Anzahl Faktoren, die jeweils einen deutlichen Einfluß auf das Endprodukt besitzen; diese Faktoren beeinflussen einander – auch zwischen den Ebenen – und bilden so eine faszinierend komplexe Technik. In der Tat entspringt ein Großteil der Wertschätzung für die Filmherstellung und den Film selbst der Fähigkeit, die technischen Schwierigkeiten zu erkennen, die ein Filmemacher zu überwinden hat.

Das Objektiv

Die allererste Kamera, die Camera obscura, bestand aus einem lichtdichten Kasten mit einem kleinen Loch in der einen Wand. Moderne Kameras – für Foto wie Film – arbeiten nach demselben Prinzip, nur: Der Kasten ist präziser hergestellt; lichtempfindlicher, flexibler Film hat das Zeichenpapier als «Bildschirm» ersetzt; doch die größten Veränderungen betreffen das kleine Loch. Aus dem groben optischen Mittel ist ein kompliziertes, technisch hochentwickeltes System geworden. Es hängt so viel vom Glasauge der Linse ab, durch die wir schließlich alle das Foto oder den Film betrachten, daß man sie wirklich als Herz der fotografischen Kunst ansehen muß.

Der Grundgedanke der optischen Technik: Da das Licht in verschiedenen Medien verschiedene Ausbreitungsgeschwindigkeiten besitzt, werden die Lichtstrahlen gebrochen, wenn sie von einem Medium ins andere übertreten. Linsen aus Glas oder anderen durchsichtigen Materialien können dadurch die Strahlen in einem Brennpunkt zusammenfassen, fokussieren. Die Linse des menschlichen Auges ist kontinuierlich veränderbar und ändert unwillkürlich ihre Form, sobald wir von einem Gegenstand zum anderen blicken; dagegen können fotografische Linsen nur die Aufgabe vollbringen, für die sie speziell konstruiert sind.

Den Fotografen und Kameramännern stehen drei Grundtypen von Objektiven zur Verfügung. Diese drei Hauptkategorien werden gewöhnlich nach ihrer Brennweite eingeteilt: dem Abstand zwischen der Filmebene und dem Mittelpunkt der Linse. Während man ein Objektiv normalerweise nach dem aufzunehmenden Motiv auswählt, so besitzen die verschiedenen Optiken daneben weitere Eigenschaften, die wertvolle Hilfsmittel zur Erlangung künstlerischer Effekte darstellen. Für Kameras, die mit 35 mm-Film arbeiten, hat das «Normal»-Objektiv eine Brennweite von etwa 35 bis 50 mm. Diese Objektive werden meist gewählt, weil sie am wenigsten verzerren und deshalb der Sehweise des menschlichen Auges am nächsten kommen.

Das Weitwinkel-Objektiv nimmt, wie sein Name sagt, einen weiten Blickwinkel auf. Ein Kameramann in einer beengten Situation wird natürlich dieses Objektiv

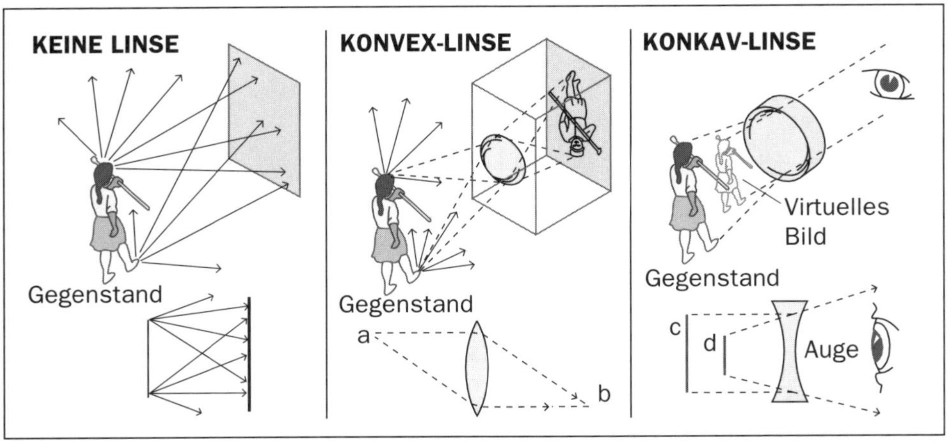

Linsen. Faßt keine Linse die Lichtstrahlen, die der Gegenstand aussendet, in einem Brennpunkt zusammen, so entsteht kein Bild (links): Alle Strahlen von allen Punkten treffen alle Teile der lichtempfindlichen Platte oder des Films. Die konvexe Linse (Mitte) bricht die Strahlen so, daß sie auf einer «Brennpunkt-(Fokus-)Ebene» in einem bestimmten Abstand hinter ihr zusammenfallen. Das so entstehende Bild ist seitenverkehrt und steht auf dem Kopf. (Ein durchsichtiges Negativ kann sodann gewendet werden, um die richtige Links-rechts-Orientierung wiederherzustellen.) Ein genügend kleines Loch hat die gleiche Wirkung wie eine Konvex-Linse und liefert einen ungefähren Brennpunkt. Dieses Grundprinzip führte zur Erfindung der Camera obscura (siehe Abbildung Seite 67). Die konkave Linse (rechts) lenkt die Strahlen so ab, daß der Betrachter ein verkleinertes «virtuelles Bild» des Gegenstands wahrnimmt. Die Diagramme unter den Zeichnungen zeigen schematisch den jeweiligen optischen Effekt.

wählen, um soviel wie möglich vom Gegenstand aufzunehmen. Die Weitwinkel-Optik hat jedoch den zusätzlichen Effekt, die Tiefen-Wahrnehmung zu betonen und oftmals auch die lineare Wahrnehmung zu verzerren. Das «Fischauge», ein extremes Weitwinkel-Objektiv, nimmt einen Blickwinkel von fast 180° auf, mit der entsprechenden Verzerrung der linearen und Tiefen-Wahrnehmung. Allgemein zählt man bei der 35 mm-Fotografie alle Optiken mit weniger als 35 mm zu den Weitwinkel-Objektiven.

Das Tele-Objektiv wirkt wie ein Teleskop und vergrößert entfernt liegende Gegenstände. Es verzerrt nicht die lineare Wahrnehmung, besitzt jedoch den manchmal nützlichen Effekt, die Tiefen-Wahrnehmung zu unterdrücken. Es hat einen relativ geringen Blickwinkel. Normalerweise gilt jede Optik mit mehr als 60 mm Brennweite als Tele-Objektiv, die wirkungsvolle Obergrenze liegt bei 1200 mm. Wenn eine stärkere Vergrößerung gewünscht wird, so verbindet man die Kamera einfach mit einem normalen Teleskop beziehungsweise Mikroskop.

Man muß darauf hinweisen, daß diese Objektive nicht wie im achtzehnten Jahrhundert einfach geschliffene Glasstücke sind, sondern mathematisch ausgetüftelte Kombinationen von Elementen, die so konstruiert sind, daß sie möglichst viel Licht in die Kamera lassen und dabei möglichst wenig verzerren.

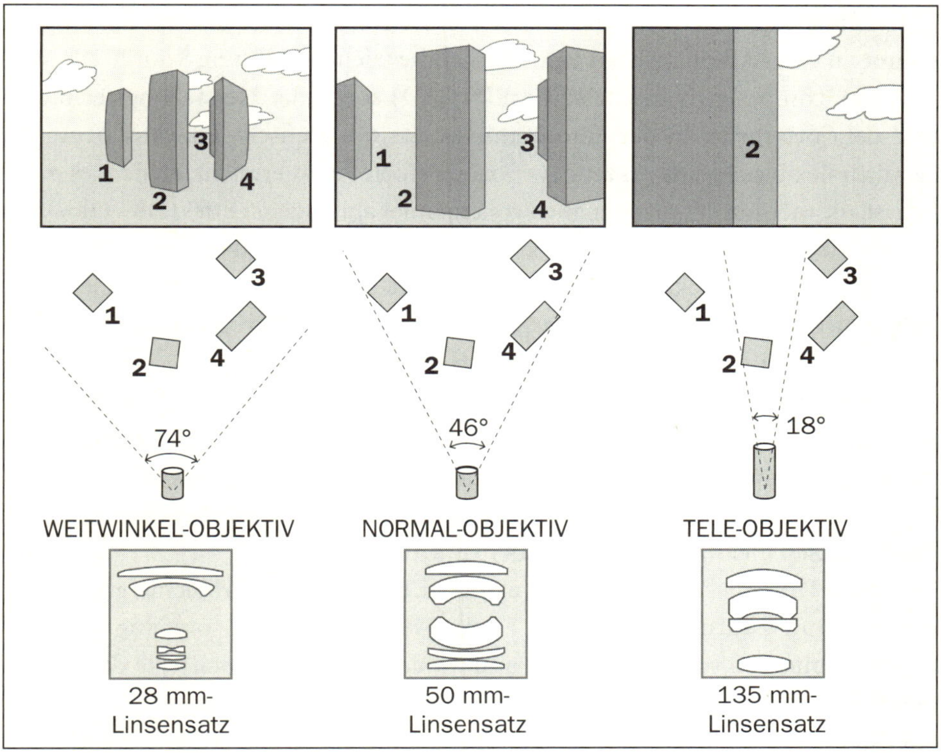

Weitwinkel-, Normal- und Tele-Objektive. Fast alle modernen Objektive sind komplizierter als die einfachen Linsen in der Abbildung auf Seite 76. Die meisten bestehen aus mehreren Linsensätzen, wie es die Schemazeichnungen unten zeigen. Jede der drei Linsen nimmt das gleiche Arrangement von vier Säulen aus derselben Entfernung und Perspektive auf. Die Bilder oben zeigen genau, was die jeweiligen Objektive von der Ansicht wiedergeben. Das Bild der Weitwinkel-Optik scheint aus größerer Entfernung aufgenommen; das Tele-Bild ist stark vergrößert. Zu beachten sind die leichten linearen Verzerrungen im Weitwinkel-Bild und die fehlende Tiefe im Tele-Bild. In der 35 mm-Fotografie gilt das 50 mm-Objektiv als «normal», da es am ehesten das Bild hervorbringt, das das menschliche Auge sieht (vergleiche Abbildung Seite 207).

In den sechziger Jahren sind Zoom-Objektive, in denen Elemente oder Element-Gruppen justierbar sind, allgemein in Gebrauch gekommen. Sie haben seither stark an Popularität gewonnen. Das Zoom-Objektiv (auch «Transfokator» oder «Gummilinse» genannt) besitzt eine veränderbare Brennweite, vom Weitwinkel bis zum Tele, und erlaubt so dem Kameramann, die Brennweite zwischen den Aufnahmen schnell zu wechseln oder – was beim Filmen wichtiger ist – die Brennweite während der Aufnahme zu ändern. Diese Optik hat die Filmsprache in bezug auf die Einstellung um eine ganze Reihe neuer Effekte erweitert. Normale Zoom-Objektive, deren Brennweite von 10 bis 100 mm reichen kann, haben natürlich einen Einfluß auf die Größe des Bild-Ausschnitts, wenn die Brennweite verändert wird (da längere Objektive einen kleineren Blickwinkel haben als kurze), und das macht die Zoom-Aufnahme zu einer Alternative zur Fahr-Aufnahme (siehe Abbildung Seite 207).

Dank computerunterstützter Grafik (CAD) sowie der Herstellungstechniken und der Fortschritte in der Fotochemie ist das fotografische Objektiv heute ein ziemlich flexibles Handwerkzeug; wir haben einen Punkt erreicht, an dem es möglich ist, die meisten der ursprünglich voneinander abhängigen Effekte des Objektivs einzeln zu kontrollieren. So entwickelten zum Beispiel 1975 die Canon-Werke das «Macro-Zoom»-Objektiv, das Elemente des Macro-Objektivs (das extreme Großaufnahmen erlaubt) mit einer Transfokator-Konstruktion verbindet und so Zooms im Schärfebereich von 1 mm bis unendlich ermöglicht.

Lediglich ein größeres Problem der Objektiv-Technik bleibt zu lösen. Weitwinkel- und Tele-Optiken unterscheiden sich nicht nur im Blickwinkel (und damit in der Vergrößerung), sondern auch in ihrem Einfluß auf die Tiefen-Wahrnehmung. Es ist noch niemandem gelungen, ein Objektiv zu konstruieren, bei dem diese beiden Variablen unabhängig voneinander kontrollierbar wären.

Alfred Hitchcock verbrachte Jahre mit der Lösung dieses Problems, ehe er es in der berühmten Turm-Aufnahme in *Vertigo* (1958) durch eine sorgfältig ausgetüftelte Kombination von Zoom, Fahrt und Modell löste. Hitchcock legte das Modell des Treppenhauses waagerecht auf die Erde. Die Kamera mit Zoom-Objektiv war auf Kamerawagen und Schienen montiert und blickte das Treppenhaus «hinunter». Die Aufnahme begann mit der Kamera am äußersten Ende der Schienen und mit einer mittleren Tele-Einstellung des Zooms. Während die Kamera auf die Treppe zufuhr, wurde langsam rückwärts gezoomt bis hin zu einer Weitwinkel-Einstellung. Die Fahrt und der Zoom waren sorgfältig aufeinander abgestimmt, so daß sich die Größe des Bildausschnitts nicht zu verändern schien. (Während die Fahrt sich dem Bildmittelpunkt näherte, fuhr der Zoom zurück, um den sich verengenden Bildausschnitt auszugleichen.) Auf der Leinwand hatte diese Aufnahme den Effekt, daß sie mit normaler Tiefen-Wahrnehmung begann, die sich dann rasch verstärkte, was den Eindruck des Schwindelgefühls (englisch: «vertigo») nachahmte. Hitchcocks Aufnahme kostete 19 000 Dollar für ein paar Sekunden Film-Zeit.

Steven Spielberg wandte in *Jaws* (1975) eine ähnliche Kombination von Fahrt und Zoom an, um die Wahrnehmung zu verstärken. Die interessanteste Anwendung dieser ungewöhnlichen Technik ist wohl die Restaurant-Szene in *Good Fellas* (1990). Der Regisseur Martin Scorsese nutzte sie für die Auseinandersetzung zwischen Robert De Niro und Ray Liotta, um dem Publikum die Bedrohlichkeit schärfer zu vermitteln.

Zusammengefaßt: Je kürzer das Objektiv – desto weiter der Blickwinkel (und größer das Gesichtsfeld), desto stärker die Tiefen-Wahrnehmung, desto größer die lineare Verzerrung; je länger das Objektiv – desto enger der Blickwinkel und flacher die Tiefen-Wahrnehmung.

Standard-Objektive sind in zweierlei Hinsicht zu verändern: durch Regulierung der Brennweite (indem das Verhältnis der Elemente untereinander verschoben wird) und durch Kontrolle des einfallenden Lichts.

Die Lichtmenge, die in die Kammer eindringt und den Film trifft, läßt sich auf drei Arten steuern: durch Zwischenschalten von lichtabsorbierendem Material (das tun Filter, die normalerweise vor dem Objektiv befestigt werden), durch Veränderung der Belichtungszeit (das kontrolliert der Verschluß) oder durch Veränderung der Größe der Öffnung, durch die das Licht eindringt (dies steuert die Blende). Filter werden hauptsächlich zur Beeinflussung der Licht-Qualität, nicht der Quantität benutzt, spielen also hier eine geringere Rolle. Blende und Belichtungszeit sind die Hauptfaktoren, die auch miteinander und mit der Brennweite eng zusammenhängen.

Die Apertur- (oder Iris-)Blende arbeitet genauso wie die Iris im menschlichen Auge. Da aber Film stärker noch als die Retina eine beschränkte Lichtempfindlichkeit besitzt, ist die Kontrolle der auftreffenden Lichtmenge entscheidend. Das Maß dieser Menge ist die «relative Lichtstärke» (oder «relative Öffnung»), ein Quotient (f/D) aus der Brennweite (f) und dem wirksamen Durchmesser der Blende (D); vereinfacht ausgedrückt: das Verhältnis der Länge des Objektivs zu seinem Öffnungsdurchmesser. Das Ergebnis dieser mechanischen Formel ist eine Serie von Standard-Nummern («Blendenzahl» oder «f-stop» genannt), deren Verhältnis zunächst willkürlich erscheint (Diagramm F1).

Diese Zahlen wurden gewählt, weil jede Stufe in dieser Reihe jeweils halb soviel Licht durchläßt wie ihr Vorgänger; das heißt: Eine Blende f1 ist doppelt so «groß» wie eine Blende f1.4, und eine Blende f2.8 läßt viermal soviel Licht durch wie Blende f5.6. Die Zahlen sind auf eine Dezimalstelle abgerundet; der Multiplikator ist etwa 1.4, die Quadratwurzel von 2.

Die Lichtempfindlichkeit eines Objektivs wird nach seiner größtmöglichen relativen Lichtstärke angegeben. Ein 50 mm langes Objektiv mit einer Blendenöffnung von ebenfalls 50 mm würde als f1-Objektiv bezeichnet werden; es wäre demnach ein hochempfindliches Objektiv, das bei größter Blendenöffnung doppelt soviel Licht wie ein f1.4-Objektiv und viermal soviel wie ein f2-Objektiv durchläßt. Als Stanley

*f*1	*f*1.4	*f*2	*f*2.8	*f*4	*f*5.6	*f*8	*f*11	*f*16	*f*22

Diagramm F1

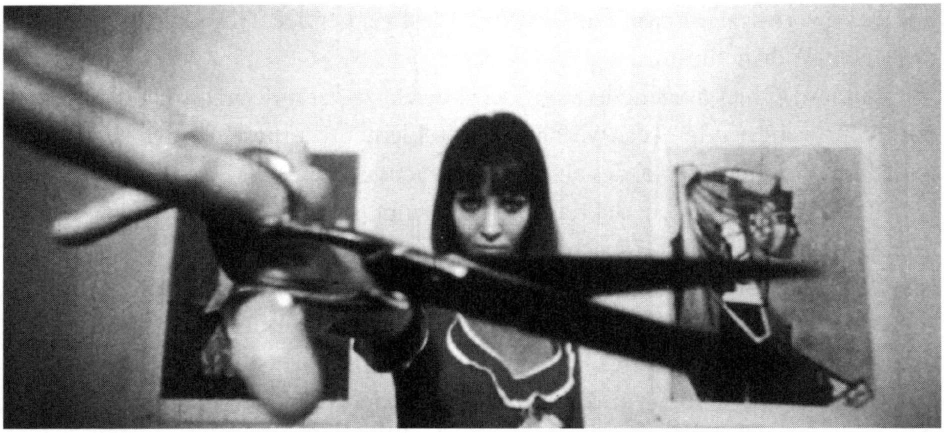

Weitwinkel-Verzerrung. Anna Karina in Jean-Luc Godards *Pierrot le fou* (1965). (*L'Avant-Scène. Standvergrößerung*)

Kubrick sich entschloß, einen Teil von *Barry Lyndon* (1975) mit dem Licht nur weniger Kerzen zu drehen, war es notwendig, ein Spezial-Objektiv, das die Zeiss-Werke für Weltraum-Fotos der NASA entwickelt hatten, für den Filmgebrauch umzurüsten. Das Objektiv war ein f0.9, während die empfindlichsten der bis dahin üblichen Film-Objektive bei f1.2 lagen. Der numerisch kleine Unterschied von 0.3 ist irreführend, denn tatsächlich ließ Kubricks NASA-Objektiv fast doppelt soviel Licht durch wie das übliche f1.2-Objektiv.

Seit der Entwicklung dieser ultraempfindlichen Objektive haben Filmemacher leistungsfähige neue Werkzeuge zur Verfügung, wobei allerdings wohl nur aufmerksame Kinogänger die nunmehr möglichen neuen Effekte bemerken. Empfindliche Objektive sind auch in ökonomischer Hinsicht wichtig, da die Ausleuchtung zu den zeitraubendsten und mithin teuersten Bereichen des Filmemachens gehört. Der moderne Filmamateur erwartet von seinem Camcorder, daß er brauchbare Bilder aufnimmt, ganz gleich, wie das Licht ist, und die meisten Geräte leisten das auch; nur dem Profi ist bewußt, wie bemerkenswert diese technische Errungenschaft ist. Ein heutiger CCD(charge-coupled device)-Camcorder kann das vom Objektiv übertragene Licht derartig wirksam verstärken, daß er als Nachtsichtgerät dienen kann – empfindlicher als das menschliche Auge.

Das Konzept der Blendenzahlen ist irreführend, nicht nur, weil die Zahlenreihe die Unterschiede zwischen den einzelnen Blendenöffnungen nicht deutlich macht, sondern auch, weil die Blendenzahl sich aus dem Verhältnis physikalischer Größen ergibt und damit die tatsächlich in die Kamera eindringende Lichtmenge nicht unbedingt exakt wiedergibt. Die Oberflächen der Objektiv-Elemente reflektieren klei-

Teleoptik-Verzerrung. Eine Aufnahme aus Robert Altmans *Buffalo Bill and the Indians* (1976). Die Reitergruppe ist mindestens 800 Meter von der Kamera entfernt.

Zoom. Diese Standvergrößerung aus Godards «Caméra-œil»-Episode in *Loin de Vietnam* (1967) zeigt deutlich den Effekt eines schnellen Zooms. Die verwischten Linien zielen auf die Bildmitte. Die meisten Zooms sind nicht schnell genug, um ein einzelnes Bild wie dieses zu verwischen. *(L'Avant-Scène)*

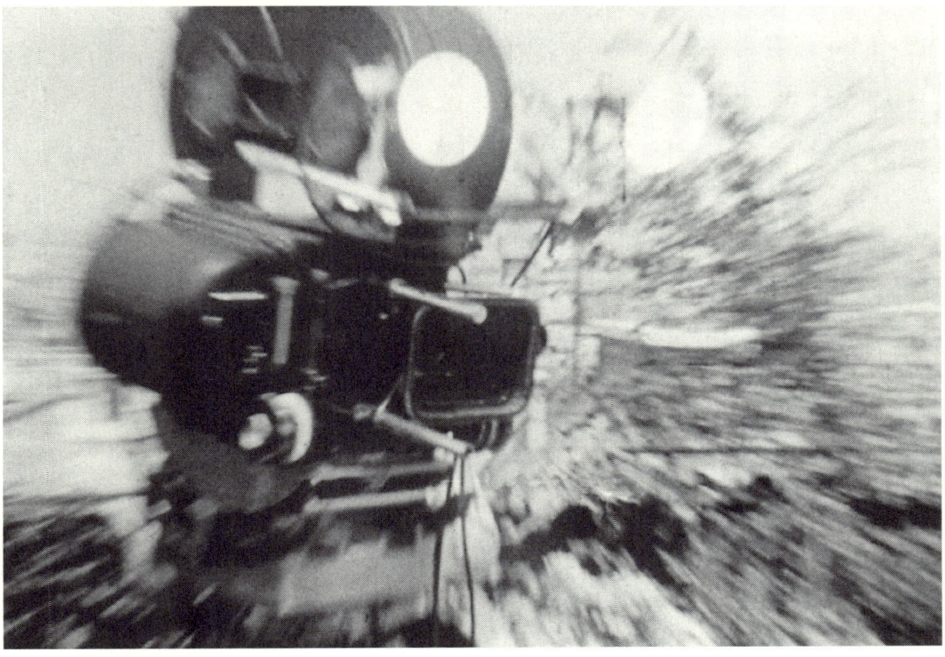

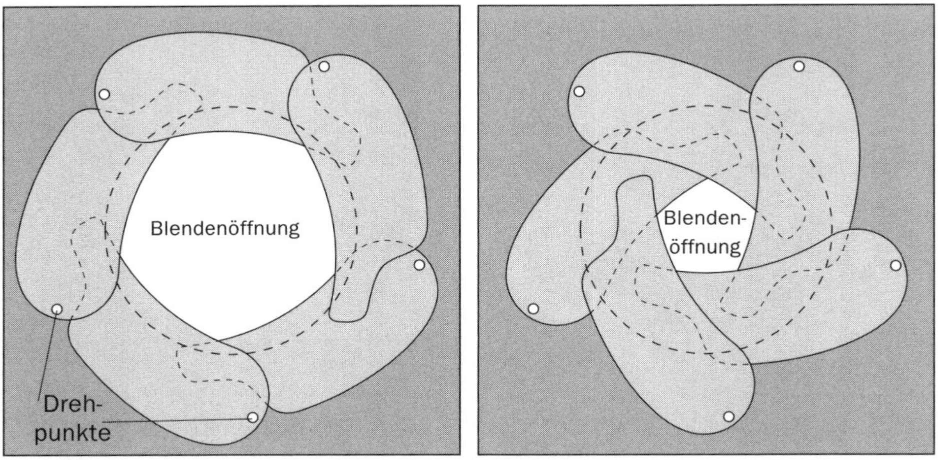

Die Iris-Blende. Eines der einfachsten Elemente des fotografischen Systems, zugleich eines der wichtigsten, ist die Blende. Sie besteht aus hauchdünnen, durch Federn gespannten Metallblättchen – normalerweise fünf oder sechs –, die sich gegenseitig überlappen, so daß die Größe der Öffnung leicht zu verstellen ist.

Zehn Kerzen beleuchten diese Szene aus Kubricks *Barry Lyndon* (1975) mit Murray Melvin und Marisa Berenson. *(Standvergrößerung)*

ne Lichtmengen, die Elemente selbst absorbieren kleine Mengen; in komplizierten, vielteiligen Optiken (besonders Zoom-Objektiven) können sich diese Unterschiede zu einer ziemlich hohen Gesamtmenge addieren. Um dies auszugleichen, wurde die «T-stop»-Nummer eingeführt, das präzise elektronische Maß der Lichtmenge, die den Film tatsächlich trifft.

Die Veränderung der Blendenöffnung («abblenden») beeinflußt, da sich der wirksame Durchmesser des Objektivs verringert, auch den Schärfenbereich: Je kleiner der Durchmesser der Öffnung, desto größer die Schärfe. Im Ergebnis ist dann der Schärfenbereich um so größer, je mehr Licht vorhanden ist. Der Ausdruck «Schärfenbereich» bezeichnet die Entfernungsspanne vor dem Objektiv, die im Bild genügend scharf erscheint. Wenn wir den Schärfenbereich mit wissenschaftlicher Genauigkeit festlegen wollten, so wäre nur eine einzige Ebene vor der Kamera wirklich scharf, die «Schärfenebene». Doch dem Kameramann ist nicht an wissenschaftlicher Realität gelegen, sondern an psychologischer, und da besteht immer ein Bereich vor und hinter der Schärfenebene, der noch scharf erscheint.

Anzumerken wäre auch, daß die verschiedenen Objektiv-Typen unterschiedliche Schärfenbereiche besitzen: Eine Weitwinkel-Optik hat einen sehr tiefen Schärfenbereich, ein Tele-Objektiv hingegen nur einen sehr flachen. Außerdem wächst der effektive Schärfenbereich, wenn ein Objektiv abgeblendet, die Blende verkleinert wird.

Die Optiken bieten Fotografen und Kameraleuten also ein weites Spektrum von Auswahlmöglichkeiten. Der fotografische Stil, der einen großen Bereich der Handlung scharf abbildet, wird «deep focus», «Schärfentiefe» (auch Tiefenschärfe) genannt. Abgesehen von einigen Ausnahmen, verbindet man normalerweise die Schärfentiefe mit den filmischen Realismus-Theorien. Dagegen wird «shallow focus» (etwa: flache Schärfe), bei dem ein enger Schärfenbereich als künstlerisches Mittel eingesetzt wird, eher von expressionistischen Filmemachern benutzt, denn sie ermöglicht eine weitere Technik, die Aufmerksamkeit des Zuschauers zu steuern. Ein Regisseur kann während einer Aufnahme die Schärfe verändern, entweder um einen Gegenstand, der sich auf die Kamera zu oder von ihr weg bewegt, scharf zu behalten («Schärfenmitführung») oder um die Aufmerksamkeit des Zuschauers von einem Gegenstand auf einen anderen zu lenken («Schärfenverlagerung»).

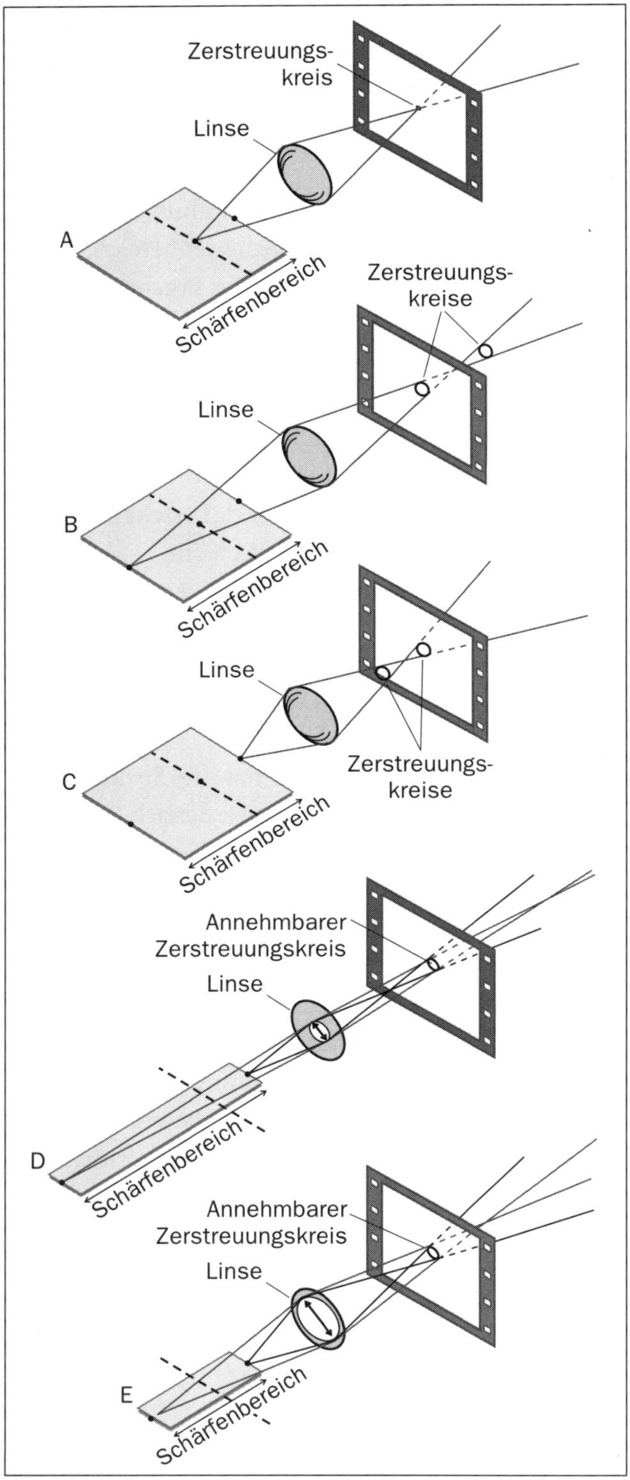

Schärfe und Schärfenbereich. Linsen brechen das Licht so, daß nur eine Ebene vor der Linse wirklich genau scharf ist. Die gestrichelte Linie in diesen fünf Schaubildern steht für die wahre Schärfenebene. Doch psychologisch erscheinen gewisse Bereiche vor und hinter der Schärfenebene immer noch genügend scharf. Dieser «Schärfenbereich» ist hier durch die grauen Felder bezeichnet. In A ergibt ein Objektpunkt genau auf der Schärfenebene den geringsten «Zerstreuungskreis» auf der Filmebene hinter der Linse. In B ergibt ein Objektpunkt am entfernten Ende des Schärfenbereichs den größten annehmbaren Zerstreuungskreis. Bei Objekten jenseits dieses Punktes registrieren Auge und Gehirn das Bild als «unscharf». In C ergibt ein Objektpunkt an der nahen Grenze des Schärfenbereichs einen ähnlich annehmbaren Zerstreuungskreis. Objekte, die sich näher zur Linse befinden, produzieren unscharfe Zerstreuungskreise.

D und E erläutern den Effekt der Blendenöffnung auf den Schärfenbereich. Die engere Blendenöffnung in D ergibt einen größeren Schärfenbereich, während die größere Blendenöffnung in E den Schärfenbereich verkürzt. In beiden Schaubildern ergeben Punkte an den beiden Enden des Schärfenbereichs gleichermaßen annehmbare Zerstreuungskreise.

In allen fünf Schaubildern ist der Schärfenbereich aus grafischen Gründen reduziert. Das Errechnen des Schärfenbereichs einer bestimmten Linse und Blendenöffnung ist einfach eine Sache der Geometrie. Im allgemeinen strebt der Schärfenbereich gegen unendlich. Er ist sehr viel kritischer im Nahbereich als in der Entfernung.

Flache Schärfe. Die Personen sind ganz scharf, während der Hintergrund verwischt ist. Eine Aufnahme aus Kubricks *Paths of Glory* (1957). *(Museum of Modern Art / Film Stills Archive)*

Schärfentiefe. Eine der erstaunlichsten Aufnahmen mit Schärfentiefe aus Orson Welles' *Citizen Kane* (1941). Kamera: Gregg Toland. Die Schärfe reicht von den Eisskulpturen ganz vorn bis zu den aufgestapelten Möbeln am hinteren Tischende. *(Museum of Modern Art / Film Stills Archive)*

Die Kamera

Die Kamera bildet die mechanische Umkleidung für die Optik, die das Licht einläßt und kontrolliert, und den Filmstreifen, der das Licht aufzeichnet. Das Herzstück dieses mechanischen Apparates ist der Verschluß, der für den Fotografen das zweite Mittel zur Bestimmung der Lichtmenge darstellt, die auf den Film trifft. Hier stoßen wir zum erstenmal auf einen wichtigen Unterschied zwischen Fotografieren und Filmen. Für den Fotografen besteht eine enge, unveränderbare Verbindung zwischen Belichtungszeit und Blendengröße. Wenn er eine schnelle Bewegung aufnehmen will, so wird sich der Fotograf wahrscheinlich zunächst für eine kurze Belichtungszeit entscheiden, um die Bewegung «einzufrieren», und die kurze Zeit durch eine Vergrößerung der Blende auf einen niedrigeren F-Stop-Wert ausgleichen (was zugleich eine Verringerung des Schärfenbereichs bedeutet). Wenn er allerdings Schärfentiefe wünscht, so wird der Fotograf die Blende verkleinern («abblenden»), was dann eine relativ lange Belichtungszeit erforderlich macht (das wiederum hat zur Folge, daß schnelle Bewegungen im Bild verwischt erscheinen können). Belichtungszeiten werden in Sekunden-Bruchteilen angegeben und sind in der Fotografie eng mit entsprechenden Blendenzahlen verbunden. Zum Beispiel lassen folgende Paarungen von Belichtungszeit und Blendenzahl jeweils die gleiche Menge Licht in die Kamera:

F-Stop:	*f*1	*f*1.4	*f*2	*f*2.8	*f*4	*f*5.6	*f*8	*f*11	*f*16
Belichtungszeit:	$\frac{1}{1000}$	$\frac{1}{500}$	$\frac{1}{250}$	$\frac{1}{125}$	$\frac{1}{60}$	$\frac{1}{30}$	$\frac{1}{15}$	$\frac{1}{8}$	$\frac{1}{4}$

Diagramm F2

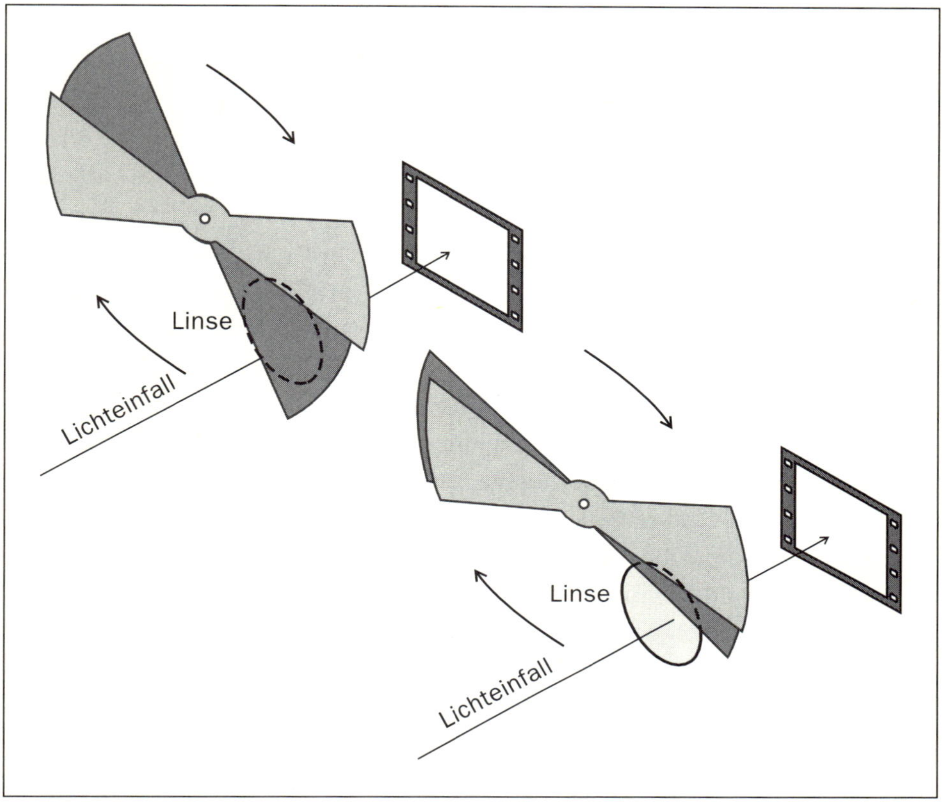

Umlaufblende. In der Fotografie besteht der Blendenverschluß einfach aus Plättchen aus Metall oder anderem Material, die unter Federspannung stehen. Bei der Filmaufnahme ist die Belichtungszeit jedoch durch die Standardgeschwindigkeit von 24 Bildern pro Sekunde begrenzt. Durch eine verstellbare Sektorenblende erhält man etwas Spielraum bei der Belichtungszeit. Sie rotiert zwar ständig mit 24 Umdrehungen pro Sekunde, die Größe des «Lochs» und damit die Belichtungszeit kann aber durch Verstellen der einander überlappenden Sektoren reguliert werden.

Beim Film ist dagegen die Belichtungszeit durch die standardisierten 24 Bilder pro Sekunde beschränkt, die zur Wiedergabe einer normalen Bewegung notwendig sind. Der Kameramann kann bei so eng begrenzter Belichtungszeit die Belichtung durch eine variable Umlaufblende, bei der nicht die Geschwindigkeit, sondern die Öffnungsgröße veränderbar ist, in engen Grenzen beeinflussen. Die effektiv oberste Belichtungszeit beim Film ist eindeutig $^1/_{24}$ Sekunde. Da der Film mit dieser Geschwindigkeit den Projektor durchlaufen muß, gibt es bei der normalen Filmarbeit keine Möglichkeit, die Belichtungszeit über dieses Limit auszudehnen. Das bedeutet, daß dem Kameramann eins der wichtigsten Mittel der Fotografie genommen ist: Beim normalen Film gibt es keine «Zeitaufnahme».

Brennweite, lineare Verzerrung, Verzerrung der Tiefenwahrnehmung, Blickwinkel, Schärfe, Blende, Schärfenbereich und Belichtungszeit sind die Grundfaktoren sowohl bei der Fotografie wie beim Film.

Viele der Variablen hängen voneinander ab, und jede hat mehr als eine Auswirkung. Das kann zum Beispiel bedeuten: Ein Fotograf verkleinert, um Schärfentiefe zu erreichen, die Blendenöffnung; das heißt, daß weniger Licht in die Kamera eindringt; zum Ausgleich muß er durch künstliche Beleuchtung den Gegenstand stärker ausleuchten, doch das kann unerwünschte Nebeneffekte auslösen; also wird er statt dessen die Belichtungszeit erhöhen, was wiederum erschwert, ein klares, scharfes Bild zu erhalten, wenn sich Kamera oder Gegenstand bewegt; deshalb nimmt er vielleicht ein Objektiv mit weiterem Winkel, um so das Blickfeld zu vergrößern; doch das kann die ursprüngliche Bildkomposition zerstören. Bei der Aufnahme müssen viele Entscheidungen bewußt getroffen werden, die im menschlichen Auge und Gehirn augenblicklich und unbewußt ablaufen.

Beim Film unterliegt die Kamera zwei Variablen, die bei der Fotografie nicht existieren: Sie bewegt den Filmstreifen, und sie bewegt sich selbst. Der Filmtransport scheint eine simple Sache zu sein, doch war er das letzte der zahlreichen Probleme, die zur Verwirklichung des Films gelöst werden mußten. Das Teil, das den Filmstreifen korrekt durch die Kamera bewegt, heißt «Greifer-Mechanismus» oder «Mechanismus zum schrittweisen Filmtransport». Das Problem besteht darin, daß der Filmstreifen im Gegensatz zum Ton- und zum Videoband nicht kontinuierlich durch die Kamera laufen kann. Film ist eine Serie von 24 Einzelbildern pro Sekunde – und der schrittweise Transport muß den Film zur Belichtung eines Bildes in die richtige Position bringen, ihn dort für etwa $^{1}/_{24}$ Sekunde unbewegt festhalten und dann das nächste Bild in die richtige Position bringen. Er muß dies 24mal pro Sekunde exakt synchron zur rotierenden Flügelblende tun, die den Film dann belichtet.

In den USA wird die Erfindung des ersten funktionstüchtigen Transportmechanismus Thomas Armat im Jahre 1895 zugeschrieben. In Europa entwickelten andere Erfinder – vor allem die Gebrüder Lumière und der Berliner Oskar Messter – ähnliche Systeme. Der Transportmechanismus ist gewissermaßen das Herz des Kinos, denn er pumpt den Film durch die Kamera oder den Projektor. Das Erfolgsgeheimnis für dieses System der Aufzeichnung und Wiedergabe einer Serie von Einzelbildern, durch das der Eindruck einer kontinuierlichen Bewegung erreicht wird, liegt in dem, was Ingmar Bergman einen gewissen «Defekt» des menschlichen Auges nennt: die «Nachbildwirkung». Das Gehirn speichert ein Bild etwas länger, als es sichtbar ist; so ist es möglich, eine Maschine zu konstruieren, die eine Reihe von Einzelbildern schnell genug projiziert, um sie im Gehirn verschmelzen zu lassen und die Illusion von Bewegung zu erzeugen. Alhazen untersuchte dieses Phänomen in

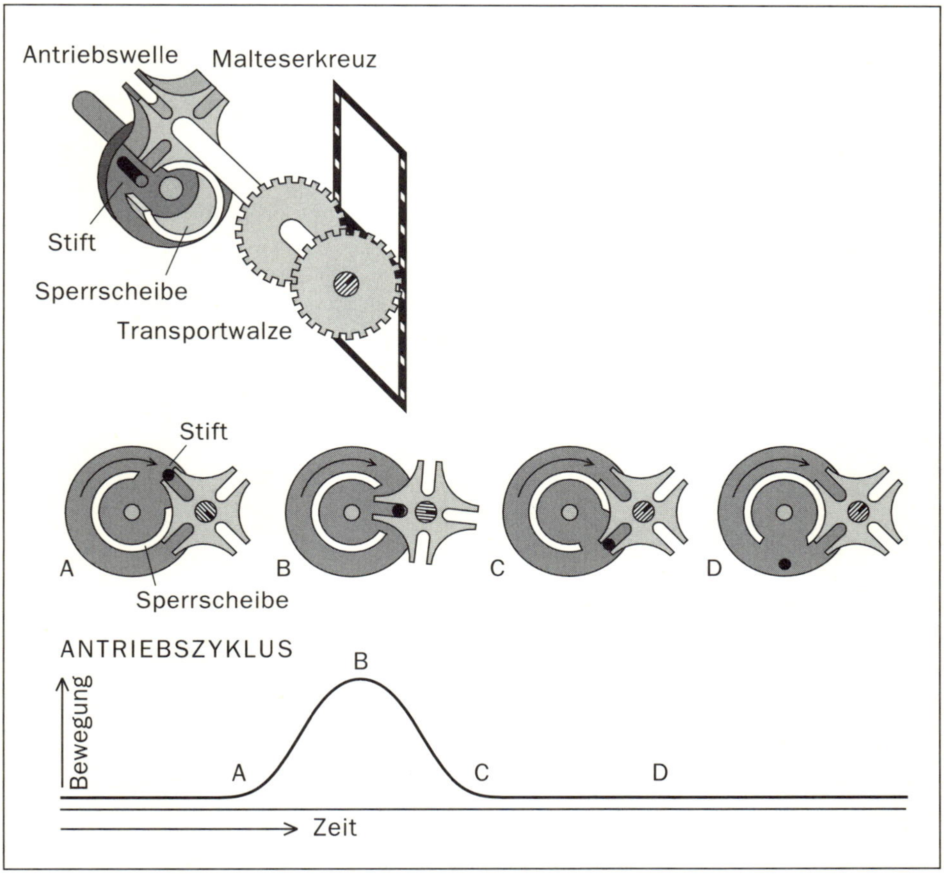

Der Malteserkreuz-Mechanismus. Die Antriebswelle rotiert mit gleichmäßiger Geschwindigkeit. Zu Beginn einer Umdrehung (A) greift der Stift in den Schlitz des Malteserkreuzes, das durch eine Achse mit der Transportwalze verbunden ist. Solange der Stift mit dem Malteserkreuz verbunden ist (A, B, C), bewegt sich der Film. Während des größten Teils der Umdrehung wirkt der Stift nicht auf das Malteserkreuz, und die Sperrscheibe hält das Kreuz (und den Film) fest. Die Kurve beschreibt die Bewegung von Kreuz und Film während einer vollen Umdrehung.

seinem Buch *Kitáb al-Manazir* schon im zehnten Jahrhundert. Gelehrte des neunzehnten Jahrhunderts wie Peter Mark Roget und Michael Faraday entwickelten um 1820 die Theorie weiter. Anfang unseres Jahrhunderts verfeinerten Gestalt-Psychologen das Konzept und nannten es «Phi-Phänomen».

Es ergab sich, daß eine Frequenz von mindestens 12 oder 15 Bildern pro Sekunde notwendig, von etwa 40 Bildern jedoch sehr viel wirkungsvoller ist.* Frühe Pio-

* Apples und Microsofts erste Versionen von Computer-Software zur Filmwiedergabe waren auf fünfzehn Bilder pro Sekunde beschränkt. «QuickTime» wie «Video for Windows» waren folglich nur notdürftig in der Lage, Filmbilder wiederzugeben. Teil 7 kommt darauf zurück.

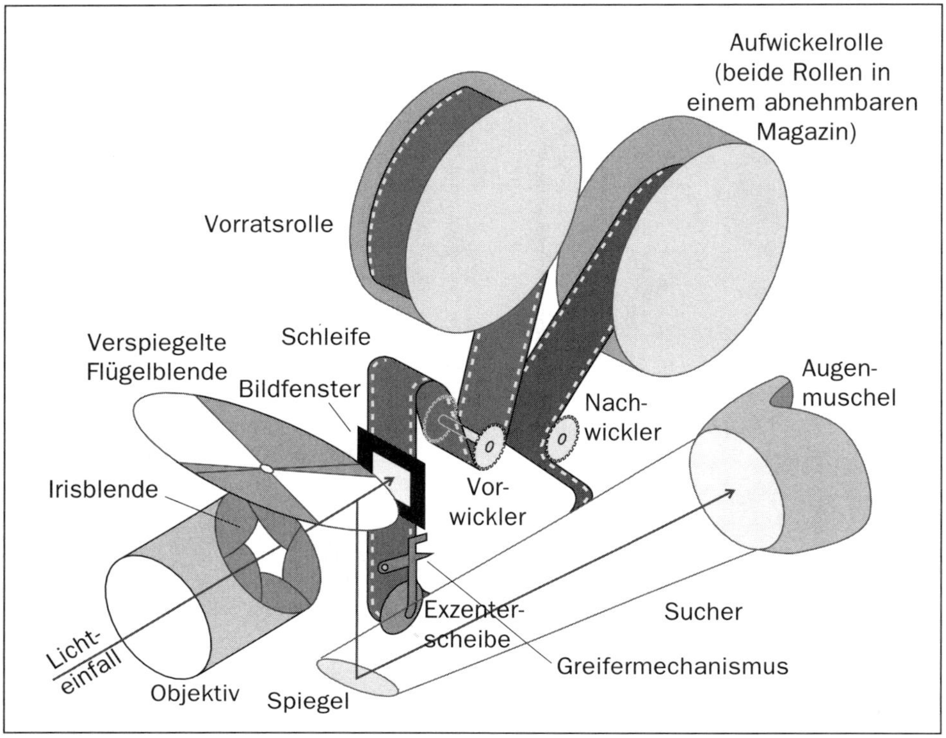

Die Reflex-Kamera. Die Vorrats- und die Aufwickelrolle befinden sich in einem separaten Magazin, das schnell und einfach gewechselt werden kann. Vorwickler und Nachwickler drehen sich kontinuierlich. Die schrittweise Bewegung wird in diesem Gerät durch einen Greifermechanismus mit Exzenterantrieb erreicht und nicht durch das in Abbildung Seite 89 gezeigte, kompliziertere Malteserkreuz-System. Das Herz einer Reflex-Kamera ist die verspiegelte Flügelblende. Sie steht in einem Winkel von 45 ° zum Lichtgang; dadurch kann der Kameramann genau das Bild im Sucher sehen, das der Filmstreifen «sieht». Wenn die Blende offen ist, fällt alles Licht auf den Film. Ist die Blende geschlossen, wird alles Licht in den Sucher umgelenkt. Die Reflex-Kamera hat fast vollständig frühere Systeme mit separatem Bildsucher ersetzt, sowohl in der Fotografie wie auch beim Film.

niere wie W. K. L. Dickson drehten mit Geschwindigkeiten von bis zu 48 Bildern pro Sekunde, um den bei geringerem Tempo auftretenden Flimmer-Effekt auszuschalten. Doch bald stellte sich heraus, daß das Flimmern durch die Verwendung einer Flügelblende bei der Projektion vermieden werden konnte; und so ist es seit den frühen Tagen der Kinematografie bis heute geblieben. Der Effekt ist, daß zwar 24 Bilder pro Sekunde gedreht werden, jedes Bild bei der Projektion jedoch einmal unterbrochen wird und so eine Frequenz von 48 Bildern entsteht, wodurch das Flimmern vermieden wird. Jedes Bild wird sozusagen zweimal projiziert. In der Stummfilmzeit – besonders in den frühen Jahren, als Kameras und Projektoren mit einer Handkurbel betrieben wurden – waren unterschiedliche Geschwindigkeiten üblich: Kameramann und Vorführer hatten so ein gewisses Maß an Kontrolle über die Geschwindigkeit der Aktion. Das Durchschnittstempo beim Stummfilm lag zwischen 16 und 18 Bildern pro Sekunde und steigerte sich im Laufe der Jahre auf 20 bis 22 Bilder. 24 Bilder wurden erst 1927 zum allgemein anerkannten Standard. (Selbst heute gibt es Abweichungen: Europäische Fernsehfilme werden mit 25 Bildern gedreht, da die elektronische Sendenorm 50 Halbbilder pro Sekunde beträgt.) Wenn Stummfilme mit Tonfilm-Geschwindigkeit projiziert werden, was heute oft geschieht, so entsteht durch die schnellere «Zappel»-Bewegung ein komischer Effekt, der ursprünglich nicht beabsichtigt war.

Der Effekt der Bildfrequenz ist nicht zu unterschätzen. Wir wachsen auf mit Filmen und Fernsehsendungen, die 24 bis 30 Bilder (oder 48 bis 60 Halbbilder) pro Sekunde zeigen, und lernen deshalb, dies als Standard zu akzeptieren, während es doch nur annähernd angemessen ist. Eine der wirksamsten Methoden, die Qualität der Filmwiedergabe zu steigern, ist die Erhöhung der Bildfrequenz. Das läßt sich bei jeder Showscan- oder Imax-Anlage in Museums- oder Ausstellungs-Schauen überprüfen. Beide Patente arbeiten mit höherer Bildfrequenz. (Die Imax-Technik benutzt überdies extrabreites Filmmaterial, siehe Seite 109) In der 1993 erlassenen US-Norm für HDTV (high-definition television) ist erhöhte Bildfrequenz ein wichtiger Punkt.

Das Geniale am Malteserkreuz-System ist, daß der Mechanismus den Film in einem optimalen Zeitverhältnis abwechselnd bewegt und festhält. Die Zeit, in der sich der Film bewegt, ist natürlich für die fotografische Aufnahme verloren. Wenn man die geringe Größe des Bildes, die Empfindlichkeit des Filmmaterials und die gewaltigen Kräfte in Betracht zieht, die an den winzigen Perforationslöchern ziehen, so sind Filmkamera und Projektor wahrhaft kunstvolle Mechanismen. Das Malteserkreuz ist schlechthin ein beredtes Symbol der mechanischen Technik des neunzehnten Jahrhunderts.

Die Geschwindigkeit der Kamera bietet dem Filmemacher weitere nützliche Variablen, die vor allem für die Anwendung des Films auf wissenschaftlichem Gebiet wichtig sind. Durch Veränderung der Filmgeschwindigkeit beim Drehen (und bei konstanter Projektionsgeschwindigkeit) ergibt sich die wertvolle Technik von Zeitlupe («slow motion») und Zeitraffer («fast motion»).

Film kann so auf die Zeit ebenso angewandt werden wie Teleskop und Mikroskop auf den Raum; Naturphänomene werden so erkennbar gemacht, die mit menschlichem Auge unsichtbar sind. Durch Zeitlupe und Zeitraffer lassen sich Ereignisse beobachten, die für unser Auge zu schnell oder zu langsam ablaufen, so wie Mikroskop und Teleskop Phänomene sichtbar machen, die sonst zu klein oder zu weit entfernt wären. Für die Wissenschaft besitzt die Kinematografie nicht nur deshalb große Bedeutung, weil sie hilft, eine ganze Anzahl von Zeit-Phänomenen zu

Zeitlupe ist bisweilen auch in Spielfilmen nützlich. Diese Standvergrößerung aus der extremen Zeitlupen-Sequenz, die den Höhepunkt von Michelangelo Antonionis *Zabriskie Point* (1969) bildet, gibt etwas von der ironischen und lyrischen Freiheit der Explosionsphantasie wieder. *(Standvergrößerung, Sight and Sound)*

analysieren, sondern auch als Mittel zur objektiven Aufzeichnung von Realität. Wissenschaften wie Anthropologie, Ethnografie, Psychologie, Soziologie, Physik, Zoologie – selbst Botanik – wurden durch die Erfindung der Kinematografie revolutioniert. Außerdem läßt sich Filmmaterial herstellen, das über den beschränkten Bereich der dem menschlichen Auge sichtbaren Frequenzen – «Farben» genannt – hinausgeht. Infrarot- und ähnliche Aufnahmetechniken zeichnen «optische» Daten auf, die zuvor unerreichbar waren.

Die Begriffe «Zeitlupe» und «Zeitraffer» sind ziemlich eindeutig, dennoch ist es wohl sinnvoll zu erklären, was genau in der Kamera vorgeht. Wenn man den Transportmechanismus so regulieren kann, daß er zum Beispiel 240 statt der üblichen 24 Bilder pro Sekunde aufnimmt, dann dehnt sich jede Sekunde aufgenommener Zeit zu zehn Sekunden projizierter Zeit aus und enthüllt so Bewegungsdetails, die in realer Zeit nicht erkennbar wären. Umgekehrt, wenn die Kamera etwa drei Bilder pro Sekunde aufnimmt, so «dauert» die projizierte Zeit nur ein Achtel der realen Zeit. Bei extremen Fällen des Zeitraffers («time lapse photography») kann die Kamera sogar periodisch statt kontinuierlich aufnehmen, beispielsweise ein Bild pro Minute. Zeitraffer-Fotografie ist besonders in der Naturwissenschaft von Nutzen, denn sie macht Einzelheiten von Phänomenen wie zum Beispiel Fototropismus sichtbar, wie es keine andere Labortechnik könnte.

Man muß nicht viele wissenschaftliche Zeitlupen- und Zeitrafferfilme sehen, um zu erkennen, daß die Veränderung der Kamerageschwindigkeit ebenso poetische Wahrheiten enthüllt wie wissenschaftliche. So ist die Liebesszene in Zeitlupe zu einem der abgedroschensten Klischees des zeitgenössischen Kinos geworden, der komische Effekt der «zappelnden» frühen Filme ein Gemeinplatz. Ebenso werden Explosionen in extremer Zeitlupe (zum Beispiel die Schlußsequenz von Antonionis *Zabriskie Point*, 1969) zu sinfonischen Feiern der materiellen Welt; und Zeitrafferaufnahmen von Blumen, in denen ein Tag auf dreißig Sekunden zusammengezogen wird, enthüllen eine berückende Choreographie der Natur, wenn die Blume sich den lebenspendenden Sonnenstrahlen entgegenstreckt.

Die Kamera selbst bewegt sich ebenfalls. Und gerade auf diesem Gebiet hat der Film einige ihm ganz eigene Wahrheiten entdeckt, denn die Kontrolle über die Perspektive des Zuschauers durch den Filmemacher ist einer der Hauptunterschiede zwischen Film und Bühne.

Es gibt zwei grundlegende Arten von Kamerabewegungen: Die Kamera kann sich entweder um eine ihrer drei – imaginären – Schwenkachsen drehen, oder sie bewegt sich von einem Ort zum andern. Bei diesen beiden Bewegungsarten liegt jeweils ein grundsätzlich anderes Verhältnis zwischen Kamera und Gegenstand vor.

Beim Schwenken («pan») oder Neigen («tilt») verfolgt die Kamera den sich bewegenden (oder ändernden) Gegenstand; beim Rollen («roll») ändert sich nicht der Gegenstand, sondern nur seine Lage innerhalb des Bildes. Dagegen bewegt sich die Kamera bei Fahrten («track» oder «dolly») und Kranaufnahmen in der horizontalen oder vertikalen Ebene, dabei ist der Gegenstand statisch oder beweglich. Diese verschiedenen Bewegungsarten und ihre diversen Kombinationen haben einen starken Einfluß auf das Verhältnis zwischen Gegenstand und Kamera (und damit auf den Zuschauer); dadurch kommt den Kamerabewegungen eine große Bedeutung als Determinante für den Inhalt des Films zu.

Die mechanischen Mittel, die die Bewegungen der Kamera ermöglichen, sind ziemlich einfach: Der Stativ-Schwenkkopf ist eine präzise feinmechanische Konstruktion aus Platten und Kugellagern; Fahraufnahmen macht man entweder auf verlegten Schienen, wodurch die Bewegung des Kamerawagens festgelegt ist, oder auf einem gummibereiften Dolly(-Wagen), der etwas mehr Bewegungsfreiheit bietet; der Kamerakran, der die sanfte Aufundabbewegung ermöglicht, ist eine Art Wippe, bei der die Kamera (und die Bedienungsmannschaft) durch Gegengewichte ausbalanciert werden (siehe Abbildung Seite 206).

Schwenken, Neigen und Rollen. Der Schwenk ist die üblichste dieser drei Grundbewegungen. Das Rollen kommt am seltensten vor, da es eher verwirrt als neue Informationen vermittelt.

So gab es auf diesem Gebiet bis vor relativ kurzer Zeit kaum technische Weiterentwicklungen. Mit drei Ausnahmen: Zunächst konstruierten Ende der fünfziger Jahre Arnold & Richter eine 35 mm-Arriflex-Kamera, die bedeutend leichter und kleiner als die üblichen Mitchell-Kolosse war, die bis dahin von Hollywood-Kameramännern bevorzugt wurden. Die Arriflex konnte in der Hand gehalten werden, und das erlaubte neue Freiheiten und flüssige Kamerabewegungen. Die Kamera war jetzt von mechanischen Trägern befreit und folglich ein persönlicheres Instrument. Die französische «nouvelle vague» in den frühen Sechzigern ist bekannt für die Entwicklung eines neuen Vokabulars von Bewegungen der Handkamera; außerdem ermöglichte die leichte Handkamera den Stil des «cinéma vérité» im Dokumentar-

Ingmar Bergman mit einer klobigen Mitchell-Kamera bei Dreharbeiten zu *Vargtimmen* (1966), links Liv Ullmann.

Stanley Kubrick mit einer kleinen Arriflex-Handkamera: die Vergewaltigungsszene aus *A Clockwork Orange* (1971); mit der Nase: Malcolm McDowell.

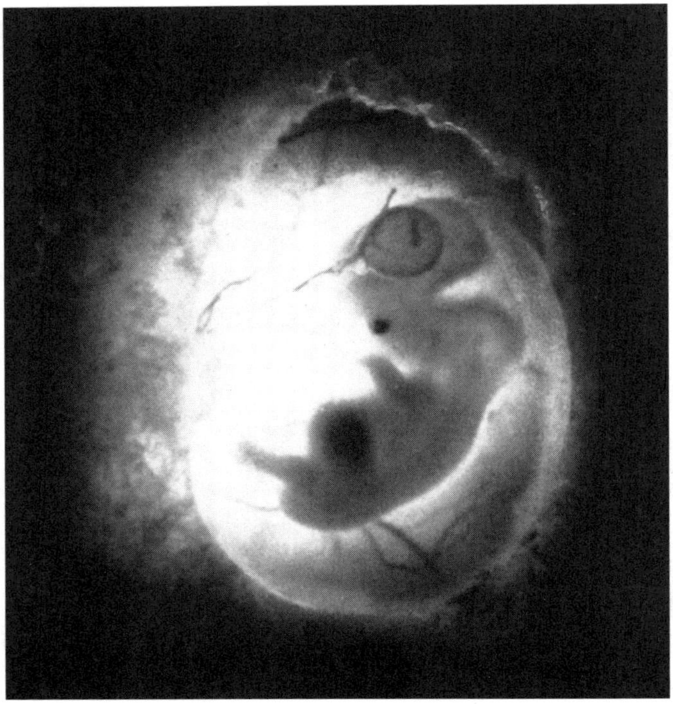

Ein frühes Beispiel für Filmaufnahmen vermittels optischer Fasern: ein menschlicher Fötus in der Fruchtblase. Aus *The Incredible Machine (PBS, 1975).*

film, wie er in den Sechzigern erfunden wurde und bis heute vorherrscht. Tatsächlich ist ja die nervös geschnittene, verwackelte, aus der Hand geschossene Übersteigerung, wie sie in so manchen Fernseh-Werbespots genutzt wird, eins der besonders typischen filmischen Klischees der neunziger Jahre. Nun, je mehr sich ändert, desto mehr bleibt sich gleich.

Fünfzehn Jahre lang waren Aufnahmen mit der Handkamera zugleich billig und populär – aber auch leicht zu erkennen. Die wacklige Kamera wurde zum Klischee der sechziger Jahre. Dann, Anfang der siebziger Jahre, entwickelte der Kameramann Garrett Brown zusammen mit Ingenieuren von Cinema Products Inc. ein System namens «Steadicam». Seither hat diese Art des Filmens viele Anhänger gewonnen und den Prozeß des Filmemachens entscheidend verschlankt. Hinsichtlich des ökonomischen Werts liegt sie gleichauf mit der ultraempfindlichen Optik, denn nach der Beleuchtung gehört die Schienenverlegung für Kamerafahrten zu den besonders zeitaufwendigen Tätigkeiten bei den Dreharbeiten (durch Steadicam erübrigt sie sich).

Durch eine Art Weste wird beim Steadicam-System das Gewicht der Kamera auf die Hüfte des Kameramanns verlagert; ein abgefederter Stativ-Arm dämpft die Bewegungen der Kamera, wodurch eine Ruhe des Bildes erreicht wird, die den viel

Das Steadicam-System.
Federn dämpfen die Bewegung der Kamera, das Gewicht verteilt sich durch den Tragegurt.

komplizierteren (und teureren) Schienen- und Dolly-Aufnahmen vergleichbar ist. Außerdem macht ein Video-Monitor den Kameramann vom Bildsucher unabhängig und verbessert so die Kontrolle bei der Geh-Aufnahme mit der Handkamera. Die Steadicam-Kameraleute gehören zu den unbesungenen künstlerischen Helden des Filmschaffens. Die meisten sind durchtrainierte Sportler; ihre Arbeit ist eine staunenswerte Kombination von Gewichtheben und Ballett. Ironischerweise bemerkt man um so weniger davon, je besser sie ihre Arbeit beherrschen.

Selbst eine leichte Kamera ist sehr unhandlich, wenn man sie auf einen Standardkran montiert. Mitte der siebziger Jahre bauten die französischen Filmemacher Jean-Marie Lavalon und Alain Masseron eine Konstruktion, die sie «Louma» nannten; im Grunde ist es ein leichter Kran, etwa wie ein Mikrofon-Galgen, durch den die Vorteile einer leichten Kamera voll ausgenutzt werden können. Der Louma, präzise durch Servomotoren gesteuert, ermöglicht Kamerabewegungen in Positionen, die bisher unzugänglich waren; und er macht die Anwesenheit des Kameramannes unnötig, indem ein Video-Bild der Szene vom Bildsucher zum Kameramann übertragen wird, der sich entweder außerhalb eines engen Raumes oder sogar kilometerweit entfernt aufhalten kann.

Hilfsmittel wie der «Kenworthy-Schnorchel» erlauben sogar noch präzisere

Kontrolle der Kamera. So wie der Louma die Kamera vom Gewicht des Kameramannes befreit, so befreit der Schnorchel die Optik vom Gewicht der Kamera. Heute gibt es eine Reihe von Weiterentwicklungen der Louma- und Kenworthy-Prinzipien – und eins davon repräsentiert einen Quantensprung für die Freiheit der Kameraführung. Nicht damit zufrieden, die Kamera von Schienen und Kamerawagen befreit zu haben, entwickelte Garrett Brown Mitte der achtziger Jahre sein «Skycam»-System.

Genau besehen, ist Skycam ein Abkömmling von Steadicam und Louma. Bei diesem System ist eine Leichtkamera mit über Rollen geführten Drähten an vier Masten aufgehängt, die an vier Ecken des Drehortes aufgestellt sind. Der Kameramann sitzt außerhalb, er sieht das Geschehen auf einem Monitor und kontrolliert die Bewegung der Kamera mit Steuerelementen, die über entsprechende Computer-Programme mit dem Kabelsystem der Kameraaufhängung verkoppelt sind. Wie zuvor bereits Steadicam leistet auch Skycam dann am meisten, wenn es am wenigsten ins Auge fällt. Peter Pan hatte es nie so einfach.

Mit Einführung dieser mechanischen Mittel sind die meisten Einschränkungen, denen die Kinematografie durch die Größe der Geräte unterlag, aufgehoben, und die Kamera nähert sich der Idealvorstellung eines frei beweglichen, vollkommen kontrollierbaren künstlichen Auges. Die Perfektion der optischen Glasfiber-Technik hat diese Freiheit selbst auf mikroskopisch kleine Gebiete erweitert; Reisen durch die verschiedenen Kanäle des menschlichen Körpers, die Science-fiction waren, als sie 1967 durch Spezialeffekte für den Film *Fantastic Voyage* geschaffen wurden, konnten Mitte der siebziger Jahre für den Dokumentarfilm *Incredible Machine* «vor Ort» gedreht werden.

Das Filmmaterial

Das Grundprinzip, auf dem die chemische Fotografie beruht, liegt darin, daß einige Substanzen (vor allem Silbersalze) lichtempfindlich sind: das heißt, sie ändern bei Einwirkung von Licht ihre chemischen Eigenschaften. Ist diese chemische Veränderung sichtbar und fixierbar, so kann ein optischer Eindruck festgehalten und reproduziert werden.*

Daguerreotypien wurden auf Metallplatten gemacht und mußten minutenlang belichtet werden, damit man ein Bild erhielt. Zwei Neuentwicklungen in der fotografischen Technik waren nötig, ehe der Film technisch möglich wurde: ein flexibles Trägermaterial für die fotografische Emulsion und eine Emulsion, die empfindlich genug war, daß sie auf eine Belichtungszeit von etwa $^1/_{20}$ Sekunde reagierte. Die Empfindlichkeit der üblichen Standard-Emulsionen liegt heute unter normalen Verhältnissen bei etwa $^1/_{1000}$ Sekunde.

Doch nicht alle Methoden, Bilder festzuhalten, beruhen auf der fotografischen Chemie. Fernsehbilder werden elektronisch produziert (auch wenn lichtempfindliche und phosphoreszente Chemikalien eine gewisse Rolle spielen), und auch die Fotokopiersysteme unterscheiden sich stark von der traditionellen chemischen Silbersalz-Fotografie. Der Silber-Boom Anfang 1980, als sich der Preis des Metalls für kurze Zeit verfünffachte, lenkte die Aufmerksamkeit erneut auf silberfreie Techniken der Fotografie.

1989 brachte Sony die erste rein elektronische Schnappschuß-Kamera heraus, die Mavica. Das Unternehmen war damit dem Markt ein paar Jahre voraus, und das Gerät wurde kein Erfolg. Die Firma Kodak (die am meisten zu verlieren hat, wenn die Fotografie von der Chemie auf die Elektronik umsteigt) fand 1992 die richtige Formel: einen Kompromiß namens Photo-CD. Dabei wird nach wie vor der bestens eingeführte und leicht zu handhabende Film auf Chemiebasis benutzt, um das Bild

* Die folgende Erörterung fotochemischen Filmmaterials läßt sich mit entsprechenden Abänderungen auch auf die rein elektronische Fotografie anwenden, die im einzelnen in Teil 6 betrachtet wird.

aufzunehmen. Im Entwicklungslabor wird dann das fotografische Bild digitalisiert und als Datei auf eine spezielle CD-ROM übertragen, die der Kunde ebenso rasch erhält wie früher seine Papierabzüge. Der Kunde braucht ein dem Format der Photo-CD angepaßtes CD-ROM-Laufwerk, um seine Schnappschüsse auf dem Computer-Monitor oder dem Fernseh-Bildschirm anzusehen.

Mit dem Farb-Laserdrucker, der immer preiswerter wird und in die Privathaushalte einzieht, wird der Fotobegeisterte in die Lage versetzt, seine Papierabzüge selbst herzustellen. Die heimische Dunkelkammer wird durch Computer-Software ersetzt. Schon jetzt bietet professionelle Software wie Adobe Photoshop mehr Flexibilität als die fortgeschrittensten Fotolabors, und das zu niedrigsten Preisen. Wahrscheinlich wird die Kamera selbst erst als letztes Glied in der Kette auf Digitalisierung umgestellt, aber der Fortschritt geht unerbittlich weiter. Die Fotochemie ist an dem Punkt, ersetzt zu werden. Immerhin erfreut sie sich als Gebrauchstechnik schon einer Rekordfrist von über hundert Jahren, worin sie vielleicht dereinst nur von den digitalen Computern überholt werden wird. Die mechanische Wachs- oder Schellack- beziehungsweise Vinyl-Schallplatte, an zweiter Stelle in der Rekordliste der Gebrauchstechniken, hat fast ebenso lange überdauert, bis sie in den ausgehenden achtziger Jahren von der CD ersetzt wurde.

Negative, Kopien und Generationen

Da die Salze, auf denen die chemische Fotografie beruht, unter Lichteinwirkung dunkel werden, kommt ein merkwürdiger und nützlicher Schlenker in das System. Jene Bereiche des Fotos, auf die das meiste Licht fällt, erscheinen am dunkelsten, wenn es entwickelt und in chemischen Bädern fixiert wird. Das Ergebnis ist ein Negativ-Bild, bei dem die Helligkeitswerte vertauscht sind: Helles ist dunkel, Dunkles hell. Eine Positiv-Kopie dieses Negativ-Bildes läßt sich einfach durch eine Kontaktkopie oder durch die Projektion auf ähnliches Filmmaterial oder Fotopapier herstellen. So läßt sich das Bild reproduzieren. Außerdem kann man bei der Projektion des Negativs das Bild vergrößern, verkleinern oder sonstwie verändern – ein zusätzlicher Gewinn. Umkehr-Material erlaubt das direkte Entwickeln eines vorführbaren Positiv-Bildes auf dem «Kamera-Original» – dem Filmmaterial, mit dem in der Kamera gedreht wurde. Negativ-Duplikate (oder Umkehr-Positive) können ebenfalls direkt von einer Umkehr-Kopie hergestellt werden.

Das Kamera-Original gilt als die «erste Generation»; ein Duplikat davon als zweite; ein Negativ oder eine Umkehr-Kopie davon wiederum ist die dritte Generation. Jede zusätzliche Stufe bedeutet einen Qualitätsverlust. Normalerweise ist das Original-Negativ zu wertvoll, um davon die bis zu zweitausend Kopien zu ziehen, die für den Kinostart eines Spielfilms benötigt werden, und so ist die Kopie, die wir im Kino zu sehen bekommen, oft mehrere Generationen vom Original entfernt:

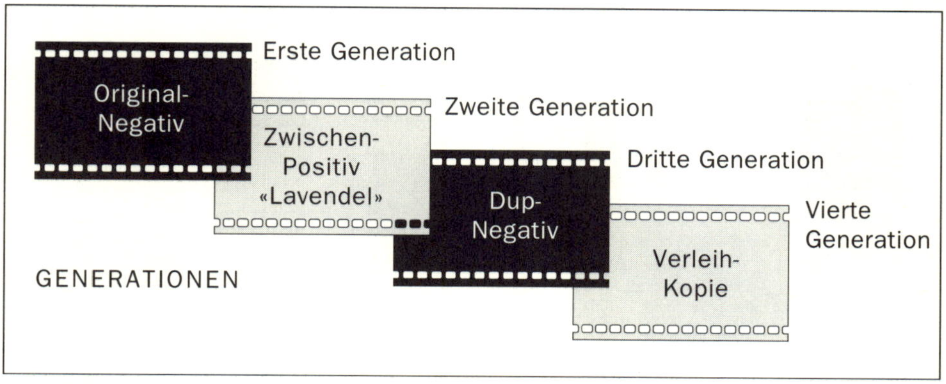

Diagramm G

Sind komplizierte Tricklabor-Arbeiten notwendig, so können noch eine Reihe Generationen mehr hinzukommen. «CRI»-Material (color reversal intermediate, Farb-Umkehr-Dup), das speziell zur Überbrückung der Positiv-Duplikat-Stufe entwickelt wurde, hat die Zahl der Generationen in der Praxis reduziert. Waren eine größere Anzahl Kopien oder Labor-Bearbeitungen nicht notwendig, so bot Umkehr-Material eine sehr praktische Alternative. In den siebziger Jahren, als der Film noch das bevorzugte Medium für Fernseh-Nachrichten war und bevor das rein elektronische Nachrichtenstudio selbstverständlich wurde, konnte das Umkehr-Material, das ein Fernseh-Kameramann beispielsweise um 16 Uhr belichtete, um 17 Uhr entwickelt sein, noch naß geschnitten und um 18 Uhr gesendet werden. Amateurfilmer benutzen fast ausschließlich Umkehr-Film wie Kodachrome oder Ektachrome.

Dies ist nur eine grobe Übersicht über die Grundsorten von Filmmaterial, die dem Filmemacher zur Verfügung stehen. In der Praxis ist die Auswahl sehr viel größer. Die Firma Eastman Kodak besitzt in den USA auf dem Markt für professionell genutztes Filmmaterial nahezu eine Monopolstellung (auch wenn sie auf dem Amateur- und Foto-Markt einige kleinere Konkurrenten besitzt); im Ausland dominiert sie ebenfalls. Kodak besitzt dies Monopol zum Teil auf Grund der zahlreichen nützlichen Produkte, die sie herstellt. Und während der professionelle Filmemacher beim Rohfilm praktisch auf Eastman-Kodak-Material angewiesen ist, gibt es eine größere Auswahl bei den Entwicklungstechniken (vergleiche das Kapitel über Farbe). Doch alle diese Techniken gehen auf gewisse Grundregeln zurück, da sie ja alle auf die speziellen chemischen Eigenschaften des von Kodak gelieferten Materials abgestimmt sein müssen.

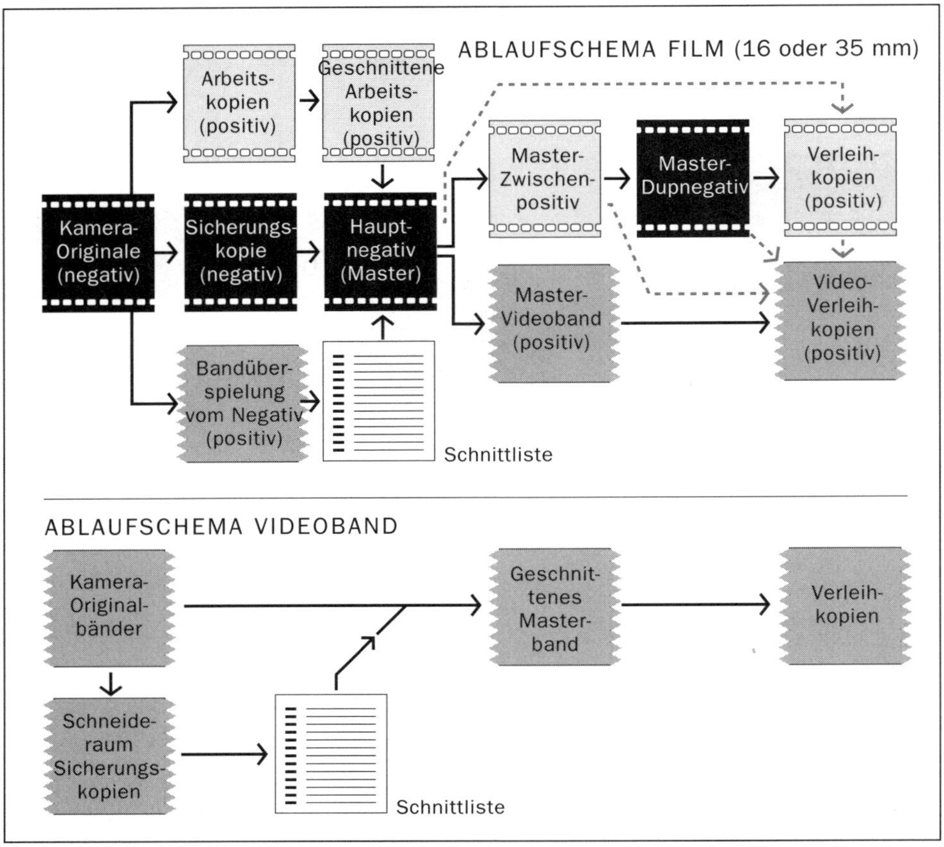

Filmkopien, Generationen, Video. Da von einem Negativ nur eine begrenzte Zahl qualitativ guter Kinokopien gezogen werden kann, ist es nötig, zwischen die wertvollen Kamera-Originale als Ausgangsmaterial, dem daraus beim Schnitt entstandenen Hauptnegativ und dem massenhaften Herstellen von Verleihkopien noch die Generation des Master-Dupnegativs zu schalten, was die Qualität der Kinokopien nicht unbedingt erhöht. Bei deutschen Produktionen erübrigt sich das Herstellen von Zwischennegativen zumeist, da nur eine relativ geringe Anzahl von Verleihkopien gezogen wird. Die Verwendung des elektronischen Schnitts – vermittels Video und zunehmend auch durch digitale Speicherung – ermöglicht das Erproben verschiedenster Montagemöglichkeiten, ohne daß das Filmmaterial (Arbeitskopie) durch Schneiden / Kleben angetastet werden muß. Der Schnitt des Master-Negativs erfolgt dann anhand der vom Computer erstellten Schnittlisten unter Verwendung des Timecode statt wie bisher anhand von einkopierten Randzahlen. Die in den achtziger Jahren noch verbreitete 16 mm-Technik mit Umkehrmaterial, vor allem in der aktuellen Berichterstattung des Fernsehens, ist mittlerweile fast vollständig durch die Verwendung der Videotechnik verdrängt worden.

Ein Hauptgrund für die starke Position dieser Firma in der Filmindustrie liegt in dieser engen Verbindung von Rohfilm und Entwicklungsprozeß. Ein privates Labor muß Hunderttausende Dollar in die Bearbeitungsmaschinen für ein spezielles Material investieren. Natürlich erfordern so hohe Investitionen ein gewisses Maß an

Vorausschau seitens des Labors, besonders, da sich die Technik schnell weiterentwickelt und die Ausrüstung nach sechs oder acht Jahren schon veraltet sein kann. Eastmans 5254-Material zum Beispiel war bei seiner Einführung 1968 dem bisherigen Filmmaterial weit überlegen, doch dauerte es nur sechs Jahre, bis es 1974 durch das 5247 mit ganz und gar anderer Chemie ersetzt wurde. 5247 wurde sodann durch die EXR-Materialien (5296, 5293, 5248, 5245) ersetzt.

Dieser und andere Umstände führten dazu, daß Kodak immer noch eine ähnliche Monopolstellung einnimmt wie IBM auf dem Computer-Markt vor der Mikrocomputer-Revolution der frühen achtziger Jahre. George Eastman entwickelte 1889 das erste flexible, durchsichtige Rollfilm-Material. Wie IBM in der Blütezeit, hat Eastmans Firma weitgehend die Methoden und Systeme definiert, auf die die große Mehrzahl ihrer Kunden angewiesen ist. Film ist eine Kunst, aber auch eine Industrie. Kodaks jährliche Einkünfte durch Filmmaterial betragen nahezu das Anderthalbfache der Kasseneinnahmen der amerikanischen Filmindustrie.

Aber das Unternehmen Kodak könnte in die Gefahr geraten, von der Bildfläche zu verschwinden, wenn es den Übergang von der chemischen Technik des neunzehnten zur digitalen des einundzwanzigsten Jahrhunderts nicht schafft. Photo-CD bedeutet einen guten Start, aber sie leistet nicht mehr, als nur die Lebensdauer der Kodakschen Pfründe in der Fotochemie zu verlängern. Über kurz oder lang wird die Fotografie ausschließlich digital sein, und dann hat Kodak weit mehr Konkurrenten in den Bereichen Disk und Band, wo überdies die Unterschiede zwischen den Markenprodukten viel geringer sind als beim fotochemischen Film.

Während Fragen der Wirtschaftlichkeit und Logistik immer noch eine große Rolle bei der Entscheidung über Filmmaterial und Entwicklungslabor spielen, so haben doch auch andere, mehr ästhetische, Faktoren dabei Einfluß. Die ästhetischen Variablen des Filmmaterials betreffen: Format, Körnung, Kontrast, Tonwert und Farbe. Eng verbunden, besonders mit den ersten beiden Variablen – wenn auch nicht direkt eine Funktion des benutzten Filmmaterials –, ist das Bildformat, das heißt die Größe des projizierten Bildes.

Bildformat

Das Verhältnis zwischen Höhe und Breite des projizierten Bildes – das Bildformat – hängt ab von Größe und Form der Öffnung in der Kamera (und im Projektor) und vom Typ der benutzten Optik. Doch ist es nicht nur eine Funktion der Blendenöffnung. Schon früh in der Filmgeschichte bürgerte sich ein Bildformat von vier zu drei (Breite zu Höhe) ein und wurde von der Academy of Motion Picture Arts and Sciences zum Standard erklärt (und heißt deshalb «Academy ratio» beziehungsweise

«Normalformat»). Dies Format, oft nur 1 : 1.33 oder einfach 1.33-Format genannt, war zweifellos das weitestverbreitete, niemals jedoch das einzig benutzte.*

Filmemacher – D. W. Griffith und der frühe Ernst Lubitsch sind besonders bekannt dafür – deckten oft einen Teil des Bildfeldes durch Masken ab, um so zeitweise die Form des Bildes zu verändern. Als der Tonfilm eingeführt wurde und man dafür am Bildrand Platz brauchte, war eine Zeitlang ein nahezu quadratisches Format üblich. Ein paar Jahre später verkleinerte die Academy das innerhalb des potentiellen Feldes tatsächlich benutzte Bildfeld, um so wieder zum 1.33-Format zu kommen. Das Normalformat entwickelte mittlerweile eine eigene Mystik, obwohl es letztlich das Ergebnis einer zufälligen Entscheidung war.

Selbst heute noch führen die meisten Film-Lehrbücher das 1.33-Format auf den Goldenen Schnitt der klassischen Kunst und Architektur zurück, eine wahrlich mystische Zahl, die sich in der Natur oft in den seltsamsten Dingen wiederfindet (zum Beispiel in der Anordnung der Kerne einer Sonnenblume oder im Aufbau eines Schneckenhauses). Dem Goldenen Schnitt liegt die Formel $a/b = b/(a+b)$ zugrunde, wobei a der kürzeren Seite eines Rechtecks entspricht, b der längeren. Der Goldene Schnitt, eine an sich irrationale Zahl, entspricht einem Höhen-Breiten-Verhältnis von etwa 1 : 1.618. Das kommt dem heute meistbenutzten europäischen Breitwand-Format sehr nahe, ist aber weit entfernt vom 1.33-Normalformat. Die

* Konkret, nach den technischen Normen, beträgt das Format 1 : 1.37, was sich aus einem bei der Aufnahme benutzten Bildfeld von 22 × 16 mm ergibt.

Zwei Dreifach-Projektionen aus einer restaurierten Fassung von *Napoléon* (Abel Gance, 1927). Das Mehrfachbild ist in der Lage, einen einheitlichen psychologischen Eindruck zu erzeugen. (*Museum of Modern Art / Film Stills Archive*)

Academy Ratio, so zufällig sie auch ist,* dominierte tatsächlich nur etwa zwanzig Jahre lang (bis 1953), doch während dieser Zeit wurde nach ihrem Vorbild das Fernsehbild standardisiert; und das wiederum beeinflußt weiterhin die Filmkomposition. Das seit 1991 in Japan kommerziell genutzte HDTV-System jedoch verwendet ein Bildformat mit dem Höhen-Breiten-Verhältnis 9 : 16 (oder 1 : 1.777), weit näher am Goldenen Schnitt.

* Zyniker werden anmerken, die Academy Ratio entspräche dem Satz des Pythagoras; doch das ist ein abstraktes Ideal, während der Goldene Schnitt natürlich und organisch ist!

Seit den fünfziger Jahren haben Filmemacher die Auswahl zwischen einer ziemlichen Anzahl Bildformate. Zwei unterschiedliche Methoden sind in Gebrauch, um die heute üblichen Breitwand-Formate zu erhalten. Die einfachste Methode besteht darin, den obersten und untersten Teil des Bildes abzukaschen; so erhält man die beiden verbreitetsten einfachen Breitwand-Formate: 1.66 (in Europa) und 1.85 (in den USA). Das Abkaschen bedeutet jedoch, daß nur ein viel kleinerer Teil des zur Verfügung stehenden Bildfeldes ausgenutzt wird, was wiederum eine Qualitätsminderung des projizierten Bildes nach sich zieht. Beim 1.85-Format werden 36 Prozent des Gesamtbildfeldes verschenkt.

Die zweite Breitwand-Methode, der anamorphotische Prozeß, wurde Mitte der fünfziger Jahre als «CinemaScope» bekannt. Der erste anamorphotische Prozeß war Henri Chrétiens «Hypergonar»-System, das Claude Autant-Lara 1927 für seinen Film *Construire un feu* benutzte. Im selben Jahr entwickelte Abel Gance in Zusammenarbeit mit André Debrie eine dem Cinerama ähnliche Mehrfach-Projektion für das Finale seines Filmepos *Napoléon*. Er nannte sein Drei-Projektor-System «Polyvision». Im Jahr zuvor hatten Merian C. Cooper und Ernest B. Schoedsack bei ihrem Film *Chang* mit «Magnascope» experimentiert, das einfach das Gesamtbild wie mit einer Lupe vergrößerte.

Eine anamorphotische Optik komprimiert ein breites Bild in das Normalformat des Films und entzerrt es wieder bei der Projektion, um ein normal proportioniertes Bild zu erhalten. Der Standardfaktor der Komprimierung bei den verbreitetsten anamorphotischen Systemen (zuerst CinemaScope, jetzt Panavision) beträgt 1:2; das heißt, im komprimierten Bild erscheint ein Gegenstand halb so breit wie in Wirklichkeit. Die Höhe des Gegenstandes bleibt unverändert. Durch Ausnutzung fast des ganzen Bildes erreichte das frühe anamorphotische System bei der Projektion ein Bildformat von 2.55; es wurde später auf das heute übliche 2.35 reduziert, um Platz für eine optische Tonspur zu schaffen.

Das anamorphotische System ist zwar effizienter als das Abkaschen, da es das ganze Filmbild ausnutzt, doch sind die anamorphotischen Optiken höchst komplizierte optische Geräte, vor allem sehr viel teurer und in der Auswahl begrenzter als die sphärischen (nichtanamorphotischen) Optiken. Das legt dem Kameramann beim Drehen mit Anamorphoten gewisse praktische Grenzen auf. Zudem enthält ein anamorphotisches Negativ zwar scheinbar doppelt soviel horizontale Informationseinheiten wie ein normales Negativ, doch vergrößert der Entzerrungsprozeß sowohl das Korn wie auch Bildfehler. Der Anamorphot dehnt also nur die normale Informationsmenge auf die doppelte Projektionsbreite.

Die Ära der Breitwand begann im September 1952 mit der Premiere von *This Is Cinerama*, einem erfolgreichen Spektakel, dessen Thema das System war, mit dem es gedreht wurde. Verbunden mit Stereo-Ton, verwandte Cinerama, eine Erfindung

This Is Cinerama (1952). So sieht ein Künstler, wie sich die gewaltige Leinwand für die Zuschauer ausnimmt. Das Bild gibt das Erlebnis recht gut wieder. Man beachte die zurückgelegten Köpfe.

Fred Wallers, drei Kameras und drei Projektoren sowie eine riesige gebogene Leinwand. Wie viele Breitwand-Systeme geht es auf eine Weltausstellungsattraktion zurück, Wallers «Vitarama», das 1939 in New York präsentiert wurde und aus dem man im Zweiten Weltkrieg ein Trainingssystem für Artilleristen entwickelte.

1953 kam der erste CinemaScope-Film heraus: *The Robe*, produziert von Twentieth Century Fox. CinemaScope ist kein Schaustück mit Vielfachprojektionen, sondern ein anamorphotisches System, und wurde aus diesem Grund das populärste Breitwand-Verfahren der fünfziger Jahre. Techniscope, von Technicolor entwickelt, verwandte eine interessante Variante des anamorphotischen Prozesses: Das Techniscope-Negativ wurde mit einer sphärischen Optik gedreht, wobei man das Breitformat durch Masken erreichte. Die Kamera arbeitete mit einem Zwei-Loch-Transport (statt der üblichen vier Löcher), was den Materialverbrauch halbierte. Das Negativ wurde dann durch einen Anamorphoten kopiert, und so entstand eine normale anamorphotische Kinokopie mit Vier-Loch-Kadern.

Die Filmemacher hatten schon jahrelang mit Breitwand-Systemen experimentiert, doch erst die ökonomische Bedrohung durch das Fernsehen setzte schließlich das Breitwand-Format durch. Nachdem die Fernsehindustrie das 1.33-Format übernommen hatte, entdeckten die Film-Studios recht bald, daß die schärfste Waffe gegen die neue Kunst in der Bildgröße läge. Wegen seiner Unhandlichkeit wurde Cinerama schnell wieder aufgegeben. Einzelkamera-Systeme wie CinemaScope und

The Robe (1953). Victor Mature und seine Gesellen im Angesicht einer großartigen Landschaft und einer noch großartigeren Handlung. (*Museum of Modern Art / Film Stills Archive*)

später Panavision beherrschten das Feld. Cinerama brachte auch die kurzlebige Mode des «3-D»- oder stereoskopischen Films hervor. Auch hier war das System zuwenig flexibel, um sich durchzusetzen, und kam so nie über den Status einer Kuriosität hinaus, wenn es auch in den achtziger Jahren ein sehr kurzes Comeback erlebte. Der wahrscheinlich beste im Zwei-Kamera-Verfahren gedrehte 3-D-Film, Hitchcocks *Dial M For Murder* (1954), kam in 3 D erst 1980 in den Verleih.

3 D versuchte ein Feld der Film-Ästhetik auszubeuten, das durch den «flachen», zweidimensionalen Film recht gut beherrscht wurde. Unsere Wahrnehmung von Räumlichkeit einer Szene beruht psychologisch weniger auf dem stereoskopischen Sehen – Chiaroscuro, Bewegung, Schärfe sind hier wichtige psychische Faktoren (vergleiche Teil 3). Zudem erzeugte die dreidimensionale Technik aus sich heraus eine Verzerrung, die die Aufmerksamkeit vom Filmgegenstand ablenkte. Diese beiden Probleme muß die Holografie, ein stark weiterentwickeltes System der stereoskopischen Fotografie, erst überwinden, ehe sie zu einer ernstzunehmenden Alternative zum flachen Film wird.

Die Entwicklung der verschiedenen Trick-Lösungen in den fünfziger Jahren hatte jedoch einige nützliche Auswirkungen. Eines der Konkurrenz-Systeme zu CinemaScope war Paramounts Antwort auf das Verfahren der Fox. Bei VistaVision legte man die Kamera auf die Seite, um durch einen waagerechten Acht-Loch-Transport ein breites Bild zu erlangen. Das Bild war doppelt so groß wie ein normales 35 mm-

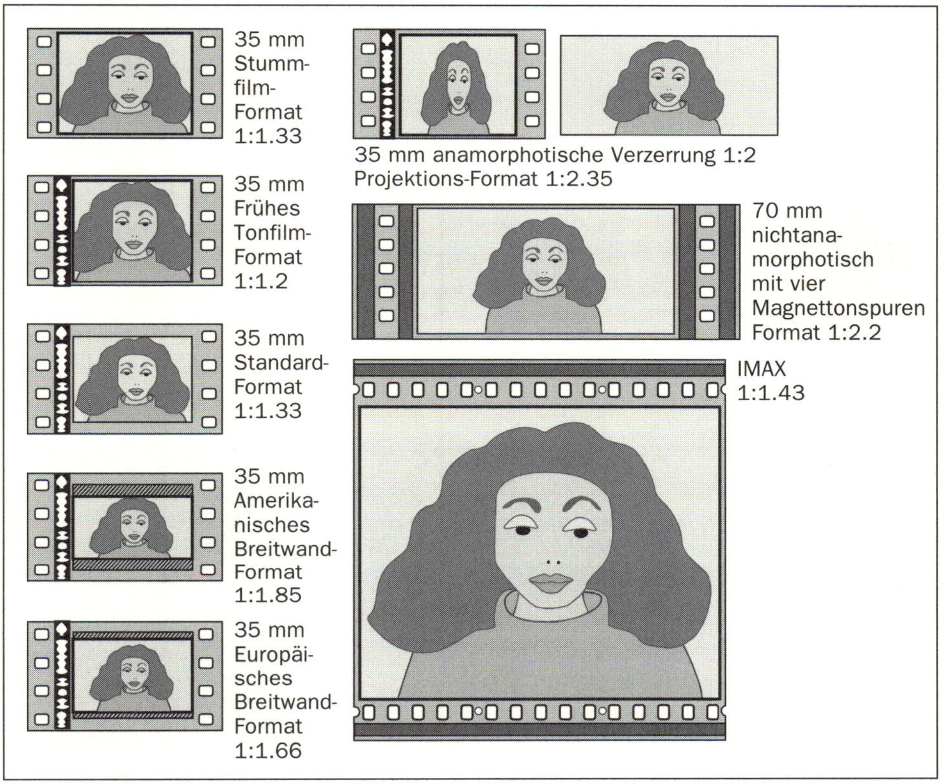

Bildformate. Standard- und Breitwand-Systeme.

Bild und nutzte das gesamte Feld ohne die Verzerrung durch Anamorphoten. Die Kino-Kopien wurden dann im normalen 35 mm-System hergestellt. (Technirama, eine spätere Entwicklung, kombinierte diese Technik zusätzlich mit einer anamorphotischen Aufnahme-Optik im Verzerrungsverhältnis 1 : 1.5.)

Heute haben Filmemacher das komplexe Spektrum möglicher Bildformate – einige für die Aufnahme, einige für die Projektion, einige für beides – zur Verfügung, das in unserem Schaubild dargestellt ist.

Filmkorn, Filmformate, Filmempfindlichkeit

Die Entwicklung hochempfindlichen Filmmaterials (und empfindlicherer Optiken) eröffnete den Filmemachern die willkommene Freiheit, Szenen bei vorhandenem Licht, bei Nacht oder innen zu drehen. Während früher riesige, teure Scheinwerfer in der Industrie üblich waren und den Prozeß des Filmemachens stark

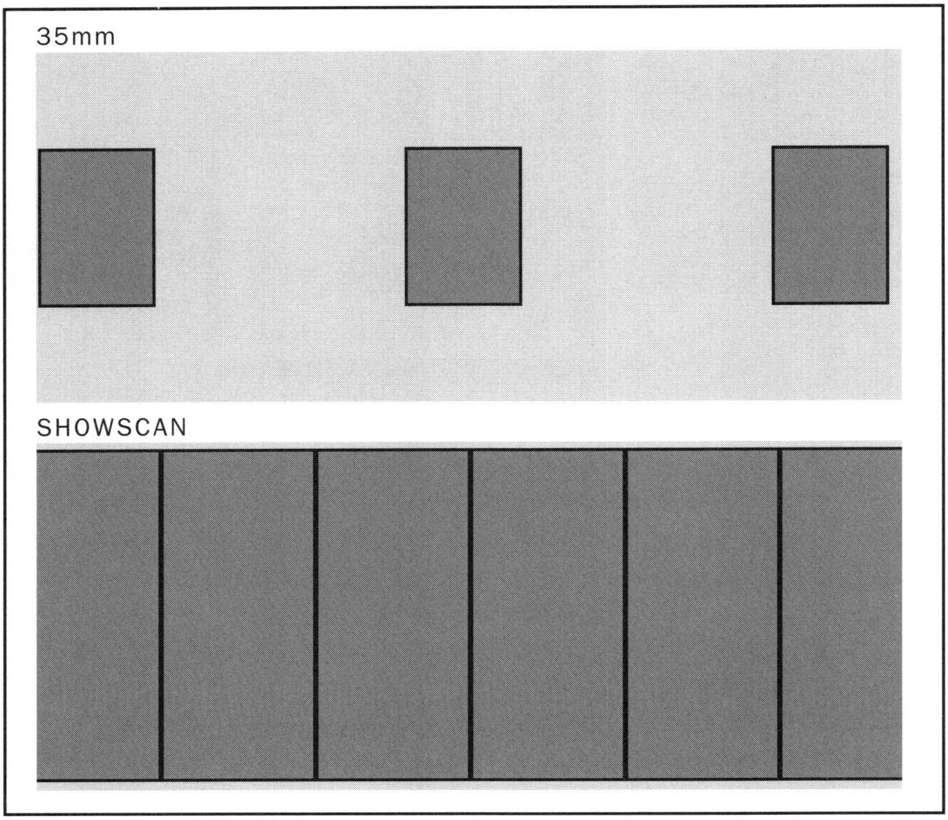

Visuelle Dichte: Showscan. Diese sprechende Illustration aus einem Showscan-Werbeheft illustriert anschaulich die überlegene Genauigkeit des Verfahrens, das ungefähr zehnmal soviel visuelle Information liefert wie ein normaler 35 mm-Film. Die beiden Streifen entsprechen weniger als $^1/_6$ Vorführsekunde. Der mit 60 Bildern pro Sekunde aufgenommene 70 mm-Showscan-Film wird mit $^1/_{125}$ Sekunde pro Bild belichtet; der mit 24 Bildern pro Sekunde aufgenommene normale 35 mm-Film mit $^1/_{50}$ Sekunde, so daß das Showscan-Bild auch schärfer ist. Anders betrachtet, zeigt diese Illustration, wie herzlich wenig Information das normale Filmmedium vermittelt. (*Quelle: Showscan*)

einschränkten, besitzt heute hochempfindliches Farb- und Schwarzweiß-Material fast den gleichen Belichtungsumfang wie unsere Augen. Die Empfindlichkeit eines Filmmaterials ist eng mit Auflösungsvermögen und Körnigkeit verbunden, und zwar umgekehrt proportional: Jeder Gewinn an Empfindlichkeit geht zu Lasten der Auflösung. Empfindlichere Filme sind körniger; weniger empfindliche geben schärfere, feinkörnige Bilder.

Die Körnigkeit ist ebenfalls abhängig vom Filmformat, das heißt von der Breite des Filmstreifens. Das Standardbild eines 35 mm-Films ist etwa 350 mm^2 groß. Wenn man es auf eine zwölf Meter breite Leinwand projiziert, so muß es eine Fläche

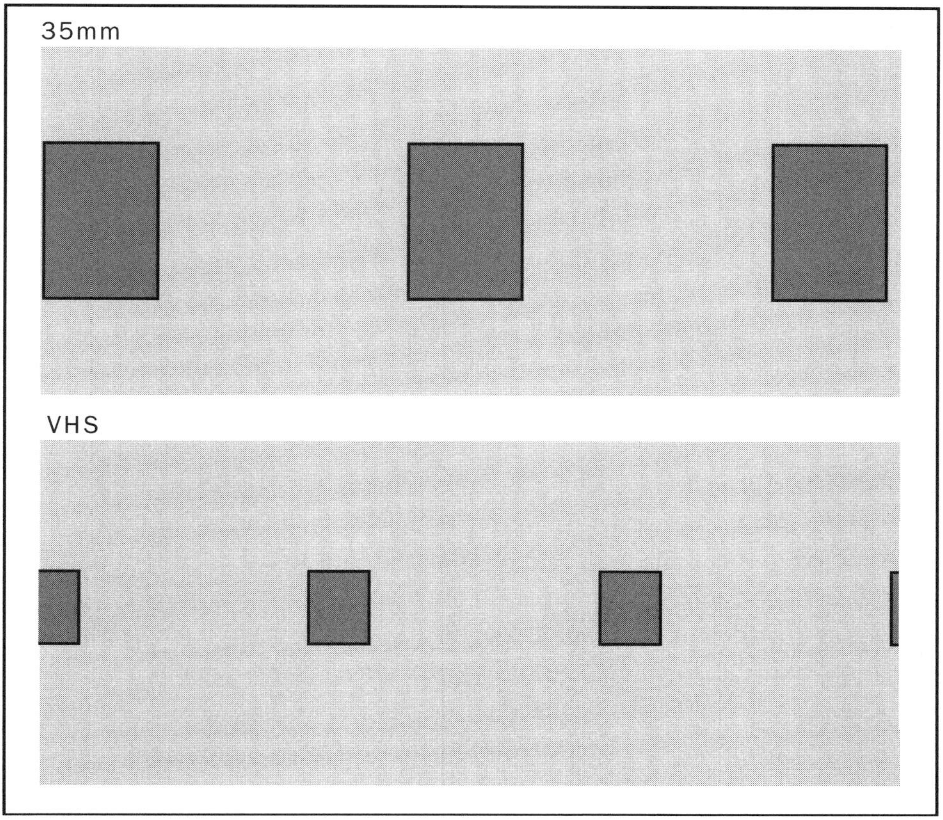

Visuelle Dichte: Video im Vergleich mit Film. Die Showscan-Illustration (Seite 110) wurde umgerechnet, um den Unterschied zwischen einem mit 24 Bildern pro Sekunde projizierten 35 mm-Film einerseits sowie einem amerikanisch-japanischen 525-Zeilen-Video (30 Bilder pro Sekunde) und einem europäischen 625-Zeilen-Video (25 Bilder pro Sekunde) andererseits deutlich zu machen. Die Größe der Videobilder soll die geringere Auflösung des normalen Videos verdeutlichen.

füllen, die 350000mal größer als es selbst ist – eine gewaltige Aufgabe; ein 16 mm-Filmbild (da der Streifen etwa halb so breit ist wie beim 35 mm-Film, ist seine Fläche nur ein Viertel so groß) müßte demnach auf das 1400000fache vergrößert werden, um die gleiche Projektionsfläche zu füllen. Die Körnigkeit des Filmmaterials, die bei einer Vergrößerung auf 18 × 24 cm, ein Standard für Fotos, kaum erkennbar ist, wird bei der vieltausendfachen Vergrößerung auf der Leinwand deutlich sichtbar.

Hier spielt dann auch die Entfernung des Betrachters zum Bild als weiterer Faktor eine Rolle. Aus der hintersten Reihe eines großen Kinos mit kleiner Leinwand kann das Bild eines 35 mm-Films in einer ähnlichen Perspektive erscheinen wie eine

18 × 24-Vergrößerung in der Hand. In beiden Fällen dürfte das Korn etwa gleich groß aussehen.

Die Standardbreite für den Kinofilm beträgt 35 mm. Das 16 mm-Material, vor vielen Jahren ursprünglich nur für den Filmamateur eingeführt, hat sich in den sechziger Jahren zu einer brauchbaren Alternative entwickelt, da sowohl das Material wie auch die Kopiertechnik sehr verbessert wurden. Es wurde, besonders in Europa, für das Fernsehen verwendet und ist immer noch für die Spielfilm-Herstellung brauchbar. Das «Super-16»-Format, Anfang der siebziger Jahre entwickelt, hat die Bildgröße und damit die Auflösung deutlich gesteigert. Sowohl Normal- als auch Super-16-Film ist in der Szene der unabhängigen Filmproduktion noch weit verbreitet. Sogar der 8 mm-Film, der bis zu den siebziger Jahren ausschließlich auf den Amateurbereich beschränkt war, fand eine Zeitlang gewisse Anwendungsfelder bei der professionellen Filmherstellung, besonders bei Fernsehnachrichten und im Industriefilm. Alle Probleme der Auflösung und Schärfe, die beim 35 mm-Film existieren, vervierfachen sich beim 16 mm-Film und sind 16mal so groß beim 8 mm-Film, da es hierbei um Flächen und nicht um lineare Dimensionen geht.

Dieselbe Arithmetik zugrunde gelegt, verringern sich diese Probleme bei größeren Filmformaten. Daher ist der 70 mm-Film besonders wertvoll für Produktionen, bei denen es um ein Gefühl für detailreiche Panoramen und die überwältigende Kraft des riesigen Bildes geht. Doch obwohl die Vorteile des breiten Materials reizvoll sind, hatte die deutliche Verbesserung der 16 mm- und 8 mm-Formate eine größere Auswirkung auf die Filmproduktion der siebziger und achtziger Jahre, weil sie so kostengünstig waren: 16 mm-Film ist ein Viertel bis halb so teuer wie 35 mm-Film; damit wurde die Möglichkeit der Filmherstellung vielen Filminteressenten eröffnet. Es konnten sich so nicht nur mehr Leute leisten, Filme zu machen, sondern man konnte auch mehr Filme zum gleichen Preis herstellen, so daß für professionelle Filmemacher die Abhängigkeit von den Unberechenbarkeiten des Kapitalmarktes verringert wurde.

Natürlich bietet Videoband noch größere Einsparungsmöglichkeiten, aber die meisten professionellen Filmemacher schwören nach wie vor auf die Chemie, die auch weiterhin ihre mystische ästhetische Attraktivität bewahrt. Videoband ist seit den frühen siebziger Jahren eine brauchbare Alternative, und seit der Video-Revolution der frühen Achtziger ist Video das Medium, vermittels dessen die meisten Zuschauer «Filme» erleben. Dennoch ziehen die Kreativen der Filmindustrie immer noch die Materialität und die spezifische Erscheinungsweise des altmodischen Films vor.

Wenn auch VistaVision sich nicht durchsetzen konnte, wies diese Technik doch bereits in den fünfziger Jahren auf zwei erfolgversprechende Entwicklungslinien voraus: So wurde erstens klar, daß bereits eine Verbreiterung des Filmmaterials

Breitwand-Aufnahmen ohne Einbußen an Bildqualität erlauben würde. Dies führte zur Entwicklung von 65 mm- und 70 mm-Material.* (Versuche mit breiten Formaten gehen bis 1900 zurück.) Zweitens wurde demonstriert, daß das für die Aufnahmen verwendete System nicht dasselbe sein mußte wie das für Verleih und Projektion benutzte. Seit den Sechzigern ist es Praxis, auf 35 mm-Film aufzunehmen und Lichtspielhäusern mit entsprechenden Vorführeinrichtungen 70 mm-Kopien zur Verfügung zu stellen. Dabei ergab sich eine leichte Verbesserung der Bildqualität, allerdings bei weitem nicht so groß, als wenn der Film von vornherein auf breitem Material aufgenommen worden wäre. Der Hauptvorteil dieser 70 mm-Kopien war der komplexere stereophone Ton, der bei diesem Material möglich ist. In den Achtzigern waren 70 mm-Aufnahmen selten, was an den deutlich höheren Kosten liegt (und zugleich an der verbesserten Qualität des 35 mm-Materials). Zwar kamen in den Achtzigern einige Filme auf 70 mm heraus, aber nach *Tron* (1982) wurde in den USA erst wieder *Far and Away* (1992) auf 70 mm aufgenommen.

Farbe, Kontrast und Tonwert

Noch bis vor recht kurzer Zeit hielt sich die Theorie, der Schwarzweiß-Film sei irgendwie ehrlicher und ästhetisch befriedigender als Farbfilm. Wie die Thesen, Stummfilm sei reiner als Tonfilm oder das 1.33-Format sei irgendwie die natürliche Proportion des Filmbildes, scheint die Theorie von der Überlegenheit des Schwarzweiß eine Rechtfertigung im nachhinein zu sein, eher eine Entschuldigung als eine Voraussetzung. Damit soll nicht gesagt werden, daß Schwarzweiß nicht lange Zeit ein großartiges Medium für Filmkünstler gewesen wäre: Das war es nämlich unzweifelhaft, und nach wie vor findet es die Aufmerksamkeit einiger ambitionierter Filmemacher wie insbesondere Martin Scorsese (*Raging Bull*, 1980), Woody Allen (*Manhattan*, 1979; *Zelig*, 1983) und Steven Spielberg (*Schindler's List*, 1993). Schwarzweiß vermittelt deutlich weniger visuelle Information als der Farbfilm, und diese Einschränkung kann so wirken, daß wir tiefer in die Story, den Dialog und die Psychologie des Filmerlebnisses hineingezogen werden, statt an der Bildoberfläche zu bleiben. Den Künstler fordern die Beschränkungen des Schwarzweiß-Films heraus, mehr durch die Komposition, den Ton und die Inszenierung zu vermitteln.

Schon in den frühesten Tagen der Kinematografie experimentierten dennoch Filmemacher mit Farbe ebenso wie mit Ton; nur die Kompliziertheit der Farbfilm-

* Die Filme werden auf Negativmaterial von nur 65 mm Breite aufgenommen. Die Vorführkopien sind 70 mm breit. Der zusätzliche Bereich von 5 mm wird für den stereophonischen Ton genutzt.

Technik bremste sie. Zwischen 1900 und 1935 wurden Dutzende Farbsysteme vorgestellt, einige ernteten sogar gewissen Erfolg. Viele der «Schwarzweiß»-Filme der Zwanziger benutzten viragiertes Filmmaterial als zusätzliche Farbdimension. Eastmans Katalog der Sonochrome-Farben führte gegen Ende der zwanziger Jahre so elegante Farbtöne wie: Pfirsich-Rosa, Inferno, Rose Doree, Kerzenlicht, Sonnenschein, Purple Haze, Feuerbrand, Fleur de Lis, Azur, Nocturne, Verdante, Aquamarin, Silberglanz und Caprice!

Doch erst 1935 machte das Drei-Streifen-Verfahren von Technicolor den Farbfilm für die Mehrzahl der Filmemacher zugänglich.* Dieses System benutzte drei einzelne Filmstreifen, die jeweils die purpurnen (magenta), blaugrünen (cyan) und gelben Lichtanteile aufzeichneten. Bei der Entwicklung entstanden aus diesen Negativen reliefartige Matrizenfilme, von denen dann die Farben, ähnlich einem Druckvorgang, auf die Kino-Kopie übertragen wurden. Das Drei-Streifen-Verfahren wurde bald durch das «Tripack»-System abgelöst, bei dem alle drei Negative in Schichten auf einem Trägerstreifen vereinigt waren.

1952 brachte Eastman Kodak ein Farb-Negativ-Material heraus, das nach dem Maskenfilm-Verfahren arbeitete und so die Farbwiedergabe der Kopie verbesserte; die Technicolor-Negative wurden bald überflüssig. Der Technicolor-Kopierprozeß durch Farbdruck blieb jedoch in Gebrauch, da viele Kameraleute feststellten, daß die Farbübertragung eine bessere und genauere Farbwiedergabe ermöglichte als Eastmans chemischer Prozeß. Den Unterschied zwischen einer chemischen Eastman-Kopie und einer Technicolor-Farbdruck-Kopie können Fachleute selbst heute noch erkennen. Die Farben einer Technicolor-Kopie sind kühler, weicher und zarter als die einer Eastman-Kopie. Außerdem bleiben die Farbwerte der Farbdruck-Kopie länger stabil.

Technicolor schloß sein letztes Farbdruck-Labor in den USA Ende der siebziger Jahre. Der einzige Ort, an dem das System heute noch regelmäßig angewandt wird, liegt in China, wo Technicolor kurz nach der Anerkennung Chinas durch die USA ein Werk errichtete. Fast gleichzeitig mit dem Verschwinden des Farbdruck-Verfahrens im Westen begannen Filmarchivare und Techniker die bedeutenden Probleme des Eastmancolor-Prozesses zu erkennen. Die Farben bleichen schnell aus und nie im gleichen Verhältnis zueinander. Wenn keine Technicolor-Farbdruck-Kopien oder kostspielige dreistreifige Schwarzweiß-Negative der einzelnen Farbschichten erhalten sind, werden die meisten Farbfilme der Fünfziger, Sechziger, Siebziger und Achtziger bald schon rettungslos verloren sein – wenn sie es nicht schon sind.

Wir stellen uns Film gern als ein dauerhaftes Medium vor, aber das stimmt mehr

* Der erste Technicolor-Drei-Streifen-Film war *La Cucaracha* (1935); der erste Technicolor-Spielfilm *Becky Sharp* im selben Jahr.

in der Theorie als in der Praxis. Man kann heute durchaus eine Kopie von beispielsweise Michelangelo Antonionis *Il Deserto rosso* (1964) leihen, aber es ist höchst unwahrscheinlich, daß man denselben Film sieht, der uns mit seinem visuellen Wagemut seinerzeit so beeindruckte. Man wundert sich wahrscheinlich, was die Leute damals daran so toll gefunden haben. (Man muß mir schon vertrauen: *Il Deserto rosso* war eine atemberaubende Studie zur Farbenpsychologie.) Es wäre sicherlich auch möglich, irgendwo eine Vorführung von Terence Malicks *Days of Heaven* (1978) mitzubekommen, aber die ist dann wohl kaum auf 70 mm, die brillanten Farben sind verblichen, und man kommt wahrscheinlich gähnend aus dem Kino. (Wieder ist mir zu glauben: *Days of Heaven* war ein hinreißendes Porträt des Mittleren Westens der USA, besonders dicht durch die anschauliche Bildlichkeit.)

Die Probleme der Erhaltung beschränken sich nicht auf Farbe und Format: Wenn man noch nie eine Silbernitrat-Kopie (oder wenigstens eine frisch vom Nitrat-Negativ gezogene 35 mm-Kopie) solcher Klassiker wie *Citizen Kane* oder *The Big Sleep* gesehen hat, wird man unweigerlich die Kraft ihrer Bildlichkeit unterschätzen. Leider ist der größte Teil des heute verfügbaren Kopiematerials für Filme aus den zwanziger, dreißiger und vierziger Jahren in derart schlechtem Zustand, daß ganze Generationen von Filmstudenten dazu verurteilt sind, die Filmgeschichte durch ein trübes, verdunkeltes Glas anzusehen. Dies stimmt, wie gesagt, nicht für Technicolor-Klassiker aus den späten dreißiger und den vierziger Jahren. Neue Kopien dieser Filme kommen den Originalen nahe genug, um den Bildeindruck und die Stimmung von damals zu reproduzieren.

Seitdem Mitte der achtziger Jahre die «colorization» aufgekommen ist, haben wir mit einem zusätzlichen Problem zu tun: Jedesmal, wenn man einen alten Film im Fernsehen einschaltet, muß man filmgeschichtliche Bücher zu Rate ziehen, um zu wissen, ob es das Original ist, was man da sieht. Neu kolorierte Schwarzweiß-Filme sehen nicht viel schlechter aus als stark verblichene Original-Farbfilme (oder schlecht erhaltene Schwarzweiß-Fernsehkopien), aber darum geht es nicht. Martin Scorsese und andere haben sich zusammengetan, um gegen die Praxis der Kolorierung zu protestieren. Mir scheint, sie gehen noch nicht weit genug: Genauso nötig ist es, die großartigen Schwarzweiß-Nitratfilme der Dreißiger und Vierziger sowie die verblichenen Eastmancolor-Filme der Fünfziger, Sechziger und Siebziger zu restaurieren.

Der Film ist diesen Alterungsproblemen unterworfen, weil eine chemische Technologie zugrunde liegt. Wenn nun die Elektronik die Chemie ersetzt, wird es viel weniger problematisch sein, die ursprüngliche Absicht des Künstlers zu konservieren. Schon haben sich Laserdiscs als Segen für Filmliebhaber erwiesen. Wenn Film einmal gänzlich digitalisiert sein wird, lassen sich Farbe, Tonwert und Kontrast – im Prinzip – für die Ewigkeit konservieren. Ob es uns gelingt, aus der verblichenen Hinterlassenschaft der Vergangenheit die Original-Filmwerke zu restaurieren, bleibt abzuwarten. «Re-Kolorierung» ist ein höchst interessantes Konzept, aber Farbe ist ganz entschieden ein psychologisches Phänomen: Des einen Mannes Blau ist das Grün der anderen Frau (und wer schwul ist, darf Türkis sehen), und Erinnerungen verblassen noch rascher als Eastman-Material.

Vor 1952 war Schwarzweiß der Standard, Farbe wurde nur für besondere Projekte benutzt. Zwischen 1955 und 1968 hielten sich die beiden Systeme in etwa die Waage. Seit 1968 sehr viel empfindlicheres, farbgenaueres Material auf den Markt kam, wurde Farbfilm zur Norm; nur noch selten wird in Amerika ein Film in Schwarzweiß gedreht. Das hat ebenso ökonomische wie ästhetische Gründe. Die Popularität des Farbfernsehens hat das Risiko der Produzenten, auf Schwarzweiß zu drehen, erhöht, da davon der Weiterverkaufswert an das Fernsehen betroffen war.

Beschränken wir im Augenblick unsere Betrachtungen auf die Schwarzweiß-Aufnahme, so können wir zwei weitere wichtige Dimensionen des Filmmaterials deutlicher herausheben: Kontrast und Tonwert. Wenn wir von «Schwarzweiß» sprechen, so geht es tatsächlich nicht um ein Zwei-Farben-System, sondern eher um ein Bild, dem sämtliche Farbwerte entzogen sind. Was beim «Schwarzweiß»-Bild übrigbleibt, sind die voneinander abhängigen Variablen Kontrast und Ton: die relative Dunkelheit und Helligkeit der verschiedenen Bildteile und das Verhältnis von Dunkel und Hell.

Die Retina des menschlichen Auges ist im Gegensatz zum Film fähig, sich sowohl einem großen Spektrum von Helligkeiten anzupassen, wie auch zwei nahe beieinanderliegende Helligkeitswerte differenzieren zu können. In beider Hinsicht ist Film ein beschränktes Medium. Das Helligkeitsspektrum, vom reinen Weiß zum reinen Schwarz, das ein Filmmaterial festhalten kann, wird als Belichtungsspielraum («latitude»), die Fähigkeit, zwischen nahen Gradationen (Graustufen) zu unterscheiden, als Gamma-Wert bezeichnet. Je weniger Schattierungen das Material differenzieren kann, desto härter wird die Aufnahme. Im Extremfall ist nur noch Schwarz und Weiß zu sehen, alle Abschattungen sind dem einen oder anderen zugeschlagen. Je stärker der Film differenzieren kann, desto feiner wird der Tonwert der Aufnahme. Unser Diagramm zum Gamma-Wert zeigt das schematisch: Bei einem Bild mit niedrigem Kontrast ist die Skala der Tonwerte sehr niedrig. Ton und Kontrast hängen eng mit der Körnigkeit zusammen, d. h., die besten Tonwerte besitzen Filme mit der feinsten Körnigkeit und damit dem größten Auflösungsvermögen.

Fortschritte der Labortechnik haben den Belichtungsspielraum von Standardmaterial stark erweitert. Obwohl ein bestimmtes Material seine höchste Bildqualität bei bestimmten festgelegten chemischen Parametern – wie Entwicklungszeit – erreichen soll, ist es seit Ende der sechziger Jahre weitverbreitete Praxis, den Film beim Entwickeln zu «forcieren», wenn eine größere Lichtempfindlichkeit gebraucht

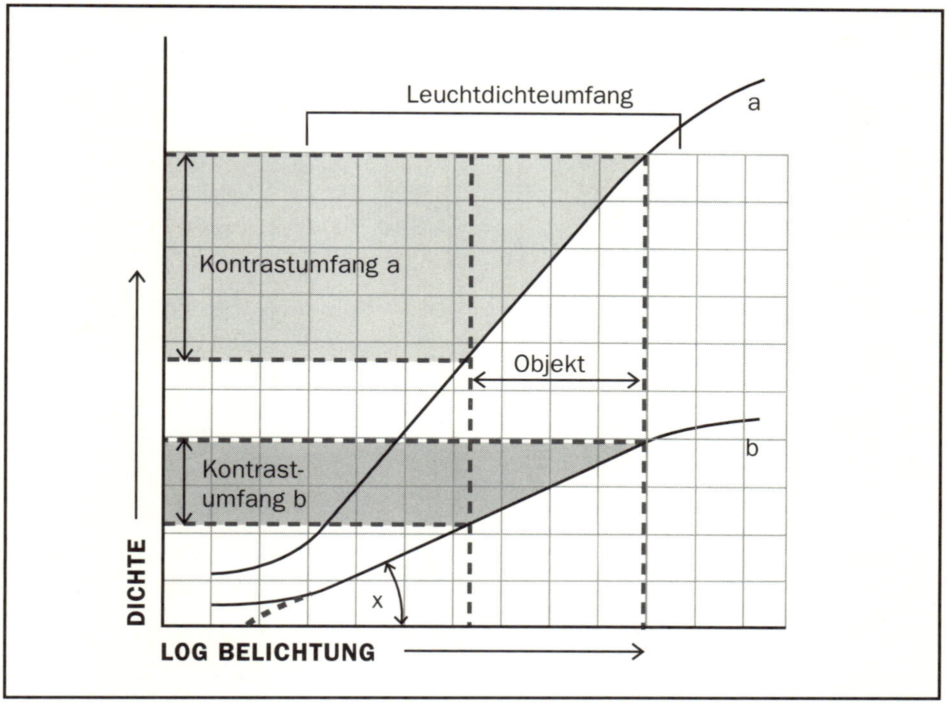

Gamma. Die abgebildete Kurve nennt man die «Charakteristik» einer Filmemulsion. Eine perfekte Emulsion hätte eine Charakteristik in Form einer geraden Linie. Das hieße, jeder Belichtungszunahme entspräche eine gleiche Zunahme an Dichte des Negativs. Keine Emulsion erreicht jedoch diese Ideal-Kurve, und die meisten heute gebräuchlichen Emulsionen weisen eine ähnlich geschwungene Linie auf. Der Bereich, in dem die Kurve relativ flach verläuft, ist der nutzbare Kontrastumfang einer Emulsion. Wichtiger jedoch ist der Anstieg der Kurve, die die «Kontrastfreundlichkeit» – das Kontrastpotential – angibt. Die Emulsion der Kurve a besitzt zum Beispiel ein größeres Kontrastpotential als die von Kurve b. In anderen Worten: Emulsion a kann besser zwischen zwei ähnlichen Helligkeitswerten differenzieren. Der Gamma-Wert einer Emulsion entspricht tan x (dem Tangens des Anstiegswinkels der Kurve).

wird. Durch Überschreiten der Standardzeit bei der Entwicklung kann ein Labor den Belichtungsspielraum ausdehnen, bis zum Zwei- oder Dreifachen der angegebenen Belichtungswerte. Dabei verstärkt sich die Körnigkeit, und bei Farbmaterial können Probleme mit der Farbwiedergabe entstehen; doch zum Beispiel besitzt Eastman-Farb-Negativfilm so viel Spielraum, daß er eine Forcierung um 1 Stop (doppelte Empfindlichkeit) oder sogar 2 Stop ohne großen Verlust in der Bildqualität zuläßt. Der größte Empfindlichkeitsverlust findet sich in der Kontrastskala erwartungsgemäß dort, wo am wenigsten Licht vorhanden ist – zum Beispiel in den Schattenpassagen einer Szene.

Ein Fortschritt in der Behandlung dieses Problems ist die Technik des «flashing». Als erster wandte es der Kameramann Freddie Young 1967 in Sidney Lumets

Harter Kontrast. Schwarz und Weiß sind Extremwerte; es gibt kaum Grau-Abstufungen. Ingrid Thulin, Gunnel Lindblom und Jörgen Lindström in Ingmar Bergmans *Tystnaden* (1963).

Film *The Deadly Affair* an. Flashing bedeutet, daß das Filmmaterial vor oder nach dem Drehen einer Szene durch ein graues Licht einer bestimmten Helligkeit belichtet wird. So werden selbst die dunkelsten Teile eines Bildes in den Bereich der Gamma-Skala gedrückt, wo eine ausreichende Gradation möglich ist. Der Belichtungsspielraum jeden Filmmaterials wird so durch das Flashing erweitert; zudem eröffnet es die Möglichkeit, Farbwerte zu dämpfen, und gibt dem Filmemacher eine Kontrolle über die Farbsättigung des Bildes. 1975 stellten die TVC-Laboratorien einen chemischen Prozeß vor, «Chemtone» (von Dan Sandberg, Bernie Newson und John Concilla entwickelt), der eine Weiterentwicklung des Flashing bedeutete. Chemtone wurde zuerst in Filmen wie *Harry and Tonto* (1974), *Nashville* (1975) und *Taxi Driver* (1976) verwendet.*

Kontrast, Tonwert und Belichtungsspielraum sind wichtige Faktoren in bezug auf die Beleuchtung beim Filmen. Mit der Einführung von hochempfindlichem

* Die dem «flashing» zugrundeliegende Theorie ähnelt stark derjenigen, auf der das Dolby-System zur Rauschunterdrückung beruht.

Weicher Kontrast. Kein reines Schwarz oder Weiß; Grautöne dominieren. Romy Schneider in Luchino Viscontis *Il Lavoro* (*Boccaccio '70*, 1961).

Farbmaterial und den Techniken von Forcieren, Flashing und Chemtone erreichte die kinematografische Technik nach mehr als einem Dreivierteljahrhundert einen Punkt, an dem die Empfindlichkeit des Films in etwa der des menschlichen Auges entsprechen könnte. Heutzutage können Filmemacher in nahezu jeder Situation drehen, in der sie selbst sehen können. Doch das war in den ersten fünfundsiebzig Jahren der Filmgeschichte kaum der Fall.

Die frühesten Schwarzweiß-Emulsionen waren «monochromatisch» – empfindlich nur für blaues, violettes und ultraviolettes Licht. Bis 1873 hatte man dieses Spektrum um Grün erweitern können. Das war der sogenannte «orthochromatische» Film. «Panchromatischer» Film, der auf alle Farben des sichtbaren Spektrums gleichermaßen reagiert, wurde 1903 entwickelt, doch erst mehr als zwanzig Jahre später zum Standard-Material der Filmindustrie. Zu den ersten Filmen, die panchromatisches Material verwandten, gehörten Robert Flahertys *Moana* (1925) und *Chang* (1926) von Cooper und Schoedsack. Ohne panchromatischen Film kamen warme Farbtöne, zum Beispiel Gesichtsfarben, nur sehr schlecht, so daß Kameraleute eine Lichtquelle im blauweißen Bereich verwenden mußten. Außer der Sonne

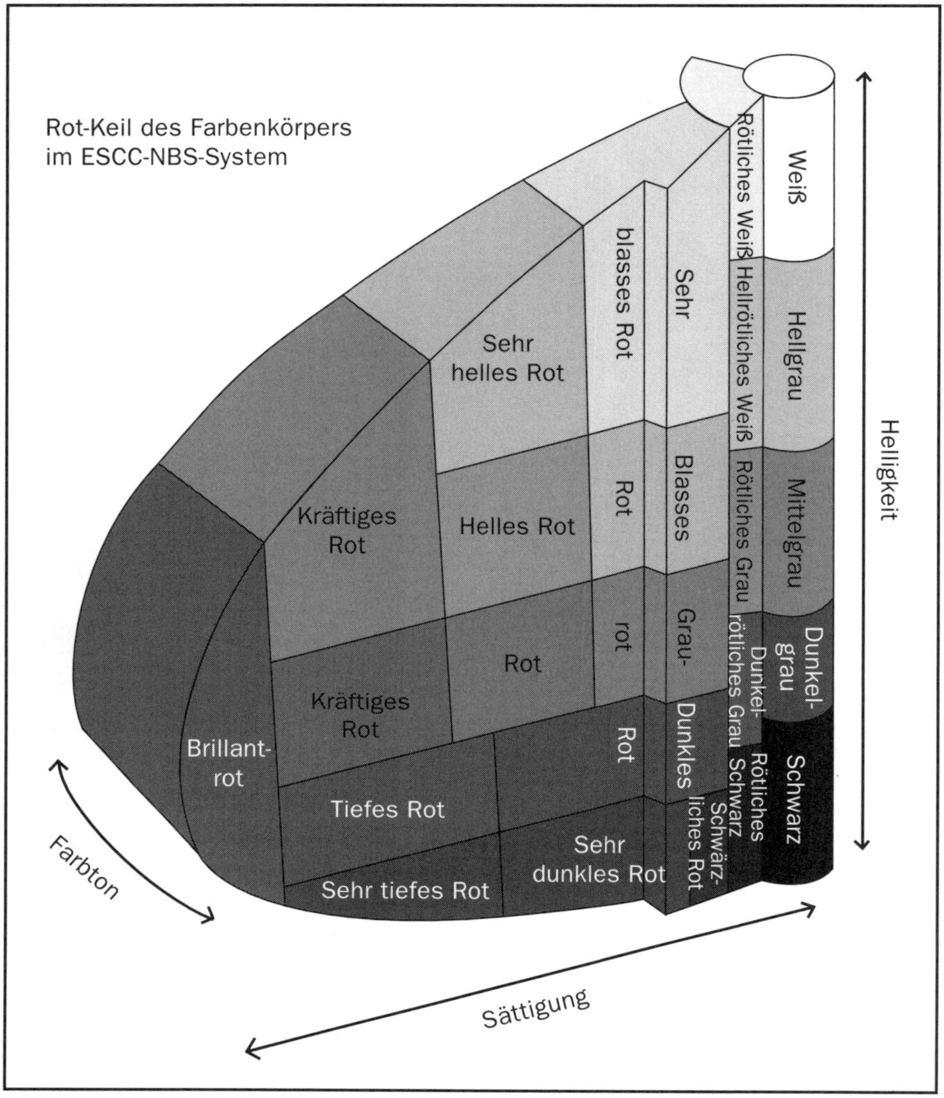

Der «Farb-Keil» stellt die Beziehungen zwischen den drei Hauptvariablen der Farbentheorie schematisch dar. Dies ist ein Ausschnitt aus dem gesamten Farbenkomplex, der sich über das ganze Spektrum erstreckt.

war die einzige Lichtquelle dieser Art die riesige, teure Lichtbogenlampe. Als das Schwarzweiß-Material empfindlicher und panchromatische Emulsionen eingeführt wurden, kamen billigere und beweglichere Glühlampen in Gebrauch; doch als man begann, in Farbe zu arbeiten, mußte man zur Bogenlampe zurückkehren, da das Farbmaterial viel weniger empfindlich war und zudem die «Farbtemperatur» der Lichtquellen genau kontrollierbar sein mußte.

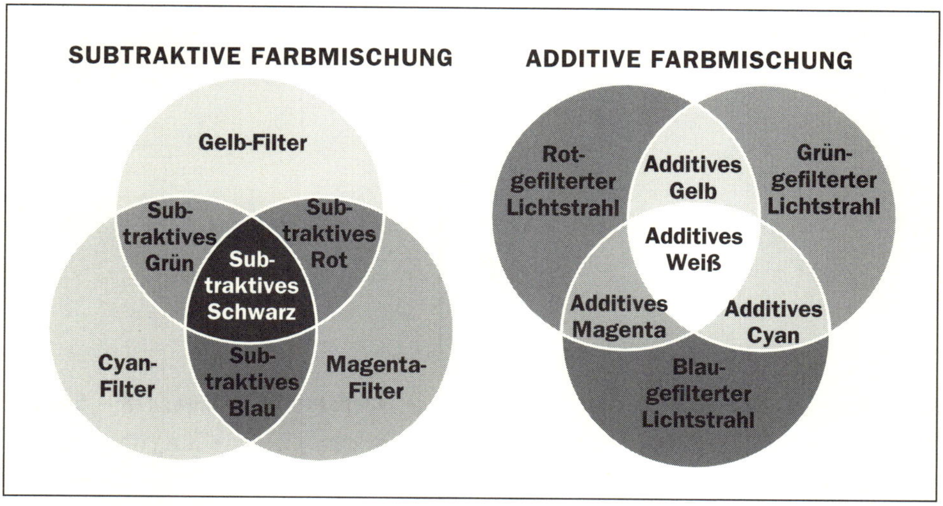

Primärfarben-Theorie. Auf Grund psychologischer Gegebenheiten können alle Farben des sichtbaren Spektrums durch die Kombination dreier sogenannter «Primär»-Farben reproduziert werden. Die «additiven» Primärfarben sind Rot, Blau und Grün. Die «subtraktiven» Primärfarben sind Magenta (Purpur), Cyan (Blaugrün) und Gelb. Alle Farben des Spektrums zusammen ergeben weißes Licht, umgekehrt ergibt die völlige Abwesenheit von Farben Schwarz. Wenn Magenta und Gelb von einem weißen Lichtstrahl «subtrahiert» (ausgefiltert) werden, ist das Ergebnis rotes Licht. Wenn rote und grüne Lichtstrahlen «addiert» (gemischt) werden, ist das Ergebnis Gelb, und so fort.

Farbtemperatur ist nur eine der Variablen, die man beim Farbfilm neben Helligkeit, Tonwert und Kontrast berücksichtigen muß. Die anderen sind Sättigung und Intensität. Das Spektrum der sichtbaren Farbtemperaturen reicht von Purpur (der wärmsten) über Orange, Gelb, Grün, Blau und Indigo bis zu Violett (der kältesten). Farbsättigung bezeichnet die Menge – der gleiche Farbton kann schwach oder satt sein; Intensität oder Helligkeit ist das Maß des ausgesandten Lichts (dieses Element findet sich bei Farbe ebenso wie bei Schwarzweiß).

Wie bei Kontrast und Belichtungsspielraum in der Schwarzweiß-Fotografie ist der Filmemacher bei Farbe auf bestimmte Parameter eingeschränkt. Bis vor kurzem mußte die Lichtquelle, die einen Gegenstand ausleuchtete, genauestens kontrolliert werden. Unsere Augen stellen sich unbewußt auf die Farbtemperatur einer Lichtquelle ein, doch der Filmemacher muß auf diese Varianten direkt eingehen. Ein für 6000 Kelvin (etwa die Farbtemperatur eines bedeckten Himmels) eingerichtetes Filmmaterial ergäbe ein häßlich orangestichiges Bild, wenn man es bei normalem Kunstlicht mit einer Farbtemperatur von 3200 K belichten würde. Entsprechend ergibt sich ein starker Blaustich bei Verwendung von Kunstlicht-Material (3200 K) draußen im Tageslicht, unter freiem Himmel (5000 K–6000 K). Wie Amateurfotografen wissen, läßt sich diese Verzerrung mit Filtern ausgleichen.

Der Filmton

Bevor wir uns der «Post-Production»-Phase der Filmherstellung zuwenden – Schnitt, Mischung, Tricklabor und Projektion –, sollten wir die Herstellung des Tons untersuchen. Im Idealfall ist der Ton eines Films ebenso wichtig wie das Bild. Leider hinkt jedoch die Tontechnik beim Film nicht nur hinter der Entwicklung der Kinematografie her, sondern ebenso hinter jener der Ton-Aufnahmetechnik, die sich unabhängig vom Film weiterentwickelt hat.

Die Aufnahme von Ton entspricht in etwa der des Bildes: Das Mikrofon ist wie eine Linse, durch die der Ton gefiltert wird; das Tonbandgerät ist mit der Kamera zu vergleichen; sowohl Ton wie Bild werden linear aufgezeichnet und können später geschnitten werden. Doch es gibt einen bedeutsamen Unterschied: Wegen der verschiedenen Art, wie wir sie rezipieren, müssen der Ton kontinuierlich, die Bilder jedoch einzeln aufgezeichnet werden. Zur Nachbildwirkung gibt es beim Ton keine Entsprechung, deshalb existiert auch nicht so etwas wie «Stand-Ton», der den Standbildern entspräche. Der Ton braucht die Dimension der Zeit.

Eine Folge hiervon ist, daß man den Ton nicht den gleichen Veränderungen unterwerfen kann wie die visuelle Information. Mit Film kann man Zeit ausdehnen oder komprimieren, was wissenschaftlich von Vorteil ist, doch der Ton kann nur in seiner «Real»-Zeit existieren, nicht gedehnt oder komprimiert. Computer-Techniken, die in den frühen siebziger Jahren entwickelt wurden und zwanzig Jahre später durch den Macintosh von Apple Verbreitung fanden, erlauben die Digitalisierung eines Geräusches, so daß es dann schneller oder langsamer wiedergegeben werden kann, doch grundsätzlich zieht eine Tempoveränderung die Änderung der Eigenschaften des Tons nach sich.

Die Verbindung von Bild und Ton, der ursprüngliche Traum der Erfinder der Kinematografie, verzögerte sich aus technischen und ökonomischen Gründen bis in die späten zwanziger Jahre. Solange das Bild linear und diskontinuierlich aufgezeichnet wurde und der Ton zirkulär und kontinuierlich, war das Problem der Synchronisation von beidem unlösbar. Lee DeForests 1906 erfundene Audion-Röhre ermöglichte zum erstenmal die Übersetzung von akustischen in elektrische

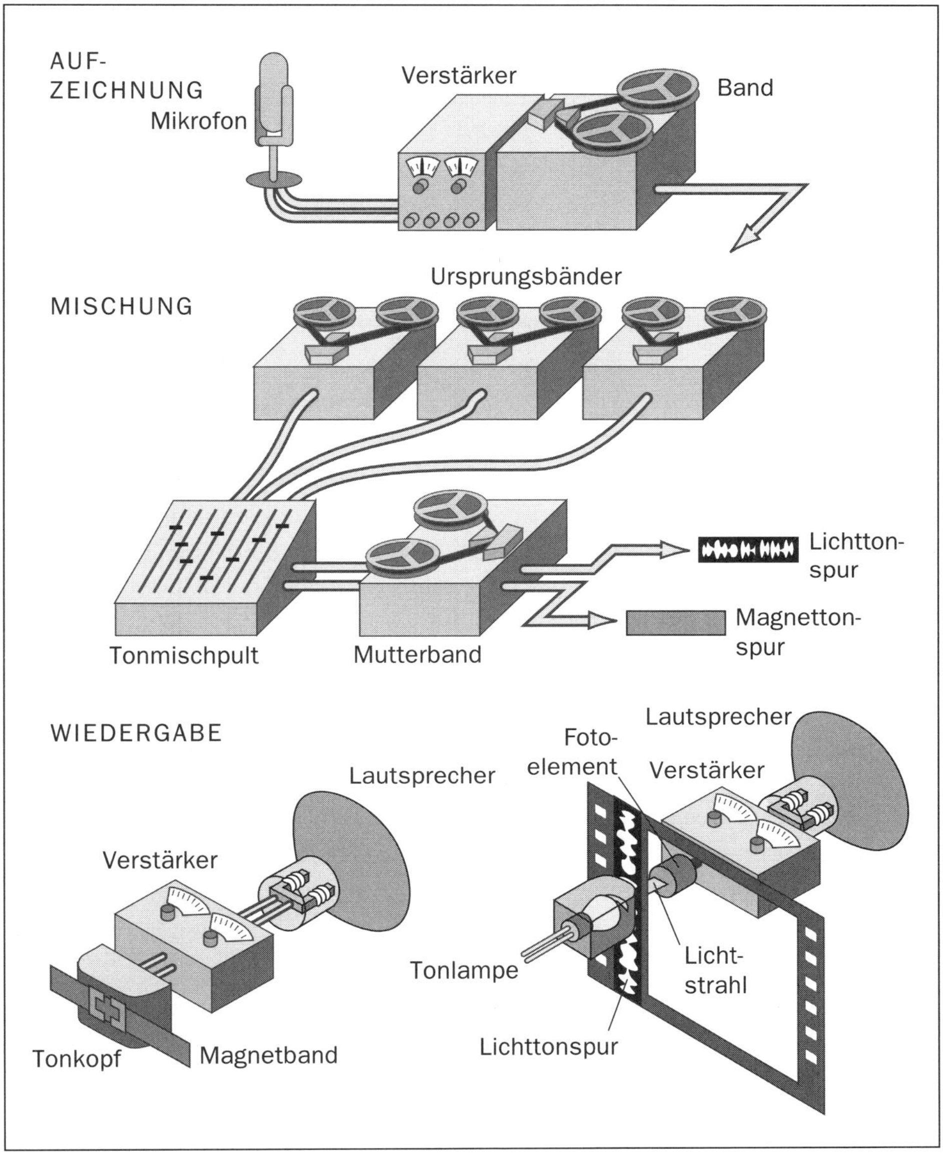

Filmton. Tonspuren aus verschiedenen Quellen, wie zum Beispiel Dialog, Musik oder Effekte, werden in der Mischung zu einem Mutterband vereinigt, von dem dann die eigentliche Tonspur produziert wird, die meistens eine Lichtton-, manchmal eine Magnettonspur ist. Die Magnettonspur wird durch einen kleinen elektromagnetischen «Kopf» abgetastet, der die Variationen des magnetischen Signals liest. Die Lichttonspur wird durch eine fotoelektrische Zelle gelesen, die die Unterschiede in der Lichtmenge registriert, die von der Lichttonspur durchgelassen wird. Lichtquelle hierbei ist eine Tonlampe.

Signale. Die elektrischen konnten dann in Lichtsignale umgesetzt und mit Film aufgezeichnet werden. Darauf konnten die beiden parallelen Kopien – Ton und Bild – leicht verbunden werden, so daß sie immerzu synchron blieben, auch wenn der Film riß und geklebt werden mußte. Das war die Grundidee des deutschen Triergon-Verfahrens, das sich Joseph Engl, Joseph Masolle und Hans Vogt schon 1919 patentieren ließen. Dieses optische Tonsystem existiert mehr oder weniger unverändert bis heute.

In den ersten zwanzig Jahren nach der Geburt des Tonfilms 1926 wurden die Filmemacher durch das klobige und geräuschvolle elektromechanische Gerät behindert, das zur Tonaufzeichnung notwendig war. Obwohl bald tragbare optische Aufzeichner (Ton-Kameras) existierten, verzichtete man lieber auf das Drehen an Originalschauplätzen. Gegen Ende der vierziger Jahre machte die Filmtechnik jedoch durch die Einführung der magnetischen Tonaufzeichnung einen qualitativen Sprung. Das Tonband ist einfacher in der Handhabung, und dank der Transistoren sind die Bandgeräte heute klein und leicht. Das magnetische Tonband ergibt allgemein eine sehr viel bessere Tonqualität als der Lichtton. Heute hat beim Drehen die magnetische Aufnahme die optische vollkommen ersetzt, obwohl im Kino der Lichtton noch überwiegt. Es gibt dafür einen guten Grund: Der Lichtton kann einfach zusammen mit dem Bild kopiert werden, während die Magnetspur einzeln bespielt werden müßte. Entwicklungen in der Lichtton-Technik deuten an, daß einige der Vorteile des Magnettons eingeholt werden können: Lichttonspuren mit verschiedener Dichte und Einfärbung könnten die Einwirkung grober Behandlung ausgleichen, verbessern die Tonqualität und könnten auch für stereofonische und multifonische Systeme genutzt werden. Wegen der Vorteile bei Handhabung, Schnitt und Mischung behauptet sich das Magnetband jedoch beim Drehen und in der Bearbeitung.

Das Mikrofon, die Linse des Tonsystems, dient als erste Pforte, durch die das Signal gehen muß. Im Gegensatz zur optischen Linse übersetzt es jedoch das Signal in elektrische Energie, die dann magnetisch auf Band festgehalten werden kann. (Das Wiedergabesystem arbeitet genau rückwärts: Gespeicherte magnetische Energie wird in elektrische Energie umgewandelt, die dann im Lautsprecher mechanisch den Ton erzeugt.) Da der Ton auf dem Band unabhängig vom Filmband aufgezeichnet wird, muß es eine Methode zur Synchronisierung der beiden geben. Das wird entweder durch eine mechanische Verbindung erreicht, durch eine elektrische Kabelverbindung, die Zeitimpulse (Pilotton) überträgt, oder durch eine Quarz-Steuerung, bei der schwingende Quarzkristalle präzise Zeitimpulse senden. Diese Impulse steuern die beiden Motoren (von Kamera und Bandgerät) und halten sie präzise synchron. Die Tonaufnahme wird dann auf magnetisch beschichteten Film («Cord-Band») überspielt, der durch die Perforation die präzise Zeitkontrolle wäh-

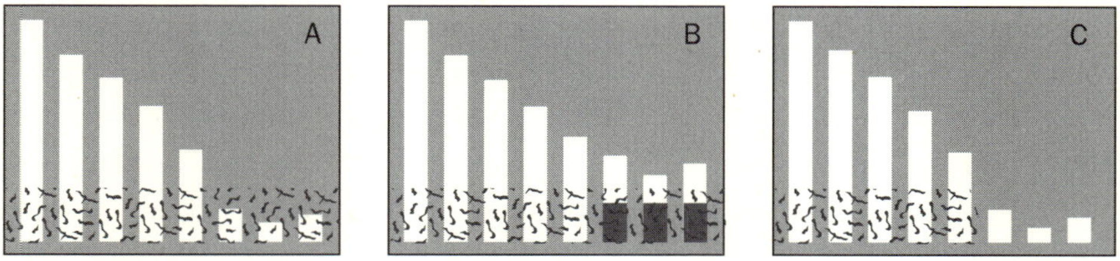

Der Dolby-Effekt. Ein gewisses Grundrauschen ist bei jedem Aufnahme-System vorhanden (A). Es stört nicht, wenn das aufgenommene Signal stark genug ist, verschluckt jedoch schwächere Partien des Signals. Das Dolby-System verstärkt die schwächeren Signale bei der Aufnahme (B) und reduziert sie bei der Wiedergabe auf die Normalstärke; gleichzeitig damit reduziert es auch das Grundrauschen (C).

rend des Schnitts erlaubt. Und schließlich liefert die Projektionskopie die Signale, normalerweise als Lichtton, manchmal aber auch als Magnetton. Fast alle stereofonischen und «quintafonischen» Tonsysteme des 70 mm-Films benutzen Magnetton.

Die Variablen, die die klare und genaue Tonwiedergabe beeinflussen, sind in etwa denen des Rohfilms zu vergleichen. Der Faktor der Amplitude entspricht dem Belichtungsspielraum des Films: Die Amplitude ist das Maß der Signalstärke. Band, Gerät und Mikrofon sollten gemeinsam fähig sein, einen weiten Bereich von Amplituden zu reproduzieren, von sehr leise bis ganz laut.

Nächst wichtig ist der Frequenzbereich, direkt vergleichbar mit dem Spektrum der Farbtemperaturen beim Farbfilm. Das Ohr reagiert auf einen normalen Frequenzbereich von 20 bis 20 000 Hertz (Schwingungen pro Sekunde). Eine gute Hi-Fi-Ausrüstung kann diesen Bereich angemessen reproduzieren, doch Lichtton-Systeme haben einen viel geringeren Frequenz-Wiedergabebereich (zumeist zwischen 100 und 10 000 Hertz).

Das Aufnahmesystem und die Ausrüstung sollten fähig sein, einen weiten Bereich von Harmonien wiederzugeben, jene Obertöne, die der Musik und den Stimmen Charakter und Leben geben. Die Tonharmonien lassen sich mit der Tonigkeit des Bildes vergleichen. Das Signal sollte frei von Jaulen, Flattern und anderen mechanischen Verzerrungen sein, und das Gerät sollte eine ausreichende Meßzeit besitzen, das heißt die Fähigkeit, kurze Töne ohne Knistern zu reproduzieren. Das ist die «Schärfe» des Tonsignals.

Während stereoskopische Bilder speziellen psychologischen und physikalischen Problemen unterliegen, die ihren Wert beträchtlich mindern, gibt es beim Stereo-Ton keine solchen Probleme, so daß er höchst anstrebenswert ist. Wir sind es gewohnt, Töne von allen Seiten zu hören. Obwohl wir unsere Aufmerksamkeit auf Töne lenken, können wir akustisch nicht ebenso fokussieren wie beim Bild. Der

Filmton sollte die Fähigkeit besitzen, das totale akustische Umfeld zu reproduzieren. Anfang der sechziger Jahre wechselte die Schallplattenindustrie vollkommen von monofon auf stereofon, doch der Filmton ist gelegentlich immer noch monofon, obwohl die Einführung von stereofonen Techniken beim Film viel einfacher wäre als bei Tonaufzeichnungsgeräten. Quadrofonische Wiedergabe, ein Problem, das Toningenieure und Audiophile Mitte der siebziger Jahre beschäftigte, wäre beim Film relativ einfach und billig anzuwenden.

Die Mehrspur-Aufnahmetechnik, die von der Musikindustrie entwickelt wurde, hat in den siebziger Jahren neue Horizonte für die Kunst des Filmtons aufgetan – zum Beispiel so ausgetüftelte Soundtracks wie bei Coppolas *The Conversation* (1974) und Altmans *Nashville* (1975), die mit Achtspurmaschinen produziert wurden. Die Einführung des Dolby-Systems zur Rauschunterdrückung und Signalverstärkung Mitte der Siebziger hat ebenfalls die Möglichkeit des qualitativ genauen Filmtons erweitert. In etwa dem Flashing von Filmmaterial zu vergleichen, reduziert der Dolby-Schaltkreis das Grundrauschen, das selbst beim besten Tonbandmaterial auftritt, und verbessert so den Tonbereich beträchtlich. Das geschieht, indem bei der Aufnahme jener Teil des Tonspektrums, in dem die Nebengeräusche auftreten, verstärkt wird. Wenn das Signal bei der Wiedergabe auf die Normalstufe reduziert wird, wird das Geräusch zusammen mit dem Tonsignal heruntergezogen.

Post-Production

In der Filmindustrie teilt man den Arbeitsprozeß in drei Phasen: Pre-Production, Dreharbeiten, Post-Production. Die erste Phase umfaßt die Vorbereitungen – das Buch wird geschrieben, Schauspieler und Techniker engagiert, Drehpläne und Budgets aufgestellt. In einer anderen Kunst wäre diese Vorbereitungsstufe relativ unkreativ. Doch Alfred Hitchcock, um einen zu nennen, hielt diese Periode der Filmherstellung für die entscheidende: Er meinte, sobald er den Film entworfen habe, sei die Ausführung dann vergleichsweise langweilig. Zudem kann in dieser kostspieligsten aller Künste die genaue und intelligente Planung den Unterschied zwischen Erfolg und Reinfall ausmachen. Inzwischen müßte klar sein, daß es ein kompliziertes Geschäft ist, Filme herzustellen – so kompliziert, daß moderne System-Planung einen meßbar positiven Effekt auf den Gesamtablauf hat. Die eingehenden, sorgfältig organisierten Pläne, die Stanley Kubrick für seine Projekte aufstellt, sind zum Beispiel einer der faszinierendsten Aspekte seiner Arbeit.

In diesem Kapitel über Filmtechnik ging es bisher fast ausschließlich um die zweite Phase der Filmproduktion: die Dreharbeiten. Doch in gewisser Weise kann man selbst diese Phase als eine Art Vorbereitung auffassen. Die Dreharbeiten produzieren das Rohmaterial, aus dem erst in der dritten Phase des Prozesses das Endprodukt wird. Der Schnitt oder die Montage werden oft als der Angelpunkt der Filmkunst angesehen, da sich hierin der Film von den anderen Künsten am deutlichsten absetzt. Die Theorie des Filmschnitts wird in den Teilen 3 und 5 behandelt; an dieser Stelle geht es um eine Erläuterung der Praxis und eine Beschreibung des verwendeten Geräts.

Während der Post-Production laufen normalerweise drei Arbeitsgänge mehr oder weniger gleichzeitig ab: Schnitt, sodann Tonmischung, Verbesserung der Tonqualität und Nachsynchronisation (oder ADR, additional dialogue recording) sowie auch Laborarbeiten, optische Tricks und Spezialeffekte. Theoretisch könnte ein Film innerhalb weniger Stunden geschnitten, gemischt und kopiert werden; angenommen, Ton- und Bildmaterial sind im Rohzustand zufriedenstellend, so bestünde der Schnitt nur aus dem Aneinanderkleben einiger Einzelaufnahmen («takes»).

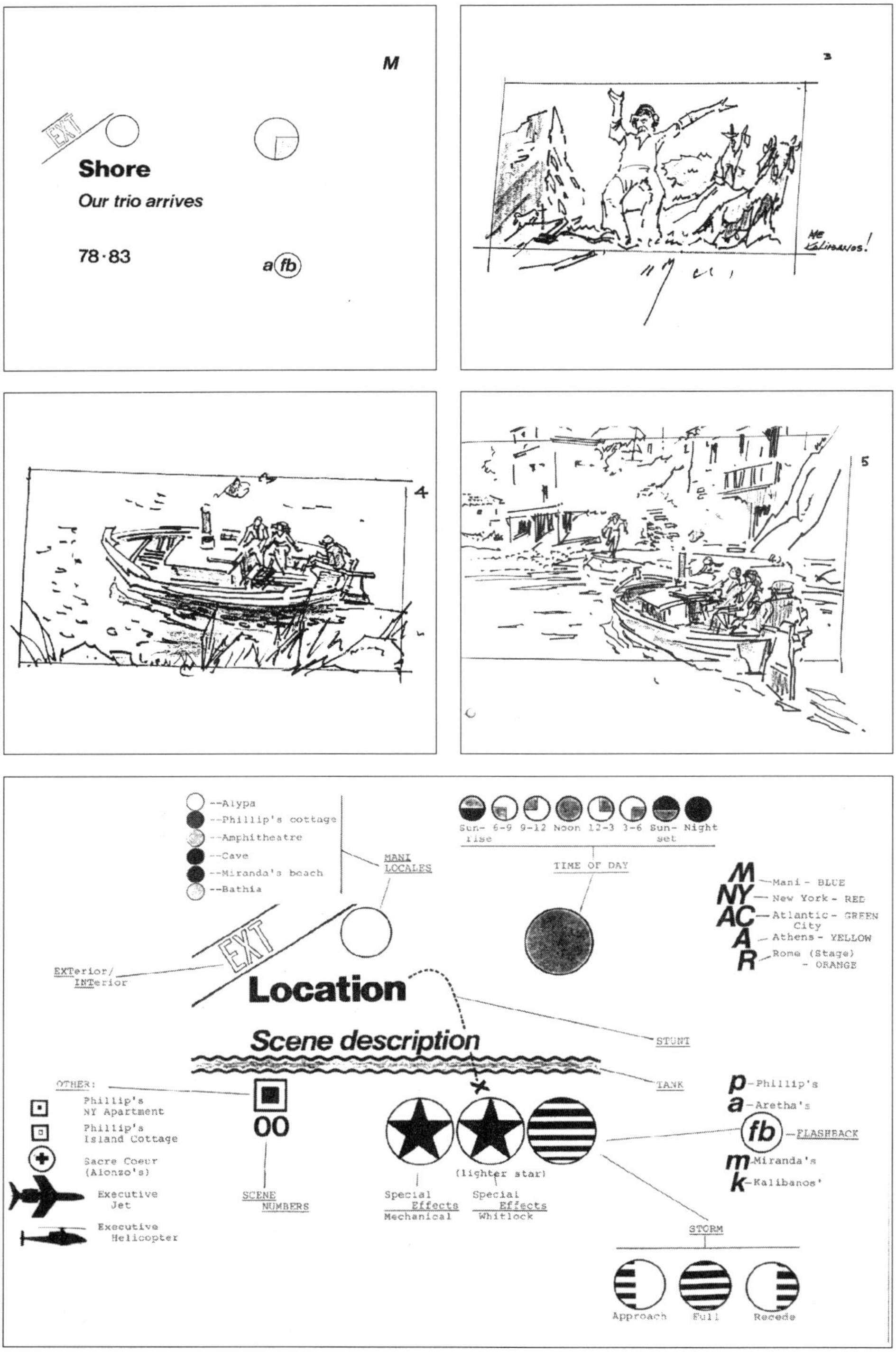

Leon Capetanos Storyboard-Skizzen für Paul Mazurskys *Tempest* (1982) verdeutlichen die Struktur der Sequenz. (*Mit freundlicher Genehmigung von Paul Mazursky.*)

Doch sehr wenige Filme sind so einfach, und oft dauern die Post-Production-Arbeiten länger als die Dreharbeiten selbst. Was Post-Production genannt wird, beginnt indes oft schon während der Dreharbeiten und läuft parallel dazu.

Filmschnitt

Die Einstellung («shot») ist die Grundeinheit der Filmmontage; sie ist physikalisch als einzelnes Stück Film ohne Unterbrechung der Kontinuität definiert. Sie kann bis zu zehn Minuten dauern (denn die meisten Kameras fassen nur Filmmaterial für zehn Minuten); oder auch nur 1/24 Sekunde (ein Einzelbild). Hitchcocks *Rope* (1948) war so gedreht, daß der ganze Film wie eine einzige Einstellung wirken sollte, die meisten von Miklós Jancsós Filmen sind aus zehn oder zwölf Einstellungen zu je einer ganzen Filmrolle komponiert, doch ein normaler Spielfilm setzt sich aus fünfhundert bis tausend verschiedenen Einstellungen zusammen. Jede einzelne Einstellung muß mechanisch mit Klebstoff oder Klebeband mit den benachbarten Einstellungen verbunden werden. Das Handwerk des Schneidens besteht darin, aus zwei oder mehr Aufnahmen derselben Einstellung zu wählen, die Länge jeder Einstellung festzulegen und ihren Rhythmus sowie den Ton sorgfältig an die geschnittenen Bilder anzupassen (oder umgekehrt, wenn der Ton zuerst geschnitten wurde).

In Amerika wurde bis Mitte der sechziger Jahre diese Arbeit an aufrechten Schneidemaschinen verrichtet, die zumeist unterschiedslos als «novida» bezeichnet werden: Name der verbreitetsten Marke. Eine andere, praktischere Anordnung, der horizontale Schneidetisch, wurde in den zwanziger Jahren durch die Berliner Ufa-Studios eingeführt und war schon vor dem Zweiten Weltkrieg überall in Europa verbreitet. Da der Film beim Tisch waagerecht auf Tellern gefahren wird und nicht senkrecht auf Spulen, ist er viel leichter zu handhaben. Die Einführung des sich drehenden Polygons an Stelle des schrittweisen Malteserkreuz-Mechanismus nach dem Krieg erweiterte die Möglichkeiten des Schneidetischs, indem nun Geschwindigkeiten bis zum Fünffachen der normalen 24 Bilder möglich waren.

In den Sechzigern, zum Teil beeinflußt von den Dokumentarfilmern, die die großen Vorteile mit als erste entdeckten, revolutionierte der Schneidetisch (Steenbeck und Kem sind zwei wichtige Hersteller) den Prozeß der Montage. Moderne Schneidetische erlauben gleichzeitig die Betrachtung und das Abhören von bis zu sechs verschiedenen Bild- und Tonstreifen, wodurch die für die Bildauswahl notwendige Zeit stark reduziert wird. Dokumentaristen, die oft riesige Mengen Material beim Schnitt zu bewältigen haben, erkannten die Vorteile sofort. Die Cutter des Films *Woodstock* (1970), zum Beispiel, sahen sich mehreren hundert Stunden Material über das epochale Konzert gegenüber. Trotz der Benutzung von Splitscreen-

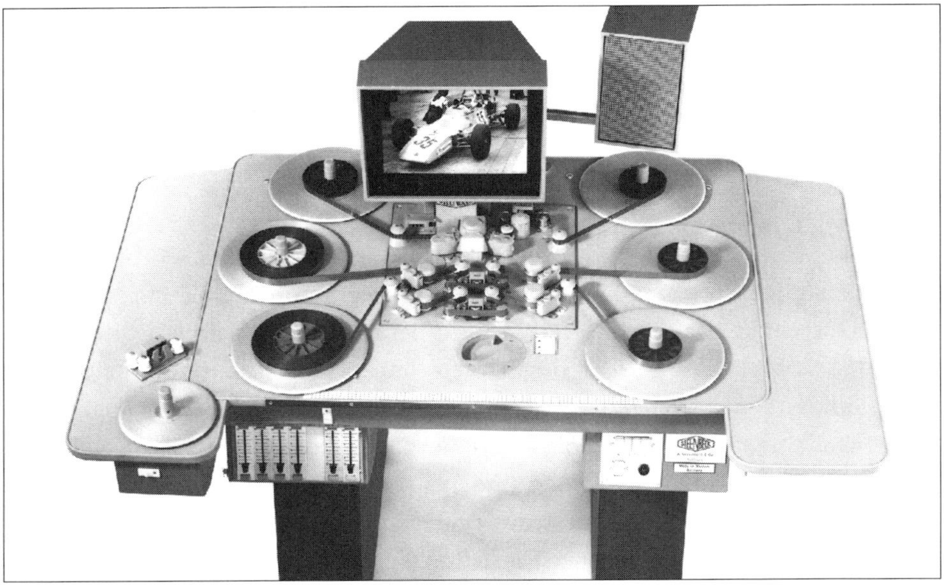

Flache Schneidetische, wie der abgebildete Steenbeck, erlauben den Vergleich von bis zu drei oder vier Bild- und Tonspuren. Der abgebildete Tisch ist für eine Bild- und zwei Tonspuren eingerichtet. *(W. Steenbeck & Co.)*

Computergestützter Filmschnitt mit dem Avid-System. Das Ausgangsmaterial wird digitalisiert, auf der Festplatte gespeichert und von dort weiterverarbeitet. *(NDR / Mundry)*

Techniken mußten sie das Material auf vier Stunden zusammenschneiden, eine Aufgabe, die ohne die Geschwindigkeit und die vielfältigen Fähigkeiten des Schneidetischs kaum zu lösen gewesen wäre. Ein normaler Spielfilm wird etwa im Verhältnis zehn zu eins (oder mehr) gedreht, das heißt zehn Meter belichtetes Material für jeden schließlich verwendeten Meter.

Die Technik des Filmschnitts vereinfacht sich in starkem Maße, wenn die Aufnahmen digitalisiert vorliegen. CBS hat Mitte der siebziger Jahre das erste computerisierte Schneidesystem eingeführt. Die Anschaffung kostete eine Million Dollar. In den späten achtziger Jahren wurde die Kunst des Filmschnitts durch Schneidesysteme auf Mikrocomputer-Basis (zum Beispiel «Avid») mit 20- bis 50mal niedrigeren Anschaffungskosten abermals revolutioniert. Mitte der neunziger Jahre war der elektronische Schnitt in dieser ermüdenden und zeitaufwendigen Kunst gang und gäbe. (Nach Computerbearbeitung des digitalisierten Films wird das eigentliche Negativ entsprechend geschnitten und geklebt – sofern man nicht die letzte Bearbeitungsstufe gleich auf Videoband überträgt.)

Interessanterweise wurde für die Bearbeitungsprogramme das Schneidetisch-Konzept übernommen, so daß sich Gespräche unter Cuttern kaum anders anhören als früher. So vielseitig anwendbar und flexibel der elektronische Schnitt auch ist, kommen doch mit der Digitalisierung verschiedene Komplexitätsebenen hinzu, und die Cutter müssen sich jetzt außer mit der Mikrocomputer-Technik auch mit «Timecodes» (die das digitale Bild mit dem einzelnen Filmbild in Übereinstimmung bringen) und «Edit Decision Lists» (in denen die diversen Festlegungen für die Bearbeitung verzeichnet sind) herumschlagen. Es gibt deshalb immer noch diesen und jenen alten Hasen, der darauf schwört, daß er mit dem altmodischen Schneidetisch zu besseren Ergebnissen kommt: Da fühlt man das Filmmaterial durch die Finger laufen und spürt die Rhythmen der rotierenden Spulen.

Tonmischung

Der Schnitt eines Filmtons («soundtrack») unterscheidet sich etwas von dem der Bilder. Zunächst kann der zusammen mit den Bildern während des Drehens aufgezeichnete Ton nicht brauchbar sein. Während eine vom Bild her verunglückte Aufnahme vollkommen unbrauchbar ist und neu gedreht werden muß, kann eine verunglückte Tonaufnahme viel leichter korrigiert oder ersetzt werden. Im Prozeß des Nachsynchronisierens (auch «looping» genannt) werden ein paar Sekunden Film zu einer Schleife («loop») zusammengeklebt, in ein Tonstudio projiziert und so oft wiederholt, bis die Schauspieler den Rhythmus der Szene nachvollziehen und den Dialog zum Bild synchron sprechen können. Das wird dann aufgenommen und in den Original-Soundtrack eingefügt. In den achtziger Jahren erwarb sich dieses Verfahren unter der Abkürzung ADR einen wachsenden Ruf, aber die Methode war im Grunde noch dieselbe wie in den Anfängen des Tonfilms.

Dieses Verfahren war früher viel verbreiteter als heute, wo die Tonaufnahme-Technik durch die Einführung des Magnetbandes stark vereinfacht wurde. Originalton ist heute eher die Regel als die Ausnahme. In Italien ist das Nachsynchronisieren eines ganzen Films immer noch üblich. Federico Fellini war zum Beispiel dafür bekannt, den Dialog für eine Szene manchmal erst nach dem Drehen zu schreiben und die Schauspieler zu bitten, Zahlen zu rezitieren (aber mit Gefühl!).

Nachsynchronisation hat sich als brauchbare Methode erwiesen, Filme in andere Sprachen zu übersetzen. Normalerweise ist ein so produzierter Ton steril und tot, doch die Italiener – wie durch ihre Erfahrung beim Nachsynchronisieren zu erwarten ist – haben einige recht passable Synchronisationen fremdsprachiger Filme («dubbing») zustande gebracht.

Ist der ermüdende Vorgang des Nachsynchronisierens beendet, kann der Soundtrack gemischt werden. Für diesen Prozeß gibt es beim Bild keine wirkliche Entsprechung; Splitscreen-Techniken oder Mehrfachbelichtungen können uns zwar mehrere Bilder gleichzeitig präsentieren, doch sind diese selten kombiniert. Maskentricks und Rückprojektion (siehe unten) sind direktere Entsprechungen zur Tonmischung, doch werden sie relativ selten angewandt. Dies kann sich ändern, da Computer für Cutter ebenso unabdingbar werden, wie sie es für Autoren sind. Sobald die Bearbeitung digitaler Bilder ebenso leicht fällt wie heute bereits die Bearbeitung digitaler Tonaufnahmen, könnte der Cutter zugleich auch zum «Bildmischer» werden und im Filmbild genauso mühelos verschiedene Bildelemente kombinieren, wie er oder sie jetzt Filmstreifen verbindet.

Etwa 1932 war die Tontechnik so weit, daß Überspielungen möglich waren und man bis zu vier Lichtton-Aufnahmen mischen konnte. Viele Jahre lang bestand das Mischen lediglich aus dem Zusammenfahren von aufgenommener Musik, Toneffekten (ein schwacher Ausdruck für eine kunstvolle Fertigkeit) und Dialogen. In den Sechzigern haben die Mehrspur-Aufnahmegeräte die Möglichkeiten der Tonmischung außerordentlich erweitert. Ein einzelnes Wort oder ein Toneffekt ließen sich leicht einfügen (was beim Lichtton sehr schwer war), man konnte die Tonqualität auf vielerlei Weise elektronisch verändern oder verbessern und Dutzende verschiedener Tonspuren kombinieren, wobei der Tonmischer alle ästhetischen Variablen jeder einzelnen Spur vollkommen unter Kontrolle hatte.

In den neunziger Jahren wurde die Kunst von Tonmischung und -schnitt rasch auf digitale Verfahren umgestellt. Beim Drehen gesellten sich nun digitale Bandaufnahmegeräte zu ihren analogen Vorläufern, während sich Tonmischung und -bearbeitung zum Computer verlagerten. Da sich die Audioindustrie in den achtziger Jahren auf das digitale Vertriebsformat der CD umgestellt hatte, verwundert es

Cel-Animation. Der klassische Animationsfilm nutzt die Folientechnik wegen ihrer Wirksamkeit und Genauigkeit. Das Bild setzt sich aus Schichten mit verschiedenen Bewegungen zusammen, und jede dieser Schichten wird auf einer besonderen Transparentfolie gezeichnet, die «Cel» genannt wird (abgekürzt aus Celluloid). Auf diese Weise braucht der unbewegte Hintergrund einer Szene nur einmal gezeichnet zu werden, einfache Bewegungen lassen sich rasch bewerkstelligen, und das besondere Augenmerk kann auf isolierte komplexe Bewegungen gerichtet werden. In dieser Szene aus R.O. Blechmans *The Life and Time of Nicholas Nickleby* (1982) überlagern vier Cels den Hintergrund. Die Elemente sind entsprechend der Handlung in Gruppen zusammengefaßt. *(Gezeichnet von Seymour Chwast/Push Pin Studios. Mit freundlicher Genehmigung von Ink Tank)*

nicht, daß die Kunst des Filmtons heute gänzlich digital ist. Wie bei der digitalen Filmbearbeitung haben sich auch hier die alten Konzepte erhalten – und selbstverständlich sind manche alten Hasen der Überzeugung, mit analogem Reglergeschirr etwas Besseres anrichten zu können. Dennoch war diese vormals so geheimnisumwitterte Technik Anfang der neunziger Jahre den meisten Computer-Kids geläufig:

Frühe Computer-Animation. Da Animation den Umgang mit bedeutenden Datenmengen einschließt, haben sich Computer als wertvoll erwiesen. Die unterschiedlich hochentwickelten Programme können die für die Animation nötigen Veränderungsschritte an Cels vornehmen, wie in dieser kurzgefaßten Geschichte der Evolution aus Carl Sagans *Cosmos* (1980). Die Zeichnung geht kontinuierlich und weich von einem Zustand in den anderen über. *(James Blinn, Pat Cole, Charles Kohlhase, Jet Propulsion Laboratories Computer Graphics Lab.)*

Sie versuchten sich in der Audio-Kunst und füllten bald ganze Festplatten mit den Ergebnissen.

Spezialeffekte und Trickaufnahmen

«Spezialeffekt» oder Filmtrick ist der etwas dröge Name für ein weites Feld von Tätigkeiten, die alle einen starken kreativen Einfluß auf den Film besitzen. Die Kunst der Spezialeffekte beruht auf drei Prämissen: 1. Film muß nicht kontinuierlich gedreht werden, jedes Bild kann einzeln fotografiert werden; 2. Zeichnungen, Malereien und Modelle können so aufgenommen werden, daß man sie für Realität hält; 3. Bilder können kombiniert werden.

Die erste Prämisse ermöglicht die Kunst des Animationsfilms. Die Vorläufer der Animation waren das Zoetrop und das uralte «Daumenkino», bei dem eine Serie von Zeichnungen zusammengebunden ist, so daß die Bilder sich beim schnellen Durchblättern zu bewegen scheinen. Doch die Animation ist nicht auf Zeichnun-

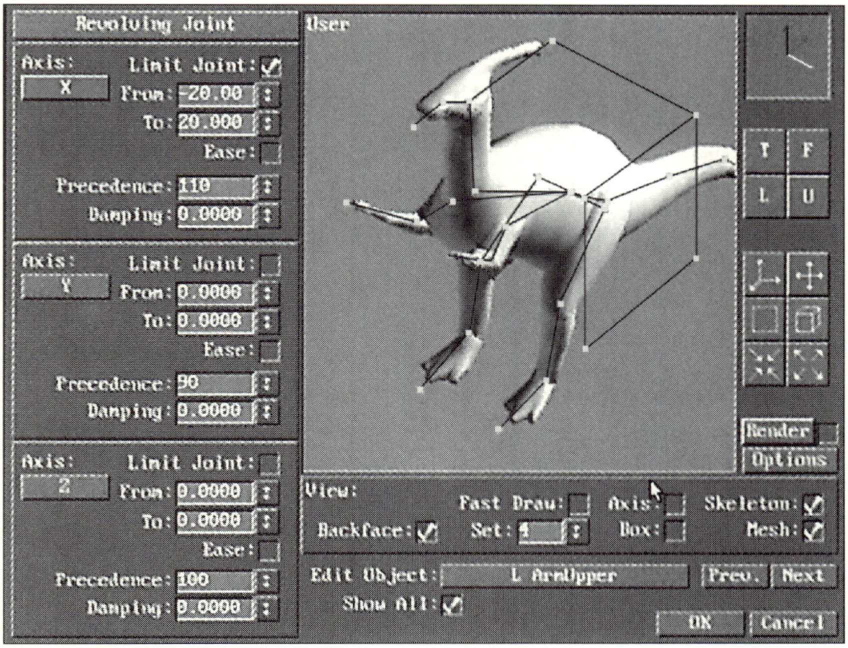

Computeranimation in den Neunzigern. Moderne Programme wie 3D Studio von Autodesk erleichtern mit der Technik der «inversiven Kinematik» die Animation: Zur Simulation eines Schrittes muß nur noch der Fuß bewegt werden, jedes andere Element reagiert entsprechend darauf.

gen beschränkt, auch wenn die meisten Trickfilme Cartoons sind. Modelle und selbst Lebewesen können durch Einzelbildaufnahmen animiert werden, wobei zwischen den einzelnen Aufnahmen die Position des Gegenstands verändert wird. Diese Animationstechnik heißt «Pixillation». Was den Zeichentrickfilm betrifft, so ist die Folientechnik, bei der verschiedene Teile der Zeichnung auf einzelne durchsichtige Folien gezeichnet werden, viel flexibler, als man zunächst annimmt. Etwa 14 400 einzelne Zeichnungen müssen für einen zehnminütigen Animationsfilm hergestellt werden; doch wenn zum Beispiel der Hintergrund konstant bleibt, so kann er auf eine separate Folie gezeichnet werden, und der Künstler braucht nur die Gegenstände zu zeichnen, die sich bewegen sollen.

Seit den sechziger Jahren hat die Computer-Videotechnik die Animation noch flexibler gemacht, da man einen Computer darauf programmieren kann, lauter Serien von Umrißzeichnungen zu produzieren, die ihre Form korrekt in den richtigen Zeitphasen verändern. Bis in die späten achtziger Jahre war Computer-Animation ein Arbeitsfeld für Fachleute. Aber wie es auch mit vielen anderen spezifischen Techniken der Filmindustrie ging, ist Animation inzwischen für zigtausend Bürokräfte

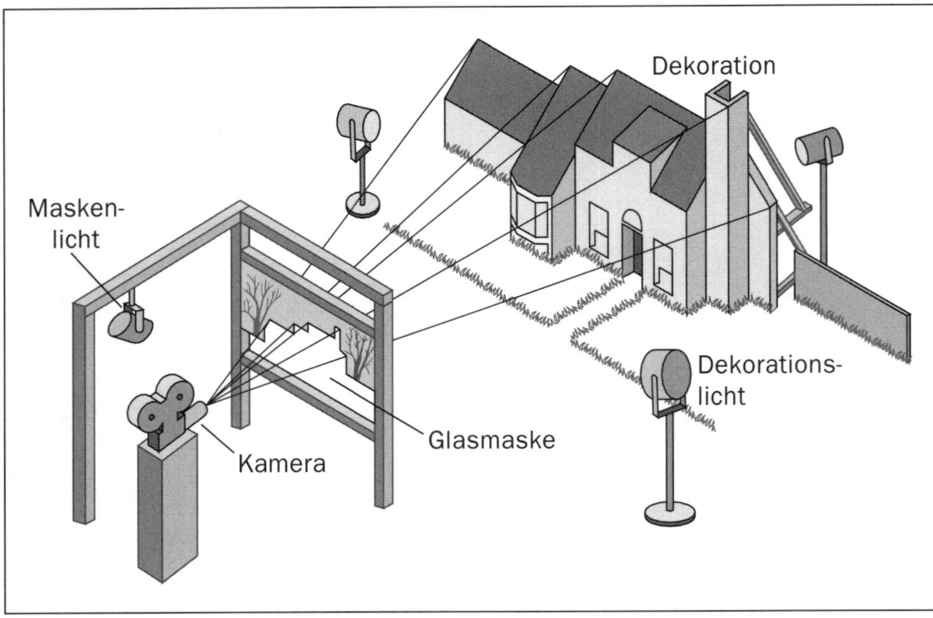

Glasaufnahmen. Der untere Teil der Glasscheibe ist durchsichtig, der obere Teil ist bemalt worden. Die Glasscheibe steht so weit vor der Kamera, daß sie und die Dekoration im Schärfenbereich liegen. Die Beleuchtung von Dekoration und Glaskasch(-Maske) ist aufeinander abgestimmt. Die Kamera steht auf einer festen Grundlage, um Vibrationen zu verhindern.

zum vertrauten Werkzeug geworden, mit dem sie routinemäßig bewegte Bilder in ihre «Desktop-Präsentationen» einbauen.

Aus der zweiten Prämisse ergeben sich eine Reihe Spezialeffekte, die als Modell- oder Miniatur-Aufnahmen und als Glas-Aufnahmen bekannt sind. Der Erfolg der Miniatur-Aufnahmen beruht auf der Fähigkeit, die Kamera schneller als normal («überdrehen» genannt) laufen zu lassen. Eine fünf Zentimeter hohe Welle, viermal so schnell gefilmt, erscheint bei der Projektion in der Normalgeschwindigkeit (und damit viermal verlangsamt) etwa viermal so groß. Bei der Miniatur-Aufnahme gilt als Daumenregel, daß die Kamerageschwindigkeit die Quadratwurzel des Maßstabs sei; das heißt, ein Modell im Maßstab 1 : 4 muß mit doppelter Geschwindigkeit gefilmt werden. In der Praxis ist der kleinste brauchbare Maßstab 1 : 16, doch selbst 1:4-Modelle wirken oft unnatürlich.

Glas-Aufnahmen sind wahrscheinlich die einfachsten Spezialeffekte. Bei dieser Technik wird vor der Kamera eine Glasscheibe aufgestellt und Teile des Bildes übermalt. Der Effekt beruht natürlich auf dem Talent des Malers, doch es existieren erstaunlich realistische Beispiele dieser einfachen Technik.

Die dritte Prämisse ist wahrscheinlich für heutige Filmemacher die fruchtbarste.

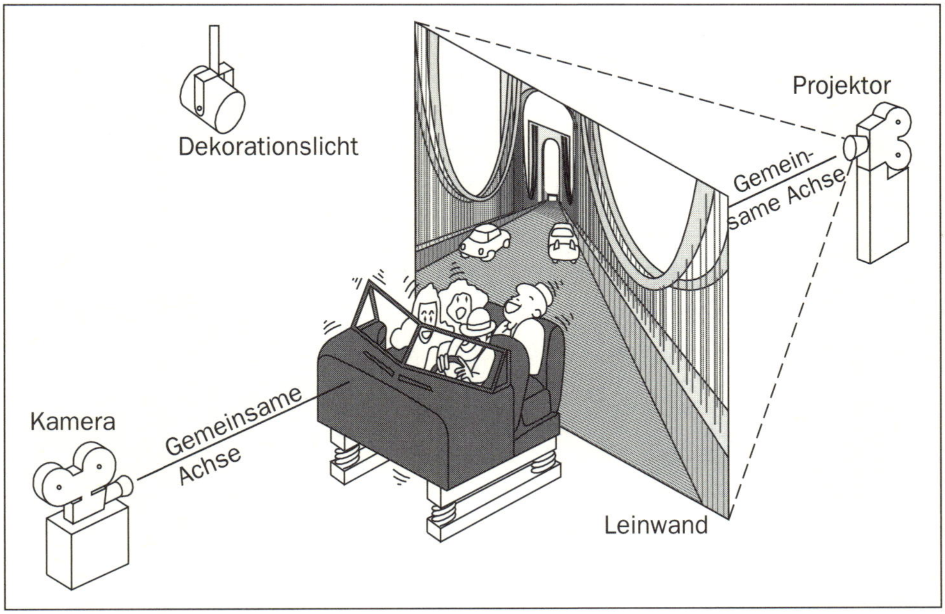

Rückprojektion. Kamera und Projektor sind gekoppelt, damit beide genau zum selben Zeitpunkt ein Bild projizieren beziehungsweise aufnehmen. Die Schauspieler in der Autoattrappe vor der Leinwand sind so ausgeleuchtet, daß die durchscheinende Bildwand hinter ihnen nicht reflektiert; sie läßt nur das Licht vom Projektor durch. Die Federung der Autoattrappe dient dazu, Bewegungen zu simulieren.

Die einfachste Anwendung dieser Idee ist es, ein anderes Bild – den Hintergrund – auf eine Leinwand hinter den Schauspielern und dem Vordergrund zu projizieren. Tausende Taxifahrten wurden in Hollywood so seit 1932 mit Rückprojektion gedreht. Die Einführung der Farbe ließ die Rückprojektion jedoch außer Gebrauch kommen. Der Farbfilm brauchte eine stärkere Ausleuchtung der Personen, wodurch das Bild der Rückprojektion verblaßte. Wichtiger noch, das Farbbild vermittelt viel mehr optische Informationen, so daß eine genaue Abstimmung von Vorder- und Hintergrund viel schwieriger wird. Zwei Techniken wurden entwickelt, um die Rückprojektion zu ersetzen.

Aufprojektion benutzt eine gerichtete Kristallwand mit einer Oberfläche aus Millionen kleiner Glaskugeln, die wie Linsen wirken und 95 Prozent des einfallenden Lichts zur Quelle zurückwerfen. Wie unser Schaubild Seite 138 zeigt, setzt dies voraus, daß die Quelle mit der Kameraoptik auf einer Achse liegt, eine Position, die auch die Schatten auf der Bildwand verschwinden läßt. Diese Position erreicht man durch einen halbdurchsichtigen Spiegel im Winkel von 45° zur Achse. Die Aufprojektion wurde für Stanley Kubricks Film *2001: A Space Odyssey* (1968) perfektioniert. (Dieser Film bleibt eine Art Katalog moderner Spezialeffekte.)

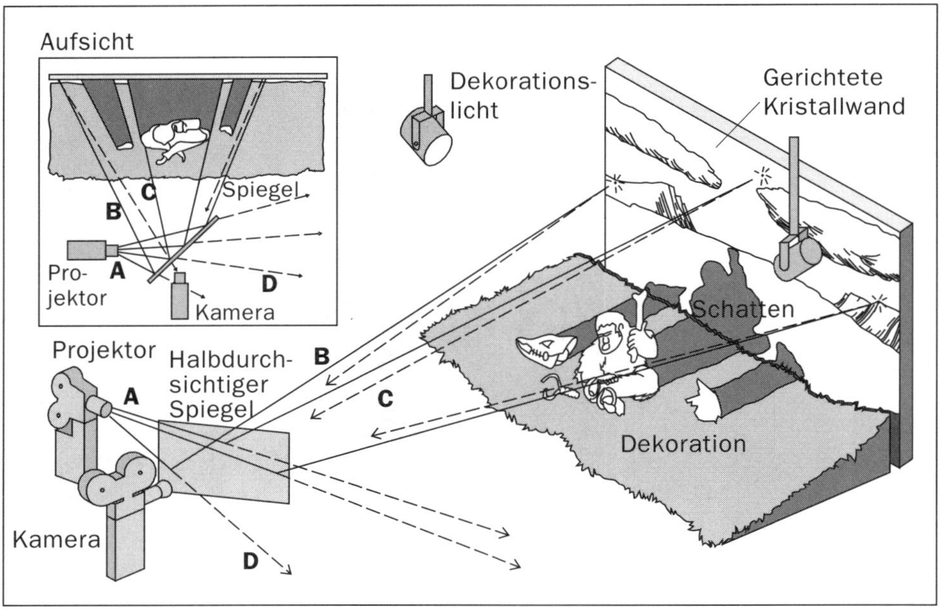

Aufprojektion. Das entscheidende Element des Aufprojektionssystems ist der halbdurchsichtige Spiegel, der Licht sowohl durchläßt wie auch reflektiert. So ist es möglich, daß der Projektor das Hintergrundbild auf die Leinwand hinter Dekoration und Schauspieler genau in der Bildachse der Kamera projizieren kann. Dadurch sind die Schatten, die Schauspieler und Dekorationen werfen, für die Kamera unsichtbar. Das Dekorationslicht ist gerade hell genug, um das Hintergrundbild, das auf Schauspieler und Dekorationen fällt, wegzunehmen. Die Bildwand ist stark «gerichtet», das heißt, sie reflektiert den größten Teil des projizierten Bildes auf der Projektionsachse zurück und ergibt so ein genügend helles Bild. Die projizierte Szene geht vom Projektor (A) aus, wird vom halbdurchsichtigen Spiegel auf die Bildwand (und Dekoration und Schauspieler) geworfen (B), dann *durch* den Spiegel zurück zur Kamera (C). Teile des vom Projektor ausgehenden Lichts gehen direkt durch den Spiegel (D). Die nächste Abbildung zeigt das Ergebnis.

Aufprojektion aus *2001*. Kubrick und sein Team von Fachleuten für Spezialeffekte haben das System für den Film verfeinert. *(Standvergrößerung)*

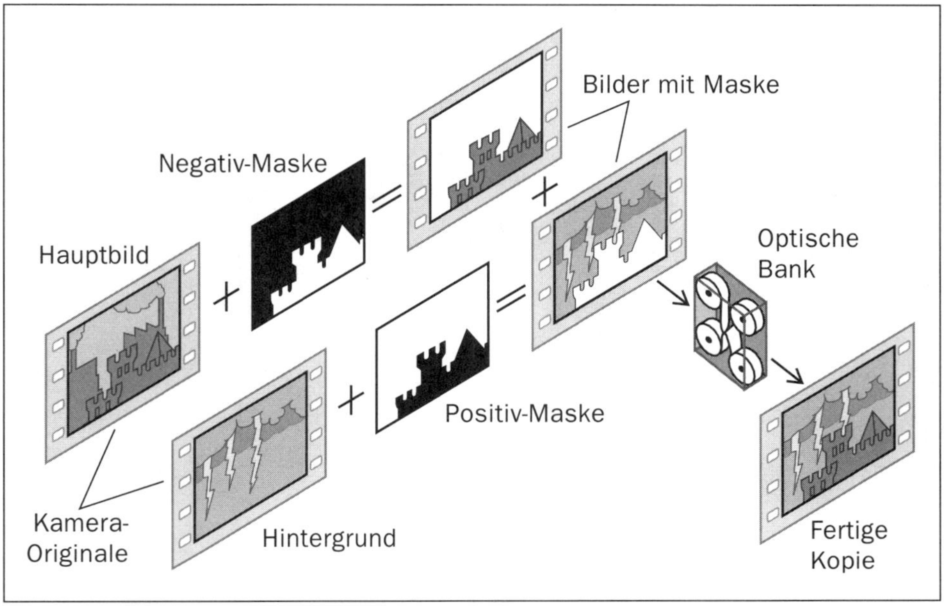

Masken. Sowohl die Positiv- wie die Negativ-Maske sind aus dem Hauptbild abgezogen. Beim Verfahren mit festen Masken werden sie gezeichnet; beim Wandermaskenverfahren («traveling matte») besteht der Hintergrund des Hauptbildes aus einem «blue screen» (hier nicht abgebildet), und die Masken entstehen auf optischem Wege.

Glas-Aufnahmen, Rück- und Aufprojektion sind Techniken, die Bilder kombinieren und die beim Drehen eingesetzt werden. Masken-Tricks («matte») und «blue screen» oder Wandermasken («traveling matte») werden dagegen im Tricklabor produziert. Aufnahmen mit festen Masken ergeben etwa den gleichen Effekt wie Glas-Aufnahmen. Im Labor wird der Film auf einen weißen Karton projiziert, und die abzudeckenden Flächen werden nachgezeichnet und schwarz ausgemalt. Diese schwarze Form wird dann aufgenommen und der Film nach der Entwicklung zusammen mit dem Original durch einen Projektor geführt; dabei wird eine Kopie gemacht, bei der in jedem Bild die vorgesehenen Flächen ausmaskiert sind. Die Szene, die dieses Bildfeld ausfüllen soll, wird dann (zusammen mit einer Umkehrung der ersten Maske) zum anderen Originalteil kopiert, die Kopie dann entwickelt.

Wandermasken-Aufnahmen ersetzten Auf- und Rückprojektionen und kamen in Gebrauch, als der Farbfilm in der Industrie die Vorherrschaft gewann. Der Prozeß läuft in groben Zügen so ab: Ein dunkelblauer Wandschirm («blue screen») wird hinter die Vordergrundaktion placiert und die Szene dann gedreht. Da die Hintergrundfarbe einheitlich und präzise ist, können vermittels Filtern «positive» und «negative» Masken herauskopiert werden. Ein blauer Filter läßt nur das Hinter-

Eine Maskenaufnahme aus *2001*. Die Mondoberfläche ist durch Masken einkopiert. Die Bilder auf den kleinen Bildschirmen unterhalb der Fenster entstanden durch Rückprojektion. (*Standvergrößerung*)

grundlicht durch, die Vordergrundhandlung wird blank, und so entsteht eine «negative» Maske; ein Rotfilter hält den Hintergrund ab, belichtet nur den Vordergrund und produziert eine schwarze Silhouette, die «positive» Maske. Die negative Maske kann dann dazu benutzt werden – wie bei den festen Masken –, den blauen Hintergrund abzukaschen, wenn man eine Kopie des Originalfilms herstellt; die positive Maske kaschiert präzise die richtigen Teile der ausgewählten Hintergrundszene; der ausmaskierte Hintergrund kann dann mit dem ausmaskierten Vordergrund kombiniert werden. Dies ist ein schwieriger und mühevoller Prozeß beim Film, doch die Technik ist vom Fernsehen übernommen worden, wo der Blue-Screen-Effekt einfach elektronisch mit einem Knopfdruck erreicht werden kann. Er ist zu einer Standardprozedur des Fernsehens geworden, zum Beispiel, um bei den Nachrichten den Ansager mit der Hintergrund-Grafik zu kombinieren.

Wie fast überall bei der Post-Production ersetzen Computer auch hier in rasch wachsendem Maß die hochpräzisen und arbeitsaufwendigen mechanischen Techniken, die über die Jahre von den Filmemachern entwickelt wurden, um die von ihren Kameras festgehaltenen Aufnahmen zu korrigieren und zu modifizieren. Vorder- und Hintergründe kann heute jeder geübte DTP-Anwender durch Masken kombinieren. Und die Filmemacher selbst haben den nächsten logischen Schritt getan, nämlich ihre Aufnahmen tatsächlich nach ihren Absichten neu zu gestalten und umzuformen. Diese Umformung läuft unter der Bezeichnung «Morph»; durch

Eine Modellaufnahme der Mondlandestation aus *2001*. In die kleinen Luken im Modell der Landekapsel wie auch in die hellen rechteckigen Felder rechts und links wurden Spielszenen einkopiert, um so die Illusion der Modellaufnahme zu erhöhen. Viele feine Details gehen in dieser Abbildung verloren. (*Standvergrößerung*)

James Camerons *Terminator 2* (1991) wurde sie erstmals einem breiteren Publikum bekannt (wobei sie allerdings zuvor bereits äußerst effektvoll für Fernseh-Werbespots angewandt worden war). Es dauerte nur eineinhalb Jahre, bis ähnliche Software zu Preisen unter 100 Dollar für jeden Macintosh-Besitzer verfügbar war.

Optische Effekte und das Labor

Herkömmlicherweise erfüllt das Labor zwei Aufgaben für den Filmemacher: Die erste besteht darin, das Bild so zu korrigieren, daß es der Vorstellung des Filmemachers beim Drehen möglichst nahekommt; die zweite besteht darin, optische Effekte hinzuzufügen, gewöhnlich um Akzente zu setzen.

Beim Farbfilm ist die Rolle des Labors ausschlaggebend. Während das Gehirn automatisch und unbewußt Unterschiede in Helligkeit und Farbton ausgleicht, tut es der Film nicht. Der Labortechniker unterzieht die Kopie einer Lichtbestimmung, gleicht die Farben verschiedener Szenen, die zu unterschiedlicher Zeit und unter stark variierenden Bedingungen gedreht wurden, auf einen zuvor festgelegten Standard an. Wie schon erklärt wurde, können gewisse Unterschiede der Farbtemperatur beim Drehen korrigiert werden, dennoch ist fast immer eine Lichtbestimmung notwendig. Gleichzeitig kann das Labor Über- und Unterbelichtung durch Unter-

und Überentwicklung ausgleichen. Um eventuell sonst unbrauchbares Material zu retten, kann der Film an diesem Punkt mit Flashing behandelt werden. Man hat Methoden des Flashing erprobt (beispielsweise Gerry Turpin für *Young Winston*, 1973), durch die an dieser Stelle ein Farbton hinzugefügt wird. Dies ist die Rückkehr zu einem der ältesten Hilfsmittel der Filmgeschichte, denn in den zwanziger Jahren wurden Schwarzweiß-Filme auf viragiertes Material kopiert, um einer Szene einen bestimmten Gefühlswert zu geben.

Zusätzlich zur Lichtbestimmung und zur Korrektur von Belichtungsunterschieden führt das Labor eine Reihe akzentuierender optischer Effekte aus: Auf- und Abblenden, Überblendungen, Bildeinfrierung und Masken. Diese werden im nächsten Kapitel genau behandelt. Eine Anzahl weiterer optischer Effekte steht außerdem zur Verfügung. Bildschatten («ghosts», eine Art optisches Echo durch Doppelkopierung), Mehrfach-Bilder («split-screen» und ähnliches) und Doppelbelichtungen («super-impositions») sind die verbreitetsten.

Schließlich besitzt das Labor Einrichtungen zur Vergrößerung oder Verkleinerung des Bildes. Der ganze Film kann vergrößert oder verkleinert werden, um ihn in einem anderen Format verleihen zu können, oder einzelne Aufnahmen können durch Ausschnittvergrößerung auf der optischen Bank («optical printer») verändert werden, der Maschine, mit der man die meisten der hier erwähnten Effekte ausführt. Einige Fernsehsysteme benutzen zum Beispiel eine Technik des Abschwenkens, um Breitwandfilme an das 1.33-Fernsehbild anzupassen.

Werden sie mit mechanischen und optischen Verfahren erzielt, fügen fast alle diese Laboreffekte dem Kopierprozeß weitere Generationen hinzu und beeinträchtigen damit die Bildqualität. Auch aus diesem Grund wurde das Labor weithin vom «Post House» abgelöst – einem restlos digitalen Zentrum für die Post-Production.

Die Techniken und das Vokabular der Cutter, Tonmischer und Tricktechniker waren lange Zeit ebenso geheimnisvoll und abgehoben wie die Fachsprache von Druckern und Buchherstellern. Nach der einzigartigen Revolution der Mikrocomputer jedoch schwindet das Geheimnisvolle und erweist sich als ebenso alltäglich wie etwa die drucktechnischen Ausdrücke «Zeichensatz» und «Bundsteg». Die Arbeit des Filmemachers – wie auch die des Buchherstellers – wird vielen zugänglich. Neueinsteiger können filmische Effekte so leicht erzielen, daß sie sich womöglich wundern, weshalb man sich früher damit so angestellt hat.

Soweit es jedoch die Filmemacher selbst betrifft, hat die Revolution gerade erst begonnen. Die ganze schwierige Arbeit wird durch digitalisiertes Bildmaterial so entscheidend erleichtert, daß der Übergang vom Film auf chemischer Basis zur elektronischen Bildverarbeitung als unwiderstehlich erscheint. Die Kunst des Films, wie wir sie kennen, mutiert inzwischen gnadenlos in Richtung HDTV (high-definition television) und darüber hinaus.

Video und Film

Die Technologie von Fernsehen und Video wird detaillierter in Teil 6 behandelt, doch hier können wir die sich zwischen Film und Fernsehen entspinnende Romanze untersuchen. Diese Beziehung war viele Jahre lang eher verdeckt, doch das ändert sich inzwischen rasch. Auf fast jeder Stufe der Filmherstellung, von der Vorbereitung über die Dreharbeiten bis zur Post-Production-Arbeit, übernimmt Video nützliche Aufgaben.

Der augenfälligste Vorteil des Videobandes gegenüber Film ist, daß es sofort wieder abgespielt werden kann und nicht erst entwickelt werden muß. Während außerdem der Kameramann beim Drehen die einzige Person ist, die präzise das gefilmte Bild sieht, kann ein Videobild sofort auf mehrere Monitore übertragen werden. Aus diesen Gründen hat Video immer mehr Anwendung bei den Dreharbeiten gefunden. Es befreit den Kameramann von der Kamera, wie beim Louma-Prozeß (siehe Seite 97). Bei der normalen Kinematografie kann eine Videokamera vermittels eines halbdurchsichtigen Spiegels an die Filmkamera angeschlossen werden, die so dasselbe wie der Kameramann sieht. Der Regisseur (und andere Techniker) können auf einem abseits der Szene installierten Bildschirm das genaue Filmbild verfolgen. Wenn man die Szene aufzeichnet, kann sie sofort anschließend vorgeführt werden, so daß die Schauspieler und Techniker überprüfen können, ob die Aufnahme wie geplant ablief; dadurch wird die Zahl der Wiederholungen reduziert.

Wie wir gesehen haben, ist die Auswirkung von Video beim Schneiden am revolutionärsten. Digitaler Schnitt ist in idealer Weise schneller und einfacher als das mechanische Kleben des Films. Ein Film kann leicht für den Schnitt auf Disc überspielt werden, wobei ein Teil des Computer-Speichers für Bildnummern reserviert bleibt. Sobald die Datei zufriedenstellend geschnitten ist, können die Bildnummern abgerufen werden, die so einen narrensicheren Ablauf für das Zusammenkleben des Films bilden. Die Computertechnik erlaubt es dem Cutter, eine Bildsequenz zu montieren, diese vom Computer speichern zu lassen, den Schnitt dann zu variieren, die beiden Versionen zu vergleichen und die gelungenste dann abzurufen. Das Problem des Archivierens und Wiederfindens von vielen tausend Film-

Video-Unterstützung durch Videoassist. Regisseure greifen bei Dreharbeiten zunehmend auf Video zurück, benutzen manchmal gar den Monitor anstelle des Kamerasuchers. Das Video-Playback ermöglicht die sofortige Überprüfung der Aufnahme, was Zeit und Kosten spart. Der Monitor wird oftmals zum eigentlichen Zentrum des Drehorts, wo sich die Schauspieler und die Filmcrew zusammenscharen, um ihr Arbeitsergebnis sofort in Augenschein zu nehmen.

Oben: Ein Schwarzweiß-CCD-Videoassist Aaton VR42, an eine Aaton-XTR-Plus-Kamera angeschlossen

Unten: Das Innere des Video-Kamerazusatzes. *(Abel Cine Tech)*

stücken ist so stark vereinfacht. Die elektronische Speicherung auf Platten bietet den direkten Zugang zu allen Aufnahmen.

Während die Film-auf-Band-Überspielung beim Fernsehen seit seinen Anfängen reichlich genutzt wird (eine Produktion wird auf Film gedreht, dann für die Sendung auf Band überspielt), findet der umgekehrte Prozeß (Drehen auf Band und Überspielung auf Film) erst langsam Anwendung. Vor der Entwicklung des Videobandes war die einzige Möglichkeit, eine Live-Show des Fernsehens aufzuzeichnen, das Abfilmen vom Monitor – das «kinescope». Jeder, der eine solche Aufzeichnung gesehen hat, kennt die schlechte Qualität. Doch ein schärferes Videobild, speziell für die Band-Film-Überspielung produziert und mit elektronischen Techniken aufbereitet, kann ein recht annehmbares Filmbild ergeben. Schon 1971 hat Frank Zappa *200 Motels* mit einem System aufgenommen, das eine Auflösung von 2000 Zeilen erlaubte, weit höher als beim heutigen HDTV und eine ernsthafte Konkurrenz zum 35 mm-Film.

In der Rückschau können wir jetzt die Entwicklung elektronischer Techniken für die Bild- und Tonaufzeichnung als notwendiges Vorspiel zur wahren Revolution verstehen: der Digitalisierung. Sind diese von der Wirklichkeit hervorgerufenen Daten erst einmal erfaßt, haben sie ein so hohes Abstraktionsniveau erreicht, daß wir sie ganz nach Wunsch manipulieren können, und zwar mühelos. Die technischen Grundlagen des Filmemachens verändern sich ebenso wie die moralischen. Die meisten der in diesem Teil behandelten Techniken werden in der elektronischen, digitalen Welt, die wir jetzt betreten, gewaltig vereinfacht. In moralischer Hinsicht ergibt sich mit der grundlegend neuen technischen Macht, daß wir Bildern und Tönen nicht mehr mit dem Vertrauen begegnen können, das wir in den vergangenen hundert Jahren in sie haben setzen dürfen. Sobald die Filmemacher die Aufnahme nahezu total steuern können, hängen sie von der Wirklichkeit als der Quelle von Bildern und Tönen nicht mehr ab. Was wir dann sehen, ist nicht notwendigerweise das, was sie aufgenommen, sondern eher das, was sie sich als Aufnahme gewünscht haben… oder was sie nach ihrer Vorstellung hätten aufnehmen können… oder was – nach späterer Entscheidung – hätte aufgenommen werden sollen.

Die Projektion

Ein letztes Glied bleibt noch in der Kette der Filmtechnik: die Projektion. Es ist in gewisser Hinsicht das wichtigste, denn all die Arbeit, die auf den Stufen zuvor getan wurde, muß wie durch einen Trichter hindurch, ehe ein Film die Zuschauer erreicht. Merkwürdigerweise ist der Filmprojektor dasjenige Filmgerät, das sich in den letzten fünfzig Jahren am wenigsten geändert hat. Außer dem Zusatz eines optischen oder magnetischen Tonkopfes und den für anamorphotische Kopien notwendigen Adaptern ist der Projektor grundsätzlich die gleiche Maschine wie zu Anfang der zwanziger Jahre. Einige Vorführer meinen sogar, daß alte Maschinen aus den dreißiger Jahren besser arbeiten als neue Modelle.

Ein Projektor ist vereinfacht eine Kamera, die umgekehrt funktioniert: Statt ein Bild aufzunehmen, zeigt er es – und das ist der entscheidende Unterschied. Die notwendige Lichtmenge, um ein Bild festzuhalten, ist leicht zu erreichen, doch die viel größere Lichtmenge, ein Bild zu projizieren, muß von einer Lichtquelle ausgehen, die klein genug ist, um hinter die Optik des Projektors zu passen, und sie muß stark genug sein, das etwa 350 mm^2 große 35 mm-Bild 300 000fach oder mehr zu vergrößern, um die Leinwand zu füllen. Bis in die sechziger Jahre war die Lichtquelle kommerzieller Projektoren eine Kohlebogenlampe, die das notwendige intensive Licht von 5000 oder 6000 K hervorbringen konnte. Ein Hochspannungsbogen zwischen zwei Kohlestäben war die direkte Quelle. Die Schwierigkeiten mit der Kohlebogenlampe (wie sie früher auch zur Ausleuchtung bei Dreharbeiten benutzt wurde) war, daß die Stäbe sich bei dem Prozeß verbrauchten und ständig nachgestellt werden mußten. Außerdem brauchten die Lampen ein starkes Entlüftungssystem. Die Kohlebogenlampen wurden durch Xenonlicht ersetzt, das länger hält, nicht dauernd justiert werden muß und keine besondere Lüftung braucht.

Während ein Filmnegativ nur einmal durch die Kamera läuft und einmal durch eine optische Kopiermaschine, unterliegt die Filmkopie einem viel stärkeren Verschleiß, wenn sie normalerweise bis zu 35- oder 40mal pro Woche im Kino vorgeführt wird. Dies ist der zweite wichtige Unterschied zwischen Kamera und Projektor: Letzterer muß den Film sanfter behandeln. Doch da es im Projektorbau nur sehr

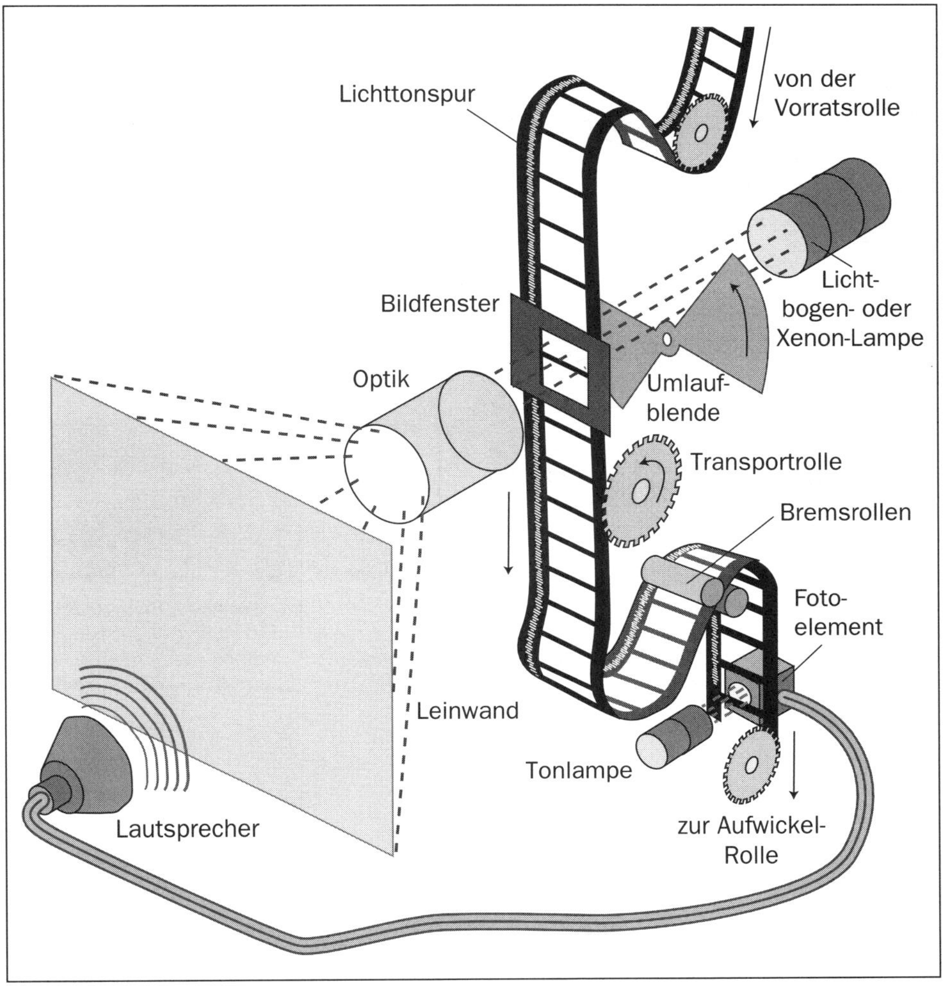

Normaler Projektor. Kleine Transportwalzen ziehen den Film aus der Vorratsrolle beziehungsweise in die Aufwickelrolle. Die Haupttransportwalze führt den Film schrittweise vorwärts; sie ist mit der Malteserkreuz-Schaltung verbunden (siehe Abbildung Seite 89). Einige Rollen bremsen die schrittweise Bewegung des Films, ehe er den Tonkopf erreicht, damit die Tonspur kontinuierlich und gleichmäßig gelesen werden kann.

wenig Fortschritte gegeben hat, erleiden die Kopien unnötig viel Schaden. Das Ergebnis ist, daß man nur sehr selten einen Film genau in der vom Urheber beabsichtigten Art und Weise zu sehen bekommt. Ein Schriftsteller kann ziemlich sicher sein, daß Verleger und Drucker seine Vorstellungen an den Leser weitergeben; ein Filmemacher kann sich bei Verleihern und Kinomachern nicht so sicher sein. Unter Schäden kann man verstehen, daß Teile des Films herausgeschnitten werden. Man macht auch Schnitte, einfach um die Laufzeit zu kürzen (und natürlich politisch oder

Moderner Flachbett-Projektor. Die Vorrats- und Aufwickelspulen sind durch angewinkelte Rollen ersetzt worden, die den Film von großen offenen Spulen abwickeln (auf den Tellern links im Bild untergebracht). Der seltenere Filmrollenwechsel bedeutet, daß die Vorführer mehrere Vorführräume zugleich bedienen können; so kommt es zu den Multiplexen. (*Mit freundlicher Genehmigung von Kinepolis und Sonja Coudeville*)

sexuell unerwünschte Passagen zu entfernen). Ein Leser kann immer feststellen, ob sein Exemplar eines Buches vollständig ist: Seitenzahlen würden fehlen. Ein Filmbetrachter weiß selten genau, in welchem Verhältnis die Kopie, die er sieht, zum Original steht. Film gilt oft als ein dauerhaftes Medium: Es ist im Gegenteil höchst anfällig.

Es gibt durchaus bessere Methoden für die Vorführung. In den siebziger Jahren versprach das Hollogon-Rotationssystem – die erste radikale Neukonzeption von Projektionsmaschinen seit 75 Jahren – einen beträchtlichen Fortschritt. Das Hollogon-System benutzte ein rotierendes 24seitiges Prisma – wie jene in Hochgeschwindigkeitskameras und modernen Schneidetischen –, um den Verschleiß der Kopie zu reduzieren. An Stelle eines komplizierten Systems aus Transportrollen, Greifermechanismus, Bremsrollen und Tonköpfen bestand der Hollogon-Projektor einfach aus zwei synchronen, ununterbrochen rotierenden Rädern. Während das Filmbild um das Bildrad lief, wurde es ständig durch das vielflächige Prisma auf der Leinwand optisch in Position gehalten.

Außer der Wartung des Projektors hat der Vorführer zwei Aufgaben: für die Schärfe des Bildes zu sorgen und – durch die richtige Kombination von Optiken und

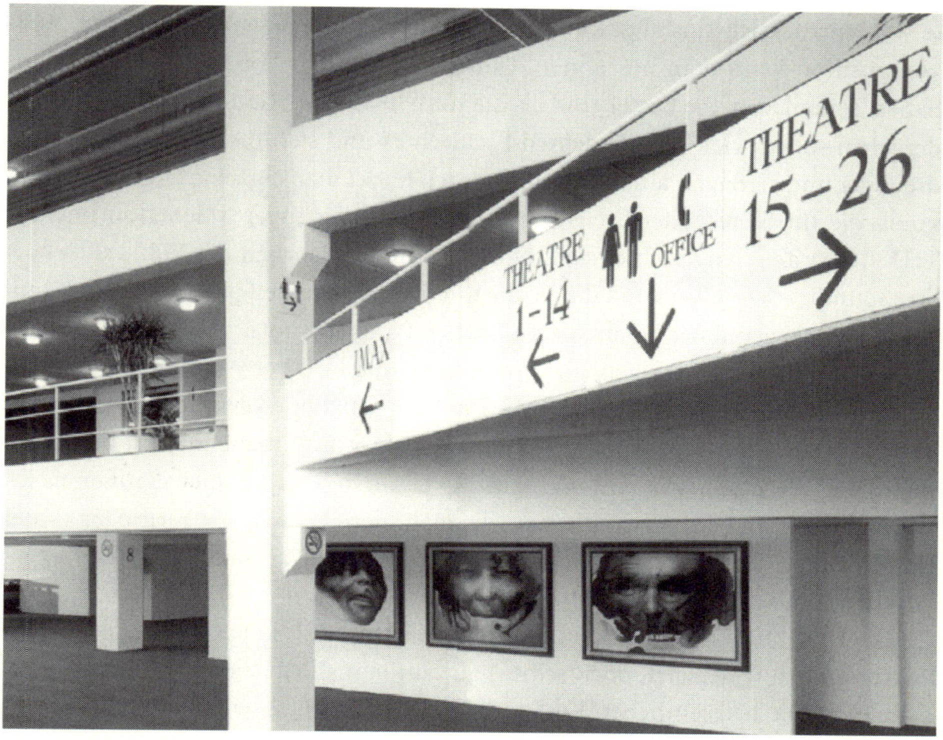

Das recht bescheiden benannte «Kinepolis», 1988 in Brüssel eröffnet, gehört zu den größten Multiplexen mit 26 Vorführräumen, die für 35 mm- und 70 mm-Filme ausgestattet sind, und zusätzlich einem IMAX-Kino. Es verfügt über insgesamt 8000 Sitzplätze und übertrifft damit sogar die Radio City Music Hall in New York, den letzten großen Kinopalast der dreißiger Jahre. Kinepolis liegt im Zentrum eines großen Unterhaltungskomplexes, der ein Schwimmbad und ein «Mini-Europa» aus maßstabsgerechten Modellen sowie Restaurants und Boutiquen umfaßt. *(Mit freundlicher Genehmigung von Kinepolis und Sonja Coudeville)*

Masken – den Film im richtigen Bildformat vorzuführen. Auch diese Aspekte der Projektion werden sehr nachlässig gehandhabt. Obwohl wissenschaftlich präzise Instrumente zur Fokussierung verfügbar sind (und zu irgendeinem Zeitpunkt mal in jeder Vorführkabine zu finden waren), zieht es der normale Vorführer vor, zu improvisieren und sich auf sein bloßes Auge zu verlassen. Es sind Generationen aufgewachsen, die noch nie einen korrekt scharfen Film gesehen haben.

Das Problem der Masken ist sogar noch akuter. Nur wenige Kinos halten eine vollständige Serie von Masken und Optiken bereit. Viele Kinos haben nur die gegenwärtige amerikanische Standard-Breitwand-Maske von 1.85 und die normale anamorphotische Optik. Kommt ein 1.66-Film oder – schlimmer noch – ein Film im Normalformat, so wird er mit der gerade vorhandenen Maske vorgeführt. Köpfe werden rücksichtslos abgeschnitten, und die vom Regisseur vorgesehene Bildkomposition kann man nur ahnen. Und schließlich der Ton: Nur wenige Kinos haben Tonanlagen, die besser sind als die mittelmäßigen Soundtracks, die sie wiedergeben sollen; viele sind bedeutend schlechter und stammen zum Teil aus den dreißiger und vierziger Jahren. In Großstädten findet man einzelne Uraufführungskinos, die für Stereo oder Sechsspur-Ton, Dolby oder sogar Magnetton und das THX-Tonsystem eingerichtet sind. Doch die große Mehrheit des Publikums hört den Soundtrack – selbst von Filmen, die mit diesen Systemen produziert sind – auf einer Tonanlage mit der Qualität eines frühen Radioapparats.

Kinozentren mit winzigen Vorführräumen (und besserer Wirtschaftlichkeit sowieso) sind seit den siebziger Jahren wie Pilze aus dem Boden geschossen. Sieht man den Mangel an Fortschritt bei der Projektion im Zusammenhang mit dem Umstand, daß die Zuschauer nun meistens die Filme in Räumen nicht größer als ihr Wohnzimmer und auf Abspielflächen, die mehr dem heimischen Fernseher als der Kinoleinwand früherer Jahre entsprechen, zu sehen bekommen, erscheint es als Wunder, daß der Spielfilm überhaupt überlebt hat.

Die Projektion ist der letzte Bereich der Filmproduktion, der sich der Digitalisierung noch widersetzt, doch selbst hier tritt allmählich Video an die Stelle des Zelluloids. Die beträchtlichen Kosten der Kopien für einen weitflächigen Vertrieb werden dazu zwingen, daß Kinofilme eines Tages digital per Datenfernübertragung ausgeliefert werden, sobald die nötige Bandbreite garantiert ist. Das wäre dann «Kintopp-on-Demand».

Es ist klar, daß das Filmemachen nicht einfach darin besteht (wie es Anzeigen für Amateurfilmer seit Jahren versprechen), durch den Sucher zu schauen und einen Knopf zu drücken. Die Filmherstellung setzt einen höheren Grad technischer Kenntnisse und Erfahrungen voraus als alle anderen Künste. Zwar gibt es bestimmte Gebiete, auf denen die Filmtechnik noch hinter den Wünschen der Filmemacher herhinkt, doch ebenso bietet die Technik Methoden an, die von den Cineasten längst nicht ausgeschöpft sind. Die Technik und die Ästhetik des Films sind eng verknüpft: Wohin die eine zieht, muß die andere folgen. Deshalb ist auch ein genaues Verständnis der technischen Grenzen und Abhängigkeiten notwendig, ehe man sich der Gedankenwelt der Filmästhetik zuwendet.

DREI

FILMSPRACHE: ZEICHEN UND SYNTAX

Zeichen

Der Film ist keine Sprache in dem Sinne, wie Englisch, Französisch oder Mathematik Sprachen sind. Zuallererst einmal ist es im Film unmöglich, «ungrammatisch» zu sein. Es ist auch nicht nötig, ein Vokabular zu lernen. Kinder scheinen Fernsehbilder zum Beispiel Monate vor dem Zeitpunkt zu verstehen, an dem sie mit der gesprochenen Sprache etwas anzufangen wissen. Sogar Katzen sehen fern. Es ist offensichtlich nicht nötig, ein intellektuelles Verständnis im Hinblick auf den Film zu entwickeln, um ihn genießen zu können – zumindest nicht auf der untersten Stufe.

Aber der Film hat viel mit der Sprache gemein. Menschen, die viel Erfahrung mit Filmen haben, die visuell (oder besser gesagt: «filmisch») in höchstem Maße gebildet sind, sehen und hören mehr als Leute, die selten ins Kino gehen. Eine Einführung in die Quasisprache des Films eröffnet dem Betrachter mehr Bedeutungsmöglichkeiten. Um das Phänomen Film zu beschreiben, ist es daher nützlich, die Metapher der Sprache zu gebrauchen.

Tatsächlich ist unsere Fähigkeit, künstliche Geräusche und Bilder zu verstehen, noch nicht umfassend wissenschaftlich untersucht worden, aber wir wissen dennoch aus der Forschung, daß Kinder erst mit acht oder zehn Jahren ein Filmbild so verstehen können wie ein Erwachsener, obwohl sie Gegenstände in Bildern weit vor dem Zeitpunkt erkennen können, an dem sie fähig sind zu lesen. Darüber hinaus gibt es kulturelle Unterschiede in der Wahrnehmung von Bildern. In einem berühmten Test der zwanziger Jahre untersuchte der Anthropologe William Hudson, ob Afrikaner, die außerhalb der Städte leben und wenig Kontakt mit westlicher Kultur hatten, die Tiefe in zweidimensionalen Bildern genauso wahrnahmen wie Europäer. Er fand ganz eindeutig heraus, daß sie dies nicht tun. Die Resultate variieren – es gab einige Personen, die auf westliche Art auf den Test reagierten –, und dennoch war das Resultat bei einer großen Anzahl aus allen kulturellen und sozialen Schichten übereinstimmend.

Aus diesem und weiteren Experimenten können zwei Schlüsse gezogen werden: erstens, daß jedes menschliche Wesen ein visuelles Bild wahrnehmen und identifizieren kann; zweitens, daß selbst die einfachsten visuellen Bilder in verschiedenen

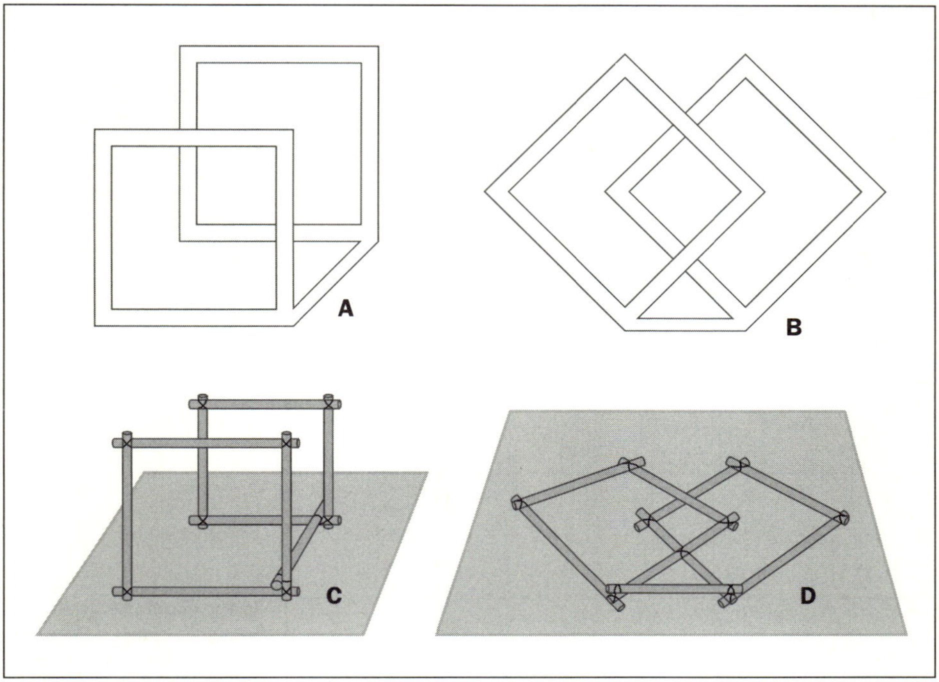

Konstruktionsaufgaben. Versuchspersonen, die gebeten werden, diese Figuren mit Hilfe von Stöcken oder Stäben dreidimensional zu rekonstruieren, reagieren auf verschiedene Weise. Menschen aus westlichen Kulturen, die an die Codes und Konventionen gewöhnt sind, die Künstler benützen, um Dreidimensionalität in eine zweidimensionale Zeichnung zu übertragen, sehen A als dreidimensional und B als zweidimensional. Der Operationscode für Dreidimensionalität verlangt, daß die Tiefendimension durch den 45°-Winkel der schiefen Linie ausgedrückt wird. Dies funktioniert ganz gut in A, aber nicht in B, wo die schiefen Linien nicht auf der Tiefenebene sind. Versuchspersonen aus alten afrikanischen Kulturen sehen beide Figuren meistens zweidimensional, da ihnen dieser westliche Dreidimensionen-Code nicht vertraut ist. Die Abbildungen C und D zeigen die Modelle von A, so wie sie von westlichen beziehungsweise afrikanischen Versuchspersonen rekonstruiert wurden. *(Aus «Pictorial Perception and Culture», Jan B. Deregowski. Copyright © 1972 by Scientific American, Inc. All rights reserved)*

Kulturen unterschiedlich interpretiert werden. Wir wissen somit also, daß Menschen diese Bilder «lesen» müssen. Wenn wir ein Bild betrachten, findet ein Prozeß intellektuellen Verstehens statt – uns nicht unbedingt bewußt –, und es folgt daraus, daß wir zu irgendeiner Zeit dieses Verständnis gelernt haben müssen.

Mit dem «trügerischen Dreizack», einer bekannten «optischen Täuschung» (Seite 154), läßt sich diese Fähigkeit ganz einfach testen. Wahrscheinlich ist die Wahrnehmung des Dreizacks für uns alle verwirrend. Für jemanden, der nicht in westlichen Konventionen von Dreidimensionalität geübt ist, wäre das nicht so.

Andere bekannte optische Täuschungen, wie der «Necker-Würfel» oder die «Ponzo-Illusion», zeigen ebenfalls, daß der Wahrnehmungs- und Verständnispro-

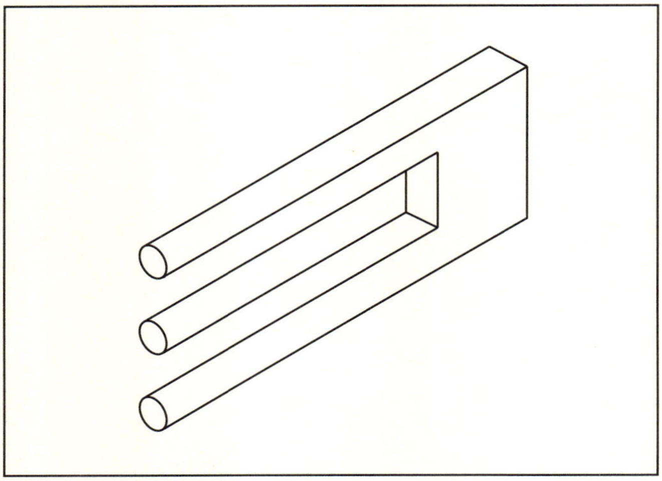

Trügerischer Dreizack. Die Illusion ist nur deshalb interessant, weil wir in westlichen Perspektiven-Codes trainiert sind. Der psychologische Effekt ist außergewöhnlich stark: Unser Geist besteht darauf, das Objekt im Raum und nicht als Zeichnung auf einer Fläche zu sehen.

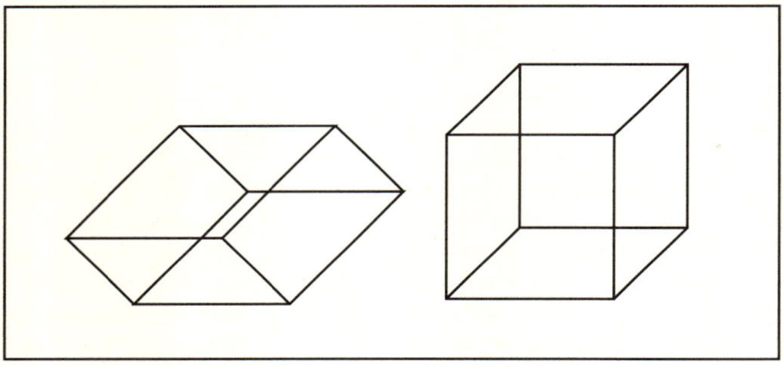

Necker-Würfel. 1832 von L. A. Necker, einem Schweizer Naturalisten, konstruierte «Kippfigur». Die Illusion hängt auch hier vom kulturellen Training ab.

Die Ponzo-Illusion. Die waagerechten Linien sind gleich lang, doch die obere Linie scheint länger als die untere zu sein. Die Diagonalen deuten Perspektiven an, so daß wir die Abbildung dreidimensional sehen und daraus schließen: weil die «obere» Linie «hinter» der «unteren» Linie, also weiter entfernt sein müsse, müsse sie auch länger sein.

«Meine Frau und meine Schwiegermutter», von dem Karikaturisten W. E. Hill, erschien 1915 im *Puck*. Es ist seitdem ein berühmtes Beispiel für das unter dem Namen Vexierbild bekannte Phänomen. Das Kinn der jungen Frau ist die Nase der alten Frau. Das Kinn der alten Frau ist das Dekolleté der jungen.

zeß das Gehirn mit einbezieht: Er stellt sowohl eine mentale als auch eine physische Erfahrung dar. Ob wir den Necker-Würfel von oben oder von unten «sehen» oder ob wir die Zeichnung von W. E. Hill (oben) als junges Mädchen oder als alte Frau sehen, hängt nicht von der Funktion unserer Augen ab, sondern von dem, was das Gehirn mit der erhaltenen Nachricht macht. Das Wort «Bild» (englisch «image») hat in der Tat zwei miteinander verbundene Bedeutungen: Ein Bild ist ein optisches Muster; es ist aber ebenso eine geistige Erfahrung. Deshalb auch gebrauchen die Engländer wahrscheinlich das Wort «imagine» (vorstellen), um die geistige Schöpfung von Bildern zu beschreiben.

Unsere Fähigkeit, Bilder wahrzunehmen – ob unbewegt oder bewegt –, beruht also in hohem Maße auf einem Lernprozeß. Interessanterweise trifft dies nicht auf Ton-Phänomene zu, und zwar in signifikantem Ausmaß. Wenn die entsprechenden Geräte genügend hoch entwickelt sind, können wir aufgezeichnete Geräusche produzieren, die technisch nicht von ihren Originalen zu unterscheiden sind. Dieser Unterschied zwischen den beiden Wahrnehmungssystemen – dem visuellen und dem auditiven – bedeutet, daß es ausreicht, ein aufgezeichnetes Geräusch wahrzunehmen, um die Realität wahrzunehmen – wie sehr wir unser Gehör auch üben. Andererseits gibt es einen kleinen, aber entscheidenden Unterschied zwischen der Übung, die unsere Augen benötigen, um aufgezeichnete Bilder wahrzunehmen (und unser Gehirn, diese zu verstehen), und der Übung, die wir benötigen, um die Realität zu verstehen, die uns umgibt. Es wäre sinnlos, die Phonographie als eine Sprache zu betrachten, aber es ist nützlich, von der Fotografie (und der Kinematografie) als einer Sprache zu sprechen, da hier ein Lernprozeß mit eingeschlossen ist.

Die Physiologie der Wahrnehmung

Eine andere Art, den Unterschied zwischen Sehen und Hören zu beschreiben, ist in Begriffen der Funktion der Sinnesorgane möglich; Ohren hören alles, was ihnen zu hören zugänglich ist; Augen wählen aus, was sie sehen. Das gilt nicht nur für das bewußte Sehen (auszuwählen, die Aufmerksamkeit von Punkt A auf Punkt B zu lenken oder das Sehen durch Augenschließen ganz zu verweigern), sondern auch für das unbewußte. Da die aufnehmenden Organe, die für visuelle Schärfe zuständig sind, nur in der Fovea der Retina konzentriert (und richtig angeordnet) sind, müssen wir direkt auf einen Gegenstand starren, um ihn klar zu sehen. Sie können sich dies vor Augen führen, indem Sie den Punkt in der Mitte dieser Seite fixieren. Nur die direkte Umgebung wird klar erscheinen. Das Resultat dieser Fovea-Sicht ist, daß die Augen sich ständig bewegen müssen, um einen Gegenstand, welcher Größe auch immer, wahrzunehmen. Diese halb unbewußten Bewegungen werden «Sakkaden» genannt und dauern jeweils ungefähr $^1/_{20}$ Sekunde, gerade die Zeit der Wahrnehmungsdauer – das Phänomen, das Film möglich macht.

Aus der Tatsache der Fovea-Sicht läßt sich der Schluß ziehen, daß wir ein Bild tatsächlich physisch wie auch mental und psychisch lesen, genau wie wir eine Seite lesen. Der Unterschied ist, daß wir wissen, wie man eine Seite liest – in Deutsch von links nach rechts und von oben nach unten –, aber uns ist selten präzise bewußt, wie wir ein Bild lesen.

Eine komplette Reihe physiologischer, ethnografischer und psychologischer Experimente könnte zeigen, daß verschiedene Personen Bilder mehr oder weniger gut auf drei verschiedene Arten lesen:

- physiologisch: Die besten Leser würden die effektivsten und ausgedehntesten «Sakkaden»-Muster haben.

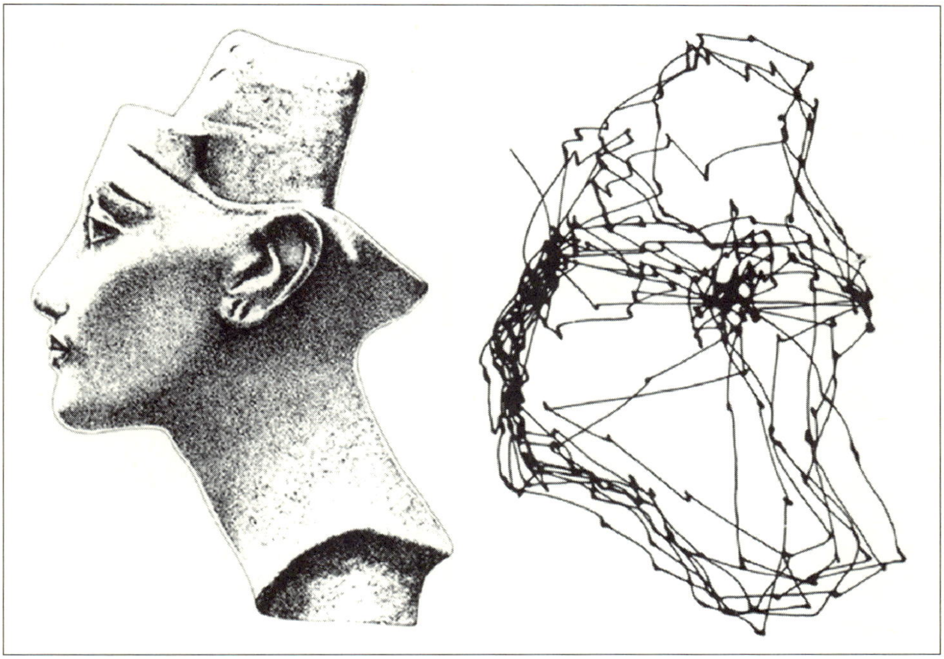

Sakkaden-Muster. Links eine Zeichnung der Büste der Königin Nofretete; rechts ein Diagramm der Augenbewegungen einer Versuchsperson beim Betrachten der Büste: Das Auge folgt eher einem geordneten Muster als wahllos das Bild zu überfliegen. Die Versuchsperson konzentriert sich eindeutig auf das Gesicht und zeigt wenig Interesse für den Hals. Das Ohr scheint die Aufmerksamkeit ebenfalls in besonderem Maße auf sich zu ziehen, wahrscheinlich nicht, weil es an sich interessant ist, sondern weil es in diesem Profil eine wichtige Stelle einnimmt. Die sakkadischen Muster sind nicht gleichmäßig fortlaufend; die Aufzeichnung zeigt deutlich, daß das Auge schnell von einem Punkt zum anderen springt (die «Zacken» in der fortlaufenden Linie), sich dabei auf bestimmte Knotenpunkte fixiert und nicht eine allgemeine Information aufnimmt. Die Aufzeichnung wurde von Alfred L. Yarbus (Institut für Fragen der Informations-Übertragung, Moskau) vorgenommen. *(Aus «Eye Movements and Visual Perception», David Noton und Lawrence Stark, Juni 1971. Copyright © 1971 by Scientific American, Inc. All rights reserved)*

- ethnografisch: Die gebildetsten Leser würden die größte Erfahrung und die umfassendste Kenntnis eines breiten Spektrums visueller Kultur-Konventionen zu Rate ziehen.
- psychologisch: Die Leser, die den Stoff am besten für sich auszuwerten wüßten, wären die, welche die verschiedenen wahrgenommenen Bedeutungen am leichtesten assimilieren und dann diese Erfahrung integrieren könnten.

Wir wissen sehr wohl – und das ist hier die Ironie –, daß wir lernen müssen zu lesen, bevor wir versuchen können, Literatur zu genießen oder zu verstehen; aber wir neigen dazu zu glauben, daß jeder einen Film lesen kann. Es ist wahr, jeder kann einen Film sehen. Aber einige Leute haben es gelernt, visuelle Bilder zu verstehen – physiologisch, ethnografisch und psychologisch –, und dies weitaus besser als andere. Die Tatsache beweist die Gültigkeit des Wahrnehmungsdreiecks, das in Teil 1 dargestellt wurde und welches Autor, Werk und Betrachter verbindet. Der Betrachter konsumiert nicht nur, sondern er nimmt aktiv – oder potentiell aktiv – am Prozeß teil.

Film ist keine Sprache, aber er ist wie eine Sprache, und da er wie eine Sprache ist, können einige der Methoden, die wir zum Studium von Sprache benützen, auch mit Erfolg beim Studium eines Films Anwendung finden.

Da Film jedoch keine Sprache ist, können aufs Linguistische eingeengte Konzepte in die Irre führen. Seit den Anfängen der Filmgeschichte haben Theoretiker den Film vorzugsweise mit der verbalen Sprache verglichen (teilweise um die ernsthafte Beschäftigung mit dem Film zu rechtfertigen), aber das wirkliche Studium des Films als Sprache konnte erst vorankommen, als sich in den frühen sechziger Jahren eine neue, umfassendere Kategorie des Denkens entwickelte, die geschriebene und gesprochene Sprache nur als zwei von vielen Kommunikationssystemen ansah. Diese umfassende Kategorie ist als Semiotik bekannt, die Lehre von den Zeichensystemen.

Semiotiker rechtfertigten das Studium des Films als Sprache dadurch, daß sie das Konzept der geschriebenen und gesprochenen Sprache neu definierten. Jedes Kommunikationssystem ist eine «Sprache». Deutsch, Englisch oder Chinesisch sind «Sprachsysteme». Der Film kann daher in gewisser Weise eine Sprache sein, aber er ist ganz sicher kein Sprachsystem. Der bekannte Filmsemiotiker Christian Metz stellt das so dar: Wir verstehen einen Film nicht, weil wir sein System kennen, sondern wir kommen zu einem Verständnis seines Systems, weil wir den Film verstehen. Anders gesagt: «Nicht weil das Kino eine Sprache ist, kann es uns so schöne Geschichten erzählen, sondern weil es sie uns erzählt hat, ist es zu einer Sprache geworden.» (Metz: *Semiologie des Films,* S. 73)

Für Semiotiker muß ein Zeichen aus zwei Teilen bestehen: dem Signifikant (Bezeichnendes) und dem Signifikat (Bezeichnetes). Das Wort «Wort» zum Beispiel – die Ansammlung von Buchstaben oder Lauten – ist ein Signifikant; das, was es darstellt, ist wiederum etwas anderes – das Signifikat. In der Literatur ist die Beziehung von Signifikant und Signifikat ein Hauptbeweis für die Beherrschung der Kunst. Der Dichter baut Konstruktionen auf, die auf der einen Seite aus Lauten (Signifikanten) und andererseits aus Bedeutungen (Signifikaten) bestehen, und die Beziehung der beiden kann faszinierend sein. Tatsächlich erklärt sich ein großer Teil dessen, was Dichtkunst so anziehend macht, aus dieser Tatsache: dem Tanz zwischen Klang und Bedeutung.

Aber im Film sind Signifikant und Signifikat fast identisch: Das Zeichen im Film ist ein Kurzschluß-Zeichen. Das Bild eines Buches ist viel näher am Buch als das

Logos. Das Konzept der Logotype begleitet uns bereits seit dem Mittelalter, als Gildenhandwerker ihre Erzeugnisse mit einem Urheberzeichen versahen. Im zwanzigsten Jahrhundert wurde das Logo das entscheidende Kennzeichen der «corporate identity» einer Firma. Die frühen Jahre des Firmen-Bewußtseins nutzten oftmals Schriftzüge, wie zum Beispiel Ford oder – in scheinbar persönlicherem Duktus – Coca-Cola. (Sogar die Verwendung der Schleife ist geschützt.) International Business Machines – unter dieser Bezeichnung war die Firma IBM einst bekannt – brachten den Trend zu Abkürzungen in Gang. Esso (eine hübsche Ableitung aus S. O. – Standard Oil) entschied in den sechziger Jahren, daß das Kunstwort nicht modern genug war; die Firma wurde als Exxon wiedergeboren, und zwar im Sinne der Theorie, daß Ixe irgendwie besser dem Zeitgeist entsprechen (in Europa ließ man es allerdings bei Esso). Interessanterweise entwickelten nur zwei der großen Filmstudios Multimedia-Logos: MGM und Fox. Obwohl zahlreiche Produzenten der dreißiger und vierziger Jahre ihre Namensschriftzüge benutzten, entwickelte nur Alfred Hitchcock ein einprägsames Logo.

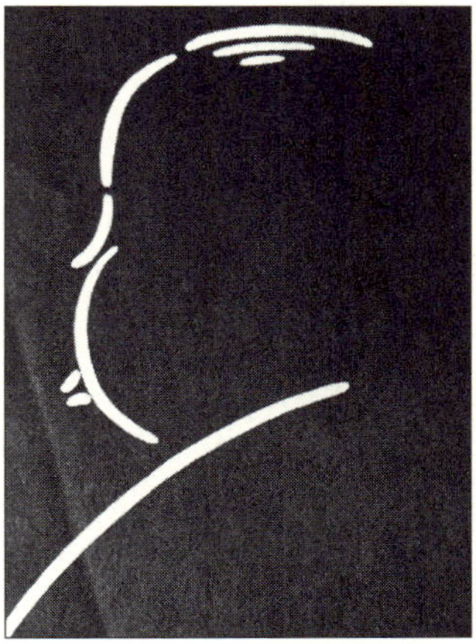

Wort «Buch». Es ist wahr, daß wir im Baby-Alter oder in der frühen Kindheit lernen müssen, daß das Bild eines Buches als Buch interpretiert werden muß, aber das ist sehr viel leichter, als die Buchstaben oder Laute des Wortes «Buch» als das zu interpretieren, was es bezeichnet. Ein Bild hat eine direkte Beziehung zu dem, was es bezeichnet, ein Wort hat das nur selten.*

* In Piktogrammen fixierte Sprachen wie Chinesisch oder Japanisch könnten als Zeichensysteme irgendwo zwischen Film und westlichen Sprachen angesiedelt werden, aber nur, wenn sie geschrieben und nicht gesprochen werden, und auch dann nur in begrenzten Fällen. Andererseits gibt es Wörter – wie zum Beispiel «knacken» –, die lautmalerisch sind und deshalb eine direkte Beziehung zu dem haben, was sie bezeichnen. Aber das gilt nur für die gesprochene Sprache.

Es ist dieses Kurzschluß-Zeichen, das es so schwierig macht, die Filmsprache zu untersuchen. So wie Metz es in einem bemerkenswerten Satz sagt: «Ein Film ist schwer zu erklären, weil er leicht zu verstehen ist.» Das unterscheidet das «etwas mit Film tun» auch so sehr vom «etwas mit Deutsch tun» (sowohl geschriebenem als auch gesprochenem). Wir können die Zeichen des Films nicht auf die Weise verändern, wie wir Wörter in Sprachsystemen verändern können. Das Bild einer Rose im Kino ist das Bild einer Rose ist das Bild einer Rose ist das Bild einer Rose – nicht mehr und nicht weniger. In Deutsch kann eine Rose einfach eine Rose sein, aber sie kann auch verändert oder verwechselt werden mit ähnlichen Wörtern: Rose, rosig, rosiger, Rosse, Russe, Hose und so weiter.

Die Stärke der Sprachsysteme liegt darin, daß es einen großen Unterschied zwischen dem Signifikant und dem Signifikat gibt; die Stärke des Films ist es, daß es diesen Unterschied nicht gibt.

Dennoch ist Film *wie* eine Sprache. Wie macht er dann das, was er macht? Ganz offensichtlich ist die Vorstellung einer Person von einer bestimmten Sache nicht die gleiche wie die einer anderen Person. Wenn wir bereits das Wort «Rose» lesen, denken Sie vielleicht an eine Friedensrose, die Sie im letzten Sommer pflückten, während ich an die Rose denke, die Laura Westphal mir im Dezember 1968 gab. Im Kino sehen wir jedoch beide die gleiche Rose, wohingegen der Filmemacher aus einer unbegrenzten Anzahl von Rosen eine auswählen kann und diese ausgewählte Rose dann auf unbegrenzt viele verschiedene Arten fotografieren kann. Die Auswahl des Künstlers im Film hat keine Grenzen; die Auswahlmöglichkeit des Künstlers in der Literatur ist eingeschränkt, während für den Rezipienten das Gegenteil gilt: Das Großartige an der Literatur ist, daß man sich Vorstellungsbilder machen kann; das Großartige am Film ist, daß man es nicht kann.

In diesem Kontext suggeriert der Film nichts: Er macht Feststellungen. Und darin liegt seine Stärke und die Gefahr, die er für den Betrachter darstellt – der Grund, warum es so nützlich, ja eminent wichtig ist, Bilder richtig lesen zu lernen, so daß der Betrachter ein wenig von der Stärke des Mediums erfassen kann. Je besser man ein Bild liest, desto besser versteht man es und um so mehr Macht hat man darüber. Der Leser einer Buchseite erfindet das Bild, der Leser eines Films tut das nicht, und dennoch müssen beide Leser daran arbeiten, die Zeichen, die sie wahrnehmen, zu interpretieren, um den Prozeß des intellektuellen Verstehens zu vervollständigen. Je mehr sie arbeiten, desto ausgewogener ist die Beziehung von Betrachter und Schöpfer in dem Prozeß, je ausgewogener die Beziehung, desto vitaler und mitreißender ist das Kunstwerk.

Die frühesten theoretischen Filmtexte – sogar viele aus der jüngsten Zeit – verfolgen mit kurzsichtiger Besessenheit den groben Vergleich von Film und geschriebener / gesprochener Sprache. Die Standard-Theorie schlug vor, die Einstellung als das Wort des Films zu betrachten, die Szene als seinen Satz und die Sequenz als seinen Abschnitt. Dieser Vergleich trifft insoweit zu, als diese Unterteilung auf zunehmende Komplexität hin angeordnet ist, aber einer Analyse hält der Vergleich nicht stand.

Nehmen wir für einen Moment an, daß ein Wort die kleinste zutreffende Bedeutungseinheit ist – entspricht die Einstellung ihm? Nicht im geringsten. Zunächst einmal braucht eine Einstellung Zeit. Innerhalb dieser Zeitspanne gibt es eine ständig wechselnde Zahl von Bildern. Macht dann das einzelne Bild auf der Leinwand die unterste Bedeutungseinheit im Film aus? Die Antwort heißt immer noch nein, weil jedes Leinwandbild eine potentiell unbegrenzte Menge visueller Information einschließt, ebenso der das Bild begleitende Ton. Auch wenn wir sagen könnten, daß eine Filmeinstellung so etwas wie ein Satz ist, da sie eine Feststellung trifft und in sich selbst geschlossen ist, kommt es doch vor allem darauf an, daß der Film nicht in so leicht handhabbare Einheiten zerfällt. Auch wenn wir die «Einstellung» technisch ganz gut als ein einzelnes Stück Film definieren können – was geschieht, wenn die einzelne Einstellung in sich gegliedert ist? Die Kamera ist beweglich, die Szene kann sich während eines Schwenks oder einer Fahrt völlig verändern. Sollten wir dann von einer Einstellung reden oder von zweien?

Das gleiche gilt für die Szene. Im klassischen französischen Theater waren Anfang und Ende einer Szene streng durch Auftritt und Abgang einer Person definiert. Im Film sind die Szenen viel verschwommener (wie auch im modernen Theater). Der Begriff «Szene» ist ohne Zweifel nützlich, aber nicht präzise. Sequenzen sind sicherlich länger als Szenen, aber die «Plansequenz», in der eine einzelne Einstellung identisch ist mit einer Sequenz, ist ein wichtiges Konzept, und ihre Untereinheiten ihrerseits sind nicht davon abgetrennt.

Es scheint, daß eine richtige Wissenschaft vom Film davon abhängt, kleinste Konstruktionselemente definieren zu können – wie in der Physik. Technisch können wir dies zumindest für das Bild tun: Es ist das Einzelbild. Aber dies ist sicherlich nicht die kleinste Bedeutungseinheit. Tatsache ist, daß der Film, anders als die geschriebene oder gesprochene Sprache, nicht aus Einheiten als solchen zusammengesetzt ist, sondern daß er eher ein Bedeutungskontinuum ist. Eine Einstellung enthält so viel Information, wie wir darin lesen wollen, und welche Einheiten auch immer wir innerhalb der Einstellung definieren, sie sind willkürlich festgesetzt.

Daher stellt sich uns der Film als eine Sprache (oder etwas Ähnliches) dar, die:

- aus Kurzschluß-Zeichen besteht, in denen der Signifikant fast dem Signifikat entspricht, und die
- von einem kontinuierlichen System abhängt, in dem wir keine Grundeinheit erkennen können, und die wir daher nicht quantitativ beschreiben können.

Das Resultat ist, wie Christian Metz sagt: «Als einfache Kunst ist der Film ständig in Gefahr, seinem Einfach-Sein zum Opfer zu fallen.» Der Film ist zu leicht verständlich, was es schwer macht, ihn zu analysieren. «Ein Film ist schwer zu erklären, da er leicht zu verstehen ist.»

Denotative und konnotative Bedeutung

Filme sind dennoch in der Lage, Bedeutung weiterzugeben. Sie tun dies hauptsächlich auf zwei Arten: durch Denotation und Konnotation.

So wie die gesprochene Sprache, allerdings in höherem Ausmaß, hat das Filmbild (oder der Filmton) eine denotative Bedeutung: Es ist, was es ist, und wir müssen uns nicht bemühen, sie zu erkennen. Dies mag als allzu simple Feststellung erscheinen, aber das Faktum sollte nie unterschätzt werden: Hier liegt die große Stärke des Films. Es gibt einen substantiellen Unterschied zwischen einer Beschreibung einer Person oder eines Ereignisses in Worten (oder sogar durch Fotografie) und einer Film-Aufzeichnung. Da der Film uns eine so große Annäherung an die Realität vermitteln kann, ist er in der Lage, ein präziseres Wissen weiterzugeben, als die geschriebene oder gesprochene Sprache im allgemeinen kann. «Film ist das, was man nicht imaginieren kann.» Sprachsysteme mögen sich viel besser für eine Auseinandersetzung mit der nichtkonkreten Welt der Ideen und Abstraktionen eignen (Stellen Sie sich zum Beispiel dieses Buch im Film vor: Ohne einen vollständigen Kommentar wäre es unverständlich), aber sie sind nicht annähernd in der Lage, genaue Informationen über physische Realitäten weiterzugeben.

Geschriebene/gesprochene Sprache muß auf Grund ihrer Natur analysiert werden. Das Wort «Rose» zu schreiben bedeutet, die Idee einer Rose zu verallgemeinern und zu abstrahieren. Die wirkliche Stärke der Sprache mit Worten liegt nicht in ihrer denotativen Fähigkeit, sondern in diesem konnotativen Aspekt von Sprache: Die Fülle an Bedeutung, die wir einem Wort zuschreiben können und die seine Bedeutung überschreitet. Wenn die Denotation zum Beispiel das einzige Maß für die Stärke einer Sprache wäre, dann wäre Englisch – mit einem Vokabular von ungefähr einer Million Wörtern die umfangreichste Sprache in der Geschichte – mehr als dreimal so wirksam wie Französisch, das nur an die 300 000 Wörter hat. Aber Französisch gleicht sein begrenztes Vokabular durch einen bemerkenswert höheren Gebrauch von Konnotationen aus. Der Film hat ebenfalls konnotative Fähigkeiten.

Wenn man bedenkt, wie stark die denotative Qualität von Filmton und Filmbildern ist, ist es erstaunlich festzustellen, daß diese konnotativen Fähigkeiten durchaus einen Teil der Filmsprache ausmachen. Tatsächlich stammen viele von ihnen von der denotativen Qualität des Films ab. Wie wir im Teil 1 festgestellt haben, kann der Film, um verschiedene Effekte zu erzielen, sich all der anderen Künste bedienen, und dies ist nur deshalb möglich, weil er diese Künste aufzeichnen kann. So können alle konnotativen Faktoren der gesprochenen Sprache auf einer Film-Tonspur untergebracht werden, während die Konnotationen der geschriebenen Sprache in Titel eingeschlossen werden können (ganz zu schweigen von den konnotativen Faktoren des Tanzes, der Musik, der Malerei und so weiter). Da der Film ein Kulturprodukt ist, hat er eine Resonanzfülle, die weit über das hinausgeht, was die Semiotiker seine «Diegesis» nennen (die Summe seiner Denotationen). Das Bild einer Rose ist nicht nur einfach dieses Bild, wenn es zum Beispiel in einem Film über Richard III. erscheint, denn uns ist die Konnotation der weißen Rose und der roten Rose als Symbole der Häuser York und Lancaster bewußt. Dies sind kulturell bedingte Konnotationen.

Zusätzlich zu diesen Einflüssen aus der Allgemeinkultur hat der Film seine eigenen konnotativen Fähigkeiten. Wir wissen (selbst wenn wir uns nicht oft bewußt daran erinnern), daß ein Filmemacher bestimmte Entscheidungen getroffen hat: Die Rose ist aus einem bestimmten Winkel gefilmt, die Kamera bewegt sich oder bewegt sich nicht, die Farbe ist leuchtend oder stumpf, die Rose frisch oder welk, die Dornen sichtbar oder versteckt, der Hintergrund klar (so daß die Rose im Zusammenhang gesehen wird) oder verwischt (so daß sie isoliert erscheint), die Aufnahmedauer ist lang oder kurz und so weiter. Dies sind spezielle Hilfen für die filmische Konnotation, und wenn wir auch ihren Effekt in der Literatur annähernd nachempfinden können, ist es nicht möglich, damit die Präzision oder die Wirksamkeit des Films zu erreichen. Ein Bild ist bisweilen tausend Worte wert.

Wenn unser Erfassen der Konnotation einer bestimmten Einstellung davon abhängt, daß sie aus einer Anzahl anderer möglicher Aufnahmen ausgewählt worden ist, dann können wir in der Sprache der Semiotik sagen, daß dies eine paradigmatische Konnotation ist. Das heißt, der konnotative Sinn, den wir erfassen, resultiert daraus, daß die Aufnahme – nicht unbedingt bewußt – verglichen wird, und zwar mit den nicht realisierten, aber austauschbaren Aufnahmen im Paradigma oder Allgemein-Modell dieser Art von Aufnahme. Eine von unten aufgenommene Rose vermittelt zum Beispiel, daß die Blume aus irgendeinem Grund beherrschend, überwältigend ist, da wir sie bewußt oder unbewußt mit zum Beispiel einer von oben aufgenommenen Rose vergleichen würden, deren Bedeutung vermindert würde.

Umgekehrt sprechen wir von einer syntagmatischen Konnotation, wenn die Bedeutung der Rose nicht von der Aufnahme im Vergleich mit anderen möglichen Aufnahmen abhängt, sondern eher von dem Vergleich mit tatsächlichen Aufnahmen, die ihr vorausgehen oder folgen; das heißt, sie bekommt ihre Bedeutung dadurch, daß sie mit anderen Aufnahmen, die wir wirklich sehen, verglichen wird.

Diese zwei verschiedenen Arten von Konnotation haben ihre Entsprechungen in der Literatur. Ein Wort allein auf einer Seite hat keine besondere Konnotation, nur eine Denotation. Wir wissen, was es bedeutet, wir kennen möglicherweise auch seine Konnotationen, aber wir können die spezielle Konnotation, die der Schreiber des Wortes meinte, erst ergänzen, wenn wir das Wort im Kontext sehen. Dann wissen wir, welch speziellen konnotativen Wert es hat, weil wir seine Bedeutung durch bewußten oder unbewußten Vergleich erforschen, mit 1.) all den Wörtern, die in diesen Kontext passen könnten und nicht ausgewählt worden sind, und 2.) den Wörtern, die ihm vorausgehen oder ihm folgen (siehe Seite 435).

Diese zwei Bedeutungsachsen – die paradigmatische und die syntagmatische – sind wertvolle Hilfsmittel zum Verständnis dessen, was Film bedeutet. Tatsächlich hängt der Film als Kunst völlig von diesen zwei Auswahlmöglichkeiten ab. Nachdem ein Filmemacher sich entschieden hat, was er filmen will, sind die zwei zwingenden Fragen, wie er dies filmen soll (welche Wahlen er trifft: die paradigmatische) und wie er diese Aufnahmen präsentieren soll (wie er sie montiert: die syntagmatische). Im Gegensatz dazu ist in der Literatur die erste Frage (wie man etwas sagt) vorherrschend, während die zweite (wie präsentiert man, was gesagt wird) ganz sekundär bleibt. Die Semiotik hat sich bisher auf den syntagmatischen Aspekt des Films konzentriert, und das aus einem einfachen Grund: Hier unterscheidet sich der Film am eindeutigsten von anderen Künsten, so daß die syntagmatische Kategorie (Schnitt, Montage) in gewissem Sinn die «filmischste» ist.

Der Film bezieht einen großen Teil seiner konnotativen Stärke aus den anderen Künsten, aber er entwickelt auch seine eigene – sowohl paradigmatisch als auch syntagmatisch. Doch es gibt auch noch eine andere Quelle konnotativer Bedeutung. Der Film ist nicht völlig ein Medium wechselseitiger Kommunikation. Selten führt jemand einen Dialog, indem er Film als Medium benutzt. Während gesprochene und geschriebene Sprache für wechselseitige Kommunikation benützt werden, stellt der Film, wie die nichtsymbolischen Künste im allgemeinen (auch die Sprache, wenn sie zu rein künstlerischen Zwecken benutzt wird), eine Einbahn-Kommunikation dar. Daher ist selbst der zweckgebundene Film in gewisser Weise künstlerisch. Der Film spricht in Neologismen. Metz schrieb: «Wenn eine ‹Sprache› nicht bereits existiert, muß man fast ein Künstler sein, um sie zu sprechen, wie schlecht auch immer. Denn sie zu sprechen bedeutet, sie teilweise zu erfinden, während die Alltagssprache zu sprechen nur bedeutet, sie zu benutzen.» So haften selbst den einfachsten Feststellungen im Film Konnotationen an.

Es gibt einen alten Witz, der das klarmacht: Zwei Philosophen treffen sich; der eine sagt: «Guten Morgen!»; der andere lächelt erfreut, dann geht er stirnrunzelnd weiter und denkt bei sich: «Was hat er damit wohl gemeint?» Die Frage ist ein Witz, wenn die gesprochene Sprache der Gegenstand der Untersuchung ist; im Film ist es jedoch vollkommen legitim, jede Feststellung zu hinterfragen.

Gibt es noch eine Möglichkeit, die verschiedenen Arten von Denotation und Konnotation im Film zu unterscheiden? In Anlehnung an eine «Trichotomie» des Philosophen C. S. Peirce schlägt Peter Wollen in seinem höchst bedeutsamen Buch *Signs and Meaning in the Cinema* (1969) drei Arten filmischer Zeichen vor:

- Das Icon: Ein Zeichen, in dem der Signifikant das Signifikat hauptsächlich durch seine Ähnlichkeit mit ihm darstellt.
- Der Index: Er mißt eine Qualität nicht, weil er mit ihr identisch ist, sondern weil er eine inhärente Beziehung zu ihr hat.
- Das Symbol: Ein willkürliches Zeichen, in dem der Signifikant weder eine direkte noch eine hinweisende Beziehung zum Signifikat hat, sondern dieses nur auf Grund von Konvention darstellt.

Obwohl Wollen sie nicht in die denotativ/konnotativen Kategorien einordnete, können Icons, Indizes und Symbole als hauptsächlich denotativ angesehen werden. Porträts sind natürlich Icons, aber das sind Diagramme im Peirce/Wollen-System auch. Indizes sind schwieriger zu definieren. Peirce zitierend, schlägt Wollen zwei Arten von Indizes vor, einen technischen – medizinische Symptome sind Indizes für Gesundheit, Uhren und Sonnenuhren sind Indizes der Zeit – und einen metaphorischen: Ein schaukelnder Gang soll anzeigen, daß ein Mann ein Matrose ist. (Dies ist die Stelle, an der die Peirce/Wollen-Kategorien ins Konnotative übergehen.) Symbole, die dritte Kategorie, sind leichter zu definieren. So wie Peirce und Wollen es benutzen, hat das Wort eine ziemlich umfassende Definition: Wörter sind Symbole (denn der Signifikant vertritt das Signifikat mehr auf Grund von Konvention als aufgrund seiner Ähnlichkeit mit dem Signifikat).

Diese drei Kategorien schließen sich nicht gegenseitig aus. Vor allem in Fotografien ist der Icon-Faktor fast immer besonders stark. Wie wir bemerkt haben, ist ein Ding es selbst, sogar wenn es außerdem ein Index oder ein Symbol ist. Die allgemeine semiotische Theorie, besonders wie sie bei Christian Metz dargestellt wird, erfaßt die erste und letzte Kategorie – Icon und Symbol – bereits ganz gut. Das Icon ist das für den Film so typische Kurzschluß-Zeichen; das Symbol ist das willkürliche oder konventionelle Zeichen, das die Basis der gesprochenen und geschriebenen Sprache ist. Es ist die zweite Kategorie – der Index –, der in Peirce' und Wollens System am interessantesten ist: Der Index scheint eine dritte Möglichkeit zu sein, auf halbem Wege zwischen dem filmischen Icon und dem literarischen Symbol, durch die der Film Bedeutungen weitergeben kann. Er ist kein willkürliches Zeichen, noch ist er identisch mit dem Bezeichneten. Er läßt an einen dritten Typ von Denotation denken, einen, der direkt auf Konnotation zielt und in der Tat ohne die Dimension der Konnotation unverständlich sein könnte.

Der Index scheint einer der brauchbaren Wege für den Film zu sein, sich direkt

Icon. Liv Ullmann in Ingmar Bergmans *Ansikte mot Ansikte* (1975). Dieses Bild ist, was es ist.

mit Ideen zu befassen, da er uns konkrete Darstellungen oder Maßeinheiten dieser Ideen gibt. Wie können wir filmisch zum Beispiel die Idee von Hitze vermitteln? In geschriebener Sprache ist das sehr leicht, aber im Film? Das Bild eines Thermometers drängt sich schnell auf. Natürlich ist das ein Index der Temperatur. Aber es gibt auch subtilere Indizes: Schweiß ist ein Index sowie flimmernde, atmosphärische Schlieren und heiße Farben. Es ist eine Binsenwahrheit in der Film-Ästhetik, daß Metaphern im Film schwieriger sind. Liebe mit Rosen zu vergleichen funktioniert in der Literatur ganz gut, aber das filmische Äquivalent ist problematisch: Die Rose, das zweite Element der Metapher, ist im Kino zu real, zu sehr präsent. Daher sind filmische Metaphern, die auf literarischen Modellen basieren, meistens zu platt, statisch und aufdringlich. Der Index könnte einen Weg aus diesem Dilemma zeigen. Hier entdeckt der Film die ihm eigene, einzigartige, metaphorische Stärke, die er der Flexibilität des Bildes verdankt: seine Fähigkeit, viele Dinge gleichzeitig zu sagen.

Der Begriff Index führt uns auch zu einigen interessanten Überlegungen zum Thema Konnotation. Es müßte aus der obigen Diskussion klar sein, daß die Grenze zwischen Denotation und Konnotation nicht klar definiert ist: Es handelt sich da-

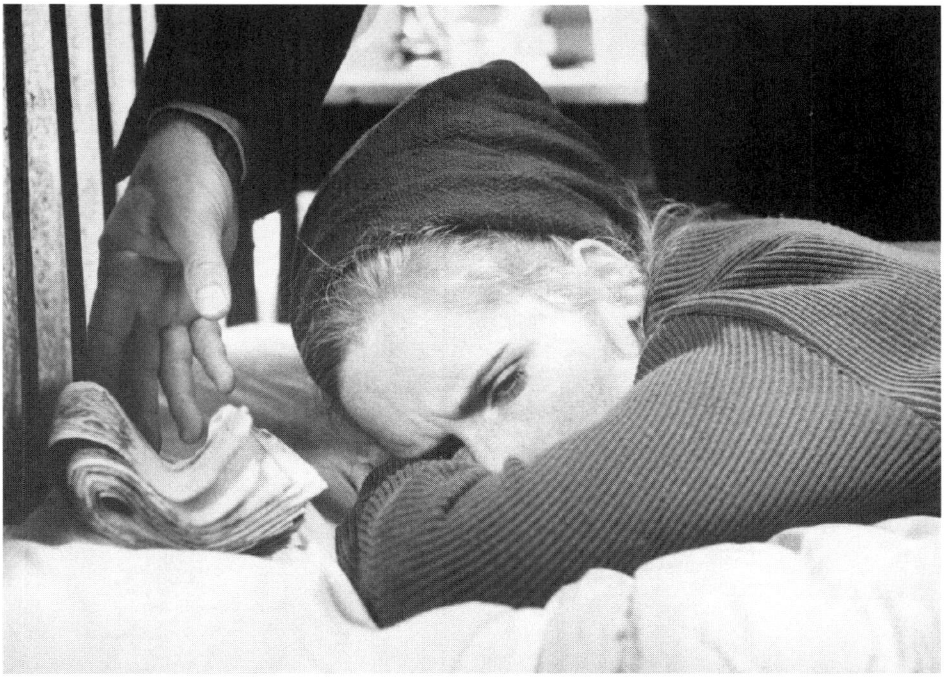

Index. Liv Ullmann in Bergmans *Skammen* (1968). Das Geldangebot – das Bündel Scheine auf dem Kopfkissen – ist ein Index für Prostitution und somit für Evas Scham.

bei um ein Kontinuum. Im Film, wie auch in geschriebener und gesprochener Sprache, werden Konnotationen, wenn sie stark genug werden, manchmal als Denotationen akzeptiert. Es scheint, als ob ein großer Teil der konnotativen Stärke des Films von Index-Kunstgriffen abhinge, das heißt von Zeichen, die nicht willkürlich sind, aber ebensowenig identisch mit dem Bezeichneten.

Zwei literaturwissenschaftliche Begriffe, die eng miteinander verbunden sind, bieten sich an, um die wichtigste Vorgehensweise zu beschreiben, in der der Film konnotative Bedeutung vermittelt: Metonymie und Synekdoche. Eine Metonymie ist eine rhetorische Figur, in der ein assoziiertes Detail oder eine assoziierte Vorstellung benutzt wird, um eine Idee zu evozieren oder einen Gegenstand darzustellen. Etymologisch bedeutet das Wort «Ersatz-Bedeutung» (aus dem Griechischen *meta*, das Wandlung enthält, und *onoma*, Name). So kann in der Literatur vom König (und der Idee des Königtums) als der «Krone» gesprochen werden. Eine Synekdoche ist eine rhetorische Figur, in der ein Teil für das Ganze oder das Ganze für einen Teil steht. Auf ein Automobil kann mit «Vierzylinder» Bezug genommen werden; ein Polizist ist «die Polizei».

Beide Formen treten beständig im Film auf. Die Indizes von Hitze, die oben er-

Symbol. Bergman benutzt in seinen Filmen oft Särge und Leichen als Symbole. Hier wieder Liv Ullmann in *Ansikte mot Ansikte* . . .

wähnt wurden, sind eindeutig metonymisch: Assoziierte Details beschwören eine abstrakte Idee herauf. Viele der alten Hollywood-Klischees sind synekdochisch (Nahaufnahmen marschierender Füße, um eine Armee zu repräsentieren) und metonymisch (die fallenden Kalenderblätter, die rollenden Räder eine Lokomotive). Da metonymische Kunstgriffe sich so gut im Film verwenden lassen, kann der Film in dieser Hinsicht eine größere Wirkung erzielen als die Literatur. Assoziierte Details können innerhalb des Bildes geballt auftreten und so eine Darstellung von unerhörtem Reichtum bewirken. Metonymie ist eine Art filmischer Stenografie.

Genauso wie unser Verständnis für die Konnotationen im Film im allgemeinen davon abhängt, daß wir den Vergleich des gefilmten Bildes mit Bildern verstehen, die nicht gewählt worden sind (paradigmatischen), und Bildern, die vorher oder danach kommen (syntagmatischen), so hängt unser Verständnis für kulturelle Konnotationen davon ab, daß wir Vergleiche des Teils mit dem Ganzen (Synekdoche) und assoziierter Details mit Ideen (Metonymie) verstehen. Der Film ist eine Kunst und ein Medium, das mit Erweiterungen und Indizes arbeitet. Ein großer Teil seiner Bedeutung entspringt nicht dem, was wir sehen (oder hören), sondern dem, was wir nicht sehen, oder, genauer gesagt, einem fortlaufenden Prozeß des Vergleichs

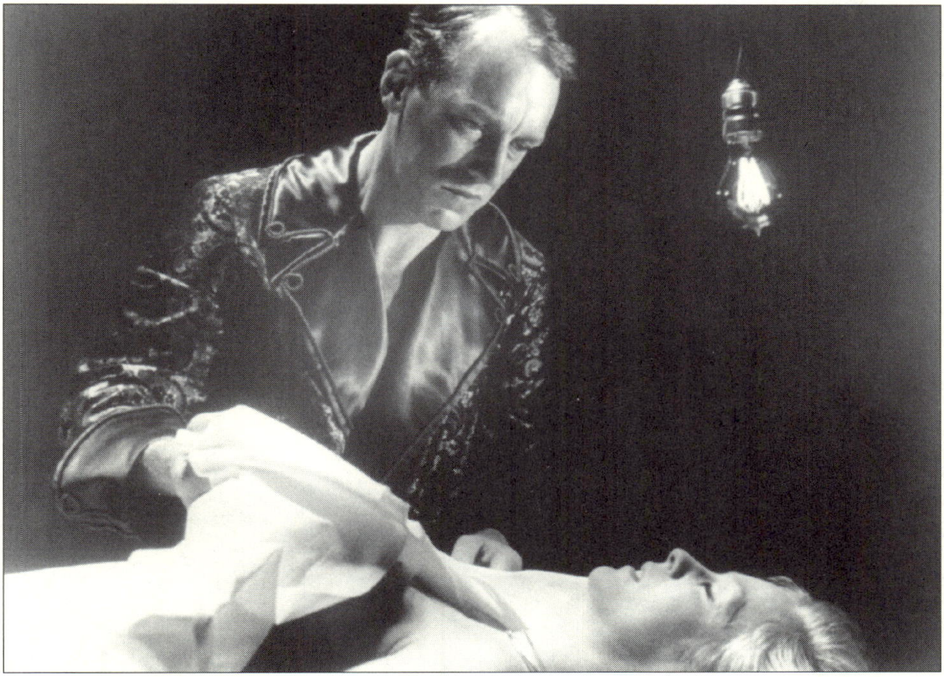

...und Max von Sydow in *Vargtimmen* (1966).

zwischen dem, was wir sehen, und dem, was wir nicht sehen. Dies entbehrt nicht der Ironie, wenn man bedenkt, daß der Film auf den ersten Blick eine Kunst ist, die viel zu augenscheinlich ist, eine Kunst, die oft dafür kritisiert wird, «daß sie nichts der Phantasie überläßt».

Genau das Gegenteil ist der Fall. In einem Film strenger Denotation werden die Bilder und der Ton leicht und direkt verstanden. Aber es gibt nur wenige Filme, die streng denotativ sind; die meisten sind zwangsläufig konnotativ, «denn sie [die Sprache des Films] zu sprechen bedeutet, sie teilweise zu erfinden». Ein unnachgiebiger Betrachter kann es natürlich vorziehen, die konnotative Stärke des Films zu ignorieren, aber der Betrachter, der es gelernt hat, Film zu lesen, verfügt über eine Vielfalt von Konnotationen.

Alfred Hitchcock zum Beispiel hat im Verlauf einer Karriere, die mehr als ein halbes Jahrhundert überspannte, eine Reihe sehr populärer Filme gemacht. Man könnte seinen Erfolg bei Kritik und Publikum den Themen seiner Filme zuschreiben – sicher trifft der Thriller einen sehr tiefliegenden Nerv im Publikum –, aber wie erklärt man dann all die erfolglosen Thriller seiner Nachahmer? In Wahrheit liegt die Dramatik des Films, seine Anziehungskraft, nicht so sehr in dem, was gefilmt wird

Metonymie (1)

Metonymie (2)

Synekdoche (1)

Synekdoche (2)

(das ist die Dramatik des Themas), sondern darin, wie es gefilmt und präsentiert wird. Und Hitchcock war der unbestrittene Meister dieser zwei schwierigen Aufgaben. Die Dramatik beim Filmemachen liegt zum großen Teil darin, auf diesen beiden eng miteinander verknüpften Gebieten intelligente Entscheidungen zu treffen. Sehr «gebildete» Kinobesucher würdigen Hitchcocks hervorragende filmische Intelligenz ganz bewußt, weniger gebildete Kinobesucher tun dies unbewußt, aber die intelligente Arbeit zeigt in jedem Fall ihre Wirkung.

Ein letztes Element ist dem Lexikon der Film-Semiotik noch hinzuzufügen: die Trope. In der literarischen Theorie ist die Trope eine «Redewendung» oder ein «Bedeutungswandel» – in anderen Worten: eine logische Verdrehung, die den Elementen eines Zeichens – dem Signifikant und dem Signifikat – eine neue wechselseitige Beziehung gibt. Die Trope ist daher das verbindende Element zwischen Denotation und Konnotation. Wenn eine Rose eine Rose eine Rose eine Rose ist, ist sie nichts anderes, und ihre Bedeutung als Zeichen ist eindeutig denotativ. Aber wenn eine Rose etwas anderes ist, ist eine «Wendung» gemacht und das Zeichen für neue Bedeu-

Metonymie (1). In *Il Deserto rosso* (1964) entwickelte Michelangelo Antonioni eine präzise Metonymie der Farbe. Fast den ganzen Film über wird Giuliana (Monica Vitti) psychologisch und politisch durch ihre graue, tödlich großstädtische Industrieumgebung niedergedrückt. Immer wenn es ihr zu verschiedenen Anlässen gelingt, sich diesem Einfluß zu entziehen, signalisiert Antonioni ihre zeitweilige Unabhängigkeit (und ihre mögliche Gesundung) durch leuchtende Farben, die nicht nur im Film, sondern auch ganz allgemein in der Kultur als ein Detail angesehen werden, das mit Gesundheit und Glücklichsein assoziiert wird. In dieser Szene versucht Giuliana, ihren eigenen Laden zu eröffnen. Die grauen Wände haben leuchtende Farbflecken (der Versuch, die Freiheit zu erlangen), aber die Formen selbst sind wild, unorganisiert, angsteinflößend (der Rückfall in die Neurose). Alles zusammen bildet ein kompliziertes System von Metonymien.

Metonymie (2). In Claude Chabrols *À double tour* (1959) stellt André Jocelyn einen Schizophrenen dar. Das Bild im zersprungenen Spiegel ist eine simple, logische Metonymie.

Synekdoche (1). Noch einmal Giuliana in *Il Deserto rosso*, diesmal umgeben und fast überwältigt von Fabrikmaschinen, einem «Teil», der für das «Ganze» der Großstadtgesellschaft steht. Nicht diese Fabrik, diese speziellen Maschinen drücken sie nieder, sondern die viel riesigere Realität, die sie repräsentieren.

Synekdoche (2). Juliet Berto hat in Godards *La Chinoise* (1967) eine theoretische Barrikade aus Maos «Kleinem Roten Buch» gebaut, Teile, die für das Ganze der marxistisch-leninistisch-maoistischen Ideologie stehen, mit der die Gruppe von Linksradikalen, zu der sie gehört, sich selbst schützt und von der aus sie einen Angriff auf die bürgerliche Gesellschaft unternehmen will.

Die Begriffe «Synekdoche» und «Metonymie» – sowie «Icon», «Index» und «Symbol» – sind natürlich unpräzise. Sie sind theoretische Gebilde, die als Analysehilfen nützlich sein können, aber sie sind keine strengen Definitionen. Diese spezielle Synekdoche zum Beispiel könnte sehr wohl als Metonymie klassifiziert werden, in der die kleinen roten Bücher eher assoziierte Details sind als Teile, die für das Ganze stehen. (Die Entscheidung selbst hat bereits ideologische Untertöne!) Und obwohl diese Einstellung am leichtesten als Index klassifiziert werden könnte, sind in ihr sicher Elemente von Icon und Symbol zu finden.

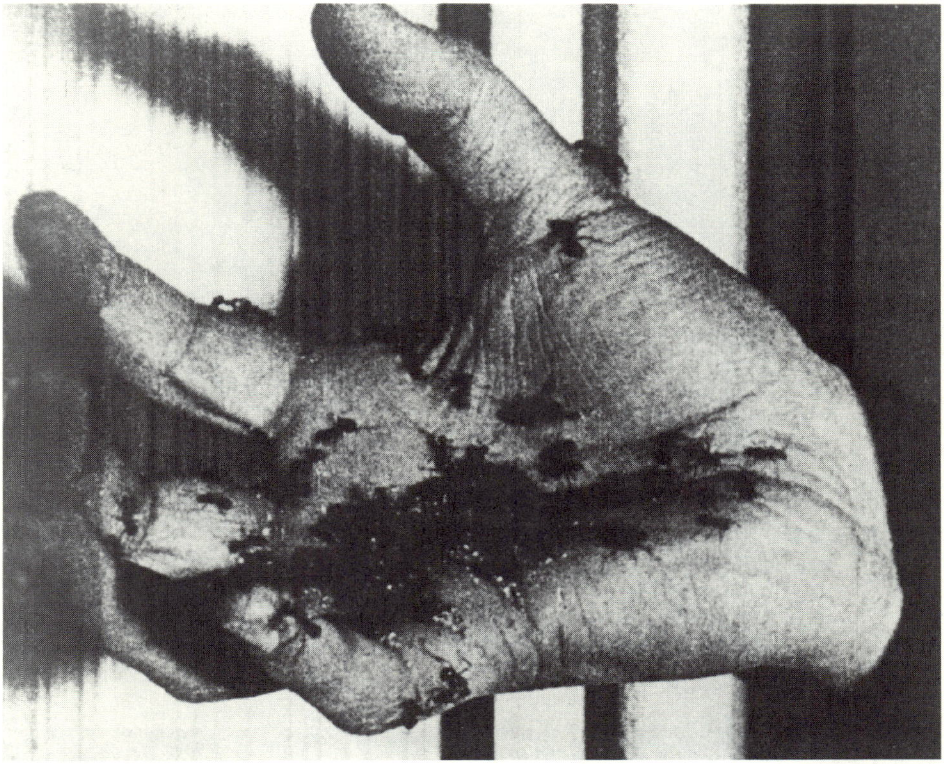

Trope. Eine von Ameisen bedeckte Hand aus Dalís und Buñuels surrealistischem Klassiker *Un Chien Andalou* (1928). Ein ebenfalls sehr komplexes Bild, das nicht leicht analysiert werden kann. Icon, Index und Symbol, sie sind alle vertreten: Das Bild fesselt, so wie es ist; es ist ein Maßstab für die Heimsuchung der Seele dessen, zu dem die Hand gehört; es ist sicher auch ein Symbol für ein allgemeineres Unwohlsein. Es ist metonymisch, weil die Ameisen ein «assoziiertes Detail» sind; es ist auch synekdochisch, weil die Hand ein Teil ist, der für das Ganze steht. Schließlich scheint die Quelle des Bildes eine Trope zu sein: ein Wortspiel mit dem französischen «avoir des fourmis dans les mains», Äquivalent für «eingeschlafene Hände». Dadurch, daß sie diese Wendung wörtlich illustriert haben, haben Dalí und Buñuel die Trope so ausgeweitet, daß eine gewöhnliche Erfahrung zu einem aufrüttelnden Zeichen des Verfalls wird. (Ich danke David Bombyk für diese Analyse. *Museum of Modern Art/Film Stills Archive*)

tungen erschlossen worden. Die Semiotik, so wie wir sie bisher beschrieben haben, war statisch. Der Begriff der Trope erlaubt uns, sie dynamisch zu sehen, eher von Handlungen bestimmt als von Tatsachen.

Wie wir in den voraufgehenden Kapiteln bemerkt haben, besteht eine der großen Kraftquellen des Films darin, daß er die Tropen der meisten anderen Künste reproduzieren kann. Es gibt auch eine Reihe Tropen, die er zu seinen eigenen gemacht hat. Wir haben im ersten Teil dieses Kapitels beschrieben, wie sie im allgemeinen funktionieren. Wenn wir die Aufnahme einer Rose sehen, so haben wir zunächst nur ihre statische Bedeutung als Icon oder Symbol. Aber wenn wir anfan-

Metonymische Geste. Max von Sydow in Ingmar Bergmans *Vargtimmen* (1968) ...

... und in *Skammen* (1968) des gleichen Regisseurs. Gesten gehören zu den kommunikativsten Bedeutungsmitteln im Film. «Kinese» oder «Körpersprache» ist grundsätzlich ein metonymisches Index-System der Bedeutung. Hier vermittelt von Sydows Haltung in beiden Filmen die gleiche grundlegende Bedeu-

gen, die Möglichkeiten durch vergleichbare Tropen zu erweitern, wird das Bild lebendig: als konnotativer Index, als Paradigma anderer möglicher Einstellungen, im syntagmatischen Kontext seiner Assoziationen im Film oder so, wie es metaphorisch als Metonymie oder Synekdoche benützt wird.

Es gibt zweifellos noch andere Kategorien der Film-Semiotik, die noch entdeckt, analysiert und weiterverarbeitet werden müßten. Das System in der Abbildung auf Seite 179 sollte keinesfalls als umfassend oder unveränderbar angesehen werden. Die Semiotik ist ganz sicher keine Wissenschaft im Sinne von Physik oder Biologie. Aber sie ist ein logisches System, häufig fähig, Dinge zu durchleuchten, und sie hilft zu beschreiben, wie der Film das macht, was er macht. Film ist schwer zu erklären, weil er leicht zu verstehen ist. Film-Semiotik ist leicht zu erklären, weil sie schwer zu verstehen ist. Irgendwo dazwischen liegt der Genius des Films.

tung: Die Hand bedeckt das Gesicht, schützt es vor der Außenwelt, die Knie sind hochgezogen, fast bis in die embryonale Haltung, um den Körper zu schützen; das Ego ist in einen schützenden Panzer zurückgeschrumpft, eine Bedeutung, die in der Aufnahme aus *Skammen* durch die Umrahmung der hölzernen Treppe, auf der von Sydow sitzt, noch verstärkt wird. Die Umgebung unterstützt in beiden Aufnahmen die Gestik: Beide Hintergründe – einmal außen, einmal innen – sind rauh, kahl, wenig einladend. Die Unterschiede zwischen den Aufnahmen sind genauso bedeutsam wie die Ähnlichkeiten. In *Vargtimmen* ist von Sydows Rolle die eines Mannes, der gelassener, offener ist: So ist auch die Haltung. In *Skammen* ist er (an dieser Stelle der Erzählung) gedemütigt: eine Bedeutung, die sowohl durch die verkrampfte Haltung als auch durch den distanzierteren Aufbau der Aufnahme betont wird.

Syntax

Der Film hat keine Grammatik. Es gibt jedoch einige vage definierte Regeln über den Gebrauch filmischer Sprache, und die Syntax des Films – seine systematische Anordnung – ordnet diese Regeln und zeigt Beziehungen zwischen ihnen auf. Wie bei geschriebenen und gesprochenen Sprachen ist es wichtig, sich daran zu erinnern, daß die Syntax des Films ein Resultat seines Gebrauchs ist, nicht eine seiner Determinanten. Es gibt nichts Vorausbestimmtes in der Film-Syntax. Sie entwickelte sich vielmehr natürlich, wie bestimmte Kunstgriffe sich in der Praxis als machbar und nützlich erwiesen. Wie die Syntax der geschriebenen und gesprochenen Sprache hat die Syntax des Films eine organische Entwicklung und ist eher deskriptiv als normativ. Sie hat sich im Laufe der Jahre außerdem in erheblichem Maße verändert. Die unten beschriebene «Hollywood-Grammatik» mag sich heute lächerlich anhören, aber während der dreißiger, vierziger und frühen fünfziger Jahre war sie ein exaktes Modell für die Art und Weise, in der Hollywood-Filme konstruiert waren.

In Systemen geschriebener/gesprochener Sprache beschäftigt sich die Syntax nur mit dem, was man den linearen Aspekt des Aufbaus nennen könnte: das heißt die Art, in der Worte in einer Kette aneinandergesetzt werden, um Wendungen und Sätze zu bilden, das, was wir im Film die syntagmatische Kategorie nennen. Im Film kann die Syntax jedoch auch räumliche Kompositionen mit einschließen, für die es in Sprachsystemen wie Deutsch oder Englisch keine Parallele gibt – wir können nicht mehrere Dinge gleichzeitig sagen oder schreiben.

Deshalb muß die Film-Syntax sowohl die Entwicklung in der Zeit als auch die im Raum mit einschließen. In der Filmkritik wird die Veränderung des formbaren Raumes im allgemeinen als «mise en scène» bezeichnet. Wörtlich bedeutet der französische Ausdruck das «In-Szene-Setzen». Die Veränderung der formbaren Zeit wird «Montage» genannt (vom französischen «Zusammensetzen»). Wie wir in Teil 4 sehen werden, war die Spannung zwischen den Zwillingsbegriffen Mise en Scène und Montage der Motor der Filmästhetik, und das seit der Zeit, als die Gebrüder Lumière und Méliès erstmals die praktischen Möglichkeiten jedes dieser beiden Begriffe um die Jahrhundertwende erforschten.

Im Laufe der Jahre wurden Theorien zur Mise en Scène meistens als grundsätzlich mit dem Film-Realismus verbunden gesehen, während die Montage als grundsätzlich expressionistisch galt, aber diese Aufteilungen sind trügerisch. Natürlich sollte man annehmen, daß mit der Mise en Scène eine besondere Berücksichtigung des Gegenstandes vor der Kamera verbunden ist, während die Montage dem Filmemacher eine größere Kontrolle über die Manipulation dieses Gegenstandes bietet, aber trotz dieser natürlichen Tendenzen kann bei vielen Gelegenheiten die Montage die realistischere der beiden Alternativen sein und die Mise en Scène die expressionistischere.

Nehmen wir zum Beispiel das Problem der Wahl zwischen Schwenk (von einem Gegenstand zum anderen) und einem Schnitt. Die meisten Leute würden sagen, daß der Schnitt mehr manipuliert, daß er unterbricht und die Realität neu formt und daß deshalb der Schwenk die realistischere der zwei Alternativen sei, da er die Integrität des Raums bewahrt. Und dennoch trifft das Gegenteil zu, wenn wir Schwenk und Schnitt vom Blickwinkel des Betrachters aus sehen. Wenn wir unsere Aufmerksamkeit von einem Gegenstand zu einem anderen wenden, «schwenken» wir nur ganz selten tatsächlich. Psychologisch ist der Schnitt unserer natürlichen Wahrnehmung ähnlicher. Zunächst richten wir unsere Aufmerksamkeit auf den einen Gegenstand, dann auf den anderen; wir interessieren uns selten für den Zwischenraum, und doch richtet der filmische Schwenk unsere Aufmerksamkeit genau dorthin.*

Es war André Bazin, der einflußreiche französische Kritiker der fünfziger Jahre, der mehr als jeder andere die Verbindungen zwischen Mise en Scène und Realismus einerseits und Montage und Expressionismus andererseits herausarbeitete. Fast zur gleichen Zeit, in der Mitte der fünfziger Jahre, entwickelte Jean-Luc Godard eine Synthese der Zwillingsbegriffe Mise en Scène und Montage, die entschieden komplexer war als Bazins binärer Gegensatz. Für Godard waren Mise en Scène und Montage frei von ethischen und ästhetischen Konnotationen: Montage machte nur das in der Zeit, was die Mise en Scène im Raum machte. Beide sind Organisationsprinzipien, und zu sagen, daß die Mise en Scène (Raum) «realistischer» sei als die Montage (Zeit), ist nach Godard unlogisch. In seinem Aufsatz «Montage, mon beau souci» (1956) definierte Godard die Montage neu als einen integralen Teil der Mise en Scène. Eine Szene zu schaffen bedeutet, sowohl die Zeit wie den Raum zu organisieren.

* Der Reißschwenk, bei dem die Kamera sich so schnell bewegt, daß das Bild zwischen dem ursprünglichen Gegenstand und dem folgenden verwischt ist, wurde als die Lösung genannt, die der Wirklichkeit am ehesten entspräche. Aber sogar diese Alternative zieht die Aufmerksamkeit auf sich selbst, was bei der normalen Wahrnehmung gerade nicht passiert. Vielleicht wäre der direkte Schnitt die perfekteste Analogie zur Wirklichkeit. Dabei werden die zwei Einstellungen durch ein einzelnes schwarzes Bild (oder noch besser ein neutral graues) getrennt. Das würde der Zeit (ungefähr 1/20 Sekunde), die jede Sakkade des Auges braucht, entsprechen.

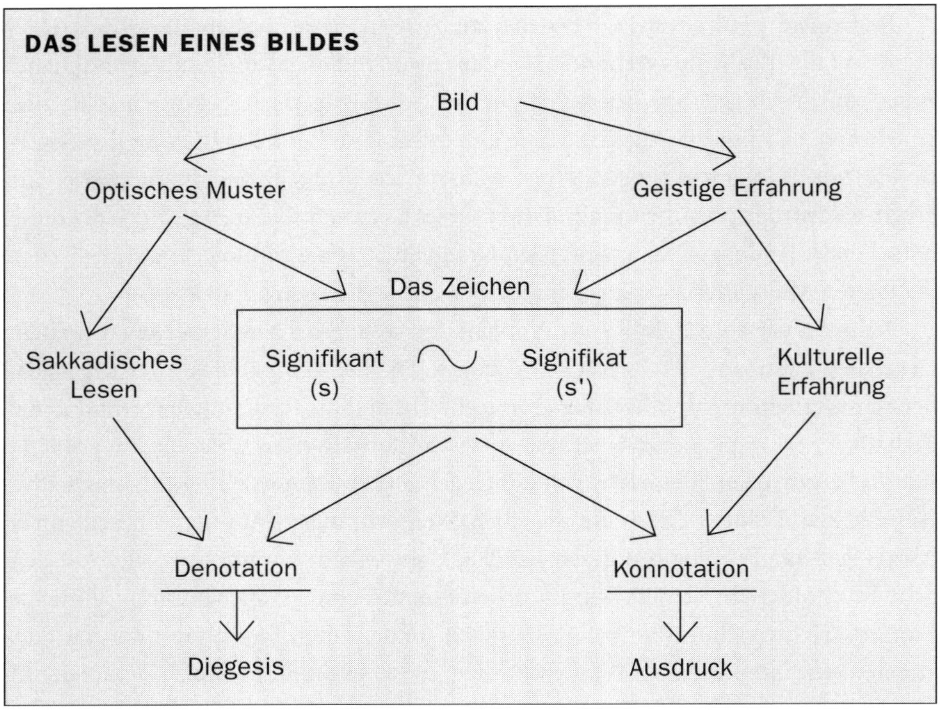

Das Lesen des Bildes. Das Bild wird sowohl als optisches wie auch als geistiges Phänomen erfahren. Das optische Muster wird sakkadisch gelesen; die geistige Erfahrung ist das Ergebnis der Summe der kulturellen Determinanten und wird dadurch geformt. Optisches und geistiges Verstehen treffen sich im Zeichen, in dem der Signifikant (s) mit dem Signifikat (s') verbunden ist. Der Signifikant ist mehr optisch als mental, das Signifikat mehr mental als optisch. Alle drei Stufen des Lesens – sakkadisch, semiotisch und kulturell – verbinden sich dann miteinander auf verschiedene Arten, um Bedeutung zu erzeugen, entweder hauptsächlich denotative oder hauptsächlich konnotative Bedeutung.

Hierbei ist es das Ziel, im Film eine psychologische Realität zu schaffen, die die physische Realität überschreitet. Godards Synthese hat zwei Folgeerscheinungen: Erstens kann die Mise en Scène ganz genauso expressionistisch sein wie die Montage, wenn ein Filmemacher sie benutzt, um die Realität zu verzerren; zweitens kann der psychologischen Realität (im Gegensatz zur «wahren» Realität) mit einer Strategie, bei der die Montage die zentrale Rolle spielt, besser Genüge getan werden (siehe Seite 428–434).

Zusätzlich zu den psychologischen Verflechtungen, die bei dem Vergleich von Montage und Mise en Scène auftreten, gibt es noch einen Wahrnehmungsfaktor, der die Dinge kompliziert. Wir haben bereits festgestellt, daß die Montage innerhalb der Aufnahme nachgeahmt werden kann. Genauso kann die Montage die Mise en Scène nachahmen.

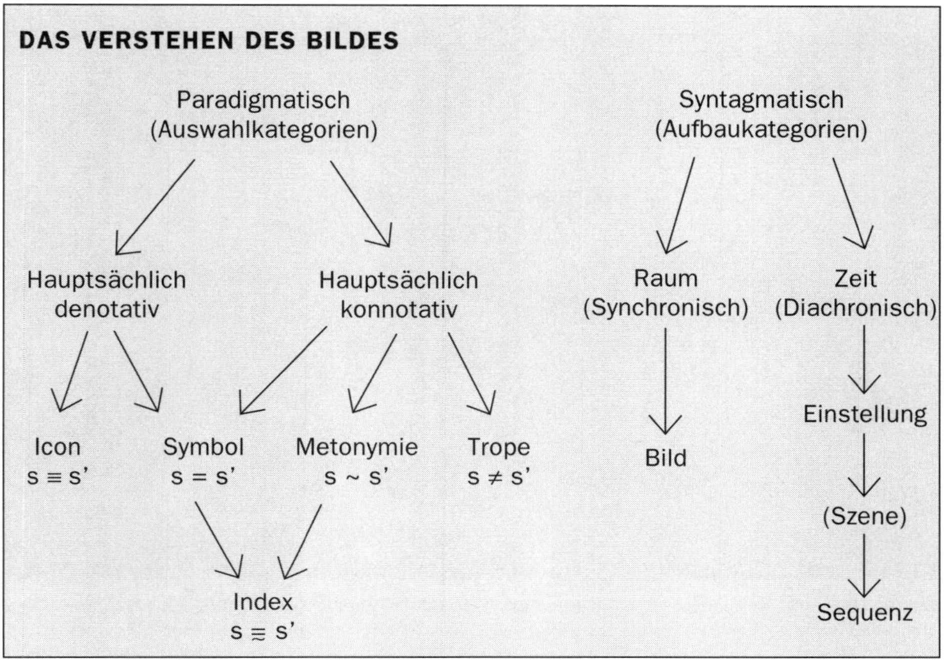

Das Verstehen des Bildes. Wir verstehen ein Bild nicht nur als solches, sondern im Kontext in Verbindung mit Auswahlkategorien (paradigmatisch) und in Verbindung mit Aufbaukategorien (syntagmatisch). Die Auswahlkategorien sind entweder denotativ oder konnotativ, und jede Möglichkeit – deren Grenzen nie scharf umrissen sind – wird charakterisiert durch die Beziehung zwischen Signifikant und Signifikat. Im Icon ist der Signifikant identisch mit dem Signifikat. Im Symbol ist der Signifikant dem Signifikat gleichgestellt, aber nicht identisch. In Metonymien und Synekdochen ist der Signifikant auf bestimmte Art und Weise dem Signifikat ähnlich, während in Tropen der Signifikant dem Signifikat nicht gleich (sondern deutlich verschieden von ihm) ist. Hier besteht eine erheblich schwächere Beziehung. In Indizes stimmen Signifikant und Signifikat überein.

Syntagmatische Beziehungen (Aufbaukonstruktionen) operieren entweder im Raum oder in der Zeit: Synchronische Phänomene passieren zur gleichen Zeit oder ohne Bezug auf die Zeit, während diachronische Phänomene quer durch die Zeit oder in ihr ablaufen. (Die Wörter «synchronisch» und «diachronisch» werden hier in ihrer einfachsten Bedeutung gebraucht. Sie werden im allgemeinen in der Semiotik und der Linguistik auch mit spezifischeren Definitionen angewandt, wobei in diesem Fall synchronische Linguistik deskriptiv ist, während diachronische Linguistik einen historischen Bezug hat.)

Schließlich muß gesehen werden, daß viele der im Diagramm ausgedrückten Begriffe nicht nur für das Bild, sondern auch für den Ton gelten, wenn auch gewöhnlich in weit geringerem Umfang. Wenn es auch stimmt, daß wir den Ton nicht sakkadisch lesen, konzentrieren wir uns doch psychologisch auf bestimmte Töne innerhalb des gesamten Hörerlebnisses, so wie wir unerwünschte oder nutzlose Geräusche «abblocken». Obwohl der Laut im allgemeinen viel denotativer und dem Icon verwandter als das Bild erscheinen muß, ist es dennoch möglich, die Begriffe Symbol, Index, Metonymie, Synekdoche und Trope anzuwenden, wenn die notwendigen Veränderungen gemacht werden.

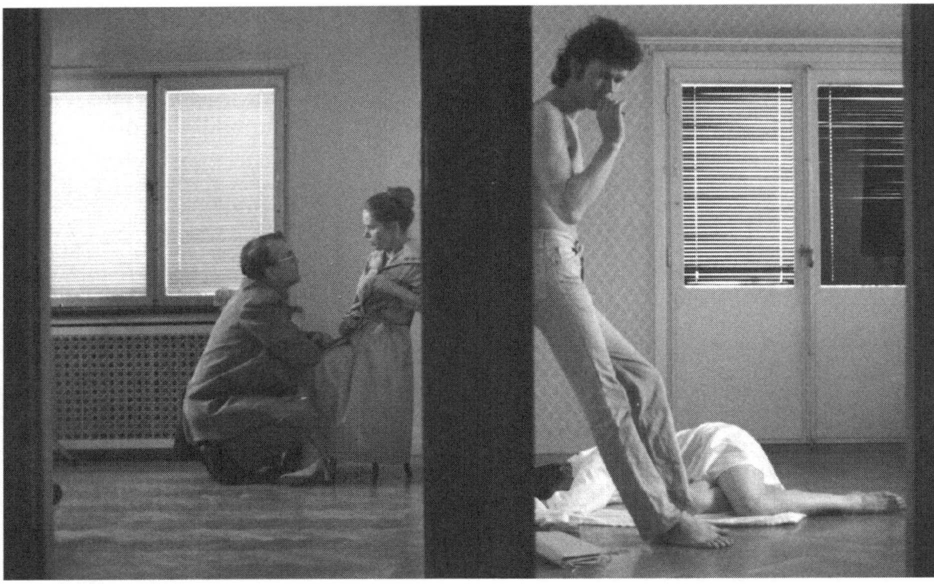

Mise en Scène oder Montage? Eine entscheidende Szene in Bergmans *Ansikte mot Ansikte*. Dieser Blick aus dem Flur zeigt zwei Räume wie bei einer Split-Screen-Aufnahme. Anstatt von einem Zimmer ins andere zu schneiden, führte Bergman beide gleichzeitig vor und hielt dabei die Handlungsabläufe in jedem Zimmer getrennt. Die Kreuzschnitt-Dialektik der Montage wird so zu einem integrierten Element der Mise en Scène gemacht. *(Standvergrößerung)*

Hitchcocks berühmte Dusch-Sequenz aus *Psycho* ist ein ausgezeichnetes Beispiel für dieses Phänomen. Siebzig verschiedene Aufnahmen werden in weniger als einer Minute psychologisch zu einer fortlaufenden Erfahrung verschmolzen: einer furchteinflößenden und überzeugenden Messerattacke. Das Ganze ist mehr als die Summe seiner Teile.

Codes

Die Struktur des Films wird durch die Codes definiert, mit denen er arbeitet und die in ihm wirksam sind. Codes sind entscheidende Konstruktionen – Systeme von logischen Beziehungen –, die sich aus dem Film selbst herleiten, und nicht bereits existierende Gesetze, die der Filmemacher bewußt befolgt. Das Medium, durch das der Film Bedeutung ausdrückt, ist eine Kombination einer Vielzahl von Codes. Es gibt Codes, die sich aus der Kultur herleiten – solche, die außerhalb des Films existieren und die Filmemacher nur einfach reproduzieren (zum Beispiel die Art, wie wir essen). Es gibt eine Anzahl Codes, die der Film mit anderen Künsten gemein hat (die Geste zum Beispiel, die sowohl ein Code des Theaters als auch des Films ist). Und es gibt die Codes, die nur im Film vorkommen. (Die Montage ist das wichtigste Beispiel.)

Die kulturell abgeleiteten Codes und die, die auch in anderen Künsten auftreten, sind natürlich unabdingbar für den Film, aber was uns hier am meisten beschäftigt, sind die dem Film eigenen Codes, die, welche die spezifische Syntax des Films bilden. Vielleicht ist das Adjektiv «eigen» nicht ganz zutreffend. Nicht einmal die spezifischen Film-Codes, die der Montage, sind nur im Film anzutreffen. Sicherlich betont und benutzt der Film sie mehr als andere Künste, aber so etwas wie die Montage hat immer im Roman existiert. Jeder Geschichtenerzähler ist fähig, mitten in der Erzählung die Szene zu wechseln. «In der Zwischenzeit... zu Hause auf dem Hof» ist ganz klar keine Erfindung des Films. Es ist wichtiger zu sehen, daß der Film über fast ein Jahrhundert einen starken Einfluß seinerseits auf die älteren Künste ausgeübt hat. So etwas wie die Montage hat nicht nur in der Prosa-Erzählung bereits vor 1900 existiert, aber seit der Zeit haben auch Romanciers, mehr und mehr vom Film beeinflußt, allmählich gelernt, ihre Erzählung dem Film sogar noch mehr anzugleichen.

Das Entscheidende ist einfach, daß Codes lediglich Hilfsmittel der Kritik sind – nichts weiter –, und man sollte ihnen nicht so viel Gewicht verleihen, daß wir mehr mit der genauen Definition des Codes beschäftigt wären als mit der Wahrnehmung des Films.

Am Beispiel der Dusch-Szene aus *Psycho* können wir die Codes, die hier wirksam sind, zurückverfolgen. Es ist eine einfache Szene (nur zwei Personen – von denen eine kaum zu sehen ist – und zwei Handlungen: Duschen und Morden), sie ist von kurzer Dauer, und doch sind alle Codes offensichtlich. Die kulturell abgeleiteten Codes haben mit Duschen und Morden zu tun. Das Duschen ist in der westlichen Kultur eine Aktivität, die Elemente von Privatsphäre, Sexualität, Reinigung, Entspannung, Offenheit und Erholung hat. Mit anderen Worten, Hitchcock hätte keinen besseren Platz wählen können, um die Elemente von Gewalt und Sexualität in dem Angriff zu betonen. Mord fasziniert uns andererseits wegen seiner Motive. Aber der kaum wahrnehmbare Mörder in *Psycho* hat kein erkennbares Motiv. Die Tat wirkt mutwillig, fast absurd – was ihre Wirkung nur noch erhöht. Aus der Historie könnte uns Jack the Ripper einfallen, und dies verstärkt unser Empfinden für die sexuelle Grundlage des Mordes.

Da die Szene in höchstem Maße «filmisch» ist und außerdem so kurz, sind die mit anderen Künsten gemeinen Codes hier relativ unwesentlich. Schauspiel-Codes spielen zum Beispiel kaum eine Rolle, da die Aufnahmen so kurz sind, daß sie keine Zeit zum Spielen lassen, nur die, um einen simplen Ausdruck zu mimen. Die Diagonalen, die so wichtig sind, um die Vorstellung von Desorientierung und Dynamik zu erzeugen, finden sich auch in anderen visuellen Künsten. Die harten Kontraste

Der Badewannen-Dusch-Code. Hitchcocks atemberaubender Mord unter der Dusche aus *Psycho* (1959) ist im Laufe der Jahre wegen seines schwindelerregenden Schnitts berühmt geworden, und dennoch war der Badezimmer-Mord keine neue Idee. *(*Aus Psycho. *© 1974. Hg. von Richard J. Anobile. Standvergrößerung)*

Einige Jahre zuvor hatte Henri-Georges Clouzots *Les Diaboliques* (1955) das Publikum mit einer unvergleichlich stilleren, aber nicht weniger unheimlichen Mord-Szene geschockt. (Paul Meurisse ist das Opfer.) *(Walter Daran. Time/Life Picture Agency. © Time, Inc. Standvergrößerung)*

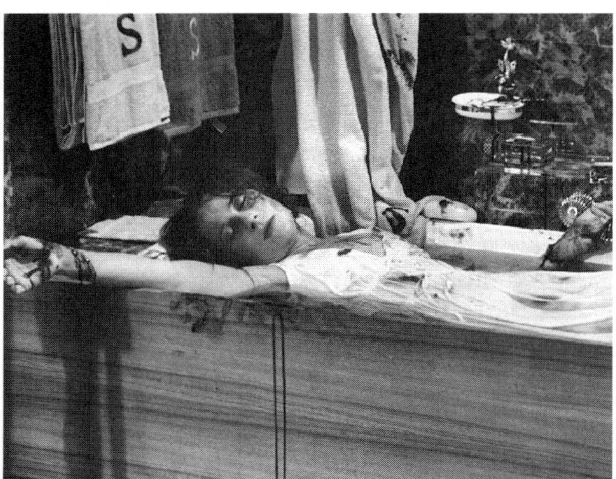

Der Star aus *Psycho*, Anthony Perkins, war Mitautor bei Herbert Ross' *The Last of Sheila* (1973). Joan Hackett begeht Selbstmord in einem eleganten Badezimmer an Bord eines Schiffs.

Mord ist nicht die einzige Aktivität, die in Badewannen stattfindet. In Godards poetischem Meisterwerk *Pierrot le fou* (1965) entspannt sich Jean-Paul Belmondo in einer Badewanne und tauscht dabei Gedanken über den Maler Velasquez mit seiner Tochter aus. *(L'Avant-Scène. Standvergrößerung)*

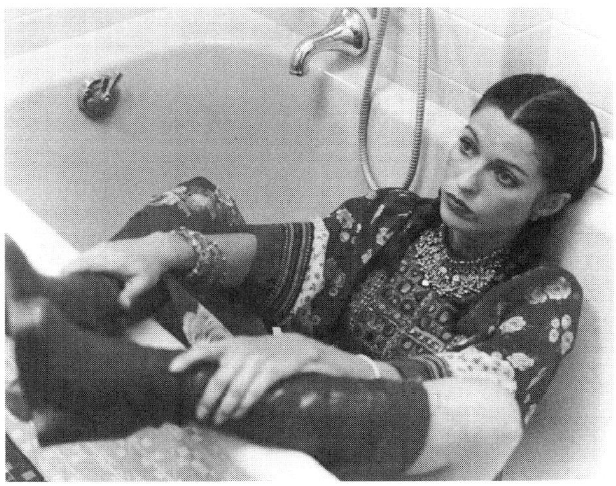

In Jean-Charles Tacchellas *Cousin, Cousine* (1975) ist die leere Badewanne gerade der richtige Ort für Marie-France Pisier, um ihren Gedanken nachzuhängen.

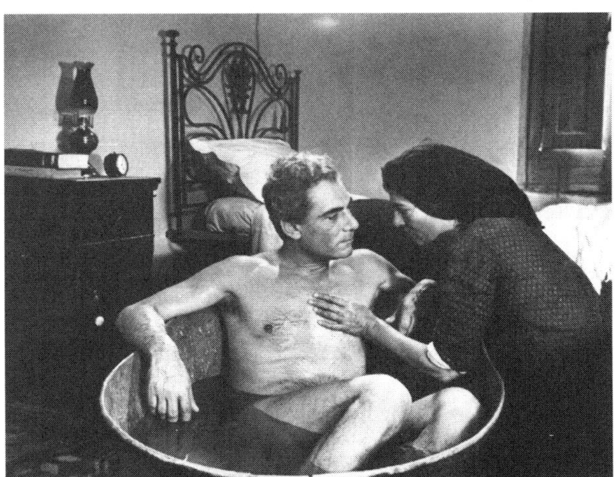

Gian Maria Volonte findet Entspannung von seinem Exil in einem abgelegenen italienischen Dorf in einer altmodischen Badewanne. Irene Papas leistet ihm Gesellschaft (Francesco Rosis *Cristo si è fermato a Eboli*, 1979).

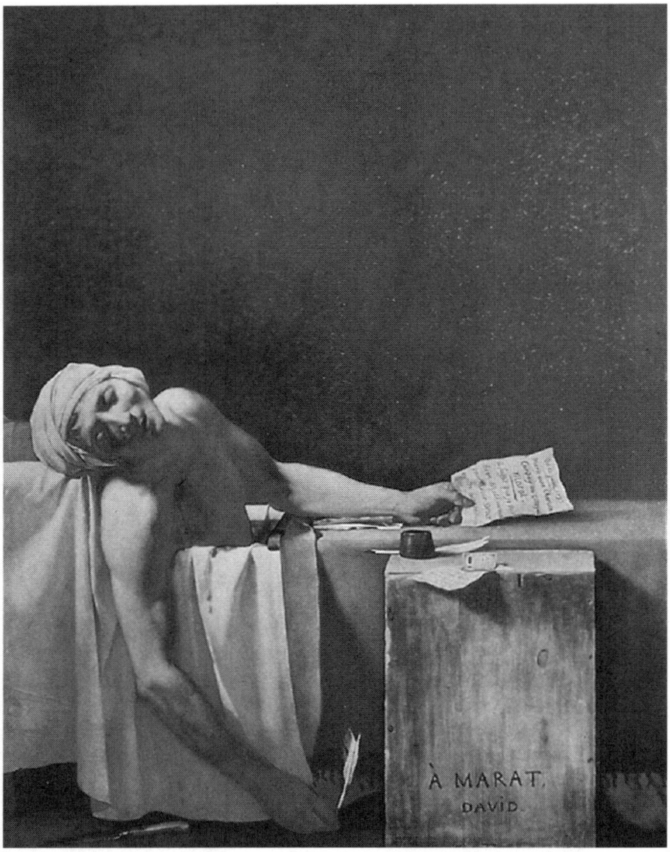

Der Badewannen-Dusch-Code reicht bis zu Jacques Louis Davids *Der Tod Marats* (1793) zurück, so schockierend wegen seines eindringlichen Realismus. *(Öl auf Leinwand, 165 cm x 128 cm. Musées Royaux des Beaux-Arts de Belgique, Brüssel)*

und das Gegenlicht, das den Mörder verdunkelt, sind fotografische Codes. Der musikalische Code von Bernard Herrmanns Begleitung existiert natürlich auch außerhalb des Films.

Zusätzlich können wir die Entwicklung des Gebrauchs kulturell abgeleiteter Codes im Film und in den mit Film verbundenen Künsten zurückverfolgen: Hitchcocks Mordszene findet ein Pendant in der Ermordung Marats in seinem Bad (historisch im Bild von Jacques-Louis David und im Schauspiel von Peter Weiss), im Badewannen-Mord in Henri-Georges Clouzots *Les Diaboliques* (1955) oder in *The Last of Sheila* (1973), nach dem Drehbuch von Stephen Sondheim und Anthony Perkins (der in *Psycho* spielte), oder in der direkten Hommage an *Psycho* in Mike Hodges' *Terminal Man* (1974).

Wie wir bereits bemerkt haben, sind die spezifisch «filmischen» Codes in Hitchcocks einminütiger Tour de force besonders wirksam. Es ist in der Tat kaum vorstellbar, wie die Montage der Sequenz in irgendeiner anderen Kunst nachgeahmt

Psycho regte eine Reihe von Hommagen an. Hier: George Segal (gerade mit Baden fertig) in Mike Hodges' *Terminal Man* (1974)

werden könnte. Der schnelle Schnitt der Szene kann tatsächlich als Code wohl nur im Film möglich sein.

Hitchcock manipuliert all diese Codes, um den gewünschten Effekt zu erzielen. Sie berühren uns, weil sie Codes sind – weil sie eine Bedeutung für uns haben, die über die engen Begrenzungen dieser bestimmten Szene hinausgehen. Die Codes sind das Medium, über welches die «Botschaft» dieser Szene weitergegeben wird. Die spezifisch filmischen Codes bilden zusammen mit den Codes, die der Film mit anderen Künsten teilt, die Syntax des Films.

Mise en Scène

Der Filmemacher sieht sich mit drei Fragen konfrontiert: Was er filmen soll, wie er es filmen soll, wie er die Einstellung präsentieren soll. Die Mise en Scène ist wichtig für

Die Zweier-Einstellung im Normal-Format. Spencer Tracy und Katharine Hepburn in George Cukors *Pat and Mike* (1952). Intimer und den Betrachter stärker mit einbeziehend als...

...die Zweier-Einstellung im Breitwand-Format. Jean-Claude Brialy und Anna Karina in Jean-Luc Godards *Une Femme est une femme* (1961). Das Stilleben auf dem Tisch ist sorgfältig arrangiert, zum einen, um die Bildschirmmitte auszufüllen, und zum anderen, um die Personen zu verbinden.

die ersten zwei Bereiche, die Montage für den letzten. Die Mise en Scène wird oft als statisch angesehen, die Montage als dynamisch. Aber das ist nicht der Fall. Da wir die Einstellung lesen, sind wir aktiv mit einbezogen. Die Codes der Mise en Scène sind die Mittel, mit denen der Filmemacher unser Lesen der Einstellung verändert und modifiziert. Da die Einstellung eine solch umfassende Bedeutungseinheit ist, scheint es sinnvoll, ihre Komponenten in zwei Teilen zu untersuchen.

Die Bildkomposition

Alle Codes, die innerhalb des Bildes wirksam sind – von der Zeitachse des Films abgesehen –, hat der Film mit den anderen visuellen Künsten gemein. Die Anzahl und der Bereich dieser Codes ist groß, und sie sind in der Malerei, Bildhauerei und der Fotografie im Laufe von Jahrtausenden entwickelt und verfeinert worden. Grundwerke der visuellen Künste untersuchen die drei Determinanten Farbe, Linie und Form. Sicherlich paßt jeder der visuellen Codes in eine von diesen Rubriken. Rudolf Arnheim schlägt in seiner höchst bedeutsamen Studie *Kunst und Sehen: Eine Psychologie des schöpferischen Auges* zehn Bereiche vor: Balance, Gestaltung, Form, Wachstum, Raum, Licht, Farbe, Bewegung, Spannung und Ausdruck. Sicher wäre eine vollständige Aufzählung aller Codes, die im Bild wirksam sind, ein langwieriges Unternehmen. Wir können jedoch die wesentlichen Aspekte der Bild-Syntax kurz beschreiben. Zwei Aspekte des Bildes sind hier wichtig: die Begrenzungen, die der Bildkader setzt, und die Bildkomposition innerhalb dieses Kaders (die sich nicht unbedingt auf den Kader beziehen muß).

Da der Bildkader die Grenzen des gefilmten Bildes festsetzt, bestimmt die Wahl eines Bildformats bereits die Kompositionsmöglichkeiten. Voller Selbstrechtfertigung, die in bezug auf das schwer faßbare Thema der Filmästhetik verbreitet war, ließen sich frühe Theoretiker wortreich über den Wert des Normal-Formats von 1.33 aus. Als Breitwand-Formate in den fünfziger Jahren beliebt wurden, beklagten die klassischen Ästhetiker die Zerstörung der Symmetrie, die sie im Normal-Format sahen, aber wie wir im Kapitel 2 gezeigt haben, gab es nichts Geheiligtes am 4 : 3-Format.

Die Frage ist nicht, welches Bildformat «richtig» ist, sondern welche Codes sich für welche Bildformate anbieten. Es scheint, als ob vor der Mitte der fünfziger Jahre Innenaufnahmen und Dialoge die Leinwand in Amerika und Europa beherrschten. Nach Einführung des Breitwand-Formats in den fünfziger Jahren gewannen Außenaufnahmen und Action-Sequenzen an Bedeutung. Das ist eine oberflächliche Verallgemeinerung, aber es ist ein Körnchen nützlicher Wahrheit daran. Es ist nicht wichtig, ob es eine Ursache-und-Wirkung-Beziehung zwischen den beiden historischen Entwicklungen gab, nur daß die Breitwand eine bessere Ausnützung von Handlungs- und Landschaftscodes erlaubte.

Michelangelo Antonionis Sensibilität für architektonische Metaphern ist bekannt. Diese real kaschierte Einstellung aus *L'Éclisse* (1962) isoliert sowohl Alain Delon als auch Monica Vitti und lenkt die Aufmerksamkeit auf einen Vergleich zwischen der Vitti und dem Porträt an der Wand hinter ihr.

CinemaScope- und Panavisions-Format erschweren es tatsächlich, wie die alten Hollywood-Ästhetiker behauptet hatten, intime Gespräche zu filmen. Da, wo die klassische Zweier-Einstellung im 1.33-Format meistens die Aufmerksamkeit auf Sprecher und Zuhörer gelenkt hatte, können die sehr weiten, anamorphotischen Bildformate es nicht vermeiden, den Raum zwischen diesen Personen oder neben ihnen mitzufilmen und dadurch die Aufmerksamkeit auf das Umfeld zu lenken. Dies ist weder «besser» noch «schlechter», es ändert nur den Code der Zweier-Einstellung.

Der Filmemacher kann die Dimensionen des Bildes während des Filmens durch Maskierung verändern, entweder künstlich oder natürlich durch die Bildkomposition. Dies ist ein wichtiger Aspekt der Syntax des Bildformats, seit D. W. Griffith zuerst ihre Möglichkeiten erforschte.

Genauso wichtig wie die tatsächliche Bildgröße, wenn auch weniger leicht bemerkt, ist die Einstellung des Filmemachers zu den Grenzen des Bildes. Wenn das Bild in sich geschlossen ist, sprechen wir von einer «geschlossenen Form». Im Gegensatz dazu wird die Form als «offen» angesehen, wenn der Filmemacher die Aufnahme so aufgebaut hat, daß wir im Unterbewußtsein ständig den Raum außerhalb des Bildes mitbekommen.

Diese Aufnahme aus Jean Renoirs *Boudu sauvé des eaux* (1932) isoliert die verlorene Gestalt von Boudu, der gerade in die Seine springen will, durch den Vignetten-Kasch des Bildes. Das Kaschen hat ebenfalls eine literarische Funktion: Boudu (Michel Simon) wird in dieser Aufnahme durch ein Fernrohr beobachtet. *(L'Avant-Scène. Standvergrößerung)*

Offene und geschlossene Formen sind eng verbunden mit den Bewegungselementen innerhalb des Bildes. Wenn die Kamera dem Objekt eher getreulich folgt, ist die Form meistens geschlossen; wenn der Filmemacher dem Objekt andererseits erlaubt – es hierin sogar bestärkt –, das Bild zu verlassen und wieder neu zu betreten, ist die Form logischerweise offen. Die Beziehung zwischen Bild und Kamera-Bewegung ist einer der kompliziertesten Codes, ein filmspezifischer Code.

Hollywoods klassische Syntax wurde teilweise durch eine relativ streng geschlossene Form bestimmt. Die Meister des Hollywood-Stils der dreißiger und vierziger Jahre versuchten stets, das Objekt im Bild zu behalten (es wurde als gewagt angesehen, wenn das Objekt nicht die Mitte des Bildes einnahm). In den sechziger und siebziger Jahren haben sich Filmemacher wie Michelangelo Antonioni genauso streng an die offene Breitwand-Form gehalten, weil sie den Raum zwischen den Menschen betont.

Die meisten Elemente der Kompositionssyntax werden nicht nur durch das Bild definiert. Wenn das Bild an den Ecken wie eine Vignette verschwimmt (was selbst eins der einfacheren Mittel des Bild-Codes ist), wirken Codes wie Nähe, versteckte Dominante, Tiefen-Wahrnehmung, Blickwinkel und Licht genauso gut, wie sie es in Bildern mit scharfen Begrenzungen tun.

Der Filmemacher komponiert wie die meisten visuellen Künstler in drei Dimensionen. Das bedeutet nicht unbedingt, daß er versucht, dreidimensionale (oder stereoskopische) Information weiterzugeben. Es bedeutet, daß es drei Codes der Komposition gibt: Einer betrifft die Bildebene (natürlich vor allem, denn das Bild ist schließlich zweidimensional). Einer beschäftigt sich mit der Geografie des Raumes, der fotografiert wird (seine Ebene ist parallel zum Boden und zum Horizont). Der dritte betrifft den Bereich der Tiefen-Wahrnehmung, der senkrecht zur Bildebene und der geografischen Ebene steht. Die Abbildung auf Seite 192 oben veranschaulicht diese drei Kompositionsebenen.

Natürlich greifen die drei Ebenen ineinander. Kein Filmemacher analysiert genau, wie jede einzelne Ebene die Bildkomposition beeinflußt, aber er trifft Entscheidungen, die die Aufmerksamkeit auf Ebenen-Paare konzentrieren. Die Bildebene muß selbstverständlich dominieren, da sie die einzige Fläche ist, die wirklich auf der Leinwand existiert. Der Aufbau dieser Ebene wird jedoch oft von Faktoren aus der geografischen Ebene beeinflußt, denn wenn wir es nicht gerade mit Zeichentrick zu tun haben, muß der Fotograf oder Kameramann die Bildebene in der geografischen Ebene aufbauen. Ebenso sind die geografische Ebene und die Ebene der Tiefen-Wahrnehmung aufeinander abgestimmt, denn ein großer Teil unserer Fähigkeit, Tiefe in zweidimensionalen Darstellungen genauso gut wahrzunehmen wie in dreidimensionaler Realität, beruht auf Phänomenen in der geografischen Ebene. Tatsächlich hängt die Tiefen-Wahrnehmung noch von vielen anderen wichtigen Faktoren ab als nur von der binokularen, stereoskopischen Sicht; daher vermittelt der Film eine starke Illusion von Dreidimensionalität, und deshalb sind stereoskopische Filmtechniken ziemlich sinnlos.*

Die Abbildung auf Seite 192 unten veranschaulicht einige der wichtigsten psychologischen Faktoren für die Tiefen-Wahrnehmung. Überschneidungen finden in der Bildebene statt, aber die drei anderen – Konvergenz, relative Größe und zunehmende Dichtheit – hängen von der geografischen Ebene ab. Wir haben in Teil 2 bereits untersucht, wie verschiedene Objektive die Tiefen-Wahrnehmung beeinflussen (und ebenso die lineare Verzerrung). Ein Fotograf modifiziert, hemmt oder verstärkt die Wirkung des Objektivs durch die Komposition innerhalb des Bildkaders.

* Wenn die sogenannten 3-D-Filmtechniken nur den einen verbleibenden Faktor der Tiefen-Wahrnehmung hinzufügten, wären sie unproblematisch. Die Schwierigkeit besteht darin, daß sie unsere Tiefen-Wahrnehmung in Wirklichkeit verzerren, da sie die Konzentration auf eine einzige Fläche – eine natürliche Reaktion des Betrachters – nicht zulassen und da sie verwirrende pseudostereoskopische und pseudoskopisch-stereoskopische Bilder hervorrufen.

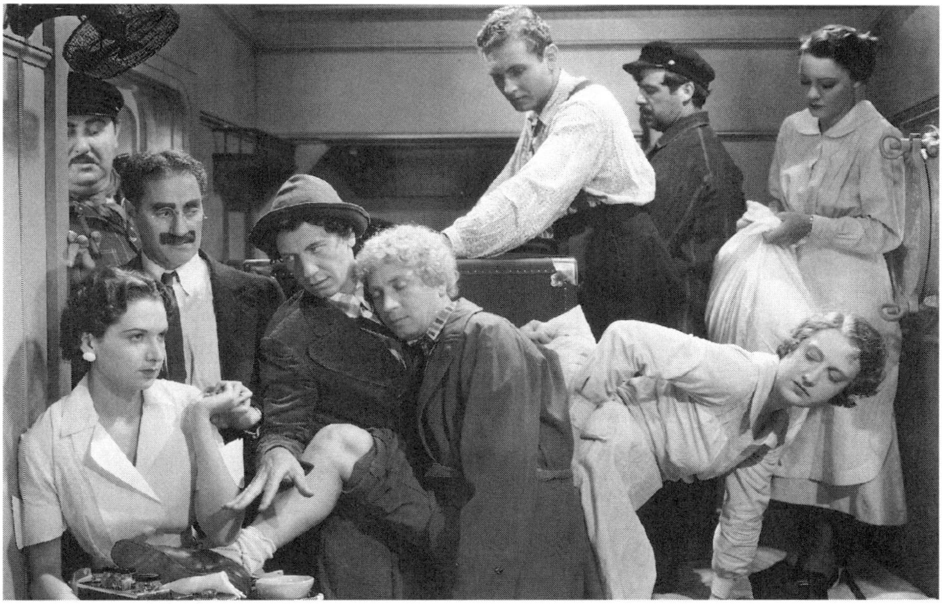

Geschlossene Form. Die berühmte Kabinen-Szene aus *A Night At the Opera* (Sam Wood, 1935) muß der Höhepunkt der geschlossenen Form im Hollywood-Stil sein! Die Marx-Brothers stecken im Bild genauso fest wie in der Kabine.

Offene Form. Macha Meril in Godards *Une Femme mariée* (1964). Das Taxi bewegt sich nach links aus dem Bild heraus, Meril geht nach rechts aus dem Bild und schaut nach links zurück, das Auto im Hintergrund bewegt sich in einer Diagonale nach oben aus dem Bild. Die Kompositionselemente der Aufnahme lassen uns den Raum, der sich hinter den Grenzen des Leinwandbildes fortsetzt, bewußt werden. *(Unifrance)*

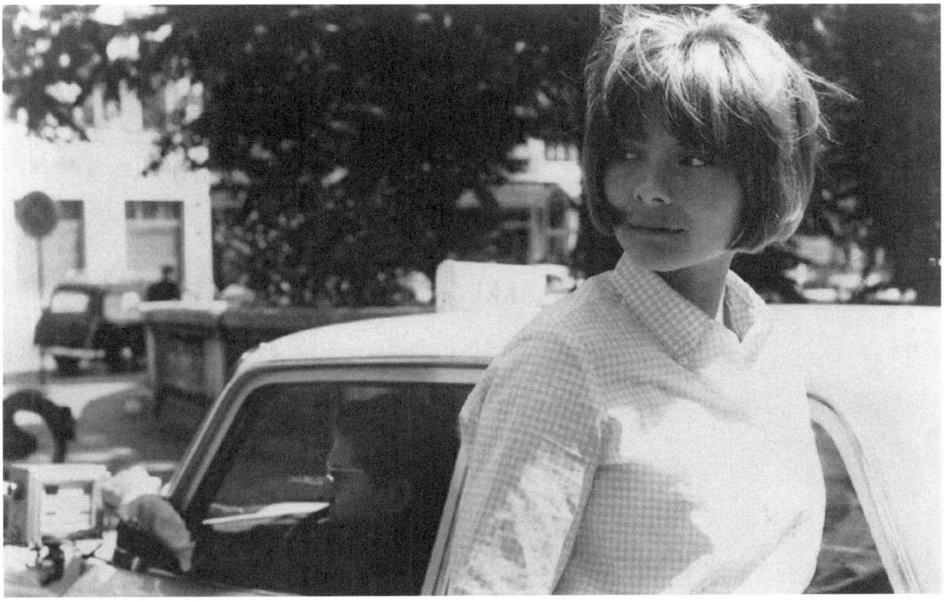

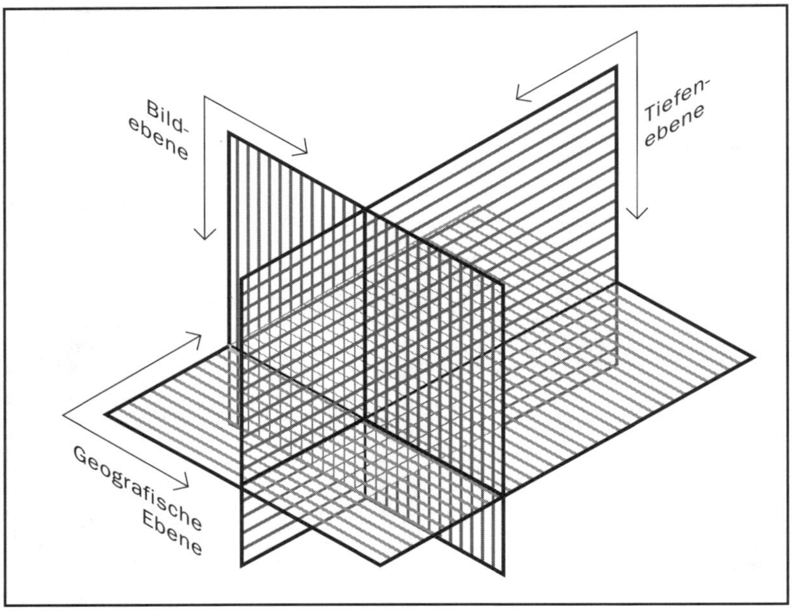

Die drei Kompositions-Ebenen

Konventionen der Tiefen-Wahrnehmung. Dies ist die Veranschaulichung von vier entscheidenden Konventionen der Tiefen-Wahrnehmung: Konvergenz (die Straßenränder), relative Größe (die nahen und fernen Bälle), die Zunahme der Dichte (von Punkten links und Linien rechts) und das Überschneiden (die Bälle rechts).

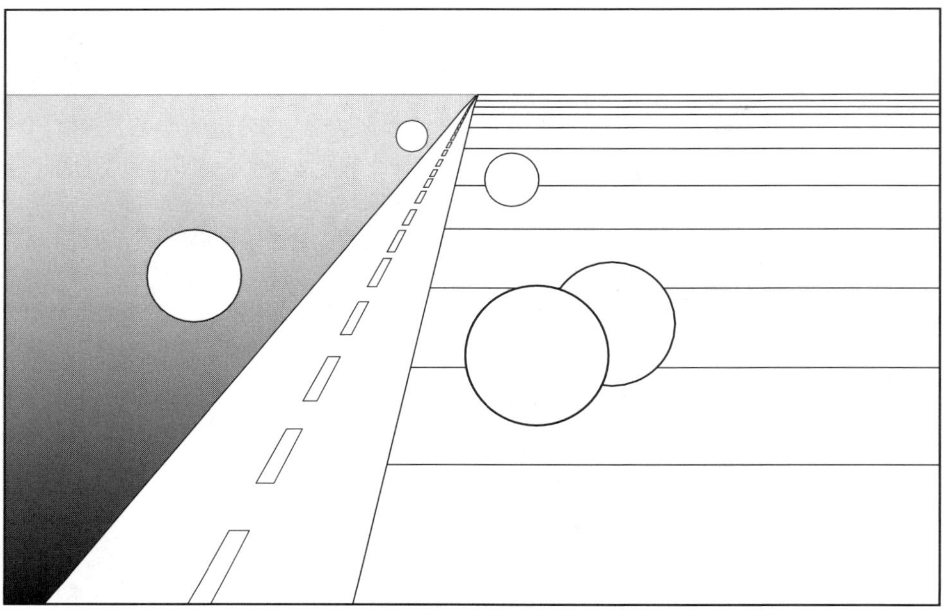

Entfernung und Proportion. Dorothy Comingore (im Schatten), Orson Welles und Joseph Cotten in Welles' *Citizen Kane* (1941). Nicht das Material der Einstellung, sondern seine Anordnung erzählt hier die Geschichte. *(Sight and Sound)*

Hier noch einige Beispiele dafür, wie die Codes der Aufbau-Ebenen einander beeinflussen:

Entfernung und Proportion sind wichtige Sub-Codes. Bühnenschauspieler sind sich ihrer immer bewußt. Je näher ein Gegenstand ist, desto wichtiger scheint er. Daraus resultierend, schwebt ein Schauspieler auf der Bühne immer in Gefahr, von seinen Mitspielern in den Hintergrund gedrängt zu werden. Im Film hat der Regisseur natürlich die totale Kontrolle über die Positionen, und Gegenschuß-Aufnahmen helfen, das Gleichgewicht wiederherzustellen.

Die Abbildung oben, eine klassische Aufnahme aus *Citizen Kane* (1941), zeigt uns ein besonders kunstvolles Beispiel für die Bedeutung von Entfernung und Proportion. Kane betritt den Raum im Hintergrund; seine Frau liegt im Mittelgrund im Bett; eine Flasche mit einem Schlafmittel steht drohend und riesig im Vordergrund. Die drei sind durch ihre Anordnung innerhalb dieses Bildes verbunden. Drehte man die Anordnung genau um, würde die Arzneiflasche in den Hintergrund der Aufnahme verschwinden.

Einer der Aspekte der Bildkomposition, der die barocke Malerei von der der späten Renaissance unterscheidet, ist die Verschiebung der rechtwinkligen Ausrichtung

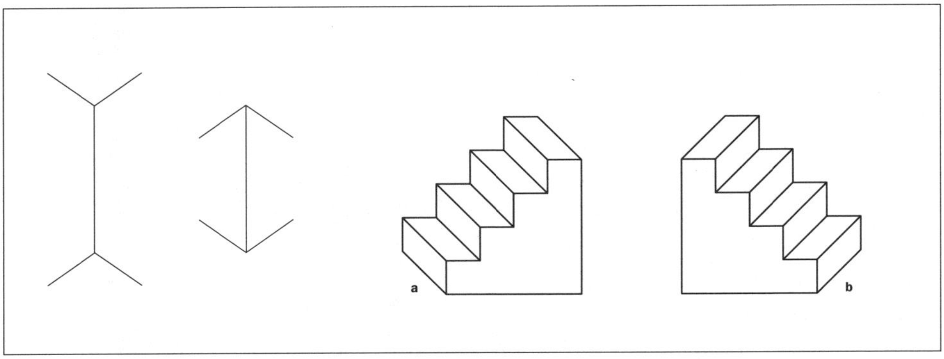

Müller-Lyer-Illusion Treppauf-treppab-Illusion

der geografischen Ebene zur schrägen. Hierfür gab es mehrere Gründe – einer war das Verlangen nach größerer Wahrheitstreue: Der schräge Aufbau unterstrich die Ausdehnung des Bildes, während der in der Renaissance übliche symmetrische Aufbau die Aufteilung des Bildes betonte. Die letztlich erzielte Wirkung war jedoch, die psychologische Dramatik der Aufteilung zu verstärken: Geografische Schrägen erscheinen auf der Bildebene als Diagonalen, die aktiver wirken als Horizontalen und Vertikalen. Wie in den anderen Beispielen findet sich hier eine Beziehung zwischen Aufbaufaktoren auf verschiedenen Ebenen.

Manchmal «füttern» die geografische und die Tiefen-Ebene die Bildebene mit Information. Dies gilt noch mehr für die Malerei und die Fotografie, die nicht die Fähigkeit des Films haben, sich physisch in den visuellen Raum hineinzubewegen, aber es gilt dennoch auch im allgemeinen für den Film. Die Bildebene ist die einzige «wirkliche» Ebene. Deshalb realisieren sich fast alle Kompositionselemente in dieser Ebene.

Das leere Bild ist, entgegen allen Erwartungen, keine Tabula rasa. Schon bevor das Bild erscheint, schreiben wir dem potentiellen Raum des Bildes gewisse Qualitäten zu, die wissenschaftlich gemessen worden sind: unsere natürliche Tendenz, beispielsweise Tiefe in zweidimensionale Formen hineinzulesen. Unbewußte Erwartungen determinieren versteckte Dominanten. Die «Müller-Lyer-Illusion» und die «Treppauf-treppab-Illusion» demonstrieren dies. Bei der «Müller-Lyer-Illusion» haben beide Vertikalen genau die gleiche Länge, die linke Linie sieht jedoch viel länger aus. Das erklärt sich daraus, daß wir die Winkel oben und unten als Ecken lesen, die linken zurückgehend, die rechten hervorstehend. Wenn beide Linien gleich *scheinen*, können wir uns ausrechnen, daß die linke länger sein *muß*, da sie «weiter entfernt» ist. Welche Treppe führt in der Zeichnung hinauf und welche hinunter? Die «richtigen» Antworten sind: a führt hinauf und b hinunter. Der Trick liegt hierbei natürlich in den Verben, da beide Treppen hinauf- und hinunterführen. Aber da Menschen aus der westli-

Mischa Auer in Orson Welles' *Mr. Arkadin* (1955): eine für Welles typische gekippte Bildkomposition. Die Tatsache, daß die Tischkante von links nach rechts abfällt, verwirrt uns noch mehr. Der Betrachter im Bild streckt seinen Hals, um besser zu sehen. Die Froschperspektive verstärkt unser Gefühl einer bösen Vorahnung. Am wichtigsten: die Trope des vergrößerten Auges ist verdoppelt und verdreifacht mit einer für Welles typischen Ironie durch die sich wiederholenden Kreise des Zylinders und der Lampe darüber. Das Komische an der Sache ist natürlich, daß das Vergrößerungsglas für uns so gehalten wird, nicht für Auer. *(L'Avant-Scène. Standvergrößerung)*

chen Kultur dazu neigen, von links nach rechts zu lesen, sehen wir a hinaufführen und b herabführen.

So hat das Bild also schon Bedeutung zugeschrieben bekommen, bevor das gefilmte Bild erscheint. Unten ist «wichtiger» als oben, links kommt vor rechts, unten ist fest, oben beweglich; Diagonalen von unten links nach rechts oben führen «hoch» von Festigkeit zu Unbeständigkeit. Horizontalen erhalten mehr Gewicht als Vertikalen: Sehen wir uns horizontalen und vertikalen Linien gleicher Länge gegenübergestellt, lesen wir wahrscheinlich die horizontale als die längere, ein Phänomen, das durch die Dimension des Bildes betont wird.

Wenn das Bild erscheint, werden Form, Linienführung und Farbe von diesen latenten Werten im Bild geprägt. Aber Form, Linie und Farbe haben auch ihre eigenen inhärenten Werte von Gewicht und Richtung. Wenn scharfe Linien im Bildaufbau existieren, lesen wir meistens an ihnen entlang von links nach rechts. Ein Gegenstand mit «geringfügiger» inhärenter Bedeutung (Mrs. Kanes Arzneiflasche) kann durch die Form eine «schwergewichtige» Bedeutung erlangen.

Und die Farbe fügt natürlich eine vollkommen neue Dimension hinzu. Hitchcock

Mehrfachbelichtung. Sie ist einer der unnatürlichsten Film-Codes (wir sehen im wirklichen Leben selten zwei Bilder zur gleichen Zeit), kann aber auch einer der bedeutungsreichsten sein. Hier sind drei Mehrfachbelichtungen von zunehmender Komplexität aus verschiedenen Filmen von Orson Welles abgebildet. Die erste aus *Citizen Kane* (1941) verbindet Susan Alexander (Dorothy Comingore) nur einfach mit ihrem Bild in der Presse, eine verbreitete Anwendung des Doppelbelichtungscodes. *(L'Avant-Scène. Standvergrößerung)*

Die zweite aus *The Magnificent Ambersons* (1942) deutet zwei Realitätsebenen an. *(L'Avant-Scène. Standvergrößerung)*

Die dritte aus *The Lady from Shanghai* (1947) ist aus der berühmten Spiegel-Sequenz: Werden wir diesen Alptraum überleben? *(L'Avant-Scène. Standvergrößerung)*

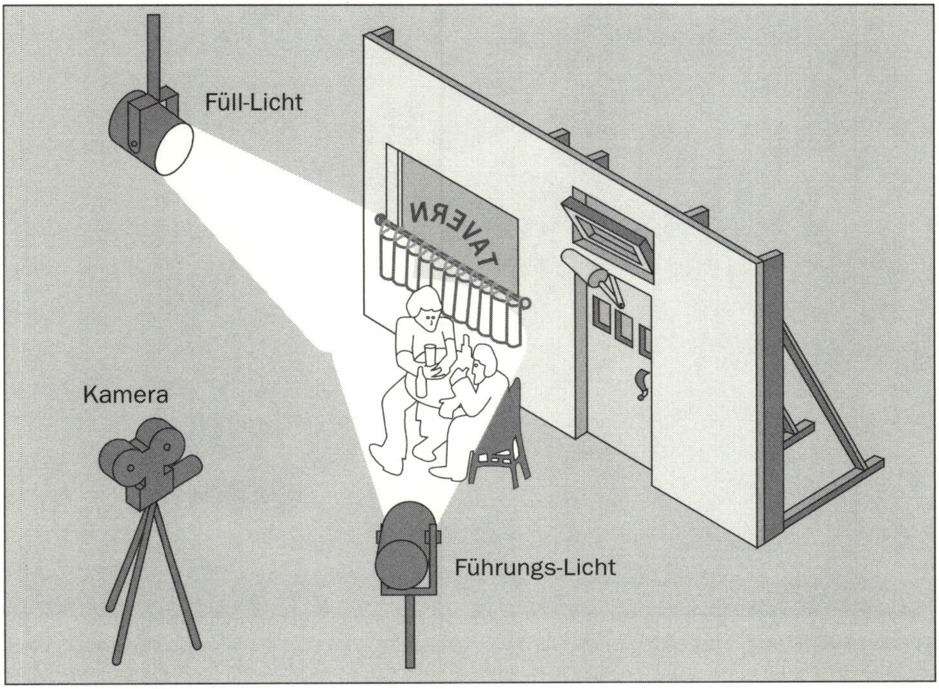

Führungs-Licht und Füll-Licht. Das Führungs-Licht, normalerweise aus einem 45°-Winkel zur Kamera-Objekt-Achse, liefert die Hauptbeleuchtungsquelle. Das schwächere Füll-Licht hellt den Schatten in dieser klassischen Hollywood-Beleuchtungstechnik auf.

beginnt *Marnie* (1964) mit einer Nahaufnahme der leuchtendgelben Brieftasche seiner Heldin. Die anderen Farbwerte der Szene sind neutral. Der Sinn ist der, daß die Brieftasche die Frau trägt und nicht umgekehrt – genau die Wirkung, die Hitchcock erzielen möchte, wenn man bedenkt, daß die gelbe Ausbuchtung der Brieftasche das Geld enthält, das Marnie gerade gestohlen hat, und daß ihr Leben, wie wir später sehen, von ihrer Kleptomanie bestimmt wird. Bevor wir irgend etwas davon durch die Erzählung erfahren, «wissen» wir es. (*Marnie* ist auch ein ausgezeichnetes Beispiel für andere Typen von Farbdominanz, da das Thema des Films Farbsymbolismus ist: Marnie leidet an einer Rot-Phobie.)

Form-, Linien- und Farbelemente haben alle ihre eigenen versteckten Dominanten, wichtige Einflußmöglichkeiten, die sich in komplizierten Systemen entgegenwirken, sich gegenseitig verstärken, kontrapunktieren oder ausgleichen. Jede wird gegen unsere latente Erwartung an das Bild gelesen und mit den Vorstellungen vom Aufbau in Tiefe und Flächenaufteilung kombiniert.

Mehrfachbilder («split screen») und Bildüberlagerungen (Doppelbelichtung etc.) können, auch wenn sie selten benutzt werden, die versteckten Einflußmöglichkeiten

Hollywood-Lichtführung. Margaret O'Brien and Judy Garland in Vincente Minnellis *Meet Me in St. Louis* (1944). Die Dekoration ist gleichmäßig hell ausgeleuchtet. Es gibt nur schwache Andeutungen von Schatten, selbst im Hinterzimmer, das in der Unschärfe liegt. Da dies ein Technicolor-Film war, ist die Ausleuchtung sogar stärker, als sie es bei einem Schwarzweiß-Film gewesen wäre.

um das Zwei-, Drei-, Vier- oder Mehrfache verstärken. Die Feinstruktur ist ebenfalls wichtig, auch wenn sie in der Filmästhetik nicht oft erwähnt wird, nicht nur in bezug auf das Objekt, sondern auch in bezug auf die Materialstruktur – die Körnigkeit – des Bildes. Ein Beispiel wird zur Erklärung reichen: Wir haben gelernt, die Grobheit des Films mit Vergrößerung und Dokumentation zu assoziieren. Dem Filmemacher stand daher dieser Code zur Verfügung. Ein körniges Bild bedeutet ein «wahres» Bild. Die Körnung der Vergrößerung und ihre Bedeutung als Wahrnehmungsbarriere lieferte die Grundmetapher für Antonionis Film *Blow-Up* (1966).

Vielleicht ist die Beleuchtung das wichtigste Hilfsmittel des Filmemachers, um die Bedeutung von Form, Linie, Farbe und ihren versteckten Dominanten zu verändern. In den Tagen, als das Filmmaterial relativ unempfindlich war (vor den sechziger Jahren), war die künstliche Beleuchtung unerläßlich, und die Filmemacher machten wie eh und je aus der Not eine Tugend. Die deutschen Expressionisten der zwanziger Jahre entliehen den Code des Chiaroscuro aus der Malerei und wandten ihn für dramatische Effekte an – er erlaubte, den Akzent auf Form vor Wahrheitstreue zu setzen. Der klassische Hollywood-Stil strebte einen natürlicheren Effekt an und entwickelte so ein System ausgewogener Führungs- und Füll-Lichter, die eine ausreichende, aber nicht zu

Dramatische Lichtführung. Jean-Pierre Melvilles und Jean Cocteaus *Les Enfants terribles* (1950). Auf den Augen liegen spezielle Lichter.

aufdringliche Beleuchtung lieferten und so eine minimale Barriere zwischen Betrachter und Objekt darstellten. Bestenfalls konnte dieses komplizierte System einige außergewöhnliche, subtile Effekte erzielen, aber es war in sich unrealistisch; wir sehen selten natürliche Szenen mit einer sowohl gleichmäßig hellen Ausleuchtung wie auch sorgfältig ausbalancierten Nebenlichtquellen, was den Stil Hollywoods charakterisiert (und dies wird heute in Theater- und TV-Produktionen fortgeführt).

Die Entwicklung von empfindlicherem Filmmaterial ermöglichte größeren Spielraum im Beleuchtungscode, und heute bemühen sich die meisten Filmemacher mehr um Naturtreue als um die klassische Ausgewogenheit Hollywoods.

Es ist klar, daß alle Beleuchtungscodes, die für die Fotografie gelten, ebenso für den Film gültig sind. Volle Frontalbeleuchtung läßt das Objekt verschwinden; Oberlicht drückt es hinab. Unterlicht macht es unheimlich, Glanzlichter (Spots) können die Aufmerksamkeit auf Details richten (meistens auf Haar und Augen); Gegenlicht kann das Objekt entweder unterdrücken oder es hervorheben; Seitenlicht kann dramatische Chiaroscuro-Effekte erzielen.

Das Bildformat; offene und geschlossene Form; Bildbegrenzung; geografische und Tiefen-Ebene; Entfernung und Proportion; versteckte Dominanten von Farbe, Form

Gegenlicht. Einer der interessanteren Beleuchtungs-Codes, der aus der Malerei übernommen worden ist. Hier ein relativ frühes Beispiel aus der Malerei, Constance Marie Charpentiers *Mlle Charlotte du val d'Ognes* (ca. 1801). Die Lichtquelle setzt besondere Akzente auf das Haar und die Kleiderfalten. Obgleich keine Lichtquelle von vorn zu erkennen ist, sind die Details dennoch klar, und die Schatten sind weich und fein. *(Öl auf Leinwand, 154,5 cm x 128,5 cm. Metropolitan Museum of Art / The Mr. and Mrs. Isaac D. Flechter Collection)*

und Linie; Gewicht und Richtung; latente Erwartung; schräger oder symmetrischer Aufbau, Struktur und Beleuchtung. Dies sind die wichtigsten Codes, die innerhalb des statischen Filmbildes wirksam sind. In bezug auf die diachronische Aufnahme stehen wir jedoch noch am Anfang.

Die diachronische Aufnahme

Filmemacher benutzen eine Fülle von Begriffen in bezug auf die Einstellung. Die Faktoren, die nun ins Spiel kommen, schließen die Entfernung ein, die Bildschärfe, den Winkel, die Bewegung und den Standpunkt. Einige dieser Elemente wirken auch innerhalb des statischen Bildes, aber alle werden als dynamische Qualitäten angemessener untersucht. Die Aufnahme-Distanz ist die einfachste Variable. Die sogenannten Normaleinstellungen schließen die Halbtotale, die «amerikanische» Einstellung, die halbnahe Einstellung und die Kopf-und-Schulter-Einstellung mit ein – alle durch das definiert, was im Bild vom Objekt zu sehen ist. Nahaufnahmen,

Jean-Luc Godard ist einer der Filmemacher, die sich für diesen Code interessiert haben. Zur Zeit von *Weekend* (1968), aus dem diese Aufnahme ist, hatte er die Gegenlicht-Aufnahme bis zum Extrem, der Silhouette, abstrahiert. Die Beleuchtung ist hart, scharf und überwältigt das Objekt. Um Details in der Aufnahme herauszufinden, müssen wir uns anstrengen, was uns – mit dem hellen Fenster konfrontiert – fast ein voyeuristisches Gefühl verleiht – genau die Wirkung, die Godard beabsichtigte. Interessanterweise ist auch die Haltung der beiden Frauen ähnlich. Jean Yanne und Mireille Darc in *Weekend. (Standvergrößerung)*

Woody Allen gelingt ein völlig anderes Gefühl in dieser Szene aus *Manhattan* (1979), ebenfalls mit starkem Gegenlicht. Man erkennt sofort die Silhouetten von Diane Keaton und Allen bei einer Cocktail-Party im Garten des Museum of Modern Art.

Totalen und Panorama-Einstellungen vervollständigen die Reihe der Distanz-Aufnahmen.

Keiner dieser Begriffe hat irgend etwas mit der Brennweite des benutzten Objektivs zu tun. Wie wir in Teil 2 «Filmtechnik» gesehen haben, werden Einstellungen auch nach den Objektiven benannt, zusätzlich zu ihrer Definition durch Begriffe, die sich aus der Entfernung der Kamera zum Objekt ableiten. Es ist auch festzuhalten, daß diese Begriffe in der Praxis recht unterschiedlich verwendet werden. Die Nahaufnahme des einen ist für den anderen eine «Großaufnahme», und keine Filmakademie hat (bis jetzt) den genauen Punkt festzulegen versucht, an dem eine halbtotale Einstellung eine Totale wird oder die Totale sich in eine Panorama-Einstellung verwandelt. Dennoch haben die Begriffe innerhalb gewisser Grenzen ihre Gültigkeit.

Ein Film, der hauptsächlich aus Nahaufnahmen besteht – zum Beispiel Carl Dreyers *La Passion de Jeanne d'Arc* (1928) –, beraubt uns des umgebenden Raumes

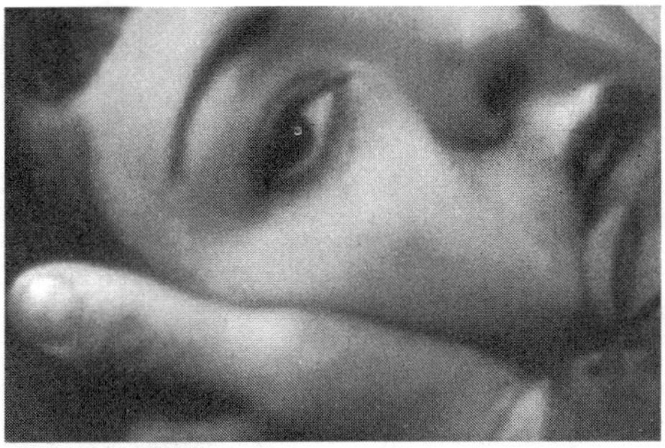

A Sylvia Bataille in Jean Renoirs *Partie de campagne* (1936).

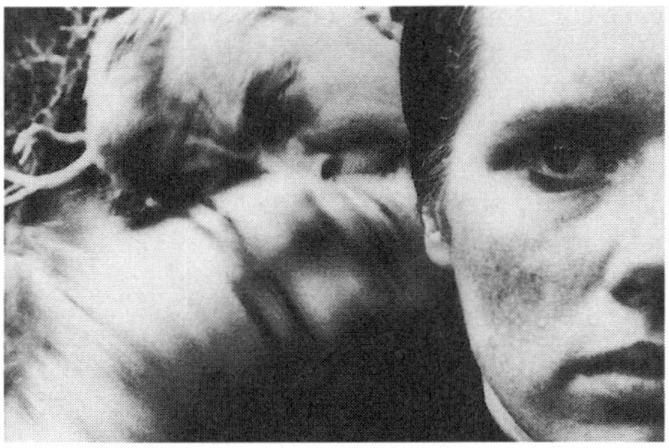

B Bibi Andersson, Gunnar Björnstrand, Liv Ullmann in Bergmans *Persona* (1966).

C Renée Longarini, Marcello Mastroianni in Fellinis *La Dolce Vita* (1959).

D Giulietta Masina in Fellinis *Notti di Cabiria* (1957).

E Masina in Fellinis *Notti di Cabiria* (1957).

F Masina in Fellinis *Giulietta degli spirid* (1965).

Bildkomposition. In der Praxis ist die Aufnahmedistanz viel bestimmender, als die Terminologie andeutet. A und B liegen zum Beispiel beide irgendwo zwischen Nah- und Großaufnahme. Beide zeigen die Gesichtshälfte einer Frau, in A nimmt das Gesicht jedoch fast das ganze Bild ein, während es in B Teil einer Dreier-Aufnahme ist. Das Bildformat ist ebenfalls wichtig. C und D zeigen beide mehr oder weniger halbnahe Einstellungen, und doch hat das CinemaScope-Format in C eine völlig andere Wirkung als D im Normalformat. C schließt viel mehr Handlung mit ein; D wirkt mehr wie eine Nahaufnahme. Die Komposition ist ebenfalls ein sehr wichtiges Element. Die Aufnahmen E und F sind Totalen – gleiche Schauspielerin, gleicher Regisseur. In beiden Aufnahmen nimmt Giulietta Masina ungefähr Dreiviertel der Höhe des Bildes ein. In E hat Fellini die Einstellung jedoch so aufgebaut, daß die anderen Gliederungselemente – die Straße, die Statuen, der Horizont – die Aufmerksamkeit gezielt auf die Masina lenken. Psychologisch ist ihr Bild hier einprägsamer. In F zielt der Aufbau (und Masinas Stellung) darauf ab, ihrer Anwesenheit das Gewicht zu nehmen *(Alle Aufnahmen: L'Avant-Scène. Standvergrößerungen)*

Antonioni war von der Breitwand-Komposition besessen.

Außer von der Breitwand-Bildarchitektur war Antonioni vom Schärfencode fasziniert. Hier, in *Il Deserto rosso* (1964), kommt Monica Vitti unscharf ins Bild (ihrem Charakter entsprechend).

und ist daher verwirrend, klaustrophobisch. Die Wirkung kann äußerst ungewöhnlich sein. Andererseits betont ein Film, der hauptsächlich aus Totalen besteht – viele von Roberto Rossellinis historischen Essays zum Beispiel –, den Kontext vor dem Drama und die Dialektik vor der Persönlichkeit. Der Code der Einstellungsentfernung ist einfach, aber er gibt in hohem Maße vor, welche der vielen anderen filmischen Codes wir ins Spiel bringen.

Die Schärfe ist die nächste der wichtigsten Variablen in der Syntax der Einstellung. Es gibt zwei Achsen für die Bestimmung der Schärfe. Die erste Entscheidung ist die zwischen Schärfentiefe, in der alles von Vordergrund bis Hintergrund ziemlich klar ist, und flacher Schärfe, bei der die Schärfe eine Bildebene heraushebt. Logischerweise gibt die flache Schärfe dem Filmemacher eine größere Kontrolle über das Bild. Schärfentiefe ist andererseits eines der wichtigsten ästhetischen Kennzeichen der Mise en Scène. (Es ist sehr viel leichter, «die Dinge in Szene zu setzen», wenn alles vom Vordergrund bis Hintergrund scharf ist, da die Szene dann viel weiter und sozusagen gefälliger ist – siehe Abbildungen Seite 85.)

Perspektive. Eine typische Untersicht-Aufnahme aus Yasujiro Ozus *Kohayagawa-Ke no Aki* (1961). Die Perspektive scheint deshalb nicht so ungewöhnlich, weil die Personen auf dem Boden sitzen.

Die zweite Achse ist das Kontinuum zwischen harter und weicher Schärfe. Dieser Aspekt der Aufnahme steht in Beziehung zur Struktur. Weichzeichner wird im allgemeinen mit sogenannten romantischen Stimmungen assoziiert. Harte Schärfe ist enger mit Naturtreue verbunden. Dies sind Verallgemeinerungen, die oft nicht für bestimmte Fälle gelten. (Wie immer werden die Regeln aufgestellt, um gebrochen zu werden.)

Weichzeichner ist nicht so sehr romantisch wie glättend. Er glättet die charakteristischen Details eines Bildes und schafft so eine Distanz.

Natürlich ist die Schärfe genauso eine Funktion des Standfotos wie der diachronischen Aufnahme. Sie ist aufs engste mit den Kompositionsebenen verknüpft, da sie die Konzentration auf eine einzige Ebene zuläßt. Aber sie dient auch der Bewegung. Indem er eine relativ flache Schärfe beibehält und während der Aufnahme die Schärfe verlagert, kann der Filmemacher die Ebenen abwechselnd betonen, was in gewisser Weise der Wirkung des Schwenks, Zooms oder der Fahrt gleichkommt, dies aber innerhalb des Bildes tut, ohne die Kamera zu bewegen.

Es gibt zwei Hauptarten von Schärfenwechsel innerhalb der Einstellung: Schärfenmitführung – die Schärfe wird gewechselt, damit die Kamera einen sich bewegenden Gegenstand scharf behalten kann – und Schärfenverlagerung – die Schärfe wird verändert, um unsere Aufmerksamkeit von einem Gegenstand weg zu einem anderen zu lenken, zum Beispiel von einem Gegenstand im Hintergrund zu einem im Vordergrund. Schärfenmitführung war eines der grundlegenden Mittel des Hollywood-Stils, wegen ihrer Fähigkeit bewundert, die Aufmerksamkeit auf dem Gegenstand zu belassen. Schärfenverlagerung ist eines der Kennzeichen des modernen, eindringlichen Stils. Die Schärfe ist dann einer der Codes, die die Kompositionscodes mit denen der Bewegung verbinden.

Der dritte Aspekt der diachronischen Aufnahme – die Perspektive – hängt sowohl mit der statischen Komposition als auch mit der Bewegung in der Aufnahme zusammen. Da die Beziehung zwischen Kamera und Objekt im dreidimensionalen Raum existiert, gibt es drei verschiedene Blickwinkel, die die Aufnahme bestimmen.

Einen davon haben wir bereits im vorhergehenden Abschnitt erörtert, den Annäherungswinkel (frontal-symmetrisch oder schräge). Um die Beziehung zwischen den drei verschiedenen Blickwinkeln zu verstehen, könnte es nützlich sein, sich die drei imaginären Achsen, die durch die Kamera laufen, vor Augen zu führen (siehe Abbildung Seite 94). Die Schwenk-Achse (vertikal) ist ebenfalls die Achse des Annäherungswinkels; sie ist entweder rechtwinklig oder schräg. Die Neigungsachse (horizontal von links nach rechts) bestimmt, von welcher Höhe aus die Kamera aufnimmt: Vogelperspektive, Obersicht, Augenhöhe, Untersicht (eventuell Froschperspektive) sind die hier verwendeten Grundbegriffe. Es ist selbstverständlich, daß die Obersicht die Wichtigkeit des Gegenstandes verringert, während die Untersicht seine Bedeutung betont. Interessanterweise läßt sich die Aufnahme in Augenhöhe, die unauffälligste von allen, meistens am schlechtesten definieren. Der Stil des japanischen Filmemachers Yasujiro Ozu ist bekannt für seine ständig niedrige Kamera-Position, aber Ozu versucht nicht wirklich, die Grundkomposition des Bildes zu verzerren: Er filmt nur aus der Augenhöhe eines japanischen Betrachters, der auf einer Tatami-Matte sitzt. «Augenhöhe» hängt natürlich vom Auge des Betrachters ab. Selbst im europäischen und amerikanischen Kino können die feinen Unterschiede zwischen Augenhöhen, wenn auch nicht gleich bemerkbar, im Verlauf eines Films entscheidende Auswirkungen haben.

Die dritte Blick-Variable wird bestimmt von der Kamerabewegung um die Horizontal-Achse, die parallel zur Achse des Objektivs ist. Wahrscheinlich weil diese Achse das metaphysische Band zwischen Betrachter (Kamera) und dem Objekt darstellt, vielleicht weil Rollen die Stabilität des Horizonts zerstört, wird die Kamera nur selten um diese Achse gedreht. Das einzige Rollen, an das man spontan denkt, ist das, womit die Bewegung des Horizonts nachgeahmt wird, wie sie sich von einem Schiff auf schwerer See darstellt. Rollen (oder der schräge Horizont einer statischen Aufnahme) ist die einzige Veränderung der Kamera-Perspektive, bei der der Schwerpunkt sich nicht entscheidend verändert. Schwenken oder Neigen bedeutet, das Bild zu wechseln, Rollen heißt nur, das ursprüngliche Bild zu verändern.

Die bewegliche Kamera. Eine Arbeitsaufnahme aus Jean-Luc Godards *One Plus One* (1968). Der typische Kamera-Kran rechts ist Teil des Films. (Die rote und die schwarze Fahne gehören *nicht* zur Standardausrüstung.) Die Kamera-Plattform wird durch Gegengewichte stabilisiert, die nicht im Bild zu sehen sind. Im Mittelgrund sind Schienen zu erkennen, die für eine Kamera gelegt worden sind, die ganz links gerade noch zu sehen ist. Im Vordergrund ist eine dritte Kamera auf ein Spezialauto montiert.

Die Kamera dreht sich nicht nur um diese drei Achsen, sie bewegt sich auch von einem Punkt zu einem anderen: bei «Fahrten» (oder Dolly-Aufnahmen) und «Kran»-Aufnahmen. Der Zoom – wie in Teil 2 besprochen – ahmt zusätzlich die Wirkung einer Ran-Fahrt oder einer Rück-Fahrt nach, aber nicht ganz genau. Beim Zoom – die Kamera bewegt sich ja nicht – bleiben die Beziehungen zwischen Objekten auf verschiedenen Ebenen des Bildes die gleichen, man hat nicht das Gefühl, in die Szene einzutreten; unsere Perspektive bleibt konstant, selbst wenn das Bild vergrößert wird. Bei der Fahrt jedoch bewegen wir uns physisch in die Szene hinein; die räumlichen Beziehungen zwischen den Gegenständen verlagern sich, wie auch unsere Perspektive. Wenn auch der Zoom oft eine billige Alternative zur Fahrt darstellt, so schafft er doch eine merkwürdige Distanz: Wir scheinen uns in größere Nähe zu begeben, ohne wirklich näher zu kommen, und das ist verwirrend, da wir im wirklichen Leben keine solche Erfahrung zum Vergleich haben.

Wie sich Diskussionen zwischen Verfechtern der Schärfentiefe und der flachen Schärfe, zwischen Befürwortern der Mise en Scène und der Montage entwickelt ha-

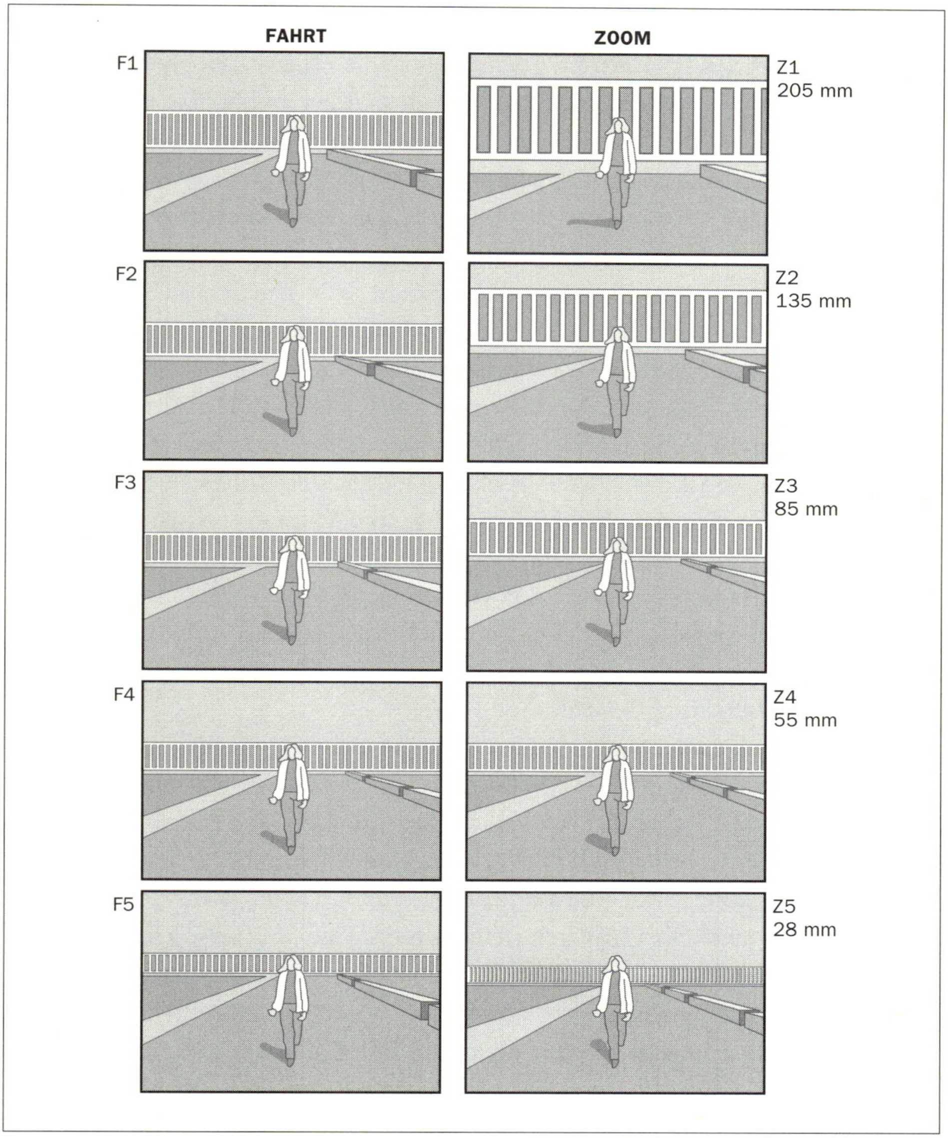

Fahrt versus Zoom. Diese zehn Bilder von parallelen Fahrt- und Zoom-Aufnahmen veranschaulichen die entscheidenden Unterschiede zwischen diesen beiden Techniken. In beiden Serien geht die Frau auf die Kamera zu und legt dabei zwischen Bild 1 und Bild 5 eine Entfernung von ca. 45 Metern zurück. Die Fahrt wurde zuerst gefilmt, mit einem 55 mm-Objektiv. (Daher sind die Bilder F4 und Z4 identisch.) Der Zoom wurde danach gefilmt, um der Fahrt zu entsprechen. Die Beziehung von Person und Hintergrund ist im Zoom völlig anders. Während das Objektiv von einer Teleobjektiv-Einstellung (205 mm) zu einer Weitwinkel-Einstellung (28 mm) wechselt, verändert sich die Tiefenschärfe von ausgesprochen schwach zu übertrieben scharf, und die Perspektive erfährt ebenfalls eine leichte Veränderung. In der Fahrt-Aufnahme bleibt die Entfernung zwischen Person und Kamera von Bild zu Bild gleich, und das Gebäude ist so weit im Hintergrund, daß es sich nicht entscheidend verändert. Beim Zoom verändert sich die Entfernung zwischen Person und Kamera ständig. Die relative Größe des Gebäudes im Hintergrund wird in den Tele-Aufnahmen vergrößert und in der Weitwinkel-Aufnahme verkleinert. Bemerkenswert ist auch der Winkel des Schattens, der sich beim Zoom verändert. Siehe Abbildung Seite 77.

ben, so hat auch die bewegliche Kamera ihre Anhänger und ihre Gegner. Da sie ständig unsere Perspektive verändert, vergrößert die Fahrt-Aufnahme unsere Tiefenwahrnehmung. Wichtiger noch, die bewegliche Kamera hat eine ihr inhärente ethische Dimension. Sie kann auf zwei grundsätzlich verschiedene Arten benutzt werden (wie Schärfenverlagerung, Schwenken und Neigen): Entweder um dem Gegenstand zu folgen oder um ihn zu verändern. Die erste Alternative legt die Betonung vor allem auf die zentrale Stellung des Gegenstandes des Films; die zweite verlagert das Interesse vom Gegenstand zur Kamera, vom Thema zum Filmemacher. Wie André Bazin gezeigt hat, sind dies ethische Fragestellungen, da sie die menschlichen Beziehungen zwischen Künstler, Gegenstand und Betrachter bestimmen.

Obgleich einige Ästhetiker darauf bestehen, daß die bewegliche Kamera, weil sie die Aufmerksamkeit auf den Filmemacher richtet, irgendwie weniger ethisch als die feste Kamera sei, so ist dies doch eine ebenso trügerische Unterscheidung wie die früheren Dichotomien zwischen Mise en Scène und Montage, zwischen tiefer und flacher Schärfe. Eine Fahrt oder eine Kran-Aufnahme muß nicht zwangsläufig das Interesse vom Gegenstand auf die Kamera verlagern: Sie kann ebensogut die Aufmerksamkeit auf die Beziehung zwischen den beiden lenken, und es ließe sich darüber diskutieren, ob dies nicht realistischer und zugleich ethischer ist, da ja in der Tat eine solche Beziehung besteht.

Viele der besten und lyrischsten Fahrten sind wahrhaft die filmischen Äquivalente zum Liebesakt, wie der Filmemacher zunächst wirbt und sich dann mit seinem Motiv vereinigt; die Kamerafahrt wird zur Beziehung und die Aufnahme zu einer Synthese von Filmemacher und Motiv, größer als die Summe ihrer Teile.

F. W. Murnau und Max Ophüls sind bedeutende Gestalten in der Geschichte der beweglichen Kamera. Sie benutzten sie für zutiefst humanistische Ziele – um ihre Gegenstände lyrisch zu feiern und um ihr Publikum tiefer mit einzubeziehen. Stanley Kubrick, ein zeitgenössischer Filmemacher, für den Fahraufnahmen typisch sind, benutzt die Kamerabewegung auch, um sein Publikum mit einzubeziehen, aber auf kühlere, intellektuellere Weise. Michael Snow, ein wichtiger abstrakter Filmemacher und Künstler, hat – in einer Serie von drei grundlegenden Filmen – das Bedeutungspotential der beweglichen Kamera gründlich erforscht.

Wavelength (1967) besteht aus einem wie besessenen Zoom, der 45 Minuten dauert und uns von einer Total-Einstellung eines ziemlich großen New Yorker Loft bis zur abschließenden Großaufnahme eines Fotos führt, das an der gegenüberliegenden Wand des großen Raumes hängt. Die Möglichkeiten des einfachen Schwenks von links nach rechts und zurück werden erforscht in <—> (1968/69, auch *Back and Forth* genannt). Snow stellte seine Kamera in einen leeren Klassenraum und schwenkte dann gleichmäßig und schnell über einen Sektor von ca. 75°, und zwar in Abständen von fünfzehn bis zu sechzig Zyklen pro Minute. *La Région*

Fahrt. Murnaus Szenenaufbau für *Sunrise* (1927). Die lange Straßenbahnfahrt hat sich in der Filmgeschichte einen Platz erobert. In diesem Fall ist die Fahrt-Aufnahme nur realistisch: Es gibt keine andere Möglichkeit, die Straßenbahn zu benutzen, als auf Schienen zu fahren. (*Museum of Modern Art / Film Stills Archive*)

Max Ophüls war ein Liebhaber der beweglichen Kamera. Dies ist eine Aufnahme aus einer langen, lyrischen und sehr komplexen Kranaufnahme in *La Ronde* (1950). Adolf Wohlbrück (alias Anton Walbrook) links, Simone Signoret auf dem Karussell. (*Museum of Modern Art / Film Stills Archive*)

War die Fahrt-Aufnahme für Murnau noch logisch und realistisch, lyrisch und romantisch für Ophüls, so wurde sie um 1968 ein Mittel intellektueller Analyse (und auch ein ungeheurer Spaß) für Jean-Luc Godard. Dieses Bild ist aus der Mitte der Zehn-Minuten-Fahrt, die die endlose Autoschlange in *Week-end* zeigt. Godards Kamera bewegt sich langsam und unerbittlich an einer scheinbar endlosen Reihe haltender Autos entlang. Die Fahrer und Beifahrer hupen ohne Unterlaß, streiten sich und werden handgreiflich, improvisieren Picknicks, spielen Ball von Auto zu Auto (wie im Bild) oder überprüfen die Ausrüstung der Segelboote auf ihren Anhängern. Die Pappeln, die in gleichmäßigem Abstand am Straßenrand stehen, unterteilen diese wundervolle ununterbrochene Einstellung wie einzelne Bildkader. (*Standvergrößerung*)

Rollen. Schwenks, Neigen und Fahrten sind ziemlich alltägliche Film-Codes, aber das Rollen ist relativ selten. Der Grund liegt auf der Hand: Schwenk, Neigen und Fahrt imitieren normale alltägliche Bewegungen, aber wir «rollen» unsere Köpfe nur selten (sondern neigen oder kippen sie zur Seite), daher ist dies eine äußerst ungewöhnliche Perspektive. Während die Aufnahmen oft aus einem *statischen* verkanteten Winkel gemacht werden (siehe Beispiele aus Orson Welles' Filmen in den Abbildungen Seite 195 und 196), ist die *Bewegung* des Rollens ungewöhnlich. Hier führt Fred Astaire eine ganzen Tanz in einer ununterbrochenen Einstellung vor. Er bewegt sich allmählich die Wand hoch, die Decke entlang und an der gegenüberliegenden Seite hinunter. Der Film ist Stanley Donens *Royal Wedding* (1951). Der genau einstudierte Tanz wurde in einer Dekoration ausgeführt, die in einer Art Trommel aufgebaut war. Die Möbel und die Kamera waren befestigt. Während Astaire sich vom Fußboden zur Wand und von der Wand zur Decke bewegte, drehte sich die Dekoration und mir ihr die Kamera.

Stanley Kubrick benützte für viele ungewöhnliche Aufnahmen in *2001: A Space Odyssey* (1968) eine ähnliche Apparatur. Diese spezielle Aufnahme war nur dazu da, diese Apparatur vorzuführen. Die Flugbegleiterin ging um den ganzen Kreis herum und trug dabei auf diesem besonderen Bodenbelag vermutlich Velcro-Schuhe mit Klettsohle. *(Standvergrößerung)*

Centrale (1970/71), Snows Meisterwerk, das mehr als drei Stunden dauert, zeigt uns eine eindringliche «Landkarte» des kompletten Raumes, der die Kamera auf allen Seiten umgibt. Snow konstruierte einen mit Servo-Mechanismus ausgestatteten Schwenkkopf für seine Kamera, stellte sie in eine abgelegene, felsige Gegend im Norden Quebecs und kontrollierte – hinter einem Felsen versteckt – ihre Bewegungsabläufe. Die Kamera saust hinab, wirbelt herum, kreist, quirlt, kippt, beschreibt

Zickzacklinien, schwingt, beschreibt Bogen und Achten in einer Vielzahl von Mustern, wobei nichts außer der kahlen Landschaft, dem Horizont und der Sonne zu sehen ist. Die Wirkung ist die völlige Befreiung der Kamera vom Gegenstand wie vom Kameramann. Der kugelförmige Raum, der sie umgibt, wird das Rohmaterial für Snows komplexe Bewegungsmittel. Bewegung ist alles.

Die befreite, abstrakte Qualität von Snows Bildern führt uns direkt zu einer Betrachtung der letzten der fünf Aufnahme-Variablen: des Blickpunkts. Anders als die ersten vier ist dies mehr eine Sache der Metaphysik als der Geometrie. Die Hauptsache in *La Région Centrale* zum Beispiel ist, daß dieser Film keinen Blickpunkt hat, oder vielmehr, daß sein Blickpunkt abstrakt und global ist. Die meisten narrativen Filme zeigen jedoch einen irgendwie gearteten, subjektiven Blickpunkt. Dieser variiert vom objektiven Blickpunkt der Totale, Schärfentiefe und statischen Kamera zum subjektiven von Nahaufnahme, flacher Schärfe und beweglicher Kamera. Wir haben bereits festgestellt, daß die bewegliche Kamera einen ethischen Aspekt hat, die Frage des Blickpunkts befindet sich im Zentrum dieses ethischen Codes, und Kritiker und Semiotiker beginnen erst gerade, dieses Phänomen genauer zu untersuchen. Wenn wir die Struktur der künstlerischen Erfahrung betrachten, die wir in Teil 1 «Film als Kunst» dargestellt haben, dann ist die Ethik des Films – die Qualität und die Form der Beziehungen zwischen Filmemacher, Gegenstand, Kunstwerk und Publikum – elementar: Alle anderen Ideen zum Film müssen sich von ihr ableiten und sich auf sie zurückbeziehen.

Der Blickpunkt ist in der Prosa-Erzählung leichter zu beschreiben: Romane werden entweder von jemandem in der Geschichte erzählt – dem Ich-Erzähler – oder von jemandem außerhalb – dem allwissenden Erzähler. Der Ich-Erzähler kann sowohl eine wichtige als auch eine unwesentliche Rolle im Ablauf der Handlung haben; der allwissende Erzähler wird manchmal als eigene Person entwickelt, bisweilen überhaupt nicht, abgesehen davon, daß er die Person des Autors darstellt. In seiner Gesamtheit kann der Film diese fiktiven Modelle recht gut nachahmen.

Die meisten Filme, wie die meisten Romane, werden von einer allwissenden Perspektive aus erzählt. Wir sehen und hören, was immer der Autor uns sehen und hören lassen will. Doch was die Ich-Erzählung betrifft – die sich in der Prosa als so nützlich erwiesen hat, da durch sie besondere Feinheiten zwischen den Ereignissen und dem Charakter oder der Person des Erzählers, der sie wahrnimmt, entwickelt werden können –, da wird es im Film problematisch. Es ist ziemlich leicht, eine Person im Film die Geschichte erzählen zu lassen. Die Schwierigkeit ist, daß wir das, was geschieht, sowohl sehen als auch hören. Im Roman hören wir tatsächlich nur. Wie wir bereits früher bemerkt haben, ist Robert Montgomerys *Lady in the Lake* (1945) das berühmteste Beispiel für strenge Anwendung der Ich-Erzählung im Film – und der eindeutige Beweis für ihr Scheitern.

Michael Snows *Wavelength* (1967) behandelt die Fahrt-Aufnahme – das Thema des Films – als strukturelles Gesetz. Dies ist ein Bild ungefähr aus der Mitte des 45-Minuten-Zooms. Am Ende des Films hat sich Snows Kamera bis zu einer Detail-Aufnahme der Fotografie genähert, die über dem Stuhl an der Wand befestigt ist. Das Bild? Natürlich Wellen. *(Museum of Modern Art/Film Stills Archive. Standvergrößerung)*

Michael Snows unübertroffene Schwenk-Neig-Roll-Maschine mit Kamera, aufgestellt, um *La Région centrale* aufzunehmen. Snow bediente die Kamera verborgen hinter dem Felsen rechts. So erschien er nicht im Bild. *(Museum of Modern Art/Film Stills Archive)*

In *Stage Fright* (1950) entdeckte Alfred Hitchcock zu seinem Bedauern, daß der Blickpunkt des Ich-Erzählers im Film voller Probleme ist, selbst dann, wenn er nur oberflächlich angewandt wird. In diesem Film ließ Hitchcock eine seiner Figuren eine Rückschau – und Lüge – erzählen. Die Zuschauer sahen die Lüge auf der Leinwand, und als sie später herausfanden, daß es eine Lüge war, reagierten sie verärgert. Sie konnten die Vorstellung nicht akzeptieren, daß das *Bild* lügen würde, obgleich sie jederzeit bereit waren anzunehmen, daß die *Figur* gelogen hatte. Das Leinwandbild ist mit einer unantastbaren Aura von Gültigkeit ausgestattet.

Bis zu den frühen vierziger Jahren hatte Hollywood eine sehr glatte, wirkungsvolle und klar verständliche Sprache des Blickpunkts entwickelt. Die einführende Einstellung («establishing shot») – eine Totale – vermittelte den Schauplatz, oft die Zeit und manchmal andere notwendige Informationen. Hitchcock war ein Meister der Einführungseinstellung. Der Eröffnungsschwenk und die Fahrt zu Beginn von *Rear Window* (1954) sagt uns zum Beispiel, wo wir sind, warum wir dort sind, mit wem wir zusammen sind, was nun passiert, was passiert ist, um uns dorthin zu bringen, wer die anderen Personen in der Erzählung sind, und schlägt uns sogar mögliche Entwicklungen der Erzählung vor – alles leicht und schnell und ohne ein gesprochenes Wort! Ganze Kapitel Prosa sind hier auf Sekunden Filmzeit verdichtet.

Der Hollywood-Dialogstil ist ebenso wirkungsvoll: Normalerweise beginnen wir mit einer Einstellung der beiden Sprecher (eine einführende Zweier-Einstellung), dann bewegen wir uns weiter zu einer Montage von Einer-Einstellungen, wobei jeder der Teilnehmer abwechselnd spricht und zuhört. Dies sind oft Aufnahmen über die Schulter, eine interessante Anwendung des Codes, da er den Blickpunkt des Sprechers andeutet, aber physisch gleichzeitig von ihm getrennt ist. Die Aufnahme der ersten Person von (ungefähr) dem Blickpunkt der zweiten aus wird im allgemeinen Gegenschuß genannt. Die Rhythmen dieser insistierenden und intimen Schuß-Gegenschuß-Technik sind oft betörend: Wir umkreisen das Gespräch.

Dies ist der endgültige allwissende Stil, da er uns erlaubt, alles aus der idealen Perspektive zu sehen. Modernere Techniken, die eher die Getrenntheit und die Individualität der Kamera betonen, könnten uns erlauben, «alles zu sehen», aber immer von einem getrennten, abgesonderten Blickpunkt. Antonionis Kamera hält zum Beispiel oft eine Szene fest, die eine Person entweder noch nicht betreten oder schon verlassen hat. Das hat zur Wirkung, daß die Umgebung vor den Personen und der Handlung betont wird, der Kontext vor dem Inhalt. Wir könnten dies die Perspektive der «dritten Person» nennen: Die Kamera scheint manchmal einen eigenständigen Charakter zu bekommen, der sich von dem der anderen Personen abhebt.

Im allwissenden Stil – sowohl dem Hollywood-Stil als auch dem modernen – wird die subjektive Aufnahme («point-of-view shot» oder «pov») angewendet. Ein begleitender Erzähler im Ton kann oft die Perspektive der Person in bezug auf die

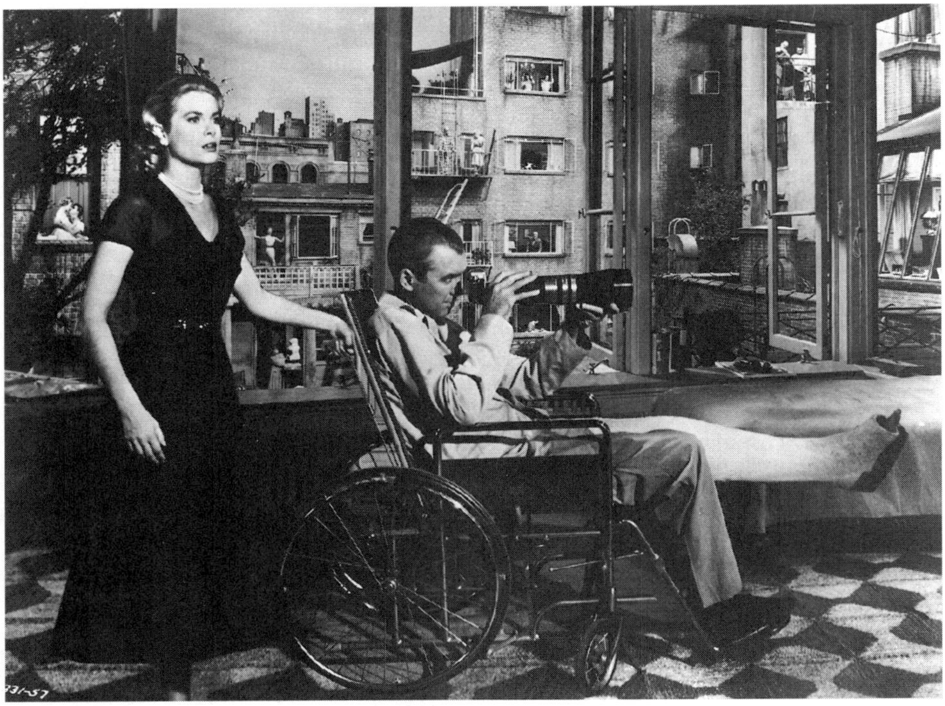

Grace Kelly und James Stewart in Hitchcocks *Rear Window* (1954). Stewart, ein Fotograf, kann sich nicht aus seiner Wohnung in der Tenth Street in Greenwich Village fortbewegen. Die «CinemaScope»-Aussichtsfenster des Gebäudes auf der anderen Seite des Hofes machen ihn neugierig. Er wird tief verwickelt in die Geschichten, die sie erzählen. Eine Metapher für das Filmemachen? Ganz bestimmt eine Studie zum Thema Perspektive. *(Museum of Modern Art / Film Stills Archive)*

Ereignisse verdeutlichen. Und doch schwächt das, psychologisch gesehen, insistierende und immer präsente Bild diese Perspektive. Bei der gedruckten Sprache müssen wir nicht immer «sehen»: Schriftsteller beschreiben oder erzählen nicht immer, sie erklären oder kommentieren oft. Im Film jedoch findet sich wegen der Präsenz des Bildes immer ein beschreibendes Element – selbst wenn der Ton gleichzeitig zur Erklärung, zum Kommentieren oder für die Diskussion genutzt wird. Dies ist einer der wesentlichsten Unterschiede zwischen Prosa-Erzählung und Film-Erzählung. Natürlich besteht die einzige Möglichkeit, diese insistierende, beschreibende Natur des Filmbildes zu umgehen, darin, es völlig auszuschalten, wobei dann der Ton das abstrakte, analytische Potential der geschriebenen Sprache kopieren kann. Jean-Luc Godard experimentierte mit genau dieser Technik in seinen höchst theoretischen Filmen der späten sechziger Jahre: Manchmal ist die Leinwand einfach dunkel, während wir den Wörtern von der Tonspur zuhören.

Der Ton

Während die Eigenschaft des Bildes in gewisser Weise für die Perspektive bei der Filmerzählung von Nachteil ist, ist die Eigenschaft des Tons - seine Allgegenwart – ein klarer Vorteil. Christian Metz unterscheidet fünf Informationskanäle im Film: (1) das visuelle Bild; (2) Schrift und andere Grafiken; (3) Dialog; (4) Musik; (5) Geräusch (Toneffekte). Interessanterweise ist die Mehrzahl dieser Kanäle eher auditiv als visuell. Wenn man diese Kanäle in Hinblick auf die Art ihrer Kommunikation untersucht, entdeckt man, daß nur zwei von ihnen ständig präsent sind – der erste und der fünfte. Die anderen drei werden unterbrochen – sie werden an- und abgestellt –, und es ist leicht, sich einen Film ohne Schrift, Rede oder Musik vorzustellen.

Die zwei fortlaufenden Kanäle selbst kommunizieren auf eindeutig unterschiedliche Weise. Wir «lesen» Bilder durch Steuerung unserer Aufmerksamkeit, wir lesen den Ton nicht, zumindest nicht auf die gleiche bewußte Art. Der Ton ist nicht nur zeitlich allgegenwärtig, sondern auch örtlich. Da er ständig präsent ist, neigen wir dazu, ihn zu unterschätzen. Bilder können auf viele verschiedene Arten manipuliert werden, und die Manipulation ist relativ offensichtlich; beim Ton ist selbst die begrenzte Manipulation, die vorkommt, vage und wird meistens nicht erkannt.

Es ist die Allgegenwart des Tons, die seine attraktivste Qualität ist. Er bewirkt den Aufbau von Raum wie Zeit. Er ist wesentlich für das Schaffen eines Schauplatzes; die «Raumatmosphäre», die auf der Echo-Zeit, den Schwingungen und so weiter eines bestimmten Ortes beruht, ist kennzeichnend für ihn. Ein tonloses Bild wird lebendig, wenn ein Soundtrack hinzugefügt wird, der eine Vorstellung vom Ablauf der Zeit hervorrufen kann. Der Ton erweist sich dadurch als nützlich, daß er eine Basis der Kontinuität schafft und so die Bilder unterstützt, die im allgemeinen mehr bewußte Beachtung erfahren. Dialog und Musik erfahren natürlicherweise Beachtung, da sie eine spezifische Bedeutung haben. Aber das «Geräusch» des Soundtracks – «Toneffekte» – ist am wichtigsten. Hier findet der wirkliche Aufbau des akustischen Umfeldes statt.

Aber «Geräusch» und «Effekt» sind wahrhaft unzureichende Etiketten für eine achtbare Kunst. Möglicherweise könnten wir diesen Aspekt des Filmtons «akustisches Umfeld» nennen. Der Einfluß des akustischen Umfeldes ist in zeitgenössischer Musik, besonders in der «musique concrète», bereits bemerkt worden. Selbst die aufgezeichnete Rede ist von dieser neuen Fähigkeit beeinflußt worden. In den großen Tagen des Radios waren «Toneffekte» auf die physikalisch herstellbaren beschränkt. Synthesizer, Mehrspur-Aufzeichnung und jetzt der mittels Computer manipulierte digitalisierte Ton haben es den Technikern für Toneffekte – oder «Foley-Künstlern», wie sie jetzt genannt werden – ermöglicht, eine unendliche Anzahl von natürlichen wie auch völlig neuen künstlichen Geräuschen zu erzeugen. Ein großer Teil des modernen Hörspiels (das hierzulande hauptsächlich in speziellen Programmnischen des Rundfunks stattfindet) hat das ungeheure Potential dessen erkannt, was bisher ganz einfach «Toneffekte» genannt wurde. Die zeitgenössische Musik zelebriert ebenfalls diese früher eher prosaische Kunst.

Der Film hat die neue Bedeutung des Tons ebenfalls erkannt. In den frühesten Tagen des Tonfilms waren Musicals zum Beispiel visuell außerordentlich kunstvoll, Busby Berkeley erfand ausgeklügelte bildliche Darstellungen musikalischer Ideen, um das Interesse des Publikums zu fesseln. Heute ist jedoch das einfache Konzert die kraftvollste Form des Film-Musicals. Der Ton trägt den Film, die Bilder werden von ihm beherrscht.

Man kann sich ebenso den Film ohne Musik vorstellen. In England, wo das Hörspiel sich länger hielt als in den USA, hat sich, seit den *Goon Shows* der fünfziger und über *Monty Python's Flying Circus* der siebziger Jahre hinaus, die Hörspiel-Tradition gehalten. Francis Ford Coppolas faszinierender Film *The Conversation* (1974) erreichte im Kino für das Ohr das, was *Blow-Up* (1966) acht Jahre zuvor für das Auge tat. Obwohl der Ton im Film sicher mehr Beachtung vertragen könnte, als ihm bisher zugestanden wurde, kann er nicht leicht von den Bildern getrennt werden. Ein Großteil der Sprache, die wir verwenden, um die Codes des Tons zu diskutieren, handelt von der Beziehung zwischen Ton und Bild. Siegfried Kracauer schlägt die Unterscheidung vor von «aktuellem» Ton, der logisch zum Bild gehört, und «kommentierendem» Ton, der das nicht tut. Ein Dialog von Personen im Bild ist aktuell, der von Personen außerhalb des Bildes ist kommentierend. (Ein Filmemacher, der wie Richard Lester in bezug auf den Ton sehr erfindungsreich war, setzte oft den kommentierenden Dialog von Personen ein, die zwar im Bild waren, aber nicht zur handelnden Gruppe in der Einstellung gehörten.)

Karel Reisz, Filmemacher und Theoretiker, benutzte eine ein wenig abweichende Terminologie. Reisz, der das Standardwerk über die Filmmontage schrieb, unterscheidet jede Art von Ton in «synchron» und «asynchron». Synchroner Ton hat seine Quelle im Bild (der Cutter muß versuchen, ihn synchron zu bekommen). Asynchroner Ton kommt von außerhalb des Bildes.

Wenn man diese beiden theoretischen Begriffsreihen verbindet, bekommt man eine dritte*, deren Pole «paralleler» Ton und «kontrapunktischer» Ton sind. Paralleler Ton ist aktuell, synchron und mit dem Bild verbunden. Kontrapunktischer Ton ist kommentierend, asynchron und dem Bild entgegengesetzt oder kontrapunktisch zu ihm. Es macht keinen Unterschied, ob es sich um Dialog, Musik oder Geräusche aus dem akustischen Umfeld handelt: Alle drei sind zeitweilig unterschiedlich parallel oder kontrapunktisch, aktuell oder kommentierend, synchron oder asynchron.

Die Unterscheidung von parallelem oder kontrapunktischem Ton ist vielleicht der kontrollierende Faktor. Diese Vorstellung vom Ton als logischerweise mit oder gegen das Bild arbeitend, liefert die grundlegende ästhetische Dialektik des Tons. Der Hollywood-Tonstil war ausgesprochen parallel. Die programmatische Musik der Filme in den dreißiger Jahren deutete an, unterstrich, betonte, charakterisierte und beeinflußte sogar die einfachsten Szenen, so daß die langweiligsten wie auch die fesselndsten Bilder gründlich durchdrungen waren von den Gefühlen, die die Komponisten des fast ununterbrochenen Soundtracks erzielen wollten. Erich Wolfgang Korngold und Max Steiner waren die beiden bekanntesten Komponisten solcher gefühlsüberladenen Musik.

In den experimentierfreudigen sechziger und siebziger Jahren gab der kontrapunktische Ton dem zeitgenössischen Stil der Filmmusik eine ironische Note. Oft wurde der Soundtrack als dem Bild gleichwertig, aber andersartig angesehen. Marguerite Duras zum Beispiel experimentierte mit kommentierendem Ton, der völlig vom Bild abgelöst ist, wie in *India Song* (1975). In den achtziger Jahren kehrte Hollywood zu programmatischer Musik zurück. John Williams, Komponist der Soundtracks vieler Großproduktionen der späten Siebziger und der Achtziger, von *Jaws* und *Star Wars* bis zu *Home Alone* (1990) und *Jurassic Park* (1993), hat einer ganzen Generation ihre Leitmelodien gegeben, wie es auch seine ehrenwerten Vorgänger getan haben. Aber zugleich wird Musik immer noch kommentierend verwendet. Der Rock bietet den Filmemachern zum Beispiel einen unmittelbaren Zugang zu modernen Ideen und Empfindungen, wie George Lucas' *American Graffiti* (1973), Lawrence Kasdans *The Big Chill* (1983) oder die Filme von John Hughes klar gezeigt haben.

Ironischerweise ist die Musik – die einst das machtvollste asynchrone und kommentierende Element des Tons war – im wirklichen Leben so allgegenwärtig geworden, daß ein Filmemacher eine strenge Synchronität von aktuellem Ton beibehalten und dennoch einen kompletten Musik-Soundtrack produzieren kann. Der Walkman und der «Gettoblaster» haben das Leben zu einem Musical gemacht.

* Ich stütze mich bei dieser Zusammenfassung auf Win Sharples, Jr.: «The Aesthetics of Film Sound», *Filmmakers Newsletter 8 : 5.*

Die Montage

Das Zusammensetzen der einzelnen Film-Aufnahmen heißt in Frankreich «montage», während die englischen Begriffe «cutting» oder «editing» und der deutsche Begriff «Schnitt» sind. Letztere lassen an einen Aussortierungsprozeß denken, bei dem unerwünschtes Material entfernt wird. Michelangelo beschrieb einst auf ähnliche Weise die Bildhauerei als das Wegschneiden unerwünschten Materials, um die natürliche Form des Bildwerks in einem Block Marmor zu entdecken. Man schneidet Rohmaterial zurecht. «Montage» jedoch läßt an eine aufbauende Arbeit denken, die sich vom Rohmaterial hinaufarbeitet. Der klassische Stil des Hollywood-Schnitts der dreißiger und vierziger Jahre, in den Achtzigern teilweise wiederbelebt – das, was die Franzosen «découpage classique» nennen –, besaß in der Tat eine unauffällige Eleganz, Flüssigkeit und Komprimiertheit. Und die europäische Montage wurde seit den deutschen Expressionisten und Eisenstein in den zwanziger Jahren durch einen Prozeß der Synthese charakterisiert: Man erkennt, daß ein Film eher zusammengesetzt als zurechtgeschnitten wird. Die zwei Begriffe zur Beschreibung dieser Arbeit drücken die beiden Grundhaltungen ihr gegenüber aus.

Während die Mise en Scène durch ein Verschmelzen vieler komplexer Faktoren bestimmt wird, ist die Montage überraschend einfach, zumindest auf der technischen Ebene. Es gibt nur zwei Möglichkeiten, zwei Filme aneinanderzufügen: Man kann sie übereinanderlegen (Doppelbelichtung, Überblendungen, Mehrfach-Bilder), oder man kann sie aneinanderreihen. Die zweite Möglichkeit ist fast ohne Einschränkung beim Bild die vorherrschende, während sich der Ton sehr viel besser für die erste eignet, so sehr, daß dieses Verfahren einen eigenen Namen hat: Mischung.

Im allgemeinen Sprachgebrauch wird Montage auf drei verschiedene Arten benützt. Während sie ihre Grundbedeutung beibehält, wird sie zusätzlich spezifisch verwandt:

- als dialektischer Prozeß, der eine dritte Bedeutung aus den beiden ursprünglichen Bedeutungen zweier aufeinanderfolgender Aufnahmen schafft, und
- als Prozeß, in dem eine Anzahl kurzer Aufnahmen zusammengefügt wird, um in kurzer Zeit eine Menge an Information mitzuteilen.

Dieser letzte Prozeß ist nur ein spezieller Fall der allgemeinen Montage; der dialektische Prozeß ist jeder Montage inhärent, bewußt oder unbewußt.

Découpage classique, typisch für Hollywood, entwickelte ganz allmählich eine große Anzahl von Regeln: zum Beispiel die Praxis, immer mit einer Einführungseinstellung zu beginnen und sich dann vom Allgemeinen auf das Detail zu konzentrieren; oder die strenge Daumenregel, Dialogszenen mit «master-shots» und Gegenschuß zu schneiden. Alle Schnittpraktiken der Hollywood-Grammatik waren dazu gedacht, unauffällige Übergänge von Einstellung zu Einstellung zu ermöglichen und die Aufmerksamkeit auf die jeweils ablaufende Handlung zu konzentrieren. Alles, was half, die Unmittelbarkeit und den Fluß des Handlungsablaufs beizubehalten, war gut, was ihn störte, war schlecht.

In der Tat wird jede Art der Montage letztlich durch das bestimmt, was sie abbildet. Um Fotografien aneinanderzufügen, reicht es, den Rhythmus der aufeinanderfolgenden Aufnahmen zu beachten. Diachronische Aufnahmen, die in sich aktiv sind, verlangen, daß die Bewegungen in der Aufnahme selber beim Schneiden berücksichtigt werden. Der «jump cut» («Sprung-Schnitt»), bei dem die natürliche Bewegung unterbrochen wird, liefert ein interessantes Beispiel für die unterschiedliche Vorgehensweise, mit der die Découpage classique und der zeitgenössische Schnitt ein Problem behandeln.

Im Hollywood-Film war der «unsichtbare Schnitt» das Ziel, und der Jump Cut wurde als Trick benutzt, um tote Zeit zu komprimieren. Ein Mann betritt beispielsweise einen riesigen Raum an einem Ende und muß zu einem Tisch am anderen Ende gehen. Der Jump Cut kann das Tempo beibehalten, indem er den größten Teil des Durchquerens des langen Raums überspringt, aber das muß er unauffällig machen. Die Regeln der Hollywood-Grammatik verlangen, daß die überschüssige tote Zeit überspielt wird, entweder durch einen Schnitt auf ein anderes Element der Szene (den Tisch selbst, eine andere Person im Raum) oder dadurch, daß der Kamerawinkel so verändert wird, daß die zweite Einstellung eindeutig von einem anderen Kamera-Standort kommt. Das einfache Herausschneiden unerwünschter Längen aus einer einzelnen Einstellung und von einem einzigen Kamerawinkel aus ist nicht erlaubt. Die Wirkung wäre nach Hollywood-Regeln verwirrend.

Der moderne Stil erlaubt weit größere Freiheiten. In *À bout de souffle* brachte Jean-Luc Godard einige Ästhetiker durch Jump Cuts mitten in der Aufnahme aus der Fassung. Die Schnitte waren in keiner Weise nützlich und nur verwirrend. Godard benutzte diesen Trick später nur selten, aber sein «ungrammatischer» Aufbau ist in die allgemeine Montage-Stilistik aufgenommen worden, und Jump Cuts sind nun für rhythmische Effekte erlaubt. Selbst der einfache, nützliche Jump Cut ist geglättet worden: Aus einer einzigen Einstellung (nur ein Kamerawinkel) geschnitten, kann er durch eine Serie von schnellen Überblendungen überspielt werden.

Richard Lesters lebendige Filme aus den sechziger Jahren – insbesondere seine Musikfilme *A Hard Day's Night* (1964), *Help!* (1965) und *A Funny Thing Happened on the Way to the Forum* (1966) – machten Jump Cuts, schnelle und «ungrammatische» Schnitte populär. Mit der Zeit wurde sein zerstückelnder Schnittstil zu einer Norm, heutzutage weltweit jeden Abend in Hunderten von Musik-Videos auf MTV zelebriert. Weil diese Video-Bildwelt mittlerweile unser Leben im Griff hat, ist es nur schwer zu begreifen, wie frisch und innovativ diese Techniken in den sechziger Jahren erschienen. Lester ist – wenigstens in einer Hinsicht – als der einflußreichste Filmstilist seit D. W. Griffith anzusehen. «Morphe» ausgenommen, gibt es in gegenwärtigen Musik-Videos nur wenige Techniken, die Richard Lester nicht als erster ausprobiert hat. (Aber nun steckt ja auch in der gegenwärtigen Musik vieles, was die Beatles und ihre Kollegen in den Sechzigern als erste erkundet haben.)

Es sollte festgehalten werden, daß tatsächlich zwei Prozesse ablaufen, wenn Aufnahmen geschnitten werden. Der erste betrifft das Zusammenfügen zweier Aufnahmen. Ebenso wichtig ist es jedoch, die Länge jeder einzelnen Aufnahme zu bestimmen, sowohl in bezug auf voraufgehende als auch folgende Aufnahmen wie auch in bezug auf die Handlung in der Aufnahme. Die Découpage classique fordert, daß eine Aufnahme so geschnitten wird, daß der Schnitt nicht mit der zentralen Handlung der Aufnahme kollidiert. Wenn wir die Handlung in einer jeden Aufnahme so konzipieren, daß wir zunächst eine steigende und dann eine fallende Kurve bekommen, verlangt die Hollywood-Grammatik einen Schnitt kurz nach dem höchsten Punkt der Kurve. Moderne Regisseure wie Michelangelo Antonioni drehen die Logik jedoch um und lassen die Aufnahme lange nach dem Höhepunkt weiterlaufen, zeigen die ganze Spanne ihrer Nachwirkung. Die letzte Einstellung von *Professione: Reporter* (1975) ist dafür ein ausgezeichnetes Beispiel. Um den Film mit einer langen, majestätischen und geheimnisvollen Fahrt zu einem Fenster hoch und dann hindurch enden zu lassen, hat Antonioni eine komplizierte Apparatur konstruiert – eine Art Kombination aus Steadicam, Skycam und Überkopf-Schiene. Der Schwenker lenkte die an einem Kran aufgehängte Kamera an das Fenster heran, Bühnenarbeiter öffneten dann das Fenster und hängten die Kamera in die Schiene der Decke ein, so daß sie sich in den Raum hineinbewegen und die Figuren im Innern erkennen lassen konnte.

Der rhythmische Wert des Schnitts ist wahrscheinlich am besten im Code der «beschleunigten» Montage zu sehen, bei der das Interesse an der Szene gesteigert und durch ständig kürzere Einstellungswechsel zwischen zwei Gegenständen (oft in Verfolgungsszenen) zu einem Höhepunkt geführt wird. Christian Metz wies auf die beschleunigte Montage als filmspezifischen Code hin (obgleich Charles Ives' antagonistische Blechbläser ein Beispiel für diese Art von Kreuzschnitt in der Musik liefern). Beschleunigte Montage deutet eine zweite Art von Schnitt an.

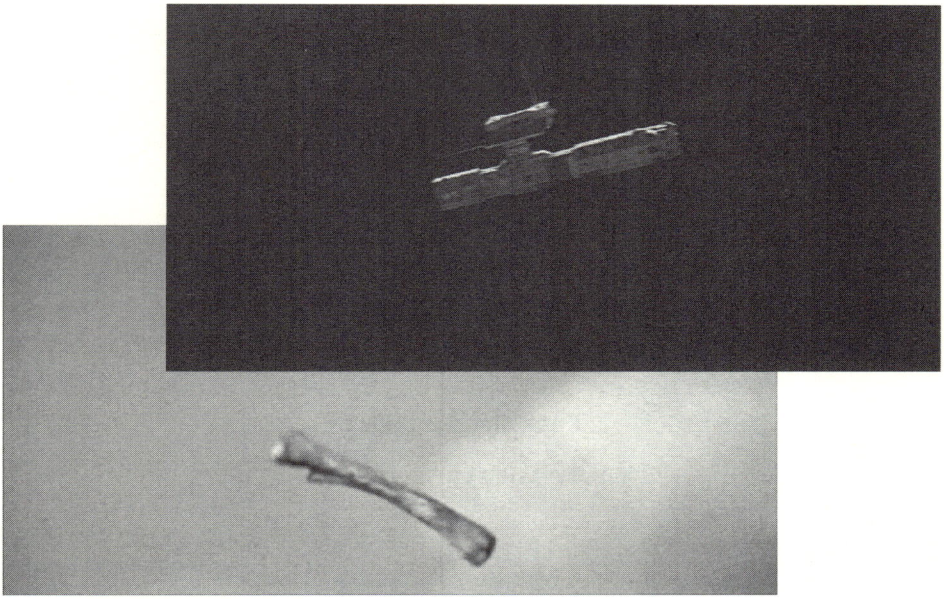

Stanley Kubricks transzendentaler Match Cut in *2001* (Standvergrößerung)

Die Montage wird nicht nur dazu benützt, ein Kontinuum zwischen den Einstellungen einer Szene herzustellen, sondern auch, um die Zeitlinie eines Films zu krümmen. Die «Parallel»-Montage erlaubt es dem Filmemacher, durch Hinundherschneiden, zwischen zwei Erzählungen abzuwechseln, die miteinander verbunden oder unverbunden sein können. (Die beschleunigte Montage ist ein spezieller Typ der Parallel-Montage.) Rück- und Vorblenden erlauben Abschweifungen und Vorgriffe. Die «Schachtel-Montage» («involuted montage») erlaubt es, eine Sequenz ohne besondere Rücksicht auf die Chronologie zu erzählen. Eine Handlung kann wiederholt werden, Einstellungen können ohne chronologische Ordnung eingeschnitten werden. Jede dieser Ausweitungen des Montage-Codes strebt etwas anderes an als die Herstellung einer einfachen Chronologie, ein Faktor, der beim klassischen fortlaufenden Schnitt kaum Beachtung fand.

Womöglich ist der «match cut» («zusammenfügender Schnitt») der häufigste dialektische Trick, der zwei verschiedene Szenen durch die Wiederholung einer Handlung oder einer Form oder die Verdoppelung der Mise en Scène verbindet. Stanley Kubricks Match Cut in *2001: A Space Odyssey*, zwischen einem prähistorischen Knochen, der durch die Luft wirbelt, und einer Raumstation aus dem einundzwanzigsten Jahrhundert, die sich im Raum dreht, ist wahrscheinlich der anspruchsvollste Match Cut der Geschichte, da er versucht, die Vorgeschichte mit der

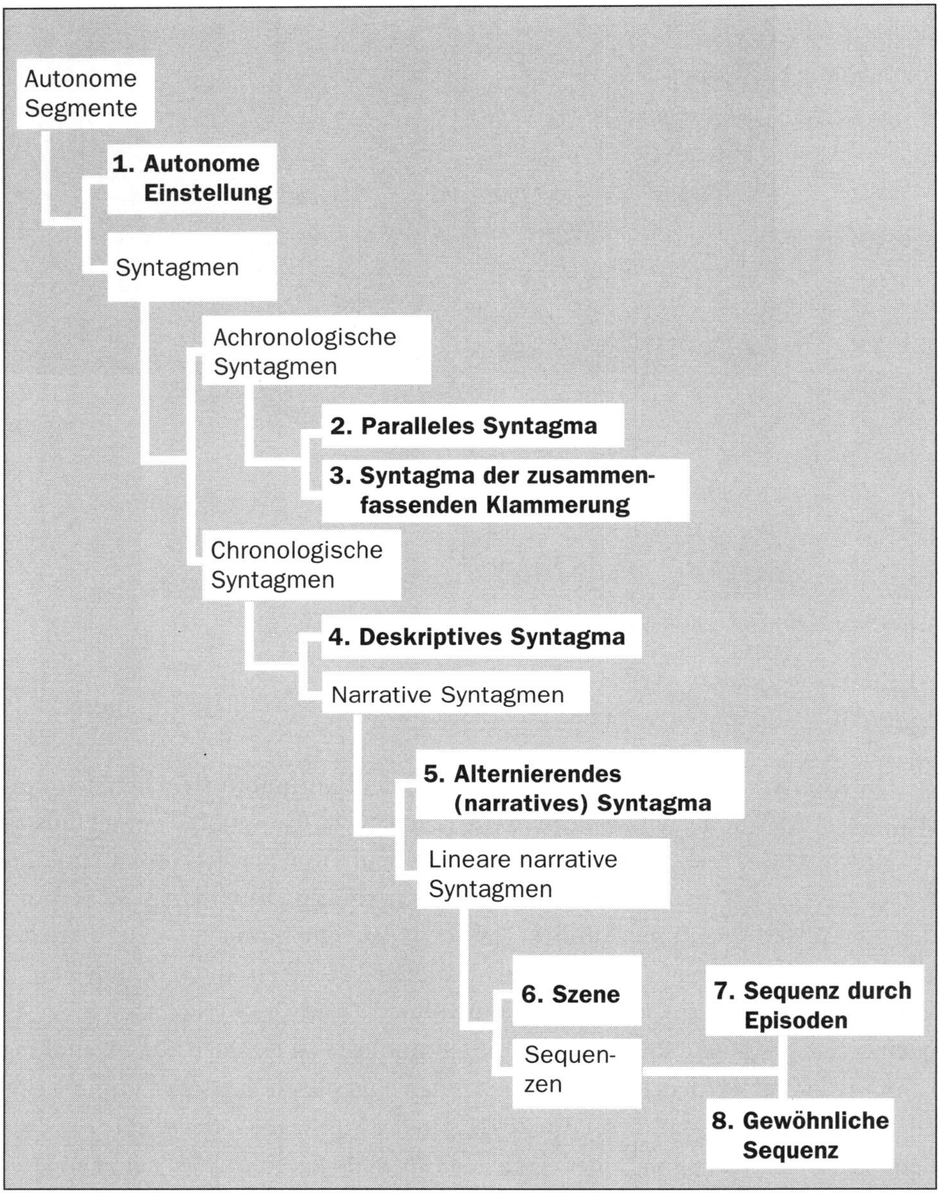

Metz' syntagmatische Kategorien

menschheitlichen Zukunft zu verbinden, und weil er gleichzeitig im Schnitt selbst eine besondere Bedeutung dadurch schafft, daß er die Funktion von Knochen wie auch Raumstation als Werkzeuge betont: Erweiterungen der menschlichen Fähigkeiten.

Die Codes der Montage mögen nicht so deutlich erkennbar sein wie die der Mise en Scène, aber das bedeutet nicht, daß sie deshalb weniger komplex sein müssen. Wenige Theoretiker haben mehr Unterscheidungen getroffen als die zwischen paralleler Montage, erzählerischer Montage, beschleunigter Montage, Rückblenden und Schachtel-Montage. In den zwanziger Jahren erweiterten Vsevolod I. Pudovkin und Sergej Eisenstein die Montage-Theorie über diese eigentlich praxisorientierten Möglichkeiten hinaus. Pudovkin unterschied fünf Haupttypen der Montage: Kontrast, Parallelität, Symbolismus, Gleichzeitigkeit und Leitmotiv. Er entwickelte dann eine Theorie der Interaktion zwischen den Aufnahmen, die er die «Beziehungsmontage» oder «Verknüpfung» nannte. Eisenstein sah seinerseits die Beziehungen zwischen den Einstellungen eher als Zusammenprall denn als Verknüpfung und verfeinerte die Theorie noch insofern, als sie sich nicht nur mit den Beziehungen zwischen Elementen einzelner Einstellungen beschäftigte, sondern auch mit Beziehungen zwischen ganzen Einstellungen selber. Das nannte er die «Montage der Attraktionen». Beide Theorien werden in Teil 4 «Filmgeschichte» genauer untersucht.

In den späten sechziger Jahren versuchte Christian Metz, all diese verschiedenen Montage-Theorien zu verschmelzen. Er entwarf ein Diagramm, in dem er aufzuzeigen versuchte, wie acht Montage-Typen logisch miteinander verbunden waren. Es gibt eine Anzahl Probleme mit Metz' Kategorien, doch das System hat eine eigentümliche Eleganz, und es beschreibt die meisten der wesentlichen Montage-Muster. Wichtiger noch: Trotz seiner Eigentümlichkeiten und gelegentlicher Verirrungen bleibt es der einzige Versuch der letzten Jahre, das komplexe System der Montage zu erfassen.

Zu bemerken ist, daß sich Metz für narrative Elemente – Syntagmen – interessiert, die innerhalb einer Aufnahme wie auch zwischen ihnen bestehen können, eine wichtige Verfeinerung, da, wie wir bereits gezeigt haben, die Wirkungen vieler Montage-Arten innerhalb einer Aufnahme erzielt werden können, ohne daß wirklich geschnitten werden muß. Wenn die Kamera zum Beispiel von einer Szene zu einer anderen schwenkt, stehen diese beiden Szenen miteinander genauso in Verbindung, als wenn sie zusammengeschnitten worden wären.

Metz' großartiger Entwurf mag auf den ersten Blick gefährlich erscheinen, aber wenn man ihn studiert, erweist er sich als nützliches logisches System. Er erreicht das, indem er sich auf autonome Segmente des Films beschränkt. Dies müssen entweder autonome Einstellungen sein – die völlig unabhängig sind von dem, was voraufgeht oder folgt –, oder es müssen seine sogenannten Syntagmen sein – Einheiten, die bedeutungsvolle Beziehungen untereinander haben. (Wir könnten sie «Szenen» oder «Sequenzen» nennen, aber Metz behält sich diese Begriffe für spezielle Typen von Syntagmen vor.) Auf jeder Stufe dieses binären Systems wird eine weitere Unterscheidung gemacht: Die erste Klammer unterscheidet zwischen autonomen Einstellungen und verbundenen Einstellungen, was sicher der erste Faktor beim Kategorisieren der verschiedenen Montage-Arten ist. Entweder ist eine Einstellung mit ihrer Umgebung verbunden, oder sie ist es nicht.

Die zweite Klammer unterscheidet zwischen Syntagmen, die chronologisch wirken, und solchen, die das nicht tun. In anderen Worten: Der Schnitt erzählt entweder eine Geschichte (oder er entwickelt eine Idee) in chronologischem Ablauf oder tut das nicht. Auf der dritten Stufe verzweigen sich die Unterscheidungen. Metz unterscheidet zwei getrennte Arten von achronologischen Syntagmen, die parallelen und die Syntagmen der zusammenfassenden Klammerung. Dann unterscheidet er zwischen zwei Arten chronologischer Syntagmen: Entweder beschreibt ein Syntagma, oder es erzählt. Wenn es erzählt, kann es das entweder linear oder nichtlinear tun. Wenn es linear beschreibt, ist es entweder eine Szene oder eine Sequenz. Und schließlich, wenn es eine Sequenz ist, ist es entweder episodisch oder gewöhnlich.

Das Endresultat ist ein System von acht Montage-Arten oder acht Syntagmen. Die autonome Einstellung (1) ist auch als «Plansequenz» bekannt (obgleich Metz hier auch bestimmte Arten von Einfügungen – kurze, isolierte Fragmente – einordnet). Das parallele Syntagma (2) ist bereits als das bekannte Phänomen der Parallel-Montage diskutiert worden. Das Syntagma der zusammenfassenden Klammerung (3) ist jedoch Metz' eigene Entdeckung – oder Erfindung. Er beschreibt es als «eine Serie kurzer Szenen, die solche Ereignisse darstellen, die als typische Beispiele für eine bestimmte Realität angesehen werden und die ganz bewußt nicht in ein zeitliches Verhältnis zueinander gebracht werden...» (Metz: *Semiologie des Films*, S. 173).

Dies ist mehr ein System von Andeutungen. Ein gutes Beispiel könnten vielleicht die Bilder zu Beginn von Godards *Une Femme mariée* (1964) sein. Sie spielen alle auf moderne Einstellungen zum Sex an. In der Tat schien Godard in vielen seiner Filme das Syntagma der umfassenden Klammerung besonders zu lieben, da es dem Film erlaubt, ein wenig wie der literarische Essay zu arbeiten.

Das deskriptive Syntagma (4) beschreibt nur. Die Beziehung seiner Elemente ist eher räumlich als zeitlich. Fast jede Einführungssequenz (wie die bereits besprochene aus *Rear Window*) ist ein gutes Beispiel für das deskriptive Syntagma. Das alternierende Syntagma (5) ist dem parallelen Syntagma sehr ähnlich, abgesehen davon, daß das parallele Syntagma zwei verschiedene Szenen oder Sequenzen anbietet, die durch die Erzählung nicht verbunden sind, während das alternierende Syntagma parallele oder alternierende Elemente anbietet, die verbunden sind. Die Wirkung ist hierbei Gleichzeitigkeit, wie in Verfolgungsszenen, in denen die Montage zwischen Aufnahmen von Verfolger und Verfolgten wechselt.

Wenn die Ereignisse nicht gleichzeitig passieren, passieren sie eines nach dem anderen, in einem linearen Ablauf, und das bringt uns zu Metz' verbleibenden drei Montage-Kategorien, der Szene (6) und zwei Sequenz-Arten – Sequenz durch Epi-

A

B

C

D

Diese Sequenz aus vier Aufnahmen ist eine doppelte Überblendung aus Alfred Hitchcocks *North by Northwest* (1959). Zunächst scheint sie nur eine sehr ökonomische Verbindung zweier Szenen zu sein: der voraufgehenden Szene im UN-Gebäude, in der Roger Thornhill (Cary Grant) fälschlicherweise für einen Mörder gehalten wurde, und der Konferenzszene beim CIA in Washington, auf der diese Entwicklung der Ereignisse diskutiert wird. Hitchcock blendet von seiner eindrucksvollen Vogelperspektive auf den winzig kleinen Thornhill, der vom Klotz des UN-Sekretariats (kaum sichtbar in A) wegläuft, über zum Schild in B. Da Hitchcock umsichtig genug gewesen ist, ein Schild mit einer spiegelnden Oberfläche zu benutzen, kann es das Capitol widerspiegeln und so die Stadt auch als «Company» identifizieren und zusätzlich eine Extra-Einstellung einsparen. Dann blendet er über zur Schlagzeile in D, die uns mitteilt, daß (1) Zeit vergangen ist, (2) Thornhill identifiziert worden ist und (3) daß er bis jetzt nicht verhaftet werden konnte. Die Zeitung wird vom Chef des Geheimdienstes gehalten. Hitchcock fährt zurück von der Zeitung und setzt die Konferenzszene fort.

Zur gleichen Zeit enthält diese kleine, elegante Überblendung jedoch außergewöhnlich metaphorische Informationen, denn wenn wir diese Bilder analysieren, können wir erkennen, daß der CIA sich der UNO aufdrängt, daß das Capitol ein Spiegelbild des CIA ist (oder daß der Geheimdienst sich über den Sitz der Regierung gelagert hat) und daß er schließlich die Zeitungsschlagzeilen hervorbringt, die außer der als Information für die Handlung wichtigen auch noch die folgenden Informationen enthalten: «Nationaler Streik befürchtet» und «Nixon verspricht: Westmächte bleiben in Berlin». *(Standvergrößerungen)*

Mit einem herausragenden Beispiel für ein eingefrorenes Bild endet *Les quatre cent coups* (1959) abrupt und spöttisch. *(Museum of Modern Art/Film Stills Archive)*

soden (7) und gewöhnliche Sequenz (8). Es hat immer eine große Verwirrung im Vokabular der Filmkritik zwischen den Begriffen Szene und Sequenz gegeben, und Metz' ausgefeiltes System besitzt einen großen Wert wegen der hierzu angebotenen präzisen Definition. Metz leitet seine Definition der Szene aus dem Sprachgebrauch des Theaters ab. In der Szene ist die Abfolge der Ereignisse – die lineare Erzählung – kontinuierlich. In der Sequenz wird sie aufgebrochen. Sie ist immer noch linear, narrativ und chronologisch, sie ist immer noch mit anderen Elementen verbunden, aber sie ist nicht kontinuierlich.

Metz' letzte Unterscheidung zwischen der Sequenz durch Episoden und der gewöhnlichen Sequenz ist ein wenig willkürlich. In der Sequenz durch Episoden ist die Diskontinuität organisiert; in der gewöhnlichen Sequenz ist sie es nicht. Ein gutes Beispiel für die episodische Sequenz ist daher die Sequenz aus *Citizen Kane*, in der Orson Welles die zunehmende Verschlechterung von Kanes Ehe durch eine Reihe aufeinanderfolgender Episoden am Frühstückstisch darstellt. Tatsächlich könnten wir dies eine «Sequenz von Szenen» nennen, und dies ist ein Hauptcharakteristikum der Sequenz durch Episoden: Ihre Elemente sind so angeordnet, daß jedes von ihnen eine eigene Identität zu haben scheint.

Einige dieser Unterscheidungen könnten immer noch unklar sein. Für die meisten Filmbetrachter sind die Begriffe vom Syntagma der zusammenfassenden Klammerung und dem deskriptiven Syntagma so nahe beieinander, daß kein offensichtlicher Unterschied zu bestehen scheint. Das parallele Syntagma und das alternierende Syntagma weisen die gleichen Schwierigkeiten auf wie auch die Sequenz durch Episoden und die gewöhnliche Sequenz. Dennoch, trotz seiner Schwierigkeiten bleibt Metz' System ein hilfreicher Führer durch das, was bis jetzt ein relativ weißer Fleck auf der Landkarte war: die sich ständig verschiebende, komplizierte und verworrene Syntax der Filmerzählung. Ob nun seine acht Kategorien brauchbar oder nicht erscheinen, die von ihm definierten Faktoren der Unterscheidung sind höchst bedeutungsvoll, und wir sollten sie uns noch einmal vor Augen führen:

- Ein Filmsegment ist entweder autonom oder nicht.
- Es ist entweder chronologisch oder nicht.
- Es ist entweder deskriptiv oder narrativ.
- Es ist entweder linear oder nicht.
- Es ist entweder kontinuierlich oder nicht.
- Es ist entweder organisiert oder nicht.

Wir brauchen nur noch die «Interpunktion» des Films zu beschreiben, um diesen kleinen Überblick über die Syntax der Mise en Scène und der Montage zu vervollständigen. Weil Mittel der Gliederung in die Augen springen und sich leicht definieren lassen, nehmen sie oft in Diskussionen über die Filmsprache einen herausragenden Platz ein. Sie sind zweifellos nützlich, wie zum Beispiel das Komma in der geschriebenen Sprache.

Das einfachste Gliederungsmittel ist der harte Schnitt. Ein Bild endet, ein anderes beginnt. Die Blende lenkt die Aufmerksamkeit auf das Ende oder den Anfang, wie zum Beispiel die Iris-Blende (ein besonders beliebtes Mittel der frühen Filmemacher, das heute kaum noch verwendet wird). Die Trickblende, bei der ein Bild ein anderes durch eine schwindelerregende Vielfalt von Möglichkeiten ersetzt (Wischblende, Klappblende, Schiebeblende, Kippblende, Zerreißblende, Spiralblende), war in den dreißiger und vierziger Jahren besonders beliebt. Optische Firmen boten Kataloge mit Verzeichnissen von Trickblenden an. Inzwischen werden sie nur noch für nostalgische Effekte verwendet. Das Fernsehen hat sie allerdings zu neuem Leben erweckt. Dort erlauben elektronisch generierte Spezialeffekte neue Variationen des Themas, indem etwa ein Bild derartig verschoben wird, daß es wirkt, als würde eine Buchseite dreidimensional umgeblättert.

Zwischentitel waren ein wichtiges Gliederungsmittel des Stummfilms und werden auch heute noch gelegentlich benützt. Das «Einfrieren» des Bildes ist populär, seit es von François Truffaut mit solch großer Wirkung in *Les Quatre cent coups* (1959) eingesetzt wurde. Filmemacher haben in den sechziger und siebziger Jahren einige der alten Formen modernisiert: in Farbe blenden statt in Schwarz (Ingmar Bergman) oder der Schnitt auf einfarbige Bilder (Godard). Das Spiel mit der Schärfe (der Effekt, langsam die Schärfe am Anfang der Einstellung zunehmen oder am Ende abnehmen zu lassen) trat neben das Abblenden, und Antonioni ließ gern eine Einstellung mit einem unscharfen Hintergrund beginnen, bevor ein scharf eingestelltes Motiv ins Bild kam.

All diese verschiedenen Gliederungen entsprechen dem Punkt. Satz-Ende. Ein Auf- oder Abblenden kann eine Beziehung bedeuten, aber ist kein direktes Bindeglied. Die Überblendung jedoch, in der sich Auf- und Abblende überlagern, verbindet. Wenn es im Film ein Komma zwischen diesen verschiedenen Punkten gibt, ist es die Überblendung. Interessanterweise dient sie vielen Zwecken: Sie wird im allgemeinen benützt, um eine Rückblende einzuführen; sie wird auch bei der erzählerischen Montage mit dem Jump Cut angewendet, während sie gleichzeitig das Verfließen eines großen Zeitraumes darstellen kann, vor allem, wenn sie wiederholt auftritt. Sie ist im Film das Interpunktionszeichen, das Bilder vermischt, während es sie gleichzeitig verbindet.

VIER

FILMGESCHICHTE: EIN ÜBERBLICK

Französische Filmtheoretiker unterscheiden gern zwischen «film» und «cinéma». «Film» ist jener Aspekt der Kunst, der das Verhältnis zur Umwelt behandelt; «cinéma» betrifft nur die Ästhetik und die innere Struktur der Kunst. Im Englischen existiert ein drittes Wort neben «film» und «cinéma»: «movies» (was etwa unserem «Kino» entspricht), ein guter Begriff für die dritte Facette des Phänomens: seine ökonomische Funktion als Ware. Die drei Aspekte sind natürlich eng verquickt: Was dem einen «Kino» ist, ist dem anderen «Film». Doch allgemein werden die drei Begriffe in etwa folgender Unterscheidung benutzt: «movies» werden wie Popcorn konsumiert; «cinéma» ist erhabene Kunst, mit dem Geruch von Ästhetik; «film» ist der allgemeinste, am wenigsten präzisierte Begriff.*

Die Geschichte des Films (movies / film / cinéma) ist verwickelt und komplex, obwohl sie nur ein Jahrhundert überspannt. Die Filmgeschichte gliedert sich in Abschnitte von nur fünf oder zehn Jahren. Das folgt zum Teil aus der explosiven Natur des Phänomens Film, der als Kommunikationsmittel auf Anhieb für eine große Anzahl Menschen verständlich war, zum anderen stellten der rasche technische Fortschritt im zwanzigsten Jahrhundert und die Wirtschaftszyklen den Film vor die Alternative: Weiterentwicklung oder Untergang.

Bei den drei Aspekten – movies, film, cinéma – sollte nicht übersehen werden, daß sie jeweils von einem Funktionsspektrum überlagert werden, das vom dokumentarischen über den marktbeherrschenden narrativen Film bis zum avantgardistischen und «Kunstfilm» reicht. Der folgende historische Abriß behandelt vor allem den mittleren Bereich, da hier der Einfluß von Wirtschaft und Politik besonders ausgeprägt war.

Zwischen der Entwicklung des Romans in den letzten dreihundert Jahren und der

* *Anmerkung des Herausgebers:* Die beiden im Deutschen gebräuchlichen Ausdrücke «Film» und «Kino» entsprechen in etwa «film» beziehungsweise «movies»; dem «gehobenen» Ausdruck «cinéma» fehlt die Entsprechung – auch ein Symptom für die Stellung des Films im Bewußtsein des Publikums, zugleich Indiz für die immer noch embryonale Lage der hiesigen Filmwissenschaft.

Der Entwicklungsstand der Phantasiewelt Hollywoodland in den Hollywood Hills im Jahre 1924. Die gigantische Werbetafel wurde zum Wahrzeichen des Ortes (einmal fiel die Endung ab). *(Hollywood: The First Hundred Years. Mit freundlicher Genehmigung von Bruce Torrence)*

des Films in den letzten achtzig existieren interessante Parallelen. Beides sind vor allem populäre Künste, die eine große Anzahl Konsumenten voraussetzen, um wirtschaftlich existieren zu können. Beide haben journalistische Wurzeln – das heißt, sie halten Realität fest. Beide machten eine frühe, von Erfindungen und Experimenten gekennzeichnete Phase durch und erreichten bald eine die anderen Künste dominierende Position. Beide entwickelten ein komplexes System von Genres, die sich an eine Vielzahl verschiedener Zielgruppen wandten. Schließlich erreichten beide ein neues Stadium der Konsolidierung, in dem das Elitäre stärker betont und ästhetische Werte über diejenigen der populären Unterhaltung gestellt wurden, als die Herausforderung durch ein neues Medium erwuchs (Roman durch Film, Film durch Fernsehen).

Ebenso wie der Roman dem Film als Stofflieferant diente, so der Film dem Fernsehen. Vielleicht lassen sich tatsächlich in Zukunft kaum noch größere Unterschiede zwischen diesen drei Formen der narrativen Unterhaltung feststellen. Ökonomisch sind Roman, Film und Fernsehen heute so eng verflochten wie nie zuvor.

In der Entwicklung des Films gibt es jedoch zwei wesentliche Abweichungen von der des Romans. Ehe die Erzählprosa ein weites Publikum erreichen konnte, mußte die Fertigkeit des Lesens verbreitet werden. Der Film hatte keine solche Vorbedingung. Andererseits beruht er auf einer hochentwickelten Technik. Zwar ist der Roman von der Drucktechnik abhängig, doch ist diese Technik relativ unkompliziert, und so ist der Roman nur in sehr geringem Maße von technischen Entwicklungen beeinflußt worden. Man könnte also die Geschichte des Romans als publikumsintensiv bezeichnen – das heißt eng verbunden mit der Entwicklung von Fertigkeiten des Publikums –, die Geschichte des Films hingegen als technikintensiv – sie hängt weniger von den Fähigkeiten des Publikums ab als von jenen der Technik.

Alle Filmgeschichten setzen natürlich einen Einschnitt zwischen Stumm- und Tonfilm. Zwar ist jede Strukturierung, die über diese grobe Zweiteilung hinausgeht, willkürlich, doch lohnt sich der Versuch einer präziseren Gliederung. Jede der im folgenden aufgeführten acht Perioden besitzt ihren eigenen Zusammenhang. Wenn wir auch dazu neigen, diese Epochen mit ästhetischen Kriterien zu fassen («cinéma») so ist es doch interessant, daß sie eher durch ökonomische Entwicklungen bestimmt sind («movies»).

- Die Frühgeschichte des Films umfaßt alle Vorläufer des «Cinématographe» wie auch die Herausbildung gewisser Aspekte in anderen Künsten, die – im Film angewandt – einen wichtigen Einfluß gewannen (zum Beispiel das viktorianische Melodram oder die Porträt-Fotografie).
- In den Jahren zwischen 1896 und 1912 entwickelte sich das Kino von einer Varieté- und Jahrmarktsattraktion zu einer selbständigen Wirtschaftsbranche und Kunstform. Das Ende dieser Periode wird durch das Entstehen des langen Spielfilms markiert.
- Die Jahre von 1913 bis 1927 umfassen die Stummfilmzeit.
- Zwischen 1928 und 1932 befand sich die Welt-Kinematografie in einer Übergangsperiode. Dieser Abschnitt ist künstlerisch weniger ergiebig, doch ökonomisch wie technisch höchst wichtig.
- In die Periode von 1932 bis 1946 fällt Hollywoods «goldene Ära»; in dieser Zeit hatte das Kino seinen größten wirtschaftlichen Erfolg.
- Gleich nach dem Ende des Zweiten Weltkriegs begann für den Film die Herausforderung durch das Fernsehen. Die Jahre von 1946 bis 1959 wurden von dieser Konfrontation bestimmt, ebenso von einer wachsenden Internationalisierung. Ästhetisch, wenn auch nicht wirtschaftlich, verlor Hollywood seine Vorherrschaft.
- Das Entstehen der Neuen Welle in Frankreich, Anfang der sechziger Jahre, kennzeichnete den Beginn der von 1960 bis 1980 dauernden siebten Periode der Filmgeschichte. Neue technische Mittel, neue wirtschaftliche Wege der Produktion und ein neues Bewußtsein für die politischen und sozialen Werte des Films ließen zahllose kleine «Neue Wellen» in Osteuropa, Lateinamerika, Afrika, Asien und schließlich auch in den Vereinigten Staaten und Westeuropa entstehen.

1980 bietet sich offensichtlich als Schlußpunkt der Periode der Neuen Welle in der Welt-Kinematografie und als Beginn dessen an, was man den «postmodernen» Film nennen könnte. In dieser gegenwärtigen Ära erscheint der Film am ehesten als Teil des weitgefächerten Angebots der Unterhaltungs- und Kommunikationsmedien, die eindeutig durch das Fernsehen in all seinen Formen dominiert werden. Als Teil jener Gruppe, zu der Schallplatten, Videokassetten und Bildplatten, diverse Druckverfahren, Rundfunk, Satelliten- und Kabel-Fernsehen gehören, hat der Film seinen früheren ökonomischen Einfluß verloren. Zwar dient das Kino noch immer als Prestige-Modell für diese anderen Medien, doch zunehmend muß der Film in diesem weiteren Zusammenhang verstanden werden. Die Herstellung von Kinofilmen ist lediglich eine der zahlreichen Facetten dieser neuen Medienwelt.

Tatsächlich brauchen wir heute einen neuen Begriff, durch den allgemein die Produktion audiovisueller Kommunikation und Unterhaltung bezeichnet wird. Ob diese noch unbenannte, doch allgegenwärtige Form auf Filmmaterial produziert wird, auf Magnetband oder auf Platte (analog oder digital), ob sie durch Kino, Rundfunk, Kabel, Platte oder Band zu uns gelangt – unser Erlebnis läuft im Grunde auf dasselbe hinaus. Wenn wir also hier über movies / film / cinéma sprechen, so schließen wir meist auch die anderen Medienformen mit ein.

Den Film heute kann man als Synthese all jener Kräfte verstehen, die zu anderen Zeiten jeweils zu dominieren schienen. Für das Verständnis von Filmgeschichte ist jedoch sehr wichtig zu erkennen, wie diese sozialen, politischen, ökonomischen, kulturellen, psychologischen und ästhetischen Faktoren untereinander dynamisch zusammenhängen. Man faßt Filmgeschichte am besten als Produkt vieler verschiedener Antithesen auf; dies kann man auf allen Ebenen beobachten, im Detail wie im Allgemeinen.

Die Darstellung eines Schauspielers ist zum Beispiel das Ergebnis des Konflikts zwischen der Rolle und der Persönlichkeit des Schauspielers. Manchmal dominiert die Persönlichkeit, manchmal die Rolle, doch immer ist das Ergebnis ein Drittes, eine dialektische Auflösung: die Darstellung – die ihrerseits Element einer größeren Einheit wird, des Films. Ein bestimmter Film ist wiederum das Produkt einer Anzahl von Gegensätzen: Regisseur – Drehbuchautor, Ideal-Buch – Realität der Dreharbeiten, Schatten – Licht, Bild – Ton, Einzelrolle – Gesamthandlung etc. Jeder Film wird dann zum Element im größeren System der Gegensätze: Genreregeln kontrastieren mit der Individualität des Drehbuchs, Studiostil mit dem persönlichen Stil des Regisseurs, thematische Tendenzen mit der konkreten Realität des Mediums. Schließlich ist jedes dieser größeren Elemente Teil eines oder mehrerer Widersprüche, die gemeinsam der allgemeinen Geschichte des Films ihre Form und ihren Inhalt geben.

Man sollte im Auge behalten, daß nur in den seltensten Fällen die Phänomene der Filmgeschichte nach einem einfachen Ursache-Folge-Schema zu beschreiben sind. Der leichteren Darstellung halber ist der folgende kurze Überblick der Geschichte des Films nach drei Grundkategorien gegliedert: Ökonomie, Politik (einschließlich Psychologie und Soziologie) und Ästhetik. Doch keiner dieser Faktoren ist letztlich vorherrschend. Wenn der Film auch grundsätzlich ein wirtschaftliches Produkt ist, so gab es doch zahlreiche Filmemacher, die ohne erkennbare Rücksicht auf die Realitäten des Marktes gearbeitet haben und denen es gelang zu überleben. Wenn gewisse Filmarten besonders wegen ihrer politischen und sozialen Wirkungen behandelt werden, so sollte man doch bedenken, daß die Gründe dieser Wirkung überhaupt nicht politisch zu sein brauchen, sondern ganz persönlich und ästhetisch.

Kurzum, es ist nicht unser Ziel, oberflächlich zu entscheiden, «was verursachte was» in der Filmgeschichte, sondern Verständnis dafür zu wecken, «was hängt womit zusammen». Für jede interessante Erscheinung der Filmgeschichte existieren verschiedene sinnvolle Erklärungen. Es ist weniger wichtig festzulegen, welche dieser Erklärungen «wahr» ist, als vielmehr zu erkennen, wie sie untereinander zusammenhängen und auf ihr gesellschaftliches Umfeld bezogen sind.

Wie jede Kunst – und durch seine umfassende Popularität sogar besonders intensiv – reflektiert der Film die wechselnden Zusammenhänge des «contrat social». Deshalb ist es sinnvoll, zunächst einen Blick auf die wirtschaftlichen und technischen Grundlagen des Mediums zu werfen (was Ökonomen und Kulturhistoriker die «Infrastruktur» nennen würden), dann einige wichtige politische, soziale und psychologische Aspekte der Kunst (ihre «Struktur») zu untersuchen und mit einem kurzen Abriß der filmkünstlerischen Entwicklung zu schließen.

Jeder dieser drei Aspekte der Filmgeschichte gäbe Stoff genug für einen dicken Band. Was folgt, ist lediglich der Grundriß einiger wichtiger Themenkomplexe. Zudem hat sich Film nicht unabhängig von den anderen Künsten und Medien entwickelt. Seine Geschichte muß im Zusammenhang mit dem Wachsen der anderen technischen Medien und in Verbindung mit Entwicklungen in den älteren, nichttechnischen Künsten gesehen werden. Einige dieser Verbindungen wurden bereits in Teil 1 «Film als Kunst» aufgezeigt.

Kino: Die Ökonomie

Mehr noch als die anderen technischen Neuerungen, die das Panorama der modernen elektrischen und elektronischen Kommunikationsarten bilden, war Film eine gemeinschaftliche Erfindung. Im Gegensatz zu Telefon, Telegraf und sogar Rundfunk beruht Film auf einer ganzen Serie kleiner Erfindungen, die jeweils anderen Erfindern zugeschrieben werden. Einzelne Konzepte hatten sogar mehrere Urheber.

In den USA wird die Erfindung der laufenden Bilder hauptsächlich Thomas Edison zugeschrieben, und in der Tat fand ein wichtiger Teil der Entwicklungsarbeit in seinem Laboratorium in New Jersey statt. Doch zieht man Edisons einmaliges Talent und sein offensichtliches Verständnis für die Probleme eines funktionstüchtigen Kamera-/Projektor-Systems in Betracht, so ist erstaunlich, daß er persönlich nicht mehr erreichte. Der Engländer William Kennedy Laurie Dickson war Edisons Hauptexperimentator bei diesem Projekt. Er demonstrierte bereits 1889 ein rohes Projektionssystem, doch Edison scheint den Film mehr als ein Individual- denn als Gemeinschaftserlebnis konzipiert zu haben. Er war mehr an der Produktion eines Guckapparates für eine Einzelperson als an der eines Projektors zur Unterhaltung größerer Gruppen interessiert. Er nannte seinen Guckkasten das «Kinetoscope». Es wurde seit Anfang der neunziger Jahre produziert – eines der ersten kurzen Programme war das berühmte *Fred Ott's Sneeze* – und war bald eine erfolgreiche Jahrmarktsattraktion.

Das Kinetoscope regte eine Reihe europäischer und amerikanischer Erfinder und Geschäftsleute an, ihre Talente der Lösung der noch offenen Probleme zu widmen. In England entwickelten der Franzose Louis Augustin Le Prince und der Engländer William Friese-Greene funktionstüchtige Kamera-/Projektor-Systeme schon gegen Ende der achtziger Jahre, die jedoch nicht weitergeführt wurden.

Der Schlüssel zum Problem der Projektion für ein größeres Publikum war der schrittweise Bildtransport. Louis und Auguste Lumière in Frankreich und Thomas Armat in Amerika kamen 1895 auf die Lösung. Armat verkaufte seine Idee an Edison. Die Lumières machten sich an die Produktion und zeigten am 28. Dezember 1895 im Untergeschoß des Grand Café in Paris, 14 Boulevard des Capucines, die er-

So filmte die American Mutoscope and Biograph Co. eine Bühnenvorführung. Mit vier laufenden Kameras dürfte sie kaum etwas verpaßt haben. *(Museum of Modern Art/Film Stills Archive)*

sten projizierten Filme vor einem zahlenden Publikum. Während des nächsten Jahres wurde Lumières Cinématographe in den meisten Großstädten Europas präsentiert. Edisons erste formelle öffentliche Vorstellung mit einer großen Leinwand fand am 23. April 1896 in *Koster and Bial's Music Hall*, New York, Ecke 34th Street und Sixth Avenue, statt.

Die Entscheidung der Lumières, sich auf die Filmprojektion für größere Gruppen zu konzentrieren, hatte weitreichende Auswirkungen. Wäre die technische Entwicklung in die Richtung weitergegangen, die Edison anstrebte, so wäre das Ergebnis eher ein Medium wie das Fernsehen gewesen, privat genossen, wahrscheinlich zu Hause. Die dann ziemlich andere Art von Verteilung und Vorführung hätte zweifellos die Art der produzierten Filme beeinflußt. Doch so mußte Edisons Kinetoskop recht bald Lumières Cinématographen (und Edisons sehr ähnlichem Kinetograph-Projektor) weichen – und damit war die Zukunft des öffentlichen Gruppen-Kinos für zumindest die nächsten achtzig Jahre gesichert. Erst in den letzten Jahren wurde die Art des privaten, individualisierten Kinetoskops durch die Entwicklung von Bildplatten und Videokassetten wiederbelebt.

Während der nächsten ein, zwei Jahre traten eine Reihe Konkurrenten auf. Der

Italiener Filoteo hatte schon vor 1896 zahlreiche wichtige Patente angemeldet; in Deutschland bastelten Max und Emil Skladanowsky ihr Bioskop (das sie am 1. November 1895 im Berliner Varieté Wintergarten zum erstenmal vorführten), und Oskar Messter erreichte eine Verbesserung der Apparate, unter anderem durch die Einführung des Malteserkreuzes für den Filmtransport; in England projizierte Robert W. Paul (mit seiner Version von Edisons Maschine) Filme schon wenige Wochen nach der Lumièreschen Premiere, 1896 und 1897 wuchs die Verbreitung von Cinématographe, Edisons Kinetograph und ähnlichen Maschinen.

Bald wurde auch das beträchtliche Gewinnpotential der Erfindung deutlich. In den USA verließ Dickson Edisons Firma und gründete (mit Partnern) die American Mutoscope and Biograph Company, die nicht nur einen besseren Guckapparat (das Mutoscope) als Edisons Kinetoscope produzierte, sondern auch einen besseren Projektor. Die Biograph Company dominierte bald den amerikanischen Film. J. Stuart Blackton, wie Dickson ein Engländer, gründete die Vitagraph Company. Die Büros von Biograph und Vitagraph lagen in der Nähe des New Yorker Theaterbezirks (Biograph in der East 14th Street, nahe der Fifth Avenue; Vitagraph im Chelsea District), was ihnen einen leichten Kontakt zu den Bühnenschauspielern ermöglichte – die nachmittags heimlich Filme drehten, ehe sie dann abends im Theater auftraten.

In Frankreich erkannte Georges Méliès, ein Bühnenmagier, die illusionäre Kraft des Mediums und begann zu produzieren, während Charles Pathé eine erbarmungslose Kampagne zur Beherrschung der sich gerade entwickelnden Industrie startete. Pathé war damit einigermaßen erfolgreich. Im Gegensatz zu seinen Konkurrenten gelang es Pathé, finanzkräftige Partner zu finden, wodurch er eine vertikal gegliederte, nahezu monopolistische Position erreichte. Er kontrollierte die französische Filmindustrie von der Herstellung der Apparate über die Produktion der Filme (in seinem riesigen Studio in Vincennes) bis hin zur Verteilung und Vorführung, und sein Einfluß war auch in anderen Ländern zu Anfang des Jahrhunderts deutlich spürbar. So kam es, daß der französische Film die Leinwände der Welt vor dem Ersten Weltkrieg beherrschte. Vor 1914 vertrieb Pathé allein in den USA fast doppelt so viele Filme wie die gesamte amerikanische Filmindustrie. Aus anderen, eher ästhetischen Gründen gab es damals auch einen starken italienischen und dänischen Einfluß.

Etwa um 1905 hatte sich das Konzept des Filmtheaters durchgesetzt. Die Lumières hatten 1897 das erste Etablissement eröffnet, das ausschließlich der Vorführung von Filmen diente. Thomas L. Tallys Electric Theatre (vorausdeutend in Los Angeles gelegen) war 1902 das erste amerikanische Filmtheater. Innerhalb weniger Jahre verbreitete sich das Konzept rasch. 1908 gab es überall im Lande mehr als fünftausend «Nickelodeons» («Nickel», denn ein Nickel, fünf Cent, war der Eintrittspreis; «Odeon» ist das griechische Wort für ein kleines Gebäude, das der Aufführung von Musik oder Schauspiel dient). Das letzte Glied der Kette – Herstellung, Produktion, Verteilung, Aufführung – war geschlossen. Doch keine Firma oder Einzelperson besaß die vollständige Kontrolle über dieses System.

Thomas Edison versuchte dies zu korrigieren. 1897 begann er eine lange Serie von Gerichtsverfahren gegen lästige Konkurrenten. Armat, der sich von Edison betrogen fühlte, unternahm seine eigenen juristischen Schritte. Biograph, das selbst einige wichtige Patente besaß, antwortete mit Gegenklagen. Insgesamt wurden im ersten Jahrzehnt der Filmindustrie mehr als fünfhundert Prozesse angestrengt. Diese wurden im Januar 1909 zeitweilig durch die Gründung der Motion Picture Patents Company gelöst, eines monopolistischen Konsortiums der neun größten Produzenten – Edison, Biograph, Vitagraph, Essanay, Selig, Kalem, Méliès und Pathé – mit dem Vertreiber George Kleine.

Alle Patente wurden in einen Pool eingebracht, Edison erhielt Tantiemen aus allen produzierten Filmen, und George Eastman verpflichtete sich, nur Monopol-Mitglieder mit seinem Filmmaterial zu versorgen. (Pathé hatte sich weitsichtig schon Jahre zuvor das Monopol für Eastmans Rohfilm in Frankreich gesichert.) Kein Vertrieb, der mit Filmen anderer Firmen handelte, durfte Filme der Patent Company vertreiben. Die meisten Vertriebe schlossen sich zu einem eigenen Trust, der General Film Company, zusammen. Verständlicherweise widersetzten sich eine Reihe von Vertrieben diesen umfassenden Monopolvereinbarungen. Die Lösung war die eigene Produktion von Filmen, so entstanden einige unabhängige Herstellungsfirmen, von denen Carl Laemmles Independent Motion Picture Company («Imp»), aus der später die Universal-Studios hervorgingen, die wichtigste war.

Antitrustprozesse ersetzten die Patentprozesse, und die amerikanische Filmindustrie stürzte sich in eine zweite zehnjährige Runde juristischer Streitigkeiten. Schließlich wurde die Motion Picture Patents Company als illegales Monopol verurteilt, doch zu der Zeit waren die meisten Gründungsfirmen aus dem Geschäft. Keine von ihnen überlebte die zwanziger Jahre. 1912 kontrollierten die Patent Company und die General Film Company mehr als die Hälfte der zehntausend Vorführungsorte – Nickelodeons – im Lande, doch das ließ den Unabhängigen noch genügend Spielraum.

Ihre größte Waffe gegen den Trust war nicht die gerichtliche Auseinandersetzung, sondern eine neue Form des Films. Der Trust und die Nickelodeons waren nur auf Ein- oder Zwei-Akter (ein Akt, das heißt eine Rolle, dauerte damals etwa zehn Minuten) eingestellt. Die Unabhängigen nahmen ein Konzept auf, das italienische und französische Filmemacher entwickelt hatten, und führten den langen «Feature»-Film ein. Innerhalb weniger Jahre waren die Patent Company und ihre kurzen Filme aus dem Geschäft.

Ironischerweise war D. W. Griffith, also derjenige Regisseur, der den Erfolg der wichtigsten Trust-Firma Biograph sichergestellt hatte, nach seiner Trennung von dieser Firma auch der erste Amerikaner, der die Möglichkeiten des langen Films erprobte. Der überragende finanzielle Erfolg von *The Birth of a Nation* (1915) sicherte die Zukunft der neuen Form. Er prägte auch das Muster des «blockbuster», also jener Filmprojekte, bei denen riesige Summen in monumentale Produktionen gesteckt werden, in der Hoffnung noch größerer Einnahmen. *The Birth of a Nation* kostete die bis dahin noch nie dagewesene und, wie manche meinten, tollkühne Summe von 110 000 Dollar und erbrachte schließlich mehr als 20 Millionen Dollar. Die tatsächliche Summe ist schwer zu ermitteln, da der Film nach dem «states'-rights»-System vertrieben wurde, bei dem die Lizenzen für die Aufführungsrechte des Films durchgängig verkauft wurden. Die tatsächlichen Einnahmen für *The Birth of a Nation* liegen wahrscheinlich zwischen 50 und 100 Millionen Dollar, eine fast unvorstellbare Summe für einen so frühen Film. Das Hauptgewicht der Filmaktivitäten hatte sich eindeutig aus dem Nickelodeon ins Filmtheater verschoben – zum Schaden der Monopol-Trusts.

Der Drang zum Monopol blieb jedoch unwiderstehlich. Der Erste Weltkrieg ließ die Filmproduktion in Europa verkümmern, und die Vorherrschaft Frankreichs, Dänemarks und Italiens war bald gebrochen. Durch eine Serie von Fusionen waren die neuen unabhängigen amerikanischen Filmfirmen rasch imstande, den Weltmarkt zu versorgen und ihre Position auf dem Binnenmarkt zu konsolidieren.

Adolph Zukor übernahm die Verleih- und Kinofirma Paramount Pictures Corporation und vereinigte sie mit seiner eigenen Produktionsfirma (Famous Players in Famous Plays) und einer anderen, die Jesse Lasky gehörte. Carl Laemmle gründete, auf der alten Imp aufbauend, die Universal Film Manufacturing Company. William Fox, bislang im Kino- und Verleihgeschäft, begann 1912 selbst zu produzieren, woraus später dann die Twentieth Century Fox wurde. Der erfolgreiche Theaterbesitzer Marcus Loew übernahm 1920 die Metro Pictures Corporation (deren Geschäfte von Louis B. Mayer geführt wurden) und vereinigte sie dann 1924 mit Goldwyn Pictures (von Samuel Goldfish – später Goldwyn – und Edward Selwyn gegründet) zu Metro-Goldwyn-Mayer. Die vier Brüder Warner erweiterten 1912 ihre Kino- und Verleihfirma um die Produktion von Filmen. Ihre Firma schluckte später First National (die ebenfalls als Vertrieb begonnen hatte) und die letzte überlebende Trust-Firma Vitagraph.

Bis 1920 hatten die «Unabhängigen» ein informelles, unauffälliges Oligopol gebildet, um das die aggressiveren Trust-Companies sie beneidet hätten. Jede der großen Firmen kontrollierte einen wichtigen Sektor der Industrie, jede war vertikal integriert, das heißt auf allen Ebenen der Film-«Kette» aktiv: bei Produktion, Distribution und Präsentation. Erst Ende der vierziger Jahre gelang es, dieses De-facto-Monopol erfolgreich vor Gericht anzufechten. Selbst dann wurden die «major

Frühe Hollywood-Studios. Das berühmte Tor zu Paramount Pictures. *(Hollywood: The First Hundred Years. Mit freundlicher Genehmigung von Bruce Torrence)*

Douglas Fairbanks' und Mary Pickfords Beitrag zu United Artists.

companies» lediglich dazu gezwungen, ihre Theater-Ketten abzustoßen. Die Kontrolle über den Vertrieb, das Herz des Systems, wurde ihnen belassen. Alle fünf Firmen existieren noch heute und kontrollieren immer noch die Filmindustrie (wenngleich MGM in den Siebzigern und Achtzigern nur eine untergeordnete Rolle spielte und in den Neunzigern von Auflösung bedroht war).

Eine der modernen Produktions- / Distributions-Organisationen besaß jedoch andere Wurzeln. United Artists wurde 1919 von Charles Chaplin, Mary Pickford, Douglas Fairbanks und David W. Griffith als Firmenmantel für ihre eigenen Aktivitäten gegründet.

Um diese Konstellation von sechs Major Companies bildeten sich in den Zwanzigern, Dreißigern und Vierzigern eine Anzahl kleinerer Produzenten, die armen («Poverty Row») Firmen. Einige von ihnen, zum Beispiel Republic und Monogram, spezialisierten sich auf «B»-Filme, die als zweiter Film in den damals üblichen «Double-bill»-Doppelprogrammen einen festen Markt besaßen. Als Mitte der fünfziger Jahre dieser Markt der Programmfüller verschwunden war, waren auch deren Produzenten aus dem Geschäft. In gewisser Weise wurden sie durch solche unabhängigen «low-budget»-Produzenten wie American International Pictures in den fünfziger, Roger Cormans New World in den sechziger und New Line in den achtziger Jahren ersetzt, die sich auf billige «exploitations»-Filme, vornehmlich für den Jugendmarkt, spezialisierten.

Eine «arme» Firma überlebte und wurde zur Major Company: Columbia Pictures. Sie war 1924 aus einer Firma entstanden, die von dem Vaudeville-Schauspieler und Sänger Harry Cohn, seinem Bruder Jack und ihrem Freund Joe Brandt gegründet worden war. Mit United Artists galt sie für viele Jahre als eine der «beiden Kleinen», ehe sie Ende der vierziger Jahre in die Etage der Majors aufstieg. In den Fünfzigern schuf sich Columbia den Ruf als einer der wichtigsten Produzenten internationaler Filme.

In den Dreißigern und Vierzigern zählte auch RKO, die aus einer Reihe Fusionen entstanden war und als Mantel für das RCA-Ton-System mit Western Electric um den Markt für die neue Technik kämpfte, zu den «großen fünf». Disney, Selznick und Goldwyn ließen ihre Filme durch RKO vertreiben. 1948 kaufte Howard Hughes die Aktienmehrheit auf. 1953 gab RKO die Produktion auf und verkaufte seine Studios an Desilu für Fernsehproduktionen.

Wegen seiner Vorherrschaft im Trickfilmgeschäft stand Disney schon in den vierziger Jahren in Blüte; die Firma rief in den fünfziger Jahren Buena Vista als eigene Vertriebsorganisation ins Leben und operierte in den Achtzigern mit einem ambitionierten und erfolgreichen Angebot von «normalen» Spielfilmen im Vordergrund. Ab 1984 arbeiteten Michael Eisner und Jeffrey Katzenberg im Studio, um Filme für den breiten Markt zu produzieren und zu vertreiben. Die 1984 eingeführte Marke Touchstone Pictures sollte der Gesellschaft auch den Markt für die erwachsenen Zielgruppen erschließen. Nach dem unmittelbar einsetzenden Erfolg schlossen sich 1989 Hollywood Pictures an. Während der ganzen achtziger Jahre und bis in die Neunziger gehörten die Disney-Marken zu den erfolgreichsten in Hollywood.

Die nationalen Filmmärkte in Europa unterlagen ebenfalls Monopol-Bestrebungen. Die französischen Organisationen – Pathé und Gaumont – dominierten auch nach dem Ersten Weltkrieg das nationale Vertriebssystem. In Deutschland wurden 1917 die größeren Filmfirmen – Messter, Projektions-AG «Union» (PAGU) und Nordische (Tochter der dänischen Nordisk Films Kompagni) – durch die Gründung der Universum-Film AG (Ufa, deren Grundkapital zu einem Drittel vom Staat kam) zusammengefaßt. Die sowjetische Filmindustrie wurde 1919 verstaatlicht, die wichtigsten Produzenten (Josef Ermolieff), Techniker und Stars (Iwan Mosjukin) in die Emigration nach Westeuropa getrieben. In Großbritannien stammte der größte Teil der Filme aus Amerika, aber die Theater waren in britischer Hand. Gaumont-British und Associated British Picture Corporation (die durch ihre Tochter British International Picture auch produzierten) kontrollierten 1936 jeweils 300 (von insgesamt 4400) Theatern. In Italien unterbrach das faschistische Regime die ästhetische Entwicklung dieses ursprünglich so erfolgreichen Filmlandes; es wurden zwar weiterhin Filme produziert, deren Erfolg blieb jedoch auf den italienischen Markt beschränkt. Als die Nazis 1933 in Deutschland die Macht ergriffen, bedeutete das zugleich ein Ende für den Einfluß des deutschen Films in der Welt.

Doch nicht nur das Debakel des Ersten Weltkrieges und das Aufkommen faschistischer Regierungen in Italien und Deutschland verschafften den amerikanischen Firmen die Herrschaft über den internationalen Markt. Wichtiger waren wahrscheinlich die industriellen Aspekte des amerikanischen Produktionssystems.

In Europa war schon früh das Konzept des Films als Kunst entstanden und hatte sich parallel zum Kino als Geschäft entwickelt. Die «film-d'art»-Bewegung kam 1908 in Frankreich auf. Ihre frühen Erfolge, viele davon mit Sarah Bernhardt in ihren Bühnenrollen, beeinflußten die Entwicklung des langen Spielfilms. Der «film d'arte italiana» folgte bald darauf. Nach dem Krieg entstanden in Frankreich immer wieder avantgardistische Experimente, und Theoretiker begannen, das Medium ernster zu nehmen, es neben Literatur und die schönen Künste zu stellen. Der Däne Ole Olsen und bald auch die Deutschen versuchten ab 1913 durch «Autoren-Films», das heißt die Verfilmung anerkannter Literaturwerke, gutbürgerliche Publikumsschichten zu gewinnen.

In den USA war der Film jedoch schlicht und einfach «movies», Kino. Selbst die frühesten Produktionsfirmen – besonders Biograph und Vitagraph – sahen ihre Studios als Fabriken, die eine Ware herstellten und nicht Kunstwerke schufen. 1910 begann D. W. Griffiths Truppe aus Schauspielern und Technikern den Winter in Los Angeles zu verbringen. Andere Firmen folgten bald nach. Die Unabhängigen schätzten die Isolation der Westküste, wo sie in gewissem Maße vor den Nachstellungen der Patent Company abgeschirmt waren. 1914 hatte sich das Zentrum der Filmherstellung von New York nach Hollywood verlagert. Die Gegend um Los Angeles bot viel Sonnenschein, gutes Wetter und viele verschiedenartige Landschaften – kurzum: die Rohmaterialien des Filmemachens – und außerdem ein attraktives Arbeitskräfteangebot. Die Filmindustrie wählte also Hollywood aus den gleichen Gründen wie die Autoindustrie Detroit: Nähe von Rohmaterial und Arbeitskräften.

Dreitausend Meilen vom kulturellen Zentrum des Landes entfernt, waren die amerikanischen Filmemacher fast vollkommen von den künstlerischen Strömungen isoliert. Außerdem besaßen die Männer, die die großen Produktionsfirmen gründeten, nur eine minimale künstlerische oder literarische Bildung. Es waren vor allem Einwanderer der ersten oder zweiten Generation aus Deutschland, Polen oder Rußland, die als Händler begannen, zur Filmvorführung auf Jahrmärkten überwechselten und von da zum Vertrieb kamen. Sie wurden Filmproduzenten, hauptsächlich um weiterhin Produkte für ihre Theater zu haben.

Ein weiterer wichtiger Faktor war die durch die riesige Popularität des Films ausgelöste rasche Expansion der Industrie, die wiederum große Investitionen nach sich zog. Die «Moguln» wandten sich an die Banken und wurden so immer abhängiger von ihnen. Zum Zeitpunkt der Umrüstung auf Ton waren sie bis über die Ohren verschuldet. Der Filmhistoriker Peter Cowie schrieb: «Etwa 1936 war es möglich, größere Besitzanteile an allen acht Firmen auf die beiden einflußreichen Bankengruppen Morgan und Rockefeller zurückzuführen.» Ähnliche Abhängigkeiten zwischen Bankinteressen und Filmfirmen entwickelten sich in europäischen Staaten – besonders in Deutschland, wo die Deutsche Bank nach dem Ersten Weltkrieg praktisch die Ufa kontrollierte.

Die nationalen Kinematografien in Europa mußten sich des Ansturms der amerikanischen Produktionen erwehren. Großbritannien war in dieser Hinsicht besonders verwundbar. Direkt nach dem Ersten Weltkrieg gab es zwar einen Aufschwung in der britischen Produktion, doch wurde er durch die unsicheren ökonomischen Verhältnisse Anfang der zwanziger Jahre abgebrochen. 1927 verabschiedete das Parlament das Cinematograph Act, das «Blockbuchen» (die übliche Praxis, die einen Theaterbesitzer zwang, die Jahresproduktion von einem einzigen Studio abzunehmen) verbot und eine nominelle Fünf-Prozent-Quote aufstellte, die sichern sollte, daß britische Theater jährlich wenigstens ein paar britische Produktionen zeigen würden.

Zu diesem Zeitpunkt hatten die amerikanischen Produktionsfirmen schon britische Tochterfirmen gegründet und konnten so ihr britisches Kapital durch die Produktion eigener «quota-quickies» sichern. Selbst als sie das Geschäft an britische Produzenten übergaben, setzten sie ein Limit von 6000 Pfund pro Film fest und beschränkten die Länge der Filme auf die vom Gesetz vorgeschriebene Mindestzeit

Die Studios der Warner Bros. / First National / Vitaphone in Burbank, Kalifornien, im August 1931, eine der bestausgestatteten Filmfabriken jener Zeit. Die großen Hallen sind die Tonstudios («sound stages»). Im Hintergrund stehen einige fest installierte Außendekorationen – Westernstädte, Straßen von New York und ähnliches – auf dem Freigelände («back lot»). *(Marc Wanamaker / Bison Art Ltd.)*

(6000 Fuß – etwas mehr als eine Stunde). Die deutsche und die französische Regierung etablierten ähnliche Schutzwälle, mit dem gleichen Mißerfolg.

Ab 1920 beherrschten die amerikanischen Produzenten den Weltmarkt eindeutig. Im gleichen Maße, wie die Filme hinausgingen, strömten die Künstler herein, als die Studios ihre Suche nach neuen Talenten ausweiteten. In einem der frühesten Beispiele des «brain drain», der Talentabschöpfung, wurden europäische Filmemacher nach Hollywood engagiert. Ernst Lubitsch war einer der ersten. Ihm folgten in den zwanziger Jahren weitere deutsche Regisseure, unter anderem F. W. Murnau, Paul Leni und E. A. Dupont. Es folgten zwei wichtige Wellen: Ende der zwanziger Jahre, nach Einführung des Tonfilms, Regisseure und Schauspieler, die in der ersten Periode der Verunsicherung durch die neue Technik gerufen wurden, um Sprachversionen für den europäischen Markt herzustellen. Dann, nach 1933, die von den Nazis aus der Filmindustrie vertriebenen Filmschaffenden, die als Juden oder aus politischen Gründen «unerwünscht» waren und (nach Station in europäischen Ländern) in Hollywood eine deutsche Exil-Kolonie bildeten.

Die zwei wichtigsten schwedischen Regisseure ihrer Zeit, Mauritz Stiller und Victor Sjöström, emigrierten nach Hollywood. Stiller brachte seinen Star mit: Greta Garbo. Tatsächlich waren viele der erfolgreichsten amerikanischen Stummfilmstars europäische Zuwanderer – Garbo und Rudolph Valentino als die bekanntesten.

Radio City Music Hall in New York, einer der großen Film-Paläste der dreißiger Jahre im Stil des Art déco, dessen Fassungsvermögen erst von den modernen Multiplex-Kinos der Neunziger übertroffen wurde. *(Museum of Modern Art / Film Stills Archive)*

Mit der Umstellung auf Ton stieg die Nachfrage nach im Ausland geborenen Filmemachern weiter an. Vor 1932, als sich die Technik der Nachsynchronisation durchsetzte, war es üblich, wichtige Filme in Parallel-Versionen (meist englisch, französisch, spanisch und deutsch) zu drehen. Ausländische Regisseure waren für die fremdsprachigen Versionen von Vorteil. Viele der erfolgreichsten Studio-Regisseure der dreißiger Jahre waren Einwanderer, darunter William Dieterle (Deutscher), Edgar Ulmer (Österreicher), Robert Florey (Franzose) und Michael Curtiz (Ungar), außerdem Lubitsch, Murnau und Lang. (Sternberg und Stroheim, beides Österreicher, waren als Jugendliche ausgewandert.)

Mitte der zwanziger Jahre war der Stummfilm als wichtige Unterhaltungsform fest etabliert. Filme wurden nun nicht mehr in schäbigen Nickelodeons oder als Ergänzung von Vaudeville-Vorstellungen präsentiert. Sie besaßen nun eigene, kostbar ausgestattete Unterhaltungspaläste. Diese Paläste faßten mitunter einige tausend Zuschauer gleichzeitig. Die vielleicht prächtigsten dieser Filmtheater waren diejenigen, die Roxy Rothapfel in New York betrieb, das immer noch das Präsentationszentrum war, wenn auch nicht mehr das der Produktion. Das Roxy wurde 1927 eröffnet; ihm folgte 1932 die Radio City Music Hall, die absolute Kino-Kathedrale und einer der wenigen Paläste, die noch stehen, auch wenn Filme heute nicht mehr regelmäßig gezeigt werden.

Alle wichtigen technischen Entwicklungen, denen der Filmprozeß unterzogen wurde – die Hinzufügung von Ton, Farbe und Breitwand –, wurden zum erstenmal der Öffentlichkeit auf der Pariser Weltausstellung von 1900 vorgestellt, wenn auch in primitiver Form. Farbfilme waren zum Beispiel meist handkoloriert, kaum ein kommerziell verwertbares Verfahren. Ton konnte durch den primitiven nichtelektronischen Phonographen erzeugt werden, doch war die Synchronisierung der «Tonbilder» sehr schwierig und die Lautstärke problematisch. Lee DeForests Erfindung der Kathodenröhre im Jahre 1906 (siehe Teil 6 «Die Medien», Seite 461) wies den Weg zum funktionstüchtigen elektronischen Tonverstärker. 1919 war der deutsche Triergon-Prozeß patentiert worden und Filmton eindeutig möglich. Ende der zwanziger Jahre, angesichts des wachsenden Interesses der Öffentlichkeit am Radio und eines anscheinend gesättigten Marktes für Stummfilme, wandten sich die Produktionsfirmen zögernd dem Ton zu.

Etwa 1932 war die technische Umbruchperiode zum Ton vorüber, und die Umrisse des Hollywood-Systems zeichneten sich ab. Außer der Herstellung von technischer Ausrüstung und Rohfilm kontrollierten die Studios jeden Schritt des Filmprozesses von der Produktion über Distribution bis zu den Theatern. Das Blockbuchungssystem und die engen Verbindungen zwischen den meisten Studios und großen Theater-Ketten bedeutete, daß nahezu jeder Film, den ein Studio produzierte, auch gezeigt wurde – künstlerisch nicht unbedingt von Nachteil. Auf seinem Höhepunkt produzierte das mächtigste Studio, MGM, 42 Spielfilme in einem Jahr, in 22 Tonateliers und auf 40 Hektar Freigelände mit festen Kulissenbauten.

Die Studios arbeiteten wie straff geführte Fabriken. Rechte an Stoffen wurden gekauft, Autoren beauftragt, sie für die Produktion aufzubereiten, Dekorations- und Kostümabteilungen stellten die benötigten Gegenstände her. Die Techniker waren feste Angestellte, ebenso Schauspieler und Regisseure. Heute ist es ungewöhnlich, wenn ein Regisseur mehr als einen Film pro Jahr macht. Zwischen 1930 und 1939 drehte Michael Curtiz 44 Filme, Mervyn LeRoy 36 und John Ford 26. Nach den Dreharbeiten wurde das Rohmaterial der Post-Production-Abteilung für Schnitt, Mischung und Nachsynchronisation übergeben. Studio-Chefs trafen die künstlerischen Entscheidungen. Den ganz berühmten Regisseuren wurde mitunter Einfluß auf die Post-Production-Arbeit gestattet, doch die wenigsten konnten einen Film von der ersten Entscheidung bis zur Premiere betreuen.

Das Ergebnis war, daß die Studios einen eigenen Stil entwickelten, der denjenigen des Regisseurs oft überlagerte. MGM war für aufwendige Ausstattung und Themen für «Normalverbraucher» bekannt. *Gone With the Wind*, der Großfilm des Jahres 1939, ist eine Art Musterbeispiel für den MGM-Stil (auch wenn er unabhängig durch David O. Selznick produziert und von MGM nur vertrieben wurde) – ein ro-

Fast die ganzen dreißiger und vierziger Jahre hindurch waren die Filme der Warner Bros. von denen der Konkurrenz durch ihren realistischeren, härteren Stil zu unterscheiden. Hier eine Szene aus einem der bekanntesten sozialkritischen Filme der Warners, Mervyn LeRoys *I Am a Fugitive from a Chain Gang* (1932). Hauptdarsteller Paul Muni lehnt sich an den Pfeiler. *(Museum of Modern Art / Film Stills Archive)*

mantisches Melodram, großzügig produziert, einschmeichelnde Musik, ein episches Thema, das jedoch nur ziemlich oberflächlich abgehandelt wurde.

Paramount, das überdurchschnittlich viele Emigranten beschäftigte, zeigte eine europäische Sensibilität, sowohl in der Darstellung wie auch in den Themen. Universal spezialisierte sich auf Horror-Filme, Republic auf Western. Warner Brothers, ein großer Konkurrent für MGM und Paramount, doch ärmer und hungriger, entwickelte – unbeabsichtigt – einen Ruf für Realismus. Warum? Um Geld zu sparen, drehten die Warner Brothers oft an Originalschauplätzen.

In diesem straff organisierten, arbeitsteiligen Produktionssystem konnten sich einzelne Beteiligte – ob Regisseur, Kameramann, Autor oder Ausstatter – nur sehr schwer hervortun. Die Masse der Filme zeigte nicht nur einen gewissen Studio-Stil, sondern auch eine erstaunliche intellektuelle Konformität. Wir können zwischen der Pracht eines MGM-Films und Paramounts Raffinesse unterscheiden, doch es gibt kaum einen Unterschied im politischen und sozialen Bewußtsein. Die Moguln des goldenen Zeitalters in Hollywood waren vor allem um den Warenwert der von ihnen produzierten Filme besorgt, und so sollte ein Film sein wie der andere – nur nicht anders.

Folglich fallen nur sehr wenige der vielen tausend Filme, die in jener Zeit entstanden, durch Einmaligkeit auf. So besteht die Beschäftigung mit Hollywood vor allem in der Untersuchung von Typen, Mustern, Konventionen und Genres und nicht im Herausarbeiten der Qualitäten einzelner Filme. Das bedeutet jedoch nicht, daß die Hollywood-Filme uninteressanter sind als persönliche Filmwerke. Tatsächlich sind sie durch die Fließbandproduktion und ihre große Zahl oft ein genauerer Index für allgemeine Stimmungen, gemeinsame Mythen und Gewohnheiten als individuell konzipierte, bewußt künstlerische Filme.

In den vierziger Jahren wurden diese Eigenschaften der Studios sogar noch deutlicher. Noch vor dem Kriegseintritt der Vereinigten Staaten beschäftigten sich die großen Studios mit Propaganda und Beeinflussung und behielten gleichwohl ihren Stil in Propagandawerken wie *Freedom Comes High* (Paramount) und *You John Jones* (MGM) bei.

Hollywood gedieh während des Krieges. 1946, in seinem besten Jahr, stiegen die Kino-Einnahmen auf 1,7 Milliarden Dollar. In gewisser Weise zögerte der Zweite Weltkrieg den Augenblick der Wahrheit für Hollywoods Filmfabriken hinaus, indem er die Einführung des kommerziellen Fernsehens verhinderte, das in den dreißiger Jahren erfolgreich vorgestellt worden war. Außerdem beschränkte der Krieg die Konkurrenz aus den europäischen Ländern. In den Zwanzigern war Deutschland ein bedeutender Konkurrent durch die Produktion nicht nur erfolgreicher, sondern auch mit dem Wertsiegel der Kunst versehener Filme gewesen. In den Dreißigern errang eine Handvoll französischer Regisseure ziemlichen Respekt für die Produktion ihres Landes. Großbritannien produzierte 1936 trotz des Drucks durch die englischsprachigen Filme aus Hollywood 225 Filme; es lag damit an der zweiten Stelle in der Welt. Der Krieg beendete diese Bedrohung, verschloß zugleich aber auch Exportmärkte, was einigen kleineren Firmen schadete.

Die Einführung des Fernsehens Anfang der fünfziger Jahre wirkte sich verheerend aus. Das Fernsehen entwuchs eher dem Radio als dem Film und beschäftigte daher Rundfunkleute. Statt zu erkennen, daß sie ebensogut Filme fürs Fernsehen wie für die Kinos produzieren könnten, versuchten die Studios zu kämpfen. Jahrelang weigerten sie sich, ihre riesigen Archive auszuwerten. Im Gegenteil, sie zerstörten – kurzsichtig und unkaufmännisch – alte Filme eher, als für ihre Lagerung zu bezahlen. Die Auswirkung dieses Verhaltens war, daß die Fernseh-Produktionsfirmen Zeit gewannen, sich zu entwickeln, wodurch die taktische Position der Studios geschwächt wurde. So wiederholte sich der gleiche Mechanismus wie vierzig Jahre zuvor: als nämlich die Trust-Firmen unwillig oder unfähig waren, sich von den Kurzfilmen fürs Nickelodeon auf Spielfilme fürs Filmtheater umzustellen.

Der Anpassungsprozeß an die neuen Verhältnisse war unnötigerweise langsam und schmerzhaft. Mehr als fünfzehn Jahre brauchten die Studios, um sich mit der neuen Landschaft zu arrangieren. Alternde Besitzer und Produzenten klammerten sich an die alten Methoden der Massenproduktion in Studiokomplexen mit riesigen

Festkosten. Psychologisch hing das vielleicht mit ihren alten Wurzeln als Kinobesitzer zusammen. Die Kinopräsentation war zwar schon immer das schwächste Glied in der Monopolkette Hollywoods, besaß jedoch für die Gründer eine besondere Faszination.

1946 verlangte ein Gerichtsspruch nach den Anti-Trust-Gesetzen von Paramount Pictures (und damit indirekt auch von den anderen Studios), sich von ihren Kino-Ketten zu trennen. Die Studios gingen – erfolglos – in die nächste Instanz, und 1951 wurde ein Vergleich geschlossen. Doch die Änderung war nicht so einschneidend, wie sie schien. Da die Studios weiterhin ihr Vertriebsnetz behalten durften, besaßen sie immer noch praktisch – wenn auch nicht juristisch – die Kontrolle über die Kinos. Hätten die Studios ihre Situation genauer analysiert, so hätte die Anti-Trust-Entscheidung eine heilsame Auswirkung gehabt. Sie hätten nur ihre Gürtel enger schnallen müssen und die Aufmerksamkeit vom Kino-Markt auf die neuen, zunehmend gewinnträchtigeren Fernseh-Kanäle verschieben müssen. Dies geschah nicht sofort (obwohl heute die großen Studios, nachdem sie Blut gerochen haben, für den größten Teil der Fernsehprogramme verantwortlich sind).

Ihr Vermögenswert sank, die Gründergeneration starb oder zog sich zurück, und so wurden die Studios in den Fünfzigern und Sechzigern von den sich entwickelnden Industrie-Konglomeraten aufgesogen oder ganz verkauft. Fernseh-Produzenten füllten das entstandene Vakuum: Desilu kaufte die RKO-Studios, Revue übernahm die Tonateliers der Republic. Gleichzeitig machten unabhängige, weitsichtigere Vertriebsfirmen unauffällig große Gewinne, indem sie zwischen den aufstrebenden Fernseh-Systemen und den paralysierten Filmstudios vermittelten.

Eliot Hyman war wahrscheinlich der erfolgreichste dieser Zwischenhändler. Zunächst kaufte er die Archivbestände der Warner Brothers, handelte eine Zeitlang damit und verkaufte sie dann an United Artists. Dann erwarb er die Rechte für eine ziemliche Anzahl Fox-Filme. 1967 war seine Firma – Seven Arts – stark genug, um Warner Brothers vollkommen aufzukaufen.

Anfang der Fünfziger hatte Howard Hughes die RKO an General Tire and Rubber verkauft, die das Studio dann liquidierten, und Universal war von der amerikanischen Tochter des Decca-Schallplatten-Konzerns geschluckt worden. Die Music Corporation of America (MCA), ursprünglich eine Künstler-Agentur, erwarb die Bestände der Paramount, aus deren Gewinnen sie die Übernahme der Decca – und damit der Universal – finanzieren konnte.

Paramount ging 1966 in den Gulf + Western Industries auf, dem von Charles Bluhdorn wie ein Kunstwerk geschaffenen Mischkonzern. Kurz darauf wurde United Artists von Transamerica Corporation geschluckt, einem damals typischen multinationalen Konglomerat, zu dem neben United Artists und deren Tochterfirmen die Firmen Budget Rent-a-Car, Transamerica Computer Services, Pacific Finance Loans, Occidental Life Insurance Co., Transamerica Insurance Co., Cinegraphics Inc., Transamerica Airlines, ein Kapitalfonds, ein Investmentfonds, eine Ansiedlungsagentur, eine Titel-Versicherung, ein Mikrofilm-Service, eine Spedition und eine Grundstückssteuer-Beratung gehörten.

1969 fusionierten Warner Brothers – Seven Arts mit Steven Ross' Kinney National Services, woraus später Warner Communications wurde. Kinney (ebenso wie Ross) hatten ihr Vermögen mit Bestattungsinstituten und Parkplätzen erworben, aber wie die Film-Moguln der alten Zeit erwies sich auch Ross als überraschend geschickt bei dem Geschäft, aus Warner ein blühendes Unterhaltungs-Konglomerat zu machen. 1989 fusionierte Warner mit Time Inc., wodurch das größte Medien-Unternehmen der Welt entstand.

1969 übernahm Kirk Kerkorian, ein Grundstückshändler aus Las Vegas, einen Hauptanteil von Metro-Goldwyn-Mayer, dem ehemals mächtigsten und einflußreichsten Studio. Kerkorian war an MGM offensichtlich nur wegen des geschützten Markennamens interessiert, den er auch sogleich seinem im Bau befindlichen Hotel verpaßte. Die Gesellschaft wandte sich Low-Budget-Filmen zu, aber nur mit geringem Erfolg. 1974 wurde MGM erfolgreich liquidiert, das Atelier verkauft und der Verleih aufgelöst. In den Siebzigern war MGM vor allem als Besitzer des MGM Grand Hotel (nach dem MGM-Film des Jahres 1932 benannt) in Las Vegas bekannt.

Nachdem er wahrscheinlich seine frühere Entscheidung bedauert hatte, das MGM-Kapital von der Film- in die Glücksspiel-Industrie zu transferieren, versuchte Kerkorian 1979, einen kontrollierenden Anteil an den Columbia Pictures Industries zu erwerben. Der Handel kam nicht zustande (man sprach von Fusionskontrollen), und kurz darauf wurde bekanntgemacht, daß sich die MGM Company mit Zustimmung ihrer Aktionäre aufspalten würde; die ursprüngliche Firma sollte die Kasinos (inzwischen auch in Reno und Atlantic City) weiterführen, während die «neue» Firma sich wieder der Filmproduktion und dem Verleih zuwandte.

Die von MGMs Film-Gesellschaft eingeschlagene Low-Budget-Strategie zahlte sich nicht aus, und Kerkorian startete eine neue Runde von Transaktionen. 1981 kaufte er die Überreste von United Artists der schwer angeschlagenen Transamerica ab. 1985 verkaufte er die Gesellschaft an Ted Turner, nur um sie bald darauf wieder zurückzukaufen, das Filmarchiv blieb allerdings bei Turner, und der Grundbesitz ging an Lorimar. 1989 verkaufte Kerkorian den Torso abermals, diesmal an Pathé in Europa, ein vom italienischen Unternehmer Paretti kontrolliertes und von der niederländischen Crédit-Lyonnais-Tochter gestütztes Unternehmen. Paretti sah sich bald in juristische und finanzielle Probleme verstrickt. Crédit Lyonnais übernahm die Kontrolle über MGM und versuchte fieberhaft eine Rettung durch mittlerweile beträchtliche Investitionen. 1993 hatte es die Gesellschaft unter der Leitung des angesehenen Industrie-Managers Frank Mancuso, früher bei Paramount, geschafft, wieder ins Geschäft zu kommen. 1966 kehrte Kerkorian für eine weitere Runde zurück und erwarb (mit Mancuso und dem australischen Seven Network Ltd. als Partnern) die Gesellschaft zum dritten (oder vierten?) Mal. Der Preis betrug 1,3 Milliarden Dollar. MGM wird wohl für eine ganze Weile den Rekord bei Hollywood-Transaktionen halten. Gegen Ende 1997 steuerte die Firma mit dem frisch aufpolierten Markennamen eine öffentliche Emission an, denn Kerkorian fand wieder noch einen weiteren Weg, der müde gewordenen Gans goldene Eier zu entlocken.

Das MGM-Drama war gewiß das beschämendste, aber es war nur eins aus einer langen Kette von Finanzmanövern, die von den ausgehenden siebziger Jahren bis weit in die achtziger für Gesprächsstoff in den zunehmend besser verdienenden Restaurants Hollywoods sorgten. Für die «Industrie» war ja längst der Schacher wichtiger und auch spannender geworden als ihre Produkte, bei den größten und besten Transaktionen ging es um Ateliers und nicht um Filme. Die zunehmend mächtigeren Künstler-Agenturen haben daraus ihre Schlüsse gezogen, wie wir sehen werden.

1977 wurde David Begelman, damals Produktionschef von Columbia, angeklagt, einen Scheck über 60 000 Dollar unterschlagen zu haben; der Fall wurde ausführlich in der Presse behandelt, und das rief eine Diskussion über gewisse dunkle Geschäftspraktiken in Hollywood hervor (die jedoch in keiner Weise neu waren). Alan J. Hirschfield, zu der Zeit Präsident von Columbia, versuchte Begelman aus ethischen Gründen zu feuern, mußte jedoch selbst gehen. Viele Beobachter vermuteten, daß dem Management von Columbia Picture Industries mehr an Begelmans angeblich glücklicher Hand bei der Produktion profitabler Filme lag als an Hirschfields moralischem Standpunkt. Begelman wurde schließlich verurteilt – und von MGM als Produktionschef engagiert. Auch Hirschfield fiel weich, er wurde Präsident von Twentieth Century Fox.

Anfang 1978 traten die fünf Vorstandsmitglieder von United Artists gemeinsam zurück wegen Meinungsverschiedenheiten mit der Mutterfirma Transamerica über Management und Gehaltsfragen. Arthur Krim und Robert Benjamin hatten Anfang der Fünfziger die moribunde Verleihfirma übernommen und in den sechziger und siebziger Jahren zu einer der führenden Filmfirmen entwickelt. 1968 hatten sie sie dann an Transamerica verkauft. Nun bedauerten sie diesen Schritt. Zusammen mit dem Präsidenten Eric Pleskow, dem Finanzchef William Bernstein und Produktionschef Mike Medavoy gründeten sie die Orion Pictures Corporation – ein Gebilde, größer als eine einfache Produktionsfirma, doch kleiner als ein vollentwickeltes Studio. Ein bisher einmaliges Abkommen mit Warner Communications gab ihnen damals volle Kontrolle über Marketing und Werbung ihrer Filme, die durch Warner vertrieben wurden. Orion gelang der Aufstieg in die Riege der Großen in Hollywood, was es seit den dreißiger Jahren nicht gegeben hatte. Ohne Krims erfahrenes Team geriet mittlerweile United Artists in Schwierigkeiten. Der Mißerfolg mit Michael Ciminos *Heaven's Gate* (1980) katapultierte dieses Studio aus dem Geschäft, gerade nur drei Jahre nachdem die Orion-Gruppe sich von United Artists getrennt hatte.

Orion erhielt sechzehn Monate später Gesellschaft auf dieser Machtebene durch die Ladd Company, die von Alan Ladd jr. und einigen Geschäftspartnern gegründet worden war, nachdem sie Twentieth Century Fox nach einer Reihe erfolgreicher Jahre verlassen hatten. Als sich 1979/80 die Fernsehsysteme wieder der Produktion und dem Verleih von Spielfilmen zuwandten (Ende der Sechziger waren sie damit gescheitert) und sich neue, mächtigere Produktionsfirmen wie Lorimar und EMI in Hollywood auf einem nur geringfügig niedrigeren Level als Orion und die Ladd Company etablierten, änderte sich augenscheinlich die Machtstruktur der amerikanischen Filmindustrie.

Die Gründung von Orion und der Ladd Company (auch wenn letztere nur wenige Jahre überdauerte) signalisierte die Machtverschiebung von den Kapitalgesellschaften zu finanzkräftigen Einzelpersonen. Diese Veränderung bahnte sich in den sechziger Jahren an, als der Zusammenbruch des alten Studiosystems begann. Da die herausragenden «Talente», die Leute mit dem künstlerischen und produktiven Potential, nun nicht mehr durch Langzeitverträge gebunden waren, mußte jeder Film neu ausverhandelt werden. Die Macht verschob sich zu Talent-Agenten, Packagers und einigen wenigen Studiochefs, die ein unschätzbares Netz persönlicher Beziehungen aufgebaut hatten.

Innerhalb weniger Jahre, nachdem die fünf Orion-Gründer United Artists verlassen hatten, war dieses Studio weitestgehend aus dem Geschäft. Als Orion Anfang der neunziger Jahre selbst in den Seilen hing, tauchte sein Produktionschef Mike Medavoy bald schon in führender Position bei Tri-Star auf und brachte seine Kontakte zu einem ganzen Stall von Talenten mit. Als Orion unterging, ging Tri-Star am Himmel Hollywoods auf – wenigstens für eine Weile. Nach nur wenigen Jahren wurde Tri-Star in die Schwierigkeiten des Schwester-Studios, Columbia, hineingezogen. 1994 verließ Medavoy die Firma und beendete damit – was zumindest vorläufig gilt – die längste Studiochef-Karriere neuerer Zeit. Das Wachstum kleiner «Studios» und «Mini-Großer» in den Achtzigern ließ die neue Machtbasis sich noch weiter ausdehnen (auch wenn Gesellschaften wie Cannon oder Carolco gerade so eben die Lebensdauer von Wüstenblumen hatten).

Eins der kleinen Unternehmen gedieh prächtig. New Line Cinema wurde 1967 von Bob Shaye in Räumen über einer heruntergekommenen Bar am University Place in Greenwich Village gegründet. Nach langsamem Wachsen mit Importen und Aufkäufen fremder Produktionen war New Line Ende der siebziger Jahre so weit, in die Produktion einzusteigen. Zwei Serien bluttriefender Horror-Filme, *Friday the*

13th und *Nightmare on Elm Street*, ließen die Firma durch die Achtziger hindurch weiter wachsen. 1990 galt sie dann als Kandidat für die Aufnahme unter die ausgewählten Studios, die in Hollywood den Ton angeben. 1993 hat Ted Turner New Line aufgekauft. Shaye und seine Veteranen-Mannschaft blieben am Ruder, und das Unternehmen wuchs weiter.

Tri-Star wurde 1982 von Columbia, CBS und HBO als Gemeinschaftsunternehmen mit der Aufgabe alternativer Produktion / Distribution ins Leben gerufen. (Die fehlgeschlagenen Versuche der Fernseh-Netze, sich in Hollywood einen Brückenkopf zu kaufen oder aufzubauen, sind eine der interessanteren Nebenhandlungen in diesem verwickelten Spiel.) 1982 hatte Coca-Cola Columbia gekauft, wobei allein die New Yorker Investment-Bankiers Allen & Co. für ihren Minderheitsanteil von 2,4 Millionen Dollar nicht weniger als 40 Millionen Dollar eingesteckt haben sollen. Herbert Allen jr., der Chef des Bankhauses und lange schon eine graue Finanz-Eminenz in Hollywood, hat seine Beteiligungen in zahlreiche lukrative Geschäfte mit Coca-Cola und anderen umgemünzt.

Offenbar wollten sich keine «Synergien» zwischen Kino und Limonade einstellen. Jedenfalls wollte Coke 1989 seine Anteile verkaufen. Der mit Allen befreundete Super-Agent Michael Ovitz fand einen willigen Käufer in Sony, der kreativsten Kraft in der Elektronik-Industrie der Nachkriegszeit. Sony kümmerte sich zunehmend um Software und hatte gerade im Jahr zuvor CBS Records gekauft. Da man auf einem Bein nur schlecht stehen kann, dauerte es nicht lange bis zum nächsten Coup: 1990 arrangierten Ovitz und Allen für Sonys Erzrivalen Matsushita den Kauf der Universal für eine Summe von mehr als 6 Milliarden Dollar. 1995 verkaufte Matsushita die Masse seiner Anteile an den Getränkekonzern Seagram.

1990 waren nicht weniger als sechs der acht Unternehmen, die sich mit Fug und Recht Hollywood-Studios nennen konnten, in ausländischer Hand. Diese Sachlage mag die allmählich alt werdenden Kulturkritiker ernüchtern, die damals in den siebziger Jahren gegen den Kultur-Imperialismus der USA gewettert haben.

Sony wuchs der Hollywood-Szene dadurch ans Herz, daß es sogleich – mit viel Sinn für die großzügige und verschwenderische Geste – die Produzenten Peter Guber und Jon Peters mit ihrem noch ganz frischen *Batman*-Triumph für die Studio-Leitung anheuerte. Um einsteigen zu können, mußten die beiden sich erst aus ihrem Vertrag mit Warner freikaufen und ihre Produktions-Gesellschaft erwerben, was den Gesamt-Kaufpreis um Hunderte von Millionen Dollar in die Höhe trieb. (Matsushita ließ, konservativ wie immer, das Universal-Management auf seinen Stühlen.) Dem Team war kein Erfolg beschieden.

Meanwhile, back at the ranch – in Century City, um genau zu sein –, wurde Twentieth Century Fox 1981 vom Erdöl-Magnaten Marvin Davis aufgekauft und 1985 an den australischen Medien-Zaren Rupert Murdoch weiterverkauft. Mit

Barry Diller am Ruder wurde Fox in den ausgehenden achtziger Jahren zu einer bedeutenden Macht im Fernsehbereich.

Nachdem sich all der Staub gelegt hatte, sah das Ende des Jahrzehnts zwei Hollywood-Studios Seite an Seite auf dem Sterbebett (MGM und United Artists), eins zerstörte sich von innen heraus selbst (Orion), und alle hatten mindestens einmal die Besitzer gewechselt, außer Paramount und Disney. Nicht daß es nicht auch bei den beiden versucht worden wäre! Über Disney kamen regelmäßig solche Gerüchte auf. Und Paramount-Boß Martin S. Davis, der nach dem Tod von Charles Bluhdorn Gulf + Western wieder auf Kurs gebracht hatte, indem er den Namen in Paramount Communications änderte, um die Ausrichtung auf den Mediensektor zu signalisieren, hatte bei Verkaufsverhandlungen mit Time Inc. eine Niete gezogen. (1994 erzielte Davis am Ende einen Abschluß, indem er die größere Paramount an Sumner Redstones kleinere, straff geführte Viacom verkaufte, aber erst nach länger sich hinziehendem Gerangel mit dem früheren Paramount-Boß Barry Diller, der ihm als Nemesis im Nacken saß.)

Diese Schlacht löste eine neuerliche Runde fieberhafter Abschlüsse aus. Sony hielt einstweilen an Columbia fest, doch Matsushita – stets eher konservativ – ließ 1995 Universal fallen und verkaufte seine Anteile an die von der Familie Bronfman gehaltene Seagram Company Ltd. Knapp zwei Monate später gab Michael Eisner von Disney die Übernahme von Capital Cities / ABC bekannt; er schuf damit den zweitgrößten Medien-Mischkonzern der Welt. Viele Jahre war Disney als Ziel einer Übernahme durch CBS im Gespräch gewesen, doch das Network war durch die zehn Jahre unter der Leitung von Lawrence Tisch geschwächt und nicht in der Verfassung, als Käufer aufzutreten.

Nur wenige Tage nach Eisners Ankündigung wurde CBS an Westinghouse verkauft. Gehandikapt durch die in seinem Aufsichtsrat vertretenen Kabelfernseh-Interessen, griff Ted Turner mit seinem Angebot für das Tiffany-Network zu kurz. Nur sechs Wochen später entschied er sich, von Versuchen, ein Netz zu kaufen, abzusehen und statt dessen auf Verkaufstour zu gehen. Er arrangierte mit Time-Warner eine 7,5-Milliarden-Dollar-Transaktion und schuf damit den größten Medien-Mischkonzern. Seine vielleicht ironische Anmerkung: «Ich habe es satt, immer nur klein zu sein. Ich nähere mich dem Ende meiner Karriere. Ich würde gern noch erleben, wie es ist, eine Weile groß zu sein.»

Die Investment-Banker und Chief Executive Officers waren Mitte der neunziger Jahre nicht die einzigen ehrgeizigen Zocker. Als Frank Wells, unter dem Chairman Eisner Präsident von Disney, im April 1994 bei einem Hubschrauberunfall den Tod fand, wurde dadurch eine interessante Nebenhandlung der Dramen ausgelöst, die sich in den Aufsichtsratszimmern abspielten. Jeffrey Katzenberg, der zehn Jahre zuvor gemeinsam mit Eisner zu Disney gekommen war, fühlte sich vor den Kopf gestoßen, als er bei der Neubesetzung der Vakanz übergangen wurde. Im August ver-

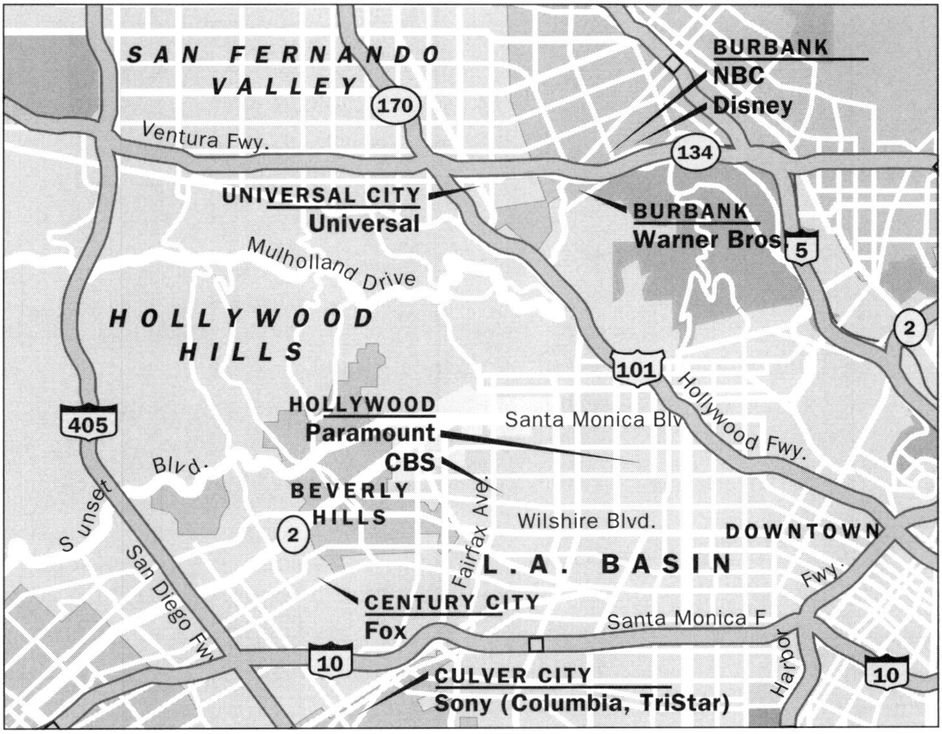

«Hollywood» heute. Das heutige Los Angeles ist ein Gewirr von Vorstädten, das das Becken südlich der Santa-Monica-Berge und das San-Fernando-Tal im Norden bedeckt: eine nach der Erfindung des Automobils entstandene und ohne dieses nicht zu denkende Stadt. Ein winziger Kern im Stil einer Ostküstenstadt des frühen zwanzigsten Jahrhunderts ist erhalten und versteckt sich hinter den modernen Wolkenkratzern der neuen «Downtown». In der Hill Street oder am Broadway von Alt-L. A. könnte man etwa auf Cleveland tippen, und die Filmemacher tun das auch heute noch. Wenn man von der Downtown über den Wilshire Boulevard auswärts fährt, am einst entlegenen Vorort Hollywood vorbei, durch das schicke West Hollywood und das geruhsame Beverly Hills, vorbei an Century City – größte Errungenschaft der Twentieth Century Fox – und um Westwood herum hinein nach Santa Monica, begreift man die historische Entwicklung einer Stadt, die sich selbst weitgehend nach dem Modell ihrer geliebten Industrie erfunden hat. Nur eines der großen Studios ist tatsächlich in Hollywood angesiedelt. Die anderen haben sich, wie L. A. selbst, in einem weiten Ring auf beiden Seiten der Hügel ausgebreitet.

ließ er im Zorn das Unternehmen. Bereits wenige Tage später war er mit seinen alten Freunden David Geffen und Steven Spielberg im Geschäft. Mit großem Tusch verkündeten sie ihre Absicht, erstmalig seit 50 Jahren wieder ein neues Hollywood-Studio aufzubauen. Es sollte DreamWorks SKG heißen (unverkennbar Spielbergs Handschrift).

Das hatten zuvor bereits andere versucht (Francis Coppola mehrere Male), doch in Anbetracht des Erfahrungshorizonts und der vielseitigen Talente der angehenden Moguln wurde ihr Anlauf weit ernster genommen. Praktisch sofort konnten sie eine bedeutende Einlage des Microsoft-Mitgründers Paul Allen verbuchen und auf diese Weise DreamWorks mit den angesagten neuen Medien verbünden. Nachdem sie ein bißchen mit der Idee einer radikalen Verlagerung nach Long Island an der Ostküste gespielt hatten (wo Spielberg und zunehmend auch andere besessene Weltbeweger und -erschütterer Erholung suchen), erwarben sie die alte Hughes-Flugzeugwerft unweit des Flughafens von Los Angeles und sicherten sich damit eindrucksvolle und massive Präsenz im Hollywood-Kosmos. (Der Hangar, in dem Hughes sein legendäres Flugboot «Spruce Goose» gebaut hatte, wurde nun in sechs Tonstudios aufgeteilt.)

Seit Beginn seiner Karriere ist Spielberg eng mit Universal verbunden, was auf seine Loyalität zu den Studiobossen Sid Sheinberg und Lew Wasserman zurückgeht. Als seine Mentoren vom Matsushita-Management mehr und mehr isoliert wurden, war Spielberg schließlich so weit, sich anders zu orientieren. Ohne Spielberg war Universal als Anlageobjekt nicht mehr so attraktiv und wurde weniger als ein Jahr später von Matsushita abgestoßen.

Nach verschiedenen Rückschlägen war die graue Eminenz Barry Diller mittlerweile an der Ostküste aktiv. Ob er der einflußreichste Industrie-Manager der achtziger Jahre war, mag man bestreiten, doch zweifelsohne konnte Diller bei Universal (wo sich Eisner und Katzenberg ihre Sporen verdient hatten) Erfolge verzeichnen, bevor er zu Fox ging, um dort für Rupert Murdoch ein erfolgreiches neues TV-Network aufzubauen – eine bisher einzig dastehende Leistung. Als 1992 deutlich wurde, daß die News Corp. ungeachtet ihrer Größe eben doch ein Familienunternehmen blieb und ihm keine weiteren Aufstiegsmöglichkeiten bot, verließ Diller die Firma. Nach einem ausgedehnten Streifzug durch die Industrie der neuen Medien kaufte er sich beim Shopping-Kanal QVC ein, um eine Basis für spätere Expansion zu gewinnen.

Nachdem Diller in einem Wettbieten um Paramount von Sumner Redstones Viacom übertrumpft worden war, stieg er aus QVC aus und erwarb Silver King, eine in Florida beheimatete Kette von Fernsehsendern. 1998 erwarb Diller schließlich von Seagram das Kabel-Network USA inklusive der Fernseh-Produktions- und Vertriebs-Abteilungen der Universal im Tausch gegen 45 Prozent von HSN. HSN – das nationale Network, das er aus Home Shopping Network, Silver King, Savoy Pictures, Ticketmaster und dem Website CitySearch zusammengebastelt hatte – wurde in USA Networks, Inc. umbenannt. 1999 machte Diller einen weiteren komplizierten Deal, um die Suchmaschine Lycos zu erwerben.

Trotz dieser noch nie dagewesenen Umwälzungen in den Finanzverhältnissen sind keine Veränderungen am Produkt Hollywoods zu erkennen. In den neunziger Jahren glauben die Konzerne, denen die Studios gehören, an Synergie. Ihre Organisation ist horizontal (statt vertikal) entwickelt. Außer den Studios besitzen sie auch Taschenbuch-Verlage, Schallplatten-Firmen, Fernseh-Produktionen, Vergnügungsparks, Ladenketten für Sportartikel, Stadien – und gelegentlich einen Wildpark. (Die Spielwaren-Firmen wurden abgestoßen.) Ein einmaliges Nutzungsrecht kann so in fünf oder mehr Medien ausgewertet werden: als Film, Buch, Musikaufnahme, Fernsehsendung, Bildplatte und Videokassette. Dennoch verkehrt bei Time Warner der Printmedien-Bereich mit dem Film-Bereich wie mit einer Fremdfirma, Columbia beschäftigt keineswegs mehr Musiker mit Sony-Music-Vertrag als zuvor, und zwischen Twentieth Century Fox und Rupert Murdochs Boulevard-Blättern besteht keine tragfähige Verbindung (abgesehen davon, daß Fox Murdochs Ambitionen in Richtung aktueller TV-Journalismus angeregt hat).

Paradoxerweise hat die Konzentration im Medienbereich, der jetzt in nur wenigen Händen liegt, nicht dazu geführt, daß die fürs Zustandekommen der Produkte letztlich zuständigen Künstler weniger Freiheit hätten. Dem liegt eine trickreiche Strategie zugrunde, auf die wir im Teil 7 «Multimedia» zurückkommen. An dieser Stelle soll die Feststellung genügen, daß es in der Geschichte Hollywoods immer diese «Ostküsten-Bankiers» gegeben hat, und für sie galt, wie Steven Spielberg meinte: «Egal, wieviel sie einem zahlen, es reicht nicht.» Die Moguln, die die amerikanische Filmindustrie begründet haben, brachten darin ihre Persönlichkeit zum Ausdruck und hinterließen ihre unübersehbaren Spuren. Aber die Geschäftsleute, die danach ihre Schöpfungen kauften (und verkauften und kauften und wieder verkauften), haben das nicht getan. Wenn die Bilanzen der jüngst zusammengestückten Mega-Unterhaltungs-Firma längst der Vergangenheit anheimgefallen sind, wird man sich noch der Filme erinnern, die so kräftig zu ihren Gewinnen (oder Verlusten) beigetragen haben.

Seit vielen Jahren schon werden die Studios oft von ehemaligen Künstler-Agenten geleitet – Leuten, die es gewohnt sind, «Pakete» aus Stars, Büchern und der Finanzierung zusammenzustellen. So sollte es nicht überraschen, daß seit Mitte der siebziger Jahre die Talent-Agenturen das eigentliche Machtzentrum in Hollywood sind. Viele Jahre dominierte die Agentur von William Morris, dann wurde sie von IMC – von Morris-Renegaten gegründet – überholt. Seit Mitte der Achtziger galt CAA (Creative Artists Agency), bis 1995 von Michael Ovitz geleitet, als Spitzenadresse unter den Agenturen, dicht gefolgt von ICM unter Jeff Bergs Leitung und von Morris. Ovitz war an der San Fernando Valley High School Klassenkamerad des Finanziers, verurteilten Straftäters und als Sozialarbeiter wiedergeborenen Michael Milkin. Er hatte in den achtziger Jahren auf seinem Feld ebenso großen Einfluß wie Milkin an der Wall Street. Ja, als er die Columbia- und Universal-Übernahmen vermittelte, bewegte Ovitz sich schon auf Milkins ureigenem Territorium.

Als sich Ovitz 1995 von Michael Eisner verlocken ließ, bei Disney als Nummer 2 einzusteigen, hielten viele das für einen Abstieg – hatte Ovitz doch gerade eine ähnliche Position bei Universal ausgeschlagen. (Den Job übernahm dann Ron Meyer, zweiter Mann bei CAA.) Bereits ein Jahr später verließ Ovitz Disney, allerdings nicht ohne eine gewaltige Abfindung.

Da die Studios keine festangestellten Techniker und Schauspieler mehr unter Vertrag haben, hat sich das Hauptgewicht auf den Verkauf der Filme verschoben. In geringem Umfang arbeiten sie auch noch als Finanziers. Die tatsächliche Arbeit der Filmproduktion wird heute von einer ganzen Anzahl unabhängiger Produzenten vollbracht, von denen viele auch gleichzeitig Regisseure oder Stars sind – was im Hollywood-Jargon «hyphenate» (etwa «Bindestrich-Person») heißt.

Die Studios gelangten dahin durch einen Prozeß des Ausprobierens, obwohl die Struktur des Filmmarktes nach Einführung des Fernsehens schon früh hätte vorausgesagt werden können. Das Fernsehen trat eindeutig die Nachfolge des Kinos in seiner Funktion als Massenunterhaltung an. Wenn der Kino-Film überleben sollte, so mußte er sich auf besondere Zielgruppen spezialisieren. Und genau dies trat auch ein. Die Kinopaläste sind durch kleinere Kinos mit unter zweihundert Plätzen ersetzt worden. Diese kleinen Kinos sind zu Kino-Centern zusammengefaßt, um so eine größere Auswahl zu bieten und gleichzeitig die Festkosten zu senken.

In den USA gibt es heute mehr als doppelt so viele Leinwände wie in den frühen siebziger Jahren. Noch wichtiger ist, daß Hollywood jetzt mehr als die Hälfte seines Einkommens aus Nebenrechten bezieht, und zwar hauptsächlich durch Video. Dennoch hat die bedeutende Vervielfachung der Distributions-Kanäle nicht die Wirkung gehabt, die ihr hätte vorhergesagt werden können. Trotz eines kurzen Flirts mit der neuen Freiheit gegen Ende der sechziger Jahre verabscheuen es die Studios, diese Möglichkeiten auszuschöpfen. Im Gegenteil wandten sie sich in den Siebzigern zunehmend dem Blockbuster-Film zu, der durch vorherigen Buchverkauf und durch massive Fernsehwerbung unterstützt wird und dabei riesige Summen verschlingt. Diese Praxis hielt sich die ganzen achtziger Jahre hindurch. Dem jungen Kinobesucher der Neunziger muß es wirklich überraschend vorkommen, daß es einmal eine Zeit gab, in der ein Erfolgsfilm nicht sogleich eine Lawine von Sequels lostrat.

International hatte der Tod des alten Studio-Systems positive Auswirkungen, indem dadurch zeitweise der Weltmarkt einem stärkeren Wettbewerb geöffnet wurde. Anfang der fünfziger Jahre etablierten die französische und die italienische Regierung quasioffizielle Export-Organisationen (Unifrance, Unitalia), die die Märkte für Filme dieser Länder aufbrachen (Unifrance war dabei viel aktiver als ihr italienisches Gegenstück). Das Aufblühen von Filmfestivals in den meisten größeren filmproduzierenden Ländern hat in dieser Hinsicht auch Erfolg gehabt.

Zwei wichtige Faktoren beim Aufschwung der Filmproduktion in vielen Ländern waren staatliche Filmförderungsmaßnahmen und die Koproduktion mit dem Fernsehen. Das Svenska Filminstitutet war ein Modell für diese neue Finanzierungsmethode. Es wurde 1963 gegründet, um Gelder zu verteilen, die durch eine zehnprozentige Abgabe auf alle Kinokarten hereinkamen; Verteilungskriterien waren teils der finanzielle Erfolg, teils die künstlerische Qualität eines Films. Dieses schwedische Modell hat die Produktion exportfähiger Filme in einem kleinen Land stark aufblühen lassen. Das französische Subventionssystem hatte sich deutlich auf die dortige Filmindustrie ausgewirkt. 1993 beliefen sich die französischen Subventionen auf insgesamt 350 Millionen Dollar, die 150 in diesem Jahr entstandenen Filmen zugute kamen. Die Mittel entstammten einer Eintrittskarten-Steuer – größtenteils auf amerikanische Filme erhoben, die in französischen Kinos ihre Dominanz ausbauen, und zwar trotz des Subventionssystems, zu dem sie dank ihrer Popularität noch kräftig beitragen.

Die europäische Filmindustrie wurde in den fünfziger und sechziger Jahren auch durch Auslandsproduktionen der Amerikaner unterstützt, die so ein niedriges Preisniveau ausnützen wollten. Dieser zeitweise Internationalismus endete 1970, als sich die Preise anglichen und die amerikanischen Firmen sich in einem finanziellen Engpaß befanden. Die britische Filmindustrie, die in den Sechzigern stark vom amerikanischen Kapital abhing, blieb durch den Rückzug fast auf der Strecke. Doch der Verlust für den Film war ein Gewinn für das Fernsehen. Die besten britischen Filmemacher arbeiten heute für das Fernsehen (oder in Hollywood).

Bis 1980 hatten amerikanische Firmen die Kontrolle über die Leinwände der Welt zurückerobert, nur zuweilen von europäischen Konglomeraten wie Lord Grades ITC oder Polygram (Philips) herausgefordert. Mit dem außerordentlichen Erfolg des französischen Pay-TV Canal Plus schien sich in den achtziger Jahren der Aufstieg zu einer internationalen Macht anzudeuten, aber im weltweiten Medienspiel fehlt immer noch ein starker französischer Mitspieler. Ähnlich gelang dem italienischen Magnaten Silvio Berlusconi in den Achtzigern der Aufbau einer europäischen Unterhaltungs-Krake, aber den Vorstoß in die wirklichen Weltmächte hat er noch vor sich, nachdem er sich die italienische Politik als die kleinere Herausforderung ausgesucht hat. Mit Goldcrest Films nahmen die Engländer in den Achtzigern einen zwar kurzen, aber dennoch ermutigenden Anlauf. Sie haben damit gezeigt, daß auch kleine Gesellschaften eine Chance haben gegenüber der Dominanz der Konglomerate.

Als in den achtziger Jahren die Video-Industrie explodierte, mästete sich die Filmindustrie an den zusätzlichen Einnahmen. Die meisten der großen Studios gründeten rasch ihre eigenen Firmen zur Distribution von Videocassetten, gelegentlich mit TV-Gesellschaften als Partner (RCA Columbia, CBS-Fox). Dennoch entwickelte sich der Cassetten-Markt nicht unter Hollywood-Kontrolle. Cassetten haben sich in den späten siebziger Jahren nur deshalb als mächtiges Unterhaltungs-Medium etabliert, weil weitab von Hollywood ein paar unternehmende Einzelkämpfer darauf gekommen sind, daß dem Normalverbraucher daran liegen könnte, sich gerade nur für einen Abend ein Band zu leihen (statt es zu kaufen). Das lief darauf hinaus, daß den Filmvertrieben Einnahmen in Milliardenhöhe entgingen, die sie leicht in ihre Taschen hätten lenken können, wenn sie gleich zu Beginn des Cassetten-Geschäfts eine wirksame «Sell-through»-Strategie entwickelt hätten.

Immerhin haben die Einkünfte aus Videocassetten eine Reihe unabhängiger Produzenten mit Mitteln ausgestattet, so daß sie um 1990 jungen Filmemachern ein fruchtbares Übungsgelände bieten konnten. Baseline listet in seinen Informationen zur Filmindustrie für 1992 insgesamt 529 angelaufene Filme auf, davon nur 330 in Kino-Kopie – der Rest erschien größtenteils direkt auf Video. So ist dieses neue Genre billiger Produktionen an die Stelle der B-Filme und Programmers der dreißiger und vierziger Jahre gerückt.

Eine weitere Herausforderung erwächst der Filmindustrie in den neunziger Jahren mit der in Schwung kommenden Multimedia-Revolution. Videocassetten sind ein Medium für Distribution, viel mehr aber auch nicht; das Cassetten-Geschäft, wie es heute läuft, ist auf Hollywoods Filmware angewiesen. Das jetzt anlaufende Multimedia-Geschäft konkurriert mit dem Film als einem Medium für Produktion und ist ihm zugleich verpflichtet. Es verkörpert das erste neue Medium für Produktion seit dem flächendeckenden Fernsehfunk, und als solches macht es möglicherweise der altehrwürdigen Kinofilm-Industrie wertvolle Talente, Kapital und Zuschauer abspenstig.

Was Compact Discs angeht, ist dort die Möglichkeit eines Verteilungssystems gegeben, das ebenso präzise und flexibel arbeitet wie das der Print-Medien, zumal wenn die Technologien von Film und Video noch weiter in eins fallen. Als Unterhaltungs- und Informationskanäle zeichnen sich sowohl Film als auch Fernsehen bis heute durch beschränkten Zugang aus: In den USA kontrollierten fünf bis sieben Studios den Filmmarkt; kommerzielle Networks und ein öffentliches kontrollierten den Zugang zum Fernsehen. Heute bietet die digitale Revolution im Verein mit der neuerdings erlangten Reife des Kabelfernsehens eine bemerkenswerte Vielfalt an Zugangswegen.

Wird Hollywood auch weiterhin den amerikanischen Unterhaltungssektor dominieren? Oder verlagern sich die Machtzentren vom San Fernando Valley mit den Studios ins Silicon Valley der Computerindustrie – oder vielleicht gar ins Hudson-Tal, von wo aus die Print-Medien herrschen und wo vor mehr als einem Jahrhundert die Filmindustrie geboren ward?

Film: Die Politik

Die Ökonomie des Films bestimmt seine Infrastruktur – seine Basis – und damit sein Potential. Die Politik des Films bestimmt seine Struktur: die Art seines Verhältnisses zur Welt. Wir verstehen, erleben und konsumieren den Film aus zwei unterschiedlichen Perspektiven. Die «Soziopolitik» des Films beschreibt, wie er die allgemeine menschliche Erfahrung reflektiert und in sie integriert ist. Seine «Psychopolitik» versucht, unser persönliches und eigentümliches Verhältnis zu ihm zu erklären. Da der Film ein so verbreitetes und populäres Phänomen ist, spielt er in der modernen Kultur eine so bedeutende Rolle – *sozio*politisch. Da er eine so kraftvolle und überzeugende Wiedergabe der Realität darstellt, besitzt der Film auch einen tiefreichenden Einfluß auf sein Publikum – *psycho*politisch. Die beiden Aspekte hängen eng zusammen, dennoch ist eine Differenzierung sinnvoll, da dadurch die Aufmerksamkeit auf den sehr realen Unterschied zwischen der allgemeinen Wirkung des Films und seinem persönlichen Effekt gelenkt wird.

Wie wir auch den Film betrachten, er ist eindeutig ein politisches Phänomen. In der Tat ist seine Existenz selbst revolutionär. In seinem bedeutenden Essay «Das Kunstwerk im Zeitalter seiner technischen Reproduzierbarkeit» schrieb Walter Benjamin: «Die Reproduktionstechnik, so ließe sich allgemein formulieren, löst das Reproduzierte aus dem Bereich der Tradition ab... (Sie) setzt an die Stelle seines einmaligen Vorkommens sein massenweises. Und indem sie der Reproduktion erlaubt, dem Aufnehmenden in seiner jeweiligen Situation entgegenzukommen, aktualisiert sie das Reproduzierte. Diese beiden Prozesse führen zu einer gewaltigen Erschütterung des Tradierten... Sie stehen im engsten Zusammenhang mit den Massenbewegungen unserer Tage. Ihr machtvollster Agent ist der Film. Seine gesellschaftliche Bedeutung ist auch in ihrer positivsten Gestalt, und gerade in ihr, nicht ohne diese seine destruktive, seine kathartische Seite denkbar: die Liquidierung des Traditionswertes am Kulturerbe.» (*Kunstwerk*, S. 16)

Benjamins Prosa ist etwas schwer verständlich, doch seine Thesen sind grundlegend für ein Verständnis, wie Film (und andere technisch reproduzierbare Künste) in der Gesellschaft wirken. Der wichtigste Unterschied, meint Benjamin, zwischen

Film und den traditionellen Künsten liegt darin, daß die neue Kunst massenhaft hergestellt werden kann und so viele statt nur weniger erreicht. (Das ist der soziopolitische Aspekt.) Dies hat eine revolutionäre Auswirkung: Die Kunst ist so nicht nur einer großen Anzahl Menschen ohne weiteres zugänglich, sie kommt dem Betrachter auch in seiner Umgebung entgegen, wodurch das traditionelle Verhältnis zwischen dem Kunstwerk und seinem Publikum auf den Kopf gestellt wird. Diese beiden Aussagen über den Film – (1.) daß er vielfach und nicht mehr einmalig ist, (2.) daß er unbegrenzt reproduzierbar ist – widersprechen direkt der romantischen Kunsttradition und beleben und reinigen somit. (Das ist der psychopolitische Aspekt.)

Film hat unsere Art, die Welt zu sehen, verändert und damit in gewisser Weise, wie wir uns in ihr verhalten. Doch mag auch die Existenz des Films revolutionär sein, die Praxis ist es oft keineswegs. Da die Verteilungskanäle beschränkt sind (da wegen der hohen Produktionskosten nur die Wohlhabendsten Zugang zur Filmproduktion haben), unterlag das Medium einer strengen, wenn auch unauffälligen Kontrolle.

In Amerika zum Beispiel bildete zwischen 1920 und 1950 das Kino das wichtigste kulturelle Mittel für die Erkundung und Beschreibung der nationalen Identität (nach 1950 wurde das Kino schrittweise vom Fernsehen abgelöst). Historiker diskutieren, ob der Film einfach die nationale Kultur widerspiegelte oder ob er ein Phantasiebild davon aufbaute, das schließlich als Wirklichkeit akzeptiert wurde. In gewisser Weise ist der Punkt strittig. Zweifellos brachten die Autoren, Produzenten, Regisseure und Techniker, die zu Hollywoods Blütezeit in den Studios arbeiteten, nur Materialien, die sie im «realen Leben» gefunden hatten, auf die Leinwand. Zweifellos wurden diese Materialien nicht unbedingt bewußt zu bestimmten politischen Zwecken verzerrt, dennoch hatte die Tatsache, daß die Filme bestimmte Aspekte unserer Kultur verstärkten, andere verdrängten, einen tiefgehenden Einfluß.

So wird die Politik des Films durch zwei Paradoxa bestimmt: Zum einen ist die Filmform revolutionär; zum anderen beruht der Inhalt meistens auf konservativen und traditionellen Werten. Zudem sind die Politik des Films und die «reale» Politik so eng verflochten, daß normalerweise nicht festgestellt werden kann, wo die Ursache, wo die Folge liegt.

Diese Untersuchung geht hauptsächlich vom amerikanischen Film aus. Das Verhältnis zwischen Politik und Film ist in anderen Zusammenhängen nicht weniger interessant, doch durch das homogene Fabriksystem der Studios wurde die sie umgebende politische Kultur besonders genau reflektiert (oder inspiriert). Da Hollywoods Filme Massenprodukte waren, wurde in ihnen die umgebende Kultur – oder präziser, die etablierten Mythen dieser Kultur – genauer widergespiegelt als in den Werken starker individueller Künstler. In der Tat liegt die Bedeutung vieler sehr wichtiger «auteurs» der Filmgeschichte gerade darin, daß ihre Werke politisch gegen den Strich des Etablierten gingen: Chaplin, Stroheim, Vidor, Eisenstein, Renoir, Rossellini, Godard, zum Beispiel.

Die grundlegende Binsenweisheit der Filmgeschichte lautet, daß die Entwicklung der Kunst / Industrie am besten als Produkt der Dialektik zwischen Film-Realismus und Film-Expressionismus aufzufassen ist: zwischen der Fähigkeit des Films, die Realität nachzuahmen, und seiner Kraft, sie zu verändern. Die ersten Filmkünstler – die Gebrüder Lumière und Georges Méliès – repräsentierten diese Dichotomie zwischen Realismus und Expressionismus vorzüglich. Dennoch unterliegt dieser Dialektik von Mimesis / Expression eine andere, tiefergehende Prämisse: Die Definition des Filmstils beruht auf dem Verhältnis des Films zu seinem Publikum. Wenn sich ein Filmemacher für einen realistischen Stil entscheidet, so möchte er die Distanz zwischen dem Zuschauer und dem Gegenstand vermindern; der expressionistische Stil versucht dagegen den Zuschauer durch die Technik des Films zu verändern, zu bewegen oder zu unterhalten. Beide ästhetischen Entscheidungen sind grundsätzlich politisch, da sie auf Beziehungen (zwischen Filmemacher, Film, Gegenstand und Zuschauer) beruhen und nicht auf idealisierten abstrakten Systemen. Insofern ist auch der Film selbst direkt politisch: Er hat ein dynamisches Verhältnis zu seinem Publikum.

Um es zusammenzufassen: Jeder Film, auch der unbedeutendste, besitzt eine politische Natur auf einer oder mehreren der folgenden drei Ebenen:

- ontologisch, da das Filmmedium selbst dazu drängt, die Traditionswerte der Kultur zu liquidieren;
- mimetisch, da jeder Film die Realität entweder widerspiegelt oder wiedererschafft (und damit ihre Politik);
- inhärent, da die stark kommunikative Natur des Films der Beziehung zwischen Film und Zuschauer eine natürliche politische Dimension gibt.

Eine politische Geschichte des Films kann also sehr leicht dreimal so komplex sein wie eine ästhetische Geschichte, da die Entwicklung auf allen drei Ebenen verfolgt werden muß. Wir können hier nur einige der wichtigsten Erscheinungen der Filmpolitik behandeln.

Ontologisch ist der beste Beweis, daß Film die Traditionswerte radikal verändert hat, das Phänomen der Prominenz. Zuvor waren gesellschaftliche Vorbilder entweder vollkommen fiktionale Figuren oder reale, verdienstvolle Persönlichkeiten (die man nur aus der Entfernung kannte). Film verschmolz diese beiden Typen: Reale Personen wurden zu fiktionalen Figuren. Das Konzept des «Stars» entwickelte sich – und Stars sind etwas ganz anderes als «Schauspieler». Die wichtigste Rolle, die Douglas Fairbanks spielte, war nicht Robin Hood oder Zorro, sondern «Douglas Fairbanks». (Tatsächlich wurde Douglas Fairbanks von Douglas Ullman gespielt –

so sein wirklicher Name.) Ebenso spielte Charles Chaplin nicht Hitler oder Monsieur Verdoux, sondern immer «Charlot», den Tramp; und Mary Pickford (sie, Chaplin und Fairbanks als die United Artists die strahlendsten Stars ihrer Zeit) mußte immer nur «Little Mary» spielen. Als sie Ende der zwanziger Jahre versuchte, ihr Image zu ändern, endete ihre Karriere.

Die frühen Filmproduzenten erkannten offenbar die Möglichkeiten des Starphänomens. Sie bestanden auf Anonymität ihrer Darsteller. 1912 erschienen jedoch die ersten Fanmagazine, die das «Biograph Girl» und «Little Mary» herausstellten. Wenige Jahre später gab es einen Zweikampf zwischen Chaplin und Pickford, wer von ihnen als erster einen Millionen-Vertrag unterschreiben würde. Little Mary und Charlot trafen offensichtlich eine empfängliche Stelle des Publikums. Die komplexe Beziehung zwischen den Stars und ihrem Publikum macht seither ein wichtiges Element der mythischen – und damit politischen – Natur des Films aus.

«Stars» stellen ihre («persönlichen») Rollen vermittels angeblicher Charakterrollen dar. «Berühmtheiten» treten meist als «sie selbst» auf und sind, wie Daniel Boorstin es treffend ausdrückte, wegen «ihrer Bekanntheit» bekannt. Wir spielen normalerweise die Bedeutung dieses Phänomens herunter, dennoch sind die Stars bedeutsame psychologische Modelle, wie sie nie zuvor existierten.

Man kann die Entwicklung dieses Phänomens der Prominenz zurückverfolgen auf die Lesetourneen des neunzehnten Jahrhunderts, wo intellektuelle Helden wie Charles Dickens und Mark Twain (nebenbei, eine von Samuel Clemens geschaffene «Rolle») sich selbst für ihre Bewunderer darstellten. Doch vor dem «Zeitalter der technischen Reproduzierbarkeit» erreichten diese Berühmtheiten nur sehr wenige Leute. Die öffentlichen Trauerbekundungen über den Tod von Rudolph Valentino im Jahre 1926, nach einer kurzen und unerheblichen Karriere als Filmschauspieler, übertrafen in ihrer Intensität und ihrem Umfang die Reaktion auf alle bisherigen ähnlichen «öffentlichen» Todesfälle. Erst nachdem auch Politiker zu Prominenten wurden, erregen die Opfer von Attentaten eine so allgemeine Trauer.

Obwohl Studio-Moguln versuchten, große Stars künstlich zu erzeugen, hatten sie selten Erfolg. Stars waren – und sind – Geschöpfe der Öffentlichkeit: politische und psychologische Modelle, die eine Eigenschaft verkörpern, die wir kollektiv bewundern. Clark Gable war objektiv nicht hübscher oder attraktiver als Dutzende anderer junger Schauspieler der dreißiger Jahre, und dennoch gab es etwas in der Persönlichkeit, die er darstellte, auf das die Leute reagierten. Humphrey Bogart war kein herausragender Schauspieler und für Hollywood auch nicht hübsch, und dennoch wurde er ein zentrales Rollenmodell nicht nur für seine eigene Generation, sondern auch für deren Kinder. Wurden Schauspieler zu Stars, so begann ihr Image das Publikum direkt zu beeinflussen. Das Star-Kino – Hollywood-Style – beruht auf dem Schaffen einer starken Identifikation zwischen Held und Zuschauer.

Stars. Sowohl Douglas Fairbanks (links) wie auch Charles Chaplin (rechts) fallen in diesen Publicity-Fotos «aus ihrer Rolle», doch da sie mittlerweile zu Berühmtheiten geworden waren, besaßen sie auch außerhalb des Studios die gewisse Aura des Stars. *(Museum of Modern Art / Film Stills Archive)*

Wir sehen die Dinge von seinem Standpunkt aus. Die Wirkung ist subtil, doch eindringlich.

Dieses Phänomen ist auch nicht auf Hollywood beschränkt. In den Sechzigern bewies das europäische Kino eine ähnliche mystische Identifikationskraft. Indem Jean-Paul Belmondo in Jean-Luc Godards *À bout de souffle* (1960) in die Rolle Humphrey Bogarts schlüpfte, schuf er eine zweite Generation der Prominenz, eine, die historisches Bewußtsein demonstriert. Marcello Mastroianni wurde zum Inbegriff des europäischen Mannes von heute. Jeanne Moreau war das Modell der klugen, selbstsicheren Europäerin, Max von Sydow und Liv Ullmann die schwedischen Gegenstücke dieser beiden Modelle. Yves Montand trat als durch und durch gallischer Bogart an. Gérard Depardieu ist für seine Generation zur Ikone geworden.

Doch diese Europäer sind ebenso Schauspieler wie Stars, und so ist auch die Wirkung gedämpfter. Es gibt Augenblicke in ihren Karrieren, wo die einzelne Rolle die Starrolle übertönt. Als Ende der sechziger Jahre der amerikanische Film wiederbelebt wurde, entwickelte sich eine neue Generation Stars, die den europäischen in ihrer kritischen Intelligenz und ihrer starken Persönlichkeit entsprachen. Politisch ist

dies ein wichtiger Fortschritt. Die schädlichste Auswirkung des Starsystems in Hollywood war die psychologische Ächtung von Rollen, die seinen eigenen Wunschbildern nicht entsprachen. Es war erlaubt, sich wie Bogart, Gable oder John Wayne zu verhalten, doch es gab bis Ende der sechziger Jahre keinen männlichen Star, der nicht ein harter Kerl (wie diese drei) oder elegant und gebildet (wie Fred Astaire und Cary Grant) war. Heute können wir mit Berühmtheiten kritisch umgehen, so daß das zeitgenössische Publikum in den Genuß eines breiteren Typenspektrums kommt.

Das Kino hilft weitgehend, zumindest in Ländern mit einer starken Filmszene, zu definieren, was kulturell erlaubt ist: Mithin die gemeinsame Erfahrung der Gesellschaft. Da diese Rollenmodelle psychologisch so mächtig sind, ist es für einzelne Mitglieder der Gesellschaft sehr schwierig, Rollen, für die kein Modell geboten wird, überhaupt zu konzipieren, geschweige denn auszuleben. Wie die Märchen und Sagen beschreibt der Film Tabus und hilft, sie zu lösen. Das Verhältnis von Ursache und Wirkung ist, wie schon erwähnt, nicht sehr klar, doch ist es interessant festzustellen, wie das quasirebellische Verhalten im Amerika der sechziger Jahre um mehr als fünf Jahre durch die beiden wichtigsten Starpersönlichkeiten der fünfziger Jahre vorweggenommen wurde – Marlon Brando und James Dean –, die beide bemerkenswert rebellisch waren. Ein noch deutlicheres Beispiel ist Jean-Luc Godards *La Chi-*

Humphrey Bogart (links) als Philip Marlowe mit Lauren Bacall in *The Big Sleep* (Howard Hawks, 1946) *(Museum of Modern Art/Film Stills Archive)*. Jean-Paul Belmondo (rechts) imitiert Humphrey Bogart als Michel Poiccard in *À bout de souffle* (Jean-Luc Godard, 1959). Die Triebkraft dieses Films ist das Verhältnis von Film und Leben.

noise (1967), in dem eine Gruppe revolutionärer Studenten der Pariser Universität in Nanterre dargestellt wurde – ein Jahr vor der Revolte vom Mai/Juni 1968, bei der tatsächlich Studenten aus Nanterre die Avantgarde der niedergeschlagenen realen Revolution waren, gerade wie in Godards fiktionaler Rebellion.

Im Zeitalter der technischen Reproduzierbarkeit besitzt die Fiktion eine zuvor nie gekannte Macht.

Wegen seiner Allgegenwart hat das Fernsehen einen großen Teil der Sagen-Funktion des Films übernommen. In Haskell Wexlers *Medium Cool* (1969), einer sarkastischen, brillanten Analyse des Verhältnisses von Medien und Politik, fordert eine Gruppe militanter Schwarzer einen Fernsehreporter auf: «Zeig ihn (eine der Personen) in den 6-Uhr-, den 10-Uhr- und den 12-Uhr-Nachrichten, *dann* wird er zur Realität!» Die Funktion der Medien, über die Wirksamkeit einer Tat, einer Person oder einer Idee zu entscheiden, war eine der Hauptregeln der radikalen Politik der sechziger Jahre (und ist es heute noch).

Diese ungewöhnliche Fähigkeit des Films, Realität zu «machen», ist seine wichtigste mimetisch-politische Funktion. Zum Beispiel lag eine der treffendsten sozialen Anklagen der Black-Power-Bewegung der Sechziger in ihrer historischen Analyse der eingeschliffenen rassistischen Darstellung von Schwarzen während der gesamten Geschichte von Film und Fernsehen. In dieser Hinsicht reflektierten die

James Dean in einem Publicity-Standfoto zu *Rebel Without a Cause* (Nicholas Ray, 1955). Kaum ein Jahr später starb er mit 24 Jahren bei einem Autounfall und machte damit die Legende komplett. Obwohl er bis zu seinem Tode nur drei größere Filme gedreht hatte *(East of Eden, Giant* und *Rebel),* traf Dean den Nerv seiner Zuschauer in den Fünfzigern, und die Trauerkundgebungen bei seinem Tod erinnerten an die Hysterie beim Tode von Rudolph Valentino dreißig Jahre zuvor. Es gibt sogar einen Film über die Wirkung seines Todes auf ein paar Teenager in einem Südstaaten-Städtchen: James Bridges' *September 30, 1955* (1977). *(Museum of Modern Art / Film Stills Archive)*

Medien ebenfalls getreulich die Wertvorstellungen der Gesellschaft. Doch sie verstärkten zugleich die reale Situation. Im allgemeinen (es gab einige Ausnahmen) zeigten Filme Schwarze nur in unterwürfigen Rollen. Wichtiger noch, Schwarze durften nur Schwarze spielen, das heißt Rollen, bei denen die Rasse ein wichtiges Element war. Eines der wichtigen Ergebnisse der Black-Power-Bewegung in den Sechzigern war es, mit dem Niederreißen dieser Barriere angefangen zu haben. Schwarze Rechtsanwälte, Ärzte, Geschäftsleute – selbst Helden – sind heute in den Medien üblich, wenn auch nur von Fall zu Fall. Aber nach wie vor ist es noch selten, daß ein Besetzungsbüro einen Afroamerikaner für eine Rolle engagiert, die nicht im Drehbuch ausdrücklich als die eines «Schwarzen» angegeben ist.

Wie so viele andere Aspekte unserer Kultur scheint auch der Fortschritt in der Rassenpolitik seit mehr als zwanzig Jahren zu stagnieren. Auf den ersten Blick gibt es in den Neunzigern nicht mehr – oder bessere – Rollen für Afroamerikaner als seinerzeit in den Siebzigern. Zu den erfreulicheren Entwicklungen der letzten Jahre gehört es, daß sich in den Randbereichen Hollywoods eine neue Gruppe afroamerikanischer Regisseure etabliert hat. Aber die interessanten Arbeiten von Filmemachern wie Spike Lee, Matty Rich und John Singleton verbindet nichts mit der ersten Welle des Schwarzen Films 25 Jahre zuvor; sie bauen nicht auf der Arbeit einer früheren Generation auf, sondern fangen wieder ganz von vorne an.

Der Rassismus findet sich in den amerikanischen Filmen, da er ein Grund-

Brando in den Fünfzigern. *A Streetcar Named Desire* (Elia Kazan, 1951) mit Vivien Leigh. Auch Brando vermittelte die Vorstellung von Rebellion, die in den Fünfzigern die Phantasie der Zuschauer erregte. *(Museum of Modern Art / Film Stills Archive)*

Doch in zwanzig Jahren wandelte sich die sexuelle Energie und brachte das verschrobene, trostlose Bild hervor von Brando in den Siebzigern, hier in *Ultimo tango a Parigi* (Bernardo Bertolucci, 1972). Die Augen, der Blick, die Gestik, das Verhältnis zu Frauen sind ähnlich, doch gereifter nach zwanzig Jahren.

Brando war der erste der großen Stars, der gleichzeitig das Bild eines intelligenten Schauspielers und eine Persönlichkeit entwickelte, und einer der ersten, die zur Karikatur ihrer selbst wurden. Ende der Siebziger war Brandos Image so konzentriert, daß er nur kurz in einem Film auftauchen mußte, um ihm sein Siegel aufzudrücken. Sein berühmtester kurzer Star-Auftritt war die Rolle des verfetteten Kurtz in *Apocalypse Now* (Francis Ford Coppola, 1979).

«America's Sweetheart», die «kleine» Mary Pickford (um 1920). Korkenzieherlocken, karierter Baumwollstoff und schnuckelige Hündchen. *(Marc Wanamaker/Bison Art Ltd.)*

Judy Garland als Dorothy in *The Wizard of Oz* (1939): Zöpfchen, noch mehr Karos und Kindheits-Phantasien: Amerikas «Sweetheart» der zweiten Generation. *(Marc Wanamaker/Bison Art Ltd.)*

merkmal der amerikanischen Geschichte ist. Es ist eine der häßlichsten Tatsachen der Filmgeschichte, daß der bedeutende Film *The Birth of a Nation* (1915) allgemein als Klassiker gelobt wird – trotz seines eindeutigen Rassismus. Weder technische Brillanz, investiertes Geld noch künstlerische Wirkung sollten die in *The Birth of a Nation* gedankenlos vertretene antischwarze Politik aufwiegen dürfen; doch in der Filmgeschichte, wie sie heute geschrieben wird, lobt man weiterhin den Film wegen seiner Form und ignoriert den empörenden Inhalt, erwähnt ihn bestenfalls mit einem Alibi-Satz.*

Dies soll nicht heißen, daß Griffiths Meisterwerk eine Ausnahme bildete. Bis in die späten fünfziger Jahre herrschten rassische Stereotype im Film, später im Fernsehen, vor. Es gab wohl vorher einzelne Filme mit liberalem Gewissen – King Vidors *Hallelujah* (1929) oder Elia Kazans *Pinky* (1949) zum Beispiel –, doch selbst diese zeichneten sich durch eine gewisse Herablassung aus. Erst Ende der sechziger Jahre

* Eine Fernsehausstrahlung des Films 1993 in Großbritannien wurde durch die kritische Stellungnahme eines schwarzen Filmkritikers eingeführt, die Video-Version mit einer Warnung versehen.

Clara Bow, das «It girl», die Frau mit dem gewissen Etwas, strahlte in den Zwanzigern ein kraftvolles sexuelles Image aus, aber mit so viel Sinn für Humor, daß sie für das immer noch puritanische amerikanische Publikum akzeptabel war. «S. A.» – Sex Appeal – ist seitdem ein Motor der Filmindustrie.

begannen Schwarze nichtstereotype Rollen in amerikanischen Filmen zu übernehmen. Wir sprechen hier von Hollywood. In den zwanziger Jahren entstand eine kleine, selbständige afroamerikanische Filmindustrie, die Filme über Schwarze, von Schwarzen, für Schwarze produzierte. Doch diese Filme bekam das breite Publikum natürlich nur selten zu sehen.

Die Indianer wurden bis vor kurzer Zeit ebenso schlecht behandelt. Da sie ein fester Bestandteil des populären Western-Genres waren, erschienen sie öfter auf der Leinwand als die Schwarzen, doch die Stereotype waren ebenso schädlich. Hier gab es allerdings einige Ausnahmen. Vielleicht weil der Kampf gegen die Indianer schon gewonnen war, erschienen sie bisweilen in einigen Filmen in einem positiveren, menschlicheren Lichte. Thomas Inces *The Indian Massacre* (1913) ist ein frühes Beispiel, ein neueres ist John Fords *Cheyenne Autumn* (1964).

Trotz ihres rasch wachsenden Einflusses in der US-amerikanischen Kultur verhielten sich die Amerikaner asiatischer Abstammung an der Filmfront relativ ruhig. Bruce Lee beherrschte in den Siebzigern, sein Sohn Brandon in den Neunzigern das Kampfkunst-Genre, bevor sie auf gespenstisch ähnliche Weise unzeitig zu Tode

Nach 25 Jahren mit unabhängigen, witzigen, starken Stars wie Katherine Hepburn, Rosalind Russel und Bette Davies kehrte der amerikanische Film in den frühen Fünfzigern zur klassischen Frauenrolle zurück. Marilyn Monroe bot sich in ihrer bemerkenswerten Karriere auf der Leinwand für die üblichen Männerphantasien an, während sie in ihrem Leben die Grenzen der Fünfziger-Jahre-Erotik mutig in Frage stellte. Diese Aufnahme ist Teil einer Fotosession, die Bert Stern sechs Wochen vor ihrem Tod mit ihr machte. (Mit Erlaubnis des Fotografen)

kamen. Wayne Wang hatte – mit *Chan Is Missing* (1981) und fortgesetzt mit *Dim Sum – A Little Bit of Heart* (1985) und *Eat a Bowl of Tea* (1989) – herausragenden Erfolg mit asiamerikanischen Themen. Mit *The Joy Luck Club* (1993) erreichte er ein breiteres Publikum. In Zusammenarbeit mit dem Schriftsteller Paul Auster (*New York Trilogy*) entstand 1995 der Doppelfilm *Smoke* und *Blue in the Face* über einen Tabakladen in Brooklyn. Während Wang in *Chinese Box* (1997) mit Gong Li und Jeremy Irons die Übergabe Hongkongs an die Volksrepublik China melodramatisch behandelte, wandte er sich in *Anywhere But Here* (1999) wieder einem uramerikanischen Thema zu.

Das Bild der Frau im amerikanischen Film ist ein komplexeres Problem. Offensichtlich haben die Filme der zwanziger Jahre viel dazu beigetragen, das Bild der selbständigen Frau zu popularisieren. Selbst Sirenen wie Clara Bow und Mae West, vorwiegend zwar männliche Phantasiebilder, konnten gleichwohl ein gewisses Maß Unabhängigkeit und eine Prise Ironie in ihre stereotypen Rollen einbringen. Insgesamt aber war das Bild der Frauen im Film der dreißiger und vierziger Jahre dem der Männer ziemlich ebenbürtig. Eine aufmerksame Feministin kann in den Filmen jener Zeit natürlich zahllose stereotype Einschränkungen feststellen, doch für die meisten von uns würde ein Vergleich der dreißiger Jahre im Film mit den Sechzigern, Siebzigern oder Achtzigern ergeben, daß trotz des erwachten Bewußtseins der Frauen im Film erst jüngst die Intelligenzstufe der Sexualpolitik aus der Mitte der dreißiger Jahre erreicht wurde. Schauspielerinnen wie Katharine Hepburn, Bette Davis, Joan Blondell, Carole Lombard, Myrna Loy, Barbara Stanwyck, Irene Dunne, selbst Joan Crawford, prägten ein Bild von Intelligenz, Unabhängigkeit, Sensibilität und gleichberechtigter Sexualität, wie man es seither selten sah.

All dies endete Anfang der fünfziger Jahre mit dem Aufkommen von Rollenmodellen, die durch Stars wie Marilyn Monroe (die verführerische Kindfrau) und Doris Day (das jungfräuliche Mädchen von nebenan) repräsentiert wurden. Von den beiden war das von Doris Day und ähnlichen Schauspielerinnen gezeigte Image vorzuziehen. Dieser Frauentyp erreichte zwar niemals völlige Unabhängigkeit, war jedoch meist mehr als nur ein männliches Phantasieprodukt wie die Monroe. Offensichtlich existierten keine Schauspielerinnen mehr vom Format der früheren Stars. Von den acht jungen Schauspielerinnen, die zum Beispiel in Sidney Lumets *The Group* (1966) Hauptrollen spielten, zeigten zumindest sieben Talent. Dennoch hatte von ihnen lediglich Candice Bergen später nennenswerten Erfolg – und das kostete sie über zwanzig Jahre. Mit den «Kumpel»-Filmen der späten sechziger Jahre (deren populärstes Beispiel *Butch Cassidy and the Sundance Kid*, 1969, war) sind die letzten größeren Rollen für Frauen fast verschwunden.

Die Sexualpolitik der amerikanischen Filme in den vergangenen dreißig Jahren ist ein Gebiet, wo das Kino die Politik der Realität nicht einfach widerspiegelt. Das war in gewissem Maße in den fünfziger Jahren der Fall, als die amerikanische Kultur darauf aus war, die Frauen, die während der Kriege ein gewisses Maß an Unabhängigkeit gewonnen hatten, zurück an den heimischen Herd zu scheuchen. Doch das Kino der siebziger, achtziger und neunziger Jahre, als Millionen Frauen begannen, ihr Bewußtsein – wenn nicht gar das ihrer Angetrauten – zu schärfen, lieferte sicherlich ein falsches Bild der realen Welt. Einer der ersten Filme, die in den Siebzigern wegen ihrer «feministischen» Tendenz gelobt wurden, war zum Beispiel Martin Scorseses *Alice Doesn't Live Here Anymore* (1975); doch dieser Film zeigte uns eine Frau, die nicht fähig war, selbst zu überleben, nachdem man ihr die kreatürlichen Annehmlichkeiten eines Haushalts geraubt hatte, und die sich am Ende glücklich wieder in die Rolle einer hilfreichen Gattin begibt. Warum an sich intelligente Kritiker *Alice* in irgendeiner Weise als feministisch ansehen konnten, ist

Die Sechziger sahen nur eine geringe Verbesserung gegenüber den Fünfzigern, was Frauenrollen angeht. Im ganzen gesehen dominierten Männer die amerikanischen Filme der Dekade, Kumpel-Filme verherrlichten die Männerfreundschaft. Hier agieren Paul Newman und Robert Redford mit krachenden Revolvern in *Butch Cassidy and the Sundance Kid* (1969) – vielleicht die Apotheose der Kumpel-Filme.

Es dauerte bis zu *Thelma and Louise* von 1991, daß das Kumpel-Thema in einem Erfolgsfilm feminisiert wurde. Der Film über zwei bewaffnete Ausreißerinnen wurde zur Mediensensation, nachdem die Diskussion über seine Tragweite als feministisches Statement einsetzte. Hier geben Susan Sarandon und Geena Davis Vollgas.

schwer zu beurteilen, außer daß vielleicht die Situation sich so drastisch verschlechtert hatte, daß jeder Film, in dem einer Frau eine zentrale Rolle eingeräumt wurde, unabhängig von seiner politischen Haltung, schon als Fortschritt gelten mußte.

Trotz vielem Presserummel gewann in den Siebzigern oder Achtzigern die feministische Position im Film kaum an Boden. In so hochgerühmten «Frauen-Filmen» wie *An Unmarried Woman, The Turning Point* und *Julia* (alle 1978) standen zwar Frauen im Mittelpunkt, jedoch ohne erkennbar stärkeres Bewußtsein. In Martin Ritts Drama *Norma Rae* (1979) erhielt Sally Field die kraftvolle, Oscar-gekrönte Hauptrolle, im übrigen aber ging es mehr um Gewerkschafts- als um Geschlechterpolitik.

Ironischerweise war der Film, der in jener Periode das beste Verständnis der Sexualpolitik zeigte, Robert Bentons *Kramer vs. Kramer* (1979); hier war die Frau (Meryl Streep) zwar nicht gerade der «Bösewicht», sicher jedoch der Urheber des Problems, während das Hauptinteresse fast ausschließlich auf der sensiblen und schmerzvollen Reaktion des Mannes (Dustin Hoffman) lag – in der Umkehrung eine klassische feministische Situation der siebziger Jahre. In den letzten Jahren hat kein Film so viel Verständnis für den weiblichen (hier vom Mann eingenommenen) Standpunkt aufgebracht. Wenn man nach dem von Hollywood vermittelten Bild gehen sollte, so war der Hauptnutzen der Frauenbewegung die Befreiung des Mannes von männlichen Stereotypen. Das trifft zwar auch zu, zeigt aber nur einen Zipfel der Wahrheit.

In den achtziger Jahren wurde der «neue Frauenfilm» (ich zögere mit der Bezeichnung «feministischer Film») rasch als Genre akzeptiert, allerdings ohne wirkliche emotionale oder politische Schlagkraft. Aktuelle «Frauenfilme» wie *Steel Magnolias* (1989), *Fried Green Tomatoes* (1991), *Nine to Five* (1980) und *Thelma & Louise* (1991) haben zwar ihre Verdienste, teilen uns aber nicht so viel über Sexualpolitik mit. Die beiden ersten Filme zeigen Frauen in ihrer eigenen Welt. Die anderen beiden dagegen lassen sie die gewöhnlich von Männern gespielten Kumpelrollen übernehmen und feiern den neuerdings akzeptablen Typus der befreiten Frau, ohne allerdings den Dialog weiterzuführen und ohne akzeptierte moralische Maßstäbe in Frage zu stellen.

Was ist also sonst noch neu? Von Mitte der siebziger bis in die Mitte der neunziger Jahre stagnierte in den USA und in Europa die Entwicklung der Geschlechterpolitik – wie der Politik überhaupt. Auf dem fünfundzwanzigsten Earth Day wurden dieselben Fragen diskutiert wie schon auf dem ersten. «Minderheiten», wie sie nach wie vor unpassenderweise genannt werden, stehen heute wie damals vor denselben Problemen. Der Kampf geht ohne Ende weiter.

Dennoch, obwohl sich keine Kontinuität des Fortschritts feststellen läßt, stehen Frauen im Film besser da als vor dreißig Jahren. Es existiert das unbestimmte Ge-

Während die achtziger und neunziger Jahre immer noch keine Rückkehr zu unabhängigem Geist und Charaktertiefe erlebten, die die Frauen der Dreißiger und Vierziger an den Tag legten, war die Periode doch in einer Hinsicht bemerkenswert: Als die Actricen der Sechziger und Siebziger in die Jahre kamen, Jane Fonda und Barbra Streisand voran, übernahmen sie als Vierzig- bis Fünfzigjährige romantische Hauptrollen. Zum erstenmal seit vielleicht dem achtzehnten Jahrhundert war es Frauen in den mittleren Jahren erlaubt, ihre Sexualität zu bewahren, sie gar auszuleben. (Natürlich waren seit Fairbanks auch amerikanische Männer in Würde und sexuell attraktiv auf der Leinwand gealtert.) Tina Turner (links) mit 54, Susan Sarandon mit 45.

fühl, daß sich das Gleichgewicht zwischen Mann und Frau unerbittlich verlagert. Noch bedeutsamer ist es, daß es heute für eine Schauspielerin durchaus möglich ist, die Karriere als Hauptdarstellerin auch noch als über Fünfzigjährige fortzusetzen: Jane Fonda, Shirley MacLaine, Tina Turner, Goldie Hawn und Barbra Streisand haben auch im «reiferen» Alter nichts von ihrer Anziehungskraft verloren. Und Susan Sarandon war über vierzig, als sie erstmals ihr Talent voll auslotete. Sarandon ist seit langem wieder die erste Schauspielerin, die Sexualität und reife Intelligenz zu einer präsenten Star-Persönlichkeit verschmelzen läßt; ähnlich hat sich Meryl Streep ihre Position als imponierende «actor's actor» erworben. Hier sind tatsächlich Frauen der Motor, unser Empfinden von Lebensalter neu zu definieren. Die in den sechziger Jahren mündig gewordene Generation, das heißt die Kriegs- und die geburten-

Daß wir das sexualpolitische Gleichgewicht der vierziger Jahre noch nicht wiedererlangt haben, ist vielleicht mehr uns als Hollywood anzulasten. Trotz fünfunddreißig Jahren «sexueller Revolution» und fünfundzwanzig Jahren einer aktiven feministischen Bewegung ist die Sexualität in den Neunzigern oft genug abgestanden und verquält, wie an dieser Publicity-Aufnahme von Sharon Stone abzulesen ist.

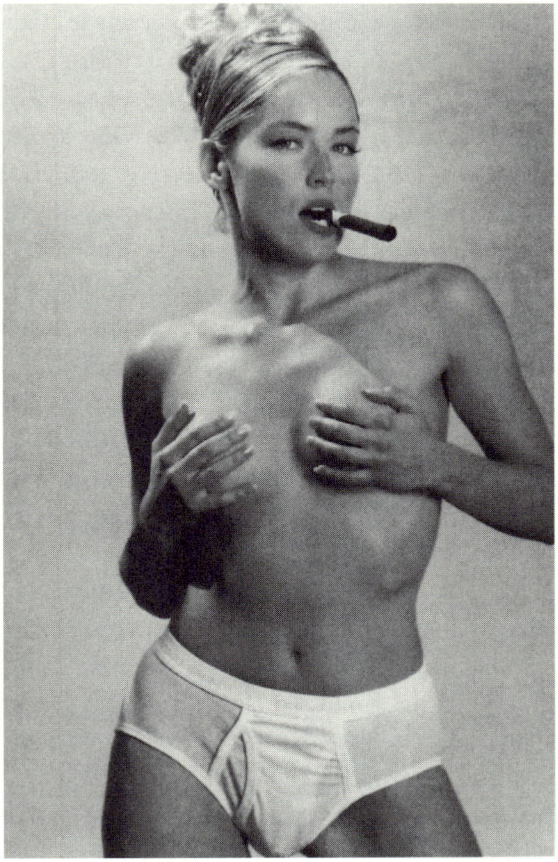

starken Nachkriegsjahrgänge des «baby boom», will ihre Sexualität auch mit über fünfzig noch auf einem Level ausleben, der dreißig Jahre zuvor nicht denkbar gewesen wäre.

Gleichzeitig hegte die «Generation X» paradoxerweise einen rückwärtsgewandten Mythos von Sexualität, in dem die übelsten Erscheinungen der fünfziger Jahre anklangen. Madonna hat das Sexkätzchen Marilyn Monroes zu einer Schickimicki-Walküre umstilisiert, mit ihrer Unterwäsche als Panzer. Schauspielerinnen wie Sharon Stone, Demi Moore, Kim Basinger und Drew Barrymore werden regelmäßig benutzt und mißbraucht. Da paßt der Ausdruck «young hookers», «junge Nutten». Wie schon ihre männlichen Vorgänger in den Achtzigern – Sean Penn, Rob Lowe, Matt Dillon, Patrick Swayze als «brat pack», etwa «Flegelbande» – beutet diese neue Schauspielerinnen-Generation weniger hehre Hollywood-Traditionen aus. Der Einwand, daß bei derartigen Rollen Ironie im Spiel sein könnte, greift zu kurz; wir wissen schließlich alle, was da verkauft wird. In den neunziger Jahren ist Sex zur

Handelsware verkommen, einer irgendwie langweiligen überdies. Hardcore-«Porno» wie *Deep Throat* und *The Devil in Miss Jones* – Filme, die in den frühen siebziger Jahren für Empörung sorgten – ist heute dank zahlreicher Kabelnetze in jedem Wohnzimmer verfügbar und läßt die Videoshops in den Schlafstädten florieren. Seit *Flashdance* (1983) und *Dirty Dancing* (1987) ist Sex für Pubertierende und Präpubertierende ein einträgliches Nebengeschäft für Hollywood, und viele Spielfilm-Produktionen schlagen mit deutlicher zur Sache kommenden «Videoversionen» für den Kassettenmarkt Kapital aus ihren Softcore-Qualitäten.

Vielleicht sieht so der Fortschritt aus; vielleicht ist der Durchgang durch diese Phase einfach nötig, um Romantik und nichtpornographische Erotik wiederzuentdecken; vielleicht ist das Mehr an «virtuellem Sex» eine Antwort auf Aids. In jedem Fall scheint es, daß die Mitte der Neunziger eine gute Zeit ist, sich Fellinis *Satyricon* mal wieder anzusehen und sich daran zu erinnern, daß Clara Bow – in den zwanziger Jahren das «It girl», die Frau mit dem gewissen Etwas –, die den Sex Appeal als Idee aufgebracht hat, ihre Rolle mit einer Gewitzt- und Direktheit spielte, die beide weit mehr an Selbstgefühl und tiefer Sinnlichkeit spürbar werden ließen, als all der Abklatsch in den Videoshops zusammen.

Die Sexualpolitik im Film ist eng mit dem verbunden, was man die «Traum-Funktion» des Kinos nennen könnte. Ein großer Teil der akademischen Kritik der späten Siebziger und der Achtziger konzentrierte sich auf diesen Aspekt des Filmerlebnisses. Unsere starke Identifikation mit den Filmhelden ist ein offensichtlicher Beweis dafür, daß Film auf unsere Psyche ähnlich wie ein Traum wirkt. Dies ist ein unabtrennbarer Aspekt der Politik des Films: Wie reagieren wir auf Filme? Seit den frühen Tagen verkaufen uns die Filmemacher Phantasien voll Romantik und Aktion – oder wie heutzutage die Begriffe lauten: Sex und Gewalt. In dieser Hinsicht unterscheidet sich Film nicht sehr von Literatur. Der Erfolg von Filmen wie der von Romanen beruht auf der anregenden Kraft dieser libidinösen Impulse.

Es ist ein komplexes Thema: Film befriedigt die Libido nicht nur durch die Realisierung von Phantasien, sondern ebenfalls auf einer formalen Ebene – der Stil eines Films, seine Sprache, kann romantisch sein oder aktiv, sexuell oder gewaltsam, unabhängig von seinem Inhalt. Außerdem ist die genaue Wirkung speziell dieser Funktion des Films auf das Erleben der Zuschauer ziemlich unklar. Ersetzt er reales Erleben? Oder regt er dazu an?

Dies ist in bezug auf das politische Handeln eine besonders interessante Rätselfrage. Ein Film, in dem sich der Held durchsetzt, könnte dem Publikum einfach vermitteln, daß «alles schon gut werden wird» (man also nicht zu handeln braucht), während ein Film, in dem der Held verliert, die Vergeblichkeit des Handelns signalisiert. Wie kann dann ein politischer Filmemacher eine Struktur aufbauen, bei der die Zuschauer einbezogen werden, jedoch nicht so stark, daß die Darsteller als Sur-

John Rice und May Irwin in Edisons *Kiss* (1896), mit dem alles anfing.

rogate dienen? Wie kann deutlich gemacht werden, daß im realen Leben Handeln möglich und notwendig ist? Es gibt keine einfachen Antworten.

Die Frage des Handlungsersatzes ist in bezug auf Romantik und Sex einfach zu erklären. Hier sind die Darsteller eindeutig Surrogate für den Zuschauer, und eine Übertragung der Filmhandlung auf das reale Leben ist nicht wirklich beabsichtigt. Tatsächlich deutet der Realismus des Filmerlebens das Gegenteil an: daß das Erlebnis im Film weitgehend das Erlebnis im realen Leben ersetzt. Wir sprechen von Film-«Fans» und Film-«Buffs», doch es gibt ebenso eine Subkultur der Film-Süchtigen: Menschen mit einem überaus starken Bedürfnis für das Traumerlebnis des Films, das sowohl physiologisch wie psychologisch sein kann. Diese entscheidenden Aspekte der Filmwirkung sind bisher noch nicht ausreichend erforscht. Ein Großteil der interessantesten Entwicklungen auf dem Gebiet der Filmtheorie wird sich in den nächsten Jahren mit diesem Thema befassen.

Die libidinöse Wirkung des Films als Traum hat auch einen praktischeren Aspekt. Seit Edisons Kinetoscope-Schleife *Kiss* (1896), mit John Rice und May Irwin, haben Filme immer wieder Moralin-Ergüsse hervorgerufen, die wiederum zu Zensurmaßnahmen führten. Während die Zensur auf dem europäischen Kontinent vorwiegend politischen Charakter besaß, war sie in den USA und Großbritannien moralisch und puritanisch, ein Überbleibsel des heimischen Puritanismus und des viktorianischen Verhältnisses zum Sex.

Als Reaktion auf eine angeblich allgemeine moralische Entrüstung über eine Anzahl von Sex-Skandalen, an denen Hollywood-Schauspieler beteiligt waren (vor allem die Fatty-Arbuckle-Affäre), gründete Hollywood 1922 die Organisation der Motion Picture Producers and Distributors of America (MPPA, die allgemein nach ihrem ersten Präsidenten das «Hays Office» genannt wurde. Das Hays Office übte keine formale Zensur aus und wollte nur schlechter Publicity durch gute entgegenwirken, doch nach und nach wurden Richtlinien entwickelt. Der erste «Production Code» stammt aus dem Jahre 1930. Nachdem Joseph Breen 1934 in der MPPA tätig wurde, begann man, den Production Code strenger anzuwenden. (Im selben Jahr wurde die Catholic Legion of Decency gegründet, die bis in die sechziger Jahre hinein einen streng puritanischen Einfluß geltend machte.)

Der Code stellte absurde Forderungen an die Filmemacher. Streng verboten waren nicht nur eindeutig sexuelle und gewalttätige Handlungen, sondern nach dem strikt durchgesetzten Regelkatalog auch die Abbildung von Doppelbetten, selbst bei verheirateten Paaren, und Flüche wie «God», «hell», «damn», «nuts» – sogar «nerts». Der Effekt war tiefgreifend.

Eine der größten Überraschungen für Filmstudenten, die zum erstenmal Filme aus der Zeit vor dem Code sehen, ist die erstaunlich moderne Moralauffassung in den Filmen der späten zwanziger und frühen dreißiger Jahre, die auch Themen wie Sex und Drogen behandeln, die danach bis in die späten sechziger Jahre verboten waren. Die Wirkung ist merkwürdig verwirrend. Wir sind mit den Hollywood-Filmen der späten Dreißiger, der Vierziger und Fünfziger durch die (meist noch mal zensierte) Ausstrahlung im Fernsehen aufgewachsen. Das Erlebnis einiger der realistischen Vor-Code-Filme ist die Wiederentdeckung einer verlorenen Generation. Zu den letzten Überbleibseln aus dieser wichtigen Epoche zählt zum Beispiel der Zyklus der Gangster-Filme – darunter *Public Enemy* (1931) und *Scarface* (1932) –, die versuchten, politische Themen direkt anzugehen.

In Großbritannien ist die Selbstzensur durch das British Board of Film Censors sehr viel strikter und entstammt dem Jahre 1912. Interessanterweise hatte das britische Zensursystem einen weniger deutlichen Einfluß als der amerikanische Code. Bis 1951 wurden Filme in die Kategorien U, A und H (für Universal, Adults und Horrific – verboten für Jugendliche unter sechzehn Jahren) eingeteilt. Ziel war es, Kinder nicht unnötig extremer Gewalt (worauf sich «horrific» bezieht) auszusetzen – eine anerkennenswerte Absicht. 1951, als der Sex im Film an Bedeutung gewann, wurde H durch X ersetzt.

Der amerikanische Code war den Produzenten während der Hollywood-Ära sehr nützlich. Er stellte zwar unsinnige und willkürliche Regeln auf, gleichzeitig entband er aber auch die Studios von jeglicher moralischer Verpflichtung, relevante politische und sexuelle Themen aufzugreifen oder selbst harmlosere Themen mit einem gewissen Maß an Intelligenz zu behandeln. Hollywood zog sich Mitte der dreißiger Jahre bequem auf einen Filmstil zurück, der Themen von allgemeiner Bedeutung zugunsten der hochgelobten – oft hohlen – phantastischen «Unterhaltungs-Werte» der Goldenen Ära vermied.

Nicht nur die direkten Vorschriften des Code waren wichtig, er hatte auch eine allgemein einschüchternde Wirkung auf eine Industrie, die besonders sensibel auf ökonomischen Druck reagierte. Zudem ergab sich aus dieser Verwundbarkeit eine andere Art Zensur. Die Studios produzierten nichts, was irgendeine mächtige Minderheitengruppe unter den Zuschauern verletzen konnte. Sie hatten zudem für Vorschläge des politischen Establishments immer ein offenes Ohr. Die Gesetzlosigkeit der Prohibitionszeit, zum Beispiel, führte zu einer Reihe von präfaschistischen Filmen Anfang der dreißiger Jahre – *Star Witness* (1931), *Okay America* (1932) und *Gabriel Over the White House* (1934) sind Beispiele dafür.

Während des Zweiten Weltkrieges ergriff Hollywood natürlich die Gelegenheit, etwas für die gute Sache zu tun, nicht nur durch die Produktion von abertausend Trainings- und Propagandafilmen (das berühmteste Beispiel ist Frank Capras *Why-We-Fight*-Serie), sondern ebenso rasch im Spielfilm, wo ein Mythos des Konfliktes entwickelt wurde, der sehr dazu beitrug, das Land für den Kampf zu einen.

Ein perfektes Beispiel dafür ist Delmer Daves' *Destination Tokyo* (1934), der zeigt, wie die sonst getrennten ethnischen Gruppen vereint gegen den gemeinsamen Feind vorgehen. Während des Films schreibt der Kapitän (Cary Grant) seiner Frau im mittleren Westen einen Brief. Die Sequenz dauert über zehn Minuten. Während Grant schreibt und den Krieg rechtfertigt, illustrieren Dokumentaraufnahmen seine Lektion, deren Tendenz darin besteht, daß die Japaner und Deutschen rassisch minderwertig seien, während die verbündeten Chinesen und Russen genetisch dazu bestimmt seien zu gewinnen und historisch ebenso friedliebende Völker seien wie die Amerikaner selbst! Später paßte dies nicht mehr in die Mythologie des kalten Kriegs. Mit Absicht oder zufällig fehlte diese treffliche Sequenz in vielen Kopien von *Destination Tokyo*, die in der heißen Phase des kalten Kriegs im Umlauf waren.

Gegen Ende des Zweiten Weltkriegs gab es bisweilen realistische Darstellungen der Kampfhandlungen, die im Ansatz fast wie Antikriegsfilme wirken. *The Story of G. I. Joe* und *They Were Expendable* (beide 1945) sind wichtige Beispiele.

Nach dem Krieg folgte Hollywood gehorsamst, als sich die nationalen Mythen des kalten Kriegs entwickelten. In den quasidokumentarischen Spionagefilmen, die Louis de Rochemont produzierte (*The House on 92nd Street*, 1945; *13 Rue Madeleine*, 1947; *Walk East on Beacon*, 1952), kann man den sanften Übergang von den Nazis auf die «Commies» als Bösewichte verfolgen, ohne daß sich der Stil oder die Struktur der Filme änderte.

In den fünfziger Jahren war die Kalte-Kriegs-Mentalität allgemein verbreitet. Es gab Reihen von Spionagefilmen und Filme, die solche Institutionen des kalten Kriegs wie das Strategic Air Command und das FBI glorifizierten. Doch auf einer abstrakteren Ebene kann man auch die Psychologie des kalten Kriegs im populären Genre der Science-fiction in den fünfziger Jahren verfolgen. *Invasion of the Body Snatchers* (1956) ist vielleicht die beste Metapher für die politische Paranoia jener Jahre, während *Forbidden Planet* (1956) eine intelligentere Herangehensweise bietet. In diesem letzteren Film sind die Monster nicht heimtückische, unerbittliche, außerweltliche Wesen, gegen die es kein Mittel außer der totalen Mobilisierung gibt, sondern eher Kreaturen unseres eigenen Unterbewußtseins, Reflexionen unserer eigenen elementaren Ängste. Sobald die Personen in *Forbidden Planet* gelernt haben, ihr Unterbewußtsein zu beherrschen, verschwinden auch die Monster.

Offensichtlich hatten die schwarzen Listen, die das House Un-American Activities Committee Ende der vierziger Jahre durchsetzte, einen tief verunsichernden Einfluß. Doch dies reicht nicht aus, die weitverbreitete, konforme Ideologie der Hollywood-Filme in den Fünfzigern zu erklären. Die Filmemacher waren von der gleichen Paranoia ergriffen, die den Rest der USA im Banne hielt. Es schien so, als ob man nach dem Gefühl der Einheit und des sinnvollen Kampfes gegen den Faschismus verzweifelt nach einem ebenso gefährlichen Gegner suchte, der Amerika wieder zusammenbringen könnte. Als in den sechziger Jahren schließlich die Mythen des kalten Kriegs zerbrachen, wurden zum Teil Kräfte des sozialen Wandels freigesetzt. Diese Änderung schlug sich ebenfalls in den amerikanischen Filmen nieder.

In Europa hatte der Zweite Weltkrieg paradoxerweise positive Folgen für den Film. In der stillen, rationaleren Propaganda von Filmen wie *In Which We Serve* (Noël Coward, 1943) fanden die englischen Filmemacher eine sinnvolle Aufgabe. In der Anwendung von Dokumentartechniken Griersons und seiner Mitarbeiter auf den Spielfilm fand England zum erstenmal einen eigenen nationalen kinematografischen Stil. Politisch bewußt, historisch intelligent, wurde dieser Stil für eine kurze Zeit um 1960 wiedergeboren, als die «zornigen jungen Männer» des Theaters auf den Film ausstrahlten.

In Italien endete die lange Dürre des Faschismus in einer Flut politisch aktiver, ästhetisch revolutionärer Filme, die unter dem gemeinsamen Namen Neorealismus bekannt wurden. Rossellinis *Roma, città aperta* (1945) und *Paisà* (1946), De Sicas *Ladri di biciclette* (1948) und *Sciuscià* (1946), Viscontis *Ossessione* (1942) und *La terra trema* (1947) setzten Standards, die noch auf Jahrzehnte hinaus Filmemacher in aller Welt inspirierten.

Doch die politische Relevanz, die den englischen und italienischen Film in den

Vierzigern bestimmte, konnte sich in den Fünfzigern nicht sehr lange halten. Erst Ende der Sechziger wurde sie in einer Reihe französischer und italienischer Filme wiederbelebt, die Skandale aufdeckten und tatsächlich politische Wirkung besaßen. Die wichtigsten Vertreter dieses Stils waren Constantin Costa-Gavras (*Z*, 1969; *État de siège*, 1973) in Frankreich und Francesco Rosi (*Salvatore Giuliano* 1962; *Il Caso Mattei*, 1972) in Italien. Es gab nur sehr wenige Beispiele dieses dekuvrierenden Filmstils in den USA. Das bedeutendste Beispiel ist *The China Syndrome* (1979): Der Film lief erst wenige Wochen, als die Realität der Fast-Kernschmelze von Three Miles Island seine Story einholte.

Seit 1980 sind Politik und Film zunehmend auseinandergedriftet (ebenso wie die Politik und das wirkliche Leben). Die Tradition des Aufdeckens von politischen Schweinereien existiert wohl noch, doch es liegt gut zwanzig Jahre zurück, daß ein amerikanischer oder europäischer Film direkt auf aktuelle Politik einwirkte. Oliver Stone hat sich in Hollywood eine ganz persönliche Nische als letzter Politfilmer der Industrie geschaffen, doch seine Analysen von Gegenwartsfragen (*Talk Radio*, 1988, *Natural Born Killers*, 1994, *Any Given Sunday*, 1999, und insbesondere *Wall Street*, 1987) werden von seinen populäreren historischen Verherrlichungen (*Platoon*, 1986, *JFK*, 1991, *Nixon*, 1995) überschattet, die sich alle in drei Jahrzehnte zurückliegende Ereignisse verbeißen. Seine gemischten Obsessionen spiegeln wohl einfach nur die allgemeine Desorientierung wider, mit der das Jahrhundert zu Ende geht.

Wie alle Formen der Massenunterhaltung war der Film in starkem Maße mythenbildend, gerade indem er unterhielt. Hollywood half gewaltig mit, Amerikas nationale Mythen (und damit sein Selbstbewußtsein) zu formen – und oft zu übertreiben. Ebenso hatte es im Ausland einen tiefgreifenden Einfluß. Für die Nouvelle Vague im Frankreich der frühen Sechziger war der amerikanische Kulturimperialismus ein wichtiges Studienobjekt. 1976 entfielen zum Beispiel in der Bundesrepublik Deutschland nur vierzig Prozent der Kinoeinnahmen auf amerikanische Filme. Bis 1992 hatte sich diese Zahl mit 83 Prozent mehr als verdoppelt. In so wichtigen filmproduzierenden Nationen wie England, Italien und Frankreich ist der amerikanische Film fast ebenso dominant. Amerikanische Filme spielen durchweg fünfzig bis sechzig Prozent der Einnahmen auf dem französischen Markt ein. In kleineren Staaten Europas und besonders in den Entwicklungsländern ist die Situation sogar noch unausgewogener. 1975 gingen zum Beispiel in den Niederlanden achtzehn Prozent der Filmeinnahmen an einheimische Produzenten. 1991 hat sich dieser Anteil auf sieben Prozent verringert. (Dabei ist zu bedenken, daß sich der Marktanteil amerikanischer Produktionen in Abhängigkeit von den in einem bestimmten Jahr jeweils anlaufenden Filmen entscheidend ändern kann; die amerikanische Marktbeherrschung ist also nicht unbedingt unabwendbar.)

Gegenwärtig wird die überwältigende Vorherrschaft amerikanischer Filme auf dem Weltmarkt von verschiedenen Seiten angegriffen. Einige Länder haben Quoten-Systeme eingeführt. In den Siebzigern bemühten sich Filmemacher der Dritten Welt, den Mythen Hollywoods ihre eigenen entgegenzusetzen, während eine Reihe anderer Filmemacher sogar den noch radikaleren Ansatz wagte, die eigentliche Grundlage des Hollywood-Films in Frage zu stellen: Unterhaltung. Dieser Ansatz, manchmal dialektischer oder Essay-Film genannt, versucht die unterhaltende Konsumware zu einem intellektuellen Mittel der Analyse und Diskussion umzuformen.

Bei dieser Auffassung von Film wird die Beziehung zwischen Film und Zuschauer nicht nur reflektiert, sondern man führt sie auch offen vor und hofft, sie dadurch zum Nutzen des Zuschauers anzuwenden. Wie in den Stücken Bertolt Brechts (siehe Teil 1) wollen diese Filme den Zuschauer intellektuell wie emotional ansprechen. So ist es notwendig, daß sich die Zuschauer intellektuell am Filmerlebnis beteiligen; mit anderen Worten: sie müssen mitarbeiten. Als Folge werden viele Leute, die diese dialektische Grundregel nicht verstehen, abgeschreckt. In der Erwartung, daß der Film alle Arbeit für sie übernimmt, sie in Phantasien einspinnt, finden sie die dialektischen Filme – zum Beispiel die Filme Jean-Luc Godards – langweilig.

Obwohl dieser Ansatz ganz sicher keinen größeren Marktanteil garantiert, bietet er doch – richtig verstanden – eine der erregenderen Perspektiven für die zukünftige Entwicklung des Films:

- *Ontologisch* wird die Macht des Films, Traditionswerte abzubauen, verstärkt und angewandt.
- *Mimetisch* wird der Film nicht einfach eine phantastische Widerspiegelung der Wirklichkeit, sondern ein Essay, in dem wir die Muster einer neuen und besseren sozialen Ordnung erproben können.
- *Inhärent* wird die politische Beziehung zwischen dem Film und dem Zuschauer als solche anerkannt, und das Publikum hat zum erstenmal Gelegenheit, einzugreifen und sich direkt am Prozeß des Films zu beteiligen.

Der Hollywood-Film ist ein Traum – aufregend, fesselnd, doch zuweilen ein politischer Alptraum. Der dialektische Film kann ein Gespräch sein – lebendig und anregend.

Cinéma: Die Ästhetik

Wenn wir all die Kräfte in Betracht ziehen, die zusammenspielen müssen, um einen Film auf die Beine zu stellen, all die zwangsläufig hineinwirkenden ökonomischen, politischen und technologischen Faktoren (Dichter, Maler oder Komponisten als Einzelpersonen müssen nur einen ganz geringen Teil davon berücksichtigen), ist es geradezu ein Wunder, daß im mühseligen Prozeß des Filmemachens so etwas wie «Kunst» überleben kann. Wie jedoch der Film im zwanzigsten Jahrhundert für den Ausdruck unserer Gesellschaft ein Kanal von primärer Bedeutung ist, hat er sich ebenso als Haupttummelplatz für den Ausdruck unserer Ästhetik erwiesen. Weil er ein derart öffentliches Medium ist, handelt er – ob beabsichtigt oder nicht – von unserem Zusammenleben. Weil er ein derart expansives, allumfassendes Medium ist, bietet er berauschende und einzigartige Möglichkeiten für den Ausdruck ästhetischer Ideen und Empfindungen.

Ein Weg, ein Gefühl für die Gestalt der Filmgeschichte zu bekommen, besteht darin, die ästhetische Dialektik zu identifizieren, in der jede Periode die Informationen zum Stand ihrer Entwicklung zu finden scheint. Diese sauber dualen Gegenüberstellungen mögen als allzu schlicht erscheinen, wenn sie auf ein so facettenreiches und komplexes Ausdrucksmedium angewandt werden, aber sie bieten doch bequeme Handhaben. Aus ihrem ganz persönlichen Ringen mit diesen Ideen heraus haben die meisten der öffentlich wirkenden Künstler dieses Jahrhunderts ein reiches Erbe geschaffen.

Es ist natürlich unmöglich, eine knappe Geschichte der Filmstile und Filmemacher in einem einzigen Band (geschweige denn in gerade nur einem Kapitel) zu geben. Unsere Skizze geht weitgehend von Einzelpersönlichkeiten und individuellen Leistungen aus; sie macht den Versuch, die bedeutendsten zu verzeichnen.

Das Entstehen einer Kunst: Lumière gegen Méliès

Die erste Dichotomie der Filmästhetik ist jene zwischen dem Frühwerk der Gebrüder Auguste und Louis Lumière und Georges Méliès. Die Lumières stießen von der

Fotografie zum Film. Sie sahen in der neuen Technik eine großartige Möglichkeit, die Realität wiederzugeben; ihre wirkungsvollsten Filme halten einfach Ereignisse fest: die Ankunft eines Zuges auf dem Bahnhof von Ciotat; Arbeiter, die die fotografische Fabrik der Lumières verlassen. Dies waren einfache, doch eindrucksvolle Proto-Filme. Sie erzählten keine Geschichte, sondern sie gaben lediglich einen Ort, einen Zeitpunkt und eine Atmosphäre so wirkungsvoll wieder, daß das Publikum eifrig dafür zahlte, dieses Phänomen zu besichtigen. Georges Méliès andererseits, ein Zauberkünstler, sah sofort die Möglichkeiten des Films, die Realität zu verändern – frappierende Phantasien zu produzieren. Méliès' *Le Voyage dans la lune* (1902) ist das berühmteste Beispiel seiner durch und durch filmischen Illusionen und einer der aufwendigsten frühen Filme. Bezeichnenderweise tragen viele von Méliès' Filmen das Wort «Traum» oder «Wunder» im Titel. Die Dichotomie, die durch den unterschiedlichen Ansatz der Lumières und von Méliès repräsentiert wird, ist für den Film grundlegend und erscheint in den darauffolgenden Jahren immer wieder in unterschiedlicher Ausprägung.

Zur gleichen Zeit produzierte in den USA Thomas Edison einfachere Filme, die selten den seinen französischen Zeitgenossen eigenen Sinn für das Filmische zeigten. *Fred Ott's Sneeze* und *Kiss* (mit John Rice und May Irwin) sind zwei typische Beispiele für Edisons anderen Ansatz.

1897 trat Edwin S. Porter, ein Handelsvertreter, in Edisons Firma ein. In den nächsten elf Jahren war er der wichtigste amerikanische Filmemacher. Nach dem Auftrag, Wochenschauaufnahmen zu machen, drehte Porter 1903 zwei Filme – *The Life of an American Fireman* und *The Great Train Robbery* –, die zu Meilensteinen der Filmgeschichte wurden. Porter ist berühmt für seinen flüssigen Parallelschnitt (oft nennt man ihn sogar den «Erfinder» des Filmschnitts), und während diese beiden Filme tatsächlich einfallsreich sind, wirft seine Reputation als einer der Väter der Filmtechnik das erste Problem der Filmkunstgeschichte auf. Porters spätere Filme erfüllten niemals, was die ersten versprachen. Außerdem zeigten zur gleichen Zeit Filmemacher in England und Frankreich durchaus die gleiche Fertigkeit. Tatsächlich könnte die berühmte Parallelmontage von *The Life of an American Fireman* zum Teil Zufall sein, da es Porters Absicht bei der Herstellung des Films war, einige Filmreste zu verwenden, die er in der Edison-Fabrik gefunden hatte. Dennoch wird Porter in bekannten Filmgeschichten als Entdecker gefeiert. Eines der größten Probleme der bisherigen Filmgeschichtsschreibung ist der unkontrollierbare Drang, «Ersttaten» zu entdecken, eine Art Rekordliste des Films aufzustellen.

Die Wahrheit ist, daß es für Porter (oder sonstwen) schwierig gewesen wäre, die mit dem Schnitt gegebenen Möglichkeiten *nicht* zu «entdecken». Er liegt in der Natur des Films; selbst für dieses wahrscheinlich filmischste Mittel finden sich in an-

Lumiéres Realität. *La Sortie des usines* (1895): Die Tatsache der Existenz. *(Museum of Modern Art/Film Stills Archive. Standvergrößerung)*

deren Künsten Vorläufer, und jeder halbwegs intelligente Künstler hätte zu dem notwendigen logischen Schritt fähig sein müssen. Porters Parallelmontage, Griffiths Großaufnahmen, Fahrten und Schwenks waren alles Mittel, die danach schrien, entdeckt und angewandt zu werden; verglichen mit den Standards der etablierten Künste, waren sie kaum Neuerer. Beim Film war es jedoch sehr leicht, Rekorde aufzustellen, wenn man zu den allerersten gehörte, die sich an dem Spiel beteiligten.

Anfang des Jahrhunderts entstanden in England, geschult an den inhaltlichen und stilistischen Konventionen (Bildeinstellung, Montagetechnik, dramaturgischer Ablauf) der im 19. Jahrhundert populären Magic Lantern Shows, viel interessantere Werke als die Porters. Cecil Hepworths *Rescued by Rover* (1905) schöpfte so die Möglichkeiten des Schnitts besser aus als die amerikanischen Klassiker.

In Frankreich übernahm Ferdinand Zecca die Leitung der Herstellung von Pathé und erprobte, ausgehend von nachgestellten Verbrechensszenen aus Wachsfigurenkabinetten, bei wachsender Produktion die Möglichkeiten des Mediums; Max Linder (Gabriel Leuville), der erste erfolgreiche Filmkomiker, entwickelte die dramaturgischen Muster, die später von den amerikanischen Slapstick-Klassikern übernommen wurden. Bei der konkurrierenden Filmfabrik Gaumont drehte Alice Guy, die vermutlich erste Filmregisseurin der Welt, regelmäßig Filme; 1905 wurde sie von Louis Feuillade als künstlerischer Leiter abgelöst, der nach Komödien und der naturalistischen Serie *La vie telle qu'elle est* in den zehner Jahren international höchst erfolg-

Méliès' Phantasie. *Le Royaume des fées* (1903): Die expressive Erzählung. *(Museum of Modern Art/Film Stills Archive. Standvergrößerung)*

reiche Serien schuf, beispielsweise mit dem Superverbrecher Fantômas. Gleichzeitig begann auch Émile Cohl, die Möglichkeiten des Animationsfilms zu erforschen.

Als Reaktion auf die in vielen Ländern üblichen Angriffe von besorgten Pädagogen und «Filmreformern» gegen den verderblichen Einfluß des Kientopps entstand gegen Ende des ersten Jahrzehnts die Bewegung des «Film d'art», der sich durch Anlehnung an etablierte Künste wie das Theater oder durch Beschäftigung von anerkannten Künstlern die Legitimation der «siebten Kunst» zu verschaffen suchte. So komponierte Camille Saint-Saëns die Begleitmusik zu *L'Assassinat du Duc de Guise* (1908), in dem Mitglieder der Comédie Française spielen.

Zum neben Frankreich bedeutendsten Filmland entwickelte sich um 1910 Dänemark. Die 1906 von Ole Olsen gegründete Nordisk Films Kompagni hatte 1907 mit dem «Sensationsfilm» *Løvejagten* einen europäischen Erfolg. Im nächsten Jahr entwickelte der Schauspieler und Regisseur Viggo Larsen mit den ersten Filmen seiner Sherlock-Holmes-Serie die Grundlage für die einflußreichen Detektivserien. 1910 popularisierten Alfred Lind und August Blom mit je einem *Den hvide Slavehandel* das damals überaus erfolgreiche Genre der Mädchenhändler-Filme (bis 1914 circa 50 Filme). Im gleichen Jahr stand in *Afgrunden* erstmals Asta Nielsen vor der Kamera, die im nächsten Jahr mit ihrem Regisseur Urban Gad nach Berlin ging, wo sie mit ihrer sehr modernen Darstellung unterschiedlichster Frauentypen zum europäischen Superstar aufstieg. Andere dänische Filmemacher folgten, so die Schauspieler/Regisseure Viggo Larsen und Holger-Madsen, der Schauspieler Olaf Fønss und die Kameraleute Axel Graatkjær und Frederik Fuglsang.

Dänemark gab auch den Anstoß zur Bewegung der Autorenfilme, die auf literarischem Gebiet an den Film d'art anknüpfte. So entstanden 1913 *Atlantis* (August Blom) nach dem Roman des frischgekürten deutschen Nobelpreisträgers Gerhart Hauptmann und *Elskovsleg* (Blom und Holger-Madsen) nach dem Skandalstück «Liebelei» von Arthur Schnitzler. Noch im gleichen Jahr wurde das Konzept in Deutschland von Max Mack aufgenommen, der die Jekyll-&-Hyde-Paraphrase *Der Andere* drehte. Die Hauptrolle übernahm Bühnenstar Albert Bassermann, der damit den Bann der Theaterschauspieler gegen das Kino brach. Ein anderer erfolgreicher Schauspieler, Paul Wegener, entwickelte gemeinsam mit dem Kameramann und Tricktüftler Guido Seeber das Konzept des Phantastischen als dem Film eigentümliche Kunstform, das er in *Der Student von Prag* (1913), *Der Golem* (1914), *Rübezahls Hochzeit* (1916) und *Hans Trutz im Schlaraffenland* (1917) beispielhaft anwandte.

Bassermann wie Wegener gehörten zu den Stars von Max Reinhardts Deutschem Theater in Berlin, das jahrzehntelang eine Talentschmiede auch für den deutschen Film bildete: Conrad Veidt, Dagny Servaes, Fritz Kortner, Alexander Moissi, Ernst Deutsch, Käthe Dorsch, Alexander Granach, Werner Krauss, Friedrich Wilhelm Murnau und viele andere standen dort auf der Bühne. Ebenfalls vom Deutschen Theater (wenn auch dort nur in kleinen Nebenrollen) stammte Ernst Lubitsch, der ab 1913 – zunächst als Darsteller, bald auch als Regisseur – eine spezielle berlinisch-jüdische Komik entwickelte: *Die Firma heiratet* (1913, Carl Wilhelm), *Schuhpalast Pinkus* (1916), *Meyer aus Berlin* (1918). Nach Ende des Krieges konzentrierte er sich auf die Regie. Er produzierte Lustspiele wie *Die Austernprinzessin, Die Puppe, Kohlhiesels Töchter* und *Die Bergkatze*, Anfang der zwanziger Jahre dann aufwendige Historienfilme, die Staatsaktionen mit ironischen Blicken in die Boudoirs verbinden: *Madame Dubarry, Anna Boleyn.* Seine Stars waren neben Emil Jannings und Harry Liedtke Ossi Oswalda, Pola Negri und vor allem Henny Porten, seit 1906 der große deutsche Filmstar mit einem breiten Repertoire zwischen tragischer Dame und neckischer Komikerin.

Zu den wichtigen Filmemachern, die vor allem seit der Hausse der deutschen Filmindustrie nach Kriegsbeginn Karriere machten, gehörten die beiden Wiener Richard Oswald (Richard W. Ornstein) und Joe May (Julius Otto Mandl), die beide auch als selbständige Produzenten und Autoren arbeiteten. Beide begründeten ihren Erfolg mit Detektivserien. Oswald setzte daneben auf Literaturverfilmungen, so *Hoffmanns Erzählungen* (1916), *Das Bildnis des Dorian Gray* (1917), *Der lebende Leichnam* (1918). Seinen Ruhm begründete er jedoch mit Sitten- und Aufklärungsfilmen, die sexuelle Themen mit aufklärerischem Impetus zu einem Erfolgsmix verbanden: *Es werde Licht!* (drei Teile, 1916–18, Geschlechtskrankheiten), *Sündige Mütter* (1918, Abtreibung), *Anders als die Andern* (1918/19, Homosexualität), *Das*

Europas erster Star: Asta Nielsen in *Der Reigen* (Richard Oswald, 1920) mit Conrad Veidt, der in den zwanziger und dreißiger Jahren zum Weltstar aufstieg. *(CineGraph Hamburg)*

gelbe Haus (1919, Prostitution). Das Konzept dieser Filme, die wiederholt Probleme mit der Zensur hatten, entwickelte Oswald zu Publikumsfilmen weiter, in denen immer wieder das Darstellergespann Conrad Veidt, Reinhold Schünzel, Anita Berber brillieren konnte.

May machte noch während des Krieges seine Gattin Mia May in Serien von Melodramen und Gesellschaftsfilmen zum Star. In seinem Atelier in Berlin-Weißensee und auf einem großen Freigelände in Woltersdorf baute er eine Filmfabrik auf, in der er viele neue Talente förderte, darunter die Autoren und Regisseure Ewald André Dupont, Thea von Harbou und Fritz Lang; eine langjährige Freundschaft und Partnerschaft verband ihn mit dem Ausstatter und Regisseur Paul Leni. Gegen Ende des Weltkriegs entstand der dreieinhalbstündige «Prunkfilm» *Veritas vincit*, der mit seiner Jahrhunderte umfassenden Episodenstruktur an mögliche Vorbilder wie Griffiths *Intolerance* (1916) und italienische Monumentalfilme erinnert.

Mit antiken Dramen wie *Quo vadis?* (1913, Enrico Guazzoni) und *Cabiria* (1912–14, Piero Fosco, bürgerlich Giovanni Pastrone) machte die italienische Kinematografie auf sich aufmerksam. Daneben waren Salon-Melodramen mit üppigen Diven wie Francesca Bertini und Maria Carmi oder Sensationsfilme mit Muskelmännern wie Maciste (Bartolomeo Pagano) und Galaor (Alfredo Boccolini) internationale Erfolge.

So ist die erste Periode der Filmgeschichte eindeutig die Geschichte europäischer Leistungen.

D. W. Griffith kam 1907 als Schauspieler zum Film. In den nächsten sechs Jahren führte er in Hunderten von Ein- und Zweiaktern für Biograph Regie und begründete dabei seinen Ruf als führender Filmkünstler seiner Zeit. Griffiths Talent lag besonders im Umgang mit Schauspielern und theatralischen Effekten – vor allem der Beleuchtung. Er benutzte Großaufnahmen, Fahrten, Schwenks und Parallelmontagen mit großer Sicherheit. Er drehte emotional tief erschütternde Filme, auch wenn sie sich fast immer innerhalb der Konventionen des viktorianischen Melodrams bewegten. Er verdiente zu Recht den Namen «Vater» des Spielfilms. Dennoch gibt es mit seinem Werk einige ernsthafte Probleme.

Man muß Griffiths Werk gar nicht mit den gleichzeitigen Entwicklungen in den anderen Künsten vergleichen: Picasso in der Malerei, Conrad, Joyce und Dreiser im Roman, Strindberg, Čechov und Shaw auf dem Theater. So ein Vergleich wäre zweifellos unfair, da der Film immer noch eine unsichere Unternehmung war, die stark von ihrem Publikum abhing. Doch andere Filmemacher drehten zur gleichen Zeit frische, interessante Filme, die nicht durch die Klischees des Theaters zurückliegender Jahrzehnte belastet waren. Ein Großteil von Griffiths Reputation als Patriarch der Filmkunst beruht auf einer Art ästhetischem Minderwertigkeitskomplex, der die Filmgeschichtsschreibung bis mindestens in die sechziger Jahre beherrschte.

Griffith, der seine Karriere beim Theater begonnen hatte, strebte danach, «respektable» Filme zu machen. Er wollte den Film von seinem Ruf der unterklassenmäßigen «Unseriosität» befreien. Doch gerade in dieser Unangepaßtheit lag ein guter Teil der Kraft und Vitalität des Films. 1911 drehte Mack Sennett, der bei Griffith als Schauspieler und Autor begonnen hatte, seine ersten Komödien, die ein Gefühl der Freiheit und einen Schwung vermitteln, wie sie auch an den besten Stellen bei Griffith zu finden sind, der jedoch dies zurückzudrängen versuchte. Griffiths Kunst war rückwärtsgewandt, Sennett schaute nach vorn, in Richtung Dadaismus und Surrealismus.

Das Problem mit Griffiths Ruhm ist ein Dilemma: Noch nehmen wir das Kino nicht ernst genug und verleugnen deshalb den Slapstick gerne; gleichzeitig nehmen wir den Film zu ernst und suchen deshalb nach einer respektablen Vaterfigur, eine Rolle, die Griffith so gut verkörperte. Eine ähnliche Erscheinung zeigt sich auch auf dem Gebiet der amerikanischen Literatur, wo Schriftsteller überbetont werden, die sich gut in die britische Literatur einordnen lassen, während eigentümlich amerikanische Autoren als nicht ganz respektabel beiseite gelassen werden. Wenn die Balance wiederhergestellt sein wird, kann Griffiths Reputation nur gewinnen, da dann seine Fehler ebenso wie seine Erfolge akzeptiert werden. Man wird dann auch besser verstehen, warum seine vielversprechenden Anfänge zu den hochtrabenden Plänen späterer Jahre führten – und schließlich in den Zusammenbruch.

D. W. Griffith: *The Musketeers of Pig Alley* (1912). Lillian Gish als «das Mädchen». Der Film zählt zu Griffiths größten Erfolgen bei Biograph und ist berühmt wegen seines dokumentarischen Bildes von New York. *The Musketeers of Pig Alley* wurde im September 1912 an Originalschauplätzen in der West Twelfth Street und im Biograph-Studio in der East Fourteenth Street aufgenommen. *(Museum of Modern Art / Film Stills Archive. Standvergrößerung)*

Grundelement sowohl in Griffiths Melodramen wie in Sennetts Burlesken war die Verfolgungsjagd, die im Unterhaltungsfilm heute noch eine wichtige Rolle spielt. Schon in den frühen Beispielen Porters und Hepworths zu finden, mit Vorläufern in den Konventionen des viktorianischen Theaters, bildete die Jagd das einzige wichtige Gestaltungselement, das Film und Theater nicht gemeinsam hatten. Es durchbrach den Rahmen der Guckkastenbühne und strebte hinaus in die Welt und wurde so zum Parademodell für den Kampf zwischen Held und Bösewicht, der alle dramatischen Handlungen vorantreibt.

In Griffiths besten Momenten, in Filmen wie *The Lonedale Operator* (1911), *The Musketeers of Pig Alley* (1912), der Schlußsequenz von *Intolerance* (1916) oder *Way Down East* (1920), ist die Verfolgungsjagd oft das (reale oder metaphorische) Mittel, das es ihm erlaubt, sich von der Steifheit der viktorianischen Sentimentalität zu befreien und die dem Melodram innewohnende Kraft zu entdecken. Ebenso bilden Sennetts wirbelnde Jagden durch die öden Straßen von Los Angeles einige der einfallsreichsten Augenblicke der Frühgeschichte der Filmkunst.

Die Sennett-Verfolgungsjagd. Die Keystone Cops in Action in den Straßen von Alt-Los Angeles.

Der Stummfilm: Realismus gegen Expressionismus

Das große Spektakel, das Melodram und die Sentimentalität, die man mit Griffith assoziiert, haben die Stummfilmperiode ökonomisch geprägt, wie die erfolgreiche Karriere Cecil B. DeMilles zeigt. Vermutlich hingen die beiden letzten Elemente auch mit dem phänomenalen Erfolg Mary Pickfords Ende der zehner und während der zwanziger Jahre zusammen. Doch ästhetisch war es die Sennett-Schule, die in jenen Jahren überreich und eindrucksvoll blühte.

Der Stummfilm ist in den USA vor allem Komödie. Charles Chaplin, Buster Keaton, Harold Lloyd, Harry Langdon sowie Mack Sennett und Hal Roach als Produzenten beherrschen diese Periode – völlig zu Recht. Die durch Chaplin, Keaton und Lloyd entwickelten Figuren zählen zu den bemerkenswertesten und bedeutungsreichsten Schöpfungen der Filmgeschichte. Sennett hatte seine frühen Filme um eine einfache Strukturidee gebaut: Seine Geschichten besaßen keine Moral; sie waren lediglich Ansammlungen von Gags. Die großen Komiker fügten dann eine Dimension des Kommentierens hinzu, die den Slapstickfilm von der Ebene mechanischer Kompetenz auf die metaphorische und bedeutungsvolle Ebene hob. Inter-

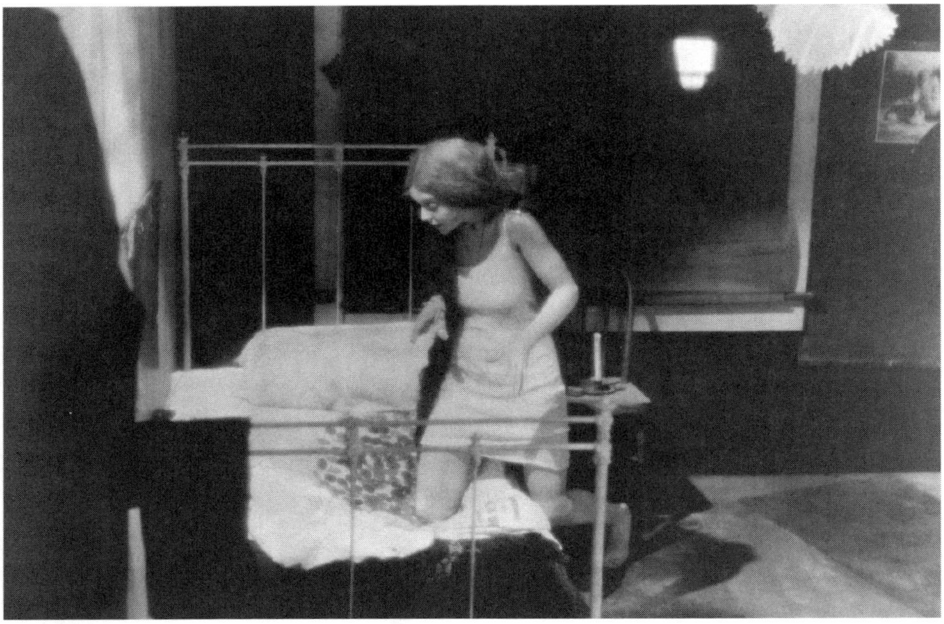

Zasu Pitts und ein Lager aus Goldmünzen: Erich von Stroheims *Greed* (1923). (*Museum of Modern Art/Film Stills Archive*)

essanterweise zeigt Chaplin fast genausoviel viktorianische Sentimentalität wie Griffith, doch drückt er es in zeitgemäßerer Weise aus.

Alle Stummfilm-Komiker übersetzten ein grundlegendes politisches Problem – wie kann sich das Individuum in der Industriegesellschaft und gegen die Machtpolitik durchsetzen? – in physische Signale. Das Publikum reagierte und reagiert noch immer mit spontanem Verständnis. War Lloyd der mechanischste und abstrakteste der Stummfilm-Komiker, so war Chaplin der menschlichste und politischste; doch bis zu einem gewissen Grade verbanden sie alle Mechanik mit Moralität. Das vielleicht treffendste Beispiel für die Stile und Anliegen der Stummfilm-Komödie ist Chaplins Meisterwerk *Modern Times* (obwohl erst 1936 gedreht, enthält es keinen Dialog, nur Musik), ein Film über Mensch und Maschine, der auch heute nichts von seiner Bedeutung verloren hat.

Neben der komischen Tradition war im amerikanischen Kino der zwanziger Jahre die Erkundung der Möglichkeiten eines Film-Realismus die wichtigste ästhetische Strömung. Erich von Stroheim, der gegen den sich entwickelnden ökonomischen Strom schwamm, vermochte nur eine Handvoll Filme zu vollenden. Zumeist wurden seine Konzepte durch die Studios drastisch verändert, dennoch besitzt er einen tiefgreifenden Einfluß auf den Lauf des amerikanischen Films. *Foolish Wives* (1921), *Greed* (1923) und *The Wedding March* (1928) – alle drei durch Studio-Chefs verstümmelt – überlebten dennoch als Legenden und anschauliche Beispiele für die vitale Kraft der realistischen Techniken wie Schärfentiefe, komplexe Inszenierung und Originalschauplätze. Filmemacher sind noch immer dabei, die Möglichkeiten dieser Mittel auszuloten. Stroheim war einer der ersten, die erkannten, daß der Filmzuschauer die Freiheit braucht, die Schöpfung des Filmemachers fortzusetzen.

Stroheim war nicht der einzige, der in den Zwanzigern die Möglichkeiten der Kamera als Kommunikations- und nicht als Manipulationsinstrument erforschte. Außerhalb des Hollywood-Systems arbeitend, wurde Robert Flaherty mit seinen Filmen *Nanook of the North* (1922) und *Moana* (1926) der erste bedeutende Dokumentarist. Friedrich W. Murnau kam 1926 nach einer erfolgreichen Karriere in Deutschland nach Hollywood. *Sunrise* (1927) und *Tabu* (1929/31, zusammen mit Flaherty) sind noch heute bemerkenswerte Beispiele, wie Theatralisches mit Realismus verbunden werden kann. In geringerem Maße sind King Vidors *The Big Parade* (1925) und *The Crowd* (1928), wie auch sein späterer *Our Daily Bread* (1934), Beispiele für politischen Realismus.

Während in den Zwanzigern in Amerika der Film zunehmend industrialisiert wurde, war er in Europa ein Geschäft, das als Kunst angesehen wurde. Filmemacher arbeiteten allgemein enger mit etablierten Malern, Musikern und Dramatikern zusammen als die Amerikaner, nicht nur weil alle in denselben Städten zusammensaßen, sondern auch weil das neue Medium die sich damals formierende Avantgarde ansprach.

In London wurde 1925 die Film Society zur Förderung der Filmkunst gegründet. In Frankreich wurde Louis Delluc zum ersten bedeutenden Theoretiker der Filmästhetik, während Filmemacher wie Abel Gance, Jean Epstein, Germaine Dulac, René Clair, Luis Buñuel und Salvador Dalí, Man Ray und Marcel Duchamp praktische Beispiele für Film als Kunst schufen, das kommerzielle Kino dagegen kaum etwas von Wert hervorbrachte.

In Deutschland bemühten sich weitsichtige Produzenten und Filmemacher, die ästhetischen Standards ihrer Werke zu heben, um so auch Auslandsmärkte erobern zu können. Das Ergebnis war eine der blühendsten Epochen der Filmgeschichte: das Weimarer Kino. Gefördert wurde diese Erscheinung durch das aus der ökonomischen Krise entstandene Phänomen des «Inflationskinos»: Großer finanzieller Aufwand bei der Produktion im inflationsgeplagten Berlin ließ sich durch den Verkauf des Films selbst in kleinere europäische Länder amortisieren, die eine stabile Währung hatten.

Als erste wichtige Vertreter des deutschen Films schafften es Ernst Lubitsch und sein Produzent Paul Davidson (PAGU, dann Ufa), mit ihren Großproduktionen, die spektakuläre Menschenmassen mit intimem Witz verbanden, selbst den amerikanischen Markt zu erobern. *Madame Dubarry* unter dem Titel *Passion* und *Anna Bo-*

leyn als *Deception* hatten in den USA Erfolg. Nachdem der Versuch gescheitert war, Lubitsch, Davidson und Jannings mit amerikanischem Kapital im Rahmen der E. F. A. (Europäische Film-Allianz) der Ufa Paroli bieten zu lassen, lud man den Regisseur und seine Stars ein: Das war der Beginn der ersten deutschen Emigrationswelle nach Hollywood.

Mit dem Achtteiler *Die Herrin der Welt* (1919), einer einflußreichen Anthologie aus Elementen von Abenteuerfilm, Komödie und Melodram, gab Regisseur-Produzent Joe May auch seinen Assistenten Uwe Jens Krafft und Fritz Lang die Chance, sich in große Produktionsformen einzuüben. Nach einem Drehbuch von Lang und Thea von Harbou entstand 1921 – ebenfalls für die E. F. A. – das exotische Abenteuer *Das indische Grabmal* (das in den dreißiger und fünfziger Jahren Remakes erlebte). Neben Mia May und Emil Jannings hatte in dem ausufernden vierteiligen Kriminal- und Gesellschafts-Melodram *Tragödie der Liebe* (1922/23) Marlene Dietrich eine erste kleine Rolle. Mit der Ufa-Produktion *Der Farmer von Texas* (1924/25) zielte May mit deutsch-amerikanischem Stoff und Besetzung vergeblich auf den internationalen Markt. Die finanziellen Verluste reduzierten seine Aktivitäten zunächst auf die Produktion gängiger Programmfüller, bis er – im Rahmen der Ufa – mit *Heimkehr* (1928) und vor allem mit dem brillanten Großstadtmelodram *Asphalt* (1928/29) einen glänzenden Schlußpunkt für den deutschen Stummfilm markierte.

Auch Richard Oswald versuchte sich zu Anfang des Jahrzehnts an Export-Spektakeln: *Lady Hamilton* (1921), *Lucrezia Borgia* (1922), *Carlos und Elisabeth* (1923/24), in denen er neben den internationalen Themen aus der europäischen Chronique scandaleuse vor allem auf die Attraktivität seiner Stars, an der Spitze Conrad Veidt, setzte. Nach Ende der Inflation wandte er sich wieder dem Genre der populären und zeitnahen Sitten- und Milieufilme zu (und geriet damit wiederholt in Zensurprobleme). Sein neben Veidt wichtigster Star, Reinhold Schünzel, wechselte in den zwanziger Jahren zunehmend auch hinter die Kamera und entwickelte sich mit Komödien wie *Hallo Caesar!* (1926) zu einem Star des populären Publikumfilms.

Für die optische Qualität vieler Oswald- und May-Filme bürgte als «Produktions-Designer» der Kunstmaler und Filmarchitekt Paul Leni, der seit Ende des Weltkriegs auch zunehmend Regie führte. Mit dem düsteren Kammerspiel *Hintertreppe* (1921, Spielleitung: Leopold Jessner) und dem Episodenfilm *Das Wachsfigurenkabinett* (1923), einer Mischung aus Märchenstimmung, Brutalität und optischer Vielfalt, schuf er zwei zentrale Werke, die wegen einiger stilistischer Anklänge – verzerrte Dekorationen, deutliche Lichteffekte und Fritz Kortners Darstellungstechnik – zum deutschen Filmexpressionismus gezählt werden. 1926 wurde auch er nach Hollywood verpflichtet, wo er durch seine ungewöhnlichen Arbeitsmethoden und extreme Licht- und Bildführung Aufsehen erregte und mit dem Thriller *The Cat and the Canary* (1926/27), der Victor-Hugo-Adaption *The Man*

Who Laughs (1927/28) mit Conrad Veidt und dem Theaterkrimi *The Last Warning* (1928) auf der Grenze zum Tonfilm stilistische Anstöße für die erfolgreiche Serie der Universal-Thriller der dreißiger Jahre gab. Sein früher Tod 1929 verhinderte eine erfolgreiche Hollywood-Karriere.

Zentralfigur des Weimarer Kinos jedoch war der Produzent Erich Pommer. Aus dem Ersten Weltkrieg zurückgekehrt, begann der ehemalige Generalvertreter der französischen Eclair für Mitteleuropa, in seiner während des Kriegs aufgebauten Firma Decla-Film mit Blick auf die sich langsam öffnenden Auslandsmärkte ambitioniertere Produktionen herzustellen. Nach dem Abenteuerfilm *Die Spinnen* (1919) des von Pommer entdeckten Wieners Fritz Lang entstand als künstlerisches Experiment *Das Cabinet des Dr. Caligari* (Robert Wiene). Die Billigproduktion wurde weltberühmt und hat nachhaltig das Bild des Weimarer Kinos in der Geschichtsschreibung geprägt: «deutscher Expressionismus». Nach Fusion mit der Deutschen Bioscop und der Übernahme der Decla-Bioscop (samt ihres Ateliergeländes Neubabelsberg) durch die Ufa stieg Pommer zum Produktionschef aller Ufa-Filme auf. Unter seiner Leitung entstanden viele der deutschen Stummfilmklassiker.

Er bildete künstlerische Produktionsgruppen, die oft über Jahre gemeinsam arbeiten konnten. Vertrauen und Experimentierfreude schufen bedeutende Ergebnisse und jene optische Meisterschaft, für die die deutsche Filmindustrie der zwanziger Jahre berühmt war. Zu Pommers Spitzenkräften gehörten die Kameramänner Karl Freund, Carl Hoffmann und Fritz Arno Wagner, die Architekten-Teams Robert Herlth und Walter Röhrig, Erich Kettelhut, Otto Hunte und Karl Vollbrecht. Auf dieser handwerklichen Basis konnten die Regisseure Fritz Lang (*Der müde Tod*, 1921; *Die Nibelungen*, 1922–24), Friedrich Wilhelm Murnau (*Der letzte Mann*, 1924; *Faust*, 1925/26), Arthur Robison (*Manon Lescaut*, 1925/26), Ludwig Berger (*Ein Walzertraum*, 1925) relativ ungestört ihre Ideen entwickeln. Ein typisches Spitzenprodukt der Pommer-Produktion ist der international erfolgreiche Film *Varieté* (1925), der dem Regisseur Dupont – wie auch Murnau, Freund, Pommer und anderen – ein Angebot aus Hollywood einbrachte. Pommers Konzept, mit spektakulären Produktionen auf den Weltmarkt zu zielen, ging jedoch nur teilweise auf. Die kostenintensive Herstellung stürzte die Ufa in eine anhaltende Finanzkrise. Höhepunkt war der exorbitant überzogene Etat von Langs *Metropolis*, dessen Drehzeit sich über siebzehn Monate hinzog. Bei der Premiere des Films arbeitete Pommer bereits (erstmals) in Hollywood. Die Ufa wurde von der Unternehmensgruppe des Deutschnationalen Hugenberg übernommen.

Zwischen der Ufa – mit ihrer Marktmacht vor allem als Verleih und Kino-Kette – und den zahlreichen Kleinproduzenten, die für das Programmfutter der kleinen Vorstadtkinos sorgten, konnten Regisseure und Produzenten eigene Handschriften und Themen entwickeln, so Lupu Pick, der in enger Zusammenarbeit mit dem

Chiaroscuro im deutschen Expressionismus: Robert Wienes *Raskolnikow* (1923). Der Kontrast von Licht und Schatten war ein Hauptcode. *(Museum of Modern Art/Film Stills Archive)*

Filmdichter Carl Mayer einige intensive Kammerspiele drehte: *Scherben* (1921) und *Sylvester* (1923); Gerhard Lamprecht bemühte sich um eine realistische Milieuzeichnung, so in der Thomas-Mann-Verfilmung *Die Buddenbrooks* (1923) und den «Zille-Filmen» *Die Verrufenen* (1925) und *Die Unehelichen* (1926). Geschult an den in Berlin erfolgreichen Russen-Filmen von Eisenstein und Pudovkin, die er für den deutschen Markt einrichtete, drehte Phil Jutzi 1929 den dokumentarischen Spielfilm *Um's täglich Brot (Hunger in Waldenburg)* und das Proletarier-Melodram *Mutter Krausens Fahrt ins Glück.*

Zum bedeutendsten Vertreter eines realistisch engagierten Films entwickelte sich jedoch in den zwanziger Jahren der Wiener Georg Wilhelm Pabst. In *Die freudlose Gasse* (1925) gab er ein eindringliches Bild des inflationsgeplagten Kleinbürgertums, *Die Liebe der Jeanne Ney* (1927) war ein stimmungsvolles Melodram zwischen russischer Revolution und der Glitzerwelt von Paris. Höhepunkte des deutschen Stummfilms wurden schließlich zwei Filme, für die er die eigenwillige amerikanische Schauspielerin Louise Brooks nach Berlin holte: *Die Büchse der Pandora* (1928/29) und *Tagebuch einer Verlorenen* (1929).

Eine späte stumme Außenseiterproduktion, in der sich einige Nachwuchskräfte erprobten, die im Tonfilm und später in Hollywood Karriere machten (Robert und Kurt Siodmak, Billy Wilder, Fred Zinnemann), war *Menschen am Sonntag* (1929/30).

Der Dokumentarfilm florierte in den zwanziger Jahren in Form der kurzen Ufa-Kulturfilme über meist naturwissenschaftliche Themen für Schule und Kino, aber auch in der mit «kultureller» Nacktheit erfolgreich auf Publikumsresonanz spekulierenden Geschichte der «Körper-Kultur» *Wege zu Kraft und Schönheit* (1925). An der Schule der Neuen Sachlichkeit orientiert war *Berlin, die Sinfonie der Großstadt* (1927) des Experimentalfilmers Walther Ruttmann.

Ein an der Grenze zwischen Stumm- und Tonfilm sehr erfolgreiches Genre war der Bergfilm, der – von der Kritik als zukunftweisend und progressiv begrüßt – überhöhte «freie» Natur präsentierte. Schöpfer des Bergfilms war der Skifahrer und Bergsteiger Arnold Fanck, der mit Lehr- und Dokumentarfilmen eine Reihe von naturbegeisterten Kameraleuten heranzog (Sepp Allgeier, Hans Schneeberger, Richard Angst), die auch seinen Spielfilmen Authentizität verliehen: *Der heilige Berg* (1925/26), *Die weiße Hölle vom Piz Palü* (1929), *SOS Eisberg* (1932/33). Seine Darsteller Luis Trenker und Leni Riefenstahl entwickelten als Regisseure in den dreißiger Jahren seine Ideen auf sehr unterschiedliche Weise fort.

Während die Stummfilme des Weimarer Kinos weltweit einen starken Einfluß ausübten, bahnten sich auch in Schweden und Dänemark interessante und fruchtbare Traditionen an. Die schwedischen Regisseure Mauritz Stiller und Victor Sjöström kamen beide vom Theater. Seit den frühesten Tagen bis hin zu Ingmar Bergman besaß der schwedische Film enge Verbindungen zum Theater. Stiller wurde zunächst durch geistvolle Komödien (*Kärlek och journalistik*, 1916; *Thomas Graals bästa film*, 1917) bekannt, wandte sich dann mehr literarischen Themen zu (*Gösta Berlings Saga*, 1924), ehe er dann mit seinem Star Greta Garbo nach Hollywood ging. Sjöström, ebenfalls Schauspieler, erwarb sich einen Ruf als Schöpfer poetischer und sozial engagierter Filme (*Terje Vigen*, 1917; *Körkalen*, 1921), in denen er – Jahre vor dem deutschen Bergfilm – den Gegensatz zwischen Mensch und Natur optisch und dramaturgisch überzeugend gestaltete.

Die dänische Filmindustrie geriet gegen Ende des Weltkriegs in eine künstlerische Krise. In den zwanziger Jahren arbeiteten die wichtigsten dänischen Filmemacher im Ausland, meist in Deutschland. Einen internationalen Erfolg erlebte ab 1921 das Komiker-Duo Carl Schenstrøm und Harald Madsen als «Fy og Bi» («Pat und Patachon» in Deutschland). In Schweden drehte Benjamin Christensen sein umstrittenes Filmessay *Häxan* (1921/22).

Die Karriere des dänischen Regisseurs Carl Theodor Dreyer umfaßt mehr als fünfzig Jahre, in denen er relativ wenig Filme drehte. Sein *La Passion de Jeanne d'Arc* (1928) zählt zu den anerkannten Meisterwerken der Filmgeschichte, ebenso *Vampyr* (1932) und *Gertrud* (1964). Dreyers Filme zeichnen sich durch ihre transzendentale Einfachheit aus, durch die Faszination der Grausamkeit, der Unterdrückung, des Leidens.

Die zwanziger Jahre waren auch die Blütezeit des sowjetischen Kinos. Lev

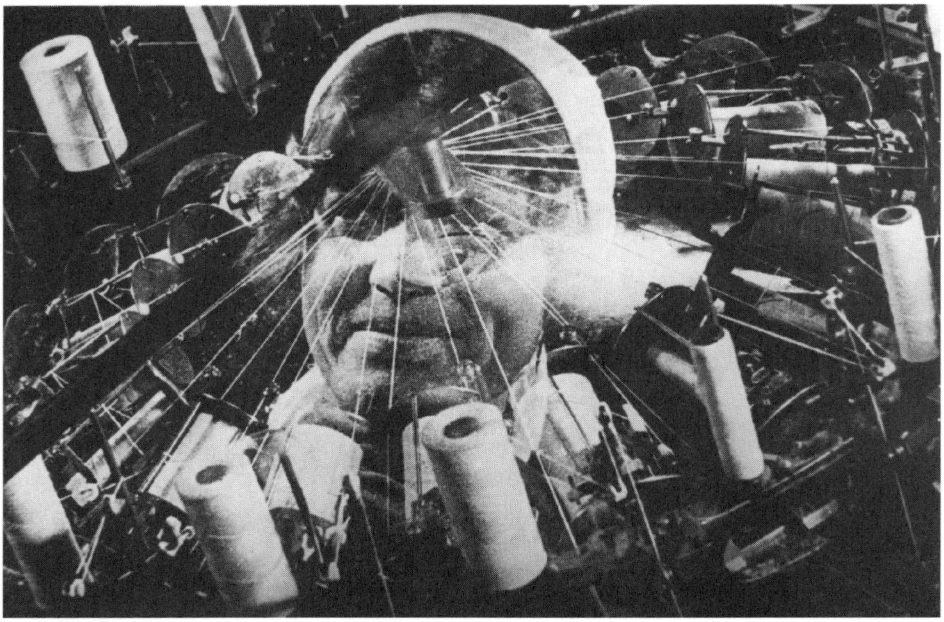

Dziga Vertovs *Čelovek's Kinoapparatom* (1929): eigenartige Kino-Prawda. *(Museum of Modern Art/Film Stills Archive. Standvergrößerung)*

Kulešov und Vsevolod Meyerhold hatten eigenständige, doch parallele Schauspieltheorien entwickelt, die von Sergej Eisenstein (*Stačka*, 1924; *Bronenosec «Potemkin»*, 1925; *Oktjabr*, 1927), Vsevolod I. Pudovkin (*Mat'*, 1926; *Konec Sankt Petersburga*, 1927) und Aleksandr Dovženko (*Arsenal*, 1929; *Zemlja*, 1930) aufgenommen und beträchtlich weiterentwickelt wurden. Diese Filme bleiben Wendepunkte der Filmgeschichte, vor allem *Potemkin*, dem vielleicht klarsten Beispiel für Eisensteins einflußreiche Montagetheorien.

Eisenstein sah Film als dialektischen Prozeß, und seine Technik in *Potemkin* demonstriert die Wirksamkeit dieses Ansatzes. Durch die Verwendung von «Typen» an Stelle voll entwickelter Charaktere schafft er eine kraftvolle, durchgängige Logik in dieser Darstellung der Meuterei auf dem Panzerkreuzer «Potemkin» im Jahre 1905. Die Sequenz auf der Treppe von Odessa (vergleiche Abbildungen Seite 420/21) ist eines der berühmtesten Beispiele seiner Montagetechnik, in dem Spannung und Bedeutung allein durch das Gegeneinanderschneiden von Einstellungen aufgebaut wird.

Gleichzeitig entwickelte Dziga Vertov seine Theorie der «Film-Wahrheit» in Filmen wie *Kinopravda* (1922–25), *Kinoglaz* (1924) und *Čelovek's Kinoapparatom* (1929). Wie die Deutschen die Ausdruckskraft von künstlichen Dekorationen und

Von der Zensur als demoralisierend verboten: Jean Renoirs zeitkritisch-sarkastische Komödie *La Règle du jeu* (1939).

Mise en Scène erforscht hatten, so erkundeten die sowjetischen revolutionären Filmemacher die ausdruckskräftige Intelligenz der Montage. Ihre Theorien, die zu den wichtigsten des Films gehören, werden in Teil 5 dargestellt.

Hollywood und Europa: Genre gegen Auteur

Anfang der dreißiger Jahre hatte das amerikanische Kino eine beherrschende Rolle auf den Leinwänden der Welt errungen. Zwischen 1932 und 1946 ist die Geschichte des Films – mit zwei Ausnahmen – identisch mit der Geschichte Hollywoods. Die Ausnahmen sind die Gruppe französischer Regisseure, die man meist unter dem Begriff «Poetischer Realismus» zusammenfaßt, und die Anfänge der britischen Dokumentar-Schule mit John Grierson und seiner Gruppe. Grierson, der selbst nur einen einzigen Film machte, spielte die Rolle des Produzenten, Organisators und Propagandisten der britischen Dokumentar-Schule der dreißiger Jahre, eine Bewegung, deren Einfluß auf die weitere Entwicklung des britischen Kinos wichtiger war als ihre Filme selbst. Obwohl nicht direkt mit Grierson verbunden, produzierte Humphrey Jennings während des Weltkriegs die vielleicht eindrucksvollsten Beispiele dieses Genres: *Listen to Britain* (1942), *Fires Were Started* (1943) und *A Diary for Timothy* (1945) sind dokumentarische, ganz persönliche Äußerungen des ehemaligen Dichters und Malers.

Wie Alfred Hitchcock den britischen Spielfilm der dreißiger Jahre beherrschte, so überragte Jean Renoir die französische Filmszene jenes Jahrzehnts. Damals weniger anerkannt als heute (wo er zu den unbestrittenen Meistern der Weltfilmkunst gezählt wird), schuf Renoir eine neuartige Verschmelzung der Richtungen. Er verband den Humanismus von Stummfilmkünstlern wie Chaplin mit realistischer Technik und brachte so eine Reihe außerordentlicher Filme hervor: *Boudu sauvé des eaux* (1932), *Toni* (1934), *Le Crime de Monsieur Lange* (1935), *La Grande illusion* (1937) und *La Règle du jeu* (1939). Die Einflüsse seines humanen, sozial bewußten und komödiantischen Stils wirken immer noch nach.

Zur selben Zeit bildete sich in Frankreich eine Anzahl anderer starker, sehr persönlicher Stile heraus: Marcel Pagnol drehte einige populäre, lyrische und schüchterne Studien des französischen Provinzialismus. René Clair, dessen Ruf mit den Jahren gelitten hat, machte amüsante, wenn auch leichtgewichtige Filme. Marcel Carné zeichnete verantwortlich für eine Reihe höchst theatralischer, geistreicher Dramen, vor allem *Les Enfants du paradis* (1944). Jacques Prévert war oft sein Mitarbeiter. Die vielleicht bemerkenswertesten waren die zwei großen Filme, die Jean Vigo vor seinem Tod mit 29 Jahren vollenden konnte: *Zéro de conduite* (1933) und *L'Atalante* (1934) sind erfrischende und direkte Werke, die Vigos klaren Blick und seine virtuose Filmkunst beweisen.

Nach Deutschland kam der Tonfilm auf Umwegen. Bereits Anfang der zwanziger Jahre hatten die Erfinder des Tri-Ergon-Lichttonverfahrens erfolgreich Versuchsfilme hergestellt, doch die kommerzielle Auswertung des Patents zog sich hin. Erst 1925 entschloß sich die Ufa, einige Experimental-Tonfilme herzustellen. Nachdem die Aufführung des ersten kurzen Ufa-Tonfilms *Das Mädchen mit den Schwefelhölzern* im Dezember 1925 an zahlreichen technischen Pannen gescheitert war, stellte die Firma angesichts ihrer akuten Finanzkrise die Tonversuche zurück. Erst als der Tonfilm durch Hollywood popularisiert worden war, wandte man sich wieder der neuen Technik zu.

Während sich die europäischen Elektrokonzerne noch gegenseitig mit Patentprozessen um das Tonfilmsystem blockierten, kamen die ersten Filme mit deutschen Dialog-Passagen ins Kino. Der «erste deutsche 100%ige Sprechfilm» stammte aus London. Nach dem Scheitern seines Hollywood-Abenteuers hatte Regisseur E. A. Dupont die Produktionsleitung der British International Pictures im Studio Elstree übernommen und 1927/28 zwei Stummfilme mit internationalem Flair hergestellt (*Moulin Rouge* und *Piccadilly*). 1929 inszenierte er *Atlantic*, gleichzeitig in englischer und deutscher Version: Dialogszenen wurden in derselben Dekoration nacheinander mit einem englischen und einem deutschen Darsteller-Ensemble gedreht. Nach dem Erfolg dieser beiden Versionen wurde – unter Verwendung von Szenen der englischen Version – auch eine (etwas abweichende) französische Sprachversion hergestellt. Duponts nächste B. I. P.-Produktionen entstanden dann gleich in drei Versionen.

Die Herstellung von Versionen war ein Versuch der Produzenten, ihr internationales Publikum zu erhalten. Bei der Nachsynchronisation mit fremden Sprechern, die technisch durchaus möglich war und teilweise praktiziert wurde, befürchtete man eine Ablehnung durch irritierte Zuschauer. Dies Verfahren setzte sich in der ersten Hälfte der dreißiger Jahre schließlich gegenüber der teuren Versionen-Produktion weitgehend durch.

Der erste lange Ufa-Tonfilm – *Melodie des Herzens* (Regie: Hanns Schwarz) – hatte im Dezember 1929 Premiere. Gleichzeitig entstand auf dem Ufa-Gelände Neubabelsberg ein hochmodernes Tonfilmatelier, das Tonkreuz. Hier begannen die Produktionsgruppen von Joe May und Erich Pommer mit der regelmäßigen Produktion von Tonfilmen. May bevorzugte zunächst die Synchronisation (Gustav Ucickys *Der unsterbliche Lump*; Kurt Bernhardts *Die letzte Kompagnie*), stellte seinen ersten selbst inszenierten Tonfilm, *Ihre Majestät die Liebe* (1930), eine der besten Komödien des deutschen Films, dann in deutscher und französischer Version her. Pommer setzte bei seinen auf den Export zielenden Filmen sofort auf Genre-Produktionen (meist deutsch/französisch/englisch). Wilhelm Thiele entwickelte die Tonfilm-Operette, die entweder die beliebte Rhein-, Wein- und Wien-Seligkeit fortführte (*Liebeswalzer*, 1929/30) oder mit kabarettistischen Einlagen Zeitnähe suchte (*Die Drei von der Tankstelle*, 1930) und mit der Einbettung der Gesangsstücke in die Handlung die Entwicklung zum Filmmusical einleitete. Pommer drang sofort auch auf die Entwicklung einer eigenen künstlerischen Tonfilm-Dramaturgie und Internationalität in der Produktion. Für seinen Lieblingsschauspieler Emil Jannings (1928 in Amerika mit dem ersten Darsteller-Oscar ausgezeichnet) holte er den Hollywood-Regisseur Josef von Sternberg nach Berlin, um *Der blaue Engel* (1929/30) zu inszenieren. Der Welterfolg machte Marlene Dietrich zum Star – in Hollywood.

Auch andere Schauspieler stiegen in Pommers Produktionen zum Tonfilmstar auf, so die grazile Sängerin und Tänzerin Lilian Harvey (Erik Charells *Der Kongreß tanzt*, 1931, multilingual in mehreren Versionen). Der Erfolg ihres Partners Willy Fritsch blieb weitgehend auf den deutschen Sprachraum beschränkt, ebenso der des jungenhaft quirligen Komikers Heinz Rühmann und des nuschelnden Draufgängers Hans Albers, der die Hauptrolle in der teuersten Produktion dieser Epoche – des Ingenieur-Abenteuers *F. P. 1 antwortet nicht* (1932) – spielte.

Die künstlerisch bedeutendsten Werke des frühen Tonfilms entstanden jedoch bei der Nero-Film. Unter der Produktionsleitung Seymour Nebenzahls drehte G. W.

Pabst 1930/31 mit *Westfront 1918, Die 3-Groschen-Oper* und *Kameradschaft* Meisterwerke, die unter Beibehaltung der optischen Kunst des späten Stummfilms die ästhetischen Chancen der neuen Technik ausschöpften. Nebenzahl gelang es zudem, die Maßlosigkeit des Regisseurs Fritz Lang zu zügeln und den düsteren Kriminalfilm *M* (1930/31) herzustellen. Ihre zweite Zusammenarbeit, *Das Testament des Dr. Mabuse*, erlebte ihre Premiere 1933 in Wien – die inzwischen zur Macht gelangten Nazis hatten den Film über den Superverbrecher verboten.

Nebenzahl und Lang gingen nach Paris (und später weiter nach Hollywood), ebenso wie Erich Pommer und viele der besten Künstler und Techniker der deutschen Filmindustrie, die in den nächsten Jahren aus rassischen, politischen oder persönlichen Gründen Deutschland verlassen mußten. Erste Stationen auf diesem Weg waren Prag und Wien, vor allem aber Paris – wo Pommer (Fox-Europa) und Nebenzahl (Néro-Films) mit den Regisseuren Lang (*Liliom*, 1933/34), Max Ophüls (*On a volé un homme*, 1933/34), Robert Siodmak (*Cargaison blanche*, 1936), Kameraleuten wie Erich Schüfftan oder Komponisten wie Paul Dessau ihre Arbeit fortsetzten. Elisabeth Bergner und Conrad Veidt gelang es, in London – wo es bereits seit Ende der zwanziger Jahre eine starke Kolonie deutscher Kameramänner und Architekten gab – zu Stars des britischen Theaters und Films aufzusteigen. Andere, wie die Ungarn Alexander Korda und Emmerich Pressburger, konnten sich nach einem Zwischenspiel in Berlin erfolgreich in London als Produzent beziehungsweise Regisseur etablieren.

Selbst in den kleinen Niederlanden erlebte die Filmherstellung durch den Zufluß deutscher Talente einen kurzzeitigen Aufschwung: So entstanden Richard Oswalds *Bleeke Bet* (1934), Kurt Gerrons *Het mysterie van de Mondscheinsonate* (1935) sowie Ludwig Bergers *Pygmalion* (1936/37) und *Ergens in Nederland* (1940). Gerron blieb im deutschbesetzten Amsterdam, wurde 1943 ins KZ Westerbork gebracht, 1944 dann ins KZ Theresienstadt, wo unter seiner Leitung der Nazi-«Dokumentarfilm» *Theresienstadt* (auch bekannt als *Der Führer schenkt den Juden eine Stadt*) entstand. Nach Abschluß der Filmarbeiten wurde Gerron wie andere Beteiligte nach Auschwitz transportiert und dort in der Gaskammer ermordet.

Für die meisten aus der deutschen Filmindustrie vertriebenen Künstler (darunter viele, für die Berlin bereits die erste Station auf ihrem Weg aus Osteuropa war) war jedoch die Filmmetropole in Kalifornien das Ziel ihrer Flucht, oft auch ihrer Hoffnungen. Deutsche Filmemacher, die bereits in den zwanziger und frühen dreißiger Jahren nach Hollywood gekommen waren und sich in der Industrie etabliert hatten, wie der Kameramann Karl Freund oder der Schauspieler-Regisseur Wilhelm/William Dieterle, halfen persönlich oder durch Hilfsfonds den Neuankömmlingen über Notlagen hinweg oder gaben ihnen durch Engagements Starthilfe für eine neue Karriere.

Allerdings gelang es den meisten nicht, ihre Karriere in gleicher Weise fortzusetzen. Eine der wenigen Ausnahmen war Fritz Lang, der sich als Regisseur von Genrefilmen durchsetzte. Andere, wie Joe May oder E. A. Dupont, konnten sich der neuen Situation nicht mehr anpassen und schlugen sich (bestenfalls) mit gelegentlichen B- und C-Produktionen durch. Schauspieler hatten oft das Problem, durch ihren Akzent auf Rollen von Nazis festgelegt zu sein. Nur wenige, wie Peter Lorre, Curt Bois oder der Ungar Szöke Szakall, fanden (zumindest zeitweise) eine spezielle Nische für ihr schauspielerisches Talent. Alle drei tummelten sich im Ensemble des Kultfilms *Casablanca* (1942) von Michael Curtiz (auch er als Mihail Kertesz aus Ungarn über Wien und Berlin nach Amerika gekommen), der fast als eine Art Anthologie deutscher Filmemigranten gelten kann.

Manchen Jüngeren, die in Berlin gerade beim Film gestartet waren, wie den Autoren und Regisseuren Billy Wilder, Robert und Kurt Siodmak, gelang es jedoch, sich in Hollywood als amerikanische Filmemacher durchzusetzen und europäische Elemente in ihre Hollywood-Produktionen einfließen zu lassen. Der Film Noir der späteren vierziger Jahre wurde entscheidend durch europäische Emigranten geprägt.

Einige Musiker, die an den Akademien in Berlin oder Wien ausgebildet waren, begründeten im Grenzbereich von Klassik und Avantgarde, Operette und Unterhaltungsmusik die Schule der klassischen amerikanischen Filmmusik: Franz Wachsmann (Waxman), Werner Richard Heymann, Erich Wolfgang Korngold, Hans J. Salter, Friedrich Hollaender; auch Komponisten wie Karol Rathaus, Paul Dessau und Kurt Weill trugen (bisweilen auch anonym) Melodien und Arrangements bei.

Während so der bessere Teil des deutschen Films im Ausland stattfand, machte sich der filmbegeisterte Nazi-Propagandaminister Goebbels in Berlin auf die (vergebliche) Suche nach dem «deutschen Eisenstein» und einer eigenen nationalen Filmkunst. Bereits existierende Pläne der SPIO (Spitzenorganisation der deutschen Filmindustrie) für eine ständische Struktur des Filmwesens brauchten von den Nazis nur in die Realität umgesetzt zu werden, um eine weitgehende Kontrolle über die Produktion zu erlangen. So bot die Einrichtung einer Reichsfilmkammer mit obligatorischer Mitgliedschaft für alle beim Film Beschäftigten eine bequeme Handhabe zur Gleichschaltung oder zur Ausschaltung «unliebsamer Elemente».

Dennoch gab es keinen harten Bruch in der Entwicklung. Eine Tendenz zum Konservativ-Nationalistischen war, zumal in der Ufa-Direktion, schon seit Ende der zwanziger Jahre zu verzeichnen; Geheimrat Hugenberg, der 1927 die Ufa übernommen und saniert hatte, war Minister in Hitlers erster Regierung. Doch zugleich – nach dem Motto «Politik stört das Geschäft», vor allem in einer so auf die internationalen Märkte angewiesenen Industrie wie dem Film – versuchte beispielsweise die Ufa-Leitung, durch ein paar Gesten gegenüber den neuen Machthabern Zeit zu gewinnen. Man trennte sich von einigen exponierten jüdischen Mitarbeitern wie Erich Pommer und Erik Charell, beschäftigte andere, zunächst als unentbehrlich erachtete Fachkräfte weiter und versuchte, die bewährte Linie fortzusetzen. Erst im

Laufe der dreißiger Jahre ließ Goebbels die Aktien der großen Filmfirmen aufkaufen und faßte sie 1941 zu einem Konzern, der Ufa-Film GmbH (UFI), zusammen.

Opportunistische Versuche, sich bei den neuen Machthabern mit offen propagandistischen Werken wie Hans Steinhoffs *Hitlerjunge Quex* (1933) beliebt zu machen, wurden bald von Goebbels untersagt. Auch er setzte auf Unterhaltung. So konnte der «Halbjude» Reinhold Schünzel, der seit Anfang der dreißiger Jahre mit einigen eleganten Komödien wie *Viktor und Viktoria* (1933) international erfolgreich war, zunächst mit Sondererlaubnis weiterarbeiten. In *Amphitryon* (1935), seiner Satire auf pseudoklassizistischen Pomp, trat Hitlers SS-Leibstandarte in Griechenröckchen als Statisten auf. Doch 1937, nachdem seine satirischen Anspielungen in *Land der Liebe* den Nazi-Zensoren zu kraß geworden waren und – nach dem propagandistischen Erfolg der Olympischen Spiele von 1936 – die rassistischen Gesetze verschärft wurden, mußte auch Schünzel nach Hollywood gehen.

Zu den Filmleuten, die man zu dieser «zweiten Emigrationswelle» zählen kann, gehörte auch der junge Regisseur Detlef Sierck, der seine Filmkarriere erst unter den Nazis begonnen hatte und mit einigen gekonnt inszenierten Melodramen (*Schlußakkord*, 1936) und exotischen Star-Filmen mit der schwedischen Sängerin und Schauspielerin Zarah Leander (*Zu neuen Ufern* und *La Habanera*, 1937) Erfolg hatte; unter dem Namen Douglas Sirk wurde er in den fünfziger Jahren zum Meister des Hollywood-Melodrams. Ähnlich wie Leander sollte auch die ungarische Sängerin und Tänzerin Marika Rökk den deutschen Revuefilmen internationales Flair verleihen.

Nachdem die Spitzenregisseure ins Exil getrieben waren, rückten einige gute Handwerker aus dem zweiten Glied in den Vordergrund. Der Wiener Gustav Ucicky, seit 1919 als Kameramann aktiv und durch den Fredericus-Rex-Film *Das Flötenkonzert von Sanssouci* (1930) auch auf dem Gebiet «nationaler Unterhaltung» ausgewiesen, drehte in den späteren Dreißigern einige solide Literaturverfilmungen (*Der zerbrochene Krug*, 1937; *Der Postmeister*, 1939/40) und Abenteuer mit Hans Albers, ehe er sich zur heimatlichen (und weniger politisch involvierten) Wien-Film zurückzog. Karl Ritter, Offizier des Ersten Weltkriegs, gab 1933 seinen Einstand als Produktionsleiter bei der Ufa mit *Hitlerjunge Quex* und etablierte sich ab Mitte der Dreißiger als Spezialist für militaristische Propaganda (*Patrioten*, 1937; *Pour le Mérite*, 1938; *Stukas*, 1941).

Als opportunistische Seiltänzer zwischen Melodram und Propaganda – und über alle politischen Brüche hinweg – erwiesen sich die Schauspieler und Regisseure Wolfgang Liebeneiner und vor allem Veit Harlan. Liebeneiner – 1942–45 Produktionschef der Ufa – kam in der Nazizeit beispielsweise mit *Der Florentiner Hut* (1938/39) und der Euthanasie-Rechtfertigung *Ich klage an* (1941) zu Ehren, nach dem Krieg folgten etwa *Die Trapp-Familie* (1956), *Taiga* (1958) und *Ein Mann für alle Fälle* (TV 1983). Harlan bewegte sich zwischen volkstümlicher Komödie (*Kater*

Lampe, 1935/36), repräsentativem Staatsfilm (*Der große König*, 1940–42) und gekonnter Melodramatik (*Immensee*, 1942/43); wiederholt bediente er auch die propagandistischen Bedürfnisse des Regimes: antisemitische Hetze in *Jud Süß* (1940), sinnlose Durchhaltepropaganda in *Kolberg* (1943/44).

Nur «unpolitische Künstlerin» zu sein, beanspruchte (bis in die neunziger Jahre hinein) auch die ehemalige Tänzerin Leni Riefenstahl, die ihrem hohlen Schönheits-Ideal in der Hitler-Apotheose *Triumph des Willens* (1934/35) und dem Körperkult in *Olympia* (1936–38) frönte. Am Rande der «staatspolitisch wertvollen» Produktionen hielten sich Regisseure, denen bisweilen ein visuell und dramaturgisch rundes Werk gelang, so Paul Martin mit *Glückskinder* (1936), einer Paraphrase auf die erfolgreiche Hollywood-Komödie *It Happened One Night* (1933/34). Daneben entwickelten sich einige junge Talente, die dann erste Filme inszenieren konnten, so der Schauspieler Wolfgang Staudte, der mit dem Zirkusfilm *Akrobat schö-ö-ö-n...* (1942/43) als Regisseur debütierte. Ab 1939 bewies Helmut Käutner so viel Talent für musikalische Publikumsfilme (*Wir machen Musik* und *Romanze in Moll*, beide 1942), daß man ihm sogar 1943/44 die Aufgabe übertrug, mit *Große Freiheit Nr. 7* auf Agfa-Farbfilm und mit dem Superstar Hans Albers eine Prestige-Produktion durchzuführen: Hamburg-Nostalgie, während die Stadt in Trümmer fiel. Und während die Rote Armee sich den deutschen Grenzen näherte, drehte er in und bei Berlin die stimmungsvolle Binnenschiffer-Ballade *Unter den Brücken*. In den Studios Tempelhof und Babelsberg wurde gefilmt, bis die ersten sowjetischen Soldaten ans Ateliertor klopften.

Zu jener Zeit gab es in Hollywood kaum deutlich unterscheidbare, persönliche Handschriften. Alfred Hitchcock, der in England seinen Stil zur Reife gebracht hatte, war seit seiner Ankunft 1940 der ausgeprägteste Auteur in Hollywood. Er beherrschte ein halbes Jahrhundert lang das Genre des Thrillers.

Kein Wunder, denn er hat es erfunden. In einer Anzahl Filme, die er in seinen ersten Jahren in Amerika drehte, verfeinerte er die Grundstimmung politischer Paranoia, mit der er zuvor in England in den dreißiger Jahren experimentiert hatte. *Foreign Correspondent* (1940) war ein Film subtiler Umkehrungen und Verbindungen, der zukünftige Entwicklungen andeutete. *Saboteur* (1942) war der erste seiner Filme, in denen er die amerikanischen Landschaften von Küste zu Küste in einer Verfolgungsjagd vor Augen führte. In diesem Film entwickelte er einige interessante Ideen über das Verhältnis zwischen Individuum und Staat zu Kriegszeiten. *Shadow of a Doubt* (1943), nach einem Buch des Dramatikers Thornton Wilder, konstrastierte eine kriminelle Persönlichkeit mit dem Leben in einer Kleinstadt und wird allgemein zu den Höhepunkten in Hitchcocks Werk gezählt. *Spellbound* (1945) wirkt heute sehr grob gestrickt, war jedoch einer der ersten amerikanischen Filme, der Ideen Sigmund Freuds verwandte. *Notorious* (1946) vereinte Cary Grant und Ingrid

Kino als rituelle Erfahrung: Reichsparteitagsfilm *Triumph des Willens* von Leni Riefenstahl (1934/35).

Bergman in einer intensiven, persönlichen Erforschung der Wirkung von Kriegsparanoia auf eine Beziehung.

Ebenfalls während dieser Periode prägte Josef von Sternberg einer Reihe visuell kunstvoller Romanzen (*Der blaue Engel, Morocco*, 1930; *Shanghai Express*, 1932; *The Scarlet Empress*, 1934) sein Siegel auf. Busby Berkeley erfand eine eigentümlich filmische Form des Musicals (*Gold Diggers of 1935*, 1935; *The Gang's All Here*, 1943). John Ford brachte den Western mit neuen Obertönen zum Singen (*Stagecoach*, 1939; *My Darling Clementine*, 1946) und gab vielen der Metaphern dieses amerikanischsten aller Genres in seinen zahllosen anderen Filmen ein weiteres Anwendungsfeld.

Howard Hawks hinterließ sein Markenzeichen, geistvollen Witz, leichte Stimmung und kunstvolle Konstruktion, in einem weiten Spektrum von Genres, darunter sogenannte «Screwball»-Komödien (*Twentieth Century*, 1934; *Bringing Up Baby*, 1939; *His Girl Friday*, 1939), Dramen (*To Have and Have Not*, 1944) und Western (*Red River*, 1948; *Rio Bravo*, 1959). Hawks' *The Big Sleep* (1946) ist ein klassischer Detektivfilm in der Tradition des «Film Noir» mit Humphrey Bogart und Lauren Bacall, nach dem Roman von Raymond Chandler. Es ist auch ein fast perfektes Beispiel für die Qualitäten des Hollywood-Kinos. Chandler, Hawks, Bogart und die Dreh-

Lauren Bacall und Humphrey Bogart in: *The Big Sleep* (Howard Hawks, 1945): ein ausgewogeneres Verhältnis zwischen Frau und Mann als später üblich. *(Museum of Modern Art / Film Stills Archive)*

buchautoren William Faulkner, Leigh Brackett und Jules Furthman vereinten ihre Talente zu einem dichten Geflecht ihrer verschiedenen Interessen und Stile. Das Bedeutsame an diesem Film ist, daß er – obwohl Produkt einer Anzahl künstlerischer Persönlichkeiten – dennoch wegen seiner Geschlossenheit beeindruckt. Die elektrisierende Beziehung zwischen Bogart und Bacall verschmilzt mit Hawks' geistvoller Inszenierung, Chandlers lakonisch-poetischem Existentialismus und den harten, brillanten, witzigen Dialogen und der elegant verschlungenen Handlungsführung, die die Drehbuchautoren (unter Hawks' Leitung) beisteuerten. Das Ergebnis ist intensive Unterhaltung mit reichen Untertönen.

Doch *The Big Sleep* geht wie alle Spitzenfilme Hollywoods – fast unbewußt – darüber hinaus. Hawks' Frauen suchen ihresgleichen in bezug auf die Tiefe der Charakterisierung und, wichtiger noch, die von ihnen ausstrahlende Stärke und Intelligenz. (Und dies von einem Regisseur, der besonders für seine Behandlung von Männerfreundschaften berühmt ist!) Die ausgewogene Spannung zwischen den Männern und Frauen gibt diesem Film eine besondere psychologische Relevanz. Zugleich ist *The Big Sleep* auch in einer weniger positiven Hinsicht ein Musterbeispiel für den Hollywood-Stil: Der größte Teil der direkt politischen Anspielungen von Chandlers

Joel McCrae als erfolgreicher Regisseur Sullivan – Veronica Lake zur Seite – schickt sich an, in Preston Sturges' beißender Satire auf Hollywood zu leiden (*Sullivan's Travels,* 1942).

Roman fehlt im Film, so daß er in dieser Hinsicht ein schwacher Abklatsch des Originals ist. Erst nahezu dreißig Jahre später begab sich *Chinatown* (1974), geschrieben von Robert Towne und von Roman Polański inszeniert, in die gleiche Atmosphäre von Verfall und Korruption, die Raymond Chandler in fast allen seinen Romanen, auch in *The Big Sleep*, behandelt, die in den vielen in den vierziger Jahren entstandenen Filmversionen seiner Geschichten jedoch nur angedeutet wird.

Hitchcock, Ford, Hawks, von Sternberg und einige andere haben es vielleicht geschafft, in der großen Ära Hollywoods ihren Filmen eine gewisse persönliche Handschrift zu verleihen. Doch zum größten Teil war das Hollywood-Kino das Produkt zahlloser Handwerker: Regisseure, Schauspieler, Kameramänner, Drehbuchautoren, Ausstatter, Produzenten. Regisseure wie William Wellman, Lewis Milestone, Leo McCarey und John Huston besitzen zweifellos einen persönlichen Stil und dienen Anhängern der Autoren-Theorie zu Recht als Studienobjekte, doch das Hollywood-System war grundsätzlich so strukturiert, daß selbst starke Regie-Persönlichkeiten meist im Meer der Studio-Stile, Schauspieler-Stile, Produzenten-Forderungen und Eigenarten der Autoren versanken.

Genre. In den Dreißigern machte Busby Berkeley bei Warner Bros. das Musical mit ausgetüftelten geometrischen Choreographien berühmt, doch es war nicht nur seine Erfindung. Hier eine Szene aus dem ersten Musical mit Fred Astaire und Ginger Rogers, RKOs *Flying Down to Rio* (Thornton Freeland, 1933). Der Film vereint die lebendigen Soli von Astaire/Rogers mit dem «pas de milles», für den Berkeley berühmt wurde. Der Choreograph dieses Films war Dave Gould. *(Museum of Modern Art/Film Stills Archive)*

Eine der interessantesten Ausnahmen von dieser Regel war Preston Sturges. In den Zwanzigern hatte er als Dramatiker gearbeitet und war – wie viele seiner Kollegen – bei der Einführung des Tons von New York nach Hollywood gezogen. In den dreißiger Jahren machte er eine erfolgreiche Karriere als Drehbuchautor. *Easy Living* (1937, Regie Mitchell Leisen) ist sein vielleicht bestes Skript jener Periode: 1940 begann er selbst Regie zu führen und konnte fast ein Jahrzehnt lang ein bemerkenswertes Maß an Kontrolle über seine Filme behalten, indem er alle seine Bücher selbst schrieb und regelmäßig mit derselben Gruppe von Darstellern arbeitete. Seine exzentrische, scharfe Satire kommt am besten in *The Lady Eve* (1941), *Sullivan's Travels* (1942) und *The Miracle of Morgan's Creek* (1944) zur Geltung.

Ein weiterer höchst geistreicher Autor-Regisseur, Billy Wilder (1906 in Galizien geboren), war der erfolgreichste (und produktivste) der europäischen Emigranten. Auf der Flucht vor den Nazis kam er 1934 nach Hollywood. Dank seiner Drehbuch-Zusammenarbeit mit Charles Brackett (von 1938 bis 1950) und später mit I. A. I. Diamond wurde er zum amerikanischsten der eingewanderten Regisseure. Die Kette seiner Erfolge bei Kritik und Publikum ist lang. Obwohl er für seinen Zynismus

Autorenfilm. Orson Welles' *The Magnificent Ambersons* (1942). Weniger spektakulär als *Citizen Kane* (1941), war *Ambersons* dennoch nicht weniger scharfsichtig in bezug auf die amerikanischen Zustände und – in seinem Kommentar zur Rolle des Automobils in der amerikanischen Gesellschaft – erstaunlich prophetisch. In seinen ersten beiden Filmen beschrieb Welles die beiden wichtigsten Faktoren – die Medien und das Automobil –, die Amerika im zwanzigsten Jahrhundert geprägt haben. *(Museum of Modern Art / Film Stills Archive)*

berühmt ist, läßt sein Werk auf einen tiefgründigen und geschliffenen Geist im Dienste wahrhafter gesellschaftsorientierter Weisheit durchblicken. Von den Films Noir der vierziger Jahre (*Double Indemnity*, 1944; *Lost Weekend*, 1944 / 45; *Sunset Boulevard*, 1949 / 50) über die Liebesgeschichten und Komödien der Fünfziger (*Sabrina*, 1953 / 54; *The Seven Year Itch*, 1954 / 55; *Some Like It Hot*, 1958 / 59) bis zu den Höhepunkten *The Apartment* (1959 / 60) und *The Fortune Cookie* (1965 / 66) ist Wilder eine unvergleichliche Reihe amerikanischer Kulturzeugnisse gelungen.

Diese Dialektik zwischen Auteur und Genre trieb das klassische Hollywood-Kino voran: der Zusammenprall von künstlerischer Sensibilität und den umschriebenen mythischen Strukturen der populären Handlungstypen. Das wohl wichtigste Genre war der Western, denn er umfaßte viele jener Mythen – die Grenze, Individualismus, das Land, Gesetz und Ordnung gegen Anarchie –, auf denen die nationale Psyche der Vereinigten Staaten immer noch beruht. Das Musical war wahrscheinlich das nächsterfolgreichste Genre, sowohl Busby Berkeleys geometrische Exerzitien bei Warner Brothers wie auch die spritzigen, leichten Komödien mit Fred Astaire bei RKO.

Die Komödie war auch in den dreißiger Jahren stark vertreten, als die Broadway-Autoren der zwanziger Jahre en masse importiert wurden, um für den Tonfilm Dialoge zu verfassen. Auch diesmal gaben die Darsteller den Ton an, wie schon im Stummfilm. Die Marx Brothers, Mae West und W. C. Fields (der schon beim Stummfilm begonnen hatte) schufen einige der fesselndsten komischen Figuren; wobei die Marx Brothers einen Stil der Unlogik entwickelten, der noch in den Neunzigern nachwirkte. Das leichte Geplauder und die Unbekümmertheit des Broadway-Theaters in den Zwanzigern führte zur Screwball-Komödie, jenem Genre, das die dreißiger Jahre wohl am besten auf Amerikas Leinwänden verkörperte. Weitere wichtige Genres waren Gangsterfilm, Horrorfilm, die historische Romanze und im Ansatz der Thriller.

In den Vierzigern schlug die Stimmung um. Natürlich kam der Kriegsfilm zum Katalog der Genres hinzu. Mit Anfängen in den Mittvierzigern trat auch diese merkwürdige Mischung aus urbanem Zynismus, deprimierenden Themen und Verdüsterung auf, die als «Film Noir» bekannt wurde; das paßte in eine Zeit, zu der ein nationaler Zynismus der amerikanischen Palette dunkle und nichts Gutes verheißende Farben hinzufügte.

Während dieser ganzen klassischen Hollywood-Periode entwickelten sich die Genres weiter, bis sie schließlich fast Selbst-Parodien waren. Doch erwiesen sie sich in zweierlei Hinsicht als fesselnd: Zum einen waren die Genres ihrer Natur nach mythisch. Das Erlebnis einer Screwball-Komödie, eines Horror- oder Gangsterfilms wirkte kathartisch. Die Elemente waren wohlbekannt: Jedes populäre Genre besaß einen festen Kanon. Teil des Vergnügens war es zu sehen, wie diesmal diese Grundelemente variiert würden. Andererseits waren einzelne Beispiele eines Genres oft eigenständige Äußerungen. Für den eingeweihten Zuschauer lag ebensoviel Interesse in der Beobachtung des Films als Kulminationspunkt verschiedener Stile – dem Stil des Studios, des Regisseurs, des Stars, des Produzenten, bisweilen sogar des Drehbuchautors, des Ausstatters oder Kameramanns. Die Genres boten Myriaden von Kombinationen einer begrenzten Zahl von Elementen.

Inmitten dieses oft verwirrenden Gestrüpps von Genres, Stilen, Auteurs und Stars erhebt sich wie ein Felsen Orson Welles' *Citizen Kane* (1941), der wahrscheinlich wichtigste amerikanische Film aller Zeiten. Welles' Klassiker gehört keinem bestimmten Genre an, arbeitet jedoch wie ein Genre-Film, indem er mythische Resonanzen in der Historie anschlägt und sie zu dramatischen Zwecken einsetzt. Die Saga von Charles Foster Kane, Medienmogul und Politiker, öffentliche Figur und Privatmann, ist ein Symbol des amerikanischen Lebens in der ersten Hälfte dieses Jahrhunderts. Zudem präsentiert Welles – mit der sicheren Hand eines Meisters – seine Geschichte mit einer überwältigenden Fülle an filmischen Mitteln. Es war, als ob dieser Fremdling in Hollywood, dieser Sproß der New Yorker Theater- und Rundfunk-Szene, die verschiedenen Entwicklungsstränge der Filmtechnik Hollywoods objektiv beobachtet und sie alle verwoben hätte. Sein berüchtigtes Selbstbewußtsein, das er als Mitautor, Produzent, Regisseur und Star geltend machte, läßt Welles' Film auch zum Musterexemplar des Autorenfilms werden.

Sein zweiter Film, *The Magnificent Ambersons* (1942), kam nie in der von ihm vorgesehenen Form an die Öffentlichkeit, und Welles erreichte niemals wieder den Erfolg von *Citizen Kane*. Diese Vereinigung eines starken Auteurs mit starken Genre-Elementen war ein einmaliges Ereignis und zugleich die gewaltigste Tour de force der Filmgeschichte.

Neorealismus und die Folgen: Hollywood gegen die Welt

Das Fernsehen war nicht die einzige Herausforderung, der sich die Hollywood-Studios in den späten Vierzigern und den Fünfzigern gegenübersahen. Das Kino anderer Länder reifte heran und reorganisierte sich nach der Paralyse durch Faschismus und Krieg. Die 16 mm-Ausrüstungen, die für den Kriegsgebrauch weiterentwickelt worden waren, erlaubten ein alternatives, langsam, aber stetig wachsendes Vertriebssystem, das sich in den Sechzigern dann voll etabliert hatte. Filmfestivals und Filmklubs blühten auf und bildeten wertvolle Promotion-Instrumente für Filmemacher, denen kein Hollywood-Apparat half. Frankreich erkannte zum Beispiel den Film als Exportware und baute das Festival von Cannes zum internationalen Umschlagplatz aus und etablierte zur Unterstützung des Exports die Organisation Unifrance.

Diese weniger verhärtete ökonomische Atmosphäre erlaubte wichtigen Filmkünstlern, selbst aus kleinen Ländern, den Zugang zum internationalen Markt. Während sich Hollywood ökonomisch mit dem Fernsehen auseinandersetzen mußte, um die Fünfziger zu überleben, mußte es sich gleichzeitig ästhetisch gegen ein weltweites Aufblühen neuer Talente behaupten. Die alten Genres blieben, ein paar neue kamen hinzu; die alten Aktiven von Hollywood wurden älter. Doch in Europa und Asien drängte sich ein neues Kino in den Vordergrund: persönlich, erfinderisch, nicht abgeklatscht und die zeitgenössische Erfahrung direkt ansprechend.

Die erste Gruppe solcher Filme entstand in Italien gegen Kriegsende, die Produkte der neorealistischen Bewegung. Cesare Zavattini, ein Autor und Kritiker, hatte die Grundregeln des Neorealismus formuliert und war für die Drehbücher einiger wichtiger Filme (*Sciuscià*, 1946; *Ladri di biciclette*, 1948; *Umberto D.*, 1952) verantwortlich. Vittorio De Sica, der in den dreißiger Jahren ein erfolgreicher romantischer Filmstar war, inszenierte diese drei Skripte (und andere mehr von Zavattini) und leistete damit einen wichtigen Beitrag zum Neorealismus, ehe er sich Mitte der Fünfziger wieder kommerziellen, weniger interessanten Werken zuwandte. Luchi-

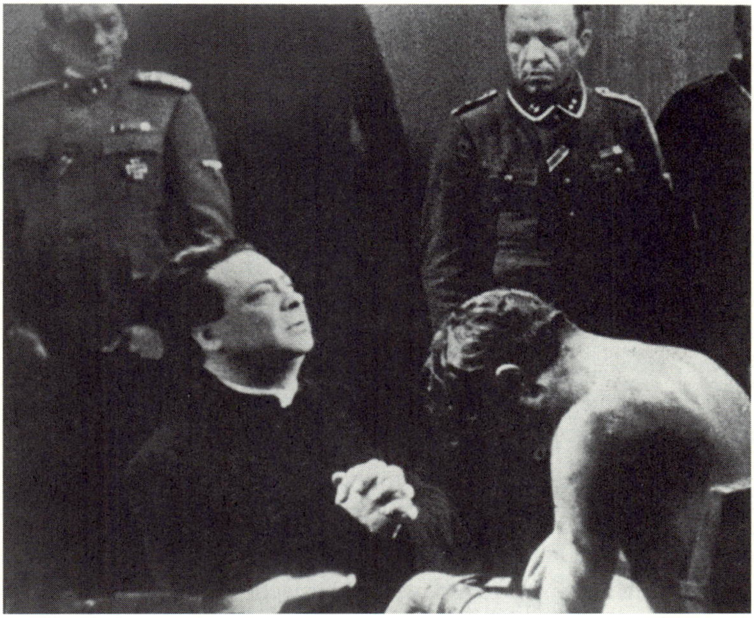

Aldo Fabrizi als Don Pietro in Rossellinis bedeutendem neorealistischem Dokument *Roma, città aperta* (1945). (*Museum of Modern Art/ Film Stills Archive. Standvergrößerung*)

no Visconti drehte einen der ersten neorealistischen Filme (*Ossessione*, 1942), einen Klassiker während der Blütezeit der Bewegung (*La terra trema*, 1948) und auch eines der letzten Beispiele dieses Stils (*Rocco e i suoi fratelli*, 1960), während der Hauptteil seines Werkes stilistisch eher seiner großen Liebe, der Oper, nahestand als dem Neorealismus.

Die größte Bedeutung hat das Werk von Roberto Rossellini (*Roma, città aperta*, 1945; *Paisà*, 1946; *Germania, anno zero*, 1947; *Stromboli, terra di Dio*, 1949), denn er ist der einzige der drei großen Regisseure, der die Erfahrungen des Neorealismus weiterentwickelte. Seine Arbeit in den Fünfzigern und für das Fernsehen, dem er sich 1960 zuwandte (*La Prise de pouvoir par Louis XIV*, 1966; *Atti degli Apostoli*, 1968; *Socrate*, 1970), legte die Grundlagen für das materialistische Kino, den direkten Nachkommen des Neorealismus.

Roma, città aperta bleibt einer der Marksteine der Filmgeschichte. Der Film wurde heimlich noch während der deutschen Besetzung Roms geplant und kurz nach der Befreiung durch die Alliierten gedreht. Die Bedingungen, unter denen der Film entstand, trugen stark zum bedrängenden Gefühl des Realismus bei. Die Geschichte eines Widerstandskämpfers und eines Priesters, die von der Gestapo verhaftet und hingerichtet werden, wird in *Roma, città aperta* zu einem eindringlichen Bild der Zeit und des Ortes, an dem der Film gedreht wurde. Rossellini drehte mit allem Filmmaterial, das er nur auftreiben konnte, oft den Materialresten von anderen. Unter diesen Arbeitsbedingungen war es kaum möglich, dem Film den Anstrich von

Professionalität zu geben, selbst wenn Rossellini es gewollt hätte. Berufsschauspieler wie Anna Magnani und Aldo Fabrizi spielten neben einer Besetzung, die ausschließlich aus Laien bestand. Das Ergebnis war eine Authentizität der Darstellung, wie man sie sonst nur in Dokumentarfilmen findet. Der Stil des Films war außerordentlich einflußreich. Seither sind die Elemente der realistischen Filmtechnik fester Bestandteil der Filmkunst in aller Welt.

Die Neorealisten arbeiteten für ein eng mit der alltäglichen Erfahrung verknüpftes Kino: Laiendarsteller, einfache Technik, politische Haltung, Ideen statt platter Unterhaltung – alle diese Elemente widersprachen direkt der Hollywood-Ästhetik des glatten, bruchlosen Professionalismus. Während der Neorealismus als Bewegung nur einige wenige Jahre überdauerte, wirkt seine Ästhetik noch heute fort. Tatsächlich haben Zavattini, Rossellini, De Sica und Visconti einen Kanon von Grundregeln für die nächsten fünfzig Jahre gesetzt. Ästhetisch hat sich Hollywood nie mehr erholt.

In der Zwischenzeit nahm auf den Ranches in Südkalifornien das Geschäft seinen üblichen Gang. In Hollywood war weder Raum für die politische Aussage des Neorealismus noch für den persönlichen, ungebundenen Stil, der sich überall in Europa entwickelte. Es gab zwar einzelne Überraschungen wie Frank Capras *It's a Wonderful Life* (1947), das interessanteste seiner sentimentalen, populistischen Dramen und eine treffende, direkte Lektion über die Vorteile kooperativer sozialer und ökonomischer Organisationen – die allgemeine politische Stimmung Hollywoods war jedoch, wie schon erwähnt, reaktionär.

Das ästhetisch interessanteste Ergebnis dieser dunklen, paranoiden Stimmung war die Serie des Film Noir in den Jahren um 1950. Ein nur vage definiertes Genre (wie der Name andeutet, wurde es zuerst von den Franzosen identifiziert), ist der Film Noir einer der komplexeren und intelligenteren Hollywood-Stile. Teils Detektivgeschichte, teils Gangster-Story, teils städtisches Melodram, zeichnet sich der Film Noir vor allem durch seine dunkle und pessimistische Grundstimmung aus. Viele Beispiele dieses Genres ließen zwar Obertöne des kalten Kriegs einfließen, doch das war keine feste Bedingung: Wenn dies Genre eine literarische Quelle besaß, so waren es die Detektivromane von Dashiell Hammett und Raymond Chandler, die beide für linke Positionen bekannt waren.

Eines der ersten Beispiele für einen Film Noir war Hawks' *The Big Sleep* (1946), nach dem Roman von Raymond Chandler. Wenn man den schlaffen Zynismus von Chandlers Helden Philip Marlowe mit den freudianischen Aspekten eines anderen wichtigen Film Noir – Raoul Walshs *White Heat* (1949) – verbindet, so erhält man ein gutes Modell für dieses Genre. Kombiniert man die Titel jener zwei Filme, so ergibt sich kurioserweise: *The Big Heat* (1953), einer von Fritz Langs fatalistischen Filmen und ein zentrales Werk dieses Genres.

Jacques Tourneurs *Out of the Past* (1947) ist eines der vernachlässigsten und schönsten Beispiele des Film Noir, Nicholas Rays *They Live By Night* (1948) eines der bekanntesten. Jules Dassins *The Naked City* (1948) und John Hustons *The Asphalt Jungle* (1950) zeichnen sich durch den beredten Einsatz des so wichtigen städtischen Hintergrunds aus, ebenso Samuel Fullers *Pickup on South Street* (1953), ein Film, der auch zeigt, wie die Psychologie des kalten Kriegs in den Film Noir eingebracht werden konnte. Carol Reeds *The Third Man* (1950) rückte das Genre in einen europäischen Nachkriegskontext und stellte mit den Stars Orson Welles und Joseph Cotten die Verbindung zur amerikanischen Tradition her. Welles' *Mr. Arkadin* (1955) ist ein Musterbeispiel für die Stimmung dieses Genres. Robert Rossens schmales Œuvre enthält zwei überragende Films Noirs: *Body and Soul* (1947) mit John Garfield und später *The Hustler* (1961) mit Paul Newman.

Die Definition des Film Noir läßt sich so erweitern, daß die meisten Filme der «harten» Regisseure hinzugezählt werden können, die sich in den Fünfzigern in den Vordergrund schoben: Samuel Fuller (*House of Bamboo*, 1955; *China Gate*, 1957; *Shock Corridor*, 1963), Robert Aldrich (*Kiss Me Deadly*, *The Big Knife*, beide 1955), Phil Karlson (*Kansas City Confidential*, 1952; *The Phenix City Story*, 1955; und ein späteres Beispiel: *Walking Tall*, 1974) und Don Siegel (*Riot in Cell Block 11*, 1954; *Crime in the Streets*, 1956). Visuell trieb Siegel das Genre mit *Escape from Alcatraz* (1979) zum Extrem, einem Film, der mit so wenig Licht gedreht wurde, daß es ein Rekord für das düstere Genre gewesen sein dürfte. In Robert Bentons *The Late Show* (1977) zeigte Art Carney seine Version des schnüffelnden Anti-Helden – dreißig Jahre später. Mit dem eleganten und reifen Film *Twilight* kehrte Benton (1998) in das Genre zurück.

Das urbane, schäbige Detektiv-Genre hatte eine Klammer gebildet für das amerikanische Fernsehen von Jack Webbs *Dragnet* der frühen Fünfziger bis zu *Kojak* und *Columbo* in den Siebzigern. Während die achtziger und neunziger Jahre eine regelmäßige Folge von Spielfilmen erlebten, die in direkter Linie vom alten Genre abstammten, haben Autor-Produzenten des Fernsehens es zu neuem Leben erweckt. In den Achtzigern hat Michael Mann mit der in stilistischer Hinsicht einflußreichen Serie *Miami Vice* dem Film Noir bunte Akzente hinzugewonnen, während gleichzeitig Steven Bochco der langen Tradition Ehre erwies, indem er sie im einfallsreichen *Hill Street Blues* satirisch aufgriff. In den neunziger Jahren hat Dick Wolf sie mit seinen analytischen Hommagen *Law and Order* und *Crime and Punishment* formalisiert und intellektualisiert, während wiederum Bochco sie mit *NYPD Blue* in neue TV-Extreme trieb. Film Noir ist also offenkundig die ganze zweite Hälfte des zwanzigsten Jahrhunderts hindurch für Filmemacher ein fruchtbares Genre geblieben.

Zwei andere populäre Genres der fünfziger Jahre, der Western und der Science-fiction-Film, spiegelten die düstere Stimmung des Film Noir wider, jeder auf seine Art. Der Western begann, ernstere und pessimistischere Themen zu behandeln; der

John Fords bevorzugte Westernstars: John Wayne und Monument Valley, wie sie in einem der eindrucksvollsten Western John Fords erschienen: *The Searchers* (1956). Der Film untersuchte kritisch Elemente des Western-Mythos, die man bis dahin als ewige Wahrheiten angesehen hatte. Waynes Ethan Edwards ist ein moderner Held: zugleich einsam und besessen wie heroisch, neurotisch zwanghaft wie treu. Der unterschwellige Rassismus wurde in *The Searchers* an die Oberfläche gebracht. Anschließend war das Western-Genre nicht mehr das alte. *(Museum of Modern Art/Film Stills Archive)*

Science-fiction-Film entwickelte eine Anzahl objektiver Entsprechungen zur kulturellen Paranoia des Jahrzehnts.

Delmer Daves, einer der unterschätzteren der Hollywood-«Handwerker», drehte 1950 *Broken Arrow*, den ersten Western seit Einführung des Tonfilms, der den Indianern ein gewisses Maß Selbstrespekt erlaubte. Er zeichnete auch verantwortlich für *3 : 10 to Yuma* (1957). John Sturges machte eine Reihe interessanter Western, darunter *Gunfight at the O. K. Corral* (1957), *Last Train from Gun Hill* (1958) und *The Magnificent Seven* (1960). Anthony Mann schuf sich eine Kultgemeinde mit Filmen wie *Winchester 73* (1950), *The Far Country* (1954) und *The Man From Laramie* (1955). Zwei der ersten «Edel»-Western waren Fred Zinnemanns *High Noon* (1952) und George Stevens' *Shane* (1953). John Ford trug *The Searchers* (1956), seinen wahrscheinlich besten Western, und *Two Rode Together* (1961) bei. Henry King drehte *The Gunfighter* (1950), Henry Hathaway *From Hell to Texas* (1958). Arthur Penns erster Film war *The Left-Handed Gun* (1958).

In den Sechzigern entstanden so wichtige Western wie Marlon Brandos *One-Eyed Jacks* (1961), John Hustons *The Misfits* (1961), David Millers *Lonely Are the Brave* (1962) und eine Reihe Filme von Sam Peckinpah, vor allem *Ride the High Country* (1962) und *The Wild Bunch* (1969). In Italien reifte mittlerweile der

«Spaghetti»- oder «Italo»-Western heran. Sergio Leone variierte die Elemente des Genres in Filmen wie *Per un pugno di dollari* (1964) und *Il buono, il brutto, il cattivo* (1967), beide mit Clint Eastwood, einem Amerikaner, in der Hauptrolle.

In den siebziger Jahren ging es mit dem Western bergab, als ein zunehmend verstädtertes Amerika seine Leidenschaft für die grenzenlose Weite verlor. Man kann Robert Altmans bilderstürmerischen und atmosphärisch dichten Film *McCabe and Mrs. Miller* (1971) als Beginn dieser Verfinsterung ansehen. Die lange Western-Dürre – nur durch Terence Malicks bemerkenswerten Film *Days of Heaven* (1978) unterbrochen – endete Anfang der Neunziger mit zwei überraschenden Oscar-Gewinnern: Kevin Costners *Dances with Wolves* (1990), ein schlechter Film, aber ein großartiges Projekt, und Clint Eastwoods *Unforgiven* (1992). Diese revisionistischen Huldigungen können als elegische Abgesänge auf das Genre gelten.

Die Science-fiction-Filme der fünfziger Jahre waren verräterische psychoanalytische Dokumente: paranoide Phantasien von sich ausdehnenden Nicht-Wesen, unterwandernden Gewächsen, materialisiertem Unterbewußten und Mutationen. Zu den wichtigsten gehören: *The Thing* (1951, Christian Nyby), *The Day the Earth Stood Still* (1951, Robert Wise), *The Invasion of the Body Snatchers* (1956, Don Siegel), *Forbidden Planet* (1956, Fred Wilcox), *The Incredible Shrinking Man* (1957, Jack Arnold), *The Fly* (1958, Kurt Neumann) und *The Time Machine* (1960, George Pal). Mit Stanley Kubricks überragendem *2001: A Space Odyssey* wurde das Genre 1968 wiedergeboren. Der Film kann als der einflußreichste der vergangenen dreißig Jahre angesehen werden, da er dem lebenskräftigsten Genre der Siebziger und Achtziger zum Aufstieg verholfen hat. Von *Star Wars* bis *Star Trek*, von *E. T.* zu *Jurassic Park* hat das Science-fiction-Genre seltsamerweise seit den ausgehenden siebziger Jahren Triumphe gefeiert.

Das Musical profitierte wie der Western stark von Farbe und der Breitwand und erlebte unter dem MGM-Produzenten Arthur Freed eine Renaissance. Vincente Minnelli drehte *An American in Paris* (1951) und *Gigi* (1958), Stanley Donen arbeitete mit Gene Kelly in *On the Town* (1949) und *Singin' in the Rain* (1952) und mit Fred Astaire in *Royal Wedding* (1951) und *Funny Face* (1957, produziert von Roger Edens für Paramount). Astaire war auch der Star in Rouben Mamoulians *Silk Stockings* (1957, produziert von Freed). Mamoulian war der Verantwortliche für eines der ersten bedeutenden Hollywood-Musicals gewesen: *Applause* (1929). Mit nur wenigen Filmen hinterließ er eine unauslöschliche Spur in diesem Genre. Seine Filme zeichneten sich durch sprühenden Geist und ein ausgefeiltes Gefühl für Timing aus.

Während das Broadway-Musical in den vergangenen dreißig Jahren weiterhin prächtig gedieh, ist das Film-Musical nahezu ganz von der Bildfläche verschwunden. Martin Scorseses *New York, New York* (1977) und Francis Coppolas *The Cotton Club*

(1984) sind ambitionierte Ausnahmen. Obwohl Stephen Sondheim auch in den Siebzigern und Achtzigern weiterhin einen guten Teil bester amerikanischer Musik diesseits von Gershwin produzierte, wurden nur wenige seiner Stücke für die Leinwand adaptiert, und keins wurde zum Erfolg wie sein erstes (*A Funny Thing Happened on the Way to the Forum*, 1966). Obwohl das Broadway-Theater seit den Siebzigern durch das Aufkommen und den fortgesetzten Erfolg des Schwarzen Musicals neue Kraft gewonnen hat (von *Ain't Supposed to Die a Natural Death* bis hin zu *Jelly's Last Jam*), nahm Hollywood von diesem vielversprechenden neuen Strang der Kunst keine Notiz. Obwohl mehr Leute zu *Les Misérables* (oder *Cats*) in die Theater gelaufen sind, als die meisten Filme an Zuschauern anziehen, haben diese englischen Ersatz-Musicals kein Geld auf der Leinwand verdient. Aber warum? Ein Grund wird schon sein, daß Musicals sich nicht für Fortsetzungen anbieten.

Trotz der andauernden Vorherrschaft der Genres gelang es Ende der vierziger und in den fünfziger Jahren ein paar amerikanischen Regisseuren, ein starkes Gefühl eines persönlichen Stils in ihren Filmen zu vermitteln. Zu diesen Auteurs zählen Elia Kazan (*Gentleman's Agreement*, 1947; *Viva Zapata!*, 1952; *On the Waterfront*, 1954; *East of Eden*, 1955), Otto Preminger (*Laura*, 1944; *The Man with the Golden Arm*, 1955; *Anatomy of a Murder*, 1959), Nicholas Ray (*Johnny Guitar*, 1954; *Rebel Without a Cause*, 1955; *Bigger than Life*, 1956) und Douglas Sirk (*All That Heaven Allows*, 1955; *Written on the Wind*, 1956). Beide, Ray wie Sirk, wurden in den nächsten zwei Jahrzehnten zu den Heroen der jungen europäischen Filmemacher: Ray wegen seiner existentiellen Problematiken in den Sechzigern für die Franzosen, Sirk (als Detlef Sierck in Hamburg geboren) wegen seiner Gefühlsseligkeit in den Siebzigern für die Deutschen.

Trotz dieser interessanten Strömungen und Wirbel im Fluß der Hollywood-Produkte erlebte der amerikanische Film einen langsamen, doch unaufhaltsamen Niedergang während der fünfziger Jahre. Wirkliche Neuerungen im Kino fanden anderswo statt, wo diese Kunst sich in einen populären und einen elitären Zweig spaltete; dem letzteren diente die zunehmende Zahl der Filmkunstkinos.

Das Publikum in aller Welt entdeckte nun zum erstenmal die asiatische Filmkunst. Das japanische Kino besaß eine alte Tradition, darunter eine interessante Variante des Stummfilms, wo «Erklärer» eingesetzt wurden, um die Handlung zu beschreiben und zu erläutern – eine Übernahme aus dem Kabuki-Theater. Filmemacher außerhalb Japans hatten diese Entwicklung ignoriert – bis zu Akira Kurosawas Erfolg mit *Rashomon* auf dem Filmfestival 1951 in Venedig. Obwohl vor allem Kurosawas Samurai-Filme Anklang fanden, drehte er ebenso eine Anzahl von Gegenwartsfilmen. Zu seinen wichtigsten Filmen zählen *Ikiru* (1952), *Shichinin no Samurai* (1954), *Kumunosu-jo* (eine Macbeth-Adaption, 1957) und *Yojimbo* (1961).

Kurosawas Erfolg führte zum Export weiterer japanischer Filme in den Fünfzigern. Kenji Mizoguchi, der 1922 zu filmen begonnen hatte, drehte in den Fünfzigern

Yasujiro Ozus *Tokyo monogatari* (1953). Mit typisch japanischer Klarheit, Sensibilität und Respekt behandeln Ozus Filme zumeist Generationenbeziehungen in Familien. Das alte Ehepaar in *Tokyo monogatari* muß bei einem Besuch bei ihren Kindern in der Hauptstadt feststellen, daß die junge Generation zu sehr mit eigenen Geschäften beschäftigt ist, um noch Zeit für die Eltern zu finden. *(New Yorker Films)*

eine Reihe von Filmen, die zu Klassikern des Weltrepertoires geworden sind: *Saikaku Ichidai Onna* (1952), *Ugetsu Monogatari* (1953), *Sansho Dayu* (1954), *Chikamatsu Monogatari* (1954) und *Yokihi* (1955).

Der letzte der japanischen Regisseure, der im Westen «entdeckt» wurde, war Yasujiro Ozu, vielleicht der interessanteste dieser Gruppe. Ozu, ein außergewöhnlicher Stilist, meditiert über Orte und Zeiten mit einer höchst unwestlichen Sensibilität und Gelassenheit, während Kurosawas Filme im Westen viel leichter zu verstehen sind. Zu Ozus wichtigsten Filmen gehört die «Jahreszeiten»-Serie: *Banshun* (1949), *Bakushu* (1951), *Soshun* (1956), *Akibiyori* (1960), *Kohayagawa-ke no Aki* (1961) und *Samma no Aji* (1962), sowie *Tokyo monogatari* (1953), sein im Westen erfolgreichster Film.

Wie Japan besaß Indien schon lange eine fruchtbare Filmindustrie. Hauptprodukt der indischen Kinematografie ist das lange, höchst stilisierte Musical, das bisher noch nicht auf den Weltmarkt vorgedrungen ist. Ende der fünfziger Jahre begann jedoch ein Filmemacher – Satyajit Ray – Filme zu drehen, die sich an ein internationales Publikum wandten. Die Apu-Trilogie (*Pather Panchali*, 1955; *Aparajito*, 1957; *Apur Sansar*, 1959) wurde sofort im Westen gefeiert, und Ray war seither mit Filmen wie *Jalsaghar* (1958), *Kanchenjunga* (1962), *Aranyer Din Ratri* (1969) und *Ashani Sanket* (1973) ein Liebling auf Filmfestivals und in Filmkunstkinos.

Während der fünfziger Jahre trug Großbritannien zum Welt-Film eine Serie köstlicher Alec-Guinness-Komödien (*The Man in the White Suit*, *The Lavender Hill Mob*, beide 1951; *The Horse's Mouth*, 1959) bei, denen in den Sechzigern Peter-Sellers-Komödien folgten (*I'm All Right Jack*, 1959; *Only Two Can Play*, 1961; *Heavens Above!*, 1963) sowie die primitiven Music-Hall-Komödien der *Doctor...*- und *Carry-On...*-Serien.

Der deutsche Film entwickelte sich nach dem Kriege, entsprechend der politischen Situation, zweigleisig. Die Siegermächte hatten, da es sich bei der UFI um ein staatseigenes Unternehmen handelte, alles Eigentum der Firma übernommen, einschließlich der Ateliers und Filmbestände. Ziel war die Entflechtung und Auflösung des Goebbelsschen Propaganda-Apparats. Während sich die Westalliierten – vertreten durch ihre Filmkontrolloffiziere, darunter Erich Pommer als oberster Vertreter der amerikanischen Behörde OMGUS – zunächst ziemlich strikt an die Beschlüsse hielten und Deutschen weitgehend die Lizenzierung verweigerten, unternahm man in der sowjetischen Besatzungszone schon bald erste Schritte zum Wiederaufbau einer deutschen Produktion.

Bereits am 17. Mai 1946 wurde, nach Vorbereitung durch ein «Filmaktiv» aus Emigranten und einigen kommunistischen Filmschaffenden, die die Nazizeit als Techniker überstanden hatten, die DEFA (Deutsche Film-AG) durch die sowjetische SMAD lizenziert. Zunächst eine deutsch-sowjetische Aktiengesellschaft, wurde die DEFA, die 1947 das Filmgelände in Potsdam-Babelsberg übernehmen konnte, schrittweise in deutsche Hände übergeben und schließlich 1953 zum «Volkseigenen Betrieb» ernannt. Älter als die Deutsche Demokratische Republik selbst, hatte die DEFA bis 1990 das Monopol für das gesamte Filmwesen in der DDR und unterstand mit ihren Studios für Spiel-, Dokumentar- und Animationsfilme einem «Filmminister», dem Leiter der 1954 gegründeten Hauptverwaltung Film, der außer der Produktion auch den Vertrieb, die Kinos und das Staatliche Filmarchiv der DDR beaufsichtigte (jedoch nicht das direkt der Propagandaabteilung der SED unterstellte Fernsehen). Eine Zensur fand offiziell nicht statt, doch brauchten alle Filme eine Zulassung durch die HV Film. Auch die Nachwuchsförderung wurde ab den sechziger Jahren dadurch gesteuert, daß ein Zugang zum Studio fast nur über ein Studium an der Filmhochschule in Babelsberg (beziehungsweise einer der Filmakademien in Moskau und Prag) möglich war.

Die Finanzierung der Filmproduktion erfolgte offiziell aus dem Staatsetat, in den allerdings auch alle Einnahmen aus Kino, Vertrieb und Auslandsverkauf flossen. Auf diese Weise konnte die ideologische Fiktion aufrechterhalten werden, der «Staat» unterhalte den Film als Kunst und Propagandamittel – mit allen ökonomischen, politischen und personellen Abhängigkeiten, die daraus resultierten.

So abgekoppelt von den rein ökonomischen Zwängen der Filmproduktion, konnte sich in den fünfundvierzig Jahren ihrer Existenz doch eine – im Westen weitgehend unbekannte – interessante und phasenweise hochstehende Filmkultur entwickeln.

Unterstützt wurde das auch durch die Fortführung der Produktionstraditionen im Studio Babelsberg, wo ein großer technischer und künstlerischer Stab festangestellter Mitarbeiter für handwerkliche Meisterschaft sorgte, oft allerdings auch dazu neigte, in unkreativer Routine vor künstlerischem Risiko zurückzuschrecken. Viele renommierte Autoren der DDR-Literatur arbeiteten für den Film oder hatten sogar ihre Karriere als Drehbuchautoren begonnen, so Helga Schütz, Ulrich Plenzdorf, Regine Kühn und Jurek Becker, die alle an der Filmhochschule studierten. Szenografen wie Willy Schiller und Alfred Hirschmeier konnten ihren «professionellen Stammbaum» bis zu den Architekten des *Cabinet des Dr. Caligari* zurückführen. Eine wichtige Position im Produktionssystem der DEFA besaßen die Dramaturgen, die – zuständig für Themenfindung und Stoffentwicklung – oft zugleich auch eine ideologische Kontrollfunktion wahrnahmen (in einzelnen Fällen bis hin zur Bespitzelung für die Stasi).

Auf die Gründung der DEFA folgte eine erste Phase von Filmklassikern, bei der einige Regisseure und Autoren versuchten, auf Traditionen des Weimarer Kinos zurückzugreifen und gleichzeitig die politische und soziale Situation der Zeit zu behandeln. Der erste Spielfilm nach Kriegsende war Wolfgang Staudtes *Die Mörder sind unter uns* (1946). Mit expressiven Lichteffekten und einer offenen Auseinandersetzung mit der direkten Nazi-Vergangenheit begründete er die Tradition des antifaschistischen Films der DEFA, in der einige der wichtigsten deutschen Nachkriegsfilme entstanden. Altregisseur Gerhard Lamprecht knüpfte mit dem Trümmerfilm *Irgendwo in Berlin* (1946) an seinen Erfolg mit dem Jugendfilm *Emil und die Detektive* (1931) an. *Freies Land* (1946) von Milo Harbich griff mit seinem Eintreten für die Landreform auch formal Vorbilder des frühen sowjetischen Kinos auf.

Bei Kurt Maetzigs *Ehe im Schatten* (1948), mit mehr als zehn Millionen Zuschauern in allen vier Besatzungszonen einer der erfolgreichsten deutschen Filme aller Zeiten und mit einem Bambi ausgezeichnet, zeigte sich ein Dilemma des frühen DEFA-Films: Wie konnte man sich mit neuen Stoffen beschäftigen, ohne zugleich das Publikum mit seinen an der Nazi-Produktion «geschulten» Sehgewohnheiten zu verschrecken? Außerdem mußte man ja auch weitgehend die Kameraleute und Musiker beschäftigen, die jahrelang andere Inhaltsmuster gestaltet hatten. Bei *Ehe im Schatten* trat dies besonders deutlich zutage: Komponist dieses Films, in dem ein Schauspielerehepaar angesichts der Judenverfolgung durch die Nazis in den Selbstmord geht, war derselbe Wolfgang Zeller, der auch die Musik zu Veit Harlans antisemitischem Hetzfilm *Jud Süß* geschrieben hatte.

Einige DEFA-Filme behandelten die Probleme der Gegenwart auch in der historischen Perspektive, so Erich Engels *Affaire Blum* (1948), der einen authentischen Fall aus der Weimarer Republik behandelte, bei dem ein jüdischer Fabrikant unschuldig für einen Mord verfolgt wurde, den ein Nazi begangen hatte. Maetzigs *Die Buntkarierten* und Staudtes *Rotation* (beide 1948/49) behandelten die deutsche

Fritz Rasp in *Irgendwo in Berlin* von Gerhard Lamprecht (1946): einer der ersten Trümmerfilme, der realistisch die Verhältnisse der damaligen Zeit schildert. *(CineGraph Hamburg)*

Geschichte der ersten Hälfte des zwanzigsten Jahrhunderts einmal aus der Perspektive von Arbeiterfamilien und setzten so einen Gegenakzent zum vorherrschenden bürgerlichen Geschichtsbild. Ähnlich wirkte Staudtes Verfilmung von Heinrich Manns Satire *Der Untertan* (1951), deren Aufführung in Westdeutschland jahrelang verboten war. Den Schlußpunkt dieser fruchtbaren Phase bezeichnet Falk Harnacks *Das Beil von Wandsbek* (1950/51) nach dem Exilroman von Arnold Zweig, der nach einer für die kulturpolitische Entwicklung der DDR wichtigen Auseinandersetzung verboten wurde, weil Erwin Geschonneck, der große Star des DEFA-Films, dem Schlachter und Nazi-Henker allzu menschliche Züge verliehen hatte. Das paßte nicht mehr in die nach der Staatsgründung einsetzende Stalinisierung der Kultur unter dem Banner des «sozialistischen Realismus».

Das berühmteste Beispiel für diese Tendenz der fünfziger Jahre ist Maetzigs Zweiteiler *Ernst Thälmann – Sohn seiner Klasse / Führer seiner Klasse* (1953–55), das parteiliche Porträt des Kommunistenführers der zwanziger und dreißiger Jahre in Form einer Reihe proletarischer Heiligenbildchen. Neben Verfilmungen des «klassischen deutschen Erbes» wie *Die Geschichte des kleinen Muck* (1953, Staudte) oder *Emilia Galotti* (1957), *Die schwarze Galeere* (1961/62) und *Minna von Barnhelm* (1962) von Martin Hellberg sollten internationale Co-Produktionen – vor allem mit Frankreich: Gérard Philipes *Die Abenteuer des Till Ulenspiegel* (1956) oder *Die Hexen von Salem* (1957) mit Simone Signoret und Yves Montand – für das Renommee der DEFA sorgen.

Es meldeten sich auch die ersten Vertreter einer neuen Regisseurs-Generation zu Worte. Konrad Wolf, der als junger Offizier der Roten Armee aus der Emigration zurückgekehrt war, gab – nach einem Studium am VGIK in Moskau – mit seinen Filmen und als Präsident der Akademie der Künste (ab 1965) wiederholt wichtige künstlerische und thematische Anstöße: *Sonnensucher* (1957/58) bot ein krasses Porträt aus der Frühzeit der DDR und kam erst mit fünfzehnjähriger Verspätung an die Öffentlichkeit, *Der geteilte Himmel* (1963/64) behandelte – nach dem Roman von Christa Wolf – die deutsche Teilung und löste mit seiner ungewöhnlichen Bildgestaltung eine heftige Debatte über «Volksverbundenheit» und «Formalismus» aus. Frank Beyer, der in Prag studiert hatte, orientierte sich an Filmen der tschechoslowakischen und polnischen Neuen Welle und drehte mit *Königskinder* (1961/62) eine ungewöhnliche Liebesgeschichte vor dem Hintergrund des Zweiten Weltkriegs. Regisseur Gerhard Klein und Autor Wolfgang Kohlhaase drehten eine Serie von populären Berlin-Filmen – darunter *Alarm im Zirkus* (1953/54), *Berlin – Ecke Schönhauser* (1957) –, die, orientiert am Neorealismus, alltägliche Geschichten aus der geteilten Stadt erzählten.

Während so in Ostdeutschland im Rahmen einer festen Studio-Struktur – bei allen Nachteilen der politischen Bevormundung und unter weitgehendem Ausschluß von Experimenten – einzelne Filmemacher die Chance hatten, über Jahre hinweg eine eigene Handschrift zu entwickeln und im «antifaschistischen Film» sich eine Art Genre herausbildete, war der westdeutsche Film bis weit in die sechziger Jahre hinein eher eine Art ästhetischer und ökonomischer Sumpf, auf dem einzelne Blüten trieben, die jedoch bald wieder verschlungen wurden.

Direkt nach Kriegsende betrieben die Westalliierten zunächst eine sehr viel strengere Politik gegenüber deutschen Filmschaffenden. Lizenzen wurden zögernd und erst nach «Entnazifizierung» erteilt. Erich Pommer, als oberster Filmoffizier der amerikanischen Besatzungsbehörde OMGUS zurückgekehrt, geriet mit seinen Plänen zum Neuaufbau einer eigenen deutschen Filmwirtschaft bald zwischen die Fronten. Während die amerikanische Filmindustrie von ihm erwartete, ihr den Zugang zum deutschen Markt zu bereiten, sahen ihn deutsche Filmschaffende als Aufseher und Vollstrecker ausländischer Interessen. 1949 versuchte er noch einmal, sich als internationaler Produzent zwischen München-Geiselgasteig und Hollywood zu etablieren, indem er Altstars (Hans Albers) mit neuen Hoffnungen (Hildegard Knef) zusammenbrachte. Nach dem Scheitern des Antikriegs-Films *Kinder, Mütter und ein General* (1956) zog er sich resigniert nach Hollywood zurück.

Einzelne Ansätze, sich – ähnlich wie bei der DEFA – inhaltlich und künstlerisch mit der «jüngsten Vergangenheit» kritisch auseinanderzusetzen, wurden bald wieder aufgegeben: Helmut Käutners *In jenen Tagen*, 1947 in Hamburg (britische Zone), oder Harald Brauns *Zwischen gestern und morgen*, 1947 in München (US-

Zone) gedreht, blieben Ausnahmen. Im Kino liefen neben amerikanischen Filmen Überläufer, also Filme, die im letzten Jahr der Nazi-Herrschaft produziert worden waren, aber erst nach Kriegsende gezeigt oder fertiggestellt werden konnten. Ab Ende der vierziger Jahre tummelte sich wieder das alte Personal auf altgewohnte Weise, oft in Neuaufgüssen von Erfolgen der Dreißiger: Wolfgang Liebeneiner ab 1948 (*Liebe 47*, nach Wolfgang Borcherts «Draußen vor der Tür»), Gustav Ucicky zunächst in Wien, ab 1952 in der BRD, Veit Harlan – nach einigen aufsehenerregenden Prozessen «rehabilitiert» – ab 1950 regelmäßig bis 1958.

Mit *Schwarzwaldmädel* (1950) und *Grün ist die Heide* (1951; auch 1932, Hans Behrendt; 1972, Harald Reinl) machte Hans Deppe den Anfang mit dem beliebten Heimatfilm der fünfziger Jahre. *Die Dritte von rechts* (1950, Geza von Cziffra) war der Kassenschlager des Jahres 1950 und ließ den Revuefilm wiederauferstehen, wo sich bald auch das Team Marika Rökk/Georg Jacoby wieder tummelte (*Die Czardasfürstin*, 1951; *Bühne frei für Marika*, 1958). Mitte der fünfziger Jahre unterstützten Heldenbilder aus dem Zweiten deutschen Krieg (*Der Stern von Afrika*, 1956/57; *U 47 – Kapitänleutnant Prien*, 1958) die Wiederaufrüstung. Genre-Serien aus zweiter Hand wie die Edgar-Wallace-Thriller oder die Karl-May-Western führten schließlich erfolgreich in die Sechziger, wo sie sich mit Lümmel- und Pauker-Lustspielen zunächst gegen das Aufmucken der «Jungfilmer» behaupteten.

Ökonomisch bewegte man sich auf schwankendem Grund. Firmen zerbrachen nach kurzer Zeit wegen mangelnder Finanzbasis und ausbleibender Staatsbürgschaften. Nur einige neue Produzenten konnten sich über längere Zeit halten und regelmäßig arbeiten: Artur Brauner mit seinen CCC-Firmen in Berlin-Spandau wagte zwischen viel gängiger Unterhaltungsware ab und zu einmal ein Experiment, konzentrierte sich ab den sechziger Jahren meist auf internationale Serienprodukte. Auch die Real-Film (Walter Koppel, Gyula Trebitsch) im Studio Hamburg schob in ihre Produktionspläne bisweilen kritische Auseinandersetzungen mit Gegenwart und Vergangenheit: so zum Beispiel *Des Teufels General* (1954/55) und *Der Hauptmann von Köpenick* (1956) – beide unter der Regie von Helmut Käutner, der in diesen Jahren als Spitzenregisseur galt und vielfach ausgezeichnet wurde. Die Filmaufbau in Göttingen (Hans Abich, Rolf Thiele) stützte sich auf das gekonnte Handwerk Kurt Hoffmanns (*Bekenntnisse des Hochstaplers Felix Krull*, 1957; *Wir Wunderkinder*, 1958) oder den Erfolg von Alfred Weidenmanns *Buddenbrooks* (1959), wagte 1954/55 mit Herbert Veselys *nicht mehr fliehen* ein außergewöhnliches Experiment, endete in den sechziger Jahren jedoch wie viele als Produzent für das aufkommende Fernsehen.

Der Versuch emigrierter Filmemacher, sich in Deutschland wieder zu etablieren, hatte nur bescheidenen Erfolg. Fritz Kortner stieß in *Der Ruf* (1948/49, Josef von Baky) als vertriebener jüdischer Professor auch im Nachkriegsdeutschland auf antisemitische Tendenzen. Peter Lorres pessimistischer und düsterer Regie-Versuch *Der*

Verlorene (1951), vom ebenfalls remigrierten Arnold Pressburger produziert, wurde von Verleihern und Publikum abgelehnt. Dagegen betrieb Robert Siodmaks *Nachts, wenn der Teufel kam* (1957) die Auseinandersetzung mit der Nazi-Zeit in Form eines Thrillers des Film Noir und wurde mit Preisen überschüttet. Max Ophüls scheiterte mit der deutsch-französischen Co-Produktion *Lola Montez* (1955), dem melancholischen Historienbild in der Form einer Zirkusshow, am Desinteresse des Publikums.

Die französischen Leinwände wurden in den Fünfzigern von dem beherrscht, was der junge Filmkritiker François Truffaut das «cinéma du papa» nannte, ein übertrieben literarischer und – wie Truffaut meinte – lächerlicher Stil; doch die Nouvelle Vague stand vor der Tür, und zumindest drei unabhängige, gegensätzliche Auteurs – Jean Cocteau, der Dichter; Jacques Tati, der Komödiant; und Robert Bresson, der asketische Ästhet – produzierten interessante Werke. Cocteau beendete 1950 seinen *Orphée* und ein Jahrzehnt später sein *Le Testament d'Orphée.* Tati inszenierte und spielte in *Les Vacances de Monsieur Hulot* (1953) und *Mon Oncle* (1958). Bresson, ein sorgfältiger Handwerker, drehte *Le Journal d'un curé de campagne* (1950), *Un condamné à mort s'est échappé ou le vent souffle ou il veut* (1953) und *Pickpocket* (1959).

Etwa zur gleichen Zeit kehrte Max Ophüls, dessen Karriere Anfang der dreißiger Jahre in Deutschland begonnen hatte und ihn dann über Frankreich und Italien nach Hollywood führte, nach Frankreich zurück, wo er drei sehr einflußreiche Filme drehte: *La Ronde* (1950), *Madame de...* (1953) und *Lola Montez* (1955). Ophüls ist vor allem wegen dieser ironischen Liebesgeschichten berühmt und für seine langen, flüssigen, aufheiternden Kamerafahrten, die das Kennzeichen seines Stils waren.

Die Bewegung der Filmkunst fort von kollektiv produzierten Genres und hin zu einer persönlichen Kunst erreichte Mitte der fünfziger Jahre ihren Höhepunkt, als zwei vollkommen eigenartige Filmemacher ein Stadium der Mündigkeit erlangten: Ingmar Bergman und Federico Fellini. Diese beiden dominierten gemeinsam mit Alfred Hitchcock, dessen Filme der fünfziger Jahre den Höhepunkt seiner Karriere darstellen, die Filmästhetik der späten Fünfziger und bereiteten den Weg für das «cinéma d'auteur», das in den Sechzigern eher die Regel denn die Ausnahme bildete. Interessanterweise behandeln alle drei in gewisser Weise Beklemmungen, die auch die populären Genres jener Zeit prägten und die der Dichter W. H. Auden zur beherrschenden Emotion jener Epoche erklärte.

Bei Bergman drückt sich die «angst» in psychoanalytischen und religiösen Begriffen aus; bei Hitchcock ist die «anxiety» eine Art stilisierter Paranoia im alltäglichen Leben; bei Fellini war «angoscia» ebenso ein soziales Problem wie ein persönliches.

Bergman begann Mitte der vierziger Jahre, Filme zu machen, doch erst mit *Sommarnattens leende* (1955), *Det sjunde inseglet* (1956), *Smultronstället* (1957) und *Jungfrukällan* (1959) erlangte er Weltruhm. Besonders *Det sjunde inseglet* trug dazu bei. Sein Symbolismus war sofort verständlich für Leute, die, an Literatur geübt, ge-

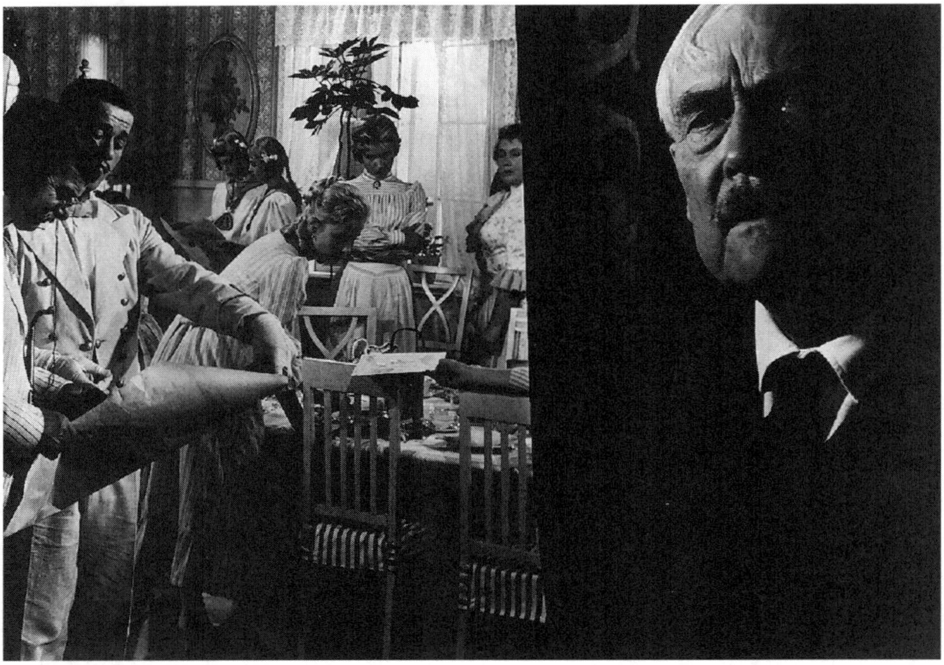

Victor Sjöström söhnt sich in Ingmar Bergmans *Smultronstället* (1958) mit seiner Vergangenheit aus. Sjöström, einer der Väter des schwedischen Kinos, krönte mit diesem Film seine Karriere. Nicht zufällig wählte Bergman einen anderen Regisseur für die zentrale Rolle des Professors Isak Borg, denn *Smultronstället* markiert auch einen wichtigen Schritt in Bergmans eigener Auseinandersetzung mit seiner Vergangenheit.

rade dabei waren, den Film als «Kunst» zu entdecken, und dieser Film wurde bald zum Thema für literaturwissenschaftliche Seminare. *Det sjunde inseglet* beruht auf einem Theaterstück Bergmans; Hauptdarsteller war Max von Sydow, der in den Sechzigern Mittelpunkt von Bergmans außerordentlicher Truppe von Schauspielern wurde. Antonius Blok, ein Ritter, hat während seiner Rückkehr von den Kreuzzügen mehrere Begegnungen mit dem Tod. Schweden wird durch die Pest verwüstet. Parallel zu jeder realen Bewegung – mit einer Truppe Wanderschauspieler, einer Hexenverbrennung, flagellierenden Bauern – findet ein symbolisches Treffen mit der schwarz verhüllten Figur des Todes statt, mit dem Blok Schach um Leben und Tod spielt. Krasse schwarzweiße Bilder vermitteln die mittelalterliche Stimmung des Films, verstärkt noch durch Bergmans optische und dramatische Anspielungen auf Malerei und Literatur des Mittelalters. Im Gegensatz zum Hollywood-«Kino» war sich *Det sjunde inseglet* eindeutig einer elitären künstlerischen Kultur bewußt und wurde deshalb sofort vom intellektuellen Publikum geschätzt.

Federico Fellini kam während der neorealistischen Periode Ende der Vierziger zum Film. Er drehte seinen ersten Film im Jahre 1950. *La Strada* (1954) hatte fast die

Wie Bergmans Filme der gleichen Epoche reflektieren die Federico Fellinis vor allem die Selbsterforschung des Regisseurs. *8e½* (1962) untersucht das existentielle Dilemma des Filmregisseurs Guido (Marcello Mastroianni), der Fellini nicht unähnlich ist. Der Film beginnt in einem Kurbad, wo die fast mythische Claudia Cardinale Guido das reinigende Wasser reicht. Es ist ein Bild der Unschuld, das ständig in Fellinis Filmen auftaucht. *(L'Avant-Scène. Standvergrößerung)*

La Dolce Vita (1959) endet mit diesem Bild der unerreichbaren Unschuld. Am Strand gelingt es dem Journalisten Marcello (wieder Mastroianni) nicht, mit dieser jungen Frau in Kontakt zu kommen. *(L'Avant-Scène. Standvergrößerung)*

Fellini war während der ganzen fünfziger Jahre von diesem Bildkomplex (und der dadurch repräsentierten Emotionen) besessen. In *La Strada* (1954) und *Le notti di Cabiria* (1956) baute er ganze Filme darum herum; seine Frau Giulietta Masina übernahm die Personifizierung. Masina hier als Gelsomina in *La Strada*. *(L'Avant-Scène. Standvergrößerung)*

gleiche Wirkung auf den Welt-Film wie *Det sjunde inseglet* einige Jahre später. Auch *Le notti di Cabiria* (1956) wurde positiv aufgenommen, während *La Dolce Vita* (1959) den Beginn einer neuen Epoche der Filmgeschichte markierte. Ein ausladendes, dreistündiges Breitwandfresko über das Leben der römischen Oberklasse gegen Ende der fünfziger Jahre, ist *La Dolce Vita* ein ironisches Gegenstück zu *Roma, città aperta*. Fellinis Film entwickelt die Form eines peripatetischen Renaissance-Epos, indem es eine Reihe von Tableaus und Aventiuren aneinanderreiht, die durch

Ende der fünfziger Jahre waren Herausforderung und Großartigkeit der weiten Landschaften des Western zum paranoiden Alptraum geworden. Hier in Hitchcocks *North by Northwest* (1959) rennt Roger Thornhill (Cary Grant), ein Werbe-Mann im grauen Flanell, um sein Leben durch einsame Maisfelder des Mittleren Westens, gejagt von einem gesichtslosen Mörder im Schädlingsbekämpfungs-Flugzeug.

die Figur des Klatschkolumnisten Marcello (Marcello Mastroianni) verbunden werden. Das «süße Leben» ist leer und bedeutungslos, doch der Film, der es schildert, ist ein reicher und ironischer Bildteppich über Verhaltensweisen und Moral. Fellini nahm die Stimmung der «swinging sixties» voraus, und der Film war auch außerhalb Italiens ein großer Erfolg, sogar in den USA.

Alfred Hitchcock, eine Generation älter als Bergman und Fellini, blieb der einzige Regisseur, der völlig innerhalb des Genre- und Fabrik-Systems außerordentlich persönliche Filme schuf. Er machte genaugenommen nicht eine, sondern vier Karrieren (im Stummfilm, im Tonfilm in England, im Hollywood der Vierziger und seit 1952 im Farbfilm), von denen jede einzelne ihm einen Platz in der Filmgeschichte sichern würde. Seine wahrscheinlich repräsentativsten (und viele seiner besten) Filme entstammen den Fünfzigern, jener Periode, in der er wohl als einziger Regisseur nahezu allen Kinogängern in Amerika namentlich bekannt war. Mit *Rear Window* (1953), *Vertigo* (1958) und *North by Northwest* (1959) konstruierte er drei Meisterwerke der Angst – der Wahrnehmungspsychose, der psychosexuellen beziehungsweise der psychopolitischen.

Besonders *North by Northwest* erwies sich als prophetisch: Er ist ein Symbol für das Amerika der sechziger und siebziger Jahre. Roger O. Thornhill (Cary Grant) wird eines Nachmittags mit einem mysteriösen Mr. Kaplan verwechselt und von fremden Agenten quer durch den größten Teil der USA gehetzt – Richtung Nordnordwest. Kaplan, so stellt sich heraus, ist die Erfindung einer Behörde – Hitchcock deutete stark auf den CIA hin (siehe Abbildung Seite 225) –, die recht glücklich ist, eine reale Verkörperung ihrer Fiktion gefunden zu haben. Der Film endet mit einer spektakulären Jagd quer über die steinernen Präsidentenköpfe am Mount Rushmore. Während Grant um sein Leben rennt, starren die nationalen Monumente ungerührt und blind vor sich hin. *North by Northwest*, nach einem Drehbuch von Ernest Lehman, ist ein unterhaltsamer und geistreicher, mitreißend inszenierter Thriller, der ein Jahrzehnt nach seiner Premiere neue Bedeutungsebenen erhielt, als die Spannungen zwischen dem amerikanischen Volk und seiner Administration aufbrachen.

Diese Periode, in der sich der Film als Kunst weltweit etablierte, endete mit einem Höhepunkt. Das Jahr 1959 – plus/minus sechs Monate – war ein «annus mirabilis»: Es sah eine außerordentliche Anhäufung von blühenden Talenten. In Frankreich machten Truffaut, Godard, Chabrol, Rohmer, Rivette und Resnais ihren ersten Film – die Nouvelle Vague war da. In Italien beschritt Fellini mit *La Dolce Vita* neue Wege, ebenso Michelangelo Antonioni mit *L'Avventura.* In England wandten sich die «zornigen jungen Männer» des Theaters der Filmproduktion zu. In Amerika etablierte sich mit dem Anlaufen von John Cassavetes' *Shadows* das persönliche unabhängige Kino.

Die Nouvelle Vague und das neue Kino: Kommunikation vor Unterhaltung

Die Neue Welle in Frankreich signalisierte ein deutlich anderes Verhältnis zum Film. Nach der Einführung des Tonfilms geboren, besaßen die Filmemacher der Nouvelle Vague ein Gefühl für die Kultur und Tradition des Films; ihre Filme vermittelten dieses Gefühl. Claude Chabrol, François Truffaut, Jean-Luc Godard, Eric Rohmer und Jacques Rivette hatten während der fünfziger Jahre alle für die *Cahiers du Cinéma* geschrieben und standen unter dem Einfluß der Theorien von André Bazin. Louis Malle und Alain Resnais begannen zwar nicht als Kritiker, gingen aber von einem ähnlichen Ansatz aus.

Truffauts frühe Klassiker *Les Quatre cent coups* (1959), *Tirez sur le pianiste* (1961) und *Jules et Jim* (1962) waren die ersten großen Publikumserfolge der Gruppe. In diesen drei so unterschiedlichen Filmen zeigte er eine solche Virtuosität, Humanität und Gefühlstiefe, daß er schnell in aller Welt die Zuschauer für sich gewann. Nach dieser frühen Periode zog sich Truffaut auf abstraktere Anliegen zurück und begann mit einer Serie von Genre-Studien: *La Peau douce* (1964), *Fahrenheit 451* (1966) und *La Sirène du Mississippi* (1969) versuchten, wie er es ausdrückte, die Genres durch Kombination aufzubrechen. Es war eine Art Kino, die fast darauf besteht, daß der Zuschauer mit dem Filmemacher eine bestimmte Auffassung über vergangene Formen und Konventionen teilt. Die Geschichte seines Alter ego Antoine Doinel (durchgängig von Jean-Pierre Léaud gespielt), die mit *Les Quatre cent coups* begann, entspann sich in den folgenden zwanzig Jahren über vier weitere Filme, in denen Truffaut der Figur bis ins mittlere Alter folgte. Einer der Filme, *Baisers volés* (1968), war eine romantische Ikone der sechziger Jahre. In den Siebzigern wandte sich Truffaut introvertierteren Genrestudien zu. Zwei Filme ragen heraus: *L'Enfant sauvage* (1969), worin er Sprache und Liebe untersucht, und *La Nuit américaine* (1973), sein Hohelied auf seine eigene Liebe und Sprache: Cinéma. 1984 erlag Truffaut im amerikanischen Krankenhaus von Neuilly einem Gehirntumor.

Wie sein Freund Truffaut begann auch Godard mit einer Reihe persönlicher Varianten von Genre-Filmen: Gangsterfilm (*À bout de souffle*, 1960), Musical (*Une Femme est une femme*, 1961), Film Noir (*Le Petit soldat*, 1960; *Vivre sa vie*, 1962) – so-

Charles Aznavour als Charlie Kohler in Truffauts *Tirez sur le pianiste* (1961), einem Essay über Genres. Wie die meisten Regisseure der Nouvelle Vague war Truffaut vom amerikanischen Kino fasziniert. Er verschmolz Elemente von Film Noir, Western und Gangsterfilm mit einer typisch französischen philosophischen Haltung. So gelang ihm eine anregende Vermischung der Kulturen.

gar ein Hollywood-Melodram mit Starbesetzung (*Le Mépris*, 1963). Sein erster Film *À bout de souffle* war eine erfrischend bilderstürmerische Studie, die ihn sofort als eines der innovativsten und intelligentesten Mitglieder der neuen Filmemacher-Generation kennzeichnete. Godard ignorierte die etablierten Konventionen der Handlungsführung, an die sich selbst so persönliche Filmemacher wie Bergman und Fellini mehr oder weniger hielten; er arbeitete gleichzeitig auf mehreren Ebenen. *À bout de souffle* war ein Gangsterfilm und zugleich ein Essay *über* den Gangsterfilm.

Michel Poiccard, gespielt von Jean-Paul Belmondo, tötet einen Polizisten, trifft ein amerikanisches Mädchen namens Patricia (Jean Seberg), treibt sich eine Weile in Paris herum, entkommt der Polizei, wird schließlich von Patricia verraten und niedergeschossen. Poiccard ist fasziniert vom Bild Humphrey Bogarts, so wie er es aus alten Hollywood-Filmen kennt. Er erfindet ein Pseudonym für sich. Er ist weniger ein Gangster als vielmehr ein junger Mann, der die Rolle eines Gangsters spielt, wie er es in amerikanischen Filmen gelernt hat. Patricia andererseits wird optisch von Godard mit einer Anzahl künstlerischer Frauenbilder verglichen, vor allem jenen Picassos. Sie spielt weniger eine Rolle – die «Gangsterbraut» –, sie ist vielmehr wie die Porträts im Film das ästhetische Bild einer Frau. Selbst Michels Tod am Ende des Films wird verfremdet gespielt: Michel versucht, so heroisch wie im Kino zu sterben, während Patricia in ihrer emotionalen Isolation verharrt, ohne jemals die dramatischen Entwicklungen der Ereignisse völlig zu durchschauen.

Im Laufe seiner Karriere wandte sich Godard immer mehr der Form des Filmessays zu, gab schließlich den fiktionalen Handlungszusammenhang völlig auf. In einer außerordentlichen Serie von Filmen in der zweiten Hälfte der sechziger Jahre entwickelte er eine Art des Filmemachens, die in aller Welt Einfluß ausübte – *Une Femme mariée* (1964), *Alphaville, Pierrot le fou* (beide 1965), *Masculin–féminin, Deux ou trois choses que je sais d'elle* (beide 1966), *La Chinoise* (1967) und *Week-end* (1968) erforschten gewissenhaft und heiter den Film als persönlichen Essay.

In diesen Filmen baute Godard eine direkte Kommunikation zum Zuschauer auf, benutzte Genre-Regeln zu seinen eigenen Zwecken und mied die Ablenkungen des gut gemachten, mitreißenden dramatischen Erlebnisses. Ende der Sechziger zog sich Godard auf eine noch persönlichere Form des politischen Kinos zurück; eingebettet in die «Groupe Dziga Vertov», drehte er eine Reihe Filme, die keinen Anspruch darauf erhoben, fertige Produkte zu sein, sondern eindeutig als «work in progress» gedacht waren. Am Ende dieser Periode filmischer Kontemplation stand *Tout va bien* (1972). Danach wandte Godard seine Aufmerksamkeit dem Video zu, bevor er 1980 mit *Sauve qui peut (La Vie)* zum Spielfilm zurückkehrte. Der Film markierte den Anfang einer Serie von Reprisen wie *Prénom: Carmen* (1983, Frau als Held), *Détective* (1985, der Genrefilm), *Je vous salue Marie* (1985, Godard wieder als Enfant terrible) und *Nouvelle vague* (1990, ein Essay über Kino).

Die amerikanische und die französische Kultur trafen sich in der Nouvelle Vague zuerst auf den Champs Élysées in *À bout de souffle* (1960). Michel Poiccard (Jean-Paul Belmondo), ein Anhänger Bogarts und des Gangster-Mythos, verliebt sich in das Zeitungsmädchen Patricia Franchini (Jean Seberg), das Musterbild einer Amerikanerin in Paris, Anfang der Sechziger. *(L'Avant-Scène. Standvergrößerung)*

Im Gegensatz zu Truffaut und Godard beschränkte Claude Chabrol sein Interesse auf ein einziges Genre. Stark von Hitchcock beeinflußt, über den er zusammen mit Eric Rohmer ein Buch verfaßt hatte, transponierte Chabrol das Hitchcocksche Universum in französische Ausdrucksweisen und drehte seit Ende der Sechziger eine ausgezeichnete Serie parodistischer Thriller, die das Wertesystem der Bourgeoisie zugleich einer beißenden Satire unterzogen und es feierten; darunter besonders *Les Biches* (1968), *La Femme infidèle* (1969), *Le Boucher* (1970), *Juste avant la nuit* (1971) und *Les Noces rouges* (1972). Nach einer eher schwachen Periode kehrte Chabrol Mitte der achtziger Jahre mit neuen Erkundungen des Genres zur Form zurück, darunter *Poulet au vinaigre* (1985) und *Une affaire des femmes* (1988).

Eric Rohmer brachte in das Kino das Vertrautsein mit der literarischen Tradition ein. Seine «Contes moraux» – darunter *La Collectionneuse* (1969), *Ma nuit chez Maud* (1968), *Le Genou de Claire* (1970) und *L'Amour, l'après-midi* (1972) – demonstrierte, wieviel vom literarischen Vergnügen an Narration, Konstruktion und rationaler Analyse in das Medium Film abzuleiten war. In den achtziger Jahren begann Rohmer eine neue Serie, die er «Komödien und Sprichwörter» nannte; sie handelt von eigenwilligen Existenzen, die alle ihren Dreh zum Überleben finden.

Während Rohmers Filme vom Roman beeinflußt waren, so waren die Jacques Rivettes der Bühne verpflichtet. Rivette, der als letzter der *Cahiers*-Gruppe bekannt wurde, war besessen von den Strukturen der dramatischen Erzählung. In *L'Amour fou* (1968), *Out One Spectre* (1971), *Céline et Julie vont en bateau* (1973) und schließlich *La Bande des quatre* (1989) erforschte er die Phänomene der Dauer und der psychologischen Intensität, die unsere Phantasiewelt prägen.

Alain Resnais übertrug etwas von der avantgardistischen Komplexität des Nouveau Roman in seine Filme. Er arbeitete immer eng mit Romanciers zusammen (von denen sich einige – Alain Robbe-Grillet und Marguerite Duras zum Beispiel – später selbst dem Filmemachen zuwandten); mit erstaunlichstem Erfolg erkundete Resnais die Funktion von Zeit und Erinnerung im Handlungsaufbau mit Filmen wie *Nuit et bruillard* (1956, Nazi-KZs), *Hiroshima, mon amour* (1959, die Atombombe), *L'Année dernière à Marienbad* (1962, Erinnerung als ästhetische Abstraktion), *La Guerre est finie* (1965, die Linke arrangiert sich mit der Geschichte) und *Je t'aime, je t'aime* (1968, die Melodie der Zeit).

Louis Malle, der wie Resnais als Techniker ausgebildet war, erwies sich als der größte Eklektiker der Nouvelle Vague: *Les Amants* (1958) war ein höchst romantisches Drama, *Zazie dans le Métro* (1960) eine Screwball-Komödie, *L'Inde fantôme* (1969) ein eigenartiger Dokumentarfilm und *Lacombe Lucien* (1973) einer der besten aus einer damals aktuellen Reihe von Filmen über Frankreich unter der Nazi-Okkupation. Malle ging in den siebziger Jahren in die USA. *My Dinner with André* (1981) wurde in den Achtzigern einer der seltenen Kunstfilme, die bei einem breiteren Publikum ankamen. Mit *Au revoir, les enfants* (1987), ganz persönlichen Erinnerungen an die Nazizeit, gelang ihm ein weiterer Publikumserfolg.

Agnès Varda brachte ein Gefühl für das Dokumentarische in die Nouvelle Vague ein. Ihr Film *Cléo de cinq à sept* (1961) war ein Prüfstein der frühen Nouvelle Vague. *Le Bonheur* (1965) ist immer noch eines der interessantesten Experimente mit Farbe vor 1968 und ein ungewöhnlicher romantischer Essay. *Daguerréotypes* (1975) war eine geistreiche und einfühlsame Hommage an Vardas Nachbarn in der Rue Daguerre. Mit *Sans toi ni loi* (1985) erzielte sie ihren größten Erfolg.

Die Nouvelle Vague war vom Hollywood-Kino fasziniert gewesen, doch in den Sechzigern geschah in Amerika kaum etwas Interessantes. Hitchcock arbeitete weiter: Seine Filme *Psycho* (1960), *The Birds* (1963), *Marnie* (1964) und *Topaz* (1969) waren interessant, doch nicht so bedeutend wie seine Meisterwerke der fünfziger Jahre. Hawks und Ford lieferten nur kleinere Beiträge. George Axelrod (*How to Murder Your Wife*, 1965) und Blake Edwards (*The Pink Panther*, 1964) haben den Motor der Komik, der die amerikanische Kultur antreibt, wieder zum Laufen gebracht. Edwards zeichnete auch für zwei der romantischsten Klassiker des Jahrzehnts (*Breakfast at Tiffany's*, 1961; *Days of Wine and Roses*, 1962) verantwortlich. Ihm gelangen in

Olga Georges-Picot und Claude Rich in Alain Resnais' *Je t'aime, je t'aime* (1968), einer von Resnais' komplexesten Studien über Zeit und Erinnerung. Resnais benutzt die Fiktion einer Reise vermittels Zeitmaschine, um mit der Wiederholung von Szenen und der Zerstückelung des Handlungsablaufs zu experimentieren. Das Ergebnis kommt der Musik so nahe, wie es ein Film vermag. (*French Film Office*)

den siebziger und achtziger Jahren einige Hits, die sich den widerwilligen Respekt der Kritik erwarben, besonders *S. O. B.* (1981), seine Abrechnung mit Hollywood.

Allgemein waren die Sechziger jedoch Übergangsjahre für das amerikanische Kino. Künstlerisch fanden die interessantesten Entwicklungen im «Underground» statt, wo eine starke Avantgarde-Tradition Früchte trug in den Filmen von Kenneth Anger, Ron Rice, Bruce Baillie, Robert Breer, Stan Vanderbeek, Stan Brakhage, Gregory Markopoulos, Ed Emshwiller, Jonas und Adolfas Mekas, James und John Whitney, Jordan Belson und vielen anderen. «Overground» produzierte Andy Warhols «Factory» eine Reihe kommerziell erfolgreicher «Underground»-Filme.

Hollywood spürte den ersten Ansturm der Fernseh-Ästhetik, als eine Anzahl Regisseure vom Fernsehen zum Film wechselten. Zu den bekanntesten zählten Arthur Penn (*Bonnie and Clyde*, 1967; *Alice's Restaurant*, 1969; *Little Big Man*, 1970; *Night Moves*, 1976), Sidney Lumet (*The Group*, 1966; *Dog Day Afternoon*, 1975; *Network*, 1976; *Just Tell Me What You Want*, 1980), John Frankenheimer (*The Manchurian Candidate* 1962), Martin Ritt (*Hud*, 1963; *Sounder*, 1972; *The Front*, 1976; *Norma Rae*, 1979) und Franklin Schaffner (*The Best Man*, 1964; *Patton* 1969). Lumet ragt aus dieser Gruppe heraus; in den Achtzigern lieferte er weiterhin eine bunte Mischung von Arbeiten (*Prince of the City*, 1981; *Q&A*, 1990).

Audrey Hepburn als Holly Golightly feiert in *Breakfast at Tiffany's*, Blake Edwards' romantischem Klassiker aus den frühen Sechzigern. Als romantische Ikone der Fünfziger und Sechziger war Hepburn ohne Konkurrenz.

Die vielleicht schwerwiegendste Entwicklung in den USA war nicht im Kino, sondern auf dem Bildschirm zu sehen. Die Vervollkommnung der leicht handhabbaren 16mm-Ausrüstung um 1960 ermöglichte einen neuen Dokumentarstil, der sich so vorteilhaft vom traditionellen, stark arrangierten, oft halbfiktionalen Stil unterschied, daß er einen eigenen Namen verdiente: «direct cinema». Filmemacher wurden zu Reportern mit nahezu der gleichen Beweglichkeit wie Zeitungsjournalisten, und das Fernsehen war ihr Medium. Robert Drew leitete eine Gruppe – die Drew Associates –, die eine Anzahl wichtiger Filme fürs Fernsehen produzierte. Mit ihm arbeiteten Richard Leacock und Donn Pennebaker sowie Albert und David Maysles zusammen, die alle zu führenden Köpfen dieser Bewegung werden sollten. *Primary* (1960) war der erste wichtige Film des Direct Cinema. Pennebakers *Don't Look Back* (1966) war ein Porträt Bob Dylans. Die Gebrüder Maysles verwandten die Technik in einer Reihe von Filmen für das Kino, die sie «nonfiction features» nannten, darunter *Salesman* (1969), *Gimme Shelter* (1970, über eine Tournee der Rolling Stones) und *Grey Gardens* (1975).

Die Grundregel des Direct Cinema lautete, daß der Filmemacher sich nicht einmischen darf. Die wohlformulierten Kommentare früherer Dokumentarfilme wurden vermieden. Die Kamera sah alles: Viele hundert Stunden Film wurden gedreht, um ein Gefühl für die Realität des Gegenstands festzuhalten. Frederick Wiseman, ursprünglich Rechtsanwalt, vervollkommnete diese Technik in einer erfolgreichen Serie von Studien über öffentliche Institutionen für das Public Television, darunter *Titicut Follies* (1967, über eine psychiatrische Anstalt), *High School* (1968), *Hospital* (1970), *Primate* (1974) und *Meat* (1976).

In Frankreich entwickelte sich während der sechziger Jahre ein ähnlicher Dokumentarstil. Er wurde «cinéma vérité» genannt und unterschied sich vom Direct Cinema dadurch, daß der Einfluß der anwesenden Kamera auf die Realität zugegeben wurde und man direkt darauf einging. *Chronique d'une été* (1960), von dem Anthropologen Jean Rouch und dem Soziologen Edgar Morin gedreht, ist das erste und immer noch klassische Beispiel des Cinéma Vérité. Da Cinéma Vérité und Direct Cinema die Grenzen des im Film Erlaubten erheblich verschoben, hatten sie einen überproportional großen Einfluß, wenn man die tatsächliche Zahl der mit diesen Stilen verbundenen Filme bedenkt.

Das traditionelle Musical wurde durch das gefilmte Konzert verdrängt, das selbst zum dramatischen Ereignis wurde. Noch wichtiger ist, daß unser Gefühl für das «Korrekte» im narrativen Film sich drastisch änderte, indem die Fülle der dokumentarischen Filme uns den Rhythmus realer Zeit einimpfte. Wir bestehen nicht mehr auf der klassischen Hollywood-Dramaturgie.

Ende der vierziger Jahre verfaßte der französische Kritiker Alexandre Astruc (vergleiche Seite 425/26) ein Manifest, in dem er ein Kino des «caméra-stylo» forderte, das ebenso flexibel und persönlich wie Literatur sein sollte. Dieser Wunsch ging weitgehend in den fünfziger Jahren in Erfüllung, als der Film sich vom Fließbandprodukt zur persönlichen Äußerung wandelte. Was er nicht voraussah, war, daß die Flexibilität des Caméra-Stylo zu einer neuen Stufe des Filmrealismus führen würde. Die neue Ausrüstung ermutigte den Filmemacher, sich mehr der ihn umgebenden Welt zuzuwenden, vor Ort zu drehen statt im Studio. Direct Cinema und Cinéma Vérité waren nur zwei Belege dieser radikalen Änderung der Haltung. Das Kino wurde zum Medium mit einem weiten Spektrum von Anwendungsmöglichkeiten.

In England gab es in den sechziger Jahren ein kurzes Aufblühen. 1958 gründete John Osborne, die Zentralfigur der damaligen Bühnenrenaissance, zusammen mit dem Regisseur Tony Richardson die Firma Woodfall Films. Der wichtigste Teil des britischen Films der Sechziger hatte enge Verbindungen mit dem lebendigen Theater jener Zeit. Tony Richardson begann mit zwei Adaptionen von Bühnenstücken John Osbornes, *Look Back in Anger* (1959) und *The Entertainer* (1960), drehte dann eine Adaption von Shelagh Delaneys *A Taste of Honey* (1961), ehe er sich Alan Sillitoes Roman *Loneliness of the Long Distance Runner* (1962) zuwandte. Richardson gewann einen Oscar für *Tom Jones* (1963), nach dem Roman von Henry Fielding aus dem achtzehnten Jahrhundert.

Frederick Wisemans *Welfare* (1975). Wisemans Filme verbinden die beharrliche, schonungslose Aufnahmetechnik des Direct Cinema mit dem juristisch geschulten Verständnis für soziale Strukturen, um die inneren Mechanismen wichtiger Institutionen zu erkunden. *(Zipporah Films)*

Karel Reisz inszenierte einen der interessanteren «Spülstein»-Filme, *Saturday Night and Sunday Morning* (1960, ebenfalls von Sillitoe verfaßt), später dann *Morgan... a Suitable Case for Treatment* (1966) und *Isadora* (1968), ehe er in die USA ging, wo er *The Gambler* (1974) und *The French Lieutenant's Woman* (1981) drehte. Zu John Schlesingers interessanteren Filmen zählen *A Kind of Loving* (1962), *Billy Liar* (1963), *Darling* (1965, Buch: Frederic Raphael) und *Sunday, Bloody Sunday* (1971, nach einem Drehbuch der Filmkritikerin Penelope Gilliatt). In den USA drehte er *Midnight Cowboy* (1969), einen der Marksteine des amerikanischen Films in den Sechzigern, und *Marathon Man* (1976) und kehrte dann für *Yanks* (1979) nach England zurück. Lindsay Anderson war wohl der ambitionierteste Regisseur dieser Gruppe: Seine Filme waren unter anderem *This Sporting Life* (1963, nach einem Roman von David Storey), *If...* (1968), *O Lucky Man* (1973), *In Celebration* (1975, nach dem Stück von Storey) und die beißende Analyse *Britannia Hospital* (1982).

Allen frühen Filmen dieser Regisseure war ein Interesse an Themen aus der Arbeiterklasse gemeinsam. Als sie reifer wurden, wandten sie sich allerdings alle vier Mittelklasseproblemen zu. Mit wenigen Ausnahmen ist in ihren späteren Filmen wenig vom Feuer ihrer Frühzeit zu spüren.

Anderson, Reisz und Richardson entstammten der Dokumentarbewegung des Free Cinema in den fünfziger Jahren. Die Dokumentarfilmschule beeinflußte noch in den Sechzigern das britische Kino. Peter Watkins' packender Film *The War Game* (1966) über die Auswirkungen des Atomkriegs erschien der BBC als zu überzeugend für eine Fernsehausstrahlung. Kevin Brownlow und Andrew Mollo dokumentierten in *It Happened Here* (1963) ebenfalls ein fiktives historisches Ereignis: die deutsche Okkupation Großbritanniens während des Zweiten Weltkriegs.

Interessanter war in den sechziger Jahren die Arbeit einiger amerikanischer Exilanten in England. Joseph Losey, in Hollywood auf der schwarzen Liste, drehte eine Anzahl mittelmäßiger Filme, doch seine Arbeiten nach Drehbüchern von Harold Pinter – *The Servant* (1963), *Accident* (1967) und *The Go-Between* (1971) – fingen die für den Stückeschreiber typische bizarre Sicht der bürgerlichen Gesellschaft ausgezeichnet ein.

Stanley Kubrick machte einige interessante kleinere Filme in den USA, ehe er sich in England niederließ. *Dr. Strangelove, or, How I Learned to Stop Worrying and Love the Bomb* (1964) ist noch heute eine herrliche Satire auf die Mentalität des kalten Kriegs, deren Bedeutung mit jedem Jahr zunimmt. *2001: A Space Odyssey* (1968) ist eine meisterhafte Verschmelzung von Filmtechnik mit wissenschaftlichen und religiösen Theorien; der Film prägte jahrzehntelang den Stil der populären und erfolgreichen Science-fiction. *A Clockwork Orange* (1976) war eine treffende Verherrlichung der Gewalt und ist wohl der klarsichtigste Film über die Zukunft, in der wir jetzt leben. *Barry Lyndon* (1976) war nicht nur eine präzise Evokation von Zeit und Ort (Europa im 18. Jahrhundert), sondern beschritt im narrativen Stil neue Wege: ein sehr teures, kommerzielles Unternehmen und zugleich ein Bruch aller Hollywood-Regeln zum Erzähltempo. *The Shining* (1980) war Kubricks Versuch, mit einem Horrorfilm an einem ökonomisch einträglichen, doch ethisch bedenklichen Genre zu partizipieren. *Full Metal Jacket* (1987) führte ihn zum Thema Krieg zurück.

Richard Lester begann seine Karriere als Fernsehregisseur in Philadelphia und zog Mitte der fünfziger Jahre nach London, wo er mit Peter Sellers und den Komikern der *Goon Show* in Kontakt kam. Er erregte zuerst durch seine Beatles-Filme (*A Hard Day's Night*, 1964; *Help!*, 1965) Aufsehen, wurde aber daraufhin von vielen Kritikern wegen seiner angeblich wilden Schnittmethoden verdammt. Sie ahnten nicht, daß er sich als einflußreichster Regisseur seit Welles erweisen sollte, was jeden Tag weltweit und rund um die Uhr von MTV unter Beweis gestellt wird. Lesters Film *A Funny Thing Happened on the Way to the Forum* (1965) ist nach wie vor eine der besten Filmadaptionen eines Bühnenmusicals. *Petulia* (1967), den er in San Francisco drehte, zeichnete sich sowohl durch seine Vorausschau wie durch seine scharfe Ironie aus – einer der zwei oder drei besten amerikanischen Filme jener Zeit. *How I Won the War* (1967) und *The Bed-Sitting Room* (1968) zählen zu den wenigen englisch-

Julie Christie und George C. Scott in Richard Lesters *Petulia* (1967). Zur Zeit seiner Erstaufführung nicht besonders populär, wird *Petulia* jetzt allgemein als einer der wegweisenden amerikanischen Filme der Sechziger angesehen. Nach fünfzehnjährigem Aufenthalt in Europa konnte Lester die Amerikaner sehen, wie sie sich selbst nicht sehen konnten, und die voreingenommene Sicht der «hip society», die er wiedergab, enthielt mehr Wahrheit als die damaligen Mythen der Gegenkultur.

sprachigen Filmen, die erfolgreich brechtische Methoden anwenden; beide Filme waren finanzielle Mißerfolge. Es folgten weniger ambitiöse, kommerziell sichere Projekte wie *The Three Musketeers* (1973), *Juggernaut* (1974), *Robin and Marian* (1978) und *Superman II* und *III* (1980, 1983).

Als gegen Ende der sechziger Jahre die finanziellen Quellen versandeten, standen die britischen Filmemacher vor der Alternative, das Land zu verlassen oder beim Fernsehen unterzukommen. Regisseure wie John Boorman und Peter Yates gingen in die USA, wo sie sich als erfolgreiche Film-Handwerker etablierten. Ken Loach (*Poor Cow*, 1967; *Kes*, 1969; *Family Life*, 1972; *Black Jack*, 1979) schätzte schon immer das Fernsehen ebenso wie das Kino. Seine Filme sind anspruchsvolle Verfeinerungen der realistischen Techniken, ebenso seine Arbeiten fürs Fernsehen (besonders die Serie *Days of Hope*, 1976).

Maurice Hatton zog es wie Loach vor, in England zu bleiben. Sein erster Spielfilm *Praise Marx and Pass the Ammunition* (1968) ist ein seltenes Beispiel für die erfolgreiche Kombination von Politik und Humor. Hattons *Long Shot* (1979) richtete den gleichen bösen Witz auf die moribunde britische Filmindustrie. Der Film, der von den Schwierigkeiten handelt, im England der siebziger Jahre Filmemacher zu

Neville Smith, Ann Zelda und Charles Gormley in Maurice Hattons geistreicher, bitterer Widerspiegelung der britischen Filmsituation der Postmoderne, *Long Shot* (1979).

bleiben, wurde völlig unabhängig produziert: eine gleichermaßen ökonomisch wie künstlerisch bemerkenswerte Leistung. Nach *American Roulette* (1988) wurde es für Hatton immer schwieriger, in Großbritannien unabhängig zu produzieren. Er arbeitete an einem lange geplanten Dokumentarfilm, als er 1997 unerwartet verstarb.

Ken Russell und Nicolas Roeg zählten zu den wenigen britischen Filmemachern, die den Rückzug des amerikanischen Kapitals Ende der sechziger Jahre überlebten. Russell erregte zunächst Aufsehen mit einer Serie ungewöhnlicher Musical-Biografien, die er für die BBC drehte; auch im Spielfilm spezialisierte er sich auf filmische Biografien, deren Ausführung jedoch zunehmend exzentrischer wurde (*The Music Lovers*, 1970; *Mahler*, 1974). Sein greller, von Pop Art und Comic strip beeinflußter Stil kam wahrscheinlich in *Tommy* (1975) am besten zur Entfaltung. Roeg, ein früherer Kameramann, produzierte nach *Performance* (1970, Regie: Donald Cammell) eine Reihe mitreißend fotografierter, doch sonst weniger interessanter Filme (*Walkabout*, 1971; *Don't Look Now*, 1973; *The Man Who Fell to Earth*, 1976; *Bad Timing*, 1980; *Insignificance*, 1985).

Ende der siebziger Jahre gelangte eine neue Generation britischer Filmemacher, die vorwiegend Fernsehwerbung gemacht hatten, zu ökonomischem Erfolg auf den internationalen Märkten. Nach *Bugsy Malone* (1976), einem außergewöhnlichen,

Harrison Ford in *Blade Runner* (1982), einem futuristischen Film Noir, der einen Downbeat-Stil für die achtziger Jahre schuf.

liebenswerten Musical mit Kindern für Kinder, aber auch für Erwachsene, drehte Alan Parker *Midnight Express* (1978), der sehr viel erfolgreicher und spekulativer war als sein charmanter Erstling. In den USA hatte er einigen Erfolg mit dem beispielhaft modernen Musical *Fame* (1980) und mit *Mississippi Burning* (1988).

Ähnlich versuchte sich Ridley Scott zunächst an dem romantischen *The Duellists* (1977) und lieferte dann den höchst manipulativen (und profitablen) *Alien* (1979) ab. Zu Kultfilmen avancierten Scotts *Blade Runner* (1982) als allgemein hochgeschätzter Film Noir in SF und *Thelma & Louise* (1991), das Frauen-Roadmovie für die neunziger Jahre.

Anfang der achtziger Jahre schien sich mit bemerkenswerten Erfolgen der Firma Goldcrest Films (*Gandhi*, 1982; *Local Hero*, 1983; *The Killing Fields*, 1984) eine Zukunft für die britische Filmindustrie abzuzeichnen. Die Hoffnungen erwiesen sich jedoch als illusorisch, als sich Goldcrest mit einer unseligen Kombination von Mißmanagement und Unterfinanzierung selbst in den Ruin ritt.

In Italien beherrschten in den Sechzigern Fellini und Antonioni, zwei einflußreiche Meister, die Szene. Fellini vollendete mehrere wichtige Filme, darunter *8e½* (1962), *Giulietta degli spiriti* (1965) und *Fellini Satyricon* (1969), ehe er sich dem Fernsehen zuwandte, wo er eine Reihe halbautobiografischer Essays produzierte, die schließlich in den Kinofilmen *Roma* (1972) und *Amarcord* (1973) kulminierten. In den

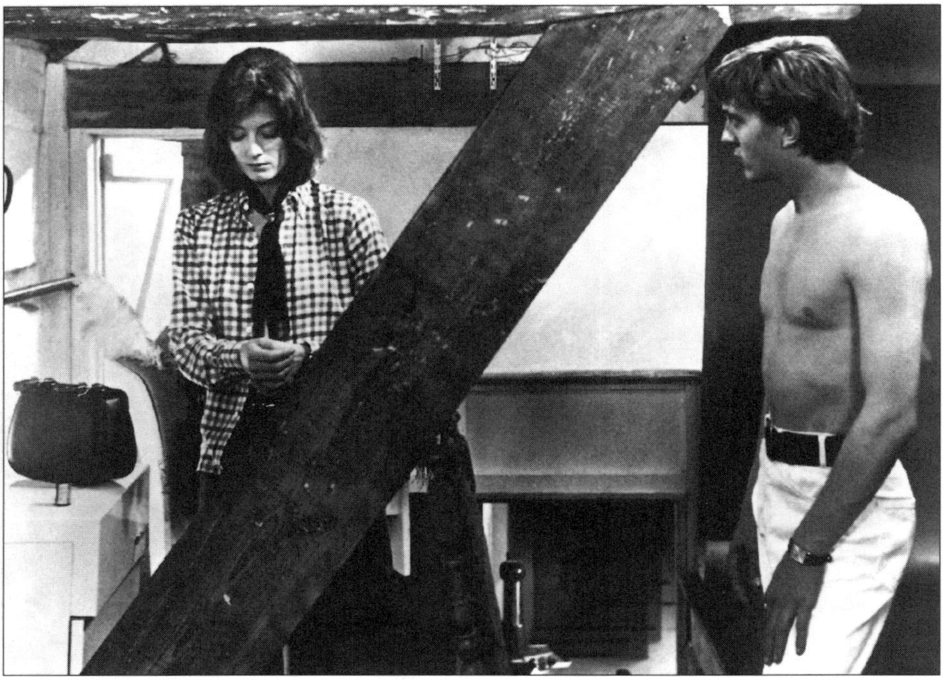

Vanessa Redgrave und David Hemmings. Eine typische, streng komponierte Einstellung aus Antonionis *Blow-up* (1966). Der Film handelt vom Geheimnis der Bilder. *(Museum of Modern Art/Film Stills Archive)*

Achtzigern segelte Fellini mit *E la nave va* (1983), *Ginger e Fred* (1984) und *Intervista* (1987) vergnüglich ins Greisenalter, nachdem er der Welt seinen Schatz von ebenso ermutigenden wie kühnen Huldigungen an die Triebkräfte des Lebens geschenkt hatte.

Antonioni fand seinen Stil mit *L'Avventura* (1960), mit *La Notte* (1961) und *L'Éclisse* (1962), Teile einer Trilogie, durch die grundlegende Konzepte der Filmdramaturgie erneuert wurden. *Il Deserto Rosso* (1964) und *Blow-Up* (1966) setzten seine Experimente mit Narration und Wahrnehmung in einem existentiellen Rahmen fort. *Zabriskie Point* (1970) war sein Essay über das Amerika der sechziger Jahre. *Professione: Reporter/The Passenger* (1975) war ein Musterbeispiel für Antonionis sehr eigentümliches Kino; ein Film, der von existentieller Angst beherrscht wird und aus langen, periodischen und hypnotischen Rhythmen konstruiert ist.

Luchino Viscontis späte Filme (*La caduta degli dei*, 1970; *Morte a Venezia*, 1971; *Gruppo di famiglia in un interno*, 1975) waren träge und dekadent, im Gegensatz zu seinen frühen – wachen und pointierten – neorealistischen Filmen. Die Episode *Il lavoro* (in *Boccaccio 70*, 1962) und *Il Gattopardo* (1963) waren erfolgreicher, jedoch weniger bedeutend.

Pietro Germi, der einer der führenden Regisseure des Neorealismus (*In nome della legge*, 1949) war, ohne außerhalb Italiens Erfolg zu haben, etablierte in den Sechzigern mit seinen beiden frechen Sittenkomödien *Divorcio all'Italiana* (1961) und *Sedotta e abbandonata* (1963) einen internationalen Komödienstil.

Pier Paolo Pasolini, Dichter und Theoretiker, wandte sich dem Film zu und drehte *Accatone* (1961), *Il Vangelo Secondo Matteo* (1964), *Uccellacci e uccellini* (1966) sowie eine Reihe symbolischer Exerzitien, ehe er 1976 ermordet wurde. Francesco Rosi, einer der unterschätztesten der modernen Regisseure in Italien, inszenierte eine Anzahl packender politischer Filme, darunter *Salvatore Guiliano* (1962), *Le mani sulla città* (1963), *Il caso Mattei* (1972), *Lucky Luciano* (1973) und *Cristo si è fermato a Eboli* (1979).

Von der nächsten Generation italienischer Filmemacher war Bernardo Bertolucci der erste, der Aufsehen erregte mit Filmen wie *Prima della rivoluzione* (1964), *Il conformista* (1970) und *Ultimo tango a Parigi* (1972). Bertolucci verfiel – ähnlich wie Visconti – sehr schnell der Faszination von Form- und Oberflächenreizen bourgeoiser Dekadenz, die er angeblich kritisierte. *Ultimo tango a Parigi* gelangte durch seine clevere Kombination eines Stars (Marlon Brando) mit offenem Sex zu gewissem internationalem Ruf. Der Film signalisierte einen entscheidenden Wandel der allgemeinen Sexualmoral. In seinem fünfstündigen Epos *1900* (1976) schien sich Bertolucci wieder seiner früheren sozialen Vision mit ihrer epischen Breite zuzuwenden. *La Luna* (1979) griff das Thema Inzest auf und hielt sich dabei an die *Tango*-Linie, aber mit *The Last Emperor* (1987), einem bedeutenden internationalen Erfolg, kehrte Bertolucci zur epischen Form zurück.

Marco Bellocchio, der in den sechziger Jahren an der auf Bertolucci gerichteten Aufmerksamkeit teilhatte, erlangte mit seinen ideologischen Satiren – *I Pugni in tasca* (1965), *La Cina e vicina* (1967), *Nel nome del padre* (1971) und *Sbatti il mostro in prima pagina* (1972) – viel weniger internationale Anerkennung.

In den siebziger Jahren zog Lina Wertmüller für kurze Zeit die Aufmerksamkeit auf sich mit einer Serie böser, mit einem Hauch Politik gewürzter Sex-Komödien, darunter *Film d'amore e d'anarchia* (1972), *Mimi metallurgio ferito nell'onore* (1973), *Travolti da un insolito destino nell'azzuro mare d'agosto* (1974) und *Pasqualino settebellezze* (1975).

Neben diesen Regie-Stars gab es eine Anzahl weniger spektakulärer Regisseure, denen die verdiente internationale Anerkennung nie zuteil wurde. Viele ihrer Filme hatten starke soziale Untertöne; das von Rosi und Costa-Gavras entwickelte politische Melodram hatte in Italien besonderen Erfolg. Einige dieser Regisseure waren: Mario Monicelli (*I compagni*, 1963), Giuliano Montaldo (*Sacco e Vancetti*, 1971), Elio Petri (*Indagine su un cittadino al di sopra di ogni sospetto*, 1970; *La classe operaia va in paradiso*, 1971), Gillo Pontecorvo (*La battaglia di Algeri*, 1965; *Queimada!*, 1968), Gianni Amici (*Tropici*, 1968; *Ritorno*, 1973), Nelo Risi (*Diario di una schizofrenica*,

Ermanno Olmis *L'Albero degli zoccoli* (1979), aus einer Art anthropologischer Perspektive gedreht, prägte einen Stil für derartige Studien in den achtziger Jahren.

1968) und Ermanno Olmi (*Il posto*, 1961; *Un certo giorno*, 1969; *Durante l'estate*, 1971).

Olmis *L'Albero degli zoccoli* (1978), eine einfühlsame dreistündige Beschwörung bäuerlichen Lebens zur Zeit der Jahrhundertwende, ist einer der überragenden italienischen Filme der vergangenen zwanzig Jahre. Wie Bertoluccis *1900* und *Padre padrone* von den Taviani-Brüdern ist *L'Albero degli zoccoli* typisch für die in Italien wiederentdeckte Faszination für das Leben auf dem Lande. Fellinis *Armacord* und Rosis *Cristo si è fermato a Eboli* könnte man ebenfalls diesem interessanten Genre hinzufügen.

In Schweden lieferte Ingmar Bergman regelmäßig Filme ab; er arbeitete dabei fast immer mit einer festen Gruppe von Schauspielern und Technikern zusammen. Aus dieser Epoche stammen seine besten Filme: *Såsom i en spegel*, *Nattvardsgästerna* und *Tystnaden* bilden die Trilogie, in der Bergman Gott aus seinem Gewissen vertrieb (1960–63). *Persona* (1966) bleibt wahrscheinlich sein einfallsreichster und gewagtester Film. Die Reihe der Filme mit Liv Ullmann und Max von Sydow (*Vargtimmen*, 1968; *Skammen*, 1968; *En passion*, 1969) bildet wohl eine der bedeutenderen Leistungen im Film der sechziger Jahre. In den Siebzigern zog sich Bergman auf sicheren Boden zurück. Seine Fernsehserie *Scener ur ett äktenskap* (1973) zählte den-

Liv Ullmann, Max von Sydow und viel Geld in Jan Troells *Nybyggarna* (1972).

noch zu seinen besten Werken. 1976, nach einer kafkaesken Auseinandersetzung mit den Finanzbehörden, verließ er Schweden, um sein Glück woanders zu versuchen (*Das Schlangenei*, 1977; *Herbstsonate*, 1978). Für seine Elegie *Fanny och Alexander* (1982) kehrte er dann nach Schweden zurück und widmet sich fortan ausschließlich der Arbeit – meist autobiografischer Inhalte – in Fernsehen und Literatur.

Jüngere schwedische Filmregisseure fanden in den sechziger Jahren ebenfalls ein internationales Publikum: Jörn Donner (*Att älska*, 1964), Bo Widerberg (*Elvira Madigan*, 1967), Vilgot Sjöman (*Jag är nyfiken – gul*, 1967) und vor allem Jan Troell, dessen Trilogie über Auswanderung und Neuansiedlung – *Utvandrarna* (1971), *Nybyggarna* (1972) und *Zandy's Bride* (1974) – eine neue, frische Sicht und historische Perspektive in ein klassisches Thema einbrachte.

In Osteuropa brachten die staatlichen Filmschulen in den sechziger Jahren eine Fülle neuer Talente hervor: in Polen Roman Polański (*Nóż w wodzie*, 1962), der sein Land verließ, um ein internationaler Regisseur gefälliger, oft hohler, vage übernatürlicher Thriller zu werden; Jerzy Skolimowski (*Walkover*, 1965; *Bariera*, 1966; und in London *Deep End*, 1970); schließlich Krzysztof Zanussi, dessen stille, intensive Studien über Wissenschaftler und Techniker (*Zycie rodzinne*, 1971; *Iluminacja*, 1973) einmalig sind.

In Ungarn erwarb sich Miklós Jancsó einen Ruf als einer der wichtigsten strukturalistischen Filmemacher, wobei er mehr an der Beziehung zwischen Kamera und Gegenstand interessiert war als am Gegenstand selbst (*Csillagosok, katonák*, 1967; *Sirokko*, 1969; *Elektreia*, 1974). Márta Mészáros gewann auf internationalen Festivals viele Freunde für ihre scharf beobachtenden Film-Essays, vornehmlich über die Rolle der Frau, darunter *Örökbefogadás* (1975) und *Kilenc hónap* (1976).

Die vielleicht wichtigste Entwicklung in Osteuropa war der tschechische Frühling, der Mitte der Sechziger für ein paar Jahre aufblühte. Miloš Forman (*Lásky jedné plavovlásky*, 1965; *Hoří, ma panenko*, 1967), Ivan Passer (*Intimní osvětlení*, 1966), Jiří Menzel (*Ostře sledované vlaky*, 1966) und Věra Chytilová (*Sedmikrásky*, 1969) entwickelten einen lebendigen, humanistischen Realismus, gemischt mit Humor und Respekt für ihre Gegenstände; diese Entwicklung wurde 1968 durch die sowjetische Okkupation und die anschließende Rückkehr zum Stalinismus abgebrochen. Forman und Passer emigrierten in die USA, wo sie interessante Filme drehten, die jedoch nie die Qualität ihrer frühen Werke erreichten. Formans *Hair* (1979) war die späte Verfilmung des Erfolgsmusicals, und in *Ragtime* (1981) setzte er Doctorows Roman respektvoll um.

Was die Sowjetunion betrifft, hatte die aus den Anfängen der stalinistischen Periode herstammende harte staatliche Kontrolle das verkümmern lassen, was ehedem eine der führenden Filmkulturen war. In den Zeiten vor Glasnost erschien nur mitunter ein einzelner interessanter Film.

Der bedeutendste sowjetische Regisseur der Sechziger und Siebziger war wohl Andrej Tarkovskij, dessen Filme oft komplizierte und hermetische Geflechte aus Realität, Phantasie und sehr persönlichen Assoziationen darstellten und ihm den Vorwurf des «Formalismus» einbrachten. Tarkovskij prägte seine Handschrift sehr verschiedenen Genres auf: Mit dem lyrischen Kriegsfilm *Ivanovo detstvo* (1962), in Venedig ausgezeichnet, wurde er im Westen bekannt; der allegorische Historienfilm *Andrej Rublëv* (1967/69) fand ebenfalls im Westen Beachtung; *Solaris* (1972) nach Stanisław Lem und *Stalker* (1980) sind Science-fiction, *Zerkalo* (1975) ein autobiografischer Filmessay. Tarkovskij arbeitete schließlich im Westen (*Offret*, 1986) und starb 1986.

Erwähnenswert sind außerdem die Regisseure Vasilij M. Šukšin (*Kalina krasnaja*, 1974), Aleksandr Mitta (*Gori, gori, moja zvezda*, 1970), Larisa Šepikto (*Voschoždenie*, 1977) und Gleb Panfilov (*Prošu slova*, 1976). In einzelnen Sowjetrepubliken entwickelten sich interessante eigenständige Kinematografien, vor allem in Georgien, wo malerische Bildfantasien und der Rückgriff auf Volksmythen einen opulenten Bildstil ergaben: unter anderem bei Georgij Šengelaja (*Pirosmani*, 1969) und Otar Iosselliani (*Pastoral*, 1976), der nach Paris emigrierte und seinen überbordenden Stil auf das Großstadtleben übertrug (*Les Favoris de la lune*, 1984).

Der aus Armenien stammende georgische Regisseur Sergo Paradżanov erwarb sich mit *Teny sabytyh predkov* (1964) und *Sajat Nova* (1969) internationalen Ruf. Als er sich in der aufkommenden Bürgerrechtsbewegung engagierte, wurde er 1974 wegen Homosexualität verhaftet und in einem Arbeitslager interniert, was international Aufsehen hervorrief. Nach Ende der Ära Breshnev konnte Paradżanov noch einige der georgischen und armenischen Folklore verpflichtete Filme fertigstellen, bevor er im Jahre 1990 starb.

Dušan Makavejev, der bekannteste jugoslawische Filmemacher (*Ljubavni slučaj ili tragedija službenice PTT*, 1967), geriet in Konflikt mit der Zensur, weil er Politik mit Sex auf eine faszinierende, doch offiziell nicht akzeptable Weise vermischte. *WR-Misterije Organizma* (1971) wurde in Jugoslawien verboten.

Als die Regierung der Deutschen Demokratischen Republik mit dem Mauerbau 1961 das weitere «Ausbluten» des Staats durch die Massenflucht in den Westen abgeschnürt hatte und so die Hoffnung auf eine soziale und ökonomische Stabilisierung bestand, sahen die Filmemacher der DEFA die Möglichkeit einer kritischeren Auseinandersetzung mit den inneren Problemen. Frank Beyer nahm sich mit *Karbid und Sauerampfer* (1963) der wirtschaftlichen Probleme der unmittelbaren Nachkriegszeit an und schuf zusammen mit Erwin Geschonneck – dem Star des DDR-Kinos – eine der besten deutschen Filmkomödien. Der Schriftsteller Günter Rücker verglich in seinem Regiedebüt *Die besten Jahre* (1964/65) die Hoffnungen der Anfangsjahre mit der Realität, und Egon Günther zeigte in *Lots Weib* (1964/65) die Auswirkung gesellschaftlicher Konflikte auf eine Ehe.

Mitte des Jahrzehnts hatten viele der führenden DEFA-Regisseure Filme in der Produktion, die offen Mißstände in verschiedenen Bereichen der DDR aufgriffen. Doch im November 1965 startete das 11. Plenum des ZK der SED einen Generalangriff auf die Künste, speziell Literatur (Christa Wolf, Heiner Müller) und Film. Als Hauptziel diente Kurt Maetzigs *Das Kaninchen bin ich*, der erst zur Premiere vorgesehen war. Walter Ulbricht und Erich Honecker beschuldigten die Filmemacher des «Skeptizismus» und «Subjektivismus». Zusammen mit diesem Film wurde nahezu die gesamte in Arbeit befindliche Jahresproduktion der DEFA verboten, darunter Gerhard Kleins *Berlin um die Ecke*, Egon Günthers Satire *Wenn du groß bist, lieber Adam*, Herrmann Zschoches *Karla* und Frank Vogels *Denk bloß nicht, ich heule*, die sich beide mit dem Schulsystem auseinandersetzten. Wenige Monate später wurde sogar Frank Beyers bereits angelaufener Film *Die Spur der Steine* mit Manfred Krug als anarchischem Brigadier nach inszenierten Krawallen in Ost-Berlin «zurückgezogen». Zum Ausgleich für die ausgefallenen Filme verlegte sich die DEFA, deren Leitung ausgetauscht wurde, auf die Produktion publikumswirksamer Indianerfilme.

Als besonderer Verlust für die Entwicklung der DEFA erwies sich nach der Aufführung der Verbotsfilme nach der Wende 1990 das Verbot von Jürgen Böttchers

Jahrgang 45. Die im Stil der Nouvelle Vague in den Straßen Berlins improvisierte Alltagsgeschichte war ein belebender Luftzug von Offenheit und Spontaneität. Böttcher drehte nie wieder einen Spielfilm, entwickelte sich jedoch mit seinen feinen Alltagsbeobachtungen (*Wäscherinnen*, 1972; *Martha*, 1978; *Rangierer*, 1984) zum bedeutendsten Vertreter des Dokumentarfilms der DDR. Dieser erlebte – geschützt vor den Unbilden der Ökonomie – eine Hochblüte in den siebziger und achtziger Jahren. Gitta Nickel (*Heuwetter*, 1972) und Volker Koepp (*Mädchen in Wittstock*, 1976; *Hütes-Film*, 1977) berichteten über Menschen in ihrer beruflichen oder privaten Umgebung. Winfried Junge konnte ab 1961 in einem Langzeitprojekt die Entwicklung einer Schulklasse im Dorf Golzow in einer Reihe von Kurzfilmen begleiten, die er 1980/81 im über vierstündigen *Lebensläufe* zusammenfaßte; das Projekt konnte er bis in die neunziger Jahre fortführen. International bekannt wurde auch das Team Walter Heynowski und Gerhard Scheumann (Studio H&S), das mit seinen agitatorischen Filmen (*Der lachende Mann*, 1966; *Piloten im Pyjama*, 1968; *Krieg der Mumien*, 1974; *Die Generale*, 1986) die Außenpolitik der DDR filmisch umsetzte.

Nach dem Schock von 1965 meldete sich erst um 1970 eine neue Generation von jungen Filmemachern zu Worte. Sie hatten gemeinsam an der Filmhochschule in Potsdam-Babelsberg studiert und traten nun unter dem von Lothar Warneke geprägten Schlagwort «dokumentarischer Spielfilm» an, sich in einer Mischung aus dokumentarischen und fiktionalen Mitteln dem Alltag zu nähern. Sie lösten sich ganz von den Schlagworten des starren Sozialistischen Realismus und ersetzten den «positiven Helden» und die «typischen Figuren» durch Individuen mit sehr persönlichen Problemen. Umgesetzt wurde dieses Konzept vor allem vom Kameramann Roland Gräf, der mit Böttcher an *Jahrgang 45* gearbeitet hatte und nun Vogels *Das siebente Jahr* (1968), Zschoches *Weite Straßen, stille Liebe* und Warneckes *Dr. med. Sommer II* (1969) fotografierte, ehe er sich mit *Mein lieber Robinson* (1970) der Regie zuwandte.

Neue Hoffnung auf ein kulturell günstigeres Klima kam auf, nachdem Erich Honecker Parteichef geworden war. Der erste bedeutende Film, der danach herauskam, war Egon Günthers *Der Dritte* (1971), der für Regisseur, Autor Günter Rücker und Star Jutta Hoffmann nationale und internationale Auszeichnungen einbrachte. Der größte Erfolg dieser Jahre wurde Heiner Carows *Die Legende von Paul und Paula* (1972), die bittersüße Liebesgeschichte nach einem Drehbuch von Ulrich Plenzdorf. Doch schon Siegfried Kühns *Das zweite Leben des Friedrich Wilhelm Georg Platow* (1972/73) stieß mit seinem lockeren Wechsel von Genres und Kamerastilen auf Kritik, ebenso Rainer Simon, der mit *Till Eulenspiegel* (1972/73) die Rebellion gegen die Autoritäten in mittelalterliche Kostüme steckte. Frank Beyer erweiterte mit *Jakob der Lügner* (1974) die Regeln des antifaschistischen Genres, indem er den Holocaust in Form eines sentimentalen Märchens behandelte. Der Film, nach einem erfolgreichen Roman von Jurek Becker, der wiederum auf einem 1965 nicht realisierten Drehbuch beruhte, wurde als erster DEFA-Film für einen Oscar nominiert.

Nachdem alle führenden Regisseure – darunter auch Konrad Wolf mit *Der nackte Mann auf dem Sportplatz* (1973) – mit Gegenwartsstoffen mehr oder weniger angeeckt waren, zogen sie sich auf sichere Themen zurück. Sie widmeten sich dem antifaschistischen Genre – Wolf mit *Mama, ich lebe* (1976) – oder drehten Literaturklassiker oder Künstlerbiografien, um die Konflikte zwischen Individuum und Gesellschaft zu behandeln. Als besonders beliebt erwies sich Goethe: Kühn adaptierte *Die Wahlverwandtschaften* (1973/74), Günther ließ seiner Thomas-Mann-Verfilmung *Lotte in Weimar* (1974/75) seine Adaption von *Die Leiden des jungen Werthers* (1975/76) folgen, ehe er im Westen arbeitete.

Wenn sich Filmemacher wieder an heikle Themen wagten – Carow in seinem schrillen Ehedrama *Bis daß der Tod euch scheidet* (1977/78) und Wolf mit *Solo Sunny* (1978/79, Co-Regie und Buch: Wolfgang Kohlhaase) –, so stießen sie auf ein breites Publikumsinteresse, lösten zugleich eine kritische «Diskussion» über die richtige Behandlung der «sozialistischen Errungenschaften» in den Parteimedien aus. 1981 wurde Rainer Simons *Jadup und Boel* vor der Premiere verboten. Trotz dieser Rückschläge entstanden auch in der stagnativen Atmosphäre der achtziger Jahre einzelne interessante Filme: Lothar Warnekes *Die Beunruhigung* (1981), das dokumentarisch inszenierte Porträt einer Frau; Roland Gräfs subtile De-Bruyn-Verfilmung *Märkische Forschungen* (1981/82), die den Literatur-Betrieb als Folie für individuellen Wahrheitssinn und gesellschaftlichen Erfolg setzt; Siegfried Kühns *Die Schauspielerin* (1987/88) mit Corinna Harfouch als Schauspielerin, die sich in der Nazi-Zeit aus Liebe zur Jüdin macht.

Die Regisseure entwickelten einen hochstehenden narrativen Studiostil, ohne sich jedoch auf visuelle Experimente einzulassen. Ausnahmen bildeten lediglich Rainer Simons *Das Luftschiff* (1982) mit seiner komplizierten Zeitstruktur oder die Filme des Kameramanns Jürgen Brauer, der seit den sechziger Jahren einige der besten DEFA-Filme fotografiert hatte und sich nun der Regie zuwandte (*Gritta von Rattenzuhausbeiuns*, 1984), oder der Beitrag des Schauspielers Michael Gwisdek, der 1988 die Chance bekam, *Treffen in Travers* zu inszenieren, ein intensives Kammerspiel vor dem Hintergrund der Französischen Revolution. Das größte filmische Talent, das die Filmhochschule in Babelsberg absolviert hatte, war Ulrich Weiß, der jedoch nach zwei stilistisch höchst interessanten Spielfilmen – *Dein unbekannter Bruder* (1980/81) und *Olle Henry* (1982/83) – erst nach der Wende wieder einen Film realisieren konnte.

Dagegen konnten sich in den Achtzigern Nachwuchskräfte bei der DEFA kaum entfalten. Karl Heinz Lotz zeigte interessante Ansätze in der Verbindung von historischem Material mit Spielszenen in *Junge Leute in der Stadt* (1984/85), und Peter Kahane wandte sich mit *Ete und Ali* (1984) erfolgreich an ein jüngeres Publikum. Als

Das Fliegen als Metapher für Freiheit, Weite und Selbstverwirklichung: Jörg Gudzuhn als Erfinder Stannebein in Rainer Simons *Das Luftschiff* (1982). *(CineGraph Hamburg)*

Kahane nach jahrelangen Querelen mit *Die Architekten* (1989/90) eine Auseinandersetzung um Anpassung und Widerstehen im Alltag fertiggestellt hatte, war jedoch die Mauer gefallen, und das Publikum zeigte keinerlei Interesse mehr für DEFA-Filme.

Die sechziger und siebziger Jahre erlebten die Ausweitung filmischer Kultur über den Kreis der USA, Europas und Japans hinaus auf die Länder der Dritten Welt. Das Kino der Dritten Welt war oft ruppig und zornig, doch auch vielfach vital und engagiert. Wie die dokumentarischen Filmemacher des Westens sahen die Cineasten der Dritten Welt im Film ein mächtiges Kommunikationsmedium, ein Medium, das sie mit Begeisterung anwendeten.

Die fruchtbarste Bewegung in der Dritten Welt war damals das brasilianische Cinema Nôvo. Es begann Anfang der sechziger Jahre, verlangsamte sich durch die Machtübernahme der rechten Militär-Junta 1964, hat aber dennoch überlebt, teilweise wegen der stilisierten Symbolik der meisten Filme. Glauber Rocha (*Deus e o diabo na terra do sol*, 1964; *Antonio das Mortes*, 1969) war der Bekannteste dieser Gruppe. Andere wichtige Regisseure waren Ruy Guerra (*Os Fuzis*, 1964), Nelson Pereira dos Santos (*Vidas secas*, 1971), Joaquim Pedro de Andrade (*Macunaima*, 1969) und Carlos Diégues (*Os Heredeiros*, 1969), die alle in gewissem Maße Rochas Neigung zur politischen Allegorie teilten.

Mexiko produziert – wie Brasilien – mehr als fünfzig Spielfilme pro Jahr. Jahrelang wurde der mexikanische Film durch die beherrschende Figur Luis Buñuel überschattet. Buñuel, der Ende der zwanziger Jahre in Paris zwei wichtige surrealistische Filme (*Un Chien Andalou*, 1928; *L'Âge d'or*, 1930) zusammen mit Salvador Dalí gedreht hatte, verbrachte die nächsten zwanzig Jahre am Rande der Filmindustrie, ehe er Ende der vierziger Jahre in Mexiko eine neue Heimat fand. Während der nächsten zehn Jahre inszenierte er eine Anzahl vorwiegend kommerzieller Filme.

Aber erst als er 1961 in sein heimatliches Spanien zurückkehrte, um zum erstenmal dort einen Spielfilm – *Viridiana* – zu drehen, erlangte er die verdiente weltweite Anerkennung. Obwohl Buñuel schon 1900 geboren wurde, lag der Schwerpunkt seiner Karriere in den sechziger Jahren. Vorwiegend in Frankreich arbeitend, produzierte er eine meisterhafte Serie surrealistischer Allegorien (*Le journal d'une femme de chambre*, 1964; *Belle de jour*, 1967; *La Voie lactée*, 1969; *Tristana*, 1970; *Le Charme discret de la bourgeoisie*, 1972; *Le Fantôme de la liberté*, 1974), die seinen Platz im Pantheon der Filmkunst sicherten. Buñuels persönlichere, mexikanische Filme sind: *Nazarín* (1958), *El Ángel exterminador* (1962) und *Simón del desierto* (1965), alles antireligiöse Allegorien.

Anfang der siebziger Jahre fand der neue chilenische Film für kurze Zeit starke internationale Beachtung, bevor der Militärputsch von 1973 ihn abwürgte. Zu den wichtigsten Filmemachern, die in der Allende-Zeit arbeiteten, gehörten: Aldo Francia (*Valparaiso, mi amor*, 1967; *Ya non basta con rezar*, 1972), Miguel Littìn (*El Chacal de Nahueltoro*, 1969; *La Tierra prometida*, 1973); Helvio Soto (*Voto mas fusil*, 1971) und Raul Ruiz (*La Expropriation*, 1972). Mit seinem engagierten, begeisterten, direkten, expressiven und lyrischen Ansatz wäre das chilenische Kino wohl ertragreich gewesen, hätte es überlebt. Besonderes Interesse verdient der dreiteilige Dokumentarfilm *La Batalla de Chile* (1973–78), der von Patricio Guzman nach dem Putsch, hauptsächlich mit zuvor gedrehtem Material, im Exil fertiggestellt wurde.

In Kuba hat das Instituto Cubano del Arte y Industria Cinematografica (ICAIC) während der sechziger und siebziger Jahre eine aktive und interessante Filmproduktion gefördert. Eine Reihe Filme erregte auch außerhalb Kubas Aufsehen, darunter *Memorias del subdesarollo* (Tomás Gutiérrez Alea, 1968), eine Untersuchung der Psychologie kubanischer Intellektueller zur Zeit der Revolution im Stil der Nouvelle Vague, *Lucia* (Humberto Solas, 1969), eine hochgelobte Studie über die Lage der Frauen in Kuba, und *La Primera carga al machete* (Manuel Octavio Gómez, 1969), eine kunstvoll stilisierte Verfilmung eines Aufstands im Jahre 1868. Santiago Alvarez entwickelte aus einer Mischung von Pathos und Polemik einen sehr eigenen Stil des dokumentarischen Films (*Hanoi, martes 13*, 1967; *L.B.J.*, 1968).

Andere lateinamerikanische Länder trugen nur im beschränkten Maße zum Kanon der Klassiker der Dritten Welt bei. Wichtige Ausnahmen waren *Yawar Mallku*

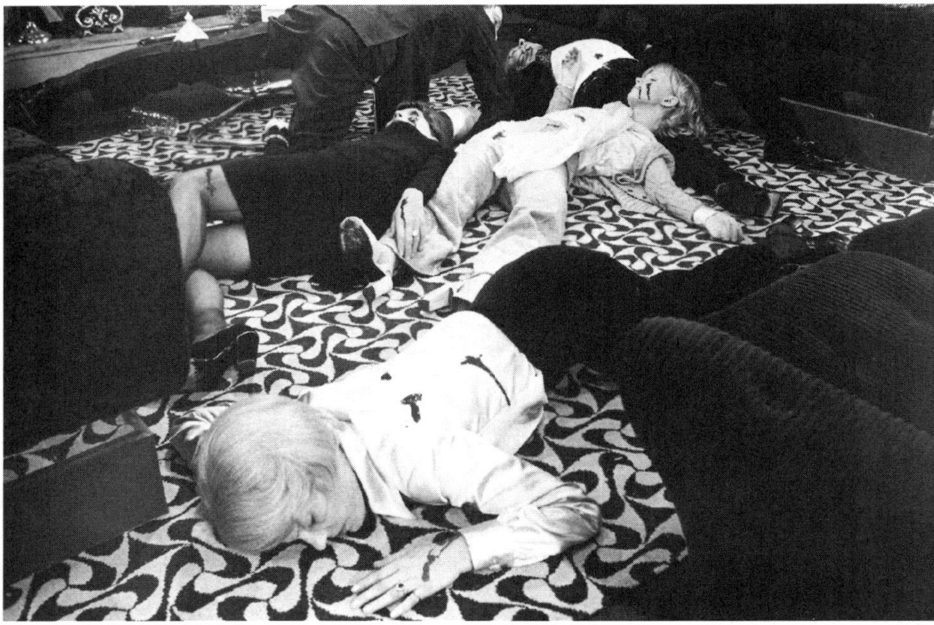

Eine Serie schwarzer, surrealistischer Sketche macht Buñuels *Le Charme discret de la bourgeoisie* (1972) zu einer witzigen, netten Satire. Hier endet eine Abendgesellschaft in diskreter Verwirrung, indem die Gäste niedergemäht werden.

(Jorge Sanjines, Bolivien 1969) und *La Hora de los hornos* (Fernando Solanas und Octavio Getino, Argentinien 1968).

Das afrikanische Kino hat bislang zumindest einen international bedeutenden Filmemacher hervorgebracht: Ousmane Sembène, dessen Filme man regelmäßig in Europa und den USA sehen konnte. Zu seinen wichtigsten gehören *La noire de…* (1965), *Mandabi* (1968) und *Xala* (1974). Der Senegalese Sembène trat auch als Romancier hervor. In Algerien und in Ägypten besteht eine bedeutende Filmindustrie, auch Nigeria und Tunesien haben eine aktive Filmproduktion. *Countdown at Kusini* (1976), Regie Ossie Davis, war die erste schwarzamerikanisch-nigerianische Coproduktion.

Das japanische Kino hat im Laufe der sechziger und siebziger Jahre seinen internationalen Einfluß weiter ausgeweitet. Kurosawa vollendete *Tengoku to Jigoku* (1963); *Akahige* (1965), *Dodes 'Kaden* (1970), *Dersu Uzala* (1975) und *Kagemusha* (1980). 1985 folgte sein Epos *Ran*, 1990 sein als filmisches Testament zu wertendes Traumspiel *Hachigatsu no rapusodi.* Zu den interessanteren jungen Regisseuren der Sechziger und Siebziger gehörte Hiroshi Teshigahara, dessen *Suna no Onna* (1964) bald zu einem Klassiker des allegorischen Films wurde und dessen *Summer Soldiers* (1971) ein einzigartiger Versuch war, das Thema der in Japan lebenden amerikanischen Vietnam-Deserteure zu behandeln. Nagisa Oshima war vielleicht der erste

Ousmane Sembènes *Xala* (1974), nach dem Roman des Regisseurs, ist eine kritische Satire über den Pomp und die Bestechlichkeit der regierenden Bourgeoisie in den neuentstehenden afrikanischen Staaten. Der Film sorgte für Aufregung, als er in Senegal herauskam. *(New Yorker Films)*

japanische Filmemacher, der völlig mit der Vergangenheit gebrochen hatte. Er war zweifellos einer der wichtigsten der neuen Generation. Zu seinen Filmen zählen *Shinjuku dorobo nikki* (1968), *Shonen* (1969) und *Gishiki* (1971); sein internationaler Ruhm jedoch beruht auf seinem «succès de scandale», dem mit sexuellen Exzessen spekulierenden *Ai no corrida/L'Empire des sens* (1976).

Das Kino Südostasiens erlebte in den Sechzigern und Siebzigern eine Blütezeit. Gewalttätige Blut-Epen von den Philippinen wurden regelmäßig in die USA und nach Europa exportiert. Hongkongs Filmproduktion schenkte der Welt das Genre der Kung-Fu-Filme, eine seit den Sechzigern und Siebzigern weltweit enorm erfolgreiche Gattung. Stilprägend war hier besonders King Hu (*Lung men k'o-chan*, 1966; *Hsia nü*, 1969; *Ying-ch'un ko chih feng-po*, 1973).

Das englischsprachige Kino Kanadas litt immer unter der Nachbarschaft der Vereinigten Staaten. Erst 1974 gelang es einem englischsprachigen kanadischen Spielfilm (Ted Kotcheffs *The Apprenticeship of Duddy Kravitz*) zum erstenmal, durch die Einnahmen in kanadischen Kinos die Kosten einzuspielen. Das französischsprachige Kino erlebte in den Sechzigern und Anfang der Siebziger einige Erfolge. Claude Jutras *À tout prendre* (1963) war ein wichtiger Film, ebenso sein *Mon oncle Antoine* (1971), einer der ersten Filme aus Quebec, der auch außerhalb Kanadas Anklang fand.

Ein paar englischsprachige kanadische Filme schafften ebenfalls den Sprung über die Grenze, vor allem Irvin Kershners *The Luck of Ginger Coffey* (1964); Paul Almonds *Act of the Heart* (1970), Don Owens *Nobody Waved Goodbye* (1964), Allan Kings *Warrendale* (1967) und *A Married Couple* (1969), zwei einflußreiche Dokumentarfilme, und Donald Shebibs *Goin' Down the Road* (1970). Der Film-Avantgardist Michael Snow, der oft auch in den USA arbeitete, ist vielleicht der bekannteste kanadische Filmemacher. Seine wichtigsten Filme sind *Wavelength* (1967) und *La Région centrale* (1970) – letzterer in Kanada gedreht.

Die kanadische Filmwirtschaft (wenn auch nicht unbedingt die Filmkunst) erlebte 1978 und 1979 ein explosives Anwachsen, als Steuergesetze das Investieren in kanadische Produktionen sehr profitabel machten. Mit dem öffentlichen Verkauf von Anteilen am zu produzierenden Film (gerade so, als ob der Film eine Fabrik sei) waren die kanadischen Produzenten Vorreiter einer Finanzierungsform, die in den achtziger Jahren allgemeine Praxis wurde. Die meisten der nach diesem System hergestellten Filme kann man vergessen, doch einige wenige – wie Darryl Dukes *The Silent Partner* (1979) – erregten auch kritische Aufmerksamkeit. Und zumindest konnten durch die Steuerabschreibungen, die den Investoren kanadischer Produktionen für ihre Verluste angerechnet wurden, eine große Anzahl kanadischer Schauspieler und Techniker – wenigstens eine Zeitlang – im Heimatland Arbeit finden.

Toronto und Vancouver, die sich in dieser Periode zu gastfreundlichen Produktionszentren entwickelten, wurden bald auch zu Ablegern Hollywoods. Inzwischen sind zahlreiche kanadische Filmschaffende – Produzenten, Regisseure, Darsteller – nach Los Angeles abgewandert, wo sie beträchtliche Erfolge verbuchen konnten. Der erfolgreichste dieser Zuwanderer dürfte Ivan Reitman sein (*Animal House*, 1978; *Twins*, 1988; *Dave*, 1993), dessen *Ghostbusters* (1984) rund um die Welt zu einem Wahrzeichen der Achtziger-Jahre-Kultur wurden.

Das australische Kino mauserte sich gegen Ende der siebziger Jahre. Zwar gab es eine ansehnliche australische Filmtradition, aber ihre Produktionen schafften nur selten den Sprung über den Ozean (während bisweilen Amerikaner und Europäer den fünften Kontinent besuchten, um seine Naturwunder auszunutzen). Ein aktives staatliches Förderprogramm, das Mitte der Siebziger eingeführt wurde, ließ bald eine Anzahl interessanter australischer Talente auf internationalen Festivals Aufsehen erregen, was bald auch zu lukrativen Verleihverträgen führte. Der kommerziellste dieser Gruppe war Peter Weir, dessen apokalyptische Phantasien – *Picknick at Hanging Rock*, 1975, und *The Last Wave*, 1977 – ansprechende Metaphern für die merkwürdigen psychologischen Stereotypen bilden, die Nichtaustralier gern mit dem Land «am Rande der Welt» verbinden. Philip Noyce' *Newsfront* (1977), eine ungewöhnliche Mischung aus Dokumentarfilm und Fiktion, beschrieb das Leben von Wochenschau-Kameramännern in den Vierzigern und Fünfzigern. Fred Schepisis *The Chant of Jim-*

Judy Davis in Gillian Armstrongs *My Brilliant Career* (1979), ein Film der australischen Neuen Welle, die Ende der Siebziger weltweites Interesse erregte.

my Blacksmith (1978), Gillian Armstrongs *My Brilliant Career* (1978) nach einem autobiographischen Roman um eine junge Frau, die um die Jahrhundertwende in der australischen Wildnis aufwächst und sich Erfolg in der Zivilisation fantasiert, sowie Bruce Beresfords im Burenkrieg spielender Film *Breaker Morant* (1980) leiteten alle internationale Karrieren ein. Die Genannten arbeiteten zeitweise in den USA. Weir inszenierte *Witness* (1985) und *Dead Poets Society* (1989). Noyce trat mit *Patriot Games* (1992) und *Sliver* (1993) hervor. Schepisi brachte *Plenty* (1985), *Roxanne* (1987) und *Six Degrees of Separation* (1993) auf die Leinwand. Armstrong hatte besonders mit *Mrs. Soffel* (1984) Erfolg, Beresford mit *Tender Mercies* (1982) und *Driving Miss Daisy* (1989).

Die Nouvelle Vague hat den französischen Film auf praktischem wie auf ästhetischem Gebiet geprägt. Godard, Truffaut, Chabrol und die anderen hatten bewiesen, daß es möglich war, Filme ohne großen finanziellen Aufwand zu produzieren, ob sie sich nun an ein breites Publikum oder eine spezielle Zielgruppe wandten. Die Verbreitung der Kinematografie in Länder, die sich zuvor niemals den Kapitalaufwand leisten konnten, ist ein hervorspringendes Ergebnis der neuen Filmökonomie.

Die im Stil von Jerry Lewis aufgeschnittene Dekoration in Godards *Tout va bien* (1972) wird zu einer konkreten Widerspiegelung der Struktur einer Fabrik-Organisation. Das Spruchband lautet: «Es ist richtig, die Bosse einzusperren. UNBEGRENZTER STREIK.» *Tout va bien* war das praktische Ergebnis von Godards fünfjähriger Periode von Experimenten mit der Film-Form in der Groupe Dziga Vertov. *(New Yorker Films. Standvergrößerung)*

Ein weiteres, vielleicht noch charakteristischeres, ist der lebhafte Eklektizismus, der in den siebziger Jahren im französischen Kino um sich griff. In jener Periode hat der französische Film seinen Sinn für soziale Werte wiederentdeckt, der ihm seit dem Zweiten Weltkrieg abhanden gekommen war.

Marcel Ophüls' außerordentliches historisches Dokument, der über vierstündige Film *Das Haus nebenan / Le Chagrin et la pitié* (1971), war ein Ausdruck des neuen Bewußtseins. Mit großer Verve und Intelligenz wird der wahre Hintergrund der französischen Kollaboration mit den Nazis während des Zweiten Weltkriegs dokumentiert. Der Film hatte eine tiefgreifende Wirkung auf das Selbstverständnis der Franzosen; ein Ergebnis war Anfang der Siebziger eine ganze Reihe von Okkupationsfilmen, von denen Malles *Lacombe Lucien* und Michel Mitranis *Les Guichets du Louvre* (1974) die interessantesten waren. Ophüls' *Memory of Justice* (1976), eine Untersuchung über die Nürnberger Kriegsverbrecher-Prozesse, war ein ähnlich subtiler Film-Essay.

Jean Eustaches *La Maman et la putain* (1973) bezeichnete in ästhetischer Hinsicht das Ende der Nouvelle Vague. Es gelang Eustache in mehr als drei Stunden intensiven Kinos, nicht nur viele Konventionen der nun alten Nouvelle Vague einzufangen, zu analysieren und zu parodieren, sondern zugleich auch die spezielle,

«Neo-Nouvelle Vague»: Jean Eustaches *La Maman et la putain* (1973): zwei Schauspieler, deren Karriere in den frühen Tagen der Nouvelle Vague begann – Bernadette Lafont und Jean-Pierre Léaud –, in einem unerbittlichen, eindringlichen, geistreichen Psychodrama. *(New Yorker Films)*

bisweilen stickige Atmosphäre, mit der sich französische Intellektuelle umgeben. Maurice Pialat, bei der Premiere seines ersten Films *L'Enfance nue* (1968) schon über vierzig Jahre alt, hat sich zu einem der einfallsreicheren Regisseure des kommerziellen Kinos entwickelt. *Nous ne vieillirons pas ensemble* (1972), *La Gueule ouverte* (1975) und *À nos amours* (1983) waren fesselnde Studien über heutige Lebensstile. Nelly Kaplans *La Fiancée du pirate* (1969) war ebenfalls ein interessantes Beispiel in dieser Richtung.

Jean-Louis Bertucelli inszenierte einige der wichtigeren «neu-realistischen» Filme. *Remparts d'argile* (1970), *Paulina 1880* (1972) und *On s'est trompé d'histoire d'amour* (1974) behandelten mit außergewöhnlicher Intelligenz unterschiedliche politische Situationen (und zwar: Algerien zum Zeitpunkt seiner Unabhängigkeit, Feminismus im neunzehnten Jahrhundert und die Sexualpolitik der Gegenwart). Pascal Aubier wandte in *Valparaiso, Valparaiso* (1971) und *Le Chant du départ* (1975) allegorische Techniken auf politische Themen an. Zur gleichen Zeit kehrten einige Filmemacher zu traditionelleren, humanistischen Porträts zurück. Pascal Thomas (*Les Zozos*, 1973; *Pleure pas la bouche pleine*, 1974) und Claudine Guilmain (*Véronique, ou l'été de mes treize ans*, 1975) waren Regisseure, die mehr erwarten ließen.

Bald nach diesem Aktivitätsausbruch kam das französische Kino da zur Ruhe, wo seine Stärke liegt: Mittelstands-Romantik. Zwei Jahre später kam Jean-Charles Tacchellas *Cousin, cousine* (1975) in den USA heraus und brach den Einnahmerekord für ausländische Filme, den mehr als zehn Jahre lange Claude Lelouches *Un Homme et une femme* (1966) gehalten hatte. Dieser erstaunliche Erfolg wurde 1979 durch Edouardo Molinaros *La Cage au folles* übertroffen, einer amüsanten, wenn auch etwas dünnen Geschichte eines homosexuellen Paares.

Bertrand Tavernier hatte Ende der Siebziger auch international Erfolg mit einer raschen Folge von gut konstruierten Melodramen. Taverniers Erstlingsfilm war *L'Horlogier de Saint-Paul* (1975). Das Drehbuch zu diesem Film stammte von zwei Herren namens Jean Aurenche und Pierre Bost – genau jenen beiden, die François Truffaut, zwanzig Jahre zuvor, in seinem berühmten Essay über das «cinéma du papa» angegriffen hatte. Diese Ironie entging einer neuen Generation von Kinogängern, die ebenso amüsiert auf diese Welle nett gemachter «petits drames» reagierte wie ihre Eltern auf ähnliche in den Fünfzigern.

Ästhetisch der wichtigste französische Neuerer der siebziger Jahre war Jean-Marie Straub, der mit seiner Frau und Mitarbeiterin Danièle Huillet einen Typ des materialistischen Films entwickelte, der die Avantgarde mitgeprägt hat. In Frankreich geboren, arbeitete Straub hauptsächlich in deutscher Sprache und mit deutschem Geld. *Chronik der Anna Magdalena Bach* (1967), *Les Yeux ne veulent pas en tout temps se fermer ou Peut-être qu'un jour Rome se permettra de choisir à son tour/Othon* (1969), *Geschichtsunterricht* (1972) und *Moses und Aaron* (1975), eine Verfilmung der Schönberg-Oper, sind strenge Experimente narrativer Techniken und Essays ästhetischer Theorien, die zwar nie beim breiten Publikum Erfolg hatten, dennoch als Anregung für die Filmemacher des Neuen Kinos dienten, das unter der Bezeichnung «Der junge / neue deutsche Film» Ende der sechziger Jahre auf internationalen Filmfestivals ziemlichen Anklang fand.

Der Schriftsteller Alexander Kluge war der erste dieser informellen Gruppe, der sich erfolgreich dem Film zuwandte. *Abschied von gestern* (1966), *Die Artisten in der Zirkuskuppel: ratlos* (1967), *Gelegenheitsarbeit einer Sklavin* (1973), *In Gefahr und größter Not bringt der Mittelweg den Tod* (1974), *Der starke Ferdinand* (1975) und *Die Patriotin* (1979) verbanden politisches Engagement und ironischen Witz zu einer stilistisch reizvollen, sehr persönlichen Collage-Technik. Durch seine juristische Erfahrung, blendende Eloquenz und diplomatisches Geschick wurde Kluge auch in der komplizierten filmpolitischen Szene der Bundesrepublik zu einer Zentralfigur, bis er sich nach Aufkommen des Privatfernsehens mit japanischem Kapital und dem Anspruch auf «aufklärerische Gegenkultur» eine zunehmend esoterische Nische mit formalen Basteleien und quasi-intellektuellen Gesprächen schuf.

Volker Schlöndorffs Kino besitzt ebenfalls einen allgemein politischen Ansatz,

Mario Adorf und Angela Winkler in Schlöndorffs und von Trottas *Die verlorene Ehre der Katharina Blum* (1975): die politische Seite des neuen deutschen Films.

doch zeigt Schlöndorff eine stärkere Anwendung traditioneller filmischer Mittel und zugleich ausgefeilterer Logik. *Der junge Törleß* (1966) war eine Verfilmung des psychologischen Romans von Robert Musil; *Der plötzliche Reichtum der armen Leute von Kombach* (1971) eine Art brechtisches Lehrstück.

Zusammen mit seiner Frau Margarethe von Trotta, die am Buch beteiligt war, inszenierte Schlöndorff dann *Strohfeuer* (1972), einen feministischen Film mit einigem kommerziellem Erfolg. Mit ihren eigenständigen Arbeiten ist Margarethe von Trotta am besten für ihre breit angelegten Studien zu politischen Themen bekannt (*Die bleierne Zeit*, 1981; *Rosa Luxemburg*, 1985; *Das Versprechen*, 1994).

Schlöndorffs und Trottas Film *Die verlorene Ehre der Katharina Blum* (1975, nach der Erzählung von Heinrich Böll) war ein wichtiges Dokument der politischen Situation in der Bundesrepublik; der direkte Angriff auf die hetzerischen Methoden der Springer-Presse machte den Film zu einem großen Erfolg. 1979 vollendete Schlöndorff seine Verfilmung von Günter Grass' Roman *Die Blechtrommel*. Schlöndorffs elegante und inspirierte Version erhielt international die verdiente Anerkennung, darunter den ersten – in diesem Fall höchst passend benannten – Oscar für einen deutschen Film. In einer bewegenden Dankesrede nahm Schlöndorff den Preis nicht nur für sich und die junge Generation der deutschen Filmemacher entgegen, sondern zugleich für die großen Regisseure wie Fritz Lang und Billy Wilder, die aus Deutschland ins Exil nach Hollywood gezwungen worden waren.

Kluge und Schlöndorff waren auch an zwei Gemeinschaftsfilmen mehrerer Filmemacher beteiligt, die direkt auf die aktuelle politische Situation eingingen: *Deutschland im Herbst* (1978) über die gesellschaftliche Stimmung zur Zeit der Entführung und Ermordung des Arbeitgeberpräsidenten Schleyer durch Terroristen und *Der Kandidat* (1980) über den fast unaufhaltsamen Aufstieg des Politikers Franz Josef Strauß und Momente der politischen Entwicklung seit dem Zweiten Weltkrieg.

Wichtige Filme mit starken politischen und sozialkritischen Bezügen schufen unter anderem die vom Fernsehen herkommenden Regisseure Peter Lilienthal (*Malatesta*, 1969; *Es herrscht Ruhe im Land*, 1975; *David*, 1979; *Das Autogramm*, 1983/84) und Reinhard Hauff (*Mathias Kneißl*, 1971; *Der Hauptdarsteller*, 1977; *Messer im Kopf*, 1978; *Endstation Freiheit*, 1980; *Stammheim*, 1985; *Blauäugig*, 1989).

In der ersten Hälfte der siebziger Jahre setzte sich eine Gruppe, die als «Berliner Realisten» bekannt wurde, mit der sozialen Realität von Fabrikarbeitern auseinander; dazu zählen Christian Ziewer (*Liebe Mutter, mir geht es gut*, 1972) sowie Marianne Lüdcke und Ingo Kratisch (*Familienglück*, 1975).

Rainer Werner Fassbinder, der zugleich als Autor, Schauspieler und Regisseur in Theater, Film und Fernsehen Karriere machte, war in den siebziger Jahren der bekannteste Filmemacher des Jungen Deutschen Films. Als er 1982 im Alter von 37 Jahren starb, umfaßte sein Werk mehr als vierzig Filme. Seine frühen, politischeren Filme – *Katzelmacher* (1969), *Warum läuft Herr R. Amok?* (1970) und *Der Händler der vier Jahreszeiten* (1971) zum Beispiel – und die spröde Literaturverfilmung *Fontane Effi Briest* (1974) verdienen vielleicht größeres Interesse als seine anderen Filme – *Die bitteren Tränen der Petra von Kant* (1972), *Angst essen Seele auf* (1973), *Chinesisches Roulette* (1976) –, die zwar zum Teil erfolgreicher waren, jedoch oft einen melodramatischen Einfluß zeigen (Douglas Sirk ist ein Vorbild Fassbinders) sowie allgemein verworrener wirken. Nach verschiedenen Fernsehfilmen drehte Fassbinder 1978 seinen ersten englischsprachigen Film: *Die Reise ins Licht/Despair* nach Tom Stoppards Drehbuchversion des Romans von Vladimir Nabokov. Trotz dieser eindrucksvollen literarischen Vorlage gelang Fassbinder nicht der internationale Durchbruch. Dagegen hatte sein – nun wieder deutschsprachiger – Film *Die Ehe der Maria Braun* (1979) im In- und Ausland auch beim Publikum großen Erfolg. *Berlin Alexanderplatz* (1979/80), seine fünfzehnstündige Fernsehserie, markiert den Gipfelpunkt seiner kurzen Karriere.

In dieser Gruppe läßt sich Werner Herzog am schlechtesten einordnen. *Fata Morgana* (1968–70) und *Auch Zwerge haben klein angefangen* (1970) waren schwer beschreibbare, eigenwillige Experimente, während sich *Land des Schweigens und der Dunkelheit* (1971) und *Jeder für sich, Gott gegen alle* (1974) dem Zuschauer leichter

R. W. Fassbinders *Die Ehe der Maria Braun* (1979) experimentierte so mit der Erzählform, daß der Film immer noch für ein breites Publikum unterhaltsam blieb.

erschließen; der erstere ist eine dokumentarische Studie über die Welt der Taubblinden, letzterer Herzogs erfolgreiche Version der Legende von Kaspar Hauser. Herzog konzentriert sich, vom Filmemachen rücksichtslos besessen, auf Menschen in extremen Situationen, fast wie ein experimentierender Anthropologe. In *Aguirre, der Zorn Gottes* (1972) verfolgte er einen besessenen spanischen Konquistador in der Neuen Welt bei seiner Expedition einen zunehmend unheimlichen Strom hinauf. Viele Kritiker verglichen den Film positiv mit dem in Motiven ähnlichen, sehr viel aufwendigeren Nachfolger *Apocalypse Now*, ebenfalls einer Studie über die Psyche in einer Extremsituation. *Herz aus Glas* (1976), nach einem Drehbuch von Herbert Achternbusch, war ein hermetischer, abstrakter Essay über die Mysterien bayerischer Glashüttenarbeiter im neunzehnten Jahrhundert, während *Stroszek* (1977) ein unterhaltsames Porträt eines etwas einfältigen Europäers zeichnete, der mit der amerikanischen Kultur konfrontiert wird. Nach zwei etwas akademischen Adaptionen klassischer Vorbilder – *Nosferatu – Phantom der Nacht* (1978) nach dem Stummfilm von Murnau; *Woyzeck* (1978) nach dem Bühnenfragment von Georg Büchner – begann Herzog in Südamerika mit *Fitzcarraldo*. Die extremen Zustände bei den Dreharbeiten protokolliert der amerikanische Dokumentarfilmer Les Blank in *Burden of Dreams*. Danach begibt sich Herzog in seinen Dokumentar- und Spielfilmen auf Expeditionen zu den Außenposten der Zivilisation: mit *Wo die grünen*

Ameisen träumen (1983/84) nach Australien, mit *Cobra verde* (1987) ins koloniale Afrika, mit *Schrei aus Stein* (1990/91) auf den Cerro Torre in Patagonien.

Ein weiterer international erfolgreicher Regisseur des Neuen Kinos war Wim Wenders. Weniger überladen (als Kluge, Herzog und vor allem Fassbinder), realisierte er nach einigen interessanten Experimentalfilmen eine Reihe einfacher, doch intensiver Filme, in denen eher menschliche Anliegen als formaler Stil überwogen: *Alice in den Städten* (1973/74), *Falsche Bewegung* (1974/75), *Im Lauf der Zeit* (1975). *Der amerikanische Freund* (1976/77), eine internationale Coproduktion nach einem Roman von Patricia Highsmith, faßte gekonnt Wenders' Themen der Entfremdung und europäisch-amerikanischen Kulturverschmelzung zusammen. Nach dem Erfolg des Films wurde Wenders durch Francis Ford Coppola «entdeckt» und nach Hollywood geholt. Auf die schmerzhaften Erfahrungen bei der langwierigen Herstellung des Krimis *Hammett* (1980–82) reagierte Wenders, ein wenig selbstmitleidig, in *Der Stand der Dinge* (1981). Wie zum Trotz produzierte Wenders anschließend – nach einem Drehbuch von Sam Shepard – mit *Paris, Texas* (1983/84) *seinen* amerikanischen Film. Die bestechende Kameraführung von Robby Müller und die eindringliche Slidegitarre von Ry Cooder machten den Film zu einem internationalen Erfolg. Neben seinen Spielfilmen führte Wenders in diesen Wanderjahren eine Art filmisches Tagebuch, aus dem eine Reihe von essayistischen Dokumentarfilmen entstand: *Nick's Film – Lightning Over Water* (1979/80) über das Sterben seines Kollegen Nicholas Ray, *Tokyo-Ga* (1983–85), *Aufzeichnungen zu Kleidern und Städten* (1989). Zugleich mußte Wenders erkennen, daß er sein Problem, eine dramaturgisch geschlossene Geschichte zu erzählen, nicht überwinden konnte. Auch in Zukunft blieb er deshalb dem Genre des Roadmovies und einer eher lockeren Episodenstruktur treu. So zeigen alle seine Filme eine bisweilen faszinierende Mischung von beeindruckenden – meist visuellen, bisweilen auch musikalischen – Momenten, die durch eine oft hilflose Struktur verkleistert werden. So drehte er in deutsch-französisch-australischer Coproduktion *Bis ans Ende der Welt* (1990/91) als welt- und endzeitumspannendes Roadmovie. Die Situation der geteilten Stadt und Momente deutscher Geschichte reflektierte er in *Der Himmel über Berlin* (1986/87), in dem sich Bruno Ganz und Otto Sander als Engel ebenso über die Realität erheben wie der Kommentartext von Peter Handke. Auf die deutsche Vereinigung reagierte er mit neuen Erlebnissen der Engel in *In weiter Ferne so nah!* (1992/93). Trotz abnehmender Resonanz bei Kritik und Publikum ist Wenders der einzige Filmemacher seiner Generation, der auch in den Neunzigern kontinuierlich für das Kino produziert hat und international als angesehenster Repräsentant des deutschen Film gilt.

Francis Ford Coppola arrangierte auch das gewisse Aufsehen bei Kritik und Publikum für Hans-Jürgen Syberberg (*Ludwig – Requiem für einen jungfräulichen König*, 1972; *Karl May*, 1974; *Winifred Wagner und die Geschichte des Hauses Wahn-*

fried von 1914–1975, 1975), den sicherlich abstrusesten der neuen deutschen Filmemacher in den siebziger Jahren. 1979 präsentierte er Syberbergs «magnum opus», den fast siebenstündigen *Hitler – Ein Film aus Deutschland* (1976/77), einem gespannten Publikum in New York und San Francisco. Der geschwätzige Film läßt jegliche Disziplin vermissen und zeigt nur bisweilen den Anflug von Intelligenz, so daß er nur wenig mehr als den übertriebenen Avantgarde-Anspruch erfüllte.

Gegen Ende der sechziger Jahre entstand – angeregt durch das New American Cinema – auch in der Bundesrepublik unter dem Namen «Das andere Kino» eine unabhängige Experimentalfilm-Bewegung; zu deren wichtigsten Vertretern zählen Helmut Herbst, Werner Nekes, Franz und Ursula Winzentsen, Lutz Mommartz, W+B Hein, Adolf Winkelmann, Hellmuth Costard und Klaus Wyborny. Die breitere Bewegung ebbte Anfang der Siebziger wieder ab, während einzelne Filmemacher weiterarbeiteten, sich zum Teil jedoch dem Fernsehen und traditionelleren Filmformen zuwandten, wie zum Beispiel Werner Schroeter (*Eika Katappa*, 1969; *Palermo oder Wolfsburg*, 1980; *Malina*, 1991) und Rosa von Praunheim (*Die Bettwurst*, 1970; *Armee der Liebenden*, 1979).

Die Beschäftigung mit dem Dokumentarfilm fand vor allem im Fernsehen statt. Dabei entwickelten Klaus Wildenhahn, der sich auch theoretisch mit dem dokumentarischen Film auseinandersetzte, und Eberhard Fechner eine eigene Handschrift. Wildenhahn verfolgte – in Anlehnung an das amerikanische Direct Cinema – in technisch bewußt schlichten Schwarzweißfilmen seine Themen oft über Wochen mit Kamera und Tonband (*In der Fremde*, 1967; *Emden geht nach USA*, vier Folgen, 1975/76). Dagegen rekonstruierte Fechner, von der Gegenwart ausgehend, exemplarische Biografien an Hand von Erinnerungen und Dokumenten (*Nachrede auf Klara Heydebreck*, 1969; *Die Comedian Harmonists*, 1976; *Wolfskinder*, 1990/91). In achtjähriger Arbeit entstand 1975–84 anhand von Interviews mit Tätern und Opfern *Der Prozeß*, eine eindrucksvolle Dokumentation des Verfahrens gegen Wächter des KZ Majdanek. Er wandte sich dann mehr und mehr der präzisen Verfilmung literarischer Stoffe zu (*Tadellöser & Wolff*, zwei Folgen, 1975; *Winterspelt 1944*, 1977). Fechner starb 1992. Ebenfalls für das Fernsehen dokumentierten Theo Gallehr und Rolf Schübel Themen aus der Arbeitswelt (*Rote Fahnen sieht man besser*, 1971). Der Dokumentarist Peter Nestler hatte Anfang der sechziger Jahre einige stilistisch reizvolle Kurzfilme realisiert (*Aufsätze*, 1963; *Ein Arbeiterclub in Sheffield*, 1965), ging dann aus Mangel an Arbeitsmöglichkeiten nach Schweden, wo er seither für das Fernsehen produziert (*Om papperets historia*, zwei Folgen, 1971).

Zwei in ihrem Verhältnis zum Filmmedium sehr unterschiedliche Außenseiter des Neuen Kinos sind Herbert Achternbusch und Niklaus Schilling. Achternbusch, ein bayerischer Schriftsteller, erweiterte seine skurrilen Texte in das optisch-akustische Medium (*Das Andechser Gefühl*, 1974; *Servus Bayern*, 1977; *Der Komantsche*,

1979), wobei er selbst die Hauptrollen übernahm. *Das Gespenst* (1982), in dem er als stigmatisierter Jesus über das Wasser wandelte, wurde durch vergebliche Zensur-Versuche des für die Filmförderung zuständigen CSU-Innenministers zeitweise zum Skandalon, ohne daß Achternbusch von seinem höchst eigentümlichen Weg des Filmemachens abwich (*Mix Wix*, 1989; *Hades*, 1994). Der Schweizer Niklaus Schilling drehte Filme höchster technischer Perfektion, bei denen er mit der Vermischung bekannter Filmgenres spielt (*Die Vertreibung aus dem Paradies*, 1976; *Der Westen leuchtet!*, 1981/82), drehte mit *Der Willi-Busch-Report* (1979) eine gelungene Filmkomödie und experimentierte seit Anfang der Achtziger mit der Verbindung von Videotechnik und Film (*Die Frau ohne Körper und der Projektionist*, 1983).

Zu den Filmemachern, die erfolgreich versuchten, inhaltliche und formale Qualität mit dem Unterhaltungsbedürfnis des Publikums zu verbinden, gehören Hans W. Geissendörfer (*Sternsteinhof*, 1976; *Die gläserne Zelle*, 1977), Bernhard Sinkel und Alf Brustellin (*Lina Braake – Die Interessen der Bank können nicht die Interessen sein, die Lina Braake hat*, 1974; *Berlinger*, 1975) und Erwin Keusch (*Das Brot des Bäckers*, 1976). Sie fanden schließlich ihr Arbeitsfeld beim Fernsehen. Den umgekehrten Weg nahm Wolfgang Petersen. Der Absolvent der Filmakademie in Berlin begann mit einer Reihe interessanter Beiträge zur TV-Reihe *Tatort* (*Reifezeugnis*, 1976) und TV-Filmen, die aktuelle Probleme aufgriffen (*Smog*, 1972), ehe er mit *Das Boot* (1980/81, Kinofassung und TV-Serie) international Erfolg hatte. Nach *Die unendliche Geschichte* (1983) ging er nach Hollywood, wo er sich schließlich mit den Thrillern *In the Line of Fire* (1993), *Outbreak* (1994), *Air Force One* (1997) und *The Perfect Storm* (1999) durchsetzen konnte.

Seit Mitte der siebziger Jahre traten verstärkt auch Filmemacherinnen mit eigenen, feministisch geprägten Themen hervor. Zu den wichtigsten gehören neben Margarethe von Trotta Jutta Brückner (*Hungerjahre*, 1980), Helke Sander (*Die allseits reduzierte Persönlichkeit – REDUPERS*, 1977), Ulrike Ottinger (*Bildnis einer Trinkerin*, 1979) und Helma Sanders-Brahms (*Deutschland, bleiche Mutter*, 1980).

Beim Filmfest 1979 in Hamburg – an das Oberhausener Manifest anknüpfend – postulierten die Filmemacher: «Phantasie läßt sich nicht verwalten. Gremienköpfe können nicht bestimmen, was der produktive Film tun soll. Der deutsche Film der achtziger Jahre kann nicht mehr von Gremien, Anstalten und Interessengruppen so wie bisher fremdbestimmt werden. (...) Wir müssen uns auf die Socken machen.» Doch es blieb ein Strohfeuer. Die zu Verbündeten aufgerufenen Zuschauer mieden immer mehr deutsche Produktionen, und die Filmemacher machten sich auf die Socken an die Töpfe der Filmförderungen, die auf Länderbasis ebenso aus dem Boden sprossen wie regionale Filmfeste, die zunehmend die einzigen Abspielorte für die geförderten Filme bildeten, soweit diese nicht direkt aus dem Kopierwerk unter Umgehung des Kinos im Archiv landeten.

Alain Tanners *Jonas qui aura 25 ans en l'an 2000* (1976) bleibt einer der wichtigsten Filme der siebziger Jahre, eine warme, mit Herz geführte Untersuchung über die Art, wie wir damals zu leben hofften.

Das Aufblühen der Schweizer Kinematografie war eine der fesselndsten Entwicklungen der siebziger Jahre. Die Entwicklung setzte zunächst in der französischsprachigen Schweiz ein. Die Filme von Alain Tanner (*Charles mort ou vif*, 1969; *La Salamandre*, 1971; *Retour d'Afrique*, 1973; *Le Milieu du monde*, 1974) zeigen eine einmalige Mischung aus traditioneller Erzähldramaturgie und intelligenter Mise en Scène. *Jonas qui aura 25 ans en l'an 2000* (1976), eine skurrile, humane und sehr kluge politische Allegorie, war durch seine hellsichtigen Kommentare über die kulturellen und politischen Nachwirkungen der Ereignisse von 1968 eines der wichtigsten sozialen Dokumente der siebziger Jahre. In *Messidor* (1979) konfrontierte Tanner an Hand der Reise zweier junger Frauen durch die Schweiz Postkarten-Ansichten mit der politischen Realität. Claude Gorettas Filme (*L'Invitation*, 1972; *Pas si méchant que ça*, 1975) waren surrealistische Komödien mit einem eigenartigen Charme. Mit *La Dentellière* (1976) gelang ihm ein internationaler Erfolg. Michel Soutter gelang es in *James ou pas* (1970), *Les Arpenteurs* (1972), *L'Escapade* (1973) und *Reperages* (1977) bisweilen, Gorettas Charme mit Tanners Politik zu verbinden. Die Filme aller drei Regisseure erinnern auf angenehme Weise an den Geist der frühen Nouvelle Vague. Die meisten Filme dieser, aber auch einer Reihe weiterer interessanter Schweizer Filmemacher (zum Beispiel Patricia Moraz' *Les Indiens sont encore loin*, 1977) und internationaler Regisseure (Jean-Marie Straubs *Moses und Aaron* u. a.) wurden vom Kameramann Renato Berta aufgenommen, dessen technische und stilistische Brillanz den Aufschwung der Schweizer Kinematografie entscheidend mitprägte.

Mit etwas zeitlicher Verzögerung entwickelte sich gegen Mitte der siebziger Jahre auch in der deutschsprachigen Schweiz eine bemerkenswerte Filmszene. Peter von Gunten (*Die Auslieferung*, 1974), Rolf Lyssy (*Konfrontation*, 1974; *Die Schweizermacher*, 1979), Markus Imhoff (*Fluchtgefahr*, 1974; *Tauwetter*, 1977), Thomas Koerfer (*Der Gehülfe*, 1975; *Alzire oder der neue Kontinent*, 1977) und Kurt Gloor (*Die plötzliche Einsamkeit des Konrad Steiner*, 1976) setzten sich in dokumentarisch geprägtem oder historisch vermitteltem Stil mit der politischen und sozialen Situation der Gegenwart auseinander. Die Filme Daniel Schmids sind stark durch seine deutschen Vorbilder Schroeter und Fassbinder geprägt (*La Paloma*, 1974; *Schatten der Engel*, 1975, nach einem Drehbuch von Fassbinder; *Violanta*, 1977).

Dieser Blüte der Spielfilme ging, teilweise auch im Werk einzelner Filmemacher, ein Aufschwung des Dokumentarfilms voraus. Dabei wurde die gegenwärtige politische Realität aufgezeichnet (*Krawall*, 1970, von Jürg Hassler; *Ein Streik ist keine Sonntagsschule*, 1975, von Hans und Nina Stürm und Mathias Knauer; *Behinderte Liebe*, 1979, von Marlies Graf), verschüttete historische Zusammenhänge aufgedeckt (*Schweizer im Spanischen Bürgerkrieg*, 1973, und *Die Erschießung des Landesverräters Ernst S.*, 1975, von Richard Dindo; *Die Früchte der Arbeit*, 1977, von Alexander J. Seiler) oder ethnographisch genau verschwindende Traditionen festgehalten (*Wir Bergler in den Bergen sind eigentlich nicht schuld, daß wir da sind*, 1974, von Fredi M. Murer). Zur letzten Gruppe der Film-Ethnologen gehört vor allem Yves Yersin (*Une Fromagerie d'Alpage*, 1970; *Die letzten Heimpostamenter*, 1973), der 1979 seinen dokumentarischen Stil in einen Spielfilm einbrachte (*Les Petites Fugues*).

Das amerikanische Kino erlebte um 1970 ebenfalls eine Explosion neuer Talente, aber im Gegensatz zum neuen Kino in Frankreich und der Bundesrepublik blieb es höchst kommerziell. Das Genre-Konzept war nach wie vor stark ausgeprägt. Gangster- und Musical-Filme konnte man in den siebziger Jahren mit der Lupe suchen, doch wurden sie durch eine Reihe neuer Genres ersetzt, darunter die Autojagd, das Road-Movie, der Nostalgie-Film, der Hollywood-Film (über die unwiederbringlichen goldenen Zeiten), der Karate-Film (vorwiegend importiert – und von *Variety* in Anspielung auf das unablässige Verhackstücken «Chop Socky» getauft), der «respektable» Pornofilm und – Mitte der Siebziger am einträglichsten – der Katastrophen-Film. Alle diese neu entwickelten Genres zeichneten sich durch ihre Schmalspurigkeit aus; keines bot eine ähnlich große Möglichkeit für eine persönliche Ausdeutung wie etwa der Western oder der Film Noir. Wenn auch die neuen Genres nicht ganz ohne Interesse waren, war doch der «black film» in den Siebzigern die bedeutendste Innovation in den USA, das Kino der Schwarzen, eine umfassende Kategorie, die sehr viel billiges Material («blaxploitation» im *Variety*-Slang) einschloß, aber ebenso eine Reihe wichtiger Filme. Zu Ende des Jahrzehnts war der «black film» fast ganz von der Hollywood-Szene verschwunden, aber in den neunziger Jahren kam er mit neuer Energie wieder in Gang.

Melvin Van Peebles ging zunächst nach Frankreich, um seinen Entschluß, Filmemacher zu werden, in die Tat umzusetzen. Dort drehte er einen Film (*La Permission*, 1967) und erhielt nach seiner Rückkehr in die USA dank dieser ausländischen Referenz einen Hollywood-Vertrag. Das Ergebnis war eine ziemlich schwache Komödie, *The Watermelon Man* (1969). Sein dritter Film jedoch, die unabhängige Produktion *Sweet Sweetback's Baaadasssss Song* (1971) ist ästhetisch gesehen bis heute der reinste Black Film – ein Schmerzensschrei, zugleich eine Lektion in Überlebenstechnik der Schwarzen in Amerika. Nachdem er Hollywood erobert hatte, wandte Van Peebles in den siebziger Jahren seine Aufmerksamkeit der Bühne zu und spielte eine wichtige Rolle in der Entwicklung des schwarzen Musicals (*Ain't Supposed to Die a Natural Death, Don't Play Us Cheap,* beides immer noch wichtige und profitable Beiträge zum Broadway-Repertoire). Dann hat ihn die Welt von Bühne und Film offensichtlich gelangweilt, und er zog in die Wall Street um, in den Achtzigern das angesagte Tätigkeitsfeld. 1986 erschien sein Ratgeber *Bold Money: A New Way to Play the Option Market.* Ende der Achtziger kehrte er zum Film zurück; er arbeitete dabei mit seinem Sohn Mario zusammen.

Gordon Parks Sr war ein erfolgreicher Fotograf der Zeitschrift *Life*, als er sich entschloß, die Rassenschranken der Filmindustrie zu durchbrechen. Sein erster Film, der auf seiner Autobiografie beruhte, *The Learning Tree* (1968), war ein optisch erregender Essay über seine Kindheit in Kansas, für das dauernde Stimulantien gewöhnte Publikum jedoch zu statisch. Parks erfüllte die kommerziellen Erwartungen mit seinem nächsten Film *Shaft* (1970), dem Urbild des schwarzen Action-Genres, das Anfang der siebziger Jahre sehr erfolgreich war. Nach ein paar ähnlichen Produktionen kehrte Parks mit *Leadbelly* (1976) zu einem persönlicheren Thema zurück, der Biografie des Bluessängers, und schuf so einen der wichtigsten Filme in der kurzen Geschichte des Kinos der Schwarzen.

Bill Gunn zeichnete verantwortlich für einen der originellsten und erregendsten Filme der siebziger Jahre – *Ganja and Hess* (1973) –, der als schwarze Vampir-Klamotte begann, doch diesen Ansatz weit hinter sich ließ. Obwohl der Film in Cannes ausgezeichnet wurde, gelangte er nicht in den Verleih und konnte so von kaum jemand gesehen werden. Gunn war Romanautor (*Rhinestone Sharecropping),* Bühnenautor (*Black Picture Show*, 1975), Drehbuchautor (*The Angel Levine*, 1970) und TV-Produzent (*Johannas*, 1972; *The Alberta Hunter Story*, 1982); er starb 1989.

Ende der Sechziger sah es so aus, als könnte eine neue Generation junger amerikanischer Filmemacher – wie ihre Kollegen in Europa – ein stärker persönliches Kino entwickeln. Orientiert an den Beispielen unabhängiger Regisseure wie Arthur Penn (*Bonnie and Clyde*, 1967; *Alice's Restaurant*, 1969; *Little Big Man*, 1970; *Night Moves*, 1975) sowie Frank und Eleanor Perry (*David and Lisa*, 1962; *Diary of a Mad Housewife*, 1970), erhofften sich die jüngeren Amerikaner, die meist den Filmschulen der Universitäten entstammten, ein Kino, das weniger wirtschaftlichen Mechanismen unterworfen wäre als Hollywood in seinen großen Tagen. Zunächst schien dies möglich; die ersten Filme jener Regisseure, die immer noch das amerikanische Kino beherrschen, waren im Ansatz unabhängig, doch nur die wenigsten konnten diesen Geist der Unabhängigkeit aufrechterhalten.

Die Filme, die von der unabhängigen Firma BBS produziert wurden, kündeten einen neuen Stil an: *Easy Rider* (1969, inszeniert vom Schauspieler Dennis Hopper), *Five Easy Pieces* (1970, Bob Rafelson), *A Safe Place* (1971, Henry Jaglom), *Drive, He Said* (1971, Jack Nicholson). Doch der kommerzielle Erfolg von *Easy Rider* brachte lediglich das kurzlebige Genre des Youth-Movie hervor, und selbst Rafelson, der Erfahrenste dieser Gruppe, konnte in den nächsten sieben Jahren nur zwei Filme drehen: *The King of Marvin Gardens* (1972) und *Stay Hungry* (1976). Monte Hellman, der ebenfalls zur BBS-Gruppe gezählt wird, hatte Mitte der Sechziger zwei bemerkenswerte Western gedreht (*The Shooting, Ride the Whirlwind*, 1966) und mit *Two-Lane Blacktop* (1970) einen der besten Filme der Siebziger – und ganz sicher das bedeutendste Road-Movie; in den folgenden sechs Jahren konnte er jedoch nur ein Projekt verwirklichen.

Filmemacher, die an einer persönlichen Version festhielten und gleichzeitig versuchten, eng mit den Studios zusammenzuarbeiten, hatten mit der Realisierung ihrer Filme mehr Erfolg, mußten sich aber den Forderungen der Unterhaltungsindustrie immer mehr anpassen.

Martin Scorsese begann mit zwei ungewöhnlichen, unabhängigen Produktionen (*Who's That Knocking at My Door?*, 1967; *Mean Streets*, 1973), drehte dann jedoch zwei Filme, die zwar oberflächlich den Stil der Unabhängigkeit aufrechterhielten, dennoch vollkommen in die Hollywood-Muster paßten: *Alice Doesn't Live Here Anymore* (1974) und *Taxi Driver* (1976). *New York, New York* (1977), der ambitiöse Versuch, ein Musical im Stil der vierziger Jahre zu inszenieren, fand nie sein Publikum, während *The Last Waltz* (1978), die elegant gefilmte Dokumentation des Abschiedskonzertes von The Band, einigen Erfolg bei Kritik und Zuschauern verzeichnete. In den Achtzigern kam Scorsese mit einer Kette zunehmend interessanter Filme auf Touren. Wie auch andere der berühmteren Filmemacher seiner Generation ließ er sich ganz von seinen Neigungen leiten und erschloß neue Felder mit *Raging Bull* (1980), *The King of Comedy* (1983), *After Hours* (1985), *The Color of Money* (1986), *The Last Temptation of Christ* (1988), *GoodFellas* (1990), *The Age of In-*

Daniel Day-Lewis und Michelle Pfeiffer in Martin Scorseses *Age of Innocence* (1993), einer eleganten Adaption des Romans von Edith Wharton; der Film zeigte eine bewundernswerte Liebe zum Detail und demonstrierte, daß Scorsese über ein reifes stilistisches Repertoire verfügte.

nocence (1993) und *Casino* (1995). In ihrer Gesamtheit stellen diese Filme eine virtuose Leistung dar.

Das Modell der neuen Generation von Hollywood-Regisseuren der siebziger Jahre war Francis (Ford) Coppola, der gleich nach der Filmschule bei Roger Corman zu arbeiten begann, mit Drehbüchern erste Erfolge hatte und dann eine Reihe persönlicher Filme – darunter *The Rain People* (1969) und *The Conversation* (1974) – produzierte und inszenierte. Zwischendurch zeichnete er verantwortlich für einen der erfolgreichsten Filme der frühen Siebziger – *The Godfather* (1972) –, der mit seiner Fortsetzung (1974) von vielen Kritikern als der wichtigste Film der Dekade angesehen wird. Diese Kombination aus kommerziellem und künstlerischem Erfolg ist selten.

Anschließend brauchte Coppola fast vier Jahre und über dreißig Millionen Dollar, um in dem erregend konzipierten und überwältigend gefilmten *Apocalypse Now* (1979) Joseph Conrads Roman *Heart of Darkness* vor dem Hintergrund des Vietnam-Krieges eine tiefere Bedeutung abzupressen. Kritik und Publikum schienen sich darüber einig zu sein, daß dieser Versuch nicht bis ins letzte gelungen war. Trotz der anschaulichen Metaphern für die Malaise des amerikanischen Vietnam-Komplexes – vielleicht gerade wegen der brillant konstruierten Bilder und Töne –

schien uns *Apocalypse Now* nicht sehr viel über Vietnam zu vermitteln. 1968, als Coppola und John Milius die Grundidee entwickelten, hätte ein solcher Film revolutionäre Kraft entwickeln können. Doch mehr als zehn Jahre später brauchte die Nachkriegsgeneration mehr als die Bebilderung der Grausamkeiten des Krieges, sie brauchte Hilfen zum Verständnis. Das ist vielleicht zuviel von einem dreistündigen Film verlangt, doch *Apocalypse Now* weckte während der langen und qualvollen Produktionszeit große Erwartungen, die er schließlich nicht erfüllen konnte.

Unverzagt raffte sich Coppola schnell wieder auf und kaufte im Frühjahr 1980 die ehemaligen Samuel-Goldwyn-Studios in Hollywood. Zehn Jahre zuvor hatte er mit leidlichem Erfolg versucht, in San Francisco ein alternatives Studio zu gründen. Seine Herausforderung an die Machtstruktur von Hollywood – «American Zoetrope» – wirkte hauptsächlich hinter den Kulissen durch Coppolas Unterstützung der Karriere mehrerer junger Filmemacher. Unter dem neuen – ambitionierten – Namen «Omni Zoetrope» hatte das neue Studio eine noch kürzere Lebensspanne.

Die gesamten achtziger Jahre hindurch experimentierte Coppola mit mannigfachen Stilen, selten mit Erfolg beim Publikum. *One From the Heart* (1982) verrannte sich in Computer-Tricks, Jahre bevor sie kommerziell angebracht waren. Mit *The Outsiders* und *Rumblefish* nach den Jugendbüchern von S. E. Hinton wurde 1983 eine erkleckliche Reihe von Schauspielern bekannt, die in den nächsten Jahren in Hollywood den Ton angeben sollten. *The Cotton Club* von 1984, die ambitionierte Nachempfindung einer speziellen Periode der amerikanischen Musikgeschichte, war ein Flop. Aber mit *Peggy Sue Got Married* (1986) und *Tucker: The Man and His Dream* (1988), einem lange sich hinzögernden Projekt, fand Coppola wieder zu seinem Stil. Der erste dieser beiden Filme war eine perfekt realisierte Elegie auf die ausgehenden Fünfziger und frühen Sechziger, in der die betreffende Generation sich wiederfinden konnte. Der andere war der erste Vierziger-Jahre-Film seit *The Godfather* und singt ein Lied auf den amerikanischen Unternehmergeist, das noch an Bedeutsamkeit gewinnen wird, wenn die Zeit darüber hingeht. 1990 schloß Coppola die *Godfather*-Trilogie mit dem dritten Teil ab, der weit weniger erfolgreich war als seine Vorläufer.

Ironischerweise konnte einer von Coppolas frühesten Protegés, George Lucas, den Traum seines Mentors von einem eigenen Imperium als erster verwirklichen. Nach seinem Debüt *THX 1138*, einem von Zoetrope produzierten Science-fiction-Film, der an der Kinokasse ohne Resonanz blieb, drehte Lucas 1973 *American Graffiti*, einen der populärsten Filme der siebziger Jahre. Dem folgte 1977 *Star Wars* – als lange erfolgreichster Film aller Zeiten dann von Steven Spielbergs *E. T.* und *Jurassic Park* übertroffen – und die Gründung von Lucas' eigenem Imperium mit Namen Lucasfilm Ltd., ermöglicht durch ein einträgliches Merchandising (Spielzeug, Spiele, Bücher, T-Shirts). Lucas klappte den Regiestuhl zusammen und konzentrierte

In *Peggy Sue Got Married* (1986) hat Francis Ford Coppola meisterhaft das Bild und das Lebensgefühl der sechziger Jahre eingefangen; zugleich entwickelte er eine beredte Fabel, um die romantischen und abenteuerlichen Mythen dieser Periode einzufangen, die den Amerikanern bis heute gegenwärtig sind. Hier Kathleen Turner als High-School-Queen Peggy Sue.

sich auf Produktion und die Leitung seiner Firma. Mit den Gewinnen aus *Star Wars* baute er in Marin County nördlich von San Francisco ein Atelier auf und operiert seitdem von dort aus.

Die achtziger Jahre hindurch beutete Lucas die Goldader *Star Wars* aus (zwei Fortsetzungen) und baute zusammen mit Steven Spielberg das lukrative und unterhaltsame Geschäft mit *Indiana-Jones*-Lizenzen auf. Daneben stieg Lucas mehr und mehr ins Geschäft mit «special effects» ein, das in den achtziger Jahren beständig wuchs, und zwar weitgehend dank dem Erfolg von Filmen wie den beiden *Star-Wars*-Fortsetzungen, die er selbst produzierte.

Die *Star-Wars*-Trilogie selbst ist ein ansehnlicher Katalog der Geschichte Hollywoods. Die meisten seiner populärsten Elemente besitzen direkte Vorbilder in zahllosen Genre-Klassikern, die Hollywoods goldene Ära charakterisierten. *Star Wars* ist nicht nur ein Science-fiction-Film, er ist ebenso zeitweise ein Western, ein Kriegsfilm, Historienfilm, Liebesromanze und so weiter. Bedenkt man die zahllosen Details, Stile und Kunstgriffe, die Lucas bei seinen berühmten Vorgängern ausleiht

1993 gelang Steven Spielberg ein bemerkenswerter Wurf, als er sowohl einen Monster-Kassenfüller *(Jurassic Park)* – in starkem Maße von fortgeschrittenen Special Effects abhängend – in die Kinos brachte wie eine breitangelegte, Oscarprämiierte Elegie, die ein schwieriges Thema behandelte und hauptsächlich am intelligenten Dialog hing *(Schindler's List)*. Hier füttert Sam Neill einen zutraulichen Brachiosaurus in einem überraschend unzusammenhängenden Film, der nach dem Sequel zu schielen schien – oder vielleicht nach seinem eigenen Freizeitpark.

oder auf die er anspielt, so scheint es nur zu gerechtfertigt, daß diese Filme mehr Geld einspielten als jede andere Fortsetzungsserie in der amerikanischen Geschichte. 1993 gab Lucas die Zeitplanung für drei weitere *Star-Wars*-Filme bekannt.

Kopf an Kopf mit Lucas bewegte sich Steven Spielberg. *Jaws* (1975) hielt eine Zeitlang den Spitzenplatz in *Varietys* Bestenliste der erfolgreichsten Filme, ehe er von *Star Wars* verdrängt wurde, und Spielbergs eigener Versuch im Science-fiction-Genre, *Close Encounters of the Third Kind*, der Ende 1977, sieben Monate nach *Star Wars*, herauskam, erklomm ebenfalls einen der obersten Plätze dieser Liste. Der Film *1941* (1979), der Versuch einer Komödie über die Kriegshysterie jenes Jahres, kostete riesige Summen, war ein absoluter Mißerfolg an den Kinokassen und brachte Spielberg einen Moment lang auf den Boden der Tatsachen zurück.

Mit *Raiders of the Lost Ark* (1981), dem ersten der *Indiana-Jones*-Filme, erholte er sich aber sogleich und stieg mit *E.T.: The Extraterrestrial* (1982) wieder steil auf. Seitdem hält sein Höhenflug an. Die achtziger Jahre sahen eine stete Folge größerer und kleinerer Erfolge von *The Color Purple* (1985) und *Empire of the Sun*

Liam Neeson als Schindler – ein habgieriger Mensch mit einem warmen Herzen und infolgedessen unwiderstehlichem Charakter – verabschiedet sich von den «Schindlerjuden». Spielbergs Film löste in Deutschland eine ähnliche Reaktion aus wie das TV-Melodram *Holocaust* (1978).

(1987) bis zu *Always* (1989) und den *Indiana-Jones*-Fortsetzungen (1984, 1989). Ebenso wie Coppola und Lucas war er zugleich auch ein fleißiger Produzent und zeichnete unter anderem für die *Back-to-the-Future-* und die *Gremlins*-Serie sowie für den äußerst bemerkenswerten Film *Who Framed Roger Rabbit* (1988) verantwortlich. In den letzten zwanzig Jahren hat niemand die amerikanische Alltagskultur stärker beeinflußt als Steven Spielberg. 1993 brach *Jurassic Park* weltweit den Einnahmerekord, während gleichzeitig durch die positive kritische Rezeption von *Schindler's List* klar wurde, daß Spielberg sich mit den Besten der «seriösen» amerikanischen Filmemacher messen kann.

Eine Generation älter als diese drei Regisseure/Impresarios, überlebte Robert Altman eine unbequeme Verbindung mit den Studios und schaffte es, seine Filme nach seinem eigenen Gusto zu machen. Er ist einer der originellsten zeitgenössischen Filmemacher. Sein Kino ist voll Abenteuer: *M*A*S*H* (1970) definierte die Stimmung einer Generation (und sicherte zugleich Altmans künstlerische Freiheit). *McCabe and Mrs. Miller* (1971) war eindeutig der überragende Western der Epoche,

The Player (1992), Robert Altmans lang erwartete Rückkehr zur Form, erwies sich als ansteckende Satire auf das heutige Hollywood, voll von Insider-Witzen, aber zugleich nicht davon abhängig. Hier empfängt Studio-Manager Tim Robbins eine Botschaft.

wie *The Long Goodbye* (1972) und *Thieves Like Us* (1974) originelle Versionen ihrer Genres, des Detektiv-Films und des Film Noir, darstellten.

Altmans bedeutendste Leistung der siebziger Jahre war *Nashville* (1975), ein außergewöhnlicher Film, der die mythischen Wurzeln im Zweihundertjahrsjubel aufdeckte. *Buffalo Bill and the Indians* (1976) sprach einige interessante Fragen über den American way of life an. Altmans vielleicht bedeutendster Beitrag für «New Hollywood» ist seine Arbeitsmethode. Während Starregisseure jahrelang emsig an ihren geplanten Meisterwerken herumtüftelten, hatte Altman auf der Höhe seines Schaffens in den Siebzigern einen Ausstoß von einem Film etwa alle neun Monate. Sie waren selten Bestseller, doch spielten insgesamt ihre Kosten wieder ein. Manchmal waren sie interessant (*A Wedding*, 1978), manchmal charmant (*A Perfect Couple*, 1979) und bisweilen unerträglich prätentiös (*Quintet*, 1978). Doch stets spürte man in ihnen die Liebe für das Medium und eine humane Intelligenz – und es waren nicht wenige!

In den achtziger Jahren kam Altman aus dem Tritt, verkaufte sein Studio Lion's Gate, wandte seine Aufmerksamkeit dem Theater zu und inszenierte ein paar Filme nach Bühnenstücken. 1992 erzielte er mit *The Player* einen beträchtlichen Erfolg; der Film ist eine geballte Satire auf das gegenwärtige Hollywood, steckt voll von Insider-Witzen und brachte Geld. Der 1993 angelaufene Film *Short Cuts* rief gemischte Reaktionen hervor.

John Cassavetes, der die Unabhängigkeit heutiger Regisseure mit seinen herausragenden *Shadows* (1959) vorwegnahm, kehrte zehn Jahre später mit *Faces* (1968) zur unabhängigen Produktion zurück. Es folgten *Husbands* (1970), *Minnie and Moskowitz* (1971) und *A Woman under the Influence* (1974), sein erfolgreichster Film; darauf dann einige bemühte Werke, die nur von überzeugten Cassavetes-Anhängern geschätzt wurden (darunter *The Killing of a Chinese Bookie*, 1976; *Gloria*, 1980). Trotz seines schwierigen Stils, der auf Improvisation und intensiven Beziehungen zwischen den Schauspielern beruht, gelang es Cassavetes, seine Filme ohne Studio-Geld zu finanzieren. John Cassavetes war ein vorzüglicher Schauspieler, dem parallel dazu eine produktive Existenz als unabhängiger Regisseur glückte. Damit steht er in der modernen amerikanischen Filmgeschichte einzig da. Er starb 1989.

Paul Mazursky wurde in den Siebzigern zu einem wichtigen Filmemacher, dem es gelang, mehr oder weniger mit Erfolg innerhalb des Studio-Systems zu arbeiten. Mazursky konzentrierte sich mit einer langen Reihe interessanter Filme auf die komischen Seiten menschlicher Existenz. *Bob & Carol & Ted & Alice* (1969), *Alex in Wonderland* (1970), *Blume in Love* (1973), *Harry and Tonto* (1974) und *Next Stop, Greenwich Village* (1976) zeichneten alle mit stillem Humor zeitgenössische Lebensstile nach. *An Unmarried Woman* (1978) war Mazurskys populärster Film, da er damit die feministische Welle auf ihrem Höhepunkt erwischte. *Willie and Phil* (1980) war die Summe seiner Anliegen und ein interessanter Versuch, sein geistiges Vorbild – Truffauts Klassiker *Jules et Jim* – zu kommentieren. In den achtziger Jahren arbeitete Mazursky weiter in dieser Richtung: *Tempest* (1982, eine kühne Shakespeare-Interpretation), *Moscow on the Hudson* (1984, Robin Wilson als russischer Immigrant) und *Enemies, a Love Story* (1989), ein anrührendes Gedenken an die Schatten, die der Holocaust auf New York warf.

Einer der eher unterschätzten Regisseure der Siebziger, Michael Ritchie, verband – in *Downhill Racer* (1969), *The Candidate* (1972), *Smile* (1975), *Bad News Bears* (1976) und *Semi-Tough* (1977) – dokumentarische Techniken mit fiktionalen Strukturen zu einer ungewöhnlichen Mischung. *Prime Cut* (1972) bleibt eine geistreiche Metapher für das zeitgenössische Amerika, und das verdient eigentlich breitere Anerkennung.

Ebenso erfolgreich im Versuch, die Kontrolle über Inhalt und Form seiner Art von Film in der Hand zu behalten, ist Woody Allen, der nach einer Reihe komischer Erfolge Anfang der siebziger Jahre (*Bananas*, 1971; *Sleeper*, 1973; *Love and Death*, 1975) 1977 mit *Annie Hall* von neuem Aufsehen und kritische Aufmerksamkeit

Woody Allens schwarzweiße, romantische Phantasie über seine Heimatstadt, *Manhattan* (1979), betonte die mythischen Elemente New Yorks: Brücken, Flüsse und Parkverbotszonen.

weckte. Als nächstes drehte er *Interiors* (1978), einen mißglückten «ernsten», pseudoeuropäisch gehaltenen Essay über Phobien von Intellektuellen, dessen Haupteffekt war, daß es schwerfiel, Woodys großes Vorbild Ingmar Bergman wieder ernst zu nehmen; doch mit *Manhattan* (1979) zeigte er sich erneut in bester Form. Allen kreuzte durch die achtziger Jahre, indem er ein bemerkenswert konsistentes Werk mit zahlreichen Highlights hervorbrachte: *Stardust Memories* (1980), *Zelig* (1983), *Broadway Danny Rose* (1984), *The Purple Rose of Cairo* (1985), *Hannah and Her Sisters* (1986), *Radio Days* (1987) und *Alice* (1990) sind allesamt von der Sensibilität des typischen New Yorker Intellektuellen durchdrungen, den Allen verkörpert. 1992 geriet er in rauhes Fahrwasser, als seine Beziehung zu Mia Farrow zu einem Fressen für die Fernseh-Nachrichten wurde und die Realität sich als noch eigenartiger als die Phantasie erwies; aber viele Kritiker sahen dennoch *Manhattan Murder Mystery*, im nächsten Jahr angelaufen, als anerkennenswerte Rückkehr zur Komik an.

Während Allen, Altman, Cassavetes, Coppola, Lucas, Mazursky, Scorsese, Spielberg und Ritchie – das Pantheon der amerikanischen Filmemacher in den Siebzigern – sich aus der Masse der amerikanischen Regisseure herauszuheben scheinen, gibt es noch einige andere in diesem Zeitraum, deren Werk ebenfalls Interesse verdient: Alan J. Pakula, Sydney Pollack, John Korty, Philip Kaufman, Hal Ashby und Mel Brooks fallen alle in diese Kategorie.

Der Dokumentarfilm entwickelte sich ebenfalls günstig in den siebziger Jahren. Außer den schon genannten Filmemachern sind Haskell Wexler, Saul Landau, Peter Davis und Emile De Antonio zu nennen. Wexler, ein ausgezeichneter Kameramann, inszenierte einen der wichtigsten Filme der sechziger Jahre – *Medium Cool* (1969) –, in dem er sehr geschickt die dramatischen Vorgänge während des Parteitags der Demokraten in Chicago mit einem scharfsinnigen Essay über das Verhältnis zwischen Politik und Medien verband.

Landau war verantwortlich für eine Reihe hervorragender Dokumentationen (*Interview with President Allende, Report on Torture in Brazil*, beide 1971), bei denen er oft mit Wexler zusammenarbeitete. De Antonio spezialisierte sich auf Kompilationsfilme, bei denen er pointierte politische Essays aus dem Material, das andere gedreht hatten, montierte: *Point of Order* (1963) über McCarthy-Verhöre, *Millhouse, a White Comedy* (1971) über Richard Nixon und *Painters Painting* (1972), sein einziger unpolitischer Film. De Antonio und Wexler drehten 1976 gemeinsam *Underground*, einen Film über untergetauchte Antikriegs-Aktivisten der Weathermen-Gruppe.

Peter Davis' Dokumentar-Essay über das schmerzvolle Verhältnis zwischen den USA und Vietnam, *Hearts and Minds* (1974), verärgerte einige Zuschauer wegen seiner vermeintlichen Parteilichkeit; doch er bleibt einer der bemerkenswertesten amerikanischen Dokumentarfilme nach 1960. Er vermittelte nicht nur optisch sehr wichtige Informationen, sondern wirkte gerade auch wegen seiner engagierten Haltung dem Thema gegenüber emotional wie intellektuell auf das Publikum. Leider kam der Film erst in den letzten Monaten des Kriegs in die Kinos, als nach zehn Jahren klar war, daß die amerikanische Intervention ein tragischer Fehler gewesen war.

Der Dokumentarfilm erwies sich in den Siebzigern auch als gutes Arbeitsfeld für eine Anzahl weiblicher Regisseure: Joyce Chopra, Martha Coolidge, Julia Reichert, Amalie Rothschild, Claudia Weill, Nell Cox, Cinda Firestone, Barbara Kopple und andere. Die meisten dieser Filmemacherinnen entdeckten den autobiografischen Film als Medium zur Behandlung feministischer Themen. 1978 hatte Claudia Weill mit *Girl Friends* ein eindrucksvolles Spielfilm-Debüt. Der Film war eine unabhängige Produktion, die jene direkte Sensibilität und den ungekünstelten Stil vermittelte, die ein Kennzeichen des unabhängigen Dokumentarfilms der späten siebziger Jahre waren. In den Achtzigern wurde sie einem breiten Publikum als Regisseurin bekannt, die an der herausragenden Fernsehserie *thirtysomething* beteiligt war. Chopra, Coolidge und Reichert gingen ähnliche Wege, indem sie gelegentlich einen Spielfilm inszenierten, im übrigen aber mehr oder weniger durchgängig für das Fernsehen arbeiteten. Rothschild, Cox und Kopple machten weiterhin Dokumentarfilme.

Aus dem reichen Angebot der Dokumentarfilme, die gegen Ende der Siebziger sowohl fürs Kino wie auch für die Fernsehausstrahlungen produziert wurden, lohnen drei historische Studien hervorgehoben zu werden.

Barbara Kopples *Harlan County, U.S.A.* (1976) vermittelte ein lebendiges und bewegendes Porträt jener Frauen und Männer, die in jenem Bergbauzentrum noch immer um bessere Arbeitsbedingungen kämpfen – vierzig Jahre nach den großen Arbeitskämpfen der dreißiger Jahre, die der Gegend den Namen «Bloody Harlan» eintrugen. Kopple mißbrauchte nicht die realen Menschen, um ihre eigene politische Meinung vorzuführen, sondern gab ihnen die Freiheit, uns ihre Seite der Wahrheit zu vermitteln, und sie machte auf diese Weise einfache Leute (mit außerordentlicher Energie, Hingabe und Humor) für eine kurze Zeit zu Filmstars. Der Film hat Modellcharakter für den dramatischen Stil des Dokumentarfilms Ende der Siebziger und in den Achtzigern.

With Babies and Banners (1978) von Lorraine Gray, Anne Bohlen und Lyn Goldfarb dokumentierte die Geschichte der «Women's Emergency Brigade» während des 1937er Streiks bei General Motors durch seltene historische Aufnahmen und einfühlsame Interviews mit denselben Frauen bei einem Treffen vierzig Jahre später.

The Wobblies (1979) von Steward Bird und Deborah Shaffer verband ähnlich historisches Material mit heutigen Interviews, um neue Aufmerksamkeit auf die Gewerkschaft «United Workers of the World» und ihre Kämpfe in den ersten Jahren dieses Jahrhunderts zu lenken. Die von Bird und Shaffer entdeckten Überlebenden waren inzwischen fast alle über achtzig Jahre alt. Beide Filme zeigen, wie das Medium ausgezeichnet auf historische Themen angewandt werden kann.

Die Achtziger und danach: Demokratie und Technologie – das Ende des Films

Entscheidend ist, daß in den achtziger und neunziger Jahren keine neue Generation angetreten ist, dem Kino der Siebziger etwas Neues entgegenzusetzen. Trotz der gewaltigen Veränderungen im Filmgeschäft (und in der Welt) hat sich bei den Filmen seit Anfang der Achtziger nicht viel getan.

Fortsetzungsmanie ist nach wie vor die Losung zumindest in der amerikanischen Filmindustrie, und jeder Produzent träumt von einem «Kettengeschäft-Film», dessen Handlung und Figuren sich für eine Serie anbieten. Dabei ist es unwahrscheinlich, daß irgendein Produzent Albert «Cubbie» Broccolis Rekord brechen wird: James Bond startete 1962 mit *Dr. No* und hielt sich über mehr als dreißig Jahre und fünf Bond-Inkarnationen hinweg. (Nur Sherlock Holmes wurde von noch mehr Schauspielern verkörpert.) Aber Action-Serien wie *48 HRS*, *Beverly Hills*

Cop, *Lethal Weapon* und *Die Hard* setzten Bond bei der Jagd nach den Einnahmen hart zu.

Wenn Hollywood keine Fortsetzungen produziert, müssen es Remakes sein, manchmal von Fernsehserien (*The Addams Family*, 1991; *The Fugitive*, *The Beverly Hillbillies*, 1993; *The Flintstones*, 1994; *The Brady Bunch Movie*, 1995; *Mission: Impossible*, 1996), oft auch überraschenderweise von europäischen Filmen (*Three Men and a Baby*, 1987; *Somersby*, 1992; *Scent of a Woman*, 1992). Es gibt keinen besseren Beweis für das rapide weltweite Verschmelzen der Filmkulturen als dies ungewöhnliche Hollywood-Interesse an europäischen Erfolgsfilmen. Es gibt keinen schlagenderen Beweis für die Verarmung unserer internationalen Populärkultur als den endlosen Schwall von Filmen auf Basis von TV-Shows (auch an die stolze Reihe der zu Broadway-Musicals umgearbeiteten Filme wäre hier zu denken).

Europäische Regisseure scheinen jetzt mühelos aus ihrem jeweiligen Kulturkreis nach Hollywood überzuwechseln und gelegentlich auch wieder zurück. Paul Verhoeven hat in seinen heimatlichen Niederlanden Historiendramen und Lebensstudien gedreht; in Hollywood wurde er zum Verfechter modischer actionorientierter Science-fiction (*Robocop*, 1987; *Total Recall*, 1990; *Starship Troopers*, 1997), daneben versuchte er sich an gewagtem Sex (*Basic Instinct*, 1992; *Showgirls*, 1995). Barbet Schroeder war in Frankreich Kritiker der *Cahiers du cinéma* und Partner Eric Rohmers; in den USA verdiente er sich die Sporen mit dem komplexen Drama *Reversal of Fortune* (1990). Britische Regisseure (Alan Parker, Stephen Frears, Michael Apted, Ridley Scott und Tony Scott) wurden mehr in Hollywood beschäftigt und erhielten in den Achtzigern Gesellschaft durch eine Reihe australischer Pendler. Eine kleine, jedoch höchst erfolgreiche deutsche Kolonie bildete sich um die Regisseure Wolfgang Petersen, Roland Emmerich (*Stargate*, 1994; *Independence Day*, 1996; *Godzilla*, 1998) und den Kameramann Michael Ballhaus.

Einer der Gründe für diese Erweiterung des Hollywoodschen Gesichtskreises war wohl die wachsende Bedeutung des Export-Marktes. Anfang der achtziger Jahre hatte die amerikanische Filmindustrie an Goldcrest Films ihren Tribut zu entrichten, die britische Gesellschaft, der alles zu gelingen schien – ein paar Jahre lang. *Gandhi* (1982) und *The Killing Fields* (1984) heimsten Oscars ein. Von da an verlor die historische Unterscheidung zwischen amerikanischen und ausländischen Filmen an Deutlichkeit.

Die von diesen internationalen Crews produzierten Filme teilten sich zunehmend in zwei getrennte Produktfelder auf: Seiner größten Erfolge erfreut sich Hollywood nach wie vor auf dem Markt für die Dreizehn- bis Vierundzwanzigjährigen, aber es muß auch die große Gruppe der dem Babyboom der Fünfziger zu Verdankenden im Auge behalten. Mit zwei Filmen aus den frühen achtziger Jahren lassen sich die beiden Märkte sauber kennzeichnen: *E.T.* (1982), der Prototyp des phantastischen Action-Adventures mit Kindern als Hauptfiguren, und Lawrence Kasdans *The Big Chill* (1983) als Modell der unter Menschen mittleren Alters im Mittelstandsmilieu spielenden Gesellschaftsstücke, von denen die Regale der Video-Shops voll sind.

Das mit Abstand führende Genre in den achtziger und neunziger Jahren war der Action-Adventure-Film, der sich so bequem für Fortsetzungen anbietet, weil es ihm kaum um Charakterzeichnung und Charakterentwicklung geht, und der den rasanten Fortschritt von Hollywoods durchcomputerisierter Special-effects-Industrie vor Augen führt. Nur dünn mit Science-fiction und Fantasy überlackiert, die den Trickspezialisten die Rechtfertigung für ihre Betriebsamkeit liefern, reiten die zeitgenössischen Action-Filme auf einem tief verankerten Bedürfnis nach blinder Aufregung und einer Sucht nach Gewalt. Eine vom Nonstop-Fernsehen aufgezogene Generation von Fernsehglotzern – in Amerika plastisch als «couch potatoes» bezeichnet – hat entdeckt, daß die totale Action auf Breitwand und in Rundum-Ton ein guter Grund ist, für ein paar Stunden dem kleinen Schirm zu Hause zu entkommen. Der überbordende Aktionismus des typischen Action-Films dient als paradoxes Gegengift gegen die vom Fernsehen aufgeprägte Passivität. Natürlich ist die gebotene Alternative zur Realität nur virtuell wie nicht anders in den hektischen Videospielen, den Hauptkonkurrenten im Kampf ums Geld, das Teenager und die etwas Jüngeren von ihrem Taschengeld für Unterhaltung abzweigen.

Als führender Action-Star der Achtziger und Neunziger ist Arnold Schwarzenegger zum Modell des Leinwand-Heroen dieses Zeitraums geworden. Wandlungsfähigere und differenziertere Schauspieler der Siebziger, wie Robert Redford, Jack Nicholson und Robert De Niro, gerieten in seinen Schatten. Mit einem Auftritt in *Pumping Iron*, einem Dokumentarfilm über Gewichtheber, fing Schwarzenegger 1976 bescheiden an. Später spielte er die Hauptrolle in den Fantasy-Schinken *Conan the Barbarian* (1982) und *Conan the Destroyer* (1984), bevor er mit *The Terminator* (1984) richtig prominent wurde, dem auch der Regisseur James Cameron und dessen damalige Ehefrau, die Produzentin Gale Ann Hurd, ihren Aufstieg verdanken. Hier war es auch, wo sein schwerer österreichischer Akzent mit einfachen, aber denkwürdigen Sätzen wie «I'll be back» zum Tragen kam. Die Kombination von vielfältigen Filmtricks, magerem Dialog und pseudomythischer Erfindung prägte die Machart des Genres. Die Fortsetzung, *Terminator 2* (1992, ebenfalls Cameron) übertraf den Vorläufer noch insofern, als sie der erste Spielfilm war, der in großem Umfang computerisierte Morphing-Effekte einbezog.

Als ehemaliger Bodybuilder – ein Sport, der sich mehr dem Image des Athleten widmet als wirklich der Bewegung – hat sich Schwarzenegger als passendes, wenn auch ironisches Surrogat für uns in der virtuellen Action-Welt auf der Leinwand erwiesen. Auch den Aufstieg in den amerikanischen «Adel» hat Schwarzenegger dank seiner Ehe mit Maria Shriver, einer Nichte John F. Kennedys, geschafft. Er hat mehr als dreihundert Leute auf der Leinwand umgebracht, was seinen Filmen weltweit gut über eine Milliarde Dollar eintrug.

Um im Hollywood-Pantheon zu dieser einsamen Höhe aufzusteigen, hatte Schwarzenegger zunächst einen furchterregenden Mitbewerber auszustechen: Sylvester Stallone, den Schauspieler und Drehbuchautor, der für die Wiedererfindung des Action-Genres verantwortlich war. Als Schauspieler kam Stallone nicht voran, bis er für *Rocky* (1976) sein eigenes Buch schrieb, ein Erfolg bei Kritik und Publikum, dessen vier Fortsetzungen ihn bis in die neunziger Jahre beschäftigt hielten. Die ebenso erfolgreiche *Rambo*-Serie (1982 zuerst *First Blood*) verschob die Handlung vom relativ realistischen Boxen hin zu ausufernden Rachephantasien. Stallone vermied das Science-fiction-Element und dessen Filmtricks zugunsten des uramerikanischen Draufgängertums und eröffnete damit Schwarzenegger und Cameron die Möglichkeit, die Entwicklung einen Schritt weiterzutreiben. 1993 jedoch fiel Schwarzenegger mit dem Flop von *Last Action Hero* kräftig auf die Nase, während Stallone mit *Cliffhanger* und der Science-fiction-Komödie *Demolition Man* wieder an frühere Kassenerfolge anschließen konnte. Das Machtgleichgewicht zwischen den beiden Stars war wiederhergestellt. Während Schwarzenegger mit wechselndem Erfolg zwischen Action (*True Lies*, 1994; *Eraser*, 1996; *End of Days*, 1999) und eingängiger Familienunterhaltung (*Kindergarten Cop*, 1990; *Junior*, 1994; *Jingle All the Way*, 1996) wechselte, kämpfte Stallone mit seinem Image (*Judge Dredd*, 1995; *Daylight*, 1996) und dem altersbedingten Übergang in ein anderes Charakterfach (*Cop Land*, 1997).

Wenn Action-Filme oft wie ein Besuch in einem phantastisch ausstaffierten Vergnügungspark anmuten, ist das keineswegs Zufall. Gehen wir doch zum guten Teil aus denselben Gründen ins Kino, aus denen wir uns in die Phantasiewelt der Vergnügungsparks entführen lassen, und sind doch in den USA Vergnügungsparks zunehmend im Besitz von Filmgesellschaften, deren Filme wiederum für die Parks Reklame machen. Der Trend gipfelte in einer weiteren Orgie der zeitgenössischen Filmtrick-Technologie: Steven Spielbergs *Jurassic Park* (1993), der einen futuristischen Vergnügungspark zum Thema hat und natürlich seinerseits eine Flut entsprechender Inszenierungen und Panoramen in Vergnügungsparks auslöste.

Die Quasi-Mythen der amerikanischen Comics haben nicht aufgehört, die Filmemacher in Hollywood zu interessieren, seit *Superman* und seine Fortsetzungen von Tim Burtons *Batman* (1989) und Warren Beattys *Dick Tracy* (1990) Gesellschaft erhielten. Letzterer – mit der Musik von Stephen Sondheim – erwies sich als wohldurchdachte Erkundung der Dreißiger-Jahre-Mythen. *Batman* festigte den Ruf eines jungen Regisseurs, der als Zeichner bei Disney ins Filmgeschäft gekommen ist.

Burton hatte erstmals mit *Pee-Wee's Big Adventure* (1985) und *Beetlejuice* (1988) Aufmerksamkeit auf sich gezogen, zwei überdrehten Versuchen, Schauspieler aus

Warren Beattys *Dick Tracy* (1990) war einer der letzten in einer langen Reihe von Filmen, die die Comics der dreißiger und vierziger Jahre recycelten. Als ambitionierter Versuch, die Stimmung und das Bild jener Ära einzufangen (zumindest so, wie sie in den Comics porträtiert wurde), nutzte der Film die Talente sowohl von Madonna und Stephen Sondheim als auch von Kameramann Vittorio Storaro.

Robert Zemeckis' *Who Framed Roger Rabbit* (1988) zollte ebenfalls der Comic-Welt Tribut, diesmal durch die Erfindung einer eigenen: einem «Toonland», das manchen realer erscheint als seine historischen Vorläufer. Der Film war erfindungsreicher als die Comic-Kassenfüller der achtziger Jahre und überdies auch unterhaltsamer. Hier Bob Hoskins mit der Titelfigur.

Fleisch und Blut in der Schlichtheit und Reduziertheit von Cartoons erscheinen zu lassen. Im Laufe des Jahrzehnts liefen Live-Darstellung und Animation immer mehr zusammen, in symbolischer Hinsicht ebenso wie in technischer. Nachdem wir erlebt haben, wie ein richtiger, echter Hollywood-Schauspieler die Rolle des Präsidenten der USA spielte, war es vielleicht keine Überraschung mehr, daß die Unterscheidung von Bild und Realität in rapide wachsende Konfusion führte. Die achtziger Jahre bereiteten uns auf das in den Neunzigern heraufdämmernde digitale Zeitalter des «Morphing» vor, in dem keinem Bild – wie authentisch es auch erscheint – mehr zu trauen ist.

Die Konjunktion dieser Entwicklungsmomente wurde in Robert Zemeckis' einfalls- und geistreichem Film *Who Framed Roger Rabbit* deutlich, der den Zusammenprall der beiden Welten thematisierte: reale Darsteller und die Realität der Cartoons. Zu den weiteren Filmen Zemeckis' gehören die Trilogie *Back to the Future* (1985, 1989, 1990) und die Michael-Douglas-Verfilmung *Romancing the Stone* (1984); in allen zeigt sich eine erfrischende postmoderne Sensibilität.

Steven Spielberg und George Lucas wird zu Recht die Begründung der zeitgenössischen Kino-Mythologie zugeschrieben, aber Regisseure wie Zemeckis und Ivan Reitman spielten ebenfalls eine bedeutende Rolle. Reitmans *Ghostbusters* (1984) gingen auf originelle und spritzige Weise den Horror mit Humor an. Seine Filme mit Schwarzenegger (*Twins*, 1988; *Kindergarten Cop*, 1990; *Junior*, 1994) trugen dazu bei, dem Erscheinungsbild dieses Stars mehr Tiefe zu verleihen, und seine politische Fabel *Dave* (1993) spießte das zerbrechliche neue Politbewußtsein der Neunziger auf.

Reitman fiel zuerst mit *National Lampoon's Animal House* (1978) auf, womit er nicht nur die von den Baby-Boom-Jahrgängen entwickelte Faszination für ihre Jugendzeit vorwegnahm, sondern zugleich das Modell der zeitgenössischen Komödie lieferte, und zwar hochgradig abhängig von John Belushis Wesensart. Reitman arbeitete auch mit Dan Aykroyd und Bill Murray, die ebenso wie Belushi aus dem TV-Programm *Saturday Night Live* hervorgegangen sind. Diese Show bildete eine Art Brutkasten, in dem die meisten Komödienstars der Achtziger ihre Karriere begonnen haben, von Eddy Murphy und Billy Crystal, die beide immer noch die amerikanische Filmkomödie dominieren, bis zu Dana Carvey und Mike Myers.* Die Show hatte überraschenderweise derart viel Einfluß auf die amerikanische Jugendkultur, daß in den frühen Neunzigern, fast zwanzig Jahre nach ihren Anfängen, Sketche aus

* Als fast die einzigen Filmkomiker, die nicht dem Ensemble von *Saturday Night Live* entstammen, läßt sich das erfolgreiche Gespann Richard Pryor und Gene Wilder nennen – Wilder hat später Gilda Radner geheiratet, für die das nun wiederum zutraf. Im Widerspruch dazu hat es der einflußreichste Komiker dieses Zeitraums, Bill Cosby, nie zu vergleichbarem Filmerfolg gebracht. Robin Williams, ein beachtlicher Komiker, hatte mit ernsten Rollen weit mehr Erfolg als mit komischen.

In den zehn Jahren vor seinem frühen Tod konnte Jim Henson seine ursprünglich für das Fernsehen erfundene Welt der Muppets für das Kino übersetzen, und zwar in einer Serie von Musical-Filmen, die allesamt ebenso intelligent wie charmant sind. Durch ihn wurde es in den achtziger Jahren zu einem Vergnügen, mit den Kindern ins Kino zu gehen. Hier Kermit, Miss Piggi und Freunde.

Saturday Night Live die Quelle für ausgewachsene Spielfilme abgeben konnten (*Wayne's World*, 1992; *The Coneheads*, 1993).

Während jüngere Kinobesucher in den Achtzigern und Neunzigern die Multiplexe frequentierten, um sich ihre Dosis an virtueller Action, postmodernem Humor und sporadisch auch Sagenhaftem zu holen, besuchten ihre Altvorderen die Programmkinos. Die Erinnerung an die revolutionäre Aufbruchsstimmung der Sechziger (in gewisser Weise hochgehalten im späten Filmkunst-Erfolg *Cinema Paradiso*, 1990) mag da mitgespielt haben, aber der allgemeine Qualitätsanspruch blieb hoch. Wir haben bereits festgestellt, daß die Generation der Siebziger – Coppola, Scorsese, Altman, Mazursky – ihre Arbeit kontinuierlich weiterführte. Kein Filmemacher der Achtziger – ausgenommen vielleicht Spike Lee – hat ein vergleichbares Medieninteresse auf sich gelenkt. Inzwischen wird noch der farbloseste Techniker groß im Vorspann genannt, aber das eigentliche Zeitalter des «auteur» ist dahin.

Mag auch das künstlerische Profil der neuen Generation weniger ausgeprägt sein, so hat sie es doch zu einigem Ansehen gebracht. Wir haben bereits Reitmans

Was Henson in den Achtzigern für die Mittelschüler geleistet hatte, leistete John Hughes für die Oberschüler von der Highschool: Er lieferte unterhaltsame Essays über amerikanische Mittelklassen-Adoleszenz, die seinem jugendlichen Publikum halfen, ein bißchen mehr von ihrer verwirrenden Welt zu begreifen. *Uncle Buck* (1989), von John Candy gespielt, ist für die Kinder der ideale Erwachsene.

und Zemeckis' Beiträge zu der von Lucas und Spielberg begründeten jugendspezifischen Mythologie erwähnt. Action-Regisseure wie John McTiernan (*Predator*, 1987; *Die Hard*, 1988) und John Cameron (*The Terminator*, 1984; *The Abyss*, 1989; *Terminator 2: Judgment Day*, 1991) hatten hier ebenfalls ihre Erfolge, dank ihres einfallsreichen Umgangs mit Spezialeffekten.

Bei der Ausgestaltung zeitgenössischer Mythen war Jim Henson genauso einflußreich wie George Lucas und Steven Spielberg, er arbeitete aber größtenteils für das Fernsehen. Als er sich mit *The Muppet Movie* (1979), *The Great Muppet Caper* (1981) und *The Muppets Take Manhattan* (1984) dem Spielfilm zuwandte, bewahrte er in diesem weniger vergänglichen Medium seine Puppen-Gestalten für zukünftige Generationen, bevor er 1990 allzu früh verstarb.

Die Filmemacher, die sich lieber an erwachsene Zielgruppen wandten, entwickelten einen Mix aus Nostalgie und in der Gegenwart angesiedelter Gesellschaftskomödie, der sich als dauerhaft erwiesen hat. Barry Levinson ist ein gutes Beispiel. Nachdem er für Mel Brooks Drehbücher geschrieben hatte, gelang ihm

Dem Einzelkämpfer James Cameron gelang mit seiner 200 Millionen schweren Apotheose *Titanic* (1997) gegen Ende des Jahrhunderts noch einmal die Verbindung aus naturgroßen Nachbauten und digitalen Effekten. Sechs Jahre zuvor hatte Cameron mit *T2* die Grundlagen für digitale Fantasien gelegt. Mit seiner melodramatischen Feier des Urbilds aller technischen Katastrophen definierte er die Gesetze der digitalen Wirklichkeit. Mit Unterstützung zahloser Computer-Animatoren vollbrachte er den transplatonischen Übergang in die neue Welt der Virtualität.

1982 mit *Diner* ein beachtliches Regiedebüt, angesiedelt in seinem heimatlichen Baltimore der fünfziger Jahre. In den folgenden zehn Jahren kehrte er noch zweimal in seine Heimatstadt zurück, und zwar für *Tin Men* (1987), ein paar Jahre später spielend, und das elegische *Avalon* (1990), worin er der Geschichte seiner Familie nachspürte. Von solchen Rückblicken in die Vergangenheit waren auch die Kassenerfolge *Good Morning, Vietnam* (1987) und *Rain Man* (1988) durchzogen, beide als Charakterstudien angelegt und eine Tour de force für die Hauptdarsteller Robin Williams beziehungsweise Dustin Hoffman. Levinson kehrte in den in neunziger Jahren in sein heimatliches Baltimore zurück, um die vielbewunderte Fernsehserie *Homicide* zu produzieren. Daneben erwies er sich als solider Inszenator von Filmen unterschiedlichster Genres: unter anderem der Gangster-Nostalgie *Bugsy* (1991), dem Thriller *Disclosure* (1994), der Politsatire *Wag the Dog* (1997) und des sentimentalen Jugendporträts *Liberty Heights* (1999) – natürlich in Baltimore angesiedelt.

Auch die Familie Marshall hat sich in diesem Feld hervorgetan. Penny Marshall

(*Big*; 1988; *A League of Their Own*, 1992; *Renaissance Man*, 1994; *The Preacher's Wife*, 1996) und ihr älterer Bruder Garry Marshall (*The Flamingo Kid*, 1984; *Overboard*, 1987; *Pretty Woman*, 1990; *The Other Sister*, 1999; *Runaway Bride*, 1999) haben ihren Sinn für intelligente Komik in diverse Projekte eingebracht. Pennys Ex-Mann Rob Reiner legte in seiner fruchtbaren filmischen Arbeit ein breiteres Interessenspektrum an den Tag, von seinem Erstling *This Is Spinal Tap* (1984) bis hin zu *When Harry Met Sally...* (1989, geschrieben von Nora Ephron), *Misery* (1990), *A Few Good Men* (1992), *The American President* (1995), *Ghosts of Mississippi* (1996) und *The Story of Us* (1999). Sowohl die Marshalls als auch Reiner waren bereits mit Sitcoms im Fernsehen erfolgreich, bevor sie ihre Spielfilm-Karrieren starteten.

Die Essayistin, Roman- und Filmautorin Nora Ephron, Tochter des drehbuchschreibenden Teams Henry und Phoebe Ephron, hatte ihren Durchbruch mit *Sleepless in Seattle* (1993), in dem die beiden Hauptpersonen durch einen ganzen Kontinent voneinander getrennt sind und sich bis zur letzten Rolle nicht «kriegen» – wenn es jemals einen Drehbuchautoren-Film gegeben hat, dann diesen. Auf kommunikationstechnisch aktuellerer Ebene versuchte sie mit *You've Got Mail* (1998) ein Remake ihres Welterfolgs. Diese Schauspieler-Autoren-Regisseure, «Bindestrich-Existenzen» par excellence, bringen einen prickelnden Sinn für Charaktergestaltung in ihre Arbeit ein.

Was Ephron, die Marshalls und Reiner für erwachsene Charaktere getan haben, leistete John Hughes für Teenager. In einer ungewöhnlich dichten Folge von Filmen (*Sixteen Candles*, 1984; *Weird Science*, 1985; *The Breakfast Club*, 1985; *Pretty in Pink*, 1986; *Ferris Bueller's Day Off*, 1986; *Uncle Buck*, 1989), alle im selben Vorort von Chicago angesiedelt, studierte der Drehbuchautor-Produzent-Regisseur Hughes Mitte der achtziger Jahre die Wurzeln der «Generation X», bevor überhaupt jemand ahnte, daß es sie gibt. Er näherte sich seinem Thema mit Verständnis und Stil, bewies ein selten präzises Gespür für die Probleme von Halbwüchsigen und das Familienleben der Mittelschicht. Seine Produktion *Home Alone* (1990, inszeniert von Chris Columbus) verwertete Rohmaterial der früheren Filme, füllte sie mit billiger Comic-Gewalt auf, zeigte aber nichts von Hughes' Markenzeichen, seinem Mitgefühl. Der Film wurde sein größter Kassenerfolg.

Home Alone war offensichtlich gedacht als komische Umkehrung des gegen Ende der achtziger Jahre aufgekommenen neuen Genres der paranoiden Phantasien. Mit Anklang an den Slang dieses Zeitraums hat der Kritiker James Pallot das Muster als «... aus der Hölle» bezeichnet. Seit *Rosemary's Baby* (1968) stets eine Unterströmung, wurde das Genre mit *Fatal Attraction* (1987, der Liebhaber aus der Hölle) zu einer der Schlüsselformen der achtziger und neunziger Jahre. Im nächsten Jahr lief die Serie *The Child's Play* (das Spielzeug aus der Hölle) an. John Schlesinger steuerte den Mieter aus der Hölle bei (*Pacific Heights*, 1990). Nach dem gewaltigen Erfolg von Jonathan Demmes *The Silence of the Lambs* (1991, der Häftling aus der Hölle) bekam das Genre in den Neunzigern den richtigen Schub. Es häuften sich paranoide Phantasien über Ehemänner, Zimmergenossen, Schulfreunde, Kindermädchen und Sekretärinnen (der Reihe nach: *Sleeping with the Enemy*, 1991; *Single White Female*, 1992; *Poison Ivy*, 1992; *The Hand That Rocks the Cradle*, 1992; *The Temp*, 1993). Seit den Science-fiction-Filmen der Fünfziger waren mehr als dreißig Jahre vergangen, bis eine vergleichbare Welle von Paranoia über das Kinopublikum schwappte.

Die Abwehr der Ängste leistete der Nostalgie-Strang. Seine liebenswerteste und originellste Ausprägung fand er in den späten Achtzigern in einer Reihe von Baseball-Filmen. Baseball war lange Zeit in Hollywood verpönt. Schließlich ist ja dies Nationalvergnügen der Amerikaner bekannt für die langen Zeitspannen scheinbarer Untätigkeit und innerer Monologe, in denen sich Spieler wie Fans im Verlauf eines Spiels verlieren – also kaum die Nonstop-Action, auf die heutige Produzenten aus sind. Aber Barry Levinsons *The Natural* (1984) nach Bernard Malamuds klassischem Roman hatte viel vom mythischen Symbolgehalt und vom Hauch der Geschichte und Tradition eingefangen, derentwegen der Sport bei seinen Fans so beliebt ist. 1988 war dann die Zeit reif für eine Renaissance des Baseball-Films – wenn auch der Sport selbst in eine Phase des Niedergangs geriet.

John Sayles hatte mit *Eight Men Out* (1988), einer historischen Rückschau auf den Black-Sox-Skandal, den ersten Wurf. Rasch folgten der Zweitligist Ron Shelton mit seinem authentischen *Bull Durham* und David S. Ward mit *Major League.* Die Serie gipfelte mit Erfolg bei Kritik und Publikum im elegischen *Field of Dreams* (1989) des Ausputzers Phil Alden. Mit *A League of Their Own* sorgte Penny Marshall 1992 für ordentliche Vorlagen.

Zu all dem Durcheinander von Action und Filmtricks, Paranoia und Nostalgie, künstlerischem Konservatismus und professioneller Stromlinienform der achtziger und neunziger Jahre stehen zwei verwandte Trends in Kontrast: die weiterhin gegebenen Möglichkeiten für unabhängiges Filmemachen außerhalb des Hollywood-Dunstkreises und die Renaissance des «schwarzen Kinos».

Interessanterweise diente die ganzen achtziger Jahre hindurch das Filmfestival in Cannes als Schaufenster und Testgelände für unabhängige amerikanische Filmemacher. Susan Seidelmanns *Smithereens* lief 1982 in Cannes; Jim Jarmuschs *Stranger Than Paradise* wurde 1984 in Deutschland mit der Goldenen Kamera ausgezeichnet. Während Susan Seidelman mit *Desperately Seeking Susan* (1985) sich Hollywood und dann dem Fernsehen zuwandte, entwickelte sich Jarmush zur Ikone des Independent-Kinos. Mit finanzieller Unterstützung durch europäische Fernsehanstalten (vor allem des ZDF) drehte er eine Reihe eigenständige, zwischen europäischen und amerikanischen Traditionen oszillierende Genre-Studien wie *Down By*

Steven Soderberghs *sex, lies, and videotape* trug Ende der achtziger Jahre dazu bei, das Interesse am Independent-Film erneut anzufachen. Andie MacDowell ist die Frau mit der Videokamera.

Law (1986), *Mystery Train* (1989) und *Dead Man* (1995). Anläßlich der Aufführung seiner eindrucksvollen Gangster-Meditation *Ghost Dog: The Way of the Samurai* (1999) erhielt er den in Hamburg renommierten Douglas Sirk-Preis. Ethan und Joel Coens *Blood Simple*, eine Hommage an den Film Noir, lief ebenfalls 1984 in Cannes. Diese beiden fahren fort, im Dunstkreis von Hollywood die klassischen Genres aufzuarbeiten (*Raising Arizona*, 1987; *Miller's Crossing*, 1990; *Barton Fink*, 1991; *The Hudsucker Proxy*, 1994; *Fargo*, 1996; *The Big Lebowski*, 1998). Steven Soderberghs *sex, lies, and videotape* fand 1989 in Cannes Beachtung durch die Kritik. Nach einer Reihe von Flops konnte er sich gegen Ende des Jahrhunderts mit *Out of Sight* (1998), *The Limey* (1999) und dem Wonderbra-Film *Erin Brockovich* (2000) wieder etablieren.

John Sayles war der prominenteste unter all den Independents. In den siebziger Jahren war er als Schriftsteller und Drehbuchautor tätig, 1979 debütierte er als Regisseur mit *The Return of the Secaucus 7*, von den meisten Kritikern als der «wahre» *Big Chill* eingestuft. *The Brother from Another Planet* (1984), *Matewan* (1987) und *City of Hope* (1991) befassen sich ebenso wie *Eight Men Out* (1988), *Passion Fish* (1992), *Lone Star* (1996) und *Limbo* (1999) von höchst unterschiedlichen Gesichtspunkten aus mit der amerikanischen Gesellschaft, gemeinsam ist ihnen aber die geschickte und genaue Personengestaltung.

Oliver Stone – in den achtziger Jahren als von politischem Interesse getriebener Hollywood-Filmemacher fast allein dastehend – kam mit *Wall Street* (1987) groß heraus. Der Film fing exakt das ethische Klima der Gogo-Achtziger ein und porträtierte zugleich eindrucksvoll eine Gruppe lebendiger – und echter – Charaktere. Michael Douglas als Gordon Gecko.

Innerhalb Hollywoods war Oliver Stone einer der unabhängigsten Künstler der Achtziger und Neunziger. In *Platoon* (1986), *Born on the Fourth of July* (1989), *The Doors* (1991) und *JFK* (1992) ging er den kritischen Problemen der sechziger Jahre nach: Vietnam-Krieg und seine Folgen, die Gegenkultur der Jugendlichen und Attentate. In *Wall Street* (1987) führte er die achtziger Jahre vor, kurz bevor der Aktienmarkt zusammenbrach. Nur die in *JFK* vertretenen paranoiden Verschwörungstheorien stören in diesem sonst so eindrucksvollen Ensemble von Filmen.

Die neue Welle afroamerikanischer Filmemacher hat ebenfalls von der Beachtung profitiert, die mit einer Präsentation in Cannes verbunden ist. Spike Lees *She's Gotta Have It* lief 1986 auf dem Festival. Lee hat auch danach seine Filme nach Cannes gebracht, und seine Wutausbrüche beim Ausbleiben von Hauptpreisen wurden Tradition. Robert Townsends *Hollywood Shuffle* wurde 1987 in Cannes vorgeführt. Auf dem Festival von 1990 konnte man im Majestic Hotel erleben, wie Mario Van Peebles und sein Vater, Melvin, für *New Jack City* Verleiher hofierten. John Singletons *Boyz N the Hood* war eins der Hauptgesprächsthemen auf dem Festival von 1991.

Mario Van Peebles ist der einzige unter den neuen afroamerikanischen Filmemachern, der in der Filmindustrie verwurzelt ist. Er hat eng mit seinem Vater zu-

Black Power und Hippies. Parodie auf die Blaxploitation-Filme der siebziger Jahre: Keenen Ivory Wayans' *I'm Gonna Git You Sucka!*

sammengearbeitet, der die Bewegung in den Sechzigern begründet hat. Robert Townsend hatte in Paul Mazurskys *Willie & Phil* (1980) sein Debüt als Darsteller und trat in Stand-up-Komödien auf, bevor er als Independent seine Satire auf die Probleme schwarzer Schauspieler produzierte: *Hollywood Shuffle* (1987). Neben häufiger Arbeit für das Fernsehen inszenierte Townsend 1991 *The Five Heartbeats* als seinen ersten Hollywood-Film. Keenen Ivory Wayans arbeitete bei *Hollywood Shuffle* mit Townsend zusammen, im nächsten Jahr machte er sich über die «Blaxploitation»-Filme der Siebziger lustig: *I'm Gonna Git You Sucka!* 1990 nahm ihn das Fox-Fernsehen für die Produktion der von ihm konzipierten Show *In Living Color* unter Vertrag. Darin wurde das Rassenverhältnis von *Saturday Night Live* umgekehrt und damit – erstmals – die Möglichkeit gewonnen, vielfältige und unterschiedlichste afroamerikanische Ansichten zu aktuellen Ereignissen und Problemen zu vermitteln.

1991 verbreitete sich das afroamerikanische Spektrum durch die Debüts zweier noch sehr junger unabhängiger Filmemacher, die in ganz entgegengesetzten Regionen die Gestalten, Problemlagen und Originaltöne ihrer Nachbarschaft einfingen: John Singletons «Hood» – sein Viertel im einschlägigen Slang – war South Central Los Angeles; Matty Rich kam *Straight Out of Brooklyn*.

Dominierende Persönlichkeit in der Renaissance des schwarzen Kinos während

Angela Basset als Betty Shabazz und Denzel Washington als Malcolm in Spike Lees intensiver Filmbiografie *Malcolm X* (1992).

der Achtziger und Neunziger war ganz klar der Schauspieler-Autor-Regisseur Spike Lee aus Brooklyn. Seine Abschlußarbeit an der Film School der Universität New York – *Joe's Bed-Stuy Barbershop*: *We Cut Heads* (1980) – wurde auf dem New York Film Festival in der Reihe mit Arbeiten junger Regisseure vorgestellt. Sein erster Spielfilm, *She's Gotta Have It* (1986), fand Anerkennung in Cannes, beeindruckte die Kritik durch seine opulente Bildlichkeit, erzielt erstaunliche Kasseneinnahmen und machte die von Lee gespielte Gestalt, den gerissenen Rumtreiber Mars Blackmon, zu einem Bestandteil der Alltagskultur. (Zusammen mit Michael Jordan trat er in der Nike-Werbung auf und war auch sonst überall präsent.) *Do the Right Thing* (1989), eine polemisch aufgeladene Darstellung gegenwärtiger Rassenbeziehungen, löste eine heftige Kontroverse aus und wurde zugleich wegen seiner anspielungsreichen Bildwelt von der Kritik gelobt. Viele Jahre lang hatten zahlreiche, meist weiße Filmemacher – vergeblich – versucht, *The Autobiography of Malcolm X* auf die Leinwand zu bringen. Lee hatte Erfolg. *Malcolm X*, mit Denzel Washington in der Titelrolle, lief 1992 an. Es ist ein Schlüsselfilm der amerikanischen Kultur, dem es gelingt, die vielschichtigen Spannungen in der Gestalt Malcolm X zu erfassen und zugleich das Publikum mit einer anrührenden und spannenden Handlung zu unterhalten. Atemberaubend genaue und eindringliche Rollengestaltung durch Washington und

Al Freeman Jr als Elijah Muhammad verleihen dem Film seine Eindringlichkeit. Lee hat seinen normalerweise überbordenden Regiestil zurückgenommen und diese historischen Gestalten bemerkenswert ausgewogen ins Bild gebracht. Er hält viele der Verflechtungen und Ironien fest, die in ihrer Gesamtheit dazu führten, daß Malcolm für die Sechziger ein Held von zentraler Bedeutsamkeit wurde. Seine im New Yorker Stadtteil Brooklyn angesiedelte Produktionsfirma 40 Acres & a Mule Filmworks baute er zu einem Zentrum für junge afroamerikanische Filmemacher aus, das er aus seinen kommerziellen und künstlerischen Erfolgen – unter anderem *Crooklyn* (1994), *Get on the Bus* (1996), dem Baseballfilm *He Got Game* (1998) und *Summer of Sam* (1999), einer Elegie auf die späten Siebziger – finanziert.

Während Hollywood in den achtziger Jahren eine stärker internationale Perspektive entwickelte, näherte sich das Kino im Rest der Welt in ästhetischer Hinsicht zunehmend an den amerikanischen Film an. Die ganze Nachkriegszeit hindurch herrschte, wie schon zuvor, in Europa und der Dritten Welt das Bewußtsein einer nationalen künstlerischen Identität, gewöhnlich in Abgrenzung vom Hollywood-Stil definiert. Obwohl Polemiker und Politiker dies Konzept fortwährend im Munde führten, schränkten die Realitäten einer zunehmend vernetzten Weltkultur die Unabhängigkeit nationaler Kinematografien in starkem Maße ein. Der amerikanische Film fand in den Achtzigern dank der Infusionen neuen Kapitals und der lebenserhaltenden Spezialeffekt-Technologie zu neuem Leben, wohingegen derlei Wundermittel für die auf weniger aggressiven Märkten operierenden nationalen Filmkulturen in Übersee entweder gar nicht verfügbar waren oder nicht taugten.

Wie in den USA herrschte auch in Europa die Nostalgie vor, da die Veteranen unter den Filmemachern auf den abgefahrenen Gleisen weiterfuhren, die sie fünfundzwanzig oder dreißig Jahre zuvor gelegt hatten, und die jüngeren ihnen pflichtschuldig folgten. Giuseppe Tornatores *Cinema Paradiso* (1990) war als Elegie auf die Goldenen Jahre des europäischen Films der Fünfziger und Sechziger gedacht. *The Film Guide* meint jedoch dazu: «Nein, sie machen keine Filme mehr wie früher, und diese oscargekrönte italienisch-französische Koproduktion verbringt den größeren Teil der drei Stunden damit, das zu beweisen.»

Weil britische Filmemacher eine – zumindest teilweise – gleiche Sprache sprechen, waren sie schon seit langem bevorzugte Opfer des kulturellen Molochs Hollywood. Für kurze Zeit in den achtziger Jahren schien eine Entente zwischen Los Angeles und London zustande gekommen zu sein. Der Produzent David Puttnam stand in den Achtzigern im Brennpunkt des britischen Geschehens. Sein spekulativer *Midnight Express* (1978) und seine unprätentiösen *Chariots of Fire* (1981) wurden mit Oscars ausgezeichnet. Kurz darauf tat er sich mit Goldcrest Films zusammen, deren beachtlicher Erfolg von *Gandhi* (1982) über *The Killing Fields* (1984) bis hin zu *A Room with a View* (1986) es so aussehen ließ, als könnten britische Filme-

Britischer Sportsgeist setzt sich auf Aschenbahn und Leinwand siegreich durch: *Chariots of Fire* (1981).

macher regelmäßig kommerziell erfolgreiche Filme produzieren, lebensfähig durch das Vertriebssystem Hollywoods. 1986 wurde Puttnam Produktionschef bei Coca-Colas Columbia Pictures. Ende 1987 setzte man ihn an die Luft, und Goldcrest Films sah sich dem Bankrott gegenüber, verursacht durch Unterkapitalisierung und Mißmanagement. Der Traum vom Hollywood an der Themse war (wieder einmal) abrupt ausgeträumt. Aber es klang noch etwas davon nach, als britische Regisseure zunehmend in den USA Beschäftigung fanden und britische Schauspieler weiterhin einen überproportionalen Anteil an Oscar-Ehren einheimsten. Die erste britische Produktion (finanziert von US-Gesellschaften) seit *Gandhi*, der als Bester Film ausgezeichnet wurde, war 1997 Anthony Minghellas episches Melodram *The English Patient* (1996) mit dem Engländer Ralph Fiennes, der Französin Juliette Binoche und dem Amerikaner Willem Dafoe in den Hauptrollen.

Für die britischen Filmemacher, die sich einer nationalen Filmkunst – wenn auch durchaus mit regionalen Akzenten – verpflichtet fühlten, bedeutete die Gründung von Channel Four, dem zweiten unabhängigen Fernsehsender, im Jahre 1982 eine Ermutigung und führte zu einem Aufschwung unabhängiger und ambitionierter Produktionen. Zum einen entstand eine Reihe von Filmen in der experimentellen Art-School-Tradition wie Derek Jarmans *Caravaggio* (1986), *The Last of England* (1987) und *Edward II* (1991), die historische Perspektive mit aktueller Sexual-Politik verbanden, bis zu seiner Aids-Meditation *Blue* (1993). Peter Greenaway konnte mit zum Teil europäischer Unterstützung eine interessante Serie strukturalistischer Krimis wie *The Draughtsman's Contract* (1982), *Drowning by Numbers* (1988) und *The Cook the Thief His Wife & Her Lover* (1989) drehen, ehe er sich zunehmend in den technischen Experimenten von *Prospero's Books* (1991) und *The Pillow Book* (1996) verlor.

Dem kunstfeindlichen Klima der Thatcher-Administration setzten Regisseure und Autoren ein multikulturelles Bild der britischen Gesellschaft entgegen. Der Schotte Bill Forsyth zeichnete in seinen Alltagkomödien *That Sinking Feeling* (1979), *Gregory's Girl* (1981), *Local Hero* (1983) und *Comfort and Joy* (1984) ein liebevoll-satirisches Bild seiner Heimat, ohne folkloristische Stereotype zu bemühen. Nach einem wenig erfolgreichen Gastspiel in Hollywood (unter anderem *Being Human*, 1993) kehrte er mit *Gregory's Two Girls* (1999) auf vertrautes Terrain zurück. Zum Teil nach Vorlagen des Schriftstellers Hanif Kureishi entstand eine Serie respektloser Gesellschaftsbilder *My Beautiful Laundrette* (1986), *Sammy and Rosie Get Laid* (1987), *Prick Up Your Ears* (1987). Nach den erfolgreichen Hollywood-Produktionen *Dangerous Liaisons* (1988), *The Grifters* (1990) und *Hero* (1992) kann sich Frears leisten, zwischen den Kontinenten, Milieus und Genres zu wechseln – zwischen den irischen Sozial-Komödien *The Snapper* (1993) und *The Van* (1996) nach Vorlagen von Roddy Doyle und dem Neo-Western *The Hi-Lo Country* (1998).

Tief in der britischen Realismus-Tradition wurzeln die Filme des vom Fernsehen kommenden Mike Lee (*Life Is Sweet*, 1990; *Naked*, 1993; *Secrets & Lies*, 1995/96; *Topsy-Turvy*, 1999). Die Alltagsschilderungen des undogmatischen Linken Ken Loach verbinden Präzision in der Beobachtung mit Humor und haben so europaweit ein Publikum gefunden: *Poor Cow* (1967), *Kes* (1969), *Riff Raff* (1990), *Raining Stones* (1993), *Land and Freedom* (1995), *Carla's Song* (1996), *My Name Is Joe* (1998). Die vielversprechende Karriere des ähnlichen Traditionen verpflichteten Schotten Bill Douglas (*My Childhood*, 1972; *My Ain Folk*, 1973; *My Way Home*, 1978) endete durch seinen frühen Tod nach dem pathetischen Proletkult *Comrades* (1986).

Einen literarischen Hintergrund weist der Ire Neil Jordan auf, der seit den frühen achtziger Jahren Themen seiner Heimat in persönlichen Schicksalen (*Angel*, 1982; *The Crying Game*, 1992) aber auch im Hollywood-Format (*Michael Collins*, 1996; *End of an Affair*, 1999) behandelte und sich damit auf allen drei Seiten des irischen Ozeans etablieren konnte. Als Genreregisseur mit «typisch britischen» Elementen landete Mike Newell nach stilvollen Thrillern und Melodramen wie *Dance With a Stranger* (1984) mit der romantischen Komödie *Four Weddings and a Funeral* (1994) einen Welterfolg, der ihm das mittlerweile übliche Ticket nach Hollywood einbrachte.

Diesen Weg hatte vor ihm am erfolgreichsten der von der Schauspielerei herkommende Richard Attenborough beschritten, der nach einer langen Reihe von britischen Offizieren mit der Regie des Kolonial-Epos *Gandhi* (1982) zum Vorzeige-Filmemacher (gekrönt durch Oscars, geadelt durch die Queen) der englischen Filmindustrie aufstieg. «Lord Dickie's» Monumentalproduktionen paßten vorzüglich in das Hollywood-Muster, wobei sie zugleich die Tradition des britischen Qualitätsfilms fortschrieben.

Der neueste filmische Angriff aus Großbritannien steht unter Führung der vielgewandten Schauspielerin-Autorin Emma Thompson und ihres zeitweiligen Ehemanns, des Schauspieler-Regisseurs Kenneth Branagh. Nach dem unabdingbaren Einstand bei der Royal Shakespeare Company legte es der aus Nordirland gebürtige Branagh sogleich auf den Vergleich mit Sir Laurence Olivier an, als er sein Debüt als Filmschauspieler und -regisseur mit einem *Henry V* (1989) gab. Dieser Film wie auch sein *Much Ado About Nothing* (1993) brachte frischen Wind in die Tradition der Shakespeare-Verfilmungen, verfiel allerdings mit *Hamlet* (1996) und *Love's Labour's Lost* (1999) zunehmend der Selbstgefälligkeit.

Thompson war Star in seinen frühen Filmen, avancierte rasch in die Spitzengruppe der Filmdarstellerinnen und heimste eine Oscar-Nominierung nach der anderen ein. Ihre bisher bedeutendsten Leistungen erbrachte sie in Literaturverfilmungen unter der Regie von James Ivory: *Howards End* (1992, nach dem Roman von E. M. Forster), wofür sie als beste Schauspielerin mit dem Oscar ausgezeichnet wurde, und *The Remains of the Day* (1993, nach dem Roman von Kasuo Ishiguro), der ihr eine Oscar-Nominierung eintrug.

Durch ihre Beteiligung bei Romanverfilmungen fiel ihr eine zentrale Rolle in der erstaunlichen Jane-Austen-Begeisterung Mitte der neunziger Jahre zu. Für *Sense and Sensibility* (1995) erhielt sie eine weitere Oscar-Nominierung, während ihre jüngere Schwester Sophie Hauptrollen in *Persuasion* (1995) und *Emma* (1996) übernahm, wo auch Phyllida Law, beider Mutter, mitspielte.

Warum eine Romanautorin vom Anfang des 19. Jahrhunderts gegen Ende des 20. Jahrhunderts zu neuer Popularität gelangte, lohnt das Nachdenken. Vielleicht hat die postmoderne Sexualpolitik doch mehr von den präviktorianischen gesellschaftlichen und moralischen Normen, als wir uns eingestehen mögen. Immerhin hatten sich Austens Romane von früh an als brauchbar für Fernseh-Mehrteiler erwiesen. Nach den restlichen beiden ihrer sechs großen Werke, «Northanger Abbey» und «Mansfield Park», entstanden Anfang der achtziger Jahre Fernsehfilme, nachdem *Pride and Prejudice* 1979 sowie 1995 als BBC-Mehrteiler ein Erfolg war.

Während historische Romane in den Fernsehfabriken der siebziger und achtziger Jahre verhackstückt wurden, hielt hauptsächlich nur die unabhängige Arbeit von James Ivory, Ismail Merchant und der aus Deutschland emigrierten Jüdin Ruth Prawer Jhabvala diese Form für den Kinofilm lebendig. Der Amerikaner Ivory und

Australischer Beitrag zur jüngeren Filmgeschichte: Jane Campions *The Piano* (1993).

der Inder Merchant gingen 1963 eine Partnerschaft ein, um die Verfilmung von Prawer Jhabvalas Roman *The Householder* über die englische Indien-Erfahrung zu produzieren. Mit *Shakespeare Wallah* (1963) über ein ähnliches Thema erzielten sie einige internationale Beachtung. In den Siebzigern wandten sie sich von britisch-indischen Beziehungen ab und historischen Romanen zu, was ihnen für *The Europeans* (1979) und *The Bostonians* (1984) nach Henry James einen gewissen Erfolg bei der Kritik eintrug, bevor sie sich E. M. Forster zuwandten: *A Room With a View* (1986), *Maurice* (1987) und schließlich der mit neun Oscar-Nominierungen belohnte *Howards End* (1992). Es brauchte eben nur dreißig Jahre geduldiger Arbeit, um Hollywood zu ihrer Perspektive zu bekehren.

Wie schon erwähnt, haben auch Australier gelernt, zwischen ihrer Heimat und Hollywood zu pendeln. Zu den beachtenswerten neuen Talenten, die in der jüngeren Vergangenheit aufgetreten sind, gehören George Miller (*Lorenzo's Oil*, 1993), der sich schon mit seinen futuristischen «Western / Road»-Phantasien *Mad Max* (1979) und *The Road Warrior* (1981) weltweit einen Markt gesichert hatte, Jane Campion, die mit *An Angel at My Table* (1990) und *The Piano* (1993) international Anerkennung bei der Kritik fand, und natürlich Peter Weir, der mit hochwertigen Hollywood-Produktionen wie *Witness* (1985), *Dead Poets Society* (1989) und *The Truman Show* (1998) seine transpazifische Karriere fortsetzte.

In Frankreich regiert wieder einmal das «Cinéma du papa», nachdem die Lehrlinge der siebziger Jahre zu «Auteur»-Handwerkern der Achtziger und Neunziger aufgestiegen sind, und nahezu jährlich mit pompösen Subventions-Spektakeln wie *Germinal* (1993, Claude Berri) oder *Astérix et Obélix contre César* (1998 / 99, Claude

Zidi) der verblassenden Gloire nachtrauern, kommen die interessanteren Filme aus der *banlieue*, wo die zweite Generation der nordafrikanischen Einwanderer dem staatstragenden Pomp ihr realistisches «Cinéma beur» entgegensetzen. Wie seit jeher haben französische Filmemacher eine sichere Hand für bürgerliche Dramen und Komödien (Coline Serreaus *Trois hommes et un couffin*, 1985; englisches Remake *Three Men and a Cradle*, 1987) und landen gelegentlich in den Genres Krimi oder Film Noir einen Erfolg, so Jean-Jacques Beneix mit *Diva* (1980) und Luc Besson mit *La femme Nikita* (1991). Besson konnte mit seinem aus rudimentären Genre-Elementen und schriller Werbe-Ästhetik zusammengerührten «Cinéma du Look» (*Le cinquième élément*, 1996; *Jeanne d'Arc*, 1999) auch auf amerikanische Finanzen und Stars zurückgreifen.

Der westdeutsche Film in den achtziger und neunziger Jahren war bestimmt von Verteilungskämpfen der Filmemacher um die öffentlichen Fördergelder und beständigen Klagen der Kritik über die Einfallslosigkeit der einheimischen Produktion. Jungdynamische Produzenten wie Bernd Eichinger reagierten auf die desolate Situation, indem sie ihren Jugendtraum verwirklichten und in Europa hollywoodmäßige Großproduktionen verwirklichten wie *Der Name der Rose* (1986, Jean-Jacques Annaud), um sich schließlich ganz nach Hollywood zu orientieren, wie bei der deutsch-portugiesisch-dänischen Coproduktion *The House of the Spirits/ Das Geisterhaus* (1993) mit den Stars Meryl Streep, Jeremy Irons, Glenn Close, Winona Ryder und Armin Mueller-Stahl oder *Fräulein Smillas Gespür für Schnee/Frøken Smillas fornemmelse for sne* (1996), beide vom Dänen Bille August nach Titeln aus der Spiegel-Bestsellerliste inszeniert.

Die größten Erfolge deutscher Filme an der Kinokasse waren meist Ausflügen bekannter Fernsehkomiker auf die große Leinwand zu verdanken: Didi (Dieter) Hallervorden, Loriot (Vicco von Bülow), Otto (Waalkes) oder schließlich Helge Schneider. Auch *Schtonk!* (1991/92), die gelungene Satire auf die Presse-Affäre um die gefälschten Hitler-Tagebücher, war erfolgreich durch die Verbindung des Fernsehregisseurs Helmut Dietl (TV-Serie *Kir Royal*) mit Götz George, der seinen Starstatus dem TV-Kommissar Schimanski (*Tatort*) verdankte. Auch die zahlreichen Abgänger der Filmakademien entdeckten – auf den internationalen Erfolg von Doris Dörries *Männer* (1985) spekulierend – die Beziehungs- und Provinz-Komödien als ihr Feld. Der skurrilste Vertreter dieses Genres war der schleswig-holsteinische Bauernsproß Detlev Buck mit *Wir können auch anders* (1992/93).

Buck war zugleich auch Vertreter der jüngeren Generation bei dem von Edgar Reitz in *Die Nacht der Regisseure* (1995) ausgerichteten Familientreffen der alt gewordenen Jungfilmer (verstärkt durch Uralt-Filmerin Leni Riefenstahl und die unvermeidlichen Ex-DEFA-Leute Frank Beyer und Wolfgang Kohlhaase). In einer fiktiven Münchner Kinemathek schauen sie – von Schlöndorff und Fleischmann

«Alles was erzählt wird, hat sich wirklich ereignet – nichts hat sich so ereignet, wie es erzählt wird.» Picknickfoto mit Selbstauslöser aus Edgar Reitz' elfteiliger Filmchronik *Heimat* (1984), die in privaten Geschichten und historisch repräsentativen Ereignissen Lebenszeit und Zeitgeschichte von 1919 bis 1982 ausdrucksstark vermittelt (Christian Reitz / Edgar Reitz Filmproduktions GmbH).

Der bewegte Mann (Sönke Wortmann, 1994), eine mit viel Gespür für Situationskomik inszenierte Hetero-Homo-Verwechslungskomödie, war der deutsche Erfolgsfilm Mitte der Neunziger.

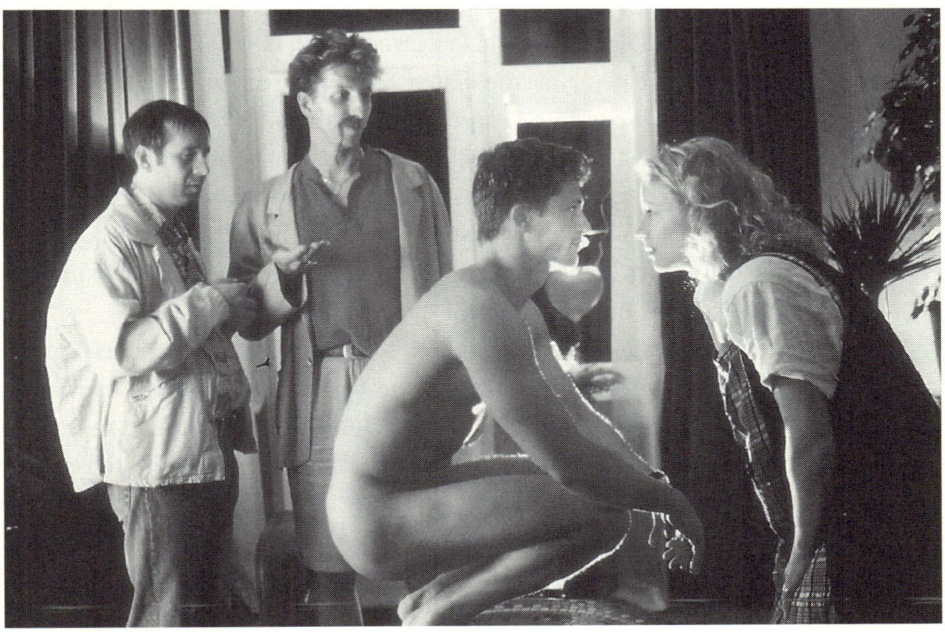

Rasant und unkonventionell: Tom Tykwers Welterfolg *Lola rennt* (1998, Standvergrößerung)

über Trotta und Sanders-Brahms, Kluge und Syberberg, Wenders und Geissendörfer bis Hauff und Lilienthal – auf hundert Jahre Kino zurück und reminiszieren ihre großen Zeiten im bundesdeutschen Film.

Ab Mitte der neunziger Jahre meldet sich vehement eine neue Generation junger Filmemacher zu Wort. Wolfgang Becker (*Das Leben ist eine Baustelle*, 1996), Tom Tykwer (*Winterschläfer*, 1997) und Dani Levy (*Meschugge*, 1997) gründeten mit dem Manager Stefan Arndt die gemeinsame Firma X Filme Creative Pool, die mit den Einnahmen aus Tykwers Welterfolg *Lola rennt* (1998) bereits ihrerseits vielversprechende Nachwuchskräfte wie Sebastian Schipper (*Absolute Giganten* 1999) fördert. Zunehmend treten auch die in Deutschland aufgewachsenen Kinder der Gastarbeiter-Generation mit der Gestaltung ihrer eigenen Erfahrungen vors Publikum, die die Problematik kultureller Identitäten widerspiegeln, so Fatih Akim mit *Kurz und schmerzlos* (1997/98) und Yüksel Yavuz mit *Aprilkinder* (1998).

Daneben hinterläßt zunehmend auch der Aktienboom am Neuen Markt seine Spuren auf der Leinwand. Während kleine Verleihe per Aktien-Emission in DM-schwere Medienkonzerne mutieren, die sich Kinoketten, Traditionsverlage und Fußballclubs zulegen, fällt es den bisherigen Filmförderfunktionären immer schwerer, die an flinke Finanzjongleure, Fernsehserien-Produzenten und glatte Kunsthandwerker (zum Beispiel Joseph Vilsmaier mit *Stalingrad*, 1991; *Comedian Harmonists*, 1997; *Marlene*, 1999) verteilten Millionen der staatlichen Subventionstöpfe zu legitimieren.

Oscar-Gewinner aus Italien: Roberto Benigni mit Giorgio Cantarni und Nocoletta Braschi in *La Vita e bella* (1997).

Weitaus schlechter scheint die Situation in Italien, obwohl doch von den Dutzenden neuer Fernsehsender – nicht alle im Besitz von Silvio Berlusconi – eine ökonomische Stimulierung zu vermuten gewesen wäre. Außer Giuseppe Tornatore erlangten auch Maurizio Nichetti (*Ladri di saponette*, 1989), Gianni Amelio (*Ladro di bambini*, 1992) und Nanni Moretti (*Caro diario*, 1993) internationale Beachtung. Der Komiker Roberto Benigni – mit Rollen in Jim Jarmuschs *Down By Law* (1986) und Blake Edwards' *Son of the Pink Panther* (1993) einer der wenigen weiterhin in Hollywood präsenten Italiener – erzielte als Regisseur und Hauptdarsteller bereits 1991 mit *Johnny Stecchino* in seiner Heimat einen Einnahmerekord, ehe er für *La vita è bella* (1997) in aller Welt mit Preisen überhäuft wurde.

In Spanien blieb es seit den achtziger Jahren und dem Tod Luis Buñuels dem Regisseur Pedro Almodóvar überlassen, mit seinen exaltierten Melodramen (*Mujeres al borde de un ataque de nervios*, 1988; *¡Atame!*, 1990) und sensiblen Gesellschaftsbildern (*Todo sobre mi madre*, 1998/99) die Tradition des Bürgerschrecks international fortzusetzen.

Skandinavische Filmregisseure erfreuten sich in den letzten Jahrzehnten – auch nach dem Abschied Ingmar Bergmans – einer gewissen Prominenz auf dem Weltmarkt. Lasse Hallström (*Mitt liv som hund*, 1985), Gabriel Axel (*Babettes gæstebud*, 1987) und Bille August (*Pelle eroberen*, 1987) sammelten in Europa und Hollywood Festival-Lorbeeren und Aufträge für internationale Großproduktionen. So arbeitete August fortan multinational mit dem umtriebigen Bernd Eichinger zusammen, während Hallström mit *What's Eating Gilbert Grape* (1993) und *The Cider House Rules* (1999) im amerikanischen Mainstream reüssieren konnte.

Daneben bleibt Skandinavien ein fruchtbarer Boden für innovative Einzelgänger und eigenwillige Bilderstürmer. Der Finne Aki Kaurismäki beherrscht ein breites Spektrum von der Slapstick-Komödie über das absurde Deadpan-Drama bis hin zum Stummfilm-Remake (*Ariel*, 1988; *Leningrad Cowboys Go America*, 1989; *Kauas Pilvet Karkaavat*, 1996; *Juha*, 1998). Gemeinsam mit den Dänen der «Dogma»-Gruppe um Lars von Trier (*Europa*, 1990; *Breaking the Waves*, 1996; *Idioterne*, 1998) und Thomas Vinterberg (*Festen*, 1998) repräsentiert er in Europa die einzige Filmkunst-Bewegung, die in den neunziger Jahren so bezeichnet zu werden verdient (wenn auch der finnische beziehungsweise dänische Ausdruck für «neue Welle» noch nicht in den internationalen Sprachschatz eingegangen ist).

Wohl haben in Asien einzelne Regisseure Filme produziert, die den Unbilden des Exports in den Westen gewachsen waren – beispielsweise Jackie Chan und John Woo, die sich daraufhin auf eine Kooperation mit Hollywood einließen –, aber seit den in den Siebzigern in Hongkong und auf den Philippinen entstandenen Actionfilmen war aus dieser Gegend nichts Nennenswertes auf dem Welt-Filmmarkt zu verzeichnen, bis in den ausgehenden Achtzigern in China die «fünfte Generation» aktiv wurde. Diese Filmemacher, die nach der Kulturrevolution das Filminstitut in Beijing besucht hatten, nutzten die Bildersprache des Mediums, um darin verdeckt politische Aussagen zu transportieren. Chen Kaige hat mit *Huang tudi* (*Gelbes Land*, 1984), *Bawang Bieji* (*Lebe wohl, meine Konkubine*, 1993) und *Jing ke ci qin wang* (*Der Kaiser und sein Attentäter*, 1998/99), der vormalige Kameramann Zhang Yimou mit *Hong Gao liang* (*Rotes Kornfeld*, 1987), *Judou* (1989), *Dahong denglong gaogao gua* (*Rote Laterne*, 1992) und *Houzhe* (*Leben*, 1994) auf westlichen Filmfestivals starke Beachtung gefunden, nicht minder Zhangs ausdrucksstarke Hauptdarstellerin Gong Li.

Lateinamerikanische und afrikanische Filmemacher waren in diesem Zeitraum im allgemeinen auf ihre einheimischen Märkte beschränkt. Nur gelegentlich gelangten Filme zu internationalem Erfolg – beispielsweise *Sur* (1988) des Argentiniers Fernando E. Solanas und *Central do Brasil* (1997) des Brasilianers Walter Salles –, aber sonst reichte das gleichmäßige Spannungsfeld, in dem es zum produktiven Dialog zwischen Filmemacher und Zuschauer kommt, nicht über die jeweiligen Landesgrenzen hinaus.

Eingangs der achtziger Jahre war es klar, daß man keinen Unterschied mehr machen kann zwischen dem, was wir Film, und dem, was wir Video oder Fernsehen nennen. Die verschiedenen Ausprägungen der audiovisuellen Darstellung waren über dreißig Jahre lang als getrennt, ja sogar antagonistisch angesehen worden. Nun muß man sie als Abschnitte desselben Kontinuums begreifen. Wir brauchen tatsächlich ein neues Wort, um Film und Video gemeinsam zu benennen. Da die Videotechnik zunehmend ausgereifter und flexibler wird, ist für den «Film»-Macher die Entscheidung für ein System mehr und mehr eine Sache der Ökonomie und Technologie als der Ästhetik.

Eingangs der Neunziger war es unübersehbar, daß die geographischen Grenzen, die einst bei der Definition des Films als Kunst (wenn nicht als Geschäft) hilfreich waren, sich sogar noch rascher auflösten als die technologischen Demarkationslinien. Die aggressiven Marketing-Strategien von Ted Turners CNN und Viacoms MTV sowie die rasante Expansion des Satelliten-Fernsehens über Grenzen hinweg – zuerst in Europa, dann in Asien – sorgten rund um die Welt dafür, daß die Filmemacher die Konkurrenz des Molochs Hollywood noch stärker spürten.

Gleichzeitig jedoch eröffnete die Technologie viele zusätzliche Kanäle zum Publikum und ermöglichte den Filmemachern einen direkteren Zugang zu ihren Zielgruppen. Tatsächlich muß einem objektiven Betrachter von Film und Fernsehen ersterer als Subkategorie des zweiten erscheinen. Die meisten Filmhersteller produzieren auch Fernsehprogramme und umgekehrt. Die Kinofilm-Industrie in den USA erlöst jährlich etwa fünf Milliarden Dollar, während die Einnahmen der Fernsehnetze mehr als dreimal so hoch liegen. Noch in den Siebzigern genossen TV-Filme bei den meisten Kritikern und Zuschauern weit weniger Prestige und Interesse als Kinofilme. In den achtziger Jahren war diese Stigmatisierung weitgehend verschwunden. Die TV-Filme besitzen noch immer nicht ganz die Aura ihrer teureren Kino-Vettern, aber Schauspieler und Techniker betrachten gehobenere Fernsehproduktionen nicht mehr als ernste Kompromittierung ihrer Professionalität. Für Kabelnetze hergestellte Filme wie die HBO-Produktionen *Citizen Cohn* (1992), *Barbarians at the Gate* (1993) und *Don King: Only in America* (1997) könnten unschwer auch im Kino laufen und sich eine Publizität sichern, wie sie für Spielfilme normal ist.

Selbst innerhalb der Grenzen der Kinofilm-Herstellung hat die Video-Technologie zusätzliche Vertriebskanäle eröffnet. Ende der Siebziger übersprangen eine Reihe von Produktionen, die ursprünglich für das Kino projektiert waren, diese Vertriebsstufe und hatten gleich beim Fernsehen einen gewissen Erfolg. Ende der Achtziger wurden jedes Jahr massenhaft Filme direkt für den Videomarkt produziert («Direct-to-Videos»). Obwohl sich ihr finanzieller Erfolg an den Kasseneinnahmen messen ließe, war doch die Kostendeckung ganz nach den erwarteten Einnahmen aus dem Videoverleih kalkuliert. Indem «Direct-to-Videos» – wie vor ihnen schon die Fernsehfilme – das fruchtbare Feld der B-Filme der dreißiger und vierziger Jahre ersetzen, ermöglichen sie es neu angetretenen Filmemachern, ihr Handwerk zu lernen und – was noch wichtiger ist – die rigiden Regeln hinsichtlich Inhalt und Stil zu ignorieren, die den Kinofilmen mit ihren auf mehr als 30 Millionen Dollar gestiegenen Durchschnittskosten zunehmend Grenzen setzen. 1992 fand der von IRS

Media produzierte Film *One False Move* in einem Maße den Beifall der Kritik, das in keinem Verhältnis zu seinem Budget stand; er wurde von einflußreichen Kritikern als einer der besten Filme des Jahres gewertet. «Direct-to-Video», die neueste Variante eines alten Hollywood-Themas, hatte sich durchgesetzt.

Eine oder mehrere dieser Stufen können übersprungen werden, ohne daß dadurch notwendig eine Gewinnminderung eintritt. Tatsächlich nimmt das illegale Kopieren von Videobändern und Filmkopien so rasant zu, daß die Studios gezwungen werden, Videokassetten und -discs eines Films fast gleichzeitig mit der Kino-Premiere auf den Markt zu bringen (und ganz sicher, bevor er über Kabelfernsehen gelaufen ist, das den Video-Piraten unwiderstehliche Möglichkeiten bietet). Die TV-Networks werden stärker zurückgedrängt, wodurch sie sich gezwungen sehen, mehr Geld und Talent in Fernsehfilme zu investieren (denn die sind die einzige Form von Film, auf die sie immer noch einen gewissen Einfluß haben). Sie können sich nicht mehr – wie sie es in den Sechzigern und Siebzigern taten – auf die Ausstrahlung von Kinofilmen stützen, um ihre Programme zu füllen. Dies ist auch der Hauptgrund, weshalb die Networks versucht haben, sich der Produktion von Kinofilmen zuzuwenden.

Während sich die kommerziellen, für Konglomerate arbeitenden Filmemacher dank der ungeplanten Auswirkungen der technischen Entwicklung einer anarchischen neuen Welt gegenübersehen, können sich unabhängige Filmemacher auf die dramatisch anwachsenden Möglichkeiten in den Neunzigern und darüber hinaus freuen. Noch 1978 hatte ein Filmemacher, der seinen/ihren Film in die Kinos bringen wollte, praktisch sechs Alternativen: die großen Hollywood-Studios. Unter Berücksichtigung der Inflationsrate sind die Einnahmen an den Kinokassen in den USA seit den Siebzigern rückläufig. Das in den Achtzigern und Neunzigern zu verzeichnende Wachstum Hollywoods wurde zunächst durch die rasante Expansion von Video und Kabelfernsehen genährt, dann – als ein Land nach dem anderen das staatliche Monopol für sein TV-System aufhob, es also sozusagen entstaatlichte – durch die explodierende Zahl privater europäischer Fernsehsender mit ihrem Hunger nach Filmen. Neuerdings ist die Ausbreitung von DBS-Satellitensystemen hinzugekommen, denen es darum geht, ihre Hunderte von Kanälen voll zu bekommen.

Die neuen, aggressiv vermarkteten Technologien von Videokassette und Bildplatte, Kabel- und Satelliten-Fernsehen bieten völlig neue Möglichkeiten. Der Vertrieb über die Kinos ist inzwischen für einen Filmemacher etwa ebenso wichtig – oder unwichtig – wie die Hardcover-Ausgabe für einen Schriftsteller. Expandierende Kabel- und Satelliten-Services im Verein mit Digital Video Discs und vielleicht gar Lieferdienste, die Videos auf telefonische Bestellung hin unters Volk bringen, werden einen noch weit höheren Produktbedarf schaffen. Überdies bieten Band und Disc einen direkten Zugang zum Publikum, wie er ganz ähnlich für

Bill Paxton und Cynda Williams in Carl Franklins *One False Move* (1992), einem direkt für den Videomarkt produzierten Film, der auch bei den Kritikern starken Eindruck hinterließ.

Bücher und Schallplatten gegeben ist. Der Unabhängige hat immer noch gegen die geldverschlingenden Werbekampagnen konkurrierender Konglomerat-Produkte zu kämpfen, aber das Potential für ein demokratischeres Vertriebssystem ist wenigstens gegeben.

In den Sechzigern und Siebzigern wurde die Produktion von Filmen deutlich demokratischer, da technische Neuentwicklungen die Preise senkten. In den Neunzigern wird der Verteilungsapparat – früher das Nadelöhr des Systems – dem gleichen Demokratisierungsprozeß unterliegen. Das war so nicht geplant. Tatsächlich ist es nur der (willkommene) Nebeneffekt der wirtschaftlichen Nutzung neuer Hardware auf einem Markt, der sich dem Sättigungspunkt näherte. Dennoch bezeichnet dies einen wichtigen Wendepunkt in der Geschichte des Films, in den USA wie anderswo.

Ökonomisch hat sich der Trend zur breiteren Marktzugänglichkeit weiter fortgesetzt. Die amerikanischen Studios mögen zwar immer noch den internationalen Filmmarkt beherrschen, doch zumindest besitzen heute auch andere Länder das Potential, sich diesem Wettbewerb zu stellen. Sie tun dies nicht, indem sie den Import amerikanischer Filme behindern – das wird auch zunehmend schwieriger, da die

Der sensationelle Erfolg des mit geringstem Budget realisierten Studentenfilms *Blair Witch Project* (1999) zeigt die Perspektiven einer Verquickung traditioneller Erzähl-, Produktions- und Distributionsformen mit aktuellster Informationstechnologie.
Die simple Gruselstory, die von den Machern Daniel Myrick und Eduardo Sánchez mit Laiendarstellern als angebliche Dokumentation inszeniert wurde, erregte vor allem durch ihre geschickt lancierte Vorpropaganda im Internet Aufsehen. So konnte – via digitale Medien und ebenfalls bei geringsten Kosten – eine breite Öffentlichkeit erreicht werden.

Technologie den Verleihprozeß demokratisiert –, sondern indem sie die amerikanischen Studios auf ihrem ureigenen Felde herausfordern, getragen vom Verständnis für den ökonomischen Multiplikationseffekt des Kulturexports.

Technisch entwickeln die visuellen Medien ihre Fähigkeit zur Präzision weiter und eröffnen neuen Gruppen von Künstlern den Zugang zum mysteriösen technischen Verfahren. Was einst ein gigantisches Wagnis war, das riesige Kapitalinvestitionen voraussetzte, ist heute schon fast jenes persönliche und flexible Kommunikationsmittel, das Alexandre Astruc den «caméra-stylo» nannte. Zur gleichen Zeit sollten neue Vertriebstechniken einen deutlich besseren Zugang zu einer ständig wachsenden und differenzierteren Öffentlichkeit ermöglichen – nebenbei eine Öffentlichkeit, die eine stärkere Kontrolle über das Medienerlebnis besitzen wird als in der Vergangenheit.

Ästhetisch ergibt das Zusammenwirken all dieser Kräfte ein vielfältiges Spektrum der filmischen Produkte. Der Graben zwischen «Elite»- und «Massen»-Kultur wird weiterhin kleiner. Und die Bedeutung des aus dem 19. Jahrhundert herrührenden Konzepts der «Avantgarde» schwindet mit jedem Jahr mehr.

Als Summe dieser Entwicklungen scheint nun ein guter Zeitpunkt gekommen, das Ende von movies/film/cinéma zu verkünden – zumindest in der bekannten Form. Von nun ab ist «film» lediglich ein Rohmaterial, neben Bildplatten und Video eine dem Medienkünstler offenstehende Möglichkeit. Die «movies» sind fester Bestandteil eines neuen umfassenden, künstlerischen, technischen und industriellen Systems, für das wir noch keinen Namen haben – außer vielleicht «Multimedia». Und «cinéma»? Nach einem langen romantischen, bewegten und erfüllten Leben von hundert Jahren, in denen es unsere Weltschau dominiert hat, ist «cinéma» von uns gegangen.

FÜNF

FILMTHEORIE: FORM UND FUNKTION

In Mel Brooks' und Ernest Pintoffs komischem und intelligentem Kurzfilm *The Critic* (1963) sehen wir abstrakte Zeichentrickgebilde auf der Leinwand agieren und hören dabei Brooks' Stimme, die eines alten Mannes, der voller Zufriedenheit die Bedeutung dieser «Kunst» zu enträtseln sucht:

> *Vot da hell is dis?!*
>
> *Mus' be a cahtoon.*
>
> *Op... Mus' be boith. Dis looks like boith. I remembeh when I was a boy in Russia... biology.*
>
> *Op! It's born. Whatever it is, it's born... Look out! Too late. It's dead already... Vot's dis? Usher! Dis is cute! Dis is cute. Dis is nice. Vot da hell is it? Oh. I know vot it is. It's gobbage. Dat's vot it is! Two dollas I pay for a French movie, a foreign movie, and now I gotta see dis junk!*

Dem ersten Gebilde schließt sich ein zweites an, und Brooks interpretiert:

> *Yes. It's two... two things dat, dat – they like each other. Sure. Lookit da sparks. Two things in love! Ya see how it got more like? – it envied the other thing so much. Could dis be the sex life of two things?*

Die Szene wechselt wieder, und Brooks' alter Kauz fängt an, das Interesse zu verlieren:

> *Vot is dis? Dots! Could be an eye. Could be anything! It mus' be some symbolism. I t'ink... it's symbolic of... junk! Uh-oh! It's a cock-a-roach! Good luck to you vit ya cock-a-roach, mister!*

Als der künstlerische Kurzfilm sich dem Ende nähert, gibt der Kritiker sein endgültiges Urteil ab:

*I dunno much about psych'analysis, but I'd say dis is a doity pictcha!**

The Critic ist zum Teil deshalb so komisch, weil es Brooks gelingt, in seinem kurzen Drei-Minuten-Dialog eine Reihe grundsätzlicher Wahrheiten über die Kritik anzusprechen. «Zwei Dollars» bezahlen wir für einen Film. Was bekommen wir dafür? Wie bestimmen wir den Wert eines Films? Wie wissen wir, was «symbolisch für Dreck» ist? Neben Mel Brooks' Kritiker sitzen andere Leute im Kino, die den Film zu genießen scheinen. Sind Werte denn vollkommen relativ? Gibt es irgendwelche wahren, allgemeingültigen «Regeln» für die Filmkunst? Was macht der Film? Wo sind seine Grenzen?

Fragen dieser Art gehören in den Bereich der Filmtheorie und Filmkritik, zwei miteinander verbundene, aber nicht identische Aktivitäten, die als gemeinsames Ziel ein besseres Verständnis des Phänomens Film haben. Im allgemeinen gilt: Theorie ist die Abstraktion, Kritik ist die Praxis. Am untersten Ende der Skala ist die Art von Filmkritik zu finden, die ein Rezensent praktiziert: mehr Reportage als Analyse. Die Funktion eines Rezensenten ist es, den Film zu beschreiben und zu bewerten, zwei relativ einfache Aufgaben. Am oberen Ende der Skala befindet sich die Art von Filmtheorie, die wenig oder nichts mit der tatsächlichen Praxis des Films zu tun hat: eine intellektuelle Anstrengung, die hauptsächlich zum Selbstzweck existiert und oft ihre eigenen Verdienste, aber nicht unbedingt viel Bezug zur wirklichen Welt hat. Zwischen diesen beiden Extremen ist viel Raum für nützliche und interessante Arbeit.

Eine Reihe wichtiger Dichotomien beherrschen die Filmtheorie. Die erste, der Gegensatz von Praxis und Ideal, bietet sich an durch den Gegensatz von Kritik (praktisch) und Theorie (ideal).

Damit eng verbunden ist der Gegensatz von «normativer» und «deskriptiver» Theorie und Kritik. Der normative Theoretiker beschäftigt sich mit dem, was der Film sein sollte, der deskriptive Theoretiker nur mit dem, was der Film ist. Norma-

* Was zum Teufel ist das? Muß ein Zeichentrickfilm sein. Op... Muß eine Geburt sein. Sieht aus wie eine Geburt. Ich erinnere mich, in Rußland, als ich ein kleiner Junge war... Biologie. Op. Da ist es. Was immer es ist, es ist geboren. Paßt auf! Zu spät. Ist schon tot... Was ist das? Platzanweiser! Das hier ist hübsch! Das ist hübsch. Das ist nett. Was zum Teufel ist das? Oh. Ich weiß, was es ist. Es ist Müll. Genau das ist es. Ich bezahl zwei Dollars für einen französischen Film, einen ausländischen Film, und nun muß ich diesen Dreck sehen!...
Ja. Das sind... zwei Dinger, das da, das da, das da – sie mögen sich. Klar. Guck mal, die Sterne. Zwei verliebte Dinger! Siehst du, wie das immer ähnlicher geworden ist? – es hat sich so nach dem andern gesehnt. Könnte das Liebesleben von zwei Dingern sein?...
Was ist das? Punkte? Könnte ein Auge sein. Könnte alles mögliche sein! Muß irgendwelche Symbolik sein. Ich glaube... es ist symbolisch für... Dreck! Uh-oh! Es ist eine Kakerlake! Viel Glück mit einer Kakerlake, Mister!...
Ich weiß nich viel über Psychoanalyse, aber ich möchte meinen, 's is 'n Porno!

tive Theorie ist deduktiv; das heißt, der Theoretiker entscheidet sich zunächst für ein Wertesystem und mißt dann die existierenden Filme an seinem System. Deskriptive Theorie ist induktiv: Der Theoretiker untersucht das gesamte Feld der Filmaktivitäten, und dann, erst dann, versucht er, Schlüsse über die wahre Natur des Films zu ziehen. Theoretiker und Kritiker, die Normen setzen, sind natürlich an Bewertung interessiert. Da sie zwingende Wertsysteme haben, messen sie reale Filme logischerweise an ihren Anforderungen und beurteilen sie danach.

Die dritte und einflußreichste Dichotomie ist die zwischen Theorie und Praxis. Tatsache ist, daß kein Filmemacher die Theorie zu studieren braucht, um die Kunst zu praktizieren. Tatsächlich hatten bis vor kurzem nur sehr wenige Filmemacher überhaupt ein Interesse an der Theorie. Sie wußten (oder wußten auch nicht) intuitiv, was gemacht werden mußte. Allmählich jedoch, als die Filmkunst anspruchsvoller wurde, schlug man eine Brücke zwischen Theorie und Praxis. Viele zeitgenössische Filmemacher gehen nun, anders als ihre Vorläufer, von starken theoretischen Grundlagen aus. Sogar die Büros in Hollywood sind heute voll von promovierten Filmschul-Absolventen; seit der Generation von Coppola, Scorsese und Lucas – allesamt aus Filmschulen hervorgegangen – sind qualifizierte Abschlüsse wichtig für eine Anstellung in den Studios.

Das ist ein bedeutender Wandel in der Art, wie in Hollywood die Geschäfte ablaufen. Tatsächlich entwickelte der Hollywood-Stil, der weithin immer noch die Filmgeschichte beherrscht, nie eine kodifizierte Gesamttheorie. Oberflächlich gesehen, schien der Hollywood-Film der dreißiger und vierziger Jahre auf einem komplexen und einflußreichen ästhetischen System zu beruhen, und doch gibt es keine Hollywood-Theorie als solche. Keine Kunst ist auf Theorie angewiesen; kein Künstler hat einen akademischen Abschluß nötig. Wenn akademisches Studium zur Einstellungs-Voraussetzung wird, verändert sich das innere Wesen der Kunst: Sie wird sich ihrer selbst bewußt und wird wahrscheinlich weniger spannend. Man muß kein blauäugiger Romantiker sein, um zu glauben, daß gerade die Renegaten mit ihren Regelverletzungen die überzeugendste Kunst schaffen. Formales Training sichert ein bestimmtes Niveau von handwerklicher Kompetenz, aber es neigt dazu, Kreativität zu unterdrücken. Wir tauschen das Wagnis des Genies gegen die Sicherheit normierter Qualität ein. Das mag eine Erklärung sein für das, was seit den frühen siebziger Jahren dem amerikanischen Film widerfährt.

Die alten Meister arbeiteten natürlich nach Gehör. Das Beste, was D. W. Griffith (der so viele Theoretiker inspirierte) anbieten konnte, war eine reichlich verschwommene Idee, daß der «menschliche Pulsschlag» das geheime Metronom für erfolgreiches Filmemachen sei. In «Pace in the Movies» (*Liberty*, 1926) schrieb er: «Die amerikanische Schule… bemüht sich, das Bild im Rhythmus des durchschnittlichen menschlichen Herzschlags zu halten, der natürlich unter solchen Einflüssen wie Aufregung an Schnelligkeit zunimmt und in spannungsgeladenen Momenten fast aufhören kann.»

Viele dieser Überlegungen im nachhinein waren Ergebnis des Minderwertigkeitskomplexes, den der Film als die jüngste der Künste hatte. Christian Metz weist darauf hin, daß die Funktion solcher Kritik, psychoanalytisch gesehen, die ist, den Film von seinem schlechten Ruf zu befreien. Der Gedankengang war ganz einfach: Wenn der Film ein bedeutsames theoretisches Gebäude stützen kann, dann muß er genauso respektabel wie jede andere der alten Künste sein. Dies mag als Motiv für die Filmtheorie ziemlich kindisch erscheinen, aber es ist noch nicht so lange her, daß der Film von gebildeten Menschen im allgemeinen als unseriös angesehen wurde. In den USA wurde er zum Beispiel erst 1970 als allgemein anerkanntes Studienfach in Colleges und Universitäten akzeptiert. Daher war es der Antrieb eines Großteils der frühen Filmtheorie, eine gewisse Respektabilität zu erlangen.*

Wegen dieser Sehnsucht nach Respektabilität waren viele der frühesten Arbeiten in der Filmtheorie normativ: oft auf eine recht anmaßende Weise, aber manchmal von faszinierender Ausgefeiltheit. Wenn wir die psychoanalytische Metapher beibehalten, können wir dies als Einfluß des filmischen «Über-Ichs» sehen – des Empfindens für die in der künstlerischen Gemeinschaft geltenden Normen von gutem Benehmen und Respektabilität –, während der Film darum kämpfte, als gleichrangig behandelt zu werden, und seine natürlichen libidinösen Impulse beherrschte. «Normen» waren nötig, und die Filmtheoretiker lieferten sie. Nun, da die Filmtheorie ausgereift ist, besteht sie viel weniger auf Regeln und Vorschriften, die oft aus Gebieten außerhalb der Domäne des Films selbst stammen, und sie konzentriert sich statt dessen darauf, ihre eigenen flexibleren und feineren Werte zu entwickeln.

Innerhalb jeder spezifischen Filmtheorie wirken eine Anzahl von Gegensätzen. Ist die Theorie hauptsächlich ästhetisch, oder ist sie philosophisch? Beschäftigt sie sich allgemein mit den Beziehungen von verschiedenen Filmbereichen untereinander oder mit den Beziehungen, die zwischen den Teilen eines spezifischen Films bestehen? Oder untersucht sie die Beziehungen zwischen Film und Kultur, Film und dem Individuum, Film und Gesellschaft?

Sergej Eisenstein, immer noch der schöpferischste der Filmtheoretiker, benutzte die Filmterminologie, um die unterschiedlichen Ansätze der Filmanalyse zu be-

* Ja, ich weiß, daß wir hier für beide Konfliktseiten zugleich zu sprechen scheinen: Wir wünschen uns den Film an der Universität akzeptiert, aber die Filmemacher sollen möglichst nicht zu viel studieren. Wie in allen möglichen anderen Lebensbereichen der USA in den Siebzigern und Achtzigern schlug auch hier das Pendel zu weit aus. Viele der Wahrheiten, die wir in den Sechzigern entdeckten, wurden im Zuge ihrer Institutionalisierung gefährlich verzerrt. Aus diesem Grund fassen wir unsere Highways mit nackten Mauern ein.

schreiben. In seinem Essay «In Großaufnahme» (1945) beschrieb er «Total»-Theorie als das, was sich mit Film im Kontext beschäftigt, das, was seine politischen und sozialen Implikationen beurteilt. «Halbtotal»-Filmkritik konzentriert sich dahingegen auf die menschliche Seite des Films, mit der sich die meisten Rezensenten beschäftigen. «Nah»-Theorie jedoch «zerbricht den Film in seine Einzelteile» und «löst den Film in seine Elemente auf». Filmsemiotik und andere Theorien, die versuchen, die «Sprache» des Films zu behandeln, sind beispielsweise Ansätze aus der «Nah»-Theorie.

Das hier wesentliche Konzept ist der klassische Gegensatz von Form und Funktion. Interessieren wir uns mehr für das, was ein Film ist (Form), oder dafür, wie er auf uns wirkt (Funktion)? Wie wir sehen werden, hat es eine ganze Weile gedauert, bis die Filmtheorie sich von der Konzentration auf die Form der Kunst hingewandt hat zur schwierigeren und bedeutungsvolleren Analyse seiner Funktion. Nach und nach wich das Aufstellen von Normen wissenschaftlicheren Untersuchungsmethoden, während die Filmtheorie weniger fordernd und eher wißbegieriger wurde.

Der Dichter und der Philosoph: Lindsay und Münsterberg

Wie wir bereits festgestellt haben, waren die ersten Filmtheoretiker vor allem daran interessiert – einige bewußter als andere –, ein respektables künstlerisches Gütezeichen für die junge Kunst zu liefern. 1915, als der Spielfilm gerade begann, Bedeutung zu erlangen, veröffentlichte Vachel Lindsay, zu der Zeit ein bekannter Dichter, *The Art of the Moving Picture*, ein eindrucksvolles, naives, oft simplistisches, aber nichtsdestoweniger scharfsinniges Loblied auf die junge, ungebärdige, populäre Kunstform.

Bereits der Titel seines Buches war eine herausfordernde Behauptung: Er forderte seine Leser dazu auf, diese Jahrmarktsunterhaltung als richtige Kunst anzusehen. In Anlehnung an das Modell der etablierten narrativen und visuellen Künste definierte er drei Grundtypen von «Lichtspielen» – wie Filme, die Anspruch auf künstlerischen Wert erhoben, zu der Zeit genannt wurden: «das Lichtspiel der Handlung», «das intime Lichtspiel» und «das glanzvolle Lichtspiel», drei Kategorien, die immer noch dazu dienen können, das Hollywood-Kino der folgenden achtzig Jahre zu unterteilen. In jeder Kategorie hatte Lindsay Elemente der Erzählung gefunden, in denen der Film nicht nur mit den anderen Künsten konkurrieren, sondern sie oft sogar übertreffen konnte: Handlung, Intimität und Glanz waren alle drei starke (manchmal ungeschliffene) direkte Werte – und sie sind es immer noch.

Dann verglich Lindsay, der spontan aus seiner starken Leidenschaft für das Kino schrieb, das Potential des Films mit den Errungenschaften der älteren Künste, wobei er den Film abwechselnd als «Bildhauerei in Bewegung», «Malerei in Bewegung» und «Architektur in Bewegung» untersuchte. Er beschloß seinen Abriß der Filmästhetik mit zwei Kapiteln, von denen jedes auf seine Weise erstaunlich weitsichtig war. Zu der Zeit, in der er schrieb, waren die wenigen vom Kultur-Establishment ernstgenommenen Filme jene, die das Theater nachahmten: die «Lichtspiele».

Dennoch verstand Lindsay schon sehr früh – nach *The Birth of a Nation* (1915), aber vor *Intolerance* (1916) –, daß die wahre Stärke des Films in genau der entgegengesetzten Richtung liegen könnte. In «Thirty Differences between Photoplays and the Stage» umriß er, was für die Filmtheoretiker während der zwanziger und bis in die dreißiger Jahre ein Hauptproblem werden sollte: Welche Gegensätze die anscheinend parallelen Künste Theater und Film darstellten. Als Filmtheoretiker versuchten, eine eigene Identität für die junge Kunst zu finden, wurde dies das vorherrschende Thema.

Lindsays letztes Kapitel über die Ästhetik, «Hieroglyphen» betitelt, vermittelt noch mehr Einblicke. Mit tiefer Einsicht schrieb er: «Die Erfindung des Lichtspiels ist ein ebenso großer Schritt, wie es die Anfänge der Bilderschrift in der Steinzeit waren.»

Er setzt seine Überlegungen damit fort, Film als Sprache zu betrachten, und auch wenn seine Analyse «mehr ein Phantasieflug als ein klares Argument ist», wie er selber sagt, weist sie dennoch direkt auf den letzten Stand der Filmtheorie hin – die Semiotik. 1915 eine beachtliche Leistung für einen antiakademischen Dichter, der verliebt war in das «barbarische Geplapper» und in akademischen Disziplinen nicht geschult war!

Lindsay beschränkt sich auch nicht auf die innere Ästhetik des Films. Der dritte Abschnitt seines Buches ist der Außenwirkung des «Lichtspiels» gewidmet. Die Untersuchung ist auch hier nicht wegen ihrer konkreten Beiträge zum Verständnis des Mediums so bedeutsam, sondern vielmehr als früher historischer Markstein. Dennoch ist eine von Lindsays spitzfindigsten Theorien – die von späteren Theoretikern und Kritikern stets abgelehnt wurde – einer genaueren Betrachtung wert.

Lindsay schlägt vor, daß das Publikum während eines (Stumm-)Films reden sollte, anstatt sich Musik anzuhören. Niemand nahm seinen Vorschlag ernst; hätte man es getan, hätten wir vielleicht viel früher ein gemeinschaftliches und aktives Kino gehabt. Viele Filme aus der Dritten Welt (sowie Godard-Filme) waren trotz ihres Soundtracks als erste Aussagen in einem Gespräch zwischen Filmemacher und Zuschauer geplant. Kurz gesagt, Vachel Lindsay erfaßte als Dichter und leidenschaftlicher Kinoliebhaber eine Anzahl von Wahrheiten, die akademischere Theoretiker, durch ihr rigides, systematisches Denken eingeengt, niemals hätten verstehen können.

Ein Jahr nach Lindsays Loblied auf den Film folgte ihm ein anderer wichtiger Beitrag – direkt entgegengesetzt in Stil, Ansatz und Ton, aber genauso wertvoll: Hugo Münsterbergs grundlegendes Werk *The Photoplay, A Psychological Study* (1916). Der deutschstämmige Münsterberg war Philosophieprofessor in Harvard und, wie sein Gönner William James, einer der Begründer der modernen Psychologie. Anders als Lindsay, der Volkspoet, gab Münsterberg seinem Werk ein akademisches Ansehen. Er war kein «Kinofan», sondern eher ein desinteressierter Akademiker, der noch ein Jahr vor Erscheinen seines Buches wenig oder keine Erfahrung mit der volkstümlichen Spektakel-Kunst hatte.

Seine intellektuelle Analyse des Phänomens lieferte nicht nur eine dringend benötigte Aufwertung, sondern bleibt auch heute noch einer der ausgewogeneren und objektiveren Abrisse der Filmtheorie. Münsterberg bemühte sich, die Kluft zwischen professioneller Theorie und volkstümlichem Verständnis zu überbrücken. «Intellektuell ist die Welt in zwei Klassen aufgeteilt», schrieb er, «die Aufgeklärten (‹highbrows›) und die Ignoranten (‹lowbrows›).» Er hoffte, daß seine Analyse der Filmpsychologie diese beiden Gruppen zusammenbringen würde. Leider ist sein Buch viele Jahre lang ignoriert worden und erst 1969 von Filmtheoretikern und Studenten wiederentdeckt worden.

Wie Lindsay verstand Münsterberg sofort, daß der Film seine eigene spezielle Begabung hatte und daß seine ästhetische Zukunft nicht im Kopieren dessen bestehen würde, was besser auf der Bühne oder im Roman getan werden konnte. Wie der Dichter verstand auch der Professor, daß Filmtheorie nicht nur immanente Ästhetik berücksichtigen muß, sondern ebenso emanente soziale und psychologische Wirkungen. Er nennt diese beiden Facetten die «inneren» und «äußeren» Entwicklungen des Films, und er beginnt seine Studie mit einer Untersuchung dieser Facetten.

Sein wertvollster Beitrag liegt jedoch in der Anwendung psychologischer Prinzipien auf das Phänomen Film. Die Freudsche Traumpsychologie war von den zwanziger Jahren an ein nützliches Hilfsmittel für viele populäre Filmtheorien. Münsterbergs Ansatz ist jedoch präfreudianisch (was eine gute Erklärung dafür liefert, warum er so lange ignoriert wurde); gleichzeitig ist er ein wichtiger Vorläufer der Gestaltpsychologie, was seinen Ansatz erstaunlich modern erscheinen läßt. Die freudianische Filmpsychologie betont die unbewußte, traumähnliche Art der Erfahrung und konzentriert sich daher auf die passive Haltung dem Medium gegenüber. Im Gegensatz dazu entwickelt Münsterberg ein Konzept von der interaktiven Beziehung zwischen Film und Betrachter.

Er beginnt damit, zu beschreiben, wie unsere Wahrnehmung der Bewegung im Film nicht so sehr vom statischen Phänomen der Nachbildwirkung abhängt, sondern von unserem aktiven geistigen Prozeß der Interpretation dieser Serie von Einzelbildern. Dreißig Jahre später wurde dieser aktive Prozeß als Phi-Phänomen bekannt. Münsterberg hatte ihn 1916 beschrieben (ohne ihm einen Namen zu geben).

In Kapiteln mit den Überschriften «Aufmerksamkeit», «Gedächtnis und Vorstellung» und «Emotionen» entwickelte er dann eine anspruchsvolle Theorie der Filmpsychologie, die Film als aktiven Prozeß versteht – eine höchst geistige Aktivität, in der der Betrachter der Partner des Filmemachers ist. In einem zweiten Teil, «Die Ästhetik des Lichtspiels», untersucht er einige Verästelungen dieser Annäherung an den Prozeß. Indem er die Aufmerksamkeit von dem passiven Phänomen der Nachbildwirkung ab- und dem aktiven geistigen Prozeß des Phi-Phänomens zuwandte, baute Münsterberg eine wesentliche logische Grundlage für Theorien auf, die Film als aktiven Prozeß begreifen. Dennoch war diese Theorie zumindest in Hinblick auf einen wichtigen Aspekt eher normativ als deskriptiv. In den ersten dreißig oder vierzig Jahren der Filmtheorie herrschte die Vorstellung vom Medium Film als grundsätzlich auf Passivität und Manipulation ausgerichtet vor, so wie es sich in der Filmpraxis auch darstellt. Aber Münsterbergs Verständnis des Mediums als zumindest potentiell interaktiv wurde schließlich wiedererlangt.

Merkwürdigerweise waren Lindsays und Münsterbergs Bücher bis noch vor kurzer Zeit die letzten wirklich wichtigen Werke über Filmtheorie. Es sah so aus, als ob Filmtheorie etwas Abwegiges wäre, nachdem Hollywood anfing, die Filmpraxis zu beherrschen. In den frühen zwanziger Jahren hatte sich das Zentrum der Filmtheorie nach Europa verlagert, und sie wurde fünfzig Jahre lang von französischen, deutschen und osteuropäischen Denkern dominiert.

Wie die britische Tradition ist die Entwicklung der amerikanischen Theorie/ Kritik hauptsächlich praktisch ausgerichtet – mehr konkreter Kritik zugewandt als abstrakter Theorie. Im Idealfall ist diese Kritik trotz ihrer praktischen Ausrichtung nicht weniger wertvoll, aber da sie diffus ist, ist es nicht so leicht, sie zu beschreiben oder zu untersuchen. Konzentrierte Einzelwerke abstrakter Kritik lassen sich sehr viel leichter analysieren, eine Tatsache, an die man sich erinnern sollte, da sie unsere Vorstellung über die Form der sich entwickelnden Filmtheorie leicht verzerrt.

Eines der ersten Zeichen wachsender Lebensfähigkeit der europäischen Filmtheorie in den zwanziger Jahren fand sich paradoxerweise im Werk Louis Dellucs, an den man sich, obwohl er mehrere Theorie-Bände veröffentlichte (*Cinéma et cie*, 1919; *Photogénie*, 1920), eher als praktischen Filmkritiker, Filmemacher und Gründer der Ciné-Club-Bewegung erinnert. Zusammen mit Louis Moussinac machte er die Filmkritik zu einem seriösen Unternehmen, das in direktem Gegensatz zur damals üblichen Reportage und Lobhudelei stand. Delluc starb 1924, vor seinem 35. Geburtstag, aber bis dahin hatte sich die europäische Tradition des Kunstfilms (und des Films als Kunst) sicher etabliert.

Expressionismus und Realismus: Arnheim und Kracauer

In seiner nützlichen Einführung zum Thema, *The Major Film Theories* (1976), übernahm J. Dudley Andrew Kategorien, die von Aristoteles stammen, um die Struktur der Filmtheorie zu analysieren. Er untersuchte verschiedene Theorien mit Hilfe von vier Ansätzen: «Rohmaterial», «Methoden und Techniken», «Form und Gestalt» und «Zweck und Wert». Man kann diese Kategorien noch vereinfachen, indem man die beiden zentralen Ansätze – «Methoden und Techniken» und «Form und Gestalt» – einfach als entgegengesetzte Facetten desselben Phänomens sieht, die erste praktisch und die zweite theoretisch. Jede dieser Kategorien zielt auf einen anderen Aspekt des Filmprozesses, der die Kette darstellt, die Material, Filmemacher und Betrachter verbindet. Die Art und Weise, auf die eine Theorie diese Beziehungen einander zuordnet, bestimmt zu einem großen Teil ihr Ziel und ist eine direkte Funktion ihrer zugrundeliegenden Prinzipien. Die Theorien, die das Rohmaterial feiern, sind im wesentlichen realistisch. Die, die vor allem auf die Macht des Filmemachers abzielen, die Realität zu modifizieren oder zu manipulieren, sind vom Ansatz her expressionistisch: das heißt, sie beschäftigen sich mehr mit der Darstellung des Rohmaterials durch den Filmemacher als mit der gefilmten Realität selbst.*

Diese beiden Einstellungen haben die Geschichte der Filmtheorie und Filmpraxis seit den Brüdern Lumière bestimmt (die davon besessen zu sein schienen, die «rohe Realität» auf den Film zu bannen) und seit Méliès (den es offensichtlich mehr interessierte, was er mit seinem Rohmaterial machen konnte). Erst in jüngster Zeit hat die dritte Facette des Prozesses, die Beziehung zwischen Film und Betrachter (in aristotelischen Begriffen «Zweck und Wert»), angefangen, die Filmtheorie zu beherrschen, obgleich sie immer sowohl in den Argumenten der Realisten wie auch denen der Expressionisten impliziert war. Die Semiotik und auch die Politik des

* Der Begriff «Expressionismus» in diesem Zusammenhang darf nicht mit der berühmten ästhetischen Richtung des deutschen Filmexpressionismus (besser: Caligarismus) in den zwanziger Jahren verwechselt werden, die wiederum auf eine frühere Bewegung in Literatur und bildender Kunst Bezug nahm.

Films fangen beide beim Betrachter an und arbeiten sich durch die Kunst des Filmemachers hindurch zurück zur Realität des Rohmaterials auf der anderen Seite.

Das Hauptinteresse hat sich von generativen zu rezeptiven Theorien verlagert. Es interessiert uns heute nicht mehr so sehr, wie ein Film gemacht wird, sondern wie er wahrgenommen wird und welchen Effekt er auf unser Leben hat. Münsterbergs (und sogar Lindsays) Werk hat diese Verlagerung des Akzentes bereits angedeutet. Darüber hinaus sollten wir nicht vergessen, daß diese drei Elemente, die sich alle wechselseitig beeinflussen, während der praktischen Entwicklung des Films eindeutig vorhanden waren, auch wenn die Theorie zu verschiedenen Zeiten dazu neigte, eins zu betonen und dabei die anderen zu vernachlässigen.

Während der zwanziger und dreißiger Jahre beherrschte der Expressionismus die Filmtheorie. D. W. Griffith beschrieb zwei Haupt«schulen» der Filmpraxis, die amerikanische und die deutsche. Die amerikanische Schule, so sagte er seinem Publikum, «sagt dir: ‹Komm und *mach* eine großartige Erfahrung!› Die deutsche Schule sagt hingegen: ‹Komm und *sieh* dir eine großartige Erfahrung an!›» Was Griffith damit wohl ausdrücken wollte, war, daß das amerikanische Kino der zwanziger Jahre aktiver und energievoller war als das deutsche, was zutraf. Und dennoch, obwohl wir in den zwanziger Jahren vom deutschen Expressionismus sprechen und das Wort selten in einem amerikanischen Kontext benutzen, sind beide von Griffiths Schulen auf das zutiefst expressionistische Ziel der «großartigen Erfahrung» ausgerichtet. So wie Griffith seine Theorie vom Rhythmus im Film beschreibt, ist er ein Mittel zur Manipulierung der Gefühle der Zuschauer: «Für eine schnelle, genaue Einschätzung eines Films brauch ich nur einen zehnjährigen Jungen und ein fünfzehnjähriges Mädchen – den Jungen für die ‹Action› und das Mädchen für die Romanze. Es ist in ihrem Leben noch nicht genügend passiert, um ihre natürlichen Reaktionen zu beeinträchtigen.» Was Griffith und Hollywood wollten, waren klare Reaktionen auf ihre Stimuli; demzufolge liegt die Kunst des Films fast nur im Aufbau effektiver Stimuli. Verständnis für einen am Prozeß beteiligten Zuschauer gibt es hier kaum oder gar nicht.

Während der ersten vier Jahrzehnte der Filmgeschichte war der Realismus eine bekannte, wenn auch untergeordnete Strömung in der Filmpraxis. Theoretisch kam er erst in den späten dreißiger Jahren zu seinem Recht (in der praktischen Arbeit der englischen Dokumentaristen, die von John Grierson angeführt wurden) und in den vierziger Jahren (durch den italienischen Neorealismus). Es gab gute Gründe für dies späte Erwachen: Zunächst einmal implizierte die realistische Theorie logischerweise, daß der Film selbst von geringerer Bedeutung war (daß die Realität wichtiger war als die «Kunst»); dies führte sowohl Filmemacher als auch Theoretiker zu expressionistischen Positionen. Der Expressionismus verlieh dem Filmemacher nicht nur im allgemeinen Schema der Dinge mehr Bedeutung, er war auch ein natürliches Ergebnis der frühen Bemühungen, der Film«kunst» ein gewisses Maß an Respektabilität zu verleihen. Im frühen zwanzigsten Jahrhundert bewegte sich jede der anderen, älteren Künste auf größere Abstraktion hin, auf weniger Nachahmung – «weniger Sache mit mehr Kunst». Warum sollte nicht auch der jugendliche Emporkömmling Film in dieselbe Richtung zielen? Darüber hinaus, wenn der Film wirklich als ernsthafte Kunst angesehen werden sollte, war es nötig zu zeigen, daß die Kunst des Films genauso komplex und anspruchsvoll war wie zum Beispiel die Malerei. Der Expressionismus erfüllte genau diese Funktion, indem er den Akzent auf die manipulative Macht des Filmemachers legte.

Der zweite Grund dafür, daß Expressionismus-Theorien die ersten fünfzig Jahre der Filmtheorie beherrschten, ist vielleicht wichtiger: Es gab wenig Raum für private oder persönliche Kunst im Bereich Film. Da er so kostenaufwendig war, mußte der Film eine populäre Kunstform sein. Realismus-Theorien verlangen, daß wir den Zuschauer als am Prozeß Beteiligten sehen. Wenn der Film nichts als eine Dienstleistung ist, wie können wir es da rechtfertigen, den Konsumenten für seine Unterhaltung «arbeiten zu lassen»? Als ein Produkt mußte der Film manipulativ sein: Je mehr «Wirkung» der Film hervorrief, desto mehr Wert hatte der Konsument für das ausgegebene Geld erhalten. Tatsächlich werden die meisten populären Filme immer noch nach dieser einfachen Regel bewertet: Man sehe sich den Erfolg von solchen Spektakeln wie *The Exorcist* (1973), *Jaws* (1975), *Alien* (1979) und *Terminator 2* (1991) an. In diesem ökonomischen Sinn sind Filme immer noch eine Rummelplatzattraktion – Fahrten auf der Achterbahn durch Geisterkammern und Liebestunnel –, und Realismus ist etwas völlig Abwegiges.

Die beiden bündigen und höchst anschaulichen Standardwerke, die expressionistische und realistische Positionen gegenüberstellen, sind Rudolf Arnheims *Film als Kunst* (1932) und Siegfried Kracauers *Theorie des Films: Die Errettung der äußeren Wirklichkeit* (1960 das erste Mal veröffentlicht). Beide Bücher sind in höchstem Maße, auf fast herausfordernde Weise, normativ. Beide präsentieren «Offenbarungen», so als ob die Filmtheorie mehr eine Sache von Verkündigungen als von Untersuchungen wäre. Dennoch bleiben sie denkwürdige Werke, die inzwischen zu Klassikern der Filmliteratur geworden sind, nicht nur deshalb, weil sie beide säuberlich die Positionen ihrer jeweiligen Schulen umreißen, sondern auch zu einem nicht geringen Teil auf Grund ihrer Vereinfachungen: Komplexere, weniger deterministische Filmtheorien werden offensichtlich nicht so leicht behalten.

Arnheim hatte eine Karriere als bekannter Psychologe hinter sich (er ist der Autor von *Kunst und Sehen: Eine Psychologie des schöpferischen Auges*, 1954); so ist es nicht verwunderlich, daß die grundlegenden Lehrsätze von *Film als Kunst* psychologischer Natur sind. Aber anders als sein Vorgänger Münsterberg ist er mehr daran interessiert, wie Film gemacht wird, als daran, wie er wahrgenommen wird. Der Ansatz seines Buches läßt sich in aller Kürze beschreiben: Er geht von der grundlegenden Prämisse aus, daß die Kunst des Films von ihren Begrenzungen abhängig ist, daß ihre physikalischen Begrenzungen gerade ihre ästhetischen Tugenden sind. Er selbst faßt seine Position im Vorwort der Ausgabe von 1957 folgendermaßen zusammen: «Ich habe es unternommen, im Detail darzulegen, wie der Film und die Fotografie die Wirklichkeit keineswegs sklavisch kopieren, und daß sich gerade aus den Abweichungen künstlerische Ausdrucksmöglichkeiten ergeben.» Dies ist eine merkwürdige Behauptung, dennoch in gewisser Weise korrekt, da jede Kunst logischerweise durch ihre Begrenzungen geformt wird. Das Problem ist Arnheims Vorschlag, daß sie diese Begrenzungen nicht überschreiten sollte und daß technische Entwicklungen – Ton, Farbe, Breitwand und so weiter –, die die Grenzen weiter hinausschieben, nicht wünschenswert sind. Er glaubt, daß der Film in der späten Stummfilmzeit seinen künstlerischen Höhepunkt hatte, eine 1933 verständliche Position, die er allerdings noch in der englischen Ausgabe von 1957 vertrat.

Nachdem Arnheim einige Bereiche aufgezählt hat, in denen die Filmdarstellung sich von der Wirklichkeit unterscheidet, bezeichnet er, wie jeder dieser Unterschiede künstlerische Inhalte und Formen liefert. Der Kern seines Argumentes: Für den Künstler und seine Kreativität bleibt um so weniger Raum, je mehr sich der Film dem Reproduzieren der Realität annähert. Der Erfolg dieser Theorie hängt von zwei Annahmen ab, die ganz sicher problematisch sind:

- daß Kunst gleich Wirkung oder Ausdrucksfähigkeit sei, daß die Bedeutung eines Kunstwerks direkt von dem Grad abhängt, mit dem der Künstler Material manipuliert, und
- daß die Begrenzungen einer Kunstform ihre Ästhetik erzeugen und nicht einschränken.

Er schreibt beispielsweise: «Die Tendenz zur Vergrößerung der Bildfläche gehört zusammen mit der Sehnsucht nach dem farbigen, plastischen, tönenden Film. Es ist die Sehnsucht der Leute, die nicht wissen, daß Kunstwirkung an die Begrenzung der Mittel gebunden ist...» (S. 99). Und dennoch haben die Filmemacher mehr und nicht weniger Freiheit erlangt, als diese neuen Dimensionen dem Repertoire der Filmkunst hinzugefügt wurden, und die Möglichkeiten künstlerischer Effekte nahmen erheblich zu.

Die grundlegende Schwierigkeit mit Arnheims Begrenzungstheorie ist, daß er sich viel zu einseitig auf die Herstellung von Film konzentriert und den befreienden und auch erschwerenden Faktor des Wahrnehmens von Film nicht mit in Betracht zieht. Viele der Begrenzungen, die er aufzählt (abgesehen von den technischen Begrenzungen) – der Bildausschnitt, die Zweidimensionalität des Films, das Aufbrechen des Raum-Zeit-Kontinuums durch den Schnitt –, sind sehr viel weniger wichtig für das Wahrnehmen des Films als für dessen Entstehen. Indem er die ganze Spanne des Filmprozesses ignoriert, produziert Arnheim eine streng ideale Vorschrift für Filmkunst, die mit dem tatsächlichen Phänomen des praktischen Films weniger zu tun hat, als es zunächst scheinen könnte. In jedem Fall wurde seine begrenzte, einfache Vorstellung vom Film schnell durch die Ereignisse eingeholt, als sich die Technik entwickelte und Filmemacher in der Praxis die Möglichkeiten neuer Variablen entdeckten.

Der Konflikt zwischen Realismus und Expressionismus, der fast alle Filmtheorie beeinflußt, ist nicht so direkt, explizit und schön ausgewogen, wie es zunächst scheinen mag. Die Beziehung ist eher dialektisch als dichotomisch, so daß die Realismustheorie genauso der expressionistischen erwächst, wie die expressionistische Theorie ihrerseits dem Bedürfnis entsprungen war, eine künstlerische Reputation für den Film aufzubauen.

Siegfried Kracauers Magnum Opus *Theorie des Films: Die Errettung der äußeren Wirklichkeit*, das 27 Jahre nach Arnheims eleganter, bündiger Vorschrift kam, ist im Gegensatz dazu eine weitläufige, manchmal unbeholfene, oft schwierige Abhandlung weitgreifender Realismustheorien, die sich langsam, über mehr als zwanzig Jahre, entwickelt hatten. Der Expressionismus ist relativ leicht darzulegen, da er sich selbst begrenzt und sich selbst definiert. Der Realismus ist andererseits ein vager, umfassender Begriff, der vielen Leuten viele Dinge bedeutet. Alle Literaturstudenten sind bereits früher auf das «Problem» des Realismus gestoßen. Ist Jane Austen, die über einen sehr eng begrenzten Ausschnitt der Gesellschaft schrieb, ein Realist? Ist Weite für die realistische Sensibilität genauso wichtig wie Tiefe? Ist der Naturalismus, der sich als künstlerische Form ziemlich leicht definieren läßt und auf der deterministischen Philosophie basiert, eine Art Realismus, ein Abkömmling, oder steht er in direktem Gegensatz dazu? Im Film ist «Realismus» ebenfalls ein unsicherer, verwaschener Begriff. Der Rossellini von *Roma, città aperta* (1945) ist ein «Realist», aber was ist mit dem Rossellini von *La Prise de pouvoir par Louis XIV* (1966)? Oder Fellini? Ist die Politik für den Realismus notwendig? Was ist mit der Schauspielerei? Sind Dokumentarfilme immer realistischer als Spielfilme? Oder ist es möglich, ein Realist und gleichzeitig ein Geschichtenerzähler zu sein? Der Katalog von Fragen über die Natur des Filmrealismus ist endlos.

Kracauer beantwortet viele dieser Fragen, aber sein Buch liefert in keinem Fall einen vollständigen Überblick über die spitzfindigen Definitionen des Wortes. Es ist *eine* Filmtheorie, nicht *die* Filmtheorie. Wie Arnheim wählt Kracauer eine einzige, wesentliche Tatsache der Filmerfahrung als entscheidend aus, dann baut er eine Vorschrift auf, die zu einer bestimmten Folgerung führt. Wie auch Arnheim schrieb Kracauer hauptsächlich im nachhinein. Wenn die große Zeit des Filmexpressionismus die zwanziger Jahre waren, so war die zentrale Periode des Filmrealismus in den vierziger und fünfziger Jahren. Der wichtigste Realismus-Trend der sechziger Jahre fand zum Beispiel im Dokumentarfilm statt, ein Gebiet der Filmaktivität, über das Kracauer nur wenig zu sagen hat.

Obschon Kracauer den Ruf hat, der wichtigste Theoretiker des Filmrealismus zu sein, war er in Wirklichkeit nur einer von vielen. André Bazin wird im allgemeinen auch als Realist angesehen. Doch obgleich er in den fünfzehn Jahren vor Kracauers Buch eine viel reichere Untersuchung des Phänomens lieferte, ist sein Werk niemals so klar kodifiziert worden wie Kracauers und hat daher bis vor kurzer Zeit nie den starken Einfluß seines Nachfolgers gehabt.

Fast während der ganzen Filmgeschichte war der Realismus für praktische Filmemacher interessanter als für theoretische Kritiker. Dziga Vertov in den zwanziger Jahren in der Sowjetunion, Jean Vigo in Frankreich und John Grierson im England der dreißiger Jahre, Roberto Rossellini, Cesare Zavattini und die Neorealisten im Italien der vierziger Jahre, sie alle entwickelten Positionen, die im Gegensatz zu den expressionistischen Theorien standen. Es war, als ob die Filmemacher sich gegen den möglichen Mißbrauch der Macht ihres Mediums richteten und lieber eine «moralischere» Position im Realismus suchten.

Im Zentrum von Arnheims Theorie lagen die Begrenzungen der Technik und die Form der Filmkunst. Der Kern in Kracauers Theorie ist die fotografische «Berufung» der Filmkunst. Nur weil die Fotografie und der Film sich der Reproduktion der Realität so stark annähern, müssen sie diese Fähigkeit in ihrer Ästhetik betonen. Diese Prämisse ist der von Arnheim diametral entgegengesetzt. Kracauer schreibt, daß der Film einzigartig dafür ausgerüstet sei, die physische Realität aufzuzeichnen und zu enthüllen, und ihr daher zustrebe. Er schlägt vor, daß der Inhalt deshalb den Vorrang vor der Form haben müsse, und er entwickelt dann, was er eine materiale Ästhetik nennt, im Gegensatz zu einer formalen Ästhetik.

Da nun Kunsttheorien so sehr vom Formalismus abhängen, wird der Film für Kracauer eine Art Antikunst. «Der Begriff ‹Kunst› läßt sich seiner festgelegten Bedeutung halber nicht auf wirklich filmische Filme anwenden – das heißt, Filme, die sich Aspekte der physischen Realität einverleiben, um sie uns erfahren zu lassen. Dennoch sind *sie* es und nicht die an traditionelle Kunstwerke erinnernden Filme, die ästhetisch gültig sind.» (S. 69)

Dies ist die dritte Stufe der psychologischen Entwicklung des Films als Kunst. Nachdem er sich in seiner Jugend als respektabel vorgestellt hatte, sich in seinem frühen Erwachsenenalter der Gemeinde der Künste angeschlossen hatte, indem er zeigte, wie ähnlich er ihnen wirklich war, zeigt er nun Reife, beweist seine «Ich-Integrität», indem er sich von der Gemeinschaft trennt und sein persönliches Wertesystem entwickelt. Wenn der Film nicht in die Definition der Kunst paßt, dann muß diese verändert werden.

Nachdem er die Einzigartigkeit des Films gefeiert hat, macht Kracauer einen kritischen, logischen Sprung. Da der Film die Wirklichkeit so gut reproduzieren kann, soll er das auch tun, schlägt er vor. An dieser Stelle kann seiner Theorie am leichtesten widersprochen werden. Es wäre ebenso einfach vorzuschlagen, daß (wie Arnheim es auf bestimmte Weise tut) der Film seine mimetische Stärke gegenteilig einsetzen sollte, da Film und Realität ja in so enger und vertrauter Verbindung stehen: durch Widerspruch und Verformung der Realität und nicht durch ihre Reproduktion. Nach diesen ersten bedeutsamen Erklärungen geht Kracauer jedoch über zu einer allgemeineren und objektiveren Untersuchung des Mediums Film. Der logische Endpunkt seiner vorhergehenden Behauptung von der engen Verbindung von Film und Realität wäre es, den Dokumentarfilm über den Spielfilm zu erheben. Kracauer jedoch, wie wir gesehen haben, läßt dem strengen Tatsachenfilm relativ wenig Bedeutung zukommen und konzentriert sich statt dessen auf den vorherrschenden Filmtyp: das Erzählkino. Er sieht die «gefundene Story» als die ideale Filmform an. Solche Filme sind Fiktion, aber sie sind mehr «entdeckt als ausgedacht». Er fährt damit fort, den Unterschied zwischen quasifiktiver Idealform und dem voll entwickelten Kunstwerk zu klären: «Als Bestandteil des Rohmaterials, in das sie eingebettet ist, kann sich die gefundene Story unmöglich zu einem selbstgenügsamen Ganzen entwickeln; das bedeutet, daß sie so ziemlich das Gegenteil der theatralischen Story ist.» (S. 324).

Im Verlauf der Entwicklung und Ausweitung seiner Theorie wird deutlich, daß Kracauer keine großen Einwände gegen die Form hat – solange sie dem Zweck des Inhalts dient. Und hier kommen wir zum Kern von Kracauers wirklichem Beitrag zur Filmtheorie: Der Film dient einem Zweck. Er existiert nicht nur für sich, als rein ästhetisches Objekt; er existiert im Kontext der Umwelt. Da er von der Realität abstammt, muß er auch dorthin zurückkehren – daher der Untertitel von Kracauers Theorie: *Die Errettung der äußeren Wirklichkeit.*

Wenn sich dies fast religiös anhört, so ist dieser Unterton, nehme ich an, erwünscht. Für Kracauer hat der Film eine menschliche, ethische Natur. Ethik muß Ästhetik ersetzen und somit Lenins Prophezeiung erfüllen, die Jean-Luc Godard zu zitieren liebte, daß «Ethik die Ästhetik der Zukunft» sei. Da wir durch wissenschaftliche und ästhetische Abstraktion von der physischen Realität getrennt sind, brauchen wir die Errettung, die der Film anbietet: Wir müssen wieder mit der physischen Welt in Austausch treten. Der Film kann uns eine Brücke zur Realität schlagen. Er kann unseren Eindruck von der Realität sowohl «bestätigen» als auch «entlarven».

Das scheint ein großartiges Ziel.

Montage: Pudovkin, Eisenstein, Balázs und der Formalismus

Die Begriffe «Expressionismus» und «Formalismus» werden in der Filmkritik oft auswechselbar verwandt, um die Tendenzen zu kennzeichnen, die dem «Realismus» ganz allgemein entgegengesetzt sind. Sowohl Expressionismus als auch Formalismus sind aber auch Etiketten, die sich auf bestimmte Perioden der Kulturgeschichte beziehen: Der Expressionismus war während der zwanziger Jahre die wichtigste Kraft in der deutschen Kultur – im Theater und der Malerei ebenso wie im Film –, während der Formalismus in der Sowjetunion zur gleichen Zeit das aufblühende kulturelle Leben – in Literatur und Film – anzeigte. Der Unterschied zwischen diesen beiden Bewegungen hängt im wesentlichen von einer leichten, aber signifikanten Verschiebung ihres zentralen Anliegens ab. Der Expressionismus steht für eine umfassendere, romantische Vorstellung von Film als einer expressiven Kraft. Der Formalismus ist spezifischer, «wissenschaftlicher» und mehr an den Elementen, den Details interessiert, die diese Kraft hervorbringen. Er ist analytischer, weniger synthetisch, und er hat ein ausgeprägtes Bewußtsein der Bedeutung von Funktion und Form in der Kunst.

In den zwanziger Jahren, direkt nach der bolschewistischen Revolution, gehörte der sowjetische Film zu den aufregendsten der Welt, nicht nur in praktischer, sondern auch in theoretischer Hinsicht. Es gibt keinen Zweifel darüber, daß die sowjetischen Filmemacher/-theoretiker nicht nur die Realität festhalten, sondern sie auch verändern wollten. Der Realismus ist, zumindest in ästhetischer Hinsicht, nicht besonders revolutionär: Wie wir festgestellt haben, neigt er dazu, die Möglichkeiten des Filmemachers zu leugnen, und läßt so den Film weniger geeignet dafür erscheinen, ein machtvolles Werkzeug für soziale Veränderungen zu sein. Während dieser Zeit – bevor Stalin den Filmemachern die Doktrin des Sozialistischen Realismus aufzwang (die weder realistisch noch besonders sozialistisch ist) – produzierten zwei von ihnen, Vsevolod I. Pudovkin und Sergej Eisenstein, nicht nur eine Reihe außergewöhnlicher Filme, sondern auch ein vages Gebäude formalistischer Theorie, das eine tiefreichende Wirkung auf die Entwicklung der Filmtheorie hatte. Zur gleichen Zeit verfolgte der ungarische Schriftsteller, Kritiker und Filmemacher Béla Balázs eine Richtung formalistischen Denkens, das, obgleich weniger bekannt als die Gedanken Pudovkins und Eisensteins, wert ist, neben ihnen eingeordnet zu werden.

Anders als Arnheim und Kracauer waren Pudovkin, Eisenstein und Balázs praktizierende Filmemacher, die es vorzogen, ihre Kunst zu beschreiben und nicht mit Vorschriften zu versehen. Ihre theoretische Arbeit war nicht in einem einzigen Band zusammengefaßt, sondern über viele Jahre hinweg auf einzelne Essays verteilt. Sie war organisch, vorwärtsschreitend und in ständiger Entwicklung begriffen, nicht abgeschlossen, vollständig und endgültig. Es ist daher weniger leicht, diese Theorie in Kürze zusammenzufassen.

Kurz nach der Oktoberrevolution wurde dem jungen Filmemacher Lev Kulešov eine Filmwerkstatt übergeben. Pudovkin war einer seiner Studenten, wie auch, für kurze Zeit, Eisenstein. Da sie nicht genügend Rohmaterial für ihre Projekte finden konnten, begannen sie, bereits fertige Filme neu zu schneiden, und bei diesem Prozeß entdeckten sie eine Reihe von Wahrheiten über die Technik der Filmmontage.

In einem Experiment verband Kulešov eine Anzahl von Aufnahmen, die zu verschiedenen Zeiten und an verschiedenen Orten gemacht worden waren. Dieses Gemisch war ein zusammengefügtes Stück Filmerzählung. Kulešov nannte es «kreative Geographie». In ihrem wohl berühmtesten Experiment nahm die Kulešov-Gruppe drei identische Aufnahmen des bekannten vorrevolutionären Schauspielers Mozžuhin und schnitt sie zusammen mit Aufnahmen von einem Teller Suppe, einer Frau in einem Sarg und einem kleinen Mädchen. Nach Pudovkin, der später die Ergebnisse des Experiments beschrieb, zeigte sich das Publikum höchst begeistert von Mozžuhin subtiler und affektiver Fähigkeit, solch unterschiedliche Emotionen wie Hunger, Traurigkeit und Zuneigung zu vermitteln.

In seinen beiden Hauptwerken *Filmregie und Filmmanuskript* (1926) und *Der Schauspieler im Film* (1934) entwickelte Pudovkin auf der Basis seiner Experimente mit Kulešov eine Theorie des Films, die eine spezielle Art der Montage in den Mittelpunkt stellte. Für Pudovkin war die Montage die Methode, die die psychologische Führung des Zuschauers kontrolliert. In dieser Hinsicht war seine Theorie ganz einfach expressionistisch: das heißt hauptsächlich damit beschäftigt, wie der Filmemacher den Zuschauer beeinflussen kann. Er unterschied jedoch fünf voneinander getrennte und unterschiedliche Arten von Montage: Kontrast, Parallelität, Symbolismus, Gleichzeitigkeit und Leitmotiv.

Hier haben wir die grundlegende Prämisse des Filmformalismus: Pudovkin entdeckte formale Kategorien und analysierte sie. Darüber hinaus war er sehr an der Bedeutung der Einstellung interessiert – an der Mise en Scène –, und er zeigt daher eine Haltung, die wir als zutiefst realistisch anzusehen gewohnt sind. Er sah die

Montage als das komplexe, pumpende Herz des Films, aber er fühlte auch, daß es ihre Aufgabe sein müsse, die Erzählung zu unterstützen, und nicht, sie zu verändern.

Eisenstein stellte seine eigene Montage-Theorie – mehr Zusammenprall als Verknüpfung – in direkter Opposition zu Pudovkins Theorie auf. In einer Serie von Essays, die in den frühen zwanziger Jahren beginnen und sich fast über sein ganzes Leben fortsetzen, erarbeitete und überarbeitete er eine Reihe von Grundkonzepten, während er mit der Form und der Natur des Films rang.* Für Eisenstein hat die Montage das Ziel, Ideen, eine neue Realität zu schaffen und nicht die Erzählung, die alte Wirklichkeit der Erfahrung zu unterstützen. Als Student war er fasziniert von ostasiatischen Schriftzeichen, die Elemente von sehr unterschiedlicher Bedeutung verbanden, um eine völlig neue Bedeutung zu schaffen, und er betrachtete das Schriftzeichen als Modell für die Filmmontage. Er übernahm eine Idee der Literatur-Formalisten und begriff die Elemente des Films als «dekomponiert» oder «neutralisiert», so daß sie für die dialektische Montage als frisches Material dienen konnten. Selbst Schauspieler wurden nicht auf Grund ihrer individuellen Qualitäten aufgestellt, sondern als «Typen».

Eisenstein dehnte sein Konzept der Dialektik bis auf die Einstellung selbst aus. So wie die Einstellungen zueinander in dialektischer Beziehung standen, so konnten die grundlegenden Elemente einer einzelnen Einstellung – die er ihre Attraktionen nannte – wechselseitig aufeinander einwirken, um neue Bedeutungen zu schaffen. Attraktionen, so wie er sie definierte, enthielten «jedes aggressive Moment... jedes seiner Elemente... das den Zuschauer einer Einwirkung auf die Sinne oder Psyche aussetzt, die experimentell überprüft und mathematisch berechnet ist auf bestimmte emotionelle Erschütterungen des Aufnehmenden» (*Schriften I*, S. 217). Da Attraktionen innerhalb dieses Ganzen existieren, schlug Eisenstein eine weitere Ausdehnung der Montage vor: «An die Stelle der statischen ‹Widerspiegelung› eines auf Grund des Themas notwendig vorgegebenen Ereignisses und der Möglichkeit seiner Lösung einzig und allein durch Wirkungen, die logisch mit einem solchen Ereignis verknüpft sind, tritt ein neues künstlerisches Verfahren – die freie Montage – bewußt ausgewählter, selbständiger... Einwirkungen (Attraktionen)» (*Schriften I*, S. 219). Dies war eine völlig neue Basis für die Montage, in ihrer Art völlig anders als Pudovkins fünf Kategorien.

Später entwickelte Eisenstein eine ausgefeiltere Sicht des Systems der Attraktionen, in dem eine Kraft stets vorherrschend und die anderen untergeordnet waren. Das Problem hierbei war, daß diese Idee dem Konzept der Neutralisierung zu wi-

* Diese Essays sind russisch in einer sechsbändigen Werkauswahl (1964–71), auf deutsch in verschiedenen Ausgaben gesammelt. Die Zitate folgen der – leider Zragment gebliebenen – Schriften-Ausgabe, die Hans-Joachim Schlegel im Hanser-Verlag ediert hat.

dersprechen scheint, das ja alle Elemente darauf vorbereiten sollte, vom Filmemacher mit gleicher Leichtigkeit benutzt zu werden. Es gibt eine ganze Anzahl solcher scheinbaren Widersprüche in Eisensteins Denken: ein guter Beweis dafür, daß seine Filmtheorie organisch, offen und auf gesunde Art unvollständig war.

Vielleicht ist die wichtigste Folgerung aus Eisensteins System der Attraktionen, Dominanten und dialektischer Konfrontationsmontage in den Implikationen für den Filmbetrachter zu finden. Während Pudovkin die Technik der Montage als eine Hilfe für die Erzählung gesehen hatte, rekonstruierte Eisenstein die Montage im Gegensatz zur direkten Erzählung. Wenn Aufnahme A und Aufnahme B eine völlig neue Idee C bilden sollten, dann mußte das Publikum direkt mit einbezogen werden. Es war nötig, daß die Zuschauer «arbeiteten», um die inhärente Bedeutung der Montage zu verstehen. Pudovkin, dessen Ideen den Lehren des Realismus geistig näherzustehen scheinen, hatte paradoxerweise eine Art von Erzählstil vorgeschlagen, der die «psychologische Führung» des Publikums kontrollierte.

Eisenstein, der einen extremen Formalismus vertrat, in dem die fotografierte Wirklichkeit aufhörte, sie selbst zu sein, und statt dessen nur eine Ansammlung von Rohmaterial war – Attraktionen oder «Schocks» –, die der Filmemacher nach Bedarf neu anordnen konnte, Eisenstein beschrieb paradoxerweise ein System, in dem der Zuschauer ein notwendiger und gleichwertiger Partner war.

Die vereinfachende Dichotomie zwischen Expressionismus und Realismus ist somit nicht länger gültig. Für Eisenstein war es nötig, den Realismus zu zerstören, um sich der Realität zu nähern. Der wahre Schlüssel zum System des Films ist nicht des Künstlers Beziehung zum Rohmaterial, sondern eher seine Beziehung zu seinem Publikum. Ein Film mit dem größten Respekt für die fotografierte Realität könnte zur gleichen Zeit wenig oder gar keinen Respekt für sein Publikum zeigen. Andersherum könnte ein höchst formalistischer, abstrakter Film – Eisensteins eigener *Potemkin* (1925) zum Beispiel – sein Publikum in einen dialektischen Prozeß verwickeln, anstatt es durch kalkulierte Emotionen zu überwältigen.

Eisensteins Grundkonzept der Filmerfahrung hatte, wie seine Theorien, ein «open end». Der Prozeß des Films (wie der Prozeß der Theorie) war viel wichtiger als sein Ende, und Filmemacher und Zuschauer waren darin voller Dynamik engagiert. Ebenso waren die Elemente der Filmerfahrung – des Kommunikationskanals zwischen Schöpfer und Betrachter – ebenfalls logisch miteinander verbunden. Eisensteins weitreichende Filmtheorien kündigen so bereits die beiden jüngsten Entwicklungen der Filmtheorie an, denn er ist nicht nur in jeder Beziehung an der Sprache des Films interessiert, sondern auch daran, wie diese Sprache sowohl von Filmemachern als auch Zuschauern benutzt werden kann.

Wie Eisenstein arbeitete Béla Balázs viele Jahre an der Beschreibung der Struktur des Films. Von Geburt Ungar, verließ er seine Heimat, nachdem die ungarische

Eisensteins *Panzerkreuzer Potemkin* (1925): Die Treppensequenz von Odessa.
Während die Leute von Odessa sich versammeln, um den rebellierenden Soldaten auf dem im Hafen liegenden Panzerkreuzer «Potemkin» zuzujubeln, erscheinen Soldaten. Die Menge läuft voller Entsetzen die Stufen hinab, während die Soldaten feuern. Ein kleiner Junge wird getroffen. Seine Mutter hebt ihn hoch und wendet sich den Soldaten oben auf der Treppe zu ...

... Als sie hinaufsteigt und die Soldaten anfleht, legen diese an. Der Offizier senkt seinen Säbel, und die Soldaten schießen die Mutter und das Kind mit einer Salve nieder. Die Menge läuft die Stufen hinab und trampelt über die schon Gefallenen ...

...Als sie den Fußweg am Fuß der Treppe erreichen, werden sie von berittenen Kosaken angegriffen. Die Menschen werden von der Reihe Soldaten, die erbarmungslos weiter die Stufen herabkommt, und den Kosaken, die sie peitschen und niederreiten, in die Zange genommen. Eisenstein schneidet Einstellungen von Opfern und Schüssen der Unterdrücker abwechselnd aneinander. Eine Frau mit einem Kinderwagen wird am oberen Ende der Treppe getroffen. Als sie fällt, stößt sie den Wagen über die erste Stufe...

...Er holpert die Stufen hinunter, während die Leute voller Entsetzen zusehen, und erreicht schließlich die unterste Stufe, wo er umkippt. *(Alle Bilder: L'Avant-Scène. Standvergrößerungen)*

Kommune 1919 gestürzt worden war, und verbrachte danach Jahre in Österreich, Deutschland, der Sowjetunion und anderen osteuropäischen Ländern. Sein Hauptwerk, *Der Film: Werden und Wesen einer neuen Kunst* (1949), faßt seine lebenslangen theoretischen Arbeiten zusammen. Da er praktische Erfahrung in der Kunst hatte und da er seine Theorie über viele Jahre hin entwickelte, bleibt *Der Film* eines der ausgewogensten Bücher seiner Art.

Obgleich er viele der grundlegenden formalistischen Prinzipien Eisensteins und sowjetischer Literaturkritiker der zwanziger Jahre auch vertrat, gelang es Balázs, diese Konzepte mit gewissen Prinzipien aus dem Realismus zu verbinden. Er war fasziniert von der «geheimen Kraft» der Großaufnahme, die Details der Handlung und der Gefühle enthüllen konnte, und er entwickelte eine Theorie der «Mikro-Dramatik», der feinen Bedeutungsverschiebungen und des stillen, vielseitigen Spiels der Gefühle, das die Großaufnahme so gut übermitteln kann. Sein erstes Filmbuch hatte den Titel *Der sichtbare Mensch oder Die Kultur des Films* (1924). Es stellte diesen zutiefst realistischen Standpunkt klar heraus und beeinflußte wahrscheinlich Pudovkin.

Aber während er die Realität der Großaufnahme feierte, sah Balázs den Film auch eindeutig im ökonomischen Einflußbereich. Er erkannte, daß die ökonomische Basis des Films die Hauptdeterminante der Filmästhetik ist, und er war einer der ersten Filmtheoretiker, der verstand und erklären konnte, wie unsere Haltung jedem Film gegenüber geprägt und geformt ist durch die kulturellen Werte, die wir gemeinsam haben. Bereits Jahrzehnte vor Marshall McLuhan sah er die Entwicklung einer neuen visuellen Kultur voraus, welche gewisse Wahrnehmungskräfte wiedererwecken würde, die, wie er sagte, im Schlaf gelegen hatten. «Die Erfindung der Buchdruckerkunst hat mit der Zeit das Gesicht der Menschen unleserlich gemacht. Sie haben soviel vom Papier lesen können, daß sie die andere Mitteilungsform vernachlässigen konnten.» (*Der Film*, S. 23) Dies ändert sich nun, da wir eine sich entwickelnde, reproduzierbare, visuelle Kultur haben, die dem Druck in Vielseitigkeit und Verbreitung gleichwertig ist. Balázs' Verständnis des Films als einer kulturellen Einheit, die den gleichen Druckmitteln und Kräften unterworfen ist wie jedes andere Element der Kultur, mag heute selbstverständlich erscheinen, aber er war einer der ersten, die diesen hochwichtigen Aspekt des Films erkannten.

Mise en Scène: Neorealismus, Bazin und Godard

Während seiner kurzen Karriere von Mitte der vierziger Jahre an bis zu seinem frühen Tod im Jahre 1958, als er neununddreißigjährig starb, befand sich André Bazin, wie Eisenstein, in einem ständigen Prozeß der Überprüfung und Neubewertung. Im Gegensatz zu fast allen anderen Autoren wichtiger Filmtheorien arbeitete Bazin als Kritiker und schrieb regelmäßig Kritiken zu einzelnen Filmen. Seine Theorie wird zum größten Teil in den vier Bänden gesammelter Essays (*Qu'est-ce que le cinéma?*, deutsch: *Was ist Kino?*) ausgedrückt, die in den Jahren direkt nach seinem Tod veröffentlicht wurden. Sie sind stark geprägt von seiner praktischen, induktiven Erfahrung. Mit Bazin wird die Filmtheorie zum erstenmal voll ausgereifte intellektuelle Aktivität an Stelle einer Sache von Forderungen und Vorschriften, eine intellektuelle Aktivität, die sich ihrer eigenen Begrenzungen sehr wohl bewußt ist. Der Titel von Bazins gesammelten Essays verrät bereits, mit welch bescheidenem Anspruch er seine Theorien vertrat. Für Bazin sind Fragen wichtiger als Antworten.

In seiner Vergangenheit als Student der Phänomenologie verwurzelt, sind Bazins Theorien von der Organisation her eindeutig realistisch, aber der Brennpunkt hat sich auch hier verschoben. Wenn der Formalismus der höher entwickelte, weniger anmaßende Bruder des Expressionismus ist, dann strebt Bazin vielleicht das an, was «Funktionalismus» und nicht einfach Realismus genannt werden sollte, denn durch seine gesamte Argumentation zieht sich die wichtige Idee, daß der Film nicht auf Grund dessen, was er ist, seine Bedeutung hat, sondern auf Grund dessen, was er bewirkt.

Für Bazin ist der Realismus mehr eine Sache der Psychologie als der Ästhetik. Er stellt nicht wie Kracauer eine simple Gleichung zwischen Film und Realität auf, sondern er beschreibt eine subtilere Verbindung zwischen den beiden, in der der Film die Asymptote der Realität ist, die erfundene Linie, der sich die geometrische Linie annähert, die sie aber nie berührt. Einen seiner frühesten Essays, «Ontologie des fotografischen Bildes», begann er mit folgender Überlegung: «Eine Psychoanalyse der bildenden Künste müßte die Praxis des Einbalsamierens als wesentliche Ursache ihrer Genese mit berücksichtigen.» (S. 21) Er behauptet, daß die Künste entstanden sind, weil man andere Formen der Sicherheit suchte. Die Ur-Erinnerung an das Einbalsamieren lebt in der Fotografie und im Kino weiter, die die Zeit einbalsamieren, sie vor ihrem eigenen Verfall bewahren. Dies führt zu einem elegant einfachen Schluß: «Wenn die Geschichte der bildenden Künste nicht nur die ihrer Ästhetik, sondern vor allem die ihrer Psychologie ist, dann ist sie wesentlich die Geschichte der Ähnlichkeit, oder wenn man so will, die Geschichte des Realismus.» (S. 22)

Wenn die Entstehung der fotografischen Künste im wesentlichen eine Sache von Psychologie ist, dann ist das ihre Wirkung ebenfalls. In «Die Entwicklung der kinematografischen Sprache» (1950–55) verfolgt Bazin die Wurzeln des Filmrealismus zurück zu Murnau und Stroheim im Stummfilm, und er beschreibt kurz und elegant, wie eine Abfolge von technischen Innovationen den Film noch näher, noch asymptotischer an die Realität heranführte. Aber obgleich die Technik die Grundlage dieser besonderen Stärke war, wurde sie eingesetzt für psychologische, ethische und politische Wirkungen. Diese Tendenz fand gegen Ende des Zweiten Weltkriegs und direkt danach ihren Höhepunkt in der Bewegung des italienischen Neorealismus – einer Film-Ära, zu der sich Bazin sehr hingezogen fühlte. «Ist nicht der Neo-Realismus in erster Linie ein Humanismus», fragt er abschließend, «und erst dann ein Regie-Stuhl?» (S. 33) Er glaubt, daß die wahre Revolution mehr auf der Ebene des Gegenstandes als auf der des Stils stattfand.

Hielten die Formalisten die Montage für das Herz des realistischen Films, so beansprucht Bazin dies für die Mise en Scène. Mit Mise en Scène meint er besonders Schärfentiefe und Plansequenzen; diese Techniken erlauben dem Betrachter, vollständiger an der Filmerfahrung teilzunehmen. So sieht Bazin die Entwicklung der Schärfentiefe nicht nur als eine weitere Entwicklung im Film an, sondern als dialektischen Schritt nach vorn in der Geschichte der Filmsprache.

Er führt aus, warum das so ist: Schärfentiefe bringt den Zuschauer in eine engere Verbindung mit dem Bild, als er es mit der Realität ist. Dies impliziert konsequenterweise eine aktivere geistige Haltung auf seiten des Betrachters und einen klareren Beitrag zu der ablaufenden Handlung. Da ist nichts mehr von Pudovkins «psychologischer Führung». Das Bild entsteht aus der Aufmerksamkeit und dem Willen des Zuschauers. Darüber hinaus hat die Schärfentiefe eine metaphysische Konsequenz: Montage schließt auf Grund ihrer Natur jede Zweideutigkeit des Ausdrucks aus. Eisensteins Attraktionen sind, was sie sind: Sie sind ausgesprochen denotativ. Der Neorealismus gibt andererseits dem Film ein Gefühl für die Zweideutigkeit der Realität zurück. Frei in der Wahl, sind wir auch frei in der Interpretation.

Mit diesem Konzept des Wertes der Zweideutigkeit eng verbunden sind die Zwillingsbegriffe von Gegenwart und Wirklichkeit im Raum. Bazin weist in einem späteren Essay darauf hin, daß der grundlegende Unterschied zwischen Theater und Film auf diesem Gebiet liegt. Es gibt nur eine Wirklichkeit, die im Film nicht geleugnet werden kann – die Wirklichkeit des Raumes. Umgekehrt kann der Raum auf der Bühne illusionär sein; die einzige Wirklichkeit, die dort nicht geleugnet werden kann, ist die Gegenwart von Schauspieler und Zuschauer. Diese beiden Reduktionen sind die Grundlagen der jeweiligen Künste.

Das bedeutet für den Film: Da es dort keine unüberwindliche Wirklichkeit der Gegenwart gibt, folgt, daß nichts uns daran hindern kann, uns in unserer Phantasie mit der sich bewegenden Welt vor uns zu identifizieren, die dann *die* Welt wird. Identifikation wird so zu einem Schlüsselwort im Vokabular der Filmästhetik. Darüber hinaus ist die einzige unüberwindliche Gegenwart die des Raums. Daher ist die Form des Films aufs engste mit räumlichen Beziehungen verknüpft: Mise en Scène mit anderen Worten.

Bazin lebte nicht lange genug, um diese Theorien auszufeilen, aber sein Werk hatte dennoch eine große Wirkung auf eine ganze Generation von Filmemachern, so wie auch das Werk Eisensteins (aber nicht Arnheims und Kracauers Vorschriften). Bazin legte den Grundstock für die spätere semiotische und ethische Theorie. Zu seinen Lebzeiten inspirierte er eine Reihe seiner Kollegen von den *Cahiers du Cinéma*, der Zeitschrift, die er mit Jacques Doniol-Valcroze und Lo Duca 1951 gründete. *Cahiers*, das einflußreichste Filmjournal der Geschichte, bot in den fünfziger und frühen sechziger Jahren unter anderen François Truffaut, Jean-Luc Godard, Claude Chabrol, Eric Rohmer und Jacques Rivette eine intellektuelle Heimstatt. Als Kritiker trugen diese Männer in hohem Maße zur Entwicklung der Theorie bei, als Filmemacher waren sie die erste Generation von Cineasten, deren Werk zutiefst in der Filmgeschichte und Filmtheorie begründet war; ihre Filme – besonders die von Godard – waren nicht nur praktische Beispiele für die Theorie, sondern selber oft theoretische Essays.

Zum erstenmal wurde Filmtheorie gefilmt und nicht gedruckt.

Diese Tatsache selbst war der Beweis dafür, daß die Vision des Kritikers und Filmemachers Alexandre Astruc realisiert wurde. 1948 hatte Astruc eine neue Kino-Ära gefordert, die er als Ära des «caméra-stylo» (Kamera-Stift) beschrieb. Er sagte voraus, daß der Film «sich allmählich von der Tyrannei dessen, was visuell ist, befreien würde, vom Bild um seiner selbst willen, von den direkten und konkreten Forderungen der Erzählung, um ein Mittel zu werden, mit dem man genauso flexibel und subtil wie in der geschriebenen Sprache schreiben könnte.»* Viele vorhergehende Theoretiker hatten von der «Sprache» des Films gesprochen; die Vorstellung vom «caméra-stylo» war entschieden komplexer. Astruc wollte nicht nur, daß der Film sein eigenes Idiom entwickeln möge, sondern er wollte darüber hinaus, daß dieses

* Alexandre Astruc: «Die Geburt einer neuen Avantgarde: die Kamera als Federhalter». In: Theodor Kotulla (Hg.): *Der Film*. Band 2. München: Piper 1964.

Zeichen fähig sein möge, die subtilsten Ideen auszudrücken. Eisenstein ausgenommen, hatte kein voraufgehender Filmtheoretiker den Film als intellektuelles Medium verstanden, in dem abstrakte Konzepte ausgedrückt werden konnten.

Natürlich nahmen fast alle Theoretiker an, daß der eigentliche Bereich des reproduzierenden Mediums Film das Konkrete war. Selbst Eisensteins dialektische Montage hing durch und durch von konkreten Bildern ab – wir könnten sie eine Dialektik objektiver Korrelative nennen. Astruc wollte mehr. In einer ungezwungenen Stellungnahme zu Eisenstein bemerkte er: «Der Film bewegt sich nun auf eine Form hin, die ihn zu einer solch präzisen Sprache macht, daß es bald möglich sein wird, Ideen direkt im Film zu schreiben, ohne die schwerfälligen Assoziationen der Bilder zu Hilfe zu nehmen, die das Entzücken des Stummfilms waren.» Astrucs Caméra-Stylo war eher eine Doktrin der Funktion als der Form. Sie war eine passende Ergänzung zur sich entwickelnden Praxis des Neorealismus, der Bazin so sehr beeinflußte.

Es sollte mehr als zehn Jahre dauern, bevor Astrucs Vision von 1948 sich im Film der Nouvelle Vague realisieren sollte. In der Zwischenzeit machten sich Truffaut, Godard und andere auf den Seiten der *Cahiers du Cinéma* an die Entwicklung einer Theorie der kritischen Praxis. André Bazin, immer Existentialist, arbeitete an der Entwicklung einer Filmtheorie, die induktiv war – auf der Praxis beruhte. Vieles in diesem Werk kam durch Identifikation und kritische Untersuchung von Genres zustande. «Die Existenz des Films geht seinem Wesen voraus», schrieb er in guter existentialistischer Manier. Welche Schlüsse Bazin auch immer zog, sie waren die direkten Ergebnisse der konkreten Erfahrung des Films.

François Truffaut formulierte am treffendsten das wichtigste theoretische Prinzip, das in den fünfziger Jahren die *Cahiers du Cinéma* charakterisieren sollte. In seinem Artikel «Une certaine tendance du cinéma français» (*Cahiers du Cinéma 31*, Januar 1954), einem Wendepunkt der Filmtheorie, entwickelte Truffaut die «Politique des auteurs», die der Schlachtruf der jungen französischen Kritiker werden sollte. Im allgemeinen als «Autorentheorie» übersetzt, stellte sie überhaupt keine Theorie, sondern eine Politik dar: ein recht willkürlicher kritischer Ansatz. Bazin erklärte dies mehrere Jahre später in einem Aufsatz, in dem er versuchte, einigen der Exzesse dieser Politik entgegenzutreten: «Die Politique des Auteurs besteht kurz gesagt darin, den persönlichen Faktor in der künstlerischen Schöpfung als Bezugspunkt zu wählen und dann anzunehmen, daß dieser sich von einem Film zum nächsten fortsetzt oder sogar weiterentwickelt.»*

* François Truffaut: Eine gewisse Tendenz des französischen Films. In: Theodor Kotulla (Hg.): *Der Film.* Band 2. München: Piper 1964.

Wie Bazin zeigt, führte dies zu einigen ziemlich absurden Vorstellungen über einzelne Filme, aber gerade durch ihre Auswüchse half die Politique des Auteurs, den Weg zu bahnen für ein Wiederaufleben des persönlichen Autorenfilms in den sechziger Jahren, der Astrucs Caméra-Stylo mit Grazie und Intelligenz handhaben konnte. Der Film bewegte sich von Theorien abstrakter Formgebung zu Theorien konkreter Kommunikation. Es zählte nun nicht der materiale Realismus oder nicht einmal der psychologische Realismus, sondern eher der intellektuelle Realismus. Nachdem es einmal klar war, daß ein Film das Produkt eines Autors war, daß die «Stimme» des Autors bekannt war, konnten sich die Zuschauer dem Film anders als bisher nähern, nicht so, als ob er Realität wäre oder der Traum von Realität, sondern als einer Darstellung, die von einem anderen Individuum gemacht wurde.

Wichtiger als Truffauts Politique, obgleich zu der Zeit weniger einflußreich, war Jean-Luc Godards Montage-Theorie, die er in einer Reihe von Essays Mitte der fünfziger Jahre entwickelte und am besten in «Montage, mon beau souci» (*Cahiers du Cinéma 65*, Dezember 1956) ausdrückte. Indem er auf Bazins Theorie vom grundlegenden Widerspruch zwischen Mise en Scène und Montage aufbaute, schuf Godard eine dialektische Synthese dieser beiden Thesen, die die Filmtheorie lange Zeit beherrscht hatten. Dies ist einer der wichtigsten Schritte in der Filmtheorie. Godard überdenkt die Beziehung neu, so daß sowohl Montage als auch Mise en Scène als unterschiedliche Aspekte derselben filmischen Aktivität angesehen werden können.

Der Schnitt sei vor allem ein integraler Teil der Mise en Scène, schreibt er. «Das eine läßt sich nicht ohne Gefahr vom anderen trennen... Das wäre, als wolle man den Rhythmus von der Melodie trennen... Was jenes im Raum vorauszusehen sucht, sucht dieses in der Zeit.» Darüber hinaus schließt die Mise en Scène für Godard die Montage automatisch mit ein. Im Kino der psychologischen Realität, das von Pudovkin abstammt und die besten Hollywood-Filme beeinflußte, sind Schnitte, «die Anschlüsse machen, die dem Blick folgen... fast schon die Definition der Montage». Die Montage ist also durch die Mise en Scène besonders determiniert. Wenn sich der Schauspieler umdreht, um einen Gegenstand anzusehen, zeigt uns der Schnitt sofort diesen Gegenstand. In dieser Art des Aufbaus, als «découpage classique» bekannt, hängt die Dauer einer Einstellung von ihrer Funktion ab, und die Beziehung zwischen den Einstellungen wird vom Material innerhalb der Einstellung kontrolliert – ihrer Mise en Scène.

Godards Synthese der klassischen Opposition ist auf elegante Weise einfach. Sie hat zwei wichtige Folgeerscheinungen: zunächst, daß die Mise en Scène genauso unaufrichtig wie die Montage sein kann, wenn ein Regisseur sie benutzt, um die Wirklichkeit zu verzerren; zum zweiten, daß die Montage nicht notwendigerweise der Beweis für Unaufrichtigkeit auf seiten des Filmemachers ist. Zweifellos wird der einfachen plastischen Wirklichkeit durch die Mise en Scène ein besserer Dienst erwiesen, was im strengen Bazinschen Sinne immer noch ehrlicher ist als die Montage. Aber Godard hat die Grenzen der Wirklichkeit neu definiert, so daß wir uns nun nicht mehr auf die plastische Realität zentrieren (die konkrete Beziehung des Filmemachers zu seinem Rohmaterial) und auch nicht auf die psychologische Realität (die manipulative Beziehung des Filmemachers zum Publikum), sondern auf die intellektuelle Realität (die dialektische oder kommunikative Beziehung zum Publikum). Techniken wie Mise en Scène und Montage hören dann auf, von vordringlichem Interesse zu sein. Wir sind mehr an der «Stimme» eines Films interessiert: Ist der Filmemacher bei seiner Arbeit aufrichtig? Spricht er uns direkt an? Hat er eine Manipulationsmaschine entworfen? Oder spricht der Film eine ehrliche Sprache?

(Als 1977 die erste Ausgabe von *How to Read a Film* erschien, war diese Frage der «ehrlichen Sprache» einfach eine hübsche Idee; sie ist jetzt viel wichtiger. Das Wachstum der Spezialeffekt-Technologie in den Achtzigern und die Einführung der Digitalisierung in den Neunzigern geben den Filmemachern mächtige neue Instrumente zur Erzeugung von «Manipulations-Maschinen» in die Hand, und sie nutzen sie. Teil 7 «Multimedia» zeigt, daß ethische Fragen heute an Bedeutsamkeit gewinnen.)

Godard hat die Montage als Teil der Mise en Scène neu definiert. Montage zu machen heißt also, Mise en Scène zu machen. Dies kündigt bereits den semiotischen Ansatz an, der sich in den sechziger Jahren entwickeln sollte. Godard liebte es, einen seiner früheren Lehrer zu zitieren, den Philosophen Brice Parain: «Das Zeichen zwingt uns dazu, ein Objekt durch seine Bedeutung zu sehen.» Plastischer oder materialer Realismus beschäftigt sich nur mit dem Signifikat. Godards weiter fortgeschrittener intellektueller oder wahrnehmender Realismus schließt den Signifikant ein. Godard pflegte auch Brechts Ausspruch zu zitieren, nach dem der Realismus nicht darin besteht, die Wirklichkeit zu reproduzieren, sondern darin, uns zu zeigen, wie die Dinge *wirklich* sind. Diese beiden Aussprüche richten die Argumentation des Realismus auf die Wahrnehmung. Christian Metz arbeitete dieses Konzept später aus und machte dabei eine bedeutsame Unterscheidung zwischen der inhaltlichen Realität eines Films und der Realität der Sprache, in der dieser Inhalt ausgedrückt wird. Er schrieb, daß es einerseits den *Eindruck* der Wirklichkeit und andererseits die *Wahrnehmung* der Wirklichkeit gibt.

Godard setzte seine Untersuchung dieser theoretischen Probleme fort, nachdem er Filmemacher geworden war. Mitte der sechziger Jahre hatte er eine Form des Film-Essays entwickelt, in dem die Struktur der Ideen im allgemeinen die klassischen Determinanten von Handlung und Personen ersetzte. Die meisten dieser Filme – *Une Femme mariée* (1964), *Alphaville* (1965), *Masculin – Féminin* (1966), *Deux ou trois choses que je sais d'elle* (1966) zum Beispiel – befaßten sich mit allgemeinen politischen und philosophischen Fragen: Prostitution, Ehe, Rebellion, sogar Architektursoziologie. Am Ende der sechziger Jahre war er jedoch noch einmal tief engagiert in der Filmtheorie, dieses Mal der Politik des Films. In einer Reihe komplizierter, experimenteller filmischer Essays entwickelte er seine Theorie der Filmwahrnehmung weiter, um die politische Beziehung zwischen Film und Betrachter mit einzuschließen.

Der erste und intensivste dieser Film-Essays war *Le Gai savoir* (1968), in dem sich Godard mit dem brennenden Problem der Filmsprache beschäftigte. Er deutete an, daß sie dadurch, daß sie manipulativ verwandt worden ist, so verfälscht wurde, daß kein Film die Wirklichkeit genau wiedergeben kann. Er kann auf Grund der Konnotationen seiner Sprache nur ein falsches Spiegelbild der Wirklichkeit darstellen. Er muß daher eher darstellend als symbolisch sein. Während er die Wirklichkeit nicht ehrlich und aufrichtig reproduzieren kann, kann er sich selbst vielleicht ehrlich reproduzieren. Godard schlägt vor, daß Filmemacher die Sprache notwendigerweise zerstören sollten, damit sie wieder etwas von ihrer Kraft zurückerlange, daß sie das aufnehmen sollten, was der Literaturkritiker Roland Barthes «semioclasme» – die wiederbelebende Zerstörung der Zeichen – genannt hat – man muß also «auf null zurückgehen», um neu beginnen zu können.

In den folgenden fünf Jahren, bevor Godard seine Aufmerksamkeit dem Video zuwandte, drehte er eine Reihe von 16 mm-Filmen, in denen er versuchte, die Filmsprache neu aufzubauen. In *Pravda* (1969) untersucht er die ideologische Bedeutung gewisser filmischer Erfindungen; in *Vent d'est* (1969) erforscht er die ideologische Bedeutung von Film-Genres; in *British Sounds* (1969) und *Vladimir et Rosa* (1971) untersucht er unter anderem die Beziehung von Ton und Bild. Der Ton, so glaubt er, leidet unter der Tyrannei des Bildes; zwischen den beiden sollte ein ausgewogenes Verhältnis bestehen. Eisenstein und Pudovkin hatten bereits 1928 ein Manifest veröffentlicht, in dem sie forderten, daß der Ton als gleichwertige Komponente der filmischen Gleichung angesehen werden sollte und daß es ihm erlaubt sein müsse, vom Bild unabhängig zu sein. Aber über vierzig Jahre hatten Filmtheoretiker dem Element des Tons nur eine sehr oberflächliche Aufmerksamkeit geschenkt. Godard hoffte, daß dieses Ungleichgewicht aufgehoben werden könnte.

Tout va bien und *Letter to Jane* (beide 1972) sind wahrscheinlich die wichtigsten theoretischen Arbeiten Godards während dieser Periode. Der erste Film faßt das zusammen, was Godard aus seinen Experimenten gelernt hatte, der zweite ist zum Teil eine Eigenkritik des ersteren.

Tout va bien verwickelt einen Filmemacher und eine Reporterin (ein Ehepaar) in eine konkrete politische Situation (ein Streik und die Besetzung einer Fabrik durch die Arbeiter) und untersucht dann ihre Reaktion darauf. Von da aus baut er eine Analyse des gesamten Filmprozesses von Produktion und Konsumtion auf. Godard überarbeitete seine frühere Synthese von Montage und Mise en Scène in

Der Philosoph Brice Parain unterhält sich mit Anna Karina über Freiheit und Kommunikation im Godards *Vivre sa vie* (1962).

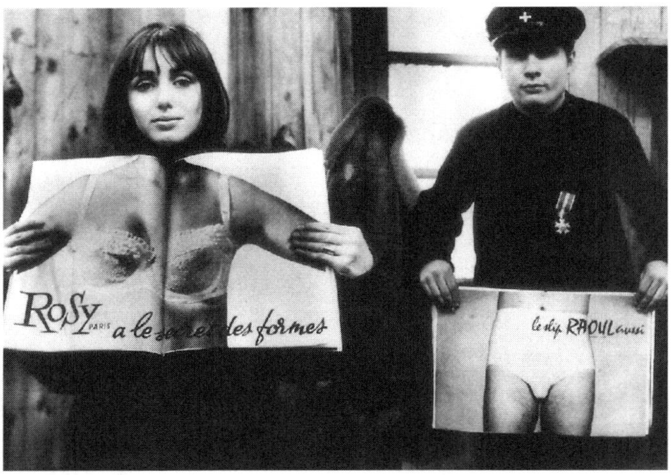

«Rosy» und «Raoul», Konsumenten-Collagen, in *Les Carabiniers* (1963).

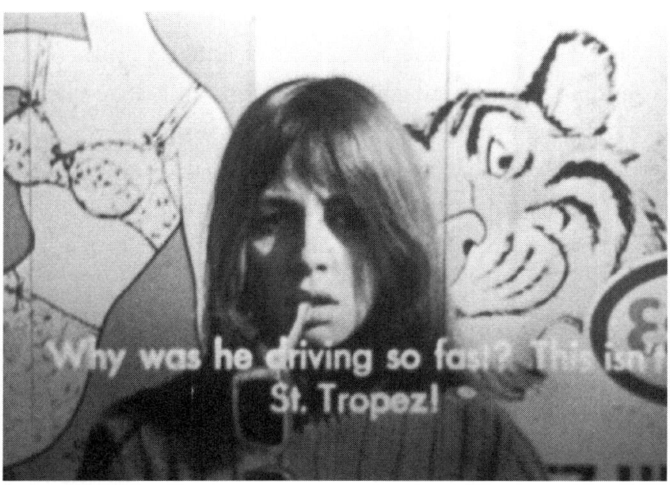

Juliet Berto in *Week-end* (1968) ist zwischen den beiden unkontrollierbaren, widerspenstigen Kräften des Films – Sex und Energie, der BH-Reklame und dem Esso-Tiger – gefangen.

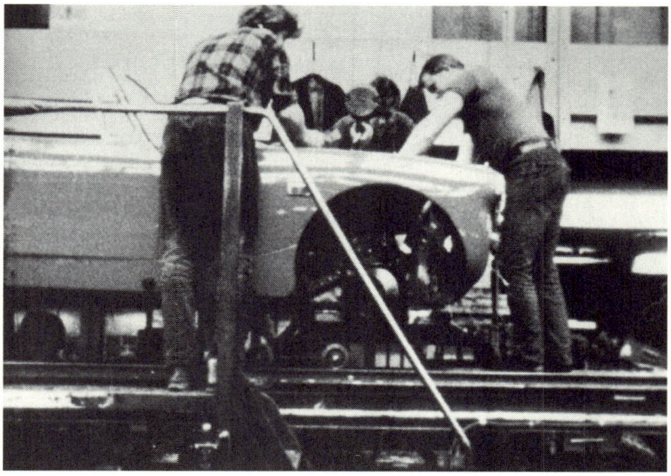

Diese Eröffnungssequenz aus *British Sounds* (1969) folgt in langer Fahrt der Montage eines Autos auf dem Fließband. Die Mise en Scène wird zum ideologischen Werkzeug: Sie ist Erfahrung und wird deshalb *gefühlt*, während die Montage analytisch ist: Sie faßt für uns zusammen, sie regt uns nicht an, unsere eigene Logik auszuarbeiten. Die Montage zieht Schlüsse, die Mise en Scène stellt Fragen.

Als Essay über den Prozeß gegen die «Acht von Chicago» wendet *Vladimir et Rosa* (1971) der Funktion der Medien besondere Aufmerksamkeit zu. «Bobby X» (Godard / Gorins Darstellung des wirklichen Bobby Seale) wird im Gerichtssaal gefesselt und geknebelt. Um die Abwesenheit von Bobby X für die Medien zu demonstrieren, organisieren die Revolutionäre im Film eine Pressekonferenz. Aber er kann nicht erscheinen. Er spricht von einem Tonbandgerät.

Die Fahrt im Supermarkt am Ende von *Tout va bien* (1972) ist ebenso lang (und so erheiternd) wie die frühere Einstellung in *Week-end*. Godards Kamera bewegt sich unerbittlich an der unendlich langen Reihe von 24 Ladenkassen vorbei, die fast alle lustig klingeln, während die Gruppe junger Linker ein politisches Happening im Supermarkt veranstaltet: Produktion gegen Konsumtion – von Bildern wie von Produkten. *(Alle Godard-Bilder Standvergrößerungen)*

ökonomischen Begriffen, wobei er den Film nicht als ein Ästhetiksystem, sondern als eine ökonomische, wahrnehmende und politische Struktur sieht, in der die Rapports de Production – die Beziehungen zwischen Produzent und Konsument – die Form der Filmerfahrung bestimmen. Die Betonung liegt nicht darauf zu untersuchen, wie sich der Film zu einem Idealsystem (Ästhetik) verhält, sondern eher darauf zu sehen, wie er uns Betrachter berührt. Die Ethik und die Politik des Films bestimmen daher seine Natur.

Dies war keine besonders neue Idee; schon Balázs war sich dieser Dimension des Films bewußt. In den dreißiger und vierziger Jahren hatte die Frankfurter Schule (Walter Benjamin, Theodor W. Adorno und vor allem Max Horkheimer) den Film in diesem Kontext untersucht. Besonders bemerkenswert ist hierbei Benjamins wichtiger Aufsatz «Das Kunstwerk im Zeitalter seiner technischen Reproduzierbarkeit». Benjamin hatte geschrieben: «Die technische Reproduzierbarkeit des Kunstwerkes emanzipiert dieses zum ersten Mal in der Weltgeschichte von seinem parasitären Dasein am Ritual... An die Stelle ihrer [der Kunstproduktion] Fundierung aufs Ritual tritt ihre Fundierung auf eine andere Praxis: Nämlich ihre Fundierung auf Politik.» (S. 21) Benjamin sprach jedoch von einem Ideal. Godard mußte zeigen, wie das kommerzielle Kino das an sich gerissen hatte, was Benjamin die einzigartige Fähigkeit des Films genannt hatte, die Tradition zu zerschmettern, wie es sie sich gefügig gemacht und in den Dienst eines repressiven Establishments gestellt hatte. Diese unterschwellig mächtige Eigenschaft, so erkannte Godard, mußte zerstört werden.

Letter to Jane, ein 45-Minuten-Essay über die ideologische Bedeutung eines Fotos von Jane Fonda (einem der Stars aus *Tout va bien*), führt diesen Prozeß im Detail vor. Gemeinsam mit Jean-Pierre Gorin versucht Godard die Bedeutung des ästhetischen Elements dieses Fotos zu analysieren. Der Blickwinkel, die Formgebung und die Beziehungen zwischen den einzelnen Komponenten haben, wie Godard zeigt, sehr feine, aber wahre ideologische Bedeutung. Zur Zeit von *Letter to Jane* vertrat Godard jedoch keinesfalls allein diesen dialektischen, semiotischen Ansatz zum Verständnis des Films.

Der Film spricht und handelt: Metz und die zeitgenössische Theorie

Während Godard im Film die Konsequenzen der Idee, daß «das Zeichen uns dazu zwingt, einen Gegenstand durch seine Bedeutung zu sehen», untersuchte, studierten Christian Metz und andere die Verzweigungen dieses Ausspruchs in gedruckter Sprache. In zwei Bänden *Essais sur la signification au cinéma*, die 1968 und 1972 erschienen, und in seinem Hauptwerk, *Langage et Cinéma* (1971, deutsch: Sprache und Film, 1973), hat Metz Film als logisches Phänomen umrissen, das mit wissenschaftlichen Methoden untersucht werden kann. Die wichtigsten Aussagen in Metz' These sind bereits in Teil 3 «Filmsprache» erörtert worden. Es soll hier genügen, die Grundprinzipien der bislang komplexesten, subtilsten und ausgefeiltesten Filmtheorie zu skizzieren.

Semiotik ist ein allgemeiner Begriff, der viele spezielle Ansätze zum Studium der Kultur als Sprache umschließt. Begründet in den linguistischen Theorien Ferdinand de Saussures, benutzt sie die Sprache als allgemeines Modell für eine Vielzahl von Phänomenen. Ein solcher Ansatz zeichnete sich zum erstenmal in der Kultur-Anthropologie von Claude Lévi-Strauss in den fünfziger und sechziger Jahren ab. Dieser «Strukturalismus» wurde bald als allgemeines Weltbild akzeptiert. Michael Wood hat den Charakter dieser intellektuellen Moderichtung kurz und bündig beschrieben:

«Strukturalismus wird vielleicht am besten als eine verfilzte und möglicherweise unbenennbare Richtung in der modernen Geistesgeschichte verstanden. Manchmal scheint er gleichbedeutend mit dem Modernismus selbst zu sein. Manchmal scheint er nur einer unter mehreren Formalismen des zwanzigsten Jahrhunderts zu sein... Und manchmal scheint er das Erbe des gewaltigen Vorhabens zu sein, das mit Rimbaud und Nietzsche geboren, von Mallarmé buchstabiert, von Saussure, Wittgenstein und Joyce weiterverfolgt, von Beckett und Borges besiegt wurde und das nun in eine Unmenge hilfloser Sekten zerschlagen ist: Das, was Mallarmé die ‹orphische› Erklärung der Erde nannte, das Vorhaben, sich die Welt nicht *in* Sprache vorzustellen, sondern *als* Sprache.» (*New York Review of Books*, 4. März 1976)

Kurz gesagt, der Strukturalismus mit seinem Abkömmling Semiotik ist ein verallgemeinertes Weltbild, das die Idee der Sprache als sein grundlegendes Werkzeug benutzt.

Metz' Ansatz ist (wie die gesamte Filmsemiotik) zugleich die abstrakteste wie auch die konkreteste der Filmtheorien. Da die Semiotik als Wissenschaft verstanden werden möchte, hängt sie in hohem Maße von der detaillierten, praktischen Analyse spezifischer Filme und Filmteile ab. In dieser Hinsicht ist die semiotische Kritik viel konkreter und intensiver als jeder andere Ansatz. Dennoch ist die Semiotik zur gleichen Zeit oft ungemein philosophisch. Die semiotische Beschreibung des Filmuniversums wird in gewisser Weise zum Selbstzweck: Sie hat ihre eigenen Reize, und die Betonung liegt oft nicht auf dem Film, sondern auf der Theorie. Darüber hinaus sind Semiotiker – vor allem Metz – dafür bekannt, daß sie selbst elegante Stilisten sind. Ein großer Teil des Vergnügens beim Lesen semiotischer Studien hängt mit der rein intellektuellen Kreativität und der Subtilität der Technik zusammen, die ihre Vertreter an den Tag legen. Metz hat beispielsweise einen drolligen, ausdrucksstarken Humor, der viel dazu beiträgt, sein oft überladenes Theoretisieren abzuschwächen.

Umberto Eco, neben Metz der bekannteste Film-Semiotiker, hat vier Entwicklungsstufen für diese Wissenschaft seit den frühen sechziger Jahren umrissen. Die erste Stufe, die nach Eco bis in die frühen siebziger Jahre reichte, war gekennzeichnet durch das, was er «die Überbewertung der linguistischen Mode» nannte. Während des Kampfs um Anerkennung klammerte sich die Semiotik an die anerkannten Muster der Linguistik, die ihr voraufgegangen war. (Auf die gleiche Art hatte die früheste Theorie des Films die der älteren Künste imitiert.)

Die zweite Stufe begann, als die Semiotiker allmählich entdeckten, daß ihr analytisches System nicht so einfach und allgemein gültig war, wie sie es zunächst gern geglaubt hätten.

Während der dritten Stufe – in den frühen siebziger Jahren – konzentrierte sich die Semiotik auf das Studium eines spezifischen Aspekts im Universum des Films: die Produktion. Die Semiotik des Prozesses, das Erstellen von Texten war hierbei zentrales Anliegen, und politische Ideologie wurde zu einem Teil der semiotischen Gleichung.

In der vierten Stufe, die 1975 begann, verlagerte sich die Aufmerksamkeit allmählich von der Produktion zur Konsumtion, vom Erstellen von Texten zu deren Rezeption. Auf dieser Stufe wurde die Filmsemiotik in hohem Maße von dem französischen Psychoanalytiker Jacques Lacan beeinflußt, der sich auf die Freudsche Psychologie stützte.

Nachdem sie mit einem quasiwissenschaftlichen System gestartet war, das sich die Quantifizierung zur Aufgabe machte und die Aussicht auf eine komplette und exakte Analyse des Phänomens Film anbot, hat die Semiotik sich allmählich zurückgearbeitet zur Grundfrage, die allen Filmtheoretikern ein Rätsel war: Wie wissen wir, was wir sehen? Auf diesem Weg hat die Semiotik durch das Neuformulieren alter Fragen mit neuen Methoden in bedeutsamem Maße zum gemeinsamen Bemühen, die Natur des Films zu verstehen, beigetragen.

Wir könnten inzwischen eine fünfte Stufe hinzufügen – vor allem in England und den USA: die akademische Bestätigung der Semiotik. Während der letzten Jahre hat diese früher elegante Theorie wenig von wirklich intellektuellem Wert produziert. Gleichzeitig ist sie ein nützliches Vehikel für akademische Karrieristen geworden, die, vor ihrem Scheitern, mehr an Publikationen interessiert sind als daran, unser Verständnis der Filmtheorie zu erweitern. Da die Semiotik ihrer Natur nach geradezu herausfordernd schwer verständlich ist, ist sie in dieser Hinsicht besonders gefährlich. In den Händen von eleganten Stilisten wie Metz, Eco (der später erfolgreiche Romane schrieb) oder Roland Barthes (dessen Essaybände ihr Ziel in sich selbst fanden) können die Mittel der Semiotik attraktive und informative Diskurse hervorbringen. Aber weniger bedeutsame Adepten können auf diesem Gebiet eine Menge leichter Erfolge verbuchen. Jeder, der Semiotik liest, sei gewarnt: Nur weil man es nicht verstehen kann, braucht es nicht unbedingt etwas zu bedeuten.

Ein großer Teil von Metz' ersten Arbeiten beschäftigte sich damit, die Prämissen für eine Semiotik des Films aufzustellen. Man könnte meinen, daß die Montage die leichteste Vergleichsmöglichkeit von Film und Sprache im allgemeinen bietet. Das Bild ist kein Wort, die Sequenz kein Satz. Und doch ist der Film *wie* eine Sprache. Was ihn eindeutig von anderen Sprachen unterscheidet, ist sein Kurzschluß-Zeichen, in dem Signifikant und Signifikat fast das gleiche sind. Normale Sprachen machen die Wichtigkeit der «doppelten Artikulation» deutlich: Das heißt, um eine Sprache zu gebrauchen, muß man ihren Klang und ihre Bedeutung verstehen, sowohl ihre Signifikanten als auch ihre Signifikate. Aber das gilt nicht für den Film. Signifikant und Signifikat sind fast das gleiche: Was man sieht, versteht man auch.

Christian Metz ließ die linguistischen Strukturen bald hinter sich, die als Modelle für all die verschiedenen semiotischen Studien des Films, der Literatur und anderer kultureller Bereiche gedient hatten. Er wandte sich der Analyse spezifischer Probleme zu. Auch wenn er nicht der Meinung war, daß die Montage die beherrschende Determinante der Filmsprache sei, glaubte er, daß die Anwendung von Erzählung zentral für die Filmerfahrung sei. Außerdem hielt er es für wichtig, die Motivierung der filmischen Zeichen zu definieren: Der Unterschied zwischen Denotation und Konnotation im Film ist wichtig (siehe Teil 3 «Filmsprache»).

Der zweite wichtige Unterschied in der Erzählung lag nach seiner Auffassung zwischen syntagmatischen und paradigmatischen Strukturen. Beide sind eher theoretische Konstruktionen als praktische Tatsachen. Das Syntagma eines Films oder einer Sequenz zeigt seine lineare narrative Struktur. Es beschäftigt sich mit dem,

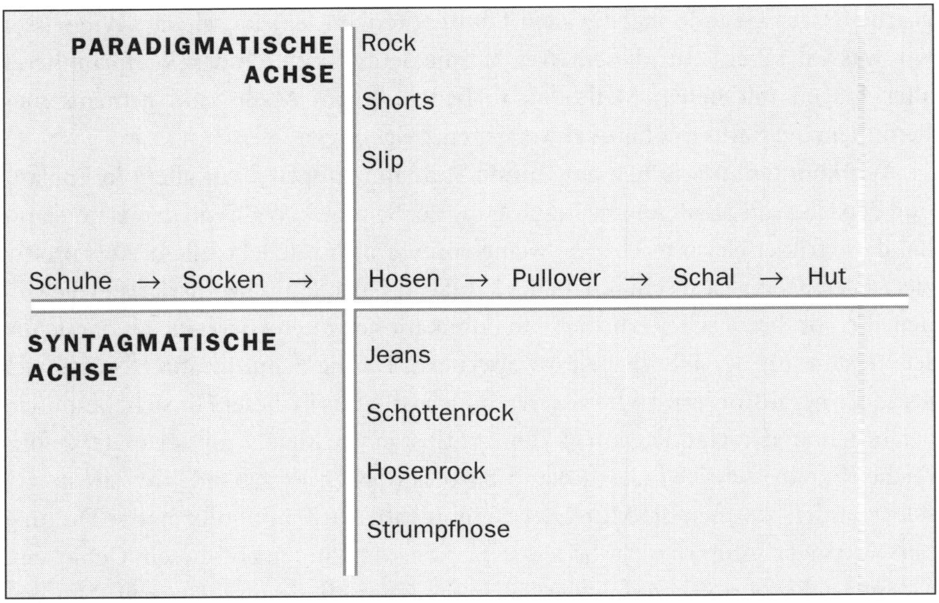

Syntagmatische und paradigmatische Strukturen bei Kleidung

«was aufeinander folgt». Das Paradigma eines Films ist vertikal: Es betrifft die Auswahl «was paßt wozu?».

Metz glaubte nun, ein logisches System zu haben, das die wirkliche Analyse des Filmphänomens erlauben würde. Montage und Mise en Scène waren als die syntagmatischen und paradigmatischen Kategorien gründlich neu definiert worden. Die Cartesianischen Koordinaten bestimmten das Feld des Films.

In *Langage et Cinéma* wandte sich Metz danach einer eingehenden Untersuchung des Code-Systems zu, das die Bedeutung im Film beherrscht. Was ist es, das innerhalb der Syntagmen und Paradigmen der Filmtheorie festlegt, wie wir zu der Bedeutung eines Films gelangen? Die moderne Mengentheorie in der Mathematik spielt eine wichtige Rolle in seiner ausgetüftelten Code-Struktur. Indem er den Unterschied zwischen «film» und «cinéma» (siehe weiter oben) macht, erklärt Metz, daß das Konzept der Codes die Grenzen des Films überschreitet. Viele Codes, die im Film wirksam sind, stammen aus anderen Kulturbereichen. Dies sind «nichtspezifische» Codes. Unser Verständnis des Mords in *Psycho* (1960) hängt zum Beispiel nicht von spezifisch filmischen Codes ab. Die Art, in der Hitchcock diesen Mord jedoch darstellt, ist ein Beispiel für einen «spezifischen» Film-Code. Schließlich gibt es die Codes, die der Film mit anderen Medien teilt oder sich von ihnen entleiht. Die Beleuchtung der Dusch-Sequenz in *Psycho* ist ein gutes Beispiel für solch einen gemeinsamen Code. So finden wir unsere erste Reihe sich überschneidender Mengen.

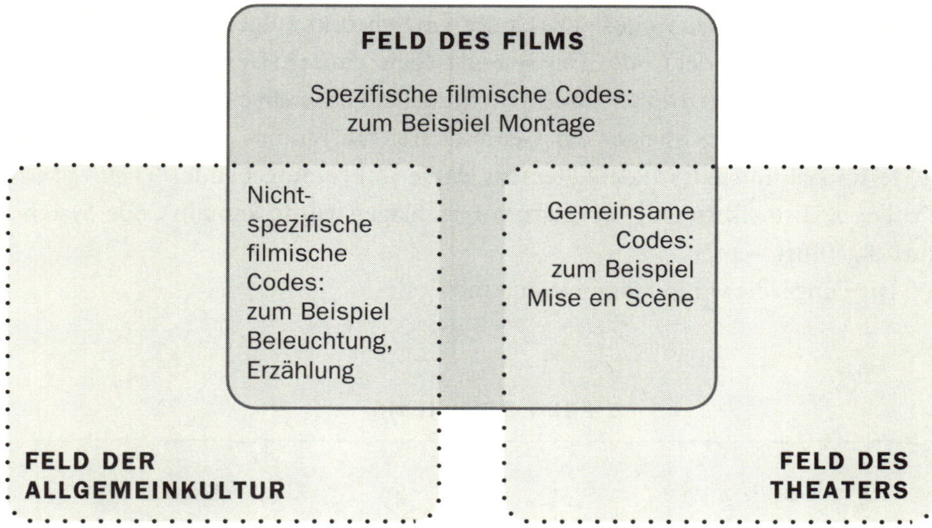

Mengentheorie der Codes: Spezifische, nichtspezifische und gemeinsame Codes

Die nächste Unterscheidung von Codes folgt ganz logisch: Wenn einige Codes filmspezifisch sind und andere nicht, dann sind einige dieser spezifischen Codes in allen Filmen anzutreffen und einige nur in wenigen Filmen, während andere wiederum nur in bestimmten persönlichen Filmen auftreten. Das Diagramm visualisiert diesen logischen Schritt:

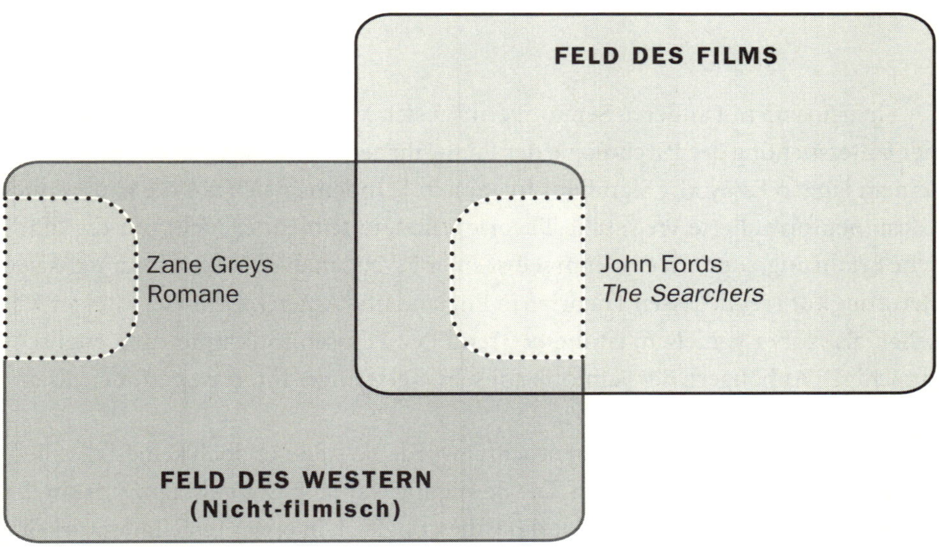

Mengentheorie der Codes: Allgemeingültigkeit von Codes

Schließlich können Codes – alle Codes – in Subcodes aufgeschlüsselt werden; es gibt eine Hierarchie der Codes. Das System ist ganz einfach: Der Film besteht aus allen möglichen Mengen dieser Codes; ein spezieller Film stellt eine begrenzte Anzahl von Codes und Code-Mengen dar. Genres, Karrieren, Studios, nationale Charaktere, Techniken und jedes andere Element, das je von voraufgehenden Theoretikern, Kritikern, Historikern und Forschern vorgeschlagen wurde, kann in Code-Systeme zurückgeführt werden.

Die Dinge, die wir in Filmen lesen, sind Codes.

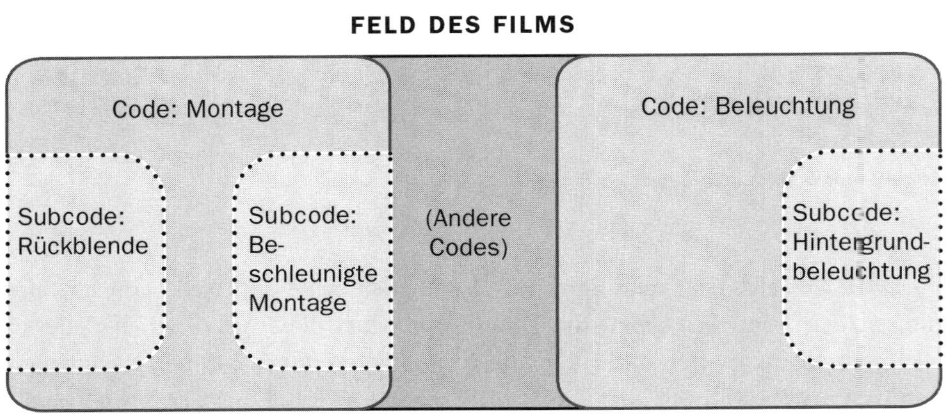

Mengentheorie der Codes: Codes und Subcodes

Gemeinsam mit anderen Semiotikern hat sich Metz in den späten Siebzigern einer Untersuchung der Psychologie der Filmwahrnehmung zugewandt, vor allem in seinem langen Essay «Le Signifiant Imaginaire». Indem er sich auf die von Jacques Lacan neuformulierte Freudsche Theorie stützt, unterzieht er nicht nur die filmische Erfahrung, sondern den Film selbst einer Psychoanalyse. Wegen ihrer massiven Berufung auf Freud, dessen Theorien in England und Amerika sehr viel weniger Ansehen als früher genießen, ist dieser Trend der Filmsemiotik unter den englischsprachigen Anhängern der Semiotik auf sehr viel weniger Interesse gestoßen als unter ihren französischen Vertretern.

Wenn auch Metz am meisten beachtet wurde, so stand er doch keinesfalls allein mit seinen semiotischen Studien. Die Bewegung war lange Zeit ein Epizentrum des französischen Geisteslebens. Roland Barthes, obgleich in erster Linie Literaturkritiker, hat bis zu seinem Tode 1980 in bedeutendem Maße zu dieser Diskussion im Film beigetragen. Raymond Bellour hat ausgedehnt darüber geschrieben; seine beiden weitläufigen Untersuchungen von Sequenzen aus Hitchcocks *The Birds* und *North by Northwest* sind von besonderem Interesse. In Italien haben Umberto Eco und Gianfranco Bettetini wichtige Beiträge geliefert, und Pier Paolo Pasolini, der nach eigenen Worten ein «Amateur»theoretiker war, hat einige interessante Analysen vor seinem vorzeitigen Tod verfaßt.

In England fand die Semiotik in der Zeitschrift *Screen* frühzeitig eine interessierte Vertretung und führte zum Aufbau der englischen Schule des «Ciné-Structuralism». Peter Wollens *Signs and Meanings in the Cinema*, dessen wichtigster Gedankengang auf Seite 165 umrissen wird, war der bedeutendste Beitrag in englischer Sprache zum groben Entwurf der semiotischen Theorie. Noël Burchs *Theory of Film Practice*, obgleich nicht streng semiotisch, vertritt eine Menge ähnlicher Ideen.

In den USA hat die Semiotik keine bedeutenden Auswirkungen gezeitigt, außer daß sie in den Siebzigern und Achtzigern den Akademikern, die an der Ausweitung des Filmstudiums an Colleges und Universitäten beteiligt waren, als Werkzeug diente. Besonders intellektualisierte, abstrakte Filmtheorien waren in den USA nie beliebt.

Die einheimische Tradition der USA war die mehr praxisbezogene Kritik, die oft gesellschaftlich, wenn nicht sogar eindeutig politisch ausgerichtet ist und von Harry A. Potamkin und Otis Ferguson in den dreißiger Jahren über James Agee und Robert Warshow in den vierziger Jahren zu Dwight Macdonald, Manny Farber und Pauline Kael in den sechziger und siebziger Jahren reicht. Andrew Sarris, der zwar nicht in diese soziologische Tradition paßt, hat in den Sechzigern und Siebzigern durch sein Engagement für die Autorenpolitik eine große Wirkung auf die amerikanische Filmkritik ausgeübt.

(Von der jüngeren Kritikerschaft, die heute regelmäßig veröffentlicht, hat sich noch niemand als kritische Persönlichkeit von Format etabliert, wie es Sarris, Kael oder gar John Simon in den Sechzigern und Siebzigern waren. Seit dem Aufkommen der TV-Show-Kritik in den frühen achtziger Jahren ersetzt der Daumen die Theorie.)

Die Hauptrichtung der amerikanischen Kritik hat es vorgezogen, Filme nicht so sehr als Produkte bestimmter Autoren zu sehen, sondern als Zeugnisse gesellschaftlicher, kultureller und politischer Strömungen. Besonders in den Arbeiten von Kael, Molly Haskell und der Engländerin Penelope Gilliatt erhielt diese Richtung gesellschaftsbezogener Kritik einen höchst persönlichen Einschlag. Praktisch ist die amerikanische Kritik zur Zeit der französischen theoretischen Tradition sehr nahe. Beide beschäftigen sich intensiv mit dem Problem der Wahrnehmung. Der Unterschied besteht darin, daß die Europäer es, wie gehabt, vorziehen, zu verallgemeinern und ausgeklügelte Theorien zu entwickeln, während die Amerikaner, ihrer Tradition entsprechend, mehr an der alltäglichen Erfahrung eines spezifischen Phänomens interessiert sind.

Gleichzeitig mit dem wachsenden Interesse an der Semiotik hat in Europa die marxistische Kritik eine Wiederbelebung erfahren. Den französischen Zeitschriften *Cahiers du Cinéma* und *Cinéthique* gelang es in den späten Siebzigern, die Semiotik und die dialektischen Traditionen zu kombinieren. In England hatte die Semiotik ebenfalls häufig einen eindeutig politischen Beigeschmack. In Amerika wird der Film in der aktuellen Theorie weithin als politisches Phänomen angesehen, wenn auch eher in abstrakter als in praktischer Hinsicht.

In den siebziger Jahren war die Entwicklung der Filmtheorie in der Dritten Welt ebenfalls von Interesse. Ein entscheidender Beitrag war hier «Hacia un Tercer Cine» (1969) von Fernando Solanas und Octaviao Getino (*Cinéaste IV:3*, 1970). Mehr Manifest als Theorie, regte der Essay der südamerikanischen Filmemacher an, daß das «erste Kino» – Hollywood und seine Nachahmer – und das «zweite Kino» – der persönlichere Stil der Nouvelle Vague oder des Autorenfilms – dem «dritten Kino» weichen würden: Filmen der Befreiung, «die das System nicht assimilieren kann und die nicht seinen Bedürfnissen entsprechen, oder... Filmen, die direkt und offenkundig den Kampf gegen das System aufnehmen». Das ist vielleicht auch hier und da geschehen – zum Beispiel in Chile für ein paar Jahre in den frühen Siebzigern –, aber mit der Segnung der Rückschau können wir eine Menge Wunschdenken in dieser Äußerung erkennen. Die Zeit eilte zu schnell, und die politischen Modelle der Dreißiger waren nicht mehr lebensfähig.

In den USA hat jede dieser verschiedenen Strömungen – die semiotische, die dialektische, die psychoanalytische und die politisch-normative – in den Siebzigern in dem Maße ihre Anhänger gewonnen, in dem die Filmtheorie für Akademiker attraktiv wurde. Die eigene Linie der praktischen Filmkritik hat sich jedoch gleichermaßen weiterentwickelt. Sie hat sich auf das Studium der Erzählweisen des Films konzentriert. Wissenschaftler wie Frank McConnell (*Storytelling and Mythmaking in Film and Literature*, 1979) haben hier fruchtbare Untersuchungsfelder erschlossen.

Der Wert dieser Theorien der Erzählweise liegt paradoxerweise darin, daß sie die Aufmerksamkeit von den spezifisch filmischen Eigenschaften des Films abgezogen haben. Wenn Film vor allem als Erzählung gesehen wird, kommen wir fast zwangsläufig zu dem Schluß, daß Film einfach nur eine von verschiedenen Arten der Erzählung ist. Und das führt uns dazu, Film im Zusammenhang des Medienspektrums zu betrachten. Praktisch wie theoretisch ist dies jetzt ganz klar unumgänglich.

In den achtziger und frühen neunziger Jahren hat die Filmkritik – wie auch der Film, ihr Thema – die «postmodernen» Wahrheiten revidiert, die sich in den Sechzigern und Siebzigern offenbart hatten. Als die französischen Wellen des Althusser-

François Truffaut stellt in *La Nuit americaine* (1972) eine einfache Frage: «Ist der Film wichtiger als das Leben?»

schen Marxismus und der Lacanschen freudianischen Theorie zurückzuebben begannen, ließen die semiotischen und dialektischen Entdeckungen früherer Jahre zwei neue Varianten aufkommen: kognitive Filmtheorie beziehungsweise Kulturwissenschaft.

Indem sie den erkenntnistheoretischen Ansatz der Semiotik ausweitete, suchte die kognitive Filmtheorie die Art und Weise zu erklären, in der ein Betrachter einen Film versteht: wie wir Filme «lesen». Indem sie den dialektischen Sport der Kontextanalyse, wie sie von der Frankfurter Schule ausging, ausweitete, suchte die Kulturwissenschaft die Beziehungen zwischen den Texten der Populärkultur und ihrem Publikum zu verstehen: wie wir Filme benutzen.*

Beide aktuellen Trends haben in feministischen Untersuchungen fruchtbares Material für ihre Analyse gefunden. Da das populäre Medium Film die allgemeine kulturelle Umgebung, in der es gedeiht, so klar widerspiegelt, kann dies nicht verwundern. Zum Ende des zweiten Jahrtausends, da die westliche Kultur allmählich in der Weltkultur aufgeht, sehen wir uns von demselben Hauptthema besessen, mit

* Für diese kurze und bündige Analyse danke ich Richard Allen.

dem wir diese Tausendjahrsreise hin zu geistiger Bildung und intellektuellem Verständnis begonnen haben. Heute nennen wir es Geschlechterpolitik; im elften Jahrhundert nannten wir es Romanze. (Wir verstehen es immer noch nicht; ist es nicht hübsch, daß es ein Mysterium bleibt?)

Aber hier ist möglicherweise noch einiges mehr im Spiel: Vom Rice-Irwin-*Kiss* bis zum Playboy Channel, von der phallischen Kameraoptik bis zu scharfen, runden Baby-Spotlights, vom Liebesakt in der Kamerafahrt über die voyeuristischen Wonnen des Zooms bis zum rhythmischen Pulsen des Schnitts – Filme sind sexuell. Sie handeln nicht nur von Geschlechterpolitik: Sie sind Geschlechterpolitik – Subjekt und Objekt vereint.

Die gegenwärtige Entwicklung der Filmtheorie führt weg vom Normativen und hin zur Beschreibung. Leute, die sich Gedanken über den Film machen, haben nicht mehr das Interesse, ein Idealsystem von ästhetischen, politischen und gesellschaftlichen Werten zu errichten. Sie sehen auch nicht ihr Hauptanliegen darin, eine Sprache zur Beschreibung des Phänomens Film zu finden. Diese Aufgaben der Kritik wurden zuvor schon von den weiter oben in diesem Kapitel behandelten Kritikern mit Anstand gelöst.

Das Anliegen der Filmtheorie ist heute wahrhaft dialektisch. Als voll ausgereifte Kunst ist der Film nicht mehr eine abgegrenzte Erscheinung, sondern als Muster in Kette und Schuß unserer Kultur integriert. Film ist ein expansives und weitreichendes System wechselseitig wirkender Gegensätze: zwischen Filmemacher und Thema, Film und Betrachter, Establishment und Avantgarde, konservativen und progressiven Zielen, Psychologie und Politik, Bild und Ton, Dialog und Musik, Montage und Mise en Scène, Genre und Autor, literarischer Sensibilität und filmischer Sensibilität, Zeichen und Bedeutung, Kultur und Gesellschaft, Form und Funktion, Gestaltung und Absicht, Syntagmen und Paradigmen, Bild und Ereignis, Realismus und Expressionismus, Sprache und Phänomenologie, Sex und Gewalt, Sinn und Unsinn, Liebe und Ehe... eine endlose Reihe von Codes und Subcodes, die grundlegende Fragen zum Leben und seiner Beziehung zur Kunst, zur Realität und zur Sprache stellen.

SECHS

DIE MEDIEN: FILM IM KONTEXT DER KOMMUNIKATION

Trotz der ungestümen Ausbreitung elektronischer Medien in der zweiten Hälfte des zwanzigsten Jahrhunderts hat der Film, diese bedeutende Erfindung des neunzehnten Jahrhunderts, seine Vorherrschaft nicht eingebüßt. Als Gruppe gesehen, widmen die Hollywood-Produzenten den größten Teil ihrer Zeit der Arbeit für das Fernsehen, und sie verdienen damit auch den größten Teil ihres Geldes. In Europa wäre der «Film» nicht mehr existent, wenn das Fernsehen ihn nicht finanzieren würde. Der größte finanzielle Erfolg, den Filmemacher und Darsteller haben können, ist nicht ein Kassenfüller fürs Kino, sondern eine lang laufende Fernseh-Serie. Sogar im Geschäft mit Spielfilmen stammt heute deutlich mehr als die Hälfte der Einnahmen einer durchschnittlichen Produktion vom Fernsehen und aus dem Video-Verleih – nicht aus den Kinos.

Da der Film im Brennpunkt dieses Branchen- und Technologien-Mixes angesiedelt ist, sollte er im Kontext der breiteren Kommunikations- und Unterhaltungs-Industrie – zusammenfassend als «die Medien» bezeichnet – betrachtet werden. Wir haben durchgängig auf diesen Kontext Bezug genommen; jetzt ist es an der Zeit, ihn detaillierter zu untersuchen. Die Technologie ist wichtig wegen ihrer ständigen und immer weiter zunehmenden Wirkung auf die Filmkunst. Die Geschichte des Fernsehens und der anderen elektronischen Medien bildet die Kulisse in der weiterschreitenden Saga des Films… und führt geradenwegs zu seiner Zukunft.

Eine der anschaulichsten Analysen der Unterschiede jener mannigfachen Kommunikations-Techniken, die mit dem Sammelbegriff «Medien» bezeichnet werden, findet sich in einer Reihe von Stücken, die Samuel Beckett in den sechziger Jahren geschrieben hat. In *Play, Film, Eh Joe, Cascando* und *Words and Music* hat der Bühnenautor / Romancier / Dichter / Kritiker, der sowohl englisch als auch französisch schrieb, das Wesen jeder einzelnen Form erfaßt.

Play bringt drei unbeweglich in Urnen steckende Gestalten auf die Bühne. Wenn der Bewußtseinsstrom im Dialog von einem zum andern hin- und herfließt, verfolgt ein scharfes, präzises Spotlight die «Handlung» oder kommentiert sie. Becketts abstraktes Bühnenbild lenkt unsere Aufmerksamkeit auf das Moment der Wahl, das

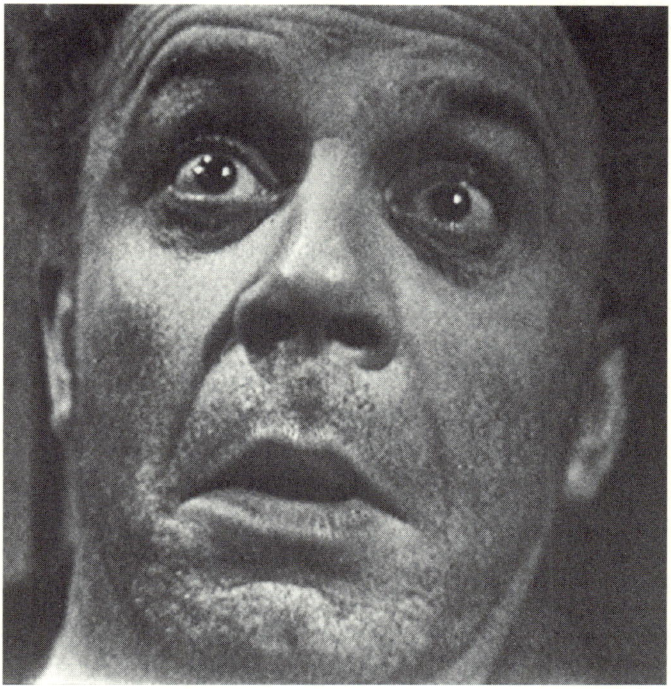

George Rose in Samuel Becketts *Eh Joe* (New York Television Theatre, 18. April 1966. Produktion: Glenn Jordan; Regie: Alan Schneider). (*Grove Press, Standvergrößerung einer Kinescope-Aufnahme*)

der Betrachter in diesem Medium steuert, während es zugleich betont, wie unbedeutend physisches Handeln ist. Das Spiel auf der Bühne ist für Beckett Mise en Scène mit Schärfentiefe, keine kontrollierte Montage.

Film entwickelt demgegenüber die Dialektik zwischen Filmemacher und Objekt, die Beckett als wesentlich für dieses Medium ansieht. Inszeniert von Alan Schneider und gespielt von Buster Keaton, ist *Film* die stumme und abstrakte Darstellung des Dramas, das sich nicht zwischen den Gestalten entspinnt, sondern zwischen Filmemacher und Darsteller. Keaton ist fast den ganzen Film hindurch allein auf der Leinwand, aber dennoch nicht allein in der Filmhandlung, denn die Präsenz der Kamera ist sehr real, und Keatons Kampf darum, sich ihrem alles sehenden Auge zu entziehen, ist das Motiv des dramatischen Entwurfs.

Play betont die Interaktion zwischen und unter Gestalten sowie die relative Freiheit des Betrachters bei der Formung der Erfahrung. *Film* betont andererseits die Einsamkeit des Objekts, das Drama zwischen Objekt und Künstler sowie den vom Betrachter erlebten relativen Mangel an Möglichkeiten der Teilhabe am Prozeß.

Eh Joe, ein Fernsehspiel, ist eine gleichermaßen scharfsichtige Analyse der wesentlichen Elemente des Fernsehens. In seinen etwa 45 Minuten kontrastiert das Stück die Audio- und die Video-Komponenten des Fernseh-Erlebens. Auf dem Bildschirm ist «Joe», das Motiv des Stücks, in einer einzigen Einstellung zu sehen. Sie verändert sich im Verlauf des Spiels von nahezu einer Totale, die den größten Teil des Raums zeigt, in dem das Spiel angesiedelt ist, zur Halbtotale und Halbnahe, schließlich mit langem, extrem langsamem Heranfahren zur Großaufnahme, die zunehmend und unerbittlich zunächst den ganzen Kopf und schließlich in extremer Nahaufnahme Augen, Nase und Mund zeigt. Im Ton trägt die Stimme einer zu Joe sprechenden Frau einen pausenlosen Bewußtseinsstrom-Monolog vor.

Der Entwurf von *Eh Joe* arbeitet auf subtile Weise die beiden wesentlichen Elemente des Fernsehens heraus, die es vom Film einerseits und vom Bühnenstück andererseits trennen: Der separate, parallele Monolog etabliert Atmosphäre und Ton des Stücks und schärft damit unseren Sinn für die größere Signifikanz des Tons im Fernsehen, während die eindringlich starre Ranfahrt mit ihrem Übergang von Totale zu extremer Nahaufnahme auf gescheite Weise die ungewöhnliche psychologische Intimität dieses Mediums betont.

Cascando und *Words and Music* sind Hörspiele. Die Struktur dieser dramatischen Form ist viel einfacher als die Strukturen des Bühnenstücks, des Films und des Fernsehens. Beckett isoliert die wesentlichen Elemente der Radio-Kunst – «Worte und Musik», das Hintergrundrauschen der Zivilisation. Das Produkt der sich daraus entwickelnden Dynamik ist das «Fallende», «Herabstürzende», das «Cascando» des Radio-Erlebens. In jedem dieser analytischen Stücke erzeugt Beckett eine dramatische Spannung, und zwar nicht zwischen Gestalten, sondern zwischen Strukturelementen der verschiedenen Kunstgattungen: für die Bühne Zuschauerentscheid im Widerspiel mit dem Dialog; für den Film die Kontrolle des Regisseurs und die Integrität des Objekts; für das Fernsehen die Eindringlichkeit des Tons im Widerspiel mit der psychologischen Intimität des Bildes; und für das Radio, einfacher, Wörter und Musik, Information und Hintergrund.

Becketts Serie analytischer Stücke faßt die ästhetischen Unterschiede zwischen und unter den Medien elegant zusammen. Politik und Technologie sind ebenfalls wichtige Faktoren in der Medien-Gleichung. Tatsächlich legen die Nebenbedeutungen des Wortes «Medien» nahe, dem Phänomen eine größere Breite zuzuschreiben, als von den Grenzen der Ästhetik anzunehmen wäre. Die Medien sind per Definition Mittel der Kommunikation: alles mehr oder weniger technische Systeme mit dem Zweck, ungeachtet der natürlichen Grenzen von Raum und Zeit Information zu übertragen. Es ist dahin gekommen, daß sie in mannigfacher Weise genutzt werden, um zu informieren und zu unterhalten.

Darüber hinaus sind sie die primären sozialisierenden Kräfte des modernen Lebens, wie bereits die Wurzel des Wortes «Kommunikation» signalisiert: «Kommunizieren» heißt eine «Kommune» zusammenfügen.

Printmedien und elektronische Medien

Geschriebene Sprache ist der Prototyp aller Medien. Siebentausend Jahre lang bot sie eine brauchbare und flexible Methode, Information von einer Person zur anderen zu übermitteln. Aber es dauerte bis zur Erfindung des Buchdrucks mit beweglichen Lettern durch Johannes Gutenberg im fünfzehnten Jahrhundert, bis «geschriebene» Mitteilungen in die Massenproduktion gingen, so daß der Autor mit einer großen Zahl anderer Individuen zugleich kommunizieren konnte. Diese «multiple Reproduzierbarkeit» ist das Hauptcharakteristikum von Medien. Zwischen 1500 und 1800 entwickelte sich die Buchproduktion zu einer Großindustrie. Es war das Konzept der Zeitung oder des Journals – schnell produziert und in regelmäßigem Turnus erscheinend –, das das zweite entscheidende Element der Medien einbrachte (als Folge des ersten): den offenen Kommunikationskanal. Bücher werden in großer Menge hergestellt, aber sie sind jedes für sich ein singuläres Ereignis, ganz auf ihren Gegenstand begrenzt. Zeitungen und Magazine sind – in der Zeit so gut wie im Raum – offen für fortgesetzte und mannigfache Nutzung.

Obwohl der Buchdruck sogleich als gesellschaftlich revolutionäre Kraft begriffen wurde, dauerte es bis zum neunzehnten Jahrhundert und dem Aufstieg einer breiten gebildeten Mittelklasse, bis das Druckgewerbe sein volles Potential als Medium erkannte. Als Kollektiv brauchten wir also sehr viel länger, um das Lesen von Gedrucktem zu lernen als das «Lesen» von Filmen. Bezeichnenderweise verlief das Aufkommen der elektronischen Medien im zwanzigsten Jahrhundert sehr viel rascher, da für das Verstehen keine besondere Fertigkeit nötig war.

Printmedien profitierten auch von technologischen Fortschritten in der zweiten Hälfte des neunzehnten Jahrhunderts. Die dampfgetriebene Druckmaschine wurde 1810 von Friedrich König entwickelt. Rotations-Druckmaschinen, die kontinuierlich statt schrittweise arbeiteten, kamen in den vierziger bis sechziger Jahren des vorigen Jahrhunderts auf. Richard March Hoe wird die Erfindung der ersten Rotations-Druckmaschine im Jahr 1846 zugeschrieben. Die Kombination von Dampfbetrieb, Rotationsprinzip und einteiligen Stereotypplatten steigerte die Geschwindigkeit und Flexibilität der Druckmaschinen erheblich. Die Schreibmaschine, 1867 von C. L. Sholes erfunden und 1874 von Remington erstmals produziert, und die Linotype-Setzmaschine, 1884 von Ottmar Mergenthaler erfunden, ließen die Verfahren der Druckvorbereitung sehr viel effizienter werden.

1880 druckte die New York Graphic die ersten Rasterfotografien, wobei es allerdings noch mehr als ein Jahrzehnt dauerte, bis diese wichtige Technik sich in Zeitungen und Magazinen durchsetzte. Frühere technologische Entwicklungen des Drucks waren quantitativ ausgerichtet: Sie steigerten die Geschwindigkeit und die Flexibilität des Verfahrens, aber sie betrafen nicht seine Grundlagen. Das Rasterverfahren war ein qualitativer Fortschritt, indem es die Reproduktion von Fotografien zusätzlich in die Drucktechnik integrierte. An diesem Punkte, vor mehr als hundert Jahren also, begann die lange Liebesbeziehung zwischen Text und Bild. Sie ist jetzt dabei, sich in der unter der Bezeichnung «Multimedia» bekannten Ehe zu vollenden.

Das Grundproblem bei der drucktechnischen Wiedergabe von Fotografien bestand darin, daß der fotografische Prozeß eine kontinuierliche und unbegrenzt variable Spanne von Tönen von Weiß über Grau bis zu Schwarz erzeugt, während der Druckvorgang im wesentlichen «dual»* (oder «binär») ist – jeder gegebene Ausschnitt einer Druckseite ist entweder weiß oder schwarz; es gibt keine Abstufungen dazwischen. Die Rastertechnik löste dies Problem auf höchst sinnreiche Weise: Die kontinuierliche Fläche einer Fotografie wurde in einzelne Punkte aufgeteilt, die in die binäre Sprache des Drucks übersetzt wurden. Werden nur fünfzig Prozent einer gegebenen Fläche tatsächlich gedruckt, erscheint diese Fläche in einem mittleren Grau; werden hundert Prozent gedruckt, ist sie schwarz, und so weiter.

Auf seine Weise war das Rasterkonzept für die Fotografie ebenso wichtig wie das Begreifen der Nachbildwirkung für die Entwicklung der Kinematografie: Beide machen sich auf einfache, doch höchst wirksame Weise grundlegende physiologische Gegebenheiten des Sehens zunutze. Darüber hinaus sollte das dem Rasterverfahren zugrundeliegende Konzept – die Übersetzung einer kontinuierlichen Spanne von Werten in ein unterteilend quantifiziertes System – zu einem der signifikantesten und breitestgenutzten Denkmuster des zwanzigsten Jahrhunderts werden: Fernsehen, Bildtelegrafie, Fernmeßtechnik und – vor allem – Computer-Technologie beruhen allesamt auf diesem grundlegenden «dialektischen» Konzept.**

Viele der gesellschaftlichen und semiotischen Wirkungen der elektronischen

* Das Wort «dual» wird hier in seiner philosophischen Bedeutung benutzt, nicht in seiner mathematischen, obwohl das Denken, das der viel späteren Erfindung von binären digitalen Computern zugrunde liegt, gleich anmutet.

** Man könnte sich fragen, ob Nils Bohr und die anderen Philosophen der Quantentheorie in der Physik der zwanziger Jahre nicht vielleicht unbewußt von der zeitgenössischen Massenpresse beeinflußt gewesen waren.

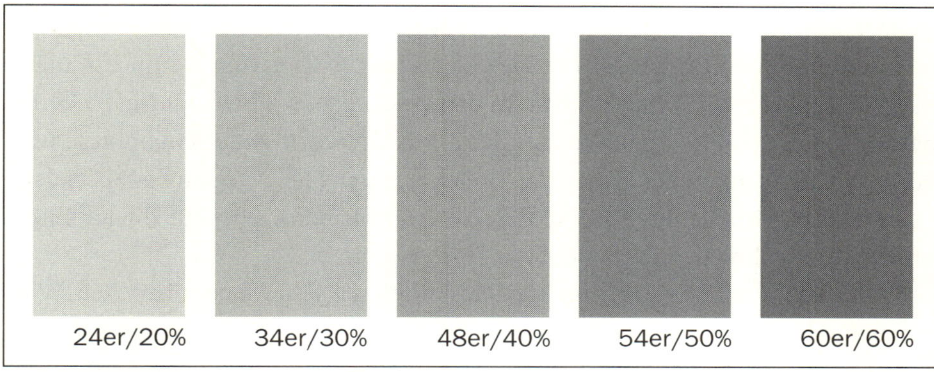

Halbton-Raster. Die Raster mit 14 und 22 Linien pro Zentimeter sind zu grob, als daß sie für irgend etwas anderes als für spezielle grafische Effekte genutzt werden könnten. Der 24er Raster ist Standard für Zeitungen. Für Bücher werden meist 48er bis 60er Raster benutzt. (Alle Fotos in *Film verstehen* sind mit einem 54er Raster wiedergegeben. Der 60er Raster wird für besondere Zwecke angewandt – für medizinische Illustrationen zum Beispiel –, bei denen es auf feine Einzelheiten ankommt.
Die verschiedenen Schattierungen in der Abbildung sind technische Raster für grafische Zwecke. In den Schaubildern dieses Buches kommen 20-, 40- und 60-Prozent-Raster vor. Die Schattierung wird nicht durch Erhöhung der Rastergröße, sondern durch größere Punkte innerhalb desselben Musters erzielt.

Revolution warfen in der Glanzzeit der großen Zeitungen und Magazine des neunzehnten Jahrhunderts ihre Schatten voraus. Es wurde sehr bald deutlich, daß die Medien neue Versionen von Realität, des Geschichtsbildes – manchmal gar einer alternativen Realität – lieferten und daß diese Vermittlungsfunktion eine tiefgreifende Wirkung auf die Lebensorganisation haben würde. Als ökonomische Organe waren die Zeitungen und Magazine angetreten, ihren Lesern Information und Unterhaltung zu verkaufen; sie schritten dann zu einem komplexeren Modus fort, indem sie auch Anzeigenplatz an andere ökonomische Wesen verkauften, die mit der Leserschaft kommunizieren wollten. Mit anderen Worten: Herausgeber von Magazinen und Zeitungen gingen vom Verkauf einer Ware zum Verkauf einer Dienstleistung über; das von ihnen kontrollierte Medium bot den Inserenten ein Mittel des Zugangs zur Öffentlichkeit.

Ab ungefähr 1930 wurde diese Dienstleistung erheblich verfeinert. Techniken der Marktforschung ermöglichten dem Verleger, den Inserenten eine spezielle Zielgruppe statt nur schlicht nackten Anzeigenplatz anzubieten. Die Inserenten hatten zwar immer eine grobe Vorstellung vom Publikum, das sie erreichten, aber das Aufkommen der neuen Wissenschaft der «Meinungsforschung» gab dem Verleger die Möglichkeit, mit hoher Genauigkeit wertvolle Segmente der Gesamtöffentlichkeit anzuvisieren. Ein modernes General-Interest-Magazin wie zum Beispiel *Time* rastert seine Leserschaft in eine Anzahl geografischer und sozialer Sektionen auf und stellt danach separate (wenn auch fast identische) Ausgaben her, so daß es einem Inserenten eine fein auf dessen Message abgestimmte Zielgruppe zum optimalen «Per-Tausend-Preis» anbieten kann. In den vergangenen Jahren führte die Verfeinerung des demografischen Ansatzes dazu, daß Zeitschriften für ein breites Publikum, sogar jene mit hoher Auflage, an Boden verloren haben gegenüber Special-Interest-Magazinen, die ihren Inserenten ein zwar kleineres, aber für die jeweiligen Produkte aufnahmebereiteres Publikum bieten können.

Werbung – entscheidend für das Funktionieren eines kapitalistischen Wirtschaftssystems – hat in den vergangenen 150 Jahren stark auf die Lebensweise eingewirkt. Weil die Medien permanent über die Gesellschaft berichteten, wurde rasch deutlich, daß nicht nur Produzenten, sondern ebenso Politiker und in der Öffentlichkeit agierende Personen «Werbung» zu treiben hatten, wenn ihre Gedanken von den Massen ernst genommen werden sollten. Dies führte zur Entwicklung der mit Publicity und Public Relations befaßten Branchen, die eng mit der Werbung verbunden sind. Darüber hinaus wurde die Werbung selbst zu einer derart hochgezüchteten Branche, daß nun oft der Schwanz mit dem Hund wedelt: Anzeigen-Agenturen sind direkt an der Kreation neuer Produkte beteiligt; sie spüren nicht nur Marktlücken auf, sondern erfinden gelegentlich auch Märkte für neue Produkte, wo zuvor keine existierten, indem sie in den Konsumenten das Bedürfnis erst erzeugen.

Verstrickt in dies komplexe ökonomische System finden sich die sekundären, nichtökonomischen Funktionen der Medien: die Verbreitung von Nachrichten, Unterhaltung und Wissen. In amerikanischen Zeitungen und Magazinen sind oft nicht mehr als 25 Prozent des insgesamt verfügbaren Platzes dem redaktionellen Teil vorbehalten. Mit anderen Worten: Oftmals sind drei Viertel der Vermittlungs-Kapazität der Werbung gewidmet. In Deutschland sieht es (noch) etwas anders aus: Die Stichprobe an je einer Ausgabe von *Focus* und *Der Spiegel* aus dem Frühjahr 2000 ergibt für beide einen Textanteil von etwa 50 Prozent.

Diese Sintflut der Werbung ist ein Hauptfaktor bei der Festsetzung gemeinschaftlicher Wertsysteme in modernen Gesellschaften. Kommunikation pflegte einst auf der persönlichen Ebene zu geschehen: Die Zahl der erreichbaren Menschen war durch die Größe des Versammlungsortes bestimmt. Aber das Aufkommen der Printmedien hat das Potential für Kommunikation gewaltig ausgeweitet. Nicht nur konnte man weit mehr Menschen erreichen, von denen niemand zur selben Zeit am selben Ort zu sein hatte, sondern – bedeutsamerweise – wurde Kommunikation nun auch meistenteils «unidirektional»: Das heißt, die Mitglieder einer «Zuhörerschaft» hatten keine Möglichkeit mehr, sich mit dem «Sprecher» auszutauschen.

Die Entwicklung der mechanischen und elektronischen Medien folgte im allgemeinen dem Muster, das von den Printmedien in den voraufgegangenen 150 bis 200

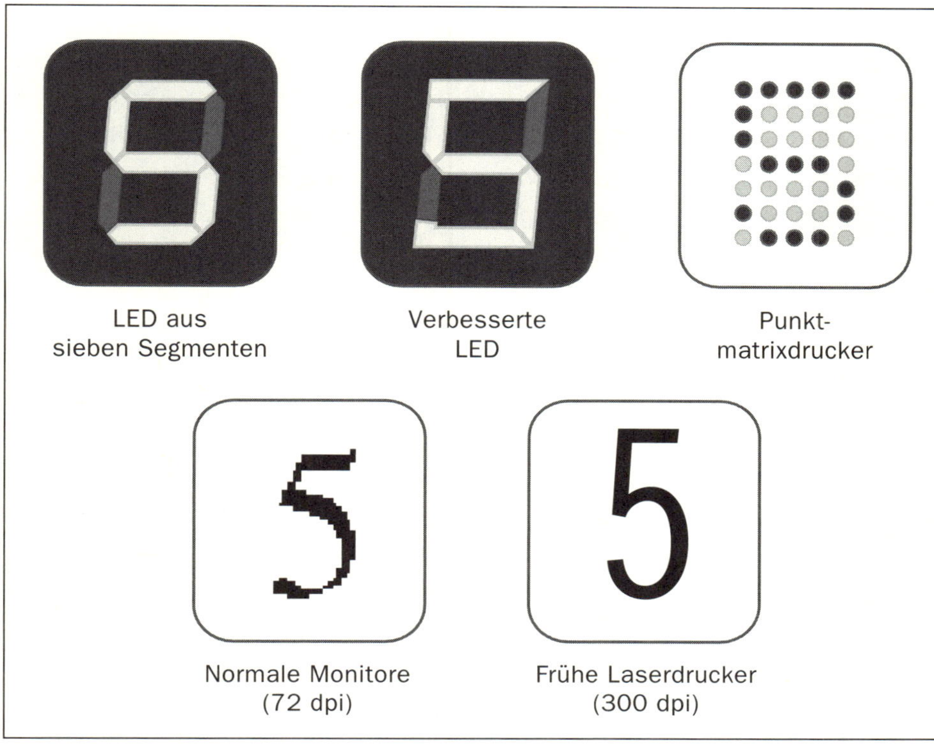

LED, Punktmatrix und mehr. Die Halbtontechnik ist der historische Beginn der Fusion von Druck- und Bildtechnologie. Sie bildete das Muster für die weitere Entwicklung. Beispielsweise wurden Anfang der Siebziger, als elektronische Computer-Anzeigen für professionelle und Heim-Anwendungen entwickelt wurden, zwei einfache alphanumerische Ausgabearten genormt.
Die oben gezeigte LED («light-emitting diode») mit sieben Segmenten ermöglichte lesbare Ziffern, die aus nur sieben ein- und ausschaltbaren Elementen zusammengesetzt waren, was eine bedeutende Vereinfachung darstellte – und eine hübsche analytische Leistung. (In den «verbesserten» LED-Ausführungen wurde das Design der Elemente leicht verändert, um die Lesbarkeit der Ziffern zu verbessern.) Für die komplexeren Schriftzeichen unseres Alphabets wäre solch ein System jedoch ungeeignet (außer für Wörter, die sich aus über Kopf gelesenen Zahlen wie 7353 und 38317 ergeben), also wurde der Punktmatrixdrucker entwickelt, um lateinische Schrift in lesbarer Form auszugeben. Die am meisten verbreitete Version benutzte 35 Punkte in der Anordnung von 5 × 7, um alle Buchstaben des Alphabets darzustellen. Die Einführung des grafisch orientierten Macintosh-Computers im Jahre 1984 und seines zugehörigen LaserWriter-Druckers im Jahre 1985 brachte die Lesbarkeit von Computer-Bildschirmen und Druckern auf eine neue Höhe, indem sie 72 Punkte pro Zoll (dots per inch / dpi) für den Bildschirm und 300 Punkte pro Zoll für den Ausdruck zum Standard machten – Auflösungsgrade, die schon ausreichten, vereinfachte Versionen moderner Druckschriften anwenden zu können. Zum Vergleich: Dieses Buch wurde mit einer Auflösung von 2450 Punkten pro Zoll belichtet.

Jahren vorgegeben war. Es gab jedoch einige signifikante Unterschiede. Anders als die Printmedien setzten Film, Radio, Fernsehen und Schallplatten nicht voraus, daß ihr Publikum über ein hohes Maß an Vorbildung verfügte, um die von ihnen vermittelten Inhalte aufzunehmen und zu verstehen. Wenigstens in diesem Sinne stimmt es absolut, daß man nicht erst lernen muß, einen Film zu «lesen». Andererseits entwickelten sich die mechanischen und elektronischen Medien auf einem bedeutend höheren Niveau technologischer Raffinesse. «Bildung» mag da verzichtbar sein, aber die Apparate sind es nicht. Der Film blieb mehr eine öffentliche denn eine private Erfahrung, hauptsächlich wegen der Kosten und der Komplexität der für die Bildprojektion benötigten Apparate. Bezeichnenderweise ist er das einzige der modernen Medien, das einen Öffentlichkeits-Aspekt bewahrt hat. Wenn er auch seinem Publikum keine Möglichkeit zur Interaktion mit den Ausführenden läßt (wie es zuvor alle öffentlichen Versammlungen und Bühnendarstellungen getan hatten), so bewahrt er doch wenigstens den Aspekt des gemeinschaftlichen Erlebens.

Alle anderen modernen Medien jedoch entwickelten sich als private «Unternehmungen», und zwar aus einem ganz interessanten Grund. Die stetige Verschiebung vom Produkt zur Dienstleistung, die sich in der Geschichte der Printmedien feststellen läßt, ist bei den elektronischen und mechanischen Medien noch ausgeprägter. Vom Film abgesehen, haben alle neuzeitlichen Medien als Produkt begonnen – genauer gesagt als «langlebiges Gebrauchsgut», um es in der Sprache der Wirtschaftswissenschaften auszudrücken. Wie Zentralheizung, Kühlschrank, elektrische Beleuchtung oder Sanitär-Installationen waren Telefon, Kamera, Plattenspieler, Radio, Fernsehapparat, Videorecorder und Computer einmal bedeutende Investitionen für die Konsumenten.

Um die Geräte zu verkaufen, mußten die Hersteller sie so einfach konstruieren, daß fast jeder sie bedienen kann. Danach hatten sie, in den meisten Fällen, Materialien verfügbar zu machen – «Software» sozusagen. Der Apparat – das Empfangs- oder Wiedergabegerät – wurde in den meisten Fällen als die Hauptquelle des Profits gesehen; die Medien wurden zur Verfügung gestellt, damit der Apparat etwas zu empfangen oder wiederzugeben hatte. Weil die Apparate relativ einfach und billig hergestellt werden konnten und weil diese «Hardware» den *Erst*profit brachte, erwies es sich als nützlich, das Medienerlebnis im privaten Bereich anzusiedeln, damit die größtmögliche Zahl an Apparaten abgesetzt werden konnte.

Als dann die Apparate weite Verbreitung gefunden hatten, schrumpften die mit Hardware zu erzielenden Gewinne, denn die Märkte waren zunehmend gesättigt, und die Geräte selbst waren zu schlichten Gebrauchsgütern geworden. (Niemand hält heute ein Telefon oder gar eine Kamera für eine «größere Kapital-Investition».) Das wirtschaftlich interessante Geschehen verlagerte sich zuerst zum Handel, dann zu den Herstellern der «Software». In den achtziger Jahren, als General Electric die NBC erstand, war es so weit, daß internationale Hardware-Konzerne damit begannen, Software-Produzenten und -Vertreiber aufzukaufen: General Electric übernahm NBC, Sony kaufte CBS Records, Columbia Pictures und Tri-Star, Philips schluckte Polygram, Matsushita erwarb (zeitweise) MCA. 1995 kaufte Westinghouse CBS; damit fand sich die Firma wieder in der TV-Industrie ein, an deren Begründung sie 75 Jahre zuvor beteiligt gewesen war.

Aus dieser Entwicklung des Produkt-/Service-Marktes läßt sich eine interessante Feststellung ableiten: In jedem der Fälle beginnt das Medium als professionelles Betätigungsfeld, für das ein hohes Maß an Sachverstand nötig ist; sobald dann relativ beschlagene Laien sich die Beherrschung der Technik erschließen, verlagert es sich zu semiprofessioneller Nutzung. Wenn schließlich die vereinfachte Hardware in die häuslichen vier Wände Einzug hält, wird das Medium ein alltägliches Betätigungsfeld, das jedem nach einem Minimum an Training offensteht.

In Teil 4 «Filmgeschichte» sahen wir bereits, wie das Produkt-/Service-Muster in der Filmindustrie funktionierte. Edison und die anderen Pioniere entwickelten die Apparate und lieferten dann die darauf abzuspielenden Filme. Da die Apparate und ihr System kompliziert und teuer waren, bestand kaum Aussicht, Projektoren als langlebige Gebrauchsgüter zu vermarkten, und der Film blieb mehr eine Kunst für die Öffentlichkeit als eine für den privaten Bereich. Allmählich verschob sich der Schwerpunkt der wirtschaftlichen Macht vom Hersteller der Apparate zum Kinobesitzer als Vermittler (die Ebene des «Einzelhandels»), dann zu den Filmproduzenten und Verleihern. In jeder Phase dieses Prozesses versuchten die Film-Geschäftsleute – ob Gerätehersteller, Kinobesitzer, Filmproduzenten oder Verleiher – eine monopolistische Kontrolle auszuüben – was sich später beim Ausbau der Rundfunk- und Fernsehnetze wiederholte.

Noch vor dem Aufkommen des Films hatte sich dieses Entwicklungsmuster bei der Erfindung des Telefons und der Amateur-Kamera angedeutet. Bei beiden waren Service und Maschinerie eng verbunden. Beide boten ebenfalls mehr individuellen Service als breit wirksame Medien der Kommunikation, was sie strukturell von Medien wie Radio, Schallplatte und Fernsehen unterscheidet. Interessanterweise wurde das Radio lange Zeit schlicht als Zusatz zum Telefon angesehen – als ein Mittel, das Kommunikation ermöglichte, aber nur zwischen einem Sender und einem Empfänger. 1899 hat Marconi die Wirksamkeit seiner Erfindung demonstriert, aber erst 1920 wurde «Rundfunk» – die weiträumige Ausstrahlung des Radiosignals, um damit eine große Zahl Hörer zu erreichen – in die Praxis umgesetzt.

Ihrer Natur nach waren die frühen Massenmedien im wesentlichen unidirektional: Die Moguln produzierten, wir konsumierten. Sozialkritiker, von Aldous Huxley und José Ortega y Gasset bis zu Marie Winn und Neil Postman, haben diese Macht beschrieben und uns beredt vor ihren Gefahren gewarnt. Seit den siebziger Jahren jedoch ist «Interaktivität» die Parole.

Dieser Trend begann in den späten Sechzigern. 1968 öffnete die «Carterfone-Entscheidung» der Federal Communications Commission (FCC) das amerikanische Telefonnetz für den Wettbewerb. Ungefähr zur selben Zeit brachte Philips seinen Audio-Cassettenrecorder auf den Markt und versorgte dadurch die Massen erstmals mit einfacher und erschwinglicher Tonaufnahmetechnik. In den frühen Sechzigern verschaffte die Ausbreitung von Fotokopie und Offsetdruck auch Nichtprofessionellen die Möglichkeit des Veröffentlichens. In den späten Siebzigern weitete die Einführung der Video-Cassettenrecorder die Möglichkeit der Aufzeichnung im Massengebrauch auf Video aus.

Aber all das war nur Vorbereitung für die tiefgreifende Mikrocomputer-Revolution der achtziger Jahre. Mit «Desktop Publishing» beginnend und rasch zu «Desktop-Präsentationen» fortschreitend, gibt der PC zu Anfang der neunziger Jahre bereits Kindern ein Arsenal zur Medienproduktion in die Hand, von dem ein paar Jahre zuvor selbst Profis nur hatten träumen können.

Heute kann jeder ein Buch, einen Film, eine Platte, ein Band, ein Magazin oder eine Zeitung mit weniger Übung produzieren als zur Reparatur eines undichten Wasserhahns nötig ist. Aber schaffen es diese neuen Medienproduzenten, daß ihre Werke von einer großen Zahl Menschen gelesen, gesehen oder gehört werden? Solange das Werk fachlich spezialisiert ist und sich an eine eng eingegrenzte Zielgruppe richtet, ist dies kein Problem. Aber der Autor, der Filmemacher, der «Bandmacher» oder der «Discmacher», der das breite Publikum erreichen will, hat oftmals bedeutende Schwierigkeiten. Die Demokratisierung der Distribution braucht länger, obwohl uns die Computer-Netzwerke zu zeigen beginnen, wie die Verbreitung mit derselben Mühelosigkeit zu bewerkstelligen ist, mit der wir telefonieren. Teil 7 «Multimedia» geht mit weiteren Details auf diese Entwicklungen ein.

Profitieren auch die Konsumenten, wenn die Medienproduzenten mehr Freiheit gewinnen? Dingliche Einheiten wie Bücher, Zeitungen, Magazine, Platten und Bänder sind den Funkmedien beträchtlich überlegen. Sie werden einzeln hergestellt und vertrieben, so daß der Konsument leichter seine Wahl treffen kann. Der Verbraucher steuert auch das Erleben dieser Medien: Eine Platte hören, ein Buch lesen oder eine Bildplatte ansehen kann man so oft, wie man möchte, und so schnell, wie es einem beliebt.

Demgegenüber haben die Funkmedien im Vergleich mit den dinglichen Medien ihre Abgeschlossenheit als hervorstechendes Charakteristikum. Der Zugang ist sehr stark eingeschränkt, auch wenn Kabelfernsehen, das in begrenztem Maße öffentlich zugänglich ist, und Wortsendungen im Hörfunk, die ihre Hörer zum Anrufen einladen, einige zusätzliche Möglichkeiten bieten. Darüber hinaus ist der Konsument in den Zeitplan der Funkmedien gezwungen und hat – da der Vertriebsfluß kontinuierlich statt stückweise stattfindet – wenig Möglichkeit, das Erleben zu steuern. Obwohl das Aufkommen von Videorecordern einiges an «Zeit-Verschiebung» erlaubt, bestimmt der kontinuierliche Fluß der Fernsehsendungen immer noch das

Erleben; die Wahl, wann man etwas sehen will, ist noch lange nicht dasselbe wie die Wahl, wie man etwas sehen will.

Bis vor kurzem war auch die Zahl der Kanäle strikt begrenzt. In den USA kennt jeder den Witz von dem Neuverkabelten, der zu seiner Enttäuschung feststellt, daß er nun zwar fünfzig statt nur fünf Kanäle hat, aber immer noch «nichts läuft». Wo wir dabei sind, Computer- und Fernseh-Technologie zu verschmelzen, werden Kabelnetze schließlich doch zu Straßen mit Gegenverkehr, in ihrer Struktur einem Telefonnetz näher als einem Sendenetz. Wenn es 500 Kanäle gibt statt fünfzig und Zuschauer sich eine Übertragung auf Abruf bestellen können, beginnt das Kabelfernsehen einem interaktiven Verbreitungssystem zu ähneln, und der Konsument hat vielleicht tatsächlich eine Möglichkeit der Kontrolle.

Zeitungen und Magazine verbinden nicht nur den Verkauf von Anzeigenplatz und Leserschaft mit dem Verkauf ihres eigentlichen Objekts, sondern – wichtiger noch – sie verteilen ihre Sammlung von Information und Unterhaltung so, daß der Leser echte Macht über das Erleben hat. Der mosaikartige Aufbau dieser Printmedien ermöglicht dem Leser den Luxus dessen, was in der Computer-Terminologie «Zugriff in Echtzeit» heißt. Zum Beispiel kann ein Zeitungsleser präzise die Stellen auswählen, die er zu lesen wünscht, und er kann ebenso entscheiden, wie lange er sich mit jeder aufhalten will, wohingegen jemand beim Ansehen der Fernsehnachrichten in den Zeitrahmen der Sendung gesperrt ist und die Information exakt so erlebt wie jeder andere Zuschauer.

Dies ist der bezeichnendste Unterschied zwischen Print- und elektronischen Medien. Weil Information im Druck strikter kodiert ist als in den elektronischen Medien, ist der Druck immer noch das wirksamste Medium zur Vermittlung abstrakter Information. Zum Teil deshalb, weil der Leser eine so beträchtliche Kontrolle über das Erleben hat, weil weit mehr an Information geliefert werden kann und weil die Struktur der Printmedien sie in effizienterer Weise verfügbar macht: Man kann nicht so einfach eine Schallplatte überfliegen oder einen Film diagonal sehen. (Noch nicht.)

Die Technologie der mechanischen und elektronischen Medien

Unabhängig davon, ob sich der Austausch nun per Senden oder dinghaft gestaltet, beruhen alle mechanischen und elektronischen Medien auf ein und demselben Prinzip: der Physik und Technologie der Wellenform. Da unsere beiden wichtigsten Sinne – Gesicht und Gehör – ebenfalls von Wellenphysik abhängen, kann das nicht überraschen. Trotzdem wurde vor Edisons Phonographen keinerlei Weg gefunden, dies Phänomen nachzuahmen oder nachzuschaffen.

Der Phonograph, wie Edison ihn konzipierte, war ein einfaches mechanisches System, das weder Chemie noch Elektronik einbezog. Die wesentlichen Bauteile sind der Schalltrichter zur Verstärkung von Schallwellen, die Membran zur Umwandlung von Schallwellen in mechanische Bewegung, die Nadel zur Übertragung und die Walze oder Platte – das Aufnahmemedium, das den Ton aufzeichnet und konserviert. Hier wie bei all den später aufkommenden elektronischen Medien besteht das Grundkonzept in der Umwandlung einer Wellenform in eine andere. In diesem Fall werden Schallwellen, deren Übertragungsmedium die Luft ist, in mechanische Wellen umgewandelt, deren Medium der Wachszylinder oder die Platte ist.

Bei aller Genialität der Erfindung war der frühe Edisonsche Phonograph doch auch ein beschränktes Instrument. Viel an Qualität ging verloren auf dem Weg von Schalltrichter zu Membran zu Nadel zu Wachszylinder und sodann zurück über Nadel, Membran und Schalltrichter. Weitere Verbesserungen mußten bis zur Entwicklung der Elektronik in den frühen Jahren des zwanzigsten Jahrhunderts warten. Hier floß dann die Geschichte des Phonographen mit der Geschichte von Radio und Telefon zusammen.

Rundfunk und Fernsprechtechnik beruhen beide auf der Elektrizitätstheorie, aber zwischen ihnen besteht ein bezeichnender Unterschied: Das Telefon überträgt sein Signal durch einen beschränkten Kanal – den Draht –, während das Radio im wesentlichen dieselbe Funktion erfüllt, dabei jedoch elektromagnetische Strahlung als Medium nutzt. Weil die Natur des elektromagnetischen Spektrums die unkomplizierte Ausstrahlung von Radiosignalen erlaubt (ein Radiosignal geht von nur einem Punkt aus, läßt sich aber überall in einem weiten Bereich empfangen), erscheint der Rundfunk zunächst als ein weiter fortgeschrittenes System im Vergleich zur «schmalspurigen» Fernsprechtechnik (ein Telefonsignal läuft immer von nur einem Punkt zu nur einem anderen Punkt).

Wir werden aber noch sehen, daß die Vorzüge des Telefonsystems mit seinem beschränkten Kanal allmählich auch geschätzt werden. Verglichen mit den einfach zu erzeugenden elektromagnetischen Wellen des Radios, sind die Telefonleitungen zwar nur mit viel Aufwand und unter hohen Kosten zu verlegen, aber sie eröffnen doch die Aussicht auf interaktive Zweiwegekommunikation, wie sie mittels Funk weit schwieriger zu bewerkstelligen wäre. Das Kabelfernsehen entwickelt sich rapide in diese Richtung, da Koaxialkabel mit höherer Kapazität und – vor allem – Glasfaserkabel die Kapazität dieses Konkurrenten des ehrwürdigen Telefonnetzes immens erweitern.

Dieselben Technologien stehen den Telefon-Gesellschaften zur Verfügung, die nun beginnen, dem Kabelfernsehen Konkurrenz zu machen. Anfang der achtziger Jahre befreite die Entwicklung der Mobilfunkgeräte das Telefon aus seiner Verdrahtung. In den Neunzigern weiten sowohl Telefon- als auch Kabelfernseh-Gesellschaften ihr Wirkungsfeld auf alle möglichen Formen elektronischer Kommunikation aus. Aller zunehmenden Abstraktion der elektronischen Medien zum Trotz bleiben interessanterweise die in den letzten hundert Jahren mit großem finanziellem Aufwand angelegten Leitungsnetze unschätzbare Aktivposten.*

Samuel Morse ließ 1840 einen Telegraphen-Apparat patentieren. Es war eine einfache Vorrichtung, mittels elektrischer Energie ein Signal durch Kabel zu übertragen. Es hatte jedoch nur zwei «Wörter» zur Verfügung: Der Strom war entweder an oder aus. Der Morsesche Punkt-Strich-Code ermöglichte nützliche Kommunikation; aber ein flexibleres System war nötig.

Das Bellsche Telefon erweiterte die Elektro-Technik um eine bedeutsame Dimension: Es war die erste Erfindung, die Schallwellen analog in elektrische «Wellen» und zurück in Schall übersetzte. Bell ging von einem verstärkenden Schalltrichter aus, der im Prinzip dem Edisonschen ähnelte, aber ihm ging es darum, die Schallwellen in ein elektrisches statt in ein mechanisches Medium zu übersetzen. Damit war das Telefon in der Lage, seine Signale ohne Verzug zu übermitteln.

Bei Bells Telefon – datiert von 1875 – bestand das «Mikrofon» aus einer Sprechmuschel, einer Membran aus weichem Eisen und einem von einer Spule umgebenen Stabmagneten; die vor dem Magneten angeordnete Membran wurde

* «Netze» begegnen uns in vielfältiger Form. So war es eine der genialeren Strategien der neuen amerikanischen Telefon-Gesellschaften, die in den achtziger Jahren mit AT&T in Konkurrenz traten, sich in Verträgen mit den moribunden Eisenbahnen das Recht zu sichern, entlang deren städteverbindenden Gleisen Glasfaserkabel zu verlegen. Sie brauchten sich auf diese Weise nicht um eigene Wegerechte zu kümmern.

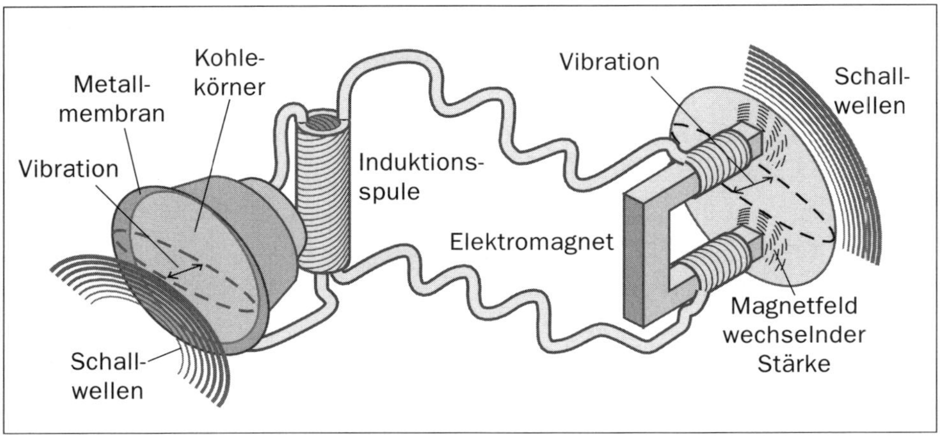

Elektrische Schallübertragung. Das Telefon ist das einfachste Gerät zur Übersetzung von Schallenergie in elektrische Energie und wieder zurück, aber das hier dargestellte Prinzip ist die Basis aller Schallübertragung. Die zentralen Konzepte sind die Kohlekörner-Konstruktion des Mikrofons (oder der Sprechmuschel), das die Schallwellen in elektrische Wellen übersetzt, die Induktionsspule (ein einfacher Transformator), die als Verstärker dient, und die Elektromagnet-Membran-Kombination des Lautsprechers (oder Hörers), die das elektrische Signal in Schall zurückübersetzt.

durch Schallwellen in Schwingungen versetzt und bewirkte Änderungen im Magnetfeld, die in der Spule entsprechende Induktionsströme hervorriefen. Beim Empfänger verlief der Vorgang umgekehrt. Bei etwas späteren Entwicklungen wirkte die schwingende Membran direkt auf eine Ansammlung von Kohlekörnern; in Abhängigkeit von der Stärke der Schallwellen wurden die Kohlekörner mehr oder weniger stark zusammengedrückt, so daß sich ihr elektrischer Widerstand entsprechend dem akustischen Druck änderte und einen hindurchgeleiteten elektrischen Strom modulierte. Am anderen Ende der Leitung übersetzte ein «Lautsprecher» das elektrische Signal im Wege eines leicht abweichenden Verfahrens in ein Schallsignal zurück: Das elektrische Signal erregte in wechselnder Stärke einen Elektromagneten und kontrollierte damit die Schwingung einer Eisenmembran, die ihrerseits die Schallwellen erneut entstehen ließ.

1890 bereits wurde das Telefon weithin benutzt. So wichtig das Bellsche Mikrofon-Hörer-System auch war, seine Nutzbarkeit wäre ohne die Entwicklung sinnreicher Schaltanlagen wie Verstärkungsvorrichtungen doch nur begrenzt gewesen. Das Konzept der Verstärkung, die es dem Telefonsignal ermöglicht, auch größere Entfernungen zu überbrücken, führte direkt zu einer Unzahl von elektronischen Geräten des zwanzigsten Jahrhunderts. Aus dem Telefon-Schaltsystem, das es erlaubte, angeschlossene Telefone beliebig miteinander zu verbinden, entwickelte sich eine Theorie, die auf Computer-Technologie und moderne Systemtheorie vorauswies.

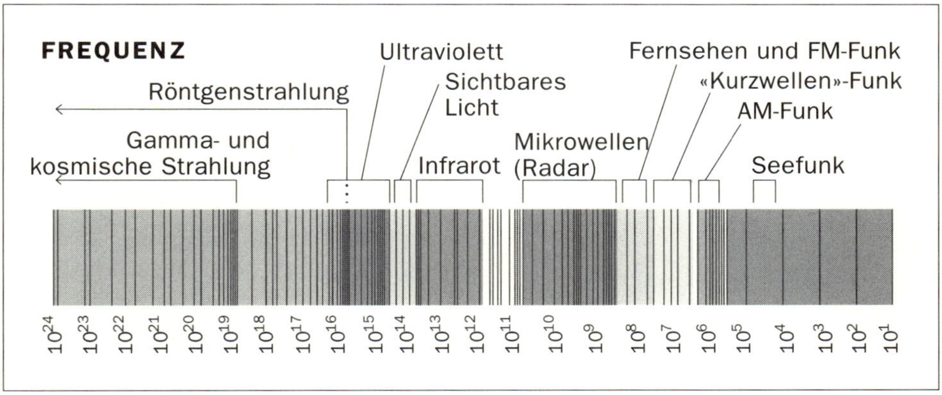

Das elektromagnetische Spektrum. Da die Geschwindigkeit elektromagnetischer Wellen 300 000 km pro Sekunde beträgt, haben die meisten elektromagnetischen Wellen eine extrem hohe Frequenz. Noch die längsten Radiowellen – mit Wellenlängen, die nach Kilometern messen – haben Frequenzen in der Größenordnung von mehreren hundert Schwingungen pro Sekunde. Die kürzesten elektromagnetischen Wellen – Gammastrahlen – haben Wellenlängen, die in Milliardstel Millimetern, und Frequenzen, die in Sextillionen Schwingungen pro Sekunde gemessen werden. Die wichtigsten Bänder im Spektrum sind die vom sichtbaren Licht und dem Radiospektrum eingenommenen; letzteres ist willkürlich in eine Reihe von Bändern weiter unterteilt, die speziellen Verwendungen zugeordnet sind.

Mittlerweile hatte Heinrich Hertz bei Experimenten zur Bestätigung von James Clerk Maxwells elektromagnetischer Theorie einen Weg gefunden, elektromagnetische Strahlung nach Belieben zu erzeugen. Das Spektrum der elektromagnetischen Strahlung – mit Frequenzen von 0 bis zu 1023 Schwingungen pro Sekunde – umfaßt eine Vielzahl nutzbarer Phänomene, so das sichtbare Licht, Wärme, Röntgenstrahlen, Infrarot- und Ultraviolettstrahlung und Radiowellen. Das Radiosegment des Spektrums hat zuerst die Erfinder auf den Plan gerufen.

Hinsichtlich der elektromagnetischen Strahlung waren zwei Fakten von Bedeutung: Erstens erfordern elektromagnetische Wellen kein existierendes Medium (wie die Schallwellen) – sie können auch durch ein Vakuum übertragen werden; zweitens lassen sich Sender und Empfänger so «abstimmen», daß sie nur Wellen einer bestimmten Frequenz senden oder empfangen. Radiosender oder -empfänger können so aufeinander abgestimmt werden, daß sie auf einem aus einer Vielzahl von Kanälen senden beziehungsweise empfangen können – ein großer Fortschritt gegenüber den Telegrafen- / Telefon-Systemen, deren Kanäle mit der Zahl der angeschlossenen Kabeladern begrenzt waren, und gegenüber der Kompliziertheit des Schaltsystems.

Ein junger Italiener, Guglielmo Marconi, war der erste einer Reihe von Experimentatoren, der zu einem funktionierenden System der Radiotelegrafie fand. 1896 und 1897 demonstrierte er in England seinen «drahtlosen» Telegrafen, und schon

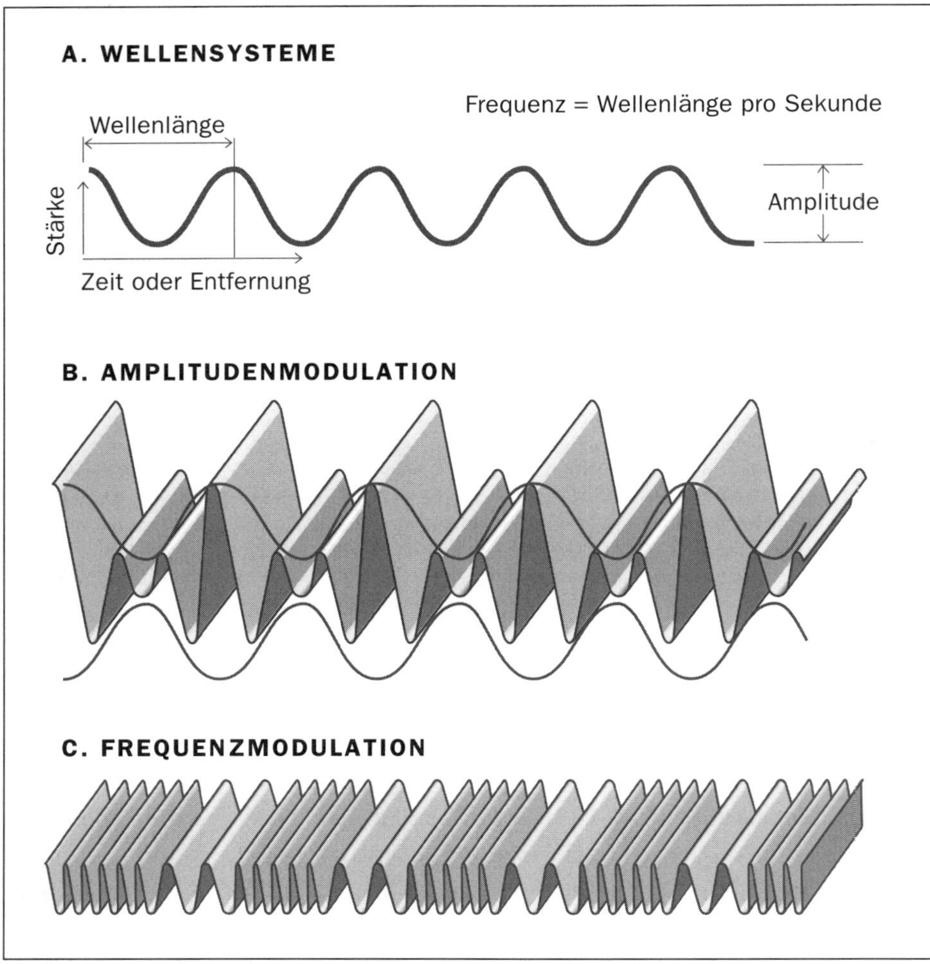

Wellenmechanik und Signalmodulation. Jede Welle – egal ob Schall, Licht oder Radio – wird nach drei Charakteristiken gemessen: Amplitude, Wellenlänge und Frequenz. Die Amplitude ist die Wellenstärke. Wellenlänge und Frequenz sind voneinander abhängig. Frequenzen werden in Schwingungen (oder Wellenlängen) pro Sekunde gemessen, in der als «Hertz» bekannten Einheit. Eine Schallwelle mit einer Wellenlänge von 3,35 m hat mithin eine Frequenz von rund 100 Schwingungen pro Sekunde; entsprechend hat eine Schallwelle mit einer Wellenlänge von 1,675 m eine Frequenz von rund 200 Schwingungen pro Sekunde.

Ein Signal zu «modulieren» heißt, ihm ein anderes Signal aufzulagern. Logischerweise läßt sich das auf zwei Weisen erzielen: Man moduliert entweder die Amplitude oder die Frequenz (letzteres ist dasselbe wie Modulierung der Wellenlänge). AM (Amplitudenmodulation) wird in B illustriert: Die Trägerwelle ist schattiert angedeutet. Das Programmsignal wurde ihr aufgelagert. FM (Frequenzmodulation) wird in C illustriert.

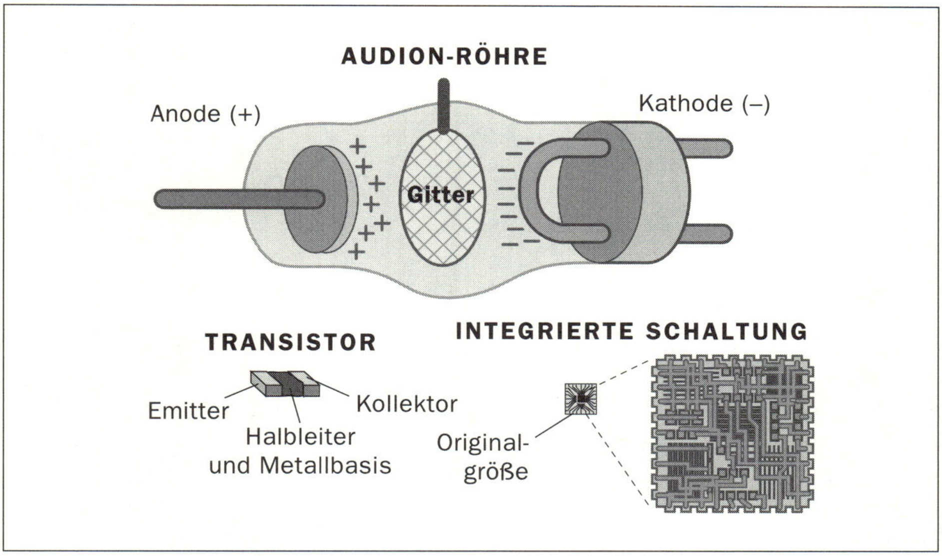

Elektronische Drosselung: von Audion zur integrierten Schaltung. Die Erfindung von DeForest war ebenso wertvoll wie genial. Die Audion-Röhre verstärkt ein Signal, weil das Gitter als sich ständig verändernder Durchlaß für Elektronen funktioniert. Jedes Signal, das auf das Gitter wirkt, wird dem stärkeren Strom aufgeprägt, der zwischen Kathode und Anode fließt. Die Audion-Röhre war der Prototyp für alle Radioröhren – im englischen Sprachraum als «valve» bezeichnet, also mit dem Wort für Ventil oder Drossel.
In den fünfziger Jahren begann der Transistor (links), hier in Originalgröße dargestellt, die Radioröhre in den meisten ihrer Anwendungen zu ersetzen. Das Wirkungsprinzip ist grundsätzlich dasselbe, aber die Wirkungsweise ist mehr chemisch als physikalisch, und der Transistor ist folglich viel kleiner und verläßlicher, was zwei bedeutende Vorzüge sind. Die integrierte Schaltung, in der zahlreiche Transistor-Schaltkreise kombiniert sind, ist sogar noch kleiner; sie ist durch das kleine Quadrat rechts wiedergegeben (Originalgröße).

bald wurden große Firmen zur kommerziellen Nutzung der Erfindung gegründet. Im Unterschied zu Telegrafenleitungen waren Radiosignale keiner Sabotage ausgesetzt: Der militärische Nutzen der Erfindung wurde sofort erkannt.

Doch ebenso wie das Morsesche System konnte das Marconische keine komplexen Schallsignale übertragen, sondern nur den An-Aus-Code. Das Telefon übersetzte Schallwellen in elektrische Wellen, die im Medium des Drahtes übertragen wurden, wohingegen das System der «drahtlosen Telegrafie» bereits mit einem Wellensystem als Medium arbeitete. Wie ließe sich nun ein weiteres Wellensystem (das Signal) durch das Wellensystem des Mediums übertragen?

Reginald Fessenden, ein Kanadier, war einer der ersten, der dies Problem löste. Seine Idee war es, die Trägerwelle mit der Signalwelle zu überlagern; mit anderen Worten: die Trägerwelle zu «modulieren». Dies ist das Grundkonzept der Radio- und Fernseh-Übertragung. Da es bei einer Welle zwei Variablen gibt – Amplitude

Die Kunst des Mikrochips. Weil die Schaltungen gedruckt werden, wie mikroskopisch klein auch immer, zeigt sich an Mikrochips die ganze Ästhetik der ihnen innewohnenden elektronischen Logik, wie in dieser Vergrößerung eines Motorola PowerPC 620 mit 7 Millionen Transistoren, der in Zusammenarbeit mit IBM und Apple entwickelt wurde. Die Geschichte des Mikrocomputers, die im Jahre 1977 ihren Anfang hatte, wurde in den Quantensprüngen der Chip-Gestaltung gemessen, wobei die Zahl der «Transistoren», die ein einzelner Chip «emulieren», also in Realzeit simulieren konnte, von anfangs tausend auf mehrere Millionen hochschnellte. Eine feine Ironie besteht darin, daß der Mikrochip, die bedeutsamste Erfindung unserer Zeit, nichtsdestoweniger immer noch von den alten Technologien der Fotografie und des Druckes abhängt. (*Motorola*)

oder Stärke und Frequenz oder Wellenlänge – gibt es auch zwei Möglichkeiten zur Modulation: Daraus leiten sich AM (Amplitudenmodulation) und FM (Frequenzmodulation) ab, die gegenwärtig gebräuchlichen Sendesysteme.

Fessendens Idee schien zunächst undurchführbar. Entscheidend war Lee DeForests Erfindung der Audion-Röhre im Jahr 1906. Sie bot eine einfache Möglichkeit zur Modulierung der Trägerfrequenz. Sie war ebenfalls für die Verstärkung von großem Nutzen. Mit der Audion-Röhre war die Elektronik geboren. Das System war allerdings noch ziemlich unausgereift. Es erwies sich, daß die Trägerfrequenz und ihr aufmoduliertes Signal erzeugt, gefiltert, verstärkt und auf andere Weise unterstützt werden mußten. Edwin H. Armstrongs «regenerativer Schaltkreis» und «superheterodyner Schaltkreis» (1912, 1918) gehören zu den ersten und wichtigsten Entwicklungen in dieser Richtung.

Der Gedanke, daß sich ein elektronisches Signal mittels entsprechender Schaltungen modifizieren läßt, wurde zu einem der wichtigsten Konzepte des zwanzigsten Jahrhunderts. DeForests Audion-Vakuumröhre war das Arbeitspferd in den Schaltungen, bis John Bardeen, W. H. Brattain und William Shockley 1948 den Transistor erfanden. Er war nicht nur viel kleiner und verläßlicher, sondern auch in der Herstellung viel billiger und eröffnete zahlreiche neuartige Schaltmöglichkeiten.

Die Komplexität der Technologie erfuhr 1959 einen neuerlichen Quantensprung, als der integrierte Schaltkreis eingeführt wurde. Eher durch chemische als mechanische Verfahren erzeugt, leistete der integrierte Schaltkreis in nur fingernagelgroßen Chips das, wofür man zuvor einen ganzen Kasten voll Elektronik gebraucht hatte. Wir genießen immer noch die Segnungen der unausgesetzten Fortschritte bei der Miniaturisierung des Mikrochips.

Genau wie die an der Entwicklung der Kinematografie Beteiligten immer den Wunsch hatten, sowohl Ton als auch Bild zu produzieren, so wollten die Radiopioniere sowohl Bilder als auch Ton senden. Die Schwierigkeit bestand darin, daß – obwohl Schall und Licht beides Wellenphänomene sind – wir Schallwellen im allgemeinen, Lichtwellen jedoch in gewissem Sinne im einzelnen wahrnehmen. Lichtwellen, die von irgendeinem Punkt in unserem Gesichtsfeld ausgehen, können ebenso komplex sein wie alle Schallwellen in unserem «Gehörfeld» zusammen.

Wegen dieser zusätzlichen Komplexität müßten Lichtwellen in irgendeiner Weise aufgeteilt werden, um mit Radiowellen gesendet zu werden. Die Lösung dieses Problems war ähnlich der in der Drucktechnik üblichen: Das kontinuierliche Bild wird in eine hinreichend große Zahl von Einzelwerten aufgeteilt.

Zunächst wurden mechanische Vorrichtungen ausprobiert. Paul Nipkows Erfindung, die «Nipkow-Scheibe» (1884), benutzte eine spiralige Anordnung von Löchern in einer rotierenden Scheibe, um ein schnelles Abtasten zu erzielen. Noch bis in die frühen fünfziger Jahre bediente sich das Farbsystem der CBS dieser mechanischen Technologie. Sie funktionierte auch ganz wacker in den Farb-Videokameras, die bei den Apollo-Mondflügen in den Sechzigern und Siebzigern im Einsatz waren.

Die Lösung war jedoch letztlich elektronisch statt mechanisch. Ausschlaggebend war das Werk von Vladimir K. Zworykin, der aus Rußland in die USA eingewandert war. Er entwickelte das «Iconoscope», den Stammvater der meisten modernen Fernsehkameras, das ein Bild empfing und es in ein elektronisches Signal übersetzte, wie

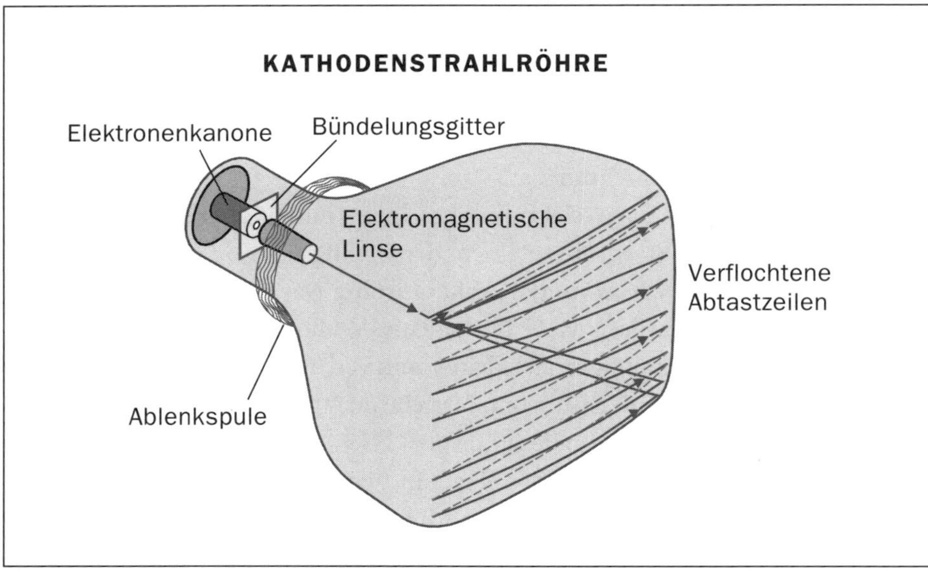

Die Kathodenstrahlröhre und die Kameraröhre von Image Orthicon. Ein optisches Bild in ein elektronisches Signal zu übersetzen ist schwieriger als die umgekehrte Operation. Die Kathodenstrahlröhre besteht im wesentlichen aus einer Elektronenkanone, Anordnungen zur Bündelung (Gitter und Linse) und Ablenkung sowie einem Bildschirm, der mit Bildelement-Phosphoren bedeckt ist. Der von der Elektronenquelle ausgehende Elektronenstrom wird vom Gitter und der elektromagnetischen Linse zu einem scharfen Strahl gebündelt. Die Ablenkeinrichtung veranlaßt den Strahl zur Abtastung in regelmäßigen Mustern. Die amerikanischen und japanischen Fernsehnormen verwenden 525 Zeilen (in jeder Zeile rund 400 Bildelemente), die europäische 625 Zeilen. Dreißigmal in der Sekunde tastet der Strahl jede dieser Zeilen ab (und läuft «leer» zurück – durch die gepunkteten Linien angedeutet). Um ein möglichst flimmerfreies Bild zu liefern, ist die Abtastung «verflochten»: Zuerst werden die ungerade numerierten Zeilen abgetastet, dann die gerade numerierten. Jedes Bild besteht also aus zwei Halbbildern.
Die Röhre der Image-Orthicon-Kamera war komplexer. Eine optische Linse fokussierte das Bild auf den

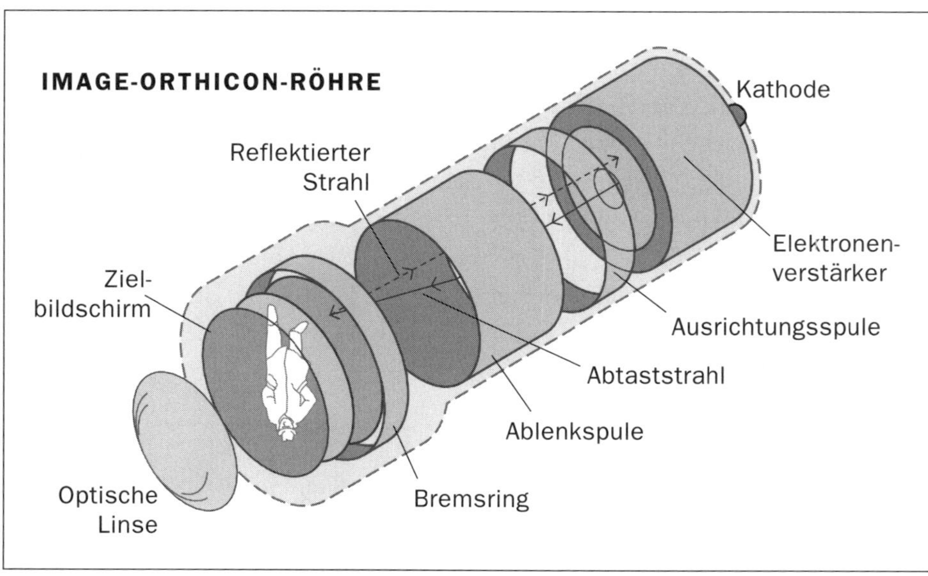

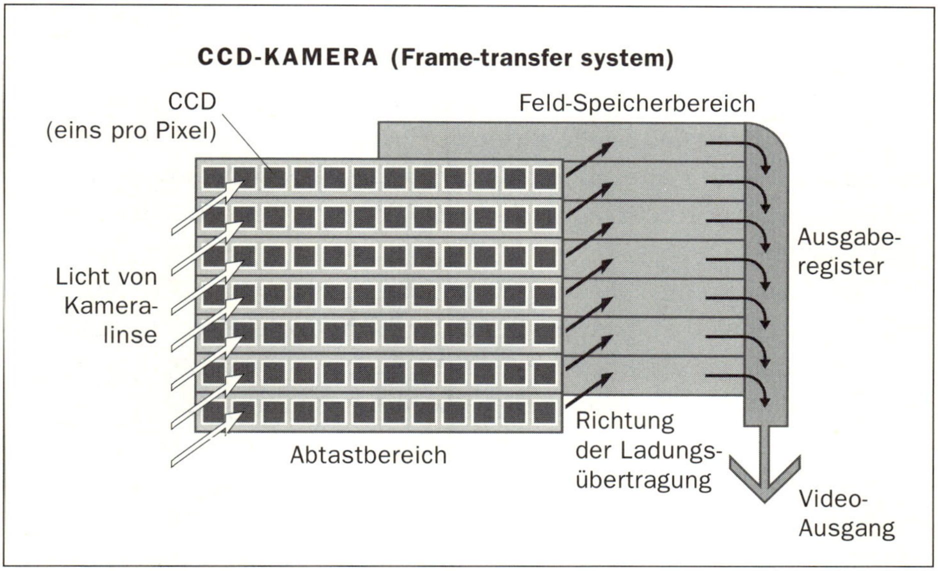

Zielbildschirm; er war mit Bildelementen bedeckt, die die Lichtenergie in elektrische Energie übersetzen konnten. Diese unterschiedlichen Werte wurden dann vom Abtaststrahl gelesen, der den Zielbildschirm im selben verflochtenen Muster wie bei der Kathodenstrahlröhre abtastete. Der Strahl wurde in eine den Elektronenfluß vervielfältigende Vorrichtung reflektiert – ein wesentlicher Bestandteil des Systems –, deren Aufgabe es war, das von der Bildschirm-Oberfläche empfangene sehr schwache Signal zu verstärken. Das resultierende Signal – mit Informationen über die jeweilige Helligkeit jedes der 210000 beziehungsweise 500000 Bildpunkte – wurde dann gesendet. Die Vidicon-Röhre (nicht abgebildet) beruhte auf demselben Prinzip, war aber einfacher konstruiert.
Die moderne CCD-Kamera – die Abkürzung steht für «charge-coupled device» (ladungsgekoppelter Halbleiterbaustein) – ist um viele Male empfindlicher als ihre Vorgänger.

auch das «Kinescope», eine Kathodenstrahlröhre zur Rückübersetzung des elektronischen Signals in ein Bild. Um ein Bild von ausreichender Qualität zu erzielen, ist es in mindestens 100000, besser noch 200000 «Punkte» aufzuteilen. Diese Punkte werden Bildelemente oder «Pixel» genannt. Wie die beim Druck von Fotografien mittels Rasterung erzeugten Einzelpunkte ergibt auch die Summe der Bildelemente – obwohl jedes für sich einzeln daherkommt – ein kontinuierliches Bild, wie es unserer Wahrnehmungspsychologie entspricht. Beim amerikanischen und japanischen Fernsehen sind die Pixel auf 525 Zeilen angeordnet. Beim europäischen Fernsehen sind 625 Zeilen der Standard. (Daraus ergibt sich, daß das europäische Bild schärfer ist.)*

Zwischen dem Rasterverfahren und der Pixelung des Fernsehens bestehen zwei bedeutsame, miteinander zusammenhängende Unterschiede. Erstens sind die Punkte der Rasterwiedergabe verschieden groß, die Pixel haben dagegen alle diesel-

* In keinem Fall sind alle Zeilen sichtbar; überdies spielen viele andere Faktoren bei der Bildauflösung eine Rolle.

be Größe. Zweitens haben die Pixel eine Spanne wechselnder Helligkeit, während die Rasterpunkte entweder schwarz oder weiß sind. Darüber hinaus bewegt sich das Fernsehbild, was die gedruckte Fotografie nicht tut. Daher kommen, wie beim Film, die Nachbildwirkung und das Phi-Phänomen ins Spiel. Wieder gibt es einen kleinen Unterschied zwischen europäischen und amerikanischen Standards. Das europäische Fernsehen arbeitet mit fünfundzwanzig Bildern pro Sekunde, das amerikanische mit dreißig.

In den Kameraröhren von Iconoscope, Image Orthicon und Vidicon, die alle ähnlich arbeiten, wird das Bild optisch auf eine Fläche oder einen Schirm im Innern der Röhre projiziert; diese lichtempfindliche Speicherschicht ist mit der nötigen Anzahl von Bildelementen in der entsprechenden Anordnung bedeckt; jedes Bildelement kann eine elektrische Ladung speichern. Ein Elektronenstrahl – von einer elektromagnetischen Linse gebündelt und gesteuert – tastet die gesamte Fläche fünfundzwanzig- oder dreißigmal in der Sekunde zeilenweise ab. Das resultierende Signal enthält jeweils den spezifischen Helligkeitswert für jedes der 210000 Pixel fünfundzwanzig- oder dreißigmal in der Sekunde. In jeder Sekunde sind mindestens fünf Millionen Werte aufzunehmen und zu übertragen. Das Video-Signal ist also weit komplexer als das Radio-Signal.

Um ein Bild auf dem Schirm entstehen zu lassen, kehrt die Kathodenstrahlröhre oder Bildröhre, die andere wesentliche Komponente des Systems, das Verfahren in etwa um. Der Schirm der Bildröhre ist mit einer phosphoreszenten Schicht bedeckt, deren Partikel Licht aussenden, sobald sie von einem Elektronenstrahl hoher Energie getroffen werden. Eine «Kanone» am entgegengesetzten Ende der Röhre erzeugt diesen Strahl, dessen Intensität entsprechend dem angestrebten Helligkeitswert variiert. Analog zu dem Vorgang in der Aufnahmeröhre wird der Strahl von einer elektromagnetischen Linse gesteuert und fünfundzwanzig- oder dreißigmal in der Sekunde über die 525 (oder 625) Bildzeilen gelenkt. Tatsächlich ist das System ein bißchen komplizierter. Genauso wie der Verschluß eines Filmprojektors den Lichtstrahl nicht nur zwischen, sondern auch mitten in der Projektion der Einzelbilder unterbricht, um den Flimmereffekt zu verringern, unterteilt der Elektronenstrahl-Erzeuger der Bildröhre jedes Bild im Wege des Zeilensprung-Verfahrens in zwei Halbbilder: Es bringt erst die Zeilen mit gerader Numerierung auf den Bildschirm, kehrt dann ans obere Ende des Bildes zurück, um die Zeilen mit ungerader Numerierung zu «schreiben», so daß die Phosphoreszenz der Bildschirmfläche in der Zeit zwischen diesen Halbbildern gleichmäßiger erlischt.*

* Computer-Monitore teilen im allgemeinen das Bild nicht in Halbbilder auf; sie «verflechten» nicht, das heißt, sie übertragen die Zeilen alle nacheinander. Sie arbeiten auch mit einer höheren Bildwechselfrequenz als dreißig Bilder pro Sekunde. Das sind zwei der technischen Gründe dafür, daß sie schärfer und weit besser lesbar sind als Fernseh-Monitore.

Beim Farbfernsehen ist es ähnlich, nur dreimal so kompliziert. Wie der Farbdruck verbindet es die Psychologie der Farbwahrnehmung mit der Rastertechnik und erzeugt das gesamte Farbenspektrum durch wechselnde Kombinationen von Grundfarben-Werten. Beim Fernsehen sind dies die Farben Rot, Grün und Blau. Farbkameras bestehen entweder aus drei Superorthikon-Röhren, die – durch ein Spiegel- und Filtersystem – jeweils eine der Grundfarben erfassen, oder aus einer einzelnen Röhre, deren Schirm so maskiert ist, daß die Bildelemente in drei separaten Sätzen angeordnet sind. Ebenso kann die Aufnahmeröhre mit drei Elektronenstrahl-Erzeugern ausgestattet sein, die jeweils eine bestimmte Farbe abtasten, oder mit nur einer zur Nacheinander-Abtastung. Die Abbildung Seite 468 stellt das Maskensystem dar, das bei genauerer Betrachtung einer Farb-Bildröhre zu bemerken ist. In den USA wurde das Farbfernsehen 1953 auf kommerzieller Ebene eingeführt, in Europa zumeist gegen Ende der sechziger Jahre.

Interessant ist, daß sich die Wege der aufkommenden Technologien von Bild (Film) und Ton (Radio) 1928 kreuzten, als sowohl der Tonfilm wie auch das Fernsehen zur Welt kamen. Aber während der Tonfilm sogleich akzeptiert wurde, vergingen fast zwanzig Jahre bis zum kommerziellen Einsatz des Fernsehens. Diese Verzögerung hat zum Teil technische Gründe; hauptsächlich jedoch war sie das Ergebnis zunächst ökonomischer Entscheidungen, dann auch der Unterbrechung durch den Zweiten Weltkrieg. Filmproduzenten und -verleiher brauchten den Ton, um der Bedrohung entgegenzuwirken, die vom Radio als einem Unterhaltungs- und Informationsmedium ausging, und um einen schwieriger werdenden Markt neu zu beleben; die Leute beim Rundfunk hatten es demgegenüber mit einem relativ jungen Medium, dem Radio, zu tun, das noch nicht auf der Höhe seines ökonomischen Potentials angekommen war. Es gab also keinen Grund, den Einstieg in die Fernsehproduktion zu überstürzen. Aus Furcht vor den zusätzlichen Ausgaben hat sich William S. Paley, der CBS-Eigner, aktiv gegen die Einführung des Fernsehens eingesetzt.

Ab 1925 machte die Technologie des Phonographen Anleihen bei der aufkommenden Radio-Elektronik. Schaltungen zur Verstärkung und Feinabstimmung bei der Aufnahme wie bei der Wiedergabe haben die Möglichkeiten des Phonographen bedeutend erweitert. Die Einführung der Langspielplatte (1948) und der stereophonischen Wiedergabe (1958) waren Fortschritte auf Basis der Radio-Technologie, wie ganz besonders auch die Entwicklung der noch weit anspruchsvolleren High-Fidelity-Schaltung in den sechziger Jahren. Als Aufnahmemedium hatte die Platte jedoch einen gravierenden Nachteil: Sie konnte nicht geschnitten werden.

Dies änderte sich in den späten vierziger und frühen fünfziger Jahren mit der Perfektionierung des Magnetbandes als Aufnahmemedium. Es war nicht nur präziser und flexibler (weil es das elektrische Tonsignal nicht in physikalische Wellen, sondern in magnetische Entsprechungen übersetzte), sondern linear und konnte

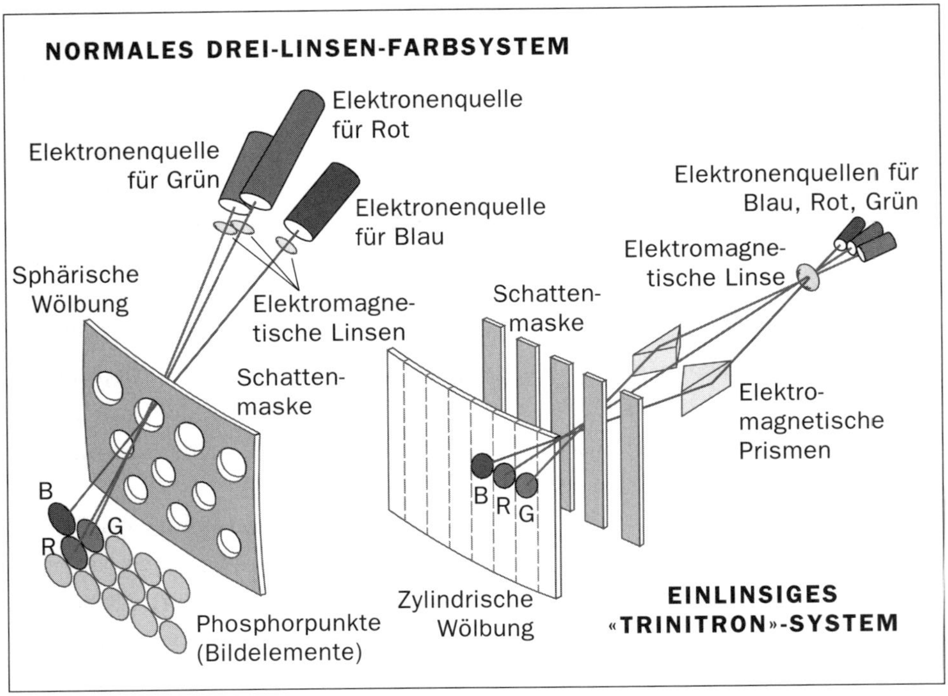

Farbvideo-Systeme. Das normale Farbsystem, links dargestellt, besteht aus drei separaten Elektronenstrahl-Erzeugern, drei Linsen und einer Schattenmaske, die beispielsweise den für Blau zuständigen Elektronenstrahl-Erzeuger daran hindert, etwas anderes als die auf der Bildschirmfläche angeordneten blauen Phosphore zu treffen. Präzise Fokussierung ist entscheidend – in der Tat um so mehr, als bereits die Schwerkraft einen Farbsignal-Strahl auf seiner kurzen Reise vom Elektronenstrahl-Erzeuger zum Bildschirm so weit ablenken kann, daß die Farbe durcheinanderkommt.
Das von Sony entwickelte Trinitron-System umgeht dieses Problem durch vertikale Anordnung aller Farb-Phosphore, so daß ein Elektronenstrahl auch bei leichter Ablenkung nach unten immer einen Punkt seiner Farbe trifft. Überdies bündelt und steuert das Trinitron-Prismensystem alle drei Strahlen mittels ein und derselben Linse und Ablenkspule (in der Abbildung nicht gezeigt). Das Prinzip ist: Je größer Linse und Spule sind, desto präziser ist die Bündelung. Eine einzige Linse für alles kann größer sein als drei separate.

deshalb geschnitten werden. Darüber hinaus bot es die Möglichkeit, eine Darbietung auf mehreren Spuren zugleich aufzunehmen, was dem Toningenieur mit der Technik des «Mischens», einer neuen Form des Schnitts, weitere Kontrolle über das Tonsignal an die Hand gab. Und weil die Bandaufnahme fast ebenso leicht zu bewerkstelligen war wie das Abspielen, wurde schließlich die Aufnahmetechnik für viele benutzbar, was den Zugang zum Medium stark erweiterte. Tatsächlich wurde Audioband (wie Jahre später auch Videoband) zunächst mehr als Do-it-yourself-Medium denn als Alternative zur Schallplatte vermarktet.

Compact-Discs – «CDs» in der Abkürzungs-Stenografie des ausgehenden

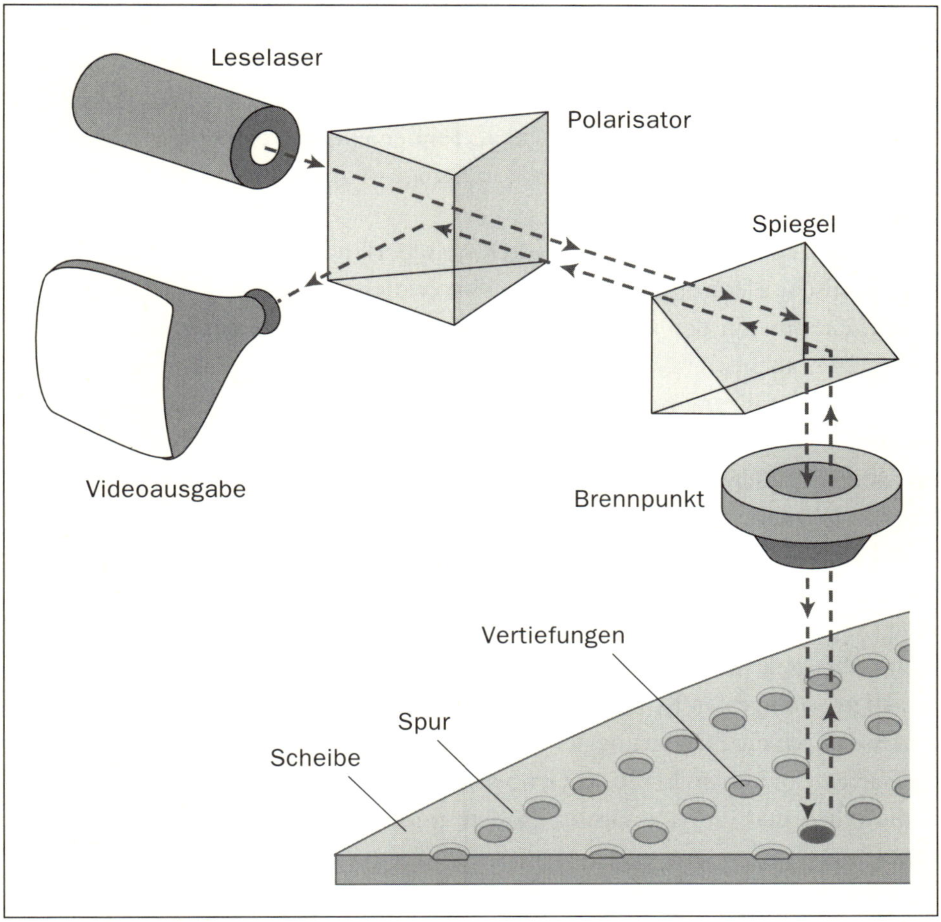

Videodiscs. In den siebziger Jahren konkurrierten verschiedene Videodisc-Systeme miteinander. Das Problem bestand darin, gewaltige Informationsmengen kodiert auf relativ begrenzten Flächen unterzubringen. Das RCA-System benutzte eine konkrete Rille und einen Stift, was auf den ersten Blick der normalen Schallplatte zu ähneln scheint, aber die Information war anders verschlüsselt. Der Stift «polterte» nicht die Spur entlang, sondern las vielmehr die unterschiedlichen Tiefen der Spur als elektrische Ladungen. Das MCA-System von Philips, das durch Hilfe von JVC den Wettstreit gewann, benutzte Laser-Kodierung. Kein konkreter Stift berührte die Disc. Der Laser liest die in das Discmedium gebrannten Löcher als digitale Information.

zwanzigsten Jahrhunderts – trugen wenig zur Technik und zum Erleben des Tons bei, von der dahinstehenden Dauerhaftigkeit des Mediums abgesehen.

Weil das Fernsehsignal entschieden komplizierter ist als ein einfaches Audiosignal, dauerte es gut zehn Jahre, bis die Band-Technologie genügend weiterentwickelt war, um für Video eingesetzt zu werden. Sobald jedoch das Videoband in den

Sechzigern eingeführt worden war, veränderte es nicht nur das Erscheinungsbild des kommerziellen Fernsehens, das bis dahin auf die Alternative von Live-Sendung und Film eingegrenzt war, sondern machte schließlich auch das Fernsehen – zumindest als Aufnahmemedium, wenn nicht gar als Sendemedium – einer breiten Masse zugänglich. Das Ergebnis ist das damit verbundene «Video» – eine Kunstgattung und ein Geschäft.

Die ganzen siebziger Jahre hindurch wetteiferten japanische, europäische und amerikanische Elektronikfirmen darin, eine erfolgreiche Videodisc-Technologie zu entwickeln und auf den Markt zu bringen. Nach manchen Fehlstarts kamen 1978 die ersten brauchbaren Videodisc-Systeme zum Verkauf. Erstaunlich bei der kommerziellen Einführung von Videodisc-Aufnahmen war nicht etwa, daß sie gut funktionierten, sondern daß sie überhaupt funktionierten. Zwei der konkurrierenden Systeme – das RCA- und das deutsche TeD-System – nutzten Aufnahmen mit elektrischen Verschlüsselungen, die an eine konkrete Rille gebunden waren; die Wiedergabe geschah mit einem Stift, der der Rille zu folgen hatte. Die konkurrierende Laser-Videodisc von MCA / Philips, die sich schließlich auf dem Markt durchsetzte, entsprang einer interessanten Hybrid-Technologie: Die Disc enthält ein optisch verschlüsseltes elektromagnetisches Signal. Im Endeffekt kombiniert sie einige der besonderen Vorzüge von Band und Disc, analog und digital. Darüber hinaus steigerte die Disc durch die Einführung der Laser-Technologie in die Aufzeichnungsmedien die Effizienz in hohem Maße, da Lichtwellen weit höhere Frequenzen aufweisen als Radiowellen und deshalb leichter größere Informationsmengen übertragen können.

Ironischerweise führte die Laser-Aufzeichnungs-Technologie zunächst auf dem Audio-Markt zu Geschäftserfolgen, obwohl Audio-CDs erst vier Jahre nach den Laser-Videodiscs eingeführt worden waren. Deren Debüt hatte sich gegen Ende der Siebziger um einige Jahre verzögert und damit Sonys Videocassetten-Technologie Zeit gegeben, sich zu etablieren. Das Band lag nahezu unüberholbar in Führung. Trotz der weit höheren Auflösung und der größeren Flexibilität der Laserdisc war es erst 1991 so weit, daß sie zu einem tragfähigen Geschäft im Heimelektronik-Sektor wurde.* Mitte der achtziger Jahre war es eine Zeitlang nicht einmal möglich, ein Laserdisc-Abspielgerät zu kaufen, obwohl das Medium sich der fanatischen Verehrung einer etwa 500 000köpfigen Kundschaft erfreute. Während jener Zeit verkaufte das amerikanisch-europäische Gespann MCA und Philips die Technologie an das japanische Handelsunternehmen Japan Victor Corporation (JVC).

* Bei den Video-Cassettenrecordern nach dem VHS-System liegt die Auflösung bei etwa 250 Zeilen, weit unter dem Ideal des gesendeten Fernsehens. Laserdiscs erlauben eine Auflösung von mehr als 400 Zeilen. Es gibt noch mehr Unterschiede, die die Laserdisc als Video-Medium dem VHS-System weit überlegen sein lassen. Nur – die Discs können natürlich nicht aufzeichnen.

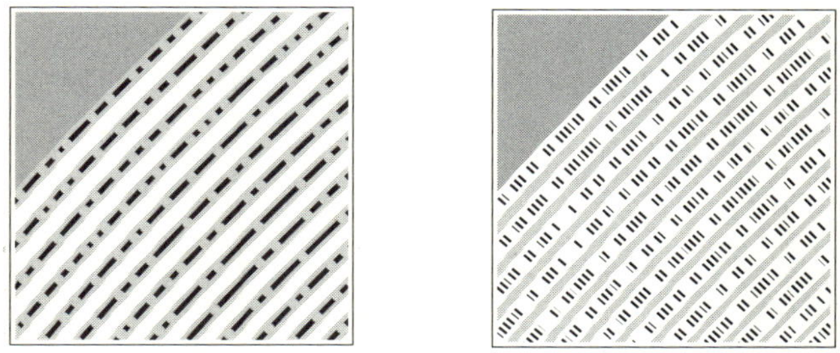

AUDIO COMPACT DISC (digital) VIDEO LASER DISC (analog)

Audio-CD. Während die Videodisc Information im wesentlichen in analogem Format darstellt, ist die Audio-CD rein digital. Die Vertiefungen und die «Ebenen» dazwischen stehen für Binärzahlen, die die Klangwerte der jeweils festgehaltenen Momente widerspiegeln. Wenn eine digitale Aufnahme «perfekt» wäre, wäre ihre Abtastrate unendlich hoch – was unmöglich ist. Die gegenwärtig normalen CD-Aufnahmen nutzen eine Abtastrate von 44 100 Hertz. Der jeweils digitalisierte Wert ist eine einzelne Zahl zwischen 0 und 65 535, da die «Wort»-Länge nur 16 Bits beträgt, womit 2^{16}, also 65 536 Zahlen darstellbar sind. Analoge Audiophile beharren darauf, daß keiner dieser Parameter an eine gute analoge Aufnahme herankommt.

Ein Kampf wie der zwischen den rivalisierenden Videodisc-Technologien in den Siebzigern hatte ähnlich bereits zuvor einige Male stattgefunden: RCA und CBS führten in den späten Vierzigern unterschiedliche Versionen der Langspielplatte ein. Die mit 33 ⅓ Umdrehungen pro Minute laufende Zwölf-Zoll-Platte von CBS (entwickelt von Peter Goldmark) und die mit 45 Umdrehungen laufende Sieben-Zoll-Platte von RCA kamen schließlich beide zur Anwendung, wenn auch die 33 ⅓-rpm-Platte revolutionärer auf das Medium einwirkte. Eine Reihe von Jahren später rangen die beiden Riesen des Sender-Oligopols erneut miteinander, und zwar um die Frage eines Farbsystems. Das vollelektronische System von RCA konnte das teilweise mechanische System von CBS (ebenfalls von Peter Goldmark entwickelt) rasch aus dem Feld schlagen. In beiden Fällen wie bei den Videodiscs war die radikalere Technologie die erfolgreichere.

Als zu Anfang der neunziger Jahre die Schlacht um High Definition Television (HDTV) anstand – ein hochauflösendes Fernsehsystem mit mehr Bildzeilen und anders proportioniertem Bild – gingen amerikanische und europäische Firmen vorsichtiger heran. Sony, seit den sechziger Jahren die dominierende innovative Kraft in der Heimelektronik, war HDTV-Pionier und stellte schon zu Ende der Siebziger in Zusammenarbeit mit dem japanischen Network NHK einen Großbildschirm mit 1125 Zeilen vor; es dauerte allerdings noch mehr als zehn Jahre, bis das System in Japan offiziell in Betrieb ging, wobei die Geräte für die meisten viel zu teuer und die Sendezeiten eingeschränkt waren. Während die Japaner voranschritten, warteten ihre amerikanischen und europäischen Konkurrenten in Ruhe ab, in der Sicherheit des Wissens, daß die Fernsehnormen staatlicher Zustimmung bedürfen. Das war bei der Entwicklung der Video-Cassettenaufzeichnung in den siebziger Jah-

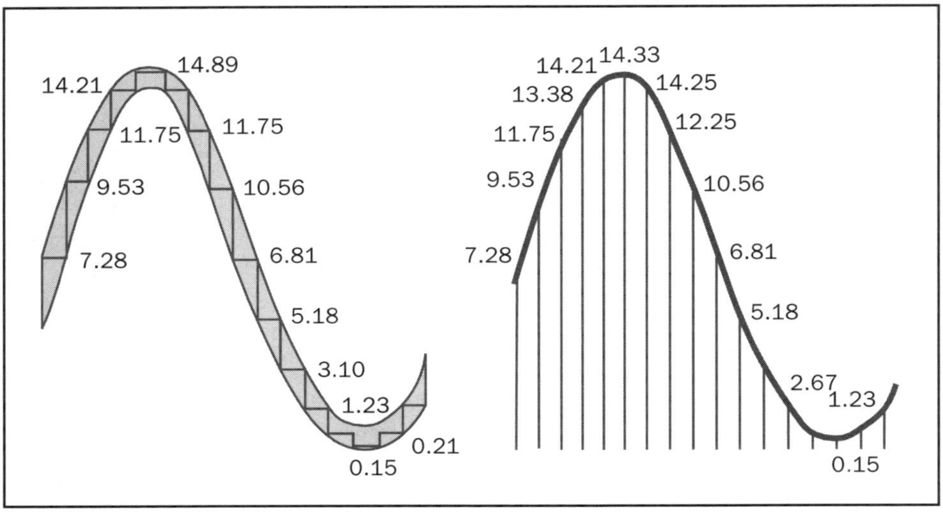

Digital oder analog? Die der Digitalisierung zugrundeliegende Theorie besagt, daß sich *alles* quantifizieren läßt. Eine analoge Aufzeichnung von Tönen oder Bildern (rechts) spiegelt Schall- oder Lichtwellen in einem kontinuierlichen – und kontinuierlich variablen – physischen oder elektronischen Medium, wie etwa einer Schallplattenrille oder einem elektromagnetischen Signal. Eine digitale Aufzeichnung ist diskontinuierlich (ständig unterbrochen) und nicht kontinuierlich variabel: Sie ist durch die Anzahl der Ziffern (oder Stellen, wenn man will) begrenzt, die zur Identifizierung oder «Quantifizierung» jeden Wertes benutzt werden. Eine digitale Aufnahme wird so hergestellt, daß die Schall- oder Licht-Wellenform in jeder Sekunde viele Male ermittelt, das Ergebnis in ganze Zahlen umgesetzt und diese Werte numerisch aufgezeichnet werden.
Während die analoge Aufnahme als perfekt erscheinen mag – an jedem beliebigen Punkt der Kurve läßt sich ein Wert feststellen, und zwar so genau, wie man nur möchte –, erleiden analoge Aufnahmen in der Realität Abnutzung und Schäden, wie es der Natur ihrer Medien entspricht. Während die digitale Aufnahme gegen Abnutzung und Schäden immun ist – Zahlen bleiben Zahlen –, ist sie in der Praxis sowohl durch die Frequenz der Abtastung als auch durch deren Präzision eingeschränkt.

ren nicht der Fall gewesen, einem von Sony eröffneten und bald von der japanischen Elektronik-Industrie besetzten Markt.

Obwohl das japanische System gut funktionierte, wurde die HDTV-Norm zu einem bedeutenden Schlachtfeld in den Handelskriegen. Die Amerikaner und ihre europäischen Partner waren nicht gewillt, der Firma «Japan» die lukrativen Lizenzgebühren in den Rachen zu werfen. 1992 entschied die Federal Communications Commission (FCC), daß die Norm für HDTV-Sendungen, der sie zustimmen würde, digital zu sein hätte. Da die NHK-Lösung analog war (sie stammte aus den siebziger Jahren), war sie aus dem Rennen. Unter dem Druck der FCC führten die vier konkurrierenden Finalisten – darunter kein japanisches Unternehmen – ihre Technologien zusammen und einigten sich im Mai 1993 auf eine Aufteilung der Lizenzgebühren.

Handelspolitik mag beim Zustandekommen der FCC-Entscheidung zugunsten der digitalen Lösung mitgespielt haben, aber sie war zugleich auch technisch sinnvoll. Die Zeiten hatten sich gewandelt; daß die amerikanische HDTV-Norm digital sein würde, bedeutete, daß die Geräte leicht den anderen interaktiven Verwendungen angepaßt werden könnten, die offenbar vor der Tür standen. Als dann 1996 die FCC nach langwierigen und verworrenen Diskussionen endlich das Regelbuch für den HDTV-Spielbetrieb in den USA herausgab, sahen sich die japanischen Unternehmen imstande, an der Digitalfront in Wettbewerb zu treten.

Es wird deutlich, daß die Geschichte der Protokollmedien von einer einzigen übergreifenden Zielsetzung geprägt ist: wie sich mehr Information mit mehr Details auf weniger Platz unterbringen läßt. Ein Ansatz ist die Verkürzung der benutzten Wellenlängen (Fernsehen gegenüber Hörfunk, Laserdisc gegenüber Magnetband); ein anderer besteht darin, das Medium zu verfeinern ($33\frac{1}{3}$-rpm-Vinylplatte gegenüber 78-rpm-Wachsplatte, HDTV gegenüber normalem Fernsehen). Während die Audio- und Videoaufzeichnungs-Technologie in der zweiten Hälfte des zwanzigsten Jahrhunderts weiter ausreifte, entwickelte sich unabhängig davon eine andere Form der Informations-Technologie.

Computerspeicher und Datenspeicherung hatten ihre Anfänge in den vierziger Jahren, wobei sie sich die ehrwürdige Vakuumröhre der Radioindustrie untertan machten. In den folgenden dreißig Jahren experimentierten die Computer-Techniker mit einer Vielzahl von Medien, um eine immer größere Effizienz und Kapazität zu erzielen. Weil Computer kein Produkt für jedermann waren, wurde, angefangen mit der Lochkarte, eine Reihe von Datenspeicherungs-Technologien eingeführt, eine Zeitlang genutzt und dann wieder aufgegeben. Mit Beginn in den sechziger Jahren erwies sich das Magnetband als brauchbarer Standard für den Datenaustausch, obwohl sich zeigte, daß die Linearität des Bandes eine immense Hürde für den Zugriff bedeutete. Die Einführung der magnetischen Platte durch IBM im Jahre 1956 löste dieses Zugriffsproblem. Mit der Floppy Disk – das heißt, der Platte für Disketten-Laufwerke – im Jahre 1971 wurde einer der Ecksteine der Mikrocomputer-Revolution gelegt.

Die Computerleute erkannten schnell die von der neuen Laser-Aufzeichnungstechnologie gebotenen Möglichkeiten der Datenspeicherung. Wenige Jahre nach der Laserdisc wurde die Technologie außer für die Aufzeichnung und Speicherung von Bild und Musik auch für die von Bits und Bytes adaptiert. Die CD-ROM (Compact Disc Read Only Memory), 1985 von Philips und Sony eingeführt, war Vorbote der sich anbahnenden Vereinigung von Computern und Medien, Daten- und Protokoll-Technologie.

Die Audio- und Videoleute ihrerseits begannen zu erkennen, daß die Philosophie der Computerleute ihnen etwas zu bieten hatte: kurz gesagt Digitalisierung.

Die Computer-Techniker hatten das analoge Modell längst aufgegeben. Der Erfolg der Industrie war auf die digitale Annäherung an die Wirklichkeit gegründet worden. Indem die Computer-Industrie die Welt auf ihre elementarsten Symbole reduzierte – die Einsen und Nullen des binären Zahlensystems – war sie auf dem Weg, die Welt ohne Ende manipulierbar zu machen. Warum? Je einfacher das Kodiersystem, desto einfacher läßt es sich verarbeiten. In den frühen achtziger Jahren ließen sich die Audio- und Video-Technologen von diesem Fieber anstecken.

> Nor mouth had, no nor mind, expressed,
> What heart heard of, ghost guessed...
> (Kein Mund noch Hirn hat je ins Wort gebracht,
> Was im Herzen klingt, die Seele ahnen macht...)

Das hatte Gerard Manley Hopkins in *Spring and Fall* in den Jahren geschrieben, als gerade die Kunst des Films im Entstehen war. Heute könnten sich Audio- und Video-Techniker und -Künstler all dessen erfreuen, wovon ihre Ahnen nur geträumt hatten: totale Macht über ihre Versionen von Realität. Sobald Bilder und Klänge digitalisiert waren, war ihre Wiedergabe auf dem Bildschirm oder über Lautsprecher nur durch die Leistungsfähigkeit der steuernden Computerprogramme begrenzt. Brice Parain hatte bemerkt:

> Das Zeichen zwingt uns, ein Objekt durch seine Signifikanz zu sehen.

Doch für den Fall, daß das Zeichen quantifiziert ist, können wir weiterfolgern:

> Die Signifikanz eines Zeichens ist nur durch die Vorstellungskraft des Zeichenurhebers begrenzt.

Und sobald die Bilder und Klänge, deren Geschichte seit den ersten Fotografien und Phonographen wir verfolgt haben, im selben Medium wiedergegeben werden wie die Wörter (und Zahlen) der Literatur, ist eine Vereinigung möglich. Das ist Thema des Teils 7 «Multimedia».

Radio und Schallplatten

Interessanterweise gibt es in struktureller Hinsicht gar keinen so großen Unterschied zwischen Radio und Fernsehen. Die ästhetische und formale Geschichte des amerikanischen Fernsehens seit 1948 zeigt Parallelen zu der des Radios zwischen 1922 und 1948 (obwohl das Radio seit Einrichtung der Fernsehnetze gezwungen ist, sich in ästhetischer Hinsicht zu spezialisieren). In gewissem Sinne bringt es mehr, von «senden» zu sprechen, was beide einschließt, statt zu stark zwischen den beiden zu differenzieren. Beide dienen der bedeutsamen sozialisierenden Funktion, die uns umgebende Welt zu vermitteln. Zuvor voneinander isolierte Individuen und Gemeinschaften werden in relativ intimen Kontakt mit einer zentralen Quelle gebracht (wenn nicht gar miteinander). Dies war ein radikaler Umschwung kultureller Strukturen. Das Problem ist, daß diese Medien nur in eine Richtung wirken, also unidirektional sind.

Wer jemals ein Kleinkind zu einem Kind mit Fernsehen als Ersatzmutter hat heranwachsen sehen, kann die beträchtliche Macht der elektronischen Medien bezeugen. Bei der Beihilfe zum Schaffen neuer Bedürfnisse (nach Barbie-Puppen und Marken-Cornflakes einerseits, andererseits auch nach kontinuierlicher Phantasie-Stimulierung oder der Allgegenwart einer menschlichen Stimme), beim Einprägen gemeinschaftlicher Werte und bei der Bestimmung der allgemeinen Form der Kultur stehen Fernsehen und Radio einzig da. Die Printmedien – weil ihnen keine personale Präsenz eigen ist, weil der Leser das Erleben steuert und weil sie aktiv entschlüsselt oder gelesen werden müssen – haben nicht ein Zehntel der Macht der elektronischen Medien; die hat auch der Film nicht, der zwar Präsenz hat und in engerem Sinne nicht entschlüsselt zu werden braucht, aber dennoch besonders erfahren wird: Er findet im Kino statt, nicht zu Hause.

Diese elementare Kraft läßt sich deutlicher beim gegenwärtigen Radio als beim Fernsehen erkennen, da das Radio so viel leichter zur Kenntnis genommen werden kann (das heißt, man muß nicht unbedingt hinsehen). In dieser Hinsicht gibt das Radio immer noch ein Modell für das Fernsehen ab, ein Medium, das im Gegensatz zum Film mehr Gewicht auf die Komponente Ton legt als auf das Bild.

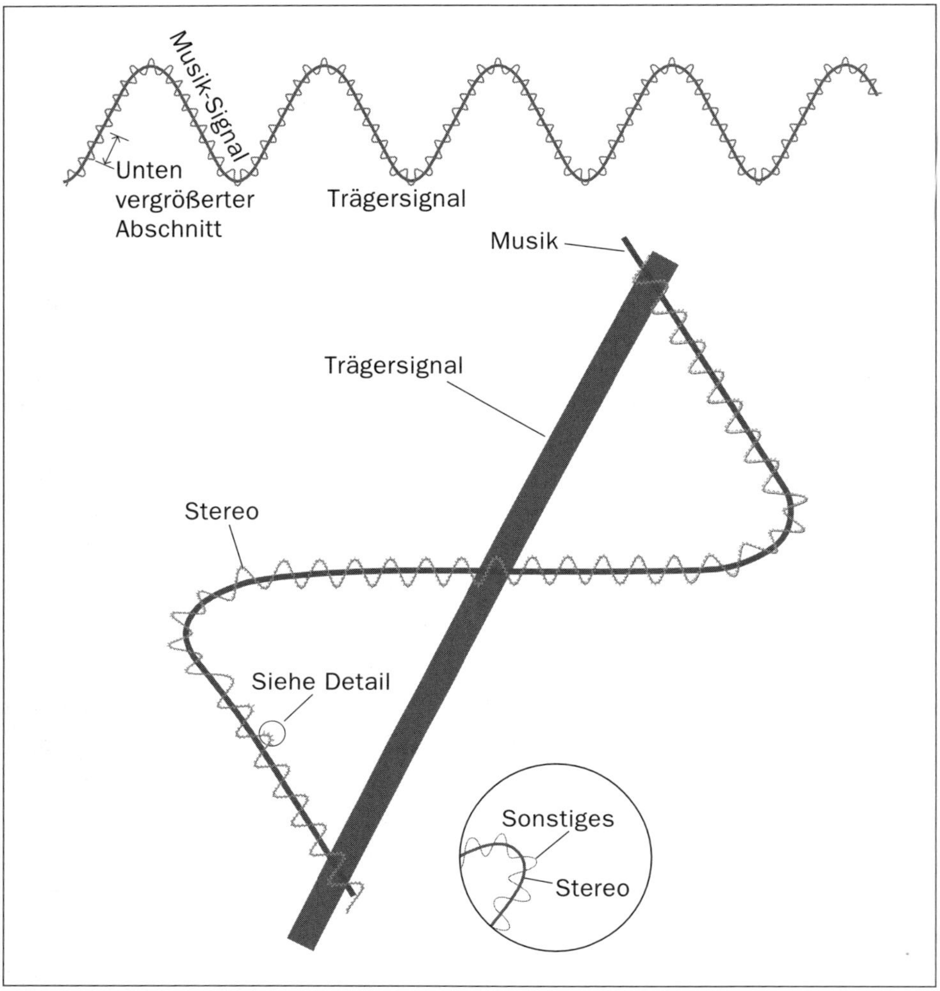

Mehrfachmodulation. Das Senden mit überformten Wellen ist nur durch die Phantasie begrenzt. Ebenso wie die Trägerwelle die Basis bietet, auf die ein Signal aufgelagert wird (siehe oben), kann auch das Signal selbst als Träger für ein zweites Signal dienen, wie es bei der Mehrfachmodulation für Stereo-Übertragung der Fall ist. Dieses Signal läßt sich wiederum als Träger für ein drittes Signal (eine vierte Wellenform) nutzen. Gelegentlich wurde lokaler Musikfunk auf diese Weise betrieben, indem sein Signal von einem FM-Stereosignal Huckepack genommen wurde. Oft werden auf diese Weise Daten übertragen. Es ist etwas schwer, sich die Mehrfachmodulation vorzustellen, aber sie funktioniert.

Wesentlicher Zweck des Radios ist nicht nur, Geschichten zu erzählen und Informationen zu transportieren, sondern auch ein umfassendes Geräusch-Environment zu schaffen. Extremstes Ergebnis dessen ist «Muzak», ein kontinuierlicher Strom sorgfältig gestalteter und in eine Programmfolge gebrachter Musik, die darauf zugeschnitten ist, eine spezielle Stimmung zu erzeugen: Ton als Umweltbestandteil und weniger als Bedeutung. Das gegenwärtige Radio – egal, ob in Musik- oder Wortsendungen – tendiert in diese Richtung. Leere Zeitspannen werden verabscheut, das Entscheidende ist der kontinuierliche Fluß, wie jeder Discjockey weiß. In psychologischer Hinsicht dient das Radio einer «Streichel»-Funktion: Es ist ein künstlicher, aber unentbehrlicher Gesellschafter. Ebenso ist das Fernsehen weitgehend daraufhin gestaltet, den Tagesverlauf zu begleiten. Visuelle Information – obwohl oft von Nutzen – ist paradoxerweise nicht nötig. Es gibt keine besondere Notwendigkeit, einer Talkshow oder den Fernseh-Nachrichten zuzuschauen, und die meisten Fernsehfilme sind im wesentlichen ohne visuellen Input verständlich. So ergibt sich, daß es für manche Menschen nichts Ungewöhnliches ist, gleichzeitig Zeitung zu «lesen» und fernzu«sehen».

Schallplatten als Medium bieten im Prinzip die Möglichkeit, eine ebenso große Bandbreite der Programmgestaltung zu präsentieren wie das Radio. Tatsächlich jedoch ist der Rundfunk im wesentlichen der Diener der Musikindustrie.

Was die Musik anbetrifft, hatte der Einfluß moderner Aufzeichnungs-Techniken im Verein mit der Entwicklung einer flexiblen elektronischen Instrumentierung eine tiefgreifende Wirkung. In ästhetischer wie wirtschaftlicher Hinsicht realisiert sich die Musik heute eher in der Aufzeichnung als bei der Aufführung; eine Reaktion auf diese Entwicklung ist der für Spät-Disco und Früh-Rap typische Kunstgriff, Platten zu «spielen» und das zum Bestandteil der Darbietung zu machen, den Plattenspieler also zum Musikinstrument zu erheben.

Schallplatte und Radio sorgten für die Mittel, musikalische «Ware» abzupacken, so daß die Artikel sich leichter verkaufen ließen, und als die Technologie des Aufzeichnens mit der Einführung des Tonbands und der High-Fidelity-Schaltung sich rasant entwickelte, wurde deutlich, daß die Schallplatte den Musikern eine ungeahnte Flexibilität bot.

Zu Anfang resultierten aus dieser neuen Freiheit nur die Spielereien mit der Doppelspuraufnahme, charakteristisch für einen großen Teil der Unterhaltungsmusik in den fünfziger Jahren. Die Platten von Les Paul und Mary Ford waren in dieser Hinsicht Meilensteine. Doch dann begannen die Mehrspur-Aufzeichnungssysteme raffiniertere Resultate zu liefern. Der bedeutende Erfolg des Beatles-Albums *Sergeant Pepper's Lonely Hearts Club Band* von 1967 bezeichnete einen Wendepunkt. Die meisten Stücke dieses Albums waren so hochgradig kunstvoll gearbeitet, daß sie sich nicht konzertant aufführen ließen. Von diesem Punkt an wurde Musik ebenso oft «gebaut» wie «gespielt». Jean-Luc Godard erkundete 1968 dies Phänomen in seinem Rolling-Stones-Film *One Plus One.*

Die Entwicklung der progressiven Unterhaltungsmusik auf Schallplatte war eng mit der des Radios in den Sechzigern verknüpft. Der mit Frequenzmodulation arbeitende FM-Funk, der für deutlich bessere Tonqualität sorgt als der mit Amplitudenmodulation arbeitende AM-Funk, wurde 1933 von Edwin H. Armstrong entwickelt. Er hatte eine weitgehende Umstellung des Radios auf das neue System mit seiner bedeutend größeren Wiedergabetreue vorhergesehen, aber David Sarnoff, der Chef des Quasimonopolisten Radio Corporation of America, entschied anders. Sarnoff, der mehr an der Vermarktung des Fernsehens interessiert war, befürchtete, daß FM mit dem Fernsehen um das dringend benötigte Kapital konkurrieren würde, und setzte alles daran, den Einsatz der neuen Radio-Technologie zu blockieren. Das ist ihm mehr oder weniger gelungen.

Erst Mitte der sechziger Jahre begann das leistungsfähigere Radiomedium FM in den USA, sich von der Dominanz des AM-Radios zu befreien, indem es zu einer Symbiose mit der damaligen progressiven Rockmusik fand und damit eine zwar relativ kleine, aber interessierte Hörerschaft als attraktiven Markt für Werbung gewann. FM hatte Ende der Siebziger AM als führendes Medium für Radiowerbung überflügelt. Seitdem haben die beiden Rundfunkformen sich das Feld ihren Fähigkeiten entsprechend aufgeteilt: AM konzentriert sich auf Wortsendungen und Nachrichten, FM auf Musik.

Obwohl die Federal Communications Commission FM für den Fernsehton vorgeschrieben hatte, war es ironischerweise so, daß die amerikanischen Fernseh-Netzwerke und Gerätehersteller die von FM gebotenen Möglichkeiten verbesserten Fernsehtons bewußt ignorierten. Bis weit in die achtziger Jahre waren die meisten Fernsehempfänger mit nur schlichten Audiosystemen ausgestattet, die sich kein besseres AM-Radiogerät hätte leisten dürfen. Heute ist Fernsehton in Stereo zwar auf dem Markt, erreicht aber selten die vom FM-Radio gebotene Qualität; nur Liebhaber legen auf leistungsfähige Video-Audio-Anlagen wert, wie sie – trotz der bedeutenden ästhetischen Interdependenz von Bild und Ton – beim breiteren Publikum noch keinen Anklang finden.

TV: Kunst und Kommerz

Die Übereinstimmungen von Fernsehen und Rundfunk sind größer als die Unterschiede. Wie beim Rundfunk ist das Konzept des Fließens von alles übergreifender Wichtigkeit; beide Medien produzieren pausenlos und fortgesetzt, ob es nun die kleinere Einheit einer Show oder die größere Einheit eines Tages- oder Abendprogramms betrifft. Darüber hinaus ist das Fernsehen in hohem Grade auf seine Audiokomponenten angewiesen, denn das Fernsehbild ist von relativ schlechter Qualität (verglichen mit dem Kinofilm). Der gewölbte Bildschirm, die niedrige Auflösung, der flaue Kontrast und die Schwierigkeiten beim Antennenempfang (aber auch Kabelempfang) wirken alle zusammen, die Qualität des Fernsehbildes zu mindern. Die Dichte der visuellen Information ist gering, was zum Teil durch die Dichte der Programmfolge, kurze Sequenzen und die beharrliche, geschäftige Tonberieselung aufgewogen wird. Tote Spannen und tote Zeit gehören vermieden, koste es, was es wolle: Der Fluß muß weiterfließen.

1961 erwarb sich Newton Minow, damals Chairman der FCC, einige öffentliche Aufmerksamkeit, als er das amerikanische Fernsehen bezichtigte, «eine gewaltige Wüste» zu sein. Diese Wortwahl blieb haften. Auch heute noch, drei Fernsehgenerationen später, ist «Wüste» die Metapher der Wahl für die meisten Kritiker dieses zentralen Unterhaltungs- und Informationsmediums. Vielleicht tun wir ihm unrecht, indem wir die böse Mär dem Boten anlasten. Wäre das Fernsehen nie erfunden worden, hätte der Rundfunk weiterhin die Rolle des Kitts gespielt, der unsere Gesellschaft zusammenhält, und Newton Minow hätte 1961 sehr wahrscheinlich dieselbe Rede gehalten – über den Rundfunk.

Es gibt allerdings einen bezeichnenden semiotischen Unterschied zwischen den beiden Medien: Der «illustrierte» Rundfunk, der seit fast einem halben Jahrhundert unser Leben dominiert, verlangt von uns eine andere Art Aufmerksamkeit als sein rein auditiver Vetter Radio. Weil die Bildschiene beim Fernsehen so schwach ist, verlangt uns das Medium paradoxerweise ab, gerade davon besessen zu sein. Die visuelle Komponente läßt die dadurch geköderten Zuschauer in eine erschreckende abendfüllende Lähmung verfallen – bildhaft beschrieben in der Redensart «couch potato». Dies ist es, worauf Marshall McLuhan abhob, als er das Fernsehen ein «kaltes Medium» nannte.

«Das Zeichen zwingt uns, ein Objekt durch seine Signifikanz zu sehen.»

Als das Fernsehen in den fünfziger und sechziger Jahren das Reifestadium erreichte, forderte es zwei etablierte amerikanische Institutionen in die Schranken: das Kino und die Presse. In der Rückschau läßt sich erkennen, daß die erste Generation der Programmacher ein beträchtliches Maß an Kontrolle über ihr Unterhaltungsangebot Hollywood überließen. An der Nachrichtenfront allerdings behaupteten sie gegenüber dem Zeitungsgeschäft ihre eigene ökonomische Identität und entwickelten parallel eine radikal andere Form des Journalismus. Etwa 1974 war es so weit, daß das Fernsehen die Zeitungen, das älteste Massenmedium, als primäre Quelle, aus der die meisten Amerikaner von den Tagesereignissen erfuhren, überholt hatte.

Die TV-Networks sind zwar originäre Nachrichtenproduzenten, aber hauptsächlich in der Verbreitung von Unterhaltung tätig. Die Unterhaltungsproduzenten – zumeist Tochterunternehmen von Hollywood-Studios – treten mit Ideen oder Entwürfen für Shows an die Programmgestalter heran. Wenn der so Angesprochene in der vorgeschlagenen Show genügend Potential wittert, genehmigt er die Kosten fürs Verfassen einiger Skripts und die Herstellung einer Pilotsendung, die oftmals später als besondere Filmsendung oder als Kinofilm recycelt wird. Der «Pilot» wird an kleinen Zuschauergruppen getestet. Doch Erfolg bei dem Test garantiert ihm noch längst keinen Sendeplatz, denn die wahre Kunst des Network-Fernsehens liegt im komplexen Spiel der Programmplanung. Es geht nicht schlechthin um die Popularität einer Show, sondern vielmehr um ihren Anteil an der Zuschauerschaft, die sich im betreffenden Zeitsegment, dem «Slot», eingeschaltet hat.

Networks verkaufen kein Entertainment wie seinerzeit die Studios. Sie verkaufen Publikumssegmente, deren Größe und Qualität ebensosehr vom Talent und Glück abhängen kann, mit dem der zuständige Programmplaner Shows wirksam plaziert, wie vom eigentlichen Wert der Shows. Der Programmplaner will eine Show, die zum «Sound» oder «Look» paßt, den er zu kreieren gedenkt. Wir sehen uns nicht so oft gezielt eine Show an, wie wir einfach nur «fernsehen». Im Resultat sind Teile der Show signifikanter als die Show als Ganzes. Dies Charakteristikum wird noch durch die Aufsplittung der Show in Einzelsegmente betont, die sich aus der Praxis ergibt, über den ganzen «time slot» verteilt Werbung einzublenden, anstatt sie zwischen den Sendungen gebündelt zu präsentieren, wie es in manchen Ländern gehandhabt wird.

Der kritische Blick richtet sich also besonders auf die Programm-Familie; jede Gruppe ist an einem jeweils eigenen Stil oder Rhythmus zu erkennen, an der Haltung den präsentierten Charakteren gegenüber, an einem spezifischen Subtext oder der Art des Identifikationsangebots und der Bestätigung. Diese Charakteristika haben ihre Wurzeln in Film und Radio. In den dreißiger Jahren fügten sich die Filmgenres in ein ähnliches System, dennoch – und trotz der Praxis des «double feature» – war jeder Film eigenständig – als Einzelwerk wie von der Gattung her identifizierbar. Das Genrekonzept ist weit bedeutsamer für das Fernsehen.

Als in den Achtzigern das Kabelfernsehen heranreifte, wurden die Regeln eher untermauert als revidiert. Ted Turner konstruierte seine Film- und Sportprogramme um CNN herum, ein Rund-um-die-Uhr-Nachrichtennetz, das sich sehr rasch zu einer Bedrohung des Nachrichten-Oligopols der Networks auswuchs. Die Vielzahl der Kabelkanäle ermöglichte den Kabelnetz-Betreibern, sich jeweils an speziell interessierte Zuschauergruppen zu wenden, doch die Genres änderten sich nicht. – Wir werden später auf die einzigartige Stellung zurückzukommen haben, die das Fernsehen im Leben der Gegenwart einnimmt. Zunächst jedoch ein Rückblick auf die Geschichte dieses erstaunlichen Mediums.

NBC (National Broadcasting Company) wurde 1926 als Tochter von RCA (Radio Corporation of America) gegründet, die ihrerseits als monopolistisches Gemeinschaftsunternehmen von General Electric, Westinghouse, AT&T und United Fruit ins Leben gerufen worden war. NBC betrieb ursprünglich zwei Radionetze (NBC Red und NBC Blue), wurde dann aber 1941 durch eine Entscheidung der Federal Communications Commission (FCC) gezwungen, sich von einem der beiden Netze zu trennen. NBC Blue ging für acht Millionen Dollar an den Hersteller der Life Saver-Bonbons und wurde zu ABC. CBS wurde 1927 von der Columbia Phonograph Record Company gegründet, jedoch schon bald an den Zigarrenhersteller Sam Paley verkauft, der das Unternehmen an seinen Sohn William übergab. Bis 1950 hatte dieser CBS zum bedeutendsten Sender ausgebaut, der viele Jahre lang die höchsten Fernseh-Einschaltquoten verzeichnen konnte.

Doch es war NBCs Programmdirektor in den frühen Jahren des Fernsehens – Sylvester L. «Pat» Weaver Jr. (Vater der Schauspielerin Sigourney) –, der sich als der erfinderischste in der langen Reihe von Programm-Zaren erwies, die ihm folgen sollten. Weaver erkannte, daß das «kalte Medium» über kurz oder lang Familienmittelpunkt sein würde. In der kurzen Periode als Präsident von NBC (ab 1953) entwarf er das Format Talkrunde / Nachrichten / Interview / Gespräch, das immer noch typisch ist für das Medium. Seine Shows *Today* und *Tonight* sind immer noch im Programm und damit die Fernseh-Shows mit der längsten Laufzeit der Geschichte.

Die ganzen fünfziger und sechziger Jahre hindurch dominierte CBS den Kampf um die Einschaltquoten, und NBC lag gewöhnlich dicht dahinter auf dem zweiten Platz. ABC zog ständig den kürzeren und erzielte erst 1976 unter der Führung des früheren CBS-Managers Fred Silverman seinen ersten Sieg mit einem Programm-schema, das darauf abgestellt war, den wachsenden Markt des jugendlichen Publikums zu gewinnen. Silverman war der prägende Programmplaner der Siebziger, unter anderem verantwortlich für *Laverne and Shirley* und *Charlie's Angels.*

Als NBC 1978 Silverman von ABC abwarb, ließ ihn sein Glück allerdings im Stich. Während seiner dreijährigen Präsidentschaft fiel das älteste der Netze auf den dritten Platz zurück. Grant Tinker, früher Chef der Mary Tyler Moore-Produktionen, erwies sich als NBCs Retter. Mit Programmen wie *The Cosby Show* und *Hill Street Blues* kam NBC wieder an die Spitze, wo sie sich bis zum Wiederaufkommen von CBS in den neunziger Jahren halten konnte.

Der finanzielle Nutzen der Spitzenposition in den Nielsen-Ratings vervielfacht sich, wenn lokale Fernsehsender zwecks Koalition mit einem Sieger die Anbindung an ein Network wechseln, wie sie es während der ABC- oder der NBC-Regentschaft getan haben. Die dreißig Jahre währenden Kämpfe um die Ratings waren für die Networks zweifelsohne entscheidend, aber während sie in ihren Duellen gegeneinander antraten, veränderte sich die Struktur der Branche unerbittlich und dramatisch.

Die Koaxialkabeltechnik datiert von Anfang der fünfziger Jahre. Sie wurde entwickelt, um in Regionen mit schlechtem Funkempfang Fernsehsignale zu übertragen. Als die Kabel in den Sechzigern zunehmend in den Großstädten installiert wurden, sahen sich die Kabelbetreiber nach zusätzlichen Quellen für Programmangebote um; die urbanen Zuschauer wollten nämlich mehr als nur eine verbesserte Empfangsqualität. Die Expansion vollzog sich langsam und war teuer. Der Kabelfernsehsektor war in mehr als 4000 kleine Gesellschaften aufgesplittert, und die Kapitalkosten für die Kabelverlegung waren naturgemäß enorm. Zwischen 1960 und 1990 mußte die gerade flügge gewordene Branche ein dem Telefonnetz vergleichbares festes Netz aufbauen.

1975 war dann ein regionaler Versorger namens Home Box Office so weitblickend, den Kabelsystem-Betreibern landesweit seinen via Satellit nutzbaren Premium Service anzubieten. Augenblicklich war ein nationales Netz geboren, das zum großen Teil dem von den Satelliten bereitgestellten «Netz der Netze» zu verdanken war. HBO war auf Spielfilme spezialisiert und übte damit in den ausgehenden Siebzigern, als die wirtschaftlichen Bedingungen der Branche radikal verändert wurden, eine tiefgreifende Wirkung auf die Film- wie die Fernsehindustrie aus.

Die Gründung des landesweiten Nachrichtennetzes CNN und des der Popmusik gewidmeten Musikkanals MTV im Jahre 1980 bedeutete einen weiteren Meilenstein in der Entwicklung der auf «special interest» zielenden Strategie, mit der die Kabelfernseh-Unternehmen an das Fernsehen herangingen. Innerhalb von zehn Jahren hatten sich beide weiträumig international orientiert und waren zu bestimmenden Mächten der Neuen Weltkultur (wenn nicht gar der Neuen Weltordnung) geworden. Ebenso wie das Network-Fernsehen in den Sechzigern und Siebzigern ein vielfältig zerrissenes Amerika homogenisiert hatte, so überwand nun die satellitengestützte Verbreitung von CNN, MTV und anderen Kabelkanälen rasant nationale kulturelle Barrieren, sei es nun zum Schaden oder zum Segen.

In dieser Epoche erlebte auch das europäische Fernsehen eine radikale Veränderung seiner Existenzbedingungen, als nämlich die staatlich kontrollierten, in ihrer Zahl begrenzten Fernsehsysteme für den freien Markt geöffnet wurden. In manchen europäischen Ländern, wie etwa Belgien, war die Verkabelung bereits beträchtlich vorangekommen, in anderen dagegen praktisch nicht existent. Ab Ende der achtziger Jahre bot das Satelliten-Fernsehen eine billigere und rascher zu erlangende Alternative zu den zwar mit breitem Angebot lockenden, aber eben doch äußerst kapitalintensiven Kabelsystemen. In den ausgehenden Achtzigern und frühen Neunzigern brachte Rupert Murdochs Sky Television (später B-Sky-B) in Großbritannien etwas zuwege, wofür zahlreiche unabhängige Kabelfernseh-Betreiber in den USA dreißig Jahre gebraucht hatten. Seit dem Zweiten Weltkrieg hatten sich die europäischen Nationen gegen die unwiderstehliche Macht der amerikanischen Populärkultur gewehrt und sahen sich nun einem Bombardement per Satellit ausgesetzt, gegen das es keine Abwehr à la Star Wars gab. Immerhin halten manche Beobachter der globalen Fernseh-Distribution zugute, daß sie das Ende des kalten Krieges beschleunigte.

Alle Kabelfernsehnetze zusammen erreichen selten einmal mehr als zwanzig Prozent der amerikanischen Fernsehzuschauer, dennoch erwies sich das als ausreichend, die Ertragslage der traditionellen Networks deutlich abknicken zu lassen. Die ganzen achtziger und neunziger Jahre hindurch ging der Marktanteil der Networks kontinuierlich zurück. Alle drei traditionellen Netze wechselten mindestens einmal den Besitzer. ABC wurde im Frühjahr 1985 von Capital Cities, einem Betreiber regionaler Sender, aufgekauft, Lawrence Tisch entwand wenige Monate darauf einem in die Jahre gekommenen William Paley die Kontrolle über CBS, und gegen Ende des Jahres verkündete General Electric die Absicht, NBC und deren Mutter, RCA, zu erwerben. Rupert Murdoch nutzte die heftig in Bewegung geratene Lage und gründete 1986 Fox Broadcasting. 1995 gingen abermals zwei der nunmehr vier kommerziellen Networks in andere Hände über: Capital Cities/ABC fusionierten mit Disney, und Westinghouse kaufte CBS.

1992 mußten ABC, CBS und NBC erstmals Verluste hinnehmen, weil sie versäumt hatten, sich rechtzeitig an die sich verändernde Realität anzupassen. Mittlerweile vermochten nämlich selbst Kabelfernsehnetze mit nur einem Prozent Verbreitung durchaus Profit abzuwerfen, da sie auf die vom Kabelsystem-Betreiber eingenommenen Lizenzgebühren als zusätzliche Einnahmequelle zurückgreifen konnten (normalerweise zwischen 1 und 25 Prozent pro Monat und Abonnent).

Die Systembetreiber herrschen jeweils über eine begrenzte Zahl von Kanälen, stehen unter dem Druck seitens neuer Networks und haben freie Wahl, welches sie verbreiten; zunehmend gingen sie dazu über, den traditionellen Netzen Macht und Einfluß streitig zu machen. 1991 kontrollierte John Malone, Chef der TCI (Tele-Communications, Inc.), als führender Kabelsystem-Betreiber den Zugang zu mehr als neun Millionen amerikanischen Fernseh-Haushalten. Gegen Ende 1992 kündigte Malone eine Systemumstellung an, die die Zahl der Kanäle auf nicht weniger als 500 steigern würde. Malones Ankündigung im Verein mit der gleichzeitigen Übernahme des Shopping-Kanals QVC durch den Hollywood-Mogul Barry Diller (von Malone gestützt) markierte ein neues Interesse am «interaktiven» Fernsehen. Malone bekam sein 500-Kanal-System niemals zum Laufen, doch sein Wille zur Macht im Sendebereich wirkte fort.

In Konkurrenz zu Malones Vision von Hunderten Kabelkanälen stand die aufkommende Technologie des Video-on-Demand. Eigentlich mehr einem Telefon- als einem Rundfunksystem entsprechend und getragen von den auf Anordnung der amerikanischen Kartellbehörde aus AT&T ausgegliederten kleineren Unternehmen (Baby Bells), stieß Video-on-Demand bald an die Grenzen der Technologie (es hängt von digitaler Speicherung und Übertragung sowie der Wandlung in Video-Signale ab). Malone, der vielleicht immer noch seine Kabelpläne hegte, bekundete 1993 die Absicht, mit Bell Atlantic zu fusionieren. Nicht ganz ein Jahr später zerschlug sich der Deal. Nichtsdestoweniger schien die Kombination von Telefon- und Fernsehbranche unausweichlich zu werden, zumal nachdem das lange debattierte Telecommunications Act von 1996 den Kabel- wie den Telekommunikations-Interessen im Prinzip freie Hand gewährt hatte, mit Fusionen und Übernahmen fortzufahren. Erklärtes Ziel des Gesetzes war eine Liberalisierung der bestehenden Gesetzgebung zwecks Förderung des Wettbewerbs. Es wirkte sich jedoch praktisch gegenteilig aus, als vier der sieben Baby Bells sogleich Fusionen ankündigten und Großunternehmen – nunmehr von besitzbegrenzenden Bestimmungen befreit – Hunderte lokale Fernseh- und Rundfunksender sowie Dutzende kleinere Ketten schluckten. Mittlerweile verlor Malones Versprechen einer kaum überbietbaren Bandbreite des Fernsehens an Glanz, als sich das Interesse der Kabelfernseh-Branche auf die mit dem Internet und gegebenenfalls auch der Telefonie sich bietenden Möglichkeiten richtete.

Als die Gründergeneration des Fernsehens von der Bühne abtrat, um Geschäftsleuten wie Malone und Murdoch und riesigen Mischkonzernen wie Time-Warner und Disney Platz zu machen, bewahrte ein Newcomer den Funken des wagemutigen Unternehmertums vorm Verlöschen. Ted Turner hatte 1970 einen lokalen Fernsehsender in Atlanta gekauft und ihn mit einer Mischung aus Filmen und Sport arbeiten lassen (er hatte in zwei lokale Sportvereine investiert). Bald nachdem

Sinnbild der Neunziger. Ted Turner und Braut Jane Fonda (mit Freund Jimmy Carter) verfolgen ein Spiel seiner Atlanta Braves während der Meisterschaftssaison 1992. Man vergegenwärtige sich all die Bezüge: der Aufstieg des neuen Südens, dynamischer Medien-Unternehmer und Atlantikregatta-Gewinner, *Barbarella*, feministische Aktivistin, *Workout*-Videotapes, Vietnam und die Antikriegs-Bewegung, Lokalpolitik, Zwölf-Meter-Yachten, Western-Helden, Satelliten-Fernsehen, Starruhm und Liebesgeschichte mit 55, eine Hollywood-Dynastie inzwischen in der dritten Generation, das erste weltweite Fernsehnetz, die erste Fernseh-Kinemathek, Golfkrieg live, Ökologie-Aktivistin, die Goodwill-Games, Selbsterfahrungsgruppen, MGM, Baseball und Basketball . . . Der Hollywood-Mythos ist noch nicht tot – auch wenn die Atlanta Braves damals nicht gewonnen haben. *(Mit freundlicher Genehmigung der Atlanta Braves)*

die Time-Warner-Tochter Home Box Office die Ausstrahlung per Satellit aufnahm, begann Turners Station WTBS (bis 1979 WTCG) von Atlanta aus mit der landesweiten Verbreitung ihres Programms via Satellit und war damit die erste «Superstation», das heißt ein regionaler Sender mit überregionalem Sendebereich.

Turner wurde sofort zu einer Macht auf dem Kabelsektor. Er baute den Mythos seiner Person noch weiter aus, als er 1977 mit seiner Yacht «Courageous» den America's Cup gewann. Entgegen allem gesunden Branchenverstand gründete er 1980 CNN – gleich nach MTV in den Achtzigern das einflußreichste Senderprojekt im Fernsehbereich. 1982 klonte er einen zweiten Nachrichtenkanal, HNN, um Konkurrenz abzuwehren. So wurde er 1985 durchaus ernstgenommen mit seiner Ankündigung, eventuell für die Übernahme von CBS mitbieten zu wollen. (Paley holte Tisch als «neuen Besen» ins Haus, um sich Turner und andere vom Hals zu halten.)

Ein Jahr später hatte Turner mit seinem Gebot für M-G-M mehr Erfolg. Im März 1986 kaufte er das ehrwürdige Filmstudio, behielt dessen Archiv und stieß den Rest ab (wobei er seine Gesellschaft fast in den Bankrott führte und einen Teil der Kontrolle an Kabelsystem-Betreiber verlor, darunter auch der allgegenwärtige Malone). 1988 wurde Turners Strategie dann deutlich: TNT, sein viertes Kabelnetz, ging auf Sendung und beutete das äußerst umfangreiche M-G-M-Archiv aus. Turner ließ für die Verbreitung neue Kopien ziehen und führte eine ganze Generation an die Wunder der alten Technicolor- und 35mm-Schwarzweiß-Kinematografie heran. Aber damit war für ihn noch nicht Schluß: Er nutzte die sich mausernde Computertechnologie, um zahlreiche Schwarzweiß-Klassiker der dreißiger und vierziger Jahre zu «colorisieren», in der Annahme, sie dadurch dem Fernsehpublikum schmackhafter zu machen. Dieses Colorizing wurde in Hollywood zu einem Streitfall erster Güte, als nämlich Filmemacher sich zusammenschlossen, um das filmische Erbe zu schützen. Ted Turner krönte 1991 seinen Aufstieg zum Medienmogul, indem er Jane Fonda ehelichte und damit in den Hollywoodschen Hochadel einheiratete. Niemand in gegenwärtigen Zeiten hat es so gut wie er verstanden, die alten Traditionen des Hollywood-Glamour, unternehmerischen Wagemuts und glänzender Selbstdarstellung fortzuführen ... und das alles in Atlanta.

1995, nachdem Turner mit seinem Gebot für CBS abermals unterlegen war (zu einem guten Teil durch die Kabelbetreiber, die inzwischen seinen Aufsichtsrat dominierten, an die Leine gelegt), ließ er verlauten, daß er sein Unternehmen für 7,5 Milliarden Dollar an Time-Warner zu verkaufen gedenke – um sich auch einmal das Gefühl der Größe zu gönnen, wie er mit lakonischem Witz auf der Pressekonferenz zur Bekanntgabe der Transaktion erklärte.

Obwohl der Fernsehmarkt inzwischen weit komplexer ist als in den siebziger Jahren, obwohl mit Sicherheit die Technologie existiert, Hunderte von Kabelkanälen bereitzustellen und sie für interaktive Nutzung auszulegen, obwohl amerikanische Familien fast ebenso viel Zeit vor ihren Fernsehern verbringen wie am Arbeitsplatz, ist immer noch nicht gewiß, ob sich diese schöne neue Welt des Fernsehens als wirtschaftlich lebensfähig erweisen wird. Ende der Neunziger sahen sich die traditionellen Mächte in der Fernsehbranche nicht nur von neu emporkommenden Kabel- und Satellitennetzen attackiert, sondern auch von Telefongesellschaften, Computerunternehmen – und sogar von Hollywood selbst, als die Entertainment-Konglomerate der USA sich anschickten, sich für einen Markt, der noch gar nicht existierte, eine gute Startposition zu sichern.

Die Einführung von Videoband-Techniken Anfang der Sechziger wie auch die stete Verlagerung von der Eigenproduktion der Networks zur Produktion durch Fremdunternehmen markierte einen bedeutsamen Wendepunkt in der Geschichte des Fernsehens. In dieser Zeit entwickelte das amerikanische Fernsehen den Mix von Sendeformen, der seine heute vertraute Erscheinungsform ausmacht. Nachrichten und politische Sendungen, die prestigesichernden Angebote, wurden ausgebaut. Gewinnträchtige Sportberichterstattung wurde mehr und mehr zur Regel und immer populärer, als die technischen Möglichkeiten wuchsen. Sofortiges Replay, Zeitlupe und Standbilder verstärkten und bestimmten die Breitenwirkung des Profisports derart, daß die Stadien den in Person anwesenden Zuschauern auch noch eigens Videoschirme bieten mußten. In Reaktion auf das wachsende Interesse wurden neue Ligen organisiert. Talk-Shows, in den Fünfzigern von Pionieren wie Arthur Godfrey, Dave Garroway, Steve Allen und Jack Paar begonnen, wurden mit dem Aufstieg Johnny Carsons und eines ganzen Heeres von Nachahmern zu einer dominanten Form des Fernsehens. Die Mischung aus Talk, Gameshow und Soap Opera etablierte sich als Standard für das Tagesprogramm.

1970 liefen zwei Programme an, die einen neuen Stil der aktuell bezogenen Komödie prägten: *The Mary Tyler Moore Show* und *All in the Family* (ein Remake des populären britischen Programms *'Till Death Us Part*, auf dem auch die deutsche Serie *Ein Herz und eine Seele* mit «Ekel Alfred» beruht). Sie waren für zwölf bis fünfzehn Ablegerserien und Imitationen verantwortlich, die in den folgenden fünf Jahren im Senderaster der Fernsehnetze auftauchten. Seit den fünfziger Jahren bezeichnete man Programme dieser Art als «sitcoms» (situation comedies), doch der Begriff ist irreführend. Ihr wahres Interesse – wie das der Action / Drama-Shows – liegt in der Kombination von Charakteren, nicht in deren Situation. Es gibt einfach nichts von sich aus Komisches an einer in Queens lebenden Familie der unteren Mittelklasse *(All in the Family)* oder an einer alleinstehenden Mitarbeiterin eine Fernsehnachrichten-Redaktion in Minneapolis *(Mary Tyler Moore)*. Aber die von Carroll O'Connor, Mary Tyler Moore und ihren Kollegen gespielten Charaktere sowie das Ensemblespiel der Darsteller haben durchaus etwas Humoriges

Wie bereits beim Rundfunk ist auch beim Fernsehen die Persönlichkeitswirkung der Schlüssel zum Publikum. Die Signifikanz einer Gestalt im Widerspiel mit Handlung, Situation oder Ereignis tritt sogar in Action-Serien zutage, die doch vorgeblich dem Ereignis gewidmet sind. Die erfolgreichsten Detektivhelden der Siebziger waren beispielsweise Columbo (Peter Falk), Kojak (Telly Savalas) und Jim Rockford (James Garner) aus *The Rockford Files*. Nicht das, was diese Charaktere taten, brachte die Leute dazu, sich Woche für Woche einzuschalten, sondern was sie waren. Solche über die Maßen fintenreichen Charaktere sind vielleicht auf der Bühne oder im Spielfilm nicht am Platze, aber sie sorgten für das hundertprozentige Fernseh-Erleben. Man hat sich Woche für Woche eingeschaltet, um mit ihnen zusammenzusein, weil man wußte, was man zu erwarten hatte.

Die Grundeinheit des Fernsehens ist nicht die Show, sondern die Serie; damit gewinnt das Fernsehen beim Aufbau von Charakteren einen Vorsprung vor allen anderen erzählenden Medien, ausgenommen den episch breiten Roman vielleicht. Deswegen auch ist Fernsehen nicht so sehr ein Medium der Geschichten, sondern vielmehr eines der Stimmung und Atmosphäre. Man will beim Einschalten nicht er-

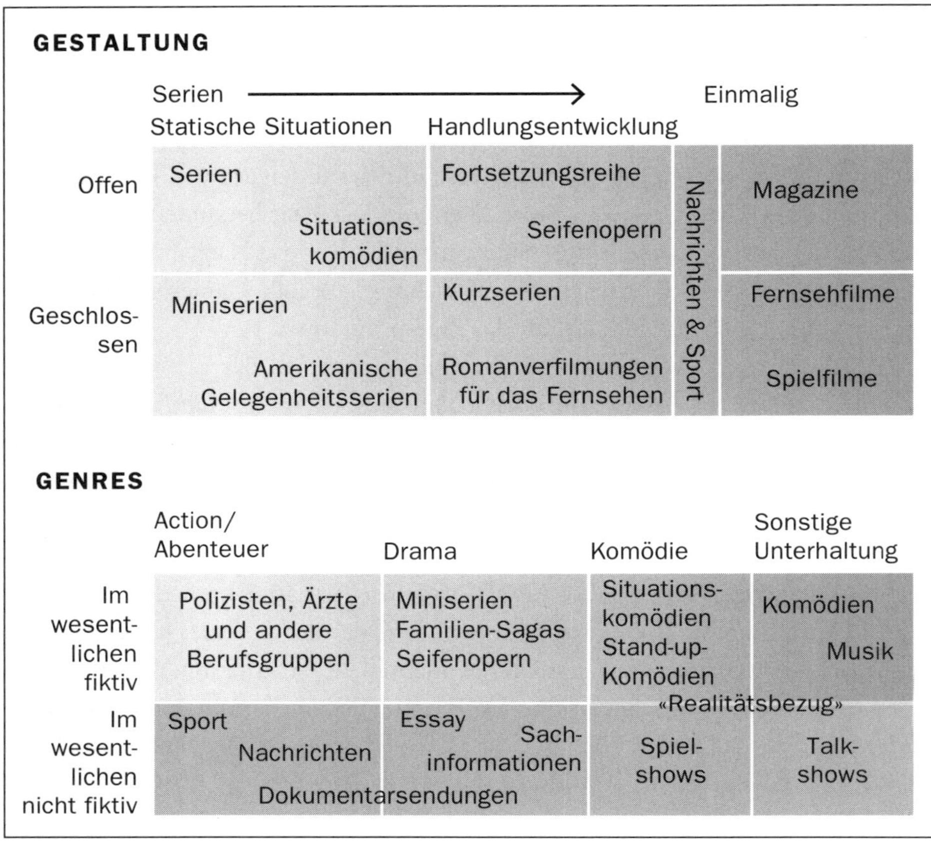

Formate und Genres. Mit den Jahren wurden die Sendeformen des Fernsehens verfeinert und genormt. Zu den Variablen gehören Kontinuität, Entwicklung und Organisation (Format) sowie die Art der Fiktionalität, Qualität und Zugriff (Genre). In den letzten Jahren wurde mehr auf hybride Formate und Genres geachtet: die zwischen Spielfilm und Vollserie angesiedelte Miniserie ist ein Beispiel.

fahren, was passiert (gewöhnlich passiert immer dasselbe), sondern sucht für eine Weile die Gesellschaft der Gestalten.

Einerseits ist das Fernsehen besser als andere Medien in der Lage, mit feinen Charakterentwicklungen umzugehen, aber andererseits ist es schlecht gerüstet, andere grundlegende Elemente der Dramatik zu bewältigen. Weil es weniger intensiv wirkt als der Film (es liefert weniger visuelle und auditive Information), prägen sich Handlung und Bild weniger ein als im Kino. Und weil es weniger intim ist als unmittelbar erlebtes Theater, ist es auch nicht imstande, das große Schauspiel der Ideen und Emotionen umzusetzen.

Es gibt jedoch einen Faktor, der amerikanische Serien davor bewahrt, ihr Potential hinsichtlich Charakterentwicklung bis an die Grenzen auszuschöpfen: Bis heute lassen sie ihr Ende offen. Eine erfolgreiche Serie kann nahezu ewig weiterlaufen. Das hat zur Folge, daß Seriengestalten – wie bei Pirandello – im nie endenden Augenblick eingefroren sein können, nie sich entwickelnd, nie sich ändernd. Ein erfolgreiches Programm hat einfach ein bei weitem zu großes Einnahmenpotential, als daß es aus ästhetischen oder dramaturgischen Gründen zu einem Schluß gebracht werden dürfte, selbst wenn jedermann – von den Zuschauern über die Darsteller bis zu den Programmgestaltern – klar ist, daß es seinen Zweck überlebt hat.

Ende der siebziger Jahre erreichte die Sitcom fast wieder einen Tiefpunkt wie Mitte der Sechziger, als sich die Programmplaner der Netze von dümmlichen sexuellen Zweideutigkeiten und pubertärem Humor faszinieren ließen. Das ging zum Teil auf den Erfolg von *Happy Days* und *Welcome Back, Kotter* zurück, die beide die Nostalgie für den Teenager-Lebensstil der Fünfziger zu nutzen wußten; das bediente anscheinend gleichermaßen die Vorpubertären mit ihrer Neigung, sich in Phantasien jener Tage zu ergehen, und ihre Eltern, die sich noch daran erinnerten. (Das Fernsehen stand mit der Ausbeutung dieser Nostalgie nicht allein: *Saturday Night Fever* und *Grease* waren höchst erfolgreiche Filme der Endsiebziger – beide mit John Travolta aus *Welcome Back, Kotter* als Star.)

Die Rede war bisher ausschließlich vom Fernsehen zur Hauptsendezeit. Das vielleicht bedeutendste Ereignis im amerikanischen Fernsehen der Siebziger war *Saturday Night Live*, das «Experiment», mit dem der Spätabend-Slot am Samstag für NBC fast ebenso profitabel geriet wie unter der Woche, wo er vom ehrwürdigen Johnny Carson besetzt war.

Ab 1975 gewann die Show rasch eine Anhängerschaft unter jungen Leuten. Sie war in der Tat echtes Live-Fernsehen (abgesehen von Show-Wiederholungen) – zu Ende der Siebziger ein bemerkenswertes Phänomen –, und das brachte einen Geist unmittelbaren Improvisierens hervor, wie er fast zwanzig Jahre lang im Fernsehen nicht zu finden gewesen war. Die Show bot in dieser Zeit auch manche Höhepunkte des amerikanischem Humors, vielfach belangvoll und oft mehr als nur witzig. Sie war letztes Refugium der Vaudeville-Tradition, die für den Anfang des Jahrhunderts typisch war. Für die folgenden zwanzig Jahre, als die Talente kamen und gingen, bestimmte *Saturday Night Live* die Tagesordnung der Populärkultur. Die Show war Sprungbrett für Talente wie Chevy Chase, John Belushi, Dan Aykroyd, Gilda Radner, Eddy Murphy und Dana Carvey, die alle in Spielfilmen erfolgreich wurden.

Zwei weitere Neuerungen kennzeichneten die siebziger Jahre: das Dokudrama sowie die Miniserien.

Der fürs Fernsehen produzierte Spielfilm («Movie of the Week» oder MOW im Hollywood-Jargon) hatte ironischerweise seine Wurzeln nicht im Fernsehen, sondern im Film. Weil das Sendematerial knapp wurde, griffen die Networks Anfang der Sechziger auf die gewaltige Reserve an Hollywood-Filmen zurück. Spielfilme wurden aus Gründen der Länge und der Zensur zurechtgeschnitten und hatten während der gesamten sechziger Jahre einen bedeutenden Anteil am Fernsehangebot; der Markt für sie war längst bereitet, was sie besonders wertvoll machte. Als das vorhandene Material auszugehen drohte und die Filmemacher sich Stoffen zuwandten, die für das Fernsehen ungeeignet zu sein schienen, gingen die Networks dazu über, eigene Filme zu produzieren.

Bei den Eigenproduktionen des Fernsehens ergab sich allerdings die Schwierigkeit, daß ihre Ausstrahlung nicht durch breite Publicity getragen wurde, wie es bei der Vermarktung von Kinofilmen der Fall ist. Die Networks fanden eine elegante Lösung für dieses Problem. Die Programmgestalter spekulierten auf die bemerkenswerte Identität von Fiktion und Realität, die so typisch ist für die Art und Weise, in der das Fernsehen erlebt wird, und entwickelten das «Dokudrama». Dabei handelt es sich um einen für das Fernsehen produzierten Film, der sich mehr oder weniger lose an aktuelle oder historische Ereignisse hält. Die Stoffe sind den Zuschauern bereits vertraut und somit in gewissem Sinn schon im Vorwege verkauft.

Der Film *The Missiles of October* (1974), der die in die Präsidentschaft von John F. Kennedy fallende Kuba-Krise von 1962 dramatisiert, gehört zu den ersten dieser Art. *Fear on Trial* (1975) griff den Fall von John Henry Faulk auf, einem bekannten Kommentator, der Mitte der fünfziger Jahre von CBS auf die schwarze Liste gesetzt wurde, und gab damit dem Genre einen hübschen selbstkritischen Dreh. Als wahre Geschichte eines Football-Spielers und seines Kampfes gegen seine Krebserkrankung nutzte *Brian's Song* (1971) nicht nur das grassierende Fasziniertsein vom Thema Krankheit aus, sondern auch die manische Sportbegeisterung. Beim Dokudrama hatte natürlich Orson Welles' historische Radiosendung *The War of the Worlds* (1938) Pate gestanden, deren dokumentarische technische Umsetzung so lebensnah ausfiel, daß Hunderttausende von Hörern glaubten, daß wir tatsächlich von Marsianern angegriffen werden.

Zweite wichtige Entwicklung der siebziger Jahre waren die Miniserien und Mehrteiler, gelegentlich treffend, wenn auch etwas plump als «Novel-for-Television» (Fernsehroman) bezeichnet. Nach verschiedenen Experimenten mit diesen über zwei oder drei Teile gestreckten Fernsehfilmen erzielte ABC überragende Einschaltquoten mit Alex Haleys *Roots*, im Januar 1977 an sieben aufeinanderfolgenden Abenden gesendet. Das ABC-Management hatte der billig produzierten Serie so wenig zugetraut, daß es sie außerhalb einer «sweeps period»* in den Sendeplan nahm, wenn sie den geringsten Einfluß auf die Einschaltquoten der Networks und

* Sweeps periods (im allgemeinen November, Februar und Mai) sind die Zeiträume, in denen die Ratings-Dienste die Einschaltquoten der lokalen Fernsehsender ermitteln. Zur Unterstützung der angeschlossenen Stationen plazieren die Netze ihre attraktivsten Sendungen in den Erfassungsperioden.

lokalen Sender haben würden. *Roots* war jedoch ein enormer Hit, und sieben der acht Folgen wurden bei den erfolgreichsten Fernsehshows aller Zeiten eingestuft.

Wenig mehr als zwei Jahre später wurde NBCs *Holocaust*, dem ebenfalls eine geschichtliche Tragödie epischen Ausmaßes zugrunde liegt, von der Kritik kontrovers aufgenommen und erzielte beachtliche Einschaltquoten. Erwähnung verdienen auch die beiden *Godfather*-Filme von Francis Coppola, die – in chronologischer Abfolge und mit einigen Minuten zusätzlichem Material neu montiert – an vier Abenden im November 1977 gesendet wurden. In den Achtzigern hatte sich die Miniserie als wichtiges Fernsehformat etabliert, und die Networks waren an zahlreichen derartigen Produktionen beteiligt.

Tatsächlich dienten die Miniserien schlicht als Füllmaterial zwischen den anderthalbstündigen abgeschlossenen Fernsehfilmen und den endlosen Serien amerikanischen Stils: Das Kontinuum durfte nicht abreißen. Die Eigenproduktionen des Fernsehens lassen sich in zahlreichen Formen verschiedener Länge und Aufteilung zurechtschneidern. Was alle diese Formate gemeinsam haben – und was sie von den traditionellen Formaten unterscheidet –, ist ihr Serienstil: Ihre Stories entwickeln sich, ein Ende ist in Sicht (auch wenn es nicht immer erreicht wird).

Die Fernsehromane hatten zudem den Effekt, daß sie dem Serienformat zu neuem Leben in der Programmplanung verhalfen. *Soap* nutzte das Serienkonzept für die Sitcom. 1979 fand *Dallas* – eine Soap Opera fürs Abendprogramm – breite Zustimmung des Publikums. In den achtziger Jahren folgten die interessanteren unter den «dramatic shows» dieser Tendenz, indem sie ihre Charaktere von Episode zu Episode weiterentwickelten.

Die Spitzenposition nahm Steven Bochcos wegweisende Show *Hill Street Blues* ein, die 1980 anlief und einen Wachwechsel markierte. Sie verschmolz das hart zuschlagende, aktuelle Probleme aufgreifende Polizei-Drama mit absurder Komödie, wobei alles in in den Kontext eines sich fortspinnenden Gefüges von Soap-Opera-Stories mit einer großen Schar von Charakteren eingebettet war. Sie bot dem realistischen Dokudrama die Möglichkeit, im Stil Robert Altmans Humor und Perspektive in die Behandlung relevanter politischer Themen einzubringen. Die Kombination von geistvoller Komik und kritischer Intelligenz im Rahmen des weltlichsten aller Genres markierte eine neue Ebene der Raffinesse des Geschichtenerzählens – wie sie von den Praktikern des Spielfilms erst noch einzuholen wäre.

Was hier geschah, liegt auf der Hand: Wie der Film in den Sechzigern war das Fernsehen in den Achtzigern reif genug, um Selbstsicherheit zu entwickeln. Eine Fernsehshow zu machen reichte nicht aus; nunmehr kam es darauf an, das Programm in ironischer und narrativ raffinierter Form zu präsentieren. In den sechziger Jahren kamen die guten Handwerker unter den Filmemachern vom Fernsehen her. In den Achtzigern fanden viele Filmemacher die Arbeit fürs Fernsehen in ästhe-

Die Miniserie *Roots* (1977) nach dem Buch von Alex Haley brachte nicht nur Einschaltrekorde, sondern kennzeichnete ein neuerwachtes Interesse am ethnischen Erbe und half, die Rassentrennung zu überwinden.

tischer und intellektueller Hinsicht lohnender. Ein Gezeitenwechsel hatte eingesetzt. Während wir immer noch darauf abgerichtet sind, die beiden Formen getrennt zu halten, sind die Künstler selbst inzwischen schon vor einer ganzen Weile dahin gekommen, die beiden als die beiden Seiten derselben Medaille anzusehen.

Bis gegen Ende der siebziger Jahre galt es als ehernes Gesetz, daß Fernsehstars niemals einen Spielfilm tragen könnten. Viele hatten es versucht und waren damit gescheitert. Als jedoch John Travolta und Henry Winkler mit dem Übergang vom kleinen Bildschirm zur Kinoleinwand Erfolg hatten, begann eine neue Ära. Schauspieler sprangen ganz nach Belieben zwischen den beiden Formen hin und her, während die intelligenteren jungen Filmregisseure der Siebziger (Claudia Weill ist ein gutes Beispiel) beim Fernsehen eine einträglichere und bequemere Existenz fanden. Autoren sahen sich vom elektronischen Medium aufs herzlichste willkommen geheißen. In der Welt der Kinofilme gelten Autoren immer noch als käufliche Zuträger, denen wenig Einfluß auf die künstlerische Gestaltung zugestanden wird, während beim Fernsehen der Autor-Produzent zum künstlerischen Helden des Tages mit wirklicher Macht geworden ist, wie Steven Bochco und viele andere mehr herausfanden.

Der Zusammenprall der Stile und Genres, wie ihn Bochcos Œuvre am besten illustriert, kennzeichnet auch andere Serien der achtziger und frühen neunziger Jahre. Michael Manns *Miami Vice* (1985–89) tauchte eine Cop-Show à la Film Noir in die nuancenreichen Pastelltöne der neuen Hauptstadt Latino-Amerikas, passend untermalt von einem hippen Soundtrack. Glenn Gordon Carrons *Moonlighting* (1985–89) war eine elegante Mischung aus Detektivdrama und Screwball-Komödie.

Während die einstündigen Primetime-Dramen der Achtziger neues Gelände erschlossen, hielten sich die halbstündigen Sitcoms mehr an das Traditionelle. Zwei Komödienserien beherrschten diesen Zeitraum: *Cheers* mit der langen Laufzeit (1982–93) und *The Cosby Show* (1984–92) mit ihrem enormen Erfolg. Ohne sich auf bestimmte Berufe und Familienbezüge festzulegen, plazierte *Cheers* das Personal in einer Bar, wo es durch nichts am Herumwitzeln gehindert wurde. *The Cosby Show* war Schaufenster für die Talente des außerordentlich einflußreichen Bill Cosby als des weisen und geistreichen Oberhauptes einer in Brooklyn lebenden Mittelklassefamilie. Die Bedeutung der Show lag eher in ihrer Soziologie als in ihrem durchaus urwüchsigen Humor. Cosby, der sich nun anschickte, seinen Platz im Pantheon der amerikanischen Kultur-Ikonen einzunehmen, war zwanzig Jahre zuvor der erste Afroamerikaner, dem als Co-Star in *I Spy* eine Starrolle in einer dramatischen Serie zuteil wurde. In den Sechzigern hatte er es abgelehnt, sich als Stand-up-Komiker mit «Nigger-Witzen» verheizen zu lassen; nun betonte er den menschlichen Aspekt seiner Rolle und seiner Familie – «Rasse» blieb draußen vor. Ergebnis: *The Cosby Show* bedeutet einen Meilenstein in der Geschichte der amerikanischen Rassenpolitik.

Wie wohl zu erwarten, spielte sich in den Achtzigern das Geschehen im Fernsehbereich abseits der Networks und außerhalb der Primetime ab. Die Innovationen der Programmgestaltung hoben auf die Direktheit des Mediums ab, als handelte es sich um eine Reaktion auf die Fülle von Spielfilmmaterial, das von den gut am Wind liegenden Kabel- und VCR-Medien angeboten wurde. Als die Versorgung mit Kabelanschlüssen in dieser Dekade von unter 30 auf mehr 60 Prozent der Haushalte zunahm und die Ausstattung mit Videorecordern von knapp über null auf mehr als 75 Prozent Anfang der Neunziger explodierte, wurden die Fernsehkonsumenten mit einer Unmenge Unterhaltung in Filmform konfrontiert. Die örtliche Videothek hielt zwischen 5000 und 10 000 Spielfilme vor, und zwei Dutzend Special-interest-Kabelnetze boten Tausende von Stunden in der Woche, was das Herz begehrte: vom neuen Spielfilm bis zum Einkaufen zu Hause. So ist es eigentlich ein Wunder, daß die traditionellen Fernsehgenres der halbstündigen Sitcom und des einstündigen Dramas überhaupt überlebten.

Um der doppelten Bedrohung durch Videorecorder und Kabel zu begegnen, wandten sich die Fernsehmacher einem Stil zu, der dann das Etikett «reality-based programming» erhielt. So schwerfällig wie der Begriff erscheint auch das Genre: Die

Beziehung zwischen «Realität» und Sendung ist oftmals ziemlich gezwungen. «First-run syndication», in der die Produzenten von Fernsehsendungen direkte Vereinbarungen mit lokalen Sendern (oder Kabelsystemen) treffen, wurde zum Feld des «reality-based programming». Wie die Reality-Shows florierten, befand sich auch der Markt der «First-run syndication» in einem Höhenflug.

In den achtziger Jahren bekam Johnny Carson eine Unmenge neuer Konkurrenten im Spätabendprogramm, manche erfolgreich (David Letterman, Arsenio Hall), viele nicht (Joan Rivers); und im Feld der geschwätzigen Talk-Shows im Tagesprogramm, das in den Siebzigern von Phil Donahue bahnbrechend beackert wurde, tauchten sogar noch mehr Neulinge auf. Während sich die Spätabend-Shows darauf verlegt hatten, Entertainern, die sich für neue Produkte einsetzten, ein Schaufenster zu bieten, überboten die Shows im Tagesprogramm einander im fieberhaften Gerangel um Freaks aus der Abnormitätenshow des Lifestyle – gemeinhin mit verkorksten sexuellen Neigungen. Alles hatte harmlos genug angefangen: In den Siebzigern erwarb sich Phil Donahue einigen Respekt für fundierte Beiträge zur Debatte über feministische und andere politische Fragen; doch als die Achtziger ins Land gingen, wurde der Zirkel der Talk-Shows im Tagesprogramm zu einem extremen Zirkus verquerer Logik. Darin spiegelt sich vielleicht nur der Niedergang der Intelligenz in den meisten Bereichen des amerikanischen öffentlichen Lebens.

Wie in den Sechzigern und Siebzigern die Fernsehsender mithalfen, die disparaten Regionen der USA zusammenzubringen, homogenisieren das Satellitenfernsehen und die mittlerweile privatisierten nationalen Fernsehsysteme jetzt Europa und zum guten Teil den Rest der Welt. Und diese homogenisierte Fernsehkultur hat eine entschieden amerikanische Einfärbung. In den Achtzigern hatten populäre Serien wie *Dallas* und *Dynasty* in Europa fast ebenso viele Fans wie in Amerika. *Bonanza*, international die populärste US-Serie der Siebziger, konnten jede Woche über 400 Millionen Menschen in neunzig Ländern sehen. In der vierzehnjährigen Laufzeit dürften die Zuschauer der 359 Folgen sich insgesamt ungefähr 143 Milliarden Stunden den Werten der Cartwright Family ausgesetzt haben.

Während Kulturkritiker in Frankreich, England und sonst noch wo vor dem amerikanischen «Kulturimperialismus» warnen, finden weltweit die Manager des Fernsehens das Prinzip «Buy American» höchst profitabel und bleibt die amerikanische Film / Fernsehbranche einer der Aktivposten im amerikanischen Export. Ein entscheidender Vorteil, den die Amerikaner auf dem Weltmarkt für Film und Fernsehen genießen, ist die englische Sprache. Dies haben sie mit einigen anderen Ländern gemeinsam. In den vergangenen zwei Jahrzehnten hat das amerikanische öffentliche Fernsehen enge Verbindungen sowohl zum öffentlich-rechtlichen wie zum privaten Fernsehen in Großbritannien geknüpft. In den späten Sechzigern fingen die qualitativ hochwertigen Erfolgsserien von BBC und ITV an, einen spürbaren

Einfluß auf die Weltmärkte zu nehmen, schließlich gar die in der Entwicklung begriffene Gestalt des amerikanischen Fernsehens zu beeinflussen.

Die britische Serie hängt weniger von einem einzelnen Spitzenstar als vielmehr vom Ensemblespiel ab: In den besten Serien herrscht zumeist ein Sinn für Gemeinschaft, wie er im amerikanischen Fernsehen selten anzutreffen ist. Britische Serien haben oft eine begrenzte Länge, was das Aufkommen der amerikanischen Miniserie der ausgehenden siebziger Jahre stimulierte. Schließlich hatten die Briten rasch die Ähnlichkeiten zwischen der abgeschlossenen Fernsehserie und dem Großroman des neunzehnten Jahrhunderts erkannt und eine Reihe von Romanen dem Recycling im neuen Medium zugeführt.

So waren beispielsweise die 26 Folgen der *Forsyte Saga* (1972) nach John Galsworthy ein bedeutender internationaler Erfolg und öffneten dem britischen Fernsehen den Zugang zu den Weltmärkten. Der signifikanteste britische Export der späten Sechziger bleibt jedoch *Monty Python's Flying Circus.* Die britischen Serien-Dramatisierungen sind vielleicht nur wirksamere und beredtere Versionen einer auch in den USA geläufigen Form von Unterhaltung, aber die britische Komödie ist der radikale Abschied vom amerikanischen Stil. *Monty Python*, eine halbstündige Kette von Boshaftigkeiten, Animationsfilm, Wortspiel, Satire und Verrücktheit, hat ein für allemal klargemacht, daß die Episode das Elementarteilchen des Fernsehens ist und nicht die Show, daß die Komödie mindestens ebenso eloquent, dicht und lohnend sein kann wie das Drama und daß «niemand mit der spanischen Inquisition rechnet».

Bis zur Privatisierungswelle der achtziger Jahre waren die europäischen Kanäle durchweg als öffentliche Einrichtungen definiert und wurden von staatlichen Körperschaften kontrolliert. In Italien war RAI in den siebziger Jahren wichtig als Co-Produzent einer Reihe interessanter, zugleich für Kino und Fernsehen konzipierter Filmprojekte. Regisseure wie Ermanno Olmi und Roberto Rossellini fanden in diesem System ihr Auskommen. In vergleichbarer Weise boten die deutschen öffentlich-rechtlichen Fernsehanstalten eine finanzielle Basis für die Renaissance des deutschen Films in den Siebzigern. (In Frankreich hatte das Fernsehen geringeren Einfluß auf den Film und weniger Erfolge mit Eigenproduktionen.) In den meisten Ländern der Welt sind Fernseh- und Kinofilmbranche heute ein und dasselbe.

In Frankreich konkurrieren drei kommerzielle Kanäle mit öffentlichen Kanälen und einem Pay-TV-Dienst. Der überragende Erfolg in den Achtzigern geht auf das Konto von Canal Plus (1984 gegründet), dem Pay-TV-Dienst, der die fürs amerikanische Fernsehen typische Formel von Filmen und Sport europäisierte und eine eigene Strategie entwickelte, um in verschiedenen Ländern zu einer Fernsehmacht zu werden.

In Deutschland konkurrieren zwei öffentliche Systeme mit einer Reihe privater

Monty Python's Flying Circus (BBC, 1969–74). Hier der Sketch mit der schmutzigen Gabel. Ausgehend von der britischen Music-Hall-Tradition, wie sie von der *Goon Show* der fünfziger Jahre adaptiert wurde, entwickelten die Pythons einen abstrakten, aber oftmals scharf zugespitzt satirischen Stil, der ein sehr großes Publikum gewann.

Die 26teilige britische Serie *The Forsyte Saga* (BBC, 1967) nach dem sechsbändigen Zyklus des viktorianischen Romanciers John Galsworthy war weltweit ein enormer Erfolg. Hier posieren die fünfzehn Hauptfiguren für ein Familienfoto im Stil der achtziger Jahre des neunzehnten Jahrhunderts. Irene (Nyree Dawn Porter), die Heldin, sitzend in der Mitte. Links von ihr im Vordergrund Soames (Eric Porter), zunächst der Schurke im Stück, später die Hauptfigur. Jo (Kenneth More) als zweiter von links in der hinteren Reihe. Fast die ganze Serie hindurch war er der einfühlsame Erzähler.

Kanäle, darunter auch Satellitennetze, auf dem größten Fernsehmarkt Europas. In Italien, das als erstes europäisches Land den Fernsehsektor deregulierte (1975), betreibt RAI drei Kanäle, ebenso wie Silvio Berlusconis machtvolle Fininvest-Gruppe. Pay-TV-Kanäle kamen 1991 hinzu.

In Großbritannien, wo der Erfinder John Logie Baird Ende der zwanziger Jahre das erste funktionierende Fernsehverfahren demonstrierte, hatte sich die Fernsehbranche immer unabhängig gehalten vom amerikanisch kommerziellen System und vom staatlich kontrollierten kontinentalen Zuschnitts. Obschon aus öffentlichen Mitteln finanziert, wurde die British Broadcasting Corporation stets in Unabhängigkeit von staatlicher Einflußnahme betrieben. 1955 gesellte sich kommerzielles Fernsehen zu den beiden BBC-Kanälen, die seit 1936 in Betrieb waren. 1962 startete Channel 4, ein zweiter unabhängiger Kanal, der die Auflage hatte, sich um Minderheiten zu kümmern – in ästhetischer wie in politischer Hinsicht. Die achtziger Jahre hindurch erwies sich Channel 4 als Segen für britische Filmemacher: Die Mittel für die Filmfinanzierung wuchsen um 33 Prozent. 1996 kam der weitere unabhängige Channel 5 hinzu.

1991 verauktionierte die Thatcher-Regierung die fünfzehn regionalen Lizenzen für den dritten Kanal, und mehrere wechselten den Betreiber. Mittlerweile hat der ungewöhnliche Mix von kommerziellem und öffentlich-rechtlichem Fernsehen in Großbritannien die kreativste Fernsehbranche außerhalb der USA hervorgebracht – und die einzige andere mit wirklich nennenswerter internationaler Präsenz.

TV: Die virtuelle Familie

Weil das Fernsehen eine fortgesetzte statt eine in sich abgeschlossene Erfahrung ist, besitzt es eine außerordentliche Fähigkeit, zwischen Zuschauer und Realität zu vermitteln. Filme dauern vielleicht zwei oder drei Stunden, und während dieser Zeitspanne leben wir in ihrer Welt. Fernsehen geht immer weiter, hört niemals auf, egal ob im Kontext eines Tagesprogramms oder im Hinblick auf die Serien und Fortsetzungsfilme, die seine angestammten Formen sind. Darüber hinaus geschieht das Fernsehen in unserem Raum, in unserer Zeit. Für eine amerikanische Durchschnittsfamilie, die fast sieben Stunden täglich fernsieht (den jährlichen Nielsen-Berichten zufolge), bildet das Fernsehen den Hintergrund des Alltagslebens – ein Hintergrund, der oft genug stärker ist als der Vordergrund. Als Konsequenz ergibt sich, daß das Fernsehen nicht nur zwischen Zuschauer und Realität, sondern auch zwischen Realität und Fiktion vermittelt. Wir blicken alle nicht mehr durch.

Weil das Fernsehen zugleich ein Unterhaltungs- wie ein Informationsmedium ist, fällt es uns schwer, zwischen der wesentlich fiktionalen Natur des ersteren und der wesentlich nichtfiktionalen Natur des letzteren zu unterscheiden. Hieran sind auch die «realitätsbezogenen» Sendungen, insbesondere die «Reality Shows», beteiligt, deren Bezeichnung bereits einen Widerspruch in sich offenbart.* Viel ist geschrieben worden über den sozialisierenden Einfluß des Fernsehens – die Wirkung, die wiederholte Gewaltdarstellungen auf Kinder haben, die der Fernsehwelt innewohnende Tendenz, für davon abhängige Menschen zur wirklichen Wirklichkeit zu werden, und so weiter.

Die Wirkung dieses mächtigen Mediums läuft in der Summe darauf hinaus, daß es das Dramatische zu einem Teil des Lebens gemacht hat, wie Raymond Williams es in *Television: Technology and Cultural Form* ausgedrückt hat: «Es ist eindeutig

* In Reaktion auf die durch Kabel und Videorecorder gebotene Fülle von Spielfilmmaterial kehrte das Medium Fernsehen in den achtziger Jahren seine Unmittelbarkeit heraus und entwickelte den Stil der «realitätsbezogenen» Sendungen. Teils kamen abstoßende Magazine voll von so fotogenen Themen wie Mord, Brandstiftung, Vergewaltigung und Kindesmißbrauch auf den Bildschirm, teils aber auch intelligente Dokumentarsendungen.

Der Cosby-Clan (hier in einer seiner Variationen) beherrschte in den USA den Mythos der Achtziger, blies dem Ideal der heilen Kernfamilie neues Leben ein und schaffte ganz nebenbei Rassengrenzen ab.

eines der unverwechselbaren Charakteristika fortgeschrittener Industriegesellschaften, daß heute das Erleben von Dramatischem dem Alltagsleben teilhaft innewohnt, und zwar in einer quantitativen Dimension, die so weit über das bisher Gewesene hinausgeht, daß sie ein fundamentaler qualitativer Wandel zu sein scheint.»

Das Dramatische, das selbst in den Glanzzeiten des Kinos eine besondere Erfahrung war, ist jetzt nahtlos in unser Leben integriert – und prägt es bei vielen von uns. Bei einer Schießerei auf der Straße drehen sich die Leute automatisch um und suchen die Kameras. Oftmals sind keine da. Der Vietnam-Krieg (1963–75) wurde gefilmt, geschnitten und tags darauf gesendet. Der Golf-Krieg (1991) kam im Moment des Geschehens weltweit live auf die Bildschirme. Reale Ereignisse werden als Dokudramen nacherzählt, und «Nachrichten» werden nachinszeniert, weil die Kameras oftmals den Anfang verpassen. Doch am bedeutsamsten bleibt die schiere Menge der mit Dramatischem aufgeladenen Medien, denen wir tagein, tagaus und Jahr für Jahr ausgesetzt sind.

Der tiefgreifende Einfluß des Fernsehens ist eine Frage von singulärer Bedeutsamkeit. Viele Jahre lang haben Kritiker des Fernsehens sich vor allem dem Problem des Inhalts – insbesondere der Gewalt – und seiner Wirkung auf den Zuschauer zugewandt. Im Hinblick auf kleinere Kinder scheint dies besonders akut zu sein. Es gibt genug Anlaß für die These, daß das Medium tatsächlich den Gewaltquotienten des Alltagslebens steigert.

Dennoch gibt es auch eine überzeugende Sammlung von Anhaltspunkten für den Nachweis, daß das Fernsehen als Sicherheitsventil funktioniert, indem es potentiell gewalttätige Persönlichkeiten entschärft. Ende der Siebziger begründeten die Verteidiger eines in Florida des Mordes angeklagten Jungen seine Tat zum Teil mit der Gewalt im Fernsehen, der er ausgesetzt war, und einige in Kalifornien der Vergewaltigung angeklagte Mädchen führten einen Fernsehfilm als Tatmuster an. Diese Verteidigungsversuche blieben fruchtlos, aber die Problematik war klar umrissen.

In den siebziger Jahren ging die Argumentation in eine neue Richtung. In ihrem Buch *The Plug-in Drug* (deutsch: *Die Droge im Wohnzimmer*) verlagerte Marie Winn den Ansatz der Zensur von den Inhalten zum Erleben des Mediums. Nach Winns Behauptung besteht das mit dem Fernsehen verbundene Problem nicht in dem, was es zeigt, sondern darin, wie es das zeigt. Sie argumentierte überzeugend, daß das Medium Kinder in die Passivität zwingt, und wies darauf hin, daß bei Kleinkindern, die dem Fernsehen ausgesetzt sind, wohl gar die neurologische Entwicklung beeinträchtigt werden könnte. Winn befaßte sich mit dem Einfluß des Fernsehens auf die sprachlichen Fertigkeiten und untersuchte seine Beziehung zu veränderten Bewußtseinszuständen, aber das Zentrum ihrer überaus bündigen Argumentation von bleibender Überzeugungskraft war ihr kritischer Einwand, die Präsenz des Fernsehens zerstöre das Familienleben.

Nach Winns Verständnis ist der Kasten zu einem Elternersatz geworden. Er übernimmt zum großen Teil die erzieherische Aufgabe, soziale und ethische Werte beispielhaft zu zeigen und zu entwickeln. In diesem Prozeß gewinnt er einen weit höheren Grad an Autorität als die biologischen Eltern. Der Titel von Marie Winns Buch war keineswegs metaphorisch gemeint. Sie stellt fest, daß Eltern das Fernsehen in erster Linie genau wie eine Droge benutzen, die die Kinder ruhigstellen soll. Das Kind wird schließlich abhängig, und der Kasten wird Bestandteil notwendiger, lebenslanger Gewohnheit.

Ganz offensichtlich überleben viele Kinder die Fernseh-Erfahrung, viele sind aber auch schwer dadurch geschädigt, und wir wissen nicht, was in sozialer und politischer Hinsicht daraus erwachsen wird. Diese äußerst gewichtige Frage ist weiterhin Schwerpunkt der Diskussion um das Fernsehen als soziales Phänomen.

Ein Jahr nach Erscheinen von Winns Buch wirkte ihre These schon ausgesprochen konservativ; dafür sorgte der ehemalige Werbemann Jerry Mander mit seinem

Marcy Carsey und Tom Werner, Produzenten der *Cosby Show*, hatten mit der realistischen Arbeiterklassen-Familie in *Roseanne* (seit 1988) abermals Erfolg.

weit ausholenden Angriff auf seine ehemaligen Brötchengeber. Das Werk hatte den schlichten Titel *Four Arguments for the Elimination of Television* (deutsch noch schlichter: *Schafft das Fernsehen ab!*). Mander meinte es ernst. Er fand ein aufmerksames Publikum. Fünfzehn Jahre später lag sein Buch in 27. Auflage vor. Und nichts hatte sich geändert.

Manders «Vier Argumente» – «Die Vermittlung von Erfahrung», «Die Kolonisierung von Erfahrung», «Wirkungen des Fernsehens auf das Wesen Mensch» und «Die versteckten Tendenzen des Fernsehens» – sind griffige Rubriken für Dutzende von kritischen Äußerungen über das mächtige Medium, das die zweite Hälfte des zwanzigsten Jahrhunderts geformt hat. Grob umrissen, umfassen sie folgendes: Fernsehen trennt uns von der Realität, Fernsehen nimmt uns die Wahl der Erfahrungen; künstliches Licht ist schädlich, und Fernsehen ist als Medium so schwach, daß es die Realität verzerrt. Manders Anklage ist vernichtend, aber von allen seinen Einwänden ist doch dieser der gravierendste: Die meisten von uns lassen sich ihr Leben vom Fernsehen einrichten; dieses verführende Produkt beraubte uns des intimen Kontaktes mit der Realität.

1985 stürzte sich der Sozialkritiker Neil Postman mit seinem Buch *Amusing Ourselves to Death: Public Discourse in the Age of Show Business* (deutsch: *Wir amüsieren*

Das senkrechtstartende Fox-Sendenetz erzielte seine größten wirtschaftlichen Erfolge mit zwei Versionen der gestörten amerikanischen Familie des Fernsehzeitalters: zuerst *Married ... with Children* (im Bild, seit 1987), sodann *The Simpsons* (seit 1990).

uns zu Tode. Urteilsbildung im Zeitalter der Unterhaltungsindustrie) in die Schlacht, in dem er sich dem Einfluß des Fernsehens und unseres Unterhaltungs-Universums auf die Politik zuwandte. In seiner Einleitung trifft Postman eine korrekte Unterscheidung zwischen den beiden klassischen Klageliedern aus den vierziger Jahren, George Orwells *1984* und Aldous Huxleys *Brave New World*:

«Orwell fürchtete jene, die sich nicht scheuen, Bücher zu verbieten. Huxley fürchtete, daß es keinen Grund mehr geben könnte, ein Buch zu verbieten, denn es würde niemand mehr dasein, der eins lesen wollte. Orwell fürchtete jene, die sich nicht scheuen, uns der Information zu berauben. Huxley fürchtete jene, die es darauf anlegen, uns derart viel davon zu geben, daß wir in Passivität und teilnahmslose Selbstsucht verfallen. Orwell fürchtete, daß die Wahrheit vor uns verborgen gehalten würde. Huxley fürchtete, daß die Wahrheit in einem Meer des Belanglosen ertränkt

Wie *The Cosby Show* die Achtziger in den USA beherrschte, dominierten die gestörten Simpsons die Neunziger. In der Familiendarstellung schwang das Pendel zur Position «doofer Papa» zurück. Die Kids haben Spaß an den postmodernen Referenzen und der dick aufgetragenen Parodie. Wenigstens sind Marge und Homer noch zusammen.

würde. Orwell fürchtete, daß wir uns zu einer Kultur des Gefangenseins entwickeln. Huxley fürchtete, daß wir uns zu einer trivialisierten Kultur entwickeln... In *1984* werden die Menschen dadurch gesteuert, daß ihnen Schmerz angetan wird. In *Schöne neue Welt* werden sie dadurch gesteuert, daß ihnen Genuß angetan wird. Kurz gesagt: Orwell fürchtete, daß wir an dem zugrunde gehen, was wir hassen. Huxley fürchtete, daß wir an dem zugrunde gehen, was wir lieben.»

Postman schrieb 1985. Orwells Schreckensjahr war gekommen und gegangen, und seine Prophezeiung verlor an Geltung. Tatsächlich wurde seiner düsteren Vision totalitärer Bedrohung höchst eindrucksvoll Anfang 1984 in Apples berühmtem, hammerhartem Kampfwerbespot zur Einführung des Macintosh gedacht. In Apples orwellscher Marketing-Metapher war IBM die totalitär versklavende Macht, und der Macintosh bot die Errettung: «the computer for the rest of us». Hat da jemand etwas von Trivialisierung gesagt? Sogar Orwells beredte tiefe Angst war von einem Apparat wie aus Huxleys Welt neutralisiert worden!

Vom Ausgang der neunziger Jahre her gesehen, ist der Huxleysche Einfluß noch offensichtlicher. Die Sowjetunion, Primärobjekt von Orwells Angst, existiert nicht mehr. Der kalte Krieg ist vorüber. Selbst «Big Blue» IBM wurde von Microsoft überflügelt.

Mittlerweile hat sich die Masse der uns bombardierenden Bilder und Klänge exponentiell vervielfacht; ihren Produzenten stehen immer mächtigere Werkzeuge zu Gebote; die Videokultur ist zunehmend vereinheitlicht, und die Bilder und Klänge selbst bewegen sich weiterhin unaufhaltsam fort von der Realität und hin zu einer Phantasiewelt. Ganz entschieden besteht das Problem nicht darin, daß der Big Brother uns beobachtet, sondern vielmehr darin, daß wir dem Big Brother zusehen.

Jerry Mander drückt es in seinen *Four Arguments* so aus:

«Es läßt Bilder in unserem Hirn entstehen.
Das nennen wir Erleben, aber wir können nicht unterscheiden, ob es unser
Erleben ist oder etwas anderes.
Es füllt unseren Kopf, aber wir haben es nicht geschaffen.
Wir wissen nicht, ob es real ist oder nicht.
Wir sind nicht imstande, die Übertragung zu unterbrechen.
Wir akzeptieren unterschiedslos alles, was da auch komme.
Eine Vision gleicht der nächsten.
Ein Gedanke ist ebenso gut wie der nächste.
Alle Information fließt ineinander.
Alles Erleben fließt ineinander.
Wir nehmen alles auf Treu und Glauben hin.
Eine Erklärung gleicht der nächsten.
Widersprüche existieren nicht.
Wir haben die Kontrolle über unseren Geist verloren.
Wir haben uns rettungslos im All verirrt.
Unsere Welt existiert nur noch in der Erinnerung.
Alles ist willkürlich.»

Dies ist eine beißende Reaktion. Bei genauem Hinhören klingt bei allen dreien – Winn, Mander und Postman – aus ihrer Kritik ein anrührender persönlicher Ton heraus. Denn es geschieht ja in unserem persönlichen Leben, in unserer Familie, daß die Macht des Fernsehens sich am unmittelbarsten auswirkt, lange bevor sie anfängt, unsere Politik zu verzerren. Potentiell ein ergiebiger und anregender Gefährte für jene, die allein leben müssen, oder ein beruhigendes, vielleicht gar aufbauendes Me-

Was die Simpsons für die gestörte Familie leisteten, tat *Seinfeld* (1991–98) für die gestörte Nicht-Familie, die sich in ewiger Unerwachsenheit suhlt. Es war das traurige Geschenk der Babyboom-Generation an die neue Generation X. Die vier Singles machten in sieben Jahren mehr Liebschaften durch, als Homer Doughnuts vertilgte. (Als George eine Ehe droht, blieb als einziger Ausweg, die angehende Braut umzubringen.) Der Erfolg der Show war im wesentlichen in ihrem eleganten Umgang mit klassischen Komödienstilen begündet: der Slapstick von Michael Richards, das von Jerry Seinfeld und Jason Alexander gespielte komische Duo sowie Julia Louis-Dreyfus' Verläßlichkeit als Watschenfrau.

dikament für Kranke (wo gibt es noch Krankenhausbetten ohne Fernsehapparat?), ist der Kasten auch in noch einigermaßen funktionierenden Familien oft ein unkontrollierbarer Menschenfresser. Wie ein unheimlicher Alien saugt er das Gespräch aus der Familie. Er vernichtet Zeit. Er ersetzt die Eltern (oder die Kinder), Ehemänner (oder Ehefrauen). Allzu vielen von uns nimmt er das Leben ab.

Das Unwiderstehlichste an den Fernsehfamilien, mit denen wir unsere Zeit verbringen, ist einzig, daß sie nicht fernsehen. Täten sie das, wären sie genauso langweilig wie wir; wir würden sie genauso schnell abschalten, wie wir es mit uns tun.

Die verführerischsten Elemente von *The Cosby Show* waren zum Beispiel die intensiven Beziehungen zwischen Eltern und Kindern sowie zwischen Cliff und Claire Huxtable, intelligente Leute mit einer stabilen Ehe. Roseanne und Dan Connor redeten in den 22 Minuten der wöchentlichen Show mehr miteinander (und mit ihren Kindern) als die meisten ihrer Fans in den 10 050 Minuten zwischen den Sendungen. Würden sie sich 22 Minuten lang nur stumm eine Soap Opera reinziehen, würde niemand zusehen.

Vielleicht muß betont werden, daß all dies keine gegen das Medium an sich gerichtete Anklage ist. Der Fehler liegt nicht im Fernsehen, sondern in uns, die wir es mißbrauchen.

In der kurzen Geschichte des Films und des Fernsehens waren die siebziger und achtziger Jahre eine Phase des Stillstands, in der wir uns die Technologie einverleibten und in bestimmten Fällen verfeinerten. Produzenten und Verleiher bauten die Infrastruktur aus, wie es zur Umsatzmaximierung nötig war, während der größte Teil der Konsumenten nur allzu bereitwillig mitmachte und sein Leben umordnete, um soviel wie möglich zu konsumieren.

Als der Videorecorder eingeführt wurde, meinten seine Erfinder, daß er genutzt würde, um zeitversetzt fernzusehen, wobei sie nicht erkannten, daß nur Kinder hinreichend Interesse aufbringen, um das verdammte Ding programmieren zu lernen. Statt dessen bedeutete der Videorecorder nichts als noch mehr Bildschirmfutter. Dennoch bleibt der Zeitversatz ein Ideal, nur ist nicht so sehr die Zeit, die wir versetzt nutzen wollen, als vielmehr der dafür nötige Kraftaufwand das Problem. Viel von der sozialen Verantwortung des Fernsehkonsums kann den Apparaten überlassen bleiben, was uns mehr Zeit für aktivere Vorhaben ließe. Wenn die Show sicher auf Band mitgeschnitten ist, wird es in gewisser Weise überflüssig, sie anzusehen. Sobald sie aufgenommen ist, haben wir Kontrolle über sie.

Über mehr als ein halbes Jahrhundert haben uns zunächst der Film, dann das Fernsehen diese erstickende Passivität eingeimpft, die Aldous Huxley und anderen solche Sorgen bereitete. Aber jetzt verschiebt sich das Gleichgewicht. Nicht etwa weil wir die Warnungen der Sozialkritiker beherzigt und etwas getan hätten, sondern eher weil die heute zur Reife gelangende Bild- und Tontechnologie uns die Macht zur Produktion in die Hand geben.

SIEBEN

MULTIMEDIA

Im Anfang war das Zeichen. Und das Zeichen wurde gesprochen oder gesungen. Dann wurde es geschrieben, zuerst als Bild, dann als Wort. Schließlich wurde das Zeichen gedruckt. Das sinnreiche Kodiersystem des Schreibens machte es möglich, Gedanken und Empfindungen, Beschreibungen und Wahrnehmungen festzuhalten und zu konservieren. Der Buchdruck befreite diese Aufzeichnungen aus isolierten Bibliotheken, indem er ihnen erlaubte, zunächst an Tausende, später an Millionen weitergereicht zu werden. Sie sind der Kitt, der unsere Kultur zusammenhält.

Als die wissenschaftliche Revolution im neunzehnten Jahrhundert an Boden gewann, fand man Verfahren, Bilder und Klänge mit technischen Mitteln festzuhalten. Zunächst die Fotografie, dann auch Tonträger und Film reproduzierten Realität ohne die Intervention der Worte. Wenigstens dachten wir, daß sie das täten. Wir akzeptierten die Reproduktionen, als wären sie real. Dabei waren sie einfach ein anderes System von Codes. Wenn auch weit realitätsähnlicher als Worte, sind die Bilder und der Ton des Films doch immer noch Codesysteme – Destillate der Realität, manchmal auch Verzerrungen davon, immer aber das, was Einbildungskraft daraus macht. Deshalb ist es nötig zu lernen, wie ein Film zu «lesen» ist.

Kinofilme und ihre Abkömmlinge haben das zwanzigste Jahrhundert für uns definiert. Nun aber finden wir uns an der Schwelle einer neuen Phase in der Geschichte der Medien. Die Sprachen, die wir zur Wiedergabe von Realität erfunden haben, vermischen sich. Film ist nicht mehr vom Druck gesondert. In Bücher können Filme integriert sein, Bücher in Filme. Wir bezeichnen diese Synthese als «Multimedia». Die Technologie winkt mit höchst verlockenden Versprechungen: sofortiger und universeller Zugriff auf Wissen und Kunst der ganzen Welt, erfaßt und hervorgebracht mit vielseitigen Medieninstrumenten. Aber sie bringt auch eine Reihe schwerwiegender Bedrohungen mit sich, in technischer wie in ethischer Hinsicht.

Das Informationszeitalter ist durchaus real. Die Mikrocomputer-Revolution der achtziger Jahre hat unseren Zugriff auf Information wie unsere Kontrolle über sie verhundertfacht. Beim Weiterschreiten der Revolution über die nächste Generation hinaus wird die Macht über Information um weitere vier oder fünf Größenordnungen wachsen. Wir werden es noch erleben, daß fast das ganze Wissen der Welt für einen großen Teil der Weltbevölkerung ohne Verzug und mit geringen Kosten verfügbar ist. Es gibt keine Umkehr, auch keinen Zweifel mehr. Wir wissen nun, daß wir alles jemals Gedruckte registrieren und Netze aufbauen können, um innerhalb dieses Informations-Universums in Sekunden statt in Jahren zuzugreifen. (Ein ähnlicher Zugriff auf Audio- und Videomaterial übersteigt noch unsere Möglichkeiten, und über die Indexierung von Bildern und Klängen haben wir noch nicht ernsthaft nachgedacht, aber auch das wird kommen.)

In Godards Film *Les Carabiniers* (1963) gibt es eine denkwürdige Szene, in der die beiden Soldaten nach dem Krieg mit ihrer Beute zu ihren Frauen zurückkehren. Sie haben Postkarten von allen Wundern der Welt, die sie stolz vorführen, immer eine zur Zeit: der Eiffelturm, die Cheopspyramide, das Empire State Building, der Grand Canyon... Sie glauben, daß diese Abbildungen Besitzurkunden darstellen. Wir lachen über ihre Naivität, wie da der Postkartenstapel wächst und wächst. Die Szene ist eine Metapher für die informationelle Revolution: Wir haben die Verfügungsgewalt über die Wissensschätze der ganzen Welt. Aber was werden wir mit diesem unvorstellbaren Reichtum anfangen? Vielleicht sind wir ebenso naiv wie Godards Soldaten: Uns wurden die Schlüssel zum virtuellen Königreich gegeben, was aber ist mit der Realität, die doch einst dort heimisch war?

Die virtuelle Welt verdrängt zunehmend die natürliche, und eben die Macht, die wir jetzt besitzen, die einstmals kostbaren Bilder und Klänge zu manipulieren, entwertet diese und zerstört dabei unser Vertrauen in ihre Wahrhaftigkeit und unsere Wertschätzung der ihnen zugrundeliegenden Kunst.

Die digitale Revolution

Als 1977 die erste amerikanische Ausgabe dieses Buches herauskam, mag es merkwürdig erschienen sein, daß eine Einführung in das Thema Film so vieles über Druck und elektronische Medien enthielt. Damals schienen Filme und Druckwerke wenig miteinander gemein zu haben: Beide waren sie Kommunikationssysteme, aber da hörte die Ähnlichkeit auch schon auf. Jetzt, nachdem die Technologien und Vertriebssysteme konvergieren, von denen die beiden unausgesetzt reproduziert und ausgesät wurden, können wir erkennen, wie sie ineinandergreifen.

Das geschah fast zufällig. 1960 bemühte sich niemand, einen gemeinsamen technologischen Nenner für Bücher und Filme zu finden. Kein Godard-Fan, der Godards Faszination für die Kollision von Worten und Bildern bemerkte, kam auf die Idee, den gemeinsamen Boden zwischen den beiden zu erkunden. Ebensowenig hätte ein Truffaut-Genießer, der *Fahrenheit 451* gesehen und Truffauts Hitchcock-Buch gelesen hatte, Jahre damit verbracht, zur Entdeckung der technischen Gemeinsamkeit zwischen den beiden Medien zu gelangen, die dieser Filmemacher / Autor in nahezu gleichem Maße liebte. Die Entwicklung der Semiotik in den Sechzigern und Siebzigern folgte eher dem Zufall, da sie nur einen kritischen Ansatz sowohl auf die geschriebene wie auf die gefilmte Sprache anwandte, aber die Semiotik war eine Denkmethode, keine Wissenschaft; keine Regierung hat Semiotiklabors gefördert, um die Grundbausteine der Zeichenwelt zu entdecken.

Die Technologien entwickelten sich eher, wie zu vermuten war, mehr oder weniger unabhängig voneinander und aus handfesten ökonomischen Gründen. Bereits nach einem Jahrzehnt hektischer Aktivität wurde klar, daß Druck und Film auf dem Weg waren, an einer gemeinsamen Technologie teilzuhaben, und daß es – eben deshalb – möglich sein würde, beides zur selben Zeit am selben Ort stattfinden zu lassen. Die gemeinsam genutzte Technologie ist die Digitalisierung.

In den fünfziger Jahren galten Computer einfach als Zahlenfresser. (1952 hat IBM tatsächlich veranschlagt, daß der gesamte Weltmarkt mit achtzehn Computern gesättigt wäre.) Die Maschinen jener Tage wurden programmiert, indem ihnen stapelweise Lochkarten eingefüttert wurden – ein in die neunziger Jahre des vorigen Jahrhunderts zurückdatierendes Medium; sie erforderten sorgfältig geplante Einrichtungen («Computerräume»), und sie wurden von speziell ausgebildeten Technikern bedient, die – wie die Priester der Vorzeit – erst die höheren Weihen empfangen mußten, bevor sie das Allerheiligste betreten und sich dem elektronischen Orakel nahen durften.

In den sechziger Jahren stellte sich heraus, daß der Schirm der Kathodenstrahlröhre ein effizienteres Bindeglied zwischen den Maschinen und den sie bedienenden Leuten abgeben könnte als die Lochkarten oder das Papier und das Magnetband, wie es inzwischen üblich war. Der IBM-Ingenieur, der als erster auf die Idee kam, eine Fernseh-Kathodenstrahlröhre an einen Computer anzuschließen, darf als der eigentliche Multimedia-Pate gelten, denn als diese visuelle Vorrichtung zum Hauptkanal für Input und Output wurde, wurde auch die Entwicklung einer visuellen Metapher für die logische Steuerung verlockend. Diese Ehe zwischen den Technologien war nicht vorbestimmt, und wenn Lochkarten und Zeilendrucker (von den Technikern auch Stahlbanddrucker genannt) die Input-Output-Apparaturen für digitale Computer geblieben wären, wären Mikrocomputer und damit Multimedia wohl ein Traum geblieben.

In den siebziger Jahren kam mit den Textverarbeitungssystemen als wichtiges Hilfsmittel im Geschäftsleben die Einsicht auf, daß Computer auch von Laien bedient werden könnten, woraufhin das Interesse an einer visuellen Steuer-Metapher stieg – oder an einer «grafischen Benutzeroberfläche», wie es später im Jargon genannt wurde. Zur selben Zeit erkannten Filmemacher und Audiotechniker die aufregenden Möglichkeiten, Bild und Ton mit diesem neuen Werkzeug zu manipulieren. Filmemacher wie James und John Whitney sowie Jordan Belson benutzten bereits 1961 Großrechner, um abstrakte Bilder für ihre Filme zu erzeugen. Musiker und Audiokünstler ließen sich in den späten sechziger Jahren vom neuen Moog-Synthesizer betören. Der erste digitale Audio-Bandrecorder wurde 1971 von der Firma Lexicon auf den Markt gebracht. Gegen Ende der siebziger Jahre hatte CBS eine Maschine für den digitalen Videotape-Schnitt entwickelt. Der Preis? 1 000 000 Dollar. (Es ist nicht bekannt, ob welche verkauft wurden. Heute lassen sich weit bessere Ergebnisse mit einem System erzielen, das weniger als 3000 Dollar kostet.) Die Elemente von Multimedia waren voll in der Entwicklung.

Im Dezember 1968 stellte Douglas Engelbart vom Stanford Research Institute eine brauchbare grafische Benutzeroberfläche vor und erfüllte damit einen Traum, den erstmals der Physiker Vannevar Bush in seinem grundlegenden Aufsatz *As We May Think* umrissen hatte. Anfang der siebziger Jahre kombinierten Forscher im Xerox-Forschungszentrum Palo Alto und anderswo die Grafikfähigkeiten der inzwischen allgegenwärtigen Kathodenstrahlröhre mit einem separaten Zeigegerät. Was Engelbart seinerzeit vielleicht für den Endpunkt einer technologischen Entwicklungslinie gehalten hat, erwies sich nun als Anfang fruchtbringender und faszinierender Erkundungen: die Erfindung einer zusammenhängenden visuellen und mechanischen Metapher zur komplexen und subtilen Interaktion zwischen menschlichen Wesen und ihren ersten wahrhaft intelligenten Werkzeugen. Oberflächen-Gestaltung wurde rasch zum Gegenstand gespannten Interesses. Es geschieht nicht oft, daß eine neue fundamentale und universelle Sprache erfunden wird.* Das zwanzigste Jahrhundert hat das zweimal erlebt: zuerst mit dem Film, dann mit dem Computer-Interface. Film und Computer sind beide neue Kommunikationssysteme, und so war es nur eine Frage der Zeit, daß die Sprachen des Films und der Computer verschmolzen, um Multimedia zu gebären.

Zu den Pionieren im Mikrocomputer-Bereich gehört die amerikanische Atari Corporation (damals im Besitz des Medienkonzerns Warner); mit Atari 400 und Atari 800 stellte sie 1978 die ersten Geräte vor, die die Bezeichnung Mikrocomputer im modernen Sinn verdient haben. Sie waren weit und breit die ersten Computer, die auf ihrer Platine verschiedene spezialisierte Prozessoren für Ton und Grafik besaßen, und markierten damit die lange schon vorhergesehene Geburt von Multimedia. Da Atari allerdings das schlechte Image des ersten Videospiel-Herstellers anhing und eine verfehlte Preispolitik hinzukam, ging das große Geschäft an die Konkurrenz, und Warner verkaufte die Firma 1984 an Jack Tramiel. Unter Leitung des Inders Shiraz Shivji wurden die Rechner der ST-Serie entwickelt. Ataris Geräte wurden zu Rechnern der Wahl, wo keine Kompatibilität zum IBM-Industriestandard nötig war, und fanden mit ihrer schnellen Performance und ihrem wegweisend benutzerfreundlichen Betriebssystem bei Freaks, aber auch im Wissenschaftsbereich (insbesondere Mathematik und Informatik) rasch Eingang. Mit ihrem serienmäßig vorgesehenen Musical Instruments Digital Interface (MIDI) waren sie überdies längst Favoriten der Musikszene. Die schließlich tief in Verlusten steckende Firma fusionierte 1996 mit dem Festplattenhersteller JTS und verschwand von der Bildfläche.

Apples Macintosh, im Januar 1984 mit großer Fanfare auf den Markt gebracht, war dann der erste Mikrocomputer, der die Jahre zuvor im Xerox-Forschungszentrum Palo Alto entwickelte grafische Oberfläche mit Erfolg kommerzialisierte. Das Gerät und seine Software boten eine hinreichend ausgereifte Plattform, um in den nächsten zehn Jahren die Multimedia-Entwicklung zu unterstützen.

Die Firma Apple wurde 1977 von den beiden jungen Kaliforniern Steven Jobs und Stephen Wozniak gegründet. Wozniak galt als der «Technikfreak», aber Jobs,

* Gerade rechtzeitig auch, um die Wissenschaft der Semiotik wiederzubeleben. Als der Macintosh geboren wurde, waren die besten Filmsemiotiker entweder tot oder schrieben Erfolgsromane. Um 1980 herum, als Apple mit der Arbeit am Mac anfing, hatte sich das Epizentrum semiotischer Kreativität von Paris nach Cupertino verlagert – eine bisher von der akademischen Semiotikindustrie noch gar nicht wahrgenommene Tatsache.

der «kaufmännische Kopf», hatte den entscheidenderen Einfluß auf die Technologiegeschichte, denn er setzte die Vision eines Computers durch, der sich – so leicht wie ein Toaster – ohne spezielle Vorkenntnisse bedienen läßt.

Vor der Einführung des Mac hatte Apple, wie nahezu die ganze Branche, Geräte hergestellt, die zu ihrer Bedienung bedeutende technische Kenntnisse erforderten. Deren Erfolg war zwei Faktoren zu verdanken: dem kämpferischen und romantischen Image, das Jobs und Wozniak durch ihre Ausstrahlung nährten, und dem glücklichen Zufall, daß zwei andere junge Leute, Dan Bricklin und Bob Frankston, in Cambridge, Massachusetts, ein Programm mit dem Namen «VisiCalc» geschrieben hatten, das nur auf Apple II lief. «VisiCalc» kam 1979 auf den Markt, kurz nach dem Debüt der Maschine. Tausende junger Diplomkaufleute, betrunken von den Finanzträumen der achtziger Jahre, rannten los und kauften sich Apples, um das neue Tabellenkalkulations-Programm zu laden, ein Werkzeug für kaufmännische Planung.

1984 wurden die ersten Macs mit einem Grafikprogramm und mit einer Textverarbeitungs-Software ausgeliefert. Plötzlich konnten die Benutzer auf ihren Bildschirmen nicht nur schreiben, sondern auch zeichnen. Wohl ebenso wichtig: Die Grafikfähigkeit des Geräts erstreckte sich auf den Text wie auf die Bilder. Die Schreiber konnten tatsächlich Schriftarten und Schriftgrößen ihrer Wahl benutzen! Das war ein entscheidender Vorteil gegenüber den ungeschlachten Darstellungen auf den früheren Bildschirmen mit ihrer Punktmatrix-Schrift (siehe Abbildung Seite 463). Was bislang das Geheimwissen von Buchherstellern und Setzern war – Schrifttyp, Durchschuß, Spatium, Punkt, Unterschneiden –, wurde bald zum Allgemeinwissen für eine neue Generation von Schreibkräften und mittlerem Management. Dieser soziale und ästhetische Wandel zeichnete sich bereits in den siebziger Jahren ab, als in den Industrieländern (außer im Ostblock) fast jeder mit Hilfe der allgegenwärtigen und billig zu benutzenden Fotokopierer zu seinem eigenen Verleger werden konnte. Nun ließ der Macintosh jedermann zum Layouter und Typografen werden.

Der noch in den Fünfzigern und Sechzigern so hochgehaltene «Konsument» wich dem «User» der Achtziger und Neunziger. Der Konsument war passiver und pflichtbewußter Partner für die großen industriellen Produzenten der ersten Hälfte des zwanzigsten Jahrhunderts gewesen; der User sollte nun der aktive, unabhängige und fordernde Klient für die Service-Anbieter des nächsten Jahrhunderts werden. Als wir in den Sechzigern durch die Straßen marschierten und «Power to the People!» sangen, haben wir einfach nicht geahnt, daß die Power wirklich gewährt werden würde – aber im Bereich von Kunst und Kommunikation statt in Politik und Wirtschaft.

Diese Beziehung zwischen der Gegenkultur der Sechziger und der Mikrocom-

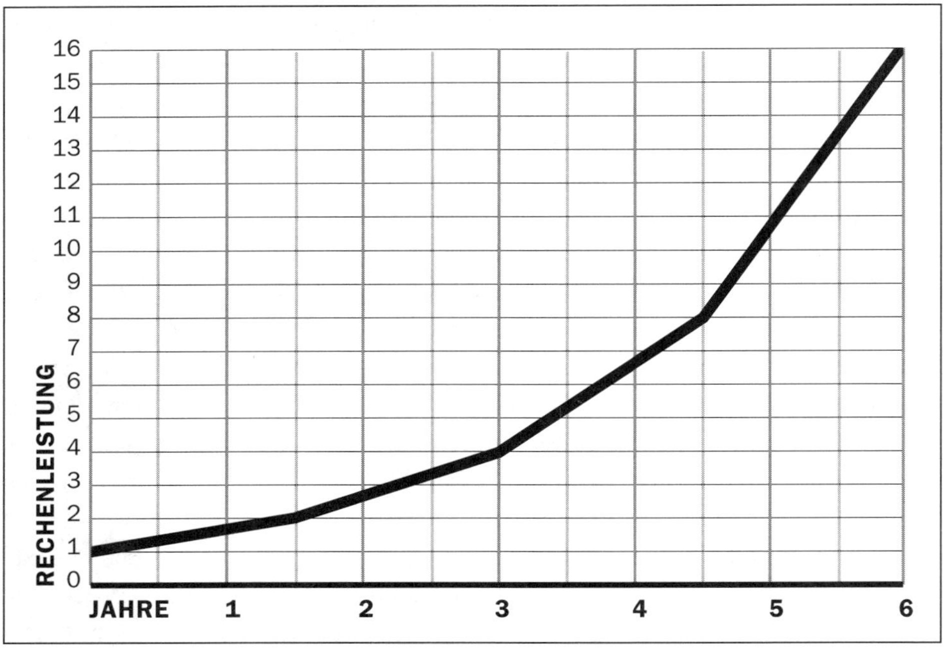

Diagramm Q

puter-Revolution der Achtziger ist verwunderlich, aber nicht abzuleugnen. Apple hat das früh begriffen und profitierte von diesem Gespür. Der berühmte Werbespot, der den Computer «for the rest of us» ankündigte und dem Goliath IBM den Kampf ansagte, hob sehr stark auf die verbliebenen, verschütteten Sehnsüchte der Gegenkultur ab.

Abgesehen vom kulturellen Nimbus, den er erhielt, war der Mikrocomputer auch im reinsten Sinne des Wortes revolutionär, denn das Ausmaß seines historischen Vormarsches bemißt sich eher geometrisch als arithmetisch. Nach dem Mooreschen Gesetz verdoppelt sich die pro Dollar erhältliche Chipdichte (und dank der Erweiterung auch die Rechenleistung) alle anderthalb Jahre. Gordon Moore, einer der Intel-Gründer, hat diese Faustregel schon frühzeitig aufgestellt. Die Geschichte der Mikrocomputer in den vergangenen fünfzehn Jahren hat ihre Triftigkeit aufs schönste bestätigt.

Zahlenmäßig hat die Informations-Revolution der achtziger Jahre in weniger als zehn Jahren bewerkstelligt, wofür die Revolution im Verkehrswesen hundert Jahre brauchte, bevor sie in den sechziger Jahren zum Stillstand kam. Andersherum ausgedrückt: Hätte sich die Verkehrsleistung mit derselben Geschwindigkeit entwickelt wie die Informations-Leistung in den Achtzigern, würde die fünfstündige Reise von

New York nach Los Angeles heute ungefähr eineinhalb Minuten dauern. Diese Zahlen haben ein derartiges Gewicht, daß wir nur mutmaßen können, was sich kulturell und sozial daraus ergeben wird. An einen Satz Bob Dylans aus den sechziger Jahren wäre zu denken:

> ... something is happening here
> But you don't know what it is
> Do you, Mr. Jones?*

Während die aufblühende Mikrocomputer-Industrie im Büro den Ton angab, trug die Heimelektronik-Industrie die Mikrochip-Revolution in die Wohnungen.

Ende der siebziger Jahre sah man Filme im Kino, hörte Musik von Schallplatten, sah eins von drei Programmen im Fernsehen (nur aus dem Sessel sich erhebend, um gelegentlich einen anderen Kanal einzustellen), benutzte mit Draht an der Wand angeleinte Telefone und – wenn man denn diese Neigung hatte – korrespondierte miteinander, indem man Kugelschreiber, Bleistift, Schreibmaschine, Papier und die Post benutzte.

Anfang der neunziger Jahre sahen dieselben Leute Filme hauptsächlich zu Hause auf Video, hörten digitale Musik von CDs (häufiger unterwegs als daheim), konnten unter ein bis zwei Dutzend Fernsehkanälen wählen (und betrieben ihr Channel-Switching, ohne sich aus der Polstergarnitur erheben zu müssen), telefonierten im Auto oder zu Fuß auf der Straße und – wenn sie denn diese Neigung hatten – korrespondierten per Fax oder Modem miteinander.

Sie konnten sich auch, wenn ihnen daran lag, einen Camcorder kaufen, der ihnen Videoaufnahmen von nahezu Profiqualität zu machen erlaubte. Sie konnten sich ein Heimkino einrichten, wo der Bildschirm fast so groß ist wie die Leinwände im Schachtelkino um die Ecke (und der Ton entschieden besser). Sie konnten sich Videodiscs ansehen und dabei hin und her springen, durchblättern, anhalten und überfliegen, als wäre es ein Buch. Sie konnten sich ihre ganz private Satellitenschüssel installieren oder den Kleinen einen Computer zum Spielen kaufen, der die Leistung eines IBM-Großrechners aus den achtziger Jahren hatte.

Mitte der neunziger Jahre verfügte fast die Hälfte der amerikanischen Haushalte über Mikrocomputer, und damit waren die Voraussetzungen geschaffen, um die meisten der technologischen Stränge, die wir aufgezählt haben, im Wege von Multimedia miteinander zu verknüpfen.

«You say you want a revolution...» Digitalisierung und Computerisierung vollendeten den tiefgreifenden Umschwung in der Struktur unserer Kultur, der ein Jahr-

* *Ballad of a Thin Man.* Copyright 1965 by M. Witmark & Sons.

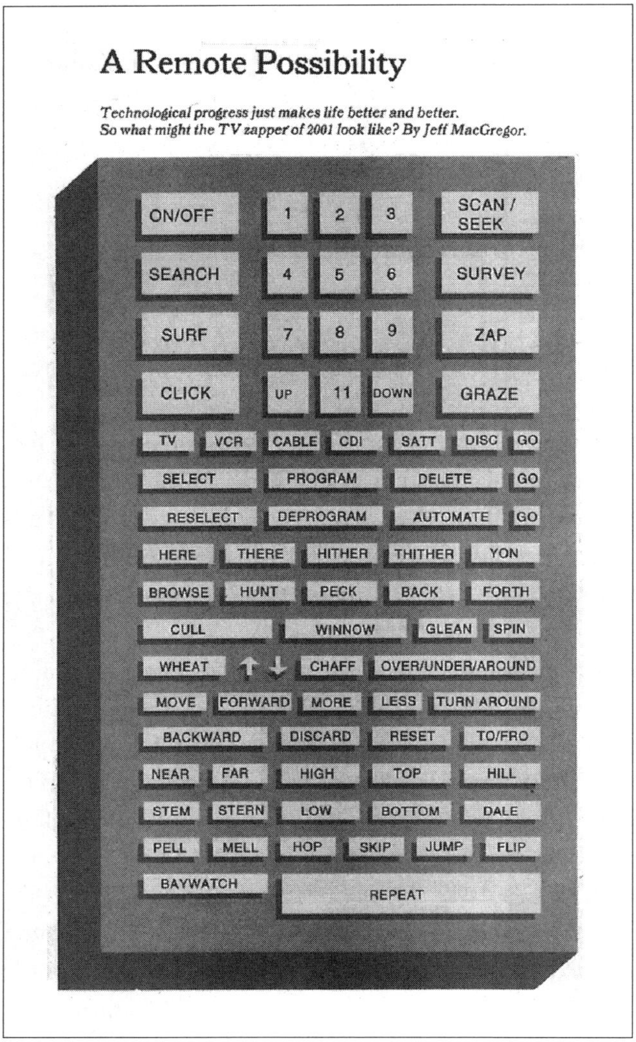

Medien auf Kommando. Der ultimative Telecommander, entworfen von Jeff MacGregor für die *New York Times* vom 16. Oktober 1994 *(Copyright 1994 by The New York Times. Abdruck mit freundlicher Genehmigung)*

hundert zuvor in Edisons Werkstatt begonnen hatte. Als das Informations-Zeitalter Wirklichkeit wurde und zusätzlich zu Arbeit und Kapital auch das Wissen in die gesellschaftliche Gleichung einging, konnte die Ideologie nicht mehr Schritt halten. Es ist kein Zufall, daß das Aufkommen des Mikrochips mit dem Ende des kalten Krieges einherging, eine Parallele, auf die selbst Michail Gorbatschow einmal hingewiesen hatte.

Trotz des exponentiell zunehmenden Tempos der digitalen Revolution in den achtziger Jahren dauerte es nach der Einführung der CD-ROM im Jahre 1985 fast ein Jahrzehnt, bis Multimedia ein marktfähiges Produkt wurde. Der Grund? Digitalisierte Bilder und Klänge, von Filmen ganz zu schweigen, stellen extrem hohe

Speichertechnologie. Die Hollerithkarte aus dünnem Karton (1929), der IBM ihren frühen Erfolg verdankte, enthielt 80 Zeichen auf 61 Quadratzentimetern. Die 8-Zoll-Floppy-Disk (1971) speicherte 128 000 Zeichen auf 127 Quadratzentimetern. Die blanke Scheibe der Digital Video Disc (1997) erhöhte die Kapazität auf 4,8 Milliarden Zeichen, untergebracht auf 51 Quadratzentimetern. Unten: Der mittels *The Time Machine* besuchte singende Ring (802 701 n. Chr.) speichert ... nicht ganz so viel, kommt aber ohne Abspielgerät aus; Yvette Mimieux und Rod Taylor reichen aus, ihn zum Klingen zu bringen.

Anforderungen an Prozessorgeschwindigkeit, Speicherkapazität und Bandbreite des Datenaustausches. Einige Zahlen:

- Der normale Computer-Bildschirm der frühen Neunziger, als Multimedia reif wurde, maß 640 mal 480 Pixel. Wenn jedes Pixel eines Vollbildes entweder schwarz oder weiß war, wären 38400 Byte nötig, es zu definieren.* Wenn man jedoch einen normalen VGA-Farbbildschirm hat, mit einer Palette von sechzehn Farben, ist die Zahl der benötigten Bytes mit 4 zu multiplizieren; bei einem

* In der Welt der Mikrocomputer steht die Maßeinheit Byte für 8 Bit. Ein Bit ist ein Einzelwert von entweder 1 oder 0. Das Wort «Bit» ist von «BInary digiT» abgeleitet. Jeder Buchstabe und jedes Zeichen wird durch ein Byte definiert.

Macintosh mit einer Palette von 256 Farben gilt der Faktor 8; und wenn die Farbdarstellung der Qualität von Fernsehen oder Film nahekommen soll, ist mit 24 zu multiplizieren. Plötzlich braucht eine einzige Bildschirmdarstellung fast ein Megabyte Speicher, fast soviel wie der gesamte Text dieses Buches. Das Mißverhältnis wird deutlich: Man speichert ein ganzes Buch – oder ein einziges passables Farbbild. Ein Bild mag soviel wert sein wie tausend Worte, aber warum soll es 150 000 kosten? Das ist kein guter Tausch.

- Nun soll das farbige Standbild sich bewegen. Und es sollen noch nicht einmal 24 Bilder in der Sekunde sein. Mit nur zwölf funktioniert es auch schon fast. Jetzt benötigt man mehr als 11 Megabyte für jede auf den Bildschirm gebrachte Sekunde ruckeligen Film. Eine CD-ROM mit ihrer garantierten Speicherkapazität von 650 Megabyte könnte also eine Minute Film enthalten (na, nicht ganz). Das ist ebenfalls kein guter Tausch. Die alte Analogwelt erstrahlt plötzlich in neuem Glanz. (Diese digitale Angelegenheit ist vielleicht doch nicht der große Hit.)
- Geht man davon aus, daß sich das Speicherproblem lösen läßt, ist zu bedenken, daß in jeder Sekunde 11 Megabyte von der Disc zur CPU (Central Processing Unit), dem Herzen des Rechners, und von dort zum Bildschirm zu übertragen sind, damit der «Film» mit seinen zwölf Bildern pro Sekunde zu sehen ist – wobei Ende der achtziger Jahre die normale Übertragungsrate bei 150 000 Byte pro Sekunde lag.*

Man hat nun eine Vorstellung von den technischen Klippen, vor denen sich die Multimedia-Pioniere sahen! Die Lösungen, die sie für die anscheinend unüberwindlichen Probleme gefunden haben, sind so sinnvoll wie lehrreich. Die Entwicklung von Chips zur Verarbeitung einer derartigen Informationsmenge zu einem vernünftigen Preis hätte das Problem nur zur Hälfte gelöst, denn der Speicherbedarf bewegte sich in ähnlich astronomischen Dimensionen wie die Anforderungen an die Prozessoren. Die als Digital Signal Processor (DSP) bezeichneten Chips erwiesen sich als hilfreich, und auch die von RCA entwickelte Hardware mit der Bezeichnung Digital Video Interactive (DVI) zur Komprimierung und Dekomprimierung rasch aufeinanderfolgender Videobilder sah eine Zeitlang vielversprechend aus. Aber die erste Phase von Multimedia wurde durch Software ermöglicht, die auf ebenso hübschen wie wirkungsvollen rein mathematischen Techniken beruhte.

Sie sind zu komplex, um hier im einzelnen dargestellt zu werden. Ihr Ansatz be-

* Die Berechnungen: 640 × 480 Pixel × 1 Bit/Pixel = 307 200 Bit. 307 200 Bit/8 Bit pro Byte = 38 400 Byte. Vier Bit an Farbinformation ergeben sechzehn Farben (2 hoch 4). 24 Bit an Farbinformation ergeben mehr als 16 Millionen Farben (2 hoch 24), das ist der augenblickliche Standard für die realistische digitale Farbdarstellung. 38 400 Byte × 24 = 921 600 Byte. 921 600 Byte pro Einzelbild × 12 Bilder pro Sekunde = 11 059 200 Byte pro Sekunde.

stand darin, die zur Speicherung und Bildschirmdarstellung eines Bildes (oder der Bilderfolge, wie sie als Film bekannt ist) erforderliche Datenmenge zu komprimieren, indem die Differenz zwischen aufeinanderfolgenden Pixeln oder Einzelbildern festgehalten wird statt der individuelle Wert jedes Pixels in jedem Bild. So würde zum Beispiel ein unbewegtes Bild mit einem ausgedehnten dunklen Hintergrund in nur einer Farbe weit weniger Speicherplatz benötigen als dasselbe Bild mit vielfarbigem buntem Hintergrund. Die Zahl der Veränderungen ist wichtig, nicht die Anzahl der Pixel. Ähnlich braucht ein Film mit langsamen Bewegungen und wenigen Schritten weit weniger Speicher als eine Inszenierung mit schnellen Veränderungen und zahlreichen Schnitten. Nur die Unterschiede zwischen den Einzelbildern werden erfaßt, nicht die gesamten Daten jedes Bildes.

Diese Komprimierungstechniken können unschwer den Speicherbedarf für ein stehendes Bild um den Faktor 10, den für ein bewegtes Bild um den Faktor 100 verringern. Damit sind wir wieder innerhalb der Grenzen, wie sie von den Kapazitäten der gegenwärtig verfügbaren Hardware vorgegeben sind. Die Norm für die Komprimierung eines digitalisierten farbigen Einzelbildes wird als JPEG bezeichnet (nach der Gruppe, die sie entwickelt hat: Joint Photographic Experts Group), die Norm für Filme wird als MPEG bezeichnet (nach der Joint Motion Picture Experts Group). Daneben sind mannigfache Systeme in Gebrauch. (Es gibt noch ein sehr einfaches Verfahren, die für einen Multimedia-Film erforderliche Datenmenge zu reduzieren: die Bildgröße reduzieren. Deshalb nimmt das Bildfenster eines digitalen Films meistens weniger als ein Viertel der Bildschirmfläche ein.)

Obwohl die Voyager Company bereits im Jahre 1989 mit Robert Winters *CD Companion to Beethoven's Ninth* die Möglichkeiten von Multimedia demonstriert hatte, trat das neue Medium erst im Juni 1991 wirklich auf dem Markt in Erscheinung, als nämlich Apple seine als «QuickTime» bezeichnete Software-Technologie zur Bearbeitung von Filmen vorstellte. (Im Jahr darauf folgte Microsoft mit «Video for Windows».)

Eines der mit QuickTime verfolgten Ziele war es, eine plattformunabhängige Technologie verfügbar zu machen, so daß bewegte Bilder stets mit der jeweils besten Qualität dargestellt werden könnten, zu der die Hardware, auf der sie laufen, imstande ist. Infolgedessen werden verschiedene Betrachter einer QuickTime-Disc verschiedene Qualitätsstufen zu Gesicht bekommen. Da die Filme und Videobänder im Original normalerweise mit 24 oder 30 Bildern pro Sekunde aufgenommen sind, die Multimedia-Disc aber mit durchschnittlich 15 Bildern pro Sekunde nur eine Annäherung enthält, verpassen wir einen Teil der Information – es ruckelt.

Noch eins: Selbst wenn die Original-Bildgeschwindigkeit eingehalten wird, können wir nicht sicher sein, daß die angewandten Komprimierungs-Techniken die im Original enthaltene Information getreu wiedergegeben haben. Komprimierungs-

Mit *Ludwig van Beethoven Symphony No. 9* von Robert Winter setzte die Voyager Company 1989 einen Meilenstein für Multimedia.

Bei *A Hard Day's Night*, der multimedialen Umsetzung des Beatles-Films von Richard Lester (1964), brachte Voyager 1993 mit QuickTime den gesamten Film auf die Scheibe, dazu das komplette Drehbuch, verschiedene Essays und Beispiele früherer Arbeiten von Richard Lester.

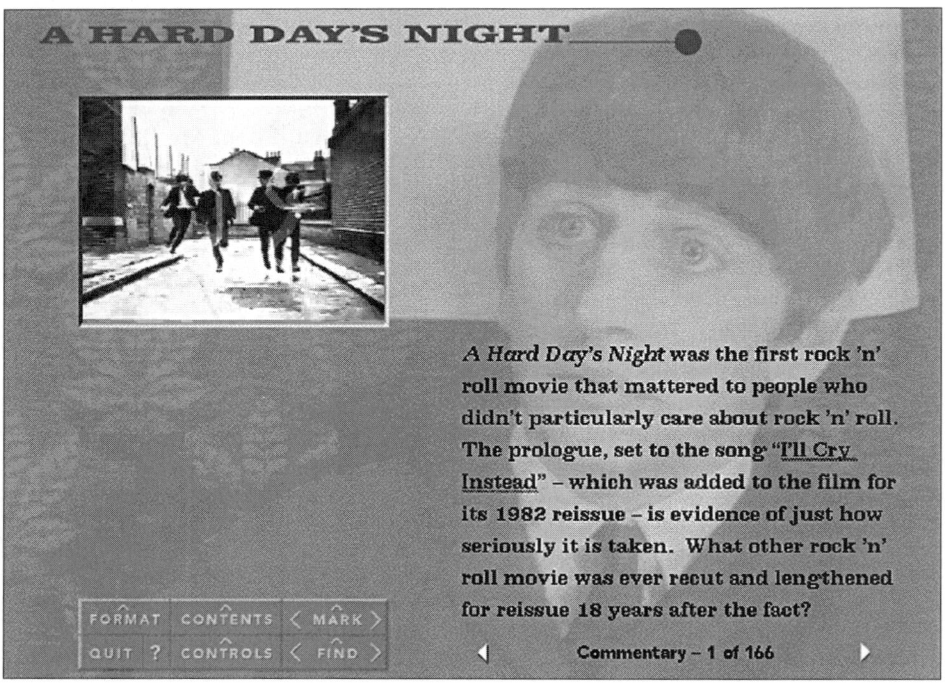

Algorithmen kommen in zwei Geschmacksrichtungen vor: «verlustig» (lossy) und «nichtverlustig» (nonlossy). Wie die Bezeichnungen schon sagen, gibt nichtverlustige Komprimierung getreu jeden im Original festgestellten digitalen Wert wieder, wohingegen die verlustige Komprimierung das nicht tut: Sie bringt manche Werte nur in Annäherung. Darüber hinaus liegt es bereits in der Natur der Digitalisierung, daß Werte verlorengehen. Ganz gleich, wie hoch die Abtastfrequenz auch ist, theoretisch sind die Werte zwischen den Abtastschritten verloren. Es gibt immer noch Audiophile, die sich über die «Kälte» der CD-Wiedergabe beklagen und – ungeachtet der Anfälligkeit für Beschädigungen – die altmodischen analogen Vinylplatten vorziehen. Wir werden auf dieses ethische und ästhetische Problem zurückkommen.

QuickTime von Apple war nicht der einzige Zugang zum Multimedia-Feld in den frühen neunziger Jahren. Sein bedeutendster Konkurrent war CD-I (Compact Disc-Interactive) von Philips, 1991 eingeführt. Philips produzierte keine Computer, sondern Heimelektronik und ging ganz anders heran. Die CD-I-Platten laufen auf einem Zusatzgerät zum Fernsehapparat (bei der Einführung für etwa 600 Dollar angeboten) und werden durch einen Joystick ohne Tastatur ferngesteuert. CD-I litt unter zwei schwerwiegenden Einschränkungen: Die schlechte Auflösung des Fernsehbildschirms in Kombination mit dem Fehlen einer Tastatur bedeutete, daß nur sehr wenig mit Text zu arbeiten war. CD-I erwies sich als kaum mehr als ein Abspielmedium für Bilder, eine digitale und interaktive, aber äußerst beschränkte Version der Laser-Videoplatte, die ironischerweise kurz vor der Einführung von CD-I die kritische Masse als visuelles Medium erreichte.

Das eigentliche Multimedia-Element mit einer wirtschaftlichen Schlüsselfunktion ist die CD-ROM-Technologie. Zur Zeit ist nur das Laser-Aufzeichnungssystem der CD in der Lage, unter vernünftigen Kosten die gewaltigen Speichermengen bereitzustellen, die für Multimedia erforderlich sind. Von Philips und Sony in Zusammenarbeit entwickelt, wurde die CD auf Laserbasis 1982 als Audiomedium eingeführt. Nach sechs Jahren dominierte sie das Tonträgergeschäft, eine der ganz großen Erfolgsstorys im Heimelektronik-Marketing des zwanzigsten Jahrhunderts. Der Erfolg der CD auf dem Audiomarkt ließ die (Herstellungs-)Preise rapide fallen. Das machte sie noch attraktiver für die Computerindustrie, die sich 1985 die CD-ROM als Speichertechnologie der Zukunft aneignete. Ironischerweise hatte Sony – wie auch Philips – nur wenig Erfolg auf dem Multimedia-Markt. In den frühen neunziger Jahren brachte die Firma mindestens vier Versionen eines tragbaren CD-ROM-Abspielgerätes heraus, aber weder der Data Discman (in mehreren Inkarnationen) noch der Bookman noch der MMCD-Player fanden Gnade bei der Käuferschaft.

Die Audio-CD hatte so rasch Erfolg, weil Sony und Philips die Technologie kontrollierten: Ein einziger uniformer Standard wurde von allen Herstellern übernommen. Demgegenüber wurde die Entwicklung von CD-ROM-Multimedia durch die

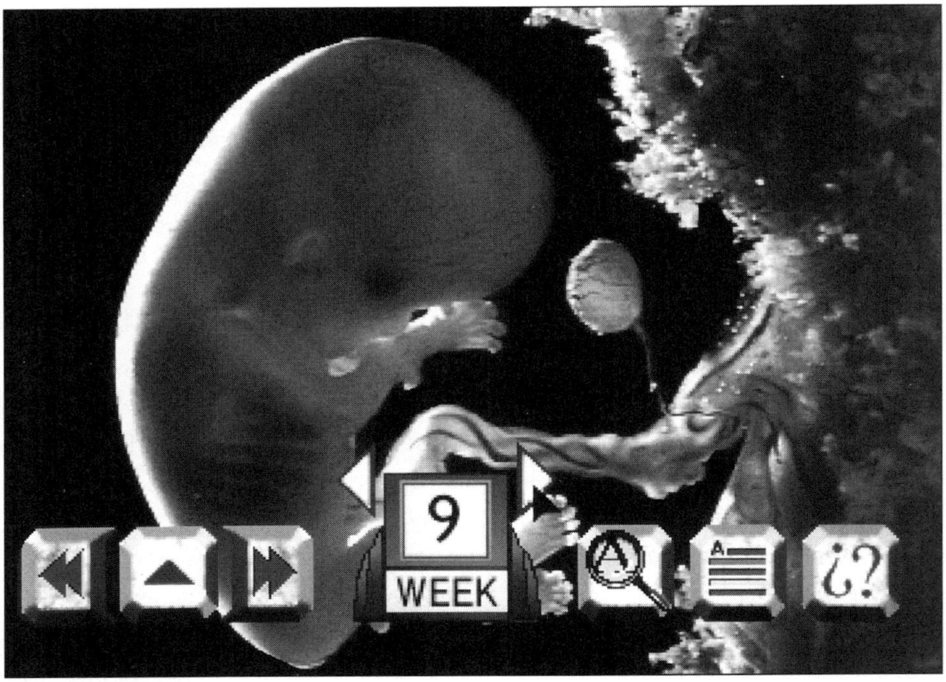

Die Entstehung des Lebens – eine Anwendung auf CD-I. *(Philips Media)*

Vielfalt der Ansätze verlangsamt. Neben den erfolgreichen Lösungen bei Apple-Macintosh und Microsoft MPC (die zunehmend kompatibel sind) sowie den Bemühungen von Sony und Philips sind noch CDTV von Commodore, VIS von Tandy, Ultimedia von IBM sowie Videospiele von Sega, Nintendo und 3DO zu nennen. Von Ultimedia abgesehen, bestanden diese Lösungen aus Zusatzgeräten zum Fernsehapparat, womit sie im Spielebereich Erfolg hatten, aber zu einer Nischenexistenz verdammt waren, als Multimedia zu einem normalen Feld des Publizierens wurde. Solange die Fernsehtechnologie nicht voll digitalisiert ist, bleibt das Medium außerstande, ernstzunehmende Textmengen auf dem Bildschirm unterzubringen.

Während das Digital Video Disc-Format, das gegen Ende 1995 als Standard für die nächste Generation der CD-Technik etabliert wurde, den Multimedia-Autoren ein weites neues Betätigungsfeld bot, war noch nicht klar, daß es sich nun auch als Medium für den Vertrieb gefilmter Unterhaltung durchsetzen würde. Mit einer Speicherkapazität von mehr als 18 Gigabyte ist es sicherlich für die vom digitalen Video erforderten Datenmengen geeignet.* Die Hürden waren ökonomischer, nicht technischer Art. Während CD-ROM-Benutzer leicht vom bisherigen Format zum neuen rückwärtskompatiblen Standard übergehen können, steht für Video-Konsumenten der Wechsel zu einem nicht kompatiblen Format an, nämlich entweder von

Patriot Games mit Harrison Ford (Phillip Noyce, 1991) – ein Spielfilm auf Video-CD. *(Philips Media)*

der bewährten Qualität der Laserdisc oder vom weitverbreiteten VCR her. Die DVD bietet allemal eine bessere Bildqualität als der schwache Standard des VHS-Videobands; das Gros der Konsumenten hätte also guten Grund, sich umzustellen – möglicherweise. Doch werden Digital Video Discs auch die Qualität der Laserdiscs übertreffen? (Dies Medium mit dem Verdienst, einen neuen Weg gewiesen zu haben, mag bei seinen Liebhabern durchaus weiterhin in Benutzung bleiben und damit überleben.) Das voll digitale Bild ist auch eine Herausforderung für die Distributeure: Weil sich die Digital Video Disc so viel leichter kopieren läßt, erheben sich Piraterieprobleme, die sich nicht so leicht lösen lassen. Sobald Filme einmal digitalisiert sind, kann man sie ebenso leicht kopieren und übermitteln wie digitalisierten Text. Das ist nur eine Frage der Bandbreite.

* Um zu unseren früheren Berechnungen zurückzukehren (bezogen auf den NTSC-Standard): 921600 Byte pro Bildschirm × 30 Bilder pro Sekunde = 27,6 Millionen Byte / Sekunde unkomprimierte Videodaten. 4,7 Milliarden Byte (Kapazität einer einseitigen Single-Layer-DVD) / 27,6 Millionen Byte = 170 Sekunden oder weniger als 3 Minuten unkomprimiertes Video. Das bei bei der Komprimierung der Videodaten erzielte Komprimierungsverhältnis liegt routinemäßig über 100: 1 und erhöht die Kapazität einer Informationsschicht so weit, daß dort Platz genug ist für einen ganzen Spielfilm. (Die Zahlen sind vereinfacht. In der Praxis sieht es komplizierter aus.)

Der Mythos Multimedia

In Anbetracht der gewaltigen technischen Hürden, die bei der Digitalisierung zu überwinden sind, des desorganisierten Marktes und der ernsten Qualitätsprobleme mag man dem in Ehren ergrauten Cinephilen verzeihen, wenn er zynisch reagiert auf die blinde Multimedia-Begeisterung der neunziger Jahre. Seit der Erfindung des Films kombinieren Künstler Text, Bilder und Klänge. Edison war der erste Multimedia-Künstler, und der Film ist das erste Multimedium. Die Computerisierung von Bild und Ton gibt dem Betrachter eine reale Handhabe, sie zu kontrollieren, was einen nützlichen Fortschritt bedeutet, aber leistet nicht die Laserdisc (immer noch ein Analoggerät) weitgehend dasselbe?

Aus einer strikt filmischen Sicht tut sie das. Wenn es einfach unser Ziel ist, das Erleben der Filmbetrachtung zu steuern, ist ein voll computerisierter Laserdisc- (oder DVD-)Player die bessere Lösung für das Problem. Darüber hinaus wird das Wachstum einer Multimedia-Industrie die Art, in der die Filmemacher ihre Filme machen, nicht entscheidend verändern. Der Produzent Joe Medjuck hat darauf hingewiesen, daß das lineare Erzählen die Stärke Hollywoods (nie schlechthin aller Filmemacher) ist, und das ist das direkte Gegenteil der Interaktivität, der Seele von Multimedia. Filmemacher erzählen Geschichten: «Zuerst passiert dies, dann passiert das, dann...» Freier Zugriff auf die Teile eines Films kann seine Rhythmen zerstören, seine Existenzberechtigung gar.

Aus der Sicht eines Verlegers ist jedoch das Aufkommen von Multimedia ein historisches Ereignis von ähnlicher Dimension wie die Erfindung des Buchdrucks mit beweglichen Lettern. Erstmals sind alle Medien für den Verleger verfügbar. Bücher hatten schon immer Illustrationen. Manchmal ist ein Bild wirklich soviel wert wie tausend Worte. Also sollten logischerweise bewegte Bilder 24000 Worte pro Sekunde wert sein.

In den siebziger Jahren hat der Wissenschaftler Alan Kay, eine der Schlüsselfiguren der Mikrocomputer-Revolution, im Xerox-Forschungszentrum Palo Alto ein Modell für einen Computer der Zukunft entwickelt; er nannte es das Dynabook. (Das war, wohlgemerkt, bevor es so etwas wie Mikrocomputer gab.) Kay hatte die

Vision eines Handcomputers, der weitgehend «aussieht und sich anfühlt» wie das Buch, mit dem Sie sich gerade beschäftigen (vorausgesetzt, Sie lesen *Film verstehen* in der Buchversion). Er begriff den Wert dieser uralten Informationsform und folgerte ganz zu Recht, was die Computerleute erst viele Jahre später als Regel lernten: «Nicht reparieren, solange es nicht ganz kaputt ist!» Multimedia ist ein wichtiger Schritt hin zur Erfüllung der Dynabook-Versprechung. Es bleibt nur noch, die Tragbarkeit zu gewährleisten, biegbar sollte es auch sein... und viel schneller (und wenn wir schon mal dabei sind, vervierfachen wir doch gleich die Auflösung).

In gewissem Sinne ist die Bezeichnung «Multimedia» verfehlt. Da es sein Hauptvorteil ist, die verschiedenen in den vergangenen hundert Jahren entwickelten Veröffentlichungsmedien zu vereinigen, wäre vielleicht «Unimedium» der bessere Begriff. Das würde unsere Aufmerksamkeit auf die anstehende Aufgabe lenken: ein gebündeltes Erleben zu produzieren, Gedanken und Empfindungen mitzuteilen und dabei die jeweils bestgeeigneten Formen der Information zu nutzen.

Wichtiger ist, daß der wirkliche Wert der als Multimedia bekannten Form viel weniger mit der Kombination von Medien zu tun hat, wonach sie benannt ist, als vielmehr mit ihrem Kodiersystem. Eine weitere bessere Bezeichnung für diese Form wäre «digitales Buch». Während – wie wir gesehen haben – die Digitalisierung eine Reihe ernsthafter Probleme für Multimedia-Filme schafft, ist sie überwältigend befreiend für den Umgang mit Text. Der Vorteile sind mehrere, und sie sind nicht nur eingebildet.

Der wichtigste ist die Mühelosigkeit, mit der digitalisierter Text gesucht und aufgefunden werden kann. Die meisten gedruckten Sachbücher enthalten ein Register, aber digitalisierter Text ermöglicht die «Volltext-Indexierung», mit der jedes Wort auffindbar ist, und das ist bei schöner Literatur fast ebenso nützlich wie bei Sachliteratur. Wird das Konzept des digitalen Buches zur digitalen Bibliothek ausgeweitet, wird diese Methode des unbegrenzten und mühelosen Zugriffs zu einem nicht hoch genug zu schätzenden Werkzeug für geistige Arbeit. Unternehmen wie Dialog und Lexis brachen in den späten sechziger und frühen siebziger Jahren der kommerziellen elektronischen Registererstellung Bahn, lange vor den CD- und Multimedia-Entwicklungen der ausgehenden Achtziger. Diese Online-Datenbanken erfüllen weiterhin eine zentrale Funktion in der Welt der digitalen Bücher, selbst jetzt noch, wo «tragbare» CD-ROM-Datenbanken ihnen zur Seite getreten sind. Selbst eine mit Dutzenden von CD-ROMS gefüllte Abspielstation käme nicht an die Kapazität der zentralen Datenbanken heran, und darin liegt einer der Gründe, weshalb die Online-Technologie weiterhin eine Rolle beim multimedialen Veröffentlichen spielen wird.

Die Volltext-Indexierung ermöglicht auch die elektronische Variante von Kreuzverweisen, die inzwischen als Hypertext bekannt ist. In einem Hypertext-Dokument

Das *Oxford English Dictionary*, eine der weltgrößten verlegerischen Leistungen, in seiner traditionellen 24bändigen Buchform und auf CD. Die CD-ROM ist technisch einfach zu aktualisieren, leichter zu durchsuchen und sehr viel billiger herzustellen. (*Oxford University Press*)

steuert der Benutzer den Verlauf der Erzähllogik, indem er den Rahmen der Detaillierung ausweitet oder verengt, in Nebenbezüge abzweigt oder den Gegenstand seiner Darstellung knapp zusammenfaßt. Mit seinen den Text durchziehenden Verweisen auf relevante Informationen ermöglicht Hypertext eine derart hochgradige Kontrolle über das Text-Erleben, wie Druckwerke sie nicht bieten können. Hypertext erfüllt alle Träume solcher Autoren, die in Fußnoten (und Parenthesen) verliebt sind, ebenso wie die der ehrenwerten Herausgeber von Kommentarwerken etwa zu Shakespeare, Goethe oder Brecht sowie von Bibelkonkordanzen, die den Bedarf an einer dritten Dimension in der textlichen Darstellung empfunden hatten. Jetzt haben wir sie.

Der Leser erhält eine neue Verfügungsgewalt über das schriftliche Werk: Digitaler Text läßt sich leicht kopieren und verschieben, sortieren und ändern. Für den Leser ist das von beträchtlichem Nutzen, aber den Verleger stellt es vor eine Reihe ernster wie interessanter Probleme, auf die wir demnächst zu sprechen kommen. Digitaler Text leidet immer noch unter der mangelnden Bildschirm-Auflösung, und wenn man die Wahl hat, ist das gedruckte Buch immer noch die beste Art, einen Text

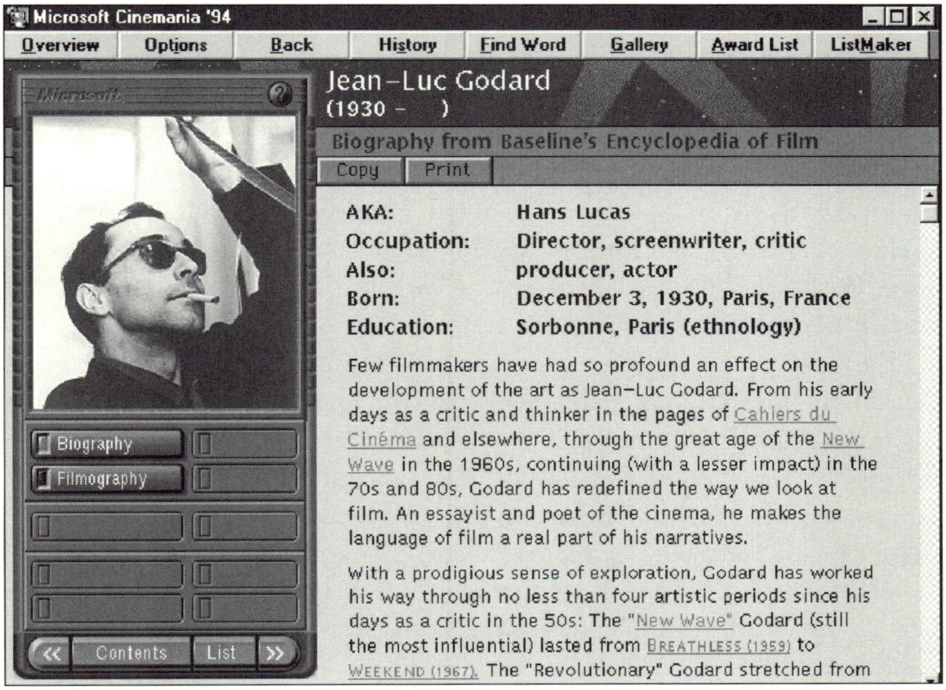

Microsofts *Cinemania* (zuerst 1994) versammelt mehrere filmische Nachschlagewerke, eine Vielzahl von Filmfotos und einige Filmclips auf einer CD-ROM. Besonders komfortabel ist die Möglichkeit, mit Hilfe von «Links» zwischen verschiedenen Texten hin und her zu springen und so Informationen zu verknüpfen. (*Microsoft*)

zu erleben. Aber das digitale Buch kann mit seiner Steuerbarkeit und mit der Unterstützung der Begriffssuche für seine bisherigen Schwächen entschädigen.

Der aus Verlegersicht wohl wertvollste Vorzug des digitalen Textes ist auch der banalste: sein Preis. Die Kosten für die Herstellung von CDs und magnetischen Disketten sind unbedeutend, verglichen mit den Herstellungskosten eines Buches selbst mit schlichtester Ausstattung. Im Unterschied zu Büchern kommt hinzu, daß Disketten und CDs recht weitgehend nach Bedarf hergestellt werden können. Es erübrigt sich, in große Lagerbestände zu investieren. Den meisten Lesern ist die wirtschaftliche Dimension der Buchherstellung überhaupt nicht bewußt, aber ein Verleger steht unausgesetzt vor dem Dilemma, welche Auflage er riskieren kann.

Beim Buchdruck entstehen die größten Kosten am Anfang. Das Einrichten der Maschinen erfordert mehr Zeit und Mühe als der eigentliche Druckvorgang. Deshalb ist es ganz und gar unökonomisch, nur ein paar Exemplare zu drucken. Nach Maßgabe der gegenwärtigen Technologie sind die Verleger gezwungen, eine möglichst große Auflage drucken zu lassen, damit die Stückkosten vernünftig ausfallen. Mehr als ein Verlag ist an einem übergroßen Verlagslager zugrunde gegangen.

Bei der CD-ROM-Herstellung sind die für die Vorbereitung anfallenden Kosten verschwindend gering, wenn man sie mit den entsprechenden Posten beim herkömmlichen Buchdruck vergleicht. Ein zwanzigbändiges Lexikon im Großformat zum Beispiel müßte in mindestens tausend Exemplaren zu 200 Mark gedruckt werden (wenn weniger Exemplare gedruckt würden, wären nämlich die Stückkosten zu hoch), aber als CD-ROM ließe es sich in weit kleinerer Auflage für zwei Mark pro Exemplar herstellen. Statt einer Investition von 200 000 Mark muß der Verleger nur etwa 2000 Mark aufbringen. Verlegerische Vorhaben, die in gedruckter Form unwirtschaftlich wären, sind nun auf Diskette oder CD-ROM möglich.

Die niedrigen Gestehungskosten digitaler Verlagsproduktion könnten tatsächlich dahin führen, daß der Markt nicht mehr von professionellen Organisationen mit hoher Kapitalausstattung dominiert wird. In Elektronik beschlagene Autoren beherrschen jetzt das verlegerische Potential, das einst den etablierten Verlagshäusern vorbehalten war. Mit Software im Wert von wenigen hundert Mark kann ein Autor ein durchgestaltetes Buch produzieren, voll mit Illustrationen (in Farbe und animiert). Mit dem Zugang zu Internet oder anderen Online-Datennetzen kann er oder sie das «Buch» für Millionen verfügbar machen, weltweit und in Sekundenschnelle: eine Art «virtuelles Verlegen». Allerdings schafft es solch ein Cyberautor auch nicht besser als ein kommerzieller Verlag, sein Werk zu vermarkten. Für bestimmte Typen von Publikationen – wissenschaftlich, Special Interest, privat – mag das keine Rolle spielen.

Es ist ebenfalls noch nicht klar, ob dieser universelle Zugang zu Publikationskanälen nur positiv ist. Man muß es nur logisch zu Ende denken: Wenn alles publiziert wird, ist nichts mehr im Blick. Der mühselige Vorgang von Drucklegung und Vertrieb, der dreihundert Jahre lang galt, funktionierte auch als Filter, der wenigstens oberflächlich seine Wirkung tat. Sollten Redakteure und Verleger entfallen, werden wir einen neuen Weg finden müssen, die Spreu vom Weizen zu sondern. Internet ist in höchster Gefahr, von Logorrhöe überschwemmt zu werden.

Ein weiterer Aspekt dieser neuen Welt des virtuellen Publizierens ist zu berücksichtigen. Wir haben festgestellt, daß das traditionelle Konzept des Urheberrechts in Frage gestellt ist, weil der Leser jetzt so viel Verfügungsgewalt über den Text des Autors hat. Digitales Publizieren ist so leicht, daß es uns über das traditionelle Selbstverlegen hinaus zu etwas führt, was sich Wiederverlegen und Wiederverwenden nennen ließe. Zu den Lehrern, die vor zwanzig Jahren dem Sirenengesang der Fotokopierer verfielen und limitierte Editionen von anderer Leute Texte für den Gebrauch in der Klasse herausbrachten, hat sich jetzt der Rest von uns gesellt, die wir nun beispielsweise ein bißchen Multimedia-Hochzeitsanzeige mit ein paar Zeilen Dylan Thomas, ein paar Takten Hochzeitsmarsch und vielleicht einem Magritte als Hintergrund mischen können.

Das Rechtsprinzip des Copyright hat traditionellerweise nicht Gedanken, sondern ihre Gestaltung geschützt. Weil sie alle Texte, Bilder und Klänge in einen einheitlich gestalteten Rahmen einbringt, macht Digitalisierung es zu einer leichten Übung, nicht nur diese vom Urheberrecht geschützten Objekte zu geringen oder ohne Kosten zu reproduzieren, sondern sie auch in einer Weise zu verändern, daß man zwar das Gesetz den Buchstaben nach befolgt, aber nicht in seinem Sinne handelt. Wann wird ein Zitat zum Plagiat? Wann wird das Plagiat zur Hommage und damit ein neues eigenständiges Kunstwerk? Diese Fragen haben uns lange begleitet, aber in der Digitalwelt gewinnen sie zusätzliche Dringlichkeit. Anders als das Sachenrecht, das sich mit dinglichem Besitz befaßt, ist der Besitz am geistigen Eigentum ein relativ neues Konzept mit Wurzeln im neunzehnten Jahrhundert. Es könnte sein, daß es das einundzwanzigste Jahrhundert nicht überdauert.

Wir haben bereits erörtert, wie das Sampling in der Musikindustrie ein Problem wurde. Es ist nur eine Frage der Zeit, daß es mit dem Wachstum von Multimedia auch im Bereich des Films dahin kommt. Sie können sich darauf verlassen, daß in der nächsten Version Ihrer Textverarbeitungs-Software ein Übersetzungsmodul implementiert ist, das den von Ihnen markierten Leihtext gerade genug abändert, daß niemand in der Lage ist, seine Herkunft zu identifizieren. Sie können sich darauf verlassen, daß die nächste Version Ihres Multimedia-Autorenwerkzeugs dasselbe mit Filmen anstellt. Es sind bereits Schrifterstellungs-Programme auf dem Markt, die in ähnlicher Weise mit Schriftschnitten umgehen. Der «Altsys Fontographer» ermöglicht einem nicht nur, in Sekundenschnelle geringfügige Änderungen an einem Zeichensatz vorzunehmen, sondern kann auch zwei ganz unterschiedliche Typen zu einer verschmelzen. Wenn man die richtungweisende und beliebte Palatino von Hermann Zapf mit der eigenwilligen Old Style von Frederick Goudy kombiniert – was schuldet man dann den Schriftdesignern und -herstellern?

Dem gegenwärtigen amerikanischen Urheberrecht zufolge ist man nichts schuldig. Schriftenentwürfe werden nicht generell als geistiges Eigentum angesehen, das unter den Schutz des Urheberrechts zu stellen wäre, denn der Entwurf hat nach amerikanischer Rechtsauffassung keine von der Umsetzung unabhängige Eigenexistenz und ist deshalb nicht schützbar. Dies führt zu einem ästhetischen Paradox, das den amerikanischen Architekten Louis Sullivan verwirrt hätte, der im 19. Jahrhundert das Prinzip «form follows function» aufstellte. Dessenungeachtet hat man doch ganz klar anderer Leute Werk enteignet. Genauso klar ist auch, daß man nur eine minimale eigene Leistung eingebracht hat. In moralischer Hinsicht hat man einen Übergriff begangen, selbst wenn man nach dem Gesetz nicht haftbar zu machen ist. Angenommen nun, man wendet eine gewisse Zeit, Mühe und Talent daran, die neue Schriftart zu verändern. An welchem Punkt beginnt es, zu eigener Arbeit zu werden? An welchem Punkt – wenn es den gibt – hört es auf, ein Plagiat zu sein?

Die Rechtsunsicherheit erstreckt sich auch ins Feld der Datenindustrie hinein. Nach einer höchstinstanzlichen Gerichtsentscheidung in den USA ist das Erstellen einer kompletten und alphabetisch geordneten Sammlung faktischer Daten durch das Urheberrecht nicht geschützt. Dagegen bedeutet jedoch die redaktionelle Auswahl aus dieser Datenbank eine «Autorenleistung», die schützenswert ist.

In der mechanischen Vergangenheit konnte man damit leben: Die Schriftzeichner verdienten ihren Lebensunterhalt, weil ihre Gießereien die teuren Bronzelettern verkauften; der Wert irgendeines gedruckten Verzeichnisses bestand nicht darin, daß es komplett und umfassend war, sondern auf eine handhabbare Größe herunterredigiert. Aber im digitalen Zeitalter hilft uns die augenblickliche Rechtspraxis nicht sehr, wenn Schriften aus unzähligen Bits und Bytes bestehen und komplette Datenbanken der Traum und nicht der Schrecken der Listenverfertiger sind.

Schriften sind relativ schlichte geistige Besitztümer, aber ähnlich könnten auch Texte, Bilder und Filme vogelfrei werden. Die Filmindustrie hat in der Tat mehr Erfahrung im Umgang mit komplizierten Fragen des geistigen Eigentums als irgendwer sonst. Der Film ist natürlich ein auf Gemeinschaftsarbeit beruhendes Medium, und jeder Anwalt der Filmindustrie ist mit den verzwickten Problemen widerstreitender Ansprüche vertraut und muß sich damit herumschlagen, wem denn nun was gehört. Dutzende von Hauptbeteiligten können verschiedene Teile des geistigen Eigentums beanspruchen, das sich in einem Film manifestiert, vom Autor der ursprünglichen Ideenskizze über Regisseur und Darsteller bis zu zahlreichen Verleihern auf zahlreichen Märkten. Die Schwierigkeit liegt darin, daß in den juristischen Grundlagen so wenig Logik steckt, und deshalb wird die neue Multimedia-Industrie sich ihre eigenen vernünftigen Richtlinien erarbeiten und dabei ohne Hilfe der Vorgänger auskommen müssen.

Wenn das Copyright-System überleben wird, dann vielleicht nur deshalb, weil wir eine gewaltige EDV-Leistung der Aufgabe widmen, den Hunderten von Einzelpersonen und Firmen, die in der einen oder anderen Weise zu einer Multimedia-Produktion beitragen, die ihnen zustehenden Prozente zuzuweisen. Als Modell würden Musikverwertungs-Organisationen wie ASCAP, BMI und GEMA oder wie die Verwertungsgesellschaft Wort dienen, die ihre Einnahmen nach bestimmtem Schlüssel unter den ihnen angeschlossenen Urhebern aufteilen. Die einzige Alternative ist es, die Idee des Copyrights ganz und gar aufzugeben und zu dem bis ins neunzehnte Jahrhundert geltenden System zurückzukehren, das den Wert eines Kunstwerks seiner dinghaften Manifestation zuschrieb, nicht seiner abstrakten geistigen Form. In der neuen Welt des virtuellen Publizierens, wo jeder Autor auch Verleger ist, wäre dies vielleicht vorstellbar. Es gibt nur ein Problem: Ein sehr großer Teil der geistigen Arbeit im digitalen Zeitalter hat einfach keine dinghafte Manifestation.

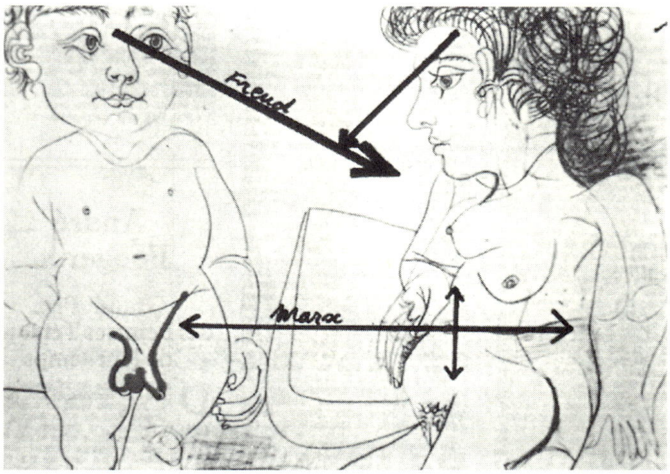

Im Rückblick war die Fusion von Text, Bildern und Ton unausweichlich. Jean-Luc Godard benutzte die zu seiner Zeit verfügbare Technologie. Diese drei Aufnahmen aus *Le Gai savoir* (1969) verbinden Cartoon, Zeichnung, Anzeige, Handschrift und Symbolisches. *(L'Avant-Scène. Standvergrößerungen)*

Wenn wir erleben, wie dieses neue Medium – die Synthese von fünfhundert Jahren Buchdruck, hundertfünfzig Jahren Fotografie, hundert Jahren Tonaufzeichnung und Film – sich müht, zur Welt zu kommen, machen uns die Widersprüche betroffen:

- Es hat weniger mit dem neuen Medium Film zu tun als mit dem alten Medium Buchdruck.
- Daß Bild, Ton und Text digitalisiert sind, ist wichtiger, als daß sie kombiniert sind.
- Während die Digitalisierung unsere Kontrolle über diese Medien ins Unermeßliche steigert, reduziert sie sie zugleich – zur Zeit wenigstens – zu Abstraktionen mit deutlich geringerer Qualität als die analogen Vorgänger.
- Die Hauptvorteile der Digitalisierung – unmittelbarer Zugriff auf Information und deren umfassende Erschließung durch Indexierung – haben mehr mit dem Aufkommen von Datennetzen und deren Datenbanken zu tun als mit dem Kombinieren von Medien.
- Während die Digitalisierung die Möglichkeiten des Lesers gewaltig erweitert, bedeutet sie eine ernsthafte Bedrohung des Copyright-Prinzips, auf dem unser gegenwärtiges Konzept von Urheberschaft beruht.

Dennoch können wir die Richtigkeit von Multimedia spüren: Sie ist das Ziel, zu dem wir seit Hunderten von Jahren unterwegs sind. Wenn Sir Walter Scott seine Romane um Dia-Shows hätte erweitern können, hätte er das getan. Wenn Charles Dickens seine gewichtigen Geschichten hätte persönlich erzählen können, hätte er das getan (und er tat es ja auch in gewissem Maße auf seinen einträglichen Lesereisen). Wenn Daniel Defoe seinem Buch über die Pest in London eine interaktive Datenbank mit historischen Statistiken hätte beigeben können, hätte er das getan. Wenn Georges Méliès seinen Zuschauern hätte erlauben können, in *Le voyage dans la lune* einzugreifen, hätte er das getan. Wenn George Bernard Shaw in *Candida* und *Man and Superman* die Textvarianten hätte integrieren können, hätte er das getan (und er tat es ja auch in den Druckausgaben seiner Stücke). Wenn Preston Sturges seine Filme als Fernsehserien hätte weiterspinnen können, hätte er das getan. Wenn Jean-Luc Godard ein Buch hätte schreiben können, das zugleich ein Film wäre, hätte er das getan. Wenn François Truffaut einen Film hätte machen können, der zugleich ein Buch wäre, hätte auch er das getan.

Text und Bilder und Klänge waren Hunderte von Jahren lang voneinander getrennt, nur weil die Technologie hinter unseren Träumen zurückblieb. Jetzt hat sie sie eingeholt, und die Medien sind vereinigt, wie es ihnen bestimmt war: in guten und in schlechten Zeiten.

Der Mythos der virtuellen Realität

Die Zielsetzungen eines Künstlers liegen immer im Streit mit den Grenzen der verfügbaren Technologie. Aber jetzt, wo die digitale Revolution auf dem besten Weg ist, ein gemeinsames Kodiersystem für alle Medienformen zu liefern, weicht die Spannung zwischen Wunsch und Fähigkeit einer neuen prägenden Dialektik: der zwischen Ethik und Ästhetik. Diese historische Entwicklung in unserer Geistesgeschichte ist der Dialektik des Persönlichkeitswachstums nicht unähnlich, die der Psychologe Erik Erikson beschrieben hat. In diesem Fall kehren wir das Wort des klassischen Biologen um: «Die Phylogenese wiederholt die Ontogenese» – in der Entwicklung der Gruppe spiegelt sich die Entwicklung des Individuums.

Wenn Bilder, Klänge und Texte erst einmal digitalisiert sind, ist alles möglich. Ein Ende hat der Kampf mit den Widersprüchen zwischen dem, was wir von unseren Medien verlangen, und dem, was sie zu leisten imstande sind. Oder er ist doch wenigstens gegenstandslos geworden. In der analogen Welt gab es scharfe Grenzen: Man konnte ein Stück Holz oder eine Geige nur zu dem veranlassen, was ihnen zu tun möglich war. In der digitalen Welt gibt es keine dinglichen Grenzen: Alles ist nur eine Frage der Speicherkapazität, der Prozessorgeschwindigkeit und der Kommunikations-Bandbreite.* Die digitale Revolution vollendet die geistige Revolution, die vor Jahrtausenden begonnen hat, als jemand erstmals mit Farbe auf Stein malte. Höhlenmalerei – wie alle seitherige Kunst – suchte die natürliche Welt zu destillieren, sie zu abstrahieren, um eine Idee daraus zu machen. Heute haben wir keine dinglichen Barrieren mehr zwischen uns und der Idee.

* Das mag ein bißchen übertrieben sein, aber nicht sehr. Als Arbeitshypothese nehmen wir einmal an, daß sich alle Texte der Welt auf insgesamt 100 Terabyte belaufen (100 Millionen Bücher zu je 1 Megabyte im Schnitt). Heute kann man ein Gigabyte in die Tasche stecken. In den letzten zwanzig Jahren haben wir die Speicherdichte um fünf Potenzen gesteigert. 100 Terabyte sind 100000 Gigabyte. Um das niedergeschriebene Wissen der ganzen Welt in die Tasche stecken zu können, brauchen wir eine weitere Steigerung der Speicherdichte um fünf Potenzen. Den halben Weg dahin haben wir schon geschafft. Vielleicht sind ein paar Kompromisse nötig: Man könnte eine oder zwei Taschen mehr benutzen, oder man könnte sich einen Teil online über ein Netzwerk holen.

Im weiteren Sinne des Begriffs existierte virtuelle Realität lange, bevor wir ihr einen Namen gaben. Vielleicht bezeichnet die Ermordung John F. Kennedys im November 1963 einen Wendepunkt. Die ganze amerikanische Nation war in einem Fernsehdrama vereint. Hier erschießt Jack Ruby Lee Harvey Oswald, live. (*Mit freundlicher Genehmigung von Photofest*)

Von dieser neuen Macht bekommt man einen Rausch, aber wie alle Macht bringt sie die Notwendigkeit einer starken ethischen Basis mit sich. Godard zitierte gern Lenins Worte: Ethik ist die Ästhetik der Zukunft. Beide hatten sie recht, aber auf eine Weise, die sie nicht hatten vorhersehen können. Jetzt, wo es keine unüberwindlichen technischen Grenzen mehr gibt, jetzt, wo wir unser künstlerisches Medium zu allem und jedem veranlassen können, was wir uns nur wünschen, müssen wir unbedingt die moralischen Grenzen weit besser verstehen, als es uns vorher gelang. Bis jetzt waren alle Künstler in gewisser Weise Heranwachsende, unter dem Daumen der elterlichen Technologien. Jetzt müssen sie sich in die moralischen Verantwortlichkeiten des Erwachsenseins finden.

Bevor wir jene Verantwortlichkeiten detaillierter untersuchen, sollten wir einen Blick werfen auf das heutige kommerzielle Umfeld der virtuellen Realität. Ebenso wie «Multimedia» und «Cyberspace» war auch «virtuelle Realität» eines der Schlagworte der digitalen Revolution. Im engsten kommerziellen Sinn geht es der virtuellen Realität (VR) darum, digitale Technologie in Computerspiele und Unterhaltung umzusetzen, um die Scheinwirklichkeit des Erlebens durch Verfeinerung der realistischen und interaktiven Momente zu steigern. Statt sich mittels Tastatureingaben oder Mausaktionen von einem Raum in den anderen zu begeben, wendet man jetzt den Körper nach links oder rechts: So genießt man Körperbewegung, ohne eine Anstrengung zu spüren.

Die Techniken der virtuellen Realität variieren je nach Einstellung und Anspruch. Wie nun das Jahrhundert sich seinem Ende zuneigt, durchleben die VR-Techniker und -Produzenten in Wiederholung die künstlerische Dialektik, die hundert Jahre zuvor die Geburt des Films charakterisierte: Sollte die Technologie dazu dienen, die Realität zu reproduzieren oder sie zu ersetzen, die Welt aufzunehmen oder eine neue zu erfinden? Die Streitsache «Lumière gegen Méliès» beginnt wieder ganz von vorn, aber diesmal mit einem besonderen Dreh, denn digitale Protokollierung verrät ihre Herkunft nicht. Méliès' Fantasien waren deutlich von Lumières Realitäten verschieden. Digitale Bildlichkeit hat einen Grad mathematischer Abstraktheit erreicht, der heute keine Unterscheidung zwischen dem einen und dem anderen mehr zuläßt. Interessanterweise scheint die neue Technologie den traditionellen Realisten mehr zu geben als den Fantasten: «Telepräsenz», die Anwendung von VR-Techniken zur Wiedergabe einer fernen Umgebung, wird der Wissenschaft noch erheblichen Gewinn bringen, wenn Apparate dahin vordringen, wo noch kein Mensch war.

Mit diesen klassischen Unterschieden in der Einstellung gehen Unterschiede im Anspruch einher. Das eine Extrem ist die virtuelle Realität zum «vollen Eintauchen», die ein vollständiges Spektrum von Sinneseindrücken anstrebt, wobei sie dreidimensionales Video, Raumklang und taktile Stimulierung einsetzt. Am anderen Ende der Skala finden wir unaufwendige, aber elegante Anwendungen, die uns in den Stand setzen, unsere Perspektive beim Betrachten normaler Bilder zu steuern.

Virtuelle Realität als Konsumgut will die multisensorische Wahrnehmung ansprechen, um uns noch weiter einzubeziehen. Aber wir wollen virtuelle Realität hier in ihrer weiteren Bedeutung verstehen: als die technologische Bewegung in Richtung auf eine erhöhte Realitätsähnlichkeit und Interaktivität, wie sie mit Multimedia eng verknüpft ist.

Im einen wie im anderen Sinn erweitert virtuelle Realität einfach ein Thema, das von Beginn ein Teil der Filmgeschichte ist. In den Anfangsjahren dieses Jahrhunderts haben filmische Reiseberichte angebundenen Fernsüchtigen die Chance für virtuelle Reisen geboten. Wie wir gesehen haben, experimentierten Filmemacher seit den zwanziger Jahren mit Großleinwänden, 3D und Stereo-Ton. 1953 erlebten wir in *This Is Cinerama* gemeinsam eine Achterbahnfahrt, die immer noch Modell für experimentelles Kino ist. Als Technik zur Steigerung der Realitätsähnlichkeit führt Multimedia diese Tradition fort. Der Unterschied liegt in der Interaktivität, dem Grad der Kontrolle über das Erleben, den es dem Betrachter gewährt.

Totales Eintauchen in die virtuelle Realität mit Cybertron. Nach allen Seiten beweglich in einem Gyroskop aufgehängt und unter einem Helm, der 3-D-Farbbilder und 4-Kanal-Ton übermittelt, kann der Spieler die meisten seiner Sinne ansprechen lassen. *(Mit freundlicher Genehmigung von Straylight Corp.)*

Hier könnte die Technologie ihr Ziel verpassen. Auf der New Yorker Weltausstellung von 1964/65 konnten die Zuschauer im tschechoslowakischen Pavillon über den Handlungsverlauf eines vorgeführten Films abstimmen. Ende der sechziger und Anfang der siebziger Jahre gab es verschiedene Bühnenexperimente, die erstmals dem Publikum Mitwirkung einräumten. Die Technik hat sich nicht durchgesetzt, und zwar aus offensichtlichen Gründen. Die Satire-Zeitschrift *National Lampoon* hat Mitte der siebziger Jahre einen Fall von Publikumsmitbestimmung mit tödlichem Ausgang dargestellt. In ihrer Version von *Warten auf Godot* taucht der Erwartete bereits dreißig Sekunden nach Beginn des Stückes auf. Er und Didi und Gogo unterhalten sich kurz darüber, wo sie was essen wollen. (Soweit ich mich erinnere, entschieden sie sich für chinesisch.)

Als eine eher bei Spielen als im Film angewandte Technik verspricht virtuelle Realität mehr. Das Wesen eines Computerspiels ist seine Interaktivität, deshalb ist die gesteigerte Ähnlichkeit mit der Wirklichkeit, wie sie von der virtuellen Realität geboten wird, für die Intensivierung des Erlebens von Nutzen. Grundkonzept der Abenteuer- und Rollenspiele ist die Matrix vielfältig verwobener Plots, wohingegen ein «Schießspiel» vom Rhythmus in der Abfolge der Reize lebt, die für erhöhte Adrenalinausschüttung sorgen. In beiden Fällen kommt virtuelle Realität der Wirkung zugute. Aber den größten Wert hat sie für den Typ der auf Realitätsverdoppelung abzielenden Spiele, wie zum Beispiel Flugsimulatoren. In der Tat sind Simulatoren nicht so sehr Spiele als vielmehr Prototypen des virtuellen Realitätserlebnisses, und deshalb verspricht man sich von ihnen sehr viel für den Ausbildungsbereich. Wir sind vielleicht noch nicht ganz willens, die Ausbildung unserer Chirurgen einem VR-Labor anzuvertrauen, aber zahlreiche andere Bereiche in Gewerbe und Technik können vom Simulatoreneinsatz profitieren, der den Piloten der Luftfahrt bereits seit vielen Jahren zur Zufriedenheit dient. Und sobald Simulationen digitalisiert sind, sind sie uns allen zugänglich. Die virtuelle Realität hatte ihre ersten Erfolge (von Spielen abgesehen) da, wo etwas probeweise simuliert werden sollte, und zwar mit CAD-Programmen, die uns eine Vorstellung davon vermitteln – wenn auch nur grob –, wie das neue Gebäude aussähe, wenn wir es unserem Entwurf entsprechend bauen würden.

Beide Schlüsselmomente – Realitätsähnlichkeit und Interaktivität – führen zu ethischen Fragestellungen.

Digitale Bilder und Klänge sind nur dann lebensechter, wenn sie aus ihrem eigenen Zusammenhang heraus beurteilt werden. Keiner der heute im Handel erhältlichen Computermonitore kommt der Auflösung eines ordentlich projizierten 35 mm-Films nahe, von den Superfilm-Technologien wie Showscan und Imax zu schweigen. (Ähnlich kann sich auch kein elektronischer Bildschirm mit der Qualität eines gut gedruckten Buches messen.) Und während die CD den digitalen Klang zur neuen Norm hat werden lassen, lehnt doch eine harte Fraktion der Audiophilen sie weiterhin zugunsten der älteren analogen Technologie ab. Handelt es sich bei diesen Leuten nur um eine Rotte ästhetischer Maschinenstürmer?

Die Schärfe eines digital reproduzierten Tons oder Bildes hängt von zwei mathematischen Faktoren ab: der Zahl und der Präzision – oder Dichte – der abgetasteten Signale. Für bewegte Bilder ist ein weiterer Faktor zu berücksichtigen: die Anzahl der Bilder pro Sekunde. Theoretisch müßte die Abtastfrequenz gegen unendlich gehen, um mit der Genauigkeit der analogen Wiedergabe gleichzuziehen. Wie wir in Kapitel 2 gesehen haben, hing bereits die Erfindung des Films von Beschränktheiten des menschlichen Wahrnehmungsvermögens ab. Wir brauchen nur einen bestimmten Fehlerspielraum hinzuzugeben. Hinzu kommt, daß analoge Wiedergabetechniken weit davon entfernt sind, perfekt zu sein. Digitale Modelle brauchen nur das gleiche oder etwas mehr zu leisten als ihre analogen Vorläufer – was die Gegenwart betrifft.

Das Problem ist allerdings, daß sie das noch nicht tun. Während man darüber diskutieren kann, ob der Standard der Audio-CD hinreichend getreu ist, und man davon ausgehen kann, daß die von der Grafikkarte eines High-end-Computers ermöglichten 16 Millionen Farben hinreichend präzise sind, erlegen die Bildschirmauflösung und die gewaltigen bei der Speicherung von bewegten Bildern erzwungenen Kompromisse erhebliche Beschränkungen auf.

In den sechziger Jahren, so erzählt man sich, litt Ingmar Bergman unter Schuldgefühlen wegen der Unehrlichkeit, die dem von ihm gewählten Medium innewohnte. Bergman zerbrach sich den Kopf darüber, daß sein Publikum mehr als die Hälfte der Zeit eine absolut leere Leinwand zu sehen bekam. Man stelle sich die Not vor, die er angesichts der digitalen Bildlichkeit erlebt hätte, wo dieser filmtypische Trick ins Tausendfache vervielfältigt ist!

Das interaktive Moment der virtuellen Realität stellt uns vor ein weiteres ethisches Problem. Wenn wir den vom Zuschauer zum User Gewordenen in den künstlerischen Entscheidungsprozeß einbeziehen, könnten wir gleich die Verantwortung der Urheberschaft abschaffen. Gerade die Reichhaltigkeit der von der virtuellen Realität gebotenen Multimedia-Umgebung kann in die Irre führen. Je mehr wir versuchen, die Realität zu duplizieren, und je mehr Freiheit wir für den User schaffen, diese Umgebung zu manipulieren und zu kontrollieren, desto weiter scheinen wir uns vom Sinn der Sache zu entfernen. Je mehr wir uns der vollen Wiedergabe der Realität annähern, desto mehr entgleitet uns die zwischen der Kunst und ihrem Gegenstand bestehende Dialektik. Die Bezeichnung «virtuelle Realität» verbindet schließlich zwei sich widersprechende Begriffe. In der klassischen Naturwissenschaft ist real, was real ist, und ist virtuell, was nicht real ist. Im Endeffekt finden sich die User der virtuellen Realität wie David Bowman am Ende von *2001: A Space Odyssey* in einem Käfig wieder – einem wunderschönen Käfig, aber gerade deshalb um so beengender, als er den Anschein von Offenheit vermittelt.

Hier paßt der Vergleich mit dem Drogenerlebnis, wie es die Beatles formuliert haben:

Nothing is real
An nothing to get hung about…
(«Strawberry Fields Forever»)

Wir haben die Parallele zwischen bewußtseinsverändernden Präparaten und unseren netzabhängigen Drogen bereits angesprochen. Virtuelle Realität zum vollen Eintauchen ist die elektronische Superdroge. «Strawberry fields forever».

Während die Philosophie der virtuellen Realität diese ethischen Fragen aufwirft, scheinen bestimmte VR-Technologien auf einer eher praktischen Ebene einiges zu versprechen – und zwar in einer Weise, die wir vielleicht gar nicht erwartet haben.

Apples «QuickTime VR» geht in diese Richtung. Im Juni 1994 auf der Digital World vorgestellt, drei Jahre nach dem Debüt des ursprünglichen QuickTime, stellt es dessen Filmtechnologie auf den Kopf. Es benutzt dieselben Algorithmen zur errechneten Darstellung von Filmen und einer digitalen Umgebung und erlaubt dem User, den Betrachtungsstandpunkt zu verändern und einen Raum nach Belieben zu durchwandern. Die Mausbewegung bestimmt den Blickwinkel der Kamera, und ein Mausklick legt ihre Position fest. Panorama-Standfotos mit einem Motiv oder mehreren Motiven des betreffenden Raums sind auf Platte gespeichert. QuickTime VR verarbeitet diese vollständigen, aber verzerrten Aufzeichnungen, um ein passend proportioniertes Standfoto in der vom User gewählten Perspektive darzustellen. Die User können nach Belieben zoomen und schwenken. Wenn im gespeicherten Material mehr als ein Raumpunkt berücksichtigt ist, können sie sich von einem Punkt zum anderen bewegen. Die Technologie ermöglicht dem User auch, ein Objekt von allen Seiten zu betrachten – die Umkehrung des Panorama-Schwenks in einem Raum.

Nun ist dies kaum der Stoff, aus dem die Träume der VR-Visionäre sind. Da fehlt der Versuch, die Sinne zu überwältigen, der User behält die Kontrolle. Das Geniale an der Technologie von QuickTime VR ist seine Schlichtheit. Es setzt elegant und intuitiv den singulären Vorzug um, den digitale Filme ihren analogen Vorgängern gegenüber besitzen: die Fähigkeit, im Wege der Interpolierung aus alten Bildern neue zu berechnen. Das wird als Erbe der Komprimierungstechniken übernommen, die es zu entwickeln galt, um die gewaltigen numerischen Anforderungen des digitalen Kinos zu bewältigen. QuickTime VR ist das jüngste Beispiel eines in der Kunst zu beobachtenden klassischen Musters: Die Beschränkungen des Mediums stiften seinen Nutzen. Der Hauptnachteil des digitalen Films wurde zum Motor einer neuen Technologie.

Natürlich kann man diese neue Technologie nicht als Kino bezeichnen, das sich ja vom griechischen Verb für «bewegen» ableitet; «Akino» (von «unbeweglich») wäre passender, oder auch englisch «stillies» statt movies. Diese Technologie erschafft einen Raum, keine Erzählung. Sie verweigert Mise en Scène ebenso wie den Schnitt. Sie ersetzt den Rhythmus durch Atmosphäre und die Gestalten durch die Umgebung. Sobald sie die entsprechende Reife erlangt, wird sie einige der Bedürfnisse befriedigen, die schon der Film befriedigte. Auf seine spezifische Weise wird uns das «Akino» in anderer Leute Welt entführen, ebenso wie es das Kino getan hat. Aber diese elegant schlichte Technologie wird diese Welten nicht mit der unseren vermischen.

Der Mythos des Cyberspace

Die ersten Visionäre der digitalen Revolution waren von den Kommunikationsmöglichkeiten der neuen Technologie fast ebenso fasziniert wie von ihrer Fähigkeit, Realität zu reproduzieren und verschiedene Medien miteinander zu verschmelzen. Zur selben Zeit, in der die Mikrocomputer in den Büros die Macht dezentralisierten und den einzelnen Angestellten von den Hohepriestern der Technologie in den Sanktuarien der Computerräume befreiten, setzten sich im Telefonnetz neue Kommunikationstechniken durch, um Millionen dieser Apparaturen zum persönlichen Gebrauch miteinander und mit zentralen Datenbanken zu vernetzen.

Dialog, die erste große Online-Datenbank, ging 1965 in Betrieb; Lexis, die erste umfassende professionelle Datenbank, machte 1973 eine ganze juristische Bibliothek online verfügbar. Arpanet, das Modell für die untereinander vernetzten Netzwerke, die später als Internet bekannt wurden, ging 1969 online. Das britische Prestel-System, das ins Jahr 1976 zurückgeht, bewies, daß ein Netzwerk zur Online-Information mittels Computer Privatpersonen ebenso zustatten kommt wie Professionellen. Prestel war nie ein kommerzieller Erfolg, aber seine über das Fernsehen verbreiteten Vettern Ceefax und Oracle wurden in den achtziger Jahren ein Teil des britischen Alltags. Das französische Minitel-System, technisch ausgefeilter als Prestel, entwickelte sich ab 1985 zu einem integralen Teil französischer Kultur. (Als deutsches Pendant zu Prestel und Minitel ist der Btx- oder Bildschirmtext-Service der Telekom anzusehen.)

Das Minitel-System unterschied sich radikal von seinen Vorgängern (Arpanet vielleicht ausgenommen), indem es dezentral strukturiert war. Statt Zehntausende von Benutzern mit nur einem großen Zentralrechner zu verbinden, war es ein Netzwerk von Schaltstellen, das die Verbindungen zu Tausenden kleinerer, unabhängiger Datenbanken herstellte. Einer der erquicklichsten Effekte dieser Struktur war der elektronische Schwatz, in der Szene Chat genannt: getippter Austausch in Echtzeit zwischen Einzelpersonen und innerhalb kleiner Gruppen. Der Online-Zugang zu einer Datenbank war nur dann wichtig, wenn sie zu groß war oder zu oft aktualisiert wurde, um sinnvoll am Ort auf Platte vorgehalten zu werden. Lexis war nur deshalb von Nutzen, weil der einzelne Jurist sich die vielen Gigabyte nicht leisten konnte, die zur Speicherung einer juristischen Bibliothek erforderlich sind.

Rasch wurde deutlich, daß die Kommunikation die Seele eines Online-Systems ausmacht. Der elektronische Schwatz erwies sich als originär neue Form menschlichen Austausches, da der einzelne gleichzeitig mehrere voneinander getrennte Privatgespräche führen konnte. Der Chat war das Echtzeit-Äquivalent der altmodischen schriftlichen Korrespondenz, aber die sofortige Übermittlung in Verbindung mit der Anonymität der getippten Mitteilungen und dem Zugang zu Zehntausenden fremder Menschen rund um die Welt erwies sich bald als süchtigmachende Kombination. Ende der achtziger Jahre war Minitel in Frankreich zu einer Institution geworden; Mitte der Neunziger hat es sich zu einer lebenspraktischen Grundeinrichtung entwickelt: Auf Tausenden von alltäglichen Waren ist die Minitel-Nummer angegeben, nachdem die Vermarkter darin einen neuen Schleichweg zu ihrer Kundschaft entdeckt haben.

Während Minitel Erfolg hatte, schlug eine Reihe amerikanischer Experimente in den Achtzigern fehl, hauptsächlich wegen Fehleinschätzung des Marktes für derartige Dienstleistungen. Die Versuche bedienten sich des Fernsehens und verwechselten das Medium mit seiner Tarnbezeichnung: Videotext. Damit wurde nicht nur eine zentrale Entscheidungsinstanz inthronisiert – wo es doch um Eins-zu-eins-Kommunikation gehen sollte –, sondern das System litt auch unter der mangelhaften Textwiedergabe auf durchschnittlichen Fernsehbildschirmen. Andere Systeme, wie zum Beispiel Prodigy von IBM und Sears, stützten sich auf ein überholtes Netzwerkmodell (wieder der ungefüge Zentralrechner, diesmal allerdings durch Satellitenrechner unterstützt) mit ebenso veraltetem Grafiksystem.

Die kurze Geschichte der Online-Grafik ist recht interessant. Sam Fedida, ein Techniker der britischen Post, hatte Anfang der Siebziger das Grundkonzept für Prestel entwickelt. Das Ziel war, ein Online-System für Verbraucher bereitzustellen. Von Anfang an sollte der Service auch Grafik einschließen – dies zu einer Zeit, als Mikrocomputer noch nicht existierten und ihr damaliges Äquivalent, Datensichtgeräte in Mehrplatzsystemen, ganz und gar textorientiert arbeiteten. Die grafischen Zeichensätze von Prestel (und später auch Minitel) waren höchst erfinderische Lösungen des Problems, Grafik mittels Telefonleitungen zu übertragen. Die Grundfarben und -formen trugen bedeutend zur wirksameren Anzeige von Buchstaben und einfachen bildlichen Darstellungen bei, ohne sich auf die damals noch sehr komplizierte Wiedergabe von Fotos einzulassen.

NAPLPS hatte den Ehrgeiz, die Idee auf die kompliziertere Vektorgrafik auszuweiten. Der Ehrgeiz erwies sich als Hybris, als grafische Benutzeroberflächen wie beim Macintosh sich rasch etablierten. Die Techniker bei Prodigy (einziges der noch bestehenden Systeme, das jemals NAPLPS benutzt hat) hatten sich väterlich auf die

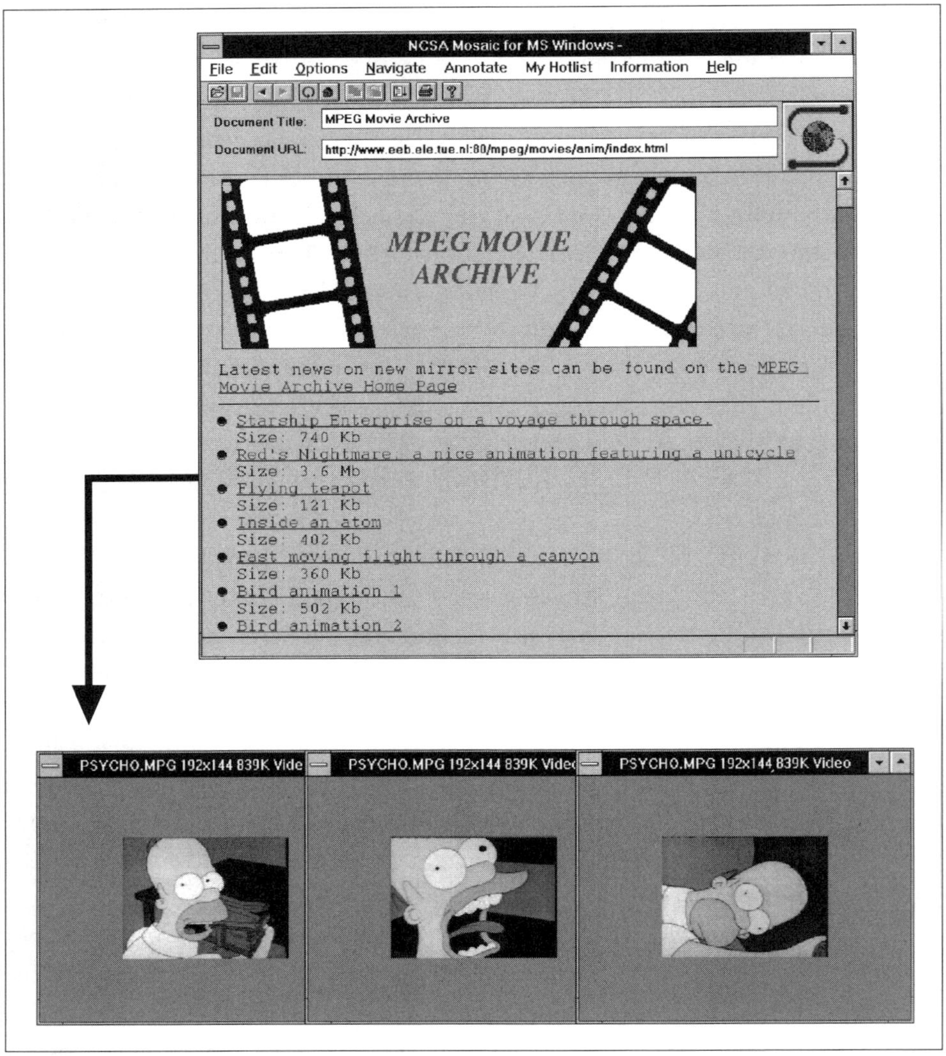

Movies auf Mausklick. Filmarchiv im World Wide Web, einem einfach zu bedienenden System im Internet.

grafischen Verantwortlichkeiten des zentralen Großrechners konzentriert und in ihrem Optimismus dabei ganz die um sie her ihren Lauf nehmende Revolution ignoriert. Als die Zahl der Mikrocomputer wuchs und den Gemeinbesitz an Rechnerleistung tausendfach vervielfältigte, war für NAPLPS kein Bedarf mehr – oder für Großrechner von IBM, was das betrifft. Dieses allzu einfache Schriftsystem hatte ein effektives Modell für seine Multimedia-Nachfolger abgegeben, indem es Video und

Ton mit der schriftlichen Information verband, die NAPLPS zu verschönern versucht hatte.

Wenn man auch nicht von einem geschäftlichen Erfolg sprechen kann, hatte Prodigy während der fünf Jahre nach seiner Gründung 1988 doch immerhin gut zwei Millionen Benutzer gewonnen. In den USA gewannen zur selben Zeit CompuServe – das schwerfällige, doch profitable Online-System, das von der Computerindustrie als eigenes Forum adoptiert wurde – und die kreative Neuschöpfung America Online zusammen drei Millionen weitere. 1996 näherte sich AOL einer Mitgliederzahl von 10 Millionen, konnte Monat für Monat Hunderttausende Neuzugänge verbuchen und expandierte nach Europa. 1997 erwarb AOL Compuserve, was den Kundenstamm auf über 12 Millionen hochtrieb. Die «Industrie auf der Suche nach dem Geschäft», so hieß es in den Achtzigern über Online-Netzwerke, hatte endlich eins entdeckt. 1993, als die Benutzung der Mikrocomputer noch einfacher wurde, beherrschte die Online-Industrie die Wirtschaftsseiten, da die Clinton-Administration den «Information Superhighway» zum Teil ihrer Politik machte.

Die großen und zentralisierten kommerziellen Netzwerke nahmen die Fernsehnetze aus dem voraufgegangenen Medienzeitalter als Strukturmodell. Als allgemeine öffentliche Dienstleistungsunternehmen versuchten sie, für jeden alles zu sein; aber bald empfanden sie die Last dieser Verantwortung. Unterhaltung mag etwas sein, an dem wir gemeinschaftlich teilhaben, aber Information – das Herz dieser Dienstleistungen – ist höchst privat. Jeder von uns hat seine eigenen Erfordernisse. Das Modell hätte sich an der Herausgabe von Magazinen orientieren sollen, nicht am Fernsehfunk. In Frankreich ist man so vorgegangen, teilweise durch Zufall. Aus politischen Gründen hatte die französische Regierung zu Beginn angeordnet, daß alle Minitel-Dienste von existierenden Print-Verlagen durchzuführen wären. Das Ergebnis war, daß diese Dienste in der Anfangszeit dem Special-Interest-Modell ihrer Erzeuger in den Printmedien folgten und bald treue Abnehmer fanden. In den USA mußten die Betreiber von Informationsdiensten viele Schwierigkeiten überwinden, um das zu lernen.

Teils in Reaktion auf dieses Bedürfnis war Mitte der neunziger Jahre das Internet der Online-Mittelpunkt des Presseinteresses geworden. Abstammend vom Arpanet des amerikanischen Verteidigungsministeriums, stellte das Internet ein weitgespanntes Netz miteinander verbundener Großrechner rund um die Welt zur Verfügung und damit auch das, was als perfekter Weg zu einer grenzenlosen Vielfalt von Special-Interest-Diensten erschien. Hinzu kommt, daß die Benutzung «frei» war, da amerikanische Regierung und Universitäten immer noch für seine Unterhaltung aufkamen. Obwohl es gewiß demokratischer war als seine derzeitigen kommerziellen Konkurrenten, hatte «das Netz» noch nicht den Status eines universalen

Nachschlagewerke im Web, wie zum Beispiel Internet Movie Database (www.imdb.com), bieten weit geringere Bandbreite und Unabhängigkeit als CD-ROMs, erlauben aber sofortige und fortgesetzte Aktualisierung.

öffentlichen Mediums erlangt – der «Datenautobahn», nach deren Auffahrt jedermann suchte, als sich das Jahrhundert schlingernd zum Ende neigte. Dies wird erst erreicht sein, wenn sich das Internet-Konzept (wie ein Teil seiner Technologie) mit den öffentlichen Telefonnetzen der ganzen Welt verkoppelt – dem einzigen wahrhaft universalen Netzwerk, das heute existiert.

Dieser Übergang vollzog sich rascher, als jeder mit der langen Geschichte des Internet Vertraute hätte vorhersagen können. Wie zuvor das Fax hatte auch das Netz als Technik bereits mehr als zwanzig Jahre Geschichte hinter sich, als es durchstartete. Die meisten Beobachter schreiben seine Metamorphose von staatlichen, wissenschaftlichen und militärischen Netzwerken hin zu einem internationalen kommerziellen Online-Medium der Entwicklung der als «World Wide Web» bekannten Technologie zu.

Tim Berners-Lee, ein am Europäischen Zentrum für Teilchenphysik (CERN) in der Schweiz tätiger Engländer, formulierte 1989 als erster das Konzept des World Wide Web und entwickelte 1990 die grundlegende Hypertext-Technik. Sie beruhte auf Arbeitsergebnissen, die er seit 1980 gewonnen hatte. Der Gedanke der Hypertext-Verknüpfung war nicht neu, doch der Ehrgeiz, nach überallhin im Internet Verknüpfungen herzustellen, hatte tiefgreifende Implikationen. Man stelle sich eine Bibliothek vor, in der jedes Buch – ja, selbst jede einzelne Seite irgendeines Buches – sofort vor einem erscheint, wenn man sie haben möchte. Man stelle sich weiter vor, daß die betreffende Seite stets der neuesten Ausgabe entstammt und daß sie ebensogut mit Ton- und Videoaufnahmen wie mit unbewegten Bildern illustriert sein kann (und diese Illustrationen müssen nicht einmal auf der betreffenden Seite untergebracht sein, sondern können sonstwo existieren). Das ist die Vision vom World Wide Web.

In den ersten paar Jahren war das World Wide Web hauptsächlich ein europäisches Projekt – nicht überraschend, da die Entwicklung der Online-Dienste von französischen und britischen Projekten dominiert wurde, während die Amerikaner weit hinterherhinkten. Im September 1993 gab dann das an der University of Illinois eingerichtete National Center for Supercomputing Application (NCSA) Mosaic frei, den ersten voll funktionstüchtigen Browser (beziehungsweise Client Software) für das Web. (Die Urheberschaft für Mosaic wird im allgemeinen Marc Andreessen zugeschrieben, damals ein Student von Anfang Zwanzig). Innerhalb weniger Monate explodierte das Interesse am Web und verzehnfachte sich die Internet-Besessenheit. Im Januar 1993 waren 1,3 Millionen Server an das Internet angeschlossen; sie schossen dann wie Pilze aus dem Boden und erreichten bis Januar 1996 die Zahl von 9,5 Millionen. Achtzehn Monate später hatte sich ihre Zahl mit 19,5 Millionen mehr als verdoppelt.*

Bis Mitte 1994 hatten Hunderte von amerikanischen Unternehmen «Web Sites» angelegt; ein Jahr darauf waren es Tausende. Die meisten dieser Sites dienten dem Marketing und der Werbung, was nur wenige Monate vorher von den «Netizen», den Nutzern des Internet, als wahrer Greuel verabscheut worden war. Mitte 1995 lief in den USA kein kommerzieller Film mehr ohne seine zugehöriges Website an. Im August 1995 ging Netscape – die 16 Monate zuvor von Marc Andreessen und dem Silicon-Valley-Unternehmer Jim Clark gegründete Gesellschaft – mit dem bisher besten Emissionsergebnis an die Börse: Wall Street bewertete die Gesellschaft mit 2,9 Milliarden Dollar.

Die etablierten Medien beeilten sich, im Web Fuß zu fassen. Rupert Murdochs

* Quelle: Network Wizards, Inc. Für aktuelle Zahlen und andere nützliche Informationen zum Web siehe www.nw.com. Und wer es genauer wissen will, kann sich auch beim World Wide Web Consortium (http:/www.w3.org) – jetzt vom Massachusetts Institute of Technology (MIT) in Zusammenarbeit mit dem französischen Institut National de Recherche en Informatique et Automatique (INRIA) und der Tokyoter Keio-Universität organisiert – nach originalen historischen Dokumenten und NCSA-Dokumenten (http://www.ncsa.uiuc.edu/) umtun.

News Corp. vereinnahmte eine Zwei-Milliarden-Dollar-Investition von MCI Communications Corp.; um eine Internet-Lappalie ging es dabei auch. NBC gründete mit Microsoft MS NBC. 1996 gab es keine große Zeitung und keinen Fernsehsender ohne Präsenz im World Wide Web. Und noch bedeutsamer: Weltweit waren mehr als hunderttausend Websites aufgeblüht, mehrheitlich nicht von den Medienriesen der Sende- und Druckbranche verantwortet, sondern von einzelnen, kleinen Firmen und öffentlichen Institutionen. Seither ist ihre Zahl explodiert.

Was tun?

1980 schloß die zweite amerikanische Ausgabe von *How to Read a Film* mit einer Bemerkung über Demokratie in den Medien und der Feststellung, daß zwar die neue Technologie unsere Macht, Medien zu kreieren, erweitert hatte, daß aber die Distribution von Druckwerken, Filmen und Fernsehen immer noch in relativ wenigen Händen konzentriert war: «Die Omnipräsenz der Medien war immer ein verbreitetes Motiv der Science-fiction seit George Orwells Vision des Jahres 1984: ‹Der Apparat, ein sogenannter Televisor oder Hörsehschirm, konnte gedämpft werden, doch gab es keine Möglichkeit, ihn völlig abzustellen.› Aber die Tatsachen vertragen die Wiederholung: Was wir immer noch ‹Realität› zu nennen belieben, ist für uns inzwischen weithin determiniert. Es geht nicht nur darum, daß jemand anders unsere Geschichten erzählt – sondern es geht auch um die Art der Geschichten, die sie da erzählen.»

Der Hinweis darauf, daß die Distributionskanäle im Begriff seien, sich zu verbreitern, fehlte damals ebensowenig wie die Liste unmittelbar bevorstehender Technologien: von der elektronischen Post bis zu Video auf Abruf, von Online-Datendiensten bis zum Glasfaserkabel, vom Satellitenfunk bis zu den Computern in jedem Haushalt. Viele dieser Innovationen sind heute Teil unseres täglichen Lebens. Andere zeigen sich immer noch erst am Horizont. Aber eins ist klar: Die digitale Revolution hat die Art und Weise, in der wir mit Realität umgehen, radikal verändert – ganz gleich, wer sie bestimmt.

Meine Kinder, die nach dem ersten Erscheinen von *Film verstehen* geboren wurden und inzwischen recht herangewachsen sind, haben eine Vielfalt der Medien erlebt, wie sie vor 1980 noch unbekannt war. Sie sind unersättliche Konsumenten von Fernsehen, Video, CDs, Computerspielen, Programmen und Kinofilmen, und sie sind – was in Anbetracht der Vielfalt der neuen Medien überraschen mag – nicht unvertraut mit dem gedruckten Wort. Es kommt wohl vor, daß ich mich beim Abendessen über unsere familiäre Fernsehsucht beschwere (sie dämpfen dann vielleicht den Televisor oder Hörsehschirm, doch es gibt keine Möglichkeit, ihn völlig abzustellen), dennoch sind sie wohl ebenso belesen wie ihre Eltern in diesem Alter.

Bedeutsamer als die Unmenge von Medien, die sie konsumieren, ist die gleichermaßen beträchtliche Menge, die sie ihrerseits produzieren. Ihnen steht eine Palette von Software-Tools zur Verfügung, die zwanzig Jahre früher jeden Autor, Filmemacher oder Maler in Aufregung versetzt hätten. Seit sie sechs waren, haben sie fast so lange kreativ gearbeitet, wie sie passiv konsumierten.* Bald nachdem sie «HyperCard» entdeckt hatten, fingen sie mit einer Reihe illustrierter Storys an. Als Apple seine Software zum Klingen brachte, übernahmen sie das. Für sie ist das nicht Multimedia, sondern Spaß.

Das Orwellsche Jahr ist gekommen und gegangen. (Wir haben schon vergessen, wer damals welche Meisterschaften gewonnen hat, aber wir erinnern uns noch an den Werbespot, mit dem Apple so zuschlug.) Die Warnungen hinsichtlich der Kontrolle über die Medien erscheinen weniger zutreffend als noch vor fünfzehn Jahren. Wir – zumindest die meisten von uns – sind jetzt so berauscht von unserer neuen Macht, Medien aller Art (Multi, Uni, Ulti, Hyper, visuell, textuell und traditionell) zu produzieren und auch zu verbreiten, daß es uns weniger kümmern kann, wem nun die althergebrachten Medien gehören. A. J. Liebling, der große Pressekritiker, hat vor dreißig Jahren angemerkt, daß die Pressefreiheit denen gehöre, die die Presse besitzen. Wir sind jetzt fast an dem Punkt, wo wir alle eine besitzen – und ihr Multimedia-Äquivalent.

Noch bedeutsamer ist, daß die beträchtliche Ausweitung der Bandbreite in der Distribution während der achtziger und frühen neunziger Jahre zu einem politischen Gleichgewicht in den Medien geführt hat, das ebenso frustriert, wie es zu begrüßen ist. Die meisten Standpunkte kommen zur Sprache. Die meisten Leute wissen von den anstehenden Fragen des Tages. In Fernsehbeiträgen und Talk-Shows bleibt kein soziales oder politisches Problem unbehandelt. Die meisten neuen Ideen finden rasch und effektiv den Weg zum öffentlichen Forum. Es geht nicht mehr um «wir gegen sie». Es geht um «sie gegen sie». Die politische und soziale Dialektik hat sich verflüchtigt unter dem unaufhörlichen und massenhaften Bombardement aus mehr Kanälen, mehr Medien.

Alain Tanner hat diesen Zustand in *Au milieu du monde* (1974) vorhergesagt: «Wir befinden uns in einem Zeitalter der Normalisierung, wo der Austausch erlaubt ist, aber nichts sich ändert.» Wir haben die Medien schneller und gründlicher demokratisiert, als wir je zu hoffen gewagt hatten. Jetzt haben wir die Macht. Wissen wir, wie sie zu gebrauchen ist?

Raymond Williams stellte in *Communications* (1976) fest, daß der Alltag in den Industriegesellschaften sich qualitativ gewandelt habe; er stützte sich auf folgende

* Damit Sie das nicht von vornherein als blinden Vaterstolz abtun, will ich zugeben, daß diese Ausgewogenheit nur dadurch möglich ist, daß sie nebenbei fernsehen, wenn sie den Computer benutzen.

Beobachtung: «In Gesellschaften wie in Großbritannien und den USA sieht die Mehrheit der Zuschauer jede Woche oder jedes Wochenende mehr Dramatisches, als man in irgendeiner der voraufgegangenen geschichtlichen Perioden in einem Jahr oder in manchen Fällen im ganzen Leben gesehen hat. Für die Mehrheit der Zuschauer ist es nicht ungewöhnlich, regelmäßig bis zu zwei oder drei Stunden täglich Dramatisches vielerlei Art anzusehen. Die Implikationen dessen zu untersuchen hat kaum erst begonnen.»

Natürlich haben sich die Zahlen geändert, seit Williams das schrieb. «Zwei bis drei Stunden» erscheinen heute als zu gering, und zum Erleben von Dramatischem im Fernsehen müssen wir Infotainment, Videospiele, Bänder und Platten, Multimedia sowie Internet-Mail, Newsgroups, Mailinglists und das Web hinzurechnen.

Wenigstens eine Implikation der neuen Medienwelt wird allmählich deutlich: Wir verlieren unseren Halt in der Realität. Wir sind schon auf dem besten Weg in David Bowmans beängstigenden Käfig. Kaum weist jemand darauf hin, daß Autobahnen Lärm bedeuten, fassen wir sie in Wände ein und vergessen dabei, daß wir uns optisch und moralisch von unserer Umwelt isolieren. Wir schreiben die Geschichte um, damit niemand daran Anstoß nimmt. Wir geben Lippenbekenntnisse ab zu bestimmten sozialen und politischen Problemen, die wir schon vor Jahren erkannt haben, an denen sich aber nichts geändert hat. Wir verfügen über die Erkenntnisse der Wissenschaft, aber nicht über den wissenschaftlichen Geist. Wir verfügen über die Rhetorik der Pflicht, aber nicht über den Willen zum Handeln. Als Gesellschaft sind wir zu jeder Zeit «politisch korrekt», kümmern uns aber kaum um die Konsequenzen, die der Verlust des Gefühls für Ausgewogenheit oder des Sinns für Humor hat.

Wir haben uns – weitgehend wie Raymond Williams befürchtete – in hohem Maße den Fiktionen und Quasifiktionen der Medien überantwortet. Und die Leute, die die Medien machen, sind nicht schlauer als wir. Unsere Filme und unser Fernsehen sind technisch auf der Höhe, inhaltlich relevant, demokratisch – und langweilig. Unsere neuen Technologien sind theoretisch reizvoll, aber... «You say you want a revolution?» Es gibt keine Revolutionen mehr. Die Kultur wurde homogenisiert, und das Gleichgewicht ist allemal ebenso problematisch wie das Ungleichgewicht, das zu überwinden wir einst angestrebt hatten.

«Was tun?» Wir können den Moloch der modernen Medien nicht aufhalten. Er wird weiter unser Leben durchdringen. Neue Diskursweisen mögen – weil sie darauf beharren, daß der Leser sich aktiv am Prozeß beteiligt – uns die Gelegenheiten bieten, unsere Wurzeln wiederzuentdecken. Aber die Ethik ist die Ästhetik der Zukunft. Wir müssen uns darauf konzentrieren, welche Anwendung unsere Talente und Technologien finden. Es ist nicht mehr genug zu wissen, wie ein Film zu verstehen ist. Jetzt müssen wir auch verstehen, und zwar von Grund auf, wie ein Film zu benutzen ist.

David Bowmans virtueller Käfig am Schluß von *2001: A Space Odyssey* (Standvergrößerung).

Und das Wichtigste ist: Wir haben uns zu erinnern, daß es jenseits des Films, jenseits der Medien, jenseits von Multimedia noch einen Rest von Realität gibt.

Dafür haben wir ein Modell. Auf der Höhe seines Schaffens gab William Shakespeare das Gewerbe des Stückeschreibens auf und kehrte in seine Heimatstadt zurück. Sein letztes Stück *Der Sturm* war ganz bewußt an sein Publikum gerichtet, das mehr als zwanzig Jahre lang das Globe-Theater gefüllt hatte. Das Stück handelt vom Theater, seinem Medium, aber es ist weniger eine Verherrlichung als eine Flucht. Es gibt eine reale Welt außerhalb der theaterhaften Insel, auf der das Stück spielt, und *Der Sturm* wie Prospero (wie auch Shakespeare, so dürfen wir folgern) haben zum Ziel, die Magie hinter sich zu lassen und zu dieser Realität zurückzukehren. Im Epilog bittet uns Prospero, ihn ziehen zu lassen:

> Hin sind meine Zauberein,
> Was von Kraft mir bleibt, ist mein,
> Und das ist wenig…
> …
> Füllt milder Hauch aus euerm Mund
> Mein Segel nicht, so geht zugrund'
> Mein Plan; er ging auf eure Gunst.
> Zum Zaubern fehlt mir jetzt die Kunst:
> Kein Geist, der mein Gebot erkennt;
> Verzweiflung ist mein Lebensend',
> Wenn nicht Gebet mir Hülfe bringt,
> Welches so zum Himmel dringt,

Daß es Gewalt der Gnade tut
Und macht jedweden Fehlschritt gut.

Wo *ihr* begnadigt wünscht zu sein,
Laßt eure Nachsicht mich befrein.
(Ab.)
(Übersetzt von August Wilhelm Schlegel)

ANHANG I

CHRONIK

Bis 1895: Vorgeschichte

130 Ptolemaios von Alexandrien entdeckt das Phänomen der Nachbildwirkung.

1250 Leon Battista Alberti erfindet den Vorläufer der Camera Obscura.

1440–44 In Straßburg druckt Johannes Gutenberg mit beweglichen Lettern die ersten Bücher: lateinische Grammatiken, sogenannte Donate.

1456 24. August → Heinrich Cremer beendet das Binden der ersten Gutenberg-Bibeln, die mit beweglichen Lettern gedruckt werden.

1660 1. Januar → In Leipzig erscheint die erste Tageszeitung, die *Täglich neu einlauffende Kriegs- und Welt-Händel* (ab 1734 *Leipziger Zeitung*).

1709 Mit *The Tatler* erscheint in London die erste von zahlreichen Wochenschriften. In den nächsten Jahrzehnten zunehmende Verbreitung von Zeitungen und Zeitschriften in ganz Europa.

1796 Der Schriftsteller Aloys Senefelder erfindet den Steindruck, die Lithographie.

1810 29. März → Friedrich Gottlob König erhält ein Patent auf seine dampfgetriebene Druckerpresse.

1834 Das Zoetrop – ein optisches Spielzeug, das auf einer antiken Erfindung beruht – wird patentiert.

1839 Daguerreotypie und Talbottypie werden vorgestellt.

1840 20. Juni → Samuel Morse erhält das US-Patent auf seinen verbesserten Telegrafen und das Morse-Alphabet.

1846 Robert und Richard Hoe bauen für die Zeitung *Public Ledger* in Philadelphia die ersten Hochdruck-Rotationspressen.

1850 Fotografische Laterna-Magica-Bilder kommen in Gebrauch.

1867 Christopher Latham Sholes, Samuel W. Soule und Carlos Glidden konstruieren das erste erfolgreiche Modell einer Schreibmaschine, die patentiert und ab 1874 von der Remington Small Arms Company vermarktet wird.

1873 Eardweard Muybridge beginnt mit Experimenten zur Fotografie der Bewegung von Pferden. 1880 werden seine Laufbilder durch das Zoopraxiskop filmartig vorgeführt.

1875 Werner von Siemens konstruiert die Selenzelle.

1876 7. März → Alexander Graham Bell erhält ein US-Patent für ein elektrisches Telefon.

1877 Émile Reynaud entwickelt das Praxinoscope zunächst als optisches Spielzeug und präsentiert 1880 das Praxinoscope à projection.

1877 6. Dezember → Thomas Alva Edison entwirft den Phonographen zur mechanischen Aufzeichnung und Wiedergabe von Tönen.

1880 Georg Meisenbach und Joseph Ritter von Schmädel lassen sich die Autotypie patentieren – die Zerlegung von Fotos in Rasterpunkte zur Wiedergabe im Druck. Die Zeitschrift *New York Daily Graphic* veröffentlicht die erste – nach einem Linienverfahren von F. E. Ives – gerasterte Fotografie.

A. G. Bell präsentiert das Photophon, aus dessen technischen Prinzipien Ernst Ruhmer ca. 20 Jahre später die Aufzeichnung von Tönen auf Film entwickelt.

1884 George Eastman legt mit dem Rollfilm für Fotoapparate zugleich die technische Basis für den Film.

Ottmar Mergenthaler präsentiert die Zeilensetzmaschine Linotype.

6. Januar → Der Berliner Student Paul Nipkow beantragt ein Patent auf eine Abtastscheibe zum optischen Zerlegen (Scannen) von Bildern und schafft damit ein Grundelement des Fernsehens.

1887 März → Ottomar Anschütz führt seinen optischen Schnellseher Tachyskop vor.

1889 14. Januar → Émile Reynauds Théâtre Optique wird in Frankreich patentiert, aber erst am 28. 10. 1892 im Musée Grévin präsentiert.

27. August → Die Eastman Company produziert flexiblen Zelluloidfilm für ihre Kodak-Fotoapparate in ihrer neuen Fabrik in Rochester.

6. Oktober → W. K. Laurie Dickson demonstriert Edison das Kinetophone, eine Kombination von Phonograph und Kinetograph-Aufnahmen auf Eastman-Film.

1890 16. September → Louis Aimé Augustin Le Prince, der mögliche Erfinder des Films, verschwindet mit seinem Apparat auf dem Weg nach Paris spurlos auf dem Bahnhof von Dijon.

1891 Edison läßt das Kinetoscope als Guckkasten für Einzelpersonen bauen, zugleich konstruiert er als Kamera den Kinetographen, der Zelluloidfilm von Eastman verwendet.
1893 1. Februar → Edisons Filmatelier «Black Maria» in West Orange ist betriebsbereit.
1894 14. April → Am Broadway wird der erste öffentliche Kinetoscope Parlor mit zehn Guckkästen eröffnet.
1895 22. März → Die Gebrüder Louis und Auguste Lumière stellen den Cinématographe vor und projizieren ihren ersten Film *La sortie des usines Lumière.*
22. September → Erstes Treffen der KMCD-Gruppe (benannt nach den Gründern E. B. Koopman, Henry N. Marvin, Herman Casler und W. K. L. Dickson), die Ende des Jahres zur Auswertung von Biograph-Kamera und Projektor die American Mutoscope and Biograph Company gründet.
1. November → Der Schausteller Max Skladanowsky präsentiert im Berliner Varieté Wintergarten das erste Programm mit Bioscop-Filmen.
28. Dezember → Die Gebrüder Lumière präsentieren im Grand Café, Boulevard des Capucines, in Paris erstmals gegen Bezahlung Filme ihres Cinématographe: die Geburt des Kinos.

1896–1915: Die Geburt des Films

1896 4. April → Der Illusionist Georges Méliès zeigt im Théâtre Robert-Houdin erstmals Filme (von Edison) und beginnt im Mai mit der Produktion von eigenen kurzen Spielfilmen. Im Dezember entsteht mit *Le Manoir du Diable* (3 Rollen), der erste Vampir-Film.
23. April → Edisons Vitascope (mit einem Projektor von Thomas Armat) eröffnet in Koster and Bial's Music Hall, New York.
2. September → Guglielmo Marconi präsentiert in England sein System der drahtlosen Telegrafie.
1897 Edison strengt erste Prozesse wegen Patent-Verletzungen an.
Edwin S. Porter tritt in Edisons Firma ein.
Karl Ferdinand Braun erfindet die Braunsche Röhre, Grundlage der Fernsehbildröhre.
Mai → Ein Brand bei einer Filmvorführung am Bazar de la Charité in Paris fordert 140 Menschenleben.
1898 10. Dezember → Der dänische Telefon-Ingenieur Valdemar Poulsen meldet ein Aufzeichnungs- und Wiedergabesystem auf Draht zum Patent an: Das Telegraphone erhält auf der Weltausstellung in Paris 1900 einen Grand Prix.
1899 James Stuart Blackton gründet die Vitagraph Company.
10. September → Oskar Messter präsentiert Kaiser Wilhelm II. in der Stadthalle Karlsruhe Filme, die er bei Manövern und Stapelläufen von ihm gemacht hat.
1900 Auf der Weltausstellung in Paris werden erste Phonorama-Farb-Tonbilder vorgestellt.
Reginald Aubrey Fessenden gelingt die erste drahtlose Übertragung einer Stimme.
1901 Januar → Queen Victorias Begräbnis wird gefilmt.
12. Dezember → Erste drahtlose Telegrafenübermittlung über den Atlantik durch Marconi von Cornwall nach Neufundland.
1902 Will Barber errichtet im westlichen Vorort von London das erste Ealing-Filmstudio.
Pathé eröffnet Studios in Vincennes.
August → Méliès zeigt seinen Film *La Voyage dans la lune.*
1903 Porters *Life of an American Fireman* und *The Great Train Robbery.*
Biograph bezieht ein Innenstudio in der East 14th Street in New York.
29. August → Im Berliner Apollo-Theater zeigt Messter seine ersten Biophon-Tonbilder, 3–4 Minuten lange Filme mit synchronisiertem Grammophon und Projektor.
1904 Arthur Korn überträgt eine Fotografie über elektrisches Kabel von München nach Nürnberg.
1905 Hepworths *Rescued by Rover.*
1906 Ole Olsen gründet in Kopenhagen die Nordisk Films Kompagni, die zu einem der bedeutendsten europäischen Filmproduzenten vor dem Ersten Weltkrieg aufsteigt.
5. Mai → Der Berliner Polizeipräsident ordnet die Präventivzensur für Filme an.

1907 29. Januar → Lee De Forest beantragt ein Patent auf die im Vorjahr entwickelte Audion-Triode, eine Vakuumröhre mit drei Elektroden, Grundlage der weiteren Rundfunk- und Verstärkertechnik.

1908 Émile Cohl (in Frankreich) und Winsor McKay (in den USA) beginnen mit Animationsfilmen. Pathé veranlaßt die Filmwirtschaft, den Verkauf von Filmen zugunsten des Verleihs aufzugeben. Die Bewegung des «film d'art» beginnt in Frankreich.
Januar → Nach einem vergeblichen Versuch als Filmautor beginnt D. W. Griffith seine Filmkarriere als Schauspieler in *Rescued From an Eagle's Nest.*
Juni → American Biograph engagiert Griffith.
9. September → Gründung der Motion Picture Patents Company, kurz darauf der General Film Company (Vertrieb). Der Patent-Krieg beginnt.

1909 2.–4. Februar → Europäische Filmfabrikanten und Kinobesitzer treffen sich in Paris zum Filmkongreß.
4. September → Im Grand Hotel am Alexanderplatz eröffnet das erste Berliner Union-Theater mit eigenem Kinoorchester.

1910 Griffith und seine Firma verbringen erstmals den Winter in Los Angeles. Der Schwerpunkt der Filmarbeit verlagert sich innerhalb der nächsten Jahre von New York nach Los Angeles.
Die Dänen Alfred Lind und August Blom haben mit ihren Mädchenhandelsfilmen einen europaweiten Erfolg.
28. November → Deutsche Premiere des dänischen Films *Afgrunden* mit Asta Nielsen, der als Monopolfilm vertrieben wird.
28. Dezember → Das Preußische Ministerium des Innern ordnet an, daß die Entscheidungen der Berliner Zensur in ganz Preußen gelten.

1911 23. September → Mack Sennetts erste Keystone-Komödien erscheinen.

1912 Die Gebrüder Warner beginnen, Filme zu produzieren; die Fox Company und Universal werden gegründet
Das British Board of Censors wird eingerichtet.
Die ersten Fan-Magazine erscheinen.
12. Februar → Erste Filmaufnahme im neu errichteten Glashaus der Deutschen Bioscop GmbH in Neubabelsberg: Asta Nielsen in *Der Totentanz*

1913 31. Januar → Mit seiner Hauptrolle in Max Macks «Autorenfilm» *Der Andere* durchbricht Albert Bassermann das Filmverbot für Bühnendarsteller.
Februar → Paul Davidson verlegt den Sitz der Projektions-AG «Union» (PAGU) nach Berlin. Die PAGU ist der erste vertikal gegliederte Filmkonzern, der Apparate herstellt, Filme produziert und verleiht und eine Kino-Kette (U.T.) betreibt.
8. März → Die italienischen Epen *Quo Vadis?* und *Cabiria* (18. 4. 1914) beweisen, daß auch lange Spielfilme Erfolg haben können.
Frühjahr → Die Literaria-Film (Alfred Duskes / Pathé) und die PAGU errichten in Berlin-Tempelhof zwei Glashäuser als Ateliers.
Juli → Emilie Altenloh reicht in Heidelberg ihre Dissertation *Zur Soziologie des Kino* ein.
22. August → Premiere von *Der Student von Prag* mit Paul Wegener unter der Regie des Dänen Stellan Rye. Die Trickaufnahmen dreht der Kameramann Guido Seeber.

1914 Richard Oswald und Joe May popularisieren nach dänischem Vorbild in Deutschland die Detektiv-Serien.
März → Die *Eiko-Woche* ist die erste regelmäßig erscheinende Wochenschau in Deutschland.
Herbst → Nach Kriegsbeginn werden «Feindfirmen» – u. a. die Berliner Dependancen von Eclair und Pathé – unter deutsche Verwaltung gestellt. Negative der PAGU in Pariser Kopierwerken sind unerreichbar, die Firma gerät in finanzielle Schwierigkeiten.

1915 Vachel Lindsays Buch *The Art of the Moving Picture* erscheint.
Die Nordische Films Co., deutsche Tochter der Nordisk, steigt zum wichtigsten Produzenten und Verleiher in Deutschland auf.
8. Februar → Die Uraufführung von D. W. Griffiths *The Birth of a Nation* markiert den Beginn einer neuen Epoche der Filmgeschichte.
16. Februar → Erich Pommer gründet die Decla Film-Gesellschaft.

1916–1930: Stummfilm, die Geburt von Radio und Tonfilm

1916 Hugo Münsterbergs Buch *The Photoplay: A Psychological Study* erscheint.
7. Januar → Die Aufführung von *Maciste*, dargestellt von Bartolomeo Pagano, löst in Italien eine Serie von Filmen mit Muskelmännern aus.
24. April → Paul Wegeners Vortrag über «Die künstlerischen Möglichkeiten des Films».
9. Juni → Ernst Lubitschs Aufstiegskomödie *Schuhpalast Pinkus* mit ihm selbst in der Hauptrolle.
5. September → D. W. Griffiths Episoden-Epos *Intolerance* wird im Liberty Theatre, New York, uraufgeführt.
19. November → Vertreter der deutschen Industrie gründen die Deutsche Lichtspielgesellschaft e.V. (DLG) zur Förderung der Filmpropaganda im Ausland.

1917 Der 18jährige Lev Kulešov veröffentlicht in Moskau seinen ersten filmtheoretischen Aufsatz und dreht seinen ersten Kurzfilm.
31. Januar → Das deutsche Kriegsministerium gründet das Bild- und Filmamt (Bufa).
18. Dezember → Die Universum Film AG (Ufa) wird in Berlin gegründet; Basis bildet der Zusammenschluß der Firmen Nordische, Messter und PAGU.

1918 Edwin Howard Armstrongs Superheterodyn-Schaltung ermöglicht dem Rundfunk eine kommerzielle Zukunft.
24. April → Gründung der Münchener Lichtspielkunst GmbH (Emelka), 1919 Umwandlung zur AG.
12. November → Nach Kriegsende erklärt der Rat der Volksbeauftragten die staatliche Zensur für abgeschafft. Filmverleiher unterwerfen sich weiterhin freiwillig den Entscheidungen der Filmprüfstelle in Berlin.

1919 General Electric gründet die Radio Corporation of America (RCA), um das Monopol der American Marconi Corporation zu übernehmen.
Dem ungarischen Telefontechniker Dénes von Mihály gelingt es in Budapest (angeblich), mit seinem Telehor-Verfahren erste Fernsehbilder zu erzeugen.
Februar → D. W. Griffith, Mary Pickford, Douglas Fairbanks und Charles Chaplin gründen United Artists. Das Starsystem dominiert die Filmindustrie.
4. April → Joe Mays 3½-stündiger Episodenfilm *Veritas vincit.*
17. April → Das TriErgon-Lichttonsystem wird in Deutschland patentiert.
28. Mai → Oswalds «sozialhygienisches Filmdrama» *Anders als die Andern* wendet sich gegen den § 175.
27. August → Durch ein Dekret Lenins wird die russische Foto- und Filmindustrie dem Volkskommissariat für Bildungswesen unterstellt und damit verstaatlicht.
18. September → Ufa-Palast am Zoo in Berlin mit der Premiere von Lubitschs *Madame Dubarry* festlich eröffnet.
Dezember – Januar 1920 → Joe Mays weltumspannende Abenteuer-Serie *Die Herrin der Welt* in 6 Teilen.

1920 Lubitschs *Madame Dubarry* wird unter dem Titel *Passion* in den USA ein Riesenerfolg.
26. Februar → Robert Wienes *Das Cabinet des Dr. Caligari*, der berühmteste Film des «Deutschen Filmexpressionismus», hat Premiere.
März → Die Decla fusioniert mit der Deutschen Bioscop AG zur Decla-Bioscop AG.
12. Mai → Mit dem Reichslichtspielgesetz wird wieder eine staatliche Zensur eingeführt.
30. September → Reichspräsident Friedrich Ebert besucht die Dreharbeiten zu Ernst Lubitschs *Anna Boleyn* im Ufa-Atelier Berlin-Tempelhof.
2. November → In Pittsburgh nimmt Westinghouse den Betrieb eines Rundfunksenders auf.

1921 17. April → Mit Unterstützung der Famous Players gründen u. a. Paul Davidson, Ernst Lubitsch und Joe May die Europäische Film-Allianz AG (E.F.A.) als Konkurrenz zur Ufa.
25. April → Walther Ruttmann präsentiert mit *Lichtspiel Opus I* den ersten «absoluten Film» in Deutschland.
November → Die Decla-Bioscop AG fusioniert mit der Ufa.
11. Dezember → Henny Porten und Fritz Kortner in *Hintertreppe* von Paul Leni und Leopold Jessner nach einem Drehbuch des «Filmdichters» Carl Mayer.

1922 21. Februar → Welt-Premiere von Lubitschs *Das Weib des Pharao* in New York.
4. März → Murnaus Vampir-Klassiker *Nosferatu.*
25. April → Premiere von Fritz Langs *Dr. Mabuse, der Spieler*
21. Mai → Die erste Folge des Filmjournals *Kinopravda* von Dziga Vertov erscheint.
11. Juni → Robert Flahertys *Nanook of the North.*
17. September → Jo Engl, Joseph Masolle und Hans Vogt zeigen ein Programm mit kurzen Lichttonfilmen nach ihrem Triergon-System.
14. November → Die British Broadcasting Company beginnt tägliche Sendungen.
2. Dezember → Ernst Lubitsch reist in die USA ab. Er gehört zu den zahlreichen europäischen Filmemachern, die von Hollywood-Produzenten engagiert werden, um die Konkurrenz Film-Europas möglichst auszuschalten.
15. Dezember → In England wird die British Broadcasting Company (BBC) im Handelsregister eingetragen und erhält am 18. 1. 1923 die Sendelizenz durch das Postministerium.

1923 Dem in die USA ausgewanderten Russen Vladimir Zworykin gelingt es bei Westinghouse, eine Kathodenstrahlröhre (Braunsche Röhre) zur Übertragung eines Bildes zu nutzen.
In Italien gerät die Filmindustrie in eine existenzbedrohende Krise, die bis zum Ende der Stummfilmzeit anhält.
3. März → Henri Luce bringt *Time* – das erste «Nachrichtenmagazin» – heraus.
10. und 17. März → Premiere von Mauritz Stillers Zweiteiler *Gösta Berlings Saga* mit Greta Garbo.
13. März → Drehbeginn von Stroheims *Greed*, dem Vorläufer des realistischen Kinos.
1. September → Das große Kanto-Erdbeben löst eine stärkere Hinwendung japanischer Filmemacher zum europäischen Kino und zu neuen Filmgenres (Gendai-geki) aus. Nikkatsu verlegt seine Produktion von Tokyo nach Kyoto.
23. Oktober → Der Reichskommissar für das Rundfunkwesen Hans Bredow eröffnet den öffentlichen Rundfunk in Deutschland.

1924 Fernand Légers *Ballet mécanique.*
Béla Balázs' erste filmtheoretische Schrift *Der sichtbare Mensch* erscheint.
Anfang 1924 → Michael Balcon gründet in den Islington-Studios die Firma Gainsborough Pictures.
10. Januar → Aus der zwei Jahre zuvor gegründeten Firma C.B.C. Film Sales Corporation wird Columbia Pictures.
14. und 26. April → Mit Langs Zweiteiler *Die Nibelungen* zielt Produzent Erich Pommer auf den Weltmarkt.
17. Mai → Aus dem Zusammenschluß der zu Loew's Inc. gehörenden Metro Pictures und der Goldwyn Pictures Corporation entsteht unter Leitung von Louis B. Mayer in Culver City das Studio Metro-Goldwyn-Mayer (M-G-M).
23. Dezember → In Murnaus *Der letzte Mann* bringt Kameramann Karl Freund die «entfesselte Kamera» zur genialen Anwendung.

1925 Willi Münzenberg, kommunistischer Propagandist und Verleger, publiziert die Broschüre *Erobert den Film!* und gründet in Berlin die Prometheus Filmverleih und Vertriebs GmbH, die «Russenfilme» in Westeuropa populär macht.
Der 18jährige Manfred von Ardenne entwickelt die Mehrfachröhre 3NF mit einer integrierten Schaltung, die – verbreitet im preisgünstigen Rundfunkgerät Loewe 0E333 – den Empfang durch Detektorgeräte ersetzt.
16. März → Ufa-Kulturfilm *Wege zu Kraft und Schönheit.*
18. Mai → G. W. Pabsts *Die freudlose Gasse.*
17. September → Aus der Fusion von *Deulig-Woche* und *Messter-Woche* entsteht die *Ufa-Wochenschau.*
25. September – 5. Oktober → Die Kino- und Photoausstellung (KIPHO) in Berlin, auf der sich die deutsche Filmindustrie präsentiert, sehen über 100 000 Besucher.
25. Oktober → Erste öffentliche Veranstaltung der London Film Society im Gallery Kinema mit Paul Lenis *Das Wachsfigurenkabinett.*
16. November → E. A. Duponts *Varieté.*

17. Dezember → Die Vorführung des ersten Ufa-Lichttonfilms *Das Mädchen mit den Schwefelhölzern* wird aus technischen Gründen – angeblich wegen amerikanischer Sabotage – ein Mißerfolg.
19. Dezember → Abschluß des Parufamet-Vertrags zwischen der finanziell angeschlagenen Ufa und den Hollywood-Konzernen Paramount und Metro-Goldwyn-Mayer.
24. Dezember → Premiere von Eisensteins *Bronenosec «Potemkin»* (*Panzerkreuzer Potemkin*) im Bol'šoj-Theater zum 20. Jahrestag der Revolution von 1905.

1926 2. Mai → Lotte Reinigers Scherenschnittfilm *Die Abenteuer des Prinzen Achmed* ist der erste abendfüllende Animationsfilm der Welt.
7. Juni → Als Reaktion auf die deutsche Filmkontingent-Verordnung gründet Fox in Berlin die Fox-Europa-Produktion zur Herstellung von Quota-Filmen. Unter der Leitung von Karl Freund entsteht so u. a. Ruttmanns Dokumentarfilm *Berlin. Die Sinfonie der Großstadt.*
6. August → Premiere des ersten Vitaphone-Nadeltonprogramms mit kurzen Sprech- und Musikfilmen, u. a. mit Will Rogers und Sol Hoopii, sowie dem Spielfilm *Don Juan.*
26. August → Der Tod von Rudolph Valentino löst bei seinen Fans eine Hysterie aus.
November → Pudovkin publiziert auf Grundlage von Vorlesungen am Staatlichen Filmtechnikum (GTK) die Bücher *Filmregisseur und Filmmaterial* und *Das Filmszenarium.*
15. November → NBC beginnt um 20 Uhr mit einer Life-Übertragung vom Dach des Waldorf-Astoria-Hotels in New York die Network-Sendungen. 25 Stationen in 21 Städten übernehmen das Programm.

1927 Der deutsche Erfinder Pfleumer entwickelt das Magnetband.
Das *Allgemeine Handbuch der Film-Musik* von Hans Erdmann und Giuseppe Becce faßt in Theorie und Noten-Beispielen die Erfahrungen mit der musikalischen Begleitung des Stummfilms zusammen.
1. Januar → Sendebeginn von NBCs Blue Network.
1. Januar → Umwandlung der privaten British Broadcasting Company durch königliche Charter in die öffentlich-rechtliche Anstalt British Broadcasting Corporation (BBC).
10. Januar → Langs *Metropolis*, der mit Kosten von 5,3 Millionen Mark die Ufa fast in den Ruin getrieben hat, wird ein mäßiger Publikumserfolg und kommt nur in einer von den amerikanischen Partnern stark gekürzten Fassung in den allgemeinen Verleih.
11. Januar → Bei einem Treffen im Ambassador Hotel in Hollywood wird die Academy of Motion Picture Arts and Sciences gegründet. Erster Präsident wird Douglas Fairbanks.
11. März → Samuel «Roxy» Rothapfel eröffnet in New York mit dem Roxy den größten Filmpalast der Welt.
15. März → Durch den Radio Act wird in den USA die Federal Radio Commission (später FCC) eingerichtet.
28. März → Alfred Hugenbergs Scherl-Gruppe übernimmt die finanziell angeschlagene Ufa. Ludwig Klitzsch wird Generaldirektor. Erich Pommer wird als Leiter einer Produktionsgruppe aus Hollywood zurückgeholt.
April → Die Wochenschau *Fox Movietone News* kommt mit Lichtton heraus.
24. Mai → Der Schotte John Logie Baird überträgt durch die Telefonleitung Fernsehbilder (System Nipkow-Scheibe) von London nach Glasgow, im folgenden Jahr nach New York. Ihm gelingen erste Versuche mit farbigen Fernsehbildern (30 Zeilen).
18. September → CBS (Columbia Broadcasting System) – am 27. Januar 1927 als United Independent Broadcasters, Inc. gegründet – nimmt den Sendebetrieb auf.
6. Oktober → *The Jazz Singer* mit Musik- und einigen Sprechpassagen wird für Warner Bros. zum ersten großen Tonfilmerfolg.

1928 Die kostenintensive Einführung des Tonfilms führt zu verstärktem Einfluß der Banken auf die Filmproduktion.
1. Januar → Der British Cinematograph Act tritt in Kraft und führt zum Schutz der einheimischen Filmindustrie ein Quota-System ein.
21. April → Premiere von Dreyers *La Passion de Jeanne d'Arc* im Paladsteatret in Kopenhagen.
8. Juli → Der erste «100 %ige Sprechfilm»: *Lights of New York* von Bryan Foy für Warner Bros.
August → Dénes von Mihály zeigt auf der Funkausstellung in Berlin einen 30zeiligen Bildzerleger, der 4 × 4 cm große Fernsehbilder produziert.

30. August → Gründung der Tonbildsyndikat (Tobis) AG auf Basis der Tri-Ergon-Musik AG.
31. August → Auf der 5. Großen Funkausstellung in Berlin präsentieren August Karolus (96 Zeilen) und D. von Mihály (30 Zeilen) ihre Fernseh-Systeme.
Herbst → Luis Buñuel und Salvador Dalí zeigen ihren surrealistischen Kurzfilm *Un chien andalou* vor geladenen Gästen im Studio des Ursulines.
8. Oktober → Die Elektrokonzerne AEG und Siemens gründen die Klangfilm GmbH.
23. Oktober → General Electric, Westinghouse und R.C.A. gründen RKO Radio Pictures Corporation zur Auswertung vom RCAs Tonfilm-Patenten.
18. November → Disneys *Steamboat Willie*, der dritte Film mit Mickey Mouse, ist der erste tönende Zeichentrickfilm der Welt.

1929 Die Umstellung auf den Tonfilm führt innerhalb von zwei Jahren zur Verdoppelung der Besucherzahlen: 1927–60 Mio Zuschauer, 1929–110 Mio.
Die elektronische Aufzeichnung wird erstmals im Rundfunk angewendet.
Hans Richter publiziert *Filmgegner von heute – Filmfreunde von morgen* als Plädoyer für den künstlerischen Film.
Joe May versucht die Ufa-Direktion (mit engen Verbindungen zur Schwerindustrie) für ein System zur elektronischen Bildaufzeichnung auf Stahlband zu interessieren.
8. Januar → Uraufführung von Vertovs *Čelovek s kinoapparatom* (*Der Mann mit der Kamera*) in Kiew.
8. März → D. von Mihály beginnt mit Unterstützung der Reichspost drahtlose Probesendungen von Fernsehbildern.
April → F. W. Murnau segelt nach Tahiti, um mit Robert Flaherty einen Film über die Südsee-Insulaner zu drehen. Nachdem sie sich zerstritten haben, stellt Murnau *Tabu* allein fertig.
16. Mai → Die Academy of Motion Picture Arts and Sciences vergibt ihre ersten Awards, die ab 1931 den Spitznamen Oscar tragen. Den ersten Darsteller-Preis erhält Emil Jannings.
21. Juni → Hitchcocks *Blackmail*, als Stummfilm begonnen und teilweise nachgedreht, wird als erster britischer Sprechfilm aufgeführt.
Juni/Juli → E. A. Dupont dreht in den B.I.P.-Studios Elstree in englischer und deutscher Sprachversion den ersten «europäischen» Sprechfilm, *Atlantic*; nach dem internationalen Erfolg wird 1930 auch eine französische Version hergestellt.
3. August → *The Cocoanuts*, das Filmdebüt der Marx Brothers, signalisiert die massive Abwanderung von Broadway-Künstlern nach Hollywood.
22. August → Mit *Skeleton Dance* bringt Walt Disney die erste *Silly Symphony* heraus. Warner Bros. antwortet 1930 mit der Cartoon-Serie *Looney Tunes*.
24. September → Die Arbeit im Tonkreuz, dem ersten für die Tontechnik errichteten Atelier auf dem Ufa-Gelände Neubabelsberg, wird aufgenommen.
7. Oktober → Rouben Mamoulians *Applause* wird eines der ersten erfolgreichen Film-Musicals.
16. Dezember → *Melodie des Herzens* von Hanns Schwarz mit der Musik von Werner Richard Heymann ist der erste lange Ufa-Sprechfilm.

1930 In Amerika wird der Production Code eingeführt, zunächst aber nur lax befolgt.
Die Notwendigkeit, für den Export fremdsprachige Versionen herzustellen, löst eine zweite Welle europäischer Filmemacher nach Hollywood aus.
In Berlin bietet Mihálys Telehor AG Fernseh-Empfangsgeräte – auch als Bastelsatz – an.
Béla Balázs' *Der Geist des Films*.
1. April → Josef von Sternbergs *Der blaue Engel* mit Emil Jannings macht Marlene Dietrich zum Star.
28. April → René Clairs *Sous les toits de Paris*, der erste französische Tonspielfilm.
12. Juli → Die internationalen Tonfilmkonzerne beenden ihre Patentstreitigkeiten im «Pariser Tonfilmfrieden».
15. September → Premiere von *Die Drei von der Tankstelle*, Wilhelm Thieles stilprägender Tonfilm-Operette, die mit Lilian Harvey in drei Sprachversionen gedreht worden ist.
5. Dezember → Die erste öffentliche Aufführung des amerikanischen Universal-Films *All Quiet on the Western Front* nach dem Remarque-Roman wird im Berliner Mozartsaal abgebrochen, weil Nazis mit weißen Mäusen und Stinkbomben gestört haben.

1931–1945: Das goldene Zeitalter Hollywoods und des Radios

1931 Die Reichspost erhöht den Standard von Fernsehbildern von 30 auf 48 Zeilen.
CBS beginnt mit der Fernsehstation Columbia in New York einen Versuchsbetrieb.
12. Januar → Carl Laemmles Universal Pictures präsentiert im New Yorker Roxy Theatre Tod Brownings *Dracula* mit Bela Lugosi; im Dezember folgt mit James Whales *Frankenstein* mit Boris Karloff ein zweiter Klassiker des Horror-Genres.
30. Januar → Chaplin bringt im Los Angeles Theatre *City Lights* wie einen Stummfilm nur mit Musikuntermalung heraus.
11. März → F. W. Murnau stirbt in Santa Barbara an den Folgen eines Autounfalls.
19. März → Lewis Milestones Verfilmung des Bühnenstücks *The Front Page* von Hecht und MacArthur zeigt die zunehmende Bedeutung der Zeitung als kulturelles Medium.
11. Mai → Nero-Film präsentiert *M*, Fritz Langs ersten Tonfilm.
15. Mai → William Wellmans *Public Enemy* signalisiert den Aufstieg des Gangsterfilm-Genres.
29. September → Erik Charells *Der Kongreß tanzt.*
17. November → *Kameradschaft* von G. W. Pabst tritt für die deutsch-französische Freundschaft ein.

1932 Die Verbesserung der Nachsynchronisations-Technik erleichtert die Produktion von Tonfilmen.
31. März → Hawks, Hughes und Hecht arbeiten bei *Scarface* zusammen, einem bedeutenden Gangsterfilm.
Im Ernst Rowohlt Verlag, Berlin, erscheint Rudolf Arnheims *Film als Kunst.*
6. August → Mit der Filmkunstausstellung in Venedig beginnt das erste Filmfestival der Welt.
19. August → Auf der Funkausstellung 1932 in Berlin werden Empfangsgeräte für Fernsehbilder nach dem elektronischen Verfahren von Manfred von Ardenne präsentiert.
22. August → Die BBC beschließt die Errichtung eines eigenen Fernsehstudios in einem ehemaligen Tanzorchesterstudio im Broadcasting House, London.
21. September → Gründung der Bavaria-Film AG in München
8. November → Lubitschs *Trouble in Paradise* definiert den Paramount-Stil der «sophisticated comedy».
27. Dezember → Radio City Music Hall, der ultimative Filmpalast, wird im Hauptquartier von RCA, dem Rockefeller Center in New York, eröffnet.

1933 Armstrong entwickelt den FM-Rundfunk.
2. Februar → Reichskanzler Hitler besucht zwei Tage nach seiner Ernennung die Berliner Premiere des Ufa-Films *Morgenrot.*
7. März → *King Kong* von Merian C. Cooper und Ernest B. Schoedsack nutzt rassistische Ängste, um einen populären Mythos zu etablieren.
8. März → Busby Berkeleys Choreografie für *42nd Street* begründet die Stilrichtung für das Film-Musical der 30er Jahre.
28. März → Der neuernannte Reichsminister für Volksaufklärung und Propaganda, Joseph Goebbels, fordert von den deutschen Filmschaffenden einen neuen, «völkischen» Film.
30. Juni → Der Rundfunk wird dem Propaganda-Ministerium unterstellt.
Herbst → Nach der Auflösung des Empire Marketing Board (E.M.B.) wird dessen Film Unit dem General Post Office zugeschlagen. Mit der Gründung der G.P.O. Film Unit beteiligt sich die britische Regierung intensiver an der Produktion von Dokumentarfilmen.
12. September → Hans Steinhoffs *Hitlerjunge Quex* ist einer der wenigen Filme des «Dritten Reichs», die offen für die Nazis Propaganda machen.
22. September → Gründung der Reichsfilmkammer (vorläufig seit dem 14.7.), die dem Propagandaministerium unterstellt wird. Die Mitgliedschaft ist Voraussetzung für die Beschäftigung in der Filmindustrie. Juden sind ausgeschlossen.
30. September → Das British Film Institute gegründet.
23. Dezember → Premiere der musikalischen Travestie-Komödie *Viktor und Viktoria.* Regisseur ist der «Halbjude» Reinhold Schünzel, der mit Sondererlaubnis von Goebbels weiterarbeiten darf.
29. Dezember → In *Flying Down to Rio*, von Merian C. Cooper für RKO produziert, etablieren

Fred Astaire und Ginger Rogers den Stil urbaner Eleganz, der einen großen Teil der Unterhaltung der 30er Jahre prägt.

1934 22. Februar → Frank Capras Screwball-Komödie *It Happened One Night* erhält als erster Film die fünf begehrtesten Oscars: Bester Film, Regie, Buch, Hauptdarsteller, Hauptdarstellerin.

April → Robert Flaherty zeigt seine poetische Dokumentation *Man of Aran.*

3. Mai → Hawks' *Twentieth Century.*

1. Juli → Das Communications Act von 1934 bestätigt die gegenseitige Abhängigkeit von Telefon, Telegraf und Rundfunk. Die Federal Communications Commission (FCC) überwacht den Betrieb von Telefon und Telegraf und vergibt Lizenzen für Rundfunksender.

4. Dezember → Hitchcock zeigt in London seine erste Verfilmung von *The Man Who Knew Too Much.*

7. Dezember → Das Fox-Musical *Music in the Air* mit Gloria Swanson ist die erste Hollywood-Produktion mit intensiver Beteiligung aus Nazi-Deutschland vertriebener Exil-Filmer – Produktion: Erich Pommer, Regie: Joe May, Buch: u. a. Billy Wilder, Robert Liebmann, Musik-Bearbeitung: Franz Waxman.

1935 Das Dreifarben-Verfahren von Technicolor wird eingeführt.

1. Februar → Louis de Rochemont startet die Serie *March of Time*, eine Mischung aus Dokumentarmaterial und inszenierten Szenen.

4. Februar → Das Reichsfilmarchiv wird eröffnet.

22. März → «Reichssendeleiter» Eugen Hadamovsky eröffnet den regelmäßigen Fernsehversuchsbetrieb, der in Berlin in öffentlichen Fernsehstuben betrachtet werden kann.

28. März → *Triumph des Willens*, Leni Riefenstahls «Weihefilm» über den Parteitag der NSDAP 1934, hat in Anwesenheit des «Führers» Premiere.

18. Juli → In Schünzels anspielungsreicher Komödie *Amphitryon* treten SS-Männer der «Leibstandarte Adolf Hitler» als leichtgeschürzte Griechen-Soldaten auf.

1936 24. Januar → Jean Renoirs *Le Crime de M. Lange.*

5. Februar → Chaplins «stummer Tonfilm» *Modern Times* hat in New York Premiere.

12. April → Mit *Mr. Deed Goes to Town* eröffnet Frank Capra seinen Zyklus populistischer amerikanischer Filme.

29. Juni → RCA beginnt vom Empire State Building in New York mit Fernseh-Versuchssendungen (343 Zeilen) für 3 Empfänger.

1.–16. August → Von den Olympischen Spielen in Berlin wird u. a. durch eine elektronische Kamera und ein Zwischenfilmverfahren im Fernsehen berichtet.

September → Henri Langlois, Georges Franju und Jean Mitry gründen die Cinémathèque française.

November → Die erste Nummer der Illustrierten *Life* erscheint mit einem von Margaret Bourke-White geknipsten Foto als Titel.

2. November → BBC beginnt mit der regulären Fernseh-Ausstrahlung, bis 5. 2. 1937 probeweise nach mit Systemen von Baird (240) und Markoni (405 Zeilen), das sich durchsetzt.

1937 Arnold & Richter in München stellen die leichte Arriflex vor, die erste 35mm-Kamera mit einem Spiegelreflex-Sucher.

21. April → Benito Mussolini eröffnet das römische Filmatelier Cinecittà.

13. Mai → NHK (Nippon Hoso Kyokai) in Tokyo sendet erste Fernsehsignale in Japan. Im selben Jahr beginnen Toshiba und NEC mit dem Bau von Fernsehempfängern.

4. Juni → Jean Renoirs *Grande illusion.*

31. August → Detlef Sierck etabliert mit den Ufa-Melodramen *Zu neuen Ufern* (31. 8. 1937) und *La Habanera* (18. 12. 1937) die Schwedin Zarah Leander als deutschen Filmstar. Anschließend emigriert er mit seiner jüdischen Frau nach Hollywood, wo er in den 50er Jahren als Douglas Sirk Karriere macht.

1938 Reichspost und Elektroindustrie einigen sich auf eine Fernsehnorm von 441 Zeilen.

11. Februar → Gründung der Bavaria Filmkunst GmbH, die in München die Reste der bankrotten Bavaria AG übernimmt.

20. April → Hitler besucht an seinem Geburtstag die Premiere von Riefenstahls Zweiteiler *Olympia – Fest der Völker/Fest der Schönheit.*

September → Im Rahmen einer Neuorganisation der Associated Talking Pictures (ATP) wird Michael Balcon Produktions-Chef der Ealing-Studios.
1. Oktober → Die Deutsche Film-Akademie nimmt den Lehrbetrieb auf.
31. Oktober → Orson Welles verursacht mit seinem Radiospiel *War of the Worlds* bei Hörern eine Panik.
November → Der Fernsehsender «Paul Nipkow» übernimmt das erste (runde) Fernsehstudio im Deutschlandhaus am Adolf-Hitler-Platz in Berlin.
23. November → Eisensteins antideutscher Film *Aleksandr Nevskij* wird im Haus des Films in Moskau uraufgeführt.
16. Dezember → Nach dem «Anschluß» Österreichs wird die Wien-Film GmbH gegründet.

1939 2. Februar → John Fords Klassiker *Stagecoach* gibt dem Western den Anspruch eines Genres für Erwachsene zurück.
März → Hitchcock fährt mit H.M.S. Queen Mary nach New York, um in Hollywood seine Karriere fortzusetzen.
30. April → Präsident Roosevelt eröffnet mit einem Auftritt auf der Weltausstellung in New York die regelmäßige Fernseh-Ausstrahlung in den USA.
7. Juli → Jean Renoirs Gesellschaftssatire *La Règle du jeu* vermittelt die Stimmung unmittelbar vor Ausbruch des Zweiten Weltkriegs.
28. Juli → Der «Volks-Fernseh-Empfänger» FE1 kommt auf den Markt. Die Produktion wird wegen des Kriegsbeginns nach 50 ausgelieferten Exemplaren eingestellt.
12. August → Höhepunkt des Hollywood-Systems: M-G-Ms *The Wizard of Oz* (12. 8. 1939) und Selznicks *Gone With the Wind* (15. 12. 1939) – beide unter der Regie von Victor Fleming – werden Klassiker der phantasievollen Unterhaltung.
31. August → Einen Tag vor dem deutschen Überfall auf Polen endet in Venedig die VII. Mostra Internazionale del Cinema mit der Preisverleihung des Hauptpreises an den deutschen Film *Robert Koch, der Bekämpfer des Todes.*
1. September → Die BBC bricht die Fernsehübertragung eines Mickey-Mouse-Cartoons aus Sicherheitsgründen ab, weil der Krieg begonnen hat. Mit demselben Film und der Übertragung der Siegesparade werden am 8. Juni 1946 die Sendungen wiederaufgenommen.
Oktober → John Grierson wird zum Government Film Commissioner ernannt und damit Leiter des auf seinen Vorschlag hin neu gegründeten National Film Board of Canada.

1940 12. Januar → Die erste vernetzte Fernsehübertragung durch WNBT-TV in New York und WRGB-TV in Schenectady.
24. Januar → John Fords Steinbeck-Verfilmung *The Grapes of Wrath* kommt in die Kinos.
13. April → NHK sendet das erste Fernsehspiel in Japan.
20. Juni → In Berlin eröffnet das erste Wochenschaukino, das im stündlichen Wechsel die bis zu 50minütigen Kriegswochenschauen vorführt, die ab 21.11. in der *Deutschen Wochenschau* zusammengefaßt werden.
August → CBS präsentiert ihr von Peter Goldmark entwickeltes Farbfernseh-System.
September/Oktober → Ed Murrows Rundfunkberichte aus London während der deutschen Luftangriffe beweisen den dramatischen Nachrichtenwert des Radios.
5. September → Premiere von Harlans Hetzfilm *Jud Süss* im Rahmen einer deutsch-italienischen Filmkunst-Woche in Venedig.
20. Dezember → Jean Renoir verläßt an Bord von SS Siboney Lissabon, um über New York nach Hollywood zu emigrieren.
30. Dezember → Premiere von Eduard von Borsodys *Wunschkonzert*, der 26 Zuschauer erreicht.

1941 4. April → Der antibritische Propagandafilm *Ohm Krüger* erhält als erster Film das neu geschaffene Prädikat «Film der Nation».
1. Mai → Orson Welles debütiert im Film mit *Citizen Kane*, «the great American movie».
3. Oktober → *The Maltese Falcon* etabliert den Regisseur John Huston, Hauptdarsteller Humphrey Bogart und das Genre des Detektivfilms.

1942 Capra produziert als Major des Signal Corps die wirkungsvolle Propaganda-Serie *Why We Fight.*
10. Januar → Die sechs großen Produktionsfirmen Ufa, Tobis, Terra, Bavaria, Wien-Film, Berlin-Film werden in der Ufa-Film GmbH (UFI) zusammengefaßt.

6. März → In Lubitschs bitterböser Kriegs- und Nazi-Satire *To Be Or Not To Be* findet sich u. a. ein Herr Schindler im Terminkalender von «Konzentrationslager-Erhardt».
27. September → *In Which We Serve* von Noël Coward und David Lean markiert die erstaunliche Renaissance des britischen Kinos während des Kriegs.

1943 *Meshes of the Afternoon* von Maya Deren und Alexander Hammid (Hackenschmied) signalisiert ein neues Aufblühen des Avantgarde-Films in den USA.
Die ersten Tonaufzeichnungsgeräte mit Draht als Speichermedium kommen beim US-Militär in Benutzung.
Als Folge eines Antitrust-Verfahrens wird NBCs zweites Network (Blue) in ABC umgewandelt.
Marcel L'Herbier gründet in Paris das Institut des Hautes Études Cinématographiques (IDHEC).
1. Januar → Im Deutschen Reich sind 16,1 Millionen Rundfunkgenehmigungen registriert.
3. März → Die Ufa begeht ihr 25jähriges Bestehen mit einem «Betriebsappell» und der Uraufführung des Farbfilms *Münchhausen.*
26. März → Unter Beteiligung zahlreicher deutscher Emigranten (u. a. Bertolt Brecht) dreht Fritz Lang den Thriller *Hangmen Also Die* um das Attentat auf Heydrich in Prag.
3. April → Conrad Veidt, Star des deutschen Film-Expressionismus, der im englischen und US-Exil aktiv gegen die Nazis eingetreten ist, stirbt mit 50 Jahren auf einem kalifornischen Golfplatz.
7. Mai → In Paris beginnt ein Sender der deutschen Besatzungsmacht in Zusammenarbeit mit der Radiodiffusion Française (RNF) mit regelmäßigen Fernsehsendungen vom Eiffelturm.
November → Trotz mehrmaliger Umarbeitung wird Karl Ritters Fliegerfilm *Besatzung Dora* verboten, da die im Film gezeigten Kriegsgebiete in Realität längst verloren sind.

1944 Erster Einsatz des Monopack-Systems von Technicolor im Spielfilm.
6. Juni → Kameraleute des OSS unter Leitung von John Ford filmen die alliierte Invasion (D-Day) in der Normandie.
1. September → In Deutschland werden Theater und Opernhäuser geschlossen, nur Kino und Rundfunk bleiben als Unterhaltungsmedien.
November → Der Schauspieler und Regisseur Kurt Gerron wird im KZ Auschwitz ermordet, nachdem er einen propagandistischen «Dokumentarfilm» über das KZ Theresienstadt beendet hat.
15. Dezember → Helmut Käutners Hafenmelodram *Grosse Freiheit Nr. 7* wird in Prag uraufgeführt, da er für Deutschland verboten ist.

1945 Deutsche Tonbandgeräte werden beschlagnahmt und in die USA gebracht.
17. Januar → Im befreiten Rom beginnt Rossellini mit den Dreharbeiten zu *Roma città aperta,* der als erstes Hauptwerk des Neorealismus gilt.
30. Januar → Veit Harlans aufwendiger Durchhaltefilm *Kolberg* wird in der von den Alliierten eingeschlossenen «Atlantikfestung» La Rochelle uraufgeführt.
26. April → Die Rote Armee erobert das Ateliergelände Berlin-Tempelhof.
26. September → Produzent Louis De Rochemont betont in *House on 92nd Street* (Henry Hathaway) den halbdokumentarischen Stil im Spielfilm.
Oktober → Aus Aufnahmen amerikanischer Kameraleute aus den befreiten Konzentrationslagern montiert Hanus Burger den Dokumentarfilm *Die Todesmühlen.*
15. Oktober → Premiere des ersten deutschen Nachkriegsfilms: Wolfgang Staudtes *Die Mörder sind unter uns.*
November → An der University of Pennsylvania wird die Entwicklung des ENIAC (Electronic Numerical Integrator Analyzor and Computer) abgeschlossen.

1946–1960: Der Aufstieg des Fernsehens

1946 Das an der Kinokasse erfolgreichste Jahr der US-Filmindustrie: $ 1,7 Milliarden Einnahmen.
In den USA beginnen die TV-Networks wieder zu senden, und der Bau von Fernsehempfängern wird wieder aufgenommen. Die Produktion steigt von 6500 Geräten (1946) über 867 000 (1948) auf 7 Millionen (1951).

14. Februar → Das US-Kriegsministerium gibt die Entwicklung von ENIAC bekannt. Erstmals wird elektronische Geschwindigkeit auf Rechenprozesse angewandt. Die Einrichtung entsteht im Keller der Moore School of Electronic Engineering an der University of Pennsylvania.
7. Mai → Akio Morita und Masaru Ibuka gründen die Firma Tokyo Tsushin Kogyo Kabushiki Kaisha (Totsuko), die sich ab 1958 Sony Corp. nennt.
17. Mai → Im ehemaligen Althoff-Atelier in Potsdam-Babelsberg wird mit der Lizenzübergabe durch die Sowjetische Militäradministration die DEFA (Deutsche Film AG) gegründet.
Juni → Wegen unerlaubter Kartell-Bildung werden von der US-Regierung und unabhängigen Kinobesitzern zahlreiche Prozesse gegen die Hollywood-Studios angestrengt, die 1949 im «Paramount Decree» mit der Entflechtung von Produktion und Kinoketten enden.
7. Juni → Die BBC nimmt den am 1. 9. 1939 unterbrochenen Fernsehbetrieb wieder auf.
8. Juni → Milton Berles erste Fernsehshow. Er erhält bald den Spitznamen «Mr. Television».
19. Juni → Erstmals sponsert eine Firma eine Fernsehsendung: Gillette zahlt für den Boxkampf Joe Louis – Billy Conn.
11. Juli → Der ehemalige Ufa-Produzent Eric Pommer kehrt als Filmoffizier der amerikanischen Besatzungsbehörde nach Deutschland zurück.
15. August → Alfred Hitchcocks *Notorious*.
31. August → Howard Hawks' Detektivfilm *The Big Sleep*, ein Hauptwerk des Film Noir, kommt ins Kino.
20. September → Eröffnung des ersten Filmfestivals in Cannes.
21. November → William Wylers *The Best Years of Our Lives* beschäftigt sich mit den Folgen des Kriegs.
20. Dezember → Frank Capras *It's a Wonderful Life* ist der letzte Film seiner «populistischen» Serie.

1947 Der Filmkritiker André Bazin gründet mit Jacques Doniol-Valcroze die Zeitschrift *La Revue du Cinéma*, die vier Jahre später in *Cahiers du cinéma* umbenannt wird.
Die Bell Labs entwickeln den Transistor.
In Princeton erscheint Siegfried Kracauers die Rezeption des Weimarer Films lange Zeit prägende Studie *From Caligari to Hitler*.
Oktober → Robert Lewis, Cheryl Crawford und Elia Kazan gründen das Actors Studio, in das Lee Strasberg 1949 als Lehrer eintritt und das er ab 1951 leitet. Das Studio lehrt das «Method acting», eine Schauspieltechnik, die auf den Lehren von Konstantin Stanislavskij beruht.
1. Oktober → Bing Crosbys *The Philco Radio Hour* ist die erste auf Band produzierte und zeitversetzt gesendete Radioshow.
3. Oktober → Kurt Maetzigs DEFA-Film *Ehe im Schatten* wird gleichzeitig in allen vier Sektoren Berlins uraufgeführt.
20. Oktober → Das House Un-American Activities Committee (HUAC) beginnt Anhörungen über den «kommunistischen Einfluß auf Hollywood». 19 Hollywood-Prominente werden vom HUAC vorgeladen, um über ihre Kenntnisse über oder mögliche Verbindungen zu Aktivitäten der Kommunistischen Partei auszusagen.
24. November → Auf einem berüchtigten Treffen im Waldorf-Astoria Hotel erklären New Yorker Banker den Studiobossen, sie würden die Investitionen einstellen, falls die Studios nicht mit dem HUAC kooperieren. Die Studios kapitulieren sofort und informieren ihre Angestellten, daß die Weigerung der Zusammenarbeit die Kündigung ihrer Verträge nach sich ziehen würde.
30. November → In Beverly Hills stirbt Ernst Lubitsch.
17. Dezember → Uraufführung von *Wozzeck* im Haus der Kultur der Sowjetunion. Der Film ist – auf Grund eines Materialboykotts der Westmächte – der erste Spielfilm der Welt, der komplett mit Magnetton-Geräten produziert worden ist.

1948 Howard Hughes kauft RKO.
Als Folge der Benachteiligung im Mittelwellen-Bereich auf der Internationalen Wellenkonferenz in Kopenhagen beginnen die deutschen Rundfunksender ihr UKW-Netz auszubauen.
März → Alexandre Astruc publiziert in *l'Écran française* seinen Essay «Naissance d'une nouvelle avant-garde: la caméra-stylo».
Juni → Mit dem vom Komiker Milton Berle präsentierten *Texaco Star Theatre* hebt NBC das

Genre der TV-Variety-Show aus der Taufe. Am 20.6. antwortet CBS mit Ed Sullivans Sonntag-Abend-Show *Toast of the Town* (ab 1955 *The Ed Sullivan Show*).
21. Juni → Columbia-Chef Edward Wallerstein und Peter Goldmark, Entwicklungs-Chef bei CBS, präsentieren die LP aus Vinyl.
3. Dezember → Anhand eines Mordfalls in der Weimarer Republik schildert der DEFA-Klassiker *Affaire Blum* die Verbreitung des Antisemitismus.

1949 In den USA werden erstmals mehr Taschenbücher als gebundene Bücher verkauft.
23. April → In Hamburg wird Nazi-Regisseur Veit Harlan von der Anklage wegen «Verbrechen gegen die Menschlichkeit» freigesprochen.
18. Juli → In Wiesbaden nimmt die Quasi-Filmzensur Freiwillige Selbstkontrolle der Filmwirtschaft (FSK) die Arbeit auf.
8. Dezember → Die Arthur Freed-Produktion *On the Town* von Stanley Donen und Gene Kelly kreiert einen neuen Typ des Filmmusicals.
31. Dezember (Mitternacht) → Infolge des Kartell-Prozesses wird um Mitternacht Paramount Pictures Inc. in die Produktions- und Verleihfirma Paramount Pictures Corporation und die eigenständige Kino-Kette United Paramount Theatres gespalten.

1950 Die Blacklist greift auch auf Fernsehen und Radio über.
Eastmancolor-Filmmaterial wird eingeführt.
1. März → Jean Cocteau zeigt seinen Film *Orphée* bei der Semaine du Cinéma in Cannes.
9. Juni → Die nach dem Krieg gegründeten Landesrundfunkanstalten schließen sich zur Arbeitsgemeinschaft der öffentlich-rechtlichen Rundfunkanstalten der Bundesrepublik Deutschland (ARD) zusammen.
16. Juni → Max Ophüls' *La Ronde* hat in Paris Premiere.
10. August → Billy Wilders *Sunset Boulevard* wird in der Radio City Music Hall uraufgeführt.
7. September → Mit dem Erfolg von Hans Deppes Farbfilm *Schwarzwaldmädel* (16 Millionen Zuschauer) beginnt die Welle der Heimatfilme.
27. November → Der Nordwestdeutsche Fernsehdienst (NWDF) beginnt vom Hochbunker auf dem Heiligengeistfeld in Hamburg mit dem Versuchsprogramm, das dreimal wöchentlich ausgestrahlt wird. Im ersten Jahr sind von insgesamt 123 910 Sendeminuten 33 % Filmsendungen (u. a. 55 Spielfilme) und nur 42 Minuten Senderausfall. Als Fernsehansagerin führt Irene Koss durch das Programm.

1951 18. Januar → Die Aufführung von Willi Forsts *Die Sünderin* führt zu Protesten der Kirchen.
März → *The Thing (From Another World)* von Christian Nyby spiegelt als einer der ersten Science-fiction-Filme des Jahrzehnts die Paranoia des Kalten Krieges.
Frühjahr → Ein Filmaufzeichnungsgerät der Fernseh GmbH ermöglicht es dem NWDR-Fernsehen, Live-TV-Sendungen auf 35mm-Film festzuhalten.
April → Nr. 1 der *Cahiers du cinéma* erscheint.
11. Mai → Kurz nach der Premiere wird der DEFA-Film *Das Beil von Wandsbek* verboten. Ein Signal für eine restriktivere Filmpolitik in der DDR.
6. Juni → Eröffnung der ersten Internationalen Filmfestspiele im Titania-Palast in (West-)Berlin.
4. September → Mit der ersten Übertragung über AT&Ts Koaxialkabel verbinden die Fernseh-Networks West- und Ostküste der USA.
7. September → *Der Verlorene* von und mit Peter Lorre, eine stilistisch am Weimarer Kino orientierte Anti-Nazi-Geschichte, findet im Kino keine Zuschauer.
10. September → Akira Kurosawas *Rashô-Mon* erhält beim Festival in Venedig den Goldenen Löwen.
15. Oktober → Lucille Balls *I Love Lucy* (CBS) entwickelt das Format der Sitcom (Situationskomödie) im Fernsehen. Ihr Erfolg beweist, daß auch Filmtechnik im Fernsehen angewandt werden kann.
16. Dezember → Jack Webbs Serie *Dragnet* (NBC) entwickelt das Modell für Fernseh-Krimis.

1952 In den USA werden die ersten Gemeinschaftsantennen eingeführt, ein Vorläufer des Kabel-Fernsehens.
Sony entwickelt in Japan den Stereo-Rundfunk.

In Paris erscheint *L'Écran démoniaque*, Lotte H. Eisners kunsthistorisch orientierte Studie über das Weimarer Kino.
10. April → M-G-Ms Allan Freed präsentiert mit *Singin' in the Rain* von Gene Kelly und Stanley Donen ein Musical über die Einführung des Tons in Hollywood.
29. Juni → Mit drei Kameras überträgt der NWDR das Derby aus Hamburg-Horn.
Juli → Milton Rackmil wird Präsident von Universal, nachdem seine Plattenfirma Decca die Aktienmehrheit des Studios erlangt hat.
24. Juli → Fred Zinnemans «erwachsener» Western *High Noon.*
23. September → Richard Nixons «Checkers speech» wird vom Fernsehen ausgestrahlt.
30. September → Mit *This Is Cinerama* wird im Broadway Theatre, New York, Fred Wallers neues Breitwand-Verfahren präsentiert.
16. November → Beginn des Verkaufs von Fernsehempfängern T2 «Leningrad» in der DDR.
20. Dezember → Die *Tagesschau* (vorher *Fernsehfilmbericht*) eröffnet – zunächst dreimal wöchentlich – um 20 Uhr das Abendprogramm.
21. Dezember → Zu Stalins 73. Geburtstag Beginn der Programmtätigkeit des Deutschen Fernsehfunks in der DDR mit täglichen Versuchssendungen, u. a. die *Aktuelle Kamera* (mit Fotonachrichten).
25. Dezember → Der NWDR beginnt mit Sendern in Hamburg, Berlin und Köln sein reguläres Fernsehprogramm mit einer Ansprache des Intendanten Dr. Werner Pleister und dem Fernsehspiel *Stille Nacht, Heilige Nacht.*

1953 Auf der Funk- und Fernsehausstellung in Düsseldorf präsentiert Peter Frankenfeld seine erste Sendereihe, die Talentshow *Wer will – der kann.*
1. Januar → Neugliederung der DEFA-Studios als Volkseigene Betriebe.
1. Januar → Die Deutsche Bundespost erhebt monatliche Fernsehgebüren von 5 DM.
19. Januar → Desi Arnaz Jr. wird am selben Tag geboren, an dem in einer Episode von *I Love Lucy*, der TV-Serie seiner Eltern, sein fiktives Alter ego Ricky Ricardo Jr. geboren wird.
1. Februar → Wiederaufnahme des Fernsehens in Japan nach dem Krieg durch den öffentlichen TV-Sender NHK.
24. April → Paddy Chayevskys *Marty* – in der Reihe *Goodyear Television Playhouse* – markiert die Blütezeit des live übertragenen Fernsehspiels.
2. Juni → Die BBC überträgt die Krönung von Queen Elizabeth II sieben Stunden lang live im Fernsehen. Die Sendung wird u. a. vom NWDR übernommen.
6. Juni 1953 → Das umstrittene UFI-Gesetz zur «Abwicklung und Entflechtung des ehemaligen reichseigenen Filmvermögens» tritt in Kraft.
12. Juni → Die Sendeanstalten der ARD schließen einen Vertrag über ein Gemeinschaftsprogramm.
17. Juni → Berichterstatter des Berliner NWDR-Senders drehen mit 16mm-Kameras in Ost-Berlin Aufnahmen vom Arbeiter-Aufstand, die am Abend gesendet werden.
28. August → NTV (Nippon Television), der erste kommerzielle TV-Sender in Japan, erreicht 866 Fernsehempfänger, die jeweils das Jahresgehalt eines Angestellten kosten.
30. August → Die Hörfunkdiskussion *Der internationale Frühschoppen* mit Werner Höfer wird erstmals im Fernsehen übertragen.
17. September → Twentieth Century Fox präsentiert mit *The Robe* den ersten Spielfilm in CinemaScope.
23. Oktober → Die Militärklamotte *Der Etappenhase* ist die erste TV-Übertragung aus dem Millowitsch-Theater in Köln und begründet die beliebte Sendeform mundartlicher Volksstücke.

1954 Die Filmstudios Disney und Warner Bros. schließen Produktions-Verträge mit dem Fernsehsender ABC.
Januar → In *Cahiers du cinéma* Nr. 31 erscheint François Truffauts Essay «Une certaine tendance du cinéma français».
1. Januar → Einführung des NTSC-Systems als Farbfernseh-Standard in den USA.
7. Januar → Gründung der Hauptverwaltung (HV) Film im Ministerium für Kultur der DDR.
9. März → In *See It Now* beschäftigen sich Murrow und Friendly erstmals mit Senator Joseph R. McCarthy und haben weitreichende politische Auswirkungen.

ab 22. April → In den Übertragungen der McCarthy-Hearings zur US-Army blamiert sich Senator Joe McCarthy vor der Kamera. Der Anfang vom Ende der Blacklist.
Mai → Totsuko (Sony) stellt den ersten Transistor in Japan her und entwickelt mit dem TR-55 das erste Transistorradio: Die Miniaturisierung der Rundfunktechnik beginnt.
4. August → Hitchcocks *Rear Window* hat in New York Premiere.
September → Elia Kazans *On the Waterfront* untermauert Marlon Brandos Status als emblematischer Star der 50er Jahre.
6. September → Federico Fellinis *La strada*, beim Filmfestival in Venedig uraufgeführt, wird ein internationaler Erfolg.
15. September → Mit *Unsere Nachbarn heute abend: Die Schölermanns* beginnt die erste Familienserie des deutschen Fernsehens (insgesamt 111 Folgen).
30. September → Paul Mays *08/15* nach dem Bestseller von Hans Helmut Kirst löst eine Welle von Kriegsfilmen aus, die die Stimmung für die deutsche Wiederbewaffnung untermauern.
27.–30. Oktober → 1. Westdeutsche Kulturfilmtage, aus denen die renommierten Kurzfilmtage entstehen.
22. November → Martin Walser eröffnet die Sendereihe *Zeichen der Zeit*, die mit kritischen Berichten aus der Bundesrepublik die «Stuttgarter Schule» des Dokumentarismus begründet.

1955 In Großbritannien geht der kommerzielle Kanal ITV auf Sendung.
Die Zeitschrift *The Village Voice*, eine wichtige Stimme der Gegenkultur in den 60er Jahren, wird in New York gegründet.
Das Statistische Amt der USA berichtet, daß 67 % aller US-Haushalte Fernsehen haben.
7. Mai → Robert Lembke moderiert erstmals das «heitere Beruferaten» *Was bin ich?*
30. September → James Dean verunglückt tödlich.
1. Oktober → Gründung des Staatlichen Filmarchivs der DDR, das in den 70er und 80er Jahren zum wichtigsten deutschen Filmarchiv wird. 1991 geht es im Bundesarchiv-Filmarchiv auf.
27. Oktober → Nicholas Rays *Rebel Without a Cause* setzt ein Motto für die späten 50er Jahre.

1956 In den USA kennzeichnet der Verkauf Hunderter Spielfilme aus den Jahren vor 1948 ein neues Verhältnis zwischen Filmindustrie und Fernsehen.
IBM führt die Magnetplatte als Speichermedium für Computer-Daten ein.
Satyajit Rays *Pather Panchali* macht durch die Aufführung in Cannes den Westen auf das indische Kino aufmerksam.
Leo Kirch, Student der Betriebswirtschaft, erwirbt an Fellinis *La strada* seine ersten Filmrechte. Aus dem Kauf und der Lizenzierung von TV-Senderechten entsteht in den nächsten Jahrzehnten einer der mächtigsten deutschen Medienkonzerne.
1. Januar → Nach einem mehrjährigen Versuchsprogramm nimmt in der DDR der Deutsche Fernsehfunk sein reguläres Programm auf.
31. März → Der NWDR wird nach Abtrennung des Senders Freies Berlin (SFB; 1. 6. 1954) und jahrelangen politischen Querelen in den Norddeutschen Rundfunk (NDR), Hamburg, und den Westdeutschen Rundfunk (WDR), Köln, gespalten. Das Fernsehen wird zunächst vom NWRV (Nordwestdeutschen Rundfunkverband) weiter betrieben (bis 1961).
26. Mai → John Fords *The Searchers*, sein komplexester Western, kommt heraus.
4. November → *Damals in Paris* ist die erste Zusammenarbeit zwischen dem Deutschen Fernsehfunk und dem DEFA-Studio für Spielfilme.
30. November → Bei der Ausstrahlung von *Douglas Edwards With the News* (CBS) wird erstmals ein Videoband im Fernsehen eingesetzt.
30. Dezember → Franz Peter Wirths Inszenierung von *Jeanne oder Die Lerche* ist ein Höhepunkt des abstrahierenden «Stuttgarter Stils» im Fernsehspiel.

1957 Taschen-Transistorradios werden eingeführt.
Januar → Die erste Nummer der *Filmkritik*, der für die 60er und 70er Jahre wichtigsten westdeutschen Filmzeitschrift, erscheint.
16. Februar → Ingmar Bergmans *Det sjunde insegleth* hat Premiere und macht den Regisseur nach der Auszeichnung in Cannes international bekannt.
30. August → *Berlin – Ecke Schönhauser* von Gerhard Klein und Wolfgang Kohlhaase gibt ein

unromantisches Bild vom Leben in der geteilten Stadt und begründet das DEFA-Genre der «Berlin-Filme».
27. September → Die TV-Firma Desilu übernimmt für ca. $ 6 Millionen von der General Tire & Rubber Company die RKO-Studios mit 26 Ateliers in Hollywood und Culver City (offiziell zum Januar 1958)

1958 Erstmals werden Stereo-Schallplatten verkauft.
Januar → Die Tokyo Tsushin Kogyo K.K. nennt sich in Sony Corporation um, um unter diesem Markennamen weltweit operieren zu können.
23. Januar → Mit *Der Widerspenstigen Zähmung* beginnt der Sender Freies Berlin einen Zyklus von sechs Shakespeare-Stücken, die der aus der Emigration zurückgekehrte Filmregisseur Ludwig Berger für das Fernsehen bearbeitet und inszeniert.
April → Die ARD beginnt am Sonntagnachmittag mit der Ausstrahlung u. a. der amerikanischen Kinderserien *Corky und der Zirkus* und *Fury.*
28. Mai → Hitchcocks *Vertigo.*
29. Juni → Bei der Verleihung des Deutschen Filmpreises erhält Robert Siodmaks *Nachts, wenn der Teufel kam* zehn Bundesfilmpreise.
14. August → Die Bonner Regierung protestiert beim Festival in Venedig vergeblich gegen die Aufführung von Rolf Thieles *Das Mädchen Rosemarie.*
8. Oktober → Erste Sendung *Sandmännchen* im DFF.
13. November → Mit Franco Rossis *Amici per la pelle* (*Freunde fürs Leben*) hat – lizenziert durch Leo Kirchs Sirius-Film – erstmals ein Film im Deutschen Fernsehen Premiere, der zuvor nicht im Kino gelaufen ist.
5. Dezember → Eine Gruppe bundesdeutscher Zeitungsverleger gründet die Freies Fernsehen GmbH, die die Einführung eines werbefinanzierten Fernsehens vorbereiten soll.

1959 Texas Instruments und Fairchild Semiconductor entwickeln den integrierten Schaltkreis (integrated circuit).
Die Künstler-Agentur MCA Inc., geleitet von Lew Wasserman, übernimmt mit der Plattenfirma Decca zugleich das Filmstudio Universal-International.
Nach der Einführung von MAZ-Maschinen gehen die deutschen Fernsehsender weitgehend von der Live- zur elektronischen Produktion über.
12. Februar – 21. April → Fritz Umgelters Kriegsheimkehrer-Epos *So weit die Füße tragen* ist der erste mehrteilige Fernseh-Roman der ARD.
10. April → Die Übertragung der Hochzeit von Kronprinz Akihito gibt dem Fernsehen in Japan einen bedeutenden Aufschwung.
Mai → Geburt der Nouvelle Vague: Alain Resnais' *Hiroshima mon amour* (8.5.) und François Truffauts *Les 400 coups* (18.5.) werden aufgeführt.
17. Juli → Hitchcocks *North By Northwest.*
1. August → WDR, SDR und Bavaria Filmkunst gründen in München-Geiselgasteig die Bavaria Atelier GmbH: Das größte Filmstudio der Bundesrepublik ist eine Tochterfirma des Fernsehens. Am 17. 12. 1959 folgt die Gründung der Studio Hamburg Atelierbetriebs-GmbH durch das Norddeutsche Fernsehen GmbH (eine NDR-Tochter) und den Produzenten Gyula Trebitsch.
4. September → Mit *Frøen* (*Der Frosch mit der Maske*) startet die dänische Firma Rialto-Film die westdeutsche Serie der Edgar-Wallace-Krimis. Regisseur ist Harald Reinl, der an allen Unterhaltungsfilmreihen der 50er und 60er Jahre intensiv beteiligt ist. 1960 zieht Rialto-Film nach Deutschland um und wird von Horst Wendland übernommen.
12. September → *Bonanza* (NBC) ist die erste regelmäßig in Farbe ausgestrahlte TV-Serie.
1. Oktober → Zur Premiere von Georg Tresslers *Das Totenschiff* erscheint «B. Traven», der öffentlichkeitsscheue Autor der Romanvorlage, unter dem Namen «Hal Croves».
22. Oktober → Der Antikriegsfilm *Die Brücke*, das Regiedebüt des Schauspielers Bernhard Wicki, beeindruckt mit seinem schonungslosen Realismus vor allem Jugendliche.
November → John Cassavetes 1957–59 gedrehter Schwarzweiß-Film *Shadows* beweist die Möglichkeit eines persönlicheren Kinos in Amerika.

1960 Das Videoaufzeichnung auf Magnetband wird im Fernsehen allgemein eingesetzt.
Hughes Aircraft Co. demonstriert erstmals den Einsatz der Lasertechnik.

Siegfried Kracauers Buch *Theory of Film. Redemption of Physical Reality* erscheint.
Fluglinien zeigen erstmals Filme während des Fluges.
Die Screen Actors Guild bestreikt Hollywood, um einen Anteil an den Nebenrechten für Filme, die ans Fernsehen verkauft werden, zu erlangen.
Primary von Leacock und Pennebaker ist die erste größere Produktion des Direct Cinema und zeigt neue Perspektiven für den Dokumentarfilm auf.
Jean Rouchs in Cannes, Venedig und Mannheim ausgezeichnete Dokumentation *Chronique d'un été* gilt als erster Film des Cinéma vérité.
30. Januar → Intervision, osteuropäisches Gegenstück zur Eurovision, nimmt ihre Tätigkeit auf.
5. Februar → Turbulente Gala-Premiere von Fellinis *La dolce vita* in Mailand. Der Film bezeichnet – mit anderen 1959 entstandenen – eine Wende in der internationalen Kinematografie.
1. März → Die Haloid Corporation liefert den ersten Xerox-Fotokopierer aus.
16. März → Jean-Luc Godard debütiert mit *À bout de souffle* als Spielfilmregisseur.
21. März → Karl Eduard von Schnitzler präsentiert im DDR-Fernsehen erstmals seine Sendung *Der schwarze Kanal.*
17. Mai → Michelangelo Antonionis *L'avventura.*
16. Juni → Hitchcocks *Psycho* uraufgeführt.
26. September → CBS überträgt eine wahlentscheidende Debatte zwischen den Präsidentschafts-Kandidaten John F. Kennedy und Richard Nixon.
27. Oktober → Karel Reiszs Spielfilm-Debüt *Saturday Night and Sunday Morning* mit seinem ungeschminkten Porträt der englischen Arbeiterklasse ist der erste Höhepunkt des British Free Cinema.

1961–1980: Die Medien-Welt

1961 Joe Hembus fordert in seiner Polemik *Der deutsche Film kann gar nicht besser sein* eine deutsche Neue Welle.
28. Februar → Das Bundesverfassungsgericht verbietet das von der Adenauer-Regierung gegründete «Deutschland-Fernsehen». Damit scheitern zugleich die Pläne der Freies Fernsehen GmbH (FFG).
17. Mai → Mit der Aufführung von *Viridiana* kehrt Buñuel aus Mexiko nach Europa zurück.
1. Juni → Die ARD strahlt ein 2. Abendprogramm aus, in dem u. a. neue Sendeformen, so das Politmagazin *Panorama* (4. 6. 1961) und *Die Sportschau* (11. 7. 1961), erprobt werden. Der *Filmclub* präsentiert ausländische Filme, die im Kino keine Chance haben.
6. Juni → Die Ministerpräsidenten der Länder schließen einen Staatsvertrag zur Gründung des Zweiten Deutschen Fernsehens als öffentlich-rechtlicher Anstalt in Mainz.
September → Mit *How to Marry a Millionaire* und *Saturday Night at the Movies* zeigt NBC erstmals Kinofilme zur Primetime.
5.–14. September → Ausstrahlung des DDR-Fernsehromans *Gewissen im Aufruhr* mit Erwin Geschonneck.
16. Oktober → Ingmar Bergman eröffnet seine «Trilogie» mit *Såsom i en spegel.*

1962 Erste Versuche mit Abonnements-Fernsehen in Kalifornien.
Mit *Geschichte des Films* von Ulrich Gregor / Enno Patalas und *Film gestern und heute* von Horst Knietzsch erscheinen in West- bzw. Ost-Deutschland erstmals populär geschriebene, umfassend angelegte Darstellungen der Welt-Filmgeschichte.
Die japanische Elektronik-Industrie beginnt mit dem Export von Schwarzweiß-Fernsehgeräten.
1. Januar → Der Deutsche Fernsehfunk (DFF) der DDR übernimmt die ehemaligen Jofa-, dann DEFA-Filmateliers Berlin-Johannisthal.
3. Januar → Der Kriminal-Mehrteiler *Das Halstuch* nach Francis Durbridge erreicht eine Einschaltquote von fast 90 %.
23. Januar → Uraufführung von Truffauts *Jules et Jim.*
28. Februar → 26 junge deutsche Filmemacher veröffentlichen bei den Westdeutschen Kurzfilmtagen das Oberhausener Manifest.

20. April → Mit dem kurzen DEFA-Dokumentarfilm «*Wenn ich erst zur Schule geh' ...*» über den ersten Schultag von Kindern beginnt Winfried Junge (noch ungeplant) eine filmische Langzeitbeobachtung über die «Kinder von Golzow», die er über 40 Jahre fortsetzt.
1. Juli → Das Zweite Deutsche Fernsehen (ZDF) nimmt seinen Sendebetrieb auf, u. a. gestützt auf Personal und vorproduzierte Sendungen der FFG. Senderunabhängige Produzenten vor allem aus der Filmbranche bekommen starken Auftrieb.
10. Juli → Über den Fernmeldesatelliten Telstar I gelingt die erste Fernseh-Direktübertragung von Amerika nach Europa.
11. August → Direktübertragung aus den sowjetischen Raumschiffen Wostok 3 und 4.
13. August → Zum ersten Jahrestag des Mauerbaus bringt die DEFA Karl Gass' polemischen «Dokumentarfilm» *Schaut auf diese Stadt* heraus, Kommentar: Karl Eduard von Schnitzler.
Oktober → *Dr. No* (Terence Young) eröffnet die James-Bond-Serie.
2. Oktober → Johnny Carson übernimmt von Jack Paar NBCs späte Talk-Show *Tonight*. Diese Programmform gewinnt in den nächsten drei Jahrzehnten zunehmend an Bedeutung.
12. Dezember → Mit Harald Reinls *Der Schatz im Silbersee* startet die Serie der Karl-May-Filme. Der Film erhält 1964 die erste Goldene Leinwand, eine Auszeichnung der Filmwirtschaft für den kommerziellen Erfolg eines Films.

1963 Das Svenska Filminstitutet wird als Stiftung gegründet.
Holografie wird demonstriert; entwickelt von Ein Leith und Juris Upatnieks, beruht sie auf Arbeiten von Dennis Gabor aus dem Jahre 1947.
Philips stellt die Tonbandcassette vor.
1. Februar → In West-Berlin wird die Deutsche Kinemathek e.V. gegründet. Ihr erster Direktor ist der Regisseur Gerhard Lamprecht, dessen Film- und Dokumentensammlung den Grundstock des Archivs bildet. 1971 wird die Kinemathek in eine Stiftung umgewandelt (SDK).
15. Februar → Fellinis *8 e ½*.
1. April → Das Zweite Deutsche Fernsehen (ZDF) nimmt in Mainz seinen Sendebetrieb auf.
10. April → In *Nackt unter Wölfen* gibt Frank Beyer – nach einem authentischen Fall – die beklemmende Innenansicht aus dem Leben in einem KZ.
Mai → Die Ablösung Gert von Paczenskys als Moderator des politischen Magazins *Panorama* (NDR), wie auch die seiner Nachfolger Rüdiger Proske und Eugen Kogon nach wenigen Monaten, zeigt den wachsenden Druck der politischen Parteien auf die kritische TV-Berichterstattung.
12. Juni → Die Super-Produktion *Cleopatra* wird ein katastrophaler Mißerfolg an der Kinokasse.
27. Dezember → Der DEFA-Film *Karbid und Sauerampfer* von Frank Beyer mit Erwin Geschonneck als «Organisations-Genie» ist eine der besten deutschen Filmkomödien.

1964 Marshal McLuhans Buch *Understanding Media* erscheint.
Januar → Die Verlagsgruppe Bertelsmann erwirbt von der Deutschen Bank, was von der Ufa – neben dem traditionsreichen Namen – an Vermögenswerten und Schulden geblieben ist.
29. Januar → Stanley Kubricks Atomkriegs-Satire *Dr. Strangelove or: How I Learned to Stop Worrying and Love the Bomb.*
April → IBM stellt mit dem 360 eine neue Generation von Großrechnern vor.
6. Juli → The Beatles debütieren in Richard Lesters *A Hard Days Night*, einer authentischen Pseudodokumentation über die Rockmusik.
3. September → Konrad Wolfs *Der geteilte Himmel*, nach dem Roman von Christa Wolf, löst in der DDR eine heftige Diskussion über formale Innovationen im DEFA-Film aus.
7. September → Antonionis *Il deserto rosso* hat in Venedig Premiere.
8. September → Godards *Une femme mariée* erprobt den Film-Essay.
22. September → Mit dem «Studienprogramm» nimmt der Bayerische Rundfunk als erste ARD-Anstalt die Ausstrahlung eines dritten Programms auf, das schwerpunktmäßig pädagogisch und kulturell, z. T. auch regional orientiert ist. In den nächsten Monaten folgen u. a. der Hessische Rundfunk (5. 10. 1964), das III. Programm von NDR, RB und SFB (4. 1. 1965) sowie der WDR (17. 12. 1965).
10. Oktober → 65 Millionen Japaner sehen die Eröffnung der Olympischen Spiele in Tokyo im Fernsehen.

1965 Der Super8-Film wird als neues Amateurfilm-Format eingeführt.
Nach NBC strahlt auch CBS sein gesamtes Programm in Farbe aus, wenige Monate später gefolgt von ABC.
Lockheeds «Dialog», der erste kommerzielle Online-Dienst, nimmt den Betrieb auf.
Der PDP-8 der Digital Equipment Corporation (DEC) gilt als erster Kleincomputer.
1. Februar → Mit einer Zuwendung des Bundesinnenmisteriums wird das Kuratorium Junger Deutscher Film e.V. gegründet, das in den folgenden Jahren zahlreiche Erstlingswerke des JDF durch Darlehen unterstützt.
6. April → Der Intelsat I «Early Bird» wird gestartet, der erste geostationäre kommerzielle Fernmeldesatellit.
1. Mai → Erste Fernsehübertragung einer Sendung aus der UdSSR über den Nachrichtensatelliten «Molnija 1» in die DDR.
9. Mai → Mit der Hauptrolle von *Die Unverbesserlichen* steigt Inge Meysel zur «Mutter der Nation» auf.
4. Juli → Mit der umstrittenen Aufführung der Böll-Verfilmung *Nicht versöhnt oder Es hilft nur Gewalt, wo Gewalt herrscht* beginnt die Karriere des französischen Filmemachers Jean-Marie Straub zwischen kultischer Verehrung und kritischer Anfeindung.
21. Oktober → Mit der Folge *Seriöser Erfinder sucht Teilhaber* beginnt die DFF-Sendereihe *Der Staatsanwalt hat das Wort.*
15.–18. Dezember → Auf dem 11. Plenum des Zentralkomitees der SED werden kritische Tendenzen in Literatur und Film angegriffen. In der Folge werden neben Kurt Maetzigs *Das Kaninchen bin ich* ein großer Teil der DEFA-Filme des Jahres 1965/66, die sich kritisch mit ihrer Gesellschaft auseinandersetzen, auf verschiedenen Stufen der Herstellung verboten sowie die verantwortlichen Funktionäre in Kulturministerium und Studioleitung abgesetzt. Die «Regalfilme» können erst 1990/91 nach der «Wende» gezeigt werden.

1966 Unterklasse-Ressentiments, satirisch dargeboten, werden ein Welterfolg: aus dem Briten Alf Garnett in *Till Death Do Us Part* (BBC, 1966) wird 1971 in den USA Archie Bunker in *All in the Family* (CBS) und 1973 Ekel Alfred Tetzlaff in *Ein Herz und eine Seele* (ARD).
9. Februar → Mit dem Interviewfilm *Der lachende Mann* mit dem (von ihnen alkoholisierten) Söldner «Kongo-Müller» machen die DDR-«Dokumentaristen» Walter Heynowski und Gerhard Scheumann (später Studio H&S) auf sich aufmerksam.
14. April → Direkt vor einer Konferenz in Wien, die über ein gemeinsames Farbfernsehsystem in Europa berät, schließen Frankreich und die Sowjetunion ein Abkommen zur Einführung des französischen SECAM-Systems, um so einer Einführung des (technisch überlegenen) deutschen PAL-Systems zuvorzukommen.
9. Mai → Mit Volker Schlöndorffs Musil-Adaptation *Der junge Törless* hat beim Festival in Cannes der Junge Deutsche Film seinen ersten internationalen Auftritt.
15. Juni → Bei den Arbeiterfestspielen in Potsdam wird Frank Beyers Verfilmung des DDR-Aufbauromans *Spur der Steine* gefeiert, jedoch im Juli – nach von der Partei inszenierten Krawallen im Ostberliner Kino – wieder verboten.
Juli → Auf der CCIR-Vollversammlung in Oslo entscheiden sich – bis auf Frankreich und den Ostblock – alle europäischen Länder für das PAL-System.
5. September → Alexander Kluges Spielfilmdebüt, *Abschied von gestern,* läuft beim Festival in Venedig und erhält einen Sonderpreis der Jury.
10. September → Roberto Rossellini setzt mit *La Prise de pouvoir par Louis XIV.* seine Arbeit beim Fernsehen fort.
17. September → Die Deutsche Film- und Fernsehakademie Berlin (dffb) nimmt ihren Lehrbetrieb auf.
18. Oktober → Bergmans *Persona.*
19. Oktober → Gulf + Western Industries kauft Paramount Pictures.
16. November → Ken Loachs Fernsehfilm *Cathy Come Home* löst eine Neuregelung des Wohnrechts in Großbritannien aus.
18. Dezember → Antonionis *Blow-Up.*

1967 Die Multitrack-Technik bei der Tonaufnahme wird verfeinert.

Die Technik des Flashing erweitert die Empfindlichkeit von Filmmaterial.
Nam June Paik präsentiert Video-Kunst in der Howard Wise Gallery, New York.
Frederick Wisemans erster Dokumentarfilm, *Titicut Follies*, über eine Anstalt geistesgestörter Krimineller wird weltweit verboten und kann erst 1992 aufgeführt werden.
Seven Arts kauft Warner Bros. und bildet Warner-Seven Arts.
TransAmerica Corporation übernimmt 98 % der Aktien von United Artists.
7. Januar → Die BBC-Serie *The Forsyte Saga* (26 Folgen) wird ein Welterfolg und etabliert den «Fernsehroman» international als wirkungsvolle Sendeform.
Juni → Das American Film Institute (AFI) wird als private, gemeinnützige Organisation gegründet.
10. Juni → Aus Anlaß des FIAF-Kongresses (10.–13.6.) in Ost-Berlin präsentiert die Westberliner Kinemathek die ersten Bände von Gerhard Lamprechts grundlegender Filmografie *Deutsche Stummfilme.*
13. August → Arthur Penns *Bonnie and Clyde* entwickelt ein Muster von Anti-Helden, das bis in die 70er Jahre prägend ist.
25. August → Mit einem symbolischen Knopfdruck auf der Funkausstellung startet Willy Brandt das Farbfernsehen in der Bundesrepublik Deutschland.
2. September → Aus der Deutschlandhalle in Berlin präsentiert Wim Thoelke die *Sportschau* des ZDF erstmals in Farbe. Die Mischung aus Information und Show-Elementen verschafft dem Sport weitere Popularität im Fernsehprogramm.
10. September → Mit einem Auftritt in *The Smothers Brothers Comedy Hour* (CBS) wird Pete Seegers 17jähriges Blacklisting beendet. Die Smothers Brothers beweisen die Möglichkeit niveauvoller und engagierter Fernseh-Unterhaltung in den USA.
22. September → Der Kinoerfolg des mit Unterstützung des Bundesfamilienministeriums entstandenen Sexualkundefilms *Helga* löst eine Welle von – zunehmend spekulativen – «Aufklärungsfilmen» aus, die schließlich im Softporno der *Schulmädchen-Reports* versandet.
5.–7. Oktober → In Hamburg wird im Anschluß an ein 56stündiges «Film-In» die Filmemacher Cooperative gegründet.
9. Oktober → Vilgot Sjömans *Jag är nyfiken – gul* bricht Tabus in der Darstellung sexueller Handlungen und löst eine Zensur-Debatte aus.
20. Oktober → Mit *Aktenzeichen XY ungelöst* startet das ZDF eine zunächst umstrittene Fahndungs-Serie.
November → Das nichtkommerzielle Public Broadcast Laboratory (PBL) entwickelt das Fernseh-Magazin / Essay als Sendeform.
30. November → Mit Klaus Lemkes *48 Stunden bis Acapulco* kommt der erste lange Spielfilm der am amerikanischen Genrekino orientierten «Münchner Gruppe» ins Kino.

1968 *Laugh-In* entwickelt eine neue Form der Fernsehkomödie.
Kodak bringt den 5254-Farbfilm auf den Markt.
Fellini dreht für NBC die TV-Dokumentation *A Director's Notebook.*
Christian Metz veröffentlicht *Essais sur la signification au cinéma.*
In Israel beginnt die Ausstrahlung von Fernsehprogrammen in Hebräisch und Arabisch.
1. Januar → Das Filmförderungsgesetz tritt in Kraft. Zur Verwaltung der Fördergelder wird in West-Berlin die Filmförderungsanstalt (FFA) etabliert.
4. Januar → Mit ihrer Schwabing-Komödie *Zur Sache, Schätzchen* hat May Spils einen der größten kommerziellen Erfolge des JDF.
1. Februar → In seinem Meisterwerk *Ich war neunzehn* verarbeitet Konrad Wolf die Erlebnisse seiner Rückkehr nach Deutschland als junger Rotarmist 1945. Der Film begründet die fruchtbare Zusammenarbeit zwischen Wolf und Drehbuchautor Wolfgang Kohlhaase.
16.–18. Februar → 1. Hamburger Filmschau, die erste umfassende Präsentation des Anderen Kinos.
31. März – 6. April → Bei den XIV. Westdeutschen Kurzfilmtagen kommt es – aus Anlaß von Hellmuth Costards Film *Besonders Wertvoll* – zur Konfrontation zwischen der Festivalleitung und den jungen Undergroundfilmern.

2. April → Kubricks *2001: A Space Odyssey* erprobt zahlreiche neue Special-Effects-Verfahren, darunter Aufprojektion.
Mai–Juni → Mit den anonymen Kurzfilmen *Cinétracts* beteiligen sich Godard und andere Filmemacher an der politischen Diskussion der Studentenrevolte in Paris.
10. Juni → Richard Lesters *Petulia* schildert den neuen Lebensstil der 60er Jahre.
21. Juni – 2. Juli → Bei der Berlinale wird Werner Herzog für sein Spielfilmdebüt *Lebenszeichen* mit einem Silbernen Bären für die Regie ausgezeichnet.
August → Die Fernsehberichte über die «Polizei-Ausschreitungen» beim Parteitag der Demokraten in Chicago erweisen sich als höchst einflußreich. «The whole world's watching!» ist die Parole der Demonstranten.
21. August → Die Invasion der Warschauer-Pakt-Truppen beendet das Aufblühen des tschechoslowakischen Kinos.
4. September → Bildung eines Staatlichen Komitees für Fernsehen beim Ministerrat der DDR.

1969 Kirk Kerkorian kauft M-G-M zum erstenmal.
Peter Wollens Theoriebuch *Signs and Meaning in the Cinema* erscheint.
Das Arpanet des US-Verteidigungsministeriums geht online, das erste Netz der Netze, Vorläufer des Internet.
In *Sesame Street* verwendet Children's Television Workshop den Stil der TV-Werbung, um Vorschulkindern Grundkenntnisse zu vermitteln.
Kinney National Co. übernimmt Warner-Seven Arts.
3. Januar → Das ZDF startet die Krimi-Serie *Der Kommissar* mit Erik Ode.
26. Februar → Costa-Gavras' *Z* prägt den neuen Stil des Polit-Thrillers.
Mai → Eric Rohmer wird mit der Aufführung von *Ma nuit chez Maud* beim Festival in Cannes international bekannt.
Mai → Glauber Rochas *O dragão da maldade contra o santo guerreiro (Antonio das Mortes)* weckt ein zunehmendes Interesse an Filmen aus Südamerika.
29. Mai → Peter Fleischmanns *Jagdszenen aus Niederbayern* löst eine kurze Welle des «kritischen Heimatfilms» aus.
18. Juni → Sam Peckinpahs *The Wild Bunch* signalisiert eine Zunahme von Gewalt im Film.
26. Juni → Mit *Liebe ist kälter als der Tod*, einer Synthese aus amerikanischen Genresplittern via Münchner Gruppe und Straub-Stil, debütiert Rainer Werner Fassbinder im Wettbewerb der Berlinale.
14. Juli → Dennis Hoppers *Easy Rider* löst ein Strohfeuer von billig produzierten Jugendfilmen aus.
18. und 21. September → Marcel Ophüls' erregt mit seinem deutsch-schweizer Fernsehfilm *Das Haus nebenan/Le chagrin et la pitié* neues Interesse am dokumentarischen Interviewfilm als persönlichem Essay.
23. September → George Roy Hills *Butch Cassidy and the Sundance Kid* ist typisch für den stetigen Rückgang von Frauenrollen in den 60er Jahren und steht am Anfang einer Reihe von «Kumpel-Filmen» in den 70ern.
3. Oktober → In der DDR Aufnahme eines 2. Fernsehprogramms mit regelmäßigen Farbsendungen.
November → Der korrupte Vizepräsident Spiro T. Agnew beschimpft die Nachrichtenleute des US-Fernsehens als «nattering nabobs of negativism».

1970 Die wirtschaftliche Rezession führt zu einem Rückgang der amerikanischen Filmproduktion.
Ted Turner kauft in Atlanta eine lokale UHF-Station. Daraus entsteht die TBS-Superstation.
Mit der Markteinführung von Sonys tragbarem Portapack-Videosystem mit Halbzoll-Band beginnt die Popularisierung von Video.
25. Januar → Die Vietnam-Satire *MASH* etabliert Robert Altman als Kino-Regisseur. 1972 entwickelt CBS aus dem Film eine TV-Serie.
26. März → Michael Wadleys *Woodstock – Three Days of Love & Music* prägt den Stil für Dokumentationen über Rockmusik.
April → M-G-M schließt sein eigenes MGM British Studio bei Borehamwood und bildet mit EMI die EMI-MGM Elstree Studios, ehe sich die Firma – wie andere US-Investoren – 1973 wegen der Rezession ganz aus der britischen Filmindustrie zurückzieht.

Mai → M-G-M läßt sein Erbe an klassischen Kostümen und Requisiten versteigern, um so Kapital für den Investor Kerkorian zu erlösen.
26. Juni – 7. Juli → Die Aufführung von Michael Verhoevens Vietnam-Film *o. k.* löst bei der Berlinale einen Eklat aus, der zu Reformen der Struktur führt.
19. September → Mit der Ausstrahlung der ersten Episode *Love Is All Around* der *Mary Tyler Moore Show* beginnt eine Renaissance der Situations-Komödie.
1. Oktober → Mit Lothar Warnekes «dokumentarischem Spielfilm» *Dr. med. Sommer II* meldet sich eine neue Generation von DEFA-Regisseuren zu Wort, zu der auch Roland Gräf und Rainer Simon gehören.
29. November → Der West-Ost-Krimi *Taxi nach Leipzig* mit dem Hamburger Kommissar Trimmel eröffnet die Gemeinschaftsserie *Tatort* in der ARD.

1971 Melvin Van Peebles *Sweet Sweetback's Baadasssss Song* beginnt die Entwicklung eines Schwarzen Kinos in den USA.
Die Speicherkapazität von Computerchips beträgt 1 Kilobit (1024 bits).
IBM führt die «Floppydisk» als elektronisches Speichermedium ein.
18. April → In München gründen Filmemacher den genossenschaftlichen Filmverlag der Autoren zur Verbesserung von Produktion und Verleih ihrer Filme.
Mai → Mit dem Erfolg von Alain Tanners *La salamandre* in Cannes beginnt eine Renaissance des Schweizer Kinos.
15. Juni → Auf dem VIII. Parteitag der SED betont Erich Honecker, «daß sich Presse, Rundfunk und Fernsehen als zuverlässige Instrumente der Partei bewährt haben».
25. Juni – 6. Juli → Nach dem Eklat des Vorjahres gibt es im Rahmen der Berlinale neben dem Wettbewerb erstmals ein «Internationales Forum des jungen Films», das von den «Freunden der Deutschen Kinemathek» organisiert wird und auch dokumentarische, politische und experimentelle Filme präsentiert sowie mit Diskussionen und detaillierten Begleitmaterialien Schule macht.
27. Juni → Mit *Der Fall Lisa Murnau* startet im DFF die Krimi-Serie *Polizeiruf 110.*
November → Intel bringt seinen ersten Mikrochip, den 4004, auf den Markt.

1972 Quadrophonie-Plattenspieler werden angeboten, das Interesse ist gering.
Die Illustrierte *Life* stellt ihr regelmäßiges Erscheinen ein.
Der 8008 ist Intels erster 8-Bit-Mikroprozessor.
1. Januar → Umbenennung des Deutschen Fernsehfunks in Fernsehen der DDR (bis 11. 3. 1990).
29. Januar → Erste Übertragung der TV-Show *Ein Kessel Buntes* in der DDR.
11. März → Premiere von Francis Ford Coppolas *The Godfather*, der zum – bis dahin – finanziell erfolgreichsten Film der Welt wird.
16. März → Egon Günther feiert in *Der Dritte* – ironisch gebrochen – die Errungenschaften der Frauenemanzipation in der DDR.
28. April → Mit *Tout va bien* beenden Jean-Luc Godard und Jean-Pierre Gorin ihre Film-Experimente als «Groupe Dziga Vertov». Godard wendet sich Video zu.
26. Juni → Christian Ziewers *Liebe Mutter, mir geht es gut* ist ein Zentralwerk der Westberliner Arbeiterfilm-Schule, die soziale Realität ungeschönt abbilden will.
14. Oktober → Bernardo Bertoluccis *Ultimo tango a Parigi* gilt als seriöse Behandlung sexueller Themen. Ein Meilenstein im Wandel öffentlicher Moralanschauungen.
11. November → Der kanadische Satellit Anik A1 ist erste Kommunikations-Satellit für Heimempfang.
29. Dezember → Das Amazonas-Abenteuer *Aguirre – der Zorn Gottes* ist die erste Zusammenarbeit zwischen den Kino-Extremisten Werner Herzog und Klaus Kinski.

1973 Lexis, eine juristische Datenbank, geht online.
11. April – 16. Mai → Ingmar Bergman inszeniert den Sechsteiler *Scener ur ett äktenskap* für das schwedische Fernsehen.
15. April → Mit der dokumentarisch aufbereiteten Öko-Fiktion *Smog* (WDR) lösen Regisseur Wolfgang Petersen und Autor Wolfgang Menge Diskussionen über die Folgen der Umweltverschmutzung aus.

29. April → Der Millionenerfolg von Heiner Carows *Die Legende von Paul und Paula* gilt als (trügerische) Hoffnung auf eine liberalere Kulturpolitik der SED nach dem Machtwechsel von Walter Ulbricht zu Erich Honecker (1971).
15. Mai → Die Watergate-Hearings, geleitet vom volkstümlichen Senator Sam Erwin, werden live im Fernsehen übertragen.
1. Juni → Die politisch konkrete und filmisch einfallsreiche DDR-Satire *Das zweite Leben des Friedrich Wilhelm Georg Platow* von Siegfried Kühn wird durch restriktiven Verleih quasi verboten, die Filmemacher diszipliniert.
21. November → Michael Crichtons *Westworld* benutzt computergenerierte Grafiken und berührt – zwanzig Jahre im voraus – das Problem der virtuellen Realität.
26. Dezember → Der Erfolg von Warner Bros.' *The Exorcist* zeigt das erneuerte Interesse an Schockeffekten im Film.

1974 M-G-M stellt – zum erstenmal – das Filmgeschäft ein, verkauft Ateliers, Dekorationen und Kostüme.
Eine US-Umfrage ergibt, daß erstmals das Fernsehen die Haupt-Nachrichtenquelle für die meisten Menschen ist, nicht mehr die Zeitung.
Eastman führt das 5247-Farbmaterial ein.
Die Speicherkapazität von Computerchips beträgt jetzt 4 Kilobits.
Home Box Office (HBO), ein Abo-Fernsehsender, wird über Kabelnetze vertrieben.
28. Juni → Mit seinem Schwarzweiß-Film *Fontane Effi Briest* präsentiert Fassbinder eine gelungene Literaturverfilmung.
20. Oktober → Mit der Episode *Waldweg* startet das ZDF die actionlose Krimiserie *Derrick*, die Horst Tappert im Lauf von 25 Jahren zum weltweit bekanntesten deutschen TV-Kommissar macht.
22. Dezember → Frank Beyers tragikomisches Ghetto-Märchen *Jakob der Lügner* nach Jurek Beckers Roman (1965 als Drehbuch abgelehnt) wird mit einem Silbernen Bären und (als einziger DEFA-Film) mit einer Oscar-Nominierung ausgezeichnet. 1999 entsteht ein Hollywood-Remake.

1975 Das Dolby-System für Filmton wird eingeführt.
Das französische Fernsehen wird in drei Kanäle aufgespalten, von denen zwei Werbung zeigen.
Die US-Networks einigen sich auf Selbstzensur-Maßnahmen für die «Family Time».
Sony führt die Betamax-Halbzoll-Videokassette ein.
Bill Gates und Paul Allen gründen die Microsoft Corporation.
HBO beginnt mit der Ausstrahlung seiner Programme für Kabel-Betreiber und etabliert so das erste US-weite Kabel-TV-Network.
Das italienische Fernsehen wird dereguliert.
Bei den Dreharbeiten zu Hal Asbys *Bound for Glory* (UA: Februar 1977) setzt Kameramann Haskell Wexler erstmals das Steadicam-System ein.
Januar → Der Altair 8800 kommt als erster PC (Personal Computer) auf den Markt.
8. April → Peter Davis erhält für seine Vietnam-Dokumentation *Hearts and Minds* einen Oscar.
11. Juni → Robert Altmans *Nashville* kommt heraus.
20. Juni → Steven Spielbergs *Jaws* wird Kassenschlager.
9. Oktober → Der Kassenerfolg der Böll-Verfilmung *Die verlorene Ehre der Katharina Blum* (Volker Schlöndorff und Margarethe von Trotta) führt zu einer kurzen Euphorie über die internationale Bedeutung des Neuen deutschen Films.
13. Dezember → Die erfolgreichen Starts der Satelliten Satcom 1 und 2 durch RCA (13. 12. 1975, 26. 3. 1976) sowie Comstar 1 und 2 durch AT&T (13. 5. 1976, 22. 7. 1976) beweisen die Reife des Systems der Kommunikations-Satelliten.

1976 Die Republik Südafrika ist der letzte größere Staat, der das Fernsehen einführt.
Sony bringt sein Betamax-Heimvideo-System auf den Markt.
28. April – 19. Mai → Ingmar Bergmans *Ansikte mot ansikte* als Vierteiler im Fernsehen. Im April verläßt der Regisseur Schweden, nachdem er im Januar wegen des Verdachts der Steuerhinterziehung verhört worden war, und läßt sich in München nieder.
22. Mai → Bernardo Bertoluccis Zweiteiler *Novecento*.

Oktober → Das britische Videotext-System Prestel nimmt die Arbeit auf.
Dezember → Bereits Ende 1976 haben die US-Networks die gesamte Primetime-Werbezeit für 1977 verkauft.
18. und 20. Dezember → Eberhard Fechners Zweiteiler *Comedian Harmonists* markiert den Höhepunkt seiner dokumentarischen Untersuchung deutscher Geschichte anhand von Einzelschicksalen.
25. Dezember – 2. Januar 1977 → Die 3. Programme von NDR und WDR zeigen den vierteiligen Dokumentarfilm *Emden geht nach USA*. Als «festangestellter Fernsehregisseur» kann Klaus Wildenhahn die Tradition des engagierten Dokumentarismus im Fernsehen fortsetzen.

1977 Erstmals benutzt NBC News mehr Beiträge auf EB (elektronisches Band) als Film.
Die Speicherkapazität von Computerchips beträgt jetzt 16 Kilobits: 16mal soviel wie vor fünf Jahren.
ABC verdrängt CBS – in den Ratings und bei den Werbeeinnahmen – von seinem Spitzenplatz als führendes US-Network. CBS hatte diese Position fast durchgehend seit den frühen 50er Jahren gehalten. Zahlreiche Partnersender von NBC und CBS wechseln zu ABC.
Warner-AMEX installiert in Columbus, Ohio, mit QUBE das erste interaktive Kabel-TV-System. Es wird jedoch eingestellt, weil die Technik noch nicht ausgereift ist.
Der Apple-II-Computer kommt auf den Markt.
23.–30. Januar → ABC erreicht mit dem Achtteiler *Roots* sensationelle Einschaltquoten.
3. April → Die Verleihung von 4 Oscars und der kommerzielle Erfolg von Woody Allens *Annie Hall* bewirkt eine leichte und kurzfristige Verschiebung der Filmindustrie von Hollywood in Richtung New York.
27. April → Edwin Land von der Polaroid Corp. demonstriert Polavision, ein selbstentwickelndes Sofort-Filmsystem, das sich jedoch auf dem Markt nicht durchsetzt.
25. Mai → George Lucas' *Star Wars* wird kurz nach dem Anlaufen der erfolgreichste Film aller Zeiten.
26. Mai → Mit der Patricia-Highsmith-Verfilmung *Der amerikanische Freund* wird Wim Wenders zum internationalen Kult-Regisseur.
24. Oktober → Die Constantin Film, in den 50er und 60er Jahren wichtigster deutscher Filmverleih, meldet Konkurs an.
22. November → Die Affäre um David Begelman, der wegen eines gefälschten Schecks als Produktionschef der Columbia gefeuert wird, lenkt die Aufmerksamkeit der Öffentlichkeit auf zwielichtige Geschäftspraktiken in Hollywood.
16. Dezember → Die Popularität der Disco-Musik kulminiert im Erfolg des Films *Saturday Night Fever* und vor allem der noch einträglicheren Soundtrack-LP der Bee Gees.

1978 Fred Silverman, ehemals Programmchef von CBS bzw. ABC, als diese jeweils den Spitzenplatz in den Ratings innehatten, wird Präsident von NBC.
Das FIAF-Symposion «Cinema 1900–1906» in Brighton löst eine intensive Erforschung des frühen Kinos aus.
Das «Aspen Project» experimentiert unter der Leitung von Nicholas Negroponte mit Direktzugriff auf digital gespeicherte Bilder und Töne und legt damit die Basis für Multimedia.
Januar → Fünf ehemalige Top-Manager von United Artists gründen das Filmstudio Orion Pictures Corporation. Indem sie Warners Vertriebsnetz mieten, sparen sie Startkosten von über $ 250 Millionen.
15. Januar → Der Start von *Superman* (15. 1. 1978) und *Grease* (7. 7. 1978) verstärkt die Blockbuster-Mentalität.
3. März → Unter der Ägide von Alexander Kluge reflektieren zahlreiche westdeutsche Filmemacher im Gemeinschaftsfilm *Deutschland im Herbst* die politisch-psychologische Situation zur Zeit von Terroristenjagd und Schleyer-Entführung.
April → *Variety* druckt seine erste Rezension einer «Vidcassette» über *Lectric Lady*, angeblich die erste Show, die speziell für den Heimvideo-Markt produziert worden ist.
6. Oktober → Reinhard Hauffs *Messer im Kopf* ist eine Auseinandersetzung mit der gewaltgetränkten politischen Situation in der Bundesrepublik.

November → In der Folge der Künstler-Proteste gegen die Ausweisung Wolf Biermanns aus der DDR dienen die Fernsehfilme *Ursula* (19. 11. 1978) von Egon Günther und *Geschlossene Gesellschaft* (29. 11. 1978) SED-Politikern zum Angriff auf kritische Film- und Fernsehschaffende.
Dezember → Philips-MCA erproben ihren Videodisc-Spieler auf Testmärkten in Atlanta und Seattle.
1. Dezember → In London werden *The Times* und *The Sunday Times* bestreikt. Erst nach elf Monaten erscheinen sie wieder.

1979 Harvey und Bob Weinstein gründen den unabhängigen Verleih Miramax Films.
Erstmals seit über zwanzig Jahren sinken die Einnahmen der Schallplattenindustrie. Mehrere Konzerne trennen sich von ihren Musik-Abteilungen.
Intel stellt einen magnetischen Bubble-Speicherchip vor, der 1 Million Bits speichern kann. Kosten: etwa $ 2000. Die Technik setzt sich nicht durch.
Der Erfolg «kleiner» Filme wie *Meatballs, Starting Over, Beaking Away* und *Kramer vs. Kramer* beweist eine Entwicklung fort von Blockbuster-Produktionen – trotz *Star Trek: The Motion Picture*, der angeblich $ 40 Millionen kostet, und *Apocalypse Now* mit 30 Millionen.
John Sayles *The Return of the Secaucus 7* löst eine Renaissance des Independent Cinema in den USA aus.
21.–26. Januar → Die Ausstrahlung des amerikanischen TV-Melodrams *Holocaust* in den 3. Programmen der ARD findet eine unerwartet starke Resonanz und löst eine intensive Diskussion aus.
1. Februar → Fernsehredakteur Günter Rohrbach, Erfinder des «amphibischen» Kino-TV-Films, wird Chef der Bavaria.
20. Februar → Mit *Die Ehe der Maria Braun* beginnt Fassbinder seine Trilogie über die Nachkriegsjahre anhand von drei Frauenschicksalen.
3. Mai → Aus Günter Grass' Jahrhundertroman *Die Blechtrommel* macht Schlöndorff ein vielfach preisgekröntes Bildpanorama: Palme d'Or, Deutscher Filmpreis, Oscar.
19. Mai → Francis Coppolas *Apocalypse Now* hat in Cannes endlich Premiere und kommt – unterstützt von einer umfangreichen PR-Kampagne – am 15. August in die US-Kinos.
28. März → Im Atomkraftwerk Three Miles Island bei Harrisburg kommt es zu einem schweren Reaktorunfall – ein Ereignis, wie es der wenige Wochen zuvor aufgeführte Film *The China Syndrome* gezeigt hatte.
30. August → In Anwesenheit des Regisseurs Abel Gance präsentiert der englische Filmhistoriker Kevin Brownlow in Telluride seine in jahrelanger Arbeit rekonstruierte Fassung von *Napoléon*. Eine Aufführung mit einem Orchester unter Leitung von Carl Davies ein Jahr später in London löst eine Welle von Interesse an der Konservierung und Präsentation von Stummfilmen mit Livemusik aus. Anschließend kauft Francis Coppola den Film, kürzt ihn wieder und bringt ihn mit einem neuen Score seines Vaters Carmine in die Kinos.
18.–23. September → Münchner Filmemacher veranstalten in Hamburg das Filmfest der Filmemacher und versuchen mit der Hamburger Erklärung «auf Socken» vergeblich einen neuen kreativen Anlauf. Eine selbstverwaltete Hamburger Filmförderung kann etabliert werden, die nach einigen Jahren in die Förderung der regionalen TV-Produzenten mündet.
Oktober → Die Gründung der Ladd Company durch ehemalige Topmanager der Twentieth Century Fox verstärkt die Zersplitterung der Firmenmacht in Hollywood.

1980 Große Antennenschüsseln zum privaten Empfang von Satelliten-Signalen werden zu erschwinglichen Preisen angeboten.
Die Screen Actors Guild bestreikt Film- und Fernsehstudios in Hollywood, um einen Anteil an zukünftigen Einnahmen aus Band-, Platten-, Satelliten- und anderen Nebenverwertungen zu erhalten.
17. Januar → *Solo Sunny* von Wolf und Kohlhaase kontrastiert den individuellen Anspruch einer Ostberlinerin mit dem sich abzeichnenden Mehltau der dahinsiechenden DDR-Gesellschaft.
Der Kabelsender CNN nimmt den Betrieb auf und macht den Networks auf ihrem speziellen Gebiet – den Nachrichten – Konkurrenz.

Mai → Mit der Präsentation von *Sauve qui peut (la vie)* in Cannes kehrt Godard zum Spielfilm zurück.
29. August → *Berlin Alexanderplatz*, Fassbinders monumentale Verfilmung (13 Folgen und ein Epilog) von Alfred Döblins Roman, löst bei der TV-Ausstrahlung heftige Kontroversen aus.
14. November → Martin Scorseses *Raging Bull* kommt als Schwarzweiß-Film heraus und wird später von den amerikanischen Kritikern zum besten Film der 80er Jahre gewählt.
19. November → Michael Ciminos Western *Heaven's Gate* ist das größte finanzielle Desaster seit *Cleopatra* und bedeutet für United Artists den Anfang vom Ende.

1981 – Gegenwart: Die digitale Welt

1981 Microsoft erhält von IBM den Auftrag, die Steuer-Software für seine Personal Computer zu entwickeln. Dies Geschenk wird aus Bill Gates und Paul Allen Multimilliardäre machen.
Xerox stellt den ersten kommerziellen Kleincomputer mit einer grafischen Benutzeroberfläche vor. Doch zu einem Preis von $ 16000 ist der Star kein Erfolg.
Die Speicherkapazität von RAM-Computerchips beträgt jetzt 64 Kilobits.
Ölmagnat Marvin Davis kauft Twentieth Century Fox.
Grant Tinker wird Chef von NBC und führt das Network im Laufe des Jahrzehnts an die Spitze der Ratings.
Walter Cronkite, als Moderator der *CBS Evening News* eine Vaterfigur der Nachrichtenpräsentation im Fernsehen, tritt in den Ruhestand.
Die Verbreitung des Kabelfernsehens in den USA beträgt weniger als 30 %, die der Videogeräte erreicht 8 %.
15. Januar → Steven Bochcos *Hill Street Blues* (NBC) verleiht der Form der TV-Serie neues Blut.
20. Januar → Ronald Reagan übernimmt als erster Filmschauspieler das Amt des amerikanischen Präsidenten.
11. Juni → *Raiders of the Lost Ark* von Lucas und Spielberg läßt den Stil der Serials der 40er Jahre wiederaufleben und begründet so ein neues Genre des Abenteuerfilms.
15. Juni → Helke Sanders Spiel- / Dokumentarfilm *Der subjektive Faktor* ist ein unterhaltsamer Essay über die Frauenbewegung in Berlin.
Juli → Kirk Kerkorians M-G-M übernimmt United Artists von TransAmeria Corporation.
August → Der IBM-PC etabliert den Standard für Mikrocomputer mit Hilfe von Microsofts Steuersystem DOS, einer Weiterentwicklung von CP / M.
1. August → MTV nimmt den Betrieb auf. Mit seiner neuen, stilprägenden Sendeform wird es eine dominierende kulturelle Kraft des Jahrzehnts.
11. September → Als weiterer Film über den Terrorismus in der BRD erhält Margarethe von Trottas *Die bleierne Zeit* internationale Anerkennung: ein Leone d'Oro in Venedig, auch für die Hauptdarstellerinnen Barbara Sukowa und Jutta Lampe.
18. September → Der Bavaria-Film *Das Boot* von Wolfgang Petersen wird ein Welterfolg. Während zunächst die Kinofassung auf Kontroversen stößt, wird die detailliertere TV-Fassung wegen ihrer realistischen Schilderung des U-Boot-Kriegs gelobt.
November → Trotz Stasi-überwachter Dreharbeiten und mehrerer Überarbeitungen wird Rainer Simons *Jadup und Boel*, ein kritischer Rückblick auf Hoffnungen und Realität in der DDR, kurz vor der Premiere verboten. Er kann erst 1988 gezeigt werden.
Dezember → In der Stadt Vélizy finden Tests mit dem französischen Minitel-System statt.

1982 Coca-Cola kauft Columbia Pictures und durchbricht damit die alte Regel, daß die eigentlichen Kino-Gewinne am Süßwarenstand gemacht werden.
Die Verkaufszahlen von Audiocassetten übertreffen erstmals jene von Schallplatten.
In Japan wird das Audio-CD-Format auf den Markt gebracht.
Die Jahresabsolventen der Filmakademie in Beijing bilden die sogenannte Fünfte Generation der chinesischen Filmemacher. Sie hatten ihr Studium 1978 aufgenommen, als die Aufnahmeprüfungen nach der Kulturrevolution wiedereingeführt worden waren.
7. März → In Berlin stirbt Filmregisseur Konrad Wolf, der als Präsident der Akademie der Künste der DDR auch eine wichtige kulturpolitische Funktion eingenommen hat.

21. April → Roland Gräfs *Märkische Forschungen* nach dem Roman von Günther de Bruyn ist eine präzise Analyse von historischer Wahrheit und intellektuellem Opportunismus in der DDR.
26. Mai → Werner Herzog erhält in Cannes den Regiepreis für *Fitzcarraldo.*
10. Juni → Der Tod von Rainer Werner Fassbinder im Alter von 37 Jahren signalisiert das Ende des Neuen deutschen Films.
11. Juni → Spielbergs *E.T. The Extra-Terrestrial* bricht Kassenrekorde.
25. Juni → Ridley Scotts *Blade Runner* wird zum Kultfilm und ein Modell für zukünftige Film-Noir-Science-fiction-Filme.
9. Juli → Disneys *TRON* benutzt exzessiv Computer-Grafik.
18.–27. August → Bei der 50. Biennale in Venedig erhält Wim Wenders einen Leone d'Oro für seine melancholische Filmemacher-Reflexion *Stand der Dinge.*
November → In Großbritannien geht Channel 4 auf Sendung, der Minderheiten bedienen soll.
21. November → Bei der Internationalen Dokumentar- und Kurzfilmwoche Leipzig läuft die von Konrad Wolf angeregte Dokumentarfilm-Serie *Busch singt.*
30. November → Der Erfolg von Richard Attenboroughs *Gandhi* macht die britische Firma Goldcrest international bekannt.
30. November → Columbia, CBS und HBO gründen gemeinsam (zunächst unter dem Codenamen Nova) das TriStar-Studio als Versuch eines alternativen Vertriebswegs.

1983 *Dragon's Lair* ist das erste Video-Automatenspiel, das Lasertechnologie zur Erzielung eines größeren Realismus einsetzt. Die Einnahmen der Automatensalons übertreffen die der Kinos: Das Gewicht der US-Unterhaltungsindustrie beginnt sich von Hollywood nach Silicon Valley zu verlagern.
Der Radio Shack 100, der erste populäre Notebook-Computer ist besonders bei Journalisten populär.
Die New-Age-Dokumentation *Koyaanisqatsi* enthält weder Dialog noch Kommentar, dafür einen Score von Philip Glass.
Michael Jacksons *Thriller* (Regie: John Landis) ist das erste Musik-Video, das die Namen der Filmemacher nennt.
September → In der Kombination von fiktiven Gestalten mit dokumentarischem Material deutet Woody Allens *Zelig* auf technische Möglichkeiten hin, die zehn Jahre später ihre Reife erlangen.
20. November → ABC erlangt mit seiner Ausstrahlung von *The Day After* mitten in einer Phase der Wiederbelebung der Antiatomkraftbewegung gewaltige Einschaltquoten. Die explizite Schilderung der Auswirkungen eines Atomkriegs zwischen den USA und der Sowjetunion löst kontroverse Diskussionen aus.

1984 Das Jahr 1984 erweist sich als weit entfernt von der düsteren Vision von George Orwells Buch (und den Verfilmungen). Im Gegenteil versprechen die kurz bevorstehenden «Perestroika» und «Glasnost» ein Ende des von Orwell befürchteten Totalitarismus.
Die Speicherkapazität von RAM-Computerchips beträgt jetzt 256 Kilobits.
AT&T wird in acht regionale Firmen (RBOCs bzw. «Baby Bells») und einen Ferngespräch-Dienst (weiterhin AT&T) aufgeteilt.
Die TV-Kabel-Industrie in den USA wird dereguliert.
Gründung des ersten französischen Pay-TV-Senders Canal +.
Michael Eisner und Jeffrey Katzenberg übernehmen die Leitung von Disney und gründen Touchstone Pictures als Disneys Vertriebsfirma.
Mit Eric Rentschlers *West German Film in the Course of Time* erscheint die wichtigste einer Reihe von Untersuchungen und Anthologien anglo-amerikanischer Filmhistoriker zum Neuen Deutschen Film.
1. Januar → ZDF, ORF und SRG beginnen unter dem Motto «anders fernsehen» das gemeinsame deutschsprachige TV-Programm 3sat, dem sich am 1. 12. 1993 die ARD anschließt.
2. Januar → Der im Dezember von der luxemburgischen CLT und der Bertelsmann-Tochter Ufa Film und Fernsehen GmbH gegründete Privatsender RTL plus nimmt von Luxemburg aus die Sendetätigkeit auf. Programmdirektor ist der Österreicher Helmut Thoma.

24. Januar → Mit einem Werbespot während der Übertragung des Super Bowl stellt Apple seinen Macintosh vor.
17. März → Nach Fritz Rudolf Fries' Roman gibt Rainer Simons *Das Luftschiff* ein teilweise surreales Panorama deutscher Geschichte im 20. Jahrhundert.
23. Mai → Wim Wenders' *Paris, Texas* erhält in Cannes den Grand Prix, kommt in der BRD wegen Querelen mit dem Verleih jedoch erst 1985 in die Kinos.
8. Juni → Ivan Reitmans *Ghostbusters* etabliert eine neue Verbindung zwischen Kino und Populärkultur, indem seine Ikonografie Teil des Alltagslebens wird.
28. Juli – 12. August → Bei den Olympischen Spielen in Los Angeles wird erstmals die von Garrett Brown entwickelte Skycam-Technologie eingesetzt.
16. September – 14. November → Die ARD strahlt die 11teilige Serie *Heimat* aus, mit der Edgar Reitz anhand eines Hunsrück-Dorfs sechs Jahrzehnte deutscher Geschichte in Bildern «Made in Germany» versinnbildlichen will.
20. September → NBC strahlt die erste Folge von Bill Cosbys *The Cosby Show* aus.
21. Oktober → François Truffaut stirbt an einem Gehirntumor im American Hospital in Neuilly.
26. Oktober → Mit James Camerons *The Terminator* beginnt Arnold Schwarzeneggers Aufstieg zum Weltstar.
30. November → In *Rangierer* beobachtet der wichtigste DEFA-Dokumentarist Jürgen Böttcher kommentarlos Eisenbahner bei ihrer Arbeit.

1985 Sony und Philips präsentieren die CD-ROM als Technik für Datenspeicherung.
In Frankreich geht das Minitel-System auf den Markt.
Die Firma Color System Technologies stellt die Möglichkeiten der TV-Colorisierung vor.
1. Januar → SAT.1 beginnt mit der Ausstrahlung von Programmen. Träger sind die Aktuell Presse Fernsehen (APF) und die Programmgesellschaft für Kabel und Satellitenfunk (PKS), die bald vom Medienkaufmann Leo Kirch dominiert werden.
26. Februar → Mit Rainer Simons *Die Frau und der Fremde* nach Leonhard Frank gewinnt erstmals ein DEFA-Film einen Goldenen Bären beim Festival in Berlin. Der Film kommt aber u. a. wegen Copyright-Problemen im Westen nicht ins Kino.
März → ABC wird für $ 3,5 Milliarden an Capital Cities Broadcasting verkauft. Auch NBC und CBS gehen bald darauf an neue Besitzer.
12. April → Die Aufführung von *Huang tudi* (*Gelbe Erde*) von Chen Kaige beim Hong Kong International Film Festival markiert den Beginn einer Neuen Welle im chinesischen Film.
Mai → Fox übernimmt die Metromedia-Sendergruppe.
Oktober → Rupert Murdoch macht Barry Diller zum Chef von Twentieth Century Fox, nachdem er 50 % der Firma von Marvin Davis übernommen hat.
20. Oktober → Die ZDF-Serie *Schwarzwaldklinik* vereint mit großem Publikumserfolg Elemente der Arzt- und Heimatfilm-Genres der 50er Jahre.
25. Oktober → Der Erfolg von Doris Dörries *Männer* löst eine Welle von immer unverbindlicheren Komödien über immer unverbindlichere Beziehungen aus.
15. November → Stephen Frears' *My Beautiful Laundrette* ist → gefolgt von *Room With a View* (11. 4. 1986) und *Mona Lisa* (5. 9. 1986) → Auftakt einer kleinen britischen New Wave.
Dezember → General Electric verkündet, daß sie 1986 RCA und deren Tochter NBC übernehmen wird.
8. Dezember → In der ARD beginnt *Lindenstraße*, eine vom ehemaligen Jungfilmer Hans W. Geissendörfer produzierte wöchentliche Endlos-Serie.

1986 Nintendo dominiert den Markt der privaten Videospiele, die die Videospiel-Arkaden weitgehend verdrängt haben.
17. Februar → Die von Jurek Becker verfaßte ARD-Serie *Liebling Kreuzberg* schildert mit viel Ironie alltägliche Rechtsfälle und macht Manfred Krug auch im Westen zum Star.
25. Februar → Bei der Berlinale kommt es wegen des Preisträgers, Reinhard Hauffs Polit-Rekonstruktion *Stammheim*, zum Eklat bei der Preisverleihung.
März → Ted Turner übernimmt MGM/UA von Kerkorian, verkauft das Atelier an Lorimar Telepictures und andere Posten zurück an Kerkorian. Er behält das Filmarchiv und nennt es in Turner Entertainment Company um.

10. April → In Cannes läuft *40 qm Deutschland*, in dem mit Tevfik Başer erstmals ein türkischer Regisseur den Film zur Behandlung von Problemen in der BRD lebender Ausländer nutzt.
19. Mai → Der Erfolg von Spike Lees *She's Gotta Have It* als bester «junger Film» beim Festival in Cannes dokumentiert den Beginn einer Renaissance des Black Film.
September → Das Fernseh-Network Fox nimmt den Betrieb auf.
16. Oktober → Mit der aufwendigen Großproduktion *Der Name der Rose* nach Umberto Ecos Bestseller stößt Produzent Bernd Eichinger auf den internationalen Markt vor.
25. Dezember → Oliver Stones *Platoon* gibt dem Genre des Vietnamkriegsfilms neuen Aufschwung.

1987 Ein RAM-Computerchip kann jetzt 1 Megabit (1024 Kilobits) speichern.
Nach spektakulären Mißerfolgen mit *Revolution* (Hugh Hudson), *Absolute Beginners* (Julian Temple) und *The Mission* (Roland Joffé) bricht die britische Produktionsfirma Goldcrest Films zusammen.
Kinomagnat Sumner Redstone übernimmt Viacom für $ 3,4 Milliarden.
Das Ende der kurzen, stürmischen Periode des Briten David Puttnam als Produktionschef von Columbia Pictures bedeutet ein neues Verhältnis von Hollywood und Wardour Street.
1. Januar → Die Novelle des Filmförderungsgesetzes setzt auf Publikumsfilme statt auf oft ungesehene Autorenfilme.
1. März → Bei Microsofts zweiter CD-ROM-Konferenz wird die DVD-Technologie vorgestellt.
6. März → Der Erfolg von *Lethal Weapon* mit Mel Gibson – wie auch der von *Predator* mit Arnold Schwarzenegger – macht deutlich, daß der Actionfilm das beherrschende Genre im US-Kino ist.
18. September → Adrian Lynes *Fatal Attraction* kommt, je nach dem Ergebnis von Testvorstellungen, mit unterschiedlichen Enden heraus. Der Film löst eine Serie paranoider Phantasien aus.
3. Dezember → Heiner Carows *Die Russen kommen*, 1966 gedreht und verboten, kommt nach über 20 Jahren in einer rekonstruierten Fassung erstmals ins Kino.

1988 Rupert Murdochs Sky TV sendet in Großbritannien über kleine Antennenschüsseln direkt an die Haushalte und vermeidet so den Aufbau einer kostspieligen Kabel-Infrastruktur.
Das mit großem finanziellem und propagandistischem Aufwand begangene Europäische Film- und Fernsehjahr verpufft in einer Reihe von Kultur-Events.
Januar → Sony kauft die Schallplattenfirma CBS für $ 2 Milliarden.
14. Mai → Beim 5. Nationalen Spielfilmfestival der DDR in Karl-Marx-Stadt kommt es (verdeckt) zum Eklat, als die Jury trotz Pressionen der Funktionäre den Hauptpreis statt an Warnekes *Einer trage des anderen Last …* an Roland Gräfs *Fallada – letztes Kapitel*, ein Porträt eines Künstlers unter einem autoritären System, verleiht.
September → Prodigy, ein Joint-Venture von IBM und Spears, geht nach Investitionen von $ 500 Millionen als Online-Service auf den Markt.
Oktober → Turner gründet den Kabelsender TNT, der ausschließlich klassische Filme aus seinem M-G-M-Archiv auswertet.
26. November → Stefan Aust moderiert die erste Sendung von *Spiegel TV* auf RTL.
26. November → In Berlin wird erstmals der Europäische Filmpreis Felix verliehen. Wim Wenders erhält den Regiepreis für *Der Himmel über Berlin.*

1989 Steve Ross fusioniert Time Inc. mit Warner Communications Inc. Die neue Firma Time Warner ist der größte Medienkonzern der Welt.
Sony präsentiert die Mavica, die erste digitale Fotokamera, doch nur wenige Konsumenten sind bereit zu wechseln. Der Erfolg kommt acht Jahre später.
Tim Berners-Lee vom Europäischen Zentrum für Teilchenphysik CERN bei Genf veröffentlicht die Prinzipien, auf denen das World Wide Web basiert.
27. April → Als DEFA-Beitrag zum 200. Jahrestag der Französischen Revolution kann der Schauspieler Michael Gwisdek das Kammerspiel *Treffen in Travers* inszenieren.
23. Mai → Die Palme d'Or und der FIPRESCI-Preis in Cannes für Steven Soderberghs *sex, lies, and videotape* markieren den Höhepunkt der aufstrebenden Szene der US-Independents, ebenso die zahlreichen Auszeichnungen für den Dokumentarfilm *Roger and Me* (Michael Moore).
Juni → Die Revolte chinesischer Studenten auf dem Tianmenplatz wird weltweit übertragen.

6. Oktober 1989 → Mit *Henry V* etabliert sich Kenneth Branagh als Shakespeare-Regisseur/-Darsteller seiner Generation.
November → Das Erscheinen von Voyagers *CD Companion to Beethoven's 9th* ist ein Meilenstein der Multimedia-Entwicklung.
November → Sony übernimmt von Coca-Cola für $ 3,4 Milliarden Columbia Pictures Entertainment (Columbia, TriStar, Loew's Kinos) und zahlt $ 200 Mio. für die Firma Guber-Peters Entertainment, damit die beiden Chefs das neue Studio leiten.
5. November → Der vierteilige TV-Film *Radiofieber* schildert die Entwicklung des deutschen Rundfunks in den 20er und 30er Jahren.
9. November → Auf einer im Fernsehen übertragenen Pressekonferenz gibt Günter Schabowski mißverständlich die Änderung der Reisebestimmungen der DDR bekannt und löst damit unbeabsichtigt die Öffnung der Mauer in Berlin aus, die live vor den TV-Kameras stattfindet.
13. Dezember → Kurt Maetzigs *Das Kaninchen bin ich*, 1965 Auslöser der DEFA-Film-Verbote, wird mit anderen «Regalfilmen» rehabilitiert und aufgeführt.

1990 Murdochs Sky-TV schließt sich mit British Satellite Broadcasting zum größten Satelliten-Network der Welt zusammen: BSkyB.
Segas Genesis, ein 16-Bit-System, nimmt Nintendo einen beträchtlichen Marktanteil bei den Videospielen ab.
März → Kirk Kerkorian verkauft den Rest von M-G-M an Pathé Communications Corp., die von Giancarlo Paretti kontrolliert und von der französischen Bank Crédit Lyonnais finanziert wird.
13. März → Das Fernsehen der DDR nennt sich wieder Deutscher Fernsehfunk.
16. Mai → Jim Henson, Erfinder der Muppets, stirbt überraschend. Eine von ihm geplante Übernahme von Henson Associates platzt. Seine Kinder übernehmen die Leitung der Firma.
26. Oktober → CBS-Boss William S. Paley stirbt im Alter von 89 Jahren.
November → Matsushita übernimmt MCA/Universal für $ 6,1 Milliarden. Die Mehrzahl der Hollywood-Studios gehört jetzt ausländischen Firmen.
9. November → Kevin Costners *Dances With Wolves* belebt das Interesse am Western-Genre neu.
16. November → *Rocky V* ist der letzte Film von United Artists.
27. November → Margaret Thatcher setzt im Broadcasting Act 1990 die Deregulierung des Rundfunks durch.

1991 Die BBC eröffnet ihren TV World Service, zunächst in Europa, dann in Asien in Zusammenarbeit mit dem Star-Satellitensystem.
Ein RAM-Computerchip kann jetzt 4 Megabit speichern.
Kabel-TV erreicht in den USA jetzt 60 % der Bevölkerung, über 70 % besitzen einen Videorecorder.
M-G-M übernimmt erneut United Artists.
Toshiba und C. Itoh investieren $ 1 Milliarde in Time Warner.
16. Januar → Der Golfkrieg beginnt auf CNN als weltweite Life-Übertragung und wirkt bisweilen wie ein Videospiel.
Februar → Der Mitteldeutsche Rundfunk wird als erste Landesrundfunkanstalt für die Länder Sachsen, Sachsen-Anhalt und Thüringen gegründet. Die Leitungsfunktionen werden weitgehend mit CDU-Leuten aus westdeutschen Sendern besetzt.
3. Juli → James Camerons *Terminator 2: Judgment Day* beweist die Reife von digitalen Spezialeffekten und Morphing.
12. Juli → *Boyz N the Hood* verstärkt – wie kurz zuvor *Straight Out of Brooklyn* – den Aufschwung eines unabhängigen Black Film in den USA.
25. November → Nach über zehnjährigen Tests beginnt in Japan die Ausstrahlung von HDTV.
21. Dezember → Ted Turner heiratet Jane Fonda und wird damit Mitglied des «Hollywood-Adels».
25. Dezember → Mit 90 Jahren stirbt in Berlin Curt Bois, der Schauspieler mit der weltweit längsten Filmkarriere: Bereits 1908 hatte er im Tonbild aus «Der fidele Bauer» gesungen.

1992 Sony stellt die Minidisc-Technik vor, eine Art kleine CD, die bespielt werden kann.
18. Januar → Während Agnieszka Hollands *Hitlerjunge Salomon* in Los Angeles mit einem Gol-

den Globe ausgezeichnet wird, fällt er – trotz einer Pressekampagne des Produzenten Artur Brauner – in Deutschland bei Kritik und Publikum durch.
Februar → Barry Diller verläßt Fox. Im Laufe des Jahres wechselt er in die Computer-Industrie, schließlich zum Home-Shopping.
30. März → Bei den Academy Awards ist mit Disneys *The Beauty and the Beast* (UA: 22. 11. 1991) erstmals ein Animationsfilm zum Oscar für den Besten Film nominiert.
24. April → Altmans *The Player* ist eine gelungene Satire auf die Filmindustrie der 80er Jahre, die Altmans Kinokarriere nahezu beendet hatte.
Mai → Johnny Carson geht nach fast 30 Jahren als Gastgeber der *Tonight Show* in den Ruhestand.
11. Mai → RTL beginnt mit der Daily Soap *Gute Zeiten, schlechte Zeiten* (GZSZ).
30. Mai → Der französisch-deutsche Kulturkanal ARTE – eine Gründung von La Sept mit ARD und ZDF – nimmt den Sendebetrieb auf.
25. August → Die Treuhandanstalt verkauft das DEFA-Studio in Potsdam-Babelsberg an die französische Firma CIP. Volker Schlöndorff wird einer der Geschäftsführer der Studio Babelsberg GmbH.
September → Edgar Reitz zelebriert die Uraufführung seiner überlangen TV-Serie *Die zweite Heimat* in Venedig und München.
2. Dezember → Das 75jährige Jubiläum der Ufa-Gründung wird mit einer aufwendigen Ausstellung im Deutschen Historischen Museum sowie zwei umfangreichen Büchern begangen.

1993 Cinecittà wird geschlossen.
Voyagers Multimedia-CD von *A Hard Day's Night* ist die erste digitale CD, die einen ganzen Film enthält.
Rupert Murdoch übernimmt das Satelliten-System Star TV, mit dem er die meisten Staaten zwischen Israel und Taiwan, darunter Indien und China, bedienen kann: ein potentielles Publikum von 3 Milliarden Menschen.
Ted Turner kauft New Line Cinema, einen «kleinen Groß-Verleih» und verstärkt damit seine Position in der Filmindustrie.
RAM-Chips für Computer können jetzt 16 Megabits speichern.
Herausgegeben von Wolfgang Jacobsen, Anton Kaes und Hans Helmut Prinzler erscheint erstmals eine seriöse *Geschichte des deutschen Films.*
29. März → Bei den Academy Awards beweist *Howards End*, nach dem Roman von E. M. Forster, mit neun Oscar-Nominierungen sowie einem Oscar für Emma Thompson die Renaissance der Literaturverfilmung.
11. Juni → Spielbergs *Jurassic Park* bricht Zuschauerrekorde, während sein *Schindler's List* Oscars gewinnt.
31. Oktober → Federico Fellini stirbt.
1. Dezember → Als Reaktion auf MTV geht unter Leitung von Dieter Gorny VIVA, die gemeinsame Tochterfirma der Musik-Konzerne EMI, Sony Music, PolyGram und Warner Music, als deutscher TV-Musikkanal auf Sendung.

1994 Nach einer längeren Auseinandersetzung mit Barry Dillers QVC kann Sumner Redstone, Besitzer von Viacom, Paramount kaufen, das neben Disney letzte «unabhängige» Hollywood-Studio.
IBM stellt eine neue optische Plattenspeicher-Technologie vor, die die Kapazität einer CD-ROM verzehnfacht.
Februar → Nach einem jahrelangen, heftigen Wettbewerb wählt die HDTV Grand Alliance (und FCC) ein digitales HDTV-System von Zenith und AT&T als Standard für das geplante US-System und überspringt damit ein existierendes japanisches Analog-System.
März → Medien-Magnat Silvio Berlusconi gewinnt die italienischen Parlamentswahlen und wird Ministerpräsident.
Mai → Godards autobiografischer Dokumentarfilm *JLG/JLG – autoportrait de décembre* hat Premiere.
August → Jeffrey Katzenberg verläßt Disney und verkündet wenige Tage später die Gründung einer Firma mit Steven Spielberg und David Geffen, die später DreamWorks SKG getauft wird.

September → Redstones Viacom übernimmt Blockbuster Video, die größte Videoladen-Kette.
22. Dezember → Berlusconi verliert seine Position als italienischer Ministerpräsident und wird im Mai angeklagt.

1995 Die Speicherkapazität von RAM-Chips beträgt jetzt 64 Megabits.
Januar → Sony/Philips und Toshiba/Time Warner stellen konkurrierende Technologien für digitale Videodiscs vor, mit 3,7 bzw. 4,8 Gigabytes Speicherkapazität.
Mai → Apple bringt QuickTime VR heraus, eine Technologie für die einfache, preiswerte Produktion von virtueller Realität.
Juni → Seagram übernimmt 80 % der Matsushita-Anteile an MCA/Universal. Als Verhandlungen mit Michael Ovitz scheitern, engagiert Edgar Bronfman Jr. CAAs Nr. 2, Ron Meyer, als Studio-Boss.
Juli → Michael Eisner verkündet überraschend, daß Disney für $ 19 Milliarden Capital Cities/ABC erwirbt und nicht mit CBS fusioniert, wie lange erwartet wurde. Kurz darauf engagiert Eisner Ovitz als seinen Stellvertreter.
August → Westinghouse übernimmt CBS für $ 5,4 Milliarden.
9. August → Die Markteinführung von Netscape wird mit $ 2,9 Milliarden die erfolgreichste der Börsengeschichte. Die Firma hatte bislang keinen Profit gemacht.
24. August → Microsofts Windows95 kommt nach 18 Monaten weltweiter Reklame auf den Markt.
September → Nachdem Pläne gescheitert sind, durch Aufkäufe zu expandieren, verkauft Turner seine Firma für $ 7,5 Milliarden an Time Warner.
September → Sony/Philips gibt sich auf dem Gebiet der Digital Videodisc-Standards praktisch Time Warner/Toshiba geschlagen, und macht so den Weg frei für einen einheitlichen Standard mit einer maximalen Speicherkapazität von 18,8 Gigabytes. Die Kombination von Doppelschicht- und doppelseitiger Technologie verbindet die Notwendigkeit der rückwärtigen Kompatibilität der Computerindustrie (Sony/Philips) mit der gewünschten hohen Speicherkapazität der Unterhaltungsindustrie (Time Warner/Toshiba).
27. November → Barry Diller verkündet die Übernahme von Savoy Pictures Entertainment Inc. und des Home Shopping Network durch seine neue Firma Silver King Communications, eine Fernsehkette.
29. November → Kurz nach dem erfolgreichen Anlaufen seiner ersten Produktion, *Toy Story*, geht das kleine Animationsstudio Pixar an die Börse. Am Ende des ersten Tages ist der 80 %-Anteil von Steve Jobs mit über $ 1 Milliarde mehr wert, als es sein Aktienanteil an Apple jemals war.
13. Dezember → Der internationale Preisregen für Ang Lees *Sense and Sensibility* mit Emma Thompson markiert nach *Persuasion* (mit ihrer Schwester Sophie) und der BBC-Serie *Pride and Prejudice* den Höhepunkt einer merkwürdigen Jane-Austen-Welle.
13. Dezember → Spielberg, Katzenberg und Geffen verkünden, daß DreamWorks SKG eine alte Hughes-Flugzeugwerft in Los Angeles zum ersten größeren Studio seit über 50 Jahren ausbauen will.
14. Dezember → Mit dem Verkauf eines 50 %-Anteils an einem Kabelkanal zum Ausbau zum Nachrichtensender untermauern NBC und Microsoft die Verbindung zwischen Medien und Computerindustrie.

1996 9. März → Mit dem hundertjährigen George Burns stirbt die Tradition des Vaudeville-Stils vom Anfang des Jahrhunderts, aus dem die beherrschende Form der Massenunterhaltung in den USA entstand.
31. Mai → Timothy Leary, der ehemalige Drogen-Guru der 60er Jahre, stirbt friedlich, umgeben von seiner Familie. Sein Plan, den Tod im World Wide Web zu übertragen, bleibt unerfüllt.
15. Juli → MSNBC, die erste Kombination von Kabelsender und Website, nimmt den Betrieb auf.
16. Juli → Crédit Lyonnais verkauft MGM überraschend für $ 1,3 Milliarden an eine Gruppe, an der Kirk Kerkorian, MGMs Chairman Frank Mancuso und die australische Seven Networks Group, die z. T. der News Corporation gehört, beteiligt sind. Dies ist das dritte Mal, daß Kerkorian MGM kauft.

19. Juli → Die Olympischen Spiele werden in Atlanta (und auf NBC) eröffnet. IBM blamiert sich mit der offiziellen Website, weil diese die Ergebnisse nicht schnell und akkurat genug liefert. Allerdings liefert die neue Sneak Peak Cam des Website alle paar Sekunden aktuelle Bilder aus der Videoübertragung.
Oktober → Durch eine intensive Werbekampagne mit dem TV-Star Manfred Krug erregt die Deutsche Telekom intensives Interesse für ihre Aktien-Emission.
9. Oktober → John Calley, in den 70er Jahren angesehener Studio-Manager bei Warner, übernimmt die Leitung der angeschlagenen Sony Pictures Entertainment. Zuvor war er aus dem Ruhestand zurückgekehrt, um United Artists zu retten.
31. Oktober → Marcel Carné stirbt mit 90 Jahren, ohne bei der französischen Kritik die verdiente Anerkennung für *Les enfants du paradis* erlangt zu haben.
November → In Japan kommen DVD-Geräte auf den Markt.
20. Dezember → Marcello Mastroianni stirbt mit 72 Jahren. Sein öffentliches Begräbnis endet mit dem Schlußmarsch aus *8 e ½*.
20. Dezember → Apple kauft NeXT Software Inc. für $ 400 Millionen und Steve Jobs kehrt so zu der Firma zurück, die er mitbegründet hatte.

1997 17. Oktober → Umwandlung des Filmverleihs Kinowelt, zu dem auch das Videolabel Arthaus und einige Kinos gehören, in die Kinowelt Medien AG unter Leitung von Michael Kölmel. Der Börsengang im Mai 1998 löst auch auf dem deutschen Film- und Medienmarkt ein Welle von bisweilen spekulativen AG-Gründungen, Aufkäufen und Fusionen aus.
30. März → In Großbritannien nimmt Channel 5 den Betrieb auf.
29. April → Metromedia verkauft sein Archiv mit 2000 Filmen zusammen mit den Resten von Orion Pictures und Goldwyn Entertainment an die neue MGM. Damit verfügt MGM über das größte Filmarchiv der Welt.
Juli → Nach der Landung der Marssonde Pathfinder besuchen über 45 Millionen die Website des Jet Propulsion Laboratory, um die Wissenschaftler bei der Arbeit zu beobachten oder die Marsbilder herunterzuladen.
1. Juli → Robert Mitchum stirbt mit 80 Jahren.
2. Juli → James Stewart, die letzte bedeutende Ikone aus Hollywoods Goldenen 40er Jahren, stirbt mit 89 Jahren.
30. August → Der melodramatische Tod von Prinzessin Diana gerät zu einem weltweiten Medienereignis, indem Fernsehen und Presse die Presse und das Fernsehen beschuldigen, mit ihrer Popularität Geschäfte gemacht zu haben.
September → Das Internet wächst weiter, innerhalb eines Jahres vermehrt sich die Zahl der Hosts von 15 Millionen auf 26 Millionen.
Oktober → Bernard Ebbers Worldcom überbietet British Telecom und übernimmt MCI, nachdem es einen Monat zuvor bereits das Compuserve Network gekauft hatte.
21. Oktober → Barry Diller übernimmt einige Kabelkanäle und fast alle Fernsehproduktionsabteilungen von Universal für $ 4,1 Milliarden.
28. Oktober → Drehbuchautor und Produzent Paul Jarrico, Held der Blacklist-Epoche, stirbt auf dem Rückweg von einer Feier zum 50. Jahrestag der HUAC Hearings.
30. Oktober → Sam Fuller, der letzte klassische Hollywood-Auteur, stirbt mit 85.
21. Dezember → Camerons *Titanic* hat Premiere. Die 200-Millionen-Dollar-Produktion verwendet die Technik des digitalen Filmemachens, um eine historische Realität zu rekonstruieren.

1998 14. Mai → Frank Sinatra, erfolgreicher Sänger und Filmschauspieler, stirbt mit 85 Jahren.
Juni → AT&T verkündet die Übernahme von John Malones Tele-Communications Inc. (TCI) für $ 31,8 Milliarden – die Verbindung des größten Ferngespräch-Dienstes mit dem zweitgrößten TV-Kabelnetz. Kurz zuvor hatte Malone den *TV Guide* von Rupert Murdoch für $ 2 Milliarden in bar plus TCI-Aktien gekauft.
19. Juni → Disney bemüht sich um einen Zugang zum Web, indem es einen Anteil an Infoseek übernimmt.
15. August → Apples «Interim CEO» Steve Jobs setzt seine erfolgreiche Tätigkeit fort, indem er den iMac vorstellt. In den nächsten Monaten bringt die bläuliche Maschine mehr ein als der Film *A Bug's Life*, das aktuelle Produkt von Jobs' anderer Firma, Pixar.

17. August → Auf dem Höhepunkt der Monica-Lewinsky-Saga macht Präsident Clinton seine Aussage vor einer Grand Jury über eine Video-Verbindung. Am 21.9. präsentiert das House Judiciary Committee das Band der Nation. Innerhalb einer Woche sind diese 4 Stunden auf DVD erhältlich (2 Cents + $ 2 P&P).

1. Oktober → In Großbritannien beginnt über Satellit die Ausstrahlung von digitalem Fernsehen.

2. Oktober → Der singende Cowboy Gene Autry stirbt drei Monate nach seinem Kollegen Roy Rogers.

10. Oktober → Der Antitrust-Prozeß gegen Bill Gates und Microsoft beginnt.

1. November → Mit der Sendung von Disneys *101 Dalmatians* (Remake von 1996) durch ABC beginnt in den USA die Ausstrahlung von digitalem Fernsehen. Allerdings können die Kabel-Systeme die Signale nicht verbreiten. HDTV-Empfänger kosten immer noch $ 10 000.

19. November → Alan J. Pakula stirbt bei einem Autounfall auf dem Long Island Expressway.

23. November → America Online verkündet die geplante Übernahme von Netscape für $ 4 Milliarden. Als das Geschäft Monate später abgeschlossen wird, sind die AOL-Anteile $ 10 Milliarden wert.

Dezember → Michael Ovitz kehrt nach Hollywood zurück und gründet die Artists Management Group zum Ärger seiner ehemaligen Kollegen von CAA. Inzwischen ist seine Broadway-Produktionsfirma Livent in Konkurs gegangen.

1. Dezember → Freddie Young, der letzte der Kamera-Pioniere, stirbt mit 96 Jahren.

1999 7. Januar → MGM vollendet die Übernahme des PolyGram-Archivs von Universal. Damit besitzt das zeitweise tote Studio die Rechte an mehr als der Hälfte der alten Hollywood-Filme.

25. Januar → Beim Sundance Festival hat der von Daniel Myrick und Eduardo Sánchez für $ 22 000 gedrehte Studenten-Pseudo-Horror-Dokumentar-Film *The Blair Witch Project* Premiere. Mit Kino-Einnnahmen von über $ 140 Millionen allein in den USA wird der Film der zehnterfolgreichste Film des Jahres. Ein Hauptverdienst am Erfolg hat die raffinierte Vorpropaganda (Realität oder Fiktion?) im Internet. Nach dem Verhältnis von Kosten und Einnahmen ist es vermutlich der profitabelste Film aller Zeiten.

7. März → Nach 45 Wochen Drehzeit und dem Abschluß der Postproduktion zu *Eyes Wide Shut*, seinem ersten Spielfilm nach 12 Jahren, stirbt Stanley Kubrick mit 70 Jahren friedlich in seinem Haus in Hertfordshire.

21. März → Miramax' *Shakespeare in Love* gewinnt den Academy Award als bester Film und schlägt den Favoriten *Saving Private Ryan* (DreamWorks SKG), ein weiterer Oscar für das Außenseiter-Studio. Einige Beobachter meinen, der kleine Film hätte den großen geschlagen, weil er besser auf Video wirkt – die Art, in der die meisten Academy-Mitglieder Filme sehen.

19. Mai → Premiere von *Star Wars: Episode I – The Phantom Menace*. Die Fortsetzung der Serie durch George Lucas nach 16 Jahren weckt so viele Erwartungen, daß einige Silicon-Valley-Firmen ihren Mitarbeitern freigeben.

21. Mai → Die Deutsche Telecom verliert den Übernahme-Kampf um Telecom Italia gegen die viel kleinere Firma Olivetti – Nationalismus siegt über den Euro.

18. Juni → Lucas und Fox testen digitale Projektionen von *Star Wars: Episode I – The Phantom Menace* in Vorstadtkinos in Los Angeles und New York. Sie wurden um einen Monat geschlagen, als der 79jährige Eric Rohmer seinen Kurzfilm *Cambrure* beim Filmfestival in Cannes digital vorführt.

28. Juni → Die Secure Digital Music Initiative, ein Konsortium, das im Auftrag der Musikindustrie Mittel zur technischen Sicherung ihrer intellektuellen Werte gegen die Bedrohung durch MP3 und andere digitale Systeme entwickeln soll, verkündet ihre Methoden. Die Musik-Hacker sind nicht beeindruckt.

3. Juli → Mario Puzo stirbt mit 78 Jahren. Sein *Godfather* wurde zu einem wichtigen Mythos für das späte 20. Jahrhundert.

13. Juli → Disney verkündet den Plan, seine eigenen Internet-Aktivitäten mit Infoseek zu vereinen und die daraus entstandene Firma auf den Markt zu geben.

15. Juli → Robert A. Daly und Terry Semel verkünden ihren Rücktritt als Warner-Chefs nach fast 20 Jahren.

17. Juli → Bill Gates ist $ 100 Milliarden wert, da der Aktienwert von Microsoft die $ 500 Milliarden-Grenze überschreitet.
7. September → Viacom und CBS verkünden ihre Fusion für $ 37 Milliarden – der bislang größte Deal in der Medien-Industrie. Die neue Firma wird – nach Time Warner – der zweitgrößte Medien-Konzern der Welt.
Oktober → MCI Worldcom übernimmt die Telekommunikations-Firma Sprint.
7. Oktober → Nach dem Abschluß einer internationalen Partnerschaft mit der kanadischen Firma Alliance Atlantic übernimmt die Kinowelt Medien AG mit dem Filmverlag der Autoren (300 Titel) und → am 12. 1. 2000 – mit der Bioskop Film GmbH (54 Titel) zwei zentrale Produktionsfirmen des Neuen Deutschen Films.

2000 10. Januar → Steve Case verkündet die Übernahme von Time Warner durch AOL zum größten Multi-Medien-Konzern der Welt. Bereits zwei Wochen später (24. 1. 2000) kommt der traditionsreiche Plattenkonzern EMI auch noch als Teil der Warner Music Group zum Konzern.
12. Januar → Auch die deutsche Filmbranche ist im Expansionsfieber: Michael Kölmel verkündet die geplante Gründung eines TV-Senders durch die Kinowelt Medien AG. Die Börse reagiert sehr zurückhaltend.
13. Januar → Joe Roth – seit 1994 Film-Chef des Walt Disney Studios – verkündet, daß er Disney verlasse, um ein eigenes Klein-Studio mit Produktion und Verleih zu gründen.
14. Januar → William H. (Bill) Gates, der reichste Mensch der Welt, tritt nach einem Vierteljahrhundert als Chef von Microsoft zurück und macht seinen Freund Steven A. Ballmer zum Präsidenten der Firma. Er selbst will sich – neben seiner Tätigkeit im Aufsichtsrat – intensiv um die Software-Entwicklung kümmern. Zum 1. 7. 1999 hatte sich Entwicklungschef Nathan Myhrvold von der Firma beurlauben lassen, um u. a. auf Dinosaurier-Suche zu gehen.
18. Februar → Die Oscar-Statuetten des Jahres kommen auf dem Transport abhanden und finden sich nach Tagen (rechtzeitig zur Verleihung) auf der Müllkippe eines Supermarkts wieder.

Für Unterstützung bei der Bearbeitung dieser Chronik dankt der Herausgeber vor allem Bernard Eisenschitz, David Kleingers, Hans-Joachim Schlegel, Andrea Snippe, Robert Wohlleben und – einmal mehr – Markku Salmi. (hmb)

ANHANG II

LEKTÜRE ZUM FILM

In den letzten zwei Jahrzehnten haben sich Film und Medien als Themen historischer oder akademischer Beschäftigung stark entwickelt. Diese Bibliografie, die gegenüber der amerikanischen Ausgabe überarbeitet und – vor allem um deutschsprachige und europäische Texte – ergänzt wurde, soll als eine Art «Grundbibliothek» zum Film dienen, außerdem als Hinweis auf weitere Lektüre zu den Themen, die in *Film verstehen* behandelt werden.

Um dies zu erleichtern, entsprechen die ersten sieben Abteilungen den Kapiteln von *Film verstehen*:

1.1 Film als Kunst
1.2 Filmtechnik
1.3 Filmsprache
1.4 Filmgeschichte
1.5 Filmtheorie und Filmkritik
1.6 Medien
1.7 Neue Medien

Da die Literatur zur Filmgeschichte so umfangreich ist, wurde diese Abteilung weiter untergliedert:

1.4.1 Ökonomie und Politik des Films
1.4.2 Allgemeine historische Darstellungen
1.4.3 Wichtige Einzelepochen
1.4.4 Genres und Spezialthemen
1.4.4.1 Dokumentarfilm
1.4.4.2 Filmmusik
1.4.5 Nationale Kinematografien
1.4.5.1 Lateinamerika, «Das Dritte Kino»
1.4.5.2 Afrika, Arabien, Naher Osten
1.4.5.3 Asien, Australien
1.4.5.4 Mittel- / Osteuropa und Rußland / Sowjetunion

1.4.5.5 Nordeuropa
1.4.5.6 Westeuropa
1.4.5.7 Deutschland, Österreich, Exil
1.4.5.8 Frankreich
1.4.5.9 Großbritannien, Irland
1.4.5.10 USA, Kanada
1.4.6 Filmemacher

Der zweite Teil – Film-Information – enthält Hinweise auf Handbücher, Zeitschriften, Lexika, Filmografien etc., die bei der Recherche hilfreich sein können. Er ist in sechs Abteilungen gegliedert:

2.1 Handbücher
2.1.1 Lexika, Filmführer
2.1.2 Filmografien
2.1.3 Filmografien und Handbücher zum Fernsehen
2.2 Bibliografien
2.2.1 Bibliografien zu Filmbüchern
2.2.2 Bibliografien zu Filmperiodika
2.3 Jahrbücher und Nachschlagewerke
2.4 Zeitschriften und Magazine
2.5 Datenbanken

Zum Schluß noch einige Hinweise, wo man Filmbücher und -zeitschriften findet:
3 Filmbibliotheken

Dank

Der Herausgeber dankt Malte Hagener (Amsterdam), Evelyn Hampicke (Berlin), Jan Hans (Hamburg), Rüdiger Koschnitzki (Frankfurt), Markku Salmi (London) Robert Wohlleben (Hamburg) sowie Kirsten Lehmann und Lydia Wiehring von Wendrin (Bibliothek der HFF «Konrad Wolf» Potsdam-Babelsberg) und den Mitarbeitern von Bücherbogen am Tattersall (Berlin) für ihre Unterstützung bei der Recherche zur Bibliografie. Vor allem aber den Kollegen von CineGraph – Hamburgisches Centrum für Filmforschung, David Kleingers und Erika Wottrich, für die vielfältige Unterstützung. (hmb)

1.1 Film als Kunst

Abersmeier, Franz-Josef; Roloff, Volker (Hg.): *Literaturverfilmungen.* Frankfurt: Suhrkamp 1989 (st materialien 2093).

Andrew, J. Dudley: *Film in the Aura of Art.* Princeton: Princeton UP 1984.

Andrew, Dudley; Shafto, Sally (Hg.): *The Image of Dispute. Art and Cinema in the Age of Photography.* Austin: University of Texas Press 1997.

Artaud, Antonin: *Das Theater und sein Double.* Frankfurt: Fischer 1980 (FTB 6451).

Aumont, Jacques; Bergala, Alain; Marie, Michel; Vernet, Marc: *Esthétique du film.* 2. erw. Ausgabe. Paris: Nathan 1995 (Fac-cinéma).

Barck, Karlheinz; Gente, Peter; Paris, Heidi; Richter Stefan (Hg.): *Aisthesis. Wahrnehmung heute oder Perspektiven einer anderen Ästhetik.* Leipzig: Reclam 1990 (Reclam-Bibliothek 1352).

Barsaq, Léon: *Caligari's Cabinet and Other Grand Illusions. A History of Film Design.* Revised and edited by Elliot Stein. Foreword by René Clair. (Le décor de Film, 1970). Boston: New York Graphic Society 1976. Das Standardwerk zur Filmarchitektur.

Bordwell, David; Thompson, Kristin: *Film Art.* 5. Ausgabe. New York: McGraw-Hill 1996.

Brecht, Bertolt: *Schriften zum Theater.* Frankfurt: Suhrkamp 1967 (werkausgabe edition suhrkamp).

Brecht, Bertolt: *Schriften zur Literatur und Kunst.* Frankfurt: Suhrkamp 1967 (werkausgabe edition suhrkamp).

Brecht, Bertolt: *Texte für Filme. 2 Bände.* Berlin, Weimar: Aufbau 1971.

Brecht, Bertolt: *Prosa 4–5. Geschichten, Filmgeschichten, Drehbücher 1913–1939/1940–1956.* Berlin, Weimar: Aufbau/Frankfurt: Suhrkamp 1997 (Werke Bd. 19–20).

Cook, Pam; Bernink, Mieke (Hg.): *The Cinema Book. 2nd Edition.* London: British Film Institute 1999. Ein ausgezeichneter Überblick.

Diers, Michael: *Schlagbilder. Zur politischen Ikonographie der Gegenwart.* Frankfurt: Fischer 1997 (FTB 13218).

Färber, Helmut: *Baukunst und Film. Aus der Geschichte des Sehens.* 1977. 2. Auflage. München: Färber 1994.

Fell, John L.: *Film and the Narrative Tradition.* Berkeley: University of California Press 1986.

Fiske, John: *Reading the Popular.* Boston: Unwin Hyman 1989. Eine Einführung in die Populär-Kultur.

Gersch, Wolfgang: *Film bei Brecht. Bertolt Brechts praktische und theoretische Auseinandersetzung mit dem Film.* Berlin/DDR: Henschel 1975.

Gombrich, E. H.: *Art and Illusion. Second Edition.* Princeton: Princeton UP 1961.

Gouldner, Alvin W.: *The Dialectic of Ideology and Technology.* New York: Seabury Press 1976.

Heller, Heinz-B.: *Literarische Intelligenz und Film. Zur Veränderung der ästhetischen Theorie und Praxis unter dem Eindruck des Films 1910–1930 in Deutschland.* Tübingen: Niemeyer 1985 (Medien in Forschung+Unterricht Serie A, Bd. 15).

Hollander, Anne: *Moving Pictures.* Cambridge, MA: Harvard UP 1989. Der Film im Rahmen anderer künstlerischer Traditionen.

Kaes, Anton (Hg.): *Kino-Debatte. Texte zum Verhältnis von Literatur und Film 1909–1929.* München: DTV/Tübingen: Max Niemeyer 1978 (Deutsche Texte 48, dtv WR 4307).

Manvell, Roger: *Theatre and Film.* London: Tantivy 1980.

Mumford Lewis: *Technics and Civilization.* 1934. Reprint. New York: Harcourt, Brace & World 1966.

Mumford Lewis: *Mythos der Maschine – Kultur, Technik und Macht* (The Myth of the Machine). Wien: Europaverlag 1974; Frankfurt: Fischer 1978 (Fischer Alternativ 4001).

Newhall, Beaumont: *The History of Photography.* New York: Museum of Modern Art/London: Secker & Warburg 1964.

Nicoll, Allardyce: *Film and Theatre.* London 1936. Reprint. New York: Arno Press 1972. Ein frühes Standardwerk.

Nünning, Ansgar (Hg.): *Metzler Lexikon Literatur- und Kulturtheorie. Ansätze – Personen – Grundbegriffe.* Stuttgart, Weimar: Metzler 1998.

Oettermann, Stephan: *Das Panorama. Die Geschichte eines Massenmediums.* Frankfurt: Syndikat 1980. Interessante Untersuchung zu einem Vorläufer des Kinos.

Paech, Joachim: *Literatur und Film.* Stuttgart: Metzler 1988 (Sammlung Metzler 235).

Panofsky, Erwin: *Die ideologischen Vorläufer des Rolls-Royce-Kühlers & Stil und Medium im Film.* Frankfurt: Campus 1993 (Edition Pandora, Sonderband). Klassische Texte des bedeutenden Kunsthistorikers.

Pick, Erika (Hg.): *Schriftsteller und Film. Dokumentation und Bibliographie.* Berlin/DDR: Akademie der Künste 1979 (Arbeitsheft 33).

Pildas, Ave: *Movie Palaces.* New York: Potter 1979.

Reif, Monika: *Film und Text. Zum Problem von Wahrnehmung und Vorstellung in Film und Li-*

teratur. Tübingen: Narr 1984 (Medienbibliothek Serie B: Studien 5).

Schneider, Irmela: *Der verwandelte Text. Wege zu einer Theorie der Literaturverfilmung.* Tübingen: Niemeyer 1981 (Medien in Forschung + Unterricht, Serie A, Bd. 4).

Schweinitz, Jörg (Hg.): *Prolog vor dem Film. Nachdenken über ein neues Medium 1909–1914.* Leipzig: Reclam 1992 (Reclam-Bibliothek 1432). Interessante Anthologie aus der Frühzeit des Kinos.

Tynan, Kenneth: *Show People.* New York: Simon & Schuster 1980.

Williams, Raymond: *Keywords. A Vocabulary of Culture and Society.* New York: Oxford UP 1976.

Zischler, Hanns: *Kafka geht ins Kino.* Reinbek: Rowohlt 1996.

1.2 Filmtechnik

Alton, John: *Painting with Light.* 1949. Reprint. Berkeley: University of California Press 1995. Standardwerk eines Kameramanns.

Ariel, Pete (Hg.): *Ariel Cinematographica Register. Handbuch der Filmtechnik.* 4 Loseblattordner. Frankfurt: Deutsches Filmmuseum 1981–89.

Arns, Alfons; Reichmann, Hans-Peter (Red.): *Otto Hunte. Architekt für den Film.* Frankfurt: Deutsches Filmmuseum 1996 (Kinematograph 10).

Baacke, Rolf-Peter: *Lichtspielhausarchitektur in Deutschland. Von der Schaubude bis zum Kinopalast.* Berlin/West: Frölich & Kaufmann 1982.

Belach, Helga; Jacobsen, Wolfgang (Hg.): *CinemaScope. Zur Geschichte der Breitwandfilme.* Berlin: Spiess 1993.

Brosnan, John: *Movie Magic. The Story of Special Effects in the Cinema.* London: Macdonald 1974.

Campbell, Russell (Hg.): *Photographic Theory for the Motion Picture Cameraman.* Cranbury, NJ: Barnes 1970. Hollywood-Orthodoxie.

Ceram, C. W.: *Eine Archäologie des Kinos.* Reinbek: Rowohlt 1965.

Chion, Michel: *La voix au cinéma.* (1982). Neuausgabe. Paris: Edition de l'Étoile 1993 (Cahiers du cinéma: Collection essais); englisch: *The Voice of Cinema.* New York: Columbia UP 1999.

Chion, Michel: *Le son au cinéma.* (1985). Erw. Ausgabe. Paris: Edition de l'Etoile 1994 (Cahiers du cinéma: Collection essais).

Chion, Michel: *L'Audio-vision. Son et image au cinéma.* (1990). Neuausgabe. Paris: Nathan 1997 (Nathan université – Cinéma); englisch: *Audio-Vision: Sound on Screen.* New York: Columbia UP 1993. Wichtige theoretische Überlegungen zum Verhältnis von Ton/Musik und Film/Bild.

Chion, Michel: *Le cinéma et ses métiers.* Paris: Bordas 1990.

Coe, Brian: *The History of Movie Photography.* London: Ash & Grant 1981.

Dickson, W. K. L.; Dickson, Antonia: *History of Kinetograph, Kinetoscope, and Kinetophonograph.* 1895. Reprint. New York: Arno Press 1970. Von einem der Väter des Kino.

Ellis, John: *Visible Fictions. Cinema, Television, Video.* New York: Routledge 1992.

Eyman, Scott: *The Speed of Sound. Hollywood and the Talkie Revolution 1926–1930.* New York: Simon & Schuster 1997.

Farinelli, Gian Luca; Mazzanti, Nicola (Hg.): *Il Cinema Ritrovato. Teoria e metodologia del restauro cinematografico.* Bologna: Grafis Edizioni 1990. Einführung in die Theorie und Methode der Filmrestaurierung.

Fielding, Raymond (Hg.): *A Technological History of Motion Pictures and Television.* Berkeley: University of California Press 1967. Eine wertvolle Dokumenten-Sammlung.

Geduld, Harry M.: *Birth of the Talkies.* Bloomington: Indiana UP 1975.

Gehr, Herbert; Ott, Stephan: *Film-Design. Visual Effects für Kino und Fernsehen.* Bergisch Gladbach: Bastei Lübbe 2000 (Buch & Medien 94006).

Giesen, Rolf: *Special Effects. Die Tricks im Film. Vom Spiegeleffekt bis zur Computeranimation.* Ebersberg: Edition 8½ 1985.

Hagemann, Peter A. (Hg.): *Der 3-D-Film.* München: Nüchtern 1980.

Higham, Charles: *Hollywood Cameramen. Sources of Light.* London: Thames and Hudson 1970 (Cinema One 14).

Jossé, Harald: *Die Entstehung des Tonfilms. Beitrag zu einer faktenorientierten Mediengeschichtsschreibung.* Freiburg: Alber 1984 (Alber-Broschur Kommunikation 13).

Kawin, Bruce F.: *How Movies Work.* Berkeley: University of California Press 1992.

Konigsberg, Ira: *The Complete Film Dictionary.* Second Edition. New York: New American Library 1997.

Koshofer, Gert: *Color. Die Farben des Films.* Berlin: Spiess 1988.

Limbacher, James: *Four Aspects of the Film.* New York: Arno Press 1978. Wichtig wegen seiner Darstellung von Farbe, Ton, 3-D und Breitwand.

LoBrutto, Vincent: *Principal Photography. Interview with Feature Film Cinematographers.* Westport: Praeger 1999.

LoBrutto, Vincent: *Selected Takes. Film Editors on Editing.* New York: Praeger 1991.

Maltin, Leonard: *The Art of the Cinematographer. A Survey and Interviews with Five Masters.* New York: Dover 1978.

Maltin, Leonard (Hg.): *Behind the Camera. The Cinematographer's Work.* New York: Signet 1971.

Manthey, Dirk (Hg.): *Making of ... wie ein Film entsteht.* 2 Bände. Reinbek: Rowohlt 1998 (rororo 60 574 / 5). Eine populäre Darstellung.

Mehnert, Hilmar: *Das Bild in Film und Fernsehen.* Leipzig: Fotokinoverlag 1986.

Mühl-Benninghaus, Wolfgang: *Das Ringen um den Tonfilm. Strategien der Elektro- und der Filmindustrie in den 20er und 30er Jahren.* Düsseldorf: Droste 1999 (Schriften des Bundesarchivs 54).

Neale, Steve: *Cinema and Technology. Image, Sound, Colour.* London: Macmillan 1985 (BFI Cinema Series).

Newson, Iris (Hg.): *Wonderful Inventions. Motion Pictures, Broadcasting, and Recorded Sound at the Library of Congress.* Washington: Library of Congress 1985.

Prümm, Karl; Bierhoff, Silke; Körnich, Matthias (Hg): *Kamerastile im aktuellen Film. Berichte und Analysen.* Marburg: Schüren 1998.

Reichmann, Hans-Peter (Red.): *Walter Reimann. Maler und Filmarchitekt.* Frankfurt: Deutsches Filmmuseum 1997 (Kinematograph 11).

Reichmann, Hans-Peter (Red.): *Hans Poelzig. Bauten für den Film.* Frankfurt: Deutsches Filmmuseum 1997 (Kinematograph 12).

Rosenblum, Ralph; Karen, Robert: *When the Shooting Stops... the Cutting Begins. A Film Editor's Story.* New York: Viking 1979.

Salt, Barry: *Film Style and Technology. History and Analysis.* 2. erw. Ausgabe. London: Starword 1992.

Schaefer, Dennis (Hg.): *Masters of Light. Conversations with Contemporary Cinematographers.* Berkeley: University of California Press 1984.

Seeber, Guido: *Arbeits-Gerät und Arbeits-Stätten des Kameramannes. Geschichte der Aufnahmetechnik und des Aufnahmeapparates. Die moderne Apparatur des Kameramannes. Lampen und Ateliers einst und jetzt.* Berlin: Lichtbildbühne 1927 (Der praktische Kameramann 1). Reprint: Frankfurt: Deutsches Filmmuseum 1980.

Seeber, Guido: *Der Trickfilm in seinen grundsätzlichen Möglichkeiten. Eine praktische und theoretische Darstellung der photographischen Filmtricks.* Berlin: Lichtbildbühne 1927 (Der praktische Kameramann 2). Reprint: Frankfurt: Deutsches Filmmuseum 1979.

Smith, Thomas G.: *Industrial Light & Magic. The Art of Special Effects.* New York: Ballantine 1986.

Surowiec, Catherine A. (Hg.): *The Lumiere Project. The European Film Archives at the Crossroads.* Lissabon: Associação Projecto Lumière 1996. Üppig illustrierte Bestandsaufnahme der Arbeit des verdienstvollen Restaurierungs-Programms.

Tutti i colori del Mondo/All the Colours of the World. Colours in early mass media 1900–1930. Reggio Emilia: Diabasis 1998.

Umbehr, Heinz: *Der Tonfilm. Grundlagen und Praxis seiner Aufnahme, Bearbeitung und Vorführung.* 2. erw. Ausgabe. Hg. v. Hans Wollenberg. Berlin: Lichtbildbühne 1932. Ein frühes Standardwerk.

Walker, Alexander: *The Shattered Silents. How the Talkies Came to Stay.* London: Elm Tree Books 1978.

Weis, Elisabeth; Belton, John: *Film Sound. Theory and Practice.* New York: Columbia UP 1985.

1.3 Filmsprache

Armes, Roy: *Film and Reality. A Historical Survey.* Harmondsworth: Penguin 1974 (A Pelican Book). Ein knapper Überblick.

Arnheim, Rudolf: *Kunst und Sehen. Eine Psychologie des schöpferischen Auges. Neufassung.* Berlin: de Gruyter 1978. Ein allgemeiner Text über die visuellen Künste, der viel über Film aussagt.

Arnheim, Rudolf: *Anschauliches Denken. Zur Einheit von Bild und Begriff.* (Visual Thinking, 1969). Köln: DuMont Schauberg 1974 (DuMont Dokumente).

Beller, Hans (Hg.): *Handbuch der Filmmontage. Praxis und Prinzipien des Filmschnitts.* München: TR-Verlagsunion 1993 (Film, Funk, Fernsehen – praktisch 5).

Berger, John: *Sehen. Das Bild der Welt in der Bilderwelt.* (Ways of Seeing, 1972). Reinbek: Rowohlt 1975 (rororo 6868).

Bordwell, David; Thompson, Kristin: *Film Art. An Introduction.* 4. erw. Ausgabe. New York: McGraw-Hill 1993. Eine mittlerweile klassische Einführung.

Bordwell, David; Staiger, Janet; Thompson, Kristin: *The Classical Hollywood Cinema. Film Style & Mode of Production to 1960.* New York: Columbia UP 1985. Eines der wichtigsten Bücher der achtziger Jahre; eine hochgeschätzte Studie über Kunst und Ökonomie des klassischen Hollywood-Stils.

Eidsvik, Charles: *Cineliteracy. Film Among the Arts.* New York: Random House 1978. Eine Einführung.

Giannetti, Louis; Langdon, John W.; Judge, Edward H.: *Understanding Movies.* 8. erw. Auflage. Englewood Cliffs: Prentice Hall 1998. Ein nützlicher Grundtext, empfehlenswert.

Heath, Stephen; Mellencamp, Patricia (Hg.): *Cinema and Language.* Frederick: University Publications of America 1983 (The AFI Monograph Series 1).

Höllerer, Walter (Hg.): *Die Rolle des Worts im Film.* Stuttgart: Kohlhammer 1965.

Jacobs, Lewis (Hg.): *The Movies as Medium.* New York: Farrar, Straus & Giroux 1970. Eine Zusammenstellung von Texten verschiedener Autoren.

Nagel, Josef: *Frühe Entwicklungstendenzen einer medienspezifischen Filmsprache.* Erlangen: Erlanger Beiträge 1988. Interessante Studie zur Frühgeschichte des Films.

Nilsen, Vladimir: *Cinema as Graphic Art.* 1937. Reprint. New York: Hill and Wang 1973. Ein Standardwerk des Kameramanns von Sergej Eisenstein.

Oldham, Gabriella: *First Cut. Conversations with Film Editors.* Berkeley: University of California Press 1992.

Perkins, V. F.: *Film as Film. Understanding and Judging Movies.* Harmondsworth: Penguin 1972 (A Pelican Book). Eine empfehlenswerte Untersuchung zeitgenössischer Filmtheorien.

Reisz, Karel; Millar, Gavin: *Geschichte und Technik der Filmmontage.* (The Technique of Film Editing, 1968). Ü. v. Helmut Wietz. München: Filmland Presse 1988.

Sobchack, Thomas; Sobchack, Vivian C.: *An Introduction to Film.* 2. Auflage. Boston: Little, Brown 1987.

Spottiswoode, Raymond R.: *A Grammar of Film.* Berkeley: University of California Press 1950.

Spottiswoode, Raymond R.: *Film and Its Techniques.* 1951. Reprint. Berkeley: University of California Press 1965. Veraltet, jedoch seinerzeit ein Klassiker. Gut in technischen Fragen.

Stam, Robert; Burgoyne, Robert; Flitterman-Lewis, Sandy: *New Vocabularies in Film Semiotics. Structuralism, Post-Structuralism, and Beyond.* New York: Routledge 1992. Sehr brauchbare Erläuterung der theoretischen Terminologie. Empfehlenswert.

Talbot, Daniel (Hg.): *Film. An Anthology.* Berkeley: University of California Press 1967. Erstmals 1959 veröffentlicht, jedoch noch immer eine nützliche Zusammenstellung.

Tufte, Edward R.: *The Visual Display of Quantitative Information.* Cheshire, CT: Graphics Press 1983; Reprint 1992. Ein präziser, eleganter, einfallsreicher Essay des Yale-Professors über die Grammatik der kognitiven Künste und das Interface. Inzwischen ein Standardtext für visuelle Denker. Es folgten *Envisioning Information* (1990) und *Visual Explanations* (1997).

Siehe auch die Nachweise zu Bazin, Eco, Metz und Wollen in Abteilung 1.5.

1.4 Filmgeschichte:

1.4.1 Ökonomie und Politik

Altenloh, Emilie: *Zur Soziologie des Kino. Die Kino-Unternehmung und die sozialen Schichten ihrer Besucher.* Jena: Diederichs 1914 (Schriften zur Soziologie der Kultur. Bd. 2). Sehr früher Klassiker.

Bach, Steven: *Final Cut. Dreams & Disasters in the Making of Heaven's Gate.* New York: NAL-Dutton 1986.

Bächlin, Peter: *Der Film als Ware.* (1945). Reprint. Frankfurt: Athenäum Fischer 1975 (FAT 4043).

Bagdikian, B. H.: *Media Monopoly.* 4. erw. Ausgabe. Boston: Beacon 1992.

Baldwin, James: *Teufelswerk. Betrachtungen zur Rolle der Farbigen im Film.* (The Devil Finds Work, 1976). Reinbek: Rowohlt 1977 (das neue buch 83).

Balio, Tino. *United Artists: The Company Built by the Stars.* Madison: University of Wisconsin Press 1976.

Balio, Tino: *United Artists. The Company That Changed the Film Industry.* Madison: University of Wisconsin Press 1987.

Balio, Tino (Hg.): *The American Film Industry.* Madison: University of Wisconsin Press 1985.

Bart, Peter: *Fade Out. The Calamitous Final Days of MGM.* New York: William Morrow 1990. Die instruktive Darstellung eines Insiders und eine tödlich präzise Beschreibung Hollywoods in den achtziger Jahren.

Bart, Peter: *The Gross. The Hits, the Flops – the Summer That Ate Hollywood.* New York: St. Martin's Press 1999.

Becker, Wolfgang: *Film und Herrschaft. Organisationsprinzipien und Organisationsstrukturen der nationalsozialistischen Filmpropaganda.* Berlin/West: Spiess 1973 (Zur politischen Ökonomie des NS-Films 1).

Belach, Helga; Jacobsen, Wolfgang (Red.): *Kalter Krieg. 60 Filme aus Ost und West.* Berlin: Stiftung Deutsche Kinemathek 1991.

Bentley, Eric: *Thirty Years of Treason.* New York: Viking 1971. Über die Zeit der schwarzen Listen.

Bergman, Andrew: *We're in the Money.* New York: Harper & Row 1973. Die dreißiger Jahre in den USA.

Bessie, Alvah: *Inquisition in Eden.* Berlin / DDR: Seven Seas Publishers 1967 (Seven Seas Books). Memoiren des Drehbuchautors, einem der Hollywood Ten.

Birdwell, Michael E.: *Das andere Hollywood der dreißiger Jahre. Die Kampagne der Warner Bros. gegen die Nazis.* (Celluloid Soldiers, 1999). Hamburg, Wien: Europa Verlag 2000.

Bogle, Donald: *Toms, Coons, Mulattos, Mammies and Bucks.* New York: Viking 1989. Das Bild der Schwarzen im amerikanischen Film.

Ceplair, Larry; Englund, Steve: *The Inquisition in Hollywood. Politics in the Film Community.* New York: Doubleday 1980.

Cook, Pam; Dodd, Philip (Hg.): *Women and Film. A Sight and Sound Reader.* London: Scarlet Press / Sight and Sound 1993.

Corrigan, Timothy: *A Cinema Without Walls. Movies and Culture after Vietnam.* New Brunswick: Rutgers UP 1991.

Cripps, Thomas: *Slow Fade to Black. The Negro in American Film, 1900–1942.* New York: Oxford UP 1977 Eine eingehende Studie.

Crowdus, Gary (Hg.): *The Political Companion to American Film.* Chicago: Fitzroy Dearborn 1994.

Dadek, Walter: *Die Filmwirtschaft. Grundriß einer Theorie der Filmökonomik.* Freiburg: Herder 1957.

DeCordova, Richard: *Picture Personalities. The Emergence of the Star System in America.* Urbana: University of Illinois Press 1990.

Deming, Barbara: *Running Away from Myself. Dream Portrait of America Drawn from the Films of the Forties.* New York: Viking 1969. Einflußreiche, soziologisch orientierte Studie.

Dibbets, Karel: *Sprekende films. De komst von de geluidsfilm in Nederland 1928–1933.* Amsterdam: Cramwinckel 1993. Geschichte der Einführung des Tonfilms in den Niederlanden und Europa. Empfehlenswert.

Dixon, Wheeler Winston: *Disaster and Memory. Celebrity Culture and the Crisis of Hollywood Cinema.* New York: Columbia UP 1999).

Doherty, Thomas: *Projections of War. Hollywood and American Culture, 1941–1945.* New York: Columbia UP 1993.

Dost, Michael; Hopf, Florian; Kluge, Alexander: *Filmwirtschaft in der BRD und in Europa. Götterdämmerung in Raten.* Mit einem Beitrag von Dieter Prokop. München: Hanser 1973.

Douin, Jean-Luc: *Dictionnaire de la censure au cinéma. Images interdit.* Vendôme: Presses Universitaires de France 1998.

Dyer, Richard: *Gays and Film.* Erw. Ausgabe. New York: New York Zoetrope 1984.

Dyer, Richard: *Heavenly Bodies. Filmstars and Society.* New York: St. Martin's Press 1986.

Dyer, Richard: *Now You See It. Studies on Lesbians and Gay Films.* London: Routledge 1990.

Dyer, Richard, McDonald, Paul: *Stars.* Indiana UP 1998.

Gabler, Neal: *An Empire of Their Own. How the Jews Invented Hollywood.* New York: Crown 1988.

Geiss, Axel: *Repression und Freiheit. DEFA-Regisseure zwischen Fremd- und Selbstbestimmung.* Potsdam: Brandenburgische Landeszentrale für politische Bildung 1997 (Brandenburgische historische Hefte 7). Über die Tätigkeit der Stasi im DEFA-Studio.

Girgus, Sam B.: *Hollywood Renaissance: The Cinema of Democracy in the Era of Ford, Capra, and Kazan.* New York: Cambridge UP 1998.

Goldman, William: *Adventures in the Screen Trade. A Personal View of Hollywood and Screenwriting.* New York: Warner Books 1983.

Gomery, Douglas: *The Hollywood Studio System.* Houndsmill: Macmillan 1986 (BFI Cinema Series).

Gruppe Cinéthique: *Filmische Avantgarde und politische Praxis.* Reinbek: Rowohlt 1973 (das neue buch 23).

Guback, Thomas H.: *The International Film Industry.* Bloomington: Indiana UP 1969. Maßgebliche Studie über die internationale Filmindustrie.

Harvey, Sylvia: *May ′68 and Film Culture.* London: British Film Institute 1978.

Haskell, Molly: *From Reverence to Rape.* Harmondsworth: Penguin 1974 (A Pelican Book). Empfehlenswerte Studie über Frauen und Film.

Haskell, Molly: *Holding My Own in No Man's Land.* New York: Oxford UP 1997. Fast ein Vierteljahrhundert später bringt die Essayistin ihre Analyse auf den aktuellen Stand.

Higson, Andrew; Maltby, Richard (Hg.): *«Film Europe» and «Film America». Cinema, Commerce and Cultural Exchange 1920–1939.* Exeter: University of Exeter Press 1999. Eine interessante Anthologie zu einem der Dauerbrenner der transatlantischen Filmdiskussion.

Huaco, George A.: *The Sociology of Film Art.* New York: Basic Books 1965. Ein klassisches Werk zum Thema.

Insdorf, Annette: *Indelible Shadows. The Film and the Holocaust.* Cambridge: Cambridge UP 1990.

Jacobsen, Wolfgang: *50 Jahre Berlinale. Internationale Filmfestspiele Berlin.* Berlin: Nicolai 2000.

Jarvie, Ian C.: *Film und Gesellschaft. Struktur und Funktion der Filmindustrie.* (Movies and Society, 1970). Stuttgart: Enke 1974.

Jarvie, Ian C.: *Hollywood's Overseas Campaign. The North Atlantic Movie Trade, 1920–1950.* Cambridge: Cambridge UP 1992. Der Erfolg der amerikanischen Filmindustrie in Europa.

Jones, G. William: *Black Cinema Treasures: Lost and Found.* Denton: University of North Texas Press 1980. Kurze Geschichte des Schwarzen Kinos von den dreißigern bis in die fünfziger Jahre.

Kaplan, E. Ann: *Women and Film. Both Sides of the Camera.* New York: Routledge 1983.

Kaplan, E. Ann: *Looking for the Other. Feminism, film, and the imperial gaze.* New York: Routledge 1997.

Kaplan, E. Ann (Hg.): *Women in Film Noir.* Erw. Ausgabe. London: BFI 1998.

Keil, Hartmut (Hg.): *Sind oder waren Sie Mitglied? Verhörprotokolle über unamerikanische Aktivitäten 1947 bis 1956.* Reinbek: Rowohlt 1979 (das neue buch 131).

Kermabon, Jacques (Hg.): *Pathé. Premier empire du cinéma.* Paris: Centre Georges Pompidou 1994.

Kerr, Paul (Hg.): *The Hollywood Film Industry. A Reader.* London: Routledge & Kegan Paul 1986.

Kindem, Gorham: *The American Movie Industry. The Business of Motion Pictures.* Carbondale: Southern Illinois UP 1982.

Koch, Gertrud: *«Was ich erbeute, sind Bilder». Zum Diskurs der Geschlechter im Film.* Frankfurt: Stroemfeld / Roter Stern 1988. Deutscher Film-Feminismus.

Koppes, Clayton R.; Black, Gregory D.: *Hollywood Goes to War. How Politics, Profits and Propaganda Shaped World War II.* Berkeley: University of California Press 1990.

Kühn, Gertraude; Tümmler, Karl; Wimmer, Walter (Red.): *Film und revolutionäre Arbeiterbewegung in Deutschland 1918–1932. Dokumente und Materialien.* 2 Bände. 2. Auflage. Berlin / DDR: Henschel 1978.

Manvell, Roger: *Films and the Second World War.* London: Dent 1974.

Mayer, Michael F.: *The Film Industries. Practical business / legal problems in production, distribution, and exhibition.* 2. überarb. Auflage. New York: Hastings House 1978. Von einem Rechtsanwalt verfaßte, detaillierte Studie des Filmgeschäfts.

McClintick, David: *Indecent Exposure. A True Story of Hollywood & Wall Street.* New York: William Morrow 1982. Die Begelmann-Affäre als Sinnbild des modernen Hollywood.

Monaco, James: *American Film Now.* Ü. v. Christian Bauer. München: Hanser 1985.

Nau, Peter: *Zur Kritik des Politischen Films. 6 analysierende Beschreibungen und ein Vorwort «Über Filmkritik».* Köln: DuMont 1978.

Navasky, Victor S.: *Naming Names.* Harmondsworth: Penguin 1981 (A Penguin Book). Über die Zeit der schwarzen Listen.

Nowell-Smith, Geoffrey; Ricci, Steven (Hg.): *Hollywood and Europe. Economics, Culture, National Identity 1945–95.* London: British Film Institute 1998.

O'Connor, John E.; Jackson, Martin (Hg.): *American History / American Film. Interpreting the Hollywood Image.* New York: Frederick Ungar 1978.

Petrie, Ruth (Hg.): *Film and Censorship.* London: Cassell 1997 (The Index Reader). Ein Überblick über Filmzensur in aller Welt.

Phillips, Julia: *You'll Never Have Lunch in This Town Again.* New York: NAL-Dutton 1992. Die Memoiren der umstrittenen Hollywood-Produzentin.

Pickard, Roy: *The Hollywood Studios.* London: Muller 1978. Chronologien der großen Hollywood-Studios.

Prindle, David: *Politics of Glamour. Ideology and Democracy in the Screen Actors Guild.* Madison: University of Wisconsin Press 1988.

Prinzler, Hans Helmut (Red.): *Europa 1939. Filme aus zehn Ländern.* Berlin / West: Stiftung Deutsche Kinemathek 1989.

Prinzler, Hans Helmut (Red.): *Das Jahr 1945. Filme aus fünfzehn Ländern.* Berlin: Stiftung Deutsche Kinemathek 1990.

Prokop, Dieter: *Soziologie des Films.* Erw. Ausgabe. Frankfurt: Fischer 1982 (FTB 3682). Trotz des Titels vor allem eine Geschichte der amerikanischen Filmwirtschaft.

Prokop, Dieter (Hg.): *Materialien zur Theorie des*

Films. Ästhetik – Soziologie – Politik. München: Hanser 1971.

Puttnam, David (mit Neil Watson): *The Undeclared War. The Struggle for Control of the World's Film Industry.* London: HarperCollins 1997. Lord Puttnams Sicht des amerikanischen Kulturimperialismus.

Pye, Michael: *Moguls. Inside the Business of Show Business.* New York: Holt, Rinehart and Winston 1980.

Rich, B. Ruby: *Chick Flicks: Theories and Memories of the Feminist Film Movement.* Durham: Duke UP 1998. Eine erfrischend persönliche Erkundung des Verhältnisses von Feminismus und Film.

Roeber, Georg; Jacoby, Gerhard: *Handbuch der filmwirtschaftlichen Medienbereiche. Die wirtschaftlichen Erscheinungsformen des Films auf den Gebieten der Unterhaltung, der Werbung, der Bildung und des Fernsehens.* Pullach: Verlag Dokumentation 1973. Umfangreiche Darstellung aus juristischer und ökonomischer Perspektive.

Rossell, Deac: «*... the new thing with the long name and the old thing with the name that isn't much shorter ...*» *A Chronology of Cinema 1889–1896.* London: Libbey 1995 (Film History, vol. 7, no. 5).

Rother, Rainer: *Die Gegenwart der Geschichte. Ein Versuch über Film und zeitgenössische Literatur.* Stuttgart: Metzler 1990.

Rother, Rainer (Hg.): *Bilder schreiben Geschichte. Der Historiker im Kino.* Berlin: Wagenbach 1991 (WAT 193). Aufsätze über das Verhältnis von Film und Geschichtsschreibung.

Russo, Vito: *The Celuloid Closet. Homosexuality in the Movies.* Erw. Auflage. New York: HarperCollins 1987.

Ryan, Michael; Kellner, Douglas: *Camera Politica. The Politics and Ideology of Contemporary Hollywood Film.* Bloomington: Indiana UP 1988.

Saunders, Thomas J.: *Hollywood in Berlin. American Cinema and Weimar Germany.* Berkeley: University of California Press 1994. Wichtige Studie über die internationale Verknüpfung der Filmindustrie zwischen den Weltkriegen.

Schickel, Richard: *His Picture in the Papers. A Speculation on Celebrity in America, Based on the Life of Douglas Fairbanks Sr.* New York: Charterhouse 1973. Eine bedeutende Studie über Prominenz und ein interessanter Essay über einen ihrer Erfinder.

Schickel, Richard: *Intimate Strangers. The Culture of Celebrity.* New York: Doubleday 1990.

Schivelbusch, Wolfgang: *Geschichte der Eisenbahnreise. Zur Industrialisierung von Raum und Zeit im 19. Jahrhundert.* München: Hanser 1977. Bietet interessante Vergleiche zur Geschichte der Medien.

Schumach, Murray: *The Face on the Cutting Room Floor. The Story of Movie and Television Censorship.* New York: Morrow 1964.

Seeßlen, Georg: *Tanz den Adolf Hitler. Faschismus in der populären Kultur.* Berlin: Tiamat 1994.

Seeßlen, Georg: *Natural Born Nazi. Faschismus in der populären Kultur.* Berlin: Tiamat 1996.

Shindler, Colin: *Hollywood Goes to War.* London: Routledge & Kegan Paul 1979.

Silbermann, Alphons (Hg.): *Mediensoziologie. Band 1: Film.* Düsseldorf: Econ 1973.

Sklar, Robert; Musser, Charles (Hg.): *Resisting Images. Essays on Cinema and History.* Philadelphia: Temple UP 1990.

Slide, Anthony: *The International Film Industry. A Historical Dictionary.* New York: Greenwood Press 1989.

Slide, Anthony: *The New Historical Dictionary of the American Film Industry.* Lanham: Scarecrow Press 1998. Ein nützliches Nachschlagewerk.

Spiker, Jürgen: *Film und Kapital. Der Weg der deutschen Filmwirtschaft zum nationalsozialistischen Einheitskonzern.* Berlin / West: Spiess 1975 (Zur politischen Ökonomie des NS-Films 2).

Straschek, Günter Peter: *Handbuch wider das Kino.* Frankfurt: Suhrkamp 1975 (edition suhrkamp 446). Eigenwillige, materialreiche Darstellung der Film- und Kinogeschichte unter politökonomischer Perspektive.

Talbot, David; Zheutlin, Barbara: *Creative Differences. Profiles of Hollywood Dissidents.* Boston: South End Press 1978. Politische Aktivisten in Vergangenheit und Gegenwart: eine wichtige Studie.

Thiermeyer, Michael: *Internationalisierung von Film und Filmwirtschaft.* Köln: Böhlau 1994 (Medien in Geschichte und Gegenwart 2).

Thompson, Kristin: *Exporting Entertainment. America in the World Film Market, 1907–34.* London: British Film Institute 1985.

Thomson, David: *America in the Dark.* New York: William Morrow 1977. Empfehlenswert.

Vasey, Ruth: *The World According to Hollywood, 1918–1939.* Exeter: University of Exeter Press 1997. Wichtige Studie zum Einfluß der US-Filmindustrie in aller Welt.

Vogel, Amos: *Kino wider die Tabus.* (Film As a Subversive Art, 1975). Luzern: Bucher 1979; neu: St. Andrä-Wördern: Hannibal, 1997.

Wolfenstein, Martha; Leites, Nathan: *Movies. A*

Psychological Study. New York: Atheneum 1960. Reprint 1970.

Wood, Michael: *America in the Movies.* London: Secker & Warburg 1975. Wichtiger, empfehlenswerter Essay über die Politik und den Stil amerikanischer Filme.

Wood, Robin: *Hollywood from Vietnam to Reagan.* New York: Columbia UP 1985.

Wood, Robin: *Sexual Politics and Narrative Film. Hollywood and Beyond.* New York: Columbia UP 1998.

Wyatt, Justin: *High Concept. Movies and Marketing in Hollywood.* Austin: University of Texas Press 1994.

1.4.2 Allgemeine historische Darstellungen

Allen, Robert C.; Gomery, Douglas: *Film History. Theory and Practice.* New York: Knopf 1985. Grundlegende Einführung in die Filmgeschichtsschreibung.

Braudy, Leo; Dickstein, Morris: *Great Film Directors. A Critical Anthology.* Erw. Ausgabe. New York: Oxford UP 1998.

Cook, David A.: *A History of Narrative Film.* 2. Auflage. New York: Norton 1990.

Dickinson, Thorold: *A Discovery of Cinema.* New York: Oxford UP 1971. Empfehlenswert.

Faulstich, Werner; Korte, Helmut (Hg.): *Fischer Filmgeschichte. 100 Jahre Film 1895–1995.* 5 Bände. Frankfurt: Fischer 1990–95 (FTB 4491–5).

Gomery, Douglas: *Movie History. A Survey.* London: Wadsworth 1991.

Gregor, Ulrich: *Geschichte des Films ab 1960.* München: Bertelsmann 1978. Materialreiche Darstellung der Filmkunst auch unbekannterer Länder.

Gregor, Ulrich; Patalas, Enno: *Geschichte des Films.* Gütersloh: Bertelsmann 1962. Einflußreiches Standardwerk, veraltet, aber immer noch nützlich.

Hill, John; Church Gibson, Pamela (Hg.): *World Cinema. Critical Approaches.* Oxford: Oxford UP 2000.

Jacobs, Lewis (Hg.): *Introduction to the Art of the Movies.* New York: Noonday 1960. 36 Essays, geschrieben zwischen 1910 und 1960.

Jacobs, Lewis (Hg.): *The Emergence of Film Art.* New York: Hopkinson and Blake 1970. 42 Darstellungen von Méliès bis Mekas.

MacGowan, Kenneth: *Behind the Screen. The History and Techniques of Motion Pictures.* New York: Delta Books 1965. Filmgeschichte unter vorwiegend technischer Perspektive.

Mellencamp, Particia; Rosen, Philip (Hg.): *Cinema Histories, Cinema Practices.* Frederick: University Publications of America 1984 (The AFI Monograph Series 4).

Montague, Ivor: *Film World.* Harmondsworth: Penguin 1964. Ein Klassiker, immer noch nützlich.

Nowell-Smith, Geoffrey (Hg.): *The Oxford History of World Cinema.* Oxford: Oxford UP 1996; bearb. dt. Ausgabe: *Geschichte des internationalen Films.* Stuttgart: Metzler 1998.

Pratt, George C.: *Spellbound in Darkness. A History of the Silent Film.* Erw. Ausgabe. Greenwich, CT: New York Graphic Society 1973. Eine umfangreiche illustrierte und kommentierte Sammlung zeitgenössischer Quellen.

Rotha, Paul; Griffith, Richard: *The Film Till Now.* 6. erw. Auflage. London: Spring Books 1967. Aktualisierte Fassung des Klassikers von 1930.

Sadoul, Georges: *Histoire générale du cinéma.* (1948). Neuausgabe. 6 Bände. Hg. v. Bernard Eisenschitz. Paris: Denoël 1973–75. Ein Standardwerk zum Stummfilm bis 1929.

Sklar, Robert: *Film. An International History of the Medium.* New York: Abrams 1993.

Thompson, Kristin; Bordwell, David: *Film History. An Introduction.* New York: McGraw-Hill 1994.

Toeplitz, Jerzy: *Geschichte des Films.* 5 Bände. Berlin/DDR: Henschel 1975–1991. Umfangreiche Darstellung bis 1953 unter besonderer Berücksichtigung des osteuropäischen Films.

Wright, Basil: *The Long View. An International History of Cinema.* St. Albans: Granada 1976 (Paladin Paperback). Eine sehr gewichtige, jedoch etwas sehr persönliche Darstellung.

Zglinicki, Friedrich von: *Der Weg des Films. Die Geschichte der Kinematographie und ihrer Vorläufer.* Berlin/West: Rembrandt 1956. Materialreich aber unübersichtlich, vor allem zur Stummfilmzeit.

1.4.3 Wichtige Einzelepochen, Sammeldarstellungen, Interviews

Battcock, Gregory (Hg.): *The New American Cinema.* New York: Dutton 1967.

Beier, Lars-Olav; Midding, Gerhard: *Teamwork in der Traumfabrik. Werkstattgespräche.* Berlin: Henschel 1993.

Bogdanovich, Peter: *Wer hat denn den gedreht?* (Who the Devil Made It, 1997). Zürich: Haffmans 2000. Gesammelte Interviews mit Hollywood-Regisseuren.

Brownlow, Kevin: *The Parade's Gone By …* Londondon: Secker & Warburg 1968; gekürzte deutsche Ausgabe: Frankfurt: Stroemfeld/Roter Stern 1997. Interessante, lebendige Geschichte des Stummfilms; sehr empfehlenswerter Klassiker.

Brownlow, Kevin: *The War, the West and the Wilderness.* London: Secker & Warburg 1979. Empfehlenswert.

Brownlow, Kevin: *Behind the Mask of Innocence. Sex, Violence, Prejudice, Crime: Films of Social Conscience in the Silent Era.* London: Jonathan Cape 1990.

Buchka, Peter: *Ansichten des Jahrhunderts. Film und Geschichte in zehn Porträts.* München: Hanser 1988.

Burch, Noël: *Life of Those Shadows.* Berkeley: University of California Press 1990. Über die Frühzeit.

Corliss, Richard (Hg.): *The Hollywood Screenwriters.* New York: Avon 1972 (A Film Comment Book). Porträts, Interviews mit Drehbuchautoren.

Corliss, Richard (Hg.): *Talking Pictures. Screenwriters in the American Cinema.* New York: Penguin 1975. Porträts von Drehbuchautoren in Hollywood.

Cowie, Peter (Hg.): *Fifty Major Filmmakers.* London: Tantivy 1975.

Daney, Serge (Hg.): *La Politique des Auteurs.* Paris: Editions de l'Etoile/Cahiers du cinéma 1984. Die berühmten Interviews der Cahiers-Autoren mit internationalen Regisseuren.

Dowdry, Andrew: *The Films of the Fifties.* New York: Morrow 1973.

Elsaesser, Thomas; Barker, Adam (Hg.): *Early Cinema. Space, Frame, Narrative.* London: British Film Institute 1990. Standardwerk zum frühen Kino, dazu ein Video mit Beispielen.

Fell, John L. (Hg.): *Film Before Griffith.* Berkeley: University of California Press 1983.

Gaschler, Thomas; Vollmar, Eckhard: *Dark Stars. 10 Regisseure im Gespräch.* München: Belleville 1992. Interviews mit Regisseuren des unabhängigen Films in aller Welt.

Geduld, Harry M. (Hg.): *Filmmakers on Filmmaking.* Harmondsworth: Penguin 1967 (A Pelican Book). 30 Aufsätze von Filmmachern, von Lumière bis Anger.

Geduld, Harry M. (Hg.): *Authors on Film.* Bloomington: Indiana UP 1972. Ein Florilegium mit Häppchen von Tolstoj bis Baldwin; 41 Portionen.

Gehler, Fred (Hg.): *Regiestühle.* Berlin/DDR: Henschel 1972. Essays über Fábri, Kurosawa, Munk, Resnais, Romm, Rosi, Wolf.

Gehler, Fred (Hg.): *Regiestühle international.* Berlin/DDR: Henschel 1987. Essays über Bertolucci, Chytilová, Coppola, Michalkow, Saura, Szabó und Trotta.

Gelmis, Joseph: *The Film Director as Superstar.* Garden City: Doubleday & Co 1970. 16 Interviews.

Gregor, Ulrich (Hg.): *Wie sie filmen. Fünfzehn Gespräche mit Regisseuren der Gegenwart.* Gütersloh: Mohn 1966.

Hansen, Miriam: *Babel and Babylon. Spectatorship in American Silent Film.* Cambridge, MA: Harvard UP 1992.

Harcourt, Peter: *Six European Directors.* Harmondsworth: Penguin 1974 (A Pelican Book). Eisenstein, Renoir, Buñuel, Bergman, Fellini, Godard.

Harding, Colin; Popple, Simon: *In the Kingdom of Shadows. A Companion to Early Cinema.* London: Cygnus Arts 1996.

Hennebelle, Guy: *15 Ans du cinéma mondial.* Paris: Editions du Cerf 1975.

Houston, Penelope: *The Contemporary Cinema.* Harmondsworth: Penguin 1963 (A Pelican Book). Eine klassische, etwas veraltete Einführung.

Kasjanowa, Ludmilla; Karawaschkin, Anatoli: *Begegnungen mit Regisseuren. Kurt Maetzig – Günter Reisch – Joachim Hasler – Konrad Wolf.* Hg. v. Christiane Mückenberger. Berlin/DDR: Henschel 1974.

Kobal, John: *People Will Talk.* New York: Knopf 1985. Gespräche mit Hollywood-Stars und Regisseuren.

Kuhn, Annette: *Cinema, Censorship, and Sexuality, 1909–1925.* New York: Routledge 1988.

Leyda, Jay; Musser, Charles (Hg.): *Before Hollywood. Turn-of-the-Century Film from American Archives.* New York: American Federation of the Arts 1986.

Rossell, Deac: *Living Pictures. The Origins of the Movies.* Albany: State University of New York Press 1998 (The Suny Series – Cultural Studies in Cinema/Video).

Sarris, Andrew (Hg.): *Interviews with Film Directors.* New York: Avon 1969.

Schickel, Richard (Hg.): *The Men Who Made the Movies.* New York: Atheneum 1975.

Sherman, Eric: *Directing the Film. Film Directors on Their Art.* Boston: Little, Brown 1976. 75 Regisseure äußern sich über Aspekte des Filmmachens.

Sherman, Eric; Rubin, Martin: *The Directors Event. Interviews with Five American Film-*

makers. New York: Atheneum 1970. Gespräche mit Boetticher, Bogdanovich, Fuller, Penn und Polonsky.

Tavernier, Bertrand: *Amis américains.* Lyon: Institut Lumière/Actes Sud 1993. Interviews des französischen Filmemachers mit Hollywood-Regisseuren.

Taylor, John Russell: *Cinema Eye, Cinema Ear.* London: Methuen 1964. Ein Meilenstein in der Behandlung des Films als seriöser Kunst; Untersuchung des europäischen Films in den Sechzigern.

Taylor, John Russell: *Directors and Directions. Cinema for the Seventies.* New York: Hill and Wang 1975. Chabrol, Pasolini, Anderson, Kubrick, Warhol/Morrissey, S. Ray, Jancsó, Makavejev.

1.4.4 Genre und Spezialthemen

Achenbach, Michael; Caneppele, Paolo; Kieninger, Ernst: *Projektionen der Sehnsucht. Saturn. Die erotischen Anfänge der österreichischen Kinematografie.* Wien: Film Archiv Austria 1999 (Edition Film und Text 1). Mit Dokumenten und einem VHS-Video.

Agde, Günter: *Flimmernde Versprechen. Geschichte des deutschen Werbefilms im Kino seit 1897.* Berlin: Das Neue Berlin 1998.

Altman, Rick: *The American Film Musical.* Bloomington: Indiana UP 1987.

Altman, Rick: *Film/Genre.* London: British Film Institute 1999.

Barrier, Michael. *Hollywood Cartoons: American Animation in Its Golden Age.* New York: Oxford University Press 1999. Ein umfangreicher Überblick.

Barrios, Richard: *A Song in the Dark. The Birth of the Musical Film.* Oxford: Oxford UP 1995.

Basinger, Jeanine: *Silent Stars.* New York: Knopf 1999. Porträts über Pickford, Fairbanks, Hart, Valentino, Rin-Tin-Tin und die üblichen Verdächtigen.

Baxter, John: *Stunt. The Story of the Great Movie Stunt Men.* London: Macdonald and Jane's 1973.

Baxter, John: *The Hollywood Exiles.* London: Macdonald and Jane's 1976.

Beck, Calvin Thomas: *Heroes of the Horrors.* New York: Collier 1975.

Belach, Helga (Red.): *Wir tanzen um die Welt. Deutsche Revuefilme 1933–1945.* München: Hanser 1979.

Belach, Helga; Jacobsen, Wolfgang (Red.): *Slapstick & Co. Frühe Filmkomödien/Early Comedies.* Berlin: Argon 1995.

Bendazzi, Giannalberto: *Cartoons. One hundred years of cinema animation.* Bloomington: Indiana UP 1995.

Blümlinger, Christa; Wulff, Christian (Hg.): *Schreiben Bilder Sprechen. Texte zum essayistischen Film.* Wien: Sonderzahl 1992.

Boorman, John; Donohue, Walter (Hg.): *Projections. A Forum for Film Makers/Film-Makers on Film-Making* [ab 3]. London: Faber and Faber 1992 ff. Interessantes Jahrbuch mit Artikeln von und über Filmemacher, Interviews. Themenbände: *9 French Film-Makers on Film Making; 10 Hollywood Film-Makers on Film-Making.* (hg. v. Mike Figgis).

Boujut, Michel (Hg.): *Europe – Hollywood et retour. Cinémas sous influences.* Paris: Editions Autrement 1992.

Brandlmeier, Thomas: *Filmkomiker. Die Errettung des Grotesken.* Frankfurt: Fischer 1983 (FTB 3690).

Bronfen, Elisabeth: *Heimweh: Illusionsspiele in Hollywood.* Berlin: Volk & Welt 1999. Sensible Essays zum Genrekino.

Brosnan, John: *The Primal Screen. A History of Science Fiction Film.* London: Orbit 1991.

Buscombe, Edward: *The BFI Companion to the Western.* London: British Film Institute 1988. Ausgezeichnete historische Essays.

Cameron, Ian: *Movie Reader.* Neuausgabe. New York, Praeger 1972.

Cameron, Ian (Hg.): *The Movie Book of Film Noir.* London: Studio Vista 1992.

Cameron, Ian; Pye, Douglas (Hg.): *The Movie Book of The Western.* London: Studio Vista 1996.

Cargnelli, Christian; Palm, Michael (Hg.): *Und immer wieder geht die Sonne auf. Texte zum Melodramatischen im Film.* Wien: PVS 1994.

Cargnelli, Christian; Omasta, Michael (Hg.): *Schatten. Exil. Europäische Emigranten im Film noir.* Wien: PVS 1997.

Cavell, Stanley: *Pursuits of Happiness. The Hollywood Comedy of Remarriage.* Cambridge, MA: Harvard UP 1981.

Clarens, Carlos: *Crime Movies. From Griffith to The Godfather and Beyond.* New York: Norton 1980.

Corliss, Richard: *Talking Pictures. Screenwriters in the American Cinema.* New York: Viking 1973.

Crafton, Donald: *Before Mickey. The Animated Film 1998–1928.* Cambridge, MA: MIT Press 1982.

Crenshaw, Marshall: *Hollywood Rock. A Guide to*

Rock'n'Roll in the Movies. Hg. v. Ted Mico. New York: HarperPerennial 1994.

Cripps, Thomas: *Black Film as Genre.* Bloomington: Indiana UP 1979.

Diawara, Manthia (Hg.): *Black American Cinema.* New York: Routledge 1993.

Dixon, Wheeler Winston: *The Exploding Eye. A Re-Visionary History of 1960s American Experimental Cinema.* New York: State University of New York Press 1998 (The SUNY Series, Cultural Studies in Cinema/Video).

Dirk, Rüdiger; Sowa, Claudius: *Teen Scream. Titten & Terror im neuen amerikanischen Kino.* Hamburg, Wien: Europa 2000.

Doane, Mary Ann: *The Desire to Desire. The Woman's Film of the 1940's.* Bloomington: Indiana UP 1987.

Doherty, Thomas: *Teenagers and Teenpics. The Juvenilization of American Movies in the 1950s.* Boston: Unwin Hyman 1988.

Durgnat, Raymond: *The Crazy Mirror.* New York: Delta Books 1969. Über Hollywood.

Dwoskin, Stephen: *Film Is ... The International Free Cinema.* London: Peter Owen 1975. Über den Avantgarde- und Experimentalfilm, von einem Insider.

Dyer, Richard; Vincendeau, Ginette (Hg.): *Popular European Cinema.* London: Routledge 1992.

Everson, William K.: *The Bad Guys.* Secaucus: Citadel 1964.

Everson, William K.: *The Detective in Film.* Secaucus: Citadel 1972.

Everson, William K.: *Klassiker des Horrorfilms.* (Classics of the Horror Film, 1974). München: Goldmann 1980 (Citadel Filmbücher 10205).

Fenin, George N.; Everson, William K.: *The Western. From Silents to the Seventies.* 2. erw. Ausgabe. Harmondsworth: Penguin 1973 Empfehlenswert.

Feuer, Jane: *The Hollywood Musical.* 2. Auflage. Bloomington: Indiana UP 1993.

Fordin, Hugh: *The World of Entertainment. Hollywood's Greatest Musicals.* New York: Avon 1976 (Equinox Book).

Frayling, Christopher: *Spaghetti Westerns. Cowboys and Europeans from Karl May to Sergio Leone.* (1980). Erw. Ausgabe. London: Tauris 1998.

French, Philip: *Westerns.* 2. erw. Ausgabe. London: Secker & Warburg 1977 (Cinema One 25).

Giesen, Rolf: *Lexikon des phantastischen Films. Horror, Science Fiction, Fantasy.* 2 Bände. Frankfurt: Ullstein 1984 (Ullstein Buch 36508/9).

Glaessner, Verina: *Kung-Fu. Cinema of Vengeance.* New York: Bounty 1973.

Grant, Barry Keith: *Film Genre Reader II.* Erw. Neuausgabe. Austin: University of Texas Press 1995. Eine grundlegende Anthologie.

Gregor, Erika; Gregor, Ulrich; Schleif, Helma (Hg.): *Jüdische Lebenswelten im Film.* Berlin: Freunde der Deutschen Kinemathek 1992.

Grodal, Torben. *Moving Pictures: A New Theory of Film Genres, Feelings, and Cognition.* New York: Oxford UP 1999. Eine Theorie der Genre und ihrer Wirkung auf die Zuschauer.

Hagener, Malte; Hans, Jan (Red.): *Als die Filme singen lernten. Innovation und Tradition im Musikfilm 1928–1938.* München: edition text + kritik 1999 (CineGraph Buch).

Hein, Birgit: *Film im Underground.* Frankfurt: Ullstein 1971 (Ullsteinbuch 2817).

Hein, Birgit; Herzogenrath, Wulf (Hg.): *Film als Film. 1910 bis heute.* Stuttgart: Hatje 1977. Über Experimental- und Avantgardefilm.

Hembus, Joe: *Western-Geschichte. 1940 bis heute. Chronologie/Mythologie/Filmographie.* München: Hanser 1979.

Hembus, Joe: *Das Western-Lexikon.* Erw. Ausgabe v. Benjamin Hembus. München: Heyne 1995 (Heyne Filmbibliothek 207).

Hoberman, J.: *Bridge of Light. Yiddish Film Between Two Worlds.* New York: Museum of Modern Art 1991. Das jiddische Kino zwischen Osteuropa und den USA. Sehr empfehlenswert.

Hoberman, J.; Rosenbaum, Jonathan: *Midnight Movies.* New York: Harper & Row 1983.

Horak, Jan-Christopher: *Making Images Move. Photographers and Avant-Garde Cinema.* Washington: Smithsonian 1997.

Houston, Penelope: *Keepers of the Frame. The Film Archives.* London: British Film Institute 1994.

James, David E. (Hg.): *To Free the Cinema. Jonas Mekas & the New York Underground.* Princeton: Princeton UP 1992. Aufsätze über das New American Cinema und seine Zentralfigur Jonas Mekas.

Kaminsky, Stuart: *American Film Genres.* Chicago: Nelson-Hall 1985.

Kaplan, E. Ann (Hg.): *Women in Film Noir.* London: British Film Institute 1978.

Kawin, Bruce F.: *Mindscreen. Bergman, Godard and First-Person Film.* Princeton: Princeton UP 1978. Eine Erzähltheorie.

Kerr, Walter: *The Silent Clowns.* New York: Knopf 1975. Empfehlenswert.

Kitses, Jim: *Horizons West. Anthony Mann, Budd Boetticher, Sam Peckinpah: Studies in Authorship within the Western.* London: Thames and

Hudson 1969 (Cinema One 12). Eine der ersten praktischen Anwendungen semiotischer Theorien.
Koebner, Thomas (Hg.): *Autorenfilme. Elf Werkanalysen.* Münster: MAkS 1990 (Film- und Fernsehwissenschaftliche Arbeiten).
Kolker, Robert Phillip: *A Cinema of Loneliness. Penn, Kubrick, Coppola, Scorsese, Altman.* New York: Oxford UP 1980.
Kotulla, Theodor (Hg.): *Der Film. Manifeste – Gespräche – Dokumente. Band 2: 1945 bis heute.* München: Piper 1964. Anthologie wichtiger Dokumente.
Kuhn, Annette (Hg.): *Alien Zone. Cultural Theory and Contemporary Science Fiction Cinema.* London: Verso 1990.
Lawder, Standish D.: *The Cubist Cinema.* New York: New York UP 1973.
Lenburg, Jeff: *The Encyclopedia of Animated Cartoons. Second Edition.* New York: Checkmark Books 1999.
Maltin, Leonard: *Of Mice and Magic. A History of American Animated Cartoons.* Erw. Ausgabe. New York: Plume 1987.
Mast, Gerald: *The Comic Mind. Comedy and the Movies.* 2. Auflage. Chicago: University of Chicago Press 1979.
McArthur, Colin: *Underworld U.S.A.* London: Secker & Warburg 1972 (Cinema One 20).
Mellen, Joan: *Big Bad Wolves. Masculinity in American Films.* New York: Pantheon 1978.
Morin, Edgar: *Les Stars.* Paris: Editions du Seuil 1972. Neuausgabe des Klassikers.
Naremore, James: *Acting in the Cinema.* Berkeley: University of California Press 1988.
Naremore, James: *More Than Night. Film Noir In Its Contexts.* Berkeley: University of California Press 1998.
Patalas, Enno: *Stars. Geschichte der Filmidole.* Frankfurt: Fischer 1967 (Fischer Bücherei 818). Erw. Ausgabe von «Sozialgeschichte der Stars».
Patterson, Lindsay (Hg.): *Black Films and Filmmakers.* New York: Dodd, Mead 1975.
Paul, William: *Laughing Screaming. Modern Hollywood Horror and Comedy.* New York: Columbia UP 1994.
Petzel, Michael: *Karl-May-Filmbuch. Stories und Bilder aus der deutschen Traumfabrik.* Bamberg, Radebeul: Karl-May-Verlag 1998.
Petzke, Ingo (Hg.): *Das Experimentalfilm-Handbuch.* Frankfurt: Deutsches Filmmuseum 1989.
Prawer, S. S.: *Caligari's Children. The Film as Tale of Terror.* Oxford: Oxford UP 1980.
Quaresima, Leonardo; Raengo, Alessandra; Vichi, Laura (Hg.): *La nascita dei generi cinematografici / The birth of film genres.* Udine: Forum 1999.
Renan, Sheldon: *An Introduction to the American Underground Film.* New York: Dutton 1967.
Roddick, Nick: *A New Deal in Entertainment. Warner Brothers in the 1930s.* London: British Film Institute 1983.
Romney, Jonathan; Wootton (Hg.): *Celluloid Jukebox. Popular Music and the Movies Since the 50s.* London: British Film Institute 1995.
Rother, Rainer (Hg.): *Mythen der Nationen. Völker im Film.* Berlin: Deutsches Historisches Museum 1998.
Roud, Richard: *A Passion for Films. Henri Langlois and the Cinémathèque Française.* New York: Viking 1983. Die eloquente Eloge eines einflußreichen Cineasten auf den anderen.
Rubin, Martin: *Thrillers.* Cambridge: Cambridge UP 1999 (Genres in American Cinema).
Rubinstein, Leonard: *The Great Spy Films. A Pictoral History.* Secaucus: Citadel 1979.
Saleh, Dennis: *Science Fiction Gold. Classic Films of the Fifties.* New York: McGraw-Hill 1979.
Schäfer, Horst: *Film im Film. Selbstporträts der Traumfabrik.* Frankfurt: Fischer 1985 (FTB 3698).
Schatz, Thomas: *Hollywood Genres. Formulas, Filmmaking, Studio System.* 2. erw. Ausgabe. New York: Random House 1993.
Scheugl, Hans: *Sexualität und Neurose im Film. Die Kinomythen von Griffith bis Warhol.* München: Hanser 1974.
Scheugl, Hans; Schmidt jr., Ernst: *Eine Subgeschichte des Films. Lexikon des Avantgarde-, Experimental- und Undergroundfilms.* 2 Bände. Frankfurt: Suhrkamp 1974 (edition suhrkamp 471).
Schlemmer, Gottfried (Hg.): *Avantgardistischer Film 1951 – 1971: Theorie.* München: Hanser 1973.
Schöning, Jörg (Red.): *Triviale Tropen. Exotische Reise- und Abenteuerfilme aus Deutschland 1919 – 1939.* München: edition text + kritik 1997 (CineGraph Buch).
Schrader, Paul: *Transcendental Style in Film. Ozu, Bresson, Dreyer.* Berkeley: University of California Press 1972.
Schwarz, Alexander (Hg.): *Das Drehbuch. Geschichte, Theorie, Praxis.* München: Diskurs Film 1992 (Diskurs Film 5).
Schwarz, Alexander: *Der geschriebene Film. Drehbücher des deutschen und russischen Stummfilms.* München: Diskurs Film 1994 (Diskurs Film Bibliothek 6).

Seeßlen, Georg: *Der pornographische Film. Von den Anfängen bis zur Gegenwart.* 2. Auflage. Frankfurt: Ullstein 1994 (Ullstein Buch 3591).

Seeßlen, Georg: *Western. Geschichte und Mythologie des Westernfilms.* Marburg: Schüren 1995 (Grundlagen des populären Films).

Seeßlen, Georg: *Thriller. Kino der Angst.* Marburg: Schüren 1995 (Grundlagen des populären Films).

Seeßlen, Georg: *Erotik. Ästhetik des erotischen Films.* Marburg: Schüren 1996 (Grundlagen des populären Films).

Seeßlen, Georg: *Abenteuer. Geschichte und Mythologie des Abenteuerfilms.* Marburg: Schüren 1996 (Grundlagen des populären Films).

Seeßlen, Georg: *Detektive. Mord im Kino.* Marburg: Schüren 1998 (Grundlagen des populären Films).

Seeßlen, Georg: *Copland. Geschichte und Mythologie des Polizeifilms.* Marburg: Schüren 1999 (Grundlagen des populären Films).

Seeßlen, Georg: *Science Fiction.* Marburg: Schüren 2000 (Grundlagen des populären Films).

Siegel, Scott; Siegel, Barbara: *American Film Comedy. From Abbott & Costello to Jerry Zucker.* New York: Prentice Hall 1994 Ein Lexikon der Stars und Regisseure.

Sikow, Ed: *Screwball. Hollywood's Madcap Romantic Comedies.* New York: Crown 1989.

Silver, Alain: *The Samurai Film.* Cranbury: Barnes 1975.

Silver, Alain; Ward, Elizabeth (Hg.): *Film Noir. An Encyclopedic Reference to the American Style.* 2. erw. Ausgabe. Woodstock: Overlook Press 1988.

Sitney, P. Adams: *Visionary Film. The American Avant-Garde 1943–1978.* 2. erw. Ausgabe. New York: Oxford UP 1979. Eine empfehlenswerte Untersuchung; in der 2. Auflage fehlt das Kapitel über Gregory Markopoulos.

Smoodin, Eric: *Animating Culture. Hollywood Cartoons from the Sound Era.* New Brunswick: Rutgers UP 1993.

Sobchack, Vivian Carol: *Screening Space. The American Science Fiction Film.* Erw. Ausgabe. New Brunswick: Rutgers 1997.

Solomon, Charles: *Enchanted Drawings. The History of Animation.* Erw. Ausgabe. New York: Wings 1994.

Solomon, Stanley J.: *Beyond Formula. American Film Genres.* New York: Harcourt Brace Jovanovich 1976. Ein interessanter Ansatz.

Stam, Robert: *Reflexivity in Film and Literature. From Don Quixote to Jean-Luc Godard.* New York: Columbia UP 1992.

Taylor, John Russell: *Fremde im Paradies. Emigranten in Hollywood 1933–1950* (Strangers in Paradise). München: Goldmann 1994 (Ein Siedler Buch bei Goldmann 12854).

Taylor, John Russell; Jackson, Arthur: *The Hollywood Musical.* London: Secker & Warburg 1971.

Telotte, J. P.: *The Cult Film Experience. Beyond All Reason.* Austin: University of Texas Press 1991.

Turan, Kenneth; Zito, Stephen F.: *Sinema. American Pornographic Films and the People Who Make Them.* New York: Praeger 1974.

Uhlenbrok, Katja (Red.): *MusikSpektakelFilm. Musiktheater und Tanzkultur im deutschen Film 1922–1937.* München: edition text + kritik 1998 (CineGraph Buch).

Vallance, Tom: *The American Musical.* Cranbury: Barnes 1970.

Waller, Gregory A.: *American Horrors. Essays on the Modern American Horror Film.* Urbana: University of Illinois Press 1987.

Williams, Linda: *Hard Core. Macht, Lust und die Traditionen des pornographischen Films.* Basel, Frankfurt: Stroemfeld, 1995 (nexus 3); erw. englische Ausgabe: *Hard Core. Power, Pleasure, and the «Frenzy of the Visible».* Berkeley: University of California Press 1999.

Whittemore, Don; Cecchettini, Philip Alan (Hg.): *Passport to Hollywood. Film Immigrants. Anthology.* New York: McGraw-Hill 1976.

Wood, Robin: *Sexual Politics & Narrative Film. Hollywood and Beyond.* New York: Columbia UP 1998.

Wright, Will: *Six Guns and Society. A Structural Study of the Western.* Berkeley: University of California Press 1975.

Youngblood, Gene: *Expanded Cinema.* New York: Dutton 1970. Empfehlenswerte Studie über Filmformen der «Zukunft».

1.4.4.1 Dokumentarfilm

Aldgate, Anthony: *Cinema & History. British Newsreels and the Spanish Civil War.* London: Scolar Press 1979.

Ballhaus, Edmund; Engelbrecht, Beate (Hg.): *Der ethnographische Film. Eine Einführung in Methoden und Praxis.* Berlin: Reimer 1995 (Ethnologische Paperbacks).

Barnouw, Erik: *Documentary. A History of the Non-Fiction Film.* 2. erw. Ausgabe. New York: Oxford UP 1993. Ein empfehlenswerter historischer Abriß.

Barsam, Richard Meran: *Nonfiction Film. A Criti-*

cal History. Erw. Ausgabe. Bloomington: Indiana UP 1992. Eine gute Einführung.

Barsam, Richard: *Non-Fiction Film Theory.* New York: Dutton 1980.

Ellis, Jack C.: *The Documentary Idea. A Critical History of English-Language Documentary Film and Video.* Englewood Cliffs: Prentice Hall 1989.

Fielding, Raymond: *The American Newsreel. 1911–1967.* Norman: University of Oklahoma Press 1972.

Fielding, Raymond: *The March of Time, 1935–1951.* New York: Oxford UP 1978.

Hattendorf, Manfred: *Dokumentarfilm und Authentizität. Ästhetik und Pragmatik einer Gattung.* Konstanz: Ölschläger 1994 (Close Up 4).

Herlinghaus, Hermann (Hg.): *Dokumentaristen der Welt in den Kämpfen unserer Zeit. Selbstzeugnisse aus zwei Jahrzehnten (1960–1981).* Berlin / DDR: Henschel 1982.

Hoffmann, Kay (Hg.): *Trau – Schau – Wem. Digitalisierung und dokumentarische Form.* Konstanz: UVK-Medien 1997 (Close up 9).

Hohenberger, Eva (Hg.): *Bilder des Wirklichen. Texte zur Theorie des Dokumentarfilms.* Berlin: Vorwerk 8 1998 (Texte zum Dokumentarfilm 3).

Jacobs, Lewis (Hg.): *The Documentary Tradition. From Nanook to Woodstock.* New York: Hopkinson and Blake 1971. 96 Artikel über den Dokumentarfilm.

Leiser, Erwin: *Auf der Suche nach Wirklichkeit. Meine Filme 1960–1996.* Konstanz: UVK-Medien 1996 (Close up 7).

Levin, G. Roy: *Documentary Explorations.* New York: Doubleday 1971. 15 Interviews mit Filmmachern.

Leyda, Jay: *Filme aus Filmen. Eine Studie über den Kompilationsfilm.* Berlin / DDR: Henschel 1967.

Liebmann, Rolf; Matschke, Evelin; Salow, Friedrich (Red.): *Filmdokumentaristen der DDR.* Berlin / DDR: Henschel 1969.

Lovell, Alan; Hillier, Jim: *Studies in Documentary.* London: Secker & Warburg 1972 (Cinema One 21).

Low, Rachael: *Documentary and Educational Films of the 1930s.* London: Allen & Unwin 1979 (The History of the British Film 1929–1939).

Low, Rachael: *Films of Comment and Persuasion of the 1930s.* London: Allen & Unwin 1979 (The History of the British Film 1929–1939).

Macdonald, Kevin; Mark, Cousins (Hg.): *Imagining Reality. The Faber Book of the Documentary.* London: Faber and Faber 1996.

Mamber, Stephen: *Cinéma Vérité in America.* Boston: M.I.T. Press 1974.

Marcorelles, Louis: *Living Cinema.* New York: Praeger 1973. Eine Untersuchung des Direct Cinema und Concrete Cinema.

Mitman, Gregg: *Reel Nature. America's Romance with Wildlife on Film.* Cambridge, MA: Harvard UP 1999.

Nichols, Bill: *Representing Reality. Issues and Concepts in Documentary.* Bloomington: Indiana UP 1992.

Rosenthal, Alan (Hg.): *New Challenges in Documentary.* Berkeley: University of California Press 1987.

Roth, Wilhelm: *Der Dokumentarfilm seit 1960.* München: Bucher 1982 (Bucher Report Film). Ein Standardwerk.

Rotha, Paul: *Documentary Film. The use of the film medium to interpret creatively and in social terms the life of the people as it exists in reality.* London: Faber and Faber 1939. Ein Klassiker.

Rotha, Paul: *Documentary Diary. An Informal History of the British Documentary Film, 1928–1939.* New York: Hill and Wang 1973.

Rothman, William: *Documentary Film Classics.* Cambridge: Cambridge UP 1997.

Ruf, Wolfgang (Hg.): *Möglichkeiten des Dokumentarfilms.* Oberhausen: Laufen 1979. John Grierson, Joris Ivens und Henri Stork, Heynowski & Scheumann, Roman Karmen, Carlos Alvarez, Chris Marker, Santiago Alvarez.

Russell, Catharine: *Experimental Ethnography. The Work of Film in the Age of Video.* Durham: Duke UP 1999.

Schlegel, Hans-Joachim (Hg.): *Die subversive Kamera. Zur anderen Realität in mittel- und osteuropäischen Dokumentarfilmen.* Konstanz: UVK Medien 1999 (Close up 6).

Sussex, Elizabeth: *The Rise and Fall of British Documentary.* Berkeley: University of California Press 1975.

Wildenhahn, Klaus: *Über synthetischen und dokumentarischen Film. Zwölf Lesestunden.* Frankfurt: Kommunales Kino 1975. Theoretische Überlegungen des bedeutenden deutschen Dokumentaristen.

1.4.4.2 Filmmusik

(Zum Musical vergleiche Abteilung 1.4.4 Genre und Spezialthemen)

Anderson, Gillian: *Music for Silent Films 1894–1929. A Guide.* Washington: Library of Congress 1988.

Birett, Herbert: *Stummfilm-Musik. Material-*

sammlung. Berlin / West: Deutsche Kinemathek 1970.

Brown, Royal S.: *Overtones and Undertones. Reading Film Music*. Berkeley: University of California Press 1994.

Chion, Michel: *La musique au cinéma*. Paris: Fayard 1995.

Colpi, Henri: *Défense et illustration de la musique dans le film*. Lyon: Serdoc 1963.

de la Motte-Haber, Helga; Emons, Hans: *Filmmusik. Eine systematische Beschreibung*. München: Hanser 1980.

Eisler, Hanns; (Adorno, Theodor W.): *Komposition für den Film*. Berlin / DDR: Henschel 1949.

Erdmann, Hans; Becce, Giuseppe; Brav, Ludwig (Mitarbeit): *Allgemeines Handbuch der Film-Musik. 1. Musik und Film. Verzeichnisse. – 2. Thematisches Skalenregister*. Berlin-Lichterfelde, Leipzig: Schlesinger 1927.

Ergorova, Tatiana: *Soviet Film Music. A Historical Survey*. Amsterdam: Harwood 1997 (Contemporary Music Studies).

Fehr, Richard; Vogel, Frederick G.: *Lullabies of Hollywood. Movie Music and the Movie Musical, 1915–1992*. Jefferson: McFarland 1993.

Gabbard, Krin: *Jammin' at the Margins. Jazz and the American Cinema*. Chicago: University of Chicago Press 1996.

Houten, Theodore van: *Silent Cinema Music in the Netherlands. The Eyl / Van Houten Collection of Film and Cinema Music in the Nederlands Filmmuseum*. Buren: Knuf 1992.

Karlin, Fred: *Listening to Movies. The Film Lover's Guide to Film Musik*. New York: Schirmer 1994.

Kinsky-Weinfurter, Gottfried: *Filmmusik als Instrument staatlicher Propaganda. Der Kultur- und Industriefilm im Dritten Reich und nach 1945*. München: Ölschläger 1993 (Kommunikation audiovisuell hff 9).

Lack, Russell: *Twenty Four Frames Under. A Buried History of Film Music*. London: Quartet Books 1997.

Lacombe, Alain, Porcile, François: *Les musiques du cinéma français*. Paris: Bordas 1995.

Lissa, Zofia: *Ästhetik der Filmmusik*. Berlin / DDR: Henschel 1965.

London, Kurt: *Film Music. A Summary of the Characteristic Features of its History, Asthetics, Technique, and possible Developments*. London: Faber and Faber 1936.

Manvell, Roger; Huntley, John: *The Technique of Film Music*. London: Focal Press 1957.

Marks, Martin Miller: *Music and the Silent Film. Contexts & Case Studies 1895–1924*. New York: Oxford UP 1997.

Marmorstein, Gary: *Hollywood Rhapsody. Movie Music and Its Makers 1900 to 1975*. New York: Schirmer 1997.

Marill, Alvin H.: *Keeping Score. Film and Television Music, 1988–1997*. Lanham: Scarecrow Press 1998.

Meeker, David: *Jazz in the Movies*. 2. erw. Ausgabe. London: Talisman Books 1981.

Pauli, Hansjörg: *Filmmusik: Stummfilm*. Stuttgart: Klett-Cotta 1981.

Robinson, David: *Music of the Shadows. The use of musical accompaniment with silent films, 1896–1936*. Pordenone: Le giornate del cinema muto 1990 (Griffithiana, Nr. 38 / 39, Supplement).

Rügner, Ulrich: *Filmmusik in Deutschland zwischen 1924 und 1934*. Hildesheim: Olms 1988 (Studien zur Filmgeschichte 3).

Schmidt, Hans-Christian: *Filmmusik*. Kassel: Bärenreiter 1982 (Musik aktuell – Analysen, Beispiele, Kommentare 4).

Sackett, Susan: *Hollywood Sings! An Inside Look at Sixty Years of Academy Award-Nominated Songs*. New York: Billboard Books 1995.

Sanjek, Russell: *Pennies From Heaven. The American Popular Music Business in the Twentieth Century*. Erw. v. David Sanjek. New York: Da Capo Press 1996.

Smith, Jeff: *The Sounds of Commerce. Marketing Popular Film Music*. New York: Columbia UP 1998.

Schneider, Norbert Jürgen: *Handbuch Filmmusik. Musikdramaturgie im Neuen Deutschen Film*. München: Ölschläger 1986 (Kommunikation audiovisuell hff 13).

Schneider, Norbert Jürgen: *Handbuch Filmmusik II. Musik im dokumentarischen Film*. München: Ölschläger 1989 (Kommunikation audiovisuell hff 15).

Seidler, Walther (Red.): *Stummfilmmusik gestern und heute. Beiträge und Interviews anläßlich eines Symposiums im Kino Arsenal am 9. Juni 1979 in Berlin*. Berlin / West: Spiess 1979 (Stiftung Deutsche Kinemathek).

Siebert, Ulrich Eberhard: *Filmmusik in Theorie und Praxis. Eine Untersuchung der 20er und frühen 30er Jahre anhand des Werkes von Hans Erdmann*. Frankfurt: Lang 1990 (Europäische Hochschulschriften. Reihe XXXVI Musikwissenschaft. Bd. 53).

Thiel, Wolfgang: *Filmmusik in Geschichte und Gegenwart*. Berlin / DDR: Henschel 1981.

Thomas, Hans Alex: *Die deutsche Tonfilmmusik. Von den Anfängen bis 1956.* Gütersloh: Bertelsmann 1962 (Neue Beiträge zur Film- und Fernsehforschung 3).

Thomas, Tony: *Music for the Movies.* South Brunswick: Barnes 1977.

1.4.5 Nationale Kinematografien

1.4.5.1 Lateinamerika, «Das Dritte Kino»

Armes, Roy: *Third World Film-Making and the West.* Berkeley: University of California Press 1987.

Burton, Julianne: *Cinema and Social Change in Latin America. Conversations With Latin American Filmmakers.* Austin: University of Texas Press 1986.

Groschup, Helmut; Wurm, Renate (Hg.): *Fernando Birri – Kino der Befreiung.* Wien: Süd-Wind 1991.

Chanan, Michael (Hg.): *Chilean Cinema.* London: British Film Institute 1976.

Downing, John (Hg.): *Film, Politics, and the Third World.* New York: Praeger 1987.

Jahnke, Eckart; Lichtenstein, Manfred (Red.): *Kubanischer Dokumentarfilm.* Berlin / DDR: Staatliches Filmarchiv der DDR 1974.

King, John: *Magical Reels. A History of Cinema in Latin America.* London: Verso 1990.

Kirsch, Thomas: *Die Entwicklung der argentinischen Filmindustrie.* Münster: MAkS 1991 (Film- und Fernsehwissenschaftliche Arbeiten).

Mora, Carl J.: *Mexican Cinema. Reflections of a Society.* Erw. Ausgabe. Berkeley: University of California Press 1989.

Myerson, Michael: *Memories of Underdevelopment. The Revolutionary Films of Cuba.* New York: Grossman 1973. Drehbuch des Films und ein Essay über das kubanische Kino.

Paranaguá, Paulo Antonio (Hg.): *Le cinéma brésilien.* Paris: Centre Georges Pompidou 1987 (cinéma / pluriel).

Paranaguá, Paulo Antonio (Hg.): *Le cinéma cubain.* Paris: Centre Georges Pompidou 1990 (cinéma / pluriel).

Paranaguá, Paulo Antonio (Hg.): *Le cinéma mexicain.* Paris: Centre Georges Pompidou 1992 (cinéma / pluriel).

Pick, Zuzana M.: *The New Latin American Cinema. A Continental Project.* Austin: University of Texas Press 1993.

Pines, Jim; Willemen, Paul (Hg.): *Questions of Third Cinema.* London: British Film Institute 1989. Aufsätze zum Film in der Dritten Welt.

Ramírez Berg, Charles: *Cinema of Solitude. A Critical Study of Mexican Film, 1967–1983.* Austin: University of Texas Press 1992.

Rist, Peter; Narnard, Timothy (Hg.): *South American Cinema. A Critical Filmography 1915–1994.* Austin: University of Texas Press 1996.

Ruf, Wolfgang (Hg.): *Der lateinamerikanische Film heute. Eine Dokumentation.* Oberhausen: Laufen 1976. Mit Beiträgen von Carlos Alvarez, Miguel Littin und Julio Garcia Espinosa.

Schumann, Peter B. (Hg.): *Kino und Kampf in Lateinamerika. Zur Theorie und Praxis des politischen Kinos.* München: Hanser 1976 (Reihe Hanser 219). Sammlung von Aufsätzen lateinamerikanischer Filmmacher.

Schumann, Peter B. (Hg.): *Kino in Cuba: 1959–1978.* Frankfurt: Vervuert 1980. Eine Dokumentation.

Schumann, Peter B.: *Handbuch des lateinamerikanischen Films.* Frankfurt: Vervuert 1982.

Schumann, Peter B.: *Handbuch des brasilianischen Films.* Frankfurt: Vervuert 1988.

Vaillant, Fee; Maier, Hanns (Hg.): *Der Film Lateinamerikas. Eine Dokumentation.* Mannheim: Internationalen Filmwoche Mannheim 1980.

Xavier, Ismail: *Allegories of Underdevelopment. Aesthetics and Politics in Modern Brazilian Cinema.* Minneapolis: University of Minnesota Press 1997.

1.4.5.2 Afrika, Arabien, Naher Osten

Basutçu, Mehmet (Hg.): *Le cinéma turc.* Paris: Centre Georges Pompidou 1996 (cinéma / pluriel).

Benali, Abdelkader: *Le cinéma colonial au Maghreb. L'imaginaire en trompe-l'œil.* Paris: Éditions du Cerf 1998.

Diawara, Manthia: *African Cinema.* Bloomington: Indiana UP 1992.

Haffner, Pierre: *Kino in Schwarzafrika.* München: CICIM 1989 (Revue CICIM 27 / 28).

Gutberlet, Marie-Hélène; Metzler, Hans-Peter (Hg.): *Afrikanisches Kino.* Bad Honnef: Horlemann 1997.

Harrow, Kenneth W. (Hg.): *African Cinema. Postcolonial and Feminist Readings.* Trenton, NJ: Africa World Press 1999.

Issari, Mohammad Ali: *Cinema in Iran, 1900–1979.* Metuchen, NJ: Scarecrow 1989.

Malkmus, Lizbeth; Armes, Roy: *Arab and African film making.* London: Zed Books 1991.

Pines, Jim; Willemen, Paul (Hg.): *Questions of*

Third Cinema. London: British Film Institute 1989.
Rouch, Jean: *Films ethnographiques sur l'Afrique noire.* Paris: UNESCO 1967.
Shafik, Viola: *Der arabische Film. Geschichte und kulturelle Identität.* Bielefeld: Aisthesis 1996; englische Neuausgabe: *Arab Cinema. History and Cultural Identity.* Kairo: American University in Cairo Press 1999.
Tryster, Hillel: *Israel before Israel: Silent Cinema in the Holy Land.* Jerusalem: Steven Spielberg Jewish Film Archive 1995.
Ukadike, Nwachukwu Frank: *Black African Cinema.* Berkeley: University of California Press 1994.

1.4.5.3 Asien, Australien

Anderson, Joseph L.; Richie, Donald: *The Japanese Film. Art and Industry.* Erw. Ausgabe. Princeton: Princeton UP 1982. Ein Standardwerk.
Arpa, Adriano (Hg.): *Le cinéma coréen.* Paris: Centre Georges Pompidou 1993 (cinéma/pluriel).
Balemi, Andreas: *Der Neue Taiwanische Film der 80er Jahre.* Bern: Lang 1995.
Barnouw, Erik; Krishnaswamy, S.: *Indian Film.* 2. Auflage. New York: Oxford UP 1980.
Berry, Chris (Hg.): *Perspectives on Chinese Cinema.* London: British Film Institute 1991.
Bock, Audie: *Japanese Film Directors.* Erw. Ausgabe. New York: Kodansha International 1985.
Browne, Nick; Pickowicz, Paul G.; Sobchack, Vivian; Yau, Esther (Hg.): *New Chinese Cinemas. Forms, Identities, Politics.* New York: Cambridge UP 1994.
Burch, Noël: *To the Distant Observer. Form and Meaning in the Japanese Cinema.* Berkeley: University of California Press 1979.
Chabria, Suresh (Hg.): *Light of Asia. Indian silent cinema, 1912–1934.* New Delhi: Wiley Eastern 1994.
Clark, Paul: *Chinese Cinema. Culture and Politics Since 1949.* New York: Cambridge UP 1987.
Dannen, Fredric; Long, Barry: *Hong Kong Babylon. An Insider's Guide to the Hollywood of the East.* New York: Hyperion/Miramax/London: Faber and Faber 1997.
Dermody, Susan; Jacka, Elizabeth: *The Screening of Australia. Anatomy of a Film Industry.* Sydney: Currency 1987.
Desser, David: *Eros Plus Massacre. An Introduction to the Japanese New Wave Cinema.*- Bloomington, IN: Indiana UP 1988.
Klaue, Wolfgang; Lichtenstein, Manfred; Wäscher, Edith; Jenß, Gabriele (Red.): *Dokumentarfilm in Indien.* Berlin/DDR: Staatliches Filmarchiv der DDR 1988.
Kramer, Stefan: *Geschichte des chinesischen Films.* Stuttgart: Metzler 1997.
Lent, James A.: *The Asian Film Industry.* Austin: University of Texas Press 1990.
Levy, Wayne: *The Book of the Film and the Film of the Book. A Bibliography of Australian Cinema and TV, 1895–1995.* Melbourne: Academia Press 1995.
Lewinsky, Mariann: *Eine verrückte Seite. Stummfilm und filmische Avantgarde in Japan.* Zürich: Chronos 1997 (Zürcher Filmstudien 2).
Leyda, Jay: *Dian Ying. Electric Shadows. An Account of Films and the Film Audience in China.* Boston: M.I.T. Press 1972.
Mellen, Joan: *Voices from the Japanese Cinema.* New York: Liveright 1975. Eine Sammlung von Interviews.
Mellen, Joan: *The Waves at Genji's Door. Japan Through Its Cinema.* New York: Pantheon 1976.
Nolletti, Arthur Jr.; Dresser, David (Hg.): *Reframing Japanese Cinema.* Bloomington: Indiana UP 1992.
Passek, Jean-Loup (Hg.): *Le cinéma indien.* Paris: Centre Georges Pompidou 1983 (cinéma/pluriel).
Prasad, M. Madhava: *Ideology of the Hindi Film. A Historical Construction.* Oxford: Oxford UP 1998.
O'Regan, Tom: *Australian National Cinema.* London: Routledge 1996.
Quinquemelle, Marie-Claire; Passek, Jean-Loup (Hg.): *Le cinéma chinois.* Paris: Centre Georges Pompidou 1985 (cinéma/pluriel).
Rajadhyaksha, Ashish; Willemen, Paul: *Encyclopaedia of Indian Cinema.* London: British Film Institute 1995.
Rayns, Tony: *The New Chinese Cinema. An Introduction.* London: Faber and Faber 1989.
Rayns, Tony; Meek, Scott (Hg.): *Electric Shadows. 45 Years of Chinese Cinema.* London: British Film Institute 1980 (BFI Dossier 3).
Reid, Nicholas: *A Decade of New Zealand Film. Sleeping Dogs to Came a Hot Friday.* Dunedin: John McIndoe 1986.
Richie, Donald: *Japanese Cinema.* Erw. Ausgabe. New York: Oxford UP 1990.
Schleif, Helma (Red.): *Filmland Indien. Eine Dokumentation.* Berlin: Freunde der Deutschen Kinemathek 1990.

Schleif, Helma (Red.): *Filme aus Japan.* Berlin: Freunde der Deutschen Kinemathek 1993.
Schleif, Helma; Voser, Silvia (Red.): *Kino in Indien II.* Berlin/West: Freunde der Deutschen Kinemathek 1988.
Server, Lee: *Asian Pop Cinema. Bombay to Tokyo.* New York: Chronicle Books 1999
Shirley, Graham; Adams, Brian: *Australian Cinema. The First Eighty Years.* Erw. Ausgabe. Paddington, NSW: Currency Press 1989.
Said, Salim: *Shadows on the Silver Screen. A Social History of the Indonesian Film.* Jakarta: Lontar Foundation 1991.
Sen, Krishna: *Indonesian Cinema. Framing the New Order.* London: Zed 1994.
Teo, Stephen: *Hong Kong Cinema: The Extra Dimension.* London: BFI 1996.
Thoridnet, Claudine (Hg.): *Le cinéma australien.* Paris: Centre Georges Pompidou 1991 (cinéma/pluriel).
Umard, Ralph: *Film ohne Grenzen. Das neue Hongkong Kino.* Lappersdorf: Kerschensteiner 1996.
Vaillant, Fee; Maier, Hanns (Hg.): *Der Chinesische Film.* Mannheim: Internationale Filmwoche Mannheim 1982.
Verhoeven, Deb (Hg.): *Twin Peaks: Australian & New Zealand Feature Films.* Melbourne: Damned Publishing 1999.
Willemen, Paul; Gandhy, Behroze (Hg.): *Indian Cinema.* London: British Film Institute 1980 (BFI Dossier 5).
Yamane, Keiko: *Das japanische Kino. Geschichte, Filme, Regisseure.* München: Bucher 1985 (Bucher Report Film).
Yingjin Zhang; Zhiwei Xiao: *Encyclopedia of Chinese Film.* London: Routledge 1998.

1.4.5.4 Mittel-/Osteuropa und Rußland/ Sowjetunion

Brändli, Sabine; Ruggle, Walter (Hg.): *Sowjetischer Film heute.* Baden: Lars Müller 1990.
Brezina, Václav: *Lexikon ceského filmu. 2000 filmu 1930–1997.* Praha: Cinema 1997.
Christie, Ian; Gillett, John (Hg.): *Futurism/Formalism/FEKS; «Eccentrism» and Soviet Cinema 1918–36.* London: British Film Institute 1978.
Engel, Christine (Hg.): *Geschichte des sowjetischen und russischen Films.* Stuttgart, Weimar: Metzler 1999.
Grbić, Bogdan; Loidolt, Gabriel; Milev, Rossen (Hg.): *Die siebte Kunst auf dem Pulverfass. Balkan-Film.* Graz: edition blimp 1996. Kurzer Überblick über die Kinematografien der Länder zwischen Albanien und Türkei.
Gregor, Ulrich (Red.): *Künstlerische Avantgarde im Sowjetischen Stummfilm. Dokumentation zum Seminar.* Berlin/West: Freunde der Deutschen Kinemathek. 1974 (Materialien zur Filmgeschichte 3).
Gregor, Ulrich; Hitzer, Friedrich (Hg.): *Der sowjetische Film 1930 bis 1939. Eine Dokumentation.* 2 Bände. Bad Ems: Verband der deutschen Filmclubs 1966.
Kenez, Peter: *Cinema & Soviet Society 1917–1953.* New York: Cambridge UP 1992.
Kherroubi, Aicha (Hg.): *Le studio Mejrapom ou l'aventure du cinéma privé au pays des bolcheviks.* Paris: La documentation française 1996.
Kirschner, Klaus: *Asche und Diamant. Der polnische Spielfilm 1899–1976.* Erlangen: Erlanger Beiträge 1977 (Erlanger Beiträge zur Medientheorie und -praxis, Sonderheft).
Klaue, Wolfgang; Lichtenstein, Manfred; Jahnke, Eckart (Red.): *Dokumentarfilm in Polen.* Berlin/DDR: Henschel 1968.
Kolman, Vladimír: *Vom Millionär, der die Sonne stahl. Geschichte des tschechischen Animationsfilms.* Frankfurt: Deutsches Filmmuseum 1981.
Kézdi-Kovács, Zsolt (Hg.): *Magyar Filmesek a világban/Hungarians in Film.* Budapest: Magyar Filmunió 1996.
Lawton, Ann (Hg.): *The Red Screen. Politics, Society, Art in Soviet Cinema.* London: Routledge 1992.
Leyda, Jay: *Kino. History of Russian and Soviet Film.* 3. erw. Auflage. Princeton: Princeton UP 1983. Empfehlenswert.
Lichtenstein, Manfred (Red.): *Tschechoslowakischer Dokumentarfilm.* Berlin/DDR: Staatliches Filmarchiv der DDR 1980.
Liehm, Antonin J.: *Closely Watched Trains. The Czecholovak Experience.* White Plains: International Arts and Sciences Press 1974. Empfehlenswert.
Liehm, Antonin J.; Liehm, Mira: *The Most Important Art. Eastern European Films after 1945.* Berkeley: University of California Press 1977.
Michalek, Boleslaw; Turaj, Frank: *The Modern Cinema of Poland.* Bloomington: Indiana UP 1988.
Michalek, Boleslaw; Turaj, Frank (Hg.): *Le cinéma polonais.* Paris: Centre Georges Pompidou 1992 (cinéma/pluriel).
Mierau, Fritz (Hg.): *Russen in Berlin. Literatur, Malerei, Theater, Film 1918–1933.* Leipzig: Reclam 1987.

Nemeskürty, István: *Wort und Bild. Die Geschichte des ungarischen Films.* Frankfurt: Kommunales Kino 1980.

Passek, Jean-Loup (Hg.): *Le cinéma russe et soviétique.* Paris: Centre Georges Pompidou 1981 (cinéma / pluriel).

Radvanyi, Jean (Hg.): *Le cinéma géorgien.* Paris: Centre Georges Pompidou 1988 (cinéma / pluriel).

Radvanyi, Jean (Hg.): *Le cinéma d'Asie centrale soviétique.* Paris: Centre Georges Pompidou 1991 (cinéma / pluriel).

Radvanyi, Jean (Hg.): *Le cinéma armenien.* Paris: Centre Georges Pompidou 1993 (cinéma / pluriel).

Ratschewa, Maria; Eder, Klaus: *Der bulgarische Film. Geschichte und Gegenwart einer Kinematografie.* Frankfurt: Kommunales Kino 1977.

Reichow, Joachim: *Film in Ungarn.* Berlin / DDR: Henschel 1981.

Schnitzer, Luda; Schnitzer, Jean; Martin, Marcel; Robinson, David (Hg.): *Cinema in Revolution. The Heroic Era of Soviet Film.* London: Secker & Warburg 1973 (Cinema Two). Eine Sammlung von Aufsätzen sowjetischer Filmemacher.

Shdan, A. (Hg.): *Der sowjetische Film.* 2 Bände. Berlin / DDR: Henschel 1974. Eine parteiliche Darstellung.

Skovrecky, Josef: *All the Bright Young Men and Women. A Personal History of the Czech Cinema.* Toronto: Peter Martin 1971.

Stites, Richard: *Soviet Popular Culture. Entertainment and Society in Russia since 1900.* Cambridge: Cambridge UP 1992.

Tasic, Zoran; Passek, Jean-Loup (Hg.): *Le cinéma yougoslave.* Paris: Centre Georges Pompidou 1986 (cinéma / pluriel).

Taylor, Richard; Christie, Ian (Hg.): *The Film Factory. Russian and Soviet Cinema in Documents 1896–1939.* Cambridge, MA: Harvard UP 1988 (Harvard Film Studies).

Taylor, Richard; Christie, Ian (Hg.): *Inside the Film Factory. New Approaches to Russian and Soviet Cinema.* London: Routledge 1991.

Tsivian, Yuri; Usai, Paolo Cherchi; u. a.: *Silent Witnesses. Russian Films, 1908–1919.* London: British Film Institute 1990.

Tsivian, Yuri: *Early Cinema in Russia and Its Cultural Reception.* London: Routledge 1994.

Verband der Deutschen Filmclubs e.V. (Hg.): *Der tschechoslowakische Film.* Mannheim: Verband der Deutschen Filmclubs 1965.

Verband der Deutschen Filmclubs e.V. (Hg.): *Ungarische Spielfilme.* Frankfurt: Verband der Deutschen Filmclubs 1968.

Youngblood, Denise J.: *Soviet Cinema in the Silent Era, 1918–1935.* Ann Arbor: UMI Research Press 1985.

Youngblood, Denise J.: *The Magic Mirror. Moviemaking in Russia, 1908–1918.* Madison: The University of Wisconsin Press 1999.

Zadralova, Eva; Passek, Jean-Loup (Hg.): *Le cinéma tcheque et slovaque.* Paris: Centre Georges Pompidou 1996 (cinéma / pluriel).

Zorkaya, Neya: *The Illustrated History of Soviet Cinema.* New York: Hippocrene 1989. Eine offizielle (spät-)sowjetische Darstellung.

1.4.5.5 Nordeuropa

Behn, Manfred (Red.): *Schwarzer Traum und weiße Sklavin. Deutsch-dänische Filmbeziehungen 1910–1930.* München: edition text + kritik 1994 (Ein CineGraph Buch).

Bergom-Larsson, Maria: *Film in Sweden: Ingmar Bergman and Society.* London: Tantivy 1978.

Björkman, Stig: *Film in Sweden: The New Directors.* London: Tantivy 1977.

Cowie, Peter: *Finnish Cinema.* 2. erw. Ausgabe. Helsinki: VAPK Publishing 1990.

Cowie, Peter: *Scandinavian Cinema. A survey of the films and filmmakers of Denmark, Finland, Iceland, Norway and Sweden.* London: Tantivy 1992.

Cowie, Peter: *Straight from the Heart. Modern Norwegian Cinema 1971–1999.* Kristiansund: Kom Forlag 1999.

Engberg, Marguerite: *Dansk Stumfilm. De store År.* 2 Bände. Kopenhagen: Rhodos 1977. Das Standardwerk, behandelt den Stummfilm bis 1914.

Hube, Hans-Jürgen: *Film in Schweden.* Berlin / DDR: Henschel 1985.

Kwiatkowski, Aleksander: *Swedish Film Classics. A pictorial Survey of 25 Films from 1913 to 1957.* New York: Dover 1983.

Lachmann, Michael; Lange-Fuchs, Hauke: *Film in Skandinavien (1945–1993). Dänemark, Finnland, Island, Norwegen, Schweden.* Berlin: Henschel 1993.

Passek, Jean-Loup (Hg.): *Le cinéma danois.* Paris: Centre Georges Pompidou 1979.

Ross, Heiner (Red.): *Klassiker der Schwedischen Filmkunst.* 2. erw. Ausgabe. Berlin / West: Freunde der Deutschen Kinemathek 1977 (Materialien zur Filmgeschichte 1).

1.4.5.6 West- und Südeuropa

Aeppli, Felix: *Der Schweizer Film 1929–1964. Die Schweiz als Ritual.* Band 2: Materialien. Zürich: Limmat 1981.

Aguilar, Carlos; Genover, Jaume: *El cine español en sus interpretes.* Madrid: Verdoux 1992.

Apra, Adriano; Pistagnesi, Patrizia (Hg.): *The Fabulous Thirties. Italian Cinema 1929–1944.* Rom: Electa International 1979.

Armes, Roy: *Patterns of Realism. Italian Neo-Realist Cinema.* Cranbury: Barnes 1971.

Bernardini, Aldo: *Cinema muto italiano. 1. Ambiente, spettacoli e spettatori 1896–1904. – 2. Industria e organizzazione dello spettacolo 1905–1909. – 3. Arte, divismo e mercato 1910–1914.* Rom: Laterza 1980–82.

Borau, José Luis (Hg.): *Diccionario del Cine Español.* Madrid: Alianza Editorial 1998.

Costa, Joao Bénard da: *Portugiesische Filmgeschichte / n. Rodenbach*: Avinus 1997.

Crisp, Colin: *The Classic French Cinema, 1930–1960.* Bloomington: Indiana UP 1993.

Darmon, Pierre: *Le Monde du cinéma sous l'Occupation.* Paris: Stock 1997.

Dibbets, Karel; Maden, Frank van der (Red.): *Geschiedenis van de Nederlandse Film en Bioscoop tot 1940.* 2. erw. Ausgabe. Houten: Wereldvenster 1986.

Dumont, Hervé: *Geschichte des Schweizer Films. Spielfilme 1896–1965.* Lausanne: Cinémathèque Suisse 1987. Ein Standardwerk.

Engelhardt, Martin; Lichtenstein, Manfred (Red.): *Spanien 1936–1939. Dokumentarfilme.* Berlin / DDR: Staatliches Filmarchiv der DDR 1986.

Evans, Peter (Hg.): *Spanish Cinema. The Auteurist Tradition.* Oxford: Oxford UP 1999.

Gersch, Wolfgang: *Schweizer Kinofahrten. Begegnungen mit dem neuen Schweizer Film.* Berlin / DDR: Henschel 1984.

Jansen, Peter W.; Schütte, Wolfram (Hg.): *Film in der Schweiz.* München: Hanser 1978 (Reihe Film 17).

Hogenkamp, Bert: *De Nederlandse Documentaire Film 1920–1940.* Amsterdam: van Gennep 1988.

Kinder, Marsha: *Blood Cinema. The Reconstruction of National Identity in Spain.* Berkeley: University of California Press 1993. Zum Buch existiert eine CD-ROM mit Filmbeispielen.

Larraz, Emmanuel: *Le cinéma espagnol des origines à nos jours.* Paris: Éditions du Cerf 1986.

Leprohon, Pierre: *The Italian Cinema.* London: Secker & Warburg 1972 (Cinema Two).

Liehm, Mira: *Passion and Defiance. Film in Italy from 1942 to the Present.* Berkeley: University of California Press 1984.

Marcus, Millicent: *Italian Film in the Light of Neorealism.* Princeton: Princeton UP 1986.

Maurer, Thomas: *Filmmanufaktur Schweiz. Kleine ökonomische Entwicklungsgeschichte.* Zürich: Schweizerisches Filmzentrum 1982 (Texte zum Schweizer Film 5).

Pfister, Thomas: *Der Schweizer Film während des III. Reiches. Film und Spielfilmproduktion in der Schweiz von 1933 bis 1945.* Berlin / West: Selbstverlag 1982.

Powrie, Phil: *French Cinema in the 1980s. Nostalgia and the Crisis of Masculinity.* Oxford: Clarendon Press 1997.

Powrie, Phil (Hg.): *French Cinema in the 1990s. Continuity and Difference. Essays.* Oxford: Oxford UP 1999.

Schlappner, Martin; Schaub, Martin: *Vergangenheit und Gegenwart des Schweizer Films (1896 bis 1987). Eine kritische Wertung.* Zürich: Schweizerisches Filmzentrum 1987.

Torres, Augusto M. (Hg.): *Spanish Cinema 1896–1983.* Madrid: Ministerio de Cultura 1986.

Torres, Augusto M. (Hg.): *Cine Español (1896–1988).* Madrid: Ministerio de Cultura 1989. Kurze Geschichte und Lexikon.

van Gelder, Henk: *Hollands Hollywood.* Amsterdam: Luitingh-Sijthoff 1995.

Werner, Gösta: *Die Geschichte des schwedischen Films. Ein Überblick.* Frankfurt: Deutsches Filmmuseum Frankfurt 1988.

Wider, Werner: *Der Schweizer Film 1929–1964. Die Schweiz als Ritual.* Band 1: Darstellung. Zürich: Limmat 1981.

1.4.5.7 Deutschland, Österreich, Exil

Agde, Günter (Hg.): *Kahlschlag. Das 11. Plenum des ZK der SED 1965. Studien und Dokumente.* 2. erw. Auflage. Berlin: Aufbau 2000 (AtV 8045).

Albrecht, Gerd: *Nationalsozialistische Filmpolitik. Eine soziologische Untersuchung über die Spielfilme des Dritten Reichs.* Stuttgart: Enke 1969.

Barkhausen, Hans: *Filmpropaganda für Deutschland im Ersten und Zweiten Weltkrieg.* Hildesheim: Olms 1982.

Barlow, John D.: *German Expressionist Film.* Boston: Twayne 1982.

Becker, Dorothea: *Zwischen Ideologie und Autonomie. Die DDR-Forschung über die deutsche Filmgeschichte.* Münster: Lit Verlag 1998.

Becker, Wolfgang; Schöll, Norbert: *In jenen Tagen ... Wie der deutsche Nachkriegsfilm die Vergangenheit bewältigte.* Opladen: Leske + Budrich 1995.

Behn, Manfred; Bock, Hans-Michael (Hg.): *Film und Gesellschaft in der DDR. Materialsammlung zu einer Veranstaltungsreihe.* 2 Bände. Hamburg: Metropolis / CineGraph 1988 / 89.

Berg-Ganschow, Uta; Jacobsen, Wolfgang (Hg.): *... Film ... Stadt ... Kino ... Berlin ...* Berlin / West: Argon 1987.

Berger, Jürgen; Reichmann, Hans-Peter; Worschech, Rudolf (Red.): *Zwischen Gestern und Morgen. Westdeutscher Nachkriegsfilm 1946–1962.* Frankfurt: Deutsches Filmmuseum 1989.

Birett, Herbert: *Lichtspiele. Das Kino in Deutschland bis 1914.* München: Q-Verlag 1994.

Bliersbach, Gerhard: *So grün war die Heide ... Der deutsche Nachkriegsfilm in neuer Sicht.* Weinheim: Beltz 1985 (Beltz BewusstSein).

Bock, Hans-Michael; Töteberg, Michael (Hg.): *Das Ufa-Buch. Kunst und Krisen * Stars und Regisseure * Wirtschaft und Politik.* Frankfurt: Zweitausendeins 1992.

Bono, Francesco (Hg.): *Austria (in)felix. Zum österreichischen Film der 80er Jahre.* Graz: Edition blimp 1992.

Bono, Francesco; Caneppele, Paolo; Krenn, Günter (Hg.): *Elektrische Schatten. Beiträge zur Österreichischen Stummfilmgeschichte.* Wien: Filmarchiv Austria 1999.

Bredow, Wilfried von; Zurek, Rolf (Hg.): *Film und Gesellschaft in Deutschland. Dokumente und Materialien.* Hamburg: Hoffmann und Campe 1975 (Hoffmann und Campe Reader).

Brennicke, Ilona; Hembus, Joe: *Klassiker des Deutschen Stummfilms 1910–1930.* München: Goldmann 1983 (Citadel Filmbücher 10 212).

Bronnen, Barbara; Brocher, Corinna: *Die Filmemacher. Zur Neuen deutschen Produktion nach Oberhausen 1962.* Mit einem Beitrag von Alexander Kluge. München: Bertelsmann 1973.

Büttner, Elisabeth; Dewald, Christian: *Anschluß an Morgen. Eine Geschichte des österreichischen Films von 1945 bis zur Gegenwart.* Salzburg: Residenz 1997.

Cargnelli, Christian; Omasta, Michael (Hg.): *Aufbruch ins Ungewisse. Bd. 1. Österreichische Filmschaffende in der Emigration vor 1945. – Bd. 2. Lexikon, Tributes, Selbstzeugnisse.* Wien: Wespennest 1993.

Coates, Paul: *The Gorgon's Gaze. German Cinema, Expressionism, and the Image of Horror.* Cambridge: Cambridge UP 1991 (Cambridge Studies in Film).

Corrigan, Timothy: *New German Film. The Displaced Image.* Erw. Ausgabe. Bloomington: Indiana UP 1994.

Courtade, Francis; Cadars, Pierre: *Le Cinéma nazi.* Paris: Le terrain vague / Losfeld 1972 (Collection cinémathèque de Toulouse); gekürzte deutsche Ausgabe: *Geschichte des Films im Dritten Reich.* München: Hanser 1975.

Davidson, John E.: *Deterritorializing the New German Cinema.* Minneapolis: University of Minnesota Press 1999.

Dillmann-Kühn, Claudia: *Artur Brauner und die CCC. Filmgeschäft, Produktionsalltag, Studiogeschichte 1946–1990.* Mit einer Filmografie von Rüdiger Koschnitzki. Frankfurt: Deutsches Filmmuseum 1990.

Dittrich, Kathinka; Würzner, Hans (Hg.): *Die Niederlande und das deutsche Exil 1933–1940.* Königstein: Athenäum 1982.

Donner, Wolf: *Propaganda und Film im «Dritten Reich».* Berlin: TIP 1995.

Drewniak, Boguslaw: *Der deutsche Film 1938–1945. Ein Gesamtüberblick.* Düsseldorf: Droste 1987. Umfangreich.

Eisner, Lotte H.: *Die dämonische Leinwand.* (L'Ecran démoniaque, 1952). Erw. Auflage. Frankfurt: Fischer 1980 (FTB 3660).

Elsaesser, Thomas: *Der Neue Deutsche Film. Von den Anfängen bis zu den neunziger Jahren.* München: Heyne 1994 (Heyne Filmbibliothek 209).

Elsaesser, Thomas; Wedel, Michael (Hg.): *A Second Life. German Cinema's First Decades.* Amsterdam: Amsterdam UP 1996 (Film Culture in Transition).

Elsaesser, Thomas: *Das Weimarer Kino – aufgeklärt und doppelbödig.* Aus dem Englischen von Michael Wedel. Berlin: Vorwerk 8 1999.

Esser, Michael (Red.): *Gleißende Schatten. Kamerapioniere der zwanziger Jahre.* Hg. v. Cinema Quadrat e.V., Mannheim. Berlin: Henschel 1994.

Fehrenbach, Heide: *Cinema in Democratizing Germany. Reconstructing National Identity after Hitler.* Chapel Hill: The University of North Carolina Press 1995.

Fischer, Robert; Hembus, Joe: *Der Neue Deutsche Film 1960–1980.* München: Goldmann 1981 (Citadel Filmbücher 10 211).

Fischetti, Renate: *Das neue Kino. Acht Porträts von deutschen Regisseurinnen.* Dülmen: Tende 1992. Über Trotta, Dörrie, Sanders-Brahms, Sander, Ottinger, Stöckl, Brückner und Alemann.

Franklin, James C.: *New German Cinema. From Oberhausen to Hamburg.* Boston: Twayne 1983 (Twayne's Filmmakers Series).

Frieden, Sandra; McCormick, Richard W.; Petersen, Vibeke R.; Vogelsang, Laurie Melissa (Hg.): *Gender and German Cinema. Feminist Interventions. Bd. 1: Gender and Representation in New German Cinema. – Bd 2: German Film History/German History on Film.* Providence: Berg 1993.

Fritz, Walter: *Kino in Österreich 1896–1930. Der Stummfilm.* Wien: Österreichischer Bundesverlag 1981.

Fritz, Walter: *Kino in Österreich 1929–1945. Der Tonfilm.* Wien: Österreichischer Bundesverlag 1991.

Fritz, Walter: *Kino in Österreich 1945–1983. Film zwischen Kommerz und Avantgarde.* Wien: Österreichischer Bundesverlag 1984.

Ginsberg, Terri; Thompson, Kirsten Moana (Hg.): *Perspectives on German Cinema.* New York: G. K. Hall 1996. Sammlung wichtiger anglo-amerikanischer Aufsätze zum deutschen Film.

Glaß, Peter: *Kino ist mehr als Film.* Berlin: AG Verlag 1999 (Studien zur Geschichte der DDR). Enthält interessante Dokumente zur Geschichte der DEFA.

Greve, Ludwig; Pehle, Margot; Westhoff, Heidi (Red.): *Hätte ich das Kino! Die Schriftsteller und der Stummfilm.* Marbach: Schiller-Nationalmuseum 1976 (Sonderausstellungen des Schiller-Nationalmuseums. Katalog 27).

Güttinger, Fritz: *Der Stummfilm im Zitat der Zeit.* Frankfurt: Deutsches Filmmuseum 1984.

Güttinger, Fritz (Hg.): *Kein Tag ohne Kino. Schriftsteller über den Stummfilm.* Textsammlung. Frankfurt: Deutsches Filmmuseum 1984.

Güttinger, Fritz: *Köpfen Sie mal ein Ei in Zeitlupe! Streifzüge durch die Welt des Stummfilms.* München: Fink 1992.

Hake, Sabine: *The Cinema's 3rd Machine. Writing on Film in Germany 1907–1933.* Lincoln: University of Nebraska Press 1993. Informativer Überblick über die Filmpublizistik vor 1933.

Hanisch, Michael: *Auf den Spuren der Filmgeschichte. Berliner Schauplätze.* Berlin: Henschel 1991.

Hauser, Johannes: *Neuaufbau der westdeutschen Filmwirtschaft 1945–1955 und der Einfluß der US-amerikanischen Filmpolitik. Vom reichseigenen Filmmonopolkonzern (UFI) zur privatwirtschaftlichen Konkurrenzwirtschaft.* Pfaffenweiler: Centaurus 1989 (Reihe Medienwissenschaft 1).

Heimann, Thomas: *DEFA, Künstler und SED-Kulturpolitik. Zum Verhältnis von Kulturpolitik und Filmproduktion in der SBZ/DDR 1945 bis 1959.* Berlin: Vistas 1994 (Beiträge zur Film- und Fernsehwissenschaft 46).

Hembus, Joe: *Der deutsche Film kann gar nicht besser sein. Ein Pamphlet von gestern. Eine Abrechnung von heute.* München: Rogner & Bernhard 1981. Eine klassische Polemik von 1961 mit Kommentaren zwanzig Jahre später.

Hembus, Joe; Bandmann, Christa: *Klassiker des Deutschen Tonfilms 1930–1960.* München: Goldmann 1980 (Citadel Filmbücher 10207).

Hoffmann, Hilmar: *«Und die Fahne führt uns in die Ewigkeit». Propaganda im NS Film.* Frankfurt: Fischer 1988 (FTB 4404).

Höfig, Willi: *Der deutsche Heimatfilm 1947–1960.* Stuttgart: Enke 1973.

Horak, Jan-Christopher: *Anti-Nazi-Filme der deutschsprachigen Emigration von Hollywood 1939–1945.* Münster: MAkS 1984.

Horak, Jan-Christopher: *Fluchtpunkt Hollywood. Eine Dokumentation zur Filmemigration nach 1933.* 2. erw. Ausgabe. Münster: MAkS 1986.

Hurst, Heike; Gassen, Heiner (Hg.): *Kameradschaft – Querelle. Kino zwischen Deutschland und Frankreich.* München: CICIM 1991 (Revue CICIM 30/31/32).

Jacobsen, Wolfgang: *Erich Pommer. Ein Produzent macht Filmgeschichte.* Mit einer Filmografie von Jörg Schöning. Berlin/West: Argon 1989.

Jacobsen, Wolfgang (Hg.): *Babelsberg. Das Filmstudio.* 3. erw. Auflage. Berlin: Argon 1994.

Jacobsen, Wolfgang; Kaes, Anton; Prinzler, Hans Helmut (Hg.): *Geschichte des deutschen Films.* Stuttgart: Metzler 1993. Eine umfassende Einführung.

Jansen, Peter W.; Schütte, Wolfram (Hg.): *Film in der DDR.* München: Hanser 1977 (Reihe Film 13).

Jordan, Günter; Schenk, Ralf (Red.): *Schwarzweiß und Farbe. DEFA-Dokumentarfilme 1946–92.* Berlin: Jovis 1996.

Jung, Uli (Hg.): *Der deutsche Film. Aspekte seiner Geschichte von den Anfängen bis zur Gegenwart.* Trier: WVT 1993 (Filmgeschichte International 1).

Jung, Uli; Schatzberg, Walter (Hg.): *Filmkultur zur Zeit der Weimarer Republik.* München: Saur 1992.

Kaes, Anton: *Deutschlandbilder. Die Wiederkehr*

der Geschichte als Film. München: edition text + kritik 1987.

Kaes, Anton; Jay, Martin; Dimendberg, Edward (Hg.): *The Weimar Republic Sourcebook*. Berkeley: University of California Press 1994.

Kalbus, Oskar: *Vom Werden deutscher Filmkunst. 1. Teil. Der stumme Film. 2. Teil. Der Tonfilm*. Altona-Bahrenfeld: Cigaretten-Bilderdienst 1935.

Kanzog, Klaus: *«Staatspolitisch besonders wertvoll». Ein Handbuch zu 30 deutschen Spielfilmen der Jahre 1934 bis 1945*. München: Diskurs Film 1994 (diskurs film 6).

Keitz, Ursula von (Hg.): *Früher Film und späte Folgen. Restaurierung, Rekonstruktion und Neupräsentation historischer Kinematographie*. Marburg: Schüren 1998 (Schriften der Friedrich Wilhelm Murnau-Gesellschaft 6).

Kersten, Heinz: *Das Filmwesen in der Sowjetischen Besatzungszone Deutschlands. 2 Bände: I. Textteil. – II. Anlagenteil*. Bonn: BM für gesamtdeutsche Fragen 1963 (Bonner Berichte aus Mittel- und Ostdeutschland). Ein frühes Standardwerk über den DEFA-Film.

Kluge, Alexander (Hg.): *Bestandsaufnahme: Utopie Film. Zwanzig Jahre neuer deutscher Film/Mitte 1983*. Frankfurt: Zweitausendeins 1983.

Koch, Krischan: *Die Bedeutung des «Oberhausener Manifestes» für die Filmentwicklung in der BRD*. Frankfurt: Lang 1985 (Europäische Hochschulschriften, Reihe XXX, Bd. 22).

Koebner, Thomas (Hg.): *Idole des deutschen Films. Eine Galerie von Schlüsselfiguren*. München: edition text + kritik 1997.

Korte, Helmut (Hg.): *Film und Realität in der Weimarer Republik. Mit Analysen von «Kuhle Wampe» und «Mutter Krausens Fahrt ins Glück»*. München: Hanser 1978.

Korte, Helmut: *Der Spielfilm und das Ende der Weimarer Republik. Ein rezeptionshistorischer Versuch*. Göttingen: Vandenhoeck und Ruprecht 1998.

Kracauer, Siegfried: *Von Caligari zu Hitler. Eine psychologische Geschichte des deutschen Films*. (From Caligari to Hitler, 1947). Frankfurt: Suhrkamp 1979 (Schriften 2). Anhang 1: Propaganda und der Nazikriegsfilm. Anhang 2: Filmkritiken 1924 bis 1939. Ein Klassiker über das Weimarer Kino, geschrieben 1941–46.

Kreimeier, Klaus: *Kino und Filmindustrie in der BRD. Ideologieproduktion und Klassenwirklichkeit nach 1945*. Kronberg: Scriptor 1973 (Taschenbuch S 11).

Kreimeier, Klaus: *Die Ufa-Story. Geschichte eines Filmkonzerns*. München: Heyne 1995 (Heyne Filmbibliothek 230).

Kreimeier, Klaus (Hg.): *Die Metaphysik des Dekors. Raum, Architektur und Licht im klassischen deutschen Stummfilm*. Marburg: Schüren 1994 (Schriften der Friedrich Wilhelm Murnau Gesellschaft 3).

Kuball, Michael: *Familienkino. Geschichte des Amateurfilms in Deutschland*. 2 Bände. Reinbek: Rowohlt 1980 (rororo 7186/7).

Kurtz, Rudolf: *Expressionismus und Film*. 1926. Reprint: Zürich: Rohr 1965 (Filmwissenschaftliche Studientexte 1).

Loacker, Armin; Prucha, Martin (Hg.): *Unerwünschtes Kino. Der deutschsprachige Emigrantenfilm 1934–1937*. Wien: Filmarchiv Austria 2000.

Ledig, Elfriede (Hg.): *Der Stummfilm. Konstruktion und Rekonstruktion*. München: Diskurs Film 1988 (Diskurs Film 2).

Leiser, Erwin: *«Deutschland, erwache!». Propaganda im Film des Dritten Reiches*. Mit einer Nachbetrachtung von Martin Greffrath. Reinbek: Rowohlt 1989 (rororo aktuell 12598).

Lewandowski, Rainer: *Die Oberhausener. Rekonstruktion einer Gruppe 1962–1982*. Diekholzen: Regie 1982.

Liebe, Ulrich: *Verehrt, verfolgt, vergessen. Schauspieler als Naziopfer*. Weinheim: Beltz Quadriga 1992.

Loiperdinger, Martin: *Film & Schokolade. Stollwercks Geschäfte mit lebenden Bildern*. Frankfurt: Stroemfeld/Roter Stern 1999 (KINtop Schriften 4). Wie der Cinématographe Lumiére nach Deutschland kam.

Marquardt, Axel; Rathsack, Heinz (Hg.): *Preußen im Film*. Preußen – Versuch einer Bilanz, Band 5. Reinbek: Rowohlt 1981 (rororo Katalog).

Moeller, Felix: *Der Filmminister. Goebbels und der Film im Dritten Reich*. Berlin: Henschel 1998.

Möhrmann, Renate: *Die Frau mit der Kamera. Filmemacherinnen in der Bundesrepublik Deutschland*. Situation, Perspektiven, 10 exemplarische Lebensläufe. München: Hanser 1980.

Monaco, Paul: *Cinema & Society. France and Germany During the Twenties*. New York: Elsevier 1976.

Mückenberger, Christiane (Hg.): *Prädikat: Besonders schädlich*. Berlin: Henschel 1990. Filmtexte und Dokumente zu 1965 in der DDR verbotenen Filmen.

Mückenberger, Christiane; Jordan, Günter: *«Sie sehen selbst, Sie hören selbst ...». Die DEFA von*

ihren Anfängen bis 1949. Marburg: Hitzeroth 1994 (Aufblende. Schriften zum Film 7).
Müller, Corinna: *Frühe deutsche Kinematographie. Formale, wirtschaftliche und kulturelle Entwicklungen 1907–1912.* Stuttgart: Metzler 1994.
Murray, Bruce: *Film and the German Left in the Weimar Republic. From Caligari to Kuhle Wampe.* Austin: University of Texas Press 1990.
Murray, Bruce; Wickham, Christopher J. (Hg.): *Framing the Past. The Historiography of German Cinema and Television.* Carbondale: Southern Illinois UP 1992.
O'Sickey, Ingeborg Majer; von Zadow, Ingeborg (Hg.): *Triangulated Visions. Women in Recent German Cinema.* Albany: State University of New York Press 1998.
Osten, Ulrich von der: *NS-Filme im Kontext sehen! «Staatspolitisch besonders wertvolle» Filme der Jahre 1934–1938.* München: Diskurs Film 1998 (diskurs film 13).
Ott, Frederick W.: *The Great German Films.* Secaucus: Citadel 1986.
Petermann, Werner; Thoms, Ralph (Hg.): *Kino-Fronten. 20 Jahre ´68 und das Kino.* München: Trickster 1988.
Petro, Patrice: *Joyless Streets. Women and Melodramatic Representation in Weimar Germany.* Princeton: Princeton UP 1989.
Pflaum, Hans Günther; Prinzler, Hans Helmut: *Film in der Bundesrepublik Deutschland. Der neue deutsche Film von den Anfängen bis zur Gegenwart. Mit einem Exkurs über das Kino der DDR.* Ein Handbuch. Erw. Ausgabe. München: Hanser 1992.
Phillips, Klaus (Hg.): *New German Filmmakers. From Oberhausen Through the 1970s.* New York: Ungar 1984.
Pleyer, Peter: *Deutscher Nachkriegsfilm 1946–1948.* Münster: Fahle 1965 (Studien zur Publizistik 4).
Plummer, Thomas G., u. a. (Hg.): *Film and Politics in the Weimar Republic.* Minneapolis: University of Minnesota Press 1982.
Poss, Ingrid (Hg.): *DEFA 50. Gespräche aus acht Filmnächten.* Potsdam: Brandenburgische Landeszentrale für politische Bildung 1997.
Preschl, Claudia: *Frauen und Film und Video Österreich.* Wien: Filmladen 1986.
Prinzler, Hans Helmut: *Chronik des deutschen Films. 1895–1994.* Stuttgart: Metzler 1995. Sehr nützlich.
Prinzler, Hans Helmut; Rentschler, Eric (Hg.): *Augenzeugen. 100 Texte neuer deutscher Filmemacher.* Frankfurt: Verlag der Autoren 1988.
Reichmann, Hans-Peter; Worschech, Rudolf (Hg.): *Abschied vom Gestern. Bundesdeutscher Film der sechziger und siebziger Jahre.* Frankfurt: Deutsches Filmmuseum 1992.
Rentschler, Eric: *West German Film in the course of time. Reflections on the Twenty Years since Oberhausen.* Bedford Hills, NY: Redgrave 1984.
Rentschler, Eric (Hg.): *German Film and Literature. Adaptions and Transformations.* New York: Methuen 1986.
Rentschler, Eric: *The Ministry of Illusion. Nazi Cinema and Its Afterlife.* Cambridge: Harvard UP 1996.
Richter, Rolf (Hg.): *DEFA-Spielfilm-Regisseure und ihre Kritiker.* 2 Bände. Berlin/DDR: Henschel 1981/83. Porträts von 11 und 12 Regisseuren.
Rother, Rainer (Hg.): *Die Ufa 1917–1945. Das deutsche Bilderimperium.* 22 Magazine. Berlin: Deutsches Historisches Museum 1992.
Rülicke-Weiler, Käthe (Hg.): *Film- und Fernsehkunst der DDR. Traditionen – Beispiele – Tendenzen.* Berlin/DDR: Henschel 1979. Eine öffiziöse Darstellung.
Sandford, John: *The New German Cinema.* London: Oswald Wolff 1980.
Schaudig, Michael (Hg.): *Positionen deutscher Filmgeschichte. 100 Jahre Kinematographie: Strukturen, Diskurse, Kontexte.* München: Diskurs Film 1996 (diskurs film 8).
Schebera, Jürgen: *Damals in Neubabelsberg. Studios, Stars und Kinopaläste im Berlin der zwanziger Jahre.* Leipzig: Edition Leipzig 1990.
Schenk, Ralf (Red.): *Das zweite Leben der Filmstadt Babelsberg. DEFA-Spielfilme 1946–1992.* Hg. v. Filmmuseum Potsdam. Berlin: Henschel 1994.
Schlüpmann, Heide: *Unheimlichkeit des Blicks. Das Drama des frühen deutschen Kinos.* Basel, Frankfurt: Stroemfeld/Roter Stern 1990.
Schmitt-Sasse, Joachim (Hg.): *Widergänger. Faschismus und Antifaschismus im Film.* Münster: MAkS 1993.
Schneider, Roland: *Histoire du cinéma allemand.* Paris: Éditions du Cerf 1990 (7Art).
Schöning, Jörg (Red.): *London Calling. Deutsche im britischen Film der dreißiger Jahre.* München: edition text + kritik 1993 (Ein CineGraph Buch).
Schulte-Sasse, Linda: *Entertaining the Third Reich. Illusions of Wholeness in Nazi Cinema.* Durham: Duke UP 1996.
Segeberg, Harro (Hg.): *Die Mobilisierung des Sehens. Zur Vor- und Frühgeschichte des Films in*

Literatur und Kunst. München: Fink 1996 (Mediengeschichte des Films 1).

Segeberg, Harro; Müller, Corinna (Hg.): *Die Modellierung des Kinofilms: Zur Geschichte des Kinoprogramms zwischen Kurzfilm und Langfilm 1905/06–1918.* München: Fink 1998 (Mediengeschichte des Films 2).

Segeberg, Harro (Hg.): *Die Perfektionisierung des Scheins. Das Kino der Weimarer Republik im Kontext der Künste.* München: Fink 2000 (Mediengeschichte des Films 3).

Seidl, Claudius: *Der deutsche Film der fünfziger Jahre.* München: Heyne 1987 (Heyne Filmbibliothek 100).

Silberman, Marc: *German Cinema. Texts in Context.* Detroit: Wayne State UP 1995.

Steinbauer-Grötsch, Barbara: *Die lange Nacht der Schatten. Film noir und Filmexil.* Berlin: Bertz 1997 (Deep focus 1).

Stettner, Peter: *Vom Trümmerfilm zur Traumfabrik. Die Junge Film-Union 1947–1952.* Hildesheim: Olms 1992.

Stooss, Toni u. a. (Red.): *Erobert den Film! Proletariat und Film in der Weimarer Republik.* Hg. v. der Neuen Gesellschaft für Bildende Künste und den Freunden der Deutschen Kinemathek. Berlin/West: NGBK 1977 (Materialien zur Filmgeschichte 7).

Töteberg, Michael (Hg.): *Szenenwechsel. Momentaufnahmen des jungen deutschen Films.* Reinbek: Rowohlt 1999 (rororo 60659 film + tv). Über die Generation der Jahrhundertwende.

Traub, Hans (Hg.): *Die Ufa. Ein Beitrag zur Entwicklungsgeschichte des deutschen Filmschaffens.* Berlin: Ufa-Buchverlag 1943. Die offizielle Geschichte zum 25. Jubiläum.

Usai, Paolo Cherchi; Codelli, Lorenzo (Hg.): *Prima di Caligari/Before Caligari. German Cinema 1895–1920.* Pordenone: Edizioni Biblioteca dell'Imagine 1990.

Welch, David: *Propaganda and the German Cinema 1933–1945.* Oxford: Clarendon Press 1983.

Wetzel, Kraft; Hagemann, Peter A.: *Zensur. Verbotene deutsche Filme 1933–1945.* Berlin/West: Spiess 1978.

Wilkening, Albert: *Geschichte der DEFA von 1945–1950.* Potsdam-Babelsberg: DEFA Studio für Spielfilme 1981 (Betriebsgeschichte des VEB DEFA Studio für Spielfilme 1).

Wilkening, Albert: *Die DEFA in der Etappe von 1950 bis 1953.* Potsdam-Babelsberg: DEFA Studio für Spielfilme 1984 (Betriebsgeschichte des VEB DEFA Studio für Spielfilme 2).

Wulf, Joseph (Hg.): *Theater und Film im Dritten Reich. Eine Dokumentation.* Gütersloh: Sigbert Mohn 1964.

Zilinski, Lissi; u. a. (Hg.): *Spielfilme der DEFA im Urteil der Kritik.* Berlin/DDR: Henschel 1970.

Zimmermann, Peter (Hg.): *Deutschlandbilder Ost. Dokumentarfilme der DEFA von der Nachkriegszeit bis zur Wiedervereinigung.* Konstanz: Ölschläger 1995 (Close up 2).

1.4.5.8 Frankreich

Abel, Richard: *French Cinema. The First Wave, 1915–1929.* Princeton: Princeton UP 1984.

Abel, Richard: *The Ciné Goes to Town. French Cinema 1896–1914.* Berkeley: University of California Press 1994.

Albersmeier, Franz-Josef: *Die Herausforderung des Films an die französische Literatur. Entwurf einer «Literaturgeschichte des Films». Band 1: Die Epoche des Stummfilms (1895–1930).* Heidelberg: Winter 1985 (Reihe Siegen 49).

Albersmeier, Franz-Josef: *Theater, Film und Literatur in Frankreich. Medienwechsel und Intermedialität.* Darmstadt: Wissenschaftliche Buchgesellschaft 1992.

Andrew, Dudley: *Mists of Regret. Culture and Sensibility in Classic French Film.* Princeton: Princeton UP 1995.

Armes, Roy: *French Cinema.* London: Secker & Warburg 1985.

Bandy, Mary Lea: *Rediscovering French Film. The Museum of Modern Art, New York.* New York Graphic Society 1983.

Birnbaum, Michel (Hg.): *Décors de Cinéma. Les studios français de Méliès à nos jours.* Paris: Éditions du Collectionneur 1993.

Buache, Freddy: *Le Cinéma français des Années 60.* Renens: FOMA – 5 Continents 1987 (Bibliothèque du cinéma).

Chirat, Raymond: *Le Cinéma français des Années 30.* Renens: FOMA – 5 Continents 1983 (Bibliothèque du cinéma).

Chirat, Raymond: *Le Cinéma français des Années de Guerre.* Renens: FOMA – 5 Continents 1983 (Bibliothèque du cinéma).

Chirat, Raymond: *La IVe République et ses films.* Renens: FOMA – 5 Continents 1985 (Bibliothèque du cinéma).

Ehrlich, Evelyn: *Cinéma of Paradox. French Filmmaking under the German Occupation.* New York: Columbia UP 1985.

Filminstitut der Landeshauptstadt Düsseldorf (Hg.): *Cinéma Muet. Materialien zum französischen Stummfilm. 1. Teil Die Pioniere. Die Erste*

Avantgarde. – 2. Teil Louis Feuillade. Der phantastische Realismus. – 3. Teil Inkunabeln. Film d'art. Marginalien. Gesamtregister. Düsseldorf: Filminstitut der Landeshauptstadt Düsseldorf 1976–83.

Grafe, Frieda (Hg.): *Nouvelle Vague.* Wien: Hundertjahrekino 1996.

Greene, Naomi: *Landscapes of Loss. The National Past in Postwar French Cinema.* Princeton: Princeton UP 1999.

Hayward, Susan: *French National Cinema.* London: Routledge 1993.

Monaco, James: *The New Wave. Truffaut, Godard, Chabrol, Rohmer, Rivette.* New York: Oxford UP 1977.

Monaco, Paul: *Cinema & Society. France and Germany During the Twenties.* New York: Elsevier 1976.

Prédal, René: *50 ans de cinéma français.* Paris: Nathan 1996 (Collection réf.).

Sadoul, Georges: *Le Cinéma français (1890–1962).* Paris: Flammarion 1962. Ein Klassiker.

1.4.5.9 Großbritannien und Irland

Aldgare, Anthony; Richards, Jeff: *Best of British. Cinema and Society from 1930 to the Present.* London: Tauris 1999.

Armes, Roy: *A Critical History of British Cinema.* London: Secker & Warburg 1978 (Cinema Two).

Barnes, John: *The Beginnings of the Cinema in England, 1894–1901.* Neuausgabe. 5 Bände. Exeter: University of Exeter Press 1996–98.

Barr, Charles: *Ealing Studios.* 3. erw. Auflage. Moffat: Cameron & Hollis 1998.

Barr, Charles (Hg.): *All Our Yesterdays. 90 Years of British Cinema.* London: BFI 1986.

Brown, Geoff: *Der Produzent. Michael Balcon und der englische Film.* Berlin: Spiess 1981.

Brown, Geoff; Kardish, Laurence: *Michael Balcon: The Pursuit of British Cinema.* New York: Museum of Modern Art 1984.

Chanan, Michael: *The Dream That Kicks. The Prehistory and Early Years of the Cinema in Britain.* London: Routledge & Kegan Paul 1979.

Cook, Pam (Hg.): *Gainsborough Pictures.* London: Cassell 1997 (Rethinking British Cinema).

Dickinson, Margaret (Hg.): *Rouge Reels. Oppositional Film in Britain, 1945–90.* London: British Film Institute 1999.

Eberts, Jake; Ilott, Terry: *My Indecision Is Final. The Rise and Fall of Goldcrest Films.* London: Faber and Faber 1990.

Hacker, Jonathan; Price, David: *Take Ten. Contemporary British Film Directors.* Oxford: Clarendon Press 1991. Essays über und Interviews mit Anderson, Attenborough, Forsyth, Frears, Greenaway, Jarman, Loach, Parker, Roeg, Schlesinger.

Harper, Sue: *Picturing the Past. The Rise and Fall of the British Costume Film.* London: British Film Institute 1994.

Helbig, Jörg: *Geschichte des britischen Films.* Stuttgart, Weimar: Metzler 1999.

Higson, Andrew: *Waving the Flag. Constructing a National Cinema in Britain.* Oxford: Clarendon Press 1995.

Higson, Andrew (Hg.): *Dissolving Views. Key Writings on British Cinema.* London: Cassell 1996 (Rethinking British Cinema).

Hill, John: *British Cinema in the 1980's. Issues and Themes.* Oxford: Clarendon Press 1999.

Hill, John; McLoone, Martin; Hainsworth, Paul (Hg.): *Border Crossing. Film in Ireland, Britain and Europe.* Belfast: Institut of Irish Studies / London: British Film Institute 1994.

Landy, Marcia: *British Genres. Cinema and Society, 1930–1960.* Princeton: Princeton UP 1991.

Low, Rachael; Manvell, Roger: *The History of the British Film 1896–1906.* London: Allen & Unwin 1948.

Low, Rachael: *The History of the British Film 1906–1914.* London: Allen & Unwin 1949.

Low, Rachael: *The History of the British Film 1914–1918.* London: Allen & Unwin 1950.

Low, Rachael: *The History of the British Film 1918–1929.* London: Allen & Unwin 1971.

Low, Rachael: *The History of the British Film 1929–1939. Film Making in 1930s Britain.* London: Allen & Unwin 1985. Der abschließende Band der detaillierten englischen Filmgeschichte.

MacKillop, James (Hg.): *Contemporary Irish Cinema. From The Quiet Man to Dancing at Lughnasa.* New York: Syracuse UP 1999.

McIlroy, Brian: *Ireland.* Trowbridge: Flicks Books 1988 (World Cinema, Band 4).

Murphy, Robert: *Sixties British Cinema.* London: British Film Institute 1992.

Orbanz, Eva: *Eine Reise in die Legende und zurück. Der realistische Film in Großbritannien.* Berlin / West: Spiess 1977 Drei Aufsätze, ein Tagebuch, zwölf Interviews und Bio-, Filmo-, Bibliografien.

Rockett, Kevin; Gibbons, Luke; Hill, John: *Cinema and Ireland.* London: Croom Helm 1987.

Slide, Anthony: *Fifty Classic British Films 1932–1982. A Pictorial Record.* New York: Dover 1985.

Slide, Anthony: *The Cinema and Ireland.* Jefferson: McFarland 1988.

Sutton, David R.: *A Chorus of Raspberries. British Film Comedy 1929–1939.* Exeter: University of Exeter Press 2000.

Warren, Patricia: *Elstree. The British Hollywood.* London: Columbus Books 1988.

1.4.5.10 USA und Kanada

Abel, Richard: *The Red Rooster Scare. Making Cinema American 1900–1910.* Berkeley: University of California Press 1999. Pathé in Amerika.

Anbinder, Paul (Hg.): *Before Hollywood. Turn-of-the-Century American Film.* New York: Hudson Hills Press 1987.

Anger, Kenneth: *Hollywood Babylon.* (1975, 1984). 2 Bände. München: Rogner & Bernhard/Zweitausendeins 1986; einbändige Neuausgabe: Reinbek: Rowohlt 1999 (rororo 60658). Ein Klassiker des Klatsches.

Balio, Tino: *Grand Design. Hollywood as a Modern Business Enterprise, 1930–1939.* New York: Charles Scribner's Sons 1993 (History of the American Cinema 5).

Biskind, Peter: *Seeing Is Believing. How Hollywood Taught Us to Stop Worrying and Love the Fifties.* New York: Pantheon 1983.

Biskind, Peter: *Easy Riders, Raging Bulls. How the Sex-Drugs-And-Rock'n'Roll Generation Saved Hollywood.* New York: Simon & Schuster 1998.

Bowser, Eileen: *The Transformation of Cinema 1907–1915.* New York: Charles Scribner's Sons 1990 (History of the American Cinema 2).

Brownlow, Kevin; Kobal, John (Abb.): *Hollywood. The Pioneers.* London: Collins 1979. Begleitband zur TV-Serie.

Crafton, Donald: *The Talkies. American Cinema's Transition to Sound 1926–1931.* New York: Charles Scribner's Sons 1997 (History of the American Cinema 4).

Everson, William K.: *American Silent Film.* New York: Oxford UP 1978. Eine guter Überblick.

Feldman, Seth; Nelson, Joyce (Hg.): *Canadian Film Reader.* Toronto: Peter Martin 1977.

Friedrich, Otto: *Markt der schönen Lügen. Die Geschichte Hollywoods in seiner grossen Zeit.* (City of Nets, 1986). München: Heyne 1990 (Heyne-Sachbuch 107).

Garel, Sylvain; Pâquet, André (Dir.): *Les cinémas du Canada.* Paris: Centre Georges Pompidou 1992 (cinéma/pluriel).

Hampton, Benjamin: *History of the American Film Industry from Its Beginnings to 1931.* 1931. Reprint. New York: Dover 1970.

Hill, John; Church Gibson, Pamela (Hg.): American Cinema and Hollywood. Critical Approaches. Oxford: Oxford UP 2000.

Hochman, Stanley (Hg.): *American Film Directors. A Library of Film Criticism.* New York: Ungar 1974. Wie ein Lexikon angelegt: 61 Regisseure, Filmografien, Auszüge aus Rezensionen.

Jacobs, Diane: *Hollywood Renaissance.* New York: Delta Books 1980. Coppola, Scorsese, Ritchie und die Generation der siebziger Jahre.

Jacobs, Lewis: *The Rise of the American Film.* (1939). Erw. Reprint. New York: Teachers College Press 1969. Eine klassische Geschichte des frühen amerikanischen Films.

James, David E.: *Allegories of Cinema. American Film in the Sixties.* Princeton: Princeton UP 1989. Der unabhängige Film in den USA von Brakhage und Warhol bis zum radikalen Politkino.

Jansen, Peter W.; Schütte, Wolfram (Hg.): *New Hollywood.* München: Hanser 1976 (Reihe Film 10).

Kanin, Garson: *Hollywood. Stars and Starlets, Tycoons and Flesh-Peddlers, Moviemakers and Moneymakers, Frauds and Geniuses, Hopefuls and Has-Beens, Great Lovers and Sex Symbols.* New York: Viking 1974. Der Titel sagt alles.

Kennedy, Joseph P. (Hg.): *The Story of the Films.* Chicago: A. W. Shaw 1927. Die Theorie der Produzenten, mit Beiträgen von Hays, Zukor, Lasky, DeMille, Loew, Fox, Warner u. a.

Koszarski, Richard (Hg.): *Hollywood Directors 1914–1940. – Hollywood Directors 1941–1976.* New York: Oxford UP 1976–1977. Zwei interessante Anthologien mit zeitgenössischen Artikeln amerikanischer Regisseure.

Koszarski, Richard: *The Astoria Studio and Its Fabulous Films. A Picture History.* New York: Dover 1983.

Koszarski, Richard: *An Evening's Entertainment. The Age of the Silent Feature Picture, 1915–1928.* New York: Charles Scribner's Sons 1990 (History of the American Cinema 3).

Litwak, Mark: *Reel Power. The Struggle for Influence and Success in the New Hollywood.* New York: William Morrow 1986. Eine interessante Betrachtung eines Außenseiters.

Lyons, Donald: *Independent Visions. A Critical Introduction to Recent Independent American Film.* New York: Ballantine 1994.

McCarthy, Todd; Flynn, Charles (Hg.): *Kings of the B's. Working Within the Hollywood System.* New York: Dutton 1975. Eine Sammlung mit Aufsätzen über B-Regisseure.

Morden, Ethan: *The Hollywood Studios. House Style in the Golden Age of the Movies.* New York: Knopf 1988.

Morris, Peter: *Embattled Shadows. A History of Canadian Cinema 1895–1939.* Montreal: McGill-Queens UP 1978.

Musser, Charles: *The Emergence of Cinema. The American Screen to 1907.* New York: Charles Scribner's Sons 1990 (History of the American Cinema 1).

Naumburg, Nancy (Hg.): *We Make the Movies.* New York: Norton 1937. Hollywood-Filmmacher beschreiben ihre Arbeit, mit Beiträgen von Jesse L. Lasky, Hans Dreier, Bette Davis, Paul Muni, Max Steiner, Walt Disney u. a.

O'Dell, Paul: *Griffith and the Rise of Hollywood.* London: Tantivy 1970.

Parrish, Robert: *Growing Up in Hollywood.* New York: Harcourt Brace Jovanovich 1976.

Pendakur, Manjunath: *Canadian Dreams & American Control. The Political Economy of the Canadian Film Industry.* Detroit: Wayne State UP 1990.

Polan, Dana: *Power and Paranoia. History, Narrative and the American Cinema, 1940–1950.* New York: Columbia UP 1986.

Powdermaker, Hortense: *Hollywood. The Dream Factory.* (1924). Reprint. New York: Arno Press 1979.

Pye, Michael; Myles, Lynda: *The Movie Brats. How the Film Generation Took Over Hollywood.* London: Faber and Faber 1979. Über Coppola, Lucas, DePalma, Milius, Scorsese, Spielberg u. a.

Ramsaye, Terry: *A Million and One Nights. A History of the Motion Picture through 1925* (1926). Reprint. New York: Simon & Schuster 1986. Eine umfangreiche Geschichte der Frühzeit.

Ray, Robert B.: *A Certain Tendency of the Hollywood Cinema, 1930–1980.* Princeton: Princeton UP 1985.

Sarris, Andrew: *The American Cinema. Directors and Directions: 1929–1968.* New York: Dutton 1968; Reprint: New York: Da Capo Press 1996. Sarris' «Pantheon», kritische Bemerkungen zu etwa zweihundert Regisseuren, Chronologie und Filmografie.

Sarris, Andrew: *«You Ain't Heard Nothin' Yet». The American Talking Film. History and Memory, 1927–1949.* New York: Oxford UP 1998.

Schatz, Thomas: *The Genius of the System. Hollywood Filmmaking in the Studio Era.* New York: Pantheon 1988.

Schatz, Thomas: *Boom and Bust. Hollywood in the 1940s.* New York: Charles Scribner's Sons 1997 (History of the American Cinema 6).

Sklar, Robert: *Movie-Made America. A Cultural History of American Movies.* Erw. Ausgabe. New York: Vintage 1994.

Slide, Anthony: *Early American Cinema.* London: Tantivy 1970.

Slide, Anthony: *Engel vom Broadway oder Der Einzug der Frauen in die Filmgeschichte.* Münster: Tende 1982.

Sperling, Cass Warner; Millner, Cork: *Hollywood Be Thy Name. The Warner Brothers Story.* Lexington: UP of Kentucky 1998.

Staiger, Janet (Hg.): *The Studio System.* New Brunswick: Rutgers UP 1994 (Depth of Field Series).

Thomson, David: *Overexposures. The Crisis in American Filmmaking.* New York: William Morrow 1987.

Uriccio, William; Pearson, Roberta E.: *Reframing Culture. The Case of the Vitagraph Quality Films.* Princeton: Princeton UP 1993.

Usai, Paolo Cherchi; Codelli, Lorenzo (Hg.): *Sulla via di Hollywood/The Path to Hollywood 1911–1920.* Pordenone: Edizioni Biblioteca dell'Imagine 1988.

1.4.6 Filmemacher

Achternbusch, Herbert

Drews, Jörg (Hg.): *Herbert Achternbusch.* Frankfurt: Suhrkamp 1982 (st materialien 2015).

Jansen, Peter W.; Schütte, Wolfram (Hg.): *Herbert Achternbusch.* München: Hanser 1984 (Reihe Film 32).

Alekan, Henri

Alekan, Henri: *Des lumières et des ombres.* Neuausgabe. Paris: Editions du Collectionneur 1996.

Wiese, Heidi: *Die Metaphysik des Lichts. Der Kameramann Henri Alekan.* Marburg: Schüren 1996 (Schriften der Friedrich Wilhelm Murnau-Gesellschaft 4).

Allen, Woody

Allen, Woody: *Four Films of Woody Allen. Annie Hall – Interiors – Manhattan – Stardust Memories.* New York: Random House 1982. Deutsche Ausgaben der Filmtexte von Woody Allen sind als Diogenes-Taschenbücher erschienen.

Allen, Woody: *Das BilderLeseBuch.* (The Illustra-

ted Woody Allen Reader). Hg. v. Linda Sunshine. München: Kindler 1994.
Björkman, Stig: *Woody Allen über Woody Allen.* (Woody Allen on Woody Allen, 1994). Köln: Kiepenheuer & Witsch 1995.
Curry, Renée R. (Hg.): *Perspectives on Woody Allen.* New York: Hall 1996 (Perspectives on film).
Felix, Jürgen: *Woody Allen. Komik und Krise.* Marburg: Hitzeroth 1993 (Aufblende. Schriften zum Film 3).
Girgus, Sam B.: *The Films of Woody Allen.* Cambridge: Cambridge UP 1993 (Cambridge Film Classics).

Almodóvar, Pedro

Almodóvar, Pedro: *Filmen am Rande des Nervenzusammenbruchs.* (Conversations avec Frédéric Strauss, 1997). Frankfurt: Verlag der Autoren 1998 (Filmbibliothek).

Altman, Robert

Jansen, Peter W.; Schütte, Wolfram (Hg.): *Robert Altman.* München: Hanser 1981 (Reihe Film 25).
Keyssar, Helene: *Robert Altman's America.* New York: Oxford UP 1991.
McGilligan, Patrick: *Robert Altman. Jumping Off the Cliff.* New York: St. Martin's Press 1989.
Sterritt, David: *Robert Altman – Interviews.* Jackson: UP of Mississippi 1999 (Conversations With Filmmakers).
Wexman, Virginia Wright; Bisplinghoff, Gretchen: *Robert Altman. A Guide to References and Resources.* Boston: Hall 1984.

Anderson, Lindsay

Silet, Charles L. P.: *Lindsay Anderson. A Guide to References and Resources.* Boston: Hall 1979.

Anger, Kenneth

Burger-Utzer, Brigitta (Red.): *Kenneth Anger – Icons.* Wien: PVS Verleger 1995.
Landis, Bill: *Anger. The Unauthorized Biography of Kenneth Anger.* New York: HarperCollins 1995.

Antonioni, Michelangelo

Arrowsmith, William: *Antonioni: The Poet of Images.* New York: Oxford UP 1995.
Berg, Jan; Hügel, Hans-Otto (Hg.): Michelangelo Antonioni. Hildesheim: Universität Hildesheim 1995 (Medien und Theater 3).
Brunette, Peter: *The Films of Michelangelo Antonioni.* Cambridge: Cambridge UP 1998 (Cambridge film classics).
Cameron, Ian; Wood, Robin: *Antonioni.* Erw. Ausgabe. New York: Praeger 1971.
Chatman, Seymour: *Antonioni, or the Surface of the World.* Berkeley: University of California Press 1985.
Jansen, Peter W.; Schütte, Wolfram (Hg.): *Michelangelo Antonioni.* München: Hanser 1984 (Reihe Film 31).
Kock, Bernhard: *Michelangelo Antonionis Bilderwelt. Eine phänomenologische Studie.* München: Diskurs Film 1994 (Diskurs Film Bibliothek 8).
Rohdie, Sam: *Antonioni.* London: British Film Institute 1990.
Schüler, Rolf (Red.): *Antonioni. Die Kunst der Veränderung.* Berlin: Berliner Filmkunsthaus Babylon 1993.
Wenders, Wim: *Die Zeit mit Antonioni. Chronik eines Films.* Frankfurt: Verlag der Autoren 1995.

Berger, Ludwig

Berger, Ludwig: *Wir sind vom gleichen Stoff, aus dem die Träume sind. Summe eines Lebens.* Tübingen: Wunderlich 1953 Die Memoiren des Theater- und Filmregisseurs.
Bock, Hans-Michael; Jacobsen, Wolfgang (Red.): *Ludwig Berger.* Hamburg: CineGraph / Berlin: Stiftung Deutsche Kinemathek 1992 (FilmMaterialien 1).

Bergman, Ingmar

Bergman, Ingmar: *Bilder.* Köln: Kiepenheuer & Witsch 1990.
Bergman, Ingmar: *Mein Leben.* Reinbek: Rowohlt 1992 (rororo 13098).
Åhlander, Lars (Hg.): *Gaukler im Grenzland. Ingmar Bergman.* Berlin: Henschel 1993.
Björkman, Stig; Manns, Thorsten; Sima, Jonas: *Bergman über Bergman.* München: Hanser 1976. Interviews mit Bergman.
Kaminsky, Stuart; Hill, Joseph F. (Hg.): *Ingmar Bergman. Essays in Criticism.* New York: Oxford UP 1975.
Lange-Fuchs, Hauke: *Ingmar Bergman. Seine Filme – sein Leben.* München: Heyne 1988 (Heyne Filmbibliothek 119).
Oliver, Roger W. (Hg.): *Ingmar Bergman. Der Film, das Theater, die Bücher.* Rom: Gremese 2000. (Edition Gremese bei Schüren).
Weise, Eckhard: *Ingmar Bergman.* Reinbek: Rowohlt 1987 (rowohlts monographien 366).
Wood, Robin. *Ingmar Bergman.* London: Studio Vista 1969 (Movie Paperback).

Bertolucci, Bernardo

Jansen, Peter W.; Schütte, Wolfram (Hg.): *Bernardo Bertolucci.* München: Hanser 1982 (Reihe Film 24).
Kolker, Robert Philip: *Bernardo Bertolucci.* New York: Oxford UP 1985.
Tonetti, Claretta Micheletti: *Bernardo Bertolucci. The Cinema of Ambiguity.* London: Twayne 1995 (Twayne's filmmakers series).

Ungari, Enzo; Ranvand, Donald: *Bertolucci by Bertolucci*. London: Plexus 1987.

Beyer, Frank

Schenk, Ralf: *Regie: Frank Beyer*. Berlin: Hentrich 1995.

Bogart, Humphrey

Benchley, Nathaniel: *Bogart*. Boston: Little, Brown 1975. Eine der wenigen empfehlenswerten Untersuchungen über die Karriere eines Stars.

Jansen, Peter W.; Schütte, Wolfram (Hg.): *Humphrey Bogart*. 3. erw. Auflage. München: Hanser 1985 (Reihe Film 8).

Meyers, Jeffrey: *Bogart. A Life in Hollywood*. Boston: Houghton Mifflin 1997.

Bois, Curt

Bois, Curt: *Zu wahr, um schön zu sein*. 2. erw. Ausgabe. Mitarbeit: Gerold Ducke. Berlin/DDR: Henschel 1982.

Schwab, Lothar (Red.): *Curt Bois*. Berlin/West: Stiftung Deutsche Kinemathek 1983 (Exil. Sechs Schauspieler aus Deutschland).

Brakhage, Stan

Siehe auch Abteilung 1.5 Filmtheorie und Filmkritik.

Elder, R. Bruce: *The Films of Stan Brakhage in the American Tradition of Ezra Pound, Gertrude Stein, and Charles Olson*. Waterloo, Ontario: Wilfried Laurier UP 1998.

Brando, Marlon

Brando, Marlon; Lindsey, Robert: *Mein Leben*. (Brando. Songs My Mother Taught Me). München: Bertelsmann 1994.

Körte, Peter: *Humphrey Bogart*. Reinbek: Rowohlt 1992 (rowohlts monographien 486).

Bresson, Robert

Bresson, Robert: *Noten zum Kinematographen*. München: Hanser 1980 (Arbeitshefte Film 4).

Jansen, Peter W.; Schütte, Wolfram (Hg.): *Robert Bresson*. München: Hanser 1978 (Reihe Film 15).

Prédal, René: *Robert Bresson. L'aventure intérieure*. Paris: L'avant-scène 1992.

Sémolué, Jean: *Bresson, ou l'acte pur des métamorphoses*. Paris: Flammarion 1993 (Cinémas).

Sloan, Jane: *Robert Bresson. A Guide to References and Resources*. Boston: Hall 1983.

Brooks, Louise

Brooks, Louise: *Lulu in Berlin und Hollywood*. München: Schirmer/Mosel 1983. Gesammelte Aufsätze des eigenwilligen Stars.

Paris, Barry: *Louise Brooks*. New York: Knopf 1989.

Buñuel, Luis

Buñuel, Luis: *Mein letzter Seufzer. Erinnerungen*. (Mon dernier soupir, 1982). Königstein: Athenäum 1983.

Buñuel, Luis: *Die Flecken der Giraffe. Ein- und Überfälle*. Berlin: Wagenbach 1991. Gesammelte Aufsätze zu Literatur und Kino.

Aub, Max/Buñuel, Luis: *Die Erotik und andere Gespenster. Nicht abreissende Gespräche*. (Conversaciones con Buñuel, 1984). Berlin: Wagenbach 1992 (Wagenbachs Taschenbuch 203).

David, Yasha: *Buñuel! Auge des Jahrhunderts*. Bonn: Kunst- und Ausstellungshalle der Bundesrepublik Deutschland 1994.

Jansen, Peter W.; Schütte, Wolfram (Hg.): *Luis Buñuel*. 2. erw. Ausgabe. München: Hanser 1980 (Reihe Film 6).

Link-Heer, Ursula; Roloff, Volker (Hg.): *Luis Buñuel. Film – Literatur – Intermedialität*. Darmstadt: Wissenschaftliche Buchgesellschaft 1994.

Pérez Turrent, Tomás; Colina, José de la: *Conversations avec Luis Buñuel. Il est dangereux de se pencher au-dedans*. Paris: Cahiers du cinéma 1993.

Schwarze, Michael: *Luis Buñuel*. 3. erw. Auflage. Reinbek: Rowohlt 1993 (rowohlts monographien 292).

Burton, Tim

Hanke, Ken: *Tim Burton. An Unauthorized Biography of the Filmmaker*. Los Angeles: Renaissance Books 1999.

Merschmann, Helmut: *Tim Burton*. Berlin: Bertz 2000 (film: 5).

Salisbury, Mark (Hg.): *Burton on Burton*. London: Faber and Faber 1995.

Capra, Frank

Capra, Frank: *Autobiographie*. (The Name Above the Title, 1971). Zürich: Diogenes 1992.

McBride, Joseph: *Frank Capra. The Catastrophe of Success*. New York: Simon & Schuster 1992.

Wolfe, Charles: *Frank Capra. A Guide to References and Resources*. Boston: Hall 1987.

Carné, Marcel

Schneider, Manfred: *Die Kinder des Olymp. Der Triumph der Schaulust*. Frankfurt: Fischer 1985 (FTB 4461).

Turk, Edward Baron: *Child of Paradise. Marcel Carné and the Golden Age of French Cinema*. Cambridge, MA: Harvard UP 1989.

Cassavetes, John

Carney, Ray: *The Films of John Cassavetes. Pragmatism, Modernism, and the Movies*. Cambridge: Cambridge UP 1994 (Cambridge Film Classics).

Jansen, Peter W.; Schütte, Wolfram (Hg.): *John Cassavetes.* München: Hanser 1983 (Reihe Film 29).

Lang, Andrea; Seiter, Bernhard (Hg.): *John Cassavetes. DirActor.* Wien: PVS 1993.

Streiter, Anja: *Das unmögliche Leben. Filme von John Cassavetes.* Berlin: Vorwerk 8 1995 (Traversen 2).

Chabrol, Claude

Jansen, Peter W.; Schütte, Wolfram (Hg.): *Claude Chabrol.* 2. erw. Ausgabe. München: Hanser 1986 (Reihe Film 5).

Magny, Joël: *Claude Chabrol.* Paris: Cahiers du Cinéma / Diffusion, Seuil 1987 (Collection «Auteurs»).

Chaplin, Charles

Chaplin, Charles: *Die Geschichte meines Lebens.* Frankfurt: Fischer 1977 (FTB 4460).

Gersch, Wolfgang: *Chaplin in Berlin. Illustrierte Miniatur nach Berliner Zeitungen von 1931.* (1988). Reprint. Berlin: Parthas 1999.

Maland, Charles J.: *Chaplin and American Culture.* Princeton: Princeton UP 1991.

Robinson, David: *Chaplin. The Mirror of Opinion.* Bloomington: Indiana UP 1984.

Robinson, David: *Chaplin. Sein Leben, seine Kunst.* Zürich: Diogenes 1993 (detebe 22571).

Tichy, Wolfram: *Charlie Chaplin.* Reinbek: Rowohlt 1974 (rowohlts monographien 219).

Wiegand, Wilfried (Hg.): *Über Chaplin.* Zürich: Diogenes 1978 (detebe 159). Sammlung von Aufsätzen.

Clair, René

Clair, René: *Kino. Vom Stummfilm zum Tonfilm. Kritische Notizen zur Entwicklungsgeschichte des Films 1920–1950* (Réflexions faite, 1951). Neuausgabe. Zürich: Diogenes 1995. Eine persönliche Darstellung des französischen Filmregisseurs.

Billard, Pierre: *Le mystère René Clair.* Paris: Plon 1998 (Les grands cinéastes français).

Cocteau, Jean

Cocteau, Jean: *Gespräche über den Film.* Hg. v. André Fraigneau. Esslingen: Bechtle 1954.

Cocteau, Jean: *Kino und Poesie. Notizen.* Hg. v. Klaus Eder. München: Hanser 1979.

Steegmuller, Francis: *Cocteau. A Biography.* London: Constable 1986.

Coen, Joel & Ethan

Kilzer, Annette; Rogall, Stefan: *Das filmische Universum von Joel und Ethan Coen.* Marburg: Schüren 1998.

Körte, Peter; Seeßlen, Georg (Hg.): Joel & Ethan Coen. Berlin: Bertz 1998 (film: 2).

Coppola, Francis Ford

Bergan, Ronald: *Nahaufnahme: Francis Ford Coppola.* Reinbek: Rowohlt 1998 (rororo 60652).

Cowie, Peter: *Coppola.* London: Faber and Faber 1990.

Cowie, Peter: *The Godfather Book.* London: Faber and Faber 1997.

Goodwin, Michael; Wise, Naomi: *On the Edge. The Life & Times of Francis Ford Coppola.* New York: Morrow 1989.

Jansen, Peter W.; Schütte, Wolfram (Hg.): *Francis Ford Coppola.* München: Hanser 1985 (Reihe Film 33).

Schumacher, Michael: *Francis Ford Coppola. A Filmmakers's Life.* New York: Crown 1999.

Cukor, George

Lambert, Gavin: *On Cukor.* New York: Capricorn Books 1973.

McGilligan, Patrick: *George Cukor: A Double Life. A Biography of the Gentleman Director.* New York: St. Martin's Press 1991.

DeMille, Cecil B.

Cherchi Usai, Paolo; Codelli, Lorenzo (Hg.): *L'eredità DeMille / The DeMille Legacy.* Pordenone: Edizioni Biblioteca dell'Imagine 1991.

Higashi, Sumiko: *Cecil B. DeMille and American Culture. The Silent Era.* Berkeley: University of California Press 1994.

Dieterle, William

Dumont, Hervé: *William Dieterle. Antifascismo y compromiso romántico.* Madrid: Filmoteca Española 1994.

Mierendorff, Marta: *William Dieterle. Der Plutarch von Hollywood.* Mit einer Studie von Jackie O'Dell. Berlin: Henschel 1993.

Dietrich, Marlene

Bach, Steven: *Marlene Dietrich. Die Legende. Das Leben.* (Marlene Dietrich. Life and Legend, 1992). Düsseldorf: Econ 1993.

Riva, Maria: *Meine Mutter Marlene.* (Marlene Dietrich by Her Daughter, 1994). München: Goldmann 1994 (Goldmann TB 42616). Enthält zahlreiche Originaldokumente und Briefe.

Seydel, Renate: *Marlene Dietrich. Eine Chronik ihres Lebens in Bildern und Dokumenten.* Berlin / DDR: Henschel 1984.

Sudendorf, Werner (Hg.): *Marlene Dietrich. Dokumente, Essays, Filme.* Erw. Ausgabe. Frankfurt: Ullstein 1980 (Ullstein TB 27506).

Disney, Walt

Finch, Christopher: *The Art of Walt Disney. From Mickey Mouse to the Magic Kingdoms.* New

York: Abradale Press 1983. Die offizielle Geschichte.

Laqua, Carsten: *Wie Micky unter die Nazis fiel. Walt Disney in Deutschland.* Reinbek: Rowohlt 1992 (rororo 9104).

Reitberger, Reinhold: *Walt Disney.* Reinbek: Rowohlt 1979 (rowohlts monographien 226).

Schickel, Richard: *Disneys Welt. Zeit, Leben, Kunst und Kommerz des Walt Disney.* (The Disney Version). Berlin: Kadmos 1997.

Smoodin, Eric: *Disney Discourse. Producing the Magic Kingdom.* New York: Routledge 1994 (AFI Film Readers).

Storm, J. P.; Dreßler, Mario: *Im Reiche der Micky Maus. Walt Disney in Deutschland 1927–1945.* Berlin: Henschel 1991.

Dovzenko, Aleksandr

Dovzhenko, Alexander: *The Poet as Filmmaker. Selected Writings.* Hg. v. Marco Carynnyk. Boston: M.I.T. Press 1973.

Jurenev, Rostoslav N.: *Alexander Dovshenko.* Berlin/DDR: Henschel 1964.

Kepley Jr., Vance: *In the Service of the State. The Cinema of Alexander Dovzhenko.* Madison: University of Wisconsin Press 1986.

Dreyer, Carl Theodor

Dreyer, Carl Th.: *Dreyer in Double Reflection.* (Om Filmen). Hg. v. Donald Skoller. New York: Dutton 1973.

Dreyer, Carl Th.: *Oevres cinématographiques 1926–1934.* Hg. v. Maurice Drouzy und Charles Tesson. Paris: Cinémathèque française 1983. Drehbücher und Kommentare zu La Passion de Jeanne d'Arc, Vampyr u. a.

Bordwell, David: *The Films of Carl-Theodor Dreyer.* Berkeley: University of California Press 1981.

Carney, Raymond: *Speaking the Language of Desire. The Films of Carl Theodor Dreyer.* Cambridge: Cambridge UP 1989.

Dupont, Ewald André

Bretschneider, Jürgen (Red.): *Ewald André Dupont. Autor und Regisseur.* München: edition text + kritik 1992 (Ein CineGraph Buch).

Dwan, Allan

Bogdanovich, Peter: *Allan Dwan. The Last Pioneer.* London: Studio Vista 1971.

Eastwood, Clint

Kapsis, Robert E.; Coblentz, Kathie (Hg.): *Clint Eastwood. Interviews.* Jackson: UP of Mississippi 1999. (Conversations with filmmakers).

Knapp, Laurence F.: *Directed by Clint Eastwood. Eighteen Films Analyzed.* Jefferson, NC: McFarland 1996.

Midding, Gerhard (Hg.): *Clint Eastwood – der konservative Rebell.* Stuttgart: Wiedleroither 1996.

Schickel, Richard: *Clint Eastwood. Eine Biographie.* (1996). München: Goldmann 1998 (Goldmann TB 12763).

Edison, Thomas Alva

Baldwin, Neil: *Edison. Inventing the Century.* New York: Hyperion 1995.

Vögtle, Fritz: *Thomas Alva Edison.* Reinbek: Rowohlt 1982 (rowohlts monographien 305).

Eisenstein, Sergej M.

Siehe auch Abteilung 1.5 Filmtheorie und Filmkritik.

Eisenstein, Sergej: *Yo. Ich selbst. Memoiren.* 2 Bände. Hg. v. Naum Klejman, Walentina Korschunowa. Erg. Neuausgabe. Berlin: Henschel 1998.

Barna, Yon: *Eisenstein.* London: Secker & Warburg 1973 (Cinema Two).

Bergan, Ronald: *Eisenstein. A Life in Conflict.* Woodstock: Overlook Press 1999.

Bulgakowa, Oksana (Red.): *Eisenstein und Deutschland. Texte, Dokumente, Briefe.* Berlin: Akademie der Künste/Henschel 1998.

Dillmann-Kühn, Claudia (Red.): *Sergej Eisenstein im Kontext der russischen Avantgarde 1920–1925.* Frankfurt: Deutsches Filmmuseum 1929 (Kinematograph 8).

Seton, Marie: *Sergei M. Eisenstein. A Biography.* (1952). Erw. Ausgabe. London: Dobson 1978.

Sklovskij, Viktor: *Eijzenstein.* Reinbek: Rowohlt 1977 (das neue buch 55).

Sudendorf, Werner: *Eisenstein, Sergej M. Materialien zu Leben und Werk.* Mitarbeit: Naum I. Klejman, Hans-Joachim Schlegel. München: Hanser 1975 (Reihe Hanser, Filmbibliothek RH 157). Detaillierte Chronik und Bibliografie, empfehlenswert.

Emmerich, Roland

Müller, Jo: *Roland Emmerich. Eine Werkbiografie.* Köln: VGS 1998.

Fanck, Arnold

Horak, Jan-Christopher; Pichler, Gisela (Hg.): *Berge, Licht und Traum. Dr. Arnold Fanck und der deutsche Bergfilm.* München: Bruckmann 1997.

Fassbinder, Rainer Werner

Fassbinder, Rainer Werner: *Filme befreien den Kopf. Essays und Arbeitsnotizen.* Hg. v. Michael Töteberg. Frankfurt: Fischer 1984 (FTB 3672).

Fassbinder, Rainer Werner: *Die Anarchie der Phantasie. Gespräche und Interviews.* Hg. v. Michael Töteberg. Frankfurt: Fischer 1986 (FTB 4462).

Jansen, Peter W.; Schütte, Wolfram (Hg.): *Rainer*

Werner Fassbinder. 5. erw. Auflage. München: Hanser 1985 (Reihe Film 2).

Schmid, Marion; Gehr, Herbert (Red.): *Rainer Werner Fassbinder. Dichter, Schauspieler, Filmemacher. Werkschau.* Hg. v. d. Rainer Werner Fassbinder Foundation. Berlin: Argon 1992.

Thomsen, Christian Braad: *Rainer Werner Fassbinder. Leben und Werk eines maßlosen Genies.* Hamburg: Rogner & Bernhard 1993.

Fechner, Eberhard

Netenjakob, Egon: *Eberhard Fechner. Lebensläufe dieses Jahrhunderts im Film.* Weinheim: Quadriga 1989.

Fellini, Federico

Fellini, Federico: *Werkausgabe der Drehbücher und Schriften. ca. 18 Bände.* Hg. v. Christian Strich. Zürich: Diogenes 1972 ff. (detebe 55/Iff.).

Fellini, Federico: *Federico Fellinis Filme.* Zürich: Diogenes 1977. Foto-Filmografie.

Bondarella, Peter: *The Cinema of Federico Fellini.* Princeton: Princeton UP 1992.

Chandler, Charlotte: *Ich, Fellini.* München: Herbig 1994.

Kezich, Tullio: *Fellini. Eine Biographie.* Zürich: Diogenes 1989.

Tornabuoni, Lietta (Hg.): *Federico Fellini.* (Katalog zur Ausstellung Federico Fellini). Zürich: Diogenes 1995.

Töteberg, Michael: *Federico Fellini.* Reinbek: Rowohlt 1989 (rowohlts monographien 455).

Fischinger, Oskar

Gehr, Herbert (Red.): *Optische Poesie. Oskar Fischinger. Leben und Werk.* Frankfurt: Deutsches Filmmuseum 1993 (Kinematograph 9).

Flaherty, Robert

Barsam, Richard: *The Vision of Robert Flaherty. The Artist as Myth and Filmmaker.* Bloomington: Indiana UP 1988.

Klaue, Wolfgang; Leyda, Jay (Red.): *Robert Flaherty.* Berlin/DDR: Henschel 1964.

Murphy, William Thomas: *Robert Flaherty. A Guide to References and Resources.* Boston: Hall 1978.

Ford, John

Anderson, Lindsay: *About John Ford …* London: Plexus 1981.

Bogdanovich, Peter: *John Ford.* Erw. Ausgabe. Berkeley: University of California Press 1978. Interview und Filmografie.

Eyman, Scott: *Print the Legend. The Life and Times of John Ford.* New York: Simon & Schuster 1999.

Gallagher, Tag: *John Ford. The Man and His Work.* Berkeley: University of California Press 1985.

Levy, Bill: *John Ford. A Bio-Bibliography.* Westport: Greenwood Press 1998 (Biobibliographies in the performing arts 78).

McBride, Joseph; Wilmington, Michael: *John Ford.* London: Secker & Warburg 1974 (Cinema Two).

Sarris, Andrew: *The John Ford Movie Mystery.* London: Secker & Warburg 1976 (Cinema One 27).

Forman, Miloš

Forman, Miloš; Novak, Jan: *Rückblende. Erinnerungen.* Hamburg: Hoffmann und Campe 1994.

Foster, Jodie

Fischer, Robert: *Jodie Foster. Hollywoods Wunderkind.* 2. erw. Ausgabe. München: Heyne 1995 (Heyne-Filmbibliothek 179).

Foster, Buddy; Wagener, Leon: *Jodie Foster. Eine Biographie* (Foster Child, 1997). München: Econ & List Taschenbuch 1998 (Econ & List 26506).

Kennedy, Philippa: *Jodie Foster. The Most Powerful Woman in Hollywood.* London: MacMillan 1995.

Fuller, Samuel

Fuller, Samuel: *Il était une fois … Histoires d'Amérique.* Racontées à Jean Narboni et Noel Simsolo. Paris: Cahiers du cinéma 1986.

Berg, Ulrich von; Grob, Norbert (Hg.): *Fuller.* München: Filmland Presse 1984 (Edition Filme 1).

Server, Lee: *Sam Fuller: Film Is a Battleground.* Jefferson: McFarland 1994.

Gance, Abel

Brownlow, Kevin: *Napoleon. Abel Gance's Classic Film.* London: Jonathan Cape 1983.

King, Norman: *Abel Gance.* London: British Film Institute 1984.

Garbo, Greta

Broman, Sven: *Conversations with Greta Garbo.* New York: Viking 1992.

Gerron, Kurt

Felsmann, Barbara; Prümm, Karl: *Kurt Gerron – Gefeiert und gejagt. 1897–1944. Das Schicksal eines deutschen Unterhaltungskünstlers.* Berlin: Hentrich 1992 (Reihe Deutsche Vergangenheit 63).

Geschonneck, Erwin

Geschonneck, Erwin: *Meine unruhigen Jahre. Hg. v. Günter Agde.* 1984. Erw. Ausgabe. Berlin: Aufbau 1996 (AtV 152). Die Memoiren des DDR-Stars, u. a. über Exil und KZ-Zeit.

Godard, Jean-Luc

Siehe auch Abteilung 1.5 Filmtheorie und Filmkritik.

Godard, Jean-Luc: *Histoire(s) du cinéma.* 4 Bände. Paris: Gallimard – Gaumont 1998. Druckfassung der eigenwilligen Video-Serie. Auch illustrierte CD-Ausgabe: München: ECM New Series 1999.

Bellour, Raymond; Bandy, Mary Lea (Hg.): *Jean-Luc Godard. Son + Image 1974–1991.* New York: Museum of Modern Art 1992.

Jansen, Peter W.; Schütte, Wolfram (Hg.): *Jean-Luc Godard.* München: Hanser 1979 (Reihe Film 19).

McCabe, Colin: *Godard: Images, Sounds, Politics.* London: Macmillan 1980 (BFI Cinema Series).

Roud, Richard: *Jean-Luc Godard.* 2. Auflage. London: Thames and Hudson 1970 (Cinema One 1). Eine gründliche kritische Studie, empfehlenswert.

Sterritt, David: *Jean-Luc Godard. Interviews.* Jackson: UP of Mississippi 1998 (Conversations with filmmakers).

Sterritt, David: *The Films of Jean-Luc Godard. Seeing the Invisible.* Cambridge: Cambridge UP 1999 (Cambridge film classics).

Gräf, Roland

Gräf, Roland: *Gedanken beim Filmemachen. Eine Dokumentation.* Redaktion: Ugla Gräf, Rolf Richter. Potsdam-Babelsberg: DEFA Studio für Spielfilme 1987 (Aus Theorie und Praxis des Films, Heft 4, 1987).

Greenaway, Peter

Barchfeld, Christiane: *Filming by Numbers: Peter Greenaway. Ein Regisseur zwischen Experimentalkino und Erzählkino.* Tübingen: Narr 1993 (Medienbibliothek: Serie B Studien 13).

Caux, Daniel; Field, Michel; de Meredieu, Florence; Pilard, Philippe; Nyman, Michael: *Peter Greenaway.* Paris: Éditions Dis Voir 1987 (Série entrevues).

Gras, Vernon W.; Gras, Marguerit (Hg.): *Peter Greenaway. Interviews.* Jackson: UP of Mississippi 2000 (Conversations with filmmakers).

Kremer, Detlef: *Peter Greenaways Filme. Vom Überleben der Bilder und Bücher.* Stuttgart: Metzler 1995.

Lawrence, Amy: *The Films of Peter Greenaway.* Cambridge: Cambridge UP 1997 (Cambridge film classics).

Woods, Alan: *Being Naked, Playing Dead. The Art of Peter Greenaway.* Manchester: Manchester UP 1996.

Grierson, John

Siehe auch Abteilung 1.5 Filmtheorie und Filmkritik.

Hardy, Forsyth: *John Grierson. A Documentary Biography.* London: Faber and Faber 1979.

Griffith, D. W.

Brown, Karl: *Adventures with D. W. Griffith.* Hg. v. Kevin Brownlow. London: Secker & Warburg 1973.

Gunning, Tom: *D. W. Griffith and the Origins of American Narrative Film. The Early Years at Biograph.* Urbana: University of Illinois Press 1991.

Henderson, Robert M.: *D. W. Griffith. His Life and Work.* New York: Oxford UP 1972.

Schickel, Richard: *D. W. Griffith. And the Birth of Film.* London: Pavilion Books 1984.

Simmon, Scott: *The Films of D. W. Griffith.* Cambridge: Cambridge UP 1993 (Cambridge Film Classics).

Wagenknecht, Edward; Slide, Anthony: *The Films of D. W. Griffith.* New York: Crown 1976.

Harlan, Veit

Noack, Frank: *Veit Harlan. Des Teufels Regisseur.* München: Belleville 2000.

Zielinski, Siegfried: *Veit Harlan. Analysen und Materialien zur Auseinandersetzung mit einem Film-Regisseur des deutschen Faschismus.* Frankfurt: R. G. Fischer 1981.

Harvey, Lilian

Habich, Christiane (Hg.): *Lilian Harvey.* Berlin/West: Haude & Spener 1990.

Hawks, Howard

Blumenberg, Hans C.: *Die Kamera in Augenhöhe. Begegnungen mit Howard Hawks.* Köln: DuMont 1979 (DuMont Dokumente film).

Hillier, Jim; Wollen, Peter (Hg.): *Howard Hawks American Artist.* London: BFI 1996.

McCarthy, Todd: *Howard Hawks. The Grey Fox of Hollywood.* New York: Grove Press 1997.

McBride, Joseph: *Hawks on Hawks.* Berkeley: University of California Press 1982.

Wood, Robin: *Howard Hawks.* Erw. Neuausgabe. London: BFI 1981 (Cinema One 7).

Herzog, Werner

Blank, Les; Bogan, James (Hg.): *Burden of Dreams. Screenplay, Journals, Reviews, Photographs.* Berkeley: North Atlantic Books 1984.

Corrigan, Timothy (Hg.): *The Films of Werner Herzog. Between Mirage and History.* New York: Methuen 1986.

Jansen, Peter W.; Schütte, Wolfram (Hg.): *Werner Herzog.* München: Hanser 1979 (Reihe Film 22).

Hitchcock, Alfred

Allen, Richard; Ishii-Gonzalez, Sam (Hg.): *Alfred Hitchcock. Centenary Essays.* London: British Film Institute 1999.

Auiler, Dan: *Hitchcock's Notebooks*. New York: Avon 1999.
Barr, Charles: *English Hitchcock*. Moffat: Cameron & Hollis 1999 (A Movie Book).
Beier, Lars-Olav; Seeßlen, Georg (Hg.): *Alfred Hitchcock*. Berlin: Bertz 1999 (film: 7).
Filmmuseum der Landeshauptstadt Düsseldorf (Hg.): *Obsessionen. Die Alptraum-Fabrik des Alfred Hitchcock*. Marburg: Schüren 2000.
Rohmer, Eric; Chabrol, Claude: *Hitchcock*. Paris: Editions universitaires 1957. Ein Klassiker.
Rothman, William: *Hitchcock – The Murderous Gaze*. Cambridge, MA: Harvard UP 1982 (Harvard film studies).
Sloan, Jane E.: *Alfred Hitchcock. A Filmography and Bibliography*. Erw. Ausgabe. Berkeley: University of California Press 1995.
Spoto, Donald: *The Art of Alfred Hitchcock. Fifty Years of His Films*. Erw. Ausgabe. London: Fourth Estate 1992.
Sterritt, David: *The Films of Alfred Hitchcock*. Cambridge: Cambridge UP 1993 (Cambridge Film Classics).
Taylor, John Russell: *Die Hitchcock-Biographie. Alfred Hitchcocks Leben und Werk*. München: Hanser 1980.
Truffaut, François: *Le cinéma selon Hitchcock*. Mitarbeit: Helen Scott. Erw. Ausgabe. Paris: Ramsay 1983; deutsch: *Truffaut/Hitchcock*. Hg. v. Robert Fischer. München: Diana 1999. Das klassische Interview, sehr empfehlenswert.
Wood, Robin: *Hitchcock's Films Revisited*. London: Faber and Faber 1991.

Huston, John

Brill, Lesley: *John Huston's Filmmaking*. Cambridge: Cambridge UP 1997 (Cambridge studies in film)
Ciment, Gilles (Hg.): *John Huston*. Paris: Éditions Rivages 1988 (Dossier Positif-Rivages).
Cohen, Allen; Lawton, Harry: *John Huston. A Guide to References and Resources*. New York: Hall 1997.
Cooper, Stephen (Hg.): *Perspectives on John Huston*. New York: Hall 1994.
Studlar, Gaylyn; Desser, David (Hg.): *Reflections in a Male Eye. John Huston and the American Experience*. Washington: Smithsonian Institution 1993.

Ingram, Rex

O'Leary, Liam: *Rex Ingram. Master of the Silent Cinema* (1980). Reprint. London: British Film Institute 1993.

Ivens, Joris

Ivens, Joris: *Die Kamera und ich. Autobiographie eines Filmers*. Reinbek: Rowohlt 1974 (das neue buch 47).
Bakker, Kees (Hg.): *Joris Ivens and the Documentary Context*. Amsterdam: Amsterdam UP 1999 (Film Culture in Transition).
Delmar, Rosalind: *Joris Ivens. 50 years of filmmaking*. London: British Film Institute 1979. Bio-Filmografie, ausgewählte Aufsätze und Interviews.
Klaue, Wolfgang; Lichtenstein, Manfred; Wegner, Hans (Red.): *Joris Ivens*. Berlin/DDR: Staatliches Filmarchiv der DDR 1963.
Schoots, Hans: *Joris Ivens – Living Dangerously*. Amsterdam: Amsterdam UP 2000 (Film Culture in Transition).

Jutzi, Phil

Belach, Helga; Bock, Hans-Michael (Hg.): *Berlin-Alexanderplatz. Drehbuch von Alfred Döblin und Hans Wilhelm zu Phil Jutzis Film Film von 1931*. München: edition text + kritik 1996 (FILMtext).
Bock, Hans-Michael; Jacobsen, Wolfgang (Red.): *Phil Jutzi*. Hamburg: CineGraph/Berlin: Stiftung Deutsche Kinemathek 1993 (Film-Materialien 5).
Freund, Rudolf; Hanisch, Michael (Hg.): *Mutter Krausens Fahrt ins Glück. Filmprotokoll und Materialien*. Berlin/DDR: Henschel 1976 (dialog).

Kaurismäki, Aki

Aki Kaurismäki. Paris: Université de Paris 1999.
Aho, Tuulikki (Hg.): *AKIM: Kaurismki-bibliografia & -filmografia*. Tampere: Tampereen yliopisto 1993.
Rusch, Beate (Hg.): *Schatten im Paradies. Von den «Leningrad Cowboys» bis «Wolken ziehen vorüber» – Die Filme von Aki Kaurismäki*. Berlin: Schwarzkopf & Schwarzkopf 1997.

Käutner, Helmut

Jacobsen, Wolfgang; Prinzler, Hans Helmut (Hg.): *Käutner*. Berlin: Spiess 1992 (Edition Filme 8).

Kazan, Elia

Kazan, Elia: *A Life*. New York: Knopf 1988.
Baer, William (Hg.): *Elia Kazan: Interviews*. Jackson: UP of Mississippi 2000 (Conversations with filmmakers).
Belach, Helga; Jacobsen, Wolfgang (Hg.): *Elia Kazan*. Berlin: Jovis 1996.
Ciment, Michel: *Kazan on Kazan*. New York: Viking 1973. Gespräche mit dem Filmemacher.
Young, Jeff (Hg.): *Kazan. The Master Director Discusses His Films*. New York: Newmarket Press 1999.

Keaton, Buster

Keaton, Buster: *Schallendes Gelächter. Eine Autobiographie.* Mitarbeit: Charles Samuels. München: Schirmer/Mosel 1986.

Belach, Helga; Jacobsen, Wolfgang (Hg.): *Buster Keaton.* Berlin: Argon 1995.

Benayoun, Robert: *Buster Keaton. Der Augen-Blick des Schweigens.* München: Bahia 1983.

Jansen, Peter W.; Schütte, Wolfram (Hg.): *Buster Keaton.* 2. erw. Ausgabe. München: Hanser 1980 (Reihe Film 3).

Moews, Daniel: *Keaton. The Silent Features.* Berkeley: University of California Press 1977.

Robinson, David: *Buster Keaton.* 2. Auflage. London: Secker & Warburg 1970 (Cinema One 10).

Tichy, Wolfram: *Buster Keaton.* Reinbek: Rowohlt 1983 (rowohlts monographien 318).

Knopf, Robert: *The Theatre and Cinema of Buster Keaton.* Princeton: Princeton UP 1999.

Rapf, Joanna E.; Green, Gary L. (Hg.): *Buster Keaton. A Bio-Bibliography.* Westport: Greenwood Press 1995.

Bengtson, John: *Silent Echoes. Discovering Early Hollywood Through the Films of Buster Keaton.* Santa Monica: Santa Monica Press 1999.

Dardis, Tom: *Keaton, the Man Who Wouldn't Lie Down.* London: Virgin 1979.

Kieslowski, Krzysztof

Kieslowski, Krzysztof; Piesiewiecz, Krzysztof: *Dekalog. Zehn Geschichten.* München: Kellermann 1994.

Insdorf, Annette: *Double Lives, Second Chances. The Cinema of Krzysztof Kieslowski.* New York: Miramax 1999.

Stok, Danusia (Hg.): *Kieslowski on Kieslowski.* London: Faber and Faber 1993.

KING, Heny

Thompson, Frank (Hg.): *Henry King Director. From Silents to 'Scope. Based on interviews by David Shepard and Ted Perry.* Hollywood: Directors Guild of America 1995.

Klein, Gerhard

Schmidt, Hannes: *Werkstatterfahrungen mit Gerhard Klein. Gespräche.* Potsdam-Babelsberg: DEFA Studio für Spielfilme 1984 (Aus Theorie und Praxis des Films, Heft 2, 1984).

Kluge, Alexander

Kluge, Alexander: *Gelegenheitsarbeit einer Sklavin. Zur realistischen Methode.* Frankfurt: Suhrkamp 1975 (edition suhrkamp 733).

Kluge, Alexander: *Die Macht der Gefühle.* Frankfurt: Zweitausendeins 1984.

Kluge, Alexander: *In Gefahr und größter Not bringt der Mittelweg den Tod. Texte zu Kino, Film, Politik.* Hg. v. Christian Schulte. Berlin: Vorwerk 8 1999 (Texte zum Dokumentarfilm 5).

Böhm-Christl, Thomas (Hg.): *Alexander Kluge.* Frankfurt: Suhrkamp 1983 (st materialien 2033).

Eder, Klaus; Kluge, Alexander: *Ulmer Dramaturgien. Reibungsverluste. Stichwort: Bestandsaufnahme.* München: Hanser 1980 (Arbeitshefte Film 2/3).

Hummel, Christoph (Red.): *Alexander Kluge.* Berlin/West: Freunde der Deutschen Kinemathek e.V. 1983 (Kinemathek 63).

Lutze, Peter C.: *Alexander Kluge. The Last Modernist.* Detroit: Wayne State UP 1998.

Stollmann, Rainer: *Alexander Kluge zur Einführung.* Hamburg: Junius 1998.

Uecker, Matthias: *Anti-Fernsehen? Alexander Kluges Fernsehproduktionen.* Marburg: Schüren 2000.

Korda, Alexander

Kulik, Karol: *Alexander Korda. The Man who could work miracles.* London: Virgin 1990.

Kubrick, Stanley

Ciment, Gilles (Hg.): *Stanley Kubrick.* Paris: Éditions Rivages 1987 (Dossier Positif-Rivages).

Ciment, Michel: *Kubrick.* München: Bahia 1982.

Jansen, Peter W.; Schütte, Wolfram (Hg.): *Stanley Kubrick.* München: Hanser 1984 (Reihe Film 18).

Kagan, Norman: *The Cinema of Stanley Kubrick.* Erw. Ausgabe. New York: Continuum 1989.

Kilb, Andreas; Rother, Rainer (u. a.): *Stanley Kubrick.* Berlin: Bertz 1999 (film: 8).

Kirchmann, Kay: *Stanley Kubrick. Das Schweigen der Bilder.* Marburg: Hitzeroth 1993 (Aufblende. Schriften zum Film 6).

Lobrutto, Vincent: *Stanley Kubrick. A Biography.* New York: Dutton 1997.

Seeßlen, Georg; Jung, Fernand: *Stanley Kubrick und seine Filme.* Marburg: Schüren 1999.

Walker, Alexander; Taylor, Sybil; Ruchti, Ulrich: *Stanley Kubrick. Leben und Werk.* (Stanley Kubrick, Director. A Visual Analysis). Berlin: Henschel 1999.

Kulezov, Lev

Gromov, Evgenij: *Lew Kuleschow – der Vergessene unter den großen Vier: Vertov, Eisenstein, Pudovkin, Dovshenko. Eine Biographie.* Potsdam: HFF 1986 (Beiträge zur Film- und Fernsehwissenschaft 4/86).

Levaco, Ronald (Hg.): *Kuleshov on Film. Writings of Lev Kuleshov.* Berkeley: University of California Press 1974.

Kurosawa, Akira
Kurosawa, Akira: *So etwas wie eine Autobiographie.* Zürich: Diogenes 1991.
Goodwin, James (Hg.): *Perspectives on Akira Kurosawa.* New York: Hall 1994.
Jansen, Peter W.; Schütte, Wolfram (Hg.): *Akira Kurosawa.* München: Hanser 1988 (Reihe Film 41).
Prince, Stephen: *The Warrior's Camera. The Cinema of Akira Kurosawa.* Princeton: Princeton UP 1991.
Richie, Donald; Mellen, Joan: *The Films of Akira Kurosawa.* 3. erw. Ausgabe. Berkeley: University of California Press 1999.

Lamprecht, Gerhard
Belach, Helga; Bock, Hans-Michael (Hg.): *Emil und die Detektive. Drehbuch von Billie Wilder nach Erich Kästner zu Gerhard Lamprechts Film von 1931.* München: edition text + kritik 1998 (FILMtext).

Lang, Fritz
Eisenschitz, Bernard; Bertetto, Paolo (Hg.): *Fritz Lang. La mise en scène.* Turin: Lindau 1994.
Eisner, Lotte H.: *Fritz Lang.* Hg. v. David Robinson. London: Secker & Warburg 1976.
Gehler, Fred; Kasten, Ullrich: *Fritz Lang. Die Stimme von Metropolis.* Berlin: Henschel 1990. Enthält Texte von Lang.
Gunning, Tom: *The Films of Fritz Lang.* London: British Film Institute 2000.
Jansen, Peter W.; Schütte, Wolfram (Hg.): *Fritz Lang.* 2. erw. Ausgabe. München: Hanser 1987 (Reihe Film 41).
Kaplan, E. Ann: *Fritz Lang. A Guide to References and Resources.* Boston: Hall 1981.
McGilligan, Patrick: *Fritz Lang. The Nature of the Beast.* New York: St. Martin's Press 1997.
Sturm, Georges: *Fritz Lang. Films/Textes/Références.* Nancy: Presses universitaires de Nancy 1990.
Töteberg, Michael: *Fritz Lang.* Reinbek: Rowohlt 1985 (Rowohlts Monographien 339).

Laurel & Hardy
Blees, Christian: *Laurel & Hardy. Ihr Leben, ihre Filme.* Berlin: Trescher 1993.
Dick, Rainer: *Laurel & Hardy. Die größten Komiker aller Zeiten.* München: Heyne 1995 (Heyne-Filmbibliothek 221).
Everson, William K.: *Laurel und Hardy und ihre Filme.* München: Goldmann 1980 (Citadel Filmbücher 10204).

Lean, David
Brownlow, Kevin: *David Lean. A Biography.* London: Cohen 1996.

Leni, Paul
Belach, Helga; Bock, Hans-Michael (Hg.): *Wachsfigurenkabinett. Drehbuch von Henrik Galeen zu Paul Lenis Film von 1923.* München: edition text + kritik 1994 (FILMtext).
Bock, Hans-Michael (Hg.): *Paul Leni. Grafik, Theater, Film.* Frankfurt: Deutsches Filmmuseum 1986.

Leone, Sergio
Fornari, Oreste de: *Sergio Leone.* München: Bahia 1984.
Frayling, Christopher: *Sergio Leone. Something to Do With Death.* London: Faber und Faber 2000.

Linder, Max
Linder, Maud: *Max Linder. Le dieux du cinéma muet.* Paris: Éditions Atlas 1992.

Lloyd, Harold
Lloyd, Harold: *An American Comedy.* (1928). Reprint. New York: Dover 1971.
D'Agostino, Annette M.: *Harold Lloyd. A Bio-Bibliography.* Westport: Greenwood Press, 1994. (Biobibliographies in the performing arts 54).
Tichy, Wolfram: *Harold Lloyd.* Luzern: Bucher 1979.

Lorre, Peter
Hofmann, Felix; Younking, Stephen D.: *Peter Lorre. Portrait des Schauspielers auf der Flucht.* München: Belleville 1998.
Younking, Stephen D.; Bigwood, James; Cabana Jr., Raymond: *The Films of Peter Lorre.* Secaucus: Citadel 1982.

Losey, Joseph
Caute, David: *Joseph Losey. A Revenge on Life.* London: Faber and Faber 1994.
Jansen, Peter W.; Schütte, Wolfram (Hg.): *Joseph Losey.* München: Hanser 1977 (Reihe Film 11).
Milne, Tom (Hg.): *Losey on Losey.* London: Secker & Warburg 1968 (Cinema One 2). Gespräche mit dem Filmemacher.
Palmer, James; Riley, Michael: *The Films of Joseph Losey.* Cambridge: Cambridge UP 1993 (Cambridge Film Classics).

Lubitsch, Ernst
Carringer, Robert; Sabath, Barry: *Ernst Lubitsch. A Guide to References and Resources.* Boston: Hall (ca.1980).
Eyman, Scott: *Ernst Lubitsch: Laughter in Paradise. A Biography.* New York: Simon & Schuster 1993.
Hake, Sabine: *Passions and Deceptions. The Early Films of Ernst Lubitsch.* Princeton: Princeton UP 1992.
Prinzler, Hans Helmut; Patalas, Enno (Hg.): *Lubitsch.* München: Bucher 1984.

Weinberg, Herman G.: *The Lubitsch Touch.* 3. erw. Auflage. New York: Dover 1977.

Lucas, George

Pollock, Dale: *Skywalking. The Life and Films of George Lucas.* Hollywood: French 1990.

Salewicz, Chris: *Nahaufnahme: George Lucas.* Reinbek: Rowohlt 1998 (rororo 60593).

Lynch, David

Lynch, David: *Lynch über Lynch.* Hg. v. Chris Rodley. Frankfurt: Verlag der Autoren 1998.

Alexander, John: *The Films of David Lynch.* London: Letts 1993 (Letts Film Makers).

Fischer, Robert: *David Lynch. Die dunkle Seite der Seele.* 2. Auflage. München: Heyne 1993 (Heyne Filmbibliothek 165).

Seeßlen, Georg: *David Lynch und seine Filme.* Erw. Ausgabe. Marburg: Schüren 1997.

Mack, Max

Mack, Max (Hg.): *Die zappelnde Leinwand. Mit Beiträgen v. Hans Brennert, Ewald André Dupont, Rudolf Kurtz, Arthur Landsberger.* Berlin: Eysler 1916. Ein frühes unterhaltsames Filmbuch eines Pioniers.

Wedel, Michael (Hg.): Max Mack. Showman im Glashaus. Berlin: Freunde der deutschen Kinemathek 1996.

Maetzig, Kurt

Maetzig, Kurt: *Filmarbeit. Gespräche, Reden, Schriften.* Hg. v. Günter Agde. Berlin / DDR: Henschel 1987.

Marker, Chris

Kämper, Birgit; Tode, Thomas (Hg.): *Chris Marker. Filmessayist.* München: CICIM 1997 (CICIM 45–47).

Malle, Louis

French, Philip (Hg.): *Malle über Malle.* (Malle on Malle, 1993). Berlin: Alexander 1998.

Jansen, Peter W.; Schütte, Wolfram (Hg.): *Louis Malle.* München: Hanser 1985 (Reihe Film 34).

May, Joe

Bock, Hans-Michael; Lenssen, Claudia (Red.): *Joe May. Regisseur und Produzent.* München: edition text + kritik 1991 (Ein CineGraph Buch).

Mayer, Carl

Belach, Helga; Bock, Hans-Michael (Hg.): *Das Cabinet des Dr. Caligari. Drehbuch von Carl Mayer und Hans Janowitz zu Robert Wienes Film von 1919/1920.* München: edition text + kritik 1995 (FILMtext).

Frankfurter, Bernhard (Hg.): *Carl Mayer: Im Spiegelkabinett des Dr. Caligari. Der Kampf zwischen Licht und Dunkel.* Wien: Promedia 1997.

Hempel, Rolf: *Carl Mayer. Ein Autor schreibt mit der Kamera.* Berlin / DDR: Henschel 1968.

Kasten, Jürgen: *Carl Mayer: Filmpoet. Ein Drehbuchautor schreibt Filmgeschichte.* Berlin: Vistas 1994.

Mekas, Jonas

Siehe auch Abteilung 1.5 Filmtheorie und Filmkritik.

Mekas, Jonas: *Laiskai is Niekur.* Vilnius: Baltos Lankos 1997. Die Autobiografie.

James, David E. (Hg.): *To Free the Cinema: Jonas Mekas & the New York Underground.* Princeton: Princeton UP 1992.

Kutschinski, Daniel: *Jonas Mekas. 4 Programme mit unnützen Filmen.* München: Münchner Filmzentrum 1995.

Méliès, Georges

Frazer, John: *Artificially Arranged Scenes. The Films of Georges Méliès.* Boston: Hall 1979.

Kessler, Frank; Lenk, Sabine; Loiperdinger, Martin (Red.): *Georges Méliès – Magier der Filmkunst.* Frankfurt: Stroemfeld 1993 (KINtop 2).

Messter, Oskar

Kessler, Frank; Lenk, Sabine; Loiperdinger, Martin (Red.): *Oskar Messter. Erfinder und Geschäftsmann.* Frankfurt: Stroemfeld 1994 (KINtop 3).

Loiperdinger, Martin (Hg.): *Oskar Messter. Filmpionier der Kaiserzeit.* Basel, Frankfurt: Stroemfeld 1994 (KINtop Schriften 2).

Minnelli, Vincente

Minnelli, Vincente; Arce, Hector: *I Remember It Well.* New York: French 1990.

Harvey, Stephen: *Directed by Vincente Minnelli.* New York: Harper & Row 1989.

Naremore, James: *The Films of Vincente Minnelli.* Cambridge: Cambridge UP 1993 (Cambridge Film Classics).

Mizoguchi, Kenji

Andrew, Dudley; Andrew, Paul: *Kenji Mizoguchi. A Guide to References and Resources.* Boston: Hall 1981.

Kirihara, Donald: *Patterns of Time. Mizoguchi and the 1930s.* Madison: University of Wisconsin Press 1992.

McDonald, Keiko I.: *Mizoguchi.* Boston: Twayne 1984 (Twayne's filmmakers series).

Murnau, F. W.

Arnold, Loy; Farin, Michael; Schmid, Hans: *Nosferatu. Eine Symphonie des Grauens.* München: belleville 1999.

Berriatúa, Luciano: *Los proverbios chinos de F. W. Murnau.* 2 Bände. Madrid: Filmoteca Española 1990–92.

Eisner, Lotte H.: *Murnau.* Frankfurt: Kommunales Kino 1979 Das Standardwerk, mit dem Drehbuch zu Nosferatu.

Gehler, Fred; Kasten, Ullrich: *Friedrich Wilhelm Murnau.* Berlin / DDR: Henschel 1990.

Jansen, Peter W.; Schütte, Wolfram (Hg.): *Friedrich Wilhelm Murnau.* München: Hanser 1990 (Reihe Film 43).

Rohmer, Eric: *Murnaus Faustfilm. Analyse und szenisches Protokoll.* München: Hanser 1980.

Nielsen, Asta

Nielsen, Asta: *Die schweigende Muse.* Berlin / DDR: Henschel 1977.

Seydel, Renate; Hagedorff, Allan (Hg.): *Asta Nielsen. Ihr Leben in Fotodokumenten, Selbstzeugnissen und zeitgenössischen Betrachtungen.* Berlin / DDR: Henschel 1981.

Ophüls, Marcel

Ophüls, Marcel: *Widerreden und andere Liebeserklärungen. Texte zu Kino und Politik.* Hg. v. Ralph Eue und Constantin Wulff. Berlin: Vorwerk 8 1997 (Texte zum Dokumentarfilm 2).

Ophüls, Max

Ophüls, Max: *Spiel im Dasein. Eine Rückblende.* 1959. Erw. Ausgabe. Dillingen: Queisser o. J.

Asper, Helmut G.: *Max Ophüls. Eine Biographie.* Berlin: Bertz 1998. Umfangreich.

Bacher, Lutz: *Max Ophuls in the Hollywood Studios.* New Brunswick: Rutgers UP 1996.

Jansen, Peter W.; Schütte, Wolfram (Hg.): *Max Ophüls.* München: Hanser 1989 (Reihe Film 42).

Schleif, Helma (Red.): *Max Ophüls.* Berlin / West: Freunde der Deutschen Kinemathek 1989 (Kinemathek 75).

Sierek, Karl: *Ophüls: Bachtin. Versuch mit Film zu reden.* Basel, Frankfurt: Stroemfeld / Nexus 1994.

White, Susan M.: *The Cinema of Max Ophuls. Magisterial Vision and the Figure of Woman.* New York: Columbia UP 1995.

Oswald, Richard

Belach, Helga; Jacobsen, Wolfgang (Red.): *Richard Oswald. Regisseur und Produzent.* München: edition text + kritik 1990 (Ein CineGraph Buch).

Ozu, Yasujiro

Bordwell, David: *Ozu and the Poetics of Cinema.* Princeton: Princeton UP 1988.

Richie, Donald: *Ozu.* Berkeley: University of California Press 1975.

Pabst, G. W.

Atwell, Lee: *G. W. Pabst.* Boston: Twayne 1977.

Belach, Helga; Bock, Hans-Michael (Hg.): *Kameradschaft. Drehbuch von Vajda / Otten / Lampel zu G. W. Pabsts Film von 1931.* München: edition text + kritik 1997 (FILMtext).

Jacobsen, Wolfgang (Hg.): *G. W. Pabst.* Berlin: Argon 1997.

Kappelhoff, Hermann: *Der möblierte Mensch. Georg Wilhelm Pabst und die Utopie der Sachlichkeit.* Berlin: Vorwerk 8 1994.

Rentschler, Eric (Hg.): *The Films of G. W. Pabst. An Extraterritorial Cinema.* New Brunswick: Rutgers UP 1990.

Schlemmer, Gottfried; Riff, Bernhard; Haberl, Georg (Hg.): *G. W. Pabst.* Münster: MAkS 1990 (Schriften der Gesellschaft für Filmtheorie 1).

Pasolini, Pier Paolo

Siehe auch Abteilung 1.5 Filmtheorie und Filmkritik.

Gleiss, Marita (Red.): *Pier Paolo Pasolini. «... mit den Waffen der Poesie ...».* Berlin: Akademie der Künste 1994.

Greene, Naomi: *Pier Paolo Pasolini. Cinema as Heresy.* Princeton: Princeton UP 1990.

Halliday, Jon (Hg.): *Pasolini über Pasolini. Im Gespräch mit Jon Halliday.* Wien: Folio 1995 (Transfer Europa 3).

Hanisch, Michael (Red.): *Pier Paolo Pasolini. Dokumente zur Rezeption seiner Filme in der deutschsprachigen Filmkritik 1963–85.* Berlin: Freunde der Deutschen Kinemathek 1994 (Kinemathek 84).

Jansen, Peter W.; Schütte, Wolfram (Hg.): *Pier Paolo Pasolini.* 3. erw. Auflage. München: Hanser 1985 (Reihe Film 12).

Siciliano, Enzo: *Pasolini. Leben und Werk* (Vita di Pasolini, 1978). Weinheim: Beltz Quadriga 1994.

Penn, Arthur

Beier, Lars-Olav; Müller, Robert (Hg.): *Arthur Penn.* Berlin: Bertz 1998 (film: 3).

Piel, Harry

Bleckman, Matias: *Harry Piel. Ein Kino-Mythos und seine Zeit.* Düsseldorf: Filminstitut der Landeshauptstadt Düsseldorf 1993.

Polanski, Roman

Polanski, Roman: *Roman. Autobiographie.* München: Heyne 1985 (Heyne-Buch 6609).

Jansen, Peter W.; Schütte, Wolfram (Hg.): *Roman Polanski.* München: Hanser 1986 (Reihe Film 35).

Parker, John: *Polanski.* London: Gollancz, 1993.

Porten, Henny

Belach, Helga (Hg.): *Henny Porten. Der erste deutsche Filmstar 1890–1960.* Berlin / West: Haude & Spener 1986.

Porter, Edwin S.

Musser, Charles: *Before the Nickelodeon. Edwin S. Porter and the Edison Manufacturing Company.* Berkeley: University of California Press 1991.

Powell & Pressburger

Powell, Michael: *A Life in Movies. An Autobiography.* London: Heinemann 1986.

Powell, Michael: *Million-Dollar Movie. The second volume of his A Life in Movies.* London: Heinemann 1992.

Christie, Ian: *Arrows of Desire. The Films of Michael Powell and Emeric Pressburger.* London: Faber and Faber 1994.

Göttler, Fritz u. a. (Hg.): *Living Cinema: Powell & Pressburger.* München: KinoKonTexte 1982 (KinoKonTexte 3).

MacDonald, Kevin: *Emeric Pressburger. The Life and Death of a Screenwriter.* London: Faber and Faber 1994.

Preminger, Otto

Grob, Norbert; Aurich, Rolf; Jacobsen, Wolfgang (Hg.): *Otto Preminger.* Berlin: Jovis 1999.

Ray, Nicholas

Eisenschitz, Bernard: *Roman Américain. Les vies des Nicholas Ray.* Paris: Bourgois 1990.

Grob, Norbert; Reichart, Manuela (Hg.): *Ray.* Berlin/West: Spiess 1989 (Edition Filme 5).

Ray, Susan (Hg.): *I Was Interrupted. Nicholas Ray on Making Movies.* Berkeley: University of California Press 1993.

Ray, Satyajit

Ray, Satyajit: *Our Films, Their Films.* Bombay: Orient Longman 1976.

Ray, Satyajit: *My Years with Apu.* London: Faber and Faber 1997.

Seton, Marie: *Portrait of a Director. Satyajit Ray.* Bloomington: Indiana UP 1971.

Tesson, Charles: *Satyajit Ray.* Paris: Cahiers du cinéma 1992 (Collection «Auteurs»).

Redford, Robert

Kothenschulte, Daniel: *Nachbesserungen am amerikanischen Traum. Der Regisseur Robert Redford.* Marburg: Schüren 1998.

Reitz, Edgar

Reitz, Edgar: Liebe zum Kino. Utopien und Gedanken zum Autorenfilm 1962–1983. Köln: Verlag Köln 78 1984.

Reitz, Edgar; Steinbach, Peter: Heimat. Eine deutsche Chronik. Nördlingen: Greno 1985.

Reitz, Edgar: *Drehort Heimat. Arbeitsnotizen und Zukunftsentwürfe.* Hg. v. Michael Töteberg. Frankfurt: Verlag der Autoren 1993 (Filmbibliothek).

Rauh, Reinhold: *Edgar Reitz. Film als Heimat.* München: Heyne 1993 (Heyne Filmbibliothek 191).

Barg, Werner: Erzählkino und Autorenfilm. Zur Theorie und Praxis filmischen Erzählens bei Alexander Kluge und Edgar Reitz. München: Fink 1996.

Renoir, Jean

Renoir, Jean: *Ecrits 1926–1971.* (1974). Hg. v. Claude Gauteur. Paris: Belfond 1989 (Ramsay-poche-cinéma 66).

Renoir, Jean: *Mein Leben und meine Filme.* München: Piper 1974.

Renoir, Jean: *Renoir on Renoir. Interviews, Essays, and Remarks.* Cambridge: Cambridge UP 1989 (Cambridge Studies in Film).

Renoir, Jean: *Letters.* Hg. v. David Thompson und Lorraine LoBianco. London: Faber and Faber 1994.

Bazin, André: *Jean Renoir.* Hg. v. François Truffaut. München: Hanser 1977. Ein Klassiker, entstanden in den 50er Jahren.

Braudy, Leo: *Jean Renoir. The World of His Films.* New York: Doubleday 1972. Empfehlenswert.

Curot, Frank (Hg.): *Nouvelles approches de l'œuvre de Jean Renoir.* Montpellier: UPV 1996.

Faulkner, Christopher: *Jean Renoir. A Guide to References and Resources.* Boston: Hall 1979.

Gassen, Heiner (Red.): *Jean Renoir und die Dreißiger. Soziale Utopie und ästhetische Revolution.* München: CICIM 1995 (CICIM 42).

Sesonske, Alexander: *Jean Renoir. The French Films, 1924–1939.* Cambridge, MA: Harvard UP 1980 (Harvard film studies).

Viry-Babel, Roger: *Jean Renoir. Films, Textes, Références.* Nancy: Presses Universitaires de Nancy, 1989.

Resnais, Alain

Jansen, Peter W.; Schütte, Wolfram (Hg.): *Alain Resnais.* München: Hanser 1990 (Reihe Film 38).

Monaco, James: *Alain Resnais. The Role of Imagination.* London: Secker & Warburg 1978 (Cinema Two).

Thomas, François: *Das Atelier von Alain Resnais.* München: CICIM 1992 (Revue CICIM 35/36).

Prédal, René: *L'Itinéraire d'Alain Resnais.* Paris: Lettres Modernes 1996 (Etudes cinématographiques 211/222).

Richter, Hans

Siehe auch Abteilung 1.5 Filmtheorie und Filmkritik.

Gehr, Herbert; Hofacker, Marion von (Red.): *Hans Richter. Malerei und Film.* Frankfurt:

Deutsches Filmmuseum 1989 (Kinematograph 5).
Gray, Cleve (Hg.): *Hans Richter. Pioneer of Dada and the Experimental Film.* London: Thames and Hudson 1971.

Riefenstahl, Leni

Riefenstahl, Leni: *Memoiren.* München: Knaus 1987. Dick.
Filmmuseum Potsdam (Hg.): *Leni Riefenstahl.* Berlin: Henschel 1999.
Loiperdinger, Martin: *Der Parteitagsfilm «Triumph des Willens» von Leni Riefenstahl. Rituale der Mobilmachung.* Opladen: Leske + Budrich 1987.
Salkeld, Audrey: *A Portrait of Leni Riefenstahl.* London: Cape, 1996. Tieftauchend.
Nowotny, Peter: *Leni Riefenstahls «Triumph des Willens». Zur Kritik dokumentarischer Filmarbeit im NS-Faschismus.* Dortmund: Nowotny 1981 (Arbeitshefte zur Medientheorie und Medienpraxis 3).

Rivette, Jacques

Rivette, Jacques: *Schriften fürs Kino.* München: CICIM 1989 (Revue CICIM 24/25).
Liandrat-Guigues, Suzanne (Hg.): *Jacques Rivette. Critique et cinéaste.* Paris: Lettres Modernes Minard 1998 (Etudes cinématographiques 63). Gesammelte Aufsätze.
Paaz, Jan; Bubeck, Sabine (Hg.): *Jacques Rivette – Labyrinthe.* München: CICIM 1991 (Revue CICIM 33).
Rosenbaum, Jonathan (Hg.): *Rivette. Texts and Interviews.* London: British Film Institute 1977.

Roeg, Nicolas

Izod, John: *The Films of Nicolas Roeg. Myth and Mind.* Houndsmill: Macmillan 1992.
Sinyard, Neil: *The Films of Nicolas Roeg.* London: Letts 1991 (Letts Film Makers).

Rohmer, Eric

Rohmer, Eric: *Meine Nacht bei Maud. «Sechs moralische Erzählungen». Ein Filmzyklus.* Hg. v. Hans Jürgen Weber. Frankfurt: Fischer 1987 (FTB 4466).
Rohmer, Eric: *The Taste for Beauty.* Hg. v. Jean Narboni. Cambridge: Cambridge UP 1989 (Cambridge Studies in Film).
Bonitzer, Pascal: *Eric Rohmer.* Paris: Cahiers du cinéma 1991 (Collection «Auteurs»).
Crisp, C. G.: *Eric Rohmer. Realist and Moralist.* Bloomington: Indiana UP 1988.
Tortajada, Maria: *Le spectateur séduit. Le libertinage dans le cinéma d'Éric Rohmer et sa fonction dans une théorie de la représentation filmique.* Paris: Kimé 1999.

Rosi, Francesco

Ciment, Michel: *Le dossier Rosi.* Erw. Ausgabe. Paris: Ramsay 1987 (Ramsay-poche-cinéma 39).
Jansen, Peter W.; Schütte, Wolfram (Hg.): *Francesco Rosi.* München: Hanser 1983 (Reihe Film 28).
Testa, Carlo: *Poet of Civic Courage. The Films of Francesco Rosi.* Westport: Greenwood Press 1996.

Rossellini, Roberto

Rossellini, Roberto: *Il mio metodo. Scritti e Interviste.* Hg. v. Adriano Aprà. Venedig: Marsilio 1987; englisch: *My method.* New York: Marsilio 1992.
Bergala, Alain; Narboni, Jean: *Roberto Rossellini.* Paris: Cahiers du cinéma 1990 (Collection «Auteurs»).
Bondarella, Peter: *The Films of Roberto Rossellini.* Cambridge: Cambridge UP 1993 (Cambridge Film Classics).
Brunette, Peter: *Roberto Rosselini.* Berkeley: California UP 1996.
Gallagher, Tag: *The Adventures of Roberto Rossellini.* New York: Da Capo Press 1998.
Jansen, Peter W.; Schütte, Wolfram (Hg.): *Roberto Rossellini.* München: Hanser 1987 (Reihe Film 36).
Rossi, Patrizio: *Roberto Rossellini. A Guide to References and Resources.* Boston: Hall 1988.

Rouch, Jean

Stoller, Paul: *The Cinematic Griot. The Ethnography of Jean Rouch.* Chicago: University of Chicago Press 1992.
Voser, Silvia; Beatt, Cynthia (Red.): *Jean Rouch.* München: CICIM 1989 (Revue CICIM 26).

Ruttmann, Walter

Goergen, Jeanpaul: *Walter Ruttmann. Eine Dokumentation.* Berlin/West: Freunde der Deutschen Kinemathek 1989.
Quaresima, Leonardo (Hg.): *Walter Ruttmann. Cinema, pittura, ars acustica.* Calliano: Manfrini 1994.

Saura, Carlos

D'Lugo, Marvin: *The Films of Carlos Saura. The Practice of Seeing.* Princeton: Princeton UP 1991.
Jansen, Peter W.; Schütte, Wolfram (Hg.): *Carlos Saura.* München: Hanser 1981 (Reihe Film 26).
Ruppe, Sebastian: *Carlos Saura und das spanische Kino. Zeitkritik im Film.* Berlin: ed. tranvía/Frey 1999.

Sayles, John

Sayles, John; Smith, Gavin (Hg.): *Sayles on Sayles.* London: Faber and Faber 1998.

Ryan, Jack: *John Sayles, Filmmaker. A critical study of the independent writer-director with a filmography and a bibliography.* Jefferson: McFarland 1998.

Schlöndorff, Volker

Schlöndorff, Volker; Grass, Günter: *Die Blechtrommel als Film.* Frankfurt: Zweitausendeins 1979.

Freyermuth, Gundolf S.: *Der Übernehmer. Volker Schlöndorff in Babelsberg.* Berlin: Links 1993.

Lewandowski, Rainer: *Die Filme von Volker Schlöndorff.* Hildesheim: Olms 1981.

Wydra, Thilo: *Volker Schlöndorff und seine Filme.* München: Heyne 1998 (Heyne-Filmbibliothek 256).

Schneider, Romy

Jürgs, Michael: Der Fall Romy Schneider. Eine Biographie. München: List 1991.

Knef, Hildegard: *Romy: Betrachtung eines Lebens.* Hamburg: Knaus 1983.

Schwarzer, Alice: *Romy Schneider. Mythos und Leben.* Köln: Kiepenheuer & Witsch 1998.

Seydel, Renate: *Romy Schneider. Bilder ihres Lebens.* Berlin / DDR: Henschel 1987.

Schroeter, Werner

Jansen, Peter W.; Schütte, Wolfram (Hg.): *Werner Schroeter.* München: Hanser 1980 (Reihe Film 20).

Schünzel, Reinhold

Schöning, Jörg (Red.): *Reinhold Schünzel. Schauspieler und Regisseur.* München: edition text + kritik 1989 (Ein CineGraph Buch).

Schrader, Paul

Jackson, Kevin (Hg.): Schrader on Schrader. London: Faber and Faber1990.

Scorsese, Martin

Scorsese, Martin; Wilson, Michael Henry: *A Personal Journey With Martin Scorsese Through American Movies.* New York: Miramax Books / Hyperion 1997.

Dougan, Andy: *Nahaufnahme: Martin Scorsese.* Reinbek: Rowohlt 1998 (rororo 60563).

Friedman, Lawrence S.: *The Cinema of Martin Scorsese.* New York: Continuum 1997.

Jansen, Peter W.; Schütte, Wolfram (Hg.): *Martin Scorsese.* München: Hanser 1986 (Reihe Film 37).

Keyser, Les: *Martin Scorsese.* New York: Twayne 1992 (Twayne's Filmmakers Series).

Thompson, David; Christie, Ian (Hg.): *Scorsese über Scorsese* (Scorsese on Scorsese, 1989). Frankfurt: Verlag der Autoren 1996 (Filmbibliothek).

Seeber, Guido

Siehe auch Abteilung 1.2 Filmtechnik.

Jochum, Norbert (Hg.): *Das wandernde Bild. Der Filmpionier Guido Seeber.* Berlin / West: Elefanten Press 1979 (EP 23).

Selznick, David O.

Behlmer, Rudy (Hg.): *Memo From: David O. Selznick.* New York: Viking 1972.

Haver, Ronald: *David O. Selznick's Hollywood.* München: Rogner & Bernhard 1981. Opulenter Text-Bildband.

Thomson, David: *Showman. The Life of David O. Selznick.* New York: Knopf 1992.

Vertrees, Alan David: *Selznick's Vision. Gone With the Wind and Hollywood Filmmaking.* Austin: University of Texas Press 1997.

Simon, Rainer

Simon, Rainer: *Rebellen, Träumer und «gewöhnliche Leute». Werkstattgespräch und Dokumentation.* Redaktion: Fred Gehler, Hannes Schmidt. Potsdam-Babelsberg: DEFA Studio für Spielfilme 1990 (Aus Theorie und Praxis des Films, Heft 1, 1990).

Simon, Rainer: *Bedrohungen. Skizzen, Fragmente, Erzählungen 1973–1984, Photographien.* Potsdam: Strauss 1997.

Siodmak, Robert

Siodmak, Robert: *Zwischen Berlin und Hollywood. Erinnerungen eines großen Filmregisseurs.* Hg. v. Hans C. Blumenberg. München: Herbig 1980.

Dumont, Hervé: *Robert Siodmak. Le maître du film noir.* Lausanne: L'Age d'Homme 1981.

Jacobsen, Wolfgang; Prinzler, Hans Helmut (Hg.): *Siodmak Bros. Berlin – Paris – London – Hollywood.* Berlin: Argon 1998.

Sirk, Douglas

Halliday, Jon: *Sirk on Sirk.* London: Secker & Warburg 1971 (Cinema One 17).

Sirk, Douglas: *Imitation of Life. Ein Gespräch mit Jon Halliday.* Hg. v. Hans-Michael Bock und Michael Töteberg. Frankfurt: Verlag der Autoren 1997; erw. und korrigierte dt. Ausgabe von: Halliday, Jon: *Sirk on Sirk.* London: Secker & Warburg 1971 (cinema One 17).

Bourget, Jean-Loup: *Douglas Sirk.* Paris: Edilig 1984 (Cinégraphiques).

Klinger, Barbara: *Melodrama and Meaning. History, Culture, and the Films of Douglas Sirk.* Bloomington: Indiana UP 1994.

Spielberg, Steven

Goldau, Antje; Prinzler, Hans Helmut: *Spielberg.*

Filme als Spielzeug. München: Filmland Presse 1985 (Edition Filme 5).
McBride, Joseph: *Steven Spielberg. A Biography.* New York: Simon & Schuster 1997.
Perry, George: *Nahaufnahme: Steven Spielberg.* Reinbek: Rowohlt 1998 (rororo 60564).
Yule, Andrew: *Steven Spielberg. Die Eroberung Hollywoods.* München: Knaur 1999.

Staudte, Wolfgang

Ludin, Malte: *Wolfgang Staudte.* Reinbeck: Rowohlt 1996 (Rowohlt Monographien 398).
Netenjakob, Egon u. a.: *Staudte.* Hg. v. Eva Orbanz und Hans Helmut Prinzler. Berlin: Spiess 1991 (Edition Filme 6).

Sternberg, Josef von

Sternberg, Josef von: *Das Blau des Engels. Autobiographie.* (Fun in a Chinese Laundry, 1965). München: Schirmer/Mosel 1991.
Baxter, Peter (Hg.): *Sternberg.* London: British Film Institute 1980.
Baxter, Peter: *Just Watch! Sternberg, Paramount and America.* London: British Film Institute 1993.
Studlar, Gaylyn: *In the Realm of Pleasure. Von Sternberg, Dietrich, and the Masochistic Aesthetic.* New York: Columbia UP 1992.
Weinberg, Herman G.: *Josef von Sternberg. A Critical Study.* New York: Dutton 1967.

Straub, Jean-Marie

Byg, Barton: *Landscapes of Resistance. The German Films of Danièle Huillet and Jean-Marie Straub.* Berkeley: University of California Press 1995.
Jansen, Peter W.; Schütte, Wolfram (Hg.): *Herzog/Kluge/Straub.* München: Hanser 1976 (Reihe Film 9).
Schütte, Wolfram (Hg.): *Klassenverhältnisse.* Frankfurt: Fischer 1984 (FTB 4455).
Volkmer, Klaus (Hg.): *Von heute auf morgen. Oper – Musik – Film.* Berlin: Vorwerk 8 1997.

Stroheim, Erich von

Bessy, Maurice: *Erich von Stroheim.* München: Schirmer/Mosel 1985.
Curtiss, Thomas Quinn: *Von Stroheim.* New York: Farrar, Straus & Giroux 1971.
Jacobsen, Wolfgang; Belach, Helga; Grob, Norbert (Hg.): *Erich von Stroheim.* Berlin: Argon 1994.
Koszarski, Richard: *The Man You Love to Hate.* New York: Oxford UP 1983.
Lennig, Arthur: *Stroheim.* Lexington: UP of Kentucky 1999.
Weinberg, Herman G.: *Stroheim. A Pictorial Record of His Nine Films.* New York: Dover 1975.

Sturges, Preston

Sturges, Preston: *Preston Sturges by Preston Sturges. His Life in His Words.* Hg. v. Sandy Sturges. New York: Simon and Schuster 1990.
Cywinski, Ray: *Preston Sturges. A Guide to References and Resources.* Boston: Hall 1984.
Jacobs, Diane: *Christmas in July. The Life and Art of Preston Sturges.* Berkeley: University of California Press 1992.
Rozgonyi, Jay: *Preston Sturges's Vision of America. Critical Analyses of Fourteen Films.* Jefferson: McFarland 1995.

Tarantino, Quentin

Fischer, Robert; Körte, Peter; Seeßlen, Georg: *Quentin Tarantino.* Berlin: Bertz 1998 (film: 1).
Nagel, Uwe: *Der rote Faden aus Blut. Erzählstrukturen bei Quentin Tarantino.* Marburg: Schüren 1997.
Peary, Gerald (Hg.): *Quentin Tarantino. Interviews.* Jackson: UP of Mississippi 1998 (Conversations With Filmmakers Series).

Tarkovskij, Andreij

Tarkovskij, Andrej: *Die versiegelte Zeit. Gedanken zur Kunst, zur Ästhetik und Poetik des Films.* Hg. v. Hans-Joachim Schlegel. Frankfurt: Ullstein 1996 (Ullstein-Buch 35640).
Tarkowski, Andrej: *Der Spiegel. Die Novelle und das Arbeitsbuch zum Film.* Frankfurt, Berlin: Ullstein 1984.
Jansen, Peter W.; Schütte, Wolfram (Hg.): *Andrej Tarkowskij.* München: Hanser 1987 (Reihe Film 39).
Jünger, Hans-Dieter: *Kunst der Zeit und des Erinnerns. Andrej Tarkowskijs Konzept des Films.* Ostfildern: Ed. Tertium 1995.
Johnson, Vida T.; Petrie, Graham: *The Films of Andrei Tarkovsky. A Visual Fugue.* Bloomington: Indiana UP 1994.
Turowskaja, Maja; Allardt-Nostitz, Felicitas: *Andrej Tarkowskij. Film als Poesie – Poesie als Film.* Bonn: Keil 1981.

Tashlin, Frank

Garcia, Roger; Eisenschitz, Bernard (Hg.): *Frank Tashlin.* Crisnée: Editions Yellow Now 1994.

Tati, Jacques

Bellos, David: *Jacques Tati. His Life and Art.* London: Harvill 1999.
Chion, Michel: *Jacques Tati.* 3. erw. Ausgabe. Paris: Cahiers du Cinéma 1994 (Cahiers du cinéma: Collection Auteurs); englisch: *The Films of Jacques Tati.* Toronto: Guernica 1997 (Essay Series 14).
Dondey, Marc; Tatischeff, Sophie: *Tati.* Paris: Ramsay 1993.

Fischer, Lucy: *Jacques Tati. A Guide to References and Resources.* Boston: Hall 1983.

Maddock, Brent: *Die Filme von Jacques Tati.* (1977). München: Heyne 1993 (Heyne-Filmbibliothek 187).

Truffaut, François

Siehe auch Abteilung 1.5 Filmtheorie und Filmkritik.

Truffaut, François: *Briefe 1945–1984.* Zusammengestellt von Gilles Jacob und Claude de Givray. Ü. u. hg. v. Robert Fischer. Köln: vgs 1990.

de Baecque, Antoine; Toubiana, Serge: *Truffaut.* (1996). Köln: VGS 1999.

Fischer, Robert (Hg.): *Monsieur Truffaut, wie haben Sie das gemacht?* Köln: VGS 1991.

Gassen, Heiner (Red.): *Vivement Truffaut! Fotos, Plakate, Motive/Photos, affiches, motifs.* Aus der Sammlung/de la collection Robert Fischer. München: CICIM 1994 (Revue CICIM 41).

Insdorf, Annette: *François Truffaut.* Boston: Twayne 1978.

Jansen, Peter W.; Schütte, Wolfram (Hg.): *François Truffaut.* 5. erw. Auflage. München: Hanser 1985 (Reihe Film 1).

Rabourdin, Dominique (Hg.): *Truffaut par Truffaut.* Paris: Chêne 1985.

Sturm, Georges; Gassen, Heiner (Red.): *Arbeiten mit François Truffaut.* 2. erw. Ausgabe. München: CICIM 1992.

Valentin, Karl

Valentin, Karl: *Filme und Filmprojekte.* Hg. v. Helmut Bachmaier und Klaus Gronenborn. München: Piper 1995 (Sämtliche Werke Band 8).

Bachmaier, Helmut (Hg.): *Kurzer Rede langer Sinn. Texte von und über Karl Valentin.* München: Piper 1990 (Serie Piper 907).

Schulte, Michael; Syr, Peter (Hg.): *Karl Valentins Filme.* München: Piper 1978.

Till, Wolfgang (Hg.): *Karl Valentin. Volkssänger? Dadaist?* München: Schirmer/Mosel 1982.

Veidt, Conrad

Jacobsen, Wolfgang (Hg.): *Conrad Veidt. Lebensbilder.* Mit einer Biografie von Hans-Michael Bock. Berlin: Argon 1993.

Allen, Jerry C.: *Conrad Veidt. From Caligari to Casablanca.* Erw. Ausgabe. Pacific Grove: Boxwood Press 1993.

Vertov, Dziga

Siehe auch Abteilung 1.5 Filmtheorie und Filmkritik.

Esquenazi, Jean-Pierre: *Vertov: L'Invention du réel!* Paris: l'Harmattan 1997 (Collection Champs visuels).

Feldman, Seth: *Dziga Vertov. A Guide to References and Resources.* Boston: Hall 1979.

Petric, Vlada: *Constructivism in Film. The Man With the Movie Camera: A Cinematic Analysis.* Cambridge: Cambridge UP 1987 (Cambridge studies in film).

Vidor, King

Vidor, King: *King Vidor. Interviewed by Nancy Dowd and David Shepard.* Hollywood: Directors Guild of America 1988 (A Directors Guild of America Oral History 4).

Durgnat, Raymond; Simmon, Scott: *King Vidor, American.* Berkeley: University of California Press 1988.

Vigo, Jean

Vigo, Jean: *Oeuvre de cinéma. Films, scénarios, projets de films, textes sur le cinéma.* Hg. v. Pierre Lherminier. Paris: Lherminier 1985 (Collection Cinéma classique).

Salles Gomes, P. E.: *Jean Vigo.* Erw. Ausgabe. London: Faber and Faber 1998.

Smith, John M.: *Jean Vigo.* New York: Praeger 1972.

Visconti, Luchino

Bacon, Henry: *Visconti. Explorations of Beauty and Decay.* Cambridge: Cambridge UP 1998.

Bruni, David (Hg.): *Studi viscontiani.* Venedig: Marsilio 1997 (Saggi Marsilio – Cinema).

Jansen, Peter W.; Schütte, Wolfram (Hg.): *Luchino Visconti.* 4. erw. Ausgabe. München: Hanser 1985 (Reihe Film 4).

Mancini, Elaine: *Luchino Visconti. A Guide to References and Resources.* Boston: Hall 1986.

Nowell-Smith, Geoffrey: *Luchino Visconti.* 2. Auflage. London: Secker & Warburg 1973 (Cinema One 3).

Schifano, Laurence: *Luchino Visconti. Fürst des Films.* Gernsbach: Katz 1988.

Tonetti, Claretta: *Luchino Visconti.* London: Columbus Books 1983 (Columbus Filmmakers).

Wajda, Andrzej

Wajda, Andrzej: *Meine Filme.* Zürich: Benzinger 1987.

Falkowska, Janina: *The Political Films of Andrzej Wajda. Dialogism in Man of Marble, Man of Iron, and Danton.* Providence: Berghahn 1996.

Jansen, Peter W.; Schütte, Wolfram (Hg.): *Andrzej Wajda.* München: Hanser 1980 (Reihe Film 23).

Wegener, Paul

Ledig, Elfriede: *Paul Wegeners Golem-Filme im Kontext fantastischer Literatur. Grundfragen zur Gattungsproblematik fantastischen Erzählens.* München: Diskurs Film 1989 (Diskurs Film Bibliothek 1).

Möller, Kai (Hg.): *Paul Wegener. Sein Leben und seine Rollen.* Hamburg: Rowohlt 1954.

Welles, Orson

Welles, Orson; Bogdanovich, Peter: *Hier spricht Orson Welles.* Weinheim: Beltz Quadriga 1994. Ein langes Interview mit Welles über Leben und Werk, Zeittafel. In der deutschen Ausgabe fehlt das Drehbuch zu «The Magnificent Ambersons».

Bazin, André: *Orson Welles.* Mit einem Vorwort von François Truffaut. Wetzlar: Büchse der Pandora 1980 (Bibliotheca Cinemabilia 1). Ein klassischer Text aus dem Jahr 1950.

Beja, Morris (Hg.): *Perspectives on Orson Welles.* Boston: Hall 1995 (Perspectives on film).

Callow, Simon: *Orson Welles. The Road to Xanadu.* London: Vintage 1996.

Kael, Pauline: *The Citizen Kane Book.* Boston: Little, Brown 1971 Das Drehbuch von Mankiewicz und Welles mit einem Essay von Kael über die Entstehung des Films.

McBride, Joseph: *Orson Welles. Seine Filme – sein Leben.* München: Heyne 1982 (Heyne Filmbibliothek 47).

Naremore, James: *The Magic World of Orson Welles.* New York: Oxford UP 1978.

Thomson, David: *Rosebud. The Story of Orson Welles.* New York: Knopf 1996.

Weise, Eckhard: *Orson Welles.* Reinbek: Rowohlt 1996 (Rowohlt Monographien 541).

Wenders, Wim

Siehe auch Abteilung 1.5 Filmtheorie und Filmkritik.

Wenders, Wim: *Einmal. Bilder und Geschichten.* Frankfurt: Verlag der Autoren 1994.

Buchka, Peter: *Augen kann man nicht kaufen. Wim Wenders und seine Filme.* Erw. Ausgabe. Frankfurt: Fischer 1985.

Cook, Roger F.; Gemünden, Gerd (Hg.): *The Cinema of Wim Wenders. Image, Narrative, and the Postmodern Condition.* Detroit: Wayne State UP 1997.

Grob, Norbert: *Wenders.* Berlin: Spiess 1991 (Edition Filme 7).

Jansen, Peter W.; Schütte, Wolfram (Hg.): *Wim Wenders.* München: Hanser 1992 (Reihe Film 44).

Kolker, Robert Phillip; Beicken, Peter: *The Films of Wim Wenders. Cinema as Vision and Desire.* Cambridge: Cambridge UP 1993 (Cambridge Film Classics).

Wicki, Bernhard

Fischer, Robert: *Bernhard Wicki. Regisseur und Schauspieler.* München: Heyne 1994 (Heyne Filmbibliothek 228).

Blank, Richard: *Jenseits der Brücke. Bernhard Wicki – ein Leben für den Film.* München: Econ 1999.

Zander, Peter: Bernhard Wicki. 2. überarb. Auflage. Berlin: Bertz 1995. (Edition Splitscreen 1).

Wiene, Robert

Budd, Mike (Hg.): *The Cabinet of Dr. Caligari. Texts, Contexts, Histories.* New Brunswick: Rutgers UP 1990.

Jung, Uli; Schatzberg, Walter: *Robert Wiene. Der Caligari-Regisseur.* Berlin: Henschel 1995.

Wildenhahn, Klaus

Siehe auch Abteilung 1.4.4.1 Dokumentarfilm.

Netenjakob, Egon: *Liebe zum Fernsehen. und ein Porträt des festangestellten Filmregisseurs Klaus Wildenhahn.* Berlin / West: Spiess 1984. Nachtrag zur Filmografie, zusammengestellt von Eva Orbanz, Berlin: Stiftung Deutsche Kinemathek 1990.

Wilder, Billy

Crowe, Cameron: *Conversations with Wilder.* New York: Knopf 1999. Gespräche zwischen den Filmemachern.

Hutter, Andreas; Kamolz, Klaus: *Billie Wilder. Eine europäische Karriere.* Wien: Böhlau 1998.

Karasek, Helmut: *Billy Wilder. Eine Nahaufnahme.* Erw. Ausgabe. München: Heyne 1994 (Heyne TB 8897).

Sikov, Ed: *On Sunset Boulevard. The Life and Times of Billy Wilder.* New York: Hyperion 1998.

Sinyard, Neil; Turner, Adrian: *Billy Wilders Filme.* Berlin / West: Spiess 1980 Mit einem Gespräch mit Billy Wilder von Heinz-Gerd Rasner, Reinhard Wulf.

Wiseman, Frederick

Benson, Thomas W.; Anderson, Carolyn: *Reality Fictions. The Films of Frederick Wiseman.* Carbondale: Southern Illinois UP 1989.

Grant, Barry K.: *Voyages of Discovery. The Cinema of Frederick Wiseman.* Urbana: University of Illinois Press 1992.

Wolf, Konrad

Wolf, Konrad: *Direkt in Kopf und Herz. Aufzeichnungen, Reden, Interviews.* Berlin / DDR: Henschel 1989.

Hoff, Peter (Hg.): *Konrad Wolf. Neue Sichten auf seine Filme.* Potsdam-Babelsberg: Hochschule für Film und Fernsehen «Konrad Wolf» 1990.

Köppe, Barbara; Renk, Aune (Hg.): *Konrad Wolf. Selbstzeugnisse, Fotos, Dokumente.* Mit einem Essay von Klaus Wischnewski. Berlin / DDR: Henschel 1985.

Wyler, William

Herman, Jan: *A Talent for Trouble. The Life of Hollywood's Most Acclaimed Director.* New York: Putnam 1995.

Jacobsen, Wolfgang; Belach, Helga; Grob, Norbert (Hg.): *William Wyler.* Berlin: Argon 1996.

Kern, Sharon: *William Wyler. A Guide to References and Resources.* Boston: Hall 1984.

Zinnemann, Fred

Zinnemann, Fred: *An Autobiography.* London: Bloomsbury 1992.

Goldau, Antje; Prinzler, Hans Helmut; Sinyard, Neil: *Zinnemann.* München: Filmland Presse 1986 (Edition Filme 4).

Verschiedene

Andrew, Geoff: *Stranger Than Paradise. Mavericks – Regisseure des amerikanischen Independent-Kinos.* Mainz: Bender 1999. Über Lynch, Sayles, Wang, Jarmusch, Lee, Haynes, Soderbergh, Hartley, Tarantino und die Coens.

Belton, John: *The Hollywood Professionals 3. Howard Hawks. Frank Borzage. Edgar G. Ulmer.* London: Tantivy 1974.

Canham, Kingsley: *The Hollywood Professionals 1. Michael Curtiz. Raoul Walsh. Henry Hathaway.* London: Tantivy 1973.

Denton, Clive; Canham, Kingsley; Thomas, Tony: *The Hollywood Professionals 2. Henry King. Lewis Milestone. Sam Wood.* London: Tantivy 1974.

Denton, Clive; Canham, Kingsley: *The Hollywood Professionals 5. King Vidor. John Cromwell. Mervyn LeRoy.* London: Tantivy 1976.

Estrin, Allen: *The Hollywood Professionals 6. Frank Capra. George Cukor. Clarence Brown.* South Brunswick: Barnes 1980.

Poague, Leland A.: *The Hollywood Professionals 7. Billy Wilder. Leo McCarey.* South Brunswick: Barnes 1980.

Rosenthal, Stuart; Kass, Judith M.: *The Hollywood Professionals 4. Tod Browning. Don Siegel.* London: Tantivy 1975.

1.5 Filmtheorie und Filmkritik

Abel, Richard: *French Film Theory and Criticism. A History/Anthology. 1907–1939.* 2 Bände. Princeton: Princeton UP 1993.

Agee, James: *Agee on Film. Vol. 1. Reviews and Comments. – Vol. 2. Five Film Scripts. 1941–1960.* New York: Grosset & Dunlap 1967. Wahrscheinlich der wichtigste Filmkritiker seiner Zeit. Band 1 ist besonders empfehlenswert.

Albersmeier, Franz-Josef (Hg.): *Texte zur Theorie des Films.* 3., erw. Auflage. Stuttgart: Reclam 1998 (RUB 9943).

Allen, Richard: *Projecting Illusion. Film spectatorship and the impression of reality.* Cambridge: Cambridge UP 1995 (Cambridge studies in film).

Allen, Richard; Smith, Murray: *Film Theory and Philosophy.* Oxford: Clarendon Press 1997. Eine Sammlung streitfreudiger Essays, die gegenwärtige Dogmen angreifen.

Améry, Jean: *Cinéma. Arbeiten zum Film.* Hg. v. Joachim Kalka. Stuttgart: Cotta 1994 (Cotta's Bibliothek der Moderne).

Andrew, J. Dudley: *André Bazin.* New York: Oxford UP 1978. Eine wichtige Studie über Bazin und seine Theorien.

Andrew, J. Dudley: *Concepts in Film Theory.* New York: Oxford UP 1984.

Andrew, J. Dudley: *The Major Film Theories. An Introduction.* 2. erw. Ausgabe. New York: Oxford UP 1989. Die beste kurzgefaßte Einführung in die Filmtheorie. Sehr empfehlenswert.

Arbeitsgemeinschaft der Filmjournalisten (Hg.): *Jahrbuch der Filmkritik.* 8 Bände. Emsdetten: Lechte 1959–1969.

Aristarco, Guido: *Marx, das Kino und die Kritik des Films.* München: Hanser 1981 (Arbeitshefte Film 6).

Arnheim, Rudolf: *Film als Kunst.* (1932). Neuausgabe. München: Hanser 1974. Ein Klassiker.

Arnheim, Rudolf: *Kritiken und Aufsätze zum Film.* Hg. v. Helmut H. Diederichs. Erw. Taschenbuchausgabe. Frankfurt: Fischer 1979 (FTB 3653).

Bagh, Peter von: *Elokuvan Ilokirja.* Helsinki: Kustannusosakeyhtiö otava 1990. Die unterhaltsamen Beobachtungen, Notizen, Listen des renommierten Filmhistorikers.

Balázs, Béla: *Schriften zum Film. Band 1. Der sichtbare Mensch. Kritiken und Aufsätze 1922–1926. – Band 2. Der Geist des Films. Kritiken und Aufsätze 1926–1931.* Hg. v. Helmut H. Diederichs, Wolfgang Gersch. Berlin/DDR: Henschel 1982–84. Die unvollendete maßgebliche Ausgabe.

Balázs, Béla: *Der Film. Werden und Wesen einer neuen Kunst.* Wien: Globus 1949.

Barthes, Roland: *Mythen des Alltags* (Mythologies, 1957). Frankfurt: Suhrkamp 1964 (edition suhrkamp 92). Barthes, eigentlich ein Literaturkritiker, sollte zur Grundlektüre jedes an Semiotik Interessierten gehören.

Barthes, Roland: *Die Lust am Text* (Le plaisir du

texte, 1973). Frankfurt: Suhrkamp 1974 (Bibliothek Suhrkamp 378).

Barthes, Roland: *S/Z.* (S/Z, 1970). Frankfurt: Suhrkamp 1987 (stw 687).

Barthes, Roland: *Das semiologische Abenteuer.* (L'Aventure sémiologique, 1985). Frankfurt: Suhrkamp 1988 (edition suhrkamp 1441).

Bazin, André: *Qu'est-ce que le cinéma?* 4 Bände. Paris: Editions du Cerf 1958–1962. Die gesammelten Aufsätze des französischen Filmkritikers und -theoretikers.

Bazin, André: *Was ist Kino? Bausteine zur Theorie des Films.* Hg. v. Hartmut Bitomsky u. a. Köln: DuMont Schauberg 1975. Eine knappe Auswahl.

Bazin, André: *Filmkritiken als Filmgeschichte.* Hg. v. Helmut Färber. München: Hanser 1981 (Arbeitshefte Film 7).

Beilenhoff, Wolfgang (Hg.): *Poetik des Films.* München: Fink 1974. Filmtheoretische Texte der russischen Formalisten.

Bellour, Raymond; Kuntzel, Thierry; Metz, Christian (Hg.): *Psychoanalyse et cinéma.* Paris: Seuil 1975. Französische psychoanalytische Semiotik.

Bellour, Raymond: *L'Analyse du film.* Paris: Albatross 1979.

Benjamin, Walter: *Das Kunstwerk im Zeitalter seiner technischen Reproduzierbarkeit.* Frankfurt: Suhrkamp 1963 (edition suhrkamp 28). Wichtiger Text aus den dreißiger Jahren von einem führenden Vertreter der Frankfurter Schule.

Bettetini, Gianfranco: *The Language and Technique of the Film.* Den Haag: Mouton 1973. Einer der führenden italienischen Semiotiker.

Bitomsky, Harmut: *Die Röte des Rots von Technicolor. Kinorealität und Produktionswirklichkeit.* Neuwied: Luchterhand 1972 (Sammlung Luchterhand 69).

Blumenberg, Hans C.: *Kino-Zeit. Aufsätze und Kritiken zum modernen Film. 1976–1980.* Frankfurt: Fischer 1980 (FTB 3664). Artikel des einflußreichen Kritikers der siebziger Jahre.

Blumenberg, Hans-Christoph: *Gegenschuß. Texte über Filmemacher und Filme. 1980–1983.* Frankfurt: Fischer 1984 (FTB 3692).

Bock, Hans-Michael; Jacobsen, Wolfgang (Hg.): *Recherche: Film. Quellen und Methoden der Filmforschung.* München: edition text + kritik 1997 (CineGraph Buch).

Bondanella, Peter: *Umberto Eco and the Open Text. Semiotics, fiction, popular culture.* Cambridge: Cambridge UP 1997.

Bordwell, David: *Narration in the Fiction Film.* Madison: University of Wisconsin Press 1985.

Bordwell, David: *Making Meaning. Inference and Rhetoric in the Interpretation of Cinema.* New York: Oxford UP 1989.

Bordwell, David: *On the History of Film Style.* Princeton: Harvard UP 1997.

Bordwell, David; Carroll, Noel (Hg.): *Post-Theory: Reconstructing Film Studies.* Madison: University of Wisconsin Press 1996 (Wisconsin Studies in Film).

Brakhage, Stan: *Film Biographies.* Berkeley: Turle Island 1977. Essays des Experimentalfilmers zur Filmgeschichte.

Buchka, Peter: *Ansichten des Jahrhunderts. Film und Geschichte in zehn Porträts.* München: Hanser 1988 Porträts über Feuillade, Stroheim, Lang, Renoir, Ozu, Hawks, Rossellini, Visconti, Welles, Staudte.

Burch, Noël: *The Theory of Film Practice.* London: Secker & Warburg 1973 (Cinema Two). Eines der wichtigsten englischsprachigen Bücher mit semiotischem Ansatz.

Burch, Noël: *Correction Please, Or How We Got into Pictures.* London: Arts Council 1980. Begleitheft zu Burchs Film über die Entwicklung der Filmsprache.

Burnett, Ron (Hg.): *Explorations in Film Theory. Selected Essays From Ciné-Tracts.* Bloomington: Indiana UP 1991.

Cameron, Ian (Hg.): *Movie Reader.* London: November 1973. 33 Artikel aus der berühmten englischen Filmzeitschrift Movie.

Casetti, Francesco: *Theories of Cinema. 1945–1995.* Austin: University of Texas Press 1999.

Caughie, John (Hg.): *Theories of Authorship. A Reader.* London: Routledge 1981 (BFI Readers in Film Studies).

Cavell, Stanley: *The World Viewed. Reflections on the Ontology of Film.* New York: Viking 1971. Empfehlenswert.

Cherchi Usai, Paolo: *An Introduction to the Study of Silent Cinema* (Burning Passions, 1994). Erw. Ausgabe. London: British Film Institute 1999. Eine empfehlenswerte Einführung.

Collins, Jim; Radner, Hilary; Collins, Ava Preacher (Hg.): *Film Theory Goes to the Movies.* New York: Routledge 1993 (AFI Film Readers).

Cooke, Alistair (Hg.): *Garbo & the Night Watchmen.* 1937. Reprint. London: Secker & Warburg 1971 (Cinema Two). Eine klassische Anthologie.

Deleuze, Gilles: *Das Bewegungs-Bild. Kino 1.* (Cinéma 1. L'Image-mouvement, 1983). Frankfurt: Suhrkamp 1989.

Deleuze, Gilles: *Das Zeit-Bild. Kino 2* (Cinéma 2. L'Image-temps, 1985). Frankfurt: Suhrkamp 1991.

Deleuze, Gilles: *Unterhaltungen 1972–1990.* (Pourparlers 1972–1990, 1990). Frankfurt: Suhrkamp 1993 (edition suhrkamp 1778).

Denby, David: *Awake in the Dark. An Anthology of American Film Criticism 1915 to the Present.* New York: Random House 1977.

Denk, Rudolf (Hg.): *Texte zur Poetik des Films.* Stuttgart: Reclam 1978 (RUB 9541).

Deutelbaum, Marshall: *«Image» on the Art and Evolution of the Film.* New York: Dover 1979. Gesammelte Artikel aus der Zeitschrift des International Museum of Photography in Rochester.

Diederichs, Helmut H.: *Anfänge deutscher Filmkritik.* München: Robert Fischer + Uwe Wiederoither 1986.

Doane, Mary Ann; Mellencamp, Patricia; Williams, Linda: *Re-Vision. Essays in Feminist Film Criticism.* Frederick: University Publications of America 1984 (The AFI Monograph Series 3).

Donner, Wolf: *Gegenkurs. Ausgewählte Kino-Texte (1983–1992).* Berlin: Stemmler 1993. Artikel des einflußreichen Kritikers.

Ebert, Roger: *Roger Ebert's Book of Film.* New York: Norton 1997. Umfangreiche und eigenwillige Auswahl von Artikeln des populären US-Kritikers.

Eco, Umberto: *Einführung in die Semiotik.* München: Fink 1972.

Eco, Umberto: *Zeichen. Einführung in einen Begriff und seine Geschichte.* Frankfurt: Suhrkamp 1977 (edition suhrkamp 895).

Eco, Umberto: *Semiotik. Entwurf einer Theorie der Zeichen.* 2. erw. Ausgabe. München: Fink 1991 (Supplemente 5).

Eco, Umberto: *Apokalyptiker und Integrierte. Zur Kritik der Massenkultur.* (Apocalittici e integrati, 1964). Frankfurt: Fischer 1992 (FTB 7367).

Eisenstein, Sergej: *Ausgewählte Aufsätze.* Berlin/DDR: Henschel 1960. Eine Auswahl aus den Schriften des sowjetischen Regisseurs und Theoretikers.

Eisenstein, Sergej M.: *Schriften 1. Streik.* Hg. v. Hans-Joachim Schlegel. München: Hanser 1974 (Reihe Hanser 158). Ursprünglich auf 6 Bände angelegte Ausgabe. Die ausgewählten Texte sind jeweils auf einen Film Eisensteins bezogen. Sehr empfehlenswert.

Eisenstein, Sergej M.: *Schriften 2. Panzerkreuzer Potemkin.* Hg. v. Hans-Joachim Schlegel. München: Hanser 1973 (Reihe Hanser 135).

Eisenstein, Sergej M.: *Schriften 3. Oktober.* Hg. v. Hans-Joachim Schlegel. München: Hanser 1975 (Reihe Hanser 184).

Eisenstein, Sergej M.: *Schriften 4. Das Alte und das Neue (Die Generallinie).* Hg. v. Hans-Joachim Schlegel. München: Hanser 1984.

Eisenstein, Sergej: *Das dynamische Quadrat. Schriften zum Film.* Hg. v. Oksana Bulgakova und Dietmar Hochmuth. Leipzig: Reclam 1988 (Reclams Universal-Bibliothek 1206).

Eisner, Lotte H.: *Ich hatte einst ein schönes Vaterland. Memoiren.* Geschrieben von Martje Grohmann. Heidelberg: Wunderhorn 1984. Autobiografie der Filmhistorikerin und Archivarin.

Ellis, John (Hg.): *Screen Reader One. Cinema/Ideology/Politics.* London: S.E.F.T. 1977. Auswahl aus der einflußreichen Filmzeitschrift der siebziger Jahre.

Farber, Manny: *Negative Space.* New York: Praeger 1971 Filmkritiken des New Yorker «Außenseiters».

Ferguson, Otis: *The Film Criticism of Otis Ferguson.* Hg. v. Robin Wilson. Philadelphia: Temple UP 1973.

Friedberg, Anne: *Window Shopping. Cinema and the Postmodern.* Berkeley: University of California Press 1993.

Gad, Urban: *Der Film. Seine Mittel – Seine Ziele.* (Filmen. Dens Midler og Maal. 1919). Berlin: Schuster & Loeffler 1921. Frühe Theorie des dänisch/deutschen Filmregisseurs.

Gandert, Gero (Hg.): *Der Film der Weimarer Republik 1929. Ein Handbuch der zeitgenössischen Kritik.* Berlin: de Gruyter 1993. Ein monumentales Lebenswerk.

Gidal, Peter (Hg.): *Structural Film Anthology.* 2. Auflage. London: British Film Institute 1978. Wichtige Auswahl von Dokumenten der avantgardistischen Filmrichtung.

Gilliat, Penelope: *Unholy Fools.* New York: Viking 1973. Gesammelte Filmkritiken.

Godard, Jean-Luc: *Godard par Godard.* 2 Bände. Hg. v. Alain Bergala. Paris: Flammarion 1998. Gesammelte Aufsätze.

Godard, Jean-Luc: *Godard/Kritiker. Ausgewählte Kritiken und Aufsätze über Film (1950–1970).* Hg. v. Frieda Grafe. München: Hanser 1971 (Reihe Hanser 83). Auswahl aus Godards Werk als Kritiker.

Godard, Jean-Luc: *Einführung in eine wahre Geschichte des Kinos.* München: Hanser 1981.

Gottgetreu, Sabine: *Der bewegliche Blick. Zum Paradigmenwechsel in der feministischen Filmtheorie.* Frankfurt: Lang 1992.

Grafe, Frieda; Patalas, Enno: *Im Off. Filmartikel.* München: Hanser 1974. Gesammelte Aufsätze der geschätzten Filmkritiker.

Grafe, Frieda: *Beschriebener Film 1974–1985.* Salzhausen-Luhmühlen: Die Republik 1985 (Die Republik, Nr. 72–75).

Grafe, Frieda: *Filmtips.* München: KinoKonTexte 1993 (Kino-Kon-Texte 4).

Greene, Graham: *The Pleasure-Dome. The Collected Film Criticism 1935–40.* Hg. v. John Russell Taylor. New York: Oxford UP 1980.

Grierson, John: *Grierson on Documentary. Hg. v. Forsyth Hardy.* 1947. Reprint. London: Faber and Faber 1966. Klassische Sammlung des britischen Dokumentaristen.

Groll, Gunter: *Magie des Films. Kritische Notizen über Film, Zeit und Welt.* München: Süddeutscher Verlag 1953.

Groll, Gunter: *Lichter und Schatten. Filme in dieser Zeit.* München: Süddeutscher Verlag 1956.

Haas, Willy: *Der Kritiker als Mitproduzent. Texte zum Film 1920–1933.* Hg. v. Wolfgang Jacobsen, Karl Prümm und Benno Wenz. Berlin: Hentrich 1991. Einer der wichtigsten Filmkritiker der 20er Jahre.

Hagemann, Walter: *Der Film. Wesen und Gestalt.* Heidelberg: Vowinckel 1952 (Beiträge zur Publizistik 5).

Hammond, Paul (Hg.): *The Shadow and Its Shadow. Surrealist Writings on Cinema.* London: British Film Institute 1978. Wichtige Dokumentensammlung.

Harms, Rudolf: *Philosophie des Films. Seine ästhetischen und metaphysischen Grundlagen.* (1926). Reprint. Zürich: Rohr 1970 (Filmwissenschaftliche Studientexte, 3).

Harvey, David: *The Condition of Post-Modernity.* Cambridge, MA: Blackwell 1989.

Heath, Stephen: *Questions of Cinema.* Bloomington: Indiana UP 1981.

Henderson, Brian; Martin, Ann; Amazonas, Lee (Hg.): *Film Quarterly. Forty Years, a Selection.* Berkeley: University of California Press 1999. Eine Auswahl aus der wichtigen Filmzeitschrift.

Hill, John; Church Gibson, Pamela (Hg.): *The Oxford Guide to Film Studies.* Oxford: Oxford UP 1998. Eine Einführung.

Hill, John; Church Gibson, Pamela (Hg.): *Film Studies. Critical Approaches.* Oxford: Oxford UP 2000.

Hillier, Jim (Hg.): *Cahiers du Cinéma. Vol. 1. The 1950s – Neorealism, Hollywood, New Wave. – Cahiers du Cinéma. Vol. 2. 1960–1968 – New Wave, New Cinema, Revaluating Hollywood.* Cambridge, MA: Harvard UP 1985–86. Gesammelte Artikel aus der einflußreichen Zeitschrift.

Holland-Moritz, Renate: *Die Eule im Kino. Filmkritiken.* Berlin/DDR: Eulenspiegel 1981. Gesammelte Kritiken der einflußreichen DDR-Autorin.

Holland-Moritz, Renate: *Die Eule im Kino. Neue Filmkritiken.* Berlin: Eulenspiegel 1994.

Horkheimer, Max; Adorno, Theodor W.: *Dialektik der Aufklärung. Philosophische Fragmente.* 1944. Frankfurt: Suhrkamp 1981 (Theodor W. Adorno, Gesammelte Schriften Bd. 3). Klassiker der Kritischen Theorie.

Houben, Jean-François: *Feux croisés sur la critique. Dix-sept entretiens.* Paris: Éditions du CERF 1999. Gespräche mit französischen Filmkritikern.

Ihering, Herbert: *Von Reinhardt bis Brecht. Vier Jahrzehnte Theater und Film. 3 Bände.* Hg. v. d. Deutschen Akademie der Künste zu Berlin unter Mitarbeit von Dr. Edith Krull. Berlin/DDR: Aufbau 1958–61. Gesammelte Artikel des wichtigen Kritikers der Weimarer Zeit zu Theater und Film.

Iros, Ernst: *Wesen und Dramaturgie des Films.* Zürich – Leipzig: Niehans 1938. Vom Verfasser stark bearbeitete Neuausgabe: Zürich: Niehans 1957.

Jameson, Frederic: *The Prison-House of Language.* Princeton: Princeton UP 1972. Eine nützliche Einführung in die Semiotik und angrenzende Gebiete.

Jameson, Frederic: *Political Unconsciousness.* Ithaca: Cornell UP 1982.

Jameson, Frederic: *Signatures of the Visible.* New York: Routledge 1990. Die Anwendung postmoderner materialistischer Theorie auf die Interpretation einzelner Filme.

Jameson, Frederic: *Postmodernism, or the Cultural Logic of Late Capitalism.* Durham: Duke UP 1991.

Jay, Martin: *Dialektische Phantasie. Die Geschichte der Frankfurter Schule und des Instituts für Sozialforschung 1923–1950* (The Dialectical Imagination, 1973). Frankfurt: Fischer 1976.

Jürschik, Rudolf: *Wirklichkeit und Filmkunst. Zu theoretischen Problemen des Zusammenhangs zwischen der wachsenden Rolle des subjektiven Faktors …* Berlin/DDR: Parteihochschule «Karl Marx» 1970 (Vorlesungen und Schriften). Eine für die Praxis des DEFA-Films wichtige Theorie.

Kael, Pauline: *I Lost It at the Movies. Film Writings 1954–1965.* 1965. Neuausgabe. London: Boyars 1994. Gesammelte Artikel der einflußreichen New Yorker Filmkritikerin. Weitere Ausgaben: *Kiss Kiss Bang Bang. Film Writings 1965–1967.* (1968); *Going Steady.* (1971); *Deeper into Movies* (1974); *Reeling* (1976); *When the Lights Go Down* (1980); *Taking It All In* (1985); *State of the Art* (1987); *Hooked* (1990); *Movie Love* (1992); *Raising Kane and other essays* (1996). Die Sammlungen der Kritikerin, alle bei Boyars erschienen, ergeben einen ausgezeichneten Überblick über das (amerikanische) Kino der 60er–90er Jahre. Eine umfangreiche Auswahl bietet: *For Keeps. 30 Years at the Movies.* New York: Dutton 1994.

Kael, Pauline: *5001 Nights at the Movies. Shorter Reviews from the Silents to the '90s.* Überarb. Ausgabe. London: Boyars 1993. Kaels allgemeiner Film-Führer, zumeist Kurzkritiken für den New Yorker.

Kaplan, E. Ann: *Postmodernism and its Discontents. Theories, Practices.* London: Routledge 1988.

Kaplan, E. Ann: *Psychoanalysis and Cinema.* New York: Routledge 1990.

Kauffmann, Stanley: *A World on Film.* New York: Harper & Row 1966. Gesammelte Artikel. Weitere Ausgaben: *Figures of Light.* (1971); *Living Images.* (1975). Filmkritik mit literarischer Sensibilität.

Kauffmann, Stanley; Henstell, Bruce (Hg.): *American Film Criticism. From the Beginnings to «Citizen Kane».* New York: Liveright 1972. Eine sehr nützliche Anthologie, umfassend und gründlich.

Kittler, Friedrich: *Draculas Vermächtnis. Technische Schriften.* Leipzig: Reclam 1993 (Reclam-Bibliothek 1476).

Klippel, Heike: *Gedächtnis & Kino.* Basel, Frankfurt: Stroemfeld 1997 (nexus 39).

Knilli, Friedrich (Hg.): *Zeichensystem Film.* Stuttgart: Kohlhammer 1968.

Knilli, Friedrich (Hg.): *Semiotik des Films. Mit Analysen kommerzieller Pornos und revolutionärer Agitationsfilme.* München: Hanser 1971.

Koebner, Thomas: *Lehrjahre im Kino. Schriften zum Film.* St. Augustin: Gardez! 1997 (Filmstudien 2).

Koebner, Thomas: *Halbnah! Schriften zum Film. Zweite Folge.* St. Augustin: Gardez! 1999.

Kötz, Michael: *Der Traum, die Sehnsucht und das Kino. Film und Wirklichkeit des Imaginären.* Frankfurt: Syndikat 1986.

Kracauer, Siegfried: *Theorie des Films. Zur Errettung der äußeren Wirklichkeit* (Theory of Film, 1960). Frankfurt: Suhrkamp 1973 (Schriften 3).

Kracauer, Siegfried: *Kino. Essays, Studien, Glossen zum Film.* Hg. v. Karsten Witte. Frankfurt: Suhrkamp 1974 (st 126). Gesammelte Artikel aus den Jahren 1926–1951.

Kracauer, Siegfried: *Filmkritiken 1924 bis 1939.* In: *Von Caligari zu Hitler.* Frankfurt: Suhrkamp 1979 (Schriften 2).

Kuhn, Annette: *Women's Pictures. Feminism and Cinema.* New York: Routledge 1982.

Langlois, Henri: *Trois cents ans de cinéma. Ecrits.* Hg. v. Jean Narboni. Paris: Cahiers du cinéma – Cinémathèque française 1986. Gesammelte Texte des Filmarchivars.

Lapsey, Robert; Westlake, Michael: *Film Theory. An Introduction.* Manchester: Manchester UP 1989.

Levin, Thomas Y.: *Siegfried Kracauer. Eine Bibliographie seiner Schriften.* Marbach: Deutsche Schillergesellschaft 1989. Unentbehrlich.

Lindsay, Vachel: *The Art of the Moving Pictures.* 1915. Reprint. New York: Liveright 1970. Der Dichter über die junge Kunst des Films.

Lopate, Phillip: *Totally, Tenderly, Tragically. Essays and criticism from a lifelong love affair with the movies.* New York: Anchor Books/Doubleday 1998.

Lorentz, Pare: *Lorentz on Film.* New York: Harcourt Brace Jovanovich 1975. Der Filmemacher als Kritiker.

Lotman, Jurij M.: *Probleme der Kinoästhetik. Einführung in die Semiotik des Films.* Frankfurt: Syndikat 1977.

MacCann, Richard D. (Hg.): *Film. A Montage of Theories.* New York: Dutton 1966. 40 Essays von Filmemachern und Kritikern. Empfehlenswert.

Macdonald, Dwight: *On Movies.* New York: Berkley 1971. Macdonalds begrenzter Ausflug auf das Gebiet der Filmkritik. Ein Klassiker der frühen Filmkritik.

Magny, Joel (Hg.): *Histoire des théories du cinéma.* Condé-sur-Noireau: CinémAction-Corlet/Télérama 1991. Ein historischer Überblick.

Mast, Gerald; Cohen, Marshall (Hg.): *Film Theory and Criticism.* 4. erw. Ausgabe. New York: Oxford UP 1992. Eine nützliche Zusammenstellung theoretischer Texte. Empfehlenswert.

McConnell, Frank: *Storytelling and Mythmaking. Images from Film and Literature.* New York: Oxford UP 1979. Eine interessante Erzähl-Theorie.

Mekas, Jonas: *Movie Journal. The Rise of a New American Cinema, 1959–1971.* New York:

Collier 1972. Der Chronist des New American Cinema und Verfechter des nichtnarrativen Films.
Metz, Christian: *Sprache und Film* (Essais sur le signification au cinéma, 1968). Frankfurt: Athenäum 1973. Metz ist der wichtigste Film-Semiotiker. (Seine Theorien haben sich seit «Sprache und Film» weiterentwickelt).
Metz, Christian: *Semiologie des Films.* (Langage et cinéma, 1971). München: Fink 1972.
Metz, Christian: *L'énonciation impersonelle ou le site du film.* Paris: Klincksieck 1992.
Miller, Mark Crispin (Hg.): *Seeing Through Movies.* New York: Pantheon 1990.
Miller, Toby; Stam, Robert (Hg.): *A Companion to Film Theory.* Malden / Oxford: Blackwell 1999. The Blackwell Companion to Film Theory.
Mitry, Jean: *Esthétique et psychologie du cinéma.* 2 Bände. Paris: Editions universitaires 1963. Ein französischer Klassiker.
Münsterberg, Hugo: *Das Lichtspiel. Eine psychologische Studie und andere Schriften zum Kino.* (The Photoplay, 1916). Hg. v. Jörg Schweinitz. Wien: Synema 1996. Einer ersten Versuche in Film-Psychologie.
Neale, Steven: *Genre.* London: British Film Institute 1980.
Nelmes, Jill (Hg.): *An Introduction to Film Studies.* 2. Ausgabe. London: Routledge 1999.
Nichols, Bill (Hg.): *Movies and Methods.* 2 Bände. 2. Ausgabe. Berkeley: University of California Press 1985. Eine sehr empfehlenswerte Anthologie zeitgenössischer Kritik.
Oshima, Nagisa: *Die Ahnung der Freiheit. Schriften.* Berlin / West: Wagenbach 1982.
Palmer, R. Barton: *The Cinema Text. Methods and Approaches.* New York: AMS Press 1989.
Pasolini, Pier Paolo: *Freibeuterschriften. Die Zerstörung der Kultur des Einzelnen durch die Gesellschaft* (Scritti corsari, 1975). Berlin / West: Wagenbach 1978.
Pasolini, Pier Paolo: *Lutherbriefe* (Lettere luterane, 1976). Wien – Berlin: Medusa 1983.
Pasolini, Pier Paolo: *Ketzererfahrungen. «Empirismo eretico». Schriften zu Sprache, Literatur und Film.* München: Hanser 1979.
Penley, Constance (Hg.): *Feminism and Film Theory.* New York: Routledge 1988.
Pinthus, Kurt: *Der Zeitgenosse. Literarische Portraits und Kritiken.* Hg. v. Reinhard Tgahrt. Marbach: Deutsches Literaturarchiv 1971 (Marbacher Schriften). Darin eine Auswahl seiner Filmkritiken.
Potamkin, Harry Alan: *The Compound Cinema. The Film Writings of Harry Alan Potamkin.* Hg. v. Lewis Jacobs. New York: Teachers College Press 1978. Einer der wichtigsten Kritiker der dreißiger Jahre.
Pudowkin, Wsewolod: *Filmregie und Filmmanuskript.* Mit Beiträgen von Thea von Harbou, L. Heilborn-Körbitz, Carl Mayer, S. Timoschenko. Berlin: Lichtbildbühne 1928 (Bücher der Praxis Bd. V). Neben Eisenstein der wichtigste sowjetische Spielfilmtheoretiker der zwanziger Jahre.
Richter, Hans: *Filmgegner von heute – Filmfreunde von morgen.* (1929). Reprint. Zürich: Rohr 1968.
Richter, Hans: *Der Kampf um den Film. Für einen gesellschaftlich verantwortlichen Film.* Hg. v. Jürgen Römhild. München: Hanser 1976. Schrift des engagierten Avantgardisten.
Rosen, Philip (Hg.): *Narrative, Apparatus, Ideology. A Film Theory Reader.* New York: Columbia UP 1986.
Rosenbaum, Jonathan. *Moving Places. A Life at the Movies.* (1980). Neuausgabe. Berkeley: University of California Press 1995.
Rosenbaum, Jonathan: *Placing Movies. The Practice of Film Criticism.* Berkeley: University of California Press 1995.
Rosenbaum, Jonathan: *Movies as Politics.* Berkeley: University of California Press 1997.
Rotha, Paul: *Celluloid. The Film To-Day.* London: Longmans, Green 1933. Gesammelte Aufsätze des bedeutenden Filmhistorikers.
Rotha, Paul: *Rotha on the Film. A Selection of Writings about the Cinema.* London: Faber and Faber 1958. Aufsätze aus den Jahren 1928–1956.
Rotha, Paul: *A Paul Rotha Reader.* Hg. v. Duncan Petrie und Robert Kruger. Exeter: Exeter University Press 2000.
Rothman, William: *The «I» of the Camera. Essays in Film Criticism, History and Aesthetics.* Cambridge: Cambridge UP 1988 (Cambridge studies in film).
Rülicke-Weiler, Käthe (Hg.): *Beiträge zur Theorie der Film- und Fernsehkunst. Gattungen, Kategorien, Gestaltungsmittel.* Berlin / DDR: Henschel 1987.
Salmon, Heinz: *Die Kunst im Film. Die Theorie der reinen Filmkunst, auf der Grundlage ihrer Mittel.* Dresden-Weinböhla: Aurora 1921. Eine frühe Filmtheorie.
Sarris, Andrew: *Confessions of a Cultist.* New York: Simon & Schuster 1970. Neben Kael der einflußreichste amerikanische Filmkritiker. Er popularisierte die «Autorentheorie» in den USA.

Sarris, Andrew: *The Primal Screen. Essays on Film and Related Subjects.* New York: Simon & Schuster 1973.
Sarris, Andrew: *Politics and Cinema.* New York: Columbia UP 1979.
Schenk, Irmbert (Hg.): *Filmkritik. Bestandsaufnahmen und Perspektiven.* Marburg: Schüren 1998.
Schiwy, Günther: *Der französische Strukturalismus. Mode – Methode – Ideologie.* Reinbek: Rowohlt 1969 (rowohlts deutsche enzyklopädie 310/311). Eine allgemeine, kritische Einführung.
Schklowskij, Viktor: *Schriften zum Film.* Frankfurt: Suhrkamp 1966 (edition suhrkamp 174). Auswahl von Aufsätzen des russischen Formalisten aus den Jahren 1923–1963.
Schlüpmann, Heide: *Ein Detektiv des Kinos. Studien zu Siegfried Kracauers Filmtheorie.* Basel, Frankfurt: Stroemfeld 1998 (nexus 38).
Schlüpmann, Heide: *Abendröthe der Subjektphilosophie. Eine Ästhetik des Kinos.* Basel, Frankfurt: Stroemfeld 1998.
Seeßlen, Georg: *Liebe, Sehnsucht, Abenteuer. Essays.* Frankfurt: Ullstein 1988 (Ullstein-Buch 36546). Eine Auswahl des fruchtbaren Essayisten.
Seeßlen, Georg: *Clint Eastwood trifft Federico Fellini: Essays zum Kino.* Berlin: Bertz 1996.
Seeßlen, Georg: *Derrick und die Dorfmusikanten. Miniaturen zur deutschen Unterhaltungskultur.* Hamburg: Konkret Verlag 1997 (Konkret Texte 14).
Silverman, Kaja: *The Subject of Semiotics.* Oxford: Oxford UP 1983.
Simon, John: *Private Screenings.* New York: Berkley 1967.
Simon, John: *Movies into Film. Film Criticism 1967–70.* New York: Dial Press 1971. Der Kritiker als Held. Der beste Repräsentant der konservativen Ästhetik.
Sitney, P. Adams (Hg.): *Film Culture Reader.* New York: Praeger 1970. Auswahl aus dem Zentralorgan der amerikanischen Film-Avantgarde.
Sontag, Susan: *Styles of Radical Will.* New York: Farrar, Straus & Giroux 1970. Wichtige Essays über Godard und Bergman.
Sontag, Susan: *Kunst und Antikunst.* (Against Interpretation, 1966). München: Hanser 1980. Eher Kulturkritikerin als Filmrezensentin, jedoch auch auf die Filmkritik sehr einflußreich.
Staiger, Janet: *Interpreting Film. Studies in the Historical Reception of American Cinema.* Princeton: Princeton UP 1992.
Stam, Robert: *Film Theory. An Introduction.* Malden/Oxford: Blackwell 2000. Ein Überblick über die aktuellen Trends.
Stam, Robert; Miller, Toby (Hg.): *Film and Theory. An Anthology.* Malden/Oxford: Blackwell 1999. Eine nützliche Zusammenstellung.
Thompson, Kristin: *Breaking the Glass Armor. Neoformalist Film Analysis.* Princeton: Princeton UP 1988.
Thompson, Kristin: *Storytelling in the New Hollywood. Understanding Classical Narrative Technique.* London: Harvard UP 1999.
Truffaut, François: Die *Filme meines Lebens. Aufsätze und Kritiken* (Les Films de ma vie, 1975). Erw. Ausgabe. Hg. v. Robert Fischer. Frankfurt: Verlag der Autoren 1997. Artikel der fünfziger und sechziger Jahre.
Truffaut, François: *Die Lust am Sehen* (Le Plaisir des yeux, 1987). Hg. v. Robert Fischer. Frankfurt: Verlag der Autoren 1999. Weitere Aufsätze und Essays.
Tyler, Parker: *Classics of the Foreign Film.* Secaucus: Citadel 1962. Ein Pionier der psychoanalytischen Filmkritik in den USA.
Tyler, Parker: *Magic and Myth in the Movies.* London: Secker & Warburg 1971 (Cinema Two).
Vertov, Dsiga: *Aufsätze, Tagebücher, Skizzen.* Hg. v. Sergej Drobaschenko. Berlin/DDR: Institut für Filmwissenschaft 1967 (Filmwissenschaftliche Bibliothek).
Vertov, Dsiga: *Schriften zum Film.* Hg. v. Wolfgang Beilenhoff. München: Hanser 1973 (Reihe Hanser 136). Auswahl von Schriften des theoretischen Gegenpols zu Eisenstein.
Virilio, Paul: *Krieg und Kino. Logistik der Wahrnehmung* (Guerre et cinéma, 1984). München: Hanser 1986 (Edition Akzente).
Warshow, Robert: *The Immediate Experience.* New York: Atheneum 1970. Neben Agee einer der bedeutendsten frühen Filmkritiker in den USA. Besonders wichtig zum Film als populärer Kunst.
Weinberg, Herman G.: *Saint Cinema. Writings on the Film. 1929–1970.* 2. Auflage. New York: Dover 1973.
Wenders, Wim: *Emotion Pictures. Essays und Filmkritiken 1968–1984.* Frankfurt: Verlag der Autoren 1986 (Theaterbibliothek).
Wenders, Wim: *Die Logik der Bilder. Essays und Gespräche.* Hg. v. Michael Töteberg. Frankfurt: Verlag der Autoren 1988 (Theaterbibliothek).
Wenders, Wim: *The Act of Seeing. Texte und Gespräche.* Frankfurt: Verlag der Autoren 1992 (Filmbibliothek).

Wilson, David (Hg.): *Sight and Sound. A Fiftieth Anniversary Selection.* London: Faber and Faber 1982.
Witte, Karsten (Hg.): *Theorie des Kinos. Ideologiekritik der Traumfabrik.* Frankfurt: Suhrkamp 1972 (edition suhrkamp 557). Nützliche Anthologie.
Witte, Karsten: *Im Kino. Texte vom Sehen & Hören.* Frankfurt: Fischer 1985 (FTB 4454).
Wollen, Peter: *Signs and Meaning in the Cinema.* (1969). 4. erw. Ausgabe. London: British Film Institute 1998. Eine einflußreiche semiotische Studie. Sehr empfehlenswert.
Wollen, Peter: *Readings and Writings.* London: Verso 1982.
Wollen, Peter: *Raiding the Icebox. Reflections on twentieth-century culture.* London: Verso 1993.
Wood, Robin: *Personal Views. Explorations in Film.* London: Gordon Frazer 1976. Aufsätze eines wichtigen Vertreters der «Autorentheorie» in England.
Wuss, Peter: *Die Tiefenstruktur des Filmkunstwerks. Zur Analyse von Spielfilmen mit offener Komposition.* Berlin/DDR: Henschel 1986.
Wuss, Peter: *Kunstwert des Films und Massencharakter des Mediums. Konspekte zur Geschichte der Theorie des Spielfilms.* Berlin: Henschel 1990. Kommentierte Anthologie mit ausführlichen Passagen aus den wichtigsten Spielfilmtheorien.

1.6 Medien

Allen, Robert C. (Hg.): *Channels of Discourse, Reassembled.* 2. Auflage. Chapel Hill: University of North Carolina Press 1992. Kritische Theorien und Methoden, angewandt auf einzelne Fernsehsendungen.
Anderson, Christopher: *HollywoodTV. The Studio System in the Fifties.* Austin: University of Texas Press 1994.
Arlen, Michael: *Living Room War. Writings About Television.* New York: Viking 1969.
Arnheim, Rudolf: *Rundfunk als Hörkunst. Mit einer neuen Einleitung des Verfassers.* München: Hanser 1979.
Auletta, Ken: *Three Blind Mice. How the TV networks lost their way.* New York: Random House 1991.
Auletta, Ken. *The Highwaymen. Warriors of the information superhighway.* New York: Random House 1997.
Balio, Tino: *Hollywood in the Age of Television.* Boston: Unwin Hyman 1990.
Barnouw, Erik: *A History of Broadcasting in the United States. 1. A Tower of Babel. – 2. The Golden Web. – 3. The Image Empire.* 3 Bände. New York: Oxford UP 1966–70. Das Standardwerk zum Thema. Sehr empfehlenswert.
Barnouw, Erik: *Tube of Plenty. The Evolution of American Television.* 2. erw. Ausgabe. New York: Oxford UP 1990. Die einbändige Zusammenfassung von «A History of Broadcasting in the United States». Sehr empfehlenswert.
Bausch, Hans: *Rundfunkpolitik nach 1945.* 2 Bände. *Rundfunk in Deutschland, Bd. 3+4.* München: DTV 1980 (dtv 3185/86).
Behrens, Tobias: *Die Entstehung der Massenmedien in Deutschland. Ein Vergleich von Film, Hörfunk und Fernsehen und ein Ausblick auf die Neuen Medien.* Frankfurt: Lang 1986 (Europäische Hochschulschriften. Reihe 40, Kommunikationswissenschaft und Publizistik. Bd. 6).
Bergmeier, Horst J. P.; Lotz, Rainer E.: *Hitler's Airwaves. The Inside Story of Nazi Radio Broadcasting and Propaganda Swing.* New Haven, London: Yale UP 1997. Enthält eine CD.
Bessler, Hansjörg: *Hörer- und Zuschauerforschung. Rundfunk in Deutschland, Bd. 5.* München: DTV 1980 (dtv 3187).
Bibb, Porter. *It Ain't As Easy As It Looks. Ted Turner's Amazing Story.* New York: Crown 1993.
Bismarck, Klaus von; Gaus, Günter; Kluge, Alexander; Sieger, Ferdinand: *Industrialisierung des Bewußtseins. Eine kritische Auseinandersetzung mit den «neuen» Medien.* München: Piper 1985 (Serie Piper 473).
Blanchard, Margaret A. (Hg.): *History of Mass Media in the United States. An Encyclopedia.* Chicago, London: Fitzroy Dearborn 1998
Bleicher, Joan Kristin: *Chronik zur Programmgeschichte des deutschen Fernsehens.* Berlin: Edition Sigma 1993 (Sigma Medienwissenschaft 16).
Briggs, Asa: *The History of Broadcasting in the United Kingdom. 1. The Birth of Broadcasting. – 2. The Golden Age of Wireless. – 3. The War of Words. – 4. Sound and Vision. – 5. Competition.* Neuausgabe. London: Oxford UP 1995.
Brooks, John: *Telephone. The First Hundred Years.* New York: Harper & Row 1976.
Brown, Les: *Television. The Business Behind the Box.* New York: Harcourt Brace Jovanovich 1972.
Bruch, Walter: *Kleine Geschichte des deutschen Fernsehens.* Berlin/West: Haude & Spener 1967 (Buchreihe des SFB 6).
Carey, James W.: *Communication as Culture. Essays on Media and Society.* New York: Routledge

1989. Ausgezeichnete Theorie, ohne den Jargon.

Chapple, Steve; Garofalo, Reebee: *Rock'n'Roll Is Here To Pay. The History and Politics of the Music Industry.* Chicago: Nelson-Hall 1977. Eine ausgezeichnete Einführung in das Thema.

Compaine, Benjamin M. (Hg.): *Who Owns the Media? Concentration of ownership in the mass communications industry.* 2. erw. Ausgabe. White Plains, NY: Knowledge Industry Publications 1982.

Compaine, Benjamin M.; Read, William H. (Hg.): *The Information Resources Policy Handbook. Research for the Information Age.* Cambridge, MA: MIT Press 1999.

Dannen, Fredric: *Hit Men. Power Brokers and Fast Money Inside the Music Business.* Erw. Ausgabe. New York: Vintage 1991.

Diller, Ansgar: *Rundfunkpolitik im Dritten Reich. Rundfunk in Deutschland, Bd. 2.* München: DTV 1980 (dtv 3184).

Downing, John; Mohammadi, Ali; Sreberny-Mohammadi, Annabelle (Hg.): *Questioning the Media. A critical introduction.* 2. Ausgabe. Thousand Oaks: Sage Publications 1995.

Erlinger, Hans Dieter; Foltin, Hans-Friedrich (Hg.): *Unterhaltung, Werbung und Zielgruppenprogramme.* München: Fink 1994 (Geschichte des Fernsehens in der Bundesrepublik Deutschland 4).

Faulstich, Werner; Rückert, Corinna: *Mediengeschichte in tabellarischem Überblick von den Anfängen bis heute.* 2 Bände. Bardowick: Wissenschaftler Verlag 1993.

Faulstich, Werner (Hg.): *Vom «Autor» zum Nutzer. Handlungsrollen im Fernsehen.* München: Fink 1994 (Geschichte des Fernsehens in der Bundesrepublik Deutschland 5).

Fiske, John; Hartley, John: *Reading Television.* (1978). Neuausgabe. London: Routledge 1989. Ein Klassiker.

Fiske, John: *Television Culture.* London: Methuen 1987.

Fiske, John: *Introduction to Communication Studies.* 2. Ausgabe. London: Routledge 1990 (Studies in culture and communication).

Fiske, John: *Media Matters. Race and Gender in U.S. Politics.* Erw. Ausgabe. Minneapolis: University of Minnesota Press 1996.

Flichy, Patrice: *Une histoire de la communication moderne. Espace public et vie privée.* Paris: Editions de la découverte 1991.

Frith, Simon: *Sound Effects. Youth, Leisure, and the Politics of Rock'n'Roll.* New York: Pantheon 1981.

Frith, Simon; Goodwin, Andrew; Grossberg, Lawrence (Hg.): *Sound & Vision. The Music Video Reader.* London: Routledge 1993.

Gehr, Herbert (Hg.): *Sound & Vision – Musikvideo und Filmkunst.* Frankfurt: Deutsches Filmmuseum 1994.

Gerbner, George; Mowlana, Hamid; Schiller, Herbert I. (Hg.): *Invisible Crises. What conglomerate control of media means for America and the world.* Boulder: Westview Press 1996.

Gillett, Charlie: *The Sound of the City. The Rise of Rock and Roll.* (1970). Erw. Ausgabe. London: Souvenir Press 1983. Ein Klassiker.

Gitlin, Todd: *Watching Television.* New York: Pantheon 1986.

Gronow, Pekka; Saunio, Ilpo: *An International History of the Recording Industry.* London, New York: Cassell 1998. Ein gelungener Überblick.

Hausheer, Cecilia; Schönholzer, Annette (Hg.): *Visueller Sound. Musikvideos zwischen Avantgarde und Populärkultur.* Luzern: Zyklop 1994.

Heinrich, Herbert: *Deutsche Medienpolitik.* Nauheim: Koch 1990. Die Parteien und die Medien.

Hick, Ulrike: *Geschichte der optischen Medien.* München: Fink 1999.

Hickethier, Knut (Hg.): *Institution, Technik und Programm. Rahmenaspekte der Programmgeschichte des Fernsehens.* München: Fink 1994 (Geschichte des Fernsehens in der Bundesrepublik Deutschland 1).

Hickethier, Knut; Hoff, Peter (Mitarbeit): *Geschichte des deutschen Fernsehens.* Stuttgart: Metzler 1998. Ein guter Überblick.

Hiebel, Hans H.; Hiebler, Heinz; Kogler, Karl; Walitsch, Herwig: *Große Medienchronik.* München: Fink 1999. Eine Fülle von Information, schlecht indiziert.

Hiegemann, Susanne; Swoboda, Wolfgang H. (Hg.): *Handbuch der Medienpädagogik. Theorieansätze – Traditionen – Praxisfelder – Forschungsperspektiven.* Opladen: Leske + Budrich 1994.

Hoberg, Almuth: *Film und Computer. Wie digitale Bilder den Spielfilm verändern.* Frankfurt: Campus 1999.

Hoffman, Hilmar (Hg.): *Gestern begann die Zukunft. Entwicklung und gesellschaftliche Bedeutung der Medienvielfalt.* Darmstadt: Wissenschaftliche Buchgesellschaft 1994.

Huyssen, Andreas; Scherpe, Klaus R. (Hg.): *Postmoderne. Zeichen eines kulturellen Wandels.* Reinbek: Rowohlt 1986 (rowohlt enzyklopädie 427).

Inglis, Andrew F.: *Behind the Tube. A History of*

Broadcasting Technology and Business. Boston: Focal Press 1990.

Innis, Harold: *The Bias of Communication.* (1951). Hg. v. Marshall McLuhan. Neuausgabe. Toronto: University of Toronto Press 1971.

Kaplan, E. Ann (Hg.): *Regarding Television. Critical approaches – An anthology.* Frederick: University Publications of America 1983 (AFI monograph 2).

Kaplan, E. Ann: *Rocking Around the Clock. Music Television, Postmodernism, & Consumer Culture.* New York: Routledge 1987. Eine Analyse des Erfolgs von MTV.

Keppler, Angela: *Wirklicher als die Wirklichkeit? Das neue Realitätsprinzip der Fernsehunterhaltung.* Frankfurt: Fischer 1994 (FTB 12258).

Kittler, Friedrich: *Grammophon Film Typewriter.* Berlin/West: Brinkmann & Bose 1986.

Leonard, John: *Smoke and Mirrors. Violence, Television, and Other American Cultures.* New York: New Press 1997. Ein prominenter amerikanischer TV- und Kultur-Kritiker über sein Medium.

Lerg, Winfried B.; Steininger, Rolf (Hg.): *Rundfunk und Politik 1923–1973.* Berlin/West: Spiess 1975.

Lerg, Winfried B.: *Rundfunkpolitik in der Weimarer Republik. Rundfunk in Deutschland, Bd. 1.* München: DTV 1980 (dtv 3183).

Liebling, A. J.: *The Press.* Überarbeitete Ausgabe. New York: Ballantine 1975. Klassische Untersuchung des bedeutenden Presse-Kritikers.

Ludes, Peter; Schuhmacher, Heidemarie; Zimmermann, Peter (Hg.): *Informations- und Dokumentarsendungen.* München: Fink 1994 (Geschichte des Fernsehens in der Bundesrepublik Deutschland 3).

MacDonald, J. Fred: *One Nation Under Television. The Rise and Decline of Network Television.* New York: Pantheon 1990. Ein guter Überblick.

Mair, George: *Inside Home Box Office. The Billion Dollar War Between HBO, Hollywood, and Home Video Revolution.* New York: Dodd, Mead 1985.

Mair, George: *The Barry Diller Story. The Life and Times of America's Greatest Entertainment Mogul.* New York: Wiley 1997.

Mander, Jerry: *Schafft das Fernsehen ab!* (Four Arguments for the Elimination of Television, 1978). Reinbek: Rowohlt 1981. Ein provozierender Vorschlag.

Mankiewicz, Frank; Swerdlow: *Remote Control. Television and the Manipulation of American Life.* New York: Times Books 1978. Empfehlenswert.

Marc, David: *Demographic Vistas. Television in American Culture.* (1984). Erw. Ausgabe. Philadelphia: University of Pennsylvania Press 1996.

Marc, David: *Comic Visions. Television comedy and American culture* (1989). Neuausgabe. Malden, MA: Blackwell 1997.

Marc, David: *Bonfire of the Humanities. Television, subliteracy, and long-term memory loss.* Syracuse: Syracuse UP 1995 (The television series).

Matzen, Christiane (Red.): *Internationales Handbuch für Hörfunk und Fernsehen 1994/95.* 22. Auflage. Hg. v. Hans-Bredow-Institut Hamburg. Baden-Baden: Nomos 1994. Erscheint zweijährlich.

McLuhan, Marshall: *Die Magischen Kanäle.* (Understanding Media, 1964). Düsseldorf: Econ 1992. Kontrovers, teilweise unverständlich, aber richtungweisend.

McRobbie, Angela: *Postmodernism and Popular Culture.* London: Routledge 1994.

Miller, Mark Crispin: *Boxed In. The Culture of TV.* Evanston: Northwestern UP 1988.

Monaco, James (Hg.): *Celebrity. The Media as Image Makers.* New York: Delta Books 1978.

Monaco, James (Hg.): *Media Culture. Television, Books, Radio, Records, Magazines, Newspapers, Movies.* New York: Delta Books 1978.

Müller-Doohm, Stefan; Neumann-Braun, Klaus: *Kulturinszenierungen.* Frankfurt: Suhrkamp 1995 (edition suhrkamp 1937).

Naremore, James; Brantlinger, Patrick (Hg.): *Modernity and Mass Culture.* Bloomington: Indiana UP 1991.

Netenjakob, Egon: *Im Nullmedium. Wie Fernseh-Dramaturgen Filme produzieren. 18 Porträts.* Köln: KIM 1996.

Newcombe, Horace (Hg.): *Television. The Critical View.* 5. erw. Auflage. New York: Oxford UP 1994. Eine Anthologie, die zum Standardwerk geworden ist.

Noelle-Neumann, Elisabeth; Schulz, Winfried; Wilke, Jürgen (Hg.): *Fischer Lexikon Publizistik Massenkommunikation.* Neuausgabe. Frankfurt: Fischer 1984 (FTB 12260).

Paech, Joachim (Hg.): *Film, Fernsehen, Video und die Künste. Strategien der Intermedialität.* Stuttgart: Metzler 1994.

Palmer, Tony: *All You Need Is Love. Vom Blues zum Swing, von Afrika zum Broadway, vom Jazz zum Soul u. Rock'n'Roll.* Hg. v. Paul Medlicott. München: Droemer-Knaur 1977.

Postman, Neil: *Wir amüsieren uns zu Tode. Urteilsbildung im Zeitalter der Unterhaltungsindu-*

strie (Amusing Ourselves to Death, 1986). Frankfurt: Fischer 1994 (FTB 4285).

Prokop, Dieter: *Medien-Wirkungen.* Frankfurt: Suhrkamp 1981 (edition suhrkamp 1074).

Prokop, Dieter (Hg.): *Massenkommunikationsforschung 1. Produktion. – 2. Konsumtion. – 3. Produktanalysen.* Frankfurt: Fischer 1972–73 (FTB 6151 / 6152 / 6343).

Prokop, Dieter: *Medien-Macht und Massen-Wirkung. Ein geschichtlicher Überblick.* Freiburg im Breisgau: Rombach 1995 (Rombach Wissenschaft, Reihe litterae 34).

Reimers, Karl Friedrich; Lerch-Stumpf, Monika; Steinmetz, Rüdiger (Hg.): *Von der Kino-Wochenschau zum aktuellen Fernsehen.* München: Ölschläger 1983 (Kommunikation audiovisuell hff Band 3).

Rötzer, Florian (Hg.): *Digitaler Schein. Ästhetik der elektronischen Medien.* Frankfurt: Suhrkamp 1991 (edition suhrkamp 1599).

Schanze, Helmut; Zimmermann, Bernhard (Hg.): *Das Fernsehen und die Künste.* München: Fink 1994 (Geschichte des Fernsehens in der Bundesrepublik Deutschland 2).

Schiller, Herbert I.: *Culture, Inc. The Corporate Takeover of Public Expression.* New York: Oxford UP 1989.

Shawcross, William: *Murdoch. The Making of a Media Empire.* Erw. Ausgabe. New York: Simon & Schuster 1997.

Sklar, Robert: *Prime Time America. Life On and Behind the Television Screen.* New York: Oxford UP 1980.

Smith, Anthony: *The Newspaper. An International History.* London: Thames and Hudson 1979. Eine Einführung.

Smith, Anthony; Paterson, Richard (Hg.): *Television. An International History. Second Edition.* Oxford: Oxford UP 1998. Ein weltweiter Überblick, allerdings unter weitgehender Vernachlässigung Festland-Europas.

Tebbel, John William: *The Media in America.* New York: Crowell 1974. Über die Entwicklung der Druck- und elektronischen Medien.

Uricchio, William (Hg.): *Die Anfänge des Deutschen Fernsehens. Kritische Annäherungen an die Entwicklung bis 1945.* Tübingen: Niemeyer 1991 (Medien in Forschung+Unterricht, Serie A, 30).

Wicking, Christopher; Vahimagi, Tise (Hg.): *The American Vein. Directors and Directions in Television.* London: Talisman Books 1979.

Wiebel, Martin: *Deutschland auf der Mattscheibe. Die Geschichte der Bundesrepublik im Fernsehspiel.* Frankfurt: Verlag der Autoren 1999.

Winkler, Klaus: *Fernsehen unterm Hakenkreuz. Organisation – Programm – Personal.* Köln: Böhlau 1994 (Medien in Geschichte und Gegenwart 1).

Winn, Marie: *Die Droge im Wohnzimmer.* Reinbek: Rowohlt 1990 (rororo 7866).

Winston, Brian: *Technologies of Seeing. Photography, Cinematography and Television.* London: British Film Institute 1996.

Zielinski, Siegfried: *Audiovisionen. Kino und Fernsehen als Zwischenspiele in der Geschichte.* Reinbek: Rowohlt 1989 (rowohlts enzyklopädie – kulturen & ideen 486).

Zey, René: *Lexikon Neue Medien. Informations- und Unterhaltungselektronik von A bis Z.* Reinbek: Rowohlt 1995 (rororo 9822).

1.7 Neue Medien

Augarten, Stan: *Bit by Bit. An Illustrated History of Computers.* New York: Ticknor & Fields 1984. Eine informative Früh-Geschichte.

Benedikt, Michael: *Cyberspace. First Steps.* Cambridge, MA: MIT Press 1991.

Brinkley, Joel: *Defining Vision. The Battle for the Future of Television.* New York: Harcourt Brace 1997. Die Hintergründe der Entwicklung von HDTV.

Ceruzzi, Paul E.: *A History of Modern Computing.* Cambridge, MA: MIT Press 1998.

Edstrom, Jennifer; Eller, Marlin: *Barbarians Led by Bill Gates. Microsoft from the Inside, How the World's Richest Corporation Wields Its Power.* New York: Holt 1998.

Elsaesser, Thomas; Hoffmann, Kay (Hg.): *Cinema Futures. Cain, Abel or Cable? The Screen Arts in the Digital Age.* Amsterdam: Amsterdam UP 1998 (Film culture in transition). Eine internationale Anthologie über die digitale Herausforderung.

Forester, Tom: *Die High-Tech-Gesellschaft.* Stuttgart: DVA Oktogon 1990.

Freyermuth, Gundolf S.: *Cyberland. Eine Führung durch den High-Tech-Underground.* Berlin: Rowohlt Berlin 1996.

Gabler, Neal: *Life: the Movie. How Entertainment Conquered Reality.* New York: Knopf 1998.

Hiltzik, Michael A.: *Dealers of Lightning. Xerox PARC and the Dawn of the Computer Age.* New York: HarperBusiness 1999. Über die Wiege der Mikrocomputer.

Johnson, Steven: *Interface Culture. How new technology transforms the way we create and communicate.* San Francisco: HarperEdge 1997.

Kehoe, Brendan P.: *Zen und die Kunst des Internet.*

Kursbuch für Informationssüchtige. München: Prentice Hall 1994.

Krämer, Sybille (Hg.): *Medien, Computer, Realität. Wirklichkeitsvorstellungen und Neue Medien.* Frankfurt: Suhrkamp 1998 (stw 1379).

Levy, Steven: *Insanely Great. The Life and Times of Macintosh, the Computer that Changed Everything.* New York: Viking 1994.

Linzmayer, Owen W.: *Apple Confidential. The Real Story of Apple Computer, Inc.* San Francisco: No Starch Press 1999.

Lubar, Steven D.: *InfoCulture. The Smithsonian Book of Information Age Inventions.* Boston: Houghton Mifflin 1993.

Luther, Arch C.: *Principles of digital audio and video.* Boston: Artech House 1997. Eine ausgezeichnete technische Einführung in das Thema.

Luther, Arch C.: *Video Camera Technology.* Boston: Artech House 1998.

Luther, Arch C.: *Video Recording Technology.* Boston: Artech House 1999.

Morrison, Mike: *The Magic of Interactive Entertainment.* Indianapolis: Sams 1994.

Naughton, John: *A Brief History of the Future. The origins of the Internet.* London: Weidenfeld & Nicholson 1999.

Negroponte, Nicholas. *Total digital.* (Being Digital). München: Goldmann 1997. Der Multimedia-Pionier über die Zukunft der Informationsgesellschaft.

Rheingold, Howard: *Virtuelle Welten. Reisen im Cyberspace* (Virtual Reality). Reinbek: Rowohlt 1992.

Rheingold, Howard: *Virtuelle Gemeinschaft. Soziale Beziehungen im Zeitalter des Computers.* (The Virtual Community). Bonn: Addison-Wesley 1994.

Rohm, Wendy Goldman: *The Microsoft File. The Secret Case Against Bill Gates.* New York: Times Books 1998.

Rötzer, Florian; Weibel, Peter (Hg.): *Cyberspace. Zum medialen Gesamtkunstwerk.* München: Boer 1993.

Schulze, Hans Herbert: *PC-Lexikon. Fachbegriffe schlüssig erklärt.* Reinbek: Rowohlt 1993 (rororo 9241).

Smith, Anthony: *Books to Bytes. Knowledge and Information in the Post Modern Era.* London: British Film Institute 1993.

Stoll, Clifford: *Die Wüste Internet. Geisterfahrten auf der Datenautobahn* (Silicon Snake Oil, 1995). Frankfurt: Fischer 1996. Ein Computer-Spezialist über das Internet.

Stoll, Clifford: *High Tech Heretic. Why Computers Don't Belong in the Classroom and Other Reflections by a Computer Contrarian.* New York: Doubleday 1999. Ein Insider warnt vor den Folgen der Computer-Erziehung.

Taylor, Jim: *DVD Demystified. The Guidebook for DVD-Video and DVD-ROM.* New York: McGraw-Hill 1998. Eine technische Einführung – auf Papier und DVD-ROM.

Wallace, James; Erickson, Jim: *Mr. Microsoft. Die Bill-Gates-Story* (Hard Drive. Bill Gates and the Making of the Microsoft Empire, 1992). Berlin: Ullstein 1994. Ein guter Überblick über die Geschichte von Microsoft.

Wallace, James: *Overdrive. Bill Gates and the Race to Control Cyberspace.* New York: Wiley 1997. Die Fortsetzung.

Woolley, Benjamin: *Die Wirklichkeit der virtuellen Welten.* (Virtual Worlds). Basel: Birkhäuser 1994.

2.1 Handbücher

Die Verbreitung von Video hat eine Schwemme von Filmführern ausgelöst. In den meisten Buchläden finden sich ganze Borde von allgemeinen oder speziellen Film- und Videoführern sehr unterschiedlicher Qualität. In den sechziger Jahren waren solche Informationen oft nur schwer zu finden. George Sadoul in Frankreich, Roger Manvell und Tim Cawkwell in England, die *Handbücher der katholischen Filmkritik* in Deutschland präsentierten erstmals knappe Daten zu Filmen. Etwa zur gleichen Zeit begann Peter Cowie seine Reihe jährlicher *Film Guides,* Leslie Halliwell in England und Leonard Maltin in den USA brachten die ersten Ausgaben ihrer populären Führer zu Filmen im Fernsehen heraus. Beide hatten einen Vorläufer um nahezu ein Jahrzehnt in Steven Scheuer (1958), ein Pionier, der noch heute aktiv ist.

In den achtziger Jahren brachte Ephraim Katz seine in vielen Jahren liebevoll erarbeitete *The Film Encyclopedia* heraus. Er starb, ehe die zweite Ausgabe 1994 in den Druck ging. 1980 erschien *Cinema: A Critical Dictionary,* herausgegeben von Richard Roud, einem frühen Verfechter von Jean-Luc Godard und in den sechziger und siebziger Jahren Direktor des New York Film Festival, durch das er viele europäische Filme in den USA vorstellte. Trotz seines Todes im Jahre 1989 ist sein Einfluß noch heute spürbar.

Ebenfalls in den achtziger Jahren begann Hans-Michael Bock mit der Publikation von *Cine-Graph,* einem stetig anwachsenden bio-filmografischen Loseblatt-Lexikon zum deutschsprachi-

gen Film. 1984 brachten die Film-Buffs Jay Robert Nash und Stanley Ralph Ross ihr über 20-bändiges Werk *The Motion Picture Guide* heraus. Ihre Firma CineBooks wurde später von News Corp. aufgekauft (und gehörte kurze Zeit Baseline). Jährlich erscheinen Ergänzungen, die unter wechselnder Leitung erarbeitet worden sind.
In den neunziger Jahren verschob sich das Interesse auf CD-ROM. Microsofts *Cinemania* vereinigte Beiträge von Leonard Maltin, Pauline Kael, Baseline und anderen, bot Multimedia und Updates über das Internet. Nach fast 3 Millionen verkauften Exemplaren und zahlreichen Nachahmungen in aller Welt – selbst ein russisches *Kinemania*! und *Chinemania. Hongkong Movie Almanac* – wurde es 1997 eingestellt. CineBooks produzierte eine sehr brauchbare CD-ROM-Version von *The Motion Picture Guide*: viele Informationen ohne unnötiges Multimedia-Gespiele (online: www.tvguide.com / movies /). Auch Viacoms Video-Kette Blockbuster unterstützte ein Film-Nachschlagewerk auf CD-ROM. Alle sind nicht mehr erhältlich. Vor allem aus Anlaß des Kino-Centenars 1995 wurden mehrere nationale Filmografien auf CD-ROM dokumentiert: in Frankreich (viel Design, schwache Informationen), Schweden (schlicht und gründlich), Finnland (auf 2 CDs vom Multitalent Peter von Bagh unterhaltsam präsentiert), Argentinien, Polen, Griechenland, Australien, Spanien etc. In Deutschland erschien mit mehreren Updates das umfangreiche *Lexikon des internationalen Films* mit dem Geburtsfehler, daß es auf der Datenbank des KIM beruht, die nur die nach dem Krieg in Deutschland herausgekommenen Filme verzeichnet.
Die wichtigste internationale Datenbank auf CD-ROM ist inzwischen der vom British Film Institute auf Grundlage der internen Datenbank SIFT (Summary of Information on Film and Television) beruhenden *Film Index International*, der als einzige CD-Datenbank z. B. auch detaillierte bibliografische Nachweise enthält. Allerdings wendet er sich mit einem Preis von mehreren tausend Mark vorwiegend an Fachleute und Bibliotheken. Ebenso der online (gebührenpflichtig) und als CD-ROM angebotene kumulierte *American Film Institute Catalog*.
Mittlerweile hat sich das Interesse dem Internet zugewandt, wo sich vor allem die monumentale – allerdings von Fans erarbeitete und nicht unbedingt zuverlässige – *Internet Movie Database* (IMDb.com) etabliert hat.
Linklisten zu interessanten Film-Sites im Internet finden sich u. a. über: www.cinegraph.de, www.informatik.rwth-aachen.de / FilmStudio / links / oder www.cinemedia.org / welcomes / you.html.

2.1.1 Lexika, Filmführer

A Biographical Dictionary of Film. David Thomson. 3. erw. Auflage. London: Deutsch 1994. Gelungene Kurzporträts über wichtige Filmemacher und Stars.

Buchers Enzyklopädie des Films. Hg. v. Liz-Anne Bawden und Wolfram Tichy. 2. erw. Ausgabe. 2 Bände. München: Bucher 1983; auch: *rororo-Filmlexikon.* 6 Bände. Reinbek: Rowohlt 1983. Stark bearbeitete deutsche Ausgabe von «The Oxford Companion to Film».

CineGraph – Lexikon zum deutschsprachigen Film. Hg. v. Hans-Michael Bock. München: edition text + kritik 1984 ff. Fortlaufend ergänztes bio-filmografisches Loseblattwerk; bis 2000 33 Lieferungen mit über 7000 Seiten zu ca. 900 Namen.

Cinema: A Critical Dictionary. The Major Film-Makers. Hg. v. Richard Roud. 2 Bände. London: Secker & Warburg 1980. Ausführliche Essays.

Deutsche Spielfilme von den Anfängen bis 1933. Ein Filmführer. Hg. v. Günther Dahlke und Günter Karl. 2. Auflage. Berlin: Henschel 1993.

Dictionnaire du cinéma. Hg. v. Jean-Loup Passek. Erw. Neuausgabe. Paris: Larousse 1999. Universallexikon zum Film.

Dictionnaire du cinéma 1. Les Réalisateurs. – 2. Les Acteurs. Jean Tulard. 2. erw. Ausgabe. Paris: Laffont 1991 / 92. Umfangreiches Taschenbuch-Lexikon mit knappen Angaben.

Dictionnaire du cinéma 3. Les Films. Jacques Lourcelles. Paris: Laffont 1992.

Directory of East European Film-Makers and Films 1945 – 1991. Hg. v. Grzegorz Balski. Trowbridge: Flick Books 1992.

Dizionario del Cinema Italiano. I Registi. Dal 1930 al giorni nostri. Roberto Poppi. Rom: Gremese 1993.

Dizionario del Cinema Italiano. Gli Attori. Roberto Chiti, Enrico Lancia, Andrea Orbicciani, Roberto Poppi. Rom: Gremese 1998.

Dizionario del Cinema Italiano. Le Attrici. Roberto Chiti, Enrico Lancia, Andrea Orbicciani, Roberto Poppi. Rom: Gremese 1999.

Enciclopedia dello spettacolo. 9 Bände, Supplementband. Hg. [ab Bd. 5: Begründet] v. Silvio D'Amico. Rom: Casa Editrice Le Maschere 1954 – 1968. Behandelt neben Theater und Oper auch ausführlich den Film.

L'Encyclopedie du Cinéma. 2 Bände. Hg. v. Roger Boussinot. Paris: Bordas 1995.

The Film Encyclopedia. Hg. v. Ephraim Katz. 3. Ausgabe. Rev. v. Fred Klein und Ronald Dean Nolan. New York: HarperPerennial 1998. Das verbreitetste einbändige Universallexikon zum Film.

Das Filmangebot in Deutschland 1895–1911. Hg. v. Herbert Birett. München: Winterberg 1991.

Filmklassiker. Beschreibungen und Kommentare. 4 Bände. Hg. v. Thomas Koebner. Stuttgart: Reclam 1995 (RUB 9416–19).

Filmlexicon degli autori e delle opere. 7 Bände, 2 Supplementbände. Hg. v. Michele Lacalamita. Rom: Bianco e Nero 1958–1974. Ein Standardwerk.

Filmlexicon degli autori e delle opere. Sezione Italia: aggiornamenti e integrazioni 1972–1991. Hg. v. Aldo Bernadini. Rom: Nuova ERI 1992. Aktualisierung der Artikel zum italienischen Film.

Filmregisseure. Hg. v. Thomas Koebner. Stuttgart: Reclam 1999.

Filmschauspieler A–Z. Joachim Reichow, Michael Hanisch. 7. Auflage. Berlin/DDR: Henschel 1989. Die letzte Auflage mit zahlreichen osteuropäischen Namen, die sonst selten auftauchen.

Frame by Frame. A Black Filmography. Phyllis Rauch Klotman. Bloomington: Indiana UP 1979.

*Frame by Frame II. A Filmography of the African American Image, 1978–*1994. Phyllis R. Klotman, Gloria J. Gibson. Bloomington: Indiana UP 1997.

Glenzdorfs internationales Film-Lexikon. Biografisches Handbuch für das gesamte Filmwesen. Hg. v. Johann C. Glenzdorf. 3 Bände. Bad Münster: Prominent Filmverlag 1960.

Guide des Films. Jean Tulard. 2 Bände. Paris: Laffont 1990.

Halliwell's Filmgoer's Companion. Leslie Halliwell. 12. Auflage. Hg. v. John Walker. London: HarperCollins 1999.

Halliwell's Film & Video Guide 2000. Hg. v. John Walker. London: HarperCollins 1999. Erstmals 1977. (Auch CD-ROM.)

Illustrierter Film-Kurier 1919–1944. Eine Dokumentation. Herbert Holba. 2. Auflage. Ulm: Action 1977. Katalog der Programmheft-Serie.

International Dictionary of Films and Filmmakers. 3. erw. Ausgabe. *1: Films.* Hg. v. Nicolet V. Elert. – *2: Directors.* Hg. v. Laurie Collier Hillstrom. – *3: Actors and Actresses.* Hg. v. Amy L. Unterburger. – *4: Writers and Production Artists.* Hg. v. Grace Jeromski. Detroit: St. James Press 1996.

International Directory of Cinematographers, Set and Costume Designers in Film. Hg. v. Alfred Krautz. München: Saur 1981 ff. Die nach Ländern geordneten Bände enthalten Kurzfilmografien von Kameraleuten, Kostüm-Designern und Szenografen.

Kino. Enciklopedičeskij Slovar'. Hg. v. S. I. Ûtkevic. Moskau: Sovetskaâ Enciklopediâ 1986. Das maßgebliche sowjetische Lexikon (russisch).

Italian Film. A Who's Who. John Stewart. Jefferson, London: McFarland 1994.

Leonard Maltin's Movie Encyclopedia. Hg. v. Leonard Maltin. New York: Dutton 1994. Ausgezeichnet für die schnelle Information.

Les Brown's Encyclopedia of Television. Hg. v. Les Brown. 3. erw. Auflage. Detroit: Visible Ink Press 1992.

Lexikon des Internationalen Films. Das komplette Angebot in Kino, Fernsehen und auf Video. Red: Horst Peter Koll, Stefan Lux, Hans Messias, Peter Strotmann. 10 Bände. Reinbek: Rowohlt 1995. Jährliche Ergänzungsbände 1995 ff. Verzeichnet nur die nach 1945 in Deutschland (Ost und West) gelaufenen Filme.

Lexikon Filmschauspieler International. Hg. v. Hans-Michael Bock. 2 Bände. Reinbek: Rowohlt 1997 (rororo 16523/4).

Lexikon Regisseure und Kameraleute. Hg. v. Hans-Michael Bock. Reinbek: Rowohlt 1999 (rororo 60651).

Magill's Survey of Cinema. Hg. v. Frank N. Magill. 20 Bände. Englewood Cliffs: Salem Press 1980–85.

Metzler Film Lexikon. Hg. v. Michael Töteberg. Stuttgart, Weimar: Metzler 1995. «500 Klassiker des internationalen Films».

Movie and Video Guide. Hg. v. Leonard Maltin. New York: Signet 1995. Kurzkritiken zu über 19 000 Filmen. Erscheint jährlich seit 1980.

The New York Times Directory of the Film. New York: Arno Press 1971. Ein Namensindex zu den in der NYT ab 1913 erschienenen Filmrezensionen, die auch gesammelt als Reprint erschienen sind.

Pleograf. Słownik biograficzny filmu polskiego 1896–1939. Jerzy Maśnicki, Kamil Stepan. Krakau: Staromiejska Oficyna Wyd 1996. Ein biofilmografisches Loseblatt-Lexikon zum polnischen Film.

Quinlan's Film Directors. David Quinlan. Neuausgabe. London: Batsford 1998.

Reclams deutsches Filmlexikon. Filmkünstler aus

Deutschland, Österreich und der Schweiz. Herbert Holba, Günter Knorr, Peter Spiegel. Stuttgart: Reclam 1984.

Reclams Filmführer. Dieter Krusche, Jürgen Labenski. 9. Auflage. Stuttgart: Reclam 1993. Kurzkritiken zu über 1000 Filmen.

The St. James Film Directors Encyclopedia. Hg. v. Andrew Sarris. Detroit: Visible Ink 1998.

Verzeichnis in Deutschland gelaufener Filme. Entscheidungen der Filmzensur 1911–1920. Berlin, Hamburg, München, Stuttgart. Hg. v. Herbert Birett. München: Saur 1980. Faksimiles der zeitgenössischen Zensurlisten, Titelregister.

VideoHound's Golden Movie Retriever. Detroit u. a.: Visible Ink Press 1991 ff.

The (Third) Virgin Movie Guide. Hg. v. James Pallot. 3. erw. Ausgabe. London: Virgin 1994.

The (Virgin) International Encyclopedia of Film. Hg. v. James Monaco, James Pallot. London: Virgin 1992. Beruht auf der Baseline-Datenbank, s. u.

Who's Who in American Film Now. Hg. v. James Monaco. 2. Auflage. New York: New York Zoetrope 1987. Ein Führer zu den Credits von über 12 000 Schauspielern und Filmemachern. Beruht auf der Baseline-Datenbank, s. u.

Who's Who in Hollywood. The Actors and Directors in Today's Hollywood. Hg. v. Robyn Karney. London: Bloomsbury 1993.

World Film Directors. Vol. 1: 1890–1945. – Vol. 2: 1945–1985. 2 Bände. Hg. v. John Wakeman. New York: Wilson 1987–88. Ausführliche Essays zu 400 internationalen Regisseuren.

2.1.2 Filmografien

The American Film Institute Catalog of Motion Pictures Produced in the United States. Film Beginnings, 1893–1910. Hg. v. Elias Savada. 2 Bände. Metuchen, London: Scarecrow, 1995. Die Daten des AFI Catalog gibt es auch als CD-ROM, vgl. Datenbanken.

The American Film Institute Catalog of Motion Pictures Produced in the United States. Feature Films, 1911–1920. Hg. v. Patricia King Hanson. 2 Bände. Berkeley: University of California Press 1988.

The American Film Institute Catalog of Motion Pictures Produced in the United States. Feature Films, 1921–1930. Hg. v. Kenneth W. Munden. 2 Bände. New York: Bowker 1971.

The American Film Institute Catalog of Motion Pictures Produced in the United States. Feature Films, 1931–1940. Hg. v. Patricia King Hanson. 3 Bände. Berkeley: University of California Press 1993. Vorbildlich recherchiert und präsentiert.

American Film Institute Catalog of Motion Pictures Produced in the United States. Feature Films, 1941–1950. Hg. v. Patricia King Hanson. 3 Bände. Berkeley: University of California Press 1999.

The American Film Institute Catalog of Motion Pictures. Feature Films, 1961–1970. Hg. v. Richard P. Krafsur. 2 Bände. New York: Bowker 1976. Dieser Jahrgang war ein konzeptioneller Irrweg, der auch nicht-amerikanische Produktionen enthält.

Australian film. 1978–1994. A Survey of Theatrical Features. Erw. Ausgabe. Hg. v. Scott Murray. Melbourne: Oxford UP 1995.

Belgian Cinema / Le Cinéma Belge / De Belgische Film. Red: Marianne Thys. Gent-Amsterdam: Ludion 1999.

The British Film Catalogue. Vol. 1: The Fiction Film 1895–1994. – Vol. 2: The Non-Fiction Film 1895–1994. Denis Gifford. 3. erw. Ausgabe. Chicago, London: Fitzroy Dearborn 2000. Filmografische Daten zu britischen Spiel- und Dokumentarfilmen.

British Sound Films. The Studio Years 1928–1959. David Quinlan. London: Batsford 1984.

Catalogo del cine español. Volumen F2. Películas de ficción (1921–1930). Palmira González López, Joaquin T. Cánovas Belchi. Madrid: Filmoteca Española 1993. Der erste Band der spanischen National-Filmografie.

Catalogo del cine español. Volumen F4. Películas de ficción 1941–1950. ngel Luis Huesco. Madrid: Cátedra / Filmoteca Española 1998.

Catalogue courts-métrages français de fiction 1929–1950. Raymond Chirat, Jean-Claude Romer. Paris: Editions Mémoires de cinéma / CNC 1996. (Auch als CD-ROM.)

Catalogue des films français de fiction de 1908 à 1918. Raymond Chirat, Éric Le Roy. Paris: Cinémathèque française 1995.

Catalogue des films français de long métrage. Films sonores de fiction 1919–1929. Raymond Chirat, Raymond Icart. Toulouse: Cinémathèque de Toulouse 1984.

Catalogue des films français de long métrage. Films sonores de fiction 1929–1939. Raymond Chirat. Brüssel: Cinémathèque Royale de Belgique 1975. Die Langfilm-Bände von Chirat enthalten sehr knappe filmografische Daten zu französischen Spielfilmen; nur bedingt brauchbar, Register.

Catalogue des films français de long métrage. Films

sonores de fiction 1940–1950. Raymond Chirat. Hg. v. Cinémathèque Municipale de Luxembourg. Luxemburg: Editions Imprimerie Saint-Paul 1981.

Catalogue Pathé des années 1896 à 1914. Henri Bousquet. 4 Bände. o. O.: Édition Henri Bousquet 1993–1996.

Cinéma français. Les Années 50. Les long métrages réalisés de 1950 à 1959. Jean-Charles Sabria. Paris: Centre Georges Pompidou / Economica 1987. Im Gegensatz zu Chirats «Catalogue des films français de long métrage» eine vorbildliche Filmografie.

Il Cinema muto italiano. Vittorio Martinelli, (z. T. Aldo Bernardini). 21 Bände. Rom: Bianco & Nero 1980–1996. Kommentierte Filmografie des italienischen Stummfilms in Jahresbänden.

Ceský hraný film I. 1898–1930. Hg. v. Vladimir Opela. Prag: Národní filmový archiv 1995.

*Ceský hraný film II. 1930–*1945. Hg. v. Vladimir Opela. Prag: Národní filmový archiv 1998.

The Chinese Filmography. The 2444 Feature Films Produced by Studio in the People's Republic of China from 1949 through 1995. Donald J. Marion. Jefferson: McFarland 1997.

Danske Spillefilm 1968–1991. Peter Jeppesen, Ebbe Villadsen, Ole Caspersen. Kopenhagen: Sammenslutingen af danske filmklubber 1993.

DEFA-Spielfilme 1946–1964. Filmografie. Red: Günter Schulz. Erw. Ausgabe. Berlin / DDR: Staatliches Filmarchiv der DDR 1989 (Film-Archiv 4).

DEFA 1946–64 Studio für Wochenschau und Dokumentarfilme. Filmografie. Red: Manfred Lichtenstein, Eckart Jahnke, Kurt Rohrmoser, Günter Schulz. Berlin / DDR: Henschel 1969.

DEFA-Studio für Trickfilme 1955–1964. Filmografie. Red: Günter Schulz. Berlin / DDR: Staatliches Filmarchiv der DDR 1967.

DEFA 1946–1964 Studio für populärwissenschaftliche Filme (und Vorläufer). Filmografie. Red: Doris Hackbarth, Günter Schulz. Berlin: Henschel 1997.

Deutsche Stummfilme. Gerhard Lamprecht. 10 Bände. Berlin / West: Deutsche Kinemathek 1967–70. Filmografische Daten zu Spielfilmen von 1903–1930; lückenhaft doch ein Standardwerk.

Deutsche Tonfilme. Filmlexikon der abendfüllenden deutschen und deutschsprachigen Tonfilme nach ihren deutschen Uraufführungen. Ulrich J. Klaus. 1. Jahrgang 1929 / 30. ff. Berlin: Klaus 1988 ff. Soll bis Jg. 1945 fortgesetzt werden.

Deutscher Kurz-Spielfilm 1929–1940. Eine Rekonstruktion. Günter Knorr. Ulm: Action 1977. Filmografische Daten zu über 600 Filmen, kein Register.

Deutscher Spielfilmalmanach 1929–1950. Alfred Bauer. 1950. Erw. Ausgabe. München: Filmladen 1976. Filmografische Daten zu deutschen Tonfilmen.

Deutscher Spielfilmalmanach. Band 2: 1946–1955. Alfred Bauer. Hg. v. Christoph Winterberg. München: Winterberg 1981. Filmografische Daten zu deutschen Tonfilmen des ersten Nachkriegsjahrzehnts; nur Titel- und Regisseurs-Register.

Dizionario del Cinema Italiano. I Film. 1. Dal 1930 al 1944. – 2. Dal 1945 al 1959. – 3. Dal 1960 al 1969. – 4. Dal 1970 al 1979. – 5. Dal 1980 al 1989. 7 Bände. Hg. v. Roberto Chiti, Roberto Poppi u. a. Rom: Gremese 1991–2000.

Filmens Hvem Hvard Hvor. Bd. 1. Danske Titler og Biografier. Bjørn Rasmussen. Kopenhagen: Politikens 1968.

Filmo-bibliographischer Jahresbericht 1965–1990. Red: Günter Schulz u. a.. Berlin: Henschel 1966–1995. Mit einigen Ergänzungsbänden z. B. zum Studio für populärwissenschaftliche Filme (1997). Vorbildliche Dokumentierung des Films in der DDR. Abgeschlossen.

The Irish Filmography. Fiction Films 1896–1996. Hg. v. Kevin Rockett. Dublin: Red Mountain Media 1996

Játékfilmek. Hungarian Feature Films 1931–1997. Magyar Filmográfia. Budapest: Magyar Filmintézet 1998.

Leksykon polskich filmów fabularnych. Warschau: Wydawnictwo Wiedza i Zycie 1997.

The Motion Picture Guide. Index. Hg. v. Jay Robert Nash, Stanley Ralph Ross. 2 Bände. Chicago: Cinebooks 1987.

The Motion Picture Guide. Silent Film 1910–1936. Robert B. Connelly. Chicago: Cinebooks 1986.

The Motion Picture Guide. 1927–1983 / 84. Hg. v. Jay Robert Nash, Stanley Ralph Ross. 9 Bände. Chicago: Cinebooks 1985–87. Ergänzt durch jährliche Nachtragsbände; wechselnde Herausgeber und Verlage. Auch als CD-ROM, vgl. Datenbanken.

Of Joy and Sorrow. A Filmography of Dutch Silent Fiction. Geoffrey Donaldson. Amsterdam: Nederlands Filmmuseum 1997.

Prontuário do cinema potuguês 1896–1989. José de Matos-Cruz. Lissabon: Cinemateca Portuguesa 1989.

Registrant over danske film. Bd. 1–3. 1896–1909. – Bd. 4. 1915–1917. – Bd. 5. 1918–1930. Marguerite Engberg. Kopenhagen: Institut for filmvidenskayb 1977–1982.

Sovetckie hudožestvennye fil'my. 1. Nemye fil'my (1918–1935). – 2. Zvukovye fil'my (1930–1957). – 3. Priloženija. – 4. 1958–1963. – 5. 1964–1965. 5 Bände. Moskau: Iskusstvo 1961–79. Die offizielle Filmografie des Sowjetfilms.

Sovetckie hudožestvennye fil'my. Anotirovannij Katalog. 1966ff.. Hg. v. Gosfilmofond Rossii. Moskau: Niva Rossii 1995ff. Die Fortsetzung der Sowjet-Filmografie in Jahresbänden.

Suomen Kansallisfilmografia. 10 Bände. Hg. v. Sakari Toiviainen. Helsinki: Edita 1989ff.

Svensk filmografi. Hg. v. Lars Åhlander / Jörn Donner (Bd. 6). 7 Bände. Stockholm: Svenska Filminstitutet 1977–1988. Eine vorbildliche Nationalfilmografie.

2.1.3 Filmografien und Handbücher zum Fernsehen

Australia on the Small Screen 1970–1995. The complete guide to tele-features and mini-series. Scott Murray. Melbourne: Oxford UP 1996.

British Television. Hg. v. Tise Vahimagi. Oxford: Oxford UP 1994.

Chronik zur Programmgeschichte des deutschen Fernsehens. Joan Kristin Bleicher. Berlin: Edition Sigma 1993 (Sigma Medienwissenschaft 16).

The Complete Directory to Prime Time Network TV Shows. 1946–Present. Tim Brooks, Earle Marsh. 5. erw. Auflage. New York: Ballantine 1992.

Enciclopedia della Televisione Garzanti. Hg. v. Aldo Grasso. Mailand: Grazanti 1996.

Encyclopedia of Television. 3 Bände. Hg. v. Horace Newcomb. Chicago: Fitzroy Dearborn 1997.

Encyclopedia of Television Program. 1. Series, Pilots and Specials 1937–1973. – 2. Series, Pilots and Specials 1974–1984. – 3. Index. Vincent Terrace. New York: New York Zoetrope 1985–1986.

Experimental Television, Test Films, Pilots, and Trial Series, 1925 through 1995. Seven Decades of Small Screen Almosts. Vincent Terrace. Jefferson: McFarland 1997.

*Fernsehspiele in der ARD 1952–*1972. Hg. v. Achim Klünder, Hans Wilhelm Lavies. 2 Bände. Frankfurt: Deutsches Rundfunkarchiv 1978.

Die Fernsehspiele 1973–1977. Hg. v. Achim Klünder. 2 Bände. Frankfurt: Deutsches Rundfunkarchiv 1986. Die von ARD, ZDF, dem Fernsehen in der DDR, Österreich und der deutschsprachigen Schweiz ausgestrahlten TV-Spiele und -Filme. Fortgesetzt als *Lexikon der Fernsehspiele*, s. u.

Fifty Years of Television. A Guide to Series and Pilots, 1937–1988. Vincent Terrace. New York: Cornwall 1991.

Lexikon der Fernsehspiele 1978–1987. Hg. v. Achim Klünder. 3 Bände. München: Saur 1991.

Lexikon der Fernsehspiele 1988–1994. Hg. v. Achim Klünder. München: Saur 1992–1998. Der Jahrgang 1995 erschien nur noch als Privatdruck des verantwortlichen Deutschen Rundfunkarchivs, Frankfurt. Danach – und nach der Pensionierung des unermüdlichen Achim Klünder – wurde das verdienstvolle Nachschlagewerk eingestellt.

Movies Made for Television. The Telefeature and the Mini-Series 1964–1984. Alvin H. Marill. New York: New York Zoetrope 1984.

Television Drama Series Programming. A Comprehensive Chronicle. 6 Bände: *1947–1959. – 1959–1975. – 1975–1980. – 1980–1982. – 1982–1984. – 1984–1986.* Larry James Gianakos. Metuchen Scarecrow Press 1978–92. Detailliert und unerläßlich, allerdings schwer zu erschließen.

Television Specials. 3,201 Entertainment Spectaculars, 1939–1993. Vincent Terrace. Jefferson: McFarland 1995.

Total Television. A Comprehensive Guide to Programming from 1948 to the Present. Alex McNeil. 3. erw. Auflage. Harmondsworth: Penguin 1991.

*TV-Filmlexikon. Regisseure, Autoren, Dramaturgen 1952–*1992. Egon Netenjakob. Frankfurt: Fischer 1994 (FTB 11947).

Vodič. Kroz produkciju Igranog programa Televizije Beograd. 1958–1995. Bojana Andrič. Belgrad: RTS 1998. Umfangreich.

2.2.1 Bibliografien zu Filmbüchern

Basic Books in the Mass Media. Eleanor Blum. Urbana: University of Illinois Press 1972. Eine grundlegende Bibliografie.

Bibliographie der Filmbibliographien / Bibliography of Film Bibliographies. Hg. v. Hans Jürgen Wulff. München: Saur 1987.

Bibliography of National Filmographies. Edited by Harriet W. Harrison. Red: Dorothea Gebauer. Brüssel: FIAF 1985.

Cinema Booklist. George Rehrauer. Metuchen: Scarecrow Press 1972. Zwei Supplemente 1974, 1976. Das bibliografische Standard-Handbuch zum Film.

Cinéma pleine page. l'édition cinématographique de langue française. Hg. v. Pierre Lherminier. Dossier 1985. Paris: Lherminier / Filmeditions 1985.

Das deutsche Filmschrifttum. Eine Bibliographie der Bücher und Zeitschriften über das Filmwesen. Hans Traub, Hanns Wilhelm Lavies. Leipzig: Hiersemann 1940. Ergänzt durch: *Kinematographie 2. Die Deutsche Filmliteratur 1940–1960.* Red: Herbert Birett. Frankfurt: Filmstudio 1962.

Film. A Reference Guide. Robert A. Armour. Westport: Greenwood Press 1980.

Film – An International Bibliography. Hg. v. Malte Hagener, Michael Töteberg. Stuttgart: Metzler 2000. Ein Überblick.

Film Criticism. An Index to Critic's Anthologies. Richard Heinzkill. Metuchen: Scarecrow Press 1975.

Film Study. An Analytical Bibliography. Frank Manchel. 4 Bände. Cranbury: Associated University Presses 1990. Kommentierte Nachweise von Büchern, Zeitschriftenartikeln und Filmen zu Themen und Personen.

*Film- und Fernsehliteratur der DDR. Eine annotierte Bibliographie – Auswahl. 1946–*1982/83. Red: Alfred Krautz, Hermann Herlinghaus. 5 Bände. Potsdam-Babelsberg: Hochschule für Film und Fernsehen der DDR 1983/84 (Beiträge zu Film- und Fernsehwissenschaft 1/83, 1/84). Siehe www.bibl.hff-potsdam/de/defa50/index.html.

Internationale Filmbibliographie 1952–1962. H. P. Manz. Zürich: Rohr 1963. Ergänzt durch Supplemente und anschließend durch die Neuerscheinungsbulletins der Buchhandlung Hans Rohr, Zürich.

Literature of the Film. Alan Dyment. London: White Lyon 1975.

Moving Pictures. An Annotated Guide to Selected Film Literature. Eileen Sheahan. Cranbury: Barnes 1978.

Verzeichnis deutscher Fachschriften über Lichtspielwesen. Erwin Ackerknecht. 2. erw. Auflage. Berlin: Bildwart 1930 (Bildwart-Flugschriften 2).

2.2.2 Bibliografien zu Filmperiodika

Von den sieben greifbaren Bibliografien zu Filmperiodika beschränken sich drei auf Filmzeitschriften; eine verzeichnet hauptsächlich Filmmagazine, schließt jedoch einzelnes Material aus allgemeinen Publikationen mit ein; eine konzentriert sich auf allgemeine Zeitschriften, und eine umfaßt das weite Feld von allgemeinen und spezialisierten Zeitschriften. Zwei von den dreien, die sich auf Filmzeitschriften konzentrieren, beschränken sich auf englischsprachige Publikationen. Jede Bibliografie ist also auf ihre Art nützlich, es gibt jedoch viele Überschneidungen.

International Index to Film Periodicals. Redaktion: Michael Moulds, London. Mit Unterstützung der Fédération Internationale des Archives du Film (FIAF). Erscheint seit 1972. Wechselnde Herausgeber und Verlage. Das Standardverzeichnis für Filmzeitschriften; wertet etwa 100 internationale Zeitschriften aus. Entsprechend auch *International Index to Television Periodicals.* FIAF. Seit 1979. Beide zusammen (für den Berichtszeitraum ab 1983) auch als CD-ROM, die zweimal jährlich erscheinen.

The Film Index. A Bibliography. Bd. 1: The Film as Art. Bd. 2: The Film as Industry. Bd. 3: The Film in Society. Zusammengestellt vom Writer's Program of the Works Project Administration Staff. 1941. Reprint. Millwood: Kraus International Publications 1985–88. Ein früher Klassiker.

The New Film Index. Hg. v. Richard Dyer MacCann und Edward S. Perry. New York: Dutton 1975. Erschließt 38 Filmzeitschriften in englischer Sprache sowie einzelne andere Magazine 1930–1970. Bildet zusammen mit den FIAF-Bänden eine Grundlage für die Recherchen.

The Critical Index. John C. und Lana Gerlach. New York: Teachers' College Press 1974. Mit Computern erarbeitete Bibliografie von englischsprachigen Artikeln über Film aus 22 Zeitschriften 1946–1973.

*Index to Motion Pictures Reviewed by VARIETY. 1907–*1980. Max Joseph Alvarez. Metuchen: Scarecrow 1982.

Index to Critical Film Reviews in British and American Film Periodicals. Index to Critical Reviews of Books About Film 1930–1972. Stephen E. Bowles. 2 Bände. New York: Burt Franklin 1975. Das Verzeichnis von Filmbuch-Rezensionen ist einmalig.

A Guide to Critical Reviews. Part 4: Bibliography of Critical Reviews of Feature Length Motion Pictures Released from October 1927 through 1963. James R. Salem. 2 Bände. Metuchen: Scarecrow Press 1971. 12000 Nachweise.

Retrospective Index to Film Periodicals 1930–1971. Linda Batty. New York: Bowker 1975. Eine Ergänzung zu den FIAF-Bänden. Verzeichnet 20 englischsprachige Zeitschriften.

Motion Picture Directors. A Bibliography of Magazine and Periodical Articles. 1900–1969. Mel Schuster. Metuchen: Scarecrow Press 1973.

Film Literature Index. Albany: State University of

New York at Albany, Film and Television Documentation Center 1973 ff. Ein jährlicher Themen / Autor-Index, der über 300 internationale Filmzeitschriften und 125 englischsprachige Allgemein-Zeitschriften auswertet.

Film Review Index. Bd. 1: 1882–1949, Bd. 2: 1950–1985. Phoenix: Oryx 1986 / 87.

Wichtige Informationsquellen zu einer Vielzahl von Filmen erschließen auch folgende Handbücher:

20 Jahre internationales forum des jungen films berlin. Index 1971–1989. Redaktion: Katrin Schulz, Sylvia Andresen, Silvia Voser. Berlin: Freunde der Deutschen Kinemathek 1989. Erschließt die auch in Jahresbänden gesammelten materialreichen Informationsblätter des Forums.

epd Film. 10-Jahres-Register 1984–1993. Frankfurt: GEP 1994. Dazu auch eine EDV-Fassung *DB-Register vom Filmbeobachter 1976 bis 1983 und epd-Film von 1984–* 1993.

Filmkritk. Register der Jahrgänge 1957–1974. Franz Josef Knape. München: Filmkritiker Kooperative 1975. Index der wichtigsten deutschen Filmzeitschrift der 60er Jahre.

Film-Kurier-Index. Hg. v. CineGraph – Hamburgisches Centrum für Filmforschung / Berlin: Stiftung Deutsche Kinemathek 1992 ff. Erschließung der wichtigsten deutschen Filmfach-Tageszeitung, die 1919–45 erschien, durch Tages-, Schlagwort-, Namen- und Filmtitel-Register. Zunächst gedruckt in Jahresbänden; anschließend ist eine kumulierte Datenbank geplant.

Pour Vous / Ciné-Miroir / Cinemonde 1929–1940. Index volume 1: Films français de long métrage et de fiction. Index volume 2: Films américains de long métrage. Roger Icart, Gérard Mischler. Toulouse: Cinémathèque de Toulouse o. J.

Filmartikel in Zeitschriften der DDR wurden in den *Filmobibliografischen Jahresberichten* (vgl. 2.1) erschlossen.

Unerschöpflich – und weitgehend nur punktuell ausgewertet sind die Filmfachzeitschriften der Zwischenkriegszeit, die großenteils auch als Mikrofilm greifbar sind.

In Deutschland sind das vor allem *Film-Kurier, Lichtbild-Bühne, Kinematograph* und *Film* sowie eine Reihe kurzlebiger, doch interessanter Blätter, alle (nicht immer sorgfältig) mikroverfilmt und käuflich zu erwerben. Außerdem stehen (oder sollten zumindest) sie in den größeren Fachbibliotheken zur Recherche zur Verfügung. Die Filme werden vertrieben vom Mikrofilmarchiv der deutschsprachigen Presse e.V., Dortmund, das die zugänglichen Filme auch in einem Standortverzeichnis nachweist.

In Frankreich sind es vor allem *Cinématographie française, Pour Vous* und einige andere, die von der Association pour la Conservation et la Reproduction Photographique de la Presse, Croissy-Béaubourg, zu beziehen sind.

In England sind neben den reinen Fachblättern wie *Kine Weekly* vor allem *Sight and Sound* und das unvergessene und immer wieder vermißte *Monthly Film Bulletin* als Mikrofilme erhältlich.

Daneben gibt es einige gedruckte Reprints wichtiger Filmzeitschriften:

Close Up. 1927–1933. 10 Bände. Liechtenstein: Kraus 1969. Eine wichtige englischsprachige Zeitschrift, vor allem über den progressiven europäischen Film ihrer Zeit, in der auch eine Anzahl bedeutender Filmemacher schrieben.

Experimental Cinema. 1930–1934. New York: Arno Press 1969.

Filmkritik. 1957–1963. 2 Bände. Frankfurt: Zweitausendeins 1975. 1964–1965. 2 Bände. München: Filmkritiker Kooperative 1976. Die interessantesten Jahrgänge dieser wichtigen Zeitschrift.

The New York Times Film Reviews 1913–1976. 10 Bände. New York: Arno Press 1970 ff. Ein kompletter Reprint aller Filmbesprechungen seit 1913, behandelt über 20 000 Filme, erschlossen durch einen Computer-Index.

The New York Times Reviews 1913–1970. A One Volume Selection. Hg. v. George Amberg. New York: Quadrangle 1971. Eine handliche Auswahl.

The Penguin Film Review 1946–1949. Hg. v. Roger Manvell. 2 Bände. London: Scolar Press 1977. Eine britische Zeitschrift der direkten Nachkriegszeit, mit Index.

Variety Film Reviews. 1907–1980. Hg. v. Mike Kaplan. New York, London: Garland 1983 ff.

2.3 Verschiedene Handbücher, Jahrbücher

The Complete Film Dictionary. 2. erw. Ausgabe. Ira Konigsberg. London: Bloomsbury 1997. Ein illustriertes Fachwörter-Lexikon.

The Encyclopedia of Novels into Film. John C. Tibbets; James M. Welsh. New York: Facts on File 1998.

Enser's Filmed Books and Plays. A list of books and plays from which films have been made,

1928–1991. Hg. v. Ellen Baskin; Mandy Hicken. Aldershot, Brookfield: Ashgate, 1993. Eine Liste verfilmter Romane und Schauspiele.

Fachwort-Lexikon. Film, Fernsehen, Video. Ulrich Vielmuth. Köln: DuMont 1982. Erläutert technische Fachbegriffe.

Film Dope. Nottingham. Ein filmografisches Partwork-Lexikon in Form einer Zeitschrift. Gut recherchiert, aber durch die Publikationsweise sehr ungleichmäßig im Informationsstand. Hat mit Heft Nr. 50 und «1304 Christine Pascal» das Erscheinen eingestellt.

Film Talk. Paula K. Read, Anja Bartsch. Hamburg: Verlag für Medienliteratur 1993. Deutsch-englisches Fachwörterbuch.

Film-Jahrbuch 1987ff. Hg. v. Lothar R. Just. München: Heyne 1987ff. Dokumentation der in der BRD gelaufenen Filme mit Presse-Zitaten.

Das Filmjahr ′79–1986. Hg. v. Lothar R. Just (Jg. 1986: Martina Zender). 7 Bände. München: Filmland Presse 1980–86. Dokumentation der in der BRD gelaufenen Filme mit Presse-Zitaten; fortgesetzt durch das Filmjahrbuch bei Heyne.

Filmmaker's Dictionary. Ralph S. Singleton. Beverly Hills: Lone Eagle 1986. Erläuterungen zu Fachbegriffen.

Films Into Books. An analytical bibliography of film novelizations, movie, and TV tie-ins. Randall D. Larson. Lanham: Scarecrow Press 1995.

Fischer Film Almanach 1980–2000. Filme – Festivals – Tendenzen. Wechselnde Herausgeber. Frankfurt: Fischer 1980–1999. (FTB). Kurzangaben zu den in der BRD angelaufenen Filmen und Videos; nicht immer zuverlässig.

Gaffers, Grips and Best Boys. Eric Taub. Erw. Ausgabe. New York: St. Martin's Press 1994. Ausführliche Erläuterungen der bei der Film- und Fernsehproduktion in den USA gebräuchlichen Berufsbezeichnungen und ihrer Aufgaben.

Glossary of Filmographic Terms/ ... /Lexikalisches Handbuch für Film ... Hg. v. Jon Gartenberg. Brüssel: FIAF 1985. Fachwörterbuch (englisch/französich/deutsch/spanisch/russisch) mit kurzen Erläuterungen, vor allem für Filmarchive.

International Film Guide 1964ff. Hg. v. Peter Cowie. London: Tantivy 1963ff. Ab 1990: *Variety International Film Guide,* London: Deutsch 1989ff. Erscheint jährlich. Ein knapper Überblick über die Produktionen in über 50 Ländern, nützliche Adressen und Informationen zu Film-Festivals, -Archiven, -Zeitschriften, -Büchern und manches mehr.

Jahrbuch des Films 1958–1962. Hg. v. Heinz Baumert und Hermann Herlinghaus (und Helga Besenbruch). 5 Bände. Berlin/DDR: Henschel 1959–64.

Jahrbuch Film 77/78–85/86. Berichte/Kritiken/Daten. Hg. v. Hans Günther Pflaum. 9 Bände. München: Hanser 1977–85.

Kino. Bundesdeutsche Filme auf der Leinwand ′78–82/83. Robert Fischer (1. Jg. mit Doris Dörrie). München: Monika Nüchtern 1978–82.

KINtop. Jahrbuch zur Erforschung des frühen Films. Hg. v. Frank Kessler, Sabine Lenk, Martin Loiperdinger. Frankfurt: Stroemfeld/Roter Stern 1992ff. Schwerpunktthemen (Früher Film in Deutschland, Méliès, Messter) und interessante Forschungsergebnisse.

Prisma. Kino- und Fernseh-Almanach 1–19. Hg. v. Horst Knietzsch. 19 Bände. Berlin/DDR: Henschel 1970–90.

Verleihkatalog Nr. 1. Hg. v. Hans Helmut Prinzler, Dorothea Gebauer, Walther Seidler. Frankfurt: Deutsches Institut für Filmkunde/Berlin/West: Stiftung Deutsche Kinemathek 1986. Informationen zu 160 deutschen Filmen.

Who Was Who On Screen. 1920–1971. Ebelyn Truitt. New York: Bowker 1974. 6000 Schauspieler.

2.4 Zeitschriften und Magazine

Von den vielen hundert mehr oder weniger regelmäßigen, mehr oder weniger umfangreichen, mehr oder weniger seriösen Filmzeitschriften, die heute in aller Welt erscheinen, sollen hier nur ein paar wichtige aufgeführt werden. Der jährliche *International Film Guide* (vgl. 2.4) enthält regelmäßig eine Auflistung neuer und regelmäßig erscheinender Magazine aus aller Welt mit Verlagsadressen.

American Cinematographer. Hollywood. Die führende technische Zeitschrift.

l'Avant-Scène du Cinéma. Paris. Enhält vollständige Filmtexte neuer und klassischer Filme.

Blimp. Graz, Österreich. Avantgardistisch aufgemacht.Vierteljährlich.

Cahiers du cinéma. Paris. Der Klassiker.

Camera Obscura. Film Studies Program, University of California at Santa Barbara. Feministische Filmtheorie.

Cineaste. Hg. v. Gary Crowdus, New York. Empfehlenswert wegen seiner eklektischen und politisch sensiblen Sichtweise.

Cinegrafie. Transeuropa, Ancone. Halbjährliche

Publikation, u. a. zu den Schwerpunktthemen des Festivals Il cinema ritrovato in Bologna. Zweisprachig italienisch / englisch.

Cinema Journal. University of Texas Press, Austin. Theoretisches Organ der Society of Cinema Studies.

Cinémathèque. Revue semestrielle d'esthétique et d'histoire du cinéma. Éditions Yellow Now, Crisnée, Belgien. Elegant aufgemachte Zeitschrift der Cinématheque française.

epd Film. Hg. v. Gemeinschaftwerk der Evangelischen Publizistik, Frankfurt. Solide Monatszeitschrift mit Besprechungen der wichtigsten neuen Filme in Deutschland.

Film: die Schweizer Kinozeitschrift. Zürich. Seit 1999 Nachfolgepublikation von *Zoom*. Berichte über aktuelle Neuerscheinungen in der Schweiz. Monatlich.

Film Comment. Film Society of Lincoln Center, New York. Hg. v. Richard T. Jameson. Zweimonatlich.

Film History. An International Journal. Libbey, Sydney. Hg. v. Richard Koszarski, New York u. a. Eigentlich eine Reihe von Monografien mit Schwerpunktthemen. Verständliche historische Essays, gut illustriert.

Film Quarterly. University of California Press, Berkeley. Vierteljährlich.

Film und Fernsehen. Hg. v. Filmverband Brandenburg, Potsdam. Die ehemals führende Filmzeitschrift der DDR wird von Erika Richter mit viel Einsatz am Leben erhalten. Enthält bisweilen interessante Informationen über den Film in Osteuropa.

Film und Kritik. Stroemfeld, Frankfurt. Schwerpunktthemen. Erscheint unregelmäßig.

Filmblatt. CineGraph Babelsberg. Berlin. Filmhistorische Fundstücke.

Filmbulletin – Kino in Augenhöhe. Winterthur, Schweiz. Essays, historische und aktuelle Themen. Zweimonatlich.

Filmdienst. Hg. v. Katholischen Institut für Medieninformation, Köln. Vierzehntäglich. Informationen über das aktuelle Angebot und Artikel zu historischen Themen.

FilmExil. Hg. v. Stiftung Deutsche Kinemathek. Edition Hentrich, Berlin. Informationen zur Personen und Themen des Filmexils.

FilmGeschichte. Newsletter der Stiftung Deutsche Kinemathek bzw. Filmmuseum Berlin.

FilmMaterialien. Hg. v. CineGraph Hamburg, CineGraph – Babelsberg und Stiftung Deutsche Kinemathek, Berlin. Filmhistorische Dokumentationen. Erscheint unregelmäßig.

Frauen + Film. Stroemfeld, Frankfurt. Schwerpunktthemen in feministischem Blick.

Griffithiana. La Rivista della Cineteca del Friuli. Journal of Film History. Udine. Elegantes Magazin, herausgegeben von den Veranstaltern des Stummfilmfestivals in Pordenone, dessen Themen ausführlich dokumentiert werden. Zweisprachig italienisch / englisch.

Iris. Revue de theorie de l'image et du son / A journal of theory on image and sound. Editions Analeph, Paris. Theoretische französisch-englische Coproduktion.

Journal of Popular Film. Bowling Green State University, Ohio. Vierteljährlich.

Kinemathek. Hg. v. Freunde der Deutschen Kinemathek, Berlin. Eine Reihe informativer und gründlich recherchierter Monografien zu Personen und Themen.

Literature / Film Quarterly. Salisbury State University, Maryland.

Montage, AV. Zeitschrift für Theorie & Geschichte audiovisueller Kommunikation. Berlin.

Persistence of Vision. Film Faculty, City University of New York.

Positif. Paris. Informative französische Filmzeitschrift.

Premiere. New York. Populäre Informationen und Star-Porträts mit Hintergrundinformationen aus der Filmwirtschaft. Auch Ausgaben in Frankreich und Asien.

Der Schnitt. Kino, Blickfang, Augenschmaus. Bochum.

Screen. John Logic Baird Centre of the Universities of Glasgow and Strathclyde. Vierteljährlich.

Sight and Sound. British Film Institute, London. Versuch, populäre Information mit theoretischen und historischen Inhalten zu verbinden. Früher sehr geschätzt. 1991 wurde das renommierte *Monthly Film Bulletin* diesem Magazin eingegliedert.

Steadycam. Hg. v. Milan Pavlovic, Köln. Begeisterung für Genrekino made in Hollywood.

Velvet Light Trap. University of Texas Press, Austin. Halbjährlich.

Weltwunder der Kinematographie. Beiträge zu einer Kulturgeschichte der Filmtechnik. Deutsche Gesellschaft zur Förderung der Kultur, Berlin.

Wide Angle. Ohio University School of Film. Verlegt von der Johns Hopkins University Press, Baltimore.

2.5 Datenbanken

Microsoft Cinemania 1992–97. CD-ROM. Redmond: Microsoft Electronic Publishing

1993–97. Kombiniert Informationen der Lexika von Leonard Maltin, Ephraim Katz, Baseline mit Rezensionen von Roger Ebert und Pauline Kael. Multimedia mit Fotos, winzigen Filmausschnitten und Tonzitaten. Die Zusammenfassung der drei wichtigsten populären amerikanischen Lexika machte diese CD-ROM zur wichtigsten Quelle für den Film-Fan.

The Motion Picture Guide. Hg. v. James Pallot und Jo Imeson. CD-ROM, 2. Ausgabe. New York: CineBooks 1992–97. Längere Inhaltsangaben und ausführliche Angaben zu Darstellern und Stab für etwa 35 000 – überwiegend amerikanische – Tonfilme. Die Datenbank baut auf der 20bändigen Druckversion auf, die Mitte der 80er Jahre von Jay Robert Nash und Stanley Ralph Ross begründet wurde. Kein Multimedia, nur die Informationen. Jährliche Ergänzungen in gedruckter Form (vgl. Abt. 2.1). Ein Großteil der Informationen ist im Web über *www.tvguide.com* erreichbar.

The American Film Institute Catalog of Motion Pictures. Die seit dreißig Jahren bei wechselnden Verlagen und mit unterschiedlicher Präzison erarbeitete Filmografie der amerikanischen Spielfilme ist jetzt auch als Datenbank (CD-ROM und Online) bei Chadwyck-Healey aufgelegt (http://afi.chadwyck.com/). Der AFI Catalog bietet Informationen zu über 45 000 Filmen der Jahre 1893–1970 (mit einer Lücke für die 50er Jahre) und erleichtert den Zugang über die kumulierten Indices (allerdings sind z. B. unterschiedliche Namens-Versionen einer Person nicht zusammengefaßt).

Baseline. Eine Abonnements-Service für Mitarbeiter der Filmindustrie. Baseline bietet ausführliche Informationen zu mehr als 70 000 historischen Kino- und Fernsehfilmen, 15 000 Firmen, 500 000 Filmemachern, Schauspielern und Technikern sowie 5000 in Produktion befindlichen Kino- und Fernsehfilmen, außerdem Informationen von Paul Kagan Associates. Der Dienst ist über die meisten großen Filmbibliotheken der USA zugänglich. Ein Teil von *Baseline* wird auch über *Nexis* angeboten.

The Complete Index to World Film Since 1895 on CD-ROM (zuvor: International Film Index on CD-ROM). Hg. v. Alan Goble. Die CD-ROM-Version der umfangreichen, aber nicht immer ganz zuverlässigen Filmografie mit ca. 300 000 Filmen aus 170 Ländern.

3 Filmbibliotheken

Einige allgemein zugängliche Bibliotheken – meist an Kinematheken oder Filmhochschulen angeschlossen, die einen größeren Bestand an Filmbüchern und Zeitschriften, oft auch anderen Dokumenten bieten.

Bibliothèque du Film (BIFI). 100 rue du Faubourg Saint-Antoine, 75012 Paris, Tel.: (0033-1) 5302 2240

British Film Institute. Information and Documentation Department. 21 Stephen Street, London W1P 1PL, Tel.: (0044–171) 2551444. Der Besuch der Bibliothek kostet Eintritt und erfordert Glück, eingelassen zu werden.

Bundesarchiv-Filmarchiv – Dokumentensammlung. Fehrbelliner Platz 1, Tel.: (030) 86 811.

Cinémathèque Royale. 23 rue Ravenstein, 1000 Brüssel, Tel.: (0032–2) 507 8370.

Cinémathèque Suisse. 3 Allée Ernest Ansermet, 1003 Lausanne, Tel.: (0041–21) 237406.

Filmarchiv Austria – Audiovisuelles Zentrum Wien. Obere Augartenstraße 1, A-1020 Wien, Tel.: (0043–1) 2 161 300.

Filmmuseum Berlin – Deutsche Kinemathek – Bibliothek. Potsdamer Straße 2, 10785 Berlin, Tel.: (030) 300903–72/73.

DIF – Deutsches Filminstitut/Deutsches Filmmuseum. Schaumainkai 41, 60596 Frankfurt, Tel.: (069) 617045.

Hochschule für Fernsehen und Film. Frankenthaler Straße 23, 81539 München, Tel.: (089) 68000460.

Hochschul-Bibliothek – Hochschule für Film und Fernsehen «Konrad Wolf». Rosa-Luxemburg-Straße 24, 14482 Potsdam, Tel.: (0331) 746 9341.

Nederlands Filmmuseum. Vondelpark 3, 1071 AA Amsterdam, Tel.: (0031–20) 5891400.

Österreichisches Filmmuseum. Augustinerstraße 1, A-1010 Wien, Tel.: (0043–1) 53370540.

Stadt- und Universitätsbibliothek Frankfurt am Main. Bockenheimer Landstraße 134, 60325 Frankfurt. Tel.: (069) 2123 9256. Die UB betreut im Auftrag der Deutschen Forschungsgemeinschaft den Sammelschwerpunkt Film- und Medienliteratur.

Empfehlungen für die bibliografische Suche im Internet:

KVK (Karlsruher Virtueller Katalog): www.ubka.uni-karlsruhe.de/kvk.html

CDL (California Digital Library): www.melvyl.ucop.edu

Bibliothek HFF «Konrad Wolf» Potsdam-Babelsberg: www.bibl.hff-potsdam.de

ANHANG III

LEXIKON DER FACHBEGRIFFE

Vorbemerkung

Dies ist keine vollständige Liste all jener Ausdrücke, die von Filmmachern, Filmkritikern und Filmliebhabern benutzt werden. Die Kunst und die Industrie des Films (und ihre Ausprägungen in den Neuen Medien) sind zu umfassend, und ihre Fachsprache hat sich – aus höchst unterschiedlichen Quellen – sehr zufällig entwickelt. Viele Ausdrücke sind aus den traditionellen Künsten wie Literatur, Theater oder bildender Kunst übernommen oder abgeleitet worden. Soweit sie keine spezielle Bedeutung in Bezug auf Film besitzen, sind sie hier nicht erklärt. Technische Ausdrücke sind so weit verzeichnet, wie sie für das Verständnis auch ästhetischer und ökonomischer Zusammenhänge wichtig sind oder eine gewisse historische Bedeutung besitzen. Einen großen Anteil haben jedoch – erstmals in dieser Ausgabe – Begriffe (zum Beispiel all die schönen Akronyme) der digitalen Bildbearbeitung, sei es für Video und DVD, sei es im Internet. Ausgeschlossen bleiben jedoch all jene Termini technici der Computerwelt, die nichts mit optischen oder akustischen Erscheinungen zu tun haben.

Bei einer Reihe von Stichwörtern ist außerdem der englische Fachausdruck, der auch in der deutschen Fachliteratur häufig angewandt wird, mit angeführt, da die Allgemein- und Fachwörterbücher auf diesem Gebiet sehr lückenhaft oder oft falsch und ungenau sind.

Für fachliche Hinweise danke ich Detlev Balzer, Jan Hans, Ulla Höf, Joachim Kersten, David Kleingers, Wolfgang Treu, Jörg Tykwer und Robert Wohlleben.

Hans-Michael Bock
Hamburg
März 2000

Tote Technologien

Der Wettbewerb ist eines jener Elemente, die die Geschichte der Technik so faszinierend machen. Sobald irgendeine Technologie die Konkurrenz gewonnen und sich durchgesetzt hat, wird sie Teil unseres Lebens. Wir können uns nicht mehr vorstellen, ohne sie zu leben. Einstmals gab es den Kampf zwischen Gleichstrom und Wechselstrom. Heute benutzt niemand mehr Gleichstrom aus der Steckdose – und doch funktionieren fast alle unsere elektronischen Geräte damit.

Lee De Forests Phonofilm in den USA – wie in Deutschland das TriErgon-System – konnte sich zunächst nicht durchsetzen. Der «erste» berühmte Tonfilm, *The Jazz Singer*, benutzte das konkurrierende Nadelton-System (Sound-on-disc) Vitaphone. Doch Vitaphone war innerhalb eines Jahres ziemlich tot, und Lichtton-Verfahren (Sound-on-film) in der Nachfolge von Phonofilm und TriErgon prägen noch heute den Film-Ton bei Herstellung und Präsentation. (Ein Sound-on-Disc-System wie Vitaphone wurde auf einer technologisch bedeutend höheren Entwicklungsstufe mehr als sechzig Jahre später mit DTS wiederbelebt.)

Anfang der 50er Jahre schlug die von CBS entwickelte Langspielplatte mit 33 ⅓ rpm die 45er von RCA aus dem Feld. Doch die kleine Platte mit dem großen Loch fand ihre eigene Nische – und was wäre aus Rock 'n' Roll geworden – ohne die Singles? Dafür propagierte CBS ein mechanisches Farbfernsehen, doch RCAs elektronisches Farbfernseh-System (NTSC) gewann spielend die Oberhand.

Mitte der 70er Jahre ahnte jeder, daß die Videodisc unmittelbar vor der Tür stand, doch die Tür wollte nicht aufgehen. Plötzlich kamen Videokassetten auf den Markt und beherrschten ihn für das nächste Vierteljahrhundert. Als einige Jahre später Laserdiscs herauskamen, mussten sie sich mit einer kleinen Nische bescheiden. Alle wissen, dass Beta von VHS gekillt wurde, doch Beta überlebt als professionelles Format.

Dennoch wurden in den letzten drei Jahrzehnten zahllose Gräber auf dem Friedhof der Technologien gebuddelt – und die Leichen blieben dort.

Die Quadrophonie war eines der ersten Opfer der modernen Technologie-Kriege. Als es in den 70ern – nach nur wenigen Monaten – scheiterte, war das noch für alle ein Schock. Hatte sich doch bis dahin in den Medien alles, was technisch eindeutig besser war, auch durchgesetzt. Als die Laserdisc von Philips und MCA präsentiert wurde, war es eins von drei konkurrierenden Videodisc-Formaten. Die andern beiden – TeD von Telefunken/Decca und Selectavision von RCA – starben einen schnellen Tod. Die Videokassette ist eine der großen Erfolgsstorys der modernen Medien, doch zwei Vorläufer, die auf Film basierten, kamen nicht von den Startblöcken: EVR von CBS und Polavision von Polaroid.

Die gesamten 80er Jahre erlebten ein Gedrängel auf dem unter dem Begriff Videotext zusammengefassten Sektor des Online-Marktes. Das britische Prestel, der Pionier, dann Captain in Japan, Telidon in Kanada, Bildschirmtext in Deutschland und NAPLS in den USA sind nur noch Kuriositäten in der Rumpelkammer. Sie wurden Anfang der 90er Jahre von der Bildfläche gewischt von der Supernova Internet. Nur die unbeugsamen Gallier konnten mit ihren kleinen Kisten von Minitel Widerstand leisten – eine kurze Weile.

Die Geschichte der Multimedia-CD-ROM bildet eine merkwürdige Parallele zu Videotext. Wie ihr Online-Gegenstück hat sie nie die so vielversprechenden Perspektiven erfüllt. CD-I, MMCD, VIS, CDTV und Ultimedia sind auf dem großen Müllhaufen der Geschichte gelandet. Doch der direkte Nachkomme DVD ist dabei, auf dem Feld zu siegen, wo die CD-ROM versagte.

Der Zombie-Oscar für den größten technologischen Versager des 20. Jahrhunderts geht an die Holografie. Wie der Laser ein Kind der 60er Jahre, versprach die Holografie eine 3-D-Welt in jeder Bastelstube. Alles, was 35 Jahre später davon geblieben ist, sind die Sicherheitsmarken auf Kreditkarten und Geldscheinen. (Guter Zweiter ist die Smart Card – eine großartige Idee, die nur überlebt hat, weil sie in der DSS-Welt unterschlüpfen konnte.)

Und dann gibt es noch die lange Reihe jener Technologien, die eine Zeitlang im Namen des Fortschritts wertvolle Dienste leisteten und anschließend in die ewigen Jagdgründe der Technik eingingen. Die meisten optischen Spezialeffekt-Verfahren der Filmindustrie gehören dazu (Wandermasken, Rotoscope, Aufprojektion, Rückpro). Sie wurden durch ihre digitalen Äquivalente aus dem Felde geschlagen.

Der ehrenwerte Telegraf und seine Nachfolger Fernschreiber, Telex und TWX gingen nach einer langen, erfolgreichen Karriere in den Ruhestand. In den 90er Jahren wurden sie blitzschnell von der Elektropost (E-Mail) ersetzt. (Teletext starb in den Kinderschuhen.)

Alle hielten die Schallplatte für tot. Dennoch überleben die Vinyl-Platten wunderbarerweise dank den Audiophilen, die sich immer noch nicht mit den digitalen Formaten angefreundet haben.

Das derzeit am Horizont aufkommende bedeutendste Technologie-Duell ist das zwischen SACD und DVD-Audio. Doch die Zeiten haben sich geändert. Da mittlerweile alles digital ist, ist es nur noch eine Frage der Software. Beide Technologien werden wohl überleben, weil die Konsumenten keine harte Entscheidung treffen müssen. Software wird sie beide leicht in den Griff kriegen. Von nun an werden die neuen digitalen Technologien nicht sterben – aber viele werden einfach verschwinden, ohne dass es uns besonders auffällt.

16:9. Das **Breitwandfernseh**-Format für **HDTV**. Es entspricht keinem der eingeführten **Bildformate** beim Film, ist allerdings das Quadrat von 4:3.

16mm. 1923 wurde das 16mm-**Filmformat** für den Amateurmarkt eingeführt; es entwickelte sich in den 60er Jahren zum Standardformat für Fernsehen, Dokumentarfilm und den nichtkommerziellen Verleih. Inzwischen meist durch elektronische Aufzeichnung und Video abgelöst. Siehe **Schmalfilm**.

3:2 Pulldown siehe **PAL/SECAM**-Schwindel, **Telecine**.

3-D-Film. Mit Verfahren, Film mit stereoskopischen (Raum-)Effekten zu verbinden, befassen sich Filmmacher seit Anfang des 20. Jahrhunderts. Um 1910 präsentiert z. B. Oskar Messter das Alabastra-Verfahren des Ingenieurs Engelmann.
Von 1952 bis 1954 gab es – als Reaktion auf das Fernsehen – neben den neuen **Breitwand**-Verfahren eine Welle von 3-D-Filmen, um so das Publikum in die Kinos zurückzulocken. Das technische Problem liegt vor allem darin, gleichzeitig zwei Bilder zu projizieren: eins für das linke Auge, eins für das rechte. Die ersten Versuche mit 3-D-Filmen benutzten das Anaglyphen-Verfahren: Ein Bild wurde rot kopiert, das andere blaugrün, und die Zuschauer trugen entsprechende Brillen. Das funktionierte weitgehend bei Schwarzweißfilmen, auch wenn man ständig rote oder grüne Ränder sah, aber natürlich nicht bei Farbfilm. In den 50er Jahren wurde dafür das **Polaroid**-System verwendet: Die beiden Bilder wurden polarisiert – eines senkrecht, eines waagerecht. Aber weiterhin störten die Brillen, vor allem bei Brillenträgern. Zudem gab es psychovisuelle Schwierigkeiten (siehe **Stereoskopie**). Ein Grundproblem liegt darin, dass ein Film für eine Anzahl Zuschauer projiziert wird, die alle unterschiedlich zur Leinwand positioniert sind. Das mag annehmbar sein, wenn der Film auf zwei Dimensionen begrenzt ist, macht gutes 3-D jedoch schwierig, wenn nicht unmöglich. (Ein **Stereopticon** funktioniert dagegen, weil es nur einen Betrachter hat.) In letzter Zeit kam das **IMAX** 3-D-Verfahren der Erfüllung des Traums näher. Die Zuschauer tragen zwar immer noch Brillen, doch die haben LCD-Linsen, die sich auf ein infrarotes Signal hin links/rechts abwechselnd öffnen und schließen. Versuche mit einem 3-D-Fernsehen mussten scheitern, da allein das Betrachten des kleinen Bildes in der Kiste eine Dreidimensionalität ad absurdum führte. Siehe **Holografie**, **Virtuelle Realität**.

3sat. Gemeinsames Kulturprogramm der deutschsprachigen öffentlich-rechtlichen Sender **ZDF** (Deutschland), **ORF** (Österreich) und **SRG** (Schweiz) seit dem 1. 1. 1984 – sowie ab dem 1. 12. 1993 der **ARD** (nach Einstellung des Konkurrenzkanals **Eins plus**). Zunächst als Möglichkeit gedacht, Sendungen der beteiligten Anstalten zu wiederholen, hat 3sat u. a. durch Betonung kultureller Programme (Magazin *Kulturzeit*, Übertragungen von Oper und Theater) und die interessante Programmstruktur ein eigenes Profil entwickelt. Vergleiche **ARTE**.

A/D (Analog/Digital-Wandlung). Umwandlung von analog nach digital.

AAD siehe **CD-Codes**.

Aardman. Die britische **Animationsfilm**-Firma Aardman Animations Ltd. wurde 1972 von Peter Lord and David Sproxton gegründet. Sie hatten bereits während ihrer Schulzeit gemeinsam Animationsfilme mit dreidimensionalen Plastilinfiguren hergestellt, die sie an das BBC-Kinderfernsehen verkaufen konnten. Ihr erster größerer Erfolg war 1980 die TV-Serie *The Amazing Adventures of Morph*. Mit den satirischen *Conversation Pieces* begannen sie, ihre Technik auf «erwachsene» Themen anzuwenden. Aardman produzierte Werbefilme und Rock-Videos (*Sledgehammer*), für die sie zahlreiche internationale Auszeichnungen erhielten, ebenso wie für ihre drei Filme mit den Gestalten Wallace and Gromit. Nach der Errichtung eines eigenen Studios in Bristol begannen sie 1999 – unterstützt durch einen Vertrag mit **DreamWorks SKG** – mit der Produktion ihres ersten langen Animationsfilms *Chicken Run*. Eine weitere Einnahmequelle ist das **Merchandising** unter Verwendung ihrer Figuren, u. a. über den Aardmarket im **Internet**, wo sie auch einen Teil ihrer Kurzfilme präsentieren.

Abblätterbuch siehe **Daumenkino**.

Abblende (Fade out). Allmähliches Verdunkeln des Bildes bis zum Schwarz, beim Farbfilm auch zu einer Farbe. Gegensatz: **Aufblende**. Siehe **Blende 3**, **Überblendung**.

ABC. **1.** American Broadcasting Company – neben **NBC** und **CBS** – drittes Fernseh-**Network**, in den 40er Jahren infolge mehrerer Antitrust-Prozesse zur Entflechtung von Rundfunk- bzw. Kino-Konzernen entstanden. In der Saison 1976/77 erreichte ABC erstmals den ersten Platz des Sender-Ranking. 1986 fusionierte ABC mit Capital Cities Broadcasting, einem Betreiber von Lokalsendern. 1995 wurde Capital Cities/ABC für 19 Milliarden Dollar von **Disney** übernommen.
2. Australian Broadcasting Corporation, das Radio- und Fernseh-Network in Australien.
3. Associated British Cinemas. 1928 vom Filmproduzenten John Maxwell (**BIP**) gegründete Kinokette mit ca. 120 Häusern in Großbritannien. 1933 in die Holding ABPC (Associated British Picture Corporation) überführt, die nach dem Krieg von **Warner** Bros. übernommen wurde

A-B-Schnitt. **Schnitt**-Verfahren mit zwei parallelen Bildstreifen zur Vorbereitung von Über-, Ein- bzw. Trickblenden, die anschließend auf der **optischen Bank** ausgeführt werden.

Absoluter Film. Nichtnarrative Filmform, bei der Bilder realer Gegenstände, losgelöst von ihren normalen Zusammenhängen, oft rhythmisch montiert, verwendet werden, auch Visuelle Musik oder «cinéma pur» genannt.

Abspann. Zu Ende des Films ablaufende Titel mit den Namen der am Film beteiligten Personen. Vergleiche **Credits**.

Abstrakter Film. Nichtnarrative Filmform, bei der vorwiegend nichtgegenständliche Bildelemente, z. B. Streifen, Flächen, Farben, rhythmisch angeordnet, eine eigene ästhetische Qualität erhalten.

AC-3. Ein von Dolby Laboratories entwickeltes Kompressionsverfahren mit sechs Audio-Kanälen, das als Standard für digitales Audio bei **DVD** und **HDTV** gilt. AC-3 ist auch die Grundlage für das Kino-System **Dolby Digital**. Siehe **DVD-ROM**. Vergleiche **DTS**, **MP3**, **MPEG-2**.

Academy Aperture siehe **Standardformat**.

Academy Award. Seit 1927 jährlich verliehene Auszeichnung der amerikanischen **Academy of Motion Picture Arts and Sciences**, allgemein **Oscar** genannt, für künstlerisch und technisch bedeutsame Leistungen. Nach dem Vorbild werden diverse andere nationale und internationale Filmpreise verliehen (vergleiche **BAFTA**, **César**, **Deutscher Filmpreis**, **Europäischer Filmpreis**), doch keiner hat das Renommee und den ökonomischen Einfluss des Oscar. Die Verleihung ist weltweit im Fernsehen übertragener Höhepunkt des Filmjahres. Die Begriffe Oscar™ und Academy Award™ sind (in den USA) geschützte Warenzeichen der AMPAS.

Academy Curve. Das Tonfrequenz-Spektrum, das 1938 von der Academy of Motion Picture Arts and Sciences als Standard für den Filmton festgelegt wurde. Wegen der Nebengeräusche des **Lichttons** jener Zeit und der minimalen Qualität der Tonanlagen in den Kinos war die Academy Curve stark eingeschränkt und bot eine Tonqualität, die dem Mittelwellen-Rundfunk entspricht. Die «Curve» beeinträchtigte die Tonwiedergabe bis in die 70er Jahre. Vergleiche **Dolby Stereo**.

Academy of Motion Picture Arts and Sciences (AMPAS). 1927 von der amerikanischen Filmindustrie gegründete gemeinnützige Institution, die sich der künstlerischen Pflege des Films durch Setzen von Standards (vergleiche **Academy Curve**, **Standardformat**) sowie durch Förderung des Kontakts zwischen verschiedenen Berufssparten widmen soll. AMPAS unterhält ein wichtiges Archiv und eine umfangreiche Bibliothek. Die bekannteste Aktivität ist die alljährliche Verleihung der **Oscars** (**Academy Award**). Vergleiche **BAFTA.**

ACE (Association des Cinémathèques Européennes). Vereinigung der europäischen Mitglieds-**Archive** der **FIAF**. Vorheriger Name war ACCE.

Achsensprung-Regel (180-degree Rule). Wichtige Regel der klassischen Filmmontage (**Découpage Classique**): Die Kamera darf eine gedachte Achse zwischen den handelnden Figuren im Bild nicht überspringen, um so für die Zuschauer die räumliche Orientierung, eine Kontinuität der Bewegung von Aufnahme zu Aufnahme und – besonders bei Großaufnahmen – den Bezug der Personen zueinander zu erhalten. Vergleiche **Continuity Editing**.

ACR (Ariel Cinematographica Register). Vom Filmmacher Pete Ariel seit 1981 für das Deutsche Filmmuseum Frankfurt erarbeitetes Loseblattwerk mit Abbildungen und Beschreibungen kinotechnischer Geräte von der Vorgeschichte des Films bis zur Gegenwart.

Acrobat siehe **Adobe**.

Active Matrix LCD siehe **LCD**.

Adaption (auch: Adaptation). Die Bearbeitung eines literarischen Werkes (Roman, Bühnenstück) für den Film.

ADD siehe **CD-Codes**.

Additive Farbmischung. Durch die Mischung mehrerer farbiger Lichtstrahlen mit den Grundfarben Blau, Grün und Rot lässt sich jede beliebige Farbe herstellen, im absoluten Falle Weiß. Nach diesem Verfahren arbeitet z. B. das Farbfernsehen. Vergleiche **Farbmodell**, **Subtraktive Farbmischung**.

Adobe. Software-Firma, gegründet 1982 von John Warnock zur Vermarktung der Drucker-Programmiersprache PostScript, die auch Ende der 80er Jahre dem Versuch von Apple/Microsoft widerstand, sie durch TrueType zu ersetzen. Die international operierende Firma entwickelte neben einer Reihe von Software-Produkten für Grafik, Desktop-Publishing und Internet (PhotoShop, FrameMaker, PageMaker, Acrobat) das Videoschnitt-Programm Premiere. Weniger prominent als Microsoft oder Apple, hat die Firma einige hilfreiche Technologien für die Mikrocomputer-Industrie entwickelt.

Adolf-Grimme-Preis. Seit 1964 alljährlich vom Deutschen Volkshochschul-Verband (DVV) in Marl vergebener Preis, der als bedeutendste Auszeichnung für Fernsehleistungen in Deutschland gilt.

ADR (Additional Dialogue Recording). Seit den 80er Jahren verbreiteter Begriff für die **Nachsynchronisation**. Vergleiche **Looping**.

Advantix. Ein von Eastman Kodak 1996 vorgestelltes Foto-System, bei dem beim

Knipsen auf einem Magnetstreifen des Fotofilms Informationen über Lichtquellen, Kontrast und Bildgröße aufgezeichnet werden, die den Entwicklungs-Automaten steuern können. Siehe **Photo CD**, **Picture CD**.

AFI (American Film Institute). 1969 gegründete Institution mit Hauptsitz in Washington, die sich um die Erforschung und Bewahrung des amerikanischen Filmerbes kümmert. Zu den Aktivitäten gehören die Erarbeitung einer Filmografie der amerikanischen Produktion und die Unterstützung des künstlerischen Nachwuchses, unter anderem im Center for Advanced Film and Television Studies in Los Angeles. Das AFI ehrt seit 1973 verdiente Filmkünstler mit dem «Life Achievement Award».

A-Film. Während der goldenen Hollywood-Ära ein «größerer Spielfilm». Vergleiche **B-Film**, **Feature 2**.

AFMA. Die American Film Marketing Association wurde 1980 als Verband der kleineren Produzenten und Verleiher gegründet. Die großen Studios (**Majors**) sind Mitglied der **MPAA**. Die AFMA veranstaltet jeden Winter den erfolgreichen American Film Market in Los Angeles.

Agent. **1.** Ursprünglich der Manager, der einen oder mehrere Künstler gegenüber den Produktionsfirmen vertritt und (gegen eine prozentuale Beteiligung) ihre Verträge aushandelt, sorgt der Agent für möglichst reibungslose Vermittlung zwischen künstlerischen und wirtschaftlichen Interessen der Filmindustrie. Jules Stein, 1924 Gründer der **Music Corporation of America**, gilt als bedeutendster der frühen Agenten. **MCA** wechselte bald auf die Business-Seite und übernahm 1962 die **Universal**-Studios. Als in den 60er Jahren das Studio-System zusammenzubrechen begann, erlangten Agenten eine ungewöhnliche Machtposition. Nach dem Auslaufen der langfristigen Studio-Verträge mit Schauspielern und Technikern hatten es die Agenturen in der Hand, «Pakete» zu schnüren, die die Realisierung eines Films ermöglichten. Zunächst beherrschte die William Morris Agency die Szene. In den 70er Jahren kam **ICM** (International Creative Management) hinzu, in den 80ern Michael Ovitz und seine **CAA** (Creative Artists Agency). Obwohl ständig neue, «heiße» Agenturen entstehen, beherrschen diese drei weiterhin das Hollywood von heute.
2. In der Datenkommunikation eine Vermittlungskomponente, z. B. bezeichnet User Agent die Benutzerschnittstelle, Transfer Agents besorgen die Weiterleitung von Daten. Autonome Agenten sammeln und sortieren Informationen im Auftrag eines Benutzers.

Agfacolor. In den 30er Jahren von der deutschen I.G. Farbenindustrie AG (Agfa) in Wolfen entwickeltes subtraktives Negativ-Positiv-Farbfilmsystem. Nach dem Krieg wurde es in der DDR als **ORWO**-Color weitergeführt. Vergleiche **Farbe 2**, **Subtraktive Farbmischung**, **Ufacolor**.

AIP (American International Pictures). 1954 von James H. Nicholson und Samuel Z. Arkoff als American Releasing Company gegründet, 1956 in AIP umbenannt. Die Firma vertrieb (und koproduzierte) billige **Exploitation**-Filme (Horror, Science-Fiction, Motorrad) unabhängiger Produzenten wie Roger Corman, u. a. auch dessen E.-A.-Poe-Zyklus. Als sich die Firma in den 70er Jahren an teureren Produktionen beteiligte, geriet sie in die Verlustzone und ging in Filmways bzw. **Orion** auf. Siehe **Independent.**

Akt. Aus der Frühzeit des Kinos erhaltene, vom Theater her übernommene Bezeichnung der Filmteile. Zunächst auch zur dramaturgischen Gliederung genutzt, dann rein technisch für eine Rolle der Filmkopie von etwa 10 Minuten (ca. 300 Meter; siehe **Einakter**), später zwischen 15 und 20 Minuten Länge.

Aktinität. Maß der Wirksamkeit einer Lichtquelle auf eine fotografische Emulsion.

Aktualitäten. In der Frühzeit des Films kurze **Dokumentarfilme**, Vorläufer der **Wochenschau**.

Akutanz (Kantenkontrast). Die Fähigkeit einer Optik, Kanten zwischen verschiedenen Flächen scharf darzustellen. Vergleiche **Auflösung**.

Alan Smithee. Der unbekannte Soldat der Filmindustrie. Wenn in den **Credits** Buch oder Regie «Alan Smithee» zugeschrieben werden, bedeutet das, der wahre Autor oder Regisseur weigert sich, die Verantwortung für sein Werk zu übernehmen.

Albatros. Von russischen Emigranten (u. a. Produzent Josef Ermolieff, Star Ivan Mosjukin) in Paris gegründete Filmproduktionsfirma, die in den 20er Jahren europäische Großfilme herstellte.

Album. Eine (Vinyl-)Schallplatten-Produktion, bestehend aus einer oder mehreren LPs. Die Bezeichnung stammt aus der Zeit der 78er-Schallplatten vor 1952, als eine Produktion mehrerer Musikstücke eine Serie von 12-Zoll-Platten erforderte, deren Schutzhüllen in Form eines Buch-Albums gebunden waren; Vorläufer der **LP**.

Algorithmus. In der Computer-Programmierung die Auflösung eines Arbeitsvorgangs in eine spezifische Kette von Einzelschritten.

AltaVista siehe **Suchmaschinen**.

Alternate Movies. Eine mit **QuickTime** 3 eingeführte Funktion, die die Speicherung eines Films in verschiedenen Versionen (z. B. unterschiedlicher Datengeschwindigkeit) ermöglicht, sodass ein Web-**Browser** die jeweils günstigste Übertragungsart wählen kann.

AM (Amplitudenmodulation). Beim Rundfunk gebräuchliche technische Sendeform: Die Amplitude (Stärke) einer Trägerschwingung wird durch das Programmsignal modifiziert. Vergleiche **FM**, **Wellenmechanik**.

Amateurfilm siehe **Schmalfilm**.

Ambient Sound siehe **Raumatmospäre**.

AMD (Advanced Micro Devices, Inc.). 1969 von Jerry Sanders gegründeter Hersteller von Speicherchips und **Mikroprozessoren** für Computer. Nach jahrelangen gerichtlichen Auseinandersetzungen konnte AMD den großen Konkurrenten **Intel** durch preiswerte Prozessoren (K6) auf dem Markt für Billig-PCs überflügeln. Mit dem Athlon-Prozessor, der u. a. in einem speziell errichteten Halbleiterwerk bei Dresden hergestellt wird, präsentierte AMD 1999 den ersten Chip der 7. Generation und übertraf damit Intels Pentium III-Prozessor an Leistung.

America Online siehe **AOL**

American Film Institute siehe **AFI**.

Amerikanische Einstellung. Bild**einstellung** zwischen **nah** und **halbnah**, zeigt die Personen im Mittelgrund etwa vom Scheitel bis zum Knie.

Amerikanische Nacht (Day for Night). Verfahren, bei dem Nachtszenen durch Verwendung von Filtern und/oder Unterbelichtung bei hellem Tag gedreht werden. Der Begriff ist abgeleitet von der französischen Bezeichnung «La Nuit Américaine».

AMPAS siehe **Academy of Motion Picture Arts and Sciences**.

Ampex. Die Ampex Electric and Manufacturing Company wurde 1944 von Alexander M. Poniatoff in Kalifornien gegründet. Viele bedeutende Erfindungen zur Audio-, Video- und Daten-Technik – vor allem für den professionellen (und militärischen) Gebrauch – gehen auf Ampex zurück: 1954 das erste **Magnettonsystem** für Kinos (für **Todd-AO**), 1956 der erste **Videorecorder** (VRX-1000/Mark IV), 1961 das Prinzip der **Schrägspuraufzeichnung** für **VCRs**, außerdem zahlreiche Schnitt- und Trickverfahren für die professionelle Fernsehberichterstattung, so 1967 der erste tragbare VTR (VR-3000). Mit dem 1976/78 vorgestellten VPR-Geräten wechselt der professionelle **MAZ**-Standard vom schweren **Zweizoll**- zum Einzoll-Band. In den 80er Jahren folgen digitale Geräte. Die Ampex Corporation erhielt u. a. einen Technik-**Oscar** und 11 **Emmys**.

Amplitude siehe **Wellenmechanik**.

Anaglyph siehe **3-D-Film**.

Analog siehe **Digital**.

Anamorphic Video siehe **Breitwandfernsehen**.

Anamorphot, Anamorphotische Optik. Optisches System, durch das Bilder in horizontaler Richtung bei der Aufnahme im Verhältnis 1:2 zusammengezogen werden; ein entsprechender Anamorphot im **Projektor** entzerrt das Bild bei der Wiedergabe. Verfahren für **Breitwand**. Vergleiche **CinemaScope**, **Panavision**, **Vistavision**.

Anderes Kino. Bezeichnung für die Bewegung der unabhängigen Filmmacher, die Ende der 60er, Anfang der 70er Jahre versuchte, im Gegensatz zum kommerziellen Kino und zum **Jungen Deutschen Film** durch «Co-ops» (Cooperativen) alternative Produktions-, Vertriebs- und Abspielmöglichkeiten aufzubauen, vor allem für eher künstlerische **Underground**- und politische «Zielgruppen»-Filme.

Angle of View siehe **Blickwinkel**, vergleiche **Kamerastandpunkt**.

Animationsfilm. Methode, Gegenstände vermittels der Filmtechnik zu beleben, populär Trickfilm genannt. Grundtechniken sind der **Zeichentrick**, der **Legetrick**, der **Puppentrick**, der **Sachtrick** bzw. die **Pixillation**. Technische Grundlage der Animation ist die **Einzelbild-Schaltung**. Durch die Computeranimation sind weitere, aus diesen alten Techniken entwickelte, eigenständige Methoden hinzugekommen, z. B. das **Morphen**. Vergleiche **Anime**, **Rotoskop**, **Silhouettenfilm**.

Animatronics. Figuren in Vergnügungsparks (z. B. Disneyland), deren Bewegungen durch Computer gesteuert werden. Die Technik wird mitunter in **Animationsfilmen** angewandt.

Anime. Das japanische Wort für **Animationsfilm** wurde als Gattungsbegriff für den japanischen Animationsfilm, vor allem im Fernsehen, übernommen. Die oft billiger und technisch weniger ausgefeilt produzierten TV-Serien wurden in den 80er Jahren weltweit populär. Vergleiche **Manga**.

Anschluss (Continuity). Der Script-Supervisor (**Scriptgirl**) ist u. a. dafür verantwortlich, dass die Anschlüsse zwischen verschiedenen Aufnahmen stimmen, auch wenn Tage oder Wochen dazwischenliegen. Das betrifft vor allem die Kostüme, Dekorationen, Positionen von Schauspielern etc. Vergleiche **Gegenschuss**.

ANSI. Das American National Standards Institute legt die **Standards** auf vielen technischen Gebieten fest. Seine Vorgängerin war die American Standards Association (**ASA**). Siehe auch **ASCII**, **DIN**, **ISO**, **Unicode**.

Answer Print siehe **Nullkopie**.

Antenne2 (A2). Nach der Zerschlagung des staatlichen Fernseh-Monopols in Frankreich entstandener Fernsehkanal, 1989 in France2 umbenannt. Betreiber ist France Television. Siehe **ORTF**.

AOL (America Online). 1985 startete Steve Case mit Quantum Computer Services einen Online-Informations-Dienst über Computertechnik, zunächst über den Commodore 64, später über Apple und PCs. Nachdem der finanzielle Erfolg ausblieb, wurde er 1989 in den allgemeinen Informationsdienst America Online umgewandelt. Noch 1993 hatte AOL Inc. nur 500 000 Mitglieder und bot nun neben dem Zugang zum **WWW** eigene, auf allgemeine Interessen abgestellte Informationsdienste. 1997 – nachdem sich das WWW explosionsartig ausgeweitet hatte – erreichte AOL bereits 9 Millionen Nutzer und kaufte den älteren Konkurrenten **CompuServe** auf. 1998 übernahm AOL mit **Netscape** jene Firma, auf die der Erfolg des Web vor allem zurückging. Gemeinsam erreichten AOL und Netscape 1999 mit über 21 Millionen Mitgliedern etwa 80 % der amerikanischen Internet-Nutzer.
Die **Bertelsmann** AG (am Kapital der AOL Inc. geringfügig beteiligt) betreibt die Gemeinschaftsunternehmen AOL Australia sowie AOL CompuServe Europe mit Online-Diensten in Deutschland, Großbritannien und Frankreich (hier mit Cegetel und **Canal+**). Dabei wendet sich AOL eher an private, CompuServe an professionelle Nutzer. Im Januar 2000 verkündete Steve Case den Zusammenschluss mit **Time Warner** und damit den Aufstieg zum größten Multi-Media-Konzern der Welt. Bereits einen Monat später wurde der traditionsreiche englische Plattenkonzern **EMI** durch Übernahme durch die Warner Music Group Teil des Konzerns.

Aperture siehe **Blende 1**.

Apple Computer Inc., am 3. 1. 1977 von Steven Jobs, Stephen Wozniak und A.C. «Mike» Markkula gegründete Computerfirma. Durch ihre kleinen Apparate (Apple II, 1977; Macintosh, 1984) und ihre innovative, benutzerfreundliche Software (Grafische Benutzeroberfläche) hat Apple die Verbreitung der Personal Computer entscheidend beeinflusst und damit die Entwicklung vom Bürogerät zur populären **Multimedia**-Maschine der 80er Jahre. Im Februar 1985 verließ Wozniak die Firma, um andere Interessen zu verfolgen. Jobs wurde im September 1985 von Direktor John Sculley aus der Firma gedrängt und gründete später die Firma NeXT. 1991 ging Apple mit **IBM** und Motorola eine Kooperation ein, die 1994 zur Anwendung einer neuen Steuereinheit führte, die auf dem Power PC RISC-Chip beruhte. Nach der wenig erfolgreichen Einführung des Newton 1993, eines elektronischen Notizblocks, wurde Sculley entlassen. Nach einem starken Einbruch am Markt und an der Börse sowie mehreren Wechseln auf der Chefposition wurde Steve Jobs 1997 als «vorübergehender» Chef zurückgeholt. Er griff auf die ursprüngliche «Macintosh-Philosophie» des «Alles-in-einem» zurück und präsentierte 1998 mit dem bunten Konsum-Computer iMac wieder ein Erfolgsmodell.

Arbeitskopie. Positive Kopie vom Negativ, die aus den ausgewählten **Mustern** zusammengestellt wird und mit der **Roh**- und **Feinschnitt** durchgeführt werden (Schnittkopie); anschließend ist sie Vorlage für den **Negativschnitt**. Sie wird außerdem zur Vertonung und anderen internen Arbeitsgängen verwendet.

Arbeitsspeicher siehe **RAM**.

Arbitron. Neben **Nielsen** eine der beiden wichtigsten amerikanischen Organisationen zur Erstellung der Rundfunk- und Fernseh-**Ratings**.

Arc Light siehe **Bogenlicht**.

Archiv. In vielen Ländern ist das Filmarchiv eine (meist) staatliche Institution, die sich um die Erhaltung des filmischen Erbes durch Konservierung, Umkopierung gefährdeter Materialien und Rekonstruktion kümmert. Neben reinen Archiven (z. B.

Bundesarchiv-Filmarchiv, **CNC**, **Gosfilmofond Rossii**, Library of Congress) gibt es **Kinematheken** oder Filminstitute (z. B. **AFI**, **BFI**, **Cinémathèque française**, **DIF**, **Filmarchiv Austria**, Nederlands Filmmuseum, Svensk Film Institutet), die auch forschen und publizieren. Die großen Filmarchive sind international in der **FIAF** (Fédération Internationale des Archives du Film) zusammengeschlossen. Siehe **ACE**.

Archivaufnahme (Stock Shot). Aus bereits existierendem, älterem Filmmaterial (Dokumentar- oder Spielfilm) entnommene – «abgeklammerte» – Aufnahmen oder Szenen, die in einen neuen Film einmontiert werden. **Klammerteile** werden entweder aus künstlerischen Gründen verwendet oder um Kosten zu sparen. Siehe **Kompilationsfilm**.

Archivkino. Im strengen Sinn ein einem **Archiv** angeschlossenes Kino, in dem Kopien des Archivs öffentlich präsentiert werden. Auch übertragen auf Spielstellen (z. B. **Kommunales Kino**, **Programmkino**), in denen – unabhängig vom aktuellen Verleihangebot – Filme aus Archiven gezeigt werden, häufig zusammengestellt zu einer Filmreihe (**Retrospektive**). Vergleiche **Art House**.

ARD (Arbeitsgemeinschaft der Rundfunkanstalten Deutschlands). Am 9. / 10. 6. 1950 in Bremen gegründeter Zusammenschluss der öffentlich-rechtlichen Landesrundfunkanstalten der Bundesrepublik Deutschland. Die ARD koordiniert und gestaltet das Erste Deutsche Fernsehen (seit 1. 2. 1954). Die Landesrundfunkanstalten betreiben daneben die dritten Fernsehprogramme sowie Hörfunk. Nach dem gescheiterten Versuch mit dem Satellitenprogramm Eins plus (29. 3. 1986–30. 11. 1993) beteiligt sich die ARD an den europäischen Kulturkanälen **3sat** und **Arte**; Mitglied der **EBU**. Vergleiche **ZDF**.
Die gemeinsamen Nachrichtensendungen der ARD-Aktuell-Redaktion (Sitz beim NDR in Hamburg-Lokstedt) sind u. a. die verschiedenen Ausgaben der **Tagesschau**, die Tagesthemen und der Wochenspiegel.
Zur ARD gehören: **BR** (Bayerischer Rundfunk), **HR** (Hessischer Rundfunk), **NDR** (Norddeutscher Rundfunk), **RB** (Radio Bremen), **SFB** (Sender Freies Berlin), **SR** (Saarländischer Rundfunk), **WDR** (Westdeutscher Rundfunk) sowie der 1998 aus **SDR** und **SWF** entstandene **SWR** (Südwestrundfunk). 1991 kamen die Neugründungen **MDR** (Mitteldeutscher Rundfunk) und **ORB** (Ostdeutscher Rundfunk Brandenburg) hinzu.

ARPAnet (Advanced Research Projects Agency network). 1969 vom US-Verteidigungsministerium etablierter Zusammenschluss militärischer und akademischer Forschungseinrichtungen, aus dem das **Internet** entstand.

ARRI. Firmenname und Markenzeichen von Arnold & Richter, eines 1917 in München von den jungen Kameramännern und Technikbastlern August Arnold und Robert Richter gegründeten filmtechnischen Betriebs. Sie arbeiteten als Kameraleute, produzierten Werbe-, Dokumentar- und Spielfilme. Vor allem machten sie sich einen Namen durch die Entwicklung der **Spiegelreflexkameras ARRIFLEX** und weiterer filmtechnischer Innovationen bis hin zum Arrilaser, für die Mitarbeiter der Firma (u. a. August Arnold und Chefkonstrukteur Erich Kästner) mehrfach mit einem Technik-Oscar ausgezeichnet wurden.

ARRIFLEX. 1937 erstmals vorgestellte 35mm-**Spiegelreflexkamera** der münchener Firma Arnold & Richter (**ARRI**). Insgesamt wurden etwa 17 000 ARRI35-Kameras hergestellt. Die 1952 präsentierte ARRIFLEX 16st war die erste professionelle 16mm-Spiegelreflexkamera der Welt. Die leichten und kompakten Geräte (ab 1965 als ARRIFLEX 16bl selbstge**blimpt**) revolutionierten die Kameraarbeit und ermöglichten den **Handkamera**-Stil der **Nouvelle Vague**

und des neueren **Dokumentarfilms**, vor allem des **Direct Cinema**. Vergleiche **Mitchell, Parvo, Steadycam**.

Art Director (Ausstatter) siehe **Ausstattung**.

Art Film siehe **Filmkunst**.

Art House. Ein vor allem in den späten 50er und 60er Jahren populäres amerikanisches Gegenstück zum **Filmkunst**-Kino, in dem vor allem ältere und ausländische Filme einem vorwiegend akademischen Publikum präsentiert wurden. Siehe **Archivkino, Programmkino**.

ARTE (Association relative à la télévision européenne). Seit dem 30. 5. 1992 betriebener französisch-deutscher Fernsehsender mit Sitz in Straßburg. Der zweisprachig sendende Kulturkanal ist eine Gründung von **La Sept** (50 %) mit **ARD** und **ZDF** (je 25 %), dem seit 1993 das belgische Fernsehen RTBF assoziiert ist, und wird über Satelliten und Kabel verbreitet. Programmschwerpunkte sind kulturelle oder politische Dokumentationen und Spielfilme, die oft zu Themenabenden zusammengestellt werden. Vergleiche **3sat, ORTF**.

ASA (American Standards Association). ASA-Angaben bezeichnen verschiedene **Empfindlichkeit**swerte von Film-**Emulsionen**. Vergleiche **ANSI**.

A.S.C. (American Society of Cinematographers). 1919 gegründeter Berufsverband der amerikanischen Kameraleute, der in der Geschichte Hollywoods einen beträchtlichen Einfluss hatte. Da man nur auf Einladung Mitglied werden kann, wurde z. B. zeitweise verhindert, dass Emigranten aus Nazi-Deutschland Engagements erhielten. Die A.S.C. publiziert die Fachzeitschrift *American Cinematographer*. Vergleiche **BVK, IATSE**.

ASCII (American Standard Code for Information Interchange). International benutzter Computer-Standard (ISO 646) für die Darstellung der im lateinischen Alphabet gebräuchlichen Buchstaben, Zahlen und Zeichen. Die ursprüngliche (US-zentrierte) Festlegung auf einen 7-Bit-Code beschränkte ihn auf 128 Zeichen. Die notwendige Erweiterung erfolgte durch den **ANSI**-Code (ISO 8859/1) auf 256 (8-Bit-Code), dann durch **Unicode** (ISO 10646-I) auf 65 536 Zeichen (16-Bit-Code).

Associate Producer siehe **Produzent**.

Assoziationsmontage. Eine besondere Form der **Montage**, bei der durch die Zusammenstellung der Bildeinstellungen beim Zuschauer bestimmte Assoziationen hervorgerufen werden sollen.

Astra. Seit 1989 betriebenes, direktstrahlendes Satelliten-System der **SES**, auf das ca. 90 Prozent aller europäischen **Satellitenschüsseln** ausgerichtet sind. Vergleiche **EutelSat**.

Asynchron. Bild und Ton stimmen – als Folge eines technischen Fehlers oder aus künstlerischer Absicht – nicht überein.

AT&T. Die AT&T Corp. – früher American Telephone & Telegraph und Bell System – ist einer der größten amerikanischen Kommunikationskonzerne. AT&T wurde am 3. 3. 1885 in New York als Tochterfirma der American Bell Telephone Company gegründet, um deren Fernsprechdienste zu betreiben. Nach einer Konzernumgestaltung wurde die Firma am 30. 12. 1899 und Führer des Bell Systems. Als einer der technischen Pioniere auf dem Gebiet des Telefons und der Tontechnik war die Firma als Eigentümerin von Western Electric u. a. an der Erfindung des **Nadelton**-Systems beteiligt, das – von **Warner** lizenziert – als **Vitaphone** bei *The Jazz Singer* den weltweiten Erfolg des **Tonfilms** einleitete.
1962 schickte AT&T mit dem Telstar I T den ersten kommerziellen Kommunikationssa-

telliten in den Weltraum. Ebenso war sie – Jahrzehnte später – im Rahmen der Bell Labs an der Entwicklung des Betriebssystems **UNIX** beteiligt.
Nach jahrzehntelangem Monopol als Telefonbetreiber wurde das Bell System zum 1. 1. 1984 in regionale Telefongesellschaften (**Baby Bells**) zerschlagen. Am 20. 9. 1995 gab AT&T bekannt, dass es in drei eigenständige Firmen aufgeteilt würde: die heutige AT&T Corp. für Kommunikationsdienste, Lucent Technologies zur Entwicklung von Technologien und NCR Corp. für Computer. Vergleiche **Phonofilm, RCA, TCI.**

Atari. 1973 von Nolan Bushnell zum Vertrieb seines Computerspiels «Pong» gegründete Firma, die in den 70er Jahren ein großer Erfolg wurde. Nach dem Verkauf an **Warner** Communications wandte sich Atari in den 80er Jahren dem PC-Markt zu. Trotz der einfallsreichen, auf Motorola-Chips beruhenden Technik verkauften sich die Maschinen nicht ausreichend und die Firma fallierte.

ATAS siehe **NATAS.**

Atelier. Gebäude oder Gebäudeteil, der speziell für die Filmaufnahme eingerichtet worden ist. Das erste Atelier war Edisons **Black Maria**, die ersten europäischen **Ateliers** errichteten **Pathé** in Vincennes und **Gaumont** in Buttes-Chaumont. In der Frühzeit gab es zunächst Freilichtateliers, d. h., es wurde in Dekorationen gedreht, die man im Freien oder auf Dächern errichtet hatte. Als die im ersten Jahrzehnt des 20. Jahrhunderts üblichen Dachateliers mit Glasdächern zu klein wurden, entstanden in den 10er Jahren eigenständige Glashäuser, meist mit angeschlossenen Räumen für Verwaltung, Garderoben, Werkstätten. Die wichtigsten berliner Ateliers lagen in Neu-**Babelsberg** (1912), Weißensee (1913) und Tempelhof (1913), später auch die Jofa- und Grunewald-Ateliers der **Tobis**; das größte süddeutsche Atelier war **Geiselgasteig** bei München.
Nach Einführung des **Tonfilms** entstanden geschlossene, schallgeschützte Gebäude (**Tonatelier**). Neben den hohen Atelierhallen, die große Dekorationsbauten aufnehmen können, gibt es kleinere Spezialateliers, z. B. zur Herstellung von **Animationsfilmen** oder zum **Synchronisieren**. In den USA entstanden die ersten Ateliers in New York, New Jersey und Chicago, dann ab etwa 1909 in und um Los Angeles. Siehe **Hollywood**, **Studio**. Weitere europäische Ateliers waren **Cinecittà**, **Ealing**, **Elstree** und **Joinville.** Vergleiche **Außenaufnahme.**

Ateliersekretärin siehe **Scriptgirl.**

Atmosphäre (Ambient Sound). Der natürliche Ton einer Szene mit allgemeinen (Hintergrund-)Geräuschen des Raums oder Drehortes, der – oft separat aufgenommen – unter den Dialog gemischt wird (Presence Track), um den Realismus einer Szene zu erhöhen.

ATRAC (Adaptive Transform Acoustic Coding). **Sonys** Komprimierungstechnik, angewandt bei **MiniDisc** und dem Kinoton-System **SDDS.** Wie AC-3 (**Dolby**) verwendet ATRAC die Technik des **Perceptual Coding,** um eine niedrigere Taktrate zu erreichen, doch ihr wichtigster Vorteil für die Film-Tonspur (wo der Platz begrenzt ist) ist das Zusammenführen mehrerer Tonkanäle zu einem Datenstrom.

ATSC (Advanced Television Systems Committee). 1987 gegründetes Komitee zur Festlegung der Standards für das Digital-Fernsehen. Siehe **Grand Alliance.**

Attraktion. Eisensteins Filmtheorie analysiert das Bild als Ansammlung von Attraktionen, die untereinander in dialektischem Zusammenhang stehen. Attraktionen bilden mithin die Grundelemente der Filmform; die Attraktionstheorie ist ein Vorläufer der modernen semiotischen Theorie. Vergleiche **Attraktionsmontage.**

Attraktionsmontage. Auf Eisensteins Theorien aufbauende **Montage**-Methode: die Konstruktion eines Systems von **Attraktionen**.

ATV (Advanced TeleVision). Der von der **Grand Alliance** verwendete, ziemlich unspezifische Begriff für alle Arten von Fernsehtechniken, die dem **NTSC** überlegen sind, u. a. **HDTV**, EDTV, IDTV sowie fast alles Digitale.

Audimeter (Audience Meter). Das ursprünglich von **Nielsen** eingesetzte Gerät, das – mit Fernsehempfängern verbunden – die **Ratings** (Einschaltquoten) feststellte, später durch People Meter bzw. Set-Tuning Meter ersetzt.

Audio. **1.** Der Tonanteil einer Rundfunk-Übertragung.
2. Die Bezeichnung für Ton und Ton-Aufnahme im Allgemeinen. Vergleiche **AV**, **Video**.

Audiocassette siehe **MC** (Musikcassette).

Audion. Der ursprüngliche Name von Lee De Forests für Radio und Tonverstärkung grundlegende **Vakuumröhre**. Der Grundtyp (Triode) bestand aus zwei Elektroden, die durch ein Gitter getrennt waren, das den Stromkreis zwischen den beiden verändern konnte und so eine Verstärkung bzw. Modulierung des Signals erlaubte. De Forest meldete die Triode am 25. 10. 1906 zum Patent an. Bereits im März hatte der Österreicher Robert von Lieben eine ähnliche Vakuumröhre zum Patent eingereicht.

Aufblende (Fade in). Aufhellung des Bildes von Schwarz bis zur richtigen Belichtung. Strukturmittel der Film-Syntax. Gegensatz: **Abblende**. Siehe **Blende 3**, **Überblendung**.

Aufklärungsfilm siehe **Sittenfilm**.

Auflösung (Resolution). **1.** Die Fähigkeit eines Objektivs oder einer fotografischen Schicht, feine Details scharf voneinander abgehoben wiederzugeben. Siehe **Akutanz**, **Definition**.
2. Die Ausweitung des Begriffs auf jede Art von visuellem System, wie Fernsehgerät oder Computermonitor.
3. Entsprechend wird in der Welt digitaler Bilder der Begriff der Auflösung (Resolution) auf verschiedenen Gebieten angewandt, um die Genauigkeit oder Schärfe einer Bildwiedergabe zu messen. Siehe **Farbtiefe, Video-Auflösung**.

Aufnahmeleiter (Line Producer). Mitarbeiter einer Filmproduktion, der – als ausführendes Organ des Produktionsleiters (Production Manager) – für die Vorbereitung am Drehort zuständig ist, z. B. für die Bereitstellung des notwendigen Materials und Personals zu sorgen hat. Siehe **Produzent**.

Aufprojektion (Aufpro, Front Projection). Trickverfahren mittels **Kombinationsaufnahme**, Verbesserung der **Rückprojektion**. Ein (Film- oder Stand-)Bild wird mittels eines halbdurchsichtigen Spiegels auf einen stark gerichtet reflektierenden Hintergrund projiziert, vor dem die Schauspieler agieren. Das Verfahren wurde Ende der 60er Jahre von Douglas Trumbull für Stanley Kubricks *2001: A Space Odyssey* verfeinert. Vergleiche **Chroma Key**.

Aufziehen. Bei einer Kamera das Erweitern der Öffnung der **Blende** (Diaphragma), um mehr Licht auf den Film zu lassen.

Ausführender Produzent. Verbreiteter Übersetzungsfehler halbgebildeter PR-Leute, die «Executive» (Manager) mit «exekutieren» (ausführen) verwechselt haben. Der **Executive Producer** ist in Hollywood der Produzent oder Produktionschef, der nichts «ausführt», sondern meist nur für die Finanzierung bzw. die Administration zuständig ist. Daneben gibt es natürlich auch

Produzenten, die tatsächlich «ausführen», doch die heißen in Hollywood zumeist Producer.

Ausleuchtzone (Footprint). Das Gebiet, das vom Signal eines **Satelliten** abgedeckt wird.

Außenaufnahme. Alle außerhalb des **Ateliers** unter freiem Himmel gedrehten Aufnahmen. Vergleiche **Außendreh**.

Außendreh (Location). Alle außerhalb von Atelier- bzw. Studiogelände gedrehten Aufnahmen, sowohl im Freien wie in Innenräumen. Das Drehen an Originalschauplätzen erfolgt aus künstlerischen oder finanziellen Gründen. Allerdings kann durch die weniger kontrollierbaren Umstände (Wetter, Störungen durch Fremde, Beengung in realen Räumen) ein Außendreh auch teurer bzw. technisch weniger ausgefeilt werden als eine Aufnahme im Atelier. Vergleiche **Außenaufnahme**.

Ausstattung. Sammelbegriff für Bauten, Dekorationen, Kostüme und Requisiten bei der Filmaufnahme. Verantwortlich sind der Ausstatter (Art Director) und der **Kostümbildner** (Costume Designer). Vergleiche **Production Design**, **Szenografie**.

Austastlücke (Blanking Interval). Die Horizontale Austastlücke, die beim «Schreiben» jeder einzelnen Bildzeile entsteht, enthält wichtige Informationen für das Fernsehbild (Zeilensynchronimpuls, Farbsynchronsignal). Die Vertikale Austastlücke (VBI) ist der bei durchlaufendem Bildschirm sichtbare schwarze Streifen zwischen zwei Fernsehbildern, der außer zur Übertragung von technischen Austastwerten (Bildsynchronimpuls) für Zusatzinformationen (z. B. **Untertitel**, **Teletext**, **Videotext**, VPS) genutzt wird. Bei **Videodiscs** enthält die VBI Kapitel- und Bildnummern.

Auteur. Filmkritischer Begriff für einen **Regisseur** mit einem ausgeprägten persönlichen Stil. Vergleiche **Metteur en scène**.

Autokino (Drive-in). Vor allem in den 50er und frühen 60er Jahren in den USA populäre Abspielform, die zwei amerikanische Passionen – Autos und Movies – verband und den Teenagern einen legitimen Treffpunkt für Rendezvous bot. In den 70er Jahren gingen die Drive-ins rapide zurück, da die Autos kleiner wurden und die als Parkraum für die Autos nötigen Grundstücksflächen sich mit Malls mit Kinos und Einkaufszentren eher amortisierten – jener sozialen Institution, die das Drive-in als Treffpunkt der Teenager ablöste.

Autorenfilm. Ausgehend von einer zu eng verstandenen Autorentheorie (**Politique des Auteurs**) entwickeltes Konzept – vor allem des **Jungen** bzw. **Neuen deutschen Films** – ein Filmmacher sei (fast) alleiniger Schöpfer (Regisseur, Autor, Produzent und mehr in einer Person) eines Filmwerks. Das – besonders eloquent von Alexander Kluge vertretene – Konzept führte in den 70er und 80er Jahren zur Entfremdung vom Publikum, sodass in letzter Konsequenz die Autorenfilmer auch ihre eigenen Zuschauer wurden.

Autorentheorie siehe **Politique des Auteurs**.

AV (Audiovision, Audio / Video). Sammelbegriff für die mit auditiven und visuellen Mitteln arbeitenden Medien, z. B. Film, Video.

Avantgarde. Sieht man die Kunst als ständig sich entwickelnd und voranschreitend, so ergibt sich theoretisch eine künstlerische Vorhut – die Avantgarde –, die intellektuell und ästhetisch den Zeitgenossen voraus ist. Mit der stärkeren Betonung einer mehr statischen Kunsttheorie verlor das Konzept von der Avantgarde an Bedeutung. Der Begriff wird auch speziell auf die experimentellen Filmkünstler in Frankreich und Deutschland nach dem Ersten Weltkrieg bezogen. Siehe **Absoluter Film**, **Abstrakter Film**, **Experimentalfilm**, **Poetischer Film**, **Struktureller Film**, **Underground Film**.

Avid. Avid Technology Inc. ist Hersteller eines populären Systems für den Videoschnitt, den 1989 vorgestellten Avid Media Composer, der zunächst auf Mac-Maschinen lief, inzwischen auch auf anderen Plattformen angewandt wird. Der große Vorteil der Systeme für **Digital-Schnitt** ist, dass sie nonlinear arbeiten, d. h., jede Stelle des Materials kann jederzeit direkt angesteuert werden. Vergleiche **Moviola**, **Steenbeck**.

Azetatfilm siehe **Sicherheitsfilm**, vergleiche **Nitrofilm**.

Azimuth. Bei Magnetbändern (Audio und Video) der Winkel des Kopfes zum Band. Eine Abweichung des Azimuths bei Aufnahme und Wiedergabe kann Bild/Tonfehler ergeben.

Babelsberg. Bezeichnung für das Filmgelände zwischen Berlin und Potsdam. 1912 wurde auf einem Fabrikgrundstück in Neubabelsberg ein Glashaus als **Atelier** der Deutschen **Bioscop** eröffnet und in den folgenden Jahren erweitert. Nach der Fusion zur **Decla-Bioscop** und der Übernahme durch die **Ufa** wurde das Gelände zum Zentrum der deutschen Filmindustrie. 1929 entstand mit dem Tonkreuz das erste **Tonfilm**-Atelier. Mitte der 30er Jahre offiziell Umbenennung in Ufastadt Babelsberg. Bei Kriegsende von der Roten Armee besetzt, wurde das Atelier 1947 von der Sowjetischen Militäradministration der **DEFA** übergeben. Im August 1992 übernahm der französische Konzern Compagnie Générale des Eaux (CGE) das Gelände. Vergleiche **Geiselgasteig**.

Baby Bells. Spitzname der 1984 durch die gerichtlich erzwungene Zerschlagung des Telefonkonzerns **AT&T** (Bell System) entstandenen sieben regionalen Telefongesellschaften.

Backlighting siehe **Gegenlicht**.

BAFTA (British Academy of Film and Television Arts). Das 1946 als britisches Gegenstück zur amerikanischen **Academy of Motion Picture Arts and Sciences** (AMPAS) gegründete Institut verleiht die jährlichen BAFTA Awards.

Bambi. 1948 erstmals von der Zeitschrift *Film-Revue* verliehener, populärer Filmpreis. Seit 1968 arrangiert der Burda-Verlag alljährlich mit viel Aufwand Galafeste, bei denen Bambis in zahlreichen und beliebigen Kategorien an **Prominente** aus aller Welt verteilt werden.

Bandbreite (Bandwidth). **1.** Die Differenz zwischen der kleinsten und größten Frequenz eines Audio- oder Videosignals. **2.** Die Kapazität einer Datenverbindung: Je größer die Bandbreite, desto schneller die Datenübertragung. Vergleiche **Breitband**.

Baud. Maßeinheit für die **Übertragungsrate** (Data Rate) von Daten: Die Anzahl der Informationseinheiten, die pro Zeiteinheit auf einem Kanal übertragen werden können (Bits pro Sekunde). Seit den 80er Jahren konnte die Baudrate durch Kodierungssysteme extrem erhöht werden. Benannt nach dem Erfinder des Telex-Codes, Jean M. E. Baudot.

Bauten siehe **Set**, **Szenografie**, **Production Design**.

Bavaria. In Nachfolge des zusammengebrochenen **Emelka**-Konzerns wurde die Bavaria-Film AG 1932 in München als Firma für Filmproduktion, Verleih und Kinobetrieb gegründet. Als Produktionsstätte übernahm die Bavaria das Filmgelände **Geiselgasteig**. Nach dem Konkurs auch dieses Konzerns gründete 1938 die **Cautio** die Bavaria-Filmkunst GmbH neu, die sodann als reichseigene Firma bei der Neuordnung 1941/42 als eine der Produktionsfirmen im UFI-Trust (**Ufa**-Film GmbH) aufging.
Das Atelier wurde 1945 von der US-Administration OMGUS übernommen, die ab 1947 die Produktion wieder ankurbelte. Als durch die berliner Blockade die dortigen Ateliers kaum genutzt werden konnten, verlagerte sich die Filmherstellung in den Westen und die Bavaria wurde in den 50er Jahren – vor allem mit Heimatfilmen und Komödien – vorübergehend zu einer der wichtigsten Produktionsfirmen der BRD. Aus der Krise der Firma rettete 1959 das Fernsehen: Die von den Fernsehanstalten **SDR** und **WDR** gegründete Bavaria Atelier GmbH übernahm das Atelier und baute es vorrangig zum Fernsehstudio aus, das aber auch von ausländischen Firmen für Kinoproduktionen genutzt wird. Seit den 90er

Jahren ist die Bavaria Film GmbH ein Multimediakonzern mit Tochterfirmen in Köln, Stuttgart, Dresden und Potsdam.

BBC (British Broadcasting Corporation). Öffentlich-rechtliche britische Rundfunkgesellschaft, gegründet 1927. Finanziert durch Gebühren der Zuschauer, betreibt sie neben Hörfunk zwei nationale TV-Kanäle: BBC-1 und BBC-2 sowie BBC World. Vergleiche **ARD**, **ITV**.

BBFC (British Board of Film Censors / Classification). Seit 1912 bestehende, nichtstaatliche Zensurbehörde in London, die zentral eine Beurteilung der Filme für die juristisch seit 1909 bei den lokalen Behörden liegende Kinokontrolle übernahm. 1952 wurde die Jugend-Freigabe durch das BBFC Pflicht. Seit 1985 liegt beim BBFC, das seinen Namen in British Board of Film Classification geändert hat, auch die Klassifizierung von Videos.

BBS (Bulletin Board System, Mailbox). Vor dem Entstehen des World Wide Web (**WWW**) vermittelten Tausende kleiner BBS einen ersten Geschmack von Networkverbindung. In der Mailbox konnte man Nachrichten hinterlassen, publizierte Artikel lesen etc. Aber man musste zu diesem Zweck eine Telefonnummer direkt anwählen. **CompuServe** wurde das größte BBS. Weitgehend abgelöst durch NetNews, die auf dem **NNTP**-Protokoll basierenden Internet-Newsgroups sowie von Web-basierten Online-Diskussionsforen. Vergleiche **AOL**.

Beeb. Englischer Spitzname für die «alte Tante» **BBC**.

Belichtung. Maß der Lichtmenge, die auf die Oberfläche des Films trifft. Film kann mit Absicht überbelichtet werden, um eine sehr helle, ausgewaschene, träumerische Bildqualität zu erhalten, oder er kann unterbelichtet werden, um das Bild dunkler, trüber und bedrohlicher zu machen. Siehe **Entwicklung**.

Belichtungsspielraum. Maß des Spielraums einer fotografischen **Emulsion**, der eine befriedigende Belichtung zulässt.

Benshi. Der Filmerklärer im japanischen Kino (Denki-ka = Elektrisches Theater), der Stummfilme mit Dialogen und Musik untermalte. Die hoch entwickelte Kunst der Benshi konnte die allgemeine Einführung des **Tonfilms** in Japan bis 1938 verzögern.

Bergfilm. Deutsches Filmgenre der 20er und 30er Jahre, in dem die Naturkulisse der Alpen als optische und dramatische Folie für zwischenmenschliche Konflikte diente. Hauptvertreter war der Skifahrer und Bergsteiger Dr. Arnold Fanck, seine Stars waren Leni Riefenstahl und Luis Trenker, der das Genre bis ins Fernsehen weiterentwickelte. Aus den Kameraleuten der Bergfilme bildete sich eine eigene Freiburger Kameraschule (Sepp Allgeier, Richard Angst, Hans Schneeberger).

Berlinale. Populärer Name für das seit 1951 in (West-)Berlin abgehaltene **Festival**. Es fand bis 1977 im Sommer (Juni / Juli), seither im Frühjahr (Februar / März) statt. Die offiziellen Auszeichnungen sind die – goldenen oder silbernen – Berliner Bären. Leiter waren Alfred Bauer (1951–76), Wolf Donner (1977–79), Moritz de Hadeln (ab 1980). Infolge des abgebrochenen Festivals 1970 organisieren seit 1971 die **Freunde der deutschen Kinemathek** – unter Leitung von Ulrich Gregor – das Internationale Forum des jungen Films als Teil der Berlinale. Außerdem widmet sich eine **Retrospektive** (seit 1977 organisiert von der Stiftung **Deutsche Kinemathek**) filmhistorischen oder technischen Themen. Weitere Sektionen sind das Panorama, das Kinder-Filmfest und der Filmmarkt.

Bertelsmann AG. Aus einer 1835 in Gütersloh gegründeten Druckerei entstand nach dem Zweiten Weltkrieg einer der größten Medienkonzerne der Welt. Die Aktien sind im Besitz der Bertelsmann Stiftung, der Fa-

milie Mohn sowie (bis 2005) der ZEIT-Stiftung.
Außer in den traditionellen Printbereichen Buchclubs und Verlage (Bertelsmann, Random House, Springer Wissenschaftsverlag), Presse (Gruner+Jahr, GEO, Stern, Berliner Zeitung) und Service (Druck, Buchauslieferung) engagiert sich die Firma zunehmend weltweit auf den Gebieten Schallplatten (BMG Entertainment, Ariola, RCA Victor), Film und Rundfunk (**CLT-UFA**) sowie Multimedia (**AOL CompuServe** Europe, Pixelpark, Lycos/Tripod, BOL). Die **UFA** Film & TV Produktion in Potsdam-**Babelsberg** stellt u. a. preisgekrönte Fernsehfilme und mehrere Daily **Soaps** her. Bertelsmann ist über CTL-UFA außerdem beteiligt an europäischen TV-Sendern (**RTL**, RTL II, Super RTL), Hörfunkstationen und Rechteagenturen (UFA Sports).

Best Boy siehe **Gaffer**.

Beta. 1. Betamax. 1976 von der Firma **Sony** auf den Markt gebrachtes System für **Videokassetten**. Wegen falscher Lizenzpolitik konnte es sich nicht gegen das technisch unterlegene **VHS**-System durchsetzen und wurde Mitte der 80er Jahre vom Markt genommen. Das System wurde für den professionellen Bereich weiterentwickelt, siehe **Betacam**.
2. Die Beta-Version einer Computer-Software ist die erste Stufe, die nach internen Versuchen (Alpha) an Außenstehende zur Erprobung und Verbesserung verbreitet wird, ehe sie allgemein auf den Markt kommt.

Betacam. Das seit 1981 von **Sony** aus Betamax entwickelte professionelle Halbzoll-Video-System, die Weiterentwicklung ist Betacam SP (Superior Performance). Die SP-Technologie wurde auch bei ¾-Inch SP, dem Nachfolgesystem von **U-Matic**, angewandt. Digital Betacam, 1994 eingeführt, bietet ein **Component** Digital Format, in verbesserter Form als Betacam SX (1996) mit 4:2:2 Oversampling, vor allem für die Bedürfnisse der aktuellen Fernsehberichterstattung.

Beta-Film. 1959 vom Filmkaufmann Leo Kirch gegründete Firma. Aus Beta-Film entstand gemeinsam mit der 1963 gegründeten Schwesterfirma Taurus-Film durch Erwerb von Filmrechten und Vermittlung von Lizenzen an die deutschen Fernsehanstalten in den 70er und 80er Jahren ein wegen seiner Marktmacht umstrittener Medienkonzern. Teil der **KirchGruppe**.

Betamax siehe **Beta 1** und **Betacam**.

Betriebssystem. Das Betriebssystem (OS, Operating System) ist die grundlegende Software eines Computers. Es kontrolliert, wie und wo Dateien angelegt werden, die Protokolle über Ein- und Ausgabevorgänge zu peripheren Geräten sowie die Regeln, an die sich diese halten müssen. Siehe **UNIX**, **MS-DOS**, **MacOS**, **Linux**, **Windows**.

BFI (British Film Institute). Filminstitut in London, 1933 gegründet, zu dem u. a. das National Film and Television Archive (NFTVA), eine umfangreiche Sammlung von Fotos und Plakaten, das National Film Theatre und das Museum of the Moving Image (MOMI) gehören. Das BFI veranstaltet das London Film Festival, publiziert Bücher und Zeitschriften (*Monthly Film Bulletin*, 1934–91; *Sight and Sound*, seit 1932), fördert die Filmproduktion und unterhält eine Informationsabteilung mit Datenbank (**SIFT**) und Bibliothek. Vergleiche **FIAF**, **Kinemathek**.

B-Film (B Movie, B Picture). Billig und schnell gedrehter Film (Programmer), der für die zeitweise in Amerika üblichen Double-Feature-Programme als zweiter Film eingesetzt wurde. Heute durch **Fernsehfilm** und **Videofilm** ersetzt. Vergleiche **Feature**.

Bild 1. (Frame). Jeder einzelne Bildkader des Filmstreifens.

2. Die Größe und Form des Bildes auf dem Filmstreifen oder der Leinwand.
3. Die kompositorische Einheit der Filmform.
4. Ganz allgemein ein optischer Eindruck (Image).

Bildfenster (Gate). Jener Teil in **Kamera** und **Projektor**, der im Augenblick der Aufnahme bzw. Wiedergabe das jeweilige Filmbild freigibt. Durch das Bildfenster kann das **Bildformat** bestimmt werden.

Bildformat (Aspect Ratio). Das Verhältnis der Höhe zur Breite des Filmbildes. Das beim 35mm-Normalfilm übliche **Standardformat** (Academy Aperture) beträgt (theoretisch) 3:4 also 1:1,33 bzw. (technisch) 1:1,375, **Breitwand**-Formate schwanken zwischen 1:1,66 (in Europa) und 1:1,85 (in Amerika und Italien). **Anamorphotische** Systeme wie **CinemaScope** und **Panavision** sind noch breiter: 1:2,00 bis 1:2,55. Vergleiche **VistaVision**. Das Fernsehbildformat für **HDTV** beträgt 16:9 (B:H). Vergleiche **Fernseh-Kasch**.

Bildfrequenz. Anzahl der aufgenommenen bzw. projizierten Einzelbilder pro Sekunde (b/s). Im Stummfilm waren zwischen 14 und mehr als 30 Bilder üblich, zunächst vorwiegend 16–18 Bilder (genug, um das **Flimmern** zu vermeiden), in den 20er Jahren über 20 Bilder. Schwankungen ergaben sich durch die Handkurbel an **Kamera** bzw. **Projektor**, wobei Kameramann bzw. Vorführer oft das **Über**- oder **Unterdrehen** als Effekt einsetzten: künstlerisch – um z. B. die Komik eines Gags zu erhöhen, ökonomisch – um etwa eine Vorstellung mehr in den Tagesplan zu bekommen.
Der **Tonfilm** machte eine Standardisierung notwendig, und man einigte sich auf einen Durchschnittswert von 24 Bildern pro Sekunde (b/s). Für künstlerische und wissenschaftliche Zwecke benutzt man auch abweichende Bildfrequenzen wie **Zeitraffer** und **Zeitlupe**.
Beim Fernsehen orientierten sich die Techniker zwar beim **Bildformat** am Film (**Standardformat**), bei der Bildfrequenz jedoch einfacherweise an der Frequenz des Wechselstroms. So ergab sich in Europa bei 50 Hertz Wechselstrom eine Bildfrequenz von 25 b/s (in den USA und Japan bei 60 Hertz entsprechend 30 b/s, präzise 29,97 b/s bei NTSC). Bei Aufführungen von Stummfilmen im Fernsehen wurde deshalb zur Anpassung oft jedes zweite oder dritte Filmbild verdoppelt, was häufig ähnlich negative Auswirkungen hatte wie das zu schnelle «Zappeln».
Das **Showscan**-Projektionssystem mit 60 b/s hat demonstriert, wie viel Qualität bei der Filmprojektion durch eine höhere Frequenz gewonnen werden kann.
Im heraufkommenden Zeitalter des digitalen **HDTV** gewinnen wir etwas von der Flexibilität zurück, die 1929 verloren ging. Die Auffrischrate eines Computermonitors (was allerdings nicht genau der Bildfrequenz entspricht) kann zwischen 60 und mehr als 80 b/s betragen, zudem ist sie häufig verstellbar.

Bildregisseur. Der Fernsehmitarbeiter, der bei der Aufzeichnung oder Ausstrahlung einer Sendung im Kontrollraum die Entscheidungen trifft, z. B. die bildführende Kamera auswählt.

Bildschirmtext (BTX). 1983 von der Deutschen Bundespost eingeführtes **Videotext**-Programm zur kostenpflichtigen Verbreitung von Informationen aus Datenbanken, Ermöglichung von Telebanking und zum Austausch elektronischer Post (**E-Mail**).

Bildstrich. Der unbelichtete Streifen zwischen zwei Bild-**Kadern**. Ursprünglich nur ein schmaler Trennstrich, wurde er nach Einführung des **Tonfilms** verbreitert, um so wieder das **Standardformat** der Academy Aperture zu erreichen. Durch falsche Projektion oder durch Fehler beim Kopieren kann er im Bild erscheinen.

Biograph. Kurzbezeichnung für die Produktionsfirma American Mutoscope and Biograph Company, für die D. W. Griffith 1908–13 arbeitete.

Biophon. Oskar Messters 1903 in Berlin erstmals präsentiertes **Tonbild**-Verfahren «singender und sprechender Photographien», bei dem bekannte Stars von Oper und Operette zu (mehr oder weniger) synchronen Schallplatten im Film ihre Erfolgsarien sangen. Um Konkurrenz zu vermeiden, unterzeichneten Messter und der französische Produzent Léon **Gaumont** (Chronophon) ein Abkommen, das den Vertrieb im jeweils anderen Land ausschloss. Der Boom, an dem sich auch andere Produzenten beteiligten, ließ nach einigen Jahren nach, und Messter wandte sich 1909 – nach der Herstellung von ca. 450 Tonbildern – wieder stärker dem stummen Spielfilm zu.

Biopic. Fachjargon für die Filmbiografie einer realen (oder fiktiven) Person, besonders für jene Serie, die Warner Bros. – zumeist unter der Regie von Wilhelm/ William Dieterle – in den 30er und 40er Jahren produzierte.

Bioscop. **1.** Das **Kamera**/**Projektor**-System, das die berliner Brüder Max und Emil Skladanowsky 1895–1898 benutzten. Das mit zwei parallel laufenden und abwechselnd belichteten Filmstreifen arbeitende System erwies sich als zu umständlich und wurde bald wieder aufgegeben.
2. Die 1897 gegründete Deutsche Bioscop GmbH war eine der ersten deutschen Filmfirmen. Als das Dachatelier in der berliner Chausseestraße 123 zu klein wurde, errichtete der technische Direktor Guido Seeber das erste Glashaus in Neubabelsberg und gründete so das Filmgelände **Babelsberg**. Im März 1920 fusionierte die Deutsche Bioscop AG mit Erich Pommers **Decla**-Film zur Decla-Bioscop AG, die wiederum im November 1921 in der Ufa aufging.

BIP (British International Pictures). Gegen Ende der 20er Jahre die wichtigste britische Produktionsfirma. 1927 von John Maxwell (nach Ausscheiden der Teilhaber J. D. Williams und Herbert Wilcox) aus British National gebildet, produzierte BIP unter der Produktionsleitung des deutschen Regisseurs E. A. Dupont einige der besten englischen Stummfilme, u.a. inszeniert von Alfred Hitchcock. Im BIP-Studio in Elstree entstand 1929 mit Duponts Atlantic in englischer und deutscher (später auch französischer) Version der erste große «100-prozentige Sprechfilm» Europas. In den 30er Jahren gründete Maxwell – eine der Zentralfiguren der europäischen Filmindustrie – die Kinokette ABC (Associated British Cinemas).

Bit (BInary digiT). Beim Computer die kleinste Einheit der digitalen Information. Ein Bit kann nur einen von zwei Werten haben: 0 oder 1, ein oder aus, ja oder nein. Zur Darstellung von Buchstaben und Zeichen sind zumindest 5 Bits notwendig, was 32 verschiedene Kombinationen ermöglicht. Moderne Computer benutzen 8-Bit-Bytes, die 256 Kombinationen ergeben. Siehe **ANSI**, **ASCII**, **Unicode**. Vergleiche **Baud**.

Bitmap-Grafik (Bitmapped Graphics). Pixel für Pixel generierte und definierte Computergrafik. Durch diese Technik ist die Darstellung von Bitmap-Grafiken von der Bildschirm- oder Druckerauflösung abhängig. Dagegen sind **Vektor-Grafiken**, die das Bild durch mathematische Formeln für Linien, Punkte und Kurven festlegen und speichern, unabhängig von der Hardware.

Black Box. Bezeichnung für ein nicht spezifiziertes elektronisches Gerät, vor allem für (legale oder illegale) Empfangsgeräte bzw. Umwandler von **Satelliten-Fernsehprogrammen** oder **Pay-TV**.

Black Maria. Spitzname für das erste Aufnahme-**Atelier** der Firma **Edison**. Der schwarze, oben offene Kasten konnte mechanisch nach der Sonne ausgerichtet werden, zu jener Zeit die einzige Lichtquelle, die für Filmaufnahmen hell genug war.

Blacklist siehe **Hollywood Ten**.

Blaxploitation. Jargonausdruck der Zeitung *Variety* für «black» **Exploitation**-Filme, die auf den afroamerikanischen Markt zielen. Vergleiche **Race Film**, **Sexploitation**.

Blende. **1.** Technisch: Die variable Öffnung des Lichtganges der Kamera: Apertur-, **Iris-Blende** (Diaphragm, Aperture).
2. Technisch: Der mechanische Teil, der laufend die Öffnung im Lichtgang einer Kamera bzw. eines **Projektors** öffnet und schließt: Umlauf-, Flügel-, **Sektorenblende** (Shutter).
3. Ästhetisch: Sammelname für verschiedene Strukturierungsmittel des Films, z. B.: **Abblende**, **Aufblende**, **Überblendung** sowie eine Anzahl Trickblenden, die jeweils nach ihrer Form benannt werden, z. B.: Schiebeblende, Wischblende, **Irisblende**, Jalousieblende. Blenden wurden ursprünglich in der Aufnahmekamera hergestellt, heute meist von Spezialisten im Tricklabor.

Blendenzahl. Maßangabe der Größe der Blendenöffnung, präzise das Verhältnis der Objektivbrennweite (f) zum Durchmesser (D) der Öffnung: $B = f/D$. Die Maßeinheit wird f-Stop genannt. Je höher die f-Zahl, desto weniger Licht wird eingelassen. Es gibt auch ein System der T-Zahlen, welche die tatsächlich wirksame Lichtmenge physikalisch präziser angeben.

Blickwinkel (Angle of View). Der Winkel, den eine Kameraoptik erfasst. **Weitwinkelobjektive** haben einen breiten, **Teleobjektive** einen schmalen Blickwinkel.

Blimp. Schallschutzgehäuse der Filmkamera. In der Frühzeit des **Tonfilms** zellenartige Gehäuse, die Kamera und Kameramann beherbergten, später direkt um die Kamera selbst herum konstruierte Schutzschichten. Moderne Kameras sind so selbst-geblimpt, d. h. funktionieren relativ geräuschlos.

Blindbuchen. Eine heute weitgehend verbotene Praxis von Filmverleihen, die von Kinobesitzern verlangten, Filme zu buchen, ohne sie zu kennen, bzw. Filme, die überhaupt noch nicht gedreht waren. Vergleiche **Blockbuchen**.

Blockbuchen. Bei der Distribution übliches System, durch das der Verleih den Kinounternehmer zwingt, ein bestimmtes Paket von Filmen abzunehmen, d. h. neben (vermutlich) erfolgreichen auch weniger erfolgversprechende.

Blockbuster. Jargonausdruck entweder für einen geschäftlich sehr erfolgreichen Film oder einen, der so kostspielig war, dass er sehr viel einspielen muß, um Gewinn zu machen.

Blue Book siehe **CD-Standards**.

Blue Movie. In den 50er und 60er Jahren Bezeichnung für einen erotischen oder pornografischen Film.

Blue Screen. Aufnahmesystem für das **Kombinationstrick**verfahren der **Wandermasken**, bei dem ein blauer (heute zumeist grüner) Bildhintergrund verwendet wird. Siehe **Chroma Key**.

BO. *Variety*-Jargon für **Box Office**, d. h. den finanziellen Erfolg eines Films.

Bobby. Aufwickelkern einer Filmrolle, früher aus Holz, heute meist aus Kunststoff hergestellt. Vom französischen «bobine».

Bodenstation (Ground Station). Der «terrestrische» Sender für Satelliten-Kommunikation, Fernsehen oder **DSB**.

Bogenlicht (Arc Light). Sehr helles, sehr weißes Licht (**Farbtemperatur** 6000 Kelvin), das durch einen elektrischen Lichtbogen zwischen zwei Kohlestäben erzeugt wird. Es wird in **Scheinwerfern** bei Dreharbeiten und als Lichtquelle in **Projektoren** benutzt. Das früher weit verbreitete Bogenlicht ist heute weitgehend durch billigere und weniger gefährliche Techniken (**Xenonlampe**) verdrängt.

Bois d'Arcy. Populäre Bezeichnung des französischen Filmarchivs (Les Archives du film du Centre National de la Cinématographie) nach seinem Sitz in einem alten Fort in der Nähe von Paris. Am 19. 6. 1969 infolge der Krise um die **Cinémathèque française** gegründet, vom Kulturministerium finanziert und dem **CNC** unterstellt. Mitglied der **FIAF**.

Bolex. Handliche und robuste 16mm-Kamera mit Antrieb durch Federwerk oder Elektromotor, besonders beliebt bei **Independent**-Filmmachern und **Experimentalfilmern** (z. B. Jonas Mekas). Hergestellt von der Schweizer Firma Paillard S.A. in St. Croix.

Bollywood. Aus Bombay und Hollywood kombinierter Spitzname für das durch farbenfrohe Ausstattungen, Gesang und Tanz gekennzeichnete Unterhaltungskino Indiens.

Boom siehe **Galgen**.

Box Office (BO). **1.** Wörtlich: das Kassenhäuschen, wo man im Kino sein Billett erwirbt.
2. Übertragen: das beim Kartenkauf eingenommene Geld. Die Kasseneinnahmen (Box Office Gross) werden nach vertraglicher Vereinbarung zwischen Kinobesitzer und Verleih geteilt.

BPP (Bits Per Pixel). Maßeinheit für die **Farbtiefe** eines Bildes.

BPS. **1.** Bilder pro Sekunde (bps, b/s), vergleiche **FPS** (Frames Per Second).
2. Bits Per Second. Maßeinheit für die digitale Übertragungsgeschwindigkeit. Vergleiche **Modem**.

BR (Bayerischer Rundfunk). 1945 geht Radio München als Sender der amerikanischen Militärregierung auf Sendung. 1949 Umwandlung in eine öffentlich-rechtliche Rundfunkanstalt für das Land Bayern. 1964 Einrichtung eines 3. Fernsehprogramms, zunächst unter dem Namen Studienprogramm, seit 1978 als Bayerisches Fernsehen. Mitglied der **ARD**.

Braunsche Röhre siehe **Kathodenstrahlröhre**.

Breitband (Broadband). Datenübertragung mit einer **Bandbreite** von mindestens 1 MHz, Voraussetzung zur schnellen Übertragung von Daten, Audio und Video, zumeist unter Verwendung der **Glasfaseroptik**.

Breitwand (Widescreen). Alle **Bildformate** von 1:1,66 und größer. Ein Breitwandformat wird entweder durch **Anamorphoten** (**CinemaScope**, **Panavision**, **VistaVision**, **Todd-AO**, **Technirama**, **Techniscope**) oder durch Abkaschung des oberen und unteren Bildteils bei der Aufnahme, Kopierung oder Projektion hergestellt. Die üblichsten Breitwandformate sind 1:1,66 (in Europa) und 1:1,85 (in Amerika und Italien).
Da die neuen Filme fast alle im Breitwandformat hergestellt werden, sind viele Kino-**Projektoren** nicht mehr darauf eingerichtet, das Standardformat zu projizieren, sodass dann bei älteren Filmen Teile des Bildes abgekascht werden. **Art Houses** bzw. **Programmkinos** sind teilweise speziell darauf eingerichtet, ältere Bildformate (**Standardformat**, Stummfilm-Format) vorführen zu können. Vergleiche **Polyvision**.

Breitwandfernsehen. Zunächst in Europa und Japan eingeführtes Fernsehformat (16:9) als Alternative zu den schwarzen Balken (**Letterbox**) bzw. **Pan and scan** bei der Aufführung von Breitwandfilmen auf dem normalen Fernsehschirm (4:3). Auf den Breitwandgeräten werden dafür Filme und Fernsehsendungen im Normalformat mit schwarzen Balken an den Seiten oder – wenn man's mag – in die Breite gezogen wiedergegeben. Der Vorteil des neuen Formats 16:9 – das von einem EU-Programm speziell subventioniert wurde – ist die geringfügig verbesserte Bildqualität von Breitwandfilmen auf Breitwandfernsehern. Ein korrekter, die bessere Bildauflösung ausschöpfender Empfang ist nur mit den **HDTV**-Normen D2-Mac und **PALplus** möglich.

Brennweite (Focal Length). Bei optischen Objektiven die Angabe der Entfernung (in mm) zwischen der Linse und der Filmebene in der Kamera. Objektive werden nach dem Verhältnis ihrer Brennweite (f) zur Bilddiagonalen (d) klassifiziert: **Weitwinkel** (d>f), Standard (d≈f), lange Brennweite (d<f) mit dem Spezialfall der **Teleobjektive**. Objektive mit veränderbarer Brennweite heißen Transfokator- oder **Zoom**-Objektive.

Bridging Shot. Eine Aufnahme, die einen Zeitsprung oder andere Diskontinuitäten überbrücken soll, z. B. fallende Kalenderblätter, Eisenbahnräder, Zeitungs-Schlagzeilen, Wechsel der Jahreszeiten.

Brillanz. Bezeichnung für die Fähigkeit eines Filmmaterials, die Bilder bis in die Details abzubilden, bei gleichzeitiger kräftiger Durchzeichnung aller Helligkeitsstufen von den Schattenpartien bis hin zu den Lichtern. Die Brillanz hängt davon ab, wie steil die **Gradations**-Kurve des Materials ist.

British Board of Film Censors siehe **BBFC**.

British Film Institute siehe **BFI**.

Broadband siehe **Breitband**.

Broadway. Geografisch der Theaterbezirk von New York am und um den Times Square (Broadway und 45th Street). Ähnlich wie **Hollywood** für die US-Filmindustrie steht Broadway für die etablierte Theaterszene. Für die dort befindlichen Bühnen gilt der höchste Lohntarif. In den 50er Jahren entwickelten sich «zweitrangige» Off-Broadway-Bühnen, zumeist (aber nicht ausschließlich) im Stadtteil Greenwich Village. Der nach Gewerkschafts-Tarif «drittrangige», experimentelle Off-Off-Broadway kam in den 60er Jahren hinzu. Nicht alle Theater mit einer Adresse am Broadway sind auch «Broadway-Bühnen» – und umgekehrt.

Browser. Ein Web-Browser ist eine Software, die **HTTP** und **HTML** versteht. Die erfolgreichsten dieser für den Einstieg ins **WWW** notwendigen Programme sind der **Netscape** Communicator und der Internet Explorer von **Microsoft**. Der Begriff «browsing» wird auch allgemein für die Suche in Datenbanken benutzt.

BSkyB (British Sky Broadcasting PLC). Britisches **Satelliten-Fernsehen**, das 1990 aus der Übernahme von British Satellite Broadcasting durch Rupert Murdochs **SkyTV** entstanden ist. Anfang 2000 beteiligt sich BSkyB mit 24 Prozent an Kirchs Pay-TV-Sender **Premiere** World. Siehe **Astra**, **DSB**, **News Corporation**.

BTX siehe **Bildschirmtext**.

Buchen (Booking). Das Mieten eines Films für die Vorführung im Kino. Vergleiche **Blindbuchen**, **Blockbuchen**, **Verleih**.

Buff. Ein Fan, der sich in extremer Weise für ein Thema, vor allem seine Details betreffend, interessiert. (Der Spitzname ist abgeleitet von der Freiwilligen Feuerwehr in New York, deren Uniform ehedem gelb-ocker = buff gefärbt war). Vergleiche **Cineast**, **Cinephile**.

Bug. Ein Fehler in einem Computerprogramm. Wenn in der Frühzeit etwas danebenging, konnte man es sehr wahrscheinlich auf ein totes Insekt (bug) im Inneren des Computers zurückführen.

Bundesarchiv-Filmarchiv. Größtes deutsches Film-**Archiv**, als Teil des Bundesarchivs (Hauptsitz Koblenz) eine staatliche Behörde mit Sitz in Berlin. Das ursprünglich auf der Feste Koblenz beheimatete, vor allem mit der technischen Sicherung (siehe **Nitro**) deutscher Filmbestände befasste Filmarchiv wurde 1990 durch Zusammenschluss mit dem (größeren und in den Aufgaben umfassenderen) **Staatlichen Filmarchiv der DDR** erweitert. Gründungsmitglied des **Kinemathekenverbunds** und Mitglied der **FIAF**.

Bundesfilmpreis. Populäre Bezeichnung für den **Deutschen Filmpreis**.

BVK (Bundesverband Kamera e.V.). 1980 gegründeter Berufsverband der freischaffenden Kameraleute und Assistenten in der Bundesrepublik Deutschland. Vergleiche **A.S.C.**

Byte. Gruppe von **Bits**, normalerweise acht. Im binären Zahlensystem der meisten Mikrocomputer entspricht ein Byte einem Zeichen; ein Kilobyte (KB) sind 1024 (2^{10}) Bytes, ein Megabyte (MB) 1048576 Bytes (2^{20}).

C

CAA (Creative Artists Agency) siehe **Agent**.

Cablecast. In den USA die Übertragung einer Sendung ausschließlich über **Kabelfernsehen**.

Cadrage (Framing). Die Gestaltung einer Aufnahme in Bezug auf den Bildrahmen. Vergleiche **Bildformat**.

Cahiers du cinéma. International bedeutende französische Filmzeitung, 1951 von André Bazin, Jacques Doniol-Valcroze und Lo Duca begründet. Zu den Autoren gehörten Chabrol, Godard, Rivette, Rohmer und Truffaut. Siehe **Nouvelle Vague**, **Politique des Auteurs**.

Caligarismus siehe **Expressionismus 2**.

Camcorder. Ursprünglich der Markenname von **Sony** für sein Videosystem mit kombiniertem Kamera-Recorder und einer 8mm-Kassette. Inzwischen allgemein gebräuchlich für alle Kamera-Recorder. Vergleiche **Digital8**.

Cameo. Kurzer, aber wichtiger Auftritt in einem Film, häufig von einem berühmten Star.

Camera Angle siehe **Kamerastandpunkt**, vergleiche **Blickwinkel** (Angle of View).

Camera Lucida. Vorrichtung, die einen Gegenstand oder eine Szene auf ein Stück Zeichenpapier projiziert.

Camera Obscura. Vorläufer und Urform einer fotografischen Kamera: ein dunkler Raum (lateinisch: camera obscura) mit einer Lochblende (bzw. Sammellinse), durch die ein Gegenstand kopfstehend und seitenverkehrt auf der (transparenten) Rückseite abgebildet wird; um 1500 von Leonardo da Vinci beschrieben.

Camera Operator siehe **Kameramann**.

Caméra-Stylo. Die Kamera als Federhalter: Theorie des französischen Kritikers und Filmregisseurs Alexandre Astruc von einer Filmsprache (bzw. -technik), die so flexibel und differenziert sei wie die der Literatur, z. B. von Roman und Essay.

Cam-Remote siehe **Motion-Control System**.

Canal+ (Canal Plus). 1984 in Paris gegründete Pay-TV-Station, durch die das Pay-TV-System in Europa eingeführt wurde, in anderen Ländern (Spanien, Italien, Belgien, Polen) zumeist mit lokalen Partnern. Seit 1991 bietet der Sender auch Themen-Kanäle, z. T. über Satellit, und bedient die französischen Kolonien bis nach Bora-Bora. Seit Mitte der 90er Jahre beschäftigt sich der Sender, der eigene Zugangs-Software (SECA) und ein Verschlüsselungssystem (Mediaguard) entwickelt hat, auch mit dem Digital-Fernsehen. 1997 übernahm Canal+ mit NC Numéricable (zuvor CGV) Frankreichs zweitgrößtes Kabelnetz. Ende des Jahrzehnts werden fast 3 Millionen Abonnenten erreicht. Gemeinsam mit der Telefonfirma Cegetel hält Canal+ 55 % der Anteile an AOL CompuServe France (der Rest liegt bei **AOL** und **Bertelsmann**). Seit den 90er Jahren engagiert sich Canal+ auch in der Produktion von Kino- und TV-Filmen.

Cannon. 1967 in den USA als Cannon Films gegründete unabhängige Produktionsfirma, die zunächst überwiegend mit **Sexploitation**-Filmen Geld verdiente. 1979 übernahmen die beiden ehrgeizigen israelischen Produzenten Menahem Golan und Yoram Globus die Firma, die zahlreiche Billigproduktionen herstellte und Tochterfirmen in Italien und Großbritannien (vergleiche **EMI**) gründete. 1987 übernahm der Italiener Giancarlo Paretti – finanziert von der französischen Bank Crédit Lyonnais – die Firma und nannte The Cannon Group, Inc., in **Pathé** Communications Corp. um, die Golan und Globus nach ein paar Jahren verließen.

Cassette 1. Ein System, bei dem ein Audio- oder Videoband mit zwei Spulen (zum Ab-/ Aufrollen) zur leichteren Handhabung und zum Schutz in einem Plastikgehäuse fest eingeschlossen ist. Vergleiche **Audiocassette**, **MC**, **Videokassette**.
2. **Film-Kassette** siehe **Kassette** (Magazin).

Casting. Die Besetzung eines Films mit Darstellern, in Hollywood meist durch einen oder mehrere (für Hauptdarsteller, **Komparsen**) Casting Directors in Abstimmung mit **Produzent** und **Regisseur** durchgeführt.

Cautio. Die von Bürgermeister a. D. Max Winkler 1929 gegründete Cautio Treuhand GmbH kaufte in den 30er Jahren im Auftrag von Propagandaminister Goebbels die Aktien der großen deutschen Produktionsfirmen auf und bereitete so verdeckt die Verstaatlichung des deutschen Films vor. Die Firmen (**Ufa**, **Tobis**, **Bavaria**, Terra, Berlin-Film u. a.) wurden am 10. 1. 1942 unter einem Firmendach zusammengefasst, das (auf Hitlers Wunsch) den Namen Ufa Film GmbH (UFI) erhielt. Vergleiche **Friedrich-Wilhelm-Murnau-Stiftung**.

CAV (Constant Angular Velocity, konstante Winkelgeschwindigkeit). Eines der zwei grundlegenden Systeme bei **Laserdiscs**. Eine CAV-Platte rotiert mit gleichbleibender Geschwindigkeit (1.500 rpm bei PAL, 1.800 rpm bei NTSC). Dagegen rotiert eine CLV (Constant Linear Velocity) mit wechselnder Geschwindigkeit, um so für den Laserkopf eine gleichmäßige lineare Geschwindigkeit sicherzustellen. Alle **CDs** und **CD-ROMs** sind CAV-Platten. Siehe **Videodisc**.

CB (Citizen Band). In den 70er Jahren freigegebene Funkfrequenzen für private Nutzer ohne besondere Vorkenntnisse. Die Wechselsprech-Verbindung hat nur eine begrenzte Reichweite (ca. 30 km) und ist von anderen Gerätebetreibern mitzuhören. In den 80er Jahren wurde CB weitgehend vom **Mobiltelefon** (Handy) abgelöst.

CBC (Canadian Broadcasting Corporation). Das staatlich getragene erste Fernsehnetz in Kanada.

CBS (Columbia Broadcasting System). Amerikanisches Fernseh-Network, am 27. 1. 1927 als United Independent Broadcasters, Inc. gegründet, nahm am 18. 9. 1927 den Sendebetrieb auf. Das Network wurde von William S. Paley als Konkurrenz zu **NBC** aufgebaut. Nach dem Zweiten Weltkrieg erreichte CBS die Führungsposition bei den Ratings vor allem durch seine aktuelle Berichterstattung und durch Abwerbung der NBC-Radio-Stars Jack Benny, Red Skelton und Edgar Bergen. Der konservative Sender hielt diesen Platz, bis er 1976 von **ABC** abgelöst wurde. In den 50er und 60er Jahren engagierte sich CBS auch auf dem Gebiet der Hardware: Der größte Erfolg war die Durchsetzung der Langspielplatte (**LP**, 12 Inch/33 rpm) gegen das System (7 Inch/45 rpm) von **RCA**, die dagegen CBS beim Wettbewerb um den Farbfernseh-Standard schlugen.
Nach mehreren gescheiterten Übernahme-Versuchen engagierte Paley Mitte der 80er Jahre Lawrence Tisch von Loew's Corporation als «Weißen Ritter», der Paley bald aus der Firma drängte. Nach dem Verkauf von Presse-Beteiligungen und vor allem der erfolgreichen Schallplatten-Abteilung (an **Sony**) wurde CBS wieder zum TV-Network und erreichte 1992 kurzfristig wieder den ersten Platz bei den Ratings. Die abgespeckte Firma wurde 1995 von Tisch für 5,4 Milliarden Dollar an Westinghouse verkauft. Im September 1999 übernahm **Viacom** für 37 Milliarden Dollar die CBS Corporation – (für ein paar Wochen) die größte Fusion auf dem weltweiten Medien-Markt.

CCC (Central Cinema Comp.). 1946 von Artur «Atze» Brauner in West-Berlin gegründete Filmfirma, die mit ihrem **Atelier** in Berlin-Spandau eine der wichtigsten und erfolgreichsten Produktionsfirmen des westdeutschen Nachkriegsfilms wurde. Brauner – eine der Zentralfiguren von **Papas Kino** – drehte mit seinen mehrfach wechselnden Firmen (ALFU, ALFA, CCC-Film) überwiegend Unterhaltungsfilme, häufig auch in europäischer Koproduktion. Mit der TV-Union, dann CCC Television beteiligte er sich an der Vorbereitung des schließlich verbotenen «Adenauer-Fernsehens». Immer wieder produziert Brauner, der sein Kapital in Immobilien absichert, ambitionierte Filme zum Thema der Judenverfolgung und der Nazidiktatur (*Hitlerjunge Salomon*).

CCD (Charge-Coupled Device). Der Halbleiter-Chip verwandelt in einer Videokamera Licht in elektrische Signale. Er hat dabei die **Image-Orthicon**-Röhre wegen größerer Empfindlichkeit, niedrigerer Kosten und besserer Qualität ersetzt.

CCIR (Comité consultatif international de radiotélécommunications). 1927 in Washington gegründete internationale Vereinigung zur Festlegung von Radio-Standards, 1993 in der **ITU** aufgegangen.

CCITT (Comité consultatif international téléphonique et télégraphique). 1956 aus der Fusion von CCIF (Comité consultatif international téléphonique, gegründet 1924) und CCIT (Comité consultatif international télégraphique, gegründet 1925) entstandene Organisation zur Festlegung von Standards der Telekommunikation. 1993 nach Umstrukturierung in **ITU** umbenannt.

CD (Compact Disc). Digitales Speichersystem von Ton-Informationen auf Plastikscheiben aus Polycarbonat von 120 mm Durchmesser, die einseitig mit einer dünnen Aluminiumschicht bedampft sind, auf der die Informationen gespeichert und durch einen Laser abgerufen werden. Die Anfang der 80er Jahre eingeführte CD DA (CD Digital Audio) kann schnell und billig produziert werden und verdrängte die **LP** aus **Vinyl** und die **Audiocassette** als wichtigstes Massenmedium für populäre und klassische Musik. Eine CD kann ca. 75 Minuten Hi-Fi-**Stereo**-Ton mit einem breiten Frequenz- und Dynamik-Bereich praktisch ohne Nebengeräusche speichern. Das System wurde von **Sony** und **Philips** gemeinsam entwickelt und erstmals 1982 in Japan eingeführt.
Die zunächst als reines Abspiel-Medium eingeführte CD wurde weiterentwickelt und mit Systemen wie CD WO (Write Only), CD R (Recordable) und CD RW (ReWritten) auch für Konsumenten «bespielbar» gemacht. Außerdem wird die CD auch als Speichermedium für Bildaufnahmen (Photo CD) benutzt. Vergleiche **CD-ROM, DVD, Laserdisc.**

CD-Codes. Auf Audio-CDs finden sich Kürzel zur Kennzeichnung, wie sie aufgenommen und bearbeitet worden sind: AAD bedeutet, dass sie analog aufgenommen, abgemischt und gemastert, digital hergestellt worden ist; ADD heißt, analog aufgenommen, digital gemischt, gemastert und hergestellt; bei DDD fanden alle Arbeitsschritte digital statt.

CD-ROM. Anwendung der **CD** als Speichermedium für die Computertechnik, ab 1986 von Microsoft entwickelt. ROM (Read Only Memory) ist ein Speicher, der nur gelesen, aber nicht beschrieben werden kann. Eine normale 120mm-CD kann mehr als 600 Megabyte Daten speichern, etwa dieselbe Menge wie 400 3,5-Zoll-**Disketten**. Als die Computerindustrie in den späten 80er Jahren Techniken für die Digitalisierung von Fotos und dann von bewegten Bildern entwickelte, erwies sich die CD-ROM aufgrund ihrer großen Kapazität als ideales Medium für die Speicherung von Bildern und Tönen – wie von Daten. Das Ergebnis: **Multimedia**. Als vorübergehende Weiterentwicklung präsentierte **Philips** (unterstützt von **Sony** und **Matsushita**) 1991 die Technologie der

CD-I (Compact Disc-Interactive), das Konkurrenz-System von Comodore nannte sich CD TV. Die Speicherung ganzer Filme und Videos ermöglichte jedoch erst die Entwicklung von **Laserdiscs** und **DVD**.

CDS (Cinema Digital Sound). 1990 von **Kodak** und Optical Radiation Corp. vorgestelltes System für Filmton mit sechs Kanälen (*Dick Tracy* war der erste Spielfilm mit CDS). Wie bei Konsum-Elektronik werden Nebengeräusche durch Digitalisierung reduziert. Vergleiche **Dolby**, **THX-Tonsystem**.

CD-Standards. Die technischen Spezifikationen der unterschiedlichen CD-Typen werden in Standard-Listen beschrieben, die nach Farben bezeichnet sind.
Das Red Book beschreibt die Standards für CD DA, die von **Sony** und **Philips** entwickelte digitale Audio-Scheibe, die jetzt den universell verbreiteten Standard für Musik-Vertrieb bildet.
Das Yellow Book beschreibt die Standards für **CD-ROM**, die Abwandlung der Technologie zur Speicherung von Computer-Daten. Das Green Book erläutert die Parameter für CD-I, die erste Multimedia-Anwendung der Technologie. Das Orange Book erweitert den Standard auf CD WO für beschreibbare Discs. Das Blue Book definiert Laserdisc- und CD-Video-Standards. Der High Sierra Standard (ISO 9660), benannt nach dem Ort, wo er zuerst diskutiert wurde, beschreibt die Directory-Struktur nach dem niedrigsten gemeinsamen Nenner, die von praktisch jedem Computersystem verstanden wird (ein bedeutender Fortschritt in der Computer-Welt und dennoch unerreicht als wahrer Standard).
Der CD-ROM-XA-Standard (eXtended Architecture) geht vom Green Book aus und fügt Audio-Kompressions-Techniken zum CD-ROM-Format hinzu, um so eine flexible Plattform für Multimedia zu bieten. Das White Book beschreibt den Standard für Video CD. Das Scarlet Book enthält die auf DSD basierenden Spezifikationen für das von Sony/Philips entwickelte **SACD**-System (Super Audio Compact Disc).

CDV (CD Video). Von **Philips** 1989 vorgestelltes Medium für **Musikvideos**. Eine Laserdisc mit 120 mm Durchmesser enthält neben ca. 20 Minuten Audio- auch ca. 5–6 Minuten analoges Video.

CED (Capacitance Electronic Disc). Von **RCA** entwickeltes Videodisc-System, das – im Gegensatz zur **Laserdisc** – eine mechanische Abtastung (ähnlich wie bei einer **LP**) verwandte. 1984 eingestellt.

CEEFAX. Das 1976 eingeführte **Teletext**-System der **BBC**. Vergleiche **ORACLE**.

Celebrity siehe **Prominenz**.

Cell siehe **Folie**.

César. Französisches Gegenstück zum **Oscar**, verliehen von der 1976 gegründeten Académie des Arts et Techniques du Cinéma.

CGMS (Copy Generation Management System). Technologie zur Verhinderung von (illegalen) Kopierungen von **DVDs**. Vergleiche **CSS**, **Kopierschutz**.

Channel 3. Seit 1991 Bezeichnung für den britischen Kommerz-Fernsehkanal **ITV**, nachdem die Lizenzen neu vergeben worden waren.

Channel 4. Neben **BBC** (1 und 2) und **ITV** der vierte Fernsehkanal in Großbritannien, am 2. 11. 1982 mit dem Ziel gegründet, eine alternative Programmierung zu bieten. Channel 4 bot mit Produktionsfirmen wie Channel Four Films, Film on Four und FilmFour Ltd. eine bedeutende Unterstützung für britische Filmmacher, da der Sender zahlreiche, auch experimentelle Filme mitfinanzierte und eine Präsentation im Kino (vor der TV-Ausstrahlung) zuließ. Seit 1999 bietet der Pay-TV-Kanal The FilmFour

Channel Filmklassiker, Independent-Produktionen und Dokumentationen über Kabel, Satellit und Digital-TV.

Channel 5. 1997 eingeführter fünfter Fernsehkanal in Großbritannien.

Charakterdarsteller (Character Actor). Jene Darsteller, die keine Hauptrollen bekleiden. Ein Schauspieler, dessen Leistung Anerkennung findet, der jedoch keine Star-Qualität besitzt. Meist synonym mit **Nebendarsteller**. Ein Charakterdarsteller kann unterschiedlichste Charaktere verkörpern, während ein **Star** häufig nur Varianten einer einzigen Figur (**Persona**) abliefern kann.

Chemtone siehe **Flashing**.

Chiaroscuro. Der Malerei entlehnter Begriff für einen den Kontrast von Licht- und Schatten-Effekten betonenden Bildstil, vor allem im deutschen **Expressionismus**.

Chip. Umgangsprachlich für **Mikroprozessor**.

Chroma Key. Dem **Wandermasken**-Verfahren (**Blue Screen**) entsprechendes, elektronisches Trickverfahren zur Kombination verschiedener Bildelemente.

Chrominanz. Der Chrominanz-Teil des Fernsehsignals enthält die Informationen zur **Farbe** (Farbton, Sättigung), während sich die Schwarzweiß-Information (Helligkeit) im Luminanz-Teil befindet. Die Teilung ist u. a. dazu notwendig, dass das Signal sowohl für Farb- wie Schwarzweiß-Geräte kompatibel ist.

Chronophon. Das **Tonbild**-Verfahren von Léon **Gaumont**. Siehe **Biophon**.

Chronophotographie (Reihenfotografie). Vorläuferin des Films: Zerlegung von Bewegungen in eine Serie einzelner Fotografien. Wichtigste Vertreter dieser Arbeitsrichtung in der zweiten Hälfte des 19. Jahrhunderts waren Eadweard Muybridge in den USA, Ottomar Anschütz in Deutschland und Etienne-Jules Marey in Frankreich. Der Arzt Marey konstruierte eine «photographische Flinte», mit der er 1882 erstmals die Bewegungsphasen (12 Einzelbilder) eines fliegenden Vogels fotografierte und danach 1887 ein **Zoetrop** mit plastischen Figuren konstruierte.

Cineast. Aus dem französischen «cinéaste» abgeleiteter Begriff, ursprünglich nur auf Filmmacher, dann allgemein auf Filminteressierte angewandt. Vergleiche **Buff**, **Cinephile**.

Cinecittà. Film-**Atelier** bei Rom, 1937 von Mussolini eröffnet, in den 60er bis 80er Jahren u. a. Arbeitsplatz von Federico Fellini. Vergleiche **Babelsberg**.

CineGraph. Seit 1984 erscheinendes bio-filmografisches Lexikon zum deutschsprachigen Film. 1989 wurde CineGraph – Hamburgisches Centrum zur Filmforschung e.V. gegründet, das Filmbücher publiziert bzw. unterstützt sowie gemeinsam mit dem **Bundesarchiv-Filmarchiv** alljährlich einen internationalen filmhistorischen Kongress veranstaltet.

Cinéma du Papa. Von François Truffaut geprägter Ausdruck für die etablierte Filmindustrie, von der sich dann die **Nouvelle Vague** absetzte. Von deutschen Filmmachern als «Papas Kino» ins Oberhausener Manifest (1962) übernommen.

Cinema Nôvo. Eine Gruppe brasilianischer Filmmacher um Glauber Rocha, die in den 60er Jahren versuchte, eine wirtschaftlich und ästhetisch eigenständige Filmkultur in Brasilien aufzubauen. Vergleiche **Neue Welle**, **Nouvelle Vague**.

Cinema ritrovato. In jedem Sommer präsentieren die Cineteca del Comune di Bologna und das Nederlands Filmmuseum in

Bologna ein **Festival** wieder entdeckter und neu restaurierter Filme, vor allem aus der Stummfilmzeit. Mit dem Festival und der Arbeit des Labors L'Immagine Ritrovata hat sich Bologna als ein wichtiges Zentrum zur Erhaltung des Filmerbes etabliert. Vergleiche **Rekonstruktion**.

Cinema Studies (Film studies). Eine in den USA seit Ende der 60er Jahre sich entwickelnde akademische Disziplin, die sich der Erforschung der Geschichte, Theorie und Kritik von Film und Video widmet. Vor allem filminteressierte Literaturwissenschaftler sahen eine Chance, eine neue Klientel zu finden und sich eigene akademische Pfründen zu schaffen. In den 70er Jahren waren Film Studies – neben Ethnic Studies – eines der größten Zuwachsgebiete im akademischen Geschäft. Was zunächst ein aufregender, wild wuchernder und interdisziplinärer Ansatz war, wurde ab 1980 reguliert, kodifiziert und steril. Die Entwicklung in Europa verlief ähnlich. Siehe **Everson / Michelson Dichotomie**.

Cinéma Vérité. Bezeichnung für einen in den 60er Jahren entstandenen Stil des **Dokumentarfilms**, der auf der Benutzung einer leichten Filmausrüstung (vergleiche **Arriflex**) durch eine Zwei-Mann-Crew (Kamera + Ton) beruht und das Interview als Technik betont. Der Begriff wurde von Jean Rouch und Edgar Morin geprägt. Vergleiche **Direct Cinema**.

Cinemania. Die Filmdatenbank von Microsoft, als CD-ROM vertrieben, fasste die Daten einer Reihe von amerikanischen Filmlexika zusammen und präsentierte sie in einer ansprechenden Art. Updates wurden online angeboten. Die Datenbank wurde in ihrer Präsentation Vorbild für viele internationale **Multimedia**-Produkte, speziell zum Thema Film. Die CD-ROM wurde mit der Version 97 eingestellt, letzte Online-Updates reichten bis August 1997. Die Website wurde am 1. 1. 1999 eingestellt.

CinemaScope. Markenname für das 1952 von der **Twentieth Century Fox** kommerziell eingeführte **Breitwand**-Verfahren unter Verwendung einer **anamorphotischen** Optik. Vergleiche **Panavision**, **VistaVision**.

Cinémathèque française. Berühmtes Archiv und Filmmuseum (seit 1972) in Paris, 1936 von Henri Langlois (1914–1977) und Georges Franju gegründet. Die Vorführung der gesammelten Filme gab wichtige Anstöße vor allem für die Entwicklung der **Nouvelle Vague**. Die Ablösung von Langlois – wegen seiner oft eigenwilligen Arbeitsmethoden – durch den Kulturminister löste 1968 einen Protest der Filmmacher aus und führte zu seiner Wiedereinsetzung. Die Cinémathèque wird finanziert durch das Centre National du Cinéma (**CNC**). Vergleiche **FIAF**, **Kinemathek**.

Cinématographe. Das **Kamera/ Projektor**-System der Gebrüder Lumiére. Vergleiche **Kinetograph**, **Bioscop**.

Cinematographer siehe **Kameramann**.

CinemaxX. Markenname für die **Multiplex**-Häuser der Kinokette von Hans-Joachim Flebbe, der in den 80er und 90er Jahren vom **Programmkino**-Macher in Hannover-Linden zum Chef eines der größten Kinokonzerne in Deutschland (und Ankara) aufgestiegen ist.

Cineon. Markenname für **Kodaks** 1992 eingeführtes Film-Digitalisierungs-System. 35mm-Filmkader werden mit bis zu 4000 Zeilen gescannt, um dann digital bearbeitet und anschließend mit dem Cineon-Lightning-Laser-Filmaufzeichner wieder auf ein 35mm-Filmbild aufgezeichnet zu werden.

Cinephile. Ein Filmliebhaber. Vergleiche **Buff**, **Cineast**.

Cinerama. Von Fred Waller für Paramount entwickeltes **Breitwand**-Verfahren, das drei synchrone Aufnahme- und Wiedergabe-

Apparate sowie eine gekrümmte Leinwand verwandte. Der erste Film war *This Is Cinerama* (1952). Später wurde das komplizierte technische Verfahren zugunsten von 70mm- und **anamorphotischen** Systemen aufgegeben, der Name jedoch beibehalten.

Clapperboard siehe **Klappe**.

Clip. Jargonausdruck für ein **Musik-Video**.

Clipping. Wenn ein Audio-System über seine Kapazität getrieben wird, werden die Höhen und Tiefen verstümmelt, so dass eine Verzerrung entsteht.

Close-up siehe **Großaufnahme**.

CLT-UFA. Führender europäischer Medienkonzern mit Sitz in Luxemburg, in dem die Film-, Fernseh- und Rundfunkinteressen der **Bertelsmann** AG zusammengefaßt sind. Besitzer sind zu je 50 % die Audiofina und die BW TV (Bertelsmann 80 %, WAZ 20 %). Die Firma hält Anteile an TV- und Radiosendern (**RTL**) in Deutschland, Frankreich, Benelux, Großbritannien, Ungarn und Schweden. Sie produziert (**UFA** Film & TV Produktion Potsdam, BMG Video) und handelt mit Sportrechten (UFA Sports).
CLT wurde ursprünglich 1931 als Compagnie Luxembourgeoise de Radiodiffusion (CLR) gegründet, die Radio und – ab 1954 – auch Fernsehen sendete, nun unter dem Namen Compagnie Luxembourgeoise de Télédiffusion (CLT). Nach der Deregulierung des Rundfunks in verschiedenen europäischen Ländern begann sich CLT in andere Märkte auszubreiten. 1997 wurde sie mit der Bertelsmann-Tochter Ufa Film- und Fernseh-GmbH zur CLT-UFA zusammengeschlossen.

CLV (Constant Linear Velocity) siehe **CAV**.

CNBC. Am 17. 4. 1989 von NBC eingeführtes internationales Kabelprogramm mit dem Schwergewicht auf Wirtschaftsinformationen, Nachrichten und Golf. 1991 wurde der ursprüngliche Konkurrent FNN übernommen, seit 1997 besteht eine Zusammenarbeit mit Dow Jones.

CNC (Centre National de la Cinématographie). Am 25. 10. 1946 in Paris gegründetes, seit 1959 dem Kulturministerium unterstelltes Institut zur administrativen und finanziellen Förderung von Film und Audiovision in Frankreich. Vergleiche **FFA, Filmförderung**. Neben einer großen Fachbibliothek untersteht dem CNC auch das 1969 gegründete staatliche Filmarchiv mit Sitz in **Bois d'Arcy**.

CNN (Cable News Network). 1980 von Ted **Turner** in Atlanta gegründete TV-Station, die 24 Stunden am Tag nur Nachrichten sendet. Gemeinsam mit **HBO** prägte CNN in den 80er Jahren das Image des Kabelfernsehens in den USA. In den späten 80er Jahren bot Turner sein Programm CNN International auch in Europa und weltweit als Kabelprogramm in Hotels an und wurde so zum ersten weltumspannenden Fernseh-Network. Die aktuelle Berichterstattung während des Golfkriegs 1991 bewies die Wirksamkeit des Konzepts. 1996 wurde CNN als Bestandteil von TBS Teil von **Time Warner**. Siehe **Turner Entertainment**.

Code. In der Film-**Semiotik** das System der Regeln und Elemente, deren Verständnis die Interpretation eines Films ermöglicht. Codes sind analytische Mittel, die nachträglich konstruiert werden.

Codec (COder-DECoder). Ein Software-Algorithmus, der zur Aufnahme digitale Audio- und Video-Daten komprimiert und zur Wiedergabe dekomprimiert. Die Erfindung eines wirksamen Codec-Systems wie **MPEG-2** war Grundlage für die Entwicklung von **DV** (Digital Video). Vergleiche **DVD, Komprimierung**, MP3.

Color Mapping. Da zur realistischen Wiedergabe von Farbwerten in digitalisierten Bildern sehr viel Speicherplatz nötig wäre, wurde die Methode des Color Mapping als **Komprimierungs**-Methode entwickelt. Aus einem Repertoire von über 32 000 Farben wählt das Programm die 256 zur Wiedergabe eines bestimmten Bildes notwendigen Farben aus und speichert diese in einer CLUT (Color Lookup Table), auf die sich die Software bei der Reproduktion beziehen kann. Seit 24-Bit-Farbmonitore zum Standard werden und die **DVD** genügend Speicherplatz bereitstellt, verliert Color Mapping an Bedeutung, wird allerdings im **WWW** weiterhin angewandt.

Colorization. Elektronisches Einfärben eines Schwarzweiß-Films (vergleiche **Kolorieren**). Ein analoges Colorization-Verfahren wurde 1985 von Color System Technologies vorgestellt. American Film Technologies, inzwischen Teil von **Turner Entertainment**, wandte das System, ab 1987 digitalisiert, kommerziell an. Die Farbe wurde elektronisch einem Videoband zugefügt. Kurz nach der kommerziellen Einführung der Technik protestierte eine Reihe von Cineasten (u. a. Martin Scorsese) dagegen, weil sie die künstlerische Intention des originären Filmmachers verfälsche. Dies führte 1996 zum National Film Preservation Act. Zweifellos verfälscht Colorization in den meisten Fällen die Intention der Filmmacher; andererseits wissen heutige Filmzuschauer kaum, wie die originalen Schwarzweiß-Kopien ausgesehen haben, da die heute gezeigten Kopien zumeist mehrere **Generationen** vom Negativ entfernt sind, die Qualität des Schwarzweiß-Materials sich verändert hat und zudem bei den üblichen Fernsehkopien zumeist der **Gamma**-Wert (Kontrast) stark verändert ist. Schließlich bietet die Colorization zumindest eine geringe Chance, etwas von der Farbqualität alter **Eastmancolor**-Filme zu restaurieren, die – im Gegensatz zu den **Technicolor**-Kopien der 40er und 50er Jahre – in relativ kurzer Zeit verblassen.

ColorSync. Von **Apple** entwickeltes Farbmanagement-Programm, das automatisch die Übereinstimmung der Farbdarstellung auf dem Computer-Bildschirm und auf Ausdrucken herstellt. Vergleiche **Farbmodell**.

Columbia. Gegründet 1924 als Nachfolgerin einer von Harry und Jack Cohn mit Joe Brandt seit 1920 betriebenen Handelsfirma. Columbia wurde in den 30er Jahren unter Harry Cohn mit Unterstützung von Frank Capra populär. Da Columbia keine Kinos besaß, war das **Paramount**-Urteil von 1949, das andere Studios zwang, ihre Kinos abzustoßen, eher hilfreich. In den frühen 50er Jahren nahm das Studio als Erstes die Herausforderung des Fernsehens auf. Screen Gems, Columbias Tochter für Fernsehproduktionen, wurde rasch ein führender Anbieter für das neue Medium, und die Firma gewann an Ansehen. Alan Hirschfield und David Begelman managten das Studio erfolgreich in den 70er Jahren, bis Begelman 1978 wegen eines gefälschten Schecks gezwungen wurde zurückzutreten. Frank Price wurde Produktions-Chef und war für eine Anzahl von Erfolgen in den frühen 80er Jahren verantwortlich, ehe sein Sessel von David Puttman übernommen wurde, den wiederum sehr bald Dawn Steel ablöste. Coca-Cola kaufte 1982 das Studio für 750 Millionen Dollar und verkaufte es sieben Jahre später für 3,4 Milliarden Dollar an **Sony**. Sony warb für eine hohe Summe das Managementteam Peter Guber und Jon Peters von Warner ab, um die Neuerwerbung zu führen, und übernahm das angesehene M-G-M-Atelier als Hauptquartier für die neue Abteilung Sony Pictures Entertainment. 1995 geriet das Studio in ernsthafte finanzielle Schwierigkeiten. Guber und Peters waren wieder fort und das Schwesterstudio **TriStar** war in Columbia aufgegangen, um – recht spät – die Kosten zu begrenzen. Sony hielt aber durch – im Gegensatz zum Konkurrenten **Matsushita** –, und das Studio überlebte.

Component Video. Hochentwickeltes Video-System, bei dem die Signale für Rot, Grün und Blau (**RGB**) voneinander ebenso separiert sind wie **Chrominanz** und Luminanz, um so ein schärferes und besseres Bild zu erhalten. Dagegen verbindet Composite Video (z. B. die meisten Fernsehsysteme wie **NTSC** und **PAL**) alle Informationen über Farben und Helligkeit in einem Signal. Dieser Unterschied führt zur besseren Bildqualität fast aller Computer-Monitore, da sie – im Gegensatz zu «normalen» Fernsehgeräten – Component Video verwenden.

CompuServe. 1969 in Columbus, Ohio, als Firma für Computer Time Sharing gegründet: Firmen nutzten – über Modem eingewählt – den Maschinenpark von CompuServe wie ein eigenes Rechenzentrum. Da so die Maschinen außerhalb der Bürostunden weitgehend brachlagen, hatte 1979 jemand die Idee, diese Kapazitäten für den wachsenden Mikrocomputermarkt zu nutzen: CompuServe Information Services (CIS) wurde gegründet. CISs großer Vorteil gegenüber vielen **BBS** waren seine Größe und Reichweite rund um den Globus. Über die CompuServe-Adresse (praktisch die Benutzer-Nummern) konnte man anderen CompuServe-Nutzern **E-Mails** schicken. Gegen die Anfang der 80er Jahre entstehende Konkurrenz setzte sich CompuServe allein schon wegen seiner Größe durch. Ab 1986 betrieb es Dienste in Japan, ab 1989 in Europa. Durch geschicktes Marketing gelang es **AOL** schließlich doch, CompuServe als Online-Server zu schlagen. 1997 wurde die Firma aufgeteilt und verkauft, das physische Netz ging an MCI WorldCom Inc., der Onlinedienst an AOL, die CompuServe als eigenständige Tochter für professionelle Nutzer weiter betreibt.

Computerfilm. Seit den 50er Jahren zunächst überwiegend abstrakte **Experimentalfilme**, bei denen das Bild (bisweilen auch der Ton) durch einen programmierten Computer, zumeist über einen Video-Schirm, gestaltet wird. In der modernen Filmproduktion werden Computer auf so zahlreiche Arten bei der Filmherstellung eingesetzt, dass die Differenzierung obsolet geworden ist. Die Algorithmen vieler Computerfilme der 60er Jahre überleben heute als Bildschirmschoner. Siehe **Absoluter Film**.

Computerschnitt siehe **Digital-Schnitt**, **Elektronischer Schnitt**.

Conforming. Die letzte Arbeitsstufe beim Schnitt eines Videos, bei dem man anhand der **EDL** aus den Originalbändern das fertige **Master** herstellt. Siehe **Digital-Schnitt**.

Continental. Mit finanzieller Unterstützung der **Cautio** Treuhand GmbH 1940 in Paris gegründete Filmfirma unter Leitung von Alfred Greven. Für die wichtigste Produktionsfirma unter deutscher Besetzung arbeiteten zahlreiche namhafte französische Regisseure (Maurice Tourneur, Henri-Georges Clouzot, André Cayatte) und Stars (Tino Rossi, Albert Préjean, Fernandel, Raimu, Edwige Feuillère).

Continuity 1. siehe **Anschluss**.
2. Von der Tätigkeit (vgl. Anschluss) auf den Beruf (siehe **Scriptgirl**, Script Supervisor) übernommene Bezeichnung.

Continuity Editing (Analytical Editing). Die Schnitt-Methode, die – überwiegend in den USA in den 10er Jahren des 20. Jahrhunderts entwickelt – noch heute die Filmsprache beherrscht. Sie strebt nach glatten räumlichen und zeitlichen Übergängen und wendet eine Reihe von Regeln an, deren Absicht es ist, den Schnitt eher unsichtbar zu machen, als ihn zu betonen. Siehe **Eyeline Match**, **Achsensprung-Regel**, Schuss/**Gegenschuss**, **Thirty-Degree-Rule**.

Copyright (Urheberrecht). Die gesetzliche Grundlage, die dem Urheber eines geistigen Werkes (Film, Buch, Melodie, Bild oder Computerprogramm) den Besitz an seinem Werk sichert. Das amerikanische Copyright-Gesetz von 1976 sichert einem Urheber das Recht für seine Lebenszeit plus 50 Jahre. Ist der «Urheber» eher eine Firma als eine Person, so gilt das Recht auf 75 Jahre nach der ersten Veröffentlichung oder 100

Jahre nach dem Entstehen des Werks. Sobald das Copyright erlischt, wird das Werk gemeinfrei (Public Domain).
Das deutsche Urheberrecht garantiert einem Urheber die Nutzungsrechte an seinem Werk für seine Lebenszeit plus 70 Jahre. Das Recht des Filmherstellers erlischt 25 Jahre nach dem Erscheinen des Films bzw. nach Herstellung, wenn der Film in dieser Frist nicht erschienen ist. Nach Ablauf dieser Schutzfrist hängt die Rechtsstellung des Produzenten von den von ihm erworbenen Rechten der Filmurheber (Autor, Regisseur usw.) sowie der verfilmten Werke (Stoffrechte) ab. Liegt ein zeitlich uneingeschränkter Rechteerwerb vor, so bleibt ein Film bis zum Ablauf von 70 Jahren nach dem Tode der Urheber geschützt.

Couch Potato Seit den 80er Jahren gebräuchlicher Jargonausdruck für absolut Fernsehsüchtige. Siehe **Zappen**.

CP/M (Control Program for Microcomputers). Steuerprogramm für Mikrocomputer, 1975 von Gary Kildall entwickelt und durch seine Firma Digital Research Inc. vertrieben, das die Frühzeit der Mikrocomputer-Industrie dominierte und als Modell für Microsofts **MS-DOS** diente.

CPB (Corporation for Public Broadcasting) siehe **PBS**.

CPU (Central Processing Unit). Der wichtigste Mikroprozessor in einem PC, die Zentraleinheit.

Credits. Die Liste der Produktionsdaten und Namen der Techniker und Mitwirkenden, die als **Vorspann**- oder **Ab-/Nachspann**-Titel den Film begleiten. Die Reihenfolge, selbst die typografische Gestaltung, ist oft vertraglich genau ausgehandelt. Während in der klassischen Hollywood-Zeit die Credits oft nur zwei Tafeln umfassten und selbst wichtige Techniker ungenannt blieben (sie waren feste Angestellte des Studios), dauern Nachspänne heute oft minutenlang, selbst Lehrlinge und Pizzalieferanten werden aufgeführt.

CRI (Color Reversal Intermediate). Von Eastman **Kodak** entwickelter **Umkehrfilm** zur direkten Herstellung von **Dup**-Negativen von Original-**Negativen**, die so bei der Massenherstellung von Kinokopien geschont werden.

Cross-Cutting siehe **Kreuzschnitt**.

Crosslight. Gegenlichtiges **Seitenlicht**, eine Zwischenstufe zwischen halbem Licht und **Gegenlicht**.

CRT (Cathode Ray Tube) siehe **Kathodenstrahlröhre**.

CSS (Content Scrambling System). Das auf Veranlassung der Hollywood-Studios zur Verhinderung von Kopien in **DVD-Videos** eingebaute **Verschlüsselungs**-System. Siehe **CGMS**, **Kopierschutz**.

CTV. CTV Inc. kontrolliert das kommerzielle CTV Television Network, das aus mehreren lokalen Sendern besteht sowie u. a. den Nachrichtenkanal CTV News 1, den regionalen Sportkanal Sportsnet und eine Reihe von Spezial-Kanälen betreibt. CTV erreicht 99 % der englischsprachigen Kanadier.

CTW (Children's Television Workshop). 1967 von Joan Ganz Cooney gegründete Nonprofit-Organisation zur Produktion von Fernsehprogrammen für Vorschulkinder (und ihre Eltern). Die bekannteste Serie ist *Sesame Street*, deren Konzept der werbespotartigen Vermittlung von Grundwissen weltweit adaptiert wurde, in der BRD ab 1973 als **Sesamstraße** in einigen Dritten Programmen. Vor allem die Handpuppen (**Muppets**) von Jim Henson (Kermit the Frog, Ernie & Bert) wurden weltweit populär und in der eigenen TV-Serie *The Muppet-Show* sowie Spielfilmen erfolgreich.

Cue. **1.** Auf der Bühne oder im Fernsehen das Signal bzw. Stichwort für einen Auftritt oder Einsatz. Bei der Film- oder Videobearbeitung optisches oder (zumeist) akustisches Signal (Piepser), der z. B. eine Schnittstelle kennzeichnet.
2. In der Filmmusik die Einheit eines Motivs oder einer Melodie. Beim **Scoring** im klassischen Hollywood-Kino verwendeten die fest angestellten Komponisten oft aus arbeitstechnischen oder finanziellen Gründen eigene oder fremde Cues aus älteren Filmen des Studios; bisweilen wurden auch aus Zeitknappheit einzelne Cues an andere Komponisten zur Bearbeitung abgegeben.

Cue Cards. Große Schilder mit Texten oder Stichworten, die – für die Kamera unsichtbar – Schauspielern oder TV-Moderatoren das Auswendiglernen von Texten erspart oder erleichtert. Siehe **Neger**, **Teleprompter**.

Cut siehe **Schnitt**.

Cutter. In Deutschland übliche Bezeichnung für die Person, die den Film**schnitt** bzw. die **Montage** durchführt; auch (veraltet) Schnittmeister; englisch: Editor.

CVBS (Composite Video Baseband Signal). Satellitensignal, das neben dem Programmsignal auch Synchronisationsinformationen enthält.

CX-Encoding. Von den CBS Labs entwickeltes System zur Geräusch-Reduzierung, das für analogen Ton auf **Laserdiscs** verwendet wird. Es reduziert die Interferenz vom Videosignal auf den Audiokanal.

Cyan, Türkis, eine der **subtraktiven** Primärfarben: Siehe **Farbmodell**.

Cyberspace. Das Konzept einer Gegen-Realität (**virtuelle Realität**), die auf Online-Networks und digitalen Darstellungen von Realität basiert und von William Gibson in seinem Roman *Neuromancer* (1984) popularisiert wurde. Die Bewohner von Cyberspace oder Cyberworld sind die Cyberpunks.

Cyclorama. Ein großer gebogener Hintergrund eines **Sets**.

D/A. Umwandlung von digital nach analog. Vergleiche **DAC**.

DAB (Digital Audio Broadcasting). Ein System des Rundfunks, das eine weite Bandbreite erfordert. In den 90er Jahren in Großbritannien experimentell eingesetzt, speziell in Autoradios.

DAC (Digital/Analog Converter). Da die meisten Fernsehgeräte und Stereo-Verstärker immer noch analog arbeiten, ist zur Umsetzung von **CD**- oder **DVD**-Signalen ein DAC-Konverter notwendig.

Dailies siehe **Muster**.

DAT (Digital AudioTape). Das von Sony und anderen Geräteherstellern Ende der 80er Jahre eingeführte **Cassetten**-System, das digitale Technik auf **Tonband**-Produkte anwendet. DAT-Cassetten sind mit analogen **Audiocassetten** (**MC**) nicht kompatibel und haben sich nur auf dem professionellen Markt durchgesetzt. Vergleiche **DCC**.

Data Discman. Eine 1990 von Sony vorgestellte Geräte-Serie (u. a. Bookman), die Daten von speziellen Mini-**CD-ROMs** auf einem kompakten, handgroßen Gerät vermittels eines **LCD**-Schirms lesbar machte. Einer der ersten Versuche eines Hand-Computers konnte sich auf dem Markt nicht durchsetzen und wurde bald durch den PDA (Personal Digital Assistent) abgelöst.

Daten-Autobahn (Data Highway). Mitte der 90er Jahre Schlagwort vor allem von Politikern und Managern, die sich ein modernes Image verleihen wollten, sich aber nicht vom Beton lösen konnten.

Datenbank (Database). Eine Sammlung von Informationen, geordnet nach Datensätzen (Record) und Feldern (Field) innerhalb der Datensätze. So entspricht bei einer filmografischen Datenbank jedem Film ein Datensatz, Felder innerhalb des Datensatzes enthalten z. B. Originaltitel, Regisseur, Produktionsfirma etc. Relationale Datenbanken verknüpfen die Information mehrerer Datenbanken, z. B. eine filmografische mit einer biografischen Datenbank.

Datenformat (Datentyp, Data Types). Alle Computerdaten sind binär, doch jeder Datensatz oder jede Datei ergibt in der realen Welt einen anderen Effekt. Diese Formate bezeichnet man als Datentyp oder Datenformat. Je nach dem Medium sind diese Typen: Text, Bild, Audio und Video. Siehe **Text-Datenformat**.

Daumenkino (Flip Book, Abblätterbuch). Eine Serie von Bildern wird mit dem Daumen abgeblättert und es entsteht die Illusion einer Bewegung. Aus einem **optischen Spielzeug** Ende des 19. Jahrhunderts entstandene Vertriebsform für frühe Filme, z. B. der Brüder Skladanowsky. Caslers **Mutoscope** mechanisierte die Idee in einem Guckkasten.

Day for Night siehe **Amerikanische Nacht**.

dB siehe **Dezibel**.

d-box siehe **Decoder**.

DC (Digital Camera). **Sonys** Mavica, die erste digitale Kamera, verwendet als einzige DC auf dem Markt ein Standard-Speichermedium, die übliche 1,44 MByte-**Diskette**. Alle anderen Kameras benutzen diverse andere Medien, die zumeist die Kapazität einer Diskette überschreiten und damit die Schwierigkeit erhöhen, das Bild auf den Computer zu laden, um es dort weiterzuverarbeiten. Zu diesen anderen Systemen gehören: CompactFlash, Type II PC Card, SmartMedia, Miniature Card, and Clik! Zentralorgan der digitalen Filmmacher ist ***RES Magazine***.

DCC (Digital Compact Cassette). Eine von **Philips** entwickelte Technologie für digitale **Audiocassetten**, die Kompression verwendet, um die Maße einer üblichen Cassette einzuhalten und so kompatibel zu sein. Das Produkt wurde 1992 in Konkurrenz zu Sonys **MiniDisc** eingeführt, um die **DAT**-Technologie für den Konsumenten-Markt anzuwenden. Philips gab 1996 die Herstellung auf, doch halten Fan-Gruppen das Format weiter am Leben.

DCTP (Development Company for Television Program). 1987 in Düsseldorf gegründete Produktionsfirma für Fernsehprogramme, die vom Rechtsanwalt, Lobbyisten und Filmmacher Alexander Kluge initiiert wurde, der zugleich über politische Kanäle für die entsprechenden «kulturellen» Sendefenster bei den Kommerzsendern sorgte. Die Firma (Stammkapital: 3,978 Millionen DM) gehört zu 50 % Kluge (auch «treuhänderisch» für die AKS – Arbeitsgemeinschaft für Kabel- und Satellitenprogramm), mit 37,5 % der japanischen Werbefirma Dentsu und zu 12,5 % dem Spiegelverlag Rudolf Augstein. Unter dem Markenzeichen DCTP senden **RTL**, **SAT.1** und **VOX** neben von Kluge persönlich gemachten «Kulturprogrammen» (*Primetime*, *10 to 11*, *News & Stories*) u. a. auch die erfolgreichen News-Shows *Spiegel TV*, *Stern TV* und *NZZ Format* sowie die Sex-Show *Wa(h)re Liebe*. 2000 geht DCTP digital auch als eigener Kanal auf Sendung.

DDD siehe **CD-Codes**.

Decla. Im Februar 1915 gründete Erich Pommer – unter Zuhilfenahme des Kapitals der durch den Krieg zur «Feindfirma» gewordenen Deutschen Eclair – die Decla-Film-Gesellschaft Holz & Co. oHG, die zunächst Unterhaltungsfilme produzierte und verlieh. 1919 zur KG umgewandelt, wurde die Produktion ambitionierter, u. a. entstand 1919/20 Robert Wienes *Das Cabinet des Dr. Caligari*, der Symbolfilm des sogenannten deutschen Film-**Expressionismus**. Im März 1920 wurde durch Fusion mit der Deutschen **Bioscop** zur Decla-Bioscop AG das Filmgelände Babelsberg Zentrum der Produktion. 1921 ging die Decla-Bioscop in der **Ufa** auf, der Name blieb jedoch als Markenzeichen eine Zeit lang erhalten. Bei der Decla machten unter Pommers Leitung eine Reihe der wichtigsten Filmschaffenden des Weimarer Kinos Karriere, u. a. Ludwig Berger, Karl Freund, Fritz Lang und F. W. Murnau.

Decoder. Ein Gerät (separat oder in Fernsehgerät bzw. Computer eingebaut), das codierte Signale für das Heimsystem lesbar macht, z. B. die verschlüsselten Signale von **Teletext** oder **Pay-TV**.

Découpage. Im Französischen die Bezeichnung für die letzte (technische) Fassung des **Drehbuchs**, das in die einzelnen zu drehenden Aufnahmen zerlegt ist.

Découpage classique. Begriff der französischen Filmkritik für den klassischen Hollywood-Stil der flüssigen **Narration**, siehe **Continuity Editing**.

Deep Focus siehe **Schärfentiefe**.

Deep Space (Tiefer Raum). Eine **Mise en Scène**, die eine beträchtliche Distanz zwischen den Vordergrund- und Hintergrund-Ebenen einer **Einstellung** etabliert. Nicht zu verwechseln mit **Deep Focus**.

DEFA (Deutsche Film-AG). Am 17. 5. 1946 durch Lizenz der Sowjetischen Militäradministration gegründete Filmfirma, die in der DDR als staatlicher Volkseigener Betrieb das Monopol auf die Produktion von Filmen besaß. Das DEFA-Studio für Spielfilme arbeitete ab 1947 hauptsächlich auf dem ehemaligen Ufa-Filmgelände **Babelsberg**. Die DEFA produzierte bis 1991 rund 800 Spielfilme, daneben Fernseh-, Dokumentar- und Animationsfilme. International erfolgreich waren auch die regelmäßig produzierten Kinderfilme.

Nach dem Ende der DDR als DEFA Studio Babelsberg GmbH durch die Treuhand übernommen und im August 1992 an die französische Compagnie Générale des Eaux (CGE) verkauft; dabei Tilgung des Namens DEFA. Die Rechte an den DEFA-Filmen, die zum kulturellen Erbe ernannt worden sind, verwaltet die 1998 gegründete DEFA-Stiftung, die aus den Erlösen filmkulturelle Projekte unterstützt.

Definition. **1.** Die Fähigkeit eines **Filmmaterials** oder **Objektivs**, auch kleinste Details scharf wiederzugeben. Vergleiche **Auflösung**, **Körnigkeit**.
2. Auflösungsvermögen eines Video-Bildschirms. Vergleiche **HDTV**.

Dekoration siehe **Set**.

Dekorationslicht (Set Light). Jene Lichtquellen, die (schräg von oben) die Dekorationen beleuchten.

Delta Frames siehe **Key Frames**.

Denotation. Die streng wörtliche Definition eines Begriffs (Wort, Bild, Zeichen) im Gegensatz zu seiner **Konnotation**.

Density siehe **Dichte**.

Depth of Field siehe **Schärfenbereich**.

Desktop Publishing. Kombination von Hochleistungs-Software zur Textverarbeitung, die zugleich auch Design, Layout und Typografie bewältigt und in Verbindung mit Laser-Drucktechnologie ein technisch hochwertiges Produkt ergibt.

Desktop Video. Nach dem Vorbild des Desktop Publishing ein System zum Schnitt von Audio und Video, das auf einem Mikrocomputer läuft. Wie Desktop Publishing die Kunst und Wissenschaft des Drucks Millionen zugänglich gemacht hat, so eröffnet Desktop Video jedermann die Mittel des Filmmachens.

Detail-Aufnahme. **Einstellung**, die nur einzelne Gegenstände, z.B. eine Hand, ein Auge, eine Tasse, wiedergibt.

Deutsche Grammophon siehe **EMI**.

Deutsche Kinemathek. 1963 als Verein zur Betreuung der Sammlungen von Gerhard Lamprecht und Albert Fidelius gegründet. 1971 in eine Stiftung (Träger: Land Berlin und Bundesregierung) umgewandelt, entwickelte sich die Stiftung Deutsche Kinemathek (SDK) mit ihren Sammlungen (Filme, Fotos, Plakate, Dokumente, Geräte), durch Retrospektiven (zur **Berlinale**), Ausstellungen und Publikationen zur wichtigsten **Kinemathek** in Deutschland. Sie ist Mitglied der **FIAF**, ihr Leiter zugleich «natürlicher» Vorsitzender des **Kinemathekenverbunds**. Mit dem Umzug ins Sony-Filmhaus am Potsdamer Platz ändert die SDK 2000 ihren Namen in Filmmuseum Berlin – Deutsche Kinemathek. (Ein von der SDK unabhängiger Verein sind die **Freunde der Deutschen Kinemathek**).

Deutscher Filmpreis (Bundesfilmpreis). Seit 1951 alljährlich von der Bundesregierung (bis 1998 vom Bundesinnenminister) verliehene Auszeichnung für Spiel-, Dokumentar- und Kurzfilme. Mit den Goldenen und Silbernen **Filmbändern** für einzelne Filme sind Geldprämien verbunden. Außerdem gibt es Filmbänder für Einzelleistungen (Regie, Buch, Kamera, Darsteller etc.) sowie für «langjähriges und hervorragendes Wirken» bzw. für das Lebenswerk.

Deutsches Filmmuseum siehe **Filmmuseum**.

Dezibel (dB). Ein Zehntel Bel. Physikalisches Maß, das u.a. zur Kennzeichnung der Lautstärke (auch Phon) benutzt wird. Die dB-Skala ist logarithmisch, d.h. die Steigerung nicht linear.

DF1. 1996 von Leo **Kirch** gegründeter digitaler Fernsehsender mit 30 Kanälen. Trotz intensiver Werbung und großer Investitionen in Technik und Programm konnte sich DF1 nicht durchsetzen und wurde 1999 nach der Übernahme des Pay-TV-Senders **Premiere** (3) zu Premiere World vereinigt.

DFF (Deutscher Fernsehfunk). Das Fernsehen nahm in der DDR offiziell am 21. 12. 1952 seine Sendetätigkeit mit Versuchsprogrammen auf. Ab 1956 sendete der DFF aus Berlin-Adlershof regelmäßig. 1969 kam ein zweites Fernsehprogramm hinzu. Vom 1. 1. 1972 bis 11. 3. 1990 hieß der Sender Fernsehen der DDR. Der DFF unterstand dem Staatlichen Komitee für Fernsehen beim Ministerrat der DDR. Als Mitglied der **Intervision** war der Sender ab 1960 mit den anderen Staaten des Ostblocks und indirekt mit der **Eurovision** verbunden. Nach der Vereinigung wurde der DFF abgewickelt und zum 1. 1. 1992 durch mehrere Landesrundfunkanstalten ersetzt.

Dia. Ein Diapositiv ist ein – zumeist 35 mm breites – durchsichtiges Fotopositiv (**Umkehrmaterial**), das zum Schutz in einem Rahmen (Pappe oder Plastik) befestigt ist und vermittels eines **Projektors** oder eines Betrachtungsgeräts vergrößert wird. Alternative zu den Fotoabzügen auf Papier. In den 90er Jahren als privates Bildmedium (Familienbilder, Urlaubsschnappschüsse) weitgehend durch **Video** verdrängt. Vorläufer professionell gestalteter Lichtbildershows (Reiseberichte, wissenschaftliche Vorträge) war die **Laterna Magica**, deren belehrende und unterhaltsame Shows im 19. Jahrhundert besonders populär waren und in ihrer Dramaturgie die Filme des frühen Kinos (**Kientopp**) stark geprägt haben.

Dialektik. Das auf Hegel und Marx zurückgehende philosophische Denkmodell der Dialektik wird u. a. von Theoretikern des sowjetischen Revolutionsfilms (vor allem Sergej Eisenstein) auf den Film angewandt: Danach entsteht z. B. aus der Zusammenstellung unterschiedlicher Bilder bei der **Montage** eine (dritte) Bedeutung.

Dialogband. Eines der drei Hauptbänder, aus denen bei der **Mischung** der Filmton entsteht. Es wird entweder bei den Dreharbeiten als **Originalton** oder anschließend durch **Nachsynchronisation** aufgenommen. Vergleiche **Effektband**, **Musikband**, **Raumatmosphäre**.

Diaphragm siehe **Blende 1**.

Dichte (Density). Ausdruck für den Grad der Lichtundurchlässigkeit einer entwickelten fotografischen Schicht, also beim Schwarzweiß-Film z. B. die Schwärzung.

Dictaphone. Bereits zur Zeit der Walzengeräte wurde die Tonaufzeichnung im Büro genutzt. Später waren kleine handgehaltene Diktiergeräte Schrittmacher der Technik von **Audiocassetten** und Miniaturisierung.

Diegese. Begriff der Erzähltheorie, der – u. a. von Christian Metz – auch in der Filmtheorie angewandt wird: das denotative Material der Filmerzählung, zu dem nicht nur die **Narration** selbst, sondern auch deren fiktionale Dimensionen von Raum und Zeit gehören.

DIF – 1949 entstand aus dem privaten Archiv für Filmwissenschaft in Wiesbaden das Deutsche Institut für Filmkunde e.V. (DIF), das 1999 in DIF – Deutsches Filminstitut e.V. umbenannt wurde. Das DIF umfasst – in organisatorischer Nähe zu **SPIO** und **FSK** – eine umfangreiche Sammlung von Büchern, Fotos, Plakaten und Dokumenten in Frankfurt sowie seit 1962 ein Archiv in Wiesbaden. Zum 50. Gründungsjubiläum wurde die Fusion mit dem Deutschen Filmmuseum in Frankfurt angekündigt. Vergleiche **Kinemathek**.

Diffuser. Ein Gelatineschirm wird als Streufilter vor einer Lichtquelle befestigt, um so deren Qualität zu verändern.

Digital. Analoge Systeme der Aufzeichnung oder Übermittlung von Informationen (Daten, Töne, Bilder) benutzen eine Struktur, die versucht, die Wellenform des Originalsignals möglichst genau wiederzugeben. Von Edisons frühestem **Phonographen** bis zu den ersten (mechanischen) **Videodisc**-Systemen (TeD). Mit der Revolution der Mikrocomputer in den 80er Jahren begann man, digitale Methoden der Aufzeichnung und Übermittlung zu entwickeln. In einem digitalen System wird die ursprüngliche Wellenform (Data, Audio, Video) mehrere tausendmal pro Sekunde gesampelt; die «Samples» werden in Zahlenwerte umgesetzt, die als Daten gespeichert werden. Da die Information als Zahl gespeichert wird, sind digitale Systeme relativ resistent gegen Abnutzung oder Hintergrundgeräusche: Eine Sammlung von gespeicherten Ziffern auf einer **CD** nutzt sich nicht ab wie die Rille einer **Vinyl**-Schallplatte, und das Geräusch, das mit einer analogen Aufzeichnung inhärent verbunden ist, existiert nicht. Außerdem kann die digitale Information leichter durch Computer bearbeitet werden. Anders als bei analogen Verfahren sind Kopien von digital gespeicherten Werken mit der Vorlage absolut identisch.

Digital Film. Das Medium der Zukunft? Zumindest in der **Independent**-Szene (*The Blair Witch Project*) oder für die Dokumentaristen. Vergleiche **DC**, **RES**.

Digital8 – Von **Sony** 1999 eingeführtes digitales **Camcorder**-System (D8), dessen A/D-Converter es ermöglicht, analoge in digitale Bilder zu verwandeln und derart mit dem analogen **Hi-8**-System kompatibel ist.

Digitale Effekte. Die meisten **Spezialeffekte** können digital hergestellt werden, doch der Begriff wird am ehesten auf Prozesse wie **Morphing** angewandt, die nur mit der digitalen Technik erreichbar sind. Vergleiche **Post House**.

Digitales Fernsehen siehe **MPEG**.

Digitalisierung (Digitization). Allgemein: die Anwendung digitaler Techniken. Als grundlegender Arbeitsschritt: die Umwandlung eines analogen Signals in ein digitales Signal, siehe **A/D**, **Sampling**.

Digital-Schnitt. Die Digitalisierung von Film- und Bandschnitt hat verschiedene Entwicklungsstufen durchgemacht (vergleiche **Elektronischer Schnitt**). Frühe Computerschnitt-Systeme, z.B. die Eddiflex Mitte der 80er Jahre, verwendeten mehrere **VCRs**, auf deren **Videokassetten** verschiedene Aufnahmen gespeichert waren. Der Prozess war relativ umständlich. Der 1989 vorgestellte **Avid** Media Composer speicherte alle **Takes** (**Einstellungen**) auf **Magnetplatten**, wo man sie schnell ansteuern konnte. Damit wurde eine praktikable Lösung gefunden, den Schnittprozess «nicht-linear» zu gestalten. Beim traditionellen Filmschnitt waren die u.U. vielen hundert Takes hintereinander auf Röllchen oder auf **Galgen** geordnet. Eine bestimmte Einstellung zu finden war oft ein zeitraubender Prozess. Bei der Computerisierung dieser Arbeit verwandelt man die gesammelten Takes in eine Datenbank mit all den Vorteilen, die es mit sich bringt. Man kann eine bestimmte Einstellung schneller finden und zwei oder drei verschiedene Versionen leicht vergleichen. Man kann zudem schnell hin und her springen, da man ja mit einer Disk arbeitet und nicht mit einem (linearen) Band. Deshalb heißt dieser Prozess auch «non-linear». Die Arbeit mit Dateien ist auch viel sicherer als mit einer Arbeitskopie. Man verschwendet keine Zeit, wenn man einen falschen Schnitt macht – dieser wird einfach nicht gespeichert. Außerdem kann man verschiedene Schnittlösungen auf dem Bildschirm nebeneinander vergleichen.
Für die Montage eines Films muss dieser zunächst auf Band überspielt, digitalisiert und comprimiert werden. Nach Abschluss des Digitalen Schnitts dient die **EDL** (Edit Decision List) als Vorlage für das eigentliche Zusammenstellen des Originalnegativs (**Negativschnitt**), dieser Arbeitsgang heißt

auch **Video Matchback**. Beim analogen Videoband ist der Prozess einfacher. Man muß das Ausgangsmaterial nur digitalisieren und komprimieren. Die EDL dient dann als Vorlage für das **Conforming** des Originalbandes (**Master**). Beim Digitalband ist der Prozess ganz einfach: Das digitale Signal wird mit einer high-speed **FireWire**-Verbindung direkt auf die Platte geladen. Das Ergebnis kann ebenso wieder von der Platte abgelesen werden.

DIN (Deutsche Industrie-Norm). Die vom Deutschen Institut für Normung e.V. festgelegten DIN-Angaben bezeichnen u. a. verschiedene Empfindlichkeitswerte von Filmemulsionen. Vergleiche **ANSI**, **ASA**.

Direct Cinema. Der in den USA seit 1960 vorherrschende Dokumentar-Stil. Er beruht – wie das **Cinéma Vérité** – auf einer leichten, beweglichen Filmausrüstung (**ARRI**); doch im Gegensatz zum Cinéma Vérité soll sich der Filmmacher nicht in die aufgenommene Situation einmischen. Außerdem fehlt meist ein erklärender Kommentar (vergleiche **Voice-Over**).

Director of Photography siehe **Kameramann**.

Director's Cut. Die – angeblich – vom Regisseur bevorzugte, von der Verleihfassung abweichende (zumeist längere) Schnittfassung eines Films. Der Begriff wird seit den 80er Jahren für die Vermarktung von Sondereditionen von **Videos** und **Laserdiscs** benutzt, dann auch für den Neustart bestimmter Kultfilme im Kino. Der vielleicht ultimative Director's Cut war Francis Ford Coppolas Neumontage von *The Godfather I* und *Part II* mit zusätzlichen **Outtakes** zur chronologisch strukturierten, 6 1/2-stündigen Fernsehfassung Mario Puzo's The Godfather (1977).

DirectShow. Microsofts Nachfolge-Programm für Video for Windows. Diese Software zur Wiedergabe von Audio und Video wurde mit **Windows** 98 eingeführt. Siehe **Film-Datenformat**.

Direct-to-Video siehe **Videofilm**.

Disc (Disk, Scheibe). Die Aufzeichnung in Form einer Scheibe hat den Vorteil billiger industrieller Reproduktion und des sofortigen Zugriffs auf jeden beliebigen Punkt der Aufzeichnung. Die Nachteile liegen (abhängig vom Trägermaterial) in der Möglichkeit einer leichten Beschädigung (vergleiche **Vinyl**). Außerdem kann sie, da sie nicht linear ist, nur schlecht bearbeitet und geschnitten werden. Eine Disc kann analoge (Schallplatte) wie digitale (**CD**, **Laserdisc**) Informationen speichern. Vergleiche **Tonband**.

Diskette (Floppy Disk). Billiges und leicht handhabbares System der externen Datenspeicherung bei Computern durch magnetische Speicherung auf einer dünnen, schlabbrigen (floppy) Scheibe. **IBM** führte in den frühen 70er Jahren die 8-Zoll-Diskette ein. Mit Einführung des Mikrocomputers um 1980 wurde die 5¼-Zoll-Diskette üblich. Das verbreitetste Format bei Mikrocomputern ist die von **Sony** eingeführte 3,5-Zoll-Diskette, die durch ein festes Plastikgehäuse geschützt ist.

Diskografie. In Anlehnung an eine Bibliografie die Auflistung der Schallplatten (**LP**, **CD**) eines bestimmten Künstlers oder z. B. eines Plattenlabels.

Disney. 1923 von Walt Disney und seinem Bruder Roy gegründet, um ihre **Animationsfilm**-Serien (*Alice in Cartoonland*, *Oswald the Rabbit*, *Mickey Mouse*, *Silly Symphonies* u. a.) zu produzieren. Bereits 1928 wandte sich Disney erfolgreich dem **Tonfilm** zu. 1934 begann die Herstellung von abendfüllenden Animationsfilmen (u.a. *Snow White and the Seven Dwarfs*, *Fantasia*, *Cinderella*) Erst in den 50er Jahren wandte sich das Studio der Herstellung von Realfilmen zu, zunächst überwiegend Natur-Dokumentationen (*The Living Desert*) und Abenteuer-Unterhaltung (*20,000 Leagues Under the Sea*) zu. Von den 50ern bis in die 80er konzentrierte sich Disney auf sorgfältig geplante Familienunterhaltung, ein Feld, auf dem das Studio praktisch ein Monopol hatte. 1955 eröffnete die Firma ihren ersten Vergnügungspark, Disneyland, und diese Abteilung nahm schnell den Mittelpunkt der Organisation ein; es entstanden Unterhaltungsparks in aller Welt.

Walt Disney starb 1966, und für die Firma begann eine Periode des langsamen Abstiegs, da Familienunterhaltung offenbar ihre Attraktivität an der Kinokasse verlor. Selbst die Animation, Disneys ureigenstes Feld, geriet unter Druck. 1979 verließen einige der führenden Animatoren um Don Bluth die Firma, enttäuscht vom niedrigen Niveau der Arbeit. Walt Disneys Schwiegersohn, Ron Miller, wurde 1983 Generaldirektor (CEO) und leitete eine erstaunliche Wende ein. Er gründete die Abteilung Touchstone Pictures, um mit den anderen Studios auf deren Gebiet – der Unterhaltung für Erwachsene – zu konkurrieren, und verschaffte der Firma selbst im Fernsehen wieder Ansehen, indem er einen eigenen Kabelkanal, **The Disney Channel**, gründete. Miller verlor 1984 die Kontrolle an Roy E. Disney, Walts Neffen.

Die Expansion setzte sich jedoch fort unter der Führung des Vorstandsvorsitzenden Michael Eisner, des Produktions-Chefs Jeffrey Katzenberg (beide zuvor Mitarbeiter von Barry Diller bei **Paramount**) und Frank Wells (früher **Warner**). Eine zweite allgemeine Filmabteilung, Hollywood Pictures, wurde 1990 gegründet, um Filme mit kleinerem Budget auszuwerten. Das Disney-Studio errang auch in der Animation wieder Ansehen durch eine Reihe von Erfolgen in den späten 80er und 90er Jahren. Frank Wells verunglückte 1994 tödlich. Kurz darauf, als deutlich wurde, dass Eisner ihn nicht befördern würde, verließ Katzenberg die Firma, um mit Steven Spielberg und David Geffen ein eigenes Studio zu gründen: **DreamWorks SKG**.

Obwohl Gerüchte über eine Fusion mit **CBS** seit langem die Runde machten, überraschte Eisner die Medienwelt im Sommer 1995 mit der Ankündigung, The Walt Disney Company würde für 19 Milliarden Dollar die Firma Capital Cities / **ABC** übernehmen. Nachdem zwei Jahrzehnte lang Hollywood-Studios wie Äpfel und Birnen gehandelt wurden, hatte das letzte unabhängige Hollywood-Studio mit einer dramatischen Geste den Spieß umgedreht. Aus Onkel Walt's kleinem Trickfilmstudio wurde einer der größten Medien-Konzerne der Welt, übertroffen nur von **Time Warner**.

Disney Channel. In den USA 1983 gegründeter Kabelkanal zur Vermarktung von Disneys Filmen und Fernsehprodukten. Inzwischen existieren unter dem Namen eigene Kanäle oder Beteiligungen an Sendern in aller Welt.

Dissolve siehe **Überblendung**.

Distribution Flow. Die Struktur der Distribution (Verteilung, Vertrieb) kann entweder getrennt (discrete) sein und aus diversen unabhängigen Einheiten bestehen (Bücher, Schallplatten, Filme) oder kontinuierlich, wobei die Einzelprodukte miteinander verbunden sind (wie im Fernsehen oder Radio). Eine dritte Variante ist das Mosaik, das gleichzeitig die Auswahl aus mehreren Alternativen bietet (wie beim Layout einer Zeitung oder Illustrierten, den verschiedenen TV-Kanälen oder dem Internet). Distribution Flow lässt sich außerdem definieren als unidirektional oder interaktiv, was wiederum eine Kommunikation zwischen Anbieter und Abnehmer zulässt. Schließlich kann man Distribution auch als Broadcast oder Narrowcast unterscheiden.

DLP (Digital Light Processor). Ein von Texas Instruments entwickeltes System zur **Videoprojektion**, basierend auf ihrem **DMD** (Digital Micromirror Device). Die Weiterentwicklung DLP Cinema ermöglicht die hochwertige Kino-**Projektion** eines Films von digitalen Quellen (DVD, Satelliten-Übertragung, Videoband). Als erster Spielfilm eines Hollywood-Studios wurde **Disneys** *Toy Story 2* am 19. 11. 1999 gleichzeitig in traditioneller Form (Filmkopie) und in digitaler Form mit DLP Cinema gestartet.

DLT (Digital Linear Tape). Das allgemein übliche Bandformat zur Produktion von **DVD-Video** und **DVD-ROM**. Die Endergebnisse werden auf DLT gespeichert, um auf die Disc transferiert zu werden.

DMD (Digital Micromirror Device). Eine von Texas Instruments für ihr **DLP-Videoprojektions**-System entwickelte Technologie: Jeder Chip enthält über 500 000 Mikrospiegel, die jeder für sich durch eine eigene Schaltung gesteuert werden.

Dokudrama. Vor allem im Fernsehen seit den 60er Jahren beliebte Behandlung tatsächlicher Ereignisse in Form eines Spielfilms.

Dokumentarfilm. Umfassender, allgemeiner Begriff für alle nichtfiktionalen Filme, die sich der Aufzeichnung von Außenrealität widmen. Der Begriff, zuerst von John Grierson populär gemacht, wird von Theoretikern und Kritikern sehr verschieden, oft stark einschränkend (z. B. auf Filme im Stil des **Direct Cinema** oder **Cinéma Vérité**) und moralisierend definiert. Vergleiche **Aktualitäten, Kino-Glaz, Kulturfilm, Synthetischer Film, Wochenschau**.

Doku-Soap. Weiterentwicklung des Reality-Programming: In realen Situationen (Hotel, Kreuzfahrtschiff) werden Geschichten (Konflikte, Liebesstories) im Stil einer **Soap Opera** präsentiert. Dokumentarisches und Inszenierung vermischen sich. Ein Extrem dieser Entwicklung entwarf 1998 der Spielfilm *The Truman Show*. Vergleiche **Reality TV**.

Dolby. Markenzeichen der Dolby Laboratories, Inc. Mitte der 60er Jahre entwickelte der Ingenieur Ray M. Dolby ein elektronisches System zur Verbesserung der Tonqualität bei Film und Tonband durch Unterdrückung des **Grundrauschens**: Dolby A ist die professionelle Version, Dolby B das Konsumenten-System. Daraus entstand eine – auch an andere Hersteller lizenzierte – Technologie mit analogen und digitalen Prozessen. Aus Dolby A wurde das analoge System Dolby SR (Spectral Recording), das die ohne Verzerrung erreichbare Aufnahme- und Wiedergabequalität verbessert.

Dolby Digital. Die Anwendung von Dolbys **AC-3**-Algorithmus in der Kino-**Projektion**, erstmals 1992 bei *Batman Returns* vorgestellt. Dolby Digital speichert den digitalen Soundtrack zwischen den Perforationslöchern und hat außerdem analoge Tonspuren für die Abwärts-Kompatibilität. Dolby SR-D bezeichnet eine 35mm-Verleihkopie mit analoger (SR) und digitaler (D) Tonspur. Vergleiche **DTS, SDDS**.

Dolby Stereo. Das Standardsystem für Film-Soundtracks in den 80er Jahren. Dolby Stereo wurde bekannt mit der Aufführung von *Star Wars* (1977). Das System verschlüsselte vier Kanäle (links, Mitte, rechts, Surround) in zwei **Lichtton**-Spuren auf der Kopie. Die Heimversion des Systems ist Dolby Surround, weiterentwickelt zu Dolby Prologic.

Dolly. Höhenverstellbarer leichter Kamerawagen, entweder mit Gummibereifung oder auf Schienen. Vergleiche **Fahraufnahme**.

Domain. Teil des Namenschemas für **Internet**-Adressen. Das Namenschema (DNS) erleichtert die Identifikation von Teilnehmern im Internet, indem der numerischen IP-Adresse ein aussagefähiger Name zugeordnet wird.
Diese Namen gruppieren **Websites** entweder nach Typ (.com = commercial/kommerziell, .edu = educational/Bildungseinrichtung, .org = Organisation) oder geografisch (.fr = Frankreich, .de = Deutschland,

.ny.us = New York State, USA). Typ und Geografie können auch kombiniert werden (.co.uk = commercial, UK, d.h. ein kommerzieller Anbieter in Großbritannien).

Doppelbelichtung siehe **Mehrfachbelichtung**.

Double. Die Person, die einen Schauspieler bei gefährlichen oder unangenehmen Teilen der Dreharbeiten ersetzt, z.B. beim zeitraubenden Ausleuchten (Lichtdouble), bei Nacktszenen (Körperdouble), vor allem aber bei gefährlichen **Stunts**.

Double System siehe **Zweiband**.

DP. Jargon-Abkürzung für den Director of Photography (**Kameramann**).

DPI (Dots Per Inch). Maßangabe (Punkte pro Zoll) für **Auflösung** bei Scannern und Computer-Druckern. Je höher die Zahl, desto besser die Auflösung des Bildes und die Qualität des Geräts.

Dramatisierung. Die fiktionale Bearbeitung einer tatsächlichen Begebenheit. Siehe **Adaption**, **Dokudrama**.

Dramaturg (Story Editor). Vom Theater in die Filmproduktion übernommene Funktion, die das Auffinden und Entwickeln von Filmstoffen bis zum fertigen Drehbuch umfassen kann. Besondere Bedeutung hatte diese überwachende Funktion in der Filmproduktion der DDR (siehe **DEFA**). Zuarbeiter der Dramaturgen sind die **Lektoren**.

DreamWorks SKG. Ende 1994 vom Regisseur-Produzenten Steven Spielberg, dem ehemaligen Disney-Manager Jeffrey Katzenberg und dem Schallplatten-Tycoon David Geffen gegründet, ist DreamWorks SKG ein Versuch, ein neues Hollywood-Studio zu gründen. Die Kombination von Kapital, Erfahrung und Erfolg lockte sofort nach der Bekanntgabe der Gründung zahlreiche Investoren an; **Microsoft**-Mitgründer Paul Allen wurde mit 24 % der größte Anteilseigner. Verschiedene Pläne, eine eigene Studioanlage (u.a. bei Playa Vista) zu errichten, wurden aufgegeben. Zur Firma gehören auch die Abteilungen DreamWorks Animation, DreamWorks Records und DreamWorks Interactive (für Videospiele).

Drehbuch (Screenplay). Die schriftliche Fixierung der Ideen, technischen Anweisungen und Dialoge, ehe ein Film gedreht wird. Nach der Ausführlichkeit werden (im Idealfall) folgende Arbeitsphasen unterschieden: **Exposé** – kurze Skizzierung der Haupthandlung; **Treatment** – eine genauere Ausführung der Handlungszüge; **Szenarium** – bei dem filmische Notwendigkeiten, z.B. die Einteilung in Szenen, berücksichtigt werden; das eigentliche Drehbuch, bei dem (oft in zwei Parallelspalten) Handlungsabläufe und Dialoge – bis in einzelne Sequenzen unterteilt (siehe **Découpage**) – festgelegt sind und das die Arbeitsunterlage bei den Dreharbeiten bildet. In der Realität können einzelne dieser Stufen entfallen, selbst die letzte. Nach dem fertigen Film werden bisweilen Dialoglisten oder Protokolle gefertigt. Vergleiche **Storyboard**.

Drehplan. In den 20er Jahren entwickelte grafische Hilfe zur Planung der Dreharbeiten: Auf einer Zeitachse werden die zu drehenden Szenen, Drehorte, die benötigten Darsteller, Techniker und Dekorationen aufgelistet.

Drehverhältnis. Verhältnis der Länge des in der Kamera belichteten Materials zum Feinschnitt des fertigen Films. Bei Spielfilmen in Hollywood ist ein Drehverhältnis von 20:1 typisch, 30:1 nicht ungewöhnlich, bei Dokumentarfilmen kann es bis zu 100:1 sein. Bei deutschen Produktionen und beim Fernsehen ist höchstens 6:1 üblich. Beim Drehen mit Videoband statt mit teurem Filmmaterial ist das Drehverhältnis keine finanziell relevante Größe mehr.

Drittes Kino. Von den Argentiniern Fernando E. Solanas und Octavio Getino geprägter Ausdruck für das politische Kino der «Dritten Welt», besonders Lateinamerikas, das einen dritten Weg zwischen dem Kommerzkino vor allem Hollywoods und dem Experimentalfilm bilden soll.

Drive-In siehe **Autokino**.

Drop-Out (Signalausfall). Bei der Übertragung auftretender Ausfall des elektronischen Signals, beim Videoband z. B. verursacht durch Schmutzpartikel, Knicke im Band oder Herstellungsfehler, die sich durch Blitzer oder Streifen im Bild auswirken. Die elektronische Entsprechung der Laufschrammen im Film.

DRS siehe **SF DRS, SRG**.

DSB (Direct Satellite Broadcasting). Jahrelang wurden Satelliten dazu genutzt, Fernsehsignale zwischen großen Bodenstationen zu übertragen. Ein DSB-System sendet dagegen direkt an die Konsumenten. Das erste DSB-System startete 1984 in Japan. Kurz darauf scheiterte ein entsprechender Versuch in den USA. Rupert Murdochs britische TV-Firma **SKY-TV** (jetzt **BSkyB**) begann 1988 erfolgreich über **Astra**-Satelliten zu senden, sein **Star TV** versorgt über 300 Millionen Apparate in Asien, Indien und dem Mittleren Osten. In den USA ist DSB wegen der starken Verkabelung weniger verbreitet, gewinnt aber seit der Einführung von **DSS** an Bedeutung. Siehe **Satelliten-Fernsehen**.

DSD (Direct Stream Digital). Von **Sony/Philips** entwickelte digitale Aufzeichnungstechnik für analoges Audio, die – u. a. auf der Super Audio CD (**SACD**) angewandt – die seit 1982 übliche **PCM**-Technik ablösen soll.

DSP (Digital Signal Processor). Ein spezialisierter **Mikroprozessor**, der **Echtzeit**-Datenströme – z. B. von Audio- und Video-Daten – verarbeitet.

DSR Digitales Satelliten-Radio.

DSS (Digital Satellite System). In den USA von DirectTV (seit 1994) und USSB (US Satellite Broadcasting) betriebenes digitales Satelliten-Fernsehen mit über 200 Kanälen. Erste praktische Anwendung der **DV**-Technologie auf dem offenen Markt. Sendestandard war zunächst **MPEG**-1, seit 1996 MPEG-2.

DTS. Ein von Digital Theater Systems entwickeltes digitales Tonsystem für Kinos, bei dem der Filmton auf einer CD-ROM gespeichert wird und durch Timecode auf der Filmkopie (zwischen Bild und analogem Tonstreifen) synchronisiert wird. 1993 bei *Jurassic Park* erstmals angewandt. Wie **SDDS** and **Dolby Digital** benutzt DTS **Komprimierungs**-Techniken, akzeptiert jedoch eine höhere Bit-Rate. Die Technik wurde auch für **CD** und **DVD** erprobt. Vergleiche **Nadelton**.

DTV. **1**. Allgemein Abkürzung für jegliches digitale Fernsehen (Digital TeleVision).
2. In den USA die digitalen Sendeformate, die von der **Grand Alliance** entwickelt und von der **FCC** festgelegt wurden.

Duales Rundfunksystem. Bis zum Start eines Kabelpilotprojekts in Ludwigshafen 1984 gab es in der Bundesrepublik Deutschland nur öffentlich-rechtliche Rundfunkanstalten. Danach entwickelte sich – ausgelöst durch die technische Entwicklung sowie wirtschaftliche und politische Interessen – ein duales System: neben den überwiegend durch Gebühren (siehe **GEZ**) finanzierten Sendern von **ARD** und **ZDF** die werbefinanzierten privatwirtschaftlichen Sender (u. a. **RTL**, **SAT.1**, **Pro7**).

Dub, **Dubben** siehe **Synchronisieren**.

Dup (Dupe). Kurzform für Duplikat-Film. Im Laufe des Herstellungsprozesses eines Films müssen meist mehrere Generationen von Film-Duplikaten (positiv und negativ) hergestellt werden, die als Grundlage bestimmter Arbeitsgänge dienen. Vergleiche **Generation**, **Lavendel**, **Umkehrfilm**.

DV. Digital Video in all seinen Formen, u. a. **ATV**, **DSS**, **DVC**, **DVD** und **HDTV**. Da die Digitalisierung von Video bedeutend komplizierter ist als die von Audio, vergingen 15 Jahre zwischen der Einführung von digitalem Audio und DV.

DVB. Der europäische Standard für Digital Video Broadcasting, 1995 von der **EBU** eingeführt. DVB-S betrifft die Satellitenübertragung, DVB-C die Übertragung durch Kabel.

DVC (Digital Video Camera). Die sich entwickelnden Technologie-Systeme zur digitalen Foto- und Film-Aufzeichnung, z. B. DVCAM, **Sonys** professionelles digitales **Video-Kassetten**-Format, 1996 eingeführt, bzw. DVCPRO, das entsprechende System von **Matsushita**.

DVD. Die Bezeichnung für eine neue Generation der **CD-ROM**-Technologie. (Nach einem Streit, ob die Abkürzung DVD für «Digital Video Disc» oder «Digital Versatile Disc» stünde, entschied sich die Industrie 1998, «DVD» einfach so zu benutzen.) Anstoß zur Entwicklung des Formats war der Wunsch, für Video etwas Ähnliches zu erreichen wie für Audio mit der Einführung der CD in den frühen 80er Jahren. Die digitale Aufzeichnung von Video setzt nicht nur eine vielfach größere Speicherkapazität voraus, sondern auch differenziertere **Komprimierungs**-Algorithmen. Von **Sony/Philips** und **Time Warner/Toshiba** vorgestellte, konkurrierende Technologien wurden im Herbst 1995 kombiniert, um so einen rückwärts kompatiblen Standard bei größtmöglicher Speicherkapazität (18,8 Gigabytes) zu erreichen. Die Steigerung der Speicherkapazität bei DVD ergibt sich vor allem aus der Einführung eines Lasers mit kürzerer Wellenlänge, der mehr Pits (oder bits) pro Flächeneinheit schreiben und lesen kann. Ein Basismodell der DVD (einseitig, eine Ebene) hat eine Speicherkapazität von etwa 4,7 Gigabytes (mehr als siebenmal so viel wie eine CD). Doch die Standards erlauben auch doppelseitig auf zwei Ebenen beschriebene Discs, was theoretisch eine Kapazität von 18,8 Gigabytes ergibt.
DVD-Spieler, die man mit einem Fernsehgerät verbinden kann, kamen Anfang 1997 auf den Markt, DVD-ROM-Drives für Computer 1998. Außer **DVD-Video** und **DVD-ROM** existieren weitere «Books» mit DVD-Standards: DVD-R (DVD Recordable) und DVD-RW (DVD Recordable and Rewritable). Außerdem befindet sich seit 1999 DVD-Audio in der Entwicklung.
Es werden drei verschiedene Formen der DVD-Discs, die immer aus mindestens zwei **Layers** (Informationsschichten) bestehen, hergestellt: DVD-5 (4,7 GB) mit einer Informationsschicht und einem unbeschriebenen Dummy. DVD-10 (9,4 GB) mit zwei Informationsschichten (die DVD muss also wie eine Vinyl-Platte umgedreht werden). Bei DVD-9 (8,5 GB) liegen zwei Informationsschichten übereinander, wobei die untere Schicht semitransparent ist. Theoretisch möglich ist auch eine DVD-18, also doppelseitig mit je zwei Layers.
Bereits achtzehn Monate nach Einführung der Technologie wurde die zweite Geräte-Generation präsentiert. Die Hauptunterschiede sind die höhere Geschwindigkeit und die Fähigkeit, auch DVD-R zu spielen.

DVD-Audio. Die Anwendung der DVD-Technologie auf Konsumprodukte, als Versuch der Industrie, das weit verbreitete **CD**-Format zu ersetzen, ohne dass sie sich (bis 2000) auf einen Standard einigen konnte. Vergleiche **SACD**.

DVD-RAM. Eine spezielle Anwendung der DVD-Technologie als unkompliziertes Backup-System für Computer. DVD-RAM sind nicht kompatibel mit **DVD**, DVD-R, DVD-RW, **DVD-ROM** oder **DVD-Video**.

DVD-ROM. Die Anwendung der DVD-Technologie auf das bislang als **CD-ROM** bekannte Medium. Die größere Speicherkapazität der DVD-Discs erlaubt eine bedeutend bessere Qualität der Video- und Audio-Inhalte, wozu **MPEG**-2, **AC-3** oder andere avancierte Speicherverfahren verwendet werden können. DVD-ROM-Spieler arbeiten in Verbindung mit einem Computer.

DVD-Video. Anwendung der DVD-Technik, mit dem Ziel, **VHS**-Videobandspieler als Wiedergabemedium abzulösen. DVD-Video-Spieler werden mit dem Fernsehgerät verbunden und erlauben eine gewisse begrenzte Interaktivität: Man kann (soweit angeboten) zwischen diversen Möglichkeiten wählen: Bildformat, Sprachenversionen, Untertitel, Video- oder Audio-Erläuterungen. Siehe **Regional-Code**.

In den Standards für DVD-Video sind drei Bildgeschwindigkeiten vorgesehen: 24 b/s (wie im Kino), 25 b/s (entsprechend den europäischen **PAL**/**SECAM**-Systemen) und 29,97 b/s für **NTSC**.

DVE. Digitale Video-Effekte, die in **Echtzeit** in einem Buffer erzeugt werden können, z. B. **Zoom**, Einfrieren, Verzerrungen (Warps).

DVI (Digital Video Interactive). Eine in den späten 80er Jahren von **RCA** entwickelte Technik zur Speicherung von Video auf **CD-ROMs**.

Dye-Transfer siehe **Technicolor**.

Ealing. 1931 von Basil Dean in London-Ealing für seine Firma ATP errichtetes **Tonfilm**studio. 1938 übernahm Michael Balcon die Leitung des Studios und der jetzt ebenfalls Ealing genannten Produktionsfirma. In den späten 40er und frühen 50er Jahren entstand unter seiner Leitung eine Reihe von Komödien aus dem englischen Alltag, die – häufig mit Alec Guinness in der Hauptrolle – unter dem Genre-Begriff «Ealing Comedies» zu Welterfolgen wurden. Vergleiche **Elstree**.

Eastmancolor. Das heute meistbenutzte Farbfilm-Material wurde aus dem deutschen einstreifigen **Agfacolor**-Verfahren entwickelt und arbeitet mit einem durch einen chemischen Prozess gewonnenen Negativ. Es gibt zahlreiche Firmen, die Eastman-Material nach eigenen Verfahren behandeln, doch der Unterschied ist minimal. Nach der Einführung des Materials 1950 durch Eastman-Kodak wurde es wegen seiner einfacheren Handhabbarkeit schnell zum Standard der – neben den Breitwandformaten – durch spektakuläre Technik gegen das Fernsehen kämpfenden Filmindustrie. Doch das chemische Verfahren war dem Dye-Transfer-System von **Technicolor** optisch wie auch technisch unterlegen: Viele der Eastmancolor-Negative sind stark ausgeblichen. 1968 wurde das Material noch einmal entscheidend in Licht-Empfindlichkeit und Farbtreue verbessert. Bei den Farbfilmen der Firma Kodak bezeichnet die Endung «color» Negativmaterial, die Endung «chrome» Umkehrmaterial; das Präfix «Ekta» zeigt an, dass das Material zur Entwicklung nicht an ein Kodak-Labor eingeschickt werden muss, sondern vom Verbraucher nach bestimmten Vorschriften selbst bearbeitet werden kann.
Die 1989 eingeführte EXR-Serie hatte eine feinere **Körnigkeit** und enthielt den Key-Kode-Strichcode, um die zunehmende Überspielung auf Videoband zu erleichtern. 1996 änderte Eastman Kodak mit der Einführung des noch feineren «Kodak Vision» die Bezeichnungen für ihr professionelles Filmmaterial.

EB (Elektronische Berichterstattung). Die aktuelle Berichterstattung für die Nachrichtensendungen war die erste regelmäßige professionelle Anwendung der Videotechnik im Fernsehen; international: ENG (Electronic News Gathering). Vergleiche **Einstreifen-Verfahren**.

EBU/ UER (European Broadcasting Union/ Union Européenne de Radio-Télévision). 1950 in Torquay als Nachfolgerin der **IBU** gegründete Vereinigung (west-)europäischer Fernsehsender (einschließlich der südlichen Mittelmeer-Anlieger) zum Austausch und zur Koordinierung von Programmen unter dem Zeichen **Eurovision**. Seit 1956 wird alljährlich der Chansonwettbewerb der Eurovision ausgetragen.

Echtzeit (Real Time). Aus der Computer-Technik übernommenes Konzept. Die Zeitspanne zwischen dem Ereignis und der Übertragung ist (fast) gleich Null. Eine **Live**-Übertragung geschieht in Echtzeit.

Edison. Auf Basis von Ideen des Erfinders Thomas Alva Edison, unter seinem Namen oder im Rahmen seiner Firma Edison Manufacturing Company wurden – neben vielen anderen Erfindungen – zahlreiche Geräte und technische Verfahren zur Aufzeichnung und Wiedergabe von Ton und Bild herausgebracht und vermarktet. Zum **Phonograph** (1877) ließ er durch seinen Mitarbeiter W. K. L. Dickson 1988 die Filmkamera **Kinetograph** entwickeln, die 1891 patentiert wurde, im selben Jahr wie das **Kinetoscope**, ein Guckkasten, in dem einzelne Zuschauer – gegen Bezahlung – die Filmstreifen betrachten konnten. Gedreht wurde im Aufnahme-Atelier **Black Maria**. Im

April 1896 präsentierte er mit dem **Vitascope** eine – auf Weiterentwicklungen von Jenkins und Armat beruhende – Projektions-Version des Kinetoscope. 1912 wurden **Kinetograph** und **Phonograph** zum **Tonbild**-System **Kinetophone** kombiniert.
Seine filmwirtschaftlichen Interessen versuchte er u. a. 1908 – mit anderen Filmproduzenten – durch die Gründung des monopolistischen «Trust», der **MPPC** (Motion Pictures Patent Company), zu sichern. Das scheiterte nicht zuletzt durch das Ausweichen unabhängiger Produzenten nach Kalifornien, was zur Gründung Hollywoods führte.

Editor siehe **Cutter**.

EDL (Edit Decision List). Die beim **Videoschnitt** von einem Schnittsystem (z. B. **Avid**) erzeugte Liste von **Timecode**-Schaltungen (In/Out), die anschließend als Vorlage zur Herstellung des **Final Cut** – entweder Film oder Video – dient. Bei linearen Systemen enthält die EDL auch Hinweise auf Bandnummer, Video- und Tonspur etc.

EFA (European Film Academy). Die Europäische Film Akademie wurde 1991 in Berlin von Filmmachern nach dem Vorbild der **AMPAS** gegründet. Ziel ist die Förderung des europäischen Films durch Fortbildungsveranstaltungen und Treffen («A Sunday in the Country»). Die EFA entstand aus der European Cinema Society, die sich 1989 auf Initiative von Ingmar Bergman nach der Vergabe des ersten **Europäischen Filmpreises** (1988) gebildet hatte, dessen Verleihung alljährlich Höhepunkt der EFA-Tätigkeit ist. EFA-Präsidenten waren Ingmar Bergman und ab 1996 Wim Wenders.

Effektband. Bei der **Mischung** (oder auch bei Mehrkanal-Kinokopien) jener Tonkanal, auf dem sich Geräusche und **Toneffekte** befinden. Vergleiche **Dialogband**, **Musikband**, **IT-Band**, **Raumatmosphäre**.

Effektlicht. Jene **Scheinwerfer**, die besondere Lichteffekte (Kerzen, Feuer, Jalousien) erzeugen, sowie alle im Bild sichtbaren Lampen und Lichter.

Eidophor. Von Franz Fischer um 1943 an der ETH Zürich entwickeltes Verfahren, schwarzweiße Fernsehbilder auf großen Bildschirmen wiederzugeben. 1961 stellte **Philips** einen Großbildprojektor vor. Auch allgemeiner Begriff für ein System der **Videoprojektion** auf große Leinwände, z. B. in Kinos.

Einakter (One-reeler). In der Frühzeit (bis 1914) ein Film in der Standardlänge von einer Rolle (**Akt**), d. h. etwa zehn bis zwölf Minuten.

Einblendung. Die Einführung eines zusätzlichen Bildmotivs in das Filmbild, z. B. eines **Untertitels**.

Eins plus. Von der **ARD** vom 29. 3. 1986 bis zum 30. 11. 1993 betriebenes Satellitenprogramm; anschließend beteiligte sich die ARD an **3sat**.

Einschaltquote siehe **Ratings 2**, vergleiche **GfK**, **Nielsen**.

Einstellebene siehe **Schärfenebene**.

Einstellung. 1. (Shot). Ein kontinuierlich belichtetes, ungeschnittenes Stück Film. Ein Film kann aus einer oder mehreren Einstellungen bestehen. Sie ist – neben dem Einzelbild oder **Kader** – die Grundeinheit des Films.
2. (Take). Mehrere gleichartige Versionen einer Einstellung. Vergleiche **Muster**.
3. (Shot). Die Beschreibung des Bildausschnitts (**Detail**-, **Groß**-, **Nah**-, **Amerikanische**, **Halbnah**-, **Halbtotal**-, **Total**-, **Panorama**-Einstellung), des **Kamerastandpunkts** (Aufsicht, Untersicht u. a.), der **Kamerabewegung** (**Fahraufnahme**, **Schwenk**, **Zoom**), des Bildinhalts (**Two-Shot**) oder der dramaturgischen Funktion (**Bridging**

Shot, Establishing Shot, Master Shot, Reaction Shot, Über-Schulter).

Einstreifenverfahren. Ein zeitweilig für die aktuelle Berichterstattung gebrauchtes System, bei dem beim Drehen der Ton in der Kamera gleichzeitig mit dem Bild auf einer Magnetrandspur aufgezeichnet wurde. Ein Schneiden ist durch die Bild/Ton-Verschiebung dabei nur schwer möglich. Die Videotechnik (siehe **EB**) machte dieses Verfahren überflüssig. Vergleiche **Zweiband**.

Einzelbild-Schaltung. Fähigkeit einer Filmkamera, einzelne Phasenbilder unabhängig voneinander aufzunehmen. Technische Grundlage von Filmtricks, **Animationsfilm** und **Zeitraffer**.

Elektromagnetisches Spektrum. Der Gesamtbereich der Frequenzen, gemessen in Hertz (Schwingung pro Sekunde), umfasst u.a. die kosmische Strahlung, Gammastrahlen, Röntgenstrahen, Ultraviolett, sichtbares Licht, Infrarot, Mikrowelle, Rundfunkwellen, Hitze und elektrischer Strom. Das für den Rundfunk brauchbare Spektrum wurde auf den Bereich von etwa 10 KiloHertz (10000 Schwingungen pro Sekunde) bis 300000 MegaHertz (300000 Millionen Schwingungen pro Sekunde) festgelegt und umfasst u.a. Langwellen (lf), Mittelwellen (mf), Kurzwellen (hf), Ultrakurzwellen (UKW) und Dezimeterwellen (UHF). Mit dem Ausbau der Mobil- und Satellitenkommunikation hat vor allem das Mikrowellenspektrum ab ca. 1 Gigahertz wirtschaftliche Bedeutung erlangt.

Elektronenröhre siehe **Vakuumröhre**.

Elektronenstrahlkanone (Electron Gun). Jenes Teil am hinteren Ende einer **Kathodenstrahlröhre**, von dem der Elektronenstrahl ausgeht.

Elektronischer Schnitt (**EB**-Schnitt). **1.** Die Montage von Fernsehsendungen, deren Material durch **MAZ** (**Video**) gewonnen worden ist.
2. Methode des Filmschnitts, bei der vom Negativ eine Video-Überspielung vorgenommen und die Montage des Films auf Grundlage dieses «elektronischen Masters» durchgeführt wird. Der elektronisch hergestellte **Feinschnitt** wird schließlich anhand des **Timecode** (siehe **EDL**) als Grundlage für den **Negativschnitt** benutzt. Bei **Fernsehfilmen**, die auf Film gedreht wurden, aber nur für die Ausstrahlung vorgesehen sind, kann diese letzte Arbeitsstufe entfallen.
3. Die Anwendung der Computer-Technologie auf die **Montage** von digital aufgezeichneten Bildern, siehe **Digital-Schnitt**.

Elstree. Das «britische Hollywood» war ein Komplex von mehreren Studios bei Borehamwood, nördlich von London. Das früheste **Atelier** waren die 1914 gegründeten Neptune Studios, aus denen nach zahlreichen Änderungen die **BBC** TV Elstree Studios wurden. Die wichtigsten waren die 1925 von British National errichteten **BIP**-Studios (1925), in denen u.a. Alfred Hitchcock Stummfilme inszenierte und Ende der 20er Jahre E. A. Dupont die ersten **Tonfilme** produzierte. Nach dem Krieg übernahm **Warner** Bros. die Studio-Holding ABPC (Associated British Picture Corporation) und produzierte ab den 50er Jahren einige internationale Filme (u.a. John Hustons *Moby Dick*, Stanley Kubricks *Lolita*) sowie erfolgreiche TV-Serien (*The Avengers*). 1969 wurde ABPC vom Medienkonzern **EMI** übernommen. Außer für britische Produktionen (*Murder on the Orient Express*, James-Bond-Filme) wurden die Elstree-Studios für Hollywood-Produktionen genutzt (u.a. *Star Wars*, *The Shining*). Wegen der Filmkrise musste das Studio in den 90er Jahren zeitweilig schließen. Vergleiche **Babelsberg**, **Ealing**.

EM.TV. Die EM.TV & Merchandising AG, 1989 von Thomas Haffa – einem ehemaligen **Kirch**-Mitarbeiter – gegründet, vermarktet international TV- und Merchandisingrechte, vor allem von Kinder- und Jugendprogrammen (*Biene Maja*) sowie Sportveranstaltungen. Im Februar 2000 erlangt sie mit der Übernahme der Jim Henson Company auch die Rechte für die **Muppets.**

E-Mail (Electronic Mail). Kommunikationsdienst, bei dem über **Internet** Informationen übermittelt werden, ohne dass – im Gegensatz zum Telefon – eine direkte Verbindung in **Echtzeit** aufgenommen wird. Nachrichten (Text und Bild) werden in **Mailboxen** beim **Server** hinterlegt oder bei permanenter Netzverbindung direkt zugestellt.

Emelka (Münchener Lichtspielkunst AG). 1919 in München gegründeter Filmkonzern, zu dem im Laufe der Jahre neben der Filmproduktion in **Geiselgasteig** u. a. eine Kino-Kette, die Verleihfirmen Bayerische Film-GmbH und Südfilm, die Phoebus-Film AG und die Berliner Wochenschauproduzentin Emelka-Woche GmbH gehörten. Nach dem Bankrott 1932 wurde die **Bavaria** Film als Nachfolgefirma gegründet.

EMI. Im Mai 1898 entstand in London The Gramophone Company zur exklusiven Auswertung der **Grammophon**-Patente von Emile Berliner in Europa. Zum Pressen der **Schallplatten** gründete Berliners Bruder Joseph 1899 in Hannover die Deutsche Grammophon. 1899 kaufte die Firma Francis Barrauds Gemälde «His Master's Voice» und machte den Hund Nipper mit dem Gramophon zum Markenzeichen (HMV), zunächst in den USA für ihre Tochterfirma Victor Talking Machine Company, ab 1909 auch in England. Während Agenturen zum Vertrieb und zur Aufnahme lokaler Künstler in aller Welt entstanden, stieg nach der Jahrhundertwende Enrico Caruso zum ersten Schallplattenstar auf. 1903 wurde die 12 Zoll-Schellackplatte mit 78 rpm der Standard. In den ersten zwanzig Jahren ihres Bestehens machte die Gramophone Company über 200 000 Aufnahmen in aller Welt und verkaufte Millionen von Schallplatten. Der Erste Weltkrieg brachte – u. a. durch den Verlust der Tochterfirmen in Deutschland und Rußland – einen Rückschlag. 1925 konnte der deutsche Markt durch die Gründung der Firma Electrola wieder bedient werden. 1930 wurden in London die Abbey-Road-Aufnahmestudios eröffnet. Im selben Jahr fusionierte The Gramophone Company mit ihrem Hauptkonkurrenten Columbia Gramophone Company zu Electric & Musical Industries, Ltd. (EMI).
1955 übernahm EMI mit Capitol Records eine der größten amerikanischen Musikfirmen. 1962 veröffentlichte EMI die erste Single der Beatles, Capitol die der Beach Boys. Neben Herstellung und Vertrieb von Musik auf Schallplatten – u. a. durch Aufkauf anderer Plattenfirmen wie Liberty/United Artists Records (1979), Virgin (1992) und Jobete (Motown, 1997), auf **Cassetten** (ab 1966) und **CD** (ab 1983) engagierte sich EMI – 1980–96 nach Fusion mit dem Elektrokonzern Thorn Electrical Industries als Thorn EMI firmierend – auf den Märkten für Musikrechte (EMI Music Publishing) und – in Großbritannien – im Schallplatten-Einzelhandel (HMV-Shops).
Nach dem Krieg mischte sich EMI auch ins Film- und Fernsehgeschäft ein. 1946 schloss die Firma mit der amerikanischen Film- und Schallplattenfirma **M-G-M** ein Kooperations-Abkommen. Mit der Übernahme der Associated British Picture Corp. durch EMI kam 1968 auch das traditionsreiche Atelier in **Elstree** zur Firma, das 1971 in Elstree EMI-MGM Studios umbenannt wurde, mit dem Ziel, Koproduktionen herzustellen. Nach dem Ende der Partnerschaft mit M-G-M 1973 wurde das Studio allein weitergeführt. Thorn-EMI, die auch einen Anteil am Kommerzsender Thames Television hielt, überbrückte die Krise der britischen Filmindustrie mit Fernsehproduktionen. Nach finanziellen Krisen gab die Firma ihr Engagement in Film und Fernsehen 1986 an die **Cannon** Group ab.
In den 90er Jahren entwickelte sich EMI zum Medien-Konzern: z. B. durch die Zusammenarbeit mit der japanischen Elektronikfirma Toshiba oder die Übernahme der

Buchhandelskette Dillon durch HMV in Großbritannien. 1993 gründete EMI mit anderen internationalen Plattenfirmen den deutschen Musikkanal **VIVA**. Nach der Trennung von Thorn EMI 1996 in zwei unabhängige Aktiengesellschaften stieß The EMI Group 1998 die Läden von HMV und Dillon ab, die mit der Buchhandelskette Waterstones die HMV Media Group bilden. Im Februar 2000 wurde die Übernahme von EMI durch die Warner Music Group verkündet und damit der Anschluss an den größten Multimediakonzern der Welt, der erst einen Monat zuvor durch die Fusion von **AOL** und **Time Warner** entstanden war.

Emmy. Nach dem Vorbild des **Oscar** durch die Academy of Television Arts and Sciences (**ATAS**) und die National Academy of Television Arts and Sciences (**NATAS**) verliehener Fernsehpreis in über hundert Kategorien. Der Name ist möglicherweise vom Jargonausdruck für die **Image Orthicon**-Röhre abgeleitet.

Empfindlichkeit (Speed). Die Eigenschaft einer fotografischen Emulsion, auf Licht zu reagieren. Die Empfindlichkeit eines Films wird mit **DIN**- oder **ASA**-Werten angegeben; je höher diese Werte sind, desto empfindlicher ist das Material, das heißt, bei der Aufnahme ist weniger Licht notwendig. Mit wachsender Empfindlichkeit nimmt normalerweise die Körnigkeit zu. Vergleiche **Flashing**, **Orthochromatisch**, **Panchromatisch**.

Emulsion. Die lichtempfindliche Substanz (Bromsilber + Gelatine), die, auf ein Trägermaterial aufgetragen, die chemische Grundlage von Fotografie und Film bildet. Vergleiche **Empfindlichkeit**, **Entwicklung**.

Endemol. Endemol Entertainment Holding H.V. mit Hauptsitz bei Hilversum entstand 1994 aus dem Zusammenschluss der Jop van den Ende Productions und der John de Mol Produkties. Die in über 15 Ländern vertretene Firma ist die größte unabhängige Fernsehproduktion Europas. Spezialität der Unterhaltungssendungen ist «Emotainment», z. B. in der von Johns Schwester Linda de Mol moderierten Show *Traumhochzeit*. In der Serie *Big Brother* wurde eine Gruppe in einem Haus eingeschlossener Freiwilliger über Wochen rund um die Uhr beobachtet, um daraus eine «Doku»-Show zu montieren.

Endlos-Serie (Open-End Series). Eine TV-Serie, deren narratives Schema kein festes Ende vorsieht. Vergleiche **Soap**.

ENG (Electronic News Gathering) siehe **EB**.

Enhanced CD (ECD). Nachdem einige Versuche, grafische Elemente auf Audio-CDs unterzubringen, gescheitert waren (CD+G, CDV), entwickelte 1995 die expandierende **CD-ROM**-Industrie eine neue, erfolgreichere Variante, die unter dem Sammelnamen ECD vertrieben wird. Für die Tonaufnahmen ungenutzter Platz auf einer CD wird durch Hinzufügen von Video und/oder Textelementen aufgefüllt. Auch CD+ genannt.

Entfesselte Kamera. Im Zusammenhang mit F. W. Murnaus *Der letzte Mann* (1924) geprägtes Schlagwort für eine bewegte Kameraführung. Vor allem Kameramann Karl Freund setzte die bis dahin weitgehend an das Stativ gebundene Filmkamera auf ein Fahrrad oder schnallte sie (mit einem Elektromotor versehen) für Gehaufnahmen vor den Bauch. Vorläufer der **Handkamera**. Vergleiche **Subjektive Kamera**.

Entsilberung. Das Ende vieler Filme: Das im Filmmaterial (und im Entwicklungsbad) enthaltene Silber wird auf chemischem Wege zurückgewonnen. Das Ende des Trägermaterials wäre die Kammfabrik.

Entwicklung. Chemischer Prozess, durch den das latente Bild auf dem belichteten Filmmaterial sichtbar gemacht wird. Beim Drehen unterbelichteter Film kann durch **Forcieren** bei der Entwicklung verbessert werden, um so eine bessere Balance zwischen Hell und Dunkel zu erreichen. Siehe **Empfindlichkeit**.

Episches Theater. Von Bertolt Brecht entwickelte Theorie der Inszenierung, durch die beim Zuschauer vermittels eines Verfremdungseffekts der Verstand statt – wie in der «aristotelischen Dramatik» – das Gefühl angesprochen wird. In der Praxis, vor allem bei seinen «Modellinszenierungen» am Berliner Ensemble, ging Brecht allerdings mit den eigenen Theorien sehr großzügig um.

Episodenfilm. Ein Film, der mehrere in sich geschlossene Episoden eines oder mehrerer Regisseure enthält, die durch eine Gemeinsamkeit (Thema, Autor, Darsteller, Schauplatz etc.) verbunden sind.

EQ (Equalization, Equalisieren). Die Technik, Frequenzbereiche bei Audiosignalen zu verstärken oder zu dämpfen, um die Tonqualität zu verbessern. EQ ist eine der Standardprozeduren beim Schneiden oder **Mischen** von Tonaufnahmen.

Erstaufführung (First Run). Das Recht zur Erstaufführung eines Films in einer Stadt, einem Gebiet oder einer beschränkten Anzahl Kinos wird oft vom Verleih mit besonderen Verpflichtungen, z. B. der Werbung, verbunden.

Erstes (kurz für Erstes Deutsches Fernsehen) siehe **ARD**.

Erzählkino. Filmkritischer Begriff für den traditionellen **narrativen** Spielfilm. Vergleiche **Avantgarde**, **Essay-Film**, **Poetischer Film**.

Essay-Film. Bezeichnung für den dialektischen, meist nicht-**narrativen** Film, in dem der Filmmacher sein Thema in stilistisch und inhaltlich unterschiedlichen Ansätzen behandelt, dabei oft das Filmmedium selbst in die Reflexion einbeziehend. Beispiele sind Godards *Le gai savoir*, Kluges *Die Patriotin*. Der Gegensatzbegriff ist **Erzählkino**, vergleiche **Dokumentarfilm**.

Establishing Shot. Filmdramaturgisch eine **Einstellung** zu Beginn einer **Sequenz**, die einen allgemeinen Überblick über Lokalität, Personal und Situation gibt.

Ethnografischer Film. Spezialgenre des **Dokumentarfilms**, der Film- oder Video zur Dokumentation und Darstellung völkerkundlicher Forschungen anwendet, z. B. durch die Beobachtung von Ritualen (jeglicher Art). Seit den 50er Jahren entwickelte sich ein intensiver Diskurs über Theorie und Praxis. Wichtiger Vertreter der ethnografischen Schule ist der Franzose Jean Rouch. Vorläufer sind u. a. die – oft von eurozentristischen und kolonialistischen Vorurteilen geprägten – Expeditionsfilme der Stummfilmzeit. Das Institut für den wissenschaftlichen Film (**IWF**) veranstaltet in Göttingen alle zwei Jahre ein Internationales Festival des ethnographischen Films.

ETSI (European Telecommunications Standards Institute). Gemeinnützige, internationale Organisation, die sich für die Entwicklung und Einhaltung von Standards einsetzt. Vergleiche **ANSI**, **ITU**.

Europäischer Filmpreis. Seit 1988 Versuch der europäischen Filmindustrie, die Popularität und Werbewirkung der **Oscar**-Verleihung nachzuahmen, zeitweise nach der Statuette auch «Felix» genannt. Siehe **EFA**.

Eurovision siehe **EBU**, **Intervision**.

EutelSat. 1977 von der Europäischen Konferenz der Post – und Fernmeldeverwaltungen gegründete Organisation mit fast 50 Mitgliedsstaaten, die ein Netz von Fernmeldesatelliten (z. B. HotBird) unterhält, u. a. für die Fernseh- und Rundfunkkanäle der **EBU**. Vergleiche **Astra**.

Everson / Michelson-Dichotomie. In den **Cinema Studies** der USA der Streit zwischen der Schule, die den Film betont (die Everson-Tradition), und jener, die die Wissenschaft in den Vordergrund stellt (der Ansatz von Michelson). Als quasi akademische Reduktion jener Frage, die François Truffaut in *La nuit américaine* aufwirft: «Sind Filme wichtiger als das Leben?», hat die Everson/Michelson-Dichotomie die Entwicklung der Cinema Studies in den USA seit den 60er Jahren vorangetrieben. Im Positiven feiert die Everson-Tradition die Tatsache des Films, im Negativen ignoriert sie die Kunst des Zuschauens. Im Guten hebt der Michelson-Ansatz die Rolle des Betrachters hervor, im schlimmen Fall verdeckt er das Kino mit einer dicken Schicht akademischen Jargons. Benannt nach zwei langjährigen Professoren am Cinema Studies Department der New York University: William K. Everson, dem verehrten Sammler und Historiker, und Annette Michelson, einer der ersten Film-Akademikerinnen.

Exciter Lamp siehe **Tonlampe**.

Executive Producer siehe **Produzent**. Vergleiche **Ausführender Produzent**.

Exil-Film. Nach dem Machtantritt der Nazis 1933 wurden viele der bedeutendsten Filmschaffenden des Weimarer Kinos ins Exil getrieben. Sie arbeiteten z. T. in anderen europäischen Ländern (Österreich, Ungarn, ČSR, Italien, Frankreich, Großbritannien, Niederlande), vereinzelt auch in der UdSSR und Shanghai, oder sie gingen sofort in die USA, wo sich – verstärkt nach Kriegsbeginn – in Hollywood eine Kolonie deutscher Film-Emigranten bildete. Auf dem Exil-Weg und in den USA drehten sie im Rahmen der nationalen Filmindustrien, aber auch mit starker gegenseitiger Unterstützung, Filme, die oft deutsche und europäische Traditionen in fremde Genres einbrachten und so – z. B. beim **Film Noir** – stilbildend wirkten. In den letzten Jahren hat sich die Erforschung des Exil-Films als Teil der deutschen Filmgeschichte etabliert. Eine erweiterte Perspektive der Emigrationsforschung behandelt die Film-Migration, d. h. die politisch, örtlich und zeitlich nicht eingegrenzte Wanderung von Filmschaffenden zwischen den Ländern und Kontinenten, vor allem zwischen **Film-Europa** und **Hollywood**.

Expanded Cinema. Im **Experimentalfilm** jene Produktions- und Präsentationsformen, die den Rahmen einer «traditionellen» **Projektion** überschreiten, z. B. Mehrfachprojektionen, Verbindung mit anderen Künsten (Mixed Media), Performance-Kunst (*Tapp- und Tast-Film*).

Experimentalfilm. Allgemeiner Begriff für Filme, die, außerhalb der kommerziellen Filmwirtschaft hergestellt, als künstlerische (oder ökonomische) Experimente gelten. Vergleiche **Absoluter Film**, **Abstrakter Film**, **Anderes Kino**, **Avantgarde**, **Expanded Cinema**, **New American Cinema**, **Underground Film**.

Exploitation Film. Oft billig hergestellte Filme mit dem Ziel, bei einer bestimmten Interessentengruppe oder mit einer aktuellen Mode ein schnelles Geld zu machen. Aus manchen Exploitations-Serien entstanden eigenständige **Genres**. Vergleiche **Blaxploitation**, **Porno**, **Sittenfilm**, **Sexploitation**, **Splatter**.

Export-Union (EXU, Export-Union des Deutschen Films e.V.). Verband der Filmproduzenten und Verleiher zur Propagierung des deutschen Films im Ausland. Vergleiche **Unifrance**, **Unitalia**, **MPEA**.

Exposé. Schriftliche Ausarbeitung einer Filmidee. Siehe **Drehbuch**.

Expressionismus. **1.** In der anglo-amerikanischen Filmtheorie ein sehr allgemeiner Begriff, der im Gegensatz zu **Realismus** benutzt wird, d. h. für alle Filme, bei denen eine starke ästhetische Prägung durch den Filmmacher festzustellen ist, die sich durch

ausführlichen Gebrauch von technischen Möglichkeiten und Montage äußert.
2. Bezeichnung für eine Stilrichtung des deutschen Films der Weimarer Republik, die in einer Anfang des Jahrhunderts aktuellen Tradition von Literatur, Theater und Malerei stand. Auch dieser ursprünglich präzise Begriff wird oft wahllos auf nahezu alle deutschen Produktionen jener Zeit angewandt. Nach dem auslösenden Zentralwerk auch «Caligarismus» genannt.

EXR siehe **Eastmancolor**.

Extra. Ein **Komparse**, der u. U. auch einmal einen Satz sagen darf.

Extreme Long Shot siehe **Panorama-Einstellung**.

Eyeline Match. Eine **Schnitt**-Regel: Der Wechsel zwischen zwei **Einstellungen**, wobei die erste eine Figur zeigt, die aus dem Bild schaut, und die zweite das, was diese Figur sieht. Dabei muss ein ungefähres Gefühl für Größe und Distanz eingehalten werden, nicht unbedingt auch die Perspektive.

Fade in siehe **Aufblende**.

Fade out siehe **Abblende**.

Fahraufnahme (Tracking Shot, Dolly Shot). Die Fahrt ist eine **Einstellung**, bei der sich der Standpunkt der Kamera – entweder seitlich oder näher / ferner (Ranfahrt) – verändert. Kamerafahrten können entweder auf Schienen (Tracks) vermittels eines frei beweglichen Fahrstativs bzw. Kamerawagens (**Dolly**) oder eines **Krans** ausgeführt werden. Bei aktuellen, kleineren Produktionen häufig durch die noch beweglichere **Steadycam** ersetzt. Vergleiche **Louma**, **Zoom**, **Rückfahrt**.

FantaSound. 1940 für den **Disney**-Film *Fantasia* von **RCA** entwickeltes Tonsystem, Vorläufer des **Surround Sound**. Um den vollen Klang der Orchestereinspielung (Leopold Stokowski) zu erreichen, wurden drei Lichttonstreifen benutzt, um jeweils einen linken, mittleren und rechten Lautsprecher zu steuern.

Farbbestimmung (Timing). Bei der Entwicklung eines Films im Kopierwerk kann/sollte die Farbqualität nach verschiedenen Kriterien (Helligkeit, Brillanz, dramaturgisch gewünschte Verfärbung) überprüft werden. Dies geschieht entweder optisch oder digital. Ein ähnlicher – elektronischer – Vorgang kann auch bei **MAZ** oder **Video** stattfinden.

Farbe. **1.** Die Farbe im Film wird entweder durch **additive** oder **subtraktive Farbmischung** erzeugt. Variable Faktoren der Farbwiedergabe sind die **Farbtemperatur**, die **Farbsättigung** und die Intensität bzw. Helligkeit. Vergleiche **Farbmodell**.
2. Seit den frühesten Anfängen des Films wurde mit Farbe experimentiert. Die zunächst gebräuchlichsten Systeme waren die Hand-**Kolorierung** und die **Virage**. Erste größere kommerzielle Anwendung eines Zweifarbensystems fand **Technicolor** in den 20er Jahren in Hollywood, vor allem in der Übergangsphase zum **Tonfilm**. 1932 kam bei Technicolor dann die zu einer natürlichen Farbwiedergabe notwendige dritte Farbkomponente hinzu. Ein neuer, leichter handhabbarer Ansatz des Farbfilms ergab sich Ende der 30er Jahre durch die Entwicklung der **subtraktiven** Systeme von **Agfacolor** in Deutschland und **Eastmancolor** in den USA. Ab 1952 wurde Eastmancolor auf dem professionellen Filmmarkt zum vorherrschenden System, das 1968 noch einmal verbessert wurde. Während vor 1952 Farbe nur für besondere Projekte benutzt wurde, wurde sie dann nach einer Übergangsphase ab 1968 zur nahezu ausschließlichen Norm bei der kommerziellen Filmherstellung.

Farbmodell. Im Druck und in den elektronischen Medien wurden verschiedene Modelle entwickelt, um Farbwerte zu quantifizieren, sodass ein ausreichendes Spektrum auf der Seite oder dem Bildschirm reproduziert werden kann. Das **RGB**-Modell analysiert ein Bild nach den drei **additiven** Primärfarben Rot, Grün und Blau und findet bei Computer-Monitoren Anwendung. CMYK ist das bei Druckern verwendete Modell: Hier werden die Werte für die **subtraktiven** Primärfarben – Cyan (Türkis), Magenta (Violett), Yellow (Gelb) und Black (Schwarz) – festgelegt. Computer-Software analysiert zumeist eine Farbe nach Hue (Farbton), Saturation (**Farbsättigung**) und Value (Farbwert) – das HSV-Modell. Beim Fernsehen sind **Luminanz** und **Chrominanz** die Parameter, wobei Chrominanz die Unterschiede zwischen den Primärfarben ausdrückt. Dieses System wird YUV genannt.

Farbsättigung (Saturation). Der Grad der Buntheit eines Bildes wird als Farbsättigung bezeichnet.

Farbtemperatur. Die Farbtemperatur ist ein Maß für das vorherrschende Spektrum einer Lichtquelle. Niedrige Temperaturen tendieren zur roten Seite des Farbspektrums, höhere zur blauvioletten. Das Sonnenlicht (ein ideales weißes Licht) hat eine Farbtemperatur von etwa 6000 Kelvin, während Glühlampen eher eine Orange-Farbtemperatur von etwa 3200 K haben. Das menschliche Auge stellt sich automatisch auf Abweichungen des Spektrums ein, nicht dagegen das Filmmaterial. Deshalb muss bei der Arbeit mit Farbfilm die Farbtemperatur durch den Kameramann genau berücksichtigt werden. Vergleiche **Lichtbestimmung**.

Farbtiefe (Color Depth). Die digitale Präzision eines Farb- oder **Graustufen**-Bilds. Eine Datei, die ein monochromes Schwarzweiß-Bild repräsentiert, benötigt nur ein **Bit** pro **Pixel**: an oder aus, schwarz oder weiß. Farbige (und grau gestufte) Bilder benötigen mehr als ein Bit pro Pixel, um die Farbwerte des Pixel zu definieren.
Vier-Bit-Farbe ergibt eine Palette von 16 Farben, was für die Wiedergabe eines Fotos nicht ausreicht. Acht-Bit-Farbe ergibt eine Palette von 256 Farben, was allgemein als Minimalwert für die Fotowiedergabe gilt. 24-Bit-Farbe kann 16777216 verschiedene Farbtöne erzeugen, mehr als das menschliche Auge zu unterscheiden vermag. Siehe **Auflösung**.

Fast Motion siehe **Zeitraffer**.

Fax. Abgeleitet von «Faksimile». In der Geschichte der digitalen Revolution nimmt die Fax-Maschine (eine Kombination aus **Scanner** und **Printer**) eine zentrale Position ein: Sie digitalisiert das Bild einer geschriebenen oder gedruckten Seite, überträgt es vermittels eines Modems von einem Scanner/Printer zum andern. Die Auflösung der aktuellen 4. Generation der Faxmaschinen beträgt 200 dpi (dots per inch). Zwar existierten solche Geräte seit den 50er Jahren, doch erst Ende der 80er Jahre wurde Fax das bevorzugte Medium der schriftlichen Telekommunikation, ehe es demnächst durch **E-Mail** abgelöst wird. Der kommerzielle Erfolg trat zunächst in Japan ein, als Alternative zum – für die japanische Schrift wenig geeigneten – Fernschreiber (**Telex**). Vorläufer waren die im 19. Jahrhundert entwickelten Faksimile-Bildtelegrafen, in Deutschland Anfang des 20. Jahrhunderts vor allem der Hell-Schreiber. Analoge Fax-Systeme wurden seit den 30er Jahren zur Verbreitung von Pressefotos, Wetterkarten etc. über Funkstrecken genutzt.

FBC (Fox Broadcasting Corporation) siehe **FOX**.

FBW (Filmbewertungsstelle der Länder). 1951 aus Anlass der (Wieder)-Einführung der Vergnügungssteuer durch die deutschen Bundesländer in Wiesbaden gegründetes Institut, das – auch zur Förderung des «guten» Films – an Kurz- und Spielfilme die Steuer sparenden Prädikate «Wertvoll» und «Besonders wertvoll» verteilen konnte. Nach Wegfall der Vergnügungssteuer in einigen Bundesländern haben die Prädikate vor allem im Zusammenhang mit der Filmförderung eine neue Bedeutung erhalten.

FCC (Federal Communications Commission). 1934 vom US-Kongress eingesetzte unabhängige Staatsagentur zur Regulierung des Rundfunks über Sender und Kabel.

Feature. **1.** Im Englischen die Bezeichnung für den **Hauptfilm** eines Kinoprogramms.
2. Im Englischen allgemein die Bezeichnung für einen langen, «abendfüllenden» Film (über 75 Minuten).
3. Im Deutschen Bezeichnung für eine längere Fernseh-Dokumentation (über 45 Minuten).

Featurette. Ein Kurzfilm (ca. 10–30 Minuten lang), der als Vorfilm in einem Kinoprogramm gezeigt wird. Bis in die 60er Jahre bestand eine normale Kinovorstellung zumeist neben dem **Hauptfilm** (**Feature**) aus einer **Wochenschau** und einem oder mehreren Vorfilmen – entweder ein kurzer Spielfilm, ein **Animationsfilm** oder ein **Kulturfilm** – sowie natürlich **Trailern**, die «demnächst in dieses Kino» kommende Attraktionen ankündigten. Heute bleibt außer den Trailern nur noch die Werbung.

Feinschnitt. Nach dem **Rohschnitt** die letzte Arbeitsstufe des **Schnitts**, bei der die endgültige Fassung des Films hergestellt wird. Vergleiche **Final Cut**.

FEKS (Fabrika eksentričeskogo aktera). Die 1921 von den aus der Ukraine stammenden Regisseuren Grigorij Kozincev und Leonid Trauberg in Leningrad gegründete «Fabrik des exzentrischen Schauspielers» war eine Gruppe experimenteller Theater- und Filmmacher mit großem Einfluss auf die frühe, avantgardistisch orientierte Phase des Sowjetfilms. Siehe **Lenfil'm**.

Felix siehe **Europäischer Filmpreis**.

Feministische Filmtheorie. Seit Anfang der 70er Jahre haben feministische KritikerInnen und AkademikerInnen ein umfangreiches Korpus an Aufsätzen und Büchern veröffentlicht, die die Repräsentation der Frau auf der Leinwand untersuchen, die Bedeutung von Filmmacherinnen herausheben und über das weibliche Publikum theoretisieren. Die feministische Bewegung in der Filmtheorie spielte vor allem im Rahmen des poststrukturalistischen und postmodernen Diskurses eine wichtige Rolle. Siehe **Psychoanalytische Filmtheorie, Cinema Studies.**

Fernschreiber siehe **Telex**.

Fernsehen der DDR siehe **DFF**.

Fernsehfilm, TV-Film (Made-for-TV Movie, Telefilm). Ein Film, der speziell für das Fernsehen produziert wird und bestimmte dramaturgische Rücksichten auf das kleinere Bild nimmt. In der BRD, wo die meisten Kinofilme von Fernsehanstalten mitproduziert werden, spricht man mitunter von «amphibischen» Filmen, die für beide Medien brauchbar sind. Vergleiche **B-Film, Videofilm**.

Fernsehgebühren siehe **GEZ**.

Fernseh-Kasch (TV Mask). Jener Bildausschnitt, der mit Sicherheit – auch bei älteren Geräten – auf einem Fernsehbildschirm sichtbar ist (Safe Action Area). Dieser Bereich des Bildes wird häufig bereits im Kamera**sucher** und auf den **Monitoren** der Fernsehstudios angezeigt. Vergleiche **Bildformat**.

Fernsehroman. Die mehrteilige Verfilmung (**Miniserie**) eines Romanwerks. Der Begriff war vor allem in der DDR gebräuchlich.

Fernsehsignal siehe **Chrominanz**.

Fernsehspiel (Teleplay). Ein überwiegend im Fernsehstudio mit elektronischen Kameras produziertes Schauspiel, entweder nach einer literarischen Vorlage (siehe **Adaption**) oder – literaturtheoretisch angelehnt an das Hörspiel – ein speziell für das Fernsehmedium geschriebenes Stück. Vor allem in der Frühzeit des Fernsehens wurden aus technischen Gründen (noch keine **MAZ**) Fernsehspiele **live** im Studio aufgeführt, d.h. für jede Ausstrahlung neu gespielt.

Fernsehstandards. Es existieren drei Hauptsysteme der elektronischen Farbübertragung. **PAL** (Phase Alternating Line) ist in Westeuropa (außer Frankreich) verbreitet, **SECAM** (SÉquentiel Couleur Á Mémoire) in Frankreich und Osteuropa (einschließlich der damaligen UdSSR und DDR). **NTSC** (National Television System Committee) wird in den USA, Kanada und Japan benutzt. NTSC arbeitet mit 525 Zeilen, PAL und SECAM mit 625 Zeilen pro Bild. Vergleiche **Transcoder**, **Video-Auflösung**.

Festival. Präsentation von Filmen der neuesten Produktion oder zu einem bestimmten Thema innerhalb eines kurzen Zeitraums, meist verbunden mit begleitenden Festlichkeiten und Veranstaltungen. Die Filme konkurrieren in einem Wettbewerb um Preise oder laufen in Informationsshows bzw. Fachmessen. Ein Filmfestival wendet sich meist an ein internationales Fachpublikum und/oder als «Ereignis» an die regionale Bevölkerung.
1. Universal-Festivals mit internationalem Wettbewerb sind u. a. Venedig (seit 1932, im August/September, Preise: Leone d'oro), Cannes (seit 1946, im Mai, Palme d'or), Berlin (seit 1951, im Februar, Goldener Berliner Bär, siehe **Berlinale**) sowie Moskau alternierend mit Karlovy Vary. Die **FIAPF** hat diesen Festivals (und einigen weiteren) den sogenannten A-Status verliehen.
2. Spezialfestivals (oft unregelmäßig) widmen sich bestimmten Formen oder Genres, z. B.: Kurzfilm in Oberhausen, Dokumentarfilm in Leipzig oder Lyon, Animationsfilm in Annecy oder Stuttgart, Experimentalfilm in Knokke (um 1970), Kinderfilm in Gera, Stummfilme in Bologna (**Cinema ritrovato**) und Pordenone. Andere zeigen die nationale Produktion: **Junger Deutscher Film** in Hof, Schweiz in Solothurn, Österreich in Wels, die DDR in Karl-Marx-Stadt (1982–88).

FFA (Filmförderungsanstalt). 1968 in Folge des Filmförderungsgesetzes gegründete, vom Bundeswirtschaftsministerium beaufsichtigte Institution in Berlin, die die Aufgabe hat, «die Qualität des deutschen Films auf breiter Grundlage zu steigern, die Struktur der Filmwirtschaft zu verbessern, die gesamtwirtschaftlichen Belange der Filmwirtschaft zu unterstützen, die Zusammenarbeit zwischen Film und Fernsehen zu pflegen und auf eine Abstimmung und Koordinierung der **Filmförderungs**-Maßnahmen des Bundes und der Länder hinzuwirken». Finanziert wird die FFA durch Abgaben, die auf jede Kinokarte erhoben werden. Vergeben werden die Fördergelder durch umfangreiche, mit Vertretern zahlreicher Interessenverbände und Politikern besetzten Gremien, was – im Extremfall – zum Genre des sogenannten Gremienfilms geführt hat, dem vor lauter Kompromissen die Kreativität ausgegangen ist.

FIAF (Fédération Internationale des Archives du Film). Internationaler Verband der Film-Archive mit über hundert Mitgliedern in 60 Ländern. Gegründet 1938 zur Förderung und Koordinierung der Sammlung und Bewahrung des audiovisuellen Erbes. Deutsche Mitglieder der FIAF sind **Bundesarchiv-Filmarchiv, Deutsches Filminstitut (DIF)** und (Stiftung) **Deutsche Kinemathek** als Vollmitglieder sowie das Filmmuseum München als Beobachter.

FIAPF (Fédération Internationale des Associations des Producteurs des Films). Internationaler Verband der Filmproduzenten, der unter anderem Filmfestivals den A-Status (internationale Jury mit offizieller Preisverleihung) verleiht und über die Durchführung der **Festivals** wacht.

Fiberoptik siehe **Glasfaseroptik**.

Film Chain. Eine frühe Version des **Filmabtasters**, mit dem Filmkopien zur Verwendung im Fernsehen überspielt wurden: Ähnlich einer frühen **optischen Bank** war ein **Projektor** direkt auf eine elektronische Kamera gerichtet. Siehe **Telecine**.

Film d'Art. Nach einer 1908 gegründeten Produktionsfirma benannte frühe Richtung des französischen Films, bei der versucht wurde, durch berühmte Schauspieler, Autoren und Stoffe dem Film eine größere Respektabilität zu verschaffen. Vergleiche **Filmkunst**.

FII (Film Index International). Vom **BFI** alljährlich als CD-ROM publizierter Auszug aus der Datenbank **SIFT**.

Film Noir. Von französischen Kritikern geprägter Begriff für ein Genre des Hollywood-Films der 40er und 50er Jahre, vorwiegend Kriminalfilme mit Betonung des düsteren städtischen Milieus und mit einzelgängerischen, zynischen Helden. Das Genre wurde stilistisch stark durch deutsche Emigranten (siehe **Exil-Film**) beeinflusst.

Film Studies siehe **Cinema Studies**.

Filmabtaster. Ein Gerät zur Überspielung von Filmkopien zur Verwendung im Fernsehen. Siehe **Film Chain**, **Telecine**, **3:2 Pulldown**.

Filmakademie, Filmhochschule. Ausbildungsstätte für Regisseure, Autoren und Techniker. In Deutschland unter anderem: Deutsche Film- und Fernseh-Akademie Berlin (dffb, 1965 gegründet), Hochschule für Fernsehen und Film (HFF) in München (1966), Hochschule für Film und Fernsehen «Konrad Wolf» in Potsdam-Babelsberg (1954 als Deutsche Hochschule für Filmkunst gegründet), Filmakademie Baden-Württemberg in Ludwigsburg (1991). Daneben betreiben zahlreiche Kunst- und Fachhochschulen sowie Universitäten Filmklassen, bei denen ein großer Teil der Autorenfilmer des **Jungen Deutschen Films** als Professoren untergekommen ist.

Filmarchitektur siehe **Set**, **Szenografie**, **Production Design**.

Filmarchiv siehe **Archiv**, **FIAF**.

Filmarchiv Austria. 1955 als Österreichisches Filmarchiv gegründet. Zentrum für die Präservation und Präsentation österreichischer Filmgeschichte, ab 1965 in einem Archiv in Laxenburg. Seit 1970 wurden im Alten Schloß Laxenburg Ausstellungen und Filmvorführungen veranstaltet. Seit Dezember 1996 unter dem neuen Namen Ausbau des Archivs zu einem modernen Dokumentations- und Servicezentrum, speziell durch Einrichtung des Audiovisuellen Zentrums Augarten. Vergleiche **Österreichisches Filmmuseum.**

Filmband in Gold siehe **Deutscher Filmpreis**.

Film-Datenformat (Movie File Format). Es verarbeitet Standfotos und bewegte Bilder im Gegensatz zu den viel einfacheren Bild- und Text-Datenformaten. Nahezu alle Audio- und Video-Formate beruhen auf **Komprimierungs**-Techniken. Die notwendigen **Codecs** existieren in verschiedenen Architekturen, wobei **QuickTime** von **Apple** die verbreitetste ist. Zwar verkündet **Microsoft** in regelmäßigen Abständen, QuickTime unterstützen zu wollen, versucht es jedoch durch seine eigenen Produkte (Video for Windows, DirectShow) zu verdrängen. Die dritte wichtige Architektur ist **RealAudio**/RealVideo, das erste Streaming Media-Format. Die Kombination des detaillierten **MPEG**-Codec und des **DVD-Video**-Standards bietet eine weitere potentielle Video-Architektur, auch wenn ihre Hauptanwendung bei **DVD** und **DSS** liegt. Siehe **Key Frame**.

Filmerklärer. Vor allem in der Frühzeit des Kinos eine Person, die mit sachlichen oder komischen Kommentaren eine Filmvorstellung begleitete. In Japan entwickelten die **Benshi** die Filmerklärung zu einer eigenen Kunstform.

Film-Europa. In den 20er Jahren von der europäischen Filmpresse geprägter Begriff, vornehmlich als Gegensatz zu Film-Amerika, was damals für **Hollywood** stand. Auch als Kampfbegriff der Industrie gegen die Vormacht des amerikanischen Kinos auf dem europäischen Markt angewandt und auf mehreren Internationalen Filmkongressen – z. T. mit Unterstützung des Völkerbunds – popularisiert, hatte es trotz der Einführung einiger restriktiver staatlicher Maßnahmen (**Kontingent**) keine anhaltende Wirkung. In den 90er Jahren als filmhistorische Kategorie für die Verknüpfung des europäischen Films zwischen den Kriegen wieder entdeckt.

Filmförderung. Vor allem in Westeuropa entwickeltes System, durch staatliche Stützmaßnahmen die Entwicklung oder Erhaltung einer nationalen Filmkultur zu fördern. Im positiven Falle können sich kreative Kräfte entwickeln, im – häufiger auftretenden – negativen Falle endet ein bürokratisiertes Filmförderungssystem im Gremienfilm, in der aufwendigen Promotion steriler Fernsehfilme oder in der glänzenden Selbstdarstellung der Förderer. In der Bundesrepublik gibt es seit dem Filmförderungsgesetz von 1968 die dem Bundeswirtschaftsministerium zugeordnete **FFA**, danach entwickelten die einzelnen Bundesländer zur Förderung der regionalen Standortpolitik immer aufwendigere Filmförderprogramme. Auf europäischer Ebene werden aus zahllosen Töpfen – hauptsächlich im Rahmen des **MEDIA**-Programms – u. a. so bedeutende Errungenschaften wie die schwarzen Balken beim **16:9**-Fernsehformat subventioniert. Vergleiche **Kuratorium Junger Deutscher Film**.

Filmformat (Film Gauge, Format). Filmmaterial wird in verschiedenen Breiten hergestellt. Das Standardformat für Kinofilme ist das – bereits 1899 durch **Eastman** und **Edison** verwendete – 35mm-Format. Bei bestimmten aufwendigen Produktionen wird auch 65mm- oder 70mm-Material verwandt. Beim **Dokumentarfilm**, im nichtkommerziellen Verleih und beim Fernsehen herrscht das **16mm**-Format vor, das ursprünglich für Filmamateure eingeführt wurde. Der Amateurmarkt hat sich fast ganz auf das 8mm- oder Super8-Format verlagert; früher waren auch die Breiten 17,5mm und 9,5mm (mit Mittelperforation) üblich. Siehe **Schmalfilm**.

Filmforschung vergleiche **Cinema Studies**.

Filminstitut siehe **Kinemathek**.

Filmischer Raum (Filmic Space). Das Medium Film besitzt die Macht, aus der Kombination von Aufnahmen oft weit auseinander liegender Lokalitäten einen eigenen fiktionalen Raum zu erzeugen.

Filmkitt. Der flüssige Klebstoff für das Naßkleben beim **Schnitt**, speziell beim **Negativschnitt**. Vergleiche **Klebelade**, **Kleben**.

Filmkritik. Die kritische Auseinandersetzung mit dem Film begann kurz nach der Wende zum 20. Jahrhundert. Ab 1907 erschienen erste Fachzeitschriften: *Kinematograph, Erste Internationale Film-Zeitung* und *Lichtbild-Bühne* (LBB) in Deutschland, *Moving Picture World* in den USA, *Biograph* in England), die sich jedoch vor allem an Kinobesitzer und Filmschaffende wandten. Ab 1917 erschien mit *Photoplay* in den USA eine Publikumszeitschrift, die vor allem das neu entwickelte **Star**-System stützte. Die bedeutendsten Filmzeitungen der Weimarer Zeit waren der *Film-Kurier* (1919–45) und die *LBB*, die eine industrienahe Informiertheit mit (zumeist) kritischer Distanz verbanden. Hier wie in der Tagespresse beschäftigten sich Theaterkritiker und zunehmend auch Film-Spezialisten mit ästhetischen und politischen Fragen des Mediums: u. a. Rudolf Arnheim, Kurt Pinthus, Herbert Ihering, Willy Haas, Hans Feld, Siegfried Kracauer, Béla Balázs. Daneben bedienten illustrierte Blätter wie *Filmmagazin* und *Filmwelt* oder die Filmprogramme *Illustrierter Film-Kurier* das populäre Interesse. Im «Dritten Reich» erschienen – nun gleichgeschaltet – weiterhin *Film-Kurier* und *LBB*, Ende der 30er Jahre das als filmkünstlerisches Forum gedachte *Der deutsche Film*. Nach dem Krieg herrschte in Westdeutschland der Feuilletonismus, in der DDR (weitgehend) die parteiliche Information. Filmzeitschriften in der DDR waren die populäre *Neue Filmwelt* (1946–53) und *Filmspiegel* (1954–90), die in Zusammenarbeit mit der Filmhochschule Babelsberg erscheinenden *Filmwissenschaftlichen Mitteilungen/Beiträge* (später *Beiträge zu Film- und Fernsehwissenschaft*) und

vor allem *Deutsche Filmkunst* (1953–62), auf die 1973 *Film und Fernsehen* folgte.
Das wichtigste Filmperiodikum der BRD war die Monatsschrift *Filmkritik*. 1957 u. a. von Wilfried Berghahn, Ulrich Gregor, Theodor Kotulla und Enno Patalas gegründet, entwickelte sie – angelehnt an französische Vorbilder – eine historisch, theoretisch und politisch orientierte Auseinandersetzung mit dem Film, sie erschien – mit in den 70er Jahren abnehmender Relevanz – bis 1984. *Film*, in der Aufmachung großzügiger und zeitweise stark für das **Andere Kino** engagiert, erschien 1963–71 (zuletzt *tv heute*). Regelmäßig seit Ende der 40er Jahre betrachten die publizistischen Institute der Kirchen den Film – *Film-Dienst* (katholisch) und *epd Film* (vorher *Filmbeobachter*, evangelisch) – seriös und umfassend. *Cinema* nennt sich die größte Filmzeitschrift Europas und ist ganz auf Hollywood eingestellt.
Wichtige ausländische filmkritische Periodika sind u. a. *Cahiers du cinéma* und *Positif* in Frankreich, *Bianco e Nero* in Italien, *Monthly Film Bulletin* (**MFB**, 1934–91) und *Sight and Sound* (siehe **BFI**). Mit ihrer interessanten Mischung aus populären Aufsätzen über Stars und Filme und Berichterstattung über Hintergründe der Filmproduktion hat *Premiere* (Ausgaben in Frankreich und den USA) Schule gemacht, ohne die Bedeutung der klassischen Insider-Fachzeitschriften *Variety* und *Hollywood Reporter* zu tangieren.

Filmkunst (Art Film). In den 50er und 60er Jahren unterschied man prätentiösere, «künstlerische» Filme, vor allem aus Frankreich, Italien und Osteuropa, von den «Unterhaltungs»-Filmen aus Hollywood. Die Filme liefen meist in besonderen Filmkunst-Kinos (in der BRD zur «Gilde» zusammengeschlossen) oder in speziellen Vorstellungen, da man ihnen geringere kommerzielle Attraktivität zuschrieb. Auch die Filmclubs widmeten sich besonders diesen Filmen. Die Studio- oder **Programmkinos** und **Kommunalen Kinos** haben seit etwa 1970 diese Bewegung – jedoch mit offeneren Kriterien – aufgenommen. Vergleiche **Film d'Art**.

Film-Kurier. 1919 in Berlin von Alfred Weiner gegründetes Fachblatt der Filmindustrie, Anfang der 30er Jahre größte Filmzeitung Europas. Die Tageszeitung, die bis Ende 1944 erschien (Notblatt bis März 1945: *Film-Nachrichten*), ist die bedeutendste Quelle für Informationen zum Film der Weimarer Republik und der Nazi-Jahre. Ein wichtiger ökonomischer Faktor war die Herausgabe des *Illustrierten Film-Kuriers* (IFK), eines meist vierseitigen Programmhefts zu einzelnen Filmen, das mit über 3000 Nummern – mitunter in Millionenauflage – in den Kinos verkauft wurde.

Filmmacher. Angeregt durch das **New American Cinema** und nach dem Vorbild der Filmmaker Cooperative entstand 1968 in Hamburg die Filmmacher Cooperative. Als die Bewegung des **Anderen Kinos** auch den süddeutschen Raum ergriff, fügten dortige Filmmacher der Bezeichnung nachträglich ein unlogisches «e» ein, das von der (süddeutschen) Duden-Redaktion übernommen wurde. Ein Filmmacher beschäftigt sich mit dem Filmmachen, nicht unbedingt mit der Herstellung von Filmen.

Filmmuseum. Durch Ausstellung von Filmmemorabilien (Geräte, Fotos, Plakate, Kostüme, Kulissen), zum Teil in nachgebauten und inszenierten Situationen, sollen Kenntnis und Faszination des Mediums Film vermittelt werden. Feste Institutionen sind u. a. das Musée du Cinéma in Paris, das Museum of the Moving Image (MOMI) in London, das Deutsche Filmmuseum in Frankfurt, das Filmmuseum Potsdam und seit 2000 das von der Deutschen Kinemathek aufgebaute Filmmuseum Berlin. Der Begriff wird – ohne feste Ausstellungen – auch von **Kinematheken** (Det Danske Filmmuseum, Nederlands Filmmuseum) und **Archiv-** oder **Programmkinos** benutzt.

Filmmusik. Film und Musik sind seit Beginn eng verbunden. Bereits bei den **Tonbildern** (ca. 1903–13) wurden vor allem populäre Musikstücke, z. T. auch im Bild vorgetragen, von berühmten Sängern präsentiert. Im Lichtspieltheater wurden die Filme von **Kinomusikern** (einzelnen Pianisten oder Orchestern) begleitet, die entweder – für besondere Prestigefilme – speziell komponierte **Scores** oder von den jeweiligen Kapellmeistern zusammengestellte **Kompilationen** bekannter Melodien vortrugen.
Bei der Einführung der **Tonfilm**technik Ende der 20er Jahre war es ursprünglich Absicht der Studios, qualitätsvolle Musikbegleitung nicht nur auf die großen **Erstaufführungskinos** zu beschränken. Nach einer kurzen Periode, in der stark mit der Verwendung von Sprache, Geräuschen und Musik experimentiert wurde, setzte sich der Dialog jedoch als primäre Attraktion des Tonfilms durch, und die Musik wurde meist zur stimmungsunterstützenden Untermalung in den Hintergrund gedrängt. Die Hollywood-Studios unterhielten in ihrer Glanzzeit umfangreiche Musikabteilungen mit fest angestellten Komponisten (oft Emigranten aus Europa), die bisweilen kunstvolle Scores komponierten (zumeist in Leitmotivtechnik und in spätromantischer Musiktradition) oder aus eigenen bzw. fremden Motiven (**Cue**) zusammenstellten und mit großen Orchestern einspielten. Eine (noch heute bestehende) wichtige Finanzquelle z. B. der **Ufa** waren ihre Musikverlage, die die Rechte und Noten populärer Filmschlager vermarkteten. Seit den 60er Jahren hat sich der auf Schallplatten veröffentlichte **Soundtrack** verstärkt auch als Teil der Marketing-Kampagne oder als zusätzliche Einnahmequelle (siehe **Merchandising**) durchgesetzt. Oft werden dafür lediglich alte oder neue Stücke der Popmusik präsentiert, die im Film u. U. sekundenweise zitiert werden. Seit den 80er Jahren verschwimmen zudem immer mehr die korporativen Grenzen zwischen Film- und Musikfirmen.

Filmografie. Der «Bibliografie» nachgeprägter Begriff der Filmwissenschaft; ein Verzeichnis von Filmen, eventuell mit Anführung von Produktionsdaten (**Credits**). Vergleiche **CineGraph**, **Lamprecht**.

Filmprogramm-Heft siehe **Illustrierter Film-Kurier**.

Filmprüfstelle. Staatliche **Zensur**-Institution des Deutschen Reichs mit Sitz in Berlin und München. Mit dem Reichslichtspielgesetz vom 12. 5. 1920 wurde eine zentrale staatliche Filmzensur eingerichtet, die die bestehende lokale Polizeizensur (in Berlin seit 1906) ersetzte. Auch vorher wurden die Entscheidungen der Berliner Filmprüfstelle im ganzen Reich weitgehend als maßgeblich akzeptiert. Vergleiche **FSK**.

Filmstudien siehe **Cinema Studies**.

Filmtheorie. Die Behandlung solcher Fragen wie: «Was ist Film / Kino?», «Wie erfahren wir Film / Kino?», oder «Was ist die Wirkung von Film / Kino?» Themen der akademischen Filmtheorie sind u. a. die Eigenheit und Ideologie von Stil, Genre, Narration, Repräsentation und Publikum. Einige der wichtigsten Schulen der Filmtheorie wurden von Philosophen, Kulturhistorikern oder Kunstkritikern ebenso wie von Filmmachern entwickelt. Siehe **Cinema Studies**, **Everson / Michelson Dichotomie**, **Feministische Filmtheorie, Psychoanalytische Filmtheorie**.

Filmton siehe **Ton**.

Filmtrick siehe **Spezialeffekte**.

Filmverlag der Autoren. 1970 gründete in München eine Reihe Filmmacher nach genossenschaftlichem Muster eine eigene Firma, da sie mit dem Verleih ihrer Filme unzufrieden waren. Ab 1974 dienten die PIFDA (Produktion 1 im Filmverlag der Autoren) und die Pro-ject Filmproduktion auch als Produktionsfirmen, die u. a. für die

Gemeinschaftsfilme *Deutschland im Herbst* und *Der Kandidat* verantwortlich waren. Neben interessanten Initiativen und Erfolgen standen auch finanzielle Krisen und Streit um die richtige Verleihpolitik, sodass der ursprüngliche Ansatz immer mehr verloren ging und der Filmverlag schließlich 1999 vom Verleih Kinowelt AG übernommen wurde.

Filmzeitschrift vergleiche **Filmkritik**, ***Film-Kurier, Hollywood Reporter, Variety, Photoplay*, Trades.**

Filter. In der fotografischen Optik dünne Scheiben aus Gelatine, Glas oder Kunststoff, die vor dem Objektiv befestigt werden und durch ihre spezielle Eigenschaft (z. B. Einfärbung) die Qualität des einfallenden Lichts verändern. Vergleiche **Kompendium**.

Final Cut. Letzte Stufe der Filmbearbeitung (siehe **Feinschnitt**), die für die endgültige Form des Films entscheidend ist. In Hollywood gibt es über das Recht des Final Cut öfter Streit zwischen Produzent und Regisseur. Das Recht zum Final Cut wird meist vertraglich festgelegt, manchmal sogar dem Star des Films eingeräumt.

FIPRESCI (Fédération Internationale de la Presse Cinématographique). Internationaler Verband der Filmkritiker, 1930 nach vorherigen Einzelversuchen gegründet. Jurys der FIPRESCI vergeben bei **Festivals** den «Kritiker-Preis». Die deutsche FIPRESCI-Sektion ist der Verband der deutschen Filmkritik e.V., der alljährlich in mehreren Kategorien den Preis der deutschen Filmkritik verleiht.

FireWire. Von **Apple** entwickelte IEEE 1394-Schnittstellen-Technologie für Computer- und Videogeräte zur schnellen Übertragung digitaler Daten, eine Voraussetzung für die digitale Video-Produktion (**DV**). Der Standard unterstützt drei **Übertragungsraten** (100, 200 und 400 Mbit/Sek.) sowie synchronen und asynchronen Datentransfer. Bei **Sony** heißt die entsprechende Software i.LINK.

Firmware siehe **Hardware**.

First Run siehe **Erstaufführung**.

Fischauge. Ein extremes **Weitwinkel-Objektiv** mit einem **Blickwinkel** von fast 180°, wobei das Bild allerdings stark verzerrt wird.

Flare. Wenn eine Lichtquelle direkt in die Kamera gerichtet ist, entsteht durch die Linsen der Optik oft ein Flimmern oder eine Aura, die Flare genannt wird.

Flash Title siehe **Springtitel**.

Flashback siehe **Rückblende**.

Flash Cutting. **Schnitt**-Technik, bei der sehr kurze Einstellungen schnell hintereinander geschnitten sind.

Flash-forward (Vorausblende). In der Narration eines Films eine Vorausnahme in der Chronologie. Vergleiche **Rückblende** (Flashback).

Flash Frame. Eine Einstellung von einem oder wenigen Kadern, die vom Zuschauer kaum bewusst wahrgenommen werden kann.

Flashing. Technik zur scheinbaren Steigerung der **Empfindlichkeit** einer **Emulsion** durch Erhöhung des Grundschleiers. Dabei wird vor (Preflashing) oder nach (Postflashing) dem Drehen der Film mit einem genau bestimmten diffusen Licht ein zweites Mal belichtet. Durch diese Technik können die Intensität der Farben gedämpft oder Details in Schattenpartien herausgehoben werden. Ein anderer Ausdruck für diese Technik ist Latensification; ein chemisches Verfahren mit der gleichen Wirkung ist Chemtone.

Flat Lighting. **Lichtführung** mit niedrigem **Kontrast**. Vergleiche **Gamma**.

Flimmern (Flicker). Bei der **Projektion** unterbricht die Umlaufblende den Lichtstrahl; dieser Wechsel von Hell und Dunkel ist bis zu einer Frequenz, die von der **Nachbildwirkung** abhängt, sichtbar und störend. Zur Vermeidung des Flimmerns wurden **Sektorenblenden** verwendet, die die Projektion eines einzelnen Kaders ein- oder mehrmals unterbrachen und so quasi eine höhere Bildfrequenz erreichten.

Floppy Disk siehe **Diskette**.

Flügelblende siehe **Blende** 2.

FM (Frequenzmodulation). Beim Rundfunk gebräuchliche technische Sendeform: Die Frequenz (Wellenlänge) einer Trägerschwingung wird durch das Programmsignal modifiziert. Vergleiche **AM**.

Focal Length siehe **Brennweite**.

Focus siehe **Schärfe**.

Focus Plane siehe **Schärfenebene**.

Focus Pull siehe **Follow Focus**.

Foley Editor. Eine Person, die sich auf den Schnitt von **Toneffekten** konzentriert. Eine «Foley stage» in einem Tonstudio besteht beispielsweise aus einer Reihe von Behältern mit verschiedenen Materialien, mit denen sich das Lauf-Geräusch auf unterschiedlichen Böden nachahmen lässt.

Folie (Cell). Beim **Zeichentrickfilm** werden die einzelnen Bewegungsphasen auf durchsichtige Folien gezeichnet, die dann nacheinander auf separat gemalte Hintergründe gelegt und mit **Einzelbild-Schaltung** aufgenommen werden. So müssen nur die sich jeweils ändernden Teile (Figuren) gemalt werden und nicht das gesamte Bild. Siehe **Animationsfilm**.

Follow Focus. Die Verstellung der **Schärfe** während einer Aufnahme, um einen Gegenstand scharf im Bild zu halten, der sich von der Kamera fort- oder auf sie zubewegt. Siehe **Schärfenverlagerung**.

Follow Shot. Eine **Fahraufnahme** oder ein **Zoom**, die einer Person oder einem Gegenstand folgt, die sich bewegen.

Forcieren (Push Development). Moderne **Emulsionen** besitzen einen so großen Spielraum, dass man unterbelichtetes Material durch Über-**Entwicklung** forcieren kann, um noch brauchbare Ergebnisse zu erhalten. Gegensatz: Pull Development, d. h. gezielte Unterentwicklung.

Form, offen / geschlossen. In der Bildästhetik spricht man von geschlossener Form, wenn die Grenzen des Bildes mit denen der filmischen Realität übereinstimmen. Die offene Form deutet an, dass sich die Realität außerhalb des Bildes fortsetzt.

Formalismus. **1**. Allgemein: Die Betonung von Form gegenüber Inhalt.
2. Eine ästhetische Theorie, die davon ausgeht, dass Bedeutung primär in Form oder Sprache eines Diskurses existiert und nicht im expliziten Inhalt oder Thema.
3. Eine Kunstrichtung in der Sowjetunion der 20er Jahre, die diese Theorie anwandte.
4. Kampfbegriff des Stalinismus in den 30er bis 50er Jahren zur Unterdrückung unerwünschter künstlerischer Äußerungen.

Format. **1**. Die Grundstruktur eines Radio- oder Fernsehprogramms.
2. In den USA die allgemeine Stilausrichtung eines Rundfunksenders, z. B. Rock, Klassisch, Country, Nachrichten.
Ein System der Datenspeicherung, z. B. **Disc**, **Tape**.

Fortsetzungsfilm (Serial). Meist billig produzierte Filmserien, bei denen die einzelnen **Episoden** nur Teile einer Gesamthandlung bilden. In der frühen Stummfilmzeit in

Europa und den USA üblich, später fast ausschließlich in den USA produziert und im **Vorprogramm** eingesetzt. Vergleiche **Episodenfilm**, **Miniserie**, **Serie**, **Sequel**.

Fotografie. Wörtlich «Schreiben mit Licht». Jegliches System, Bilder aufzuzeichnen, speziell vermittels fotochemischer Technologie. Obwohl Kinematografie (Cinematography) der präzisere Ausdruck für Film-Fotografie wäre, wird der allgemeinere Begriff Fotografie häufig synonym auf Film angewandt: Man spricht z. B. davon, ein Film sei fotografiert – statt «kinematografiert» – worden. Zunehmend benutzt man den Ausdruck auch bei der elektronischen Bildaufzeichnung.

Fotogram. Aus dem Französischen: ein **Standfoto**.

Found Footage. Vor allem im **Avantgarde**-Film – z. B. von Bruce Conner, Joseph Cornell, Kenneth Anger und Ken Jacobs – angewandte Technik, «gefundene» fremde Aufnahmen in neuem Zusammenhang zu benutzen, ohne wie z. B. im **Kompilationsfilm** auf die historischen Zusammenhänge Rücksicht zu nehmen.

Four-Walling. In der Filmwirtschaft die Praxis, ein Kino für einen Festbetrag zu mieten, statt die Einnahmen mit dem Kino-Betreiber zu teilen.

FOX. 1. 1986 vom Rupert Murdochs Filmverleih **Twentieth Century Fox** gegründetes viertes Fernseh-Network in den USA, das sich u. a. durch die geschickte Programmpolitik von Barry Diller erfolgreich etablieren konnte. Im Januar 1994 konnte FOX dem Konkurrenz-Network **CBS** die Lizenz der National Football League wegschnappen. Das Film-Archiv der Twentieth Century Fox wird seit Ende 1994 im Kabel-Kanal fXM: Movies from Fox ausgewertet.
2. Umgangsprachlich für **Twentieth Century Fox**.

Fox Movietone News. Die **Wochenschau** der **Twentieth Century Fox**. In Deutschland: unter dem Titel Fox Tönende Wochenschau.

FPS. Abkürzung für Frames per Second, d. h. Bilder pro Sekunde (**BPS**, b/s) oder Feet per Second. Siehe **Bildfrequenz**.

FR-3. Der dritte Fernsehkanal in Frankreich, gegründet in den 70er Jahren, nachdem das staatseigene Fernsehsystem aufgebrochen wurde.

Frame siehe **Bild**.

France2 siehe **Antenne2**.

Franchise Film. Ein Film, der eine Serie von **Sequels** bzw. **Spinoffs** auslöst oder sonst einen profitablen Trend startet, wie z. B. *Nightmare on Elm Street.* Die längste Franchise ist die James-Bond-Serie.

Free Cinema. Bewegung des sozial engagierten englischen **Dokumentarfilms** in der zweiten Hälfte der 50er Jahre, aus der eine Reihe von Spielfilmregisseuren – u. a. Karel Reisz, Tony Richardson, Lindsay Anderson – hervorging.

Freeze Frame siehe **Standkopierung**.

Frequenz-Verdoppelung. Eine Schwäche des amerikanischen **NTSC**-Systems ist die relativ niedrige vertikale Auflösung (525 Zeilen). Line-Doubling (Zeilen-Verdoppelung) verbessert die Bildqualität. Die Schwäche der europäischen **PAL**- und **SECAM**-Systeme ist die niedrige **Frequenz** (50 Hz). Durch Verdoppelung der Frequenz auf 100 Hz wird das Flimmern weitgehend verhindert.

Frequenzbereiche (Radio Bands). Die Übertragungssignale für Radio und Fernsehen sind auf Basis internationaler Vereinbarungen auf bestimmte Frequenzen beschränkt. Die Radio-Bereiche sind z. B.

Langwelle (150–450 kHz), Mittelwelle (520–1620 kHz), Kurzwelle (2000–30 000 kHz). FM-Rundfunk (UKW) arbeitet in Ost-Europa auf 66–72 MHz, 76–90 MHz in Japan und 87–108 MHz in der übrigen Welt. Vergleiche **Satelliten-Frequenzen**.

Freunde der Deutschen Kinemathek e.V. Als 1963 ursprünglich zur Unterstützung der **Deutschen Kinemathek** – aber davon unabhängiger – gegründeter Filmclub betreiben die «Freunde» ab 1970 das Programmkino «Arsenal» und einen nichtkommerziellen Filmverleih mit dem Schwerpunkt **Experimental-**, **Dokumentarfilme** und **Drittes Kino**. Seit 1971 sind sie auch für das «Internationale Forum des Jungen Films» im Rahmen der **Berlinale** verantwortlich. Ab Mitte 2000 sind sie mit zwei eigenen Kinos im Sony-Filmhaus am Potsdamer Platz untergebracht.

Friedrich-Wilhelm-Murnau-Stiftung. 1966 gegründete Stiftung in Wiesbaden, die als Rechtsnachfolgerin den Filmstock der reichseigenen **Ufa**-Film GmbH (UFI) – ca. 2000 Stumm-, 1000 Ton- sowie ca. 3000 Kurz- und Dokumentarfilme – vermarktet, außerdem die Nachkriegsproduktionen der Universum-Film AG (1956–61) und der **Bavaria** Filmkunst GmbH (1956–62). Die FWMS bemüht sich – in Zusammenarbeit vor allem mit dem **Bundesarchiv-Filmarchiv** und dem Deutschen Filminstitut **DIF** – um die Erhaltung und **Rekonstruktion** der Kopien der von ihr beanspruchten Filme. Die kommerzielle Auswertung liegt bei der Transit-Film GmbH.

Front Projection siehe **Aufprojektion**.

Frühes Kino siehe **Kintopp**.

FSK. Die Freiwillige Selbstkontrolle wurde 1949 als Kontrollorgan der **SPIO** gegründet, um über Jugend- und Feiertagsfreigabe von Filmen zu entscheiden. Ersetzt in der Praxis die vom Grundgesetz verbotene **Zensur**. Vergleiche **Production Code**, **FBW**, **Prädikat**.

F-Stop, **F-Zahl** siehe **Blendenzahl**.

FTP (File Transfer Protocol). Zusammen mit Telnet und **SMTP** ältester Übertragungsstandard im **Internet**, der das Kopieren von beliebigen Dateien zwischen entfernten Computern ermöglicht.

Führungslicht (Key Light). Die Lichtquelle, die den Beleuchtungsstil einer Aufnahme bestimmt. Vergleiche **High Key**.

Full Shot siehe **Halbtotale**.

Füll-Licht (Fill-light). Die Lichtquelle, meist von der Seite, die die vom **Führungslicht** verursachten Schatten aufhellt.

Fundus. Wie beim Theater jenes Lager an Kostümen und Gegenständen (**Requisiten**), die für neue Inszenierungen angeschafft oder hergestellt, dann aber zur weiteren Verwendung in anderen Produktionen aufbewahrt werden. Entweder Teil eines Studios (siehe **M-G-M**) oder auch eine eigenständige Firma, die die Gegenstände pflegt und jeweils ausleiht.

FWU. Das FWU Institut für Film und Bild in Wissenschaft und Unterricht ist eine gemeinnützige Einrichtung der Länder der Bundesrepublik Deutschland zur Information und Beratung in pädagogischen und technischen Fragen der audiovisuellen Medien. Vorläufer des FWU war die Reichsstelle für den Unterrichtsfilm, die 1940 in Reichsanstalt für Film und Bild in Wissenschaft und Unterricht (RWU) umgewandelt wurde. Vergleiche **Industriefilm**, **Kulturfilm**, **IWF**.

FX. Hollywood-Jargon für **Special Effects**, **Sound Effects**, **Opticals** und **Digital Effects**.

Gaffer. Amerikanische Bezeichnung für den Chefbeleuchter bei den Dreharbeiten; sein Assistent heißt Best Boy.

Gag. Ein komischer Einfall, präziser: ein situativer Scherz im **Stummfilm**, im **Tonfilm** ein optischer Scherz als Gegensatz zum Wort-Witz.

Gainsborough. 1924 von Michael Balcon und Graham Cutts gegründetes britisches Studio, das in Islington ansässig war. Dort entdeckte Balcon u. a. das Talent des Zwischentitel-Schreibers Alfred Hitchcock, dem er die erste Chance zum Regieführen gab. 1928 wurde Gainsborough von **Gaumont**-British übernommen, 1941 von **Rank**. Während des Krieges produzierte das Studio eine Serie von Kostüm-Melodramen (u. a. *The Wicked Lady*), die wie die Gegenwarts-Melodramen Frauen und ihre Sexualität in den Mittelpunkt stellten. Markenzeichen der Gainsborough-Studios war eine Frau in einem ovalen Bilderrahmen.

Galgen. 1. (Boom) Ein beweglicher Arm, an dem das Mikrofon befestigt ist.
2. Beim **Schnitt** ein Gestell, an dem während der Arbeit die einzelnen Filmstreifen griffbereit befestigt werden können.

Game Show. Populäre Sendeform in Radio und Fernsehen, bei der mit einfachen, spielerischen Aufgaben Geld- und Sachpreise zu gewinnen sind. Vergleiche **Quiz**.

Gamma. Der Tangenswert des Winkels des geradlinigen Teils der **Gradations**kurve, mit der der **Kontrast**-Umfang einer **Emulsion** bezeichnet wird. Ein hoher Gamma-Wert kennzeichnet hohen Kontrast.

Gamma Group. Eine 1992 in Bologna von europäischen Film-Archivaren und Labortechnikern gebildete Forschungsgruppe zum Erfahrungsaustausch und zur Entwicklung von Standards bei der Restaurierung bzw. **Rekonstruktion** alter Filmkopien.

Gate siehe **Bildfenster**.

Gauge siehe **Filmformat**.

Gaumont. Von Léon Gaumont, einem Hersteller fotografischer Apparaturen, gegründete Firma, die sich 1896 unter Leitung von Alice Guy der Filmproduktion zuwandte. 1905 errichtete er in Buttes-Chaumont das erste eigenständige Film-**Atelier** Europas. Hier entstanden u. a. **Animationsfilme** von Émile Cohl und **Serials** (*Fantômas*) von Louis Feuillade. Zum Schutz seines **Tonbild**-Systems Chronophone schloss Gaumont eine Kartellabmachung mit dem deutschen Konkurrenten Messter (**Biophon**). Ab 1908 erschien regelmäßig die **Wochenschau** Gaumont-Actualités. In Paris gehörten die Gaumont-Kinos zu den größten und elegantesten Filmpalästen. Zu Beginn des Ersten Weltkriegs war Établissement Gaumont S.A. neben Pathé einer der größten Filmkonzerne der Welt. Léon Gaumont zog sich 1929 zurück und übergab die Firma an Louis Aubert, der sie zu Gaumont-Franco Film-Aubert (GFFA) umwandelte. Die englische Tochter Gaumont-British war – unter der Leitung von Michael Balcon – in den 30er Jahren eine der wichtigsten britischen Produktionsfirmen.
Nach einer Finanzkrise wurde die Firma 1938 in Société Nouvelle Établissement Gaumont (SNEG) umgewandelt, die heute als Produzent, Verleiher und Kinobetreiber existiert.

Gedruckter Schaltkreis (Printed Circuit). Ein miniaturisierter elektronischer Schaltkreis, dessen Verbindungen auf die Trägerplatte (Platine) gedruckt werden. Teile wie **Transistoren**, Kondensatoren und Widerstände können dann einfach eingesteckt, statt umständlich verdrahtet zu werden. Mit dem Transistor markierte der **Gedruckte Schaltkreis** die erste Entwicklungsstufe der modernen Mikroelektronik. Er war der Vorläufer von **Integriertem Schaltkreis** und **Mikroprozessor**.

Gegenlicht (Backlighting). Stellung der Beleuchtung, bei der sich der Gegenstand zwischen Kamera und Lichtquelle befindet und dadurch besonders stark hervorgehoben wird.

Gegenschuss (Reverse Angle). **1.** Eine **Einstellung** von der gegenüberliegenden Seite des Motivs.
2. Ein dramaturgisches Mittel zur bildlichen Auflösung z. B. einer Unterhaltung, wobei abwechselnd die beiden Partner – sprechend oder reagierend – gezeigt werden. Da die Personen jeweils getrennt aufgenommen, beim Schnitt aber direkt zu einer Szene montiert werden, ist hier das Problem der **Anschlüsse** besonders schwierig. Vergleiche **Reaction Shot**, **Schuß / Gegenschuss**.

Geiselgasteig. 1919 von Peter Ostermayers **Emelka** gegründetes Ateliergelände bei München. Nach einer – u. a. durch die Einführung des **Tonfilms** ausgelösten – Krise übernimmt 1933 die neu gegründete **Bavaria** Film AG das Atelier, das seither von wechselnden Bavaria-Firmen betrieben wird. Nach Kriegsende der Kontrolle der amerikanischen Besatzungsbehörde OMGUS unterstellt, beginnen – vor allem angesichts der Berliner Blockade – erste Produktionen auf dem Gelände. In den 50er Jahren Reprivatisierung und Einstieg in die Fernsehproduktion (u. a. *Raumpatrouille Orion*). 1959 Übernahme durch die Bavaria Atelier GmbH, eine Tochter der Fernsehanstalten **SDR** und **WDR**. Daneben nutzen ausländische Firmen das Atelier für Kinoproduktionen. Seit den 70er und 80er Jahren entstehen unter dem Hybrid-Produzenten Günter Rohrbach u. a. die spektakulären TV-Filme *Berlin Alexanderplatz* und *Das Boot* sowie zahllose Serien (*Derrick*, *Marienhof*). Seither versucht die Bavaria Film und Fernseh Studios GmbH sich vor allem auf technischem Gebiet (**Spezialeffekte**, **Video**) zu etablieren. Vergleiche **Babelsberg**.

Geisterbild. Beim Fernsehempfang z. B. durch Überreichweiten entstehende Bildstörung, bei der ein zweites, schwächeres Bild unter dem eigentlich gewählten Kanal liegt.

GEMA (Gesellschaft für musikalische Aufführungs- und mechanische Vervielfältigungsrechte). 1915 als Genossenschaft gegründete einflussreiche Organisation zur Wahrnehmung der Urheberrechte von Komponisten, Textdichtern und Musikverlegern sowie zur Eintreibung von Tantiemen. Nach 1945 in der BRD neu gegründet.

Gendai-geki. In der japanischen Kinematografie das Genre der zeitgenössischen Dramen. Vergleiche **Jidai-geki**, **Shomin-geki**.

General Release siehe **Verleih**.

Generation. Bei der Filmherstellung werden für Bearbeitungen und Arbeitsgänge immer mehr Generationen neuer **Dup**-Kopien gezogen, deren Qualität mit der Entfernung zur ersten Generation, dem Kamera-Original, abnimmt. Während die gleiche Abnahme der Bildqualität auch die analoge elektronische Aufzeichnung betrifft, z. B. **Videokassetten**, hat sie in der digitalen Welt keine Bedeutung, wo jede Kopie vom «Original» nicht zu unterscheiden ist. Dieser für Hollywood und andere Produzenten schreckliche Gedanke hat z. B. zu **Kopierschutz**-Systemen geführt.

Genre. Gruppen von Filmen, die gewisse thematische oder stilistische Gemeinsamkeiten besitzen, z. B.: Western, Science-fiction, Detektiv- und Kriminalfilm, **Musical**, **Film Noir**, **Bergfilm.** Die Kunst der Genre-Filme liegt in der Variation, dem Spiel mit den – ungeschriebenen – Genre-Regeln.

Geräusche. Neben Dialog und Musik eine der drei Ebenen des bei der **Mischung** hergestellten Filmtons. Elemente des Geräuschbands sind die **Raumatmosphäre** sowie die **Toneffekte**. Vergleiche **Dialogband**, **Effektband**, **IT-Band**, **Musikband**.

GEZ (Gebühreneinzugszentrale der öffentlich-rechtlichen Rundfunkanstalten der Bundesrepublik Deutschland). Nachdem bis in die 70er Jahre die Rundfunkgebühren vom Postboten kassiert wurden, mussten **ARD** und **ZDF** aufgrund von Urteilen des Bundesverwaltungsgerichts ein eigenes System zum Eintreiben der ihnen durch Staatsvertrag der Bundesländer zustehenden Gebühren und zur Identifizierung von Schwarzhörern und -sehern entwickeln.

GfK (Gesellschaft für Konsumforschung). Von den deutschen Fernsehsendern beauftragte Firma zur Ermittlung der Einschaltquoten von Sendungen. Vergleiche **Nielsen**, **Ratings 2**.

Gig. Aus der Musikersprache übernommener Jargonausdruck für ein Engagement.

Giga. Umgangssprachlich Präfix für 1 Milliarde. In der Computer-Welt bedeutet es allerdings 2^{30}, d.h. 1073741824. Also beträgt die Speicherkapazität einer 8-Gigabyte-Harddisk 8589934592 Bytes und nicht 8000000000 Bytes.

Gilde-Kinos siehe **Filmkunst**.

Glasaufnahme. Technik des **Spezialeffekts**, bei dem Teile des Filmbildes (z.B. Dekorationsteile) auf eine Glasscheibe gemalt werden, die dann perspektivisch genau angepasst vor der Kamera befestigt wird. So können Dekorationsbauten eingespart und Kosten gesenkt werden.

Glasfaseroptik (Fiber Optics). Übertragungstechnologie für Radio-, Fernseh-, Telefon- oder Daten-Signale mit einem Lichtstrahl als Trägerwelle. Der Laserstrahl wird durch eine Glasfaser, die viel dünner als ein menschliches Haar ist, geleitet. Da Lichtwellen sehr viel kürzer als Radiowellen sind, können sie viel mehr Informationen transportieren. Wegen des geringen Querschnitts können außerdem sehr viele Fasern zu einem Kabel zusammengefasst werden.

Goldcrest. Die 1977 vom kanadischen Finanzmakler Jake Eberts mit Unterstützung der Verlagsgruppe Pearson Longman gegründete britische Produktionsfirma entwickelte sich vor allem durch die Arbeit von David Puttnam und Richard Attenborough zur wichtigsten unabhängigen Filmproduktion der 80er Jahre. Höhepunkt war die weltweite Erfolgsserie mit *Chariots of Fire* (u.a. vier Oscars), *Gandhi* (acht Oscars), *Local Hero* und *Killing Fields*. Goldcrest expandierte zu stark und scheiterte – trotz einzelner künstlerischer Erfolge – nach einer Serie finanzieller Katastrophen nach zehn Jahren.

Gosfilmofond Rossii. In den 30er Jahren gegründetes zentrales Filmarchiv Russlands bzw. der UdSSR in Moskau und Belye Stolby. Eines der größten Filmarchive der Welt, das u.a. auch über einen großen Bestand von 1945 im Reichsfilmarchiv Potsdam beschlagnahmten Originalen deutscher Filme verfügt. Ein zweites russisches Archiv, das Staatliche Film- und Fotoarchiv in Krasnogorsk, verwahrt vor allem historische Dokumentaraufnahmen. Siehe **Goskino 2**.

Goskino. **1.** 1922 in Moskau durch Zusammenlegung der ehemaligen privaten Filmstudios von Hanžonkov und Ermol'ev gegründete Filmproduktion, aus der schließlich das **Mosfil'm**-Studio hervorging.
2. Das einem Filmministerium entsprechende Staatskomitee beim Ministerrat der UdSSR, dem das gesamte Filmwesen in der Sowjetunion – einschließlich der Zensur – unterstand. Nach Auflösung der UdSSR in Staatliches Filmkomitee der Russischen Föderation umbenannt. Siehe **Gosfilmofond**, **Sovkino**.

Gradation. Die stufenweise Zunahme der Dichte einer fotografischen **Emulsion**. Diese Eigenschaft wird durch die Gradationskurve dargestellt und vom Gamma-Wert gekennzeichnet. Der Gradationskurve lassen sich unter anderem Angaben über **Empfindlichkeit** und **Brillanz** entnehmen.

Grain siehe **Körnigkeit**.

Grammy. Nach dem Vorbild des **Oscar** verleiht die National Academy of Recording Arts and Sciences (**NARAS**) alljährlich Schallplatten-Preise in Form eines **Grammophons** (daher der Name).

Grammophon. In Konkurrenz zu Edisons **Phonograph** entwickelte in Washington der Telefontechniker Emile Berliner das Gramophone, das 1887 patentiert wurde. Die entscheidenden Unterschiede waren: die Wellenbewegung der Nadel bei der Aufzeichnung war horizontal statt vertikal, und sie wurde auf einer runden Scheibe statt auf einem Zylinder festgehalten, was – nach Berliners Intention – eine industrielle Reproduktion ermöglichte. Das Gerät erhielt eine entscheidende Verbesserung, als beim Antrieb 1896 die unzuverlässige Handkurbel durch einen Federwerk-Motor ersetzt wurde. Die ersten Grammophon-**Schallplatten** in Lizenz von Berliner wurden 1889 von der deutschen Spielzeugfabrik Kämmerer & Reinhardt in Weithausen aus Gummi oder Zelluloid hergestellt.

Grand Alliance. Bezeichnung für ein Konsortium amerikanischer Rundfunkleute, Gerätehersteller und Ingenieure, das die Standards für **HDTV** und **ATV** festlegte. Diese Standards weichen von den **DVB**-Standards ab, die von der **EBU** – einem europäischen Gegenstück der Grand Alliance – festgelegt worden sind. Als sich Mitte der 90er Jahre die Entwicklung von analogen Systemen (wie dem frühen japanischen HDTV) zu rein digitalen Systemen bewegte, wurde die Schaffung einheitlicher Standards gefordert. Am 1. 11. 1998 – dem von der **FCC** für den Start von HDTV in den USA vorgegebenen Datum – war kaum einer der Hersteller, Kabelbetreiber und Produzenten bereit. Die Grand Alliance war hoffnungslos zerstritten und unterstützte diverse, nichtkompatible Systeme. Zu diesem Zeitpunkt waren die meisten US-Zuschauer längst vom Antennenempfang zum Kabel gewechselt, was bei der Einführung neuer Standards Milliarden-Investitionen und u. a. den Austausch sämtlicher **Konverter** auslösen würde. Schließlich stellte man fest, dass bislang kein Standard für die Verbindung zwischen den Konvertern und den neuen HDTV-Fernsehgeräten festgelegt worden war. Die Grand Alliance war eher ein großes Chaos (und vielleicht ein Trick der FCC, der Industrie die Vorteile staatlicher Lenkung zu beweisen).

Graustufen (Schattierung, Grayscale). In der Computergrafik eine Darstellung, bei der jedem Pixel außer reinem Schwarzweiß verschiedene Grauwerte zugeordnet sind. Die Helligkeitswerte erhöhen die Lesbarkeit des Bildes trotz fehlender Farbinformation. Normal sind 256 Grauabstufungen.

Green Book siehe **CD-Standards**.

Gremienfilm siehe **Filmförderung**.

Grip. Sammelname für die im **Atelier** arbeitenden Bühnenarbeiter. Nach ihren Aufgaben werden Dolly Grips (Kamerawagen), Lighting Grips (Beleuchter), Construction Grips (Bauten) unterschieden. Der Chef, der mit dem **Kameramann** und dem **Gaffer** zusammenarbeitet, heißt Key Grip.

Gross. In den USA die Gesamteinnahme eines Films an der Kinokasse (**Box Office**). Der Anteil des **Verleihs** heißt Rentals.

Großaufnahme (Close-up). Sehr nahe **Einstellung**, die z. B. nur den Kopf eines Schauspielers zeigt.

Großbildschirm. In Anlehnung an die Techniken der Fernsehübertragung von Sportereignissen oder Musikveranstaltungen erwarten inzwischen viele Besucher die Ereignisse, auch im Stadion oder in der Halle selber über große Videoschirme die Akteure, Musiker, Redner oder Sportler gleichzeitig neben der winzigen Realfigur auch groß und im Detail zu sehen, Standbilder und **Replay** (sowie natürlich Werbung) eingeschlossen. In den USA heißen solche Großbildwände Diamondvision (ursprünglich der Markenname eines Herstellers). Vergleiche **Eidophor**, **Videoprojektion**.

Grundrauschen. Das durch die technischen Grundbedingungen von Tonaufnahme und -wiedergabe bei allen Systemen vorhandene Geräusch. Vergleiche **Dolby**.

Gruner + Jahr (G+J) siehe **Bertelsmann**.

Gummilinse. Populärer Ausdruck für ein Transfokator- oder **Zoom**-Objektiv.

Halbbild-Verfahren siehe **Interlace**.

Halbes Licht siehe **Seitenlicht**.

Halbnah-Einstellung (Medium Shot). **Einstellung**, die etwa eine Person in voller Größe in der Dekoration wiedergibt.

Halbtotale (Full Shot). Eine **Einstellung**, die etwa eine Person oder Gruppe in ihrem Umfeld zeigt.

Handkamera. Nach der Einführung leichter Kameras (z. B. **Arriflex**), die ursprünglich für **Wochenschau**-Aufnahmen (speziell im Zweiten Weltkrieg) konstruiert wurden, entwickelte sich im **Dokumentarfilm** (siehe **Cinéma Vérité, Direct Cinema**) und seit Anfang der 60er Jahre auch im Spielfilm (siehe **Nouvelle Vague**) ein auf die Beweglichkeit und Direktheit der Handkamera abgestellter Bildstil. Vergleiche **Bolex**, **Entfesselte Kamera**, **Schulterstativ**, **Steadicam**.

Handy. Deutscher Ausdruck für **Mobiltelefon**.

Hard Light. Eine **Lichtführung** mit scharfen, abgegrenzten Schatten. Vergleiche **Soft Light 2**.

Hardware, Software, Firmware. In der Computer- und Mediensprache bezeichnet Hardware die relativ dauerhaften Geräte wie Kameras, Fernseher und Computer. Software bezieht sich auf das Material, für deren Betrieb die Hardware gebaut worden ist, z. B. Bänder und Programme. Bei Firmware handelt es sich um z. B. mittels eines **ROM** fest in einem Gerät eingebaute Software, etwa das **Betriebssystem** eines **PC**.

Hauptfilm. 1. Im Kinoprogramm der lange Spielfilm (**Feature**). Vergleiche **Vorprogramm**.
2. Beim **Kombinationstrick**-Verfahren (siehe **Wandermasken**) der Film, auf dem schließlich die kombinierte Aufnahme erfolgt.

Hays Office siehe **MPAA**, **Production Code**.

HBO (Home Box Office). In den USA 1972 gegründetes erstes **Pay-TV** Network über Kabel, gehört zum Medien-Konzern **Time-Warner**. Der landesweite Sendebetrieb über Satelliten begann 1975. Der schnelle Erfolg von HBO beförderte die allgemeine Ausbreitung von **Kabelsendern** und prägte für Jahrzehnte die Struktur des Mediums.

HD (High Definition). 1. Bei Digital-**Videorecordern** ein Halbzoll-Band mit Metallpartikeln. Die Spitzenauflösung beträgt 1980×1025 Pixel.
2. Die **DSD**-Schicht bei einer **SACD**-Disc.
3. Allgemeine Bezeichnung für **DTV**.

HDC (High Definition Camera). Eine digitale Kamera, die einen **CCD**-Chip für 2 Millionen Pixel benutzt.

HDCD. 1. High Density Compact Disc oder High Definition Compatible Disc, die **DVD**-Technologie auf die sich **Sony/Philips** und **Time Warner/Toshiba** 1995 geeinigt haben: Doppel-Layer, doppelseitig. Mit einer maximalen Kapazität von 18,8 Gigabytes verbindet der HDCD-Standard die von den Computerherstellern geforderte Abwärts-Kompatibilität mit der für die Unterhaltungsindustrie wichtigen hohen Kapazität der DVDs.
2. High Definition Compact Disc. Eingetragenes Warenzeichen für eine 1992 von Pacific Microsonics entwickelte Audio-Technologie, die u. a. die Sampling-Rate (20 bit) von Standard-**CDs** vergrößerte und so eine verbesserte digitale Aufnahme bei gleichzeitiger Abwärts-Kompatibilität ermöglichte.

HDF (Hauptverband Deutscher Filmtheater e.V.). Der Dachverband der Kinobesitzer in der Bundesrepublik Deutschland.

HDLD (High-Definition LaserDisc). Japanisches **Laserdisc**-Format für **Hi-Vision**-Aufnahmen (**HDTV**).

HDTV (High Definition Television). Nach jahrelangen Vorarbeiten in Japan 1981 von **Sony** und **CBS** in den USA erstmals präsentiertes analoges Fernsehsystem, mit dem die Bildqualität des 35mm-Films erreicht werden soll: vor allem durch 1125 Zeilen (statt 525 bzw. 625, siehe **Fernsehstandards**) und die Erweiterung des Bildformats von 4:3 auf **16:9**. (siehe **Breitwandfernsehen**). Das System zeigte eine erstaunliche Verbesserung der Bildqualität, setzte jedoch eine enorme **Bandbreite** voraus. Obwohl die Technologie in den 80er Jahren intensiv diskutiert und demonstriert wurde, begannen – unter der Bezeichnung **Hi-Vision** – erste regelmäßige Sendungen erst am 25. 11. 1991 in Tokio. Die rapide Entwicklung der Digital-Technik und Streitigkeiten um einen europäischen Standard haben die Entwicklung dieses analogen Systems beeinträchtigt. 1996 verkündete die **FCC** einen breiten Satz von Standards für HDTV. Die Commission entschied sich für ein digitales HDTV-System, was die umfangreichen Vorarbeiten in den 70er und 80er Jahren in Japan obsolet machte. Digitales HDTV gibt es in zahlreichen Varianten: Es sind unterschiedlich viele Zeilen bei der horizontalen Auflösung möglich, Scanning kann entweder «progressiv» oder «**interlaced**» sein. Die erste HDTV-Übertragung in den USA fand im November 1998 statt. Siehe **DTV**, **Grand Alliance**.

Head siehe **Kopf.**

Heimatfilm (vergleiche **Bergfilm**).
Ein an literarische Wurzeln (Ludwig Ganghofer) und Vorläufer im Stummfilm anknüpfendes, besonders in den 50er Jahren in der Bundesrepublik populäres Genre, bei dem – u. a. als eskapistische Reaktion auf die Zerstörung der Städte im Zweiten Weltkrieg – überwiegend melodramatische Handlungen in malerischen ländlichen Gegenden (vorzugsweise den Alpen) abliefen. Im **Jungen Deutschen Film** gab es bei einigen Filmen den Versuch, Genre-Elemente des Heimatfilms mit kritischen Inhalten aufzufüllen.

Heinrich-Greif-Preis. 1951 gestiftete staatliche Auszeichnung der DDR für Film- und Fernsehschaffende, «die sich durch beispielhafte Parteinahme in der Gestaltung des Kampfes um Frieden, Demokratie und Sozialismus auszeichnen».

Heiße Medien siehe **Kalte und heiße Medien**.

Helical Scan siehe **Schrägspuraufzeichnung**.

Heritage Cinema. Ein sich in den 70er Jahren herausbildendes – überwiegend britisches – Untergenre des Historienfilms. Vor allem **Fernsehromane** der BBC und die gediegenen Produktionen des Teams Merchant und Ivory lösten eine Welle von opulenten Adaptionen von Romanen (Henry James, E. M. Forster), vor allem über das Leben im England des 19. Jahrhunderts und der Jahrhundertwende aus. Der Begriff wurde dann auch auf ähnliche Epochenbilder anderer Länder ausgeweitet.

Hi-8. Sonys (analoge) Reaktion auf das **Super VHS**-Videosystem mit einer horizontalen Video-Auflösung von 400 Zeilen unter Verwendung einer Videokassette mit einem 8 mm breiten Magnetband. Vergleiche **Digital 8**.

Hi-Fi (High Fidelity). Die Einführung der **LP**-Technik mit 33 ⅓ rpm in den 50er Jahren bot der Schallplattenindustrie einen Frequenzbereich, der nahezu dem Spektrum der menschlichen Wahrnehmung entsprach. High Fidelity war das Werbewort für diese neue Tonqualität. Vergleiche **Plattenspieler**, **Schallplatte**.

High Key. Stil der **Lichtführung**, bei dem das **Führungslicht** (Key Light) und die Schattenaufhellungen sehr stark sind, helle Töne im Bild also vorherrschen.

Highlighting. Die Heraushebung von Bilddetails, z. B. Augen, durch feine Lichtstrahlen (Spritz- oder Glanzlichter).

High Sierra siehe **CD-Standards**.

Hi-Vision. Japanische Bezeichnung für das **HDTV**-System.

HMV (His Master's Voice) siehe **EMI**.

HNN (Headline News Network) siehe **CNN**.

Hollywood. **1**. Politisch: Ein Teil des County of Los Angeles, der ab 1913 zum Zentrum der Filmproduktion wurde.
2. Allgemein: Bezeichnung für die amerikanische Filmindustrie, obwohl sich tatsächlich nur noch ein großes **Studio** (**Paramount**) dort befindet; zwei liegen in Burbank (**Disney**, **Warner** Bros.), je eins in Universal City bei Burbank (**Universal/MCA**), in Culver City (**Sony**) und Century City (**Fox**), alles geografische oder politische Teile von Los Angeles.

Hollywood Pictures siehe **Disney**.

Hollywood Reporter. Tägliches Insider-Fachblatt der Filmindustrie in Los Angeles, 1930 von William R. Wilkerson gegründet. Im Gegensatz dazu gilt die Zeitschrift *Variety*, die in New York erscheint, trotz des täglich in Los Angeles herausgegebenen Ablegers *Daily Variety* als etwas «distanziert». *Hollywood Reporter* gehört seit 1988 Billboard Publications Inc.

Hollywood Ten. 1947 begannen die berüchtigten Untersuchungen des HUAC (House Un-American Activities Committee) mit publizistisch intensiv verfolgten Untersuchungen über den angeblichen kommunistischen Einfluß auf die amerikanische Filmindustrie. Zehn Filmmacher, die sich weigerten, vor dem HUAC auszusagen, wurden deshalb zu Gefängnis verurteilt und anschließend – zusammen mit Dutzenden anderer Filmschaffender, die niemals irgendeines Verbrechens beschuldigt wurden – auf eine schwarze Liste (**Blacklist**) gesetzt, wodurch sie bis in die 60er Jahre nicht (unter ihrem eigenen Namen) arbeiten konnten. Symbol des Kalten Krieges und der Kommunistenjagd wurde Senator Joseph McCarthy. Die zehn Filmmacher waren: Alvah Bessie, Herbert Biberman, Lester Cole, Edward Dmytryk, Ring Lardner Jr., John Howard Lawson, Albert Maltz, Samuel Ornitz, Adrian Scott und Dalton Trumbo.

Holografie. Auf der **Laser**-Technik beruhendes Verfahren, Bilder dreidimensional wiederzugeben. Die in den 60er Jahren entwickelte Technik ist bisher für den Film nicht anwendbar. Populärste Anwendung sind die als Sicherheitskennzeichen aufgedruckten Hologramme auf Banknoten, Scheckkarten oder Ausweisen. Vergleiche **3-D**.

Home Box Office siehe **HBO**.

Home Page. Im World Wide Web (**WWW**) das **Hypertext**-Äquivalent einer Titelseite. Die Hauptseite einer **Website**.

Home Theatre (Heimtheater). Marketingbegriff der Unterhaltungsgeräte-Industrie für die Kombination von hochwertigen **DVD**-Spielern, **Breitwandfernsehern** und **Stereo**-Anlagen.

Host. **1**. Jener Computer, den Hunderte oder Tausende Benutzer (User) bei einem Online-System anwählen. Vergleiche **Server**.
2. In Fernsehshows, speziell **Talkshows**, der Gastgeber, früher Conférencier genannt, aktueller deutscher Begriff: «Talk-» oder «Showmaster».

HR (Hessischer Rundfunk). 1948 als Nachfolger des 1945 gebildeten Senders der Amerikanischen Militärregierung Radio Frankfurt gegründete, öffentlich-rechtliche Rundfunkanstalt für Hessen. Mitglied der **ARD**.

HSB (Hue, Saturation, Brightness). In Druck- oder elektronischen Medien eines der Systeme, Farbwerte zu quantifizieren. Vergleiche **Farbmodell**.

HSL (Hue, Saturation, Luminance). In Druck- oder elektronischen Medien eines der Systeme, Farbwerte zu quantifizieren. Vergleiche **Farbmodell**.

HSV. Computer-Software analysiert zumeist eine Farbe nach Hue (Farbton), Saturation (Sättigung) und Value (Farbwert) – das HSV-**Farbmodell**.

HTML (HyperText Markup Language). Ein auf **SGML** basierendes Kodierungssystem, das in **WWW**-Dokumenten den Standard für die Integration von Grafiken, Multimedia und **Hypertext**-Verknüpfungen auf fremde Texte bietet. Die Entwicklung der HTML-Standards wurde 1999 mit der Version 4.01 offiziell beendet. Alle nachfolgenden Versionen werden als Anwendungen von **XML** definiert.

HTTP (HyperText Transport Protocol). Das Kommunikations-Protokoll des **WWW**. SHTTP ist die kryptografisch gegen Mitlesen gesicherte Version von HTTP. Siehe **Hypertext**.

HUAC siehe **Hollywood Ten**.

Hype. Bei der Promotion eine besonders extreme Aktivität, abgeleitet von «hyperbole» (Übertreibung).

Hypertext. Ein reines Text- bzw. Text-Bild-Ton-Format für computerisierte Informationsquellen (**CD-ROM**, **Multimedia**-Programme), das es dem Benutzer erlaubt, nichtlinear die Information zu durchstreifen. Beispielsweise kann man in einem Lexikon einen Begriff (oder eine Gruppe von Worten) anklicken und wird direkt mit einem anderen Eintrag zu diesem Begriff oder einer entsprechenden Abbildung verbunden. Siehe **HTML**, **Internet**, **WWW**.

Hyphenate. Im Fachjargon Bezeichnung für einen Filmmacher, der mehr als eine Funktion erfüllt, z. B. Regisseur-Autor, Regisseur-Produzent. Ultimative Hyphenates (vielleicht besser: Hypenates) wären die **Autorenfilmer** des **Jungen Deutschen Films**, die sich nahezu alle Funktionen gleichzeitig zutrauten.

IATSE (International Alliance of Theatrical Stage Employees, Moving Picture Technicians, Artists and Allied Crafts of the United States, Its Territories and Canada, AFL-CIO, CLC). Die amerikanische Gewerkschaft der Bühnen- und Film-Techniker. IATSE Local 600 (International Photographers Guild) ist die nationale Gewerkschaft der Kameraleute. Vergleiche **A.S.C.**
IBA (Independent Broadcasting Authority) siehe **ITC**. Vergleiche **BBC**.

IBM (International Business Machines). Thomas J. Watson, erfolgreicher Vertreter der Firma Cash Register, übernahm 1914 die marode Computing-Recording Company. Innerhalb von fünf Jahren machte er die Firma durch aggressive Verkäufe – vor allem an die US-Regierung – des C-T-T Hollerith-Tabulators, einer Sortiermaschine für Lochkarten, zu einem führenden Hersteller von Büromaschinen. 1924 änderte Watson, angesichts wachsender Umsätze in Europa, Asien und Lateinamerika, den Namen in International Business Machines. Um 1940 war IBM mit einem Umsatz von nahezu 50 Millionen Dollar der führende Büromaschinen-Anbieter in den USA und dominierte die Bereiche Buchhaltungsautomaten, Uhren und elektrische Schreibmaschinen. Obwohl die Firma schon in den 40er Jahren mit führenden elektromechanischen Rechnern experimentiert hatte, wandte sie sich dem entstehenden «Computer»-Markt erst zu, nachdem Remington-Rand 1951 den UNIVAK vorgestellt hatte.
1952 wurde Tom Watson Jr. Nachfolger seines Vaters und präsentierte den 701, IBMs ersten Computer. System/360, eine vollelektronische Familie, folgte 1964, und in den späten 70er Jahren dominierte die Firma weltweit den Computer-Markt mit einem Marktanteil von fast 80 Prozent. Eine Klage der US-Regierung aufgrund von Antitrust-Gesetzen zog sich über Jahre hin. Obwohl die Firma die Entwicklung der Minicomputer in den 70ern überstand und in den 80ern schnell und effektiv auf den Mikrocomputer-Markt reagierte, begann sie in den späten 80er Jahren unter ihrem eigenen Gewicht zu zerbröckeln, als weit billigere Mikrocomputer die teuren Mainframes verdrängten, auf denen der Erfolg der Firma beruhte. 1990, in ihrem letzten guten Jahr, erlöste IBM (Spitzname: Big Blue) einen Gewinn von fast 6 Milliarden Dollar bei einem Umsatz von fast 69 Milliarden Dollar. In den frühen 90er Jahren – angesichts substantieller Verluste – verschlankte eine Reihe Generaldirektoren die Firma, doch ohne Erfolg. Erst der Außenseiter Louis Gerstner Jr., der – im Gegensatz zu den bisherigen Gepflogenheiten – nicht in der Firma selbst aufgestiegen war und 1993 die Leitung übernahm, konnte der Firma den notwendigen heilsamen Schock vermitteln und sie wieder auf frühere finanzielle Höhen bringen. Zwar sind IBMs Verkaufszahlen weiterhin enorm und die Firma ist wieder profitabel, doch hat sie ihre führende Position als Monopolistin des Computermarkts an **Microsoft** abgeben müssen. Vergleiche **Intel.**

IBU (International Broadcasting Union). 1929 gegründete Körperschaft zur Koordinierung von Rundfunkfrequenzen und Austausch von Sendungen mit einem technischen Büro in Brüssel. Im Zweiten Weltkrieg gerät die IBU unter den Einfluss der Nazis. Nach Kriegsende Spaltungsversuche durch die Sowjetunion. Die IBU wird 1950 zugunsten der **EBU** aufgelöst.

ICM (International Creative Management) siehe **Agent**.

Iconoscope. Der erste Typ einer Fernsehkamera-Röhre. Vergleiche **CCD**, **Image-Orthicon**.

IETF (Internet Engineering Task Force) siehe **Standard**.

Ikon. **1**. In den semiotischen Kategorien – zunächst vom Philosophen Ch. S. Peirce formuliert und vom Filmtheoretiker Peter Wollen adaptiert – ein Zeichen, das sein Objekt vor allem durch seine Ähnlichkeit repräsentiert. Siehe **Index**, **Symbol**.
2. In der Computerei das bildliche Signal für Dateien, Programme oder Prozesse, erstmals Mitte der 80er Jahre durch den **Apple**-Macintosh popularisiert und von **Microsofts Windows** übernommen.

ILA (Image Light Amplifier). Dieses **Videoprojektions**-System nutzt einen einzelnen Flüssigkristall zur Vergrößerung des Bildes. Die Bildquelle ist zumeist eine **Kathodenstrahlröhre**.

Illustrierter Film-Kurier (IFK). Zwischen 1919 und 1944 in Berlin erschienene Serie von Filmprogrammen. Die zunächst als Beilage zur Tageszeitung **Film-Kurier** zu den wichtigsten in Deutschland anlaufenden in- und ausländischen Filmen herausgegebenen Tiefdruckhefte erreichten teilweise Millionenauflagen und bilden eine der wichtigsten Quellen zum Film in Deutschland. 1930–38 erschien parallel in Wien eine eigenständige Serie (WFK), in der sich auch Titel finden, die wegen Nazi-Verboten in der reichsdeutschen Serie fehlen. Nach dem Krieg wurde die Tradition in der Bundesrepublik mit der *Illustrierten Film-Bühne* (IFB, 1947–68) und in der DDR u.a. mit der *Progress Filmillustrierten* fortgesetzt. Vergleiche **Filmkritik**.

ILM siehe **Industrial Light and Magic**.

Image siehe **Bild 4**.

Image-Orthicon. Lange Zeit die Standard-Bildaufnahmeröhre in Fernsehkameras, weiterentwickelt zu Super-Orthicon, durch **CCD** weitgehend ersetzt. Vergleiche **Iconoscope**, **Kathodenstrahlröhre**.

IMAX. Kanadisches Film-System für höchste Bildqualität, das mit 65mm-Filmmaterial arbeitet, das waagerecht mit 30 Bildern pro Sekunde läuft und auf eine quadratische Leinwand mit bis zu 18 m Höhe projiziert wird. Ein Nachkomme des **Todd-AO**-Systems. 1970 präsentiert, ist IMAX vor allem in Unterhaltungsparks und Museen populär. Inzwischen gibt es zahlreiche Varianten: IMAX-DOME projiziert das Bild vermittels einer **Fischaugen**-Optik auf eine kuppelartige Leinwand. IMAX-3D benutzt **LCD**-Brillen und Kopfhörer zur Tonverstärkung. IMAX Solido, 1992 eingeführt, verwendet eine Kuppel zur Intensivierung des **3D**-Effekts. Vergleiche **Showscan**.

IMDb (Internet Movie Database). 1990 von Col Needham und anderen als E-Mail-Diskussionsgruppe gegründet, hat sich die IMDb zu einem der besten Beispiele für den Kooperationsgeist im **Internet** entwickelt. 1993 setzten Mitarbeiter der Universität Cardiff diese Film-Liste ins **WWW**. In den nächsten Jahren beteiligten sich Tausende von Film-**Buffs** aus aller Welt mit ihrem Wissen an der Informationsbasis des IMDb, während diese Beiträge von Amateur-Redakteuren überprüft wurden (hier liegt das Problem der nicht unbedingt zuverlässigen und überwiegend Hollywood-lastigen Angaben). 1998 übernahm Amazon.com die IMDb als werbewirksame Unterstützung seines Video- und **DVD**-Angebots.

Independent, Indie. **1**. Kurz für einen – von den großen Studios – unabhängigen Filmmacher, Produzenten oder Verleiher. Vergleiche **AIP**, **Miramax**. Neben den Majors existierte stets eine Szene von unabhängigen Filmmachern, die sich bewusst (aus künstlerischen oder politischen Gründen) den strikten Produktionsregeln der **Studios** nicht unterwerfen wollten oder die es noch nicht geschafft hatten, bei einem **Major** unterzukommen (vergleiche **New American Cinema**. Aus dieser Szene, die auch eigene Festivals (**Sundance**, Los Angeles Independent Film Festival) und Verbände hat, re-

krutiert sich nicht zuletzt der Nachwuchs für Hollywood. Überraschende Erfolge eines Independent-Films (z. B. *Easy Rider*, *The Blair Witch Project*) lösen oft teure Imitationen durch die Majors aus.
2. Im US-Fernsehsystem eine von den Networks unabhängige TV-Station, die – nach den **FCC**-Statuten – wöchentlich weniger als zehn Stunden Network-Programme in der Primetime aussendet.

Index. Im filmtheoretischen System von Peirce / Wollen ein Zeichen, das sein Objekt vermittels einer existentiellen Verbindung repräsentiert, z. B. verweisen eine Uhr oder ein Thermometer auf das, was sie signifizieren. Siehe **Ikon**, **Symbol**.

Industrial Light and Magic (ILM). George Lucas' Firma für **Spezialeffekte** entstand aus der Arbeit an *Star Wars* (1977). Seither hat sich ILM zu einer der führenden Firmen entwickelt, die digitale Techniken auf Film anwenden. Vergleiche **THX**.

Industriefilm. Eine Gruppe von Filmen auf der Grenze von **Werbe-**, **Lehr-** und **Dokumentarfilm**: Kurze, bisweilen auch lange Filme z. B. über Herstellungsvorgänge oder die Geschichte einer Firma, gesponsert oder produziert im Auftrag von Industriefirmen. Zumeist nur für den innerbetrieblichen Gebrauch, bei populärerer Gestaltung aber auch als Vorfilme im Kino gezeigt. Vergleiche **FWU**.

Insert. Die Aufnahme eines Gegenstands, z. B. Kalender, Brief, Schlagzeile, der, in den Film eingeschnitten, eine dramaturgisch wichtige Information vermittelt. Siehe **Zwischenschnitt.**

Integrierter Schaltkreis (Integrated Circuit). Ein äußerst miniaturisiertes elektronisches System, das eine Anzahl sonst getrennter Einzelteile (**Transistoren**, Kondensatoren etc.) in einem geschlossenen Design verbindet. In der modernen Mikroelektronik die Zwischenstufe zwischen dem **Gedruckten Schaltkreis** und dem **Mikroprozessor**.

Intel. 1968 gegründete Firma zur Herstellung von **Integrierten Schaltkreisen.** Dank einer symbiotischen Partnerschaft mit **Microsoft** ist Intel zum dominierenden Produzenten von logischen Chips aufgestiegen. Ursprünglich war es das Ziel der Gründer Gordon Moore, Robert Noyce und Andrew Grove, Halbleitertechnologie praktisch anzuwenden. Einer der ersten wichtigen Schritte war 1971 der **Mikroprozessor** 4004, der 23 000 **Transistoren** enthielt und sofort in Taschenrechnern und Videospielen Anwendung fand. 1981 erhielt Intel von **IBM** den Auftrag, die **CPU** für ihre neuen Personal Computer zu produzieren. Diese Entscheidung, wie auch die Wahl von Microsoft, das entsprechende **Betriebssystem** zu entwerfen, sollten die Geschichte der Mikrocomputer für die nächten zwei Jahrzehnte bestimmen. 1995 führte Intel den Pentium Pro Prozessor ein, der mit 5,5 Millionen Transistoren 300 Millionen Arbeitsschritte pro Sekunde erledigen konnte. Von Intel-Gründer Gordon Moore stammt die These (Moore's Law), dass sich die Speicherkapazität der produzierten Prozessoren alle 18 Monate verdoppele. Vergleiche **AMD**.

INTELSAT. Die International Telecommunications Satellite Organization wurde 1964 gegründet und betreibt ein Netz von Fernmeldesatelliten. Vergleiche **Satelliten-Fernsehen.**

Intensität siehe **Farbe**.

Interaktives Fernsehen. Ein Kabelfernseh-System, bei dem Zuschauer mithilfe von Zusatzgeräten aktiv werden können: Individuelle Wahl aus dem breiteren Programmangebot eines Senders, Abruf von Videospielen, Direktbestellung von Waren (Teleshopping). Ein zentraler Computer steuert die Angebote, überwacht die abgerufenen Leistungen und stellt sie im Einzelnen in

Rechnung. Im QUBE-System von Warner Cable wurde interaktives Fernsehen 1977 erstmalig kommerziell verwirklicht, jedoch wegen damals ungenügender Technik wieder eingestellt.

Interlace (Zeilensprung-Verfahren). Bei normalen Fernsehgeräten angewandtes System zur Reduzierung des Flimmerns: Das Bild wird in zwei Felder (Halbbilder) geteilt, und zunächst werden die ungradzahligen, dann die geradzahligen Zeilen geschrieben. Vergleichbar mit den **Sektorenblenden** bei der Filmprojektion.
Da Computer-**Monitore** nicht von existierenden Fernsehstandards abhängig waren, konnten die Entwickler der ersten Monitore das Flimmern durch die Erhöhung der Scan-Frequenz vermeiden: Wenn man 60, 70 oder 80 Bilder pro Sekunde darstellt, erübrigt sich das Halbbild-Verfahren. Dieses Progressive Scanning bietet ein deutlich stabileres Bild. Die neuen **HDTV**-Standards lassen Übertragungen mit «Progressive» ebenso wie «Interlaced Scanning» zu.

Internegativ siehe **Zwischennegativ**.

Internet. Das Netzwerk aller Netzwerke entstand aus dem **ARPAnet** des amerikanischen Verteidigungsministeriums, das in den 70er Jahren Stellen der Regierung, der Universitäten, des Militärs und kommerzieller Firmen für elektronische Post (**E-Mail**) und Online-Datenbanken verband. 1994 war das Internet auch als Träger kommerzieller E-Mails etabliert und die Einführung der **WWW**-Technologie verwandelte ein ursprünglich wissenschaftliches Netzwerk in das weltweite Basismedium für Online-Publishing, das bei Studenten ebenso populär war wie bei Werbeträgern. Zuvor hatte es allerdings wiederholt von staatlichen Stellen wie der Europäischen Union (mit OSI) bzw. dem Deutschen Forschungsnetz oder privaten Betreibern wie Microsoft (**MSN**) hochfliegende Netzwerk-Pläne gegeben, die jedoch schließlich immer vor der einfachen, doch wirksamen Internet-Technik in die Knie gingen. 1995 gab es so gut wie keine staatliche Unterstützung des Internets mehr.

Intervision. Im Januar 1960 in Bukarest als Gegenstück zur **Eurovision** gegründeter Zusammenschluss osteuropäischer Fernsehsender mit dem Ziel, den Programmaustausch – vor allem bei der aktuellen Berichterstattung – zu intensivieren. Gründungsmitglieder waren Polen, die ČSSR, die DDR und Ungarn; 1962 kam die UdSSR hinzu, später weitere Ostblock-Länder.

Intranet. Nach dem Vorbild des **Internet** ein großes privates Netzwerk, z. B. innerhalb eines Konzerns, normalerweise unter Verwendung von Internet-Technologie.

Intro. Jargonausdruck für eine einleitende Ansage im Rundfunk. Gegensatz: Outro.

Iris-Blende. 1. (Diaphragm) Der aus feinen Lamellen bestehende Teil der Kamera, durch den die Menge des einfallenden Lichts bei der Aufnahme gesteuert wird.
2. Eine Trick-**Blende**, bei der das Bild kreisförmig ein- oder ausgeblendet wird.

ISDN (Integrated Services Digital Network). Ein in den frühen 80er Jahren in Europa entwickeltes, digitales Telekommunikationsnetz, das zugleich der Fernsprechverbindung wie der Datenübertragung dient. In den USA weniger verbreitet.

ISO (International Standards Organization). Internationale Institution, die technische Normen erarbeitet, vergleichbar dem deutschen **DIN** (Deutsches Institut für Normung). Zahlreiche Standards der Film- und Computer-Technik sind durch ISO festgelegt und mit einer ISO-Nummer bezeichnet. Vergleiche **ANSI**, **ASA**, **ASCII**, **Unicode**.

Italowestern, Spaghetti-Western. In den 60er Jahren populäres Genre, das Elemente des klassischen amerikanischen **Western** stilistisch (komisch, brutal) abwandelte.

Von Italien (Sergio Leone, Sergio Corbucci) ausgehend, waren es zumeist europäische Co-Produktionen unter italienischer, spanischer, westdeutscher, französischer und jugoslawischer Beteiligung, häufig auch mit einzelnen amerikanischen Darstellern (Clint Eastwood). Eine westdeutsche Parallel-Erscheinung waren die Karl-May-Western.

IT-Band (International Tape). Das internationale Band ist die Aufzeichnung der fertig gemischten Effekt- und Musik-Bänder – ohne Dialog oder Kommentar; es dient bei der fremdsprachigen Synchronisation als Grundlage des neuen Tons.

ITC (Independent Television Commission). Neuer Name für die Independent Broadcasting Authority (IBA), die in England die Lizenzen für Channel 3 (früher **ITV**) vergibt. Vergleiche **BBC**.

ITU (International Telecommunications Union). 1865 gründeten verschiedene europäische Regierungen eine Organisation zur Kontrolle aller Arten von Telekommunikation, die 1947 der UNO unterstellt wurde. 1952–93 hieß die Agentur **CCITT**. Zum 1. 3. 1993 wurde sie umorganisiert und in ITU umbenannt. Unterabteilungen sind die ITU-R (Radiokommunikation, 1993 aus **CCIR** und IFRB gebildet), ITU-T (Standardisierung der Telekommunikation), ITU-D (Development, Entwicklung).

ITV (Independent TV). Kommerzielles Fernsehsystem in Großbritannien, 1965 gegründet und durch Werbung finanziert. Das ITV-System, gesteuert von der Independent Broadcasting Authority (IBA), bestand aus fünfzehn regionalen «Franchises», die an verschiedene Träger vergeben wurden. Die bekanntesten waren London Weekend Television und Thames TV, die sich das Gebiet von London teilten. ITV betrieb auch Channel 4, 1982 für anspruchsvolle Programme gegründet. 1991 wurden die Franchises neu verteilt, ITV in Channel 3 umbenannt, IBA in **ITC**. Vergleiche **BBC**, **ORACLE**.

IWF (Institut für den wissenschaftlichen Film). Das IWF in Göttingen archiviert und produziert auf Film, Video und CD-ROM Dokumentationen zur Darstellung und Popularisierung von wissenschaftlichen Themen. Vergleiche **FWU**.

J

Jidai-geki. In der japanischen Kinematografie das aus der «Alten Schule» (Kyuha) entwickelte Genre der historischen Dramen, z. B. Kurosawas Samurai-Epen und Mizoguchis Romanzen. Vergleiche **Gendaigeki**, **Shomin-geki**.

Joinville. 1903 errichtete Charles Pathé in Joinville-le-Pont ein Werk zur Filmbearbeitung, später auch ein **Atelier**. Nachdem Bernard Natan, der Pathés Firma übernahm, 1929 das Studio auf Ton umgerüstet hatte, entstand hier mit *Chiqué* der erste Pathé-Natan-**Tonfilm**. Anfang der 30er Jahre arbeitete eine Tochterfirma der amerikanischen Firma **Paramount** in Joinville und stellte dort – oft bis zu sechs oder sieben verschiedene – Sprach-**Versionen** für den europäischen Markt her. Im Laufe des Jahrzehnts wurde Joinville eines der Zentren des französischen Films. Ateliers und filmtechnische Betriebe arbeiten noch heute dort.

JPEG (Joint Photographic Experts Group). Standard zur **Komprimierung** von Bilddaten mit variabler Verlustrate. Optimiert für Bilder mit kontinuierlichen Helligkeits- und Farbübergängen. Siehe **Spatial Compression**.

Jump Cut. Spezielle, ungewöhnliche **Schnittart**, bei der aus einer langen, kontinuierlich gedrehten **Einstellung**, z. B. einer **Fahraufnahme**, Teile herausgeschnitten werden, sodass rhythmische Bild- und Zeitsprünge entstehen.

Junger Deutscher Film (JDF). Die durch das Oberhausener Manifest ausgerufene und ab Mitte der 60er Jahre – unter Anleitung des Dr. Kluge – einsetzende Produktion deutscher Filmmacher. Als diese nicht mehr ganz so jung waren und eine neue Generation hinzukam, wandelte sich der Begriff zum Neuen deutschen Film. Vergleiche **Anderes Kino**.

Jupiterlampe. Ursprünglich in den 20er Jahren die bei Dreharbeiten eingesetzten Lampen der Firma Jupiter-Kunstlicht AG (andere wichtige Lampenhersteller waren Weinert und Efa), dann allgemein Gattungsname für alle beim Film benutzten **Scheinwerfer**.

K. **1.** Abkürzung für Kelvin-Grad, die Maßeinheit der **Farbtemperatur**.
2. In der Computerwelt steht K (Kilo) nicht für 1000, sondern für 2^{10}, entsprechend 1.024. Also sind z. B. 640 K (Kilobytes) RAM 655 360 Bytes und nicht 640 000.

Kabelfernsehen (Cable Television). Die Übertragung von Fernsehsignalen über ein Kabelnetz anstatt über Rundfunkwellen. Ursprünglich entwickelt, um geografisch ungünstige (z. B. bergige) Gegenden mit Fernsehprogrammen zu versorgen, hat sich Kabelfernsehen wegen besserer und störungfreier Übertragungsqualität und einem potentiell viel größeren Angebot von Kanälen zu einem vollwertigen Konkurrenten der terrestrischen oder **Satelliten**-Sender entwickelt. Siehe **Cablecast**.

Kabelsender (Cable Channel, Cable Network). Im Laufe der Entwicklung des Fernsehens wurden in den USA Hunderte lokaler Stationen über Koaxialkabel mit den Zentralen in New York und Los Angeles verbunden, von wo die Programme übertragen wurden. Als **Kabelfernsehen** aufkam, bot die Existenz mehrerer tausend lokaler Kabelnetze die gleiche Chance. Als **HBO** 1975 live vom Satelliten zu senden begann, schlug die Geburtsstunde von Cable Network. Doch während durch die festgelegte Zahl von Lokalsendern die Zahl von Sender-Networks beschränkt blieb, resultierten die ständig zunehmenden Kabelsender in immer mehr Kabelnetzen, die sich – im Gegensatz zu den **Networks** – auf besondere Sparten spezialisierten: Zu den wichtigsten US-Kabelnetzen zählen **HBO**, Cinemax, **Showtime**, **TNT**, AMC (alle auf Spielfilme spezialisiert), **CNN**, **HNN**, **MSNBC** (Nachrichten), ESPN (Sport), **CNBC** (Wirtschaft), **MTV**, **VH-1** (Musik-Videos), A&E, Bravo (Kultur), Nickelodeon (Kinder), The Disney Channel, USA (Unterhaltung) und The Weather Channel (Wetter).

Kader. Das einzelne Bild auf einem Filmstreifen, durch den **Bildstrich** vom nächsten abgegrenzt. Siehe **Bild 1**.

Kalte Farben. Die Farben auf der rechten Seite des sichtbaren Farbspektrums: Blau, Indigo, Violett. Vergleiche **Warme Farben**.

Kalte und heiße Medien (Cool and Hot Media). Von Marshall McLuhan in seinem Buch *Understanding Media* geprägte Begriffe, die den relativen Grad der Einbeziehung des Publikums kennzeichnen.

Kamera siehe **Kasch**, **Kassette**, **Kompendium**, **Objektiv**, **Parallaxe**, **Spiegelreflexkamera**, **Sucher**. Vergleiche **Arriflex**, **Bolex**, **Kinetograph**, **Louma**, **Mitchell**, **Parvo**, **Steadycam**, **Panavision**, **Handkamera**.

Kamerabewegung. Die Kamera kann sich um ihre drei (theoretischen) Bildachsen bewegen: waagerecht = **Schwenk** (pan); senkrecht = **Neigen** (tilt); Querachse = **Rollen** (roll). Die Kamera selbst kann sich auf einem Wagen (**Dolly**), auf Schienen (Track) oder mit einem **Kran** bewegen; vergleiche **Fahraufnahme**, **Louma**.

Kameramann. Sammelbegriff für eine Reihe von Aufgaben beim Drehen, die zumeist auf verschiedene Personen aufgeteilt sind und bei denen es um die optische Umsetzung der Ideen des Regisseurs in das Medium Film geht. Der Chefkameramann (Lighting Cameraman, Director of Photography, Cinematographer) legt **Lichtführung**, **Einstellung**, **Blickwinkel** und **Kamerastandpunkt** fest. Die technische Durchführung von **Kamerabewegungen** sowie die richtige **Belichtung**, **Schärfe** etc. obliegt einem oder mehreren Assistenten (Camera Operator, Focus Puller). In der Frühzeit führte der Kameramann in der Kamera **Blenden** und **Tricks** aus, was heute durch Spezialisten im Labor geschieht.

Kamerastandpunkt (Camera Angle). Die Perspektive, die die Kamera auf der senkrechten Ebene dem Gegenstand gegenüber einnimmt, z. B.: Vogelperspektive, Aufsicht, Augenhöhe, Untersicht, Froschperspektive.

Kamerawagen siehe **Dolly**.

Kammfilter (Comb Filter). Wie sein Vorgänger, der Lochfilter (Notch Filter), ist der Kammfilter der Decoder in einem Fernsehgerät, der das Eingangssignal in **RGB**-Signale zur Steuerung der **Kathodenstrahlröhre** umsetzt. Der Kammfilter liefert eine höhere Video-Auflösung und bessere Farben.

Kanal. 1. Tonspur (Track). In der Tontechnik einer von mehreren parallelen Tonstreifen (auch auf einem Tonträger), die bei der **Mischung** zusammengefahren werden können oder bei der **Projektion** einzelne Lautsprecher beliefern.
2. (Channel). Für die Übertragung von Fernseh- oder Radio-Sendungen bereitgestelltes Hochfrequenzband. Zur Vermeidung von gegenseitigen Störungen werden die Kanäle auf internationalen Konferenzen festgelegt.

Kantenschärfe siehe **Akutanz**.

Kasch. Abdeckung von Bildteilen, die beim Drehen in den Lichtgang geschoben wird, um besondere Bildeffekte zu erreichen, z. B. Schlüsselloch, Fernrohr; oder für **Spezialeffekte** wie Doppelgänger-Aufnahme. Wird allgemein auch **Maske** genannt.

Kassette (Film- / Kamera-Kassette). 1. Vorratsrolle und Aufwickelrolle befinden sich bei modernen Kameras in einer lichtdichten Kassette (auch Magazin genannt), um so den Materialwechsel zu vereinfachen und zu beschleunigen. Eine Kassette faßt normalerweise bis 300 m 35 mm- bzw. 120 m 16 mm-Material, sodass die längste durchgedrehte **Einstellung** auf etwa zehn Minuten beschränkt ist.
2. Siehe **Cassette**.

Kathodenstrahlröhre (Elektronenstrahlröhre, CRT = Cathode Ray Tube). Technische Bezeichnung der Bildröhre eines Fernsehgeräts, eines Computer-Monitors oder Ähnlichem, in Deutschland ursprünglich auch **Braunsche Röhre** genannt. Die Vorderseite ist innen mit Phosphorteilchen beschichtet; diese werden durch einen Elektronenstrahl zum Leuchten gebracht, der im hinteren Ende der Bildröhre erzeugt und durch eine elektronische Linse gelenkt wird.

KEM. Eine Marke für **Schneidetische**. Vergleiche **Moviola**, **Steenbeck**.

Kenworthy. Eine sehr bewegliche, servogelenkte Schnorcheloptik, mit der durch Computersteuerung Miniaturen so aufgenommen werden können, dass die maßstäbliche Reduzierung korrekt berücksichtigt wird. Vergleiche **Louma**, **Modellaufnahme**.

Key Frames. Bei Bild-**Komprimierung**-Systemen wie **MPEG-2** werden bestimmte Einzelbilder detailliert abgebildet: die Key Frames. Alle anderen Frames – die Delta Frames – enthalten nur die Abweichungen zum Key Frame.

Key Grip siehe **Grip**.

Key Light siehe **Führungslicht**.

Keystone. 1912 gegründete Produktionsfirma, die mit dem Regisseur Mack Sennett und u. a. den Stars Mabel Normand, Roscoe «Fatty» Arbuckle, Chester Conklin, Charlie Chase sowie den Keystone-Cops für seine schnell produzierten, turbulenten **Slapstick**-Komödien berühmt wurde. 1914 gehörte Charlie Chaplin zur Darsteller-Truppe. Ab 1915 gehörte Keystone zu Triangle.

Keystoning siehe **Scheimpflug-Korrektur**.

Kientopp, Kintopp. Umgangssprachliche (zeitgenössische) Bezeichnung für das frühe Kino, entsprechend dem amerikanischen **Nickelodeon**.

Kinemathek (Cinémathèque, Filminstitut). Eine Institution, in der Filmkopien und allgemein mit dem Film zusammenhängende Geräte, Dokumente und Publikationen gesammelt, archiviert und erschlossen werden. Häufig eine Kombination von **Archiv** und **Filmmuseum**. Zu den ältesten und bekanntesten gehören die **Cinémathèque Française** (Paris), das British Film Institute (**BFI**, London) und die Film Library des Museum of Modern Art (New York), in Deutschland das **DIF** und die **Deutsche Kinemathek** im Westen (siehe **Kinemathekenverbund**) sowie bis 1990 das **Staatliche Filmarchiv der DDR**. Vergleiche **FIAF**.

Kinemathekenverbund. Nach dem Scheitern des Plans, in der Bundesrepublik Deutschland ein zentrales Filmarchiv zu etablieren, schlossen sich die größten deutschen Archive (**Bundesarchiv-Filmarchiv**, **DIF** und **Deutsche Kinemathek**) 1978 zu einem Verbund zusammen, um die gemeinsam interessierenden Tätigkeiten zu koordinieren und Doppelarbeit – vor allem bei der teuren Erhaltung von Filmkopien – zu vermeiden. Seither wurden andere Filminstitutionen (u. a. Deutsches Filmmuseum Frankfurt, Filmmuseum München, Filmmuseum Potsdam, Filminstitut Düsseldorf) kooptiert und der Interessenbereich z. B. um Fragen der musealen Präsentation und filmografischen Dokumentation erweitert.

Kinematografie des Holocaust. Ein vom Fritz Bauer-Institut (FBI) Frankfurt, **CineGraph** Hamburg und dem Deutschen Filminstitut **DIF** (seit 2000) getragenes Projekt zur Erforschung und Dokumentierung von Filmen über Vorgeschichte, Ablauf und Folgen der Vernichtung der europäischen Juden. Neben der Erarbeitung einer Datenbank (im FBI) finden alljährliche Konferenzen der Arbeitsgruppe statt.

Kinematoscope. 1861 von Coleman Sellers in Philadelphia entwickelter Vorläufer des **Kinetoscope**: Eine Serie auf Glasplättchen gedruckter stereoskopischer Bilder wurde durch eine Kette in einem Guckkasten zusammengehalten. Der Zuschauer drehte eine Kurbel und sah bewegte Bilder.

Kinem. Pier Paolo Pasolinis Bezeichnung für die Grundeinheit der filmischen Sprache, angelehnt an Phonem.

Kinescope. Eine direkt vom Bildschirm abgefilmte Aufzeichnung einer Fernsehsendung, deshalb zumeist von minderer Qualität. Diese in der Frühzeit einzige Möglichkeit, **Live**-Sendungen festzuhalten, erübrigte sich nach der Einführung der **MAZ** Anfang der 60er Jahre.

Kinetograph. Von **Edison** und Dickson 1888 entwickelte erste Filmkamera, 1891 patentiert. Siehe **Bioskop**, **Cinématographe**, **Kinetoscope**, **Praxinoskop**.

Kinetophone. **Edisons** Kombination (1912) von **Kinetograph** und **Phonograph** zur Herstellung von **Tonbildern**.

Kinetoscope. **Edisons** 1891 patentierter Guckkasten, in dem der Zuschauer – gegen Bezahlung – die mit dem **Kinetographen** aufgenommenen Filmstreifen betrachten konnte. 1894 wurde am Broadway in New York mit fünf Guckkästen der erste Kinetoscope Parlor eröffnet. Vergleiche **Kinematoscope**.

Kino (Cinema). Von «cinématographe» über «**Kientopp**» abgeleiteter Name für den Ort, wo Filme projiziert werden. Nach der Art des Filmeinsatzes unterscheidet man heute **Erstaufführungs**-, Bezirks-(Nachspiel-) und **Programmkinos**; außerdem gibt es **Archiv**- und **Kommunale Kinos**, die teilweise oder ganz subventioniert werden. Vergleiche **Art House**.

Kinofilm. Ein Film, der dafür hergestellt wird, primär im Kino – und nicht im Fernsehen oder im Klassenzimmer – aufgeführt zu werden. Im Ansehen der Filmmacher und Zuschauer immer noch die Spitze in der cineastischen Hierarchie.

Kino-Glaz (Kino-Auge). In den 20er Jahren vom sowjetischen Filmmacher Dziga Vertov geprägter Begriff für die von ihm theoretisch und praktisch vertretene Art des **Dokumentarfilms**. Die mit ihm zusammenarbeitende Gruppe nannte sich Kinoki.

Kinomusik siehe **Cue**, **Filmmusik**, **Kinothek**, **Kompilation**.

Kinoreform. In den ersten Jahrzehnten des 20. Jahrhunderts eine vor allem von Pädagogen und Theologen getragene Bewegung zur Abschaffung bzw. Verbesserung des angeblich schädlichen **Kientopps**. Während Spielfilme überwiegend als Schund angegriffen wurden, sah man in Lehrfilmen und Reisebildern eine durchaus brauchbare Anwendung der Filmtechnik.

Kinothek. In der Stummfilmzeit eine nach Themen sortierte Sammlung von Noten oder Musikmotiven, aus denen sich die Kino-Pianisten oder Kapellmeister ihre Begleitmusiken zusammenstellen konnten (siehe **Kompilation**). Die berühmteste Kinothek stammte von Giuseppe Becce. Siehe **Cue**, **Filmmusik**.

Kinozug. 1931 übernahm der Filmmacher Aleksandr Medvedkin die Leitung eines Eisenbahnzugs, der als Filmlabor ausgerüstet war und durch die Sowjetunion fuhr, um mit z. T. vor Ort gedrehten und entwickelten Dokumentarfilmen die Bevölkerung zur Erfüllung der Staatspläne aufzurufen.

Kintopp siehe **Kientopp**.

Kirch. Die KirchGruppe ist Holding des von Leo Kirch 1955 aufgebauten Medienkonzerns, zu dem – seit Anfang 1999 zusammengefasst zu KirchMedia GmbH & Co. KGaA – neben dem ursprünglichen Lizenzhandel mit Filmrechten (**Beta-Film**, Taurus-Film) eine Reihe von kommerziellen Fernsehkanälen gehören: **SAT.1**, Deutsches Sportfernsehen **DSF** sowie die – zunächst von seinem Sohn Thomas Kirch geführten – **Pro7**, Kabel 1 und (ab 2000) der Nachrichtensender N24. Außerdem hält die KirchGruppe Anteile am Axel **Springer** Verlag, an Agenturen zur Sportvermarktung (ISPR, CWL, Prisma) und einer Reihe von Produktionsfirmen, die sich an internationalen Fernsehserien (*Die Bibel*) und Kinofilmen beteiligen.
Nach dem verlustreichen Versuch mit dem **Pay-TV**-Sender **DF1** und jahrelangen Auseinandersetzungen mit **Bertelsmann** übernahm Kirch 1999 von der **CLT-UFA** deren Anteil am Pay-TV-Sender **Premiere** und vereinigte beide zu Premiere World. Es bestehen auch enge geschäftliche Verbindungen zu den umstrittenen Medien-Tycoons Silvio Berlusconi und Rupert Murdoch (**News Corporation**).

Klammerteil (Film Clip). Aus existierenden Filmen, ob Dokumentar- oder Spielfilm, meist in **Archiven** abgeklammerter Filmausschnitt zur Verwendung in einem neuen Film. Vergleiche **Archivaufnahme**, **Kompilationsfilm**.

Klangfilm GmbH. Am 8. 10. 1928 von den Elektrokonzernen AEG und Siemens & Halske gegründete Firma, an der sich kurz danach auch die Schallplattenfirma Polyphonwerke AG beteiligte. Ziel war – in Konkurrenz zur **Tobis** – die Auswertung von **Tonfilm**-Patenten. Nach kurzer Auseinandersetzung einigten sich am 13. 3. 1929 Tobis und Klangfilm auf ein deutsches Kartell: Klangfilm stellte die Apparate her und kümmerte sich um den Vertrieb der Wiedergabegeräte, Tobis betreute die Filmproduktion und vertrieb die Aufnahmeapparate. Im Pariser Tonfilmfrieden einigte sich am 22. 7. 1930 die Tobis-Klangfilm-Gruppe mit Vertretern der US-Tonfilm-Industrie auf eine regionale Aufteilung der Interessengebiete, wobei der deutschen Gruppe Europa (ohne Großbritannien und Russland) zufiel.

Klappe (Clapper Board). Durch das Zusammenschlagen einer kleinen Holzklappe bei laufender Kamera und Tonbandgerät zu Beginn einer Aufnahme erhält man ein Signal, durch das das **synchrone** Anlegen von Bild und Ton beim **Schnitt** erleichtert wird. Durch Beschriftung kann die Klappe auch zur Identifizierung der Aufnahme dienen. Moderne Klappen haben auch elektronische Anzeigen.

Klebelade (Klebelehre, Splicer). Beim Film-**Schnitt** eine Vorrichtung, die durch eingebaute Stifte ein präzises Zusammenfügen der Filmenden ermöglicht. Mit der Klebepresse werden dann durch einen Hebel die zusammengeklebten Enden zur Verbesserung des Kontakts zusammengedrückt. Beim Trockenkleben sind in der Klebelade die Schneidekante, die Kleberolle und die Andrückplatte vereinigt.

Kleben (Splice). Beim **Schnitt** oder nach dem Riss einer Filmkopie müssen die einzelnen Filmstreifen miteinander verbunden werden. Beim Nasskleben wird in einer **Klebelade** (Splicer) an der Klebekante ein schmaler Streifen der Emulsion abgeschabt, und die Filmenden werden überlappend durch Klebstoff (**Filmkitt**) verbunden; dadurch geht beim Nassschnitt eines Filmrisses zumindest ein Bild verloren. Beim Trockenkleben werden die Filmenden hart durch einen speziellen Klebestreifen verbunden. Dies geht schneller, ist aber weniger haltbar; so geht kein Bild verloren, und auch schräge Risse in der Kopie können ausgebessert werden.

Kodak. Markenname der Firma **Eastman** in Rochester für fotografische Geräte und Foto-/Filmmaterial.

Kolorieren. Seit Beginn des Films strebten die Erfinder durch Farbe (und Ton) eine naturalistischere Wiedergabe der Realität zu erreichen. Frühe Farbsysteme waren neben dem detaillierten und arbeitsintensiven Handkolorieren der einzelnen Kader das **Viragieren** (Tinting, Toning) von ganzen Filmstreifen. Durch Kombination der verschiedenen Systeme konnten erstaunlich naturnahe oder auch dramaturgische Effekte erreicht werden. Vergleiche **Colorization**.

Kombinationsaufnahme. Durch unterschiedliche (Trick-)Verfahren gewonnene Aufnahme, bei der verschiedene Bildelemente, die auch getrennt gedreht sein können, zu einem Bild kombiniert werden. Vergleiche **Aufprojektion**, **Blue Screen**, **Kasch**, **Maske**, **Modellaufnahme**, **Rückprojektion**, **Spiegeltrick**, **Wandermaske**.

Kommentar (Narration). Ein kommentierender Text, der – vor allem im **Dokumentarfilm** – Zusammenhänge darstellen und Informationen geben soll. Bestimmte Richtungen des Dokumentarfilms (z. B. **Direct Cinema**) vermeiden weitgehend den Kommentar. Vergleiche **Off-Ton**, **Synchronton**, **Voice-over**.

Kommunales Kino. Ausgehend von der Erkenntnis, dass auch Film als Medium eine historische Bedeutung habe und – ähnlich Museen und Bibliotheken – der Bevölkerung zur Verfügung stehen solle, richteten in den 70er Jahren in der Bundesrepublik einige Städte und Gemeinden Kommunale Kinos ein, in denen – ermöglicht durch eine Subventionierung – Filme außerhalb der kommerziellen Nutzung und des aktuellen Angebots in Filmreihen (**Retrospektiven**) präsentiert werden. Vergleiche **Art House**, **Archivkino**, **Programmkino**.

Kommunikationstheorie behandelt die Übermittlung von Mitteilungen unter Berücksichtigung von Problemen der Distribution, Transmission und Rezeption. Aus dem Gebiet des Films unterscheidet beispielsweise Christian Metz fünf Kommunikationskanäle: Bilder, grafische Repäsentation (Wörter auf einem Bildschirm), aufgezeichnete Sprache, aufgezeichnete Musik und aufgezeichnete **Toneffekte**.

Komparse. Kleindarsteller (Statist), der als «das Volk» die Filmszene belebt. Vergleiche **Extra, Nebendarsteller.**

Kompendium. Ein gewöhnlich vor dem **Objektiv** der Kamera angebrachter Vorsatz, der als Gegenlichtblende dient so wie mit verschiedenen drehbaren und schwenkbaren **Filter**bühnen als Grundlage für Filmeffekte, z. B. Verlauffiltern, versehen werden kann.

Kompilation. In der Stummfilmzeit wurde – häufig in wenigen Stunden – von den fest angestellten Kino-Pianisten oder Kapellmeistern aus vorhandenem Notenmaterial des klassischen Repertoires oder **Kinotheken** mit speziell komponierten Motiven (**Cue**) eine – möglichst – den Themen und Stimmungen des Films entsprechende Musik zusammengestellt (kompiliert). Einige Verleihe erleichterten diese Arbeit, indem sie Listen (Cue sheets) beilegten oder in besonderen Fällen Originalkompositionen herstellen ließen. Siehe **Filmmusik.**

Kompilationsfilm. Eine meist dem **Dokumentarfilm** zugeordnete – technisch eigentlich synthetische – Art Film, bei der weitgehend **Archivaufnahmen** oder **Klammerteile** zur Montage eines neuen Films verwandt werden. Themen sind oft Darstellungen mit historischen oder pädagogischen Themen. Vergleiche **Found Footage.**

Komprimierung (Kompression). Mit dem wachsenden Interesse an Digital-Technologie in den 90er Jahren gewann die Technik, Audio-, Video- und andere Daten zu komprimieren, zunehmend an Bedeutung. Die gewaltigen Datenmengen der digitalen Systeme setzen die Ökonomie der verschiedenen mathematischen Kompressions-Verfahren für den wirtschaftlichen Erfolg voraus.
Alle Kompressions-Verfahren beruhen auf der Eliminierung oder Verkürzung von redundanten, d. h. wiederkehrenden gleichen Abschnitten einer Signalfolge. Der sich herausbildende Standard für Fotos heißt **JPEG** (Joint Photographic Experts Group), während der für Filme **MPEG** (Motion Picture Experts Group) genannt wird, obwohl es auch andere Systeme gibt. Das Tonkompressions-Programm **MP3**, mit dem Musikstücke über das Internet verbreitet werden, hat Anfang des 21. Jahrhunderts einen die Musikindustrie beunruhigenden Einfluss. Siehe **Temporal Compression, Spatial Compression, Delta Frames, Key Frames, RealAudio.**

Konnotation. Die suggestive oder assoziative Bedeutung eines Ausdrucks (Wort, Bild, Zeichen), die über die strikt wörtliche Definition hinausgeht. Vergleiche **Denotation, Semiotik, Strukturalismus, Zeichen.**

Kontingent. Ausgelöst durch die Marktbeherrschung seitens der amerikanischen Filmindustrie wurden in den 20er Jahren in mehreren europäischen Ländern staatliche Einfuhrsperren für ausländische Filme eingeführt. Diese Kontingente oder Quoten forderten z. B. die Produktion eines inländischen Films für jeden eingeführten Film. So entstanden u. a. die – häufig mit amerikanischem Geld hergestellten – billig produzierten **Quota-Quickies.** Siehe **Film-Europa.**

Kontrapunktischer Ton. Im Verhältnis zum Bild kontrapunktisch eingesetzter Ton. Vergleiche **Parallel-Ton.**

Kontrast. Als Kontrast bezeichnet man beim Film die Eigenschaft, wie sich verschieden helle oder farbige Details voneinander abheben. Bei einem harten Kontrast finden sich z. B. kaum Abstufungen zwischen Schwarz und Weiß, bei flauem Kontrast herrschen verschiedene Grautöne vor. Kontrast läßt sich beim Film entweder durch die **Lichtführung** steuern oder durch die Auswahl des Filmmaterials bzw. durch die Entwicklung. Je höher die **Gradation** einer **Emulsion**, desto härter der Kontrast. Vergleiche **Gamma.**

Konvergenz. 1. Beim Fernsehempfang die präzise Einstellung der drei unterschied-

lichen Farbsignale, sodass sie übereinstimmen. (Besonders wichtig bei **Videoprojektion**).
2. Die Vermengung von Kommunikationstechnologien im Rahmen der Digitalisierung. Beispielsweise CTI (das Vereinen von Computer und Telefonie), **Kabelfernseh**-Gesellschaften, die **Internet**-Zugänge anbieten.

Konverter. **1.** Tuner und Entschlüsseler für **Kabelfernsehen** und **Pay-TV**.
2. Ein Schaltsystem, das digitale in analoge (**DAC**) Signale umwandelt oder umgekehrt.

Kopf (Head). **1.** Das elektromagnetische oder optische Teil eines Geräts, das ein Audio/Video-**Magnetband** bzw. eine **Tonspur** (Soundtrack) liest oder schreibt. Bei Videogeräten werden die notwendigen hohen Abtastgeschwindigkeiten dadurch erreicht, dass das Magnetband schräg an einem schnell rotierenden Kopf vorbeigeführt wird. Siehe **Schrägspuraufzeichnung**.

Kopierschutz. Da digitale Kopien von ihren Originalen nicht zu unterscheiden sind, haben Technologien an Bedeutung gewonnen, die das Kopieren verhindern oder einschränken. Vergleiche **Generation**, **CGMS**, **CSS**, **Regional-Codes**, **Verschlüsselung**.

Kopierwerk. Die technische Abteilung, in der das belichtete Filmmaterial entwickelt und bearbeitet wird. Sie kann einem großen Studio angeschlossen sein oder als selbständige Firma für Auftraggeber fungieren. Kopierwerke führten oft auch den **Negativschnitt**, **Virage** sowie optische und technische **Spezialeffekte** (**Blenden**) durch. Manche Firmen (z. B. die Geyer-Werke in Berlin) archivierten auch die Originalnegative im Auftrag der Produzenten. In Hollywood früher **Lab** (von Labor) genannt. Vergleiche **Post House**.

Korda. Der Ungar Sándor Kellner emigrierte über Österreich und Deutschland in den 20er Jahren nach Großbritannien, wo er als Alexander Korda einer der wichtigsten Filmproduzenten wurde. Der Erfolg von *The Private Life of Henry VIII* (1933) löste eine Welle aufwendiger Historienfilme aus.

Körnigkeit (Grain). Die Bromsilberkörnchen der **Emulsion** werden in ihren durch den fotografischen Prozess erfolgten Zusammenballungen ab einer gewissen Vergrößerung sichtbar und bilden die Körnigkeit bzw. Körnung eines Films. Die Körnigkeit hängt auch mit der **Empfindlichkeit** oder der **Entwicklung** eines Filmmaterials zusammen. Körnigere Filme sind empfindlicher und werden deshalb oft im **Dokumentarfilm** benutzt.

Kosten. Die Kalkulation eines Films setzt sich aus sehr vielen unterschiedlichen Posten zusammen. Grob unterscheidet man in Vorkosten (Above-the-line Costs), die alle Summen zusammenfassen, die vor dem Drehbeginn anfallen (Rechte für den Stoff, Drehbuch, Vorbereitungen), und in Produktionskosten (Below-the-line Costs), die während der Dreharbeiten, des Schnitts und der Endfertigung entstehen. Zusammen ergeben sie die Negativ-Kosten, das heißt die Kosten bis zur Herstellung eines fertigen Negativs. Die anschließend entstehenden Kosten für Kinokopien und Werbung (**P&A**, Prints and Advertising) werden oft gemeinsam von Produktions- und Verleihfirma getragen. Vergleiche **Negativ-Kosten**.

Kostümbildner (Costume Designer). Verantwortlich für die textile Ausstattung der Schauspieler und die Charakterisierung der Figuren durch optische Signale. Neben dem **Szenografen** verantwortlich für die Ausstattung eines Films.

Kran. Fahrbarer Kranwagen, bei dem sich die Arbeitsplattform für Kamera und Kamerateam am Ende eines langen Arms befindet, der – elektrisch oder hydraulisch angetrieben – in alle Richtungen geschwenkt werden kann. Das Gewicht von Kamera und Team kann auch durch ein Gegengewicht an einer Art Wippe ausgeglichen werden.

Kran-Aufnahme. Aufnahme, bei der die Kamera vermittels eines **Krans** senkrecht und waagerecht gleitet. Vergleiche **Louma**, **Steadycam**.

Kreuzschnitt (Cross Cutting). **Schnitt**-Technik, durch die eine **Parallelmontage** erreicht wird.

Kulešov-Effekt. Ausgehend von Ideen des Theoretikers Vladimir Gardin entwickelte der sowjetische Filmmacher Lev Kulešov Anfang der 20er Jahre in Experimenten am **VGIK** die Theorie, dass die Zuschauer bei der **Montage** verschiedener Aufnahmen mit dem gleichen Porträt eines Schauspielers (Ivan Mozžukin) in dessen Ausdruck verschiedene Bedeutungen interpretierten.

Kulturfilm. Vor allem in Deutschland gepflegte Art des **Dokumentarfilms**, bei dem z. B. naturwissenschaftliche Themen dargestellt werden. Solche Kurzfilme wurden meist als Vorfilme im Kino eingesetzt, da sie als prädikatisierte Filme Steuerersparnisse brachten. Eine besonders belehrende Unterart ist der populärwissenschaftliche oder **Lehrfilm**. Vergleiche **FWU**, **IWF**.

Kulturindustrie. 1944 von Vertretern der Frankfurter Schule – speziell Theodor W. Adorno und Max Horkheimer (*Dialektik der Aufklärung*) – geprägter Begriff zur Bezeichnung der industriell erzeugten und distribuierten Kulturgüter sowie von deren Rezeption.

Kunstkopf. System der Tonaufnahme, bei dem kleine Mikrofone in den Ohrmuscheln eines künstlichen Menschenkopfes montiert sind. Durch die Kopfform und die Position soll eine naturalistischere Tonqualität erreicht werden – speziell, wenn man die Aufnahme mit Kopfhörern anhört.

Kuratorium Junger Deutscher Film. 1964 mit finanzieller Unterstützung des Bundesinnenministeriums gegründete Institution zur **Filmförderung**, speziell von Debütfilmen von **Filmmachern** des **Jungen Deutschen Films**.

Kurzfilm (Short). Ein Film von weniger als 1000 m (= ca. 36 Minuten) Spieldauer. Vergleiche **Feature**.

La Sept ARTE. Aus dem französischen Sender La Sept hervorgegangener Partner des europäischen Kulturkanals **ARTE** mit Sitz in Paris. Tochtergesellschaft für die Produktion von Filmen ist ARTE France Cinéma (vorher: La Sept Cinéma). La Sept ARTE ist an den französischen Spartensendern Festival, Histoire und Mezzo beteiligt.

Lab (Labor) siehe **Kopierwerk**.

Lachkonserve siehe **Laughtrack**.

Lamprecht. Der Filmregisseur Gerhard Lamprecht (1897–1974) war von früher Jugend an Sammler von Filmkopien und Kino-Dokumenten. 1962 erwarb der Senat der Stadt Berlin seine Sammlung, die mit der Sammlung Fidelius den Grundstock der **Deutschen Kinemathek** bildet, die Lamprecht bis 1966 leitet. Dort erscheint auch 1967–70 in 10 Bänden der von Lamprecht erarbeitete filmografische Katalog *Deutsche Stummfilme*. Wenn auch inzwischen durch die Filmforschung weitgehend überholt, ist der «Lamprecht» eines der grundlegenden Werke der deutschen Filmhistoriografie.

LAN (Local Area Network). Ein räumlich abgeschlossenes Computer-Netzwerk.

Landesmedienanstalt. Nach Einführung des **dualen Rundfunksystems** in der BRD gegründete, öffentlich-rechtlich organisierte Länderbehörden zur Lizenzierung und Beaufsichtigung der Privatsender.

Langspielplatte siehe **LP**.

Laser (Light Amplification by Stimulated Emission of Radiation). 1960 erstmals entwickelt. Ein Laser produziert einen scharf gebündelten reinen Lichtstrahl (nur eine Wellenlänge, nur eine Polarisationsebene), der in den audiovisuellen Medien zahlreiche Anwendungen gefunden hat. Ohne Laser ist die **Holografie** unmöglich, Laserstrahlen dienen als Träger bei der **Breitband**-Informationsübertragung (durch **Glasfaseroptik** statt Metallkabel), bei **CD**-Technik, **Laserdisc** und **Laserdrucker**.

Laserdisc. 1. Ursprünglich Markenname der von **Philips** und **MCA** für ihr 1978 vorgestelltes Bildplatten-Verfahren entwickelten Technologie. Diese konnte sich jedoch kaum durchsetzen. Zwischen der ersten Ankündigung 1975 und dem Erscheinen der ersten Maschinen auf dem Markt drei Jahre später hatten **Sony** und **Matsushita** den privaten Videomarkt mit ihren **Videokassetten**-Systemen erobert, die zudem den Vorteil hatten, dass man mit ihnen auch aufnehmen konnte. 1984 hatte Laserdisc die Konkurrenten (**CED**, TeD, VHD) verdrängt und entwickelte sich (vornehmlich in den USA und Japan) mit interessanten inhaltlichen Angeboten zum Medium der «Videophilen». Die immer noch teuren Platten konnten – im Gegensatz zu den Videokassetten – nicht ausgeliehen werden, boten jedoch eine überragende Bildqualität. Die Laserdisc umfaßt im Vergleich zu **VHS** horizontal fast die doppelte Zeilenzahl. 1987 kam ein digitaler Soundtrack hinzu und die LD existiert weiterhin als Format neben **DVD-Video**.
2. Inzwischen allgemein jede Bildplatten-Technologie vermittels **Laser**, z. B. **CD** und **CD-ROM**. Die Laserdisc war die erste Anwendung der Laser-Technologie zum Schreiben und Lesen großer Informationsmengen auf einer Plastikscheibe. Im Gegensatz zu ihren Nachfolgern CD und **DVD** war die LD nicht digital, sondern speicherte Audio und Video in analoger Wellenform.

Laserdrucker. Aus der Verbindung von Fotokopier-, Laser- und Computer-Technologie entstand in den frühen 80er Jahren der Laserdrucker, präsentiert von **Xerox** (Laser Jet) und **Apple** (LaserWriter). Erstmals stand eine relativ preisgünstige, hoch auflösende Drucktechnologie im Büro zur Verfügung. Durch Laserdrucker wurde für viele Drucksachen der zeitraubende und teure Vorgang des Satzes überflüssig. Zum ersten Mal konnte der Autor selbst den Druck kontrollieren. Wenn auch die Qualität dem traditionellen Fotosatz weiterhin unterlegen ist, ist die Standard-Auflösung eines Laserdruckers von 300 dpi (Punkte pro Zoll) in den meisten Fällen ausreichend. Desktop Publishing war geboren und bedeutete in der Soziologie des Drucks fast eine ebenso bedeutsame Revolution wie die Erfindung der beweglichen Lettern durch Gutenberg. In einem Standard-Laserprinter wird (wie im Fotokopierer) eine elektrische Ladung auf eine Metallwalze übertragen, die Farbpulver (Toner) anzieht und dieses auf das Papier überträgt. Der Toner wird dann durch Hitze mit dem Papier verschmolzen.

Lassoband (Gaffer's Tape). Ein breites, textiles (und zumeist silberfarbenes) Klebeband, das am Drehort universell eingesetzt wird: zum Befestigen von Kabeln, zur Fixierung von Lichtquellen, zum Verbinden loser oder zerbrochener Requisiten etc. Das Heftpflaster der Filmmacher.

Latensification siehe **Flashing**.

Laterna Magica (Magic Lantern). Ein im 18. und 19. Jahrhundert populäres Unterhaltungsmedium durch **Projektion** von gemalten, später auch fotografierten Glasdiapositiven. Die künstlerisch hoch entwickelten Laterna-magica-Shows des späten 19. Jahrhunderts waren – auch vermittels bewegter Dias oder raffinierter Überblendungstechniken – thematisch und dramaturgisch Vorläufer des frühen Kinos.

Latitude siehe **Belichtungsspielraum**.

Laughtrack. Lachen, Applaus und andere Publikumsreaktionen, die künstlich erzeugt und einer Fernsehaufzeichnung zugemischt werden. Auch Lachkonserve genannt.

Lavalier. Kleines – zumeist drahtloses – **Mikrofon**, das an die Kleidung geklemmt oder um den Hals getragen werden kann.

Lavendel. Ein besonders gutes, feinkörniges **Dup**-Positiv, direkt vom Original-Negativ gezogen, das als **Master** für weitere **Generationen** dient, um das wertvolle Original-Negativ zu schonen. Der Name stammt von der bläulichen Einfärbung, mit der diese Kopie beim Schwarzweiß-Film von anderen Kopien unterschieden wurde.

Layer (Informationsschicht). Die informationstragende Ebene einer **DVD**. Bei der DVD-Produktion werden jeweils zwei im Spritzgussverfahren hergestellte Layer verklebt (Bonding).

LCD (Liquid Crystal Display). Der Flüssigkristallbildschirm ist eine Technologie für flache Bildschirme. Zunächst in den 70er Jahren für Digital-Uhren und Taschenrechner, seit den 80er Jahren auch für Computer-Bildschirme, z. B. bei Laptops, angewandt, dient er seit **Sonys** Video **Walkman** auch für Fernsehbildschirme. Wenn eine elektrische Ladung einen Flüssigkristall erregt, verdunkelt sich dieser. Man unterscheidet Aktive Matrix LCD, bei denen jedes Pixel selbst Licht ausstrahlt, und Passive Matrix LCD, die zur optischen Verbesserung von hinten beleuchtet sind.

LCLV (Liquid-Crystal Light Valve). Ein System zur **Videoprojektion**. Vergleiche **DMD**.

Leader siehe **Startband**.

Lebensrad siehe **Phenakistoskop**.

LED (Light Emitting Diode). Die lichtaussendende Diode ist ein Halbleiter-Bauelement mit geringem Energieverbrauch.

Legetrick (cutout animation). **Animations**-Technik, bei der collageartig (grafische) Materialien durch schrittweise Verschiebung animiert werden.

Lehrfilm. Seit den **Kinoreformern** Anfang des Jahrhunderts gepflegte Anwendung des – zumeist dokumentarischen – Films zu pädagogischen Zwecken. Die – quasi naturalistische – Anschaulichkeit des bewegten Bildes ermöglicht die Vermittlung oft komplizierter Zusammenhänge und verbindet Faszination für das Unbekannte mit unterhaltsamer Belehrung (**Kulturfilm**). Vergleiche **Dokumentarfilm**, **Populärwissenschaftlicher Film**, **FWU**, **IWF**.

Leinwand (Screen). Die Bildwand, auf die der Film projiziert wird, besteht heute zumeist aus einem besonders reflektierenden Kunststoffmaterial, das oft fein gelocht ist, um den Ton der dahinter befindlichen Lautsprecher gut durchzulassen.

Lektor (Reader). Ein Angestellter der **Dramaturgie**, der eingereichte Skripts oder publizierte Bücher liest und auf ihre Tauglichkeit zur Verfilmung einschätzt. Er schreibt kurze Stellungnahmen für das Management (Executives). Er ist die erste Verteidigungslinie der Studios und Filmfirmen gegen die Flut von Texten, mit denen Möchtegern-Autoren, Regisseure und Produzenten die Studios überschwemmen. Um ja nichts zu verpassen, lassen große Studios alle literarischen Neuerscheinungen von Lektoren sichten.

Lenfil'm. 1917 in Petrograd als Filmabteilung des von Anatolij Lunačarskij geleiteten Volkskommisariats für Bildungswesen gegründetes, ältestes Filmstudio der Sowjetunion. Nach zahlreichen Namensänderungen – Kinosev, Sevzapkino, Leningradkino, Sovkino, Sajuzfil'm – erhält es 1934 den Namen Lenfil'm. 1918 entstand im Petrogradskij kinokomitet nach einem Drehbuch von Lunačarskij der erste sowjetische Spielfilm: *Upotnenie.* Wichtige Protagonisten des Lenfil'm-Studios waren auch die aus dem leningrader **FEKS** stammenden Filmmacher Grigorij Kozincev und Leonid Trauberg (*Novyj Vavilon*, *Maksim-Trilogie*), Sergej Jutkevič sowie Fridrih Ermler, der aus der experimentellen Kinowerkstatt KEM stammte. Mit *Čapaev* (1934) entstand der wohl beliebteste Film der 30er Jahre in Leningrad. Auch in der Zeit des Kultur-Stalinismus galt das Lenfil'm-Studio im Vergleich zum größeren **Mosfil'm**-Studio als offener für Experimente und liberale Sichtweisen. Vergleiche **Sovkino**, **VUVKU**.

LEO (Low Earth Orbit). Geostationäre **Satelliten** sind nicht die einzige Technologie für ein Kommunikations-Netzwerk. LEO-Satelliten befinden sich in einer Orbitalhöhe von etwa 500 bis 1000 km. Jeder befindet sich jeweils nur für kurze Zeit innerhalb seines Sendebereichs und übergibt dann die Funktion an den nächsten Partner seiner Gruppe.

Letterbox. Während es z. B. in Deutschland stets üblich war, bei der Fernsehausstrahlung von **Breitwand**- und **CinemaScope**-Filmen den Unterschied zum Standardbildschirm-Format durch schwarze Balken über und unter dem Filmbild auszugleichen, wurde z. B. in England und den USA **Pan and Scan**-Verfahren angewandt, was zwar die Illusion eines Vollbildes erzeugte, aber zu Informationsverlust führte. Inzwischen wird unter der Bezeichnung Letterbox das «Balken-Verfahren» alternativ oder exklusiv auch in den anglo-amerikanischen Ländern auf **Videokassetten**, **Laserdiscs** und **DVD-Videos** angeboten. Dabei können die Balken z. B. für **Untertitel** genutzt werden, ohne das eigentliche Bild zu zerstören.

Lichtbestimmung (Timing). Da die einzelnen Aufnahmen eines Films unter sehr verschiedenen Lichtverhältnissen und zu unterschiedlichen Tageszeiten gedreht werden, müssen bei der Kopierung die Farb- und Helligkeitswerte in der Lichtbestimmung aufeinander abgestimmt werden.

Lichtführung (Lighting). Da das Filmmaterial in der Frühzeit nur wenig lichtempfindlich war, mussten die Filme bei Sonnenlicht im Freien, dann in Glas-**Ateliers** gedreht

werden, die z. T. sogar so eingerichtet waren, dass sie sich nach der Sonne drehen konnten. Seit den 20ern geschah die Lichtführung (Ausleuchtung) in den Studios vor allem mit großen, störanfälligen Bogenlampen, bis in den 60er Jahren durch Quarzlampen und empfindlicheres Filmmaterial diese Arbeit flexibler wurde, sich oft sogar weitgehend auf das vorhandene Licht beschränkt. Das richtige Setzen des Lichts, das den Stil eines Films stark mitprägt, ist eine der Hauptaufgaben des **Kameramanns**.
Grundsätzlich kann man zwischen natürlicher oder realistischer Lichtführung (Source Lighting), bei der in der Szene vorhandene Lichtquellen berücksichtigt und durch **Scheinwerfer** nur verstärkt werden, und der dramatischen Lichtführung unterscheiden, bei der starke Hell-dunkel-Effekte eine besondere Atmosphäre schaffen. Man unterscheidet **High- Key**-, Normal- und **Low-Key**-Stil.
Die Art der Lichtführung wird auch durch die Richtung des Lichts bezeichnet, z. B.: **Seiten**- oder **Gegenlicht**. Einzelne Scheinwerfer oder Scheinwerfergruppen werden nach ihren Funktionen benannt, z. B. **Dekorations**-, **Füll**-, **Führungslicht**. Vergleiche **Hard Light**, **Flat Lighting**, **Soft Light**, **Spot 2**, **Highlighting**, **Three-Point Lighting**.

Lichtspielgesetz siehe **Filmprüfstelle**, **Zensur**.

Lichtstärke. 1. Die Lichtstärke einer Lichtquelle bezeichnet ihre Helligkeit.
2. Die Lichtstärke eines Objektivs gibt das Maß seiner Lichtdurchlässigkeit an (Speed).

Lichtton. 1. Technisch: Lichtton (Optrack) ist das bei den Kinokopien vorherrschende Verfahren, da die Tonrandspur in einem Arbeitsgang mit dem Bild kopiert werden kann. Es gibt zwei grundsätzliche Systeme, die heute weniger übliche Sprossenschrift und die Zackenschrift. Sie modulieren die Intensität eines hindurchgelenkten Lichtstrahls und damit die fotoelektrische Umsetzung in Tonsignale.
2. Historisch: Seit Edisons Versuchen mit dem **Kinetophone** stritten zwei grundsätzlich unterschiedliche Technologien des Filmtons um die Vorherrschaft. Bild (Film) und Ton (Schallplatte) auf getrennten Geräten – was ständig Probleme mit der Synchronität brachte, dies – z. B. bei **Tonbildern** angewandte – System wurde **Nadelton** (Sound-on-Disc) genannt und war in Form von Warners **Vitaphone** (z. B. bei *The Jazz Singer*) Ende der 20er Jahre zunächst vorherrschend. Dann setzte sich jedoch auch technisch (bessere Synchronität) und finanziell (nur ein Medium: die Kopie) das z. B. vom **TriErgon**-Team entwickelte Lichtton-System (englisch treffender: Sound-on-Film) durch. Vergleiche **Magnetton**, **Phonofilm**, **Movietone**, **Photophone**.

Lighting Cameraman. In Großbritannien übliche Bezeichnung für den **Kameramann**, in den USA ist **Cinematographer** verbreitet.

Lightshow. Die **Projektion** mehr oder weniger abstrakter Lichtmuster, entweder starr oder bewegt, setzte diverse Techniken ein, u. a. Film. In den 60er Jahren wurden Lightshows als optische Begleitung für Rock-Konzerte populär. In den letzten Jahren dienen Laser-Shows als Openair-Spektakel.

Limited Run siehe **Verleih**.

Line Producer (Aufnahmeleiter, Produktionsleiter) siehe **Produzent**.

Linear Track. Beim **VHS**-Band der am oberen Rand befindliche Tonstreifen mit dem Audio-Signal. Durch die langsame Abspiel-Geschwindigkeit ergibt sich eine relativ schlechte Tonqualität. Besser ist ein **Hi-Fi**-Track, der gemeinsam mit dem Video-Signal als **Helical Scan** aufgezeichnet ist.

Line-Doubling. Beim Fernsehgerät zur Verbesserung der Bildqualität angewandte Technik. Beim IDTV-Gerät werden die Signale der zwei **Halbbilder** zwischengespeichert, sodass dann die **Kathodenstrahlröhre** die horizontalen Zeilen kontinuierlich – ohne **Interlacing** – schreiben kann. Das erhöht die Helligkeit des Bildes, das auch schärfer erscheint, ohne dass die Bildinformation vergrößert werden musste. Eine weitere Verbesserung soll das Line-Quadrupling bringen, bei dem das Bildsignal für jede Zeile zweimal untereinander wiederholt und so – virtuell – die Zeilenzahl verdoppelt wird. Vergleiche **Frequenz-Verdoppelung**.

Linotype. Satztechnik, bei der auf einer Art großer Schreibmaschine schnell und billig ganze Zeilen für den Druck produziert wurden. Seit den 70er Jahren zunehmend durch Lichtsatz bzw. Computersatz abgelöst.

Linse. Aus der einfachen optischen Linse, deren Eigenschaften der Fotografie mit zugrunde liegen, wurden komplizierte, zusammengesetzte **Objektive** oder Optiken.

Linux. Ein vom finnischen Studenten Linus Torvalds 1991 geschriebenes **UNIX-Betriebssystem** für Computer. Da er den Quellcode als Freeware im Internet publizierte, beteiligten sich im Laufe der Jahre Hunderte von Programmierern aus aller Welt an der Verbessung des Programms. Ende der 90er Jahre hat es sich so verbreitet, dass große Computerfirmen wie **IBM** und Hewlett-Packard erklärten, Linux – trotz eigener Betriebssysteme – zu unterstützen. Vergleiche **MacOS**, **Microsoft**, **OS**.

Lippensynchron (lip sync). Die Übereinstimmung von Lippenbewegungen im Bild mit den gesprochenen Worten im Ton. Bei der (Nach-)**Synchronisation** wird eine Annäherung an die Lippenbewegung versucht.

Live. In Fernsehen und Radio werden Live-Sendungen in **Echtzeit** übertragen, also während sie entstehen. Doch selbst Live-Sendungen können geschnitten werden: Bei Live-**Talkshows** wird in den USA oft eine Verzögerung von sieben Sekunden eingebaut, sodass unter Umständen obszöne Wörter unterdrückt werden können.

Live-Aufnahme. Eigentlich eine Contradictio in adjecto, bezeichnet «Live-Aufnahme» in den **Protokoll-Künsten**, dass ein Ereignis – meist vor Publikum – mit einem Minimum an technischer Bearbeitung elektronisch aufgezeichnet wird.

Lizenz. 1. Eine kaufmännische Abmachung zwischen einem Filmproduzenten und dem Hersteller eines Produktes, die dem Hersteller das Recht überträgt, z. B. eine Gestalt eines Films zu nutzen, gewöhnlich gegen Zahlung einer Gebühr. Zu lizenzierten Produkten gehören z. B. Textilien, Plakate und Spielzeug. Das Lizenzgeschäft hat in den letzten Jahren stark an Bedeutung für die Reklame eines Films gewonnen, etwa wenn ein Bulettenbrater bereits vor der Premiere eines Films mit den Gestalten auf Bechern und Tüten wirbt. Bei einigen Filmproduktionen übersteigen mittlerweile die Lizenz-Einkünfte jene an der Kinokasse. Siehe **Merchandising**.
2. Spezieller die Überlassung eines geistigen Eigentums – z. B. die ausländischen Verleih-, Fernseh- oder Videorechte an einem Film – für einen gewissen Zeitraum, ohne dass es in den vollen Besitz des Lizenznehmers übergeht. Vergleiche **Beta-Film**, **Copyright**.
3. Nach dem Zweiten Weltkrieg war es deutschen Filmproduzenten erst nach Erteilung einer Lizenz durch die jeweilige Besatzungsmacht erlaubt, Filme herzustellen. Siehe **DEFA**.

Location siehe **Außenaufnahme**.

Lochfilter siehe **Kammfilter**.

Loew's Inc. siehe **M-G-M**.

Logo (von Logotype). Ein eindeutiges grafisches oder auditives Zeichen, das als Symbol oder Kennung für eine Firma oder Organisation steht. Michael Snow nutzte bei ↔ (auch bekannt als *Back and Forth*) erstmals ein Logo als Filmtitel. Im Juni 1993 änderte ein Musiker und Filmmacher, der zuvor als Prince bekannt war, seinen Namen in ein Logo – was zum Problem führte, wie er an- und ausgesprochen werden sollte. Die Auswege waren: «Symbol» oder TAFKAP (für The Artist Formerly Known As Prince), doch sein Wunsch ist es, einfach als «The Artist» angesprochen zu werden, und er beansprucht das Recht auf sein Namenszeichen.

LoHR (Lines of Horizontal Resolution). Video-Monitore sind in der vertikalen Auflösung durch die Scanning-Zeilen festgelegt. Doch in der horizontalen Auflösung – gemessen in LoHR – gibt es beträchtliche Varianten. Ein normaler **VGA**-Monitor hat 640×480 Pixel, SVGA-Monitore erreichen 1280×1024 Pixel. Doch ist zu beachten, dass die Zahl der horizontalen Pixel nicht mit dem LoHR identisch ist: Es setzt einen oberen Grenzwert, doch viele Systeme erreichen das Limit nicht. **DVD-Video** (**MPEG-2**) hat z. B. einen horizontalen Höchstwert von 720 Pixel, doch beträgt die horizontale Auflösung etwa 540 Zeilen bei einem 4:3-Bild (405 bei einem 16:9-Bild). Den LoHR entspricht die Zahl unterscheidbarer Zeilen in dem Bild einer standardisierten Kopie. Vergleiche **Video-Auflösung**.

Long Shot siehe **Totale**.

Loop siehe **Schleife**.

Looping. Eine Technik beim **Synchronisieren**. Der Sprecher versucht, den Dialogtext der Darstellung anzupassen, indem er einen kurzen Teil der Szene sieht, der zu einer Schleife (Loop) geklebt worden ist. Vergleiche **ADR**.

Lot. Hollywood-Jargon für das Studio-Gelände. Alle Lots in Hollywood sind umfangreiche Komplexe mit zahlreichen Bürogebäuden, **Ateliers** (**Sound Stage**), Werkstätten, Außengelände mit festen Dekorationen und Lagerplätzen.

Louma. Von Jean-Marie Lavalou und Alain Masseron entwickelter, leichter, beweglicher Kamera-**Kran**, der durch Servomotoren angetrieben wird und über Video aus der Entfernung gesteuert und kontrolliert werden kann. Vergleiche **Kenworthy**, **Skycam**.

Low Budget. Ein mit einem geringen Budget hergestellter Film. Im Vergleich zu einer normalen Hollywood-Produktion sind nahezu alle europäischen Filme Low Budget. Siehe **B-Film**, **Independent**.

Low Key. Stil der **Lichtführung**, bei dem die dunklen Töne vorherrschen, wodurch meist eine düstere Stimmung erzeugt wird.

LP (Long Player). Eine (**Vinyl**-)Langspielplatte mit einer Rotationsgeschwindigkeit von 33 1/3 Umdrehungen pro Minute (rpm); ein **Album**. Siehe **Plattenspieler**, **Schallplatte**.

Luftaufnahme (Aerial Shot). Eine Aufnahme von einem Flugzeug oder Hubschrauber, evtl. auch von einem **Kran** oder hohen Gebäude. Nicht unbedingt eine bewegte Aufnahme.

Lumiere Project siehe **Projecto Lumiere**.

Luminanz siehe **Chrominanz**.

LW (Langwelle, Long Wave) siehe **Frequenzbereiche**.

LWT (London Weekend Television). In den 70er und 80er Jahren einer der wichtigeren britischen Fernsehsender im Rahmen des kommerziellen Fernsehens **ITV**.

MacOS. Das MACintosh Operating System hatte bis Anfang der 90er Jahre keinen eigenen Namen, als **Apple** begann, es an andere Hersteller zu lizenzieren, und es MacOS taufte. Es unterstützte die erste grafische Benutzeroberfläche (Graphical User Interface), was weitgehend auf die «Macintosh Human Interface Guidelines» zurückgeht, die als Grammatik für die Oberfläche dienten. Vergleiche **OS, Linux, Microsoft, UNIX**.

MacroMedia. Entwickler von Software für CD-ROM- und Web-Publishing. Zu den Produkten gehört u. a. der freie Shockwave Player.

Magenta. Eine der **subtraktiven** Primärfarben: Rot-Violett. Siehe **Farbmodell**.

Magnascope. Ein Ende der 20er Jahre kurzfristig von **Paramount** angewandtes **Breitwand**-System, bei dem durch eine Vergrößerungslinse vor dem **Projektor** das Bild in der Breite (und Höhe) verdoppelt wurde. Natürlich wurde dadurch auch die Körnung (und die Kratzer) vergrößert.

Magnetband. Ein Aufnahmemedium, bei dem auf einem dünnen, flexiblen Kunststoffträger elektromagnetische Partikel aufgetragen sind. Das Gute am **Tonband** ist zugleich sein Nachteil: Es ist linear. Dieser geometrische Faktor des Mediums entspricht der Logik der Audio- und Video-Aufnahme die es aufzeichnet. Deshalb ist es – wie auch der Film – leicht und präzise zu schneiden und zusammenzufügen (beim Band allerdings zumeist mit einem diagonalen Schnitt, um einen harten Aussetzer zu vermeiden). Bänder können aber nicht wie Platten gepresst oder ausgestanzt werden. Zur Vervielfältigung müssen sie zeitraubend überspielt werden. Außerdem sind sie umständlich zu steuern: Man kann nicht schnell vom Ende an den Anfang oder an eine bestimmte Stelle springen.
Vorgänger des Magnetbands war die Aufzeichnung auf einem Metalldraht, was sich allerdings wegen der schlechten Handhabbarkeit (u. a. Gewicht) nicht durchsetzte. Der erste total mit Magnetband produzierte Spielfilm war 1947 der **DEFA**-Film *Wozzeck*; die eigentlich üblichen **Tonkameras** konnten nicht benutzt werden, weil die britische Besatzungsmacht die Nachlieferung von Ersatzteilen in die sowjetisch besetzte Zone Deutschlands behinderte.
Vom Magnetband existieren (wie beim Filmmaterial) für unterschiedliche Nutzung – Audio oder Video, Amateur oder professionell – unterschiedliche Qualitäten und Breiten, die im Laufe der letzten Jahrzehnte mit der Miniaturisierung der Geräte immer schmaler (und dünner) geworden sind.
Bei der Tonaufnahme werden 1- oder 2-Spur-Spulengeräte mit ½-Zoll-Bändern (Schnürsenkel) benutzt und dann (mit **Pilotton**) auf Magnetfilm überspielt, ein meist 35 mm, 17,5 mm oder 16 mm breites, wie ein Filmstreifen perforiertes Tonband (Cord Band), durch das beim Schnitt die Synchronität von Bild und Ton erhalten werden kann.
Bei der Video-Technik benutzten die ersten **Ampex**-Maschinen **MAZ**-Bänder von 2 Zoll Breite, in den 70er Jahren war ein 1-Zoll-Format zeitweise in Gebrauch. **Sonys** (zunächst) semiprofessionelle **U-Matic**-Bänder waren ¾ Zoll breit. Die Standardbreite der normalen Videokassetten (**Betamax, VHS**) beträgt ½ Zoll. Die **Camcorder**-Systeme benutzen 8 mm breite Bänder.

Magnetplatte (Magnetic Disc). Die in Computer-Systemen als Speichermedium eingesetzten Speicherplatten vereinen die Technik des magnetischen Tonbands mit den Vorteilen einer Platte, z. B. der schnellen Ansteuerung bestimmter Stellen. Siehe **Diskette**. Vergleiche **Optische Platte**.

Magnetton (Magtrack). Die elektromagnetische Tonaufzeichnung ist beim Film – außer bei der Aufnahme und Bearbeitung – nicht sehr verbreitet, da die Überspielung auf eine eigens aufgetragene Magnet-Randspur ein gesonderter, kostenträchtiger Arbeitsgang ist. Magnetton wird nur bei Filmen mit kleiner Kopien-Auflage verwandt oder bei aufwendigen Filmprojekten, z. B. Musikfilmen, wo die bessere Tonqualität des Magnettons mit mehreren Kanälen gewünscht wird. Siehe **Lichtton**.

Mailbox siehe **BBS**.

Majors. Fachjargon für die großen **Hollywood-Studios**. Als klassische Majors gelten: **Paramount** Pictures, **Universal** Film, **Twentieth Century Fox**, Loew's Metro-Goldwyn-Mayer (**M-G-M**), **Warner** Bros. und **United Artists**. Daneben gab es die kleineren «Poverty Row»-Studios, zu denen zunächst auch **Columbia** zählte, außerdem Republic, **RKO** sowie als Trickfilm-Außenseiter **Disney** (mittlerweile einer der Größten).

Makrokinematografie. Die fotografische Aufnahme von Objekten in einem Größenbereich zwischen mikroskopischen Aufnahmen und normalen Objektiven. Vergleiche **Mikrokinematografie**.

Makro-Optik. Eine Optik, die sehr kurze Entfernungen – bis zu 1 mm – scharf erfassen kann. In den 70ern präsentierte die Firma Canon eine Makro-Zoom-Optik, die einen Bereich zwischen 1 mm und endlos hat und ungewöhnliche Effekte zuläßt.

Malteserkreuz. Die verbreitetste Vorrichtung zum gleichmäßig ruckweisen Filmtransport. Vergleiche **Schläger**, **Transportmechanismus**.

Manga. Das japanische Wort für Comics wurde im Westen zur Bezeichnung der japanischen Comic-Kunst übernommen. Das Genre hat sich zum Sammelgebiet entwickelt. Siehe **Anime**.

Maske (Matte). Bezeichnung für Mittel bei **Trick**aufnahmen, die meist sinngleich mit **Kasch** verwendet wird. In der engeren Definition sind Masken nur die Mittel, die direkt am Filmstreifen oder sogar innerhalb der Farbschichten abdeckend wirken. Siehe **Wandermasken**, **Blue Screen**.

Massenkopie (Married Print). Während die Filmbearbeitung (**Entwicklung**, **Schnitt**) überwiegend im **Zweiband**-Verfahren stattfindet, werden zur leichteren Handhabbarkeit und aus finanziellen Gründen die für den Verleih bestimmten Massen- oder Kinokopien von einem kombinierten **Negativ** – d. h. Bild und Tonspur befinden sich auf einem Träger – gezogen. Siehe **Zwischennegativ**.

Massenmedien. Zeitungen, Zeitschriften, Radio, Film und Fernsehen, die ein großes Publikum erreichen. Der Begriff wurde zur Zeit des Zweiten Weltkriegs populär, um einen Unterschied zwischen Populärkultur und Hoher Kunst zu kennzeichnen.

Master. 1. Die originalen Platten oder Bänder, von denen schließlich alle Platten- oder Bandkopien hergestellt werden. Auch üblich: Mastering.
2. Master-Kopie siehe **Lavendel**.

Master Shot. Meist in der **Totale** oder **Halbtotale** durchgedrehte **Einstellung**, die beim **Schnitt** als Grundlage für eine Szene genommen werden kann. Vergleiche **Establishing Shot**.

Match Cut. Ein Schnitt, bei dem die zwei Aufnahmen durch bildliche, tönende oder metaphorische Parallelen verbunden sind. Ein berühmtes Beispiel: Am Ende von Hitchcocks *North By Northwest* zieht Cary Grant Eva Marie Saint am Felsen von Mount Rushmore empor; Match Cut auf Grant, der sie in ein Schlafwagenbett emporzieht. Nicht zu verwechseln mit **Jump Cut**. Vergleiche **Montage**.

Materialfilm. Stilrichtung des **abstrakten Films**, bei der die technischen Grundlagen des Films (z. B. Filmmaterial, Bildfrequenz, Tonspur) die formale und inhaltliche Grundstruktur des Films ausmachen. Vergleiche **Avantgarde**, **Struktureller Film**.

Matsushita. Japanischer Konzern für Unterhaltungselektronik (Markennamen: Panasonic, Technics), der sich mehr durch sein Marketing als durch seine innovativen Entwicklungen (die eher von **Sony** stammten) hervorgetan hat. 1990 übernahm Matsushita die **MCA** Inc. mit dem **Universal**-Studio (ein Jahr nachdem Sony die **Columbia** Pictures gekauft hatte). Enttäuscht vom Filmgeschäft, gab Matsushita 80 Prozent der Anteile von MCA im Frühjahr 1995 an den kanadischen Getränke-Mogul Edgar Bronfman (**Seagram**) weiter.

Matte siehe **Maske**.

Max-Ophüls-Preis. Seit 1980 in Saarbrücken abgehaltener Wettbewerb für Nachwuchsfilme (Spiel- und Dokumentarfilme) aus dem deutschsprachigen Raum. Vergleiche **Festival**.

MAZ (Magnetbildaufzeichnung). Beim Fernsehen übliche Aufzeichnung von Bild und Ton auf magnetischen Medien, z. B. Videoband. Da unbrauchbare oder bereits gesendete Aufnahmen überspielt werden können und so das Trägermaterial mehrfach benutzbar ist, wurde es zunächst aus ökonomischen Gründen bei der aktuellen Berichterstattung, bei einmaligen Ereignissen (Shows), mittlerweile aber auch bei der Produktion von Fernsehspielen benutzt. Vergleiche **Ampex**, **Beta**, **Elektronischer Schnitt**, **Video**, **Zweizoll**.

MC (Musik-Cassette) 1963 von **Philips** eingeführte Tonband-Technologie, die das Format der Bänder reduzierte und – mindestens ebenso wichtig – das umständliche Hantieren mit zwei einzelnen Spulen erübrigte. Die kleinen Dimensionen und verbraucherfreundliche Handhabung (**Walkman**) machten die Musik-Cassette (MC) zu einem wichtigen Konkurrenten der Langspielplatte (**LP**). 1982 übertraf der Verkauf von MCs den von LPs. Die Einführung der digitalen MiniDisc (**MD**) und von wieder bespielbaren **CD**s machte die Audiocassette weitgehend obsolet.

MCA (Music Corporation of America). 1924 als **Agentur** gegründet und von Jules Stein und Lew Wasserman zum Medien-Konzern MCA Inc. ausgebaut. 1962 wurde nach einem Gerichtsbeschluss die Agentur abgestoßen. Die Hauptaktivität verlagerte sich auf die Produktion von Schallplatten (Decca Records) und Filmen (**Universal**) für Kino und Fernsehen. 1990 wurde MCA/Universal vom japanischen Elektronik-Konzern **Matsushita** übernommen und fünf Jahre später an den kanadischen Getränke-Konzern **Seagram** weitergereicht. 1996 wird im Rahmen einer Umstrukturierung MCA Inc. in Universal Studios, Inc. umbenannt, die MCA Music Entertainment Group in Universal Music Group. 1998 kommt **PolyGram** hinzu.

McCarthy siehe **Hollywood Ten**.

McGuffin. Alfred Hitchcocks Bezeichnung für einen Gegenstand oder ein Handlungselement, das das Interesse des Zuschauers fesselt, speziell in Krimis und Thrillern. Laut Hitchcock kann der McGuffin vergessen werden, sobald er seinen Zweck erfüllt hat. Beispiele: die Personen-Verwechslung am Anfang von *North By Northwest* und die gesamte Nebenhandlung mit Janet Leigh in *Psycho*.

MD siehe **MiniDisc**.

MDR (Mitteldeutscher Rundfunk). 1991 gegründete, öffentlich-rechtliche Rundfunkanstalt für Sachsen, Sachsen-Anhalt und Thüringen mit Hauptsitz in Leipzig.

MEDIA (Mesures pour Encourager le Développement de l'Industrie Audiovisuelle). 1991 erstmals initiiertes, jeweils auf fünf Jahre angelegtes Programm der Kommission der Europäischen Union zur Förderung der Audiovisuellen Industrie in Europa in den Bereichen Vertrieb, Projektentwicklung, Ausbildung u. a. bei Film und Fernsehen. Das einflussreiche und erfolgreiche **Projecto Lumiere** zur Sicherung des filmischen Erbes wurde bei der Neuauflage MEDIA 2 zugunsten von angeblich kommerzielleren Programmen aufgegeben.

Medien (Media). Agenturen oder Kanäle, die dem Austausch, der Übermittlung und der Verbreitung von Informationen dienen, speziell **Massenmedien** wie Zeitungen und Zeitschriften (Printmedien), Radio und Fernsehen (elektronische Medien).

Medium Shot siehe **Halbnah-Einstellung**.

Mehrfachbelichtung. Ein Filmstreifen wird in der Kamera oder der **optischen Bank** zwei- oder mehrmals mit verschiedenen Einstellungen belichtet, sodass sich im endgültigen Bild mehrere unterschiedliche Bilder überlagern (superimposition). Eine im Spielfilm selten (für Träume, Visionen) benutzte Technik, jedoch eine der stilistischen Grundlagen des **Experimentalfilms**.

Mehrfachbild (Split Screen). Mehrere Bilder werden in der **optischen Bank** gleichzeitig nebeneinander auf einen Filmstreifen kopiert, z. B. eine Aktion von mehreren Kamerastandpunkten aus gesehen.

Mehrsprachenfilm. Im Kino selten durchgeführte Praxis, bei der die Gestalten (nicht Schauspieler!) verschiedener Länder auch ihre unterschiedlichen Sprachen bzw. Dialekte sprechen und nicht – wie z. B. in Deutschland üblich – einheitlich **synchronisiert** werden, was zu einem Verlust von Handlungsnuancen führt. Nicht zu verwechseln mit Mehrsprachenproduktion; siehe **Version**.

Melodram(a). Ursprünglich ein Drama mit Musik, speziell im 19. Jahrhundert jenes Drama, das auf dem vereinfachten Konflikt zwischen Guten und Bösen beruhte. Später wurde der Begriff zur Bezeichnung jedes emotional aufgeladenen Dramas im Film und im Fernsehen erweitert.

Merchandising. Lange Zeit unterhielten die Studios Lizenz-Abteilungen, deren Aufgabe es war, durch Abmachungen z. B. mit Spielzeugfabrikanten oder Textilherstellern bei bestimmten Filmen zusätzliche Erlöse herauszuschlagen (**Disney**, mit seiner umfangreichen Sammlung populärer Zeichentrickfiguren war hier jahrelang führend). In den 80er Jahren intensivierten sich die Verbindungen zum Vertrieb, indem Marketingaktionen zur Reklame von Filmen z. B. mit Fastfood-Ketten vereinbart wurden. Ende der 80er Jahre beteiligten sich Studios wie **Warner** an dem sprunghaft wachsenden Markt, indem sie eigene Läden zum Verkauf von Studio-Merchandise eröffneten. Heutzutage bringen gewisse Filme mehr durch die Merchandise ein als durch den Kartenverkauf. Siehe **Lizenz 1**, **Product Placement**.

Metall-Tonband (Metal Particle Tape). Video- und Audiobänder, die in ihrer Magnetbeschichtung statt Oxiden reines Eisen verwenden, um so den Frequenz- und Dynamikbereich zu erweitern.

Metro-Goldwyn-Mayer siehe **M-G-M**.

Metteur en scène. Französischer Ausdruck für einen Filmregisseur, bisweilen polemisch als Gegensatz zum **Auteur** benutzt. Vergleiche **Mise en scène**.

Mežabpom-Rus. Aus der Vereinigung des 1917 gegründeten, privaten Filmstudios Rus mit der moskauer Filmabteilung der Internationalen Arbeiterhilfe (IAH) entstandene Filmfirma mit engen Verbindungen zur deutschen **Prometheus-Film**. 1924 entstand bei Merabpom-Rus mit Jakov Protazanovs *Aelita* der erste bedeutende Science-Fiction-Film des Sowjetkinos.

MFB (Monthly Film Bulletin). 1934–91 vom **BFI** herausgebrachte Zeitschrift, die vor allem seit den 60er Jahren anhand der britischen Premieren einen großen Teil der internationalen Filmproduktion mit vorbildlichen Informationen (**Credits**) dokumentierte. Nach dem Aufgehen in *Sight and Sound* ließ die Präzision zunächst nach, hat aber Ende der 90er Jahre – unter Benutzung der Datenbank **SIFT** – wieder den alten Standard erreicht.

M-G-M. Das Hollywood-Studio Metro-Goldwyn-Mayer entstand 1924 aus der Fusion von Metro Pictures Corporation, Goldwyn Pictures Corporation und Louis B. Mayer Pictures (die alle seit sechs bis acht Jahren bestanden) unter der Kontrolle der mächtigen Kino-Kette Loew's Inc. Louis B. Mayer leitete das Studio bis 1951, als er die Macht an Dore Shary verlor. In den ersten zwölf Jahren seiner Existenz erwarb das Studio – unter dem Einfluss von Mayers Mitarbeiter, dem viel versprechenden Irving G. Thalberg – schnell seinen Ruf für qualitätsvolle, intelligente Filme. Nach Thalbergs Tod (mit 37 Jahren) im Jahre 1936 blieb die Qualität, das Gewicht verschob sich jedoch auf leichte Unterhaltung. Das Studio stellte in den 30er und 40er Jahren seine beeindruckende Liste von Stars in den Vordergrund und erreichte einen Höhepunkt um 1950 mit einer langen Reihe glänzender und farbenfroher **Musicals**, produziert von Arthur Freed und seinem Team. Als die Stars älter wurden und Musicals aus der Mode kamen, ging es schnell bergab. In den 60er bis 80er Jahren schleppte sich M-G-M so hin, stützte sich hauptsächlich auf seine Archiv-Schätze. Kirk Kerkorian, ein Grundstücksspekulant aus Las Vegas, übernahm die Firma 1970 und setzte Jim Aubrey, einen ehemaligen Programm-Chef von **CBS**, als Präsidenten ein. Aubrey machte sich eifrig daran, Kosten zu sparen und Werte zu Geld zu machen; er ließ 1970 sogar den umfangreichen Studio-**Fundus** an Requisiten und Kostümen versteigern. Kerkorian schien stets eher am M-G-M-Logo und der Tradition, für die es stand, interessiert als tatsächlich an der Filmproduktion.

1973 hörte MGM auf, seine eigenen Filme zu verleihen, und lizenzierte sie an **United Artists** und CIC. 1981 übernahm MGM die Reste von UA und begann eine lange Serie von komplizierten Finanzmanövern, die Peter Bart in seinem Buch *Fade Out* anschaulich geschildert hat. 1986 erwarb Ted Turner MGM/ UA (wie es damals hieß), nur um anschließend die Film- und Fernseh-Produktion an Kerkorian zurückzuverkaufen, der das **Atelier**-Gelände an Lorimar-Telepictures veräußerte. Das klassische MGM-Studio wurde in den 90ern Standort von **Sony** (**Columbia** und **Tristar**). Turner behielt das MGM-Archiv, das nun seit Jahren Programmfutter für seine Kabel-Kanäle (**TNT**) liefert. Giancarlo Parettis Pathé Corporation erlangte 1990 nach zahlreichen komplizierten Transaktionen die Kontrolle, doch Paretti verlor sie bald wieder an seine Finanziers. 1992 war die Bank Crédit Lyonnais Eigentümer dessen, was einstmals ein stolzes Studio war. 1996 veräußerte die Bank MGM für 1,3 Milliarden Dollar an eine von Kirk Kerkorian geführte Gruppe, zu der auch Frank Mancuso (der 1999 die Firma verließ) und die australische Rundfunkstation Group Seven gehörten. Dies war das dritte Mal, dass Kerkorian die Firma kaufte. Ein Jahr später übernahm MGM verschiedene Werte von Metromedia, darunter die Reste von **Orion** und Goldwyn Entertainment (1979 von Samuel Goldwyn Jr. gegründet) sowie – besonders wertvoll – das Filmarchiv. Wieder einmal kontrollierte MGM die größte Film-Sammlung der Welt. Kerkorian brachte die Firma 1997 an die Börse. 1999 baute MGM durch die Übernahme des **Polygram**-Archivs (1300 Filme) von **Seagram** seine Sammlung aus. Sie gewann zudem einen Prozess, der verhinderte, dass Sony Pictures Entertainment James-Bond-Filme produzierte. Allein die Sicherung dieser erfolgreichen **Franchise** (die von der Tochter UA stammte) sollte sich als lukrativ genug erweisen, um MGM wieder unter die **Major** Studios zu bringen.

Microchip siehe **Mikroprozessor**.

Microsoft. 1975 von William (Bill) Gates und Paul Allen gegründet, hat die Firma seit Anfang der 80er Jahre die Entwicklung der Mikrocomputer-Industrie beherrscht. Microsofts entscheidender Coup war der Vertragsabschluss mit **IBM** zur Entwicklung des **Betriebssystems** für deren **PCs**. Seither dominiert dieses MS-DOS-Betriebssystem (und sein Nachfolger **Windows**) als Quasi-Industriestandard für PCs und ermöglichte es Microsoft, eine Reihe Zusatzprogramme zu entwickeln. Seit 1985 widmet sich Microsoft intensiv auch der **CD-ROM**-Technologie und gründete Ende der 80er eine Abteilung für elektronische Publikationen – allerdings wurden die vorbildgebenden CD-ROM/Internet-Lexika **Cinemania** und Music Central nach wenigen Jahren wieder eingestellt. Microsoft begann mit der Entwicklung seiner grafischen Benutzeroberfläche Windows zu etwa der Zeit, als **Apple** 1984 sein bahnbrechendes Macintosh OS vorstellte. Jedoch erst 1992 mit der Präsentation von Windows 3.1 verdrängte Microsofts eigene grafische Benutzeroberfläche MS-DOS und erst mit Windows 95 (August 1995) erreichte sie die Handhabbarkeit von **MacOS**. 1998 eröffnete die US-Regierung ein Antitrust-Verfahren gegen Microsoft. Als sich eine gerichtlich angeordnete Zerschlagung des Konzerns abzeichnete, gab Gates Anfang 2000 überraschend seine leitende Position an Steve Ballmer ab und erklärte, sich wieder mehr der Software-Entwicklung widmen zu wollen.

MIDI (Musical Instruments Digital Interface). Standard für die digitale Verbindung zwischen (elektronischen) Musikinstrumenten und Computern.

Migration siehe **Exil-Film**.

Mikrofilm. Fotografie als platzsparendes Speichermedium zur Archivierung oder Reproduktion von Dokumenten. Es gibt zwei grundlegende Formen: 35mm-Rollfilm (z. B. bei Zeitungen, die jahrgängeweise durchfotografiert werden) oder Mikrofiches, bei denen eine Anzahl Dokumente (z. B. Krankenakten) auf einem flachen Fotofilm (Jacket) angeordnet sind. Dies analoge System – bei der Recherche in historischen Zeitschriften noch immer unübertroffen – wird teilweise durch digitale Techniken (Einscannen) abgelöst.

Mikrofon. Gerät, das Tonwellen aufnimmt und in elektromagnetische Schwingungen umwandelt, die dann übertragen oder aufgezeichnet werden. Vergleiche **Lavalier**, **Transducer**.

Mikrokinematografie. Die Filmaufnahme durch ein Mikroskop. Vergleiche **Makrokinematografie**.

Mikroprozessor. Auf der winzigen Fläche eines Chips (meist aus Silizium) untergebrachter elektronischer Schaltkreis, der zahlreiche **Transistoren** und Schaltelemente zusammenfasst und das technische Herz eines Computers und anderer elektronischer Geräte bildet. Die Entwicklung der Mikroprozessoren in den 70er und 80er Jahren machte die Revolution der Mikrocomputer bis hin zu **Multimedia** möglich.

Miniatur siehe **Modellaufnahme**.

MiniDisc (MD). Digitales Audio-System, 1991 von **Sony** als bessere Alternative für die **Audiocassette** vorgestellt. So wie die **CD** die **Schallplatte** verdrängt hat, wurde es zunächst in Konkurrenz zu Phillips' **DCC**-System auf den Markt gebracht, doch hatten beide nur wenig Erfolg. DCC wurde aufgegeben, MD aber 1998 mit mehr Erfolg neu präsentiert. Die magneto-optische MD (Durchmesser: 2 ½ Zoll) ähnelt einer verkleinerten Computer-**Diskette** und kann unter Verwendung der **ATRAC**-Kompression ca. 74 Minuten Musik speichern.

Minimalistischer Film. Filmkritischer Terminus für einen extremen, stilisierten Realismus, z. B. bei Carl Theodor Dreyer, Robert Bresson und im Frühwerk Andy Warhols. Die technischen Möglichkeiten des Mediums werden auf ein Minimum reduziert. Vergleiche **Materialfilm**.

Miniserie. Im Fernsehen eine kurze (drei bis sechs Folgen), in sich geschlossene Serie mit einem festen Ende, häufig die Adaption eines populären Romans. Siehe **Fernsehroman**. Vergleiche **Serie**.

Minitel. Das **Videotext**-System der französischen Telecom, basierend auf dem Teletel-Protokoll. 1990 benutzten in Frankreich 20 Prozent aller Telefonkunden das Minitel-Netz mit mehr als 12 000 Anbietern. Als kleiner Vorläufer (um ca. 10 Jahre) des **Internet** bot Minitel all dessen Eigenheiten, nur auf minimierter Basis. Zugleich verzögerte der Erfolg dieses nationalen Netzes den Anschluss Frankreichs an das internationale **WWW**. Mit Minitel wird auch das kleine Terminal des Systems bezeichnet.

Miramax. 1979 als unabhängiger Verleih von den New Yorkern Bob und Harvey Weinstein gegründet, eroberte sich die Firma eine Zentralposition in der Filmindustrie. Die Weinstein-Brüder erwarben attraktive **Art-Filme** und machten sie durch geschickte Werbung zu Erfolgen. Ende der 80er Jahre hatte Miramax mit vier Siegen hintereinander ein Abonnement auf den **Oscar** für den besten ausländischen Film. Während sie sich weiterhin interessante Importe wie *The Crying Game* (1992) und die Filme von Roberto Benigni sicherten, begannen die Weinsteins, in der Produktion mitzumischen. 1993 machten sie Kasse, indem sie Miramax an **Disney** verkauften, erhielten sich aber weiterhin ihr Image als Hollywood-Außenseiter, indem sie die Firma von New York weiterführten. Während Bob im Hintergrund die Fäden zieht, spielt Harvey perfekt die Rolle des zigarrenkauenden Moguls. 1999 gewann die Firma zehn Oscars, darunter Bester Film für *Shakespeare in Love*. Zwar wurden die Weinsteins beschuldigt, sich den Erfolg über den Favoriten – **DreamWorks'** *Saving Private Ryan* – mit einer teuren Werbekampagne gekauft zu haben. Aber vermutlich lag es daran, dass die Komödie auf Video besser wirkte als der Breitwand-Krieg – und heutzutage sehen die meisten stimmberechtigten **AMPAS**-Mitglieder die Filme auf dem Bildschirm statt im Kino.

Mirror Shot siehe **Spiegeltrick**.

Mischung (Mix, Mixing, Mixage). Die Vereinigung verschiedener, bis dahin separat bearbeiteter Tonbänder für Dialog, Geräusche, Musik etc. zum endgültigen Ton (**Soundtrack**) des Films, der dann auf die **Tonspur** übertragen wird. Vergleiche **Dialogband**, **Effektband**, **IT**, **Musikband**.

Mise en cadre siehe **Cadrage**, **Mise en scène**.

Mise en scène. Filmkritischer Ausdruck für die Inszenierung eines Films, für Schauspielerführung, **Lichtführung**, Kameraanordnung etc., also im Gegensatz zur **Montage**. Mise en scène wird dem **Realismus** zugeordnet, Montage dem **Expressionismus**. Vergleiche **Metteur en scène**.

Mitchell. Markenname der im Goldenen Zeitalter Hollywoods in den Studios verbreitetsten **Kamera**, die wegen ihrer Unhandlichkeit und Schwere ein großes Bedienungsteam erfordert. Vergleiche **Arriflex**, **Handkamera**, **Panavision**. **Steadicam**.

Mix siehe **Mischung**.

Mobiltelefon (Cellular Telephony). Drahtlose Telefonie existierte lange bevor die Zellular-Technik sie in den frühen 80ern zu einem kommerziell nutzbaren Medium machte. Solange das Telefonat eine ganze Stadt abdecken musste, war die Bandweite natürlich stark beschränkt: Standen in der Stadt nur 100 Kanäle zur Verfügung, so waren nur 100 Telefonate gleichzeitig möglich. Ein Gebiet in zahlreiche kleine «Zellen» aufzuteilen multipliziert die Zahl der Frequenzen mit der Zahl der Zellen. Die Technik basiert auf Computer-Software, die die Gespäche von einer Zelle an die nächste weiterreicht, so wie sich der Teilnehmer bewegt. Vergleiche **Handy**.

Modellaufnahme. Aufnahme mit maßstäblich verkleinerten Miniaturen, entweder in Verbindung mit realen Schauspielern, wobei das Modell perspektivisch zur Kamera eingesetzt wird (vergleiche **Glasaufnahme**), oder als eigene Sequenz, meist zur Kostenersparnis (z.B. Seeschlacht, Eisenbahnunglück). Vergleiche **Kenworthy**, **Schüfftan-Verfahren**.

Modem (MOdulator-DEModulator). Ein Computer-Peripheriegerät, das digitale Computer-Informationen in analoge Standardsignale umwandelt, die durch Telefonleitungen übermittelt werden können. Beim Empfang arbeitet es umgekehrt. Modems werden nach ihrer Übertragungsgeschwindigkeit, die in **BPS** gemessen wird, kategorisiert.

Modulation. Auf diesem Prinzip beruht die Möglichkeit, dass elektromagnetische Wellen Nachrichten transportieren. Die Information wird in Wellenform übersetzt, die dann einer **Trägerwelle** aufgeprägt – d.h. aufmoduliert – wird. Siehe **Wellenmechanik**, **AM**, **FM**.

Mogul. Einer der Nachkommen von Baber bin Omar Sheik, der 1526 Indien eroberte – eine reiche und mächtige, oft autokratische Person. Beim Film meist als polemische Bezeichnung für die einflussreichen Chefs der **Hollywood**-Studios benutzt.

Moiré. Ein Störungs- bzw. Interferenzmuster, das – auf einem Bildschirm oder im Druck – durch die leicht verschobene Überlagerung zweier feiner Rastermuster hervorgerufen wird.

Monaural, Mono. Die Tonwiedergabe durch nur einen Kanal, z.B. beim **Lichtton**. Der Gegensatz ist **Stereo**(phon).

Monitor. Eine **Kathodenstrahlröhre** oder ein Fernsehgerät, das direkt mit einer Kamera oder einem Computer verbunden ist. Im Regiepult eines Fernsehstudios zeigen z.B. Monitore Bilder mehrerer Kameras, aus denen dann das über den Sender herausgehende Bild ausgewählt wird.

Monopack siehe **Technicolor**.

Monopolfilme siehe **Verleih**.

Montage. Oft synonym mit **Schnitt** gebrauchter Begriff für Auswahl und Zusammenstellung von Bild- und Tonteilen zu einem Film. Spezieller versteht man darunter die theoretisch und ästhetisch fundierte Anordnung der Filmpartikel. Grundlegende Theorien der Montage stammen von S.M. Eisenstein und (mehr praxisbezogen) von Karel Reisz. Vergleiche **Struktureller Film**, **Avantgarde**.

Morphen. Der scheinbar stufenlose Übergang einer visuellen Gestalt in eine andere, früher im **Animationsfilm** verbreitet, jetzt meist durch ein Computerprogramm bewerkstelligt. Diese Technik wurde in den 90er Jahren zunächst in der Werbung, dann im Spielfilm (z.B. *Terminator 2*) populär. Michael Jackson nutzte die Technik effektvoll in seinem Video *Black or White*.

Morse-Alphabet. Seit 1840 übliches – vom Maler und Erfinder Samuel Morse entwickeltes – erstes System der Kodierung: Das Morse-Alphabet übersetzt die Buchstaben des lateinischen Alphabets in Kombinationen von nur zwei Elementen: Striche und Punkte (lange bzw. kurze Stromstöße). Siehe **Telegrafie.**

Mosfil'm. 1924 in Moskau – auf Basis der 1. und 3. Filmfabrik des **Goskino** – gegründetes Filmstudio, das nach zahlreichen Umbenennungen 1935 den Namen Mosfil'm erhielt und seitdem nur noch Spielfilme herstellte. Im größten Studio der Sowjetunion, das während des Zweiten Weltkriegs nach Alma-Ata ausgelagert wurde, arbeiteten u. a. die Regisseure Sergej M. Eisenstein, Vsevolod Pudovkin und Mihail Romm. Ab den 60er Jahren waren so unterschiedliche Regisseure wie der Monumentalfilmer Sergej Bondačuk und der experimentelle Andrej Tarkovskij bei Mosfil'm tätig. Vergleiche **Lenfil'm, Sovkino, VUVKU.**

Motion-Control System. Basierend auf den grundlegenden Erfindungen von Kameramann Douglas Trumbull und anderen für Kubricks Film *2001: A Space Odyssey* (1965–68), waren diese Geräte die Arbeitspferde für die **Spezialeffekt**-Arbeiten in den 70er und 80er Jahren. Ein Motion-Control System ist ein ferngesteuerter Roboter (Cam-Remote), der die Kamera (und bisweilen auch Licht und Modelle) nach bestimmten Regeln bewegt. Dabei kann es sich um durchgehendes Drehen handeln oder um **Einzelbild-Schaltung.** Das System ist besonders vorteilhaft bei der Aufnahme von **Modellen** oder **Wandermasken.** Eines der ersten Cam-Remote-Systeme waren **Kenworthy**-Snorkel oder Dykstraflex, von John Dykstra bei **ILM** entwickelt.

Motiv. **1.** Ganz allgemein: etwas, was aufgenommen wird. Bei der Motivsuche wählen Regisseur, Kameramann und/ oder ein damit speziell beauftragter Assistent einen Drehort aus.
2. Künstlerisch: Aus der Musik übernommene – und in der **Filmmusik** häufig angewendete – dramaturgische Technik mit wiederholt auftretenden Elementen (Leitmotiven).

Movie File Format siehe **Film-Datenformat.**

Movietone. Während im allgemeinen Verständnis die Einführung des **Tonfilms** den **Warner** Bros. und ihrem **Vitaphone**-System (**Nadelton**) zugeschrieben wird, war es **Twentieth Century Fox,** die schließlich den Wettlauf gewann. Movietone, das praktischere **Lichtton**-System, das auf Lee De Forests **Phonofilm** beruhte und das sie vom Case-Laboratory lizenziert hatte, wurde bald der allgemeine Standard. Im Mai 1927 brachte Fox eine tönende Wochenschau mit Lindberghs Start zu seinem historischen Flug über den Atlantik heraus, womit sie der Premiere von Warners *The Jazz Singer* im Oktober um Monate voraus war. Siehe **Fox Movietone News.**

Moviola. Markenname des traditionell in Hollywood verbreitetsten **Schneidetischs,** mit senkrechtem Filmlauf, der in Amerika oft zum Gattungsnamen verallgemeinert wird. Vergleiche **KEM, Steenbeck.**

MP3 (MPEG-1, Layer 3). Eine Version des **MPEG**-Komprimierungs-Standards, die 1997 populär wurde, um Musikstücke aus dem **Internet** zu laden. Eine Kompressionsrate von 10:1 machte es lohnend, Musik auch über Verbindungen mit niedrigen Bandbreiten zu bewegen. Zahlreiche Künstler begannen, ihre Musik direkt über das Internet zu verbreiten, während Hacker kommerzielle Musikstücke mittels MP3 illegal ins **WWW** stellten. 1998 kam der erste tragbare MP3-Player auf den Markt – natürlich gegen den Widerstand der großen Plattenfirmen, die um ihre Kontrolle über den Markt fürchten.

MPAA (Motion Picture Association of America). Die einflussreiche Organisation der **Hollywood**-Studios wurde 1922 als Motion Pictures Producers and Distributors of America gegründet, um die Filmindustrie vor der wachsenden Welle öffentlicher Empörung über die lockeren Sitten in Hollywood (auf der Leinwand und dahinter) zu schützen. (Der Fatty Arbuckle-Skandal gilt allgemein als Auslösefaktor.) Mit raffinierter Berechnung wählte die Association den US-Postminister Will Hays, eine für ihre reine Weste und tadellose Moral bekannte Persönlichkeit, zum Vorsitzenden. Das Ergebnis waren das Hays Office, das über zwanzig Jahre über die Moral Hollywoods wachte, und der **Production Code**, der tief greifenden Einfluss auf das hatte, was auf der Leinwand zu sehen war. Langsam änderten sich die Aufgaben des Office. Bereits früh wurde das Central Casting Bureau als zentrale Stellenvermittlung eingerichtet, und die Aufmerksamkeit der Organisation verschob sich von der Moral aufs Business. 1945, mit der Amtsübernahme durch Eric Johnston, wurde der Name in MPAA geändert. Gleichzeitig wurde die Motion Picture Export Association (**MPEA**) zur Förderung des Exports gegründet. Die Industrie befand sich zu dieser Zeit unter beträchtlichem Druck: Durch die Antitrust-Prozesse der Regierung einerseits – durch das Fernsehen auf der anderen. 1966 besetzte die MPAA ihren Top-Posten mit Jack Valenti, einem Berater von Präsident Lyndon Johnson. Er wandte sich nach der Ersetzung des Production Code durch das noch heute geltende **Ratings**-System intensiv der Vermehrung der Einnahmen der Filmindustrie zu. Er ist bis zur Gegenwart Aushängeschild und Vorkämpfer der Hollywood-**Majors**. Da nur sie der MPAA angehören, ergab sich die Notwendigkeit für die **AFMA**. Vergleiche **SPIO**, **Zensur**.

MPEA (Motion Picture Export Association). Eine Abteilung der **MPAA** mit der Aufgabe, den Export zu fördern. Vergleiche **Export-Union**, **Unifrance**, **Unitalia**.

MPEG (Motion Picture Experts Group). **1.** Arbeitsgruppe der **ISO**, die einen allgemeinen Standard (ISO 11172) für die digitale Bildübermittlung und Speicherung erarbeitet. Dieses digitale Fernsehen ermöglicht die sehr kompakte Speicherung von Video-Informationen und das gleichzeitige Senden einer großen Anzahl von Programmen innerhalb eines Übertragungskanals. **2.** MPEG, MPEG-2. Von der Motion Picture Experts Group entwickelte Standard-Algorithmen für digitale Film-Videos. MPEG-1 ist ein Algorithmus von niedriger Bandbreite für die Anwendung auf **CD-ROM**-Ebene. MPEG-2 ist ein hoch entwickelter Algorithmus, der 1994 für **DVD-Video** und **DSS**, später auch für Digital-Fernsehen akzeptiert wurde. Siehe **Komprimierung**, Siehe **Spatial Compression**.

MPPC (Motion Pictures Patent Company). Der am 9. 9. 1908 von der **Edison** Manufacturing Company, der American Mutoscope and **Biograph** Company und anderen Filmproduzenten gegründete «Trust», der vergeblich versuchte, das Filmgeschäft durch Patent-Ansprüche zu monopolisieren. Ihre Gegner waren unabhängige Produzenten wie Carl Laemmle (IMP, **Universal**) und William Fox, die ins entfernte Kalifornien auswichen, was schließlich zur Gründung von **Hollywood** führte.

MS-DOS (Microsoft Disk Operating System) siehe **Microsoft**.

MSN (MicroSoft Network). Microsofts erstaunlich später Eintritt in den Online-Markt fand im August 1995 gleichzeitig mit der Vorstellung von **Windows** 95 statt. Als geschütztes System nur für Windows-Maschinen, hatte es wie **AOL** ein grafisches Menü und – allerdings weniger – Angebote. Da sich bereits deutlich abzeichnete, dass das **WWW** geschützte Systeme wie MSN ersetzen würde, war es eine Totgeburt. Unbeirrt durch den Fehlschlag, wandelte Microsoft MSN in einen der größten **Internet**-Provider der Welt um und schuf so eines der wichtigsten Portale.

MSNBC. Die erste Kombination von Kabelkanal und **Internet** wurde am 15. 7. 1996 von **Microsoft** und **NBC** präsentiert.

MTV (Music Television). Ein am 1. 8. 1981 von Warner-Amex Cable gegründetes Fernsehprogramm (zunächst über Kabel) zur Verbreitung der neu entwickelten **Musik-Videos** (Clips). Der Sender – inzwischen im Besitz von **Viacom** – hat stilistisch und ökonomisch das amerikanische (zunehmend auch das europäische) Fernsehen und die Schallplattenindustrie revolutioniert. 1987 startete das englische Programm von MTV Europe, das ab 1989 auch in Osteuropa zu empfangen war. Diese Regionalisierung (auch in der Programmgestaltung) setzte sich fort: 1990 MTV Brasil, 1991 MTV Asia und MTV Japan. Ab 1993 wendet sich MTV Latino an Zuschauer in Lateinamerika und die Hispanics in den USA. 1996 erhält – nicht zuletzt unter Druck regionaler Konkurrenten (siehe **VIVA**) sowie ermöglicht durch die digitale Technik – MTV Central Europe ein deutsches Programm, ebenso Großbritannien & Irland und Italien, außerdem gehen MTV Australia und MTV New Zealand auf Sendung, 1998 schließlich MTV Russia. Damit beansprucht MTV, das größte Fernsehnetz der Welt zu betreiben. Mit dem Sender **VH1** schuf sich MTV 1984 ein Alternativangebot für ein etwas älteres Publikum.
MTVs Top-Ten-Videos, die offensichtlich jeglicher statistischen Basis entbehren, sind für den Erfolg mindestens so wichtig wie Plattenverkäufe oder Radioeinsätze. Heute ist das durch die Videoclips verbreitete Image für den Erfolg einer **Schallplatte** oft wichtiger als die Musik selbst.

Multicam-Technik. Mit mehreren (zumeist drei) Kameras gleichzeitig zu drehen ist eine teure – und deshalb selten angewandte – Methode des Filmmachens. Doch im Fernsehen vor einem Live-Publikum ist es höchst effektiv und wird deshalb zumeist angewandt. Die Technik – die eine spezielle Lichtführung voraussetzt – wurde (vermutlich) erstmals 1951 von Kameramann Karl Freund für Lucille Balls Fernsehshow *I Love Lucy* entwickelt.

Multimedia. Die Kombination von Text, Tönen, Fotos und bewegten Bildern in einer Veröffentlichung, meistens interaktiv vermittels einer **CD-ROM** oder **DVD-ROM**. Das Wort wurde zum Begriff für alle Produktionen in den digitalen Medien.

Multiplex. Ein Gebäude, das mehrere Kinos unter einem Dach zusammenfasst. Ursprünglich zur besseren ökonomischen Ausnutzung von Personal und Technik bzw. zur Erweiterung der Programmierungs-Möglichkeiten eingerichtet (Schachtel-Kinos), haben sich moderne Multiplexe durch Kombination mit Restaurationsräumen und/oder Läden zu Freizeitzentren entwickelt. Vergleiche **CinemaxX**.

Muppets. Von Jim Henson entwickelte Puppen (Miss Piggy, Kermit the Frog, Ernie & Bert), die vor allem durch die **Sesamstraße** populär wurden. Auch in einigen Spielfilmen. Siehe **EM.TV**.

Murdoch siehe **News Corporation**.

Murnau-Stiftung siehe **Friedrich-Wilhelm-Murnau-Stiftung**.

Musical. Bereits zur **Stummfilmzeit** hatten musikalische Bühnengenres wie Singspiel oder Revue und vor allem die populäre Operette thematisch und stilistisch intensiven Einfluss auf das Kino. Nach zahlreichen **Vitaphone**-Kurzfilmen, die Lieder und musikalische Auftritte (z. B. Sol Hoopii mit seiner Hawaii-Gitarre) präsentierten, waren es auch bei den ersten **Tonfilmen** – z. B. *The Jazz Singer* und *The Singing Fool* – zunächst einzelne Gesangseinlagen, die neben der musikalischen Untermalung den Soundtrack ausmachten. Daraus entwickelte sich in Hollywood eine Welle von Backstage-Musicals, bei denen Spielhandlungen um den Bühnenbetrieb den Handlungsrahmen für Revueauftritte boten – oft opulent von Busby Berkeley (*42nd Street*) arrangiert.
Parallel dazu entstand bei der **Ufa** das Genre der **Tonfilmoperette** (*Die Drei von*

der Tankstelle), bei der sich Gesangs- und Tanzeinlagen aus der Handlung entwickelten und diese z. T. kommentierten. Mit den ins **Exil** getriebenen Filmmachern wanderte auch der dramaturgische Stil nach Hollywood, wo sich in den 30er Jahren vor allem in den eleganten Astaire / Rogers-Musicals Songs und Tanz mit ironischer Gesellschaftskomödie (*Top Hat*) mischten.
Dagegen belebten die in Nazi-Deutschland verbliebenen Regisseure mit «ausländischen» Stars wie Marika Rökk in Revuefilmen die alten Backstage-Klischees. Gleichzeitig schuf die Arthur Freed-Unit bei **M-G-M** vor allem mit Vincente Minnelli und Tänzer Gene Kelly (*Singin' in the Rain*) einige Höhepunkte des nun bunten Musicals. Nach den 50er Jahren war das Genre nur sporadisch Anlaß für aufwendige Ausstattungsstücke (*My Fair Lady*). Erst in den 70er Jahren versetzte die gewinnträchtige Verwendung von Popmusik (*Saturday Night Fever*) dem Musikfilm wieder einen Aufschwung und füllte zugleich die Kassen der Musikabteilungen der Medien-Konzerne.

Musikband. Eines der drei Hauptbänder (Tracks), die bei der **Mischung** zum Filmton vereint werden. Vergleiche **Dialogband**, **Effektband**, **IT-Band**.

Musik-Video. Ein kurzes Video zur Illustrierung (und Vermarktung) eines Pop-Songs. Die erste, speziell für den Verkauf hergestellte Musik-Videokassette war *Lady Disco* von Michael Nesmith (im April 1978 von *Variety* besprochen). Doch das Genre konnte sich erst 1981 durchsetzen, als **HBO**s Kabelkanal **MTV** auf Sendung ging. Das Phänomen der Musik-Videos wuchs explosionsartig in den nächsten zehn Jahren, sodass 1990 MTV und seine Nachahmer und Konkurrenten (**VIVA**, **VH1** u. a.) ein wichtiges internationales Medium zur Vermarktung von populärer Musik bilden. Bei bestimmten Genres – z. B. Rap – ist das Video oft ebenso wichtig wie der Ton.

Muster (Rushes, Dailies). Die ersten Abzüge vom Bild- und Tonoriginal, mit denen das Drehergebnis besichtigt und eine erste grobe Auswahl getroffen wird. Aus diesen Mustern entsteht dann beim **Schnitt** die **Arbeitskopie**.

Mutoscope. Ein von Herman Casler am 21. 11. 1894 – in Konkurrenz zu Edisons **Kinetoscope** – patentierter Guckkasten, in dem Bilder-Karten, die, auf einer Achse befestigt, eine große Trommel bilden, durch eine Kurbel bewegt werden und so für den Betrachter die Illusion einer Bewegung erzeugen. Eine mechanisierte Umsetzung der Idee des **Daumenkinos**.

Muzak. Markenname der Muzak LLC, in den 20er Jahren von Gen. George Squier als Kunstwort (Music + Kodak) geprägt. Der Begriff steht für die zur Stimmungshebung oder Kaufförderung eingesetzte Hintergrundmusik in Aufzügen, Kaufhäusern etc. Von der Firma auch modisch «musical architecture» genannt.

MW (Mittelwelle) siehe **Elektromagnetisches Spektrum**, **Frequenzbereiche**.

Nachbildwirkung (Persistence of Vision). Physiologische Grundlage von Film und Fernsehen. Lichtreize wirken eine kurze Zeit nach ihrem Aufhören im menschlichen Auge nach, sodass Bilder, die in genügend schneller Bildfrequenz aufeinander folgen, im Gehirn zu einer durchgehenden Bewegung verschmelzen. Nach Max Wertheimer nennt man die psychologische Auswirkung dieser physiologischen Erscheinung den Phi-Effekt.

Nachdreh. Nach Abschluss der eigentlichen Dreharbeiten wegen technischer oder künstlerischer Mängel gedrehte Filmaufnahmen, bisweilen – möglichst unerkannt – mit anderen Darstellern.

Nachspann. Zu Ende des Films ablaufende Titelliste. Vergleiche **Credits**.

Nachsynchronisation (Additional Dialogue Recording, Post-dubbing). Technik, durch die nach Abschluss der Dreharbeiten das **Dialogband** neu produziert wird. Vergleiche **ADR**, **Mischung**, **Synchronisieren**.

Nadeldrucker (Dot Matrix Printer). Eine Computer-Drucktechnologie der 70er Jahre, die in den 80ern weitgehend durch den Tintenspritzer ersetzt wurde. Die eng beieinander sitzenden Nadeln des beweglichen Druckkopfs (zumeist 5×9) schlugen auf ein Farbband, das die entsprechenden Buchstaben oder Muster auf dem Papier hinterließ. Wegen der geringen Auflösung war das Ergebnis grafisch relativ grob.

Nadelton. Frühes Tonverfahren, bei dem der Filmton synchron von einer (Wachs-) **Schallplatte** abgetastet wurde. Eine erste Welle solcher tönenden Filme kam noch im ersten Jahrzehnt des 20. Jahrhunderts vorübergehend als **Tonbilder** in Mode. Das berühmteste Nadelton-Verfahren war **Vitaphone**, das **Warner** Bros. zusammen mit Western Electric betrieben und mit dem 1926/27 die ersten **Tonfilme** (*Don Juan*, *The Jazz Singer*) herauskamen. Es wurde bald vom praktikableren **Lichtton** abgelöst. Vergleiche **Photophone**.

Nagra. 1959 vom schweizer Erfinder Stefan Kudelski entwickeltes tragbares Tonbandgerät, das wegen seiner hohen (analogen) Tonqualität zum Standard bei Filmaufnahmen – speziell für **O-Ton**-Aufnahmen – wurde und u. a. in Verbindung mit der **Arriflex**-Kamera die Entwicklung des **Cinéma Vérité** und **Direct Cinema** beeinflusst hat.

Nahaufnahme. Eine **Einstellung**, bei der z. B. Personen mit einem Teil ihres Körpers (etwa bis zur Hüfte) sichtbar sind.

NARAS (National Academy of Recording Arts and Sciences). Die 1957 nach dem Vorbild der **AMPAS** gegründete Institution, die alljährlich Preise für überragende Leistungen auf dem Gebiet der Schallplatten-Aufnahmen vergibt, die **Grammys**.

Narrativer Film. Ein Film, der eine Geschichte erzählt. Gegensatzbegriffe: **Poetischer Film**, **Essay-Film**. Vergleiche **Erzählkino**.

NATAS (National Academy of Television Arts and Sciences). 1957 gegründet, um nach dem Vorbild des **Oscar** alljährlich Preise (**Emmy**) für herausragende Leistungen auf dem Gebiet des **Fernsehens** zu verteilen. Da NATAS mit 13 Ortsgruppen regional gegliedert war, kam es 1976, als die Präsidentschaft wechselte, zur Spaltung. Die Hollywood-Gruppe (der etwa 40 Prozent der Mitglieder angehörten) meinte, das «Hinterland» habe mehr Einfluss, als ihm zustünde, trat aus und gründete 1977 die ATAS (Academy of Television Arts and Sciences). Nach einem Prozess schlossen die beiden Organisationen einen Kompromiss:

ATAS behielt das Recht, die Emmys für das Abendprogramm zu verteilen, während NATAS es für das restliche Tagesprogramm, für Lokales, Sport und Nachrichten behielt.

Naturalismus. Eine auch auf den Film angewandte Literaturtheorie, die davon ausgeht, dass die Handlungen einer Figur durch positivistisch bestimmbare, naturwissenschaftliche Regeln gelenkt werden, d.h. nach biologischen, sozialen, wirtschaftlichen und psychischen Gesetzen. Oftmals fälschlich synonym mit **Realismus** angewandt, bedeutet es nicht einfach «natürlich» im Stil. Filmmacher von Erich von Stroheim bis Michelangelo Antonioni und Bewegungen wie **Film Noir** oder der **Dokumentarfilm** zeigen den Einfluss des Naturalismus.

Natürliches Licht. Die Ausleuchtung einer Szene, vor allem bei Außenaufnahmen, die die realen Lichtverhältnisse wiedergibt. Spezieller: Drehen nur mit den vorhandenen Lichtquellen (Available-Light Photography). Die fotochemische Entwicklung hat in den letzten Jahrzehnten so empfindliche Filmmaterialien hervorgebracht, dass eine solche Filmarbeit möglich ist.

NBC (National Broadcasting Company). 1926 von General David Sarnoff, einem der vorausschauendsten Rundfunkpioniere der USA, als Tochtergesellschaft der **RCA** gegründetes Network. Zunächst mit zwei Rundfunkkanälen (Red und Blue), dann auch Fernsehen. In den 50er bis 80er Jahren stand NBC hinter **CBS** an der zweiten Stelle der **Ratings**, obwohl es für die meisten technischen (Farbfernsehen) und inhaltlichen Innovationen (**Talkshows**, anspruchsvollere Comedy-Shows) verantwortlich war. 1986 – inzwischen mit RCA von General Electric übernommen – erreichte es durch einfallsreiche Programme, z.B. realistischere Kriminserien wie *Hill Street Blues* und *L. A. Law*, den ersten Platz, den es bis in die frühen 90er Jahre halten konnte. Vergleiche **ABC**, **CBS**.

NDR (Norddeutscher Rundfunk). Nach Liquidierung des **NWDR** 1956 entstandene öffentlich-rechtliche Rundfunkanstalt für Hamburg, Niedersachsen und Schleswig-Holstein, seit 1991 auch für Mecklenburg-Vorpommern. Landesfunkhäuser in Hamburg, Hannover, Kiel und Schwerin. Mitglied der **ARD**.

Nebendarsteller (Supporting Actor) siehe **Charakterdarsteller**. Vergleiche **Extra**, **Komparse**.

Negativ. In der Kamera entsteht ein zur Realität in den Helligkeits- und Farbwerten umgekehrtes Negativ, von dem dann wieder **Positiv**-Kopien gezogen werden können. Vergleiche **Umkehrfilm**.

Negativ-Kosten. Die **Kosten**, die bis zur Fertigstellung des endgültigen Films anfallen, ohne die für Verleih und Werbung entstehenden Kosten.

Negativschnitt. Auf Basis der endgültigen **Feinschnitt**-Fassung (Final Cut) der **Arbeitskopie** wird identisch das Originalnegativ anhand der **Randnummern** oder des **Timecode** zusammengeklebt. Vergleiche **Elektronischer Schnitt**.

Neger. Umgangssprachliche Bezeichnung für schwarze Lichtblenden im Studio. Sie dienten außerdem, mit Kreide beschriftet, oft als Gedächtnisstütze für den Dialog der Schauspieler. Siehe **Cue Cards**, **Teleprompter**.

Neigen (Tilting). Neben **Schwenk** und **Rollen** eine der drei Bewegungsarten der Kamera selbst. Beim Neigen bewegt sich die Kamera in der Senkrechten.

Neorealismus. Stilrichtung des italienischen Films in den 40er Jahren, die sich durch betont kunstlose, quasidokumentarische Abbildung von sozialer Realität auszeichnete, mit Laiendarstellern und an Originalschauplätzen gedreht. Der Neorealismus – zu dem u. a. Vittorio De Sica, Roberto Rossellini und (der frühe) Luchino Visconti gezählt werden – hatte über seine relativ kurze Blütezeit hinaus stilistische Wirkungen in aller Welt. Vergleiche **Realismus**.

Nero Film. Die 1926 von den Produzenten Heinrich und Seymour Nebenzahl sowie Richard Oswald in Berlin gegründete Filmfirma, die unter der Leitung von Seymour Nebenzahl einige der bedeutendsten Filme des Weimarer Kinos herstellte, u. a. die ersten **Tonfilme** der Regisseure G. W. Pabst (*Westfront 1918*, *Die 3-Groschen-Oper*) und Fritz Lang (*M*). 1933 floh der in den USA geborene Seymour Nebenzahl mit einer Kopie von Langs verbotenem Film *Das Testament des Dr. Mabuse* vor den Nazis nach Paris, wo er in den 30er Jahren weitere Filme unter dem Markenzeichen Nero produzierte. 1938 ging er weiter in die USA, wo er mit anderen **Exil-Filmern** zunächst die Angelus Pictures gründete, 1944 wieder eine Nero Films, Inc.

NetNews siehe **BBS**.

Netscape. 1994 von Marc Andreesen und Jim Clark gegründete Software-Firma, deren **Browser** Netscape Communicator einen entscheidenden Faktor für die Popularisierung des World Wide Web (**WWW**) bildete. In der Absicht, ihr Geld vor allem durch den Verkauf von Server-Software (und die Lizenzierung des Navigator an große Firmen) zu verdienen, erlaubte Netscape das kostenlose Herunterladen des Browsers. Mit dem erfolgreichen Gang an die Börse 1995 leitete Netscape den spekulativen **Internet**-Boom der späten 90er Jahre ein: Nach dem ersten Tag war die Firma 2,9 Milliarden wert – ohne dass sie bislang einen Profit gemacht hatte. Der Erfolg löste einen intensiven Kampf von **Microsoft** aus, die um ihre Monopolstellung fürchten mussten und den Konkurrenz-Browser Internet Explorer herausbrachten. Dessen automatische Einbindung in das weit verbreitete **Windows** führte zu einer Klage durch die US-Regierung. Allerdings hatte Netscape nicht rechtzeitig auf die Bedrohung durch Microsoft reagiert und wurde Ende 1998 von **AOL** übernommen.

Network. 1. In den USA das System miteinander verbundener Rundfunk-Stationen (Radio und TV). Vergleiche **ABC**, **CBS**, **FOX**, **NBC**.
2. Allgemein jedes zu einem Netzwerk verbundene Kommunikations-System, beispielsweise von mehreren Computern.

Neue Welle. Nach dem Vorbild der **Nouvelle Vague** in Frankreich, Anfang der 60er Jahre, wird alle paar Jahre von Festivalmachern und Filmkritikern eine neue Neue Welle in jeweils wechselnden Ländern ausgerufen. Nach neuen Wellen in den Ländern des Ostblocks und dem Jungen/Neuen Deutschen Film in den 60er Jahren, dann in Südamerika und Australien hat sich das Interesse in den 80er und 90er Jahren mehr nach Ostasien verlagert: Indonesien, Hongkong, China.

Neuer deutscher Film. Nach **Junger Deutscher Film** (60er Jahre) vom Feuilleton geprägter Sammelbegriff für die Filmmacher in der BRD der 70er Jahre. Vergleiche **Anderes Kino**.

New American Cinema. Bewegung des unabhängigen Films in den USA seit etwa 1960, die in der Filmmakers' Cooperative ihr eigenes Vertriebssystem aufbaute und mit *Filmculture* eine Zeitschrift als Sprachrohr besitzt. Haupttheoretiker ist der Kritiker und Filmmacher Jonas Mekas. Es zeichnet sich vor allem durch einen persönlichen, lyrischen und experimentellen Stil aus. Vergleiche **Anderes Kino**, **Avantgarde**, **Independent**, **Underground Film**.

New Line Cinema. 1967 in New York als Verleih für Independent-Produktionen gegründete Firma, die inzwischen zu Time **Warner** gehört.

News Corporation. Rupert Murdochs Holding seines internationalen Film-, Fernseh- und Pressekonzerns. 1952 erbte der junge Rupert von seinem Vater in Australien eine Reihe von Lokalblättern. Nach zehn Jahren «Lehrzeit» war er stark genug, 1964 die erste überregionale Zeitung, *The Australian*, zu gründen. Nachdem er seinen heimatlichen Kontinent erobert hatte, wandte sich sein Interesse dem Mutterland Großbritannien zu: 1968 übernahm er das Boulevardblatt *News of the World*, im nächsten Jahr dessen Konkurrenz *The Sun*. Ein paar Jahre später begann er, die USA von Süden her aufzurollen: 1973 kaufte er die *San Antonio Express-News* und gründete das Boulevardblatt *The Star*, 1976 war die *New York Post* dran. Man begann, Rupert Murdoch als **Mogul** zu bezeichnen. 1981 versuchte er einen Qualitätssprung, übernahm die angesehene *Times* in London und erzürnte damit das britische konservative Establishment, dessen Hauszeitung sie war. Seine Modernisierungsmaßnahmen lösten einen Streik aus, der das Erscheinen des Blattes elf Monate lang verhinderte. In den 80er Jahren unterstützten seine englischen Blätter Margaret Thatcher.

Gleichzeitig begann er eine neue Einkaufstour: Sein erster großer Fang war **Twentieth Century Fox**, seine erste größere Akquisition außerhalb der Presse. Er hatte das Glück, in Barry Diller einen kongenialen Manager zu finden. Diller gründete das Fernseh-Network **FOX**. (In dem Zusammenhang war Murdoch gezwungen, US-Bürger zu werden, um die nötigen lokalen TV-Stationen erwerben zu können.) Während sich Diller erfolgreich um den Film- und Fernsehsektor kümmerte, akquirierte Murdoch weiterhin Printmedien, so u. a. die Buchverlage Harper & Row, Collins, die (zwischendurch weiterverkaufte) *New York Post* und vor allem die wichtige Programmzeitschrift *TV Guide*, für die er 3 Milliarden Dollar zahlte. Außerdem baute er von Großbritannien aus sein Satellitenfernseh-Imperium aus: Zunächst wurde aus seinem ursprünglichen **SkyTV** durch Fusion **BSkyB**, in Asien baute er das **Star TV**-Netz auf.

Dennoch war News Corp. Anfang der 90er Jahre praktisch bankrott und wurde nur durch Citibank gerettet. Murdoch, der die Firma weiterhin patriarchalisch führt (seit Mitte der 90er Jahre arbeiten auch seine Kinder mit), verstrickte sich auch in persönlichen Fehden, bis zu dessen Selbstmord mit dem britischen Pressemagnaten Robert Maxwell, später mit Ted **Turner**, dem er u. a. durch die Übernahme von Sportmannschaften nachstrebte.

Ab Ende der 90er Jahre engagiert sich Murdoch auch auf dem deutschen Fernsehmarkt. Zunächst mit Beteiligungen am ursprünglich als Frauensender gegründeten tm3 und an dem als Nachrichtensender gescheiterten **VOX**. Doch auch hier war seine Firmenpolitik unterschiedlich erfolgreich: 1999 schnappte er Bertelsmanns **RTL** für 200 Millionen DM die Rechte an der Champions League weg (und musste in drei Monaten eine Sportredaktion aufbauen lassen). **Bertelsmann** rächte sich, indem ihre Tochter **CTL-UFA** Ende des Jahres in einem «Shoot-Out» Murdoch seine Anteile an VOX abnahm. Anfang 2000 gab Murdoch bekannt, dass er sich über BSkyB für 2,9 Milliarden DM mit 24 Prozent an **Kirchs Pay-TV** Premiere World beteiligte, um so den Aufbau des digitalen Pay-TV-Marktes in Deutschland voranzutreiben.

Murdochs Firmenimperium News Corp. umfasst zur Jahrtausendwende u. a. mehr als 250 Zeitungen, 12 TV-Sender und 800 Tochterunternehmen und setzt jährlich ca. 15 Milliarden Mark um.

Newsreel siehe **Wochenschau**.

NHK (Nippon Hoso Kyokai). Seit 1925 in Tokyo arbeitender Rundfunksender, der seit 1953 das staatliche Fernsehprogramm sendet. Seit Mitte der 90er Jahre wird ein großer Teil des Programms in **Hi-Vision** (**HDTV**) ausgestrahlt.

Nichtkommerzieller Verleih. Eine sich seit Ende der 60er Jahre entwickelnde Verleihform, hauptsächlich mit 16mm-Kopien, die sich an Filmclubs, Jugendzentren, Schulen etc. wendet. Vergleiche **Archivkino**, **Programmkino**, **Kommunales Kino**.

Nickelodeon. 1. Bezeichnung für die ersten Kinos in den USA, so genannt, weil der Eintritt einen Nickel (5 Cents) betrug, vergleiche **Kientopp**.
2. 1979 von **Warner** Amex in den USA gegründeter Kabelkanal mit Programmen für Kinder und Jugendliche. Der jetzt zum **Viacom**-Konzern gehörende Kanal – Spitzname: Nick – sendet über Satelliten und Kabel in den USA und Großbritannien.

Nielsen. In den USA das verbreitetste – nach der durchführenden Gesellschaft genannte – **Ratings**-System für Hörfunk und Fernsehen, veröffentlicht als NSI (Nielsen Station Index) und NTI (Nielsen Television Index). Vergleiche **Gesellschaft für Konsumforschung**.

Nikkatsu (Nippon Katsudôshashin Co.). 1912 aus älteren Filmfirmen gebildeter Filmkonzern mit Studios in Tokyo und Kyoto.

Nintendo. Die Nintendo Co., Ltd. entstand aus einer 1889 in Kyoto von Fusajiro Yamauchi gegründeten Fabrik für Spielkarten. In den 70er Jahren wandte sich die Firma mit Unterstützung des Elektronik-Konzerns Mitsubishi Videospielen zu, zunächst als Automaten für Arkaden, dann als Heimgeräte. Das 1981 präsentierte Arkadenspiel Donkey King wurde der erste Welterfolg. 1985 wurde in den USA der «Familien-Computer» Nintendo Entertainment System (NES) mit den **Videospielen** Duck Hunt and Super Mario Bros. eingeführt, das zum Bestseller wurde. Das Heim-Videospiel The Legend of Zelda wurde das erste Spiel, von dem mehr als eine Million Einheiten verkauft wurden. 1989 kam außer der Fortsetzung The Adventure of Link der Game Boy heraus, das erste tragbare Handgerät zum Abspielen von auswechselbaren Videospiel-Kassetten. 1991 stellte Nintendo das 16-Bit Super Nintendo Entertainment System (Super NES) in den USA vor, für das weiterentwickelte Spiele wie Super Mario World und The Legend of Zelda: A Link to the Past entwickelt wurden. Mit der Einführung des Super FX Chips 1993 wurden die technischen und grafischen Möglichkeiten von Game Boy und Spielen erweitert. Als am 23. 6. 1996 in Japan mit Nintendo 64 das erste 64-Bit-Heim-Videospiel in den Verkauf ging, wurden am ersten Tag über 500000 Einheiten verkauft. 1998 wurden weitere technische Verfeinerungen zum Game-Boy-System präsentiert sowie mit Pokémon ein neues Spiel, das eine weltweite Mode auslöst. Der Erfolg ließ nach, nachdem **Sony** mit GameStation ein technisch avanciertes System auf den Markt brachte.

Nipkow-Scheibe. 1884 von Paul Nipkow entwickelt: eine rotierende Scheibe mit spiralförmig angeordneten Öffnungen, durch die ein Lichtstrahl ein Objekt abtasten (scannen) kann. Ein grundlegendes System der Fernsehtechnik.

Nitrofilm (Nitrate). Bis Anfang der 50er Jahre wurde Nitrozellulose als Trägermaterial bei Normalfilm benutzt. Nitrozellulose ist leicht entflammbar, wobei sich giftige Gase entwickeln. Außerdem zerfällt mit der Zeit das Material der Nitrokopien selbst bei sachgemäßer Lagerung, sodass seit Jahren Film**archive** in aller Welt bemüht sind, Filme von Nitro auf **Sicherheitsfilm** (Azetat) umzukopieren und sie so zu erhalten. Vergleiche **Ozaphanfilm, Rekonstruktion**.

NNTP (Network News Transfer Protocol). Der Standard für die NetNews-Diskussionsgruppen im **Internet**. Bereits in den 80er Jahren gab es mehr als 10000 eingetragene Gruppen mit Themen wie Computertechnik, Musik, Sex, Autoreparatur etc.

NORAG (Nordische Rundfunk AG). Der mit dem Kapital eines Getreidehandelsunternehmers, eines Bankiers und eines Ölkaufmanns als privatwirtschaftliche Aktiengesellschaft gegründete Sender nahm am

2. 5. 1924 in Hamburg den Betrieb auf. Zum 1. 2. 1933 Umwandlung in die Norddeutsche Rundfunk GmbH Hamburg, 1934 nach der Zentralisierung aller deutschen Rundfunkprogramme durch die Nazis Bezeichnung Reichssender Hamburg. Am 3. 5. 1945 Besetzung des Funkhauses in der Rothenbaumchaussee durch britische Truppen. Am 22. 9. 1945 Umbenennung in Nordwestdeutscher Rundfunk, siehe **NWDR**.

Nordisk. 1906 gründeten Ole Olsen und Arnold Richard Nielsen in Kopenhagen die Nordisk Films Kompagni, die international zu einer der größten Produktionsfirmen vor dem Ersten Weltkrieg wurde. Noch 1906 entstanden Niederlassungen in Schweden, Norwegen, Italien und Deutschland, 1907 in London und Wien, 1908 in den USA (Great Northern Film Co.). Viggo Larsens *LØvejagten* wurde 1908 mit 259 Kopien in ganz Europa zum ersten internationalen Bestseller. Erfolge waren auch Mädchenhandels-Filme. 1911 Umwandlung der Firma in eine AG, August Blom wurde künstlerischer Leiter. 1912 war Nordisk nach **Pathé** die zweitgrößte europäische Filmfirma. Allein in Deutschland besaß sie eine Kette von 33 Premierenkinos. Mit *Atlantis* (nach Gerhart Hauptmann) startete Nordisk 1913 die Welle der Autorenfilme, die auf Deutschland übergriff und zur Akzeptanz des Films beim Bürgertum beitrug. Die Tochter Nordische Films Co. war während des Kriegs einer der größten Produzenten und Verleiher und bildete 1917 bei der Gründung der **Ufa** einen der Grundpfeiler des Konzerns. Nach dem Krieg ging es mit der Bedeutung der Nordisk rapide bergab. Olsen zog sich Anfang der 20er Jahre zurück und widmete sich seiner Porzellansammlung.

Normalfilm. Als Normalfilm gilt das 35 mm breite Filmmaterial (DIN 15501).

Nouvelle Vague. Die Gruppe der französischen Filmmacher (Godard, Truffaut, Chabrol, Rohmer, Rivette u. a.), die als Kritiker der Zeitschrift *Cahiers du cinéma* begannen und ab 1959 zur Regie wechselten. Der Begriff **Neue Welle** wird seither allgemein auf jede Gruppe neuer Filmmacher übertragen.

Novellisierung (Novelization). Die z. B. in den USA und Deutschland seit Jahrzehnten übliche Praxis, erfolgreiche Filme in Romanform nachzuerzählen und in den Buchhandel zu bringen. Siehe **Tie-In**.

NTSC siehe **Fernsehstandards**.

Nullkopie (Answer Print). Die erste Kopie des fertigen Films, nachdem Bild und Ton vereint sind sowie die **Lichtbestimmung** vorgenommen wurde.

NWDR (Nordwestdeutscher Rundfunk). Am 22. 9. 1945 wird der durch die britische Besatzungbehörden im ehemaligen Funkhaus der **NORAG** gegründete Sender Hamburg in Nordwestdeutscher Rundfunk umbenannt und 1948 in eine Anstalt des öffentlichen Rechts umgewandelt. Mit Genehmigung der britischen Militärbehörden beginnen 1949 in einem Hochbunker auf dem Heiligengeistfeld in Hamburg erste Fernsehversuche, am 17. 6. 1950 der inoffizielle Versuchsbetrieb. Am 25. 12. 1952 feierliches Eröffnungsprogramm des NWDR-Fernsehens, das am 1. 11. 1954 vom gemeinsamen **ARD**-Programm «Deutsches Fernsehen» ersetzt wurde.

Nach Zerschlagung des NWDR 1956 in **NDR** und **WDR** wurde die Fortführung des Fernsehprogramms vorübergehend dem NWRV (Nordwestdeutscher Rundfunkverband) übertragen, der bis 1961 existierte.

Objektiv. Das Objektiv, auch Optik genannt, ist das **Linsen**-System der **Kamera** (oder des **Projektors**), durch das das einfallende Licht den optischen Gesetzen gemäß gebrochen, das heißt beeinflusst wird. Objektive werden nach ihrer **Brennweite** klassifiziert. Vergleiche **Anamorphot, Fischauge, Teleobjektiv, Weitwinkelobjektiv, Zoom.**

Objektivrevolver. An der Vorderseite einer Kamera (z. B. **Arriflex**) montierte drehbare Platte mit mehreren Optiken zum schnellen Objektiv-Wechsel.

Offener Kanal (Public Access Television). Von den **Landesmedienanstalten** kostenlos zur Verfügung gehaltener Kabelkanal, auf dem sich vor allem Interessengruppen (z. B. Schwule und Lesben) und Ausländer mit zumeist amateurhaften Videos darstellen dürfen.

Off-Ton. Ton, bei dem die Quelle (dauerhaft) im Bild nicht sichtbar ist, z. B. ein **Kommentar.** Vergleiche **Voice-Over.**

Online. In der engsten Definition die Benutzung einer zentralen Datenbank, die von einzelnen Computern über **Modem** und Kabelverbindung angewählt wird, um Informationen abzurufen (Online-Recherche). Vergleiche **WWW, Server.**

Optical siehe **Optisches Kopieren, Spezialeffekte.**

Optik siehe **Objektiv.**

Option. Wenn ein **Produzent** sich den Kauf eines Skripts nicht sofort leisten kann oder will, kann er sich eventuell eine Option sichern, mit der ihm der Autor (oder Agent) gegen eine Zahlung für einen gewissen – beschränkten – Zeitraum das exklusive Vorkaufsrecht einräumt.

Optische Bank (Optical Printer). Technische Einrichtung zur Herstellung von **Spezialeffekten** (Opticals) und zum **optischen Kopieren** von Filmen. Das Gerät vereinigt einen **Projektor** und eine **Kamera**, die genau synchron laufen, sodass die einzelnen Bilder (oder Ausschnitte) gleichzeitig projiziert und aufgenommen werden. Durch Variation der Projektionsfrequenz (z. B. Stillstand) lassen sich **Standkopierungen, Zeitraffer**- und **Zeitlupen**-Aufnahmen herstellen. Die optische Bank ist ebenfalls wichtig beim Vergrößern oder Verkleinern von Bildausschnitten sowie zur Herstellung von **Wandermasken**-Aufnahmen und **Mehrfachbildern** (Split Screen).

Optische Platte (Optical Disc). Allgemeiner Oberbegriff für laserbetriebene Speichermedien wie **CD, CD-ROM, DVD** und **Laserdisc.** Die Technologie wurde erstmals von **Philips** und **MCA** für Discovision und von **Sony** für die CDs angewandt. Eine Optische Platte ist eine digitale Aufnahme, die die kurzen Wellen eines Lasers dazu nutzt, eine große Menge von Daten auf geringem Platz zu speichern. Entgegen populärer Meinung werden bei der OP-Technologie Signale allerdings nicht in Licht verschlüsselt. Das digitalisierte Signal wird auf der Plastikplatte physisch als eine Serie mikroskopisch kleiner Gruben (pit) und Erhebungen (land) festgehalten. Der Laser dient vereinfacht wie ein Abtaster (Pickup), der den Wechsel von Pit und Land wie 1 und 0 liest; der minimale Lichtstrahl wird von den Erhebungen reflektiert und von den Gruben zerstreut. Da dieses binäre Speichersystem digital und simpel ist, ist eine Optische Platte – im Gegensatz zu analogen Systemen wie magnetischen Medien und **Schallplatten** – ziemlich unempfindlich hinsichtlich Abnutzung oder Verzerrung. Vergleiche **Magnetplatte.**

Optisches Drehbuch siehe **Storyboard.**

Optisches Kopieren. Wird nicht direkt von Negativ auf Positiv in einer Kopiermaschine kopiert, sondern durch Projektion und Aufnahme in einer **optischen Bank**, so spricht man vom optischen Kopieren. Durch Zwischenschalten von **Kaschs** und anderen technischen Mitteln können Trick-**Blenden** und **Kombinationsaufnahmen** hergestellt werden. Diesen Arbeitsgängen entspricht der englische Sammelbegriff Optical. Die Restaurierung beschädigter oder stark geschrumpfter Kopien (vergleiche **Nitrofilm**) ist oft auch nur durch eine optische Kopierung auf einem Spezialgerät möglich. Vergleiche **Rekonstruktion**.

Optisches Spielzeug. Im 19. Jahrhundert wurde eine Reihe von optischen Spielzeugen entwickelt, die auf dem Phänomen der **Nachbildwirkung** fußten und als Vorläufer des Films gelten: **Daumenkino** (Abblätterbuch), **Phenakistoskop** (Lebensrad, Zauberscheibe), **Praxinoskop**, **Thaumatrop**, **Zoetrope** (Zaubertrommel). Vergleiche **Camera Obscura**, **Chronophotographie**, **ViewMaster**.

ORACLE. 1. Optical Reception of Announcements by Coded Line Electronics. **Teletext**-System von **ITV** als Konkurrenz zu **CEEFAX** (der **BBC**).
2. Oracle Corp. Hersteller für Datenbank-Software.

Orange Book siehe **CD-Standards**.

ORB (Ostdeutscher Rundfunk Brandenburg). 1991 auf dem Filmgelände Potsdam-**Babelsberg** gegründete, öffentlich-rechtliche Landesrundfunkanstalt für Brandenburg. Mitglied der **ARD**.

ORF (Österreichischer Rundfunk). Öffentlich-rechtliches Rundfunkunternehmen mit zwei Fernsehprogrammen. 1924 gegründet als RAVAG, 1938 Umbenennung in Deutsch-Österreichischer Rundfunk, dann bis 1945 in Reichssender Wien. Nach Kriegsende Wiederbeginn als Sender Rot-Weiß-Rot. Im Mai 1955 nahm der erste Fernsehsender den Versuchsbetrieb in Wien auf. Mitglied der **EBU**. Ab 1. 1. 1957 regelmäßiger Sendebetrieb an sechs, ab Oktober 1958 an sieben Tagen der Woche. Enge Zusammenarbeit und Programmaustausch mit **ARD** und **ZDF**. Ab 1. 12. 1984 ist der ORF am deutschsprachigen Satellitenfernsehen **3sat** beteiligt.

Originalton siehe **O-Ton**.

Orion. Das 1978 von den ehemaligen **United Artists**-Managern Arthur Krim, Robert Benjamin, Mike Medavoy, William Bernstein und Eric Pleskow gegründete Studio schien eine gute Chance zu haben, als echtes **Hollywood**-Studio zu überleben. Die Firma hatte in den 80ern eine Reihe von Erfolgen, gründete eine eigene Fernsehproduktion und Orion Classics, einen Verleih für **Art Films**, und schluckte 1982 Filmways (siehe **AIP**). Doch als Tod und Austritte die Gruppe der Gründer reduzierten, kamen schlechte Zeiten für die Firma. 1991 schließlich beantragte Orion die Einleitung des Vergleichsverfahrens.

ORTF (Office de Radiodiffusion-Télévision Française). Das Fernsehen in Frankreich begann mit Versuchssendungen in den 30er Jahren (auch unter der deutschen Okkupation), die durch RDF (Radiodiffusion française) durchgeführt wurden. 1949 in **RTF** (Radiodiffusion-télévision française) umbenannt, wurde das Fernsehen 1954 durch ein neues Statut direkt dem Informationsministerium unterstellt, das – z. B. während des Algerienkriegs – aktuelle Beiträge zensierte und z. T. verbot. Mit einer Neuordnung 1964 und der Umbenennung in ORTF wurde die ministerielle Kontrolle (autorité) in eine Aufsicht (tutelle) gelockert und eine stärkere Programm-Selbständigkeit zugestanden. Zugleich wurde mit **Antenne2** ein zweiter Kanal mit mehr regionaler Ausrichtung eingeführt, der nach Pompidous Wahl zum Präsidenten 1969 größere Autonomie erhielt. 1972 kam ein

drittes Programm (**FR3**) hinzu. Als Spätfolge der Ereignisse von 1968 kam es 1974 zu einer größeren Reform. Zwar wurde das Staatsmonopol beibehalten, doch es wurde auf sieben staatliche Gesellschaften verteilt: vier für das Programm (TF1, A2, FR3 et Radio France), zwei Produktionsgesellschaften – die Société française de production (SFP) und Télédiffusion de France, technique et diffusion (TDF) – sowie das Institut national de l'audiovisuel (INA), dem die Archivierung und Forschung unterstand.
Nach dem Wahlsieg der Linken 1981 wurde das Staatsmonopol endgültig aufgegeben. Es entstand eine unabhängige Aufsichtsbehörde, die Haute Autorité de la communication audiovisuelle, der 1986 die Commission nationale de la communication et des libertés (CNCL) folgte, 1989 der Conseil supérieur de l'audiovisuel (CSA). Gleichzeitig entstanden private Anbieter, nach dem Pay-TV **Canal+** (1984) kamen 1986 zwei Kommerzsender: la Cinq des italienischen Medienzaren Silvio Berlusconi und TV6. Im selben Jahr wurde auch TF1 privatisiert. 1989 wurden Antenne2 und FR3 in France2 und France3 umbenannt und unter einer Leitung (France Television) zusammengefasst, wobei sich der dritte Kanal neben kulturellen auch regionalen und europäischen Themen widmen sollte. 1990 kamen mit **CLT** (Compagnie luxembourgeoise de télédiffusion) und dem Musiksender M6 weitere Kanäle hinzu. 1992 stellte la Cinq die Sendungen ein und wurde durch den deutsch-französischen Kulturkanal **ARTE** ersetzt, der sich bis zu ihrer Fusion 1997 die Sendezeit mit dem Bildungskanal Cinquième teilen musste.

Orthochromatisch. Eigenschaft eines Schwarzweiß-Materials, das keine Rotwerte wiedergeben kann. Mitte der 20er Jahre wurde das orthochromatische Material durch **panchromatisches** abgelöst.

ORWO-Color. Nach dem Krieg in der DDR von der Filmfabrik Wolfen aus **Agfacolor** weiterentwickeltes subtraktives Negativ-Positiv-Farbfilmsystem. Vergleiche **Farbsysteme**, **Subtraktive Farbmischung**.

OS (Operating System) siehe **Betriebssystem**.

Oscar. Populärer Ausdruck für die als **Academy Award** verliehene Statuette.

Österreichisches Filmarchiv siehe **Filmarchiv Austria**.

Österreichisches Filmmuseum. Das 1964 von den Filmmachern Peter Kubelka und Peter Konlechner in Wien als Filmclub gegründete **Filmmuseum** sammelt historische und Experimentalfilme und präsentiert Programme und Retrospektiven in dem von Kubelka konzipierten «Unsichtbaren Kino». Vergleiche **Filmarchiv Austria**.

O-Ton, **Originalton** (Direct Sound). Der **Ton**, der direkt bei den Dreharbeiten mit aufgenommen wird; beim **Dokumentarfilm** meist unerlässlich, beim Spielfilm oft durch **Nachsynchronisation** ersetzt. Vergleiche **Nagra**.

OTP (Opposite Track Path) siehe **PTP**.

Outtake. Eine **Einstellung** (Take), die während des **Feinschnitts** (Final Cut) eliminiert wird. Bis Ende der 70er Jahre waren Outtakes nutzlos. Dann entdeckten Fernsehproduzenten, dass das Publikum Spaß daran hatte, zu beobachten, wenn Darsteller Fehler machten, sich versprachen oder stolperten. Seither sind Outtakes ein wertvolles Nebenprodukt des Feinschnitts, indem sie in zahllosen Fernsehshows recycelt werden. Bisweilen hat man den Eindruck, dass manche Filmmacher Outtakes mit Absicht produzieren.

Overhead Shot. Eine Kamera-**Einstellung** direkt von oben. Besonders beliebt bei bestimmten Sportübertragungen.

Overscan. Da bei einem Fernsehgerät

durch Spannungsschwankungen die Größe des Rasters reduziert werden könnte, bauen die Hersteller Overscan ein, sodass die Ränder des Bildes nicht sichtbar werden. Andererseits hat dies den Effekt, dass im normalen Fernsehbild die Ränder eigentlich beschnitten sind.

Oyama. Im japanischen Film wurden – in einer vom Theater übernommenen Tradition – bis in die 20er Jahre auch weibliche Rollen durch darauf spezialisierte Männer – die Oyama – dargestellt.

Ozaphanfilm. In den 30er Jahren verwendeter 16mm-Positivfilm auf Zellophan-Basis, der besonders dünn und unempfindlich gegen Kratzer war. Vergleiche **Nitrofilm**, **Sicherheitsfilm**.

P&A (Prints & Advertising). Das Budget für die Vermarktung eines Films, d. h. die **Kosten**, die nach Fertigstellung des Films entstehen. Heute kann P&A die Höhe der **Negativkosten** erreichen.

Package. Filmprojekte werden von **Produzenten** oder **Agenten** zu Paketen geschnürt und den Studios angeboten. Ein Package besteht aus einem oder mehreren Elementen: Stoff/Drehbuch, Regisseur, Stars.

PAGU (Projektions-AG «Union»). Der erste vertikal strukturierte Filmkonzern in Deutschland. Am 21. 3. 1906 gründete Paul Davidson die Allgemeine Kinematographen-Theater Gesellschaft, Union-Theater für lebende und Tonbilder GmbH (A.K.T.G.) und baute sie zu einer europäischen Kinokette (U.T.) aus.
1909 Umwandlung in die Projektions-AG «Union», die erste Aktiengesellschaft der deutschen Filmindustrie. Mit der Einführung des **Monopolfilm**-Konzepts leitete er den Wandel vom Verkauf zum Verleih ein. 1911 beteiligte sich Davidson an der Internationalen Film-Vertriebs-Gesellschaft, die den Star Asta Nielsen unter Exklusiv-Vertrag genommen hatte. Davidson begann selbst zu produzieren, u. a. im 1913 errichteten Union-Glashaus in Berlin-Tempelhof.
1913 fusionierte die PAGU mit Jules Greenbaums **Vitascope** zur größten Filmfabrik Deutschlands. Nach einer Krise durch den Kriegsbeginn (Davidson hatte enge Verknüpfungen mit **Pathé**) wurde Ernst Lubitsch Davidsons Star als Darsteller und Regisseur. 1918 ging die PAGU in der neugegründeten **Ufa** auf. Der Name wurde als Markenzeichen weitergeführt. Davidsons Versuch, seine alte Firma zurückzukaufen, wurde 1922 mit Verfahrenstricks verhindert.

Paint Box. Computer-Software zum Entwurf von Grafik in Fernsehen und Video.

PAL siehe **Fernsehstandards**.

PAL/SECAM-Schwindel. Mit Einführung des **Tonfilms** wurde die Vorführgeschwindigkeit im Kino auf 24 Bilder pro Sekunde (b/s) festgelegt. In Amerika läuft das Fernsehen mit 30 b/s (präzise 29,97 b/s). Um diesen Unterschied auszugleichen, wurde die «3:2 Pulldown Film Chain» entwickelt. Wie die **Sektorenblende** aus 24 Film-Bildern 48 Projektions-Bilder macht, werden beim 3:2 Pulldown aus 24 Film-Bildern 30 Fernseh-Bilder, indem abwechselnd ein Bild dreimal, das nächste zweimal «projiziert» wird. In Europa und fast dem ganzen Rest der Welt arbeitet das Fernsehen mit 25 b/s. (Der Unterschied zu den USA hängt mit der Frequenz des Wechselstroms zusammen.) In Europa werden Filme im Fernsehen einfach mit 25 b/s vorgeführt, weshalb sie 4 Prozent schneller laufen und der Ton etwas höher klingt. Dieser Unterschied mag unbedeutend klingen, ist es jedoch nicht. Seit Generationen erleben europäische Fernsehzuschauer die Kinofilme verzerrt (allerdings zunehmend auch im Kino, wo die **Projektoren** oft auch mit 25 b/s laufen). Dies trifft nicht auf europäische Fernsehfilme zu, die gleich mit 25 b/s gedreht werden. Vergleiche **Telecine**.

PAL-M. Die brasilianische Version des PAL-**Fernsehstandards** verwendet 525 Zeilen und 60 Felder pro Sekunde.

PALplus. Die von europäischen Technikern ausgetüftelte und 1994 eingeführte Weiterentwicklung des PAL-**Fernsehstandards** für das **Breitwandfernsehen** (**16:9**). Abwärts kompatibel, erzeugt es auf einem normalen (4:3) Fernsehgerät oben und unten schwarze Balken. Auf Breitwand-Geräten bietet PALplus eine verbesserte Auflösung vermittels EDTV (Enhanced Definition Television).

Pan siehe **Schwenk**.

Pan and scan. Vor allem in den USA und in England übliches System, Filme im **Breitwand**- oder **CinemaScope**-Format durch Abschwenken des Bildes auf das Fernsehformat zu reduzieren, ohne dass oben und unten schwarze Streifen (**Letterbox**) entstehen.

Panaflex. Markenname für die hochwertigen **Kamera**-Systeme der **Panavision** Corp., die heutzutage in Hollywood das verbreitetste System sind.

Panavision. Markenname des heute verbreitetsten anamorphotischen **Breitwand**-Systems, das **CinemaScope** weitgehend verdrängt hat, «Super-Panavision» arbeitet mit 70mm-Film und ohne **Anamorphot**, «Ultra-Panavision» benutzt 70mm-Material und verzerrt im Verhältnis 1:1,25. Die Firma Panavision Corp. stellt auch Kamera-Systeme (Panaflex) her.

Panchromatisch. Bezeichnung für ein Schwarzweiß-Filmmaterial, das für alle Farben des sichtbaren Spektrums empfindlich ist. Der panchromatische Film ersetzte ab 1925 den **orthochromatischen** als vorherrschendes Material bei der Filmherstellung.

Panorama-Einstellung (Extreme Long Shot). Eine extreme Total-**Einstellung**, bei der aus großer Entfernung eine ganze Landschaft eingefangen wird. Vergleiche **Establishing Shot**.

Panoramieren. Ein langsamer **Schwenk** über eine Landschaft.

Papas Kino siehe **Cinéma du Papa**. Vergleiche **Junger Deutscher Film**.

Parabolantenne siehe **Satellitenschüssel**.

Paradigmenwechsel. Allgemein ein Wechsel in einem vorherrschenden System. In der Computer-Welt z. B. der Wechsel von der kommandoorientierten zur grafischen Benutzeroberfläche. In der Filmwissenschaft ein alle paar Jahre eintretender Wechsel der analytischen bzw. deskriptiven Moden und Methoden. Vergleiche **Cinema Studies**.

Parallaxe. **1**. Unter Parallaxe (griechisch: Abweichung) versteht man in der Kameratechnik den Unterschied zwischen dem Bild im Kamera-Sucher und dem im Bildfenster. Die Abweichung wird in der **Spiegelreflexkamera** vermieden.
2. Die Parallaxe zwischen den zwei Augen ist Grundlage der **Stereoskopie**.

Parallel. In der Computerwelt ein Anschluss (Port), über den mehrere Bits gleichzeitig über mehrere Kontakte übertragen werden. Die Alternative ist ein **serieller** Anschluss.

Parallel-Montage. Eine Erzählstrategie, bei der zwei getrennte Handlungen, die oft meist inhaltlich zusammenhängen und/oder gleichzeitig geschehen, durch Kreuzschnitt ineinander montiert sind und oft zu einer rhythmischen Kulmination führen; z. B. eine Verfolgungsjagd, bei der zwischen Jäger und Gejagtem hin- und hergesprungen wird.

Parallel-Ton. Der Ton entspricht (naturalistisch) dem gleichzeitigen Bild. Vergleiche **Kontrapunktischer Ton**, **Off-Ton**.

Paramount. Adolph Zukor gründete 1912 die Famous Players Company mit dem Gewinn, den er durch den Verleih von Sarah Bernhardts *La Reine Elizabeth* in den USA gemacht hatte. 1914 übernahm die neu gegründete Paramount Pictures Corporation den Verleih von Zukors Filmen wie auch den der Jesse L. Lasky Feature Play Company. Zwei Jahre später fusionierten Zukor und Lasky, bildeten die Famous Players-Lasky Corporation und übernahmen dabei neben einer Anzahl kleinerer Produzenten auch ihre Verleihfirma Paramount. 1919 begann die Firma systematisch Kinos aufzukaufen. B. P. Schulberg wurde 1925 Produktions-Chef und untermauerte das Renommee des Studios als Hersteller von unterhaltsamen und geistreichen Filmen, oft mit einem europäischen Flair. Mae West, W. C. Fields, Bing Crosby, Bob Hope, Preston Sturges und Billy Wilder standen über viele Jahre für erfolgreiche Paramount-Komödien. 1949 wurde das Studio gezwungen, sich von seinen Kinos zu trennen, doch es überlebte die 50er Jahre dank Alfred Hitchcock, Billy Wilder und anderen. 1966 übernahm Charles Bluhdorns Konglomerat Gulf+ Western die Kontrolle. In den nächsten zwanzig Jahren wuchs der Erfolg des Studios unter der Leitung von Robert Evans und Barry Diller stetig an. 1983 übernahm Martin S. Davis die Mutterfirma und ersetzte Diller 1984 durch Frank Mancuso. Dieser setzte die solide Entwicklung bis zu seinem Rauswurf 1991 fort. 1989 wurde Gulf+Western zu einem Medien-Konzern umstrukturiert und änderte seinen Namen in Paramount Communications. Nach einem zähen Wettbieten gegen Barry Dillers QVC ging Paramount 1994 an Sumner Redstones **Viacom**.

Pariser Tonfilmfrieden siehe **Klangfilm**, **Tobis**.

Parvo. Markenname der von der französischen Firma Établ. André Debrie hergestellten 35mm-Kameras, die vor allem in den 20er und 30er Jahren von europäischen Kameraleuten benutzt wurden.

Pathé. Nach wenig erfolgreichen Versuchen in diversen Berufen hatte Charles Pathé 1894 mit dem Import und der Präsentation von Edisons **Phonograph** in Frankreich Erfolg. Nachdem er sein Geschäft auf kinematografische **Projektoren** ausgedehnt und erste kurze Filme gedreht hatte, gründete er 1896 mit seinen drei Brüdern die Firma Pathé Frères. Nach der Jahrhundertwende konzentrierte sich Charles Pathé, unterstützt vom Regisseur Théophile Zecca, auf die Filmproduktion. Im folgenden Jahr baute er ein **Atelier** in Vincennes und ging zur Serienproduktion kurzer Filme über, vor allem Komödien z. B. mit Max Linder und André Deed. Nachdem er den Wechsel vom Kopien-Verkauf zum Verleih durchgesetzt hatte, kontrollierte Pathés Konzern um 1910 ein internationales Netz von Tochterfirmen von der Rohfilm- und Geräteherstellung über Film-Produktion und Verleih bis zu einer Kinokette. In aller Welt drehten Kameraleute Beiträge für die Wochenschau *Pathé-Journal*. Die amerikanische Filiale Pathé Exchange verkaufte etwa doppelt so viele Kopien wie alle einheimischen Produzenten gemeinsam.

Der Erste Weltkrieg zerstörte die Handelsbeziehungen und schnitt einige wichtige Märkte – z. B. Deutschland und Zentraleuropa – ab. Nach dem Krieg hatte sich die Situation grundlegend geändert: Amerikanische Filme überschwemmten den Markt, dagegen konnte er mit seinen Filmen in den USA nicht mehr reüssieren. Während Pathé nach und nach die Kontrolle über seinen zerfallenden Konzern verlor, übernahm 1921 das neu gegründete Pathé Cinéma Consortium den Vertrieb der Filme. Eine finanzielle Fundgrube war dabei die Auswertung auf dem Amateurmarkt mit Zusammenschnitten im 9,5mm-Format Pathé-Baby bzw. dem 17,5mm-Format Pathé Rural, zu denen auch die entsprechenden Kameras und Projektoren produziert wurden.

1929 übernahm Bernard Natan die Firma, die nun als Pathé-Natan firmierte und 1939 zusammenbrach. Der traditionsreiche Name existierte weiter in der 1943 neu gegründeten Verleihfirma Société Nouvelle Pathé Cinéma (SNPC). Deren Aktienmehrheit ging 1966 an die Banken-Gruppe Rivaud über. 1970–83 bildeten Pathé und **Gaumont** eine Gemeinschaftsfirma zur Programmierung von Kinos.

Nachdem 1987 der Italiener Giancarlo Paretti – finanziert von Crédit Lyonnais – die amerikanische Firma The Cannon Group, Inc. übernommen und in Pathé Communications Corp. umbenannt hatte, versuchte er anschließend, die Macht bei der französischen Pathé Cinéma zu erlangen. Diese Affäre endete mit der Übernahme von Pathé durch die Chargeurs Gruppe, die die Firma in zwei Bereiche aufteilte: Pathé Palace betreibt die Kinokette; Pathé Télévision wertet durch die Errichtung eines modernen Restaurierungszentrums das Archiv aus, produziert Filme und Dokumentationen für das Fernsehen und beschäftigt sich mit Multimedia-Produkten.

Payola. Die Praxis, Diskjockeys der Radiostationen für das Spielen bestimmter Platten Geld zu zahlen, führte in den 50er Jahren zu einem Skandal. Später zeitgemäß durch «Drugola» ersetzt.

Pay-per-View. Ein System, für spezielle TV-Sendungen – z. B. Sportereignisse – Gebühren zu erheben, das sich in den USA in den 80er Jahren verbreitete, als die Kabelsender ihre Kanal-Kapazitäten erweiterten und raffiniertere Verschlüsselungstechniken entwickelten.

Pay-TV (Pay Television). Fernsehsystem, das durch Zahlungen der Zuschauer für die von ihnen gesehenen Sendungen finanziert wird und nicht durch Werbung oder Gebühren.

PBS (Public Broadcasting Service). Im November 1969 von der Corporation for Public Broadcasting (CPB) gegründetes Network, das über 300 öffentliche TV-Stationen in den USA mit Programmen versorgt. Seit 1974 entscheidet die SPC (Station Program Cooperative), über die Produktion von Programmen, für die die beteiligten Stationen auch die Kosten aufbringen. PBS erhält zwar einen minimalen Zuschuss vom US-Kongress, stützt sich aber vor allem auf die Finanzierung durch die lokalen Stationen, die u. a. «Subskriptionen» verkaufen.

PCM (Pulse Code Modulation). Methode zur digitalen Umsetzung eines analogen Signals unter Verwendung von **Sampling** und Quantization, vor allem in der **CD**-Produktion verwendet. Die Technik soll durch die 1999 von **Sony/Philips** vorgestellte **DSD**-Technik abgelöst werden.

Peese. Antriebsriemen (Schnur oder Drahtspirale) zum Antrieb der Filmspulen in frühen **Kameras** oder **Projektoren**.

Pentium siehe **Intel**.

Perceptual Coding. Neuere Systeme der digitalen Audio-Kompression-Codierer nutzen die psychoakustischen Grenzen des menschlichen Gehörs, vor allem Auditory Masking. Dolbys **AC-3** ist ein solches System.

Perforation (Sprockets). Der Filmstreifen besitzt an der Seite in genormten Abständen Perforationslöcher, die den Weitertransport und den festen Bildstand ermöglichen. Die Größe und Anzahl der Löcher hängt vom Filmformat ab: 35mm-Film hat beidseitig je vier Löcher pro Bildkader, **16mm**- und 8mm-Film ein Loch auf einer Seite. Vergleiche **Malteserkreuz**, **Transportmechanismus**.

Persistence of Vision siehe **Nachbildwirkung**.

Persona (lateinisch «Maske»). Die Figur in einem literarischen, dramatischen oder filmischen Werk. Präziser: das psychologische Bild, das von einer Gestalt entworfen wird, speziell im Verhältnis zu anderen Realitätsebenen. Der Begriff dient auch zur Bezeichnung des öffentlichen Charakters (Image) eines **Stars** oder einer anderen Berühmtheit.

Personality. Im Medien-Zusammenhang ein Darsteller, der nicht spielt, sondern «ist», dessen Wert in der **Persona** oder dem Image liegt, das er/sie schafft und projiziert. Vergleiche **Prominenz**.

Pferdeoper (Horse Opera). Scherzhafte Bezeichnung für einen **Western**.

Phenakistoskop (Lebensrad). Ein – auf der stroboskopischen Scheibe von Michael Faraday beruhendes – **optisches Spielzeug**, das 1832/33 parallel vom belgischen Optiker Joseph Plateau und von Simon Stampfer (Zauberscheibe) entwickelt wurde. Eine Serie von Einzelbildern, die Phasen z. B. einer Tätigkeit (wie Jonglieren oder Tanzen) zeigten, wurde am äußeren Rand einer Scheibe mit Schlitzen befestigt. Wenn die Scheibe vor einem Spiegel ins Rotieren gebracht wurde und der Benutzer durch die Schlitze schaute, ergab sich durch **Nachbildwirkung** die Illusion einer Bewegung.

Phi-Effekt siehe **Nachbildwirkung**.

Philips. Koninklijke Philips Electronics N.V. ist ein 1891 als Hersteller von Glühbirnen gegründeter, im niederländischen Eindhoven beheimateter internationaler Konzern für elektrische und elektronische Geräte. In den letzten sieben Jahrzehnten hat er – neben **Sony** – zahlreiche Innovationen auf dem Gebiet der Unterhaltungselektronik entwickelt. Philips kann beanspruchen, in den 60er Jahren die **Audiocassette** (Tonbandkassette), in den 70ern die **Laserdisc** und in den 90ern die **DVD**-Technologie entwickelt zu haben (außerdem den Elektrorasierer in den 50er Jahren). Allerdings stammen auch die Misserfolge CD-I und **DCC** von Philips.
1962 werden die **Schallplatten**-Abteilungen von Philips und Siemens (Polydor, Deutsche Grammophon) zusammengelegt und 1972 wird durch Umorganisation der internationale Konzern **PolyGram** Entertainment gebildet. 1980 Gründung der Film-Abteilung PolyGram Pictures. 1987 wurde PolyGram eine 100prozentige Tochter von Philips und ging im Mai 1998 im Rahmen radikaler Sanierungsmaßnahmen für 10,4 Milliarden Dollar an den kanadischen **Seagram**-Konzern, der bereits 1995 von **Matsushita** die Mehrheit an **MCA** (und damit die **Universal** Studios) übernommen hatte.

Phonofilm. Das von Erfinder Lee De Forest – in Konkurrenz zum deutschen **Triergon**-System – in den 20er Jahren entwickelte **Lichtton**-Verfahren (Sound-on-Film). Er präsentierte es 1922 und drehte mehrere Kurzfilme, wurde aber von Hollywood ignoriert, wo **Warner** Bros eher auf das von Edward Craft für Western Electric (eine Tochter des Telefonkonzerns AT&T) entwickelte **Nadelton**-System setzte, das – als **Vitaphone** – bei *The Jazz Singer* den weltweiten Erfolg des **Tonfilms** einleitete, ehe es bald vom praktischeren und preisgünstigeren Lichtton verdrängt wurde. Das schließlich siegreiche **Movietone**-System von **Twentieth Century Fox** beruhte auf der Weiterentwicklung von Phonofilm durch De Forests Mitarbeiter E. I. Sponable und Theodore Case.

Phonograph. 1877 von Thomas Alva **Edison** erfundene «Sprechmaschine» zur Aufnahme und Wiedergabe von Sprache und Musik. Der Phonograph setzt Schallwellen in mechanische Bewegungen um und zeichnet sie mit einem Stift auf – zunächst war eine Zinnfolie, später ein Wachszylinder das Medium, aus dem schließlich die **Schallplatte** wurde.

Photo CD. Das von **Kodak** 1992 präsentierte System zur digitalen Speicherung von Fotos. Im Gegensatz zu **Sonys** Jahre zuvor erfolglos vorgestellter Mavica verwandte Kodaks Photo CD digitale Technik nur für einen Teil des fotografischen Prozesses. Die Kunden reichen ihre Filme normal zur Entwicklung ein. Im Labor werden die fotochemischen Bilder digitalisiert und auf einer **CD-R** gespeichert, auf der später weitere Bilder hinzugefügt werden können. Die Bilder können dann vermittels eines entsprechenden CD-ROM-Players auf einem Fernsehgerät oder am Computer betrachtet werden. So werden weder beim Konsumenten noch bei Kodak die beträchtlichen Investitionen in traditionelle Kamera- und Foto-Technik überflüssig. Siehe **Advantix**.

Photophone. Ende 1927 – zunächst unter dem Namen Kinegraphone – von General Electric (einer Tochter von **RCA**) präsentiertes **Tonfilm**-System, einer Verbindung von **Lichtton** und **Nadelton**.

Photoplay. Nach einer frühen amerikanischen Bezeichnung für den Film (bzw. das Drehbuch) benannte Fan-Zeitschrift, die 1911–80 erschien.

Picture CD. Ein von **Eastman Kodak** und **Intel** 1999 vorgestelltes Konsumprodukt, mit dem mit einer «normalen» Kamera aufgenommene Bilder nach der Entwicklung auf **CD-ROM** gespeichert werden und zum Betrachten bzw. zur Weiterverarbeitung am PC zur Verfügung stehen. Siehe **Photo CD**.

Pikanter Film siehe **Porno**.

Pilotfilm. Ein (oft abendfüllender) **Fernsehfilm**, der das Konzept (Personen, Situationen, Stil) einer geplanten Fernseh-**Serie** erprobt bzw. vorstellt.

Pilotton. Methode zur synchronen Bild- und Ton-Aufzeichnung. Von der Kamera wird über Kabel an einen speziellen Pilotkopf des Tonbandgeräts ein laufender elektrischer Zeitimpuls übertragen und auf der Pilotspur des Bands aufgezeichnet. Dadurch werden bei der Weiterverarbeitung Gleichlaufschwankungen ausgeglichen und **Synchronität** erreicht. Der Pilotton wurde in den 80er Jahren weitgehend durch den **Quarzgenerator** in Kamera und Tonbandgerät ersetzt. Siehe **Timecode**.

Pixel (PICture ELement). Jedes der vielen hunderttausend Bildelemente eines Fernsehschirms oder Computermonitors, die jeweils einzeln in ihren Helldunkel-Werten oder Farben gesteuert werden können. Ein gegen Ende des 20. Jahrhunderts handelsüblicher Standardmonitor hat mehr als 750 000 Pixel.

Pixillation. Eine Technik des **Animationsfilms**, bei der Gegenstände, Menschen oder Ereignisse so aufgenommen werden, dass die Illusion der kontinuierlichen realen Bewegung gebrochen wird. Dies geschieht entweder durch **Einzelbild-Schaltung** oder durch die Kopierung einzelner Bilder aus einem kontinuierlich gedrehten Negativ.

Plansequenz (Sequence Shot). Aus dem Französischen (plan séquence) übernommener Begriff für eine in einer langen **Einstellung** gedrehte **Sequenz**, in der oft komplizierte **Kamerabewegungen** ausgeführt werden.

Platforming siehe **Verleih**.

Plattenspieler (Turntable). Von allen Gerätschaften, die unser Zeitalter bestimmen (und die zumeist im 19. Jahrhundert erfunden wurden), beruht allein der Plattenspieler nicht auf moderner Technologie. Elektrizität, Automobil und Flugzeug – selbst Film und Fotografie – bauen auf der technischen Entwicklung auf. Doch Thomas Alva **Edisons Phonograph** oder das von Emile Berliner entwickelte **Gramophone** hätten bereits von Leonardo Da Vinci erfunden werden können. Es war lediglich etwas Kenntnis über die Funktionsweise von Musikinstrumenten und Uhrwerken notwendig. Da ist es Ironie, dass nach mehr als einem Jahrhundert die Technologie der **Schallplatte** nicht nur überlebt hat, sondern immer noch weiterentwickelt wird – zumindest in der Welt der Audiophilen.
Trotz all ihrer geballten Technologie kommen digitale Audio-Systeme dem analogen Plattenspieler (immer noch) nicht an musikalischer Wiedergabe gleich. Der moderne Plattenspieler hat sicherlich von der technischen Entwicklung profitiert, viel davon – paradoxerweise – seit der Einführung der **CD**, die ihn aus den meisten Haushalten verdrängt hat. Er bleibt – im Gegensatz zu anderen Geräten – ein Kultobjekt, bei dem die Physik der Wiedergabe augenscheinlich und sichtbar ist und bei dem die Industrie-

designer mit mehr interessanten Elementen spielen können als mit Schaltern und Displays.

Playback. Ein Aufnahmeverfahren, bei dem der Ton im Voraus produziert und während der Filmaufnahmen wieder abgespielt wird; die Schauspieler bewegen nur die Lippen. Bild und Ton werden beim Schnitt vereint. Playback wird besonders bei Gesangsaufnahmen verwendet.

Plot. Der grobe Abriss einer Story.

Plug. Die Erwähnung eines kommerziellen Produkts oder einer Dienstleistung im Zusammenhang einer Show, eines Programms oder eines Films. Siehe **Product Placement**.

Poetischer Film (Poetic Film). Vom amerikanischen Filmmacher und Autor Jonas Mekas geprägter Ausdruck für den nicht-**narrativen**, oft **experimentellen** Film; er wird besonders auf das **New American Cinema** angewandt.

Poetischer Realismus. Vom französischen Kritiker George Sadoul geprägte Bezeichnung für eine Reihe Filme, die in den 30er und 40er Jahren in Frankreich entstanden. Sie zeichnen sich aus durch ihre realistische, doch lyrische Schilderung des Alltags, stimmungsvolle Kameraführung und gekonnte naturalistische **Mise en scène**. Hauptvertreter waren Marcel Carné, Jacques Feyder, Jean Renoir, Julien Duvivier und Jean Grémillon, der Kameramann Eugen Schüfftan sowie die Autoren Jacques Prévert und Charles Spaak.

Point of View Shot siehe **PoV**, **Subjektive Kamera**.

Polarisationsfilter. Eine optische **Linse**, die **polarisiertes Licht** filtert. Wenn sich die Ebene des Filters im rechten Winkel zur Ebene einer polarisierten Spiegelung in einer Szene befindet, wird die Spiegelung gelöscht. Zwei Polarisationsfilter können zusammen genutzt werden, eine **Blende** zu produzieren, indem sie gegeneinander so weit gedreht werden, bis ihre Ebenen senkrecht zueinander stehen.

Polarisiertes Licht. Lichtwellen, die gerichtet nur auf einer Ebene schwingen, bei vielen Reflexionen der Fall.

Polaroid. 1. Markenname für die von Edwin Land entwickelte Technologie der Sofortfotografie. Vergleiche **3-D-Film.**
2. Davon abgeleitet: jedes Sofortfoto.

Polavision. Ein 1977 von der Polaroid Corp. vorgestelltes System für Sofort(-Kine-)film. Es kam zu spät, da sich die Videotechnik bereits auf dem Markt etabliert hatte.

Politique des auteurs. Von den Kritikern der *Cahiers du cinéma* entwickelter Ansatz, Filme vorwiegend als Werke eines individuellen Autors (Auteur), vornehmlich des Regisseurs, zu verstehen, der seine persönliche Weltsicht trotz der Spannungen zwischen Stil, Thema und Produktionsbedingungen durchsetzt. Die «Autorentheorie» (so der übliche, doch missverständliche deutsche Ausdruck) führte zu einer Neubewertung der **Hollywood**-Regisseure. Anknüpfend an *Cahiers du cinéma* wurde die «auteur policy» von der englischen Zeitschrift *Movie* und in den USA vor allem vom Filmkritiker Andrew Sarris – u. a. in seinem einflussreichen Buch *The American Cinema. Directors and Directions 1929–1968* – vertreten.

PolyGram Pictures. 1980 von Peter Guber als Filmabteilung des internationalen Schallplattenkonzerns PolyGram (einer Tochter von **Philips** und Siemens) gegründet. Die Basis bildeten die 1976 von Guber und Neil Bogart aufgebaute Casablanca Film Works. Später umbenannt in PolyGram Filmed Entertainment. 1987 wurde die gesamte PolyGram-Gruppe eine 100-prozentige Tochter von Philips und ging im Mai 1998 im Rahmen radikaler Sanierungsmaßnahmen für 10,4 Milliarden Dollar an den kanadischen **Seagram**-Konzern, der bereits 1995 von **Matsushita** die Mehrheit an **MCA** (und damit **Universal**) übernommen hatte. Die gesamte Firma wurde umstrukturiert und in Universal Studios umbenannt.

Polyvision. Bezeichnung für das von Abel Gance in *Napoléon* (1927) verwendete System eines **Breitwand**-Triptychons.

Pong. Das erste erfolgreiche **Videospiel**, entworfen von Nolan Bushnell und 1972 präsentiert. Im folgenden Jahr gründete Bushnell **Atari**, um das Produkt zu vermarkten. 1974 wurden 100 000 Pong-Spiele verkauft.

Popkultur (Populärkultur). Bis in die 70er Jahre hatte der Begriff eine negative Konnotation zur Bezeichnung der (angeblichen) Unvereinbarkeit zwischen der Kultur der Massenmedien und jener der Hohen Kunst. Einer der Erfolge der Kulturrevolution der 60er Jahre war die Zerstörung dieser Dichotomie, so dass heute z. B. «Pop»-Musik ebenso kritischer Betrachtung unterzogen werden kann wie «ernste» Musik. Und Filme werden ebenso respektiert wie Gedichte. Wie die meisten «Errungenschaften» der 60er hat auch diese einen Haken: So wird heute schrottiger Pop mit hochprätentiösem Kitsch in einen Topf geworfen, und, was einmal «Geschmack» genannt wurde, ist heute nicht politisch korrekt.

Populärwissenschaftlicher Film siehe **Kulturfilm**.

Porno. Ein pornografischer Film zeigt explizit sexuelle Handlungen, weitgehend ohne künstlerisch gestaltetes Umfeld, wie z. B. der erotische Film. Eine Zwischenstufe ist der Sexfilm, der zwar ohne große künstlerische Ambition in Nacktheit schwelgt, aber auf Hardcore-Szenen verzichtet. Eine frühe Form war der pikante Film, der sich zumeist auf das Entkleiden von (damals noch üppigen) Damen beschränkte. Vergleiche **Sittenfilm**, **Sexploitation**.

Portal siehe **Suchmaschine**.

Positiv (Print). Eine Filmkopie, bei der die Helligkeits- und Farbwerte mit denen der abgebildeten Realität übereinstimmen. Sie wird durch die Kopierung von einem **Negativ** oder als **Umkehr**-Positiv gewonnen.

Post House. Aktueller Hollywood-Begriff für die Firmen, die sich auf **digitale Effekte** spezialisiert haben und die Labs (z. B. **Kopierwerke**) ersetzen, wo früher optisch oder mechanisch die **Spezialeffekte** hergestellt wurden. Mit der raschen Entwicklung zur Digitalisierung des Films wurden die computerisierten Post Houses schnell in den Ablauf der Filmherstellung eingefügt. Wie der Begriff andeutet, sehen sie ihre Tätigkeit weiter gefasst als jene der von ihnen verdrängten Labs.

Postflashing siehe **Flashing**.

Postproduktion (Post-production). Der Abschnitt der Filmherstellung zwischen Abschluss der **Dreharbeiten** und der Herstellung der Kino-Kopien: **Schnitt**, **Nachsynchronisation**, **Spezialeffekte**. Siehe **Post House**. Vergleiche **Präproduktion**.

PoV (Point of View Shot). Aufnahme aus dem Blickwinkel einer der handelnden Figuren. Siehe **Subjektive Kamera**.

PR siehe **Public Relations**.

Practical Set. Realistisch gebaute **Dekoration** (Set), bei der z. B. Wasserhähne, Türen und Fenster tatsächlich funktionieren.

Prädikat. Eine Tradition der 20er und 30er Jahre fortführend, erteilt seit 1951 die Filmbewertungsstelle der Länder (**FBW**) die Prädikate «wertvoll» und «besonders wertvoll» für künstlerisch wichtige Filme. Das Prädikat bewirkte eine Verringerung der Vergnügungssteuer für das Kino. In Nazi-Deutschland erteilte die Film-Prüfstelle Prädikate wie «Film der Nation», «staatspolitisch besonders wertvoll».

Präproduktion (Pre-production). Die Phase der Filmherstellung vor dem ersten Drehtag, in der das **Drehbuch** entwickelt, die Darsteller besetzt (**Casting**) und die technische Crew engagiert werden. Vergleiche **Postproduktion**.

Praxinoskop. In den 70er Jahren des 19. Jahrhunderts stellte Émile Reynaud sein auf dem Prinzip des **Zoetrop** beruhendes **optisches Spielzeug** Praxinoscope vor, 1880 sein Praxinoscope à projection, das die Bildertrommel mit der **Laterna magica** verband. Daraus entwickelte sich mit dem 1892 präsentierten Théâtre optique eine Vorform des Kinos, dessen Vorführungen bis zu 15 Minuten dauerten und z. T. mit Musik untermalt wurden. Überrollt vom Erfolg des **Cinématographe** zerstörte Reynaud kurz vor seinem Tod 1918 seine Geräte und Filmstreifen und warf sie in die Seine.

Preflashing siehe **Flashing**.

Premiere. 1. Feierliche Erstaufführung eines Films.
2. Filmmagazin der Hachette Filipacchi-Gruppe mit Ausgaben in den USA, Frankreich, England (eingestellt), Spanien, Russland, Japan, Korea, Taiwan mit einer Mischung aus Star-Porträts, Produktions-Stories und Hintergrund-Informationen.
3. 1991 in Hamburg gegründeter Pay-TV-Sender, an dem **Bertelsmann**, Leo **Kirch** und **Canal+** beteiligt waren. Nachdem 1998 der geplante gemeinsame Betrieb von Premiere mit Kirchs digitalem Sender **DF1** von der EU-Kommission und dem Bundeskartellamt untersagt worden waren, trat Bertelsmann/**CLT-UFA** seine Anteile an Kirch ab. Aus der Fusion mit DF1 entstand der Pay-TV-Sender Premiere World, der am 1. 10. 1999 den Betrieb aufnahm. 2000 übernahm Murdochs **News Corp.** eine Beteiligung von 24 Prozent. Die Programme werden digital (25 Kanäle) und analog über Kabel und Satellit ausgestrahlt.

Prequel. Ein später gedrehtes, in der Chronologie der Handlung jedoch vorher spielendes **Sequel**.

Presseagent. Eine etwas angestaubte Bezeichnung für eine Person, deren Aufgabe darin besteht, für einen Film oder einen Filmschaffenden in Zeitungen, Magazinen und Rundfunk Publizität zu erreichen. Vergleiche **Public Relations**.

Prestel. Das **Videotext**-System der British Telecom war – mit Probesendungen ab 1976 und einer Markteinführung 1978 – das erste der Welt.

Preview. Eine besonders in Hollywood geübte Praxis, Filme vor der Premiere in einer Testvorführung auf ihre Publikumswirksamkeit zu prüfen. Die Auswertung von Fragebogen bewirkte oft Schnittänderungen und selbst das Neudrehen von Szenen. Vergleiche **Sneak Preview**.

Primetime. Beim Fernsehen jener Zeitraum (ca. 20–23 Uhr), in dem die meisten Fernsehempfänger eingeschaltet sind, d. h. für Werbekunden potentiell das größte Publikum erreichbar ist.

Principle Photography. Der Hauptteil der **Dreharbeiten** ohne die Aufnahmen der **Second Unit** oder **Insert**-Fotografie.

Print siehe **Positiv**.

Pro7. Kommerzieller Fernsehsender der ProSieben Media AG. Zu der von Thomas Kirch gegründeten ProSieben-Gruppe gehören auch die Sender Kabel 1 und N24 (seit Anfang 2000).
Ursprünglich als offiziell von Leo **Kirch** unabhängiger Sender von seinem Sohn Thomas 1988 als Nachfolger des gescheiterten Kabelkanals Eureka TV in München gegründet, nahm Pro Sieben Television GmbH am 1. 1. 1989 den Betrieb auf. 1992 ging Der Kabelkanal (Pro-Sieben-Anteil zunächst 45 %, ab 1995 100 %) auf Sendung und wurde

1994 in Kabel 1 umbenannt. Pro Sieben, von Leo Kofler mit populärer Unterhaltung auch zum finanziellen Erfolg gebracht, ging 1995 an die Börse. Im folgenden Jahr beteiligte sich die mit Kirch freundschaftlich verbundene REWE-Handelsgruppe mit 40 Prozent an der AG. Nachdem gesetzliche Einschränkungen gefallen waren, wurde 1999 die Pro Sieben Media AG in die KirchMedia eingegliedert. Am 24. 1. 2000 nahm der Nachrichtenkanal N24 den Betrieb auf.

Probeaufnahme (Test). Probeaufnahmen sollen generell über die Eignung eines Schauspielers für den Film oder speziell für eine Rolle Auskunft geben. Es können auch Tests für ein Kostüm oder eine Maske gedreht werden. Zur Zeit der Umstellung vom Stumm- auf den **Tonfilm** mussten sich selbst erfolgreiche Stars Tonproben unterziehen.

Process Shot siehe **Trick**.

Product Placement. Die Praxis von Filmproduzenten, sich das Recht, mit Produkten (Autos, Getränke, Bonbons etc.) in einem Film zu erscheinen, vom Hersteller bezahlen zu lassen. Diese Art Schleichwerbung bildet seit den 80er Jahren einen wichtigen Finanzierungsfaktor. Siehe **Plug**.

Production Code. Nach einigen Skandalen in Hollywood gründete die MPPDA (Motion Picture Producers and Distributors of America, ab 1945 **MPAA**) das nach seinem ersten Vorsitzenden benannte Hays-Office, das 1930 den Production Code als «freiwilligen», weitgehend bindenden Moralkodex für die Filmproduktion aufstellte. Ab 1934, als Joseph Breen die MPPDA übernahm, wurde der Production Code – mit freundlicher Unterstützung der Catholic Legion – strenger angewandt. Durch die z. T. absurden und detaillierten Regeln wurden z. B. Wörter wie «damn», «hell» oder «nuts» verboten, außerdem offene Gewalt, «abweichendes soziales Verhalten», unbestraft bleibende Verbrechen und selbst das Zeigen von Mann und Frau gemeinsam in einem Bett. Die Bedeutung des Production Code schwand seit den späten 30er Jahren, er galt jedoch offiziell bis in die 60er Jahre, als er durch das heute geltende System der **Ratings** ersetzt wurde. Vergleiche **FSK**, **Zensur**.

Production Design (Produktionsdesign). Bei aufwendigen Produktionen, besonders mit umfangreichen **Spezialeffekten** und großen **Dekorationen**, entwirft oft ein Production Designer den genauen Ablauf des Films, manchmal anhand eines detaillierten **Storyboard**. Allgemein auch als modernerer Begriff für Filmarchitektur und Szenenbild benutzt. Siehe **Set**, **Szenografie**.

Production Manager siehe **Produzent**.

Produzent (Producer). Der Produzent ist der für die Gesamtherstellung, besonders die Finanzierung, Verantwortliche, der ein Projekt managt und die Techniker und Künstler engagiert (bzw. jene Leute, die es in seinem Auftrag tun). Ein Produzent kann sich entweder ganz auf das Geschäftliche konzentrieren oder sich als «kreativer Produzent» in künstlerische Fragen einmischen. Für die alltägliche Arbeit werden häufig weitere Leute engagiert, deren Bezeichnungen nicht sehr präzise festgelegt sind und regional oder historisch wechseln: Associate Producer, Produktionsleiter (Production Manager), **Aufnahmeleiter** (Line Producer). In **Hollywood** waren einzelne Produzenten, die sich auf bestimmte Genres spezialisierten, sogar kreativ und stilbildend. Früher waren Produzenten meist Angestellte eines Studios, heute gibt es vorwiegend unabhängig arbeitende Produzenten, die jeweils «Pakete» (siehe **Package**) aus Buch, Stars, Regisseur etc. zusammenstellen und dann an die Filmgesellschaften verkaufen. Der **Executive Producer** (Produktions-Chef) ist Leiter der Produktion eines Studios bzw. einer Produktionsfirma, dem meist mehrere Produktionen gleichzeitig unterstehen, die jeweils von Produzenten abgewickelt werden. Vergleiche **Ausführender Produzent**.

Programmsignal. Das Signal, das bei Radio- und Fernsehübertragung die eigentliche Programm-Information transportiert und auf die Trägerwelle aufmoduliert ist. Siehe **Wellenmechanik**.

Programmiersprache (Computer Language). Im Anfang waren nur Schalter, die man auf An oder Aus stellte, um einen Computer zu programmieren: Die Sprache bestand aus 1 oder 0. Die Entwicklung komplizierterer Sprachen wie COBOL und FORTRAN eröffnete in den 50er Jahren die Welt der Computer-Programmierung und führte einfache englische Befehle ein, die leichter zu behalten und zu manipulieren waren. Sprachen wie Basic, Pascal, Logo, C, C++ entwickelten dies Konzept weiter und orientierten sich stärker an Anwendungsproblemen.
Damit die Maschine diese höheren Programmiersprachen verstehen kann, müssen die Befehle in Maschinensprache umgesetzt werden. Das geschieht auf zwei Wegen: Ein Interpreter erfasst die Befehle beim Eingeben und übersetzt sie in Realtime, oder ein Compiler übersetzt den Code vorher, was die Ausführung der Programme normalerweise beschleunigt.

Programmkino. Ein **Kino**, das sich weitgehend vom aktuellen Verleihangebot löst und aus dem Repertoire-Angebot oft spezieller Verleihe (oder **Archive**) ein eigenes, oft vom Interesse und Geschmack einzelner Kinomacher geprägtes, häufig wechselndes Programm zusammenstellt. In den USA heißen solche Spielstellen Repertory (Rep), Revival House oder auch **Art House**. Vergleiche **Archivkino**, **CinemaxX**, **Kommunales Kino**, **Filmkunst**.

Progressive Scanning siehe **Interlace**.

Projecto Lumiere. Im Rahmen des ersten **MEDIA**-Programms der Europäischen Union existierte 1991–95 das von Lissabon aus geleitete Projecto Lumiere, das die sich dafür in der ACCE (später **ACE**) organisierenden europäischen **Filmarchive** zu einer intensiven Kooperation anregte. Statt bestimmte Filmklassiker in jedem Archiv nach der eigenen Materiallage ein weiteres Mal zu rekonstruieren, fanden sich nun mehrere Archive bereit, ihre Originalmaterialien auszutauschen und gemeinsam die bestmögliche Fassung herzustellen. Vorreiter waren vor allem die Cineteca del Commune di Bologna (siehe **Cinema ritrovato**), die sich zu einem europäischen Zentrum der Film-**Rekonstruktion** entwickeln konnte, und das Nederlands Filmmuseum. Außerdem wurde die Suche nach verschollenen Filmen koordiniert und intensiviert. Ein weiteres Projekt, die Erarbeitung einer gemeinsamen europäischen Filmografie (JEF) versandete. Die zur Rettung des filmischen Erbes überaus erfolgreiche Tätigkeit wurde bei der Entwicklung des zweiten MEDIA-Programms ersatzlos zugunsten vorgeblich kommerziellerer Programme gestrichen. Vergleiche **Breitwandfernsehen**.

Projektion. Die letzte technische Stufe des Filmprozesses. Siehe **Projektor**.

Projektor. Im Kino wird das Filmbild durch einen Projektor auf die **Leinwand** geworfen. Von der Qualität der Projektion (Helligkeit, Schärfe, richtiges **Bildformat**) hängt schließlich der Eindruck des Films auf den Betrachter ab. Siehe **Bildstrich**, **Breitwand**, **Expanded Cinema**, **Flimmern**, **Laterna magica**, **Lightshow**, **Malteserkreuz**, **Reverse Motion**, **Scheimpflug-Korrektur**, **Schläger**, **Schleife**, **Sektorenblende**, **Technirama**, **Tonschleife**, **Transportmechanismus**, **Vitascope**, **Zeitlupe**, **Zeitraffer**. Vergleiche **DLP**, **DMD**, **Eidophor**, **ILA**, **LCLV**, **ShowScan**, **Videoprojektion**; **Aufprojektion**, **Rückprojektion**.

Prometheus-Film. Der kommunistische Medien-Spezialist Willi Münzenberg («Erobert den Film!») organisierte Mitte der 20er Jahre zur Unterstützung der krisengeschüttelten Sowjetunion die Internationale Arbeiterhilfe (IAH). Zu deren propagandistischer Unterstützung schuf er zunächst 1924 in Moskau das Studio **Mežrabpom** und importierte «Russenfilme» nach Westeuropa, um Devisen zu erlösen. In Berlin gründete er das «Film-Kartell Weltfilm GmbH» und 1926 die «Prometheus-Filmverleih- und Vertriebs-GmbH», die als Vertrieb und (in beschränktem Maße) Produktionsfirma eine wichtige Rolle für die Herausbildung eines eher realistischen linken Films spielten. Publizistisch unterstützt wurden sie dabei durch Münzenbergs *Arbeiter Illustrierte Zeitung* (*AIZ*). Ein Höhepunkt war die 1925 gegen die deutsche Zensur durchgesetzte Aufführung von Eisensteins *Bronenosez «Potemkin»* in Berlin.

Prominenz (Celebrity). Nach Daniel Boorstins Definition ist ein Prominenter dafür «bekannt, dass er bekannt ist». Der Aufstieg des Phänomens ist eng mit der Verbreitung der **Massenmedien**, besonders von Film und Fernsehen, verbunden. Siehe **Star**.

Prop (Property) siehe **Requisiten**.

Protokoll. Ein Kommunikations-Protokoll ist – wie sein diplomatischer Urahn – eine Reihe von Verhaltensregeln, die die Interaktion zwischen unterschiedlichsten Partnern ermöglicht. Protokolle steuern den Ablauf der Datenübertragung zwischen physischen Geräten, einzelnen Programmteilen, unterschiedlichen Programmen und ganzen Computersystemen. Das Regelwerk wird normalerweise in verschiedene Ebenen unterteilt, die unterschiedlichen Aufgabenbereichen zugeordnet sind: z. B. physisch, grafisch, Darstellung. Vergleiche **HTTP**, **TCP/IP**.

Protokoll-Künste (Recording Arts). Allgemeine Bezeichnung jener **Medien**, die z. B. durch fotografische oder elektronische Aufzeichnung Ereignisse festhalten und durch technische Mittel reproduzieren und verbreiten: Foto, Film, Fernsehen, **Schallplatte** etc.

Psychoanalytische Filmtheorie. Ausgehend von den Werken Jacques Lacans, betrachtet diese filmtheoretische Richtung den Film unter solchen freudianischen Begriffen wie Traum, Traumdeutung, Projektion und Fetisch. Sie ist speziell fruchtbar bei der Untersuchung der Beziehung zwischen Betrachter und Bild. Die Theorie war auch wichtig für die Herausbildung einer **Feministischen Filmtheorie**. Siehe **Cinema Studies**.

PTP (Parallel Track Path). Bei einer **DVD** mit zwei Informationsschichten (DVD-9, DVD-18) sind die Daten des zweiten **Layer** in der gleichen Richtung wie die des ersten angelegt. (CDs und DVDs werden von innen nach außen abgetastet). Das ist günstig, wenn die zweite Ebene Zusatzinformationen zur ersten enthält, jedoch ungünstig, wenn die zweite direkt an die erste anschließt (z. B. bei einem Film). In diesem Fall ist OTP (Opposite Track Path) vorzuziehen, wodurch der Abtastkopf ohne Verzögerung weiterarbeiten kann. Eine andere Bezeichnung für OTP ist RSDL (Reverse Spiral Dual Layer).

Public Domain siehe **Copyright**.

Public Relations (PR, Publicity). Während für Werbung Geld gezahlt werden muss, nutzt die PR die freien Kanäle der Nachrichtenverbreitung, um Ideen, Menschen, Images, Produkte und Dienstleistungen bekannt zu machen. Siehe **Presseagent**.

Pull Development siehe **Forcieren**.

Puppentrick. Eine Spezialform des **Animationsfilms**, bei der bewegliche, vollplastische Puppen dreidimensional animiert und mit **Einzelbild-Schaltung** aufgenommen werden.

Push Development siehe **Forcieren**.

Q

Quadrophonie. Die 1972 von der Elektroindustrie präsentierte «Weiterentwicklung» der **Stereophonie**, bei der vier statt zwei Tonkanäle verwendet wurden, um einen «Raumklang» zu erzeugen, scheiterte bald am Markt, wurde zwanzig Jahre später als **Surround Sound** digital wieder belebt.

Quarzgenerator. Ein quarzgesteuertes Gerät, dessen Impulse bei der Filmaufnahme für eine äußerst genaue Gleichlaufgeschwindigkeit von filmtechnischen Geräten wie Kamera und Tonbandgerät sorgen und so ein Auseinanderlaufen von Bild und Ton (**Synchron**) verhindern. So wurde vor allem bei **Dokumentarfilm**-Aufnahmen eine unabhängige Beweglichkeit von Kamera- und Tonmann ermöglicht – vorher waren die Geräte zumeist durch **Pilotton**-Kabel miteinander verbunden. Vergleiche **Timecode**.

Quecksilberdampfleuchte. Bei Filmaufnahmen vor allem in den 20er und 30er Jahren benutzte Lichtquelle, ähnlich einer Neonröhre. Vergleiche **Scheinwerfer, Lichtführung.**

QuickTime. Ein 1991 von **Apple** entwickeltes Zusatzprogramm zur Handhabung von digitalisierten Filmen, Audio- und anderen zeitgebundenen Daten. Als grundlegende Technologie für die Produktion von **Multimedia** und **CD-ROM** läuft diese Architektur seit Mitte der 90er Jahre auch auf anderen Systemen und diente als Basis der Spezifikationen für **MPEG**-4. 1995 wurde die Weiterentwicklung Quick Time VR vorgestellt, die es ermöglicht, dass der Betrachter seine Perspektive auf einen Raum oder Gegenstand ändert, und für die Produzenten die Herstellung von **Virtueller Realität** erleichtert und verbilligt.

Quiz. Populäre Sendeform in Radio und Fernsehen, bei der mit Antworten zu Fragen aus allgemeinen oder speziellen Wissensgebieten Geld- und Sachpreise zu gewinnen sind. Vergleiche **Game Show.**

Quota-Quickie. Nachdem einige europäische Regierungen in den 20er Jahren zum Schutz der einheimischen Filmindustrie gegen die amerikanische Marktmacht Einfuhrbeschränkungen (**Kontingente**) eingeführt hatten, gingen Hollywood-Studios dazu über, durch die Übernahme eingeführter Filmfirmen oder Neugründungen die Produktion von billigen «inländischen» Filmen anzuregen, um so die Einfuhr-Quote zu erhöhen. Solche Quota-Quickies waren zugleich die Chance junger Filmmacher, ihr Talent außerhalb der etablierten Firmen zu erproben.

Race Film. Ähnlich wie der **Schallplatten**-Markt (Race Records) vernachlässigte auch die US-Filmindustrie das afroamerikanische Publikum nicht. Von der Stummfilmzeit bis in die 40er Jahre bedienten – schwarze und weiße – Filmmacher diesen Markt. Vergleiche **Blaxploitation**.

Rack Focus siehe **Schärfenverlagerung**.

RAI. Das – bis Mitte der 70er Jahre monopolistische – Rundfunksystem in Italien mit je drei nationalen Radio- und Fernseh-Kanälen. 1924 als URI (Unione radiofonica italiana) gegründet, erhielt es nach EIAR (Ente Italiano Audizioni Radiofoniche S.A., 1927) 1944 den Namen RAI (Radio Audizioni Italia), schließlich 1954 RAI – Radiotelevisione Italiana S.p.A. Anfang der 70er Jahre wurde der Sitz von Turin nach Rom verlegt. Am 3. 1. 1954 begann die regelmäßige Ausstrahlung eines Fernsehprogramms, das ab 1957 das ganze Land abdeckte. 1961 kam ein zweites TV-Programm hinzu. Ab dem 1. 2. 1977 wurde das Farbfernsehen eingeführt. Am 15. 12. 1979 kam Rete3 als Verbindung von landesweitem und regionalem Programm hinzu. Nach einer weiteren Programmreform heißen die Kanäle seit 1982 Raiuno, Raidue und Raitre.

RAM (Random Access Memory). Ein Computer-Speicher, der auf das Vorhandensein eines elektrischen Stroms angewiesen ist, im Gegensatz zu einem **ROM**, einer Magnetplatte oder einer **optischen Platte**, bei denen es sich um permanente Speichermedien handelt. Die meisten Programm-Operationen eines Computers finden im RAM-**Arbeitsspeicher** statt, in den sowohl Programme wie Dateien geladen werden müssen.

Randnummern. Filmmaterial enthält auf dem Außenrand – je nach Firma unterschiedliche (z. B. Keykode von **Eastman Kodak**) – Zahlen, die beim **Negativschnitt** das Auffinden einer bestimmten Stelle erleichtern. Bei der Film-**Restaurierung** ermöglichen sie u. U. eine Datierung oder Identifizierung der Herkunft. Vergleiche **Rekonstruktion**.

Randspur. Der Streifen am Rand des Films, auf dem sich die **Magnet**- oder **Lichtton**-Spur befindet.

Rank. Der Mehlfabrikant J. Arthur Rank wurde in den 30er und 40er Jahren der mächtigste Film-Magnat Großbritanniens. 1933 begann der Methodist religiöse Filme zu verleihen. Bald begann er systematisch, kriselnde Filmfirmen aufzukaufen oder neue zu gründen: von Studios (Pinewood, Denham, **Gaumont**-British, **Gainsborough**) über Verleih (General Film Distributors) bis zu Kinoketten (Odeon). In den 50er Jahren kam The Rank Organisation (Markenzeichen: Der Mann mit dem Gong) immer mehr in finanzielle Schwierigkeiten und engagierte sich außerhalb der Filmindustrie (z. B. Rank-**Xerox**-Fotokopierer). Nach Lord Ranks Tod (1972) versuchte es die Firma noch einmal mit der Filmproduktion, stellte diese jedoch nach Fehlschlägen 1980 endgültig ein. 1990 wurde in Orlando, Florida, der Vergnügungspark Universal Studios Florida als Joint Venture der Rank Group Plc. mit **MCA** eröffnet.

Raster. Die Zeilen-Struktur des Bildes in einer **Kathodenstrahlröhre**.

Ratings. **1**. In Großbritannien und den USA das System von Klassifikationen in der Bewertung von Sex- oder Gewalt-Elementen im Film, angewandt vom British Board of Film Classification (**BBFC**, früher British Board of Film Censors) bzw. von der **MPAA**. Vergleiche **FSK**, **FBW**, **Prädikat**, **Zensur**.
2. Im Rundfunk das System zur Erfassung

der Hörer- bzw. Zuschauermenge (**Einschaltquote**) von Radio- und Fernsehprogrammen, beispielsweise zur Bestimmung der Preise für die Werbeeinblendungen. Siehe **Gesellschaft für Konsumforschung**, **Nielsen**.

Raumatmosphäre (Room Tone, Ambient Sound). Jeder Raum hat eine charakteristische Tonatmosphäre, die von Geräuschen, Hall, Bodenbelag etc. abhängt. Diese Raumatmosphäre ist bei der **Mischung** zu beachten, um auffällige Tonsprünge zu vermeiden. Vergleiche **Dialogband**, **Effektband**, **Musikband**, **Wild Sound**.

RB (Radio Bremen). Am 23. 12. 1945 als Sender der amerikanischen Besatzungsmacht in Bremen und Bremerhaven gegründet, am 5. 4. 1949 in deutsche Verwaltung übergeben. Mitglied der **ARD**.

RCA (Radio Corporation of America). Am 17. 10. 1919 unter Beteiligung von General Electric, **AT&T**, Western Electric und American Marconi mit Unterstützung der US-Regierung gegründet, um die Radio-Telegrafie, dann die Radio-Telefonie zu kontrollieren. Unter der Führung von Owen D. Young, dann David Sarnoff, dominierte RCA fünfzig Jahre lang die Innovationen auf dem Gebiet der Unterhaltungselektronik: 1926 Gründung von **NBC**, in den 30ern erste Fernsehversuche, in den 50er und 60er Jahren Einführung des **NTSC**-Farbfernsehens. Ein letzter Vorstoß war 1980 das **CED** Videodisc-System, doch inzwischen hatten **Sony** und **Philips** die Rolle des technologischen Vorreiters übernommen. 1986 wurde RCA mit ihrer Tochterfirma NBC von General Electric (GE) übernommen und später an den französischen Elektronik-Giganten **Thomson** weitergegeben.

Reaction Shot. Eine **Einstellung**, die von der Haupthandlung, z. B. einem Sprechenden, wegschneidet und die Reaktion einer anderen Figur zeigt. Vergleiche **Gegenschuss**, **Schuss / Gegenschuss**.

RealAudio, **RealVideo**. Bahnbrechende, Mitte der 90er Jahre präsentierte Medien-Software der Firma RealNetworks für **Internet**-Übertragungen von Radio, Audio-Dateien und schmalbandigem Video. Im Unterschied zum **MP3**-Format können RealAudio-Daten so angeboten werden, dass sie vom Empfänger nicht ohne weiteres gespeichert werden können. Siehe **QuickTime**.

Realismus. Im Film eine möglichst präzise Abbildung des Gegenstands ohne starke Eingriffe durch **Kamera** oder **Schnitt**. Wird als Stil zumeist mit sozialkritischen und politischen Themen verbunden. Vergleiche **Expressionismus**, **Neorealismus**.

Reality TV. Eine in den 80er Jahren aufgekommene, preisgünstige Programmform der Fernsehunterhaltung. Entwickelt aus der aktuellen Berichterstattung, werden dokumentarische Techniken, Interviews und – im günstigsten Fall auch – investigativer Journalismus angewandt und Themen (Naturkatastrophen, Verbrechen, Sextourismus) in unterhaltsamer, oft auch voyeuristischer Form dargeboten. Eine Weiterentwicklung war die **Doku-Soap**. Vergleiche **RTL**, **SAT.1**.

Rear Projection siehe **Rückprojektion**.

Red Book siehe **CD-Standards**.

Reel siehe **Akt**.

Reel-to-Reel. Ein **Tonband**- oder **MAZ**-Gerät, das mit offenen Spulen statt – wie später entwickelt – mit geschlossenen **Cassetten** arbeitet. Siehe **Ampex**, **Nagra**.

Reflexivität. Traditioneller Begriff der Literaturwissenschaft und Philosophie zur Bezeichnung eines Mediums, das sich selbst und seine Geschichte und Möglichkeiten behandelt. Übertragen: Film-Filme oder Hollywood auf der Leinwand.

Regional-Code. **DVD-Videos** mit aktuellen Spielfilmen sind – auf Druck der US-Filmindustrie – mit **Regional-Codes** für 7 Welt-Regionen verschlüsselt (u. a. 1 für die USA und Kanada, 2 für Europa, Japan, Südafrika und Naher Osten), um so zu verhindern, dass z. B. ein Film (aus den USA) auf **DVD** verfügbar wäre, ehe er (in Europa) im Kino angelaufen ist.

Regisseur (Director). Der Regisseur setzt die Idee des Films, die im **Drehbuch** entworfen ist, in das Medium um. Sein Aufgabenbereich schwankt im Laufe der Geschichte vom reinen Inszenator (vergleiche **Metteur en scène**), der ein spezialisierter Handwerker in einem größeren Produktionsteam ist, bis zum **Auteur**, der von der Idee bis zur endgültigen Fassung alle Arbeitsphasen bestimmt. Heute hat sich der neutralere Name Filmmacher stark eingebürgert.

Reichsfilmkammer. Nach zuvor im Rahmen der **SPIO** entwickelten Ideen zur ständischen Gliederung der deutschen Filmindustrie wurde nach dem Machtantritt der Nazis (30.1.) und der Einrichtung des Reichsministeriums für Volksaufklärung und Propaganda (13.3.) unter Joseph Goebbels am 14. 7. 1933 ein «Gesetz über die Errichtung einer vorläufigen Filmkammer» als erstes Gesetz auf dem Wege einer berufsständischen Gleichschaltung in Nazi-Deutschland verabschiedet. Am 15. 11. 1933 wurde die Gründung der Reichskulturkammer mit sieben Einzelkammern, u. a. für Film, feierlich begangen. Die Mitgliedschaft in der Reichsfilmkammer war Voraussetzung für die Beschäftigung in deutschen Produktionen. So wurde ein Berufsverbot für «nichtarische» und andere dem neuen Regime unliebsame Filmschaffende durchgesetzt. Diese Bestimmungen wurden bereits 1936 durch ein Sonderabkommen mit der Wiener Filmkonferenz praktisch auch für Österreich gültig, was auch dort zahlreiche Filmleute in die Emigration zwang. Vergleiche **Exil-Film**.

Reihenbilder siehe **Chronophotographie**.

Reiß-Schwenk (Swish Pan, Whip Pan). Ein schneller **Schwenk** von einem Punkt zu einem anderen, wobei das Bild zwischen den beiden Endpunkten meist unscharf bleibt; auch Wischer genannt. Vergleiche **Kamerabewegung**.

Rekonstruktion. Von den Werken der Stummfilmzeit, vor allem der Frühzeit, ist nur ein geringer Bruchteil erhalten, da erst in den 30er Jahren **Archive** gegründet wurden, die sich um die Sammlung und Erhaltung des Filmerbes kümmerten – allerdings auch dann nach höchst subjektiven Kriterien der Archivare. Auch von diesen und späteren Filmen sind zahlreiche nur in technisch schlechter Verfassung (vergleiche **Nitrofilm**) oder in – z. B. durch Eingriffe der **Zensur** – unvollständigen Fassungen überliefert. Hier setzt – zunehmend in den letzten Jahrzehnten – das Bemühen von Archiven (oder auch Fernsehanstalten) ein, durch Zusammentragen und Ergänzen der unterschiedlichen Materialien zu einem Film möglichst authentische Rekonstruktionen herzustellen, die über eine reine Sicherung durch Umkopierung hinausgehen. Erst nach gewisser Zeit haben sich theoretische und praktische Regeln der Rekonstruktion entwickelt, die über das reine Aneinanderkleben aller erhaltenen Kopienreste hinausgehen und auch die Unterschiede von verschiedenen Fassungen des Originals (z. B. für den Inlandseinsatz oder Export) berücksichtigen. Der eine Zeit lang vorherrschende Längen-Wahn, der z. T. die vom Regisseur (oder Produzenten) selbst nach der Premiere bewusst entfernten Passagen wieder «ergänzte», ist langsam einem bewussteren «philologischen» Herangehen gewichen.
Im Gegensatz zur Rekonstruktion beschränkt sich die Restaurierung einer Kopie überwiegend auf die Sicherung (Umkopierung) und technische Wiederherstellung einer Kopie. Dabei werden zunehmend auch die Mittel der neuen digitalen Verfah-

ren für Bild und Ton eingesetzt. Vergleiche **Cinema ritrovato**, **Kinemathek**.

Release Print siehe **Verleihkopie**.

Remake. Die Neuverfilmung eines schon verfilmten Stoffes. Vergleiche **Sequel**, **Spin-off**, **Version**, **Prequel**.

Rendering. Wenn ein Bild, ein Film oder **Soundtrack** zu kompliziert ist, um in **Echtzeit** aufgezeichnet zu werden, arbeitet der Künstler mit einer Annäherung und ergänzt die gewünschten Effekte später. Das wird Rendering genannt.

Rentals siehe **Gross**.

Repertory (Repertoirekino) siehe **Programmkino**.

Replay. Im Fernsehen, speziell in der aktuellen Sportberichterstattung verbreitetes Mittel, schnell ablaufende oder besonders wichtige Ereignisse gleich anschließend (oft in **Zeitlupe**) zu wiederholen. Um dies auch in der realen Situation im Stadion bieten zu können, wurden **Großbildschirme** entwickelt.

Reprise. Die Neuaufführung eines älteren Films.

Requisiten (Prop, Property). Die beim Drehen einer Szene verwendeten Kleingegenstände, Möbel, Bücher etc. Siehe **Fundus**, **Szenografie**.

RES Magazine. Das Zentralorgan der am **Digitalen Film** Interessierten.

Resolution siehe **Auflösung**.

Restaurierung siehe **Rekonstruktion**.

Retrospektive. Die (mehr oder weniger) systematische Zusammenstellung von Filmwerken unter einem bestimmten Gesichtspunkt, z. B. die Werkschau eines Filmmachers, die Übersicht über die historische oder aktuelle Produktion einer nationalen Kinematografie, die Zentralwerke eines Genres. Ein Hauptpunkt in der Programmierung eines **Archiv-**, **Kommunalen** oder **Programmkinos**, oft auch Teil eines **Filmfestivals**.

Reversal Filmstock siehe **Umkehrfilm**.

Reverse Angle siehe **Gegenschuss**.

Reverse Motion. Wenn bei der Aufnahme der Film rückwärts durch die Kamera läuft, entsteht bei der **Projektion** die Illusion, als laufe die Zeit rückwärts. Oft auch als komischer Effekt genutzt.

Revolverkopf siehe **Objektivrevolver**.

RFC (Request For Comment). Die Quasi-Standards, auf denen das **Internet** beruht. Wenn auf eine ins Internet gestellte RFC mit Vorschlägen eines Standardisierungs-Protokolls keine Einwände mehr kommen, gilt es als «akzeptiert».

RGB (Red-Green-Blue, Rot-Grün-Blau). Nach den Grundfarben benannte additive Darstellung von Farbe.

RIAA (Recording Industry Association of America). Die 1952 gegründete Organisation der amerikanischen **Schallplatten**-Industrie.

Richtfunkstrecke. Die Errichtung einer Kette von Fernsehsendetürmen (der Bundespost) quer durch die Bundesrepublik Deutschland war Voraussetzung zur Aufnahme des gemeinsamen ARD-Programms «Deutsches Fernsehen» zum 1. 11. 1954, das die Versuchssendungen des **NWDR**-Fernsehens ablöste. Am 1. 3. 1960 übernimmt der «Frankfurter Stern» die technische Koordinierung des Übertragungsnetzes.

RKO. Das **Studio**, das nicht totzukriegen war, hat länger als die meisten anderen unter Firmenintrigen und inneren Machtkämpfen gelitten. Die Geschichte geht zurück bis 1909. 1928 mischte Radio-Keith-Orpheum auf den Gebieten Produktion, Verleih und Kino mit. In den 30er und 40er Jahren behauptete sich das Studio gegen die **Majors** mit solchen Film-Erfolgen wie den Astaire-Rogers-Musicals und *Citizen Kane*. Howard Hughes erwarb die Firma 1948. Danach blieb bald nichts mehr als ein Firmenmantel übrig. Die **Atelier**-Anlagen wurden 1953 von der Fernsehproduktion Desilu übernommen. Hughes verkaufte die Firma an General Tire, die die Filmproduktion zugunsten des Fernsehens aufgaben. In den 80er Jahren versuchte die Firma, wieder Kinofilme zu produzieren. 1989 ging die Kontrollmehrheit an Pavilion Communications über.

Road Movie. In den 60er Jahren populär gewordenes Genre, bei dem sich ein Großteil der Handlung «on the road», speziell auf dem Highway, abspielt. Hauptwerke sind z. B. *Easy Rider*, Wim Wenders' *Falsche Bewegung* und *Im Lauf der Zeit* (englischer Titel: *Kings of the Road*) oder *Thelma and Louise*.

Rohfilm (Film Stock). Das unbelichtete Filmmaterial.

Rohschnitt. Der Rohschnitt ist das grobe Aneinanderreihen der gedrehten Szenen, indem die ausgewählten **Muster** (anhand des **Drehbuchs**) in der vorgesehenen Reihenfolge zusammengesetzt werden. Anschließend folgt der **Feinschnitt** bis zur endgültigen Fassung. Vergleiche **Final Cut**.

Rollen. Eine der drei grundsätzlichen **Kamerabewegungen**. Beim Rollen dreht sich die Kamera um die Bildachse, das heißt, der Gegenstand verändert seine Lage innerhalb des Bildes. Diese Bewegung wird nur selten angewandt. Vergleiche **Neigen**, **Schwenk**.

ROM (Read Only Memory). Ein Speichermedium, das Informationen unveränderbar speichert, also nur gelesen werden kann. Vergleiche **CD-ROM**, **RAM**.

Rotoskop. Ein Gerät, das gefilmte Einzelbilder auf einen transparenten Zeichentisch projiziert, damit eine **Wandermaske** entworfen oder reale Bewegungsphasen für den **Animationsfilm** nachgezeichnet werden können.

RPM (rotation per minute). Umdrehungen pro Minute. Siehe **LP**. Vergleiche **Plattenspieler**.

RSDL (Reverse Spiral Dual Layer) siehe **PTP**.

RTF. **1.** Radiodiffusion-télévision française. 1949 als Nachfolger von RDF (Radiodiffusion française) gegründet, einer staatlichen Organisation, die bereits seit den 30er Jahren (auch unter der deutschen Okkupation) Versuchssendungen mit Fernsehen veranstaltet hatte. 1954 wurde das Fernsehen durch ein neues Statut direkt dem Informationsministerium unterstellt, das – z. B. während des Algerienkriegs – aktuelle Beiträge zensierte und z. T. verbot. Vergleiche **ORTF**.
2. Rich-Text-Format. Dateiformat für typografisch ausgezeichnete Texte, das von Programmen verschiedener Hersteller verarbeitet werden kann. Siehe **Text-Datenformat**.

RTL. Der Privat-Fernsehsender RTL plus wurde am 2. 1. 1984 von der Compagnie Luxembourgeoise Télédiffusion (**CLT**) und der Ufa Film und Fernsehen GmbH (**Bertelsmann**) gegründet. Der Sender mit Sitz in Köln, der durch Werbeeinnahmen getragen wird, stieg 1992 – jetzt ohne plus im Namen – zum beliebtesten deutschen Privatsender auf. Zur günstigeren Auswertung von Rechten und Kapazitäten will CLT-UFA die Sender RTL, RTL II (1993 gegründet) und Super RTL (1995) sowie **VOX** zu einer Senderfamilie zusammenfassen.

Rückblende (Flashback). Ein dramaturgisches Mittel, eine vergangene Zeitstufe in die Gegenwartsstufe der Filmhandlung einzubeziehen. Vergleiche **Flash-forward**.

Rückfahrt. Eine **Fahraufnahme** (Tracking shot) oder ein **Zoom**, bei denen sich die Kamera vom Objekt entfernt, um das Umfeld einzubeziehen.

Rückprojektion, **Rückpro** (Rear Projection). Die Rückpro ist eine **Trick**-Technik, bei der ein gefilmter oder fotografierter Hintergrund von hinten auf eine transparente Bildwand geworfen wird, vor der die Schauspieler agieren, z. B. oft bei Autofahrten verwandt. Die Rückpro ist inzwischen durch die präzisere **Aufprojektion** und **Masken**-Tricks weitgehend ersetzt worden. Vergleiche **Chroma Key**.

Rundfunkgebühren siehe **GEZ**.

Rushes siehe **Muster**.

S/F/K (Verband der Szenenbildner, Filmarchitekten und Kostümbildner e.V.). Berufsorganisation in der Bundesrepublik Deutschland. Siehe **Szenografie**, **Kostümbildner**.

SACD (Super Audio Compact Disc). Von **Sony** und **Philips** seit 1982 auf Basis der **DSD**-Technik (Direct Stream Digital) betriebene Weiterentwicklung der Audio-**CD**, bei der die Informationen auf zwei Ebenen gespeichert sind, die mit unterschiedlichen **Lasern** abgetastet werden. Dieses System konnte sich jedoch nicht durchsetzen, wurde als Format für **DVD-Audio** wiederbelebt, stieß jedoch auf den Widerstand anderer Firmen. Siehe **CD-Standards**.

Sachtrick. Eine Technik des **Animationsfilms**, bei dem reale Gegenstände durch **Einzelbild-Schaltung**, **Zeitraffer** oder **Zeitlupe** aufgenommen werden. Vergleiche **Pixillation**.

Safe Action Area siehe **Fernseh-Kasch**.

SAG (Screen Actors Guild). Die 1933 gegründete, einflussreiche Gewerkschaft der amerikanischen Filmschauspieler, die mit den Produzenten-Verbänden Tarifverträge aushandelt. AFTRA (American Federation of Television and Radio Artists) ist für Rundfunk und Fernsehen wichtig.

Sampling. 1. (Abtasten) Die Umwandlung analoger Signale in **digitale**.
2. (Abgreifen) In den 90er Jahren in bestimmten Bereichen der Pop-Musik (Rap) zunehmend verbreitete Praxis, Ton-«Zitate» aus Songs anderer Künstler auszuleihen.

SAP (Second Audio Program) **siehe** Zweikanalton.

SAT.1 (SAT.1 Satelliten Fernsehen GmbH). Seit dem 1. 1. 1984 arbeitender erster deutscher Privat-Fernsehsender, der sich durch Werbeeinnahmen finanziert. Nachdem zunächst eine Anzahl von Zeitungs- und Zeitschriftenverlagen (u. a. PKS-Gesellschaft für Kabel- und Satellitenrundfunk, Axel **Springer** AG, Aktuell Press-Fernsehen) beteiligt waren, kam der Sender zunehmend unter den Einfluss der **KirchGruppe,** die 59 Prozent hält, während 40 Prozent bei Springer liegen.

Satelliten-Fernsehen. Ein Satellit, der in ca. 36000 km Höhe über dem Äquator stationiert ist, bleibt «geostationär», d. h. fest in Relation zur Erde und kann so als Relaisstation für Kommunikationssignale benutzt werden. Nachdem sie zunächst nur als Zwischenstation für (starke) professionelle Sende- und Empfangsstationen dienten, begann Ende der 80er Jahre – durch das **DSB**-System – durch die direkte Bedienung von Konsumenten (siehe **Satellitenschüssel**) das Satelliten-Fernsehen zu einer Konkurrenz der Kabel-Sender zu werden. Vergleiche **Astra**, **BSkyB**, **DSS**, **DVB**, **Eutelsat**, **HBO**, **INTELSAT**, **LEO**.

Satelliten-Frequenzen. Die für Satelliten-Übertragungen reservierten Frequenzen wurden in **Frequenzbereiche** (Bands) unterteilt, denen bestimmte Funktionen zugeordnet sind. C-Band (4/6 gHz): **DSB** und Telekommunikation (besonders in den USA); Ka-Band (20/30 gHz): **HDTV** u. a.; Ku-Band (10/14 gHz): **Satelliten-Fernsehen** (vor allem in Europa) und weitere.

Satellitenschüssel (Dish). Jargonausdruck für die Parabolantenne zum Empfang von Signalen der Fernsehsatelliten. Während die ersten Antennen für Konsumenten bis zu zehn Meter im Durchmesser groß und sehr teuer waren, sind sie mittlerweile auf Balkon-Dimension geschrumpft.

Saturation siehe **Farbsättigung**.

Scanner. 1. Ein elektronisches Gerät, das Bilder und Dokumente digitalisiert (oder an der Supermarkt-Kasse Strichcode liest).
2. Ein Empfangsgerät (**Breitband**), das mit automatischem Suchlauf über die Rundfunkfrequenzen hinaus Signale – z. B. Polizeifunk, Telefonate – empfangen kann.

Scanning. 1. In der Fernsehtechnik die regelmäßige Bewegung des Elektronenstrahls über das Mosaik der Aufnahmezellen in der Kamera oder die Schicht der Phosphor-Bildelemente (Pixel) auf dem Schirm einer **Kathodenstrahlröhre**.
2. Die Digitalisierung einer analogen Abbildung, z. B. eines Fotos. Umgekehrt wie ein Laserdrucker benutzen Scanner eine Lichtquelle und optische Sensoren, um die Helligkeitswerte kleiner Teilflächen getrennt nach Farbanteilen zu bestimmen. Die Information wird dann durch die Software digitalisiert und in Bitmuster übersetzt. Die Qualität eines Scanners hängt von der Zahl der Bildpunkte pro Flächeneinheit ab, die verbreitetsten Geräte schaffen 300 dpi.

Schallplatte. Während T. A. Edisons **Phonograph** den Ton auf Wachszylindern aufzeichnete, beruhte das etwa gleichzeitig von Emile Berliner entwickelte **Gramophone** auf runden Scheiben, was die industrielle Reproduktion und Verbreitung erleichterte. Die Aufzeichnung fand auf einer Zinkplatte statt, von der Abdrücke – zunächst aus Hartgummi, Siegellack oder Glas – hergestellt wurden, seit den 90er Jahren des 19. Jahrhunderts schließlich aus Schellack. Die ersten Schallplatten produzierte in Lizenz von Berliner 1889 die deutsche Spielzeugfabrik Kämmerer & Reinhardt in Weithausen aus Gummi oder Zelluloid. Ihr Durchmesser betrug zunächst 5 Zoll, dann 7 Zoll. Im Wirtschaftsjahr 1897/98 verkaufte die Berliner Gramophone Company in Philadelphia bereits 408195 Schallplatten. Wegen Patentstreitigkeiten in den USA ging die weltweite Verbreitung von der in London zur Auswertung der Berliner-Patente etablierten Gramophone Company (siehe **EMI**) aus. 1903 wurde die 12-Zoll-Schellackplatte mit 78 rpm zum Standard. Bereits vor dem Ersten Weltkrieg wurden jährlich in aller Welt Millionen von Platten für insgesamt über zehn Millionen Plattenspieler verkauft.
Während – vor allem in den USA – die Verbreitung des Radios in den 20er Jahren einen Rückschlag für die Plattenindustrie bedeutete, brachte 1925 die Einführung der von Western Electric entwickelten, elektrischen Tonaufnahme (durch Mikrofon statt Schalltrichter) einen entscheidenden Fortschritt in der Aufnahmetechnik, u. a. konnten jetzt auch größere Orchester aufgezeichnet werden. Für die Konsumenten änderte sich dabei technisch nichts, da akustische und elektrische Aufnahmen mit denselben Geräten abgespielt werden konnten. 1929 wurden allein in den USA etwa 150 Millionen Platten verkauft, in Deutschland etwa 30 Millionen.
1948 wurde die von **RCA** entwickelte, unzerbrechliche Langspielplatte (**LP**) aus **Vinyl** mit einer Drehgeschwindigkeit von 33 $^{1}/_{3}$ rpm eingeführt. 1952 kam als Vertriebsform die Single (7 Zoll, 45 rpm) hinzu, die u. a. die Verbreitung des Rock 'n' Roll und der Popmusik vorantrieb. EMI stellte 1958 erste **stereophone** Schallplatten vor. Mitte der 60er Jahre begann der Abstieg der Schallplatte als vorherrschendes Medium für Musik, zunächst durch **Cassetten**, dann durch die **CD**-Technik. Zugleich wurde die Venyl-Platte zum Sammelobjekt der Audiophilen.

Schärfe (Focus). Die Schärfe eines Filmbildes hängt von der genauen Beachtung verschiedener Variablen des **Objektivs** ab. Sie ist vor allem ein psychologischer Eindruck, der einen gewissen Spielraum zur optisch präzisen Schärfe zuläßt.

Schärfenbereich (Depth of Field). Beim Film erscheinen Gegenstände in einem gewissen Bereich vor und hinter der genauen **Schärfenebene** psychologisch annehmbar scharf. Ein anderer Ausdruck ist **Schärfentiefe**, der jedoch mehr für die ästhetische

Anwendung dieses Phänomens benutzt wird.

Schärfenebene (Focus Plane). Jedes fotografische **Objektiv** bildet Gegenstände auf einer Ebene in einem bestimmten Abstand vor der Linsenebene präzise scharf ab. Da bei der Aufnahme die Kamera auf diese Ebene eingestellt wird, heißt sie auch Einstellebene.

Schärfentiefe (Deep Focus). Schärfentiefe (oft ungenau Tiefenschärfe genannt) ist die ästhetische Anwendung des **Schärfenbereichs** im Film, wobei Gegenstände vom Vorder- bis in den Hintergrund scharf abgebildet sind. Vergleiche **Shallow Focus**.

Schärfenverlagerung. Die Verlagerung der (geringen) **Schärfenebene** innerhalb einer **Einstellung** von einem Gegenstand auf einen anderen. Dies kann dazu dienen, die Aufmerksamkeit des Zuschauers zu lenken (Rack Focus) oder – bei sich bewegenden Objekten – das Nachstellen der Schärfe während der Aufnahme (**Follow Focus**, Focus Pull).

Schattierung siehe **Graustufen**.

Scheimpflug-Korrektur. Ein – nach dem Österreicher Theodor Scheimpflug benannter – Mechanismus am **Projektor**, der durch ein Kippen der **Optik** die Verzerrung des Bildes bei der Projektion (Keystoning) durch die meist – architektonisch verursachte – schräge Stellung der Projektoren ausgleicht.

Scheinwerfer. Um sich von den Unwägbarkeiten des Sonnenlichts beim Drehen im Freien oder in den Glas-**Ateliers** freizumachen, ging man dazu über, militärische Scheinwerfer zur **Lichtführung** einzusetzen. Daraus entwickelten sich dann zahlreiche durch ihre Technik, Lichtstärke oder künstlerischen Einsatz unterschiedene Beleuchtungskörper. Siehe **Bogenlicht**, **Effektlicht**, **Jupiterlampe**, **Quecksilberdampfleuchte**, **Soft Light**, **Spot**, **Xenonlicht**.

Schicht. Die Kurzbezeichnung für die mit lichtempfindlichen Bromsilberteilen durchsetzte Gelatineschicht (**Emulsion**) des **Rohfilms**.

Schläger. Ein 1893 von Georges Demeny konstruierter Mechanismus zum ruckweisen Filmtransport. Vergleiche **Malteserkreuz**.

Schleichwerbung siehe **Product Placement**.

Schleife (Schlaufe, Loop). **1**. In Kamera und **Projektor** der Spielraum des Films zwischen Vor- / Nach-Wickler und Bildfenster, durch den der Unterschied zwischen kontinuierlichem und schrittweisem Filmtransport ausgeglichen wird. Vergleiche **Tonschleife**, **Transportmechanismus**.
2. Ein Stück Film, das an beiden Enden zusammengeklebt, also «endlos» vorführbar ist. Bei der **Synchronisation** werden jeweils lauter kurze Schleifen bearbeitet, daher heißt es auf Englisch auch **looping**.

Schmalfilm. Bereits um die Jahrhundertwende gab es erste Bemühungen, einfacher zu handhabende Kamera-Systeme für den Amateurmarkt zu entwickeln, wobei man zumeist – aber nicht unbedingt – Schmalfilm-Formate erprobte: 1900 Léon Gaumonts Taschen-Chrono (15 mm), 1903 Ernemanns Einlochfilm-System (17,5 mm). Ab 1921 brachte **Pathé** sein populäres Pathé-Baby-System (9,5 mm) heraus, für das auch Kopien bekannter Kinofilme in verknappter Form hergestellt wurden. 1923 entwickelte **Eastman**-Kodak auf **Sicherheitsmaterial** den **16mm**-Film, ein Format, dem sich bald auch **Agfa** in Deutschland mit einem **Umkehrfilm** anschloß und in den 30er Jahren Farbmaterial auf den Markt brachte. **Kodak** teilte 1932 den 16mm-Filmstreifen noch einmal, so dass ein 8mm-Film entstand, der nach dem Krieg zum populärsten Amateurformat wurde. Daraus entstand 1965 durch Verkleinerung der Perforationslöcher das Super8-

Format, das schließlich durch das leichter zu handhabende **Video** als Amateurmedium abgelöst wurde.

Schnee. Visueller Schmutz, verursacht durch Übertragungsfehler.

Schneidetisch. Der Schneidetisch ist das Arbeitsgerät des **Cutters** beim **Schnitt** (Montage). Auf ihm laufen die Bild- und Tonrollen bei der Bearbeitung synchron hin und her und können durch einen kleinen Bildschirm bzw. Lautsprecher kontrolliert werden. Es gibt zwei Grundtypen: 1. mit senkrecht laufenden Rollen (vergleiche **Moviola**) und 2. eine modernere mit waagerecht angebrachten Tellern, auf denen die Rollen liegen (vergleiche **Steenbeck, KEM**).

Schnitt. 1. Die letzte Stufe der Filmherstellung. Dabei wird das gedrehte Material anhand der **Arbeitskopie** vom **Cutter** zunächst dem **Rohschnitt** unterzogen, schließlich dem **Feinschnitt** bis zur endgültigen Fassung (**Final Cut**). Die gedrehten Einstellungen werden auf die gewünschte Länge geschnitten und mit anderen Einstellungen zusammengeklebt. Die ästhetische Seite des Schnitts wird meist **Montage** genannt. Siehe **Elektronischer Schnitt**.
2. Das Grundelement der Montage: der optische Sprung von einer zur anderen **Einstellung**.

Schrägspuraufzeichnung (Helical Scanning). Von **Ampex** entwickeltes Grundprinzip bei der Bandführung beim **VCR**: Das **Videoband** wird schräg an einem rotierenden **Kopf** vorbeigeführt.

Schriftgenerator (Character Generator). Bei Fernsehen und Videotechnik eine Art Textverarbeitungssystem, mit dem Schriften für **Credits** und **Untertitel** erzeugt werden.

Schüfftan-Verfahren siehe **Spiegeltrick**.

Schulterstativ. Eine Vorrichtung zur sicheren Lagerung einer **Handkamera** auf der Schulter des Kameramanns. Vergleiche **Steadicam**.

Schuss/ Gegenschuss (Angle/Reverse Angle). Der Schnitt von zwei **Einstellungen** mit Personen, die sich unterhalten, nach den Regeln der **Achsensprungregel**. Vergleiche **Gegenschuss, Reaction Shot**.

Schwarze Liste (Blacklist) siehe **Hollywood Ten**.

Schwärzung siehe **Dichte**.

Schwarzweiß-Film. Bis in die 50er Jahre das Standardmaterial des Kinofilms. Vergleiche **Orthochromatisch**, **Panchromatisch, Farbsysteme, Virage**.

Schwenk (Pan). Die **Kamerabewegung** in der Waagerechten um eine imaginäre senkrechte Achse. Vergleiche **Neigen**, **Rollen**, **Reißschwenk**.

Scope. Abkürzung für **CinemaScope**, aber auch allgemein für **anamorphot**ische **Breitwand**-Verfahren angewandt.

Score. 1. Der Score ist die **Musik** eines Films.
2. (Verb) Das Scoren ist das Unterlegen eines Films mit einer **Filmmusik**, speziell die Zusammenstellung des Scores aus einzelnen **Cues**. Vergleiche **Soundtrack 2**.

Scrambling. Beim Fernsehen – und anderen elektronischen Medien – die **Verschlüsselung** (Encryption) von Signalen. Satelliten- und **Pay-TV**-Sender verschlüsseln ihre Sendungen, sodass sie nur nach Zahlung der entsprechenden Gebühr mit den entsprechenden **Decodern** (z. B. der d-box der **KirchGruppe**) gesehen werden können.

Screen Actors Guild siehe SAG.

Screen Gems siehe **Columbia**.

Screenplay siehe **Drehbuch**.

Screwball Comedy. Ein besonders in den 30er Jahren beliebtes Genre der Hollywood-Komödie, das sich durch hohes Tempo, Sprachwitz und erotische Beziehungen als bedeutende Elemente auszeichnete, z. B. *It Happened One Night* (1934) und *Bringing Up Baby* (1938). Höchst dialogreich, im Gegensatz zum Vorgänger **Slapstick**.

Scriptgirl (Ateliersekretärin). Die/der Script Supervisor (ältere – nicht p.c. – Bezeichnung: Scriptgirl) führt bei den Dreharbeiten über die Einzelheiten der gedrehten **Einstellungen** Buch, notiert, welche Aufnahmen kopiert werden sollen, und achtet auf die **Anschlüsse** (Continuity). In den kleineren Teams der Frühzeit war dies oftmals Aufgabe des Regie-Assistenten, der zumeist auch den **Schnitt** besorgte.

SDDS (Sony Dynamic Digital Sound). **Sonys** Mehrkanal-Tonsystem für Kinos, 1993 eingeführt. Siehe **Dolby Digital**, **DTS**.

SDK (Stiftung Deutsche Kinemathek) siehe **Deutsche Kinemathek**.

SDR (Süddeutscher Rundfunk). 1949 in Stuttgart gegründete, öffentlich-rechtliche Rundfunkanstalt für den nördlichen Teil Baden-Württembergs, 1998 mit dem **SWF** zum **SWR** vereinigt. SDR und SWF betrieben mit dem **SR** das gemeinsame 3. Fernsehprogramm Südwest3. Mitglied der **ARD**.

Seagram. Der von der kanadischen Familie Bronfman kontrollierte internationale Getränke-Konzern The Seagram Company Ltd. (u. a. Chivas Regal Whisky, Sandeman Sherry, Martell Cognacs, Mumm Sekt) erwarb 1995 von **Matsushita** für 5,7 Milliarden Dollar 80 Prozent von **Universal** Studios Inc. (vorher **MCA**) Die US-Fernsehinteressen wurden 1998 in **USA Networks** zusammengefasst und an Barry Oiller verkauft. Nachdem Seagram 1998 auch den Musikkonzern PolyGram (einschließlich **PolyGram Pictures**) von Polydor übernommen hatte, wurde das Konglomerat umstrukturiert und die jeweiligen Musik- bzw. Film-Abteilungen unter dem Gesamt-Namen Universal zusammengelegt.

SECAM (SEquentiel Couleur À Mémoire) siehe **Fernsehstandards**.

Second Unit. Ein zweites Filmteam, das unabhängig vom Hauptteam und ohne die Hauptdarsteller **Außenaufnahmen**, **Stunts**, Action-Szenen, Aufnahmen für **Spezialeffekte** und Ähnliches dreht.

Seifenoper siehe **Soap**.

Seitenlicht. Die Lichter, die von der Seite einfallen, auch halbes Licht genannt. Vergleiche **Crosslighting**.

Sektorenblende. Um bei der Projektion eines Films das **Flimmern** zu vermeiden, ohne die Bildfrequenz zu erhöhen, wurden vor die Optik des **Projektors** rotierende Blenden eingebaut, bei denen ein oder mehrere Sektoren ausgeschnitten sind. Durch die Rotation unterbrechen sie die Projektion jedes einzelnen Bildes, sodass praktisch eine flimmerfreie Frequenz von 48 statt 24 Bildern (beim Tonfilm-Standard, 2:2 Pulldown) entsteht. Vergleiche **PAL/SECAM**-Schwindel, **3:2 Pulldown**, **Film Chain**.

Semiotik. Eine vor allem von Roland Barthes für die Literatur sowie Christian Metz, Umberto Eco und Peter Wollen für den Film entwickelte kritische Untersuchungsmethode, die Zeichen, Symbole und ihre Bedeutung analysiert. Sie benutzt Theorien der Linguistik, speziell Ferdinand de Saussures Konzept von Signifikant und Signifikat, als Modell zur Beschreibung des Funktionierens verschiedener kultureller Kommunikationen wie Film, Fernsehen, Kinesis (Körpersprache) sowie der geschriebenen und gesprochenen Sprachen. Die Semiotik kam in den 70er Jahren in akademischen Kreisen in Mode und führte an den Universitäten in den USA zur Gründung zahlreicher Filmabteilungen. Siehe **Cinema Studies.** Vergleiche **Strukturalismus, Zeichen.**

Sensurround. Diesen Prozess benutzte **Universal** bei *Earthquake* und anderen Filmen der 70er Jahre. Niedrige Frequenzen wurden über Woofer im Zuschauerraum abgestrahlt, um so eine unheilschwangere Stimmung zu erzeugen. (*Jaws* schaffte das mit Musik!)

Sequel. Eine (ursprünglich nicht geplante) Fortsetzung eines Filmerfolgs mit möglichst den gleichen Stars und ähnlicher, nur wenig variierter Handlung. Vergleiche **Fortsetzungsfilm, Prequel.**

Sequence Shot siehe **Plansequenz.**

Sequenz. Eine Folge von inhaltlich zusammenhängenden **Einstellungen.**

Serial siehe **Fortsetzungsfilm.**

Serie (Series). **1.** Eine regelmäßige Folge von täglichen oder wöchentlichen Fernsehsendungen, bei der den einzelnen Episoden das Personal und die Grundsituation gemein ist, die Handlung jeweils variiert wird. Es gibt endlose Serien (**Soap**) oder abgeschlossene **Miniserien.** Vergleiche **Fortsetzungsfilm.**
2. In der Frühzeit des Films mehrere voneinander unabhängige Filme einer Saison, die beispielsweise durch einen Regisseur oder Darsteller (Henny-Porten-Serie) oder eine Figur (Stuart-Webbs-Detektivserie) verbunden waren und zum Zwecke der Publikumsbindung als Serie angepriesen wurden.

Seriell. Beim Computer ein Anschluss, durch den Daten nacheinander übertragen werden. Ursprünglich die langsamere Alternative zum **Parallel**-Port, ist der serielle Port in Form des Universal Serial Bus (USB) inzwischen schneller als alle Parallelports.

Server. Die Bezeichnung entweder der Maschine (Computer) oder der darauf laufenden Software, die einen **Internet**- oder **LAN**-Service bietet. Der Domain Name Server verwaltet das Verzeichnis der **Domain**-Namen; der Web-Server bietet **HTTP**-Dienste, der Mail-Server bedient das **E-Mail**-System.

SES (Société Européenne des Satellites). Eine Organisation, die die **Astra**-Satelliten betreibt. Größter Satelliten-Anbieter Europas. Siehe **EutelSat, BSkyB.**

Sesamstraße (Sesame Street). Die Ende der 60er Jahre von **CTW** entwickelte Fernsehserie für Vorschulkinder, die spielerisch – angelehnt an Muster aus TV-Magazinen und Werbung – einfache Kenntnisse wie Buchstaben und Zahlen oder Fertigkeiten vermittelte, löste Anfang der 70er Jahre – nachdem der **NDR** sie lizenziert hatte – in der **ARD** einen heftigen Streit zwischen den Sendern aus und wurde deshalb nur in einigen der Dritten Programme gezeigt. Dort wurden die handlungstragenden **Muppets** (u. a. Kermit the Frog, Ernie & Bert, Cookie Monster) zu populären Ikonen der Fernsehunterhaltung.
Die zum großen Teil selbst produzierten deutschen Folgen lösten die Entwicklung einer Reihe anderer Sendungen für Kinder aus, so der Magazine *Maxifant und Minifant*, *Das feuerrote Spielmobil* und – besonders erfolgreich – *Die Sendung mit der Maus* (alle ab 1972).

Set (Dekoration). Der Spielort einer Szene, meist künstlich in einem **Atelier** errichtet. Siehe **Szenografie, Production design.** Vergleiche **Außenaufnahme.**

Set-up. Der Aufbau von Kamera und Licht, um eine Szene zu drehen. Wenn eine schwere, unhandliche Kamera und ein umfangreicher Scheinwerferpark benutzt werden, kann die Anzahl der Set-ups ein bedeutender ökonomischer Faktor sein.

Sexploitation. Jargon-Ausdruck für einen **Exploitation**-Film auf dem Gebiet der Sexualität und Erotik. Vergleiche **Sittenfilm**, **Porno**.

SF DRS (Schweizer Fernsehen DRS). Fernsehprogramm der RDRS (Radio- und Fernsehgesellschaft der deutschen und rätoromanischen Schweiz) mit Sitz in Zürich, Regionalgesellschaft der **SRG**. Mitveranstalter des deutschsprachigen Satellitensenders **3sat**.

SFB (Sender Freies Berlin). 1953 gegründete, seit dem 1. 6. 1954 sendende öffentlich-rechtliche Rundfunkanstalt für Berlin (West). 1957 übernimmt der Sender das traditionsreiche, 1929–31 nach Entwürfen des Architekten Hans Poelzig erbaute «Haus des Rundfunks» gegenüber dem Funkturm. Ab 1965 Ausstrahlung eines gemeinsamen 3. Fernsehprogramms mit **NDR** und **RB**. Am 1. 1. 1992 wird der SFB Landesrundfunkanstalt für ganz Berlin.

SFX. Fachjargon für Sound Effects (**Ton-Effekte**).

SGML (Standard Generalized Markup Language, ISO 8879). In den 70er Jahren u. a. zur Vereinheitlichung von US-Regierungs-Publikationen eingeführte Text-Auszeichnungsverfahren. Vorläufer von **HTML**. Siehe **XML**.

Shallow Focus. Der dem Deep Focus (**Schärfentiefe**) entgegengesetzte Bildstil, bei dem mit nur engem **Schärfenbereich** gearbeitet wird, sodass z. B. die Schauspieler scharf sind, der Hintergrund jedoch unscharf verschwommen.

Shomin-geki. In der japanischen Kinematografie das Genre der – zumeist in der Mittelklasse spielenden – Melodramen und Komödien, z. B. von Ozu Yasujiro. Vergleiche **Gendai-geki**, **Jidai-geki**.

Shot siehe **Einstellung**.

Showscan. Das vom Kameramann Douglas Trumbull entwickelte Filmsystem, das 70mm-Film mit einer Vorführgeschwindigkeit von 60 b/s verwendet, um eine ungewöhnlich hohe Bildqualität zu erreichen. Trumbull arbeitet seit 1975 an der Technologie, die sich jedoch kommerziell nicht durchsetzen konnte, obwohl sie bei Technik-Experimentatoren besonders beliebt ist und gut dem **HDTV**-Format entspricht.

Showtime. 1. Aus der Fusion von zwei **HBO**-Konkurrenten – **Viacoms** Showtime und **Warners** The Movie Channel – entstandener Kabelkanal, der sich auf Hollywood-Filme spezialisiert hat.
2. Ein **Pay-TV**-Service, der per Satellit im Nahen Osten westliche (zumeist amerikanische) Fernseh-Kanäle anbietet. Der Betreiber Gulf DTH ist ein Joint Venture von KIPCO (Kuwait Investment Projects Company) und **Viacom** Inc.

SHTTP siehe **HTTP**.

Shutter siehe **Blende** 2.

Sicherheitsfilm. Ein Filmmaterial auf Azetatbasis, das zunächst für **Schmalfilm**, seit 1951 für alle Filmarten benutzt wird. Es ist im Gegensatz zum **Nitro**-Material schwer entflammbar.

Sidekick. In Komödien und Western die – zumeist komische – ständige Begleit-Figur des Stars.

SIFT (Summary of Information on Film and Television). Vom **BFI** aufgebautes, umfangreiches filmografisches Datenbank-System, das zum Teil die Basis für die CD-Rom **FII** (Film Index International) bildet.

Signal. In den elektronischen Medien die kodierte Programm-Nachricht, die auf die **Trägerwelle** moduliert wird. In der Definition der Informationstheorie: Der nicht zufällige Anteil der beim Empfänger eintreffenden Zustandsänderungen eines Übertragungskanals. Der zufällige Anteil wird als Rauschen bezeichnet.

Signifikant, Signifikat siehe **Semiotik**, **Zeichen** (Sign).

Silhouetten-Film. Eine Technik des **Animationsfilms**, bei der Scherenschnitte vor (gemalten) Hintergründen bewegt werden. Der erste abendfüllende Animationsfilm der Welt war der 1923–26 von Lotte Reiniger hergestellte Silhouetten-Film *Die Abenteuer des Prinzen Achmed.*

Single siehe **Schallplatte**.

Single-System Sound siehe **Einstreifenverfahren**.

Sitcom (SITuation COMedy). Ein Programmtyp (zunächst im Radio, dann im Fernsehen) mit einer begrenzten Anzahl Personen, meist einer Familie, in einer speziellen Situation. Vergleiche **Soap**, **Serie**.

Sittenfilm (Aufklärungsfilm). Bezeichnung für das im Ersten Weltkrieg in Deutschland aufkommende Genre von Spielfilmen, die Probleme der Sexualität (Geschlechtskrankheiten, Prostitution, Homosexualität, Sadomasochismus etc.) behandelten. Das Genre reichte von seriöser, oft quasidokumentarischer Darstellung (z. B. Richard Oswalds «sozial-hygienisches Filmwerk» *Anders als die Andern*) bis zu frühen Formen der **Sexploitation**. Die Welle spekulativer Titel nach Kriegsende war 1920 Anlass zur Wiedereinführung der staatlichen **Zensur** (Reichsfilmprüfung).

Skycam. Ein vom Kameramann Garrett Brown Anfang der 80er Jahre entwickeltes System, bei dem eine leichte Kamera an computer- und monitorgesteuerten Drähten hängt, die über vier Stangen an den Ecken eines Sportstadions oder einer Atelier-Dekoration postiert sind. Es entstehen Bilder, als könne die Kamera frei fliegen. Vergleiche **Louma**, **Steadicam**.

Sky-TV. Satelliten-Fernsehprogramme des Medien-Moguls Rupert **Murdoch**, 1988 gegründet, später mit British Satellite Broadcasting zu **BSkyB** verbunden.

Slapstick. Ein Stil der Stummfilmkomödie, der hauptsächlich auf Situationskomik und typisierten Figuren beruht. Vergleiche **Screwball Comedy**.
Das Wort «Slapstick» stammt von einem am Vaudeville benutzten Requisit – der Pritsche –, das ein lautes, komisches Geräusch machte, wenn man damit schlug. Siehe **Keystone**.

Slow Motion siehe **Zeitlupe**.

SMPTE (Society of Motion Picture and Television Engineers). Die Organisation der amerikanischen Filmtechniker.

SMTP (Simple Mail Transfer Protocol). Zusammen mit **FTP** und Telnet eines der ältesten **Internet**-Protokolle, das das Verhalten von E-Mail-Übertragungsprogrammen regelt.

Sneak Preview. Die nicht angekündigte Vorführung eines noch nicht gestarteten Films zur Prüfung der Wirkung des Films oder um eine positive Mundpropaganda auszulösen. Vergleiche **Preview, Verleih**.

Snuff Film. Ein **Pornofilm**, der angeblich einen realen Mord zeigt.

Soap (Soap Opera, Seifenoper). Ein zunächst im Radio, dann im Fernsehen populäres Genre, das in täglichen oder wöchentlichen Sendungen in unbegrenzter **Serie** alltägliche Probleme einer festen Personengruppe behandelt. In den USA zunächst meist im Nachmittagsprogramm mit der Zielgruppe Hausfrauen und von Seifenkonzernen gesponsert – daher der Name.

Soft Light. 1. Ein **Scheinwerfer**, bei dem alles direkte Licht gegenüber dem Kameraobjektiv abgedeckt ist.

2. Eine **Lichtführung**, die den Kontrast zwischen Licht und Schatten abdämpft; Gegensatz: **Hard Light**.

Soft Matte. Das Drehen eines **Breitwandfilms** ohne die oben und unten begrenzende Bildmaske, sodass der Film bei der Fernsehausstrahlung in den USA als Vollbild ohne **Pan & Scan** oder schwarze Balken vorgeführt werden kann. Siehe **Letterbox**.

Soften. Das Herstellen eines weichen, oft verschönernden Bildes, meist einer **Großaufnahme**, durch besondere Ausleuchtung und Verwendung von **Weichzeichner** (Soft Focus).

Software siehe **Hardware**.

Solarisation. Chemischer oder elektronischer Prozess, durch den – in der Fotografie oder im bewegten Bild – z. B. die Farbwerte verschoben werden, beispielsweise wird aus Blau Gelb, entsprechend auch in Schwarzweiß anwendbar. So entstehen grafische Effekte und künstlerische Gestaltungsmöglichkeiten, allerdings – z. B. bisweilen bei alten Nitrokopien (zumeist durch chemische Nachwirkungen der **Virage**) – auch störende Bildfehler. Vergleiche **Farbe**, **Farbmodell**.

Sony. Von Akio Morita und Masaru Ibuka am 7. 5. 1946 als Tokyo Tsushin Kogyo Kabushiki Kaisha (Totsuko) gegründeter Elektro-Konzern, der sich seit 1958 Sony Corp. nennt und – neben **Philips** – in den letzten Jahrzehnten für zahlreiche Innovationen im Bereich der Unterhaltungselektronik und der Fernsehtechnik verantwortlich ist. Sony hat u. a. in den 70er Jahren die **Trinitron**-Fernsehröhre, den **Walkman**-Cassettenrekorder und den Videokassettenrecorder (**Beta**) entwickelt oder popularisiert, in den 80er Jahren die Audio-**CD** und **CD-ROM**, in den 90ern **DVD**, Digitale Fotografie (**DC**), **MiniDisc** (MD) und PlayStation für **Videospiele**. Ende der 80er Jahre begann Sony sich intensiv auf die nächste Entwicklung der Unterhaltungselektronik vorzubereiten, indem es in den USA stark auf dem Software-Sektor investierte, so im Januar 1988 die erfolgreiche Schallplattenfirma **CBS** Records und im November 1989 die Filmfirma **Columbia** Pictures / **TriStar** aufkaufte, die unter dem Namen **Sony Pictures Entertainment** – «spe!» – firmiert.
Die europäische Sony-Zentrale am Potsdamer Platz in Berlin fungiert zugleich als Filmhaus und beherbergt ab 2000 u. a. das Filmmuseum Berlin – **Deutsche Kinemathek**, die Deutsche Film- und Fernseh-Akademie Berlin (dffb), die **Freunde der Deutschen Kinemathek** und die geplante Deutsche Mediathek.

Sound Bite. Ein kurzer **Clip** in den Radio- oder Fernsehnachrichten. Der Begriff wurde in den 80er Jahren populär, um die vereinfachenden Polit-Phrasen zu kennzeichnen, die in das Sekundenraster der Kurzberichte passten. Natürlich hatten sich die Politiker schon lange vorher angewöhnt, komplizierte Zusammenhänge auf knappe Schlagworte zu reduzieren.

Sound Bridge siehe **Ton-Überlappung**.

Sound Effects siehe **Toneffekte**.

Soundie. In den 40er Jahren kurze Filme mit Musikgruppen, die für «Soundie»-Musikboxen hergestellt wurden. Die Idee, Musiker zu sehen und nicht nur zu hören, wurde in den 60er Jahren mit dem Scopitone-System aufgefrischt – und hatte noch weniger Resonanz. Schließlich zündete die Idee 1981 mit der Gründung von **MTV**. Möglicherweise war zu dem Zeitpunkt die Musik nicht mehr packend genug, um ohne Bilder zu interessieren.

Sound-on-Disc siehe **Nadelton**, vergleiche **Lichtton 2**.

Sound-on-Film siehe **Lichtton 2**.

Soundstage siehe **Tonatelier**.

Soundtrack. 1. Allgemein der Ton eines Films. Im Englischen speziell die Tonspur am Rand des Filmstreifens. Siehe **Lichtton**, **Magnetton**, **Sprossenschrift**, **Zackenschrift**; vergleiche **Dolby Digital**, **Dolby Stereo**, **DTS**, **SDDS**, **Surround Sound**, **THX**. 2. Bezeichnung für den Tonträger (zumeist CD), auf dem ein Ausschnitt der **Filmmusik** veröffentlicht wird; seit den 80er Jahren ein wichtiger Marketingfaktor. Vergleiche **Tie-In**.

Sovkino. 1924 in Moskau gegründete zentrale Organisation des Filmwesens in der RFSR. Sie hatte das Monopol über Vertrieb, Im- und Export und die Kinos – sowie deren ideologische Überwachung, schließlich auch der Produktion. Vergleiche **Gosfilmofond**, **Goskino**, **Lenfil'm**, **Mosfil'm**, **VUVKU**.

Sozialistischer Realismus. In den 30er Jahren in der Sowjetunion entwickelte Kunstdoktrin des Marxismus-Leninismus. Zentrale Begriffe waren vor allem: Parteilichkeit und Volksverbundenheit, das Typische, der positive Held und die «lichte Aussicht». Diese Doktrin wurde im Stalinismus (in der UdSSR und zeitweise auch in anderen Ostblock-Staaten) als Dogma – auch zur Bekämpfung unliebsamer Kunstströmungen (**Formalismus**) – und als Gestaltungsprinzip eingesetzt. Ab den 60er Jahren wurde sie zunehmend offener als weltanschauliche Haltung ausgelegt und erweitert, z. B. durch Einführung des «subjektiven Faktors», der die Schilderung von Individuen und abweichendem Verhalten zuließ.

Spaghetti-Western siehe **Italowestern**.

Spartenkanal. Das digitale Fernsehen (**DTV**) läßt eine Vielzahl von sehr spezialisierten Kanälen zu. Zu den verbreitetsten Sparten gehören Musikstile wie Country, Jazz oder Rock, Theater oder **Game Shows** sowie zahlreiche Sportarten. Voraussetzung zum kostenpflichtigen Empfang (**Pay-TV**) ist ein **Decoder**.

Spatial Compression. Bei der Komprimierung von Bilddaten – z. B. durch **JPEG**, **MPEG** – lassen sich Teilflächen mit gleichen bzw. sehr ähnlichen Helligkeits- und Farbwerten zu Rechtecken zusammenfassen, ohne dass jeder einzelne Bildpunkt gesondert angegeben werden muss. Eine einfachere Form der Flächenkompression ist die Lauflängen-Codierung (Run Length Encoding, RLE), die z. B. bei der Fax-Übertragung verwendet wird. Hierbei wird für die aufeinander folgenden Pixel gleicher Farbe nur die Farbe und die Anzahl übertragen. Siehe **Temporal Compression**.

Special. In den USA eine einzelne Fernsehsendung, die nicht Teil einer **Serie**, eines **Serial** oder sonst einer regelmäßigen Kategorie ist. In Deutschland speziell ein **Fernsehfilm**, bei dem ein einzelner Star (zumeist in mehreren Episoden) im Mittelpunkt steht.

Special Effect siehe **Spezialeffekt**.

Speed siehe **Empfindlichkeit**, **Lichtstärke 2**.

Speicherplatte siehe **Magnetplatte**.

Spezialeffekt (Special Effect). Sammelbegriff für ein weites Spektrum von **Filmtricks**, die entweder optisch-, film- bzw. computertechnisch (vergleiche **Blenden**, **Wandermasken**, **Auf-** und **Rückprojektion**) oder vor der Kamera hergestellt werden (wie **Modelle**, **Stunts**, **Squibs**, Explosionen etc.). Vergleiche **Digitale Effekte**, **Post House**.

Spiegelreflexkamera (Reflex Camera). Eine **Kamera**, bei der das Kamerabild durch eine Spiegelblende auch in den Sucher reflektiert wird, sodass der Kameramann den genauen Ausschnitt ohne **Parallaxen**-Abweichung beim Drehen beobachten kann.

Spiegeltrick (Mirror Shot, Glass Shot). Eine **Kombinationsaufnahme**, bei der ein Teil des Bildes – z. B. ein Dekorationsmodell – durch einen in den Strahlengang der Kamera gestellten Spiegel eingespiegelt wird. Eine Spezialform des Spiegeltricks ist das Schüfftan-Verfahren, bei dem ein eingespiegeltes Modell mit einer Realhandlung kombiniert wird. Der Spiegeltrick wurde durch **Wandermasken** bzw. **digitale Effekte** ersetzt.

Spinoff. Eine Fernsehserie, die aus Elementen – z. B. Figuren oder Situationen – einer älteren **Serie** entwickelt wird, z. B. *Dynasty* (1981–89, *Der Denver-Clan*) und *The Colbys* (1985–87).

SPIO. Dachorganisation von Fachverbänden der deutschen Filmwirtschaft. 1923 als «Zentralausschuß der Deutschen Filmindustrie» zur Interessenvertretung der Filmindustrie gegründet, am 12. 10. 1927 als «Spitzenorganisation der Deutschen Filmindustrie e.V.» in Berlin eingetragen. Mit ihren Vorschlägen zu einer ständischen Gliederung trug die SPIO zur Vorbereitung der Umorganisation des Filmwesens unter den Nazis bei. Die SPIO wurde 1950 als «Spitzenorganisation der Filmwirtschaft e.V.» in Wiesbaden neu gegründet.

Splatter. Ein **Exploitation**-Genre, das sich auf spritzendes Blut, quellende Innereien und Gewalt konzentriert.

Split Screen siehe **Mehrfachbild**.

Spot. **1**. Eine kurze Fernsehreklame.
2. Kurzform für Spotlight, ein **Scheinwerfer** mit einem kleinen runden Lichtfeld zum Herausheben von Details.

Springer-Verlag. Von Axel Springer und seinem Vater 1946 in Hamburg gegründeter Verlag, der vor allem mit der Rundfunk-Illustrierten *HörZu* (ab 1946) und den Tageszeitungen *Hamburger Abendblatt* (ab 1948) und *BILD* (ab 1952) zu einem der größten europäischen Presse-Konzerne aufstieg. 1953 Übernahme der von der britischen Besatzungsmacht gegründeten Tageszeitung *Die Welt* und 1959 des traditionsreichen berliner Verlagshauses Ullstein. Vom konservativen Verleger angeregte Polit-Kampagnen und die auf dem Sektor der Boulevardzeitungen fast monopolistische Stellung machten den Springer-Verlag in den 60er und 70er Jahren zu einem Hauptangriffsziel der studentischen Proteste. 1984 Einstieg in das Fernsehen als Mitbegründer der Aktuell Pressefernsehen GmbH & Co. KG und mit einer Beteiligung am Privatsender **SAT.1**. 1985 Umwandlung in eine AG und Tod Axel Springers. Nach einem vorübergehenden Machtkampf des Minderheits-Teilhabers **Kirch** engagiert sich der bis dahin überwiegend im Print-Bereich tätige Verlag in den 90er Jahren – u. a. mit der Gründung der AS Medien und der Axel Springer TV – zunehmend auf dem Gebiet der elektronischen Medien.

Springtitel (Flash Title). Zur Material-, Gewichts- oder Raumersparnis bei Transport oder Archivierung wurden im Stummfilm die Zwischentitel häufig auf zwei oder drei Felder reduziert, die dann für Kinokopien wieder in voller Länge kopiert werden konnten.

Spritzlicht siehe **Highlighting**.

Sprockets siehe **Perforation**.

Sprossenschrift. Nur noch wenig benutztes System für den **Lichtton**. Dabei werden die Tonschwankungen durch quer zur Laufrichtung liegende, mehr oder weniger starke Streifen auf der **Tonspur** aufgezeichnet. Vergleiche **Zackenschrift**.

Spulen-Gerät siehe **Reel-to-Reel**.

Squib. Eine sehr kleine explosive Ladung in einer Kapsel, mit der Pyrotechniker z. B. einen Schuss simulieren.

SR (Saarländischer Rundfunk). Der 1945 gegründete französische Militärsender Radio Saarbrücken wurde Ende 1947 durch

Verordnung der Militärverwaltung in den Saarländischen Rundfunk überführt. 1952 Gründung der Saarländischen Rundfunk GmbH. Mit der Rückgliederung des Saargebiets per 1. 1. 1957 wird der SR in eine öffentlich-rechtliche Rundfunkanstalt umgewandelt. 1959 Aufnahme in die **ARD**.

SRG SSR idée suisse. (Schweizerische Radio- und Fernsehgesellschaft). Als Verein verfasste Dachorganisation der öffentlich-rechtlichen Rundfunkanstalten in der Schweiz mit Sitz in Bern. Die Regionalanstalten sind: RDRS (Radio- und Fernsehgesellschaft der deutschen und rätoromanischen Schweiz, Zürich) mit dem Fernsehprogramm **SF DRS**, RTSR (Radio Télévision Suisse Romande, Genf) mit **TSR**, CORSI (Società cooperativa per la radiotelevisione nella svizzera italiana, Lugano) mit **TSI** und CRR (Cuminanza rumantscha radio e televisium, Cuira / Chur) mit **TVR**. Mitglied der **EBU**, assoziiertes Mitglied von **ARTE**. Vergleiche **ARD**.

Staatliches Filmarchiv der DDR. 1955 gegründete **Kinemathek**, die der HV Film unterstand, die gesamte **DEFA**-Produktion (auch verbotene «Regalfilme») archivierte und durch vorbildliche filmografische Arbeiten (*Bibliofilmografischer Jahresbericht*) erschloss. Daneben bemühte sich das SFA – technisch und vom Bestand her eines der modernsten und größten Archive der Welt – um die Sammlung und Erhaltung von Kopien und Dokumenten aus der deutschen Filmgeschichte. Mit der Vereinigung ging das SFA am 3. 10. 1990 (mit eingeschränkten Aufgaben) im kleineren **Bundesarchiv-Filmarchiv** auf. Den auch international renommierten leitenden Mitarbeitern wurde gekündigt.

Stadium Seating. In der Kino-Architektur in den 90er Jahren zunehmend populäre Anordnung der Sitze in nach hinten ansteigenden Reihen, um so eine bessere Sicht auf die Leinwand zu ermöglichen. **IMAX**-Kinos und **Multiplexe** waren Pioniere dieses Designs.

Standard. In der Welt der Unterhaltungselektronik und der Mikrocomputer ein Satz technischer Spezifikationen, der normalerweise mit anderen in Konkurrenz steht, also genau genommen kein Standard ist. Setzt eine nationale oder internationale Institution (vergleiche **ANSI**, **DIN**, **ISO**) einen wahren Standard, entwickelt sich die Technologie schneller. Wenn Firmen mit unterschiedlichen Standards konkurrieren (**VHS** gegen **Beta**), so ergeben sich interessante Kapitel der Technik-Geschichte. Durch das **Internet** haben neben den klassischen Normierungs-Instanzen auch eher informell arbeitende Organisationen wie das W3C (World Wide Web Consortium) oder die IETF (Internet Engineering Task Force) Bedeutung erlangt. Vergleiche **RFC**.

Standardformat (Academy Aperture / Ratio). Das von der **Academy of Motion Picture Arts and Sciences** 1932 festgelegte **Bildformat**. Das Verhältnis von Höhe zu Breite beträgt 3:4 oder 1:1,33. Vergleiche **Breitwand**.

Standfoto (Still). Foto, das bei den Dreharbeiten von einem speziellen Fotografen (oder einem der Kamera-Assistenten) gemacht wird und Szenen des Films für Werbezwecke festhält. Manchmal werden Werk- oder Arbeitsfotos, die die Dreharbeiten dokumentieren, zu den Standfotos gezählt.

Standkopierung (Freeze Frame). Ein eingefrorenes Filmbild, das durch Mehrfachkopierung eines Einzelbildes auf der **optischen Bank** erzeugt wird.

Standup Comedy. Eine in den USA aus der **Vaudeville**-Tradition entwickelte Unterhaltungsform, entfernt dem deutschen Kabarett verwandt: Ein – bisweilen auch zwei – Komiker liefern einen (möglichst) komischen Monolog bzw. eine Szene zu jeglichem Thema. Diese häufig in speziellen Comedy-Clubs gepflegte, auf dem Wortwitz beruhende amerikanische Kunstform wurde auch von Film und Fernsehen aufgegriffen, z. B. mit Filmen über den Komiker Lenny Bruce oder durch die Aufzeichnung eines Solos in abendfüllenden Filmen wie *Richard Pryor Live on the Sunset Strip.*

Star. Im Film (und in anderen Medien) ein Darsteller, der sich von anderen durch den Faktor **Prominenz** (Celebrity) absetzt. Ein Star besitzt ein gewisses Image (**Persona**), das über eine einzelne Rolle weit hinausgeht. Ein Star hat eine gewisse Ausstrahlung, die Einnahmen bringt. Seit Beginn der Filmindustrie waren Stars integraler Teil sowohl von Geschäft wie von Kunst. Mary Pickford, Douglas Fairbanks und Charlie Chaplin erklommen bald eine Stufe der Bekanntheit, die weit über das Kino hinausreichte. Popularität gab es schon zuvor, doch erst die Massenmedien verbreiteten den Starkult weltweit. Vergleiche **Charakterdarsteller**.

Star TV. Zu Rupert Murdochs **News Corporation** (seit 1993) gehörendes **Satelliten-** und **Kabelfernsehen**, das in Asien, Indien und dem Mittleren Osten über 300 Millionen Apparate erreicht.

Starlett (Sternchen). Eine junge Schauspielerin, die auf Starruhm aus ist bzw. dazu durch **PR** aufgebaut wird. Zumeist eher durch das Aussehen als durch Talent ausgezeichnet. Vergleiche **Prominenz**.

Startband (Leader). Vor den Kopien befindet sich eine Strecke Filmstreifen, auf der sich verschiedene Kennzeichnungen für den Verleih und den Kinovorführer befinden.

Statist siehe **Komparse**.

Steadicam. Ein vom Kameramann Garrett Brown für Cinema Products Inc. entwickeltes Tragstativ, durch das auch mit der **Handkamera** glatte und ruhige Bewegungen wie bei einer **Fahraufnahme** ermöglicht werden. Eine Weste verteilt das Gewicht auf die Hüfte des Kameramanns, eine ausgefederte Kamerahalterung dämpft die Bewegungen der Kamera. Vergleiche **Schulterstativ**.

Steenbeck. Weit verbreitete Marke des flachen **Schneidetischs**. Bild- und Tonrollen lagern auf ebenen Tellern. Vergleiche **KEM**, **Moviola**.

Stereo, **Stereophonie**. In der Natur hört man Töne vieler Geräuschquellen, die durch die binaurale Fähigkeit der zwei Ohren räumlich eingeordnet werden können. Vermittels von je zwei oder mehr Ton-Kanälen und Lautsprechern wird bei der Stereophonie diese räumliche Tonerfahrung simuliert. Stereophone **Schallplatten** kamen 1958 erstmals auf den Markt. Vergleiche **Monaural**, **Quadrophonie**.

Stereo-Fernsehen siehe **Zweikanalton**.

Stereopticon. Ein im 19. Jahrhundert entwickeltes optisches Gerät, das ein dreidimensionales Bild erzeugt. Die Fotokamera hatte in etwa 7 cm Entfernung (dem durchschnittlichen Abstand der Pupillen) zwei Linsen. Wenn man die zwei **stereoskopischen** Fotos im Stereoptikon betrachtete, entstand ein dreidimensionaler Eindruck. Im 20. Jahrhundert gab/gibt es noch verschiedene Anwendungen des Systems, z. B. als **optisches Spielzeug** beim **ViewMaster**.

Stereoskopie. Die stereoskopische Fotografie versucht durch zwei die **Parallaxe** der Augen nachvollziehende Fotos eine optische Raumerfahrung nachzuahmen. Die darauf beruhenden 3-D-Filmverfahren konnten sich wegen des technischen Aufwands bei Aufnahme und Projektion sowie filmästhetischer Hemmnisse nicht durchsetzen. Siehe **3-D-Film**.

Stiftung Deutsche Kinemathek siehe **Deutsche Kinemathek**.

Still siehe **Standfoto**.

Stock shot siehe **Archivaufnahme**.

Stoptrick. Eine seit den frühesten Filmen – z. B. durch Georges Méliès – praktizierte

Tricktechnik, die auf der **Einzelbild-Schaltung** beruht und durch die z.B. Gegenstände plötzlich erscheinen oder verschwinden können. Vergleiche **Pixilation, Spezialeffekte, Trick.**

Storyboard. Eine zeichnerische Version des **Drehbuchs**, bei der in der Art eines Comicstrips die einzelnen Einstellungen entworfen werden. Das Storyboard wird beim **Animations**-Film angewandt sowie bei aufwendigen und komplizierten Produktionen, z.B. mit vielen **Spezialeffekten**, wo ein **Production Designer** die Aufgabe des Entwurfs übernimmt. Eine Variante ist das optische Drehbuch.

Streaming Media. In der **Internet**-Kommunikation muss man normalerweise Video- oder Audio-Daten ganz auf den eigenen Computer geladen haben, ehe man sie mit dem **Browser** abspielen kann. Da Audio/Video-Dateien sehr groß sind, kann das Warten sehr langweilig werden. Streaming Media-Technologien (z.B. **QuickTime, RealAudio/RealVideo**) lassen es zu, dass die Datei geöffnet werden kann, ehe sie komplett heruntergeladen ist, und passen die Übertragungsrate an die zur Verfügung stehende Bandbreite an.

Stroboskop. Ein in bestimmten Rhythmen an- und ausgehendes Licht, durch das die damit beleuchteten Bewegungen optisch zerhackt erscheinen. Im Grunde eine Umkehrung der dem Film zugrunde liegenden physiologischen Gesetze (vergleiche **Nachbildwirkung**). Stroboskopische Effekte entstehen gelegentlich bei schnellen **Schwenks** oder werden im **Experimentalfilm** eingesetzt. Ein dem Stroboskop ähnlicher Effekt ist das Rad-Phänomen, bei dem sich Speichenräder rückwärts zu drehen scheinen, weil bei jeder Belichtung die Position einer Speiche sich knapp vor derjenigen der vorhergehenden befindet. Vergleiche **Flimmern.**

Strukturalismus. Die Untersuchung der Gesellschaft, der Psyche und ähnlicher Phänomene als Arrangement von Einzelmomenten, zumeist Codes genannt. Die Entwicklung des Sinns eines literarischen Textes oder Films aufgrund der genauen Analyse seiner Konstruktion. Die anthropologischen Studien von Claude Lévi-Strauss in den 50er Jahren bildeten die Grundlage des Strukturalismus. Zwar eng mit der **Semiotik** verbunden, ist der Strukturalismus eher ethnologisch als linguistisch orientiert.

Strukturalistische Filmtheorie (Cine-Strukturalismus). Die Anwendung semiotischer Techniken auf das Kino mit einer Betonung soziologischer oder ethnologischer Aspekte. Ein wichtiger Vertreter dieser Schule war in den 70er Jahren die britische Zeitschrift *Screen.*

Struktureller Film. Von P. Adams Sitney geprägter Begriff für bestimmte Tendenzen in der sogenannten **Avantgarde.** Man kann zwei Richtungen unterscheiden: Von der inneren Struktur geprägte Werke (siehe **Materialfilm**); und von äußeren Konzepten, z.B. bei der **Montage**, geprägte Filme.

Studio. 1. Eine Anlage zur Herstellung von Filmen oder Fernsehsendungen, bestehend aus **Ateliers**, Schneideräumen, Garderoben, Büros, Werkstätten etc. Vergleiche **Babelsberg, Cinecittà, Ealing, Elstree, Geiselgasteig, Joinville.**
2. Auf **Hollywood** bezogen, die sechs großen Produktions-/Verleih-Firmen (vergleiche **Majors**), die die amerikanische Filmindustrie beherrschen und in Los Angeles eigene Produktionsstätten (**Lot**) unterhalten: **Universal, Disney, Warner, Paramount, Fox, Sony.** (Sony Pictures Entertainment entstand 1991 aus **Columbia** Pictures, die wiederum 1990 auf **M-G-Ms** berühmte Studio-Anlage gezogen waren, nachdem M-G-M zuvor ein Bürogebäude bezogen hatte. **United Artists**, die nie Gelände besaßen, waren 1981 in M-G-M

aufgegangen und 1991 beim Erwerb von M-G-M durch Pathé – siehe **Cannon** – verschwunden.)

Studio-System. Vor allem auf die 20er bis 40er Jahre bezogene Bezeichnung der in **Hollywood** üblichen Produktionsweise in großen **Studios**, die mit zumeist fest angestelltem künstlerischem und technischem Personal regelmäßig und industriell Filme herstellten. In Europa gab es nur punktuell Ansätze zu dieser Produktionsweise, z. B. bei **Ufa** und **DEFA** in **Babelsberg**.

Stummfilm. Rein technisch ein Film ohne Ton. Historisch die Epoche der Kinematografie bis zur Einführung des **Tonfilms** Ende der 20er Jahre. Allerdings ist diese Einteilung unpräzise, da es bereits seit den Anfängen des Films technische Verfahren gab, Film und Ton zu verbinden (vergleiche **Kinetophon**, **Tonbild**). Außerdem wurden die tonlos produzierten Filme bei der Vorführung im Kino durch Piano- oder Orchester-Musik (vergleiche **Filmmusik**) untermalt bzw. durch **Filmerklärer** oder **Benshi** (in Japan) sprachlich begleitet.
Einige Filmhistoriker betrachten den Stummfilm auch als eine eigenständige Kunstform, die eine Geschichte unter (weitgehendem) Verzicht auf Dialog mit optischen Mitteln erzählt. An diese Tradition schließen auch einige **Experimentalfilmer** an, die bewusst auf den Ton verzichten.

Stunt. Eine physische Aktion, die vom Ausführenden (**Stuntman**) eine besondere körperliche Eignung erfordert, wie der Fall aus einem Fenster oder die Karambolage eines Autos.

Stuntman (p.c.: Stuntperson) Eine Person für gefährliche oder komplizierte körperliche oder technische Aktionen, z. B. Kämpfe, Stürze, Autojagden. In solchen Fällen springt die Stuntperson – nicht zuletzt aus finanziellen und versicherungstechnischen Gründen – auch als **Double** für Schauspieler ein.

Subjektive Kamera. Die Kamera nimmt die Position einer Figur ein, das heißt, man sieht auf der Leinwand, was die Figur sieht (**PoV**, Point of View Shot). Ein extremes Beispiel ist der Anfang von *Dark Passage* (1946), der so lange mit subjektiver Kamera gedreht ist, bis der enflohene Sträfling (Humphrey Bogart) nach einer Gesichtsoperation den Verband abnimmt. Vergleiche **Entfesselte Kamera**, **Handkamera**.

Subpixel. Die Pünktchen, die auf dem Farbbildschirm zusammen ein **Pixel** bilden. Zumeist sind drei notwendig, eines für jede Primärfarbe. Vergleiche **Additive Farbmischung**, **Farbmodell**.

Subtraktive Farbmischung. Durch Einschalten von Farbfiltern in weißes Licht können verschiedene farbige Lichtstrahlen erzeugt werden. Mit den Grundfarben Gelb, Cyan und Magenta lassen sich sämtliche Spektralfarben erzeugen. Vergleiche **Additive Farbmischung**, **Farbmodell**, **Agfacolor**.

Subtitle siehe **Untertitel**, **Zwischentitel**.

Sucher (Viewfinder). Im Sucher der Kamera überprüft der **Kameramann** den Bildausschnitt der Einstellung, die gedreht wird. Der **Regisseur** benutzt häufig einen kleinen tragbaren Sucher zur Einschätzung der vorgesehenen Einstellung. Bei modernen Suchern ist eine Videokamera angeschlossen, die das Bild während des Drehens verfolgt und anschließend in der elektronischen Aufzeichnung (**MAZ**) die Überprüfung ermöglicht. Vergleiche **Parallaxe**, **Spiegelreflexkamera**.

Suchmaschine (Search Engine). Indexe für das **WWW** oder das gesamte **Internet**, die zumeist beanspruchen, umfassend zu sein. Der Begriff gilt auch für die Software, die dazu benutzt wird. Die Qualität einer Suchmaschine hängt nicht unbedingt von der – mittlerweile häufig überwältigenden – Menge der durch die Eingabe von Suchbegriffen nachgewiesenen Verbindungen ab,

sondern von der Präzision dieser Nachweise.
Yahoo! hat z. T. den Vorteil, dass sie – allerdings nur im hierarchisch-themenorientierten Katalog – von Menschen redigiert und nicht automatisch von Web Robots und automatischen Indexierprogrammen – sogenannte Spiders – erstellt wird. 1998 gab es eine Schätzung, wonach die besten Suchmaschinen 50 Mio. von damals insgesamt etwa 380 Mio. indexierbaren WWW-Seiten nachweisen konnten. Im Jahr 2000 gibt es Suchmaschinen, die über 300 Mio. Seiten nachweisen.
Yahoo! – neben AltaVista eine der führenden Suchmaschinen – übernahm früh eine Vorbildstellung und konnte sie ausbauen. Die **Website** wurde 1994 von zwei Stanford-Studenten, David Filo und Jerry Yang, gegründet. Als die Firma 1996 an die Börse ging, betrug ihr Buchwert sofort 300 Millionen Dollar. Inzwischen dienen Suchmaschinen – z. B. auch Excite!, fast, HotBot, Lycos – für viele als Einstieg in das Internet. Ebenso betreiben Zugangs-Anbieter – z. B. **AOL**, **T-Online** und andere Telefongesellschaften – so genannte Portale, zu denen sowohl ein thematisch gegliedertes Verzeichnis (wie bei Yahoo!) gehört wie auch eine Freitext-Suchmaschine. Beide Dienste werden vom Betreiber oft fertig eingekauft. Portale gehören aufgrund der großen Publikumszahl zu den teuersten Werbeträgern im Internet.

Sundance. Das Sundance Institute ist eine 1980 von Robert Redford in Utah gegründete Organisation, die durch das alljährlich im Januar veranstaltete **Festival** zum wichtigen Treffpunkt und Marktplatz vor allem der **Independent**-Szene geworden ist. Der Kabelkanal Sundance Channel fördert den Independentfilm.

Super VHS. Eine Weiterentwicklung des **VHS**-Formats durch die JVC Corp., die 1987 durch die Erweiterung der Bandbreite des **Luminanz**-Carriers eine Verbesserung der Bildqualität erreicht hat. **Sony** beantwortete die Herausforderung von S-VHS mit ED **Beta** und **HI8**.

Superimposition siehe **Mehrfachbelichtung.**

Superstation. Nachdem der Erfolg von **HBO** als Kabelkanal die Satellitenantenne bei lokalen Kabelveranstaltern als Standardtechnologie durchgesetzt hatte, bot Ted **Turner** seinen lokalen Sender WTBS in Atlanta über Satellit an und machte ihn mit einer Mischung aus alten Filmen und Sportübertragungen so zur «Superstation», die in Hunderten lokalen Kabelnetzen zu sehen war. Andere erfolgreiche Superstations sind WGN (Chicago) und WOR (New York).

Supporting Actor siehe **Nebendarsteller.**

Surrealismus. In den 20er Jahren eine Bewegung in Malerei, Literatur und Film, vor allem in Paris, die sich – beeinflusst von der Psychoanalyse – vor allem durch traumhafte und assoziative Bild- und Textgestaltung auszeichnete. Hauptvertreter des Surrealismus im Film sind Salvador Dalí und Luis Buñuel (*Un chien andalou*). Vergleiche **Avantgarde**, **Experimentalfilm**.

Surround Sound. Die strategische Platzierung von Lautsprechern an den Seiten- und Rückwänden von Kinos, um das Publikum mit Geräuschen und **Toneffekten** zu überwältigen. Die Technik hat über das **Home Theatre**-Konzept Einzug ins Wohnzimmer gehalten. Siehe **Dolby Surround**, **Sensurround**.

Suspense. Vor allem von Alfred Hitchcock popularisiertes Konzept des Spannungs-Aufbaus im Film, indem die Zuschauer mehr wissen dürfen als die handelnden Figuren auf der Leinwand.

SWF (Südwestdeutscher Rundfunk). 1949 in Baden-Baden gegründete, öffentlich-rechtliche Rundfunkanstalt, 1998 mit dem **SDR**

zum **SWR** vereinigt. SDR und SWF betrieben mit dem **SR** das gemeinsame 3. Fernsehprogramm Südwest3. Mitglied der **ARD**.

Swish Pan siehe **Reiß-Schwenk**.

SWR (Südwestrundfunk). 1998 aus der Vereinigung von **SDR** und **SWF** entstandene, öffentlich-rechtliche Rundfunkanstalt für Baden-Württemberg und Rheinland-Pfalz. Mitglied der **ARD**.

SX siehe **Betacam** SX.

Symbol. **1**. Im theoretischen System von Peirce und Wollen erfordert ein Zeichen weder Ähnlichkeit mit seinem Objekt noch eine existentielle Bindung, sondern operiert lediglich mit Konventionen. Siehe **Ikon**, **Index**. Vergleiche **Semiotik**, **Strukturalismus**. **2**. Generell: Etwas, das etwas anderes durch Ähnlichkeit, Assoziationen oder Konventionen repräsentiert. Jede endliche Menge von Symbolen wird auch als Alphabet bezeichnet.

Synchron. Beim Film wurden von Beginn an – mechanische, elektrische oder elektronische – Techniken angewandt, um eine möglichst präzise Übereinstimmung von Bild und Ton zu erreichen. Von der Koppelung von **Plattenspieler** und **Kamera/Projektor** vermittels Achsen (**Tonbild**) über **Pilotton** bis zu **Quarzgenerator** und **Timecode** wurde eine zunehmende Präzision bei gleichzeitiger örtlicher Unabhängigkeit der Ton- und Bild-Geräte erreicht.

Synchronisieren (dub, sync, **Looping**). Die Neuaufnahme von Dialogen in einer anderen Sprache. In Deutschland werden seit den 30er Jahren nahezu alle Import-Filme synchronisiert; die im Ausland verbreitete Alternative sind **Untertitel**. Vergleiche **Schleife 1**.

Synchronton. Ton, bei dem die Quelle, z. B. der Sprecher, im Bild sichtbar ist oder aus dem Bildzusammenhang deutlich wird. Vergleiche **Klappe**, **Off-Ton**, **O-Ton**, **Kommentar**, **Voice-Over**.

Syndikation. In den USA eine Vertriebs-Alternative zu den Rundfunk- und Fernseh-**Networks**. Programme werden vom Produzenten oder Verleih direkt an die Stationen verkauft. Die meisten Serien werden erst dadurch profitabel, dass sie einige Jahre nach der Network-Ausstrahlung in die Syndikation übernommen werden. Bestimmte Programmtypen wie Game Shows, **Talkshows** oder **Reality-TV** werden unter Umgehung der Networks an die lokalen Stationen verkauft (First-run Syndication).

Syntagma. Ein Begriff der **Semiotik**, der eine Einheit aktueller statt potentieller Verbindungen beschreibt. Syntagmatische Beziehungen existieren im Film zwischen den gegenwärtigen Elementen einer Aufnahme oder einer Aussage. Das Syntagma beschreibt eher, was worauf folgt, als was wozu gehört.

Synthetischer Film. Filmtheoretischer Begriff, von den Filmmachern Helmut Herbst und Klaus Wildenhahn entwickelt, der den Gegensatz zum **dokumentarischen** Film beschreiben soll. Die beiden Begriffe stellen die idealtypischen Extreme der Filmarbeit dar: von der «neutralen» Aufzeichnung der Außenrealität (dokumentar) bis zur völligen Schaffung einer Eigenrealität (synthetisch). Alle Filme sind Mischformen, die zwischen diesen Extremen einzuordnen sind.

Szenarist. Ein veralteter Begriff für einen Drehbuchautor.

Szenarium siehe **Drehbuch**.

Szene. Allgemeine – und recht unpräzise – Bezeichnung für eine Einheit der Filmerzählung. Eine Szene besteht aus einer oder mehreren **Einstellungen**, die durch den Ort, die Handlung oder – wie im herkömmlichen Bühnenstück – durch die anwesenden Personen verbunden sind. Vergleiche **Sequenz**.

Szenenbildner siehe **Szenografie**, **Production Design**.

Szenografie. Der Entwurf und die Ausführung des Szenenbilds im Film. Modernerer Begriff für Filmarchitektur. Vergleiche **Production design, Set**.

Tagesschau. Aktuelle Nachrichtensendung der **ARD**. ARD-aktuell, die 1977 gegründete Gemeinschaftsredaktion der ARD-Anstalten, die auf dem Gelände des **NDR**-Fernsehens in Hamburg-Lokstedt ihren Sitz hat, gestaltet neben den verschiedenen Ausgaben der *Tagesschau* auch *Tagesthemen*, *Nachtmagazin*, *Wochenspiegel* und den ARD-Jahresrückblick.
Seit dem 20. 12. 1952 (vorher *Fernsehfilmbericht*) zunächst dreimal wöchentlich gesendet, eröffnet die *Tagesschau* um 20 Uhr das Abendprogramm und strukturiert damit seit Jahrzehnten den Tagesablauf vieler Familien. Im Januar 1978 wurde die Spätausgabe der *Tagesschau* in das halbstündige Magazin *Tagesthemen* umgewandelt.

Take siehe **Einstellung 2**.

Talk Radio. Ein Radio-**Format**, bestehend aus Unterhaltungen zwischen einem Gastgeber (**Host**) und einem Darsteller oder einem **Prominenten**. Telefonanrufe von Zuhörern machen eine Hauptattraktion des Formats aus.

Talking Heads. Fachjargon für eine Sequenz in den Fernseh-Nachrichten oder einem **Dokumentarfilm**, in der lediglich jemand in die Kamera oder zu einem unsichtbaren Interviewpartner spricht.

Talkshow. Ein verbreitetes **Format** von billig produzierter Fernsehunterhaltung, in dem sich zwei oder mehr Leute vor Publikum unterhalten – von seriöser politischer Diskussion über kabarettistisch verbrämtes **Plugging** von neuen Filmen, Büchern oder Schallplatten bis hin zu Psycho-Striptease vor der Kamera.

Tape siehe **Tonband**.

Tauwetter-Filme. Dem Titel des Romans *Ottepel'* (1954–56) von Ilja Erenburg entstammender Begriff für eine Reihe von Filmen, die in der kulturpolitisch liberaleren Epoche nach der Verurteilung des Stalinismus auf dem XX. Parteitag der KPdSU (1956) in der Sowjetunion und anderen Ländern des Ostblocks entstanden und auch im Westen viel Anklang fanden.

TBS siehe **Turner Entertainment**.

TCI (Tele-Communications Inc.). Ein 1956 in Denver gegründetes Kabelnetz, das nach der Deregulierung der Kabelindustrie im Jahr 1984 sich aggressiv ausbreitete, zahlreiche Konkurrenten aufkaufte und zum größten Kabelnetz der USA wurde. 1999 fusionierte es mit dem Telefonriesen **AT&T** und firmiert nun als **Breitband**- und **Internet**-Dienst unter dem Namen AT&T Cable Services.

TCP/IP (Transmission Control Protocol/Internet Protocol). Die Kommunikations-Standards, auf denen die Datenübermittlung im **Internet** beruht.

Teaser. Im Fernsehen oder im Kino ein kurzer Werbefilm, der Appetit auf ein kommendes Programm machen soll. Vergleiche **Trailer**.

Technicolor. Das erste industriell erfolgreiche Farbfilm-Verfahren. Das einfallende Licht wird in einer Spezialkamera durch ein Prisma in zunächst nur zwei, später dann drei Primärfarben des **subtraktiven Farbmodells** (Cyan, Gelb, Magenta) aufgespalten, die jeweils von einem Negativ aufgezeichnet werden. Mit daraus gewonnenen Matrizenfilmen werden die einzelnen Farben dann wie bei einem Druckvorgang auf die Kinokopie aufgetragen (Dye Transfer).
Obwohl bereits in den 20er Jahren von Technicolor ein Zweifarben-System unter Verwendung des Matrizendruck-Verfahrens existierte, gilt *Becky Sharp* (1935) als erster

Spielfilm nach dem Dreifarben-System. 1942 führte die Technicolor Corporation das Monopack-System ein, was das Filmen mit Farbe erleichterte und flexibler machte. Doch erst in den 60er Jahren wurde Farbfilm statt Schwarzweiß zur Norm. Zu dem Zeitpunkt war die Technicolor-Technologie weitgehend vom chemischen **Eastmancolor**-Verfahren verdrängt worden. Es behielt jedoch wegen der besseren Qualität und Haltbarkeit der Farbkopien durch den Dye Transfer bis in die 70er Bedeutung. Lange Zeit existierte nur noch ein einziges Technicolor-Labor in China – bis dieses 1992 auch noch geschlossen wurde. Die Bewegung für eine Erhaltung der Originalfarben in den 90er Jahren belebte das Interesse am Dye-Transfer-Prozess, und 1996 nahm Technicolor mit einer neuen Kopie von *Giant* die Arbeit wieder auf. Siehe **Technirama**, **Techniscope**.

Technirama. Das vielleicht komplizierteste in den 50er Jahren erfundene **Breitwand**-System. Das von der **Technicolor** Corporation entwickelte Verfahren verwendete waagerecht laufendes 35mm-Material und einen **Anamorphoten**. Dann wurde es mit weiterer anamorphotischer Kompression kopiert, sodass die daraus resultierende 35mm-Kopie mit einer normalen **CinemaScope**-Optik projiziert werden konnte. (Bisweilen wurde ein Technirama-Film auch mit einem horizontalen **Projektor** vorgeführt.) Die Idee hinter diesem Verfahren war, dass durch die horizontale Aufnahme ein detailreicheres Bild entstand, selbst wenn es vertikal kopiert wurde. Super Technirama 70 wurde auf die gleiche Art gedreht, aber auf 70mm-Material kopiert, sodass kein Anamorphot bei der Projektion nötig war. Das Verfahren hielt sich von 1956 bis Mitte der 60er Jahre.

Techniscope. Ein 1960 von der italienischen **Technicolor**-Tochterfirma entwickelter **Breitwand**-Prozess, bei dem durch Verwendung eines Filmmaterials mit einer Bildhöhe von nur zwei Perforationslöchern Material gespart wurde. *C'era una volta il West* (1969, Sergio Leone) and *American Graffiti* (1973, George Lucas) wurden mit diesem Verfahren gedreht.

TED (Teledialog). Ein System der Deutschen **Telekom** (Televotum), mit dem während Rundfunksendungen durch das Anwählen bestimmter Nummern nichtrepräsentative Publikums-Umfragen durchgeführt werden können.

Telecine. Die Verbindung zwischen TELEvision und CINEma. Ursprünglich waren Telecines Filmabtaster, mit denen in **Echtzeit** Filme für die Ausstrahlung abgetastet wurden. Heute werden verfeinerte Telecines dazu genutzt, Film für den **Digital-Schnitt** oder für die Produktion von **DVD-Video** zu überspielen. In den USA muss beim Überspielen zudem ein **3:2 Pulldown** eingesetzt werden, um die Kino-Geschwindigkeit von 24 b/s auf die 30 b/s des **NTSC**-Fernsehens zu konvertieren.

Telefonie. Nach dem Griechischen wörtlich «ferne Klänge». Ein interaktives Zweiwege-System der Kommunikation durch Sprache statt kodierter Nachrichten unter Verwendung von Kabeln oder Funk (Radiotelefonie).

Telegrafie. Nach dem Griechischen wörtlich «fern schreiben». Ein Kommunikationssystem über Kabel oder Funk (Radiotelegrafie), bei dem die Nachrichten in einfache Signale kodiert werden. Vergleiche **Morse-Alphabet**.

Telekom. 1. Telecom. International übliche Abkürzung für Telekommunikations-Dienste und oft Bestandteil von Namen daran beteiligter Firmen, häufig die privatisierten, international operierenden Nachfolger der ehedem staatlichen Telefongesellschaften, z. B. British Telecom (bt), Telecom Italia.
2. Populäre Kurzbezeichnung für die Deutsche Telekom, dem aus der Aufspaltung und

Privatisierung der Deutschen Bundespost entstandenen Kommunikations-Konzern. Am 1. 1. 1995 in die Deutsche Telekom AG umgewandelt, wurde der Börsengang dank geschickter **PR** ein großer Erfolg und popularisierte gleichzeitig die Aktie allgemein in Deutschland. Die Deutsche Telekom bietet – zunächst noch teilweise durch Gesetze geschützt – Telefondienste per Festnetz (fast 50 Millionen Anschlüsse in Deutschland, siehe **ISDN**) und Mobilfunk (T-D1) sowie den Online-Dienst T-Online. Die Firma ist – auch wenn einige Übernahme-Versuche spektakulär scheiterten – an zahlreichen in- und ausländischen Firmen beteiligt und weltweit einer der größten Telefon-Anbieter. Außerdem engagiert sie sich als Sponsor im Sport (Radrennen, Formel 1).

Teleobjektiv. Fotografische **Optik** mit extrem langer **Brennweite**, die wie ein Teleskop wirkt. Sie hat einen engen **Blickwinkel** und dämpft die Tiefenwahrnehmung. Bei modernen Teleobjektiven liegt der Brennpunkt außerhalb des **Objektivs**, dadurch ist die Bauform kürzer.

TelePrompter. Im Fernsehen ein mechanisches Spickzettel-System. Frühe Teleprompter benutzten Papierrollen, auf denen der Text geschrieben war und dicht neben oder unter der Kamera ablief, sodass es aussah, als spräche der ablesende Nachrichtensprecher oder Schauspieler direkt in die Kamera. In den 80er Jahren wurden die Papierrollen durch Monitore ersetzt. Redner (vor allem in den USA) benutzen ein abgewandeltes System mit zwei halb durchsichtigen Spiegeln vor dem Rednerpult. Vergleiche **Cue Cards**, **Neger**.

Teletext. Ein System zur Übertragung von Informationen (Programminformationen, Wetter, Werbung) über die **Austastlücke** eines normalen Fernsehsignals. Die Technologie wurde erstmals 1976 durch den **CEEFAX**-Dienst der **BBC** präsentiert. Da für das System **Decoder** nötig sind, konnte es sich nur beschränkt durchsetzen. Vergleiche **Videotext**, mit dem es oft verwechselt wird.

Television. In einer Mischung aus Griechisch und Latein wörtlich «fern sehen». Ein System der unidirektionalen Kommunikation von Bildern und Tönen über Kabel oder Funk.

Television Protocols siehe **Fernsehstandards**.

Telex (Fernschreiben). Veraltetes internationales Kommunikationssystem zur Übertragung von Texten zwischen einzelnen Geräten über ein eigenständiges Telex-Netz oder Funkverbindungen. Fast überall durch **Fax** und **E-Mail** ersetzt.

Tempelhof siehe **Atelier**, **PAGU**, **Ufa**. Vergleiche **Babelsberg**.

Temporal Compression. Die Riesenmenge von Daten, die sich aus der rohen Digitalisierung eines Films ergibt, würde selbst die entwickeltste Hardware überfordern. **Spatial Compression** reduziert jedes Einzelbild um einen beträchtlichen Prozentsatz, doch es ist weitere **Komprimierung** notwendig. Die Programme der Temporal Compression messen die Veränderungen zwischen den Einzelbildern und halten lediglich die Veränderungen fest. Bei den meisten Komprimierungs-Algorithmen entscheidet der Techniker (Compressionist), wie häufig die **Key Frames** aufgezeichnet werden. Die Bilder zwischen den Key Frames heißen Delta Frames. Eine Folge der Temporal Compression ist es, dass von den meisten Bildern (den Delta Frames) nur Bruchstücke vorhanden sind. Nur die Key Frames werden voll (mit Spatial Compression) aufgezeichnet. Deshalb ist bei **DVD-Video** der Rücklauf ein Problem: Bewegt man sich rückwärts, fehlen den Delta Frames die Key Frames, auf die sie sich beziehen. Eine weitere interessante Konsequenz ist, dass die Länge eines Films in Minuten nur wenig Einfluss auf die Größe der digitalen Datei hat. Andy Warhols 8-stündiger *Empire* könnte durchaus eine kleinere Datei ergeben als jeder 2-minütige Film von Chuck Workman. *Empire* ist eine statische Aufnahme des Empire State Building; nur das Licht ändert sich sehr langsam. In Workmans kaleidoskopischen Filmen ändert sich das gesamte Bild nach wenigen Frames komplett.

Terrestrische Sender. Sender, die zur Übertragung fest auf der Erde stehende Antennen benutzen und keine Satelliten.

Test siehe **Probeaufnahme**.

Text-Datenformat (Text File Format). Reine Textformate wie ISO 646 (ASCII), ISO 8859–1 (Latin–1), EBCDIC oder ISO 10646 (Unicode) legen nur den Symbolvorrat (Buchstaben, Ziffern, Interpunktion) sowie einige Steuerzeichen, z. B. für das Zeilenende, fest. Als logisches Textformat versteht man die zusätzliche Kennzeichnung von Elementen wie Kapitel, Überschrift, Absatz, Fußnote, wobei lediglich **SGML**, **XML** bzw. die von ihnen abgeleiteten Formate praktische Bedeutung erlangt haben. **HTML** wurde ursprünglich als logische Auszeichnungssprache entwickelt, dann aber zunehmend mit Layout-Elementen angereichert. Mit der Einführung von Style Sheets (CSS) versuchte man, zur ursprünglichen Trennung von Inhalt und Präsentationsform zurückzukehren.
Nahezu alle gängigen Textverarbeitungs-Systeme verwenden Mischformen von logischer Textauszeichnung und Layout-Anweisungen. Ausschließlich am Erscheinungsbild orientierte Programme (z. B. PageMaker, Quark XPress) können auf den Erhalt logischer Kennzeichnungen verzichten. Als reines Präsentationsformat hat sich **Adobes** PostScript bzw. das darauf aufbauende Dokumentformat PDF etabliert. Die Übertragung von Texten von einem Datenformat in ein anderes ist häufig mit Verlusten verbunden. Mit Richt Text Format (**RTF**) hat **Microsoft** den bislang einzigen Versuch unternommen, die gängigen Datenelemente von Textverarbeitungs-Programmen in eine neutrale Darstellungsform zu bringen. Allerdings garantiert auch RTF keine sichere Übertragung von Textdateien zwischen Programmen verschiedener Hersteller.

TF1 siehe **ORTF**.

Thaumatrop. Das früheste und primitivste **optische Spielzeug** des 19. Jahrhunderts, das mit der **Nachbildwirkung** arbeitet. Es besteht aus einer runden Scheibe mit verdrillten Bindfäden an beiden Seiten. Wenn man die Scheibe schnell rotieren läßt, scheinen sich die auf beiden Seiten aufgedruckten Teil-Bilder zu vereinen: der Vogel sitzt im Käfig. Vergleiche **Nachbildwirkung**, **Phenakistoskop**.

Thirty-Degree Rule. Eine Grundregel in Hollywoods **Continuity Editing** erfordert es, dass sich der **Kamerastandpunkt** zwischen zwei **Einstellungen** um mindestens 30 Grad verschiebt, um so anzudeuten, dass der **Schnitt** einen narrativen Grund hat. Schnitte mit weniger als 30 Grad Unterschied erscheinen lediglich wie Sprünge und lenken die Aufmerksamkeit auf sich selbst. James Whales Horrorfilme der 30er Jahre brechen das Thirty-Degree Rule mit brillantem theatralischem Effekt.

Thomson. Ein 1893 in Frankreich gegründeter Elektrokonzern, der inzwischen neben **Matsushita**, **Sony** und **Philips** einer der größten Hersteller von Unterhaltungselektronik ist. (Thomson-CSF, eine eigene Firma, macht ihr Geld im Waffenhandel.) Nachdem Thomson in den 70er Jahren zu schnell expandierte, wurde die bankrotte Firma 1983 von der Mitterrand-Regierung verstaatlicht. 1987 kaufte Thomson von General Electric die Fernsehgeräte-Marken GE und RCA. Die deutschen Traditionsmarken Telefunken und Saba gehören ebenfalls zu Thomson. Als 1996 die französische Regierung verkündete, Thomson für 1 Franc an die koreanische Firma Daewoo zu verkaufen, verhinderten Proteste diesen Plan. Im

Rahmen der Privatisierungen übernahmen 1998 **Microsoft**, DirecTV, NEC und Alcatel 30 Prozent der Aktien.

Three-Point Lighting. Eine Methode der **Lichtführung** von **Führungslicht** (Key Light), **Füll-Licht** (Fill-light) und **Gegenlicht** (Backlighting) durch die das Objekt plastisch herausgehoben wird und zugleich die Aufnahme gleichmäßig illuminiert ist.

THX-Tonsystem. Kein Tonsystem sondern ein Satz von Standards für die Tonqualität in Kinos (und auch im **Home Theatre**), entwickelt von Lucasfilm und benannt nach *THX 1138*, einem frühen Science-Fiction-Film von George Lucas.

Tie-In. Eine kommerzielle Maßnahme, die mit einem Film oder Medienereignis verbunden ist, z. B. die Herausgabe einer **Novellisierung**, einer **Soundtrack**-CD.

Tilt siehe **Neigen**.

Time Slot. Im Radio und Fernsehen die Zeiteinheiten einer Programmstruktur, in die einzelne Sendungen passen müssen.

Time Warner siehe **Warner**.

Timecode (Zeitcode). Digitales Zeiterkennungs-System zur Erleichterung des **Synchronisierens** von Film, Video und Tonband beim Schnitt. Vergleiche **Pilotton**, **Quarzgenerator**.

Time-lapse Photography. Eine extreme Form des Zeitraffers, bei der z. B. ein Bild alle dreißig Sekunden aufgenommen wird, sodass etwa ein Tag in zwei Film-Minuten abläuft. In der Wissenschaft ist Time-lapse Photography ein seit der Frühzeit des Kinos gepflegtes Mittel, äußerst langsam ablaufende Prozesse sichtbar zu machen, z. B. das Sichentfalten einer Blume. Das Gegenteil ist die extreme **Zeitlupe**.

Tin Pan Alley. Jargon-Ausdruck für das große Zeitalter des Popular Song von den 20er bis in die 40er Jahre, eng verbunden mit dem amerikanischen Musical-Theater und immer noch lebendig – bzw. wiederbelebt – in den Auftritten vor allem von Jazz-Sängern. Die Texte der klassisch gebauten Songs mit ihrer 32-Takte-Struktur zeichneten sich durch Wortwitz und lyrische Qualität aus, die der akademischen Forschung bislang entgangen ist.

Tinting siehe **Virage**.

Titel siehe **Credits**.

TNT (Turner Network Television). Nach dem Erfolg mit seiner lokalen Fernsehstation WTBS als Kabel-**Superstation** gründete Ted **Turner** am 3. 10. 1988 das Kabel-Network TNT, um auf diesem Wege die Rechte an den vielen Filmen auszuwerten, die er von **M-G-M**/ UA (**United Artists**) erworben hatte; vergleiche **CNN**. Diese Aufgabe wurde in den 90er Jahren zum Teil von Turners Classic Movies Channel übernommen.

Tobis. Die Tonbild-Syndikat AG wurde am 30. 8. 1928 auf Basis der Tri-Ergon Musik AG gegründet, um die der Firma gehörenden **Tonfilm**-Patente (**TriErgon**, Petersen-Poulsen, Meisterton, Messter-**Biophon**) praktisch auszuwerten. Die Firma befand sich bald mehrheitlich im Besitz des niederländischen Küchenmeister-Konzerns (Internationale Tobis-Maatschappij N.V.). Nach dem TriErgon-Film *Ein Tag Film* (Max Mack) war am 16. 1. 1929 der Film *Ich küsse Ihre Hand, Madame* mit einer von Richard Tauber gesungenen Liedeinlage Premiere des Tobis-Systems. Am 13. 3. 1929 schloss Tobis mit der konkurrierenden **Klangfilm** GmbH einen Kartell-Vertrag: Klangfilm stellte die Apparate her und kümmerte sich um den Vertrieb der Wiedergabegeräte, Tobis betreute die Filmproduktion und vertrieb die Aufnahmeapparate. Im Pariser Tonfilmfrieden einigte sich am 22. 7. 1930 die Tobis-Klangfilm-Gruppe mit Vertretern der US-Tonfilm-Industrie auf eine regionale

Aufteilung der Interessengebiete, wobei der deutschen Gruppe Europa (ohne Großbritannien und Russland) zufiel.
In den 30er Jahren entwickelte sich die Tobis, u. a. durch Übernahme anderer Filmproduzenten sowie der Jofa-**Ateliers** in Berlin-Johannisthal und der Grunewald-Ateliers zum – neben der **Ufa** – größten Filmkonzern in Deutschland. Im März 1935 übernahm die **Cautio** von den niederländischen Eigentümern die Aktienmehrheit der Holding Intertobis. 1937 wurde die angeschlagene Tobis saniert, indem die Produktions- und Atelier-Bereiche zur Tobis-Filmkunst GmbH umgewandelt wurden, die im Rahmen der Verstaatlichung schließlich 1941 in der Ufa-Film GmbH (UFI) aufging. Die Nachkriegs-Verleihfirma Tobis-Film hat mit der alten Firma außer dem Namen nichts gemein.

Todd-AO. In den 50er Jahren entwickeltes 65mm-**Breitwand**-Verfahren (70mm bei der Projektion), das waagerecht lief, um die Bildfläche auf dem Filmband zu vergrößern. Die Filme wurden mit 30 b/s gedreht und vorgeführt – das erste System, das die Geschwindigkeit erhöhte. Der 6-Kanal-Ton lief zunächst auf einem parallel geschalteten 35mm-Magnetfilm, später auf dem Filmstreifen selbst. Der erste Todd-AO-Fim war das Musical *Oklahoma!* (1955). Der Name des Systems stammt von Mike Todd, einem damals erfolgreichen Filmproduzenten, und der American Optical Company, die das Verfahren für ihn entwickelt hatte. Vergleiche **ShowScan** und **IMAX**.

Ton. Film wurde seit seiner Frühzeit von Tönen begleitet. Zunächst durch Kinomusiker und **Filmerklärer**, dann nach jahrzehntelangen Versuchen mit verschiedenen technischen Verfahren, seit Ende der 20er Jahre als **Tonfilm**. Dabei kann der Ton durch **Licht**-, **Magnet**- oder **Nadelton** erzeugt werden. Der Filmton (**Soundtrack**) setzt sich aus vielen akustischen Elementen zusammen, die bei der **Mischung** vereint werden. Siehe **Asynchroner Ton**, **Synchronton**.

Tonatelier. Ein für Tonaufnahmen eingerichtetes **Atelier**, zumeist eine geräuschdichte große Halle, in der die Dekorationen für Filme und Fernsehsendungen errichtet werden können. Die große Zahl der in den 20er und 30er Jahren in Los Angeles errichteten Soundstages ermöglichten den fabrikmäßigen, regelmäßigen Ausstoß von Filmen in der Goldenen Hollywood-Ära. Vergleiche **Babelsberg**, dessen am 24. 9. 1929 eröffnetes «Tonkreuz» das erste speziell für den **Tonfilm** errichtete Atelier Europas war.

Tonband (Tape). Allgemein das **Magnetband**, ein mit elektromagnetischen Partikeln beschichtetes Kunststoffband, das der linearen Tonaufzeichnung dient. Bei der Filmaufnahme wird meist ein 6 mm breites Tonband (Schnürsenkel) benutzt, beim **Schnitt** ein 16 mm oder 17,5 mm breites perforiertes Band (Magnetfilm, Cordband).

Tonbild siehe **Biophon**, **Filmmusik**, **Kinetophone**, **Ton**.

Toneffekte (Sound Effects). Alle akustischen Signale beim Film, die weder Dialog noch Musik sind. Sie werden entweder bei den Dreharbeiten aufgenommen, später aus einem Geräuscharchiv zusammengestellt oder von einem spezialisierten Geräuschemacher (**Foley Editor**) künstlich hergestellt.

Tonfilm. In der zweiten Hälfte der 20er Jahre wurde – nach einer vorübergehenden Phase mit **Tonbildern** im ersten Jahrzehnt des 20. Jahrhunderts – die industriell produzierte und vertriebene Koppelung von Filmbild und Ton allgemein eingeführt. Während im **Stummfilm** der jeweilige Betreiber in Form der Ausstattung durch Kinomusiker und **Filmerklärer** (in Japan: **Benshi**) noch einen gewissen Einfluss auf die Gestaltung eines Kinoprogramms hatte, wurde es nun weitgehend zentral durch den Produzenten festgelegt. Grundlegende Elemente der Technologie, Film und Ton **synchron** zu verbinden, waren seit Jahren entwickelt, doch erst der internationale Erfolg von *The Jazz Singer*, der 1927 von **Warner** Bros. mit dem **Nadelton**-Verfahren **Vitaphone** herausgebracht wurde, sorgte für eine internationale Akzeptanz des Tonfilms. Zunächst für die Standardisierung der begleitenden **Filmmusik** gedacht, gewann bald die Tendenz zum Talkie, d. h. zum Dialogfilm, die Oberhand, was – angesichts zunächst schwerfälliger und unerprobter Aufnahmetechnik – teilweise zu einem Rückschritt in der Bildsprache führte. Gleichzeitig gab es jedoch weiterhin die bewegte Kamera und Experimente mit asynchronem Ton oder Geräuschmontagen sowie eine Fülle von **Musicals**. Technisch wurde der unpräzise und kompliziert zu bedienende Nadelton bald durch das bereits vorher – z. B. in den tönenden **Movietone**-Wochenschauen – existierende **Lichtton**-Verfahren ersetzt, das leichter zu vervielfältigen und zu bedienen war. Mit der Einführung ergab sich – zumindest vorübergehend – für den internationalen Vertrieb der Filme ein Sprachenproblem, das durch **Versionen**, **Untertitel** und **Nachsynchronisation** gelöst wurde. Siehe **AT&T**, **Audion**, **Blimp**, **Edison**, **Klangfilm**, **Pariser Tonfilmfrieden**, **Phonofilm**, **Photophone**, **Tobis**, **TriErgon**.

Tonfilmoperette. Ein in den frühen 30er Jahren in Deutschland produziertes und in ganz Europa populäres Genre (*Die Drei von der Tankstelle*, *Der Kongreß tanzt*). Die Filme, die auf eine jahrzehntelange Parallel-Entwicklung von Kino und Operette als Popular-Medium aufbauten, wurden zumeist von der **Ufa** in **Babelsberg** mit großem Aufwand in drei **Versionen** (Deutsch, Französisch, Englisch) gedreht. Im Unterschied zum in Hollywood vorherrschenden Backstage-**Musical** mit in sich geschlossenen Revue-Nummern waren bei der Tonfilmoperette die – oft kabarettistisch-zeitbezogenen – Songs in die Handlung eingebaut. Im Laufe der 30er Jahre – nicht zuletzt durch viele **Exil-Filmer** – wurde dieses Genre auch im Hollywood-Musical populär.

Toning siehe **Virage**.

Tonkamera. Das Gerät, mit dem der **Lichtton** aufgezeichnet wird, das also elektromagnetische in optische Signale umsetzt. Vor dem Aufkommen des **Tonband**-Geräts wurde der Ton beim Drehen mit Tonkameras aufgenommen, d. h. durch eine direkte Umsetzung von akustischen in optische Signale.

Tonlampe (Exciter Lamp). Jener Teil des **Projektors**, durch den die Licht-**Tonspur** abgetastet wird.

T-Online. Internet- und E-Mail-Dienst der Deutschen **Telekom** AG.

Tonschleife. Da bei der Projektion die Filmbilder einzeln vorgeführt und ruckweise transportiert werden, während der **Ton** kontinuierlich ablaufen muss, sind die **Projektoren** so konstruiert, dass sich zwischen dem **Bildfenster** und dem Ton-**Kopf** eine **Schleife** befindet. Der Abstand zwischen diesen beiden Stellen (Sound Advance) beträgt beim 35mm-Lichtton 20 Bilder (Ton vor Bild), bei 35mm-Magnetton 28 Bilder (Bild vor Ton) sowie 28 Bilder bei 16mm-Film. Wenn bei der Vorführung der Ton asynchron ist, so liegt das daran, dass der Vorführer – so es ihn noch gibt – die Schleife zu groß oder zu klein gemacht hat.

Tonspur (Track). Die **Tonfilm**-Kopie trägt neben den Bildern eine (oder mehrere) schmale Tonspur, auf der entweder der Lichtton oder der Magnetton aufgezeichnet ist.

Ton-Überlappung. Ein ungleichzeitiger **Schnitt**, bei dem der **Ton** (Soundtrack) vor oder nach dem Bild wechselt. Häufig bei **Reaction Shots** angewandt. Dramaturgisch kann die Überlappung (Sound Bridge) auch zwei Szenen verbinden, um so die **Continuity** zu verstärken.

Tonung (toning) siehe **Virage**.

Tonwert. Begriff für den psychologischen Eindruck der Buntheit der **Farbe** bzw. des **Kontrastes** bei Schwarzweiß.

Tony. Nach dem Vorbild der **Oscars** seit 1946/47 von der American Theater Wing mit der League of American Theaters and Producers für Leistungen auf den **Broadway**-Bühnen verliehener Preis. Benannt nach Antoinette Perry.

Totale (Long Shot). Eine **Einstellung**, bei der eine gesamte Szenerie im Bild erfasst wird.

Totalvision. In der DDR bei der **DEFA** verwendetes **Breitwand**-Verfahren, eine Variante von **CinemaScope**.

Touchstone Pictures siehe **Disney**.

Track siehe **Kanal**, **Tonspur**.

Tracking Shot siehe **Fahraufnahme**.

Trades. Hollywood Jargon für die täglichen Fachzeitschriften *Variety* und *Hollywood Reporter*, die einen beträchtlichen Einfluss auf die Industrie haben. «Heute morgen stand doch hoffentlich nichts in den Trades?!», sagt ein Assistent zum andern in der Anfangssequenz von Robert Altmans *The Player*. Siehe **Filmzeitschrift**.

Trägerwelle (Carrier Wave) siehe **Wellenmechanik**.

Trailer. 1. Ein kurzer, meist aus Szenen des betreffenden Werks montierter Werbefilm für einen Spielfilm. Vergleiche **Teaser**.
2. Ein mitunter riesiger Wohnwagen (Mobile Home), der bei **Außenaufnahmen** als Büro, Garderobe oder Aufenthaltsraum für das Team dient.

Transcoder. Ein Gerät oder eine Software, das/die zwischen den **Fernsehstandards** PAL, SECAM und NTSC vermittelt.

Transducer. Jegliches Gerät, das Audio oder Video in elektrische Signale umsetzt, z. B. ein **Mikrofon** oder eine **Videokamera**.

Transfokator-Objektiv siehe **Gummilinse**, **Zoom**.

Transistor. Eine Halbleiter-Schaltung, die – wie die **Vakuumröhre** – elektronische Signale verstärken oder sonstwie verändern kann. Weil aber ein Transistor so viel kleiner ist als sein Vorläufer, die Vakuumröhre, hatte er grundlegenden Einfluss auf die elektronischen Technologien. Siehe **Gedruckter Schaltkreis**, **Integrierter Schaltkreis**, **Mikroprozessor**.

Transit-Film siehe **Friedrich-Wilhelm-Murnau-Stiftung**.

Transponder. Ein elektronisches Gerät, das ein Signal aufnimmt, es verstärkt und wieder abgibt, wie z. B. ein Kommunikations-Satellit. Die Kombination aus Empfänger und Sender.

Transportabel (Wild Walls). In einer **Dekoration** (Set) jene Wände, die beweglich gebaut worden sind, um sie beispielsweise für eine Kameraposition zu entfernen.

Transportmechanismus. Ein für die Filmtechnik zentraler Mechanismus, der den schrittweisen Transport des Filmstreifens in **Kamera** bzw. **Projektor** bewerkstelligt. Nach Demenys **Schläger** zumeist eine **Malteserkreuz**-Mechanik oder eine Kralle, die jedes **Bild** (Frame) in die Position zieht und dann – für den Augenblick der **Belichtung** oder **Projektion** – unbewegt am Platz hält. Die Erfindung eines praktischen Transportmechanismus wird allgemein Thomas Armat zugeschrieben. Seit den 70er Jahren hat die Entwicklung rotierender Prismen-Systeme die Unvermeidlichkeit eines Transportmechanismus umgangen. Bei solchen Systemen – wie man sie vor allem in Hochgeschwindigkeits-Kameras und modernen **Schneidetischen** wie dem **Steenbeck** findet – bewegt sich der Film kontinuierlich statt ruckartig an der Aperturblende vorbei, während das Prisma den Lichtstrahl kontinuierlich auf die **Optik** leitet.

Travelling Matte siehe **Wandermaske**.

Travelling Shot siehe **Fahraufnahme**.

Treatment siehe **Drehbuch**.

Trick. Populäre Bezeichnung für **Spezialeffekte**, die entweder durch filmtechnische Verfahren (englisch: process shot oder opticals – **Animationsfilm**, **Aufprojektion**, **Kasch**, **Kombinationsaufnahme**, **Maske**, **Rückprojektion**, **Stoptrick**, **Wandermasken**) oder durch Aufnahme spezieller Aktionen (**Modellaufnahme**, **Stunt**) die Filmrealität erweitern.

Trickfilm siehe **Animationsfilm**.

TriErgon. Zu Beginn der 20er Jahre entwickelten die drei deutschen Techniker Joseph Engl, Joseph Masolle und Hans Vogt das erste praktisch anwendbare **Lichtton**-Verfahren, das sie TriErgon (Werk der Drei) nannten. Doch da die Probe-Vorführungen durch unglückliche Umstände (oder, wie die Legende geht, durch amerikanische Sabotage) misslangen, gelang es ihnen nicht, das System in Deutschland zu vermarkten. Erst nach dem Überraschungserfolg des technisch unpraktischeren **Nadelton**-Verfahrens **Vitaphone** setzte sich die u. a. auf TriErgon basierende Lichtton-Technik durch. Siehe **Klangfilm**, **Phonofilm**, **Tobis**. Vergleiche **Ton**, **Tonfilm**.

Trinitron. Der Markenname für **Sonys** Technologie einer weiterentwickelten **Kathodenstrahlröhre**: Prismen erlauben es allen drei Elektronen-Kanonen, dieselbe Linse zu benutzen; außerdem ist die Phosphor-Maske vertikal rechteckig statt rund und kompensiert so die Wirkung der Schwerkraft auf die Elektronen-Strahlen.

Triode siehe **Audion**. Vergleiche **Vakuumröhre**.

TriStar. Das neue Studio, das es fast geschafft hätte. TriStar Pictures wurde 1982 als Joint Venture von **Columbia** Pictures, **CBS** und **HBO** gegründet. 1986 übernahm TriStar die Kinokette Loew's Theatres. Nachdem zunächst CBS, dann HBO sich immer mehr zurückzogen, wurde TriStar praktisch eine unabhängige Tochter von Columbia. **Sony** übernahm TriStar 1989 im Rahmen eines Kaufs von Columbia. Anfang der 90er Jahre sah es unter der Leitung des erfahrenen Managers Mike Medavoy so aus, als ob das Studio überleben und aufblühen könnte. Doch Anfang 1994 ging Medavoy, und innerhalb eines Jahres war das Studio mit Columbia verschmolzen, indem Sony versuchte, die Verluste zu senken. Es war – nach **United Artists** und **Orion** – das dritte Studio, das kurz nach dem Ausscheiden von Medavoy zusammenbrach.

Trope. Jegliches künstlerische Mittel wie eine Redewendung oder ein Symbol, eine konnotative Abwandlung oder eine Sinnverdrehung. Wie in der Kunst allgemein, kann sich der Film der Tropen vieler anderer Künste bedienen. Außerdem gibt es Tropen, die nur er hat: z. B. die **Wischblende** oder die **Schärfenverlagerung**.

Trust siehe **MPPC**.

TSI. Fernsehen der italienisch sprechenden Schweiz, veranstaltet von CORSI (Società cooperativa per la radiotelevisione nella svizzera italiana, Lugano), siehe **SRG**.

TSR. Fernsehen der französisch sprechenden Schweiz, veranstaltet von RTSR (Radio Télévision Suisse Romande, Genf), siehe **SRG**.

Turner Entertainment (TBS – Turner Broadcasting System). Das Dach für Ted Turners einflussreiche Aktivitäten auf den Gebieten **Kabelfernsehen**, Sport und Film.

Turner handelte mit Werbeflächen (Billboards), ehe er sich dem Fernsehen zuwandte. Als er seinen Lokalsender WTBS aus Atlanta 1979 auf Satellit setzte und so die erste **Superstation** schuf, gab er der Geschichte des Kabelfernsehens eine neue Richtung. 1980 gründete er **CNN**, neben **HBO** die Mutter aller Kabel. 1988 folgte **TNT**, um so die Schätze des inzwischen von ihm erworbenen **M-G-M**-Archivs zu verwerten. Anfang der 90er Jahre hatte er sich mit großen Kabel-Betreibern wie **TCI** eingelassen. Sie verhinderten, seinen Lebenstraum zu erfüllen, eines der klassischen Rundfunk-**Networks** zu erwerben. Nur Wochen nachdem er ein weiteres Mal gescheitert war, **CBS** zu übernehmen, verkündete Turner, dass er alles an Time Warner verkaufen wolle. Damals scherzte er: «Ich hab die Nase voll, klein zu sein. Ich will eine Weile mal erleben, was es heißt, groß zu sein.» Als Vice Chairman des größten Medien-Konglomerats der Welt half Turner in den späten 90er Jahren mit, die finanzielle Lage der Firma zu verbessern. Siehe **Colorization**.

TV-Film siehe **Fernsehfilm**.

TVR (Televisium Rumantscha). Fernsehen für die rätoromanische Schweiz, veranstaltet von CRR (Cuminanza rumantscha radio e televisium, Cuira / Chur), siehe **SRG**.

Twentieth Century Fox. Da ihm die Persönlichkeit von **Paramount** fehlte, der harte Realismus von **Warner** Bros. und der Glamour von **M-G-M**, war Twentieth Century Fox in den Goldenen Jahren Hollywoods das Aschenputtel unter den Major-Studios und genoss selten den Respekt, der ihm eigentlich zustand. Tatsächlich konnte das Studio über viele Jahre eine gleichmäßige Erfolgsbilanz vorweisen.
Die Fox Film Corporation wurde 1915 durch den ungarischen Einwanderer William Fox gegründet, der sein Geld mit **Nickelodeons** gemacht hatte. In den 20er Jahren beschäftigte Fox Regisseure wie John Ford, Raoul Walsh und F. W. Murnau und führte das **Movietone**-System ein, das über fünfzig Jahre den **Tonfilm**-Standard bildete. Am Ende des Jahrzehnts erreichte die Firma fast eine beherrschende Stellung in Hollywood, doch Fox' Versuch, die Kontrolle über Loew's Inc. zu erlangen, den Besitzer von über hundert Kinos und von M-G-M, endete mit dem Börsenkrach 1929. Die Firma wurde durch ihren neuen Star, Shirley Temple, gerettet. 1935 fusionierte Fox mit der Produktionsfirma Twentieth Century, die einige Jahre zuvor von Darryl F. Zanuck und Joseph M. Schenk gegründet worden war.
Weiterhin an der Spitze der technischen Entwicklung, präsentierte das Studio 1953 das **Breitwand**-Verfahren **CinemaScope**. Darryl Zanuck und sein Sohn Richard kontrollierten das Studio während der 60er Jahre; Dennis Stanfill war in den 70ern der Vorsitzende, einer Periode, die eine Anzahl von Hits erlebte – *Star Wars* (1977) vor allem. Der Ölmagnat Marvin Davis kaufte die Firma 1981 und gab sie 1985 an Rupert **Murdoch** weiter. Murdoch setzte Barry Diller als Generaldirektor ein. Diller schuf – ein bedeutender Coup – 1986 **Fox** als viertes Fernseh-Network in den USA, ehe er 1992 zurücktrat, um im Multimediageschäft neue Welten zu erobern. Das Filmarchiv der Twentieth Century Fox wird seit Ende 1994 im Kabel-Kanal fXM: Movies from Fox ausgewertet.

Two-Reeler siehe **Zweiakter**.

Two Shot (Zweier). Eine Einstellung, in der zwei Personen zu sehen sind; entsprechend Three Shot etc.

Typage. Eisensteins Theorie für die Besetzung von Rollen durch «Typen» statt durch professionelle Schauspieler.

T-Zahl siehe **Blendenzahl**.

UA siehe **United Artists**.

Überbelichten siehe **Belichtung**.

Überblendung (dissolve). Filmischer Effekt, bei dem durch Kombination von **Ab**- und **Aufblende** zwei Szenen sanft ineinander übergehen. Filmdramaturgisch ein Strukturierungsmittel.

Überblend-Zeichen. Ein kleines Loch in der oberen rechten Ecke des Filmbilds, das dem Vorführer signalisiert, auf den anderen **Projektor** zu schalten. Heutzutage, wo Vorführteller eine ganze Kinovorstellung fassen, sind Überblend-Zeichen veraltet.

Überdrehen siehe **Zeitlupe**.

Überläufer. In der Nazizeit produzierte Filme, die bei Kriegsende noch in Produktion oder noch nicht im Kino angelaufen waren und nach dem Krieg fertig gestellt und herausgebracht wurden.

Über-Schulter (Over-the-shoulder Shot). Bei Dialogszenen beliebte **Einstellung**, bei der von der einen Person die Schulter und der Kopf von hinten angeschnitten zu sehen sind.

Übertragungsrate (Data Rate) siehe **Baud**.

UER (Union Européenne de Radio-Télévision) siehe **EBU**.

Ufa (Universum-Film AG). Am 18. 12. 1917 – offiziell auf Anregung General Erich Ludendorffs – von einem Konsortium unter Leitung der Deutschen Bank (mit geheimer Beteiligung des Deutschen Reichs) gegründeter Filmkonzern mit einem Stammkapital von 25 Millionen RM. Durch Aufkauf bildeten die deutschen Tochtergesellschaften der dänischen **Nordisk** Films Kompagni, die Projektions-AG «Union» (**PAGU**) und der Messter-Konzern die Grundlagen der neuen Firma und vereinten damit alle Sparten der Filmindustrie von der Produktion über Verleih bis zu den Kinos unter einem Dach. Produktionszentrum war zunächst das **Atelier**gelände Berlin-Tempelhof. Wichtigste finanzielle Basis der Ufa bildeten der Verleih sowie Produktion und Vertrieb von **Wochenschauen** und **Kulturfilmen**. 1921 kam mit dem Aufkauf der **Decla-Bioscop** das Atelier Neu-**Babelsberg** hinzu, das in den nächsten Jahren zur Ufa-Filmstadt ausgebaut wurde. Unter Produktionschef Erich Pommer entstanden Klassiker des Weimarer Films (*Der letzte Mann*, *Metropolis*), die aber zugleich in eine Finanzkrise führten. Der Konzern wurde durch eine Gruppe unter dem deutschnationalen Medienzaren Alfred Hugenberg übernommen und saniert. 1929 begann die Ufa mit der Produktion von **Tonfilmen** (u. a. *Der blaue Engel*). 1933, nach der Machtübernahme der Nazis, trennte sich die Firma von ihren prominentesten jüdischen Mitarbeitern (Pommer, Erik Charell), produzierte aber weiterhin – «neben einzelnen nationalen Filmen» – Unterhaltungsware für den internationalen Markt. 1941 als Ufa Filmkunst GmbH Eingliederung in den Produktionsbereich des reichseigenen Konzerns Ufa-Film GmbH (**UFI**).
Nach Kriegsende Übernahme durch die Alliierten. In der Sowjetischen Besatzungszone entstand 1946 die **DEFA** (Deutsche Film-AG) als staatlich kontrollierte Produktionsfirma nach dem Strukturvorbild eines **Studios** in Hollywood bzw. der alten Ufa. Ab 1947 produzierte die DEFA wieder im Studio **Babelsberg**. In den Westzonen sollte die UFI laut Gesetz entflochten und liquidiert werden. 1956 übernahm ein Konsortium unter Führung der Deutschen Bank die Aktien. Nach einigen Filmen und einer weiteren Krise übernahm der **Bertelsmann**-Konzern die Firma. Er gab die Rechte am alten UFI-Filmbestand ab, der inzwi-

schen von der dafür gegründeten **Friedrich-Wilhelm-Murnau-Stiftung** ausgewertet wird. Die Kino-Kette Ufa-Theater AG wurde selbständig. Die Ufa Film- und Fernseh-GmbH wurde am 13. 1. 1997 mit der luxemburgischen CLT zur **CLT-UFA** zusammengeschlossen und dient als Holding für Film-, Fernseh- und Rundfunkinteressen im Rahmen des internationalen Medienkonzerns Bertelsmann AG.

Ufacolor. Von **Agfacolor** entwickeltes, 1931–39 von der Ufa angewandtes **subtraktives** Zweifarben-Verfahren. In England als Chemicolor bzw. ab 1935 Spectracolor verbreitet. Vergleiche **Farbsysteme**, **Subtraktive Farbmischung**.

UFI (Ufa-Film GmbH). 1941 wurden die heimlich über Jahre von der **Cautio** aufgekauften deutschen Filmfirmen – u. a. **Ufa**, **Tobis**, Terra – offiziell zusammengefasst und umstrukturiert. Auf Wunsch Hitlers sollte der renommierte Begriff Ufa erhalten bleiben, und die Holding erhielt deshalb den Namen Ufa-Film GmbH (zur Unterscheidung abgekürzt: UFI). Siehe **Ufa**. Vergleiche **Friedrich-Wilhelm-Murnau-Stiftung**.

UHF (Ultra High Frequency). **Frequenzbereich** für das Fernsehen, 300 Megahertz bis 3 Gigahertz. Vergleiche **VHF**.

UIP (United International Pictures). 1981 als Nachfolger von Cinema International Corporation (CIC) gegründete, gemeinsame Firma der Hollywood-Majors **Paramount**, **M-G-M** und **Universal** zum weltweiten Vertrieb ihrer Filme (außerhalb der USA).

U-Matic. Semiprofessionelles ¾-Zoll-Videosystem der Firma **Sony**, das 1971 erstmals die Kassetten-Technik für Video anwandte (vergleiche **Videokassette**). Das System wird – in der High-Band-Weiterentwicklung – in einigen professionellen Bereichen eingesetzt. Vergleiche **Betacam**.

Umkehrfilm (Reversal Filmstock). Ein Filmmaterial, bei dem kein **Negativ** entsteht, sondern gleich ein **positives** Bild. Umkehrfilm wird verwendet, wenn nicht mehrere Kopien gebraucht werden, z. B. bei der aktuellen Fernsehberichterstattung oder um bei der Filmherstellung eine **Generation** zu überschlagen. Siehe **CRI**.

Umlaufblende siehe **Blende 2**.

Unabhängiger Film siehe **Independent**.

Underground Film. Amerikanische Filme, die unabhängig von normalen Produktions- und Distributionswegen, oft mit geringen finanziellen und technischen Mitteln, hergestellt werden (vergleiche **New American Cinema**). Der Begriff wurde ab Mitte der 60er Jahre allgemein für **Experimental**- und **Avantgardefilme** verwandt, besonders für jene, die sexuelle Tabus angriffen.

Unicode. Zeichensatz-Standard (ISO 10646-I) mit 65 536 Zeichen, der als 16-Bit-System die Alphabete aller heute gebräuchlichen Sprachen umfasst. Nachfolger von ISO 8859 mit 8 Bits (256 Zeichen), ISO 646 (**ASCII**) mit 7 Bits (128 Zeichen) und dem Baudot-Telexcode mit 5 Bits (32 Zeichen). Der lange dominierende ASCII-Code kam außerhalb der USA bald in den Ruf des «Ugly American», da sich die meisten europäischen Sprachen nur verstümmelt darstellen ließen. Für Varianten des lateinischen Alphabets und für andere Alphabete wie Kyrillisch oder Arabisch setzte ein Wildwuchs unterschiedlichster Codierschemata ein. Der 1986 erstmals veröffentlichte Unicode-Standard stieß in Ostasien zunächst auf Widerstand, da er grafisch identische Zeichen der Sprachen Chinesisch, Koreanisch und Japanisch vereinigt. Diese – als nicht politisch korrekt angesehene – Lösung war jedoch nötig, um den Rahmen von 65 536 Zeichen nicht zu sprengen. Unicode fand aufgrund einer zögerlichen Umsetzung durch Software-Firmen und durch

Hersteller digitaler Schriften relativ langsam Eingang in die Praxis.

Unifrance. Exportorganisation der französischen Filmindustrie. Vergleiche **Export-Union**, **Unitalia**, **MPEA**.

Unitalia. Exportorganisation der italienischen Filmindustrie. Vergleiche **Export-Union**, **Unifrance**, **MPEA**.

United Artists (UA). United Artists war als Hilfsmittel für Filmmacher gedacht und erfüllte diesen Zweck auch fünfzig Jahre lang bis zum schmachvollen Ende in den 80er Jahren. 1919 von den Stars Mary Pickford, Douglas Fairbanks und Charles Chaplin sowie dem Regisseur D. W. Griffith gegründet, um ihre eigenen Filme zu produzieren und zu vertreiben, entwickelte sich UA in den 20er Jahren und vertrieb u. a. auch Filme von Gloria Swanson, Buster Keaton und Rudolph Valentino. In den 30er Jahren beruhte der Ruf der Firma auf den Produktionen von Sam Goldwyn und Alexander **Korda**. In den 40er Jahren ging sie fast bankrott, wurde jedoch von Arthur Krim und Robert Benjamin gerettet, die 1950 die Kontrolle übernahmen. In den nächsten dreißig Jahren erwies sich UAs bisheriger Mangel – das Fehlen einer eigenen Studio-Struktur – als Vorteil, da nämlich Dreharbeiten vor Ort an Popularität gewannen, Antitrust-Urteile die Kinobesitzer von ihrer Bindung an die anderen Verleiher befreiten und sich wandelnde Produktionsmodelle Filmmacher von ihren langfristigen Vertragsbindungen mit den Studios lösten.

UA wurde 1957 eine Aktiengesellschaft und 1967 vom Versicherungskonzern Transamerica übernommen. In den 60er und 70er Jahren florierte UA, vertrieb u. a. die James-Bond-Serie und Woody-Allen-Filme und erhielt zahlreiche Oscar-Nominierungen. 1978 verließen die Top-Manager Krim, Benjamin, Mike Medavoy, William Bernstein und Eric Pleskow die Firma nach einem Streit um Transamericas Personal-Politik, die mit den Hollywood-Traditionen kollidierte. Sie gründeten sofort **Orion**-Pictures. Die Tage von United Artists waren gezählt. Die finanzielle Katastrophe um *Heaven's Gate* (1980) war der letzte Sargnagel. Transamerica verkaufte die Firma 1981 an **M-G-M**. 1983 fusionierten die beiden Firmen zu MGM/UA Entertainment, und UA wurde praktisch aufgelöst. Nach zahlreichen Besitzwechseln und Finanztransaktionen, die Peter Bart in seinem Buch *Fade Out* dramatisch geschildert hat, landete die Firma 1992 im Schoß der französischen Bank Crédit Lyonnais. Zu dem Zeitpunkt war sie kaum mehr als ein leerer Firmenmantel.

Universal. Das älteste überlebende Studio und das einzige mit einer eigenen Stadt. Universal wurde 1912 vom schwäbischen Einwanderer «Papa» Carl Laemmle gegründet, der den Trend ins San Fernando Valley auslöste, als er 1915 das Land für «Universal City» in der Nähe von Burbank erwarb. Von den 20ern bis in die 40er Jahre war Universal «King of the B Pictures», weil es überwiegend billigere Serien-Produkte herstellte, daneben aber auch Klassiker des Horror-Films und «Universal Jewels» für den europäischen Markt. 1946 fusionierte die Firma mit International Films. Mitte der 50er Jahre erwarb Decca Records die Mehrheit, und die Firma begann sich auf Qualitäts-Produktionen zu konzentrieren. Sie war in dieser Periode vor allem für Melodramen von Douglas Sirk und Komödien mit Doris Day und Rock Hudson bekannt.

1962 übernahm **MCA** die Kontrolle über Decca und Universal. Das Studio wurde zunächst durch Jules Stein und Lew Wasserman geleitet, dann von Wasserman mit seinem langjährigen Mitarbeiter Sid Sheinberg. In den 60er und 70er Jahren dominierte Universal City Studios Inc. die Fernseh-Produktion. Die Firma wandte sich auch früh dem Geschäft mit Unterhaltungsparks zu, bot **Atelier**-Touren an und errichtete schließlich in Orlando (Florida) ein «Studio», um Touristen anzuziehen. Zwanzig Jahre lang erfreute sich MCA-Universal einer engen Zusammenarbeit mit Steven

Spielberg, dessen Produktionsfirma, Amblin Entertainment, ihr Hauptquartier auf dem Studio-Gelände unterhielt. 1990 erwarb **Matsushita** MCA Inc. für 6,1 Milliarden Dollar. Wasserman und Sheinberg blieben an der Spitze. Im gleichen Jahr wurde in Orlando, Florida, der Vergnügungspark Universal Studios Florida als Joint Venture der **Rank** Group Plc. mit MCA eröffnet. 1994 gründete Spielberg gemeinsam mit Jeffrey Katzenberg und David Geffen sein eigenes Studio, **DreamWorks** SKG. 1995 verkaufte Matsushita 80 Prozent der Aktien an Edgar Bronfmans **Seagram** Company, und das lange Regime von Wasserman und Sheinberg endete. 1996 erhielt die Firma MCA Inc. wieder den traditionsreichen Namen Universal Studios, Inc., die Musik-Abteilung wird in Universal Music Group. umbenannt. Beiden werden 1998 nach der Übernahme von **PolyGram** die jeweiligen Firmen-Abteilungen eingegliedert.

UNIX (Universal Interactive Executive). Seit 1969 in den Bell Labs entwickelt, war es von Anfang an als offenes Betriebssystem geplant. Da **AT&T**, Eigentümer der Bell Labs, zu dem Zeitpunkt der Computermarkt verschlossen war, stellte die Firma UNIX Universitäten und anderen gegen eine geringe Lizenzgebühr zur Verfügung, was die Offenheit weiter beförderte. Da das **OS** (bis auf einen kleinen Kern) in einer bekannten Programmiersprache geschrieben war, war es fremden Programmierern zur Erweiterung zugänglich. Mit der Zeit wuchs daraus eine Familie von **Betriebssystemen**: geschützte wie HP-UX von Hewlett-Packard, AIX von **IBM**, Solaris von Sun oder freie wie BSD der Universität Berkeley und **Linux**. Wegen seiner weiten Verbreitung an Universitäten und seiner starken Netz-Komponenten wurde UNIX ein dominierendes OS im **Internet**. Vergleiche **MacOS**, **Microsoft**.

Unterbelichten siehe **Belichtung**, **Forcieren**.

Unterdrehen siehe **Zeitraffer**.

Untertitel (Subtitle). Schrift-Einblendung, durch die entweder eine zusätzliche Information gegeben wird (z. B. Namenseinblendung) oder fortlaufend ein fremdsprachiger Film übersetzt wird, eine Alternative zum **Synchronisieren**.

UPN (United Paramount Network). Nach dem Erfolg der neuen **Networks FOX** und The WB begab sich auch **Viacoms** Filmstudio **Paramount** auf den Markt. Partner bei der Firma ist Herb Siegels Chris-Craft, das auch an **Warner** beteiligt ist.

URL (Uniform Resource Locator). Die Adresse jeglicher Page oder Datei im **Internet**. Bei einer solchen Adresse – z. B. http://www.readfilm.com/DNM.html – beschreibt der Teil vor dem Doppelpunkt das zu benutzende **Protokoll** (hier **HTTP**); die mit Punkten abgetrennten Teile bezeichnen die Adresse der Maschine im Internet, die (optionalen) Teile hinter dem Schrägstrich verweisen auf Unterverzeichnisse bzw. Dateien auf dieser Maschine. Bei einer World Wide Web-Site ist das **WWW** nur als Konvention aufzufassen, ein Web-Server kann einen beliebigen Namen haben. Jeder URL kann auch ohne Verwendung des Namensystems mit einer numerischen Server-Adresse wie 123.123.123.123 (mit Zahlen zwischen 0 und 255) angegeben werden. Damit ein Dokument auch nach einer Adressenänderung gefunden werden kann, wird an Registern (URI, DOI) gearbeitet, die eine permanente mit der tatsächlichen, aber veränderbaren Adresse verbinden. Siehe **Domain, Homepage, Website**.

USA Networks. Das USA Kabel-Network wurde 1980 von Kay Koplovitz entwickelt und bot – im Gegensatz zu seinen meisten Konkurrenten – ein breites Spektrum an Unterhaltung. 1988 begann es mit eigener Programmierung. Zu dem Zeitpunkt gehörte es **Paramount** und **MCA**. **Universal** (Nachfolger von MCA) übernahm 1997 nach einem Prozess die Anteile von **Viacom** (Nachfolger von Paramount). 1998 erwarb

Barry Diller von **Seagram** USA inclusive der Fernseh-Produktions- und Vertriebs-Abteilungen der Universal im Tausch gegen 45 Prozent von HSN. HSN – das hoffnungfrohe nationale Network, das Diller aus Home Shopping Network, Silver King (einer Gruppe von Lokalstationen), Savoy Pictures, Ticketmaster und dem Website City-Search zusammenbastelte – wurde in USA Networks, Inc., umbenannt. 1999 machte Diller einen weiteren komplizierten Deal, um die **Suchmaschine** Lycos zu erwerben.

USB (Universal Serial Bus) siehe **Seriell**.

Vakuumröhre (Elektronenröhre). Eine Glasröhre, die entweder luftleer oder mit einem Edelgas gefüllt ist, der geeigneten Atmosphäre für elektrostatische Veränderungen eines Signals vermittels eines Gitters zwischen einer Kathode und einer Anode. Die Erfindung der **Audion**-Röhre durch Lee De Forest legte die Grundlage für die Entwicklung von Radio und **Tonfilm**. Vergleiche **Transistor**.

Variety. Das 1905 von Sime Silverman in New York gegründete Fachblatt für die Unterhaltungsindustrie gilt als die wichtigste Publikation der Filmindustrie. 1933 kam *Daily Variety* als Konkurrenz zum *Hollywood Reporter* in Los Angeles hinzu. Die Autoren der Zeitung entwickelten einen eigenen, oft witzigen Slang – «Varietese» –, von dem zahlreiche Ausdrücke in die Fachsprache übergegangen sind: **Biopic**, **Sitcom**, Sci Fi). 1987 ging das Blatt nach drei Generationen im Besitz der Familie Silverman an den Zeitschriften-Konzern Cahner Magazines über, der das Blatt modernisierte. *Variety* ist jetzt leichter lesbar, doch weniger unterhaltsam. Vergleiche **Filmzeitschrift, Trades**.

Vaudeville. Eine vor allem in den USA und in Großbritannien zwischen 1890 und den 20er Jahren populäre Form des Unterhaltungstheaters, das Musik, komische Sketche, **Standup Comedy**, Tanz und Artistik mischte. Anderswo – z. B. in Deutschland und Frankreich – entspricht ihm das Varieté. Das Vaudeville hatte als Vorbild und als Kinderstube für viele Künstler großen Einfluss auf die Entwicklung von Film und Fernsehen und bildet die Traditionsbasis der Unterhaltungskultur im 20. Jahrhundert.

VCR (Video Cassette Recorder). Ein Gerät zur Aufzeichnung oder Wiedergabe von **Videokassetten**, ursprünglich 1970 von **Philips** präsentiert.

Vektor-Grafik siehe **Bitmap-Grafik**.

Verleih (Distribution). Die Stufe der Filmwirtschaft, auf der die fertigen Filme an die Kinos vermittelt werden. Das Bindeglied zwischen Produktion und Exhibition (bzw. Rezeption). In der Anfangszeit wurden Filmkopien an die Kinobetreiber verkauft und von diesen gespielt, bis sie uninteressant oder technisch verbraucht waren; daneben gab es auch einen Tauschhandel zur Auffrischung der Programme. Ab ca. 1911 entwickelte sich mit Monopolfilmen das Verleihsystem.
In den USA haben sich heute bestimmte Verleihtaktiken entwickelt: Bei Limited Run wird der Film nur in einer begrenzten Zahl der Kinos eingesetzt (um seine Popularität zu testen); bei Platforming wird (in Hoffnung auf die Wirkung von Mundpropaganda) die Zahl der Kinos von Woche zu Woche gesteigert; General Release ist der gleichzeitige Einsatz einer großen Anzahl (bis zu 2000) Kopien, meist verbunden mit einer intensiven Werbekampagne. Vergleiche **Blindbuchen, Blockbuchen, Preview, Sneak Preview**.
Aus rechtlichen und finanziellen Gründen unterscheidet man zwischen dem kommerziellen (Kino-) und **nichtkommerziellen** Verleih (z. B. an Schulen, Filmclubs, **Archivkinos**). Vergleiche **Distribution Flow**.

Verleiher (Verleih). Die Firma, die einen Film vermarktet und an die Kinos vertreibt. In den USA oft – aber nicht immer (siehe **Independent**) – eine Abteilung oder Tochterfirma einer Produktionsfirma oder eines **Studios**. Im Unterschied zum Kino-Verleiher kümmert sich der Vertrieb um den Im- und Export bzw. die Lizenzierung von Filmen.

Verleihkopie (Release Print). Eine für Verleih und Projektion im Kino vorgesehene **Massenkopie**. Vergleiche **Generation**.

Verschlüsselung (Encryption, Scrambling). Die Entwicklung von Verschlüsselungstechniken war die Grundlage für **Satelliten-Fernsehen** und **Pay-TV**. Kabelkanäle konnten immer die Verbindung abschalten, wenn man seine Gebühren nicht zahlte. Aber wie sollte ein Satellitensender den Empfang unterbinden, da ja die individuelle Antenne nicht identifizierbar war? **Dekoder**, die mit bezahlten Smartcards «freigegeben» werden, waren die technisch problemlose und preisgünstige Lösung.

Version. In den ersten Jahren des **Tonfilms** versuchten die Filmhersteller, die plötzlich relevant gewordenen Sprachgrenzen bei der Auswertung von Filmen durch das Drehen von Versionen zu überwinden (neben dem von Anfang an zwar technisch möglichen, jedoch unbeliebten **Synchronisieren** oder **Untertiteln**). Ein Film wurde in derselben Dekoration mit demselben technischen Team und (meist) demselben Regisseur, aber mit unterschiedlichen Besetzungen in zwei oder mehr Sprach-Versionen (meist englisch, deutsch, französisch) gedreht. Die amerikanische Firma **Paramount** z. B. ließ im Studio **Joinville** bis zu sechs oder sieben Versionen eines amerikanischen Erfolgsfilms für den europäischen Markt herstellen.

VGA (Video Graphics Array). Ein Standard für **Monitore**: 640X480 Pixel, 16 Farben. Siehe **Video-Auflösung**.

VGIK (Vsesojuznyj Gosudartstvenyj Institut Kinematografii). Die bereits 1919 in Moskau gegründete Filmhochschule, an der zahlreiche bedeutende sowjetische Filmmacher als Lehrer wirkten und Regisseure auch aus den Ländern des Ostblocks und der Dritten Welt ihre Ausbildung bekamen.

VH1. Vom Musikkanal **MTV** 1984 gegründeter zweiter Musiksender, der sich in seiner Programmgestaltung – Konzertmitschnitte, Interviews, Hintergrundstorys – eher an ein etwas älteres Publikum wendet. Beide Kanäle – wie auch die Töchter VH-1 in Deutschland und Großbritannien – gehören **Viacom**.

VHF (Very High Frequency). Ein **Frequenzbereich** für das Fernsehen, 30 bis 300 Megahertz. Vergleiche **UHF**.

VHS (Video Home System). Halbzoll-**Videokassetten**-System der japanischen Firma JVC, das 1977 in den USA auf den Markt kam und von **Matsushita** gegen **Sonys** älteres und technisch überlegenes **Beta**-System vermarktet wurde. Durch geschickteres Marketing und weitsichtigere Lizenzpolitik setzte sich VHS in den 80er Jahren als (Fast-) Standard für den populären Markt durch.

VHS-C (Compact VHS). **Videokassette** mit einer Spielzeit von etwa 20 Minuten und der Standard-Auflösung von **VHS** (250 Zeilen), von **Matsushita** als Konkurrenz zu **Sonys** 8mm-**Camcoder** (vergleiche **Video 8**) entwickelt. Die Kassette ist klein genug, um in eine kompakte Kamera zu passen, kann aber vermittels eines Adapters auf einem normalen VHS-Gerät (**VCR**) abgespielt werden. Es gibt auch Super VHS-C (S-VHS-C) mit einer Auflösung von mehr als 400 Zeilen, vergleichbar mit **Hi-8**.

Viacom. Die Firma Viacom Inc. entstand 1970, als – um Bestimmungen der **FCC** nachzukommen – die Syndication-Abteilung aus dem **CBS**-Network herausgelöst wurde. In den 70er und 80er Jahren betätigte sich die Firma zunächst in der Kabel-Industrie, dann im **Pay-TV** und erwarb Kabelnetze, dann Stationen in zahlreichen Staaten der USA. 1978 Gründung von **Showtime** und 1986 Übernahme von **Warners** Anteil an **MTV**. 1987 kaufte Sumner M. Redstone, Inhaber der Kino-Kette National Amusements, für 3,4 Milliarden Dollar 83 Prozent der Firma, wobei er sich gegen Carl Icahn und eine Management-Gruppe von Viacom durchsetzte. 1994 schlug Redstone Barry Diller und QVC in einem noch berüchtigteren Wettbieten um **Paramount** Communications. Kurz dar-

auf erwarb er Blockbuster Entertainment, die führende Video-Ladenkette. Die durch diese Übernahmen aufgehäuften Schulden lasteten schwer. Redstone verbrachte die nächsten fünf Jahre mit dem Abstoßen von Einzelteilen des Imperiums und dem Kampf mit diversen Managern. Ein Lichtstrahl im Dunkel: der Paramount-Anteil an den Einnahmen von *Titanic*.
Zum Viacom-Konzern gehören u. a. auch das Kinderfernsehen **Nickelodeon** (2), der Musiksender VH-1, der traditionsreiche Verlag Simon & Schuster, die Vergnügungsparks Paramount Parks sowie die um die TV-Serie *Star Trek* entstandene Fan-Industrie. Im September 1999 übernahm Viacom für 37 Milliarden Dollar die CBS Corporation – (für ein paar Wochen) die größte Fusion auf dem weltweiten Medien-Markt.

Video. **1.** Der Bildanteil am Fernseh-Signal. Vergleiche **Audio**.
2. Durch elektronische Aufzeichnung gewonnene Bild- und Tonkunst, die entweder durch das Fernsehen oder auf **Videokassetten** verbreitet wird.
3. Kurzbezeichnung für **Musik-Videos** bzw. Video-Clips. Vergleiche **MTV**.

Video 2000. Ein lange vor der Jahrtausendwende verstorbenes, von Philips und Grundig entwickeltes Videokassetten-System.

Video 8. Sonys Ende der 80er Jahre präsentiertes 8mm-**Videokassetten**-Format für ihre **Camcorder** und Video-Walkman. Nur wenig größer als eine Audiokassette, bekam die Video-8-Kassette bald Konkurrenz durch das **VHS-C**-Format. Vergleiche **HI-8**, **Digital8**.

Video Matchback. Der Arbeitsvorgang, bei dem ein Filmnegativ so geschnitten wird, dass es exakt der **EDL** entspricht, die beim nichtlinearen digitalen Schnitt entstanden ist. Kodaks **Randnummern** erleichtern diesen Prozess. Damit das Matchback präzise funktioniert, muss die Schnitt-Software fähig sein, mit 24 Bildern/Sekunde zu arbeiten, sodass eine Übereinstimmung zwischen den elektronischen und den physischen Einzelbildern gegeben ist.

Videoassist. Bezeichnung für die Benutzung der Videotechnik bei den Dreharbeiten eines Films. Durch das Videotap, eine kleine Videokamera, die die Szene durch dieselbe **Optik** wie die Filmkamera sieht, können auch andere Leute als der **Kameramann** die Bildkomposition auf einem Monitor am Drehort betrachten. Das Band, das gleichzeitig mit dem Film aufgezeichnet wird, erlaubt es dem Regisseur und anderen, die Sequenz direkt nach der Aufnahme zu überprüfen, sodass z. B. weitere Sicherheitsdrehs eingespart werden können.

Video-Auflösung (Video Resolution). Ob als Fernsehgerät oder als Computer-**Monitor** genutzt, arbeitet eine **Kathodenstrahlröhre**, indem sie ein Muster von Bildzeilen zeichnet. Damit ist die vertikale Auflösung durch die Anzahl der Raster-Linien begrenzt. Die europäischen Systeme **PAL** und **SECAM** arbeiten mit 625 Zeilen pro Bild, das amerikanische **NTSC** mit 525 Zeilen. Von diesen 525 Zeilen werden einige für andere Zwecke genutzt (vergleiche **Austastlücke**), sodass das Bild praktisch auf nur 480 Zeilen begrenzt ist (das ist der Grund, weshalb die erste Generation der grafischen Computer-Monitore – der **VGA**-Standard – 480 Zeilen vertikale Auflösung bot).
Die horizontale Auflösung ist jedoch nicht an das Raster der Kathodenstrahlröhre gebunden oder dadurch begrenzt. Wenn die vertikale Auflösung der horizontalen im Verhältnis des **Bildformats** 3:4 entspricht, ergeben sich auf einem Standardmonitor 640 Zeilen. Beim Fernsehen ist die horizontale Auflösung jedoch meist viel geringer, z. B. reduziert der in billigeren Geräten verwendete **Lochfilter** (Notch Filter) die horizontale Auflösung von 640 auf etwa 300 Bildpunkte. Dies entspricht in etwa der von **VHS**-Video gebotenen Auflösung. Der Ende der 70er Jahre eingeführte, teurere **Kammfilter** (Comb Filter) erhöht die horizontale

Auflösung beträchtlich. Gute **Laserdisc**-Geräte bieten eine horizontale Auflösung von 550–600 Zeilen, **DVD** erreicht fast 640 Zeilen – mehr als doppelt so viel wie ein normales VHS-Videoband.
Als Reaktion auf den explodierenden Monitor-Markt ab Ende der 80er Jahre boten die Hersteller von Kathodenstrahlröhren auch Mittel zu höherer Auflösung: Der SVGA-Standard für Monitore (bis zu 1280×1024 Pixel) übertraf die normalen Video- und Fernsehstandards und wies den Weg zu **HDTV**. Da HDTV nicht an das Bildformat 4:3 gebunden ist, hat es sich eingebürgert, die horizontale Auflösung durch die Anzahl der Zeilen «pro Bildhöhe» zu bezeichnen, d. h. das Maß der Auflösung eines horizontalen Bereichs, der in Höhe und Breite dem Bild entspricht. Beispielsweise wäre die entsprechende Zahl der totalen horizontalen Auflösung eines 16:9-HDTV-Bildes im Vergleich zu 640×480 eines 4:3-Schirms 853. Um die beiden Monitore effektiver zu vergleichen, sollte man besser von 480 Zeilen «pro Bildhöhe» sprechen. Die Menge der Pixel eines Monitors bestimmt die Obergrenze der Video-Auflösung, doch bloß weil ein Schirm horizontal 640 Pixel bietet, heißt dies nicht, dass das gezeigte Bild auch alle verfügbaren Details herausholt. Siehe **DPI**, **Interlace**, **LoHR**.

Videodisc. In den 70er Jahren wurden verschiedene Systeme, Videobilder auf Platten zu speichern, entwickelt und auf den Markt gebracht – nur die **Laserdisc** von **Philips** und **MCA** überlebte.

Videofilm (Direct-to-Video). Wie der **Fernsehfilm** ein Nachkomme des **B-Films**. Infolge der Video-Revolution der 80er Jahre werden zahlreiche billige Filme direkt für den Verkauf auf Videokassette produziert bzw. werden ursprünglich fürs Kino vorgesehene Produktionen wegen eines befürchteten Misserfolgs gleich auf den Videomarkt geworfen, was den wachsenden Kapitalaufwand für Werbung und Verleihkopien erspart. Allerdings kommen auch vereinzelt (auf Film produzierte) Videofilme ins Kino, z. B. auf Auslandsmärkten. Bereits 1990 wurden in Hollywood jährlich über 100 Videofilme hergestellt.

Videokassette. **1**. Ein seit den 80er Jahren populäres Medium zur Verbreitung von gefilmter Unterhaltung. Der Vertrieb (Verkauf oder Verleih) von Filmen auf Videokassetten ist mittlerweile ein bedeutender ökonomischer Faktor bei der Produktion von Kinofilmen. Mitte der 80er Jahre hatte das von JVC entwickelte **VHS**-Format, das vor allem von **Matsushita** und **RCA** vermarktet wurde, weitgehend Sonys **Beta**-Format verdrängt (**Sony** hatte später etwas Erfolg mit ihrem 8mm-Format **Video8**). Videokassetten benutzen Magnetband von ¾ Zoll, ½ Zoll oder 8 mm Breite auf zwei Spulen, die in einem Plastikgehäuse eingeschlossen sind. Das hat den Vorteil, dass das Band selbst nicht berührt werden muss.
2. Für viele Zuschauer ist inzwischen das Videoformat – trotz seiner im Vergleich zum Kino schlechteren Bild- und Tonqualität und der andersartigen Umstände («allein zu Haus») die einzige Form der Filmrezeption. Das Angebot der Video-Läden und Archive bzw. das Sammeln von TV-Mitschnitten eröffnet erstmals den leichten Zugriff auf einen großen Sektor der Filmgeschichte. Ab Ende der 90er Jahre wird die Videokassette – wie von der Elektro-Industrie geplant – durch das technisch höherwertige und bequemere **DVD** als Heimmedium verdrängt.

Videoprojektion. Es ist eine Anzahl technischer Systeme entwickelt worden, um Videobilder projizieren zu können. **Home Theatre** erwies sich als Erprobungsfeld für diverse Videoprojektions-Technologien, die im Endeffekt ein total digitalisiertes Film-Verleih-System ermöglichen werden. Vergleiche **DLP** (Digital Light Processor), **DMD** (Digital Micromirror Device), **Eidophor**, **ILA** (Image Light Amplifier), **LCLV** (Liquid-Crystal Light Valve), **LCD** (Liquid Crystal Display).

Videoschnitt siehe **Elektronischer Schnitt**.

Videospiel. Ob sie nun auf eigens konstruierten Boxen in Spielsalons (Arkade) oder mit Geräten, die man zu Hause an den Fernseher anschloss, gespielt wurden – Videospiele bildeten lange Jahre den auffälligsten Einfluss der Mikrocomputer-Revolution auf die populäre Kultur. (Nur das **WWW** hat in dieser Hinsicht der Spiele-Industrie Paroli geboten.) Die ersten Videospiele, die auf den frühesten 4-Bit-Chips aufbauten, kamen 1972 heraus: Pong, Odyssey. Im Jahr 1982 gaben die Amerikaner 8 Milliarden Dollar in Spiel-Arkaden und weitere 3 Milliarden für Heimgeräte und Spiel-Kassetten (Cartridge) aus – weit mehr als für Kino oder Musik. Nach einem Umschwung Mitte der 80er Jahre verschob die Präsentation von **Nintendos** Famicon (1983 in Japan, 1985 in den USA) den Markt von den Arkaden zu den Heimgeräten und signalisierte eine zweite Generation der Spiele-Industrie. 1989 beherrschte Nintendo 80 Prozent des Marktes (in jenem Jahr entsprachen in den USA Nintendos Verkäufe 20 Prozent des gesamten Spielzeugmarkts.) Nintendos beherrschende Stellung bröckelte, als in den frühen 90er Jahren 16-Bit-Spielgeräte auf den Markt kamen und staatliche Stellen die Auswirkungen der Monopolstellung untersuchten. Sega sicherte sich einen größeren Marktanteil, um schließlich von **Sony** überholt zu werden, dessen CD-basierte PlayStation 1995 eingeführt wurde und bis zum Ende des Jahrzehnts eine überragende Position eroberte.

Videotap siehe **Videoassist**.

Videotext. Bereits vor dem Internet gab es Online-Systeme. Diejenigen, die sich durch ihre einfache Handhabung und eine grafische Oberfläche auszeichneten, hießen Videotext. Die Abonnenten benutzten zumeist ihre eigenen Computer (mit einem **Modem**), bisweilen auch spezielle Terminals oder Fernsehgeräte. Die Kommunikation lief über Telefonverbindungen, in Ausnahmen auch über spezielle Kabelnetze oder Rundfunk-Frequenzen. Das erste Videotext-System, **Prestel** der British Telecom, begann 1976 mit Probesendungen und kam 1978 auf den Markt. Das Konzept wurde von France Telecom mit ihrem **Minitel**-System perfektioniert, das 1981 herauskam. Vergleiche **Teletext**.

Viewfinder siehe **Sucher**.

ViewMaster. Ein optisches Kinderspielzeug aus der Mitte des 20. Jahrhunderts, das auf dem im 19. Jahrhundert entwickelten **Stereopticon** beruht. Die **stereoskopischen** 16mm-Bilder waren in einer schützenden Pappscheibe angeordnet. Sie wurden auf Knopfdruck weiterbewegt und bildeten so eine Art Dia-Show.

Vignette. Eine Kamera-**Maske**, zumeist mit abgerundeten Ecken. Vergleiche **Iris-Blende**.

Vinyl. Der Kunststoff, aus dem **Schallplatten** gepresst werden; auch Bezeichnung der Langspielplatten (**LP**) selbst, die – nach dem Sieg der **CD** als wichtigstem Musikmedium – seit Ende der 90er Jahre als Sammlerstücke und Fetische von Audiophilen eine neue Karriere machen.

Virage. Die gleichmäßige Einfärbung einzelner Filmszenen der Filmkopie. Vor dem Aufkommen des Farbfilms, besonders während der Stummfilmzeit verbreitete Technik zur emotionellen Unterstützung der Bildwirkung (Rot für Liebe) oder zur dramaturgischen Gliederung (Rot für Feuer, Blau für Nacht). Es gab verschiedene Methoden, bei denen entweder das Trägermaterial eingefärbt wurde (Tinting) oder eine Umfärbung der Bildteile durch chemischen Austausch der Silbersalze durch anders gefärbte Salze (Toning, Tonung). Eine Kombination beider Verfahren brachte oft erstaunliche Bildwirkungen hervor. Die Wiederherstellung der in der Stummfilmzeit weit verbreiteten

– und bei der Umkopierung von Nitro- auf Sicherheitsfilm durch die Archive zumeist vernachlässigten – Virage setzte mit der intensiveren Beschäftigung mit dem frühen Kino in den 80er Jahren ein. Vergleiche **Colorization**, **Kolorieren**, **Solarisation**.

Virtuelle Realität (Virtual Reality). Ein seit Anfang der 90er Jahre populärer Begriff zur Beschreibung von **Videospielen**, die vermittels von 3-D-Techniken, speziellen Helmen und Handschuhen eine größere Realitätswirkung anstrebten. Die Technik zielte zunächst auf die Spiel-Arkaden. Der Begriff wurde später erweitert auf andere Systeme, die vermittels grafischer Computer-Technik realistische dreidimensionale Abbildungen erzeugten, z. B. in der Architekturplanung am Computer «begehbare» Räume. Siehe **Cyberspace**.

VistaVision. Nichtanamorphotisches Breitwand-Verfahren, mit dem **Paramount** Pictures 1954 auf das von **Twentieth Century Fox** eingeführte **Cinema-Scope** reagierte. Beim Drehen lief der 35mm-Film horizontal durch die Kamera, um so eine größere Detailgenauigkeit zu erreichen. Dabei wurde darauf geachtet, dass an den Rändern keine wichtige Aktion stattfand, sodass Kinobetreiber entscheiden konnten, welches Bildformat (von 1.33 bis 2.0) sie vermittels Kasch vorführen wollten. Doch Paramount konnte bei Kinobesitzern nicht durchsetzen, sich neue (horizontal arbeitende) **Projektoren** anzuschaffen. Obwohl selbst vertikal kopierte Verleihkopien von der Detailgenauigkeit profitierten, wurde das Verfahren 1961 eingestellt. Der wohl berühmteste VistaVision-Film ist Hitchcocks *Vertigo* (1958). Eine Variante wurde 1957 in England von **Rank** entwickelt. Vergleiche **Todd-AO**.

Vitagraph. Die Vitagraph Company of America wurde 1898 von J. Stuart Blackton und Albert E. Smith in New York als eine der ersten Filmproduktionsfirmen gegründet. 1905 eröffnete die Firma ein Studio in Brooklyn und begann ein eigenes Ensemble aufzubauen, u. a. mit dem Komiker John Bunny, Norma und Constance Talmadge sowie Jean, dem Vitagraph-Hund. 1913 gründete die Firma ein Studio in Santa Monica an der Westküste. 1925 übernahm **Warner** Bros. die Firma und verwendete den Namen – der auch in die Namensgebung des Tonsystems **Vitaphone** einging – noch bis in die 50er Jahre.

Vitaphone. Das **Tonfilm**-Verfahren von **Warners** *The Jazz Singer* (1927), der allgemein als erster Ton-Spielfilm angesehen wird. Es handelte sich um ein **Nadelton**-System, bei dem der Ton separat auf großen **Schallplatten** aufgezeichnet und wiedergegeben wurde. Solche Systeme waren seit Jahrzehnten (siehe **Tonbild**) angewendet, doch zumeist wegen mangelnder Synchronität wieder verworfen worden. Vitaphone war in den 10er Jahren von Western Electric – u. a. unter Verwendung von Lee De Forests **Audion**-Röhre – entwickelt worden. Am 20. 4. 1926 gründete Warner Bros. die Firma Vitaphone Corporation und produzierte eine Serie von Kurz-Tonfilmen im alten **Vitagraph**-Studio in Brooklyn, dann im Manhattan Opera House. Der erste lange Spielfilm unter Verwendung von Vitaphone war 1926 *Don Juan* mit John Barrymore. Das Nadelton-System wurde Anfang der 30er Jahre auch von Warner Bros. aufgegeben, da sich das **Lichtton**-Verfahren (vergleiche **Movietone**, **Phonofilm**) als praktischer und kostengünstiger erwies.

Vitascope. **1**. Die im April 1896 präsentierte, auf Weiterentwicklungen von Jenkins und Armat beruhende Projektions-Version von **Edisons Kinetoscope**.
2. Die Produktionsfirma Deutsche Vitascope GmbH wurde 1909 von Jules Greenbaum, einem der bedeutendsten deutschen Filmpioniere, in Berlin gegründet. Nachdem sie sich anfänglich auf Tonbilder spezialisierte, gab sie 1913 mit Max Macks «Autorenfilm» Der Andere mit Albert Bassermann einen wichtigen Anstoß, den Film auch in bürgerlichen Kreisen salonfähig zu

machen. Im Januar 1914 fusionierte Vitascope mit Paul Davidsons **PAGU** zur größten Filmfabrik Deutschlands.

VIVA. Als gemeinsame Tochterfirma der Musik-Konzerne **EMI**, **Sony** Music, **Polygram** und **Warner** Music (jeweils 23,7 %) – in Konkurrenz zu **MTV** – gegründeter deutscher Musikkanal, der am 1. 12. 1993 auf Sendung ging und das Vorbild bereits im folgenden Jahr an Popularität überholte. 1995 nahm VIVA Zwei den Sendebetrieb auf. 1997 erhielt Geschäftsführer Dieter Gorny den Adolf-Grimme-Preis für seine Verdienste um das deutsche Fernsehen.

Voice-Over. Die Verwendung einer **Kommentar**-Stimme, die über den eigentlichen Filmton gelegt wird, z. B. zur Übersetzung von fremdsprachigen Interviews.

Volksempfänger. Das einfache Radiogerät – in Erinnerung an den Machtantritt der Nazis am 30. 1. 1933 «VE 301» genannt – wurde 1933 auf der Funkausstellung präsentiert und kostete 73 Mark. Es popularisierte den Rundfunk in Deutschland und machte ihn zugleich zu einem der wichtigsten Propagandamittel der Nazis.

Vorführung (Exhibition). Das letzte Glied in der Kette des Films als öffentliche Kino-Unterhaltung. Siehe **Blindbuchen**, **Blockbuchen**, **Erstaufführung**, **Platforming**. Vergleiche **Verleih**.

Vorprogramm. Zu Zeiten, in denen für Filmvorführungen Vergnügungssteuer erhoben wurde, ergaben mit Prädikat ausgezeichnete **Kurzfilme** eine Steuervergünstigung. Nach dem Wegfall der Steuer endete auch die Tradition des Vorfilms, und die Produktion von Kurzfilmen ging zurück. Siehe **Featurette**, **Fortsetzungsfilm**, **Wochenschau**. Vergleiche **Hauptfilm**.

Vorspann. Zu Beginn des Films ablaufende Titelliste. Vergleiche **Credits**.

VOX. VOX Film- und Fernsehen GmbH & Co. KG startete am 25. 1. 1993 als Nachrichten-Fernsehsender. Als dieses Programm-Schema wegen mangelnden Publikumsinteresses zu scheitern drohte und die Firma in Liquidation stand, wurde der Sender durch ein Notprogramm, an dem sich Spiegel TV und **DCTP** beteiligten, gerettet. Mehrheitsgesellschafter des neu strukturierten Senders, der zu einem mit Unterhaltung gemischten Programm überging, ist – nach einem «Shootout» Ende 1999, bei dem **Ufa-CLT** den Anteil (49,9 %) von Murdochs **News Corp**. übernahm – die **Bertelsmann** AG.

Voyager. 1984 als Criterion gegründete Firma zur Produktion von Laserdiscs, die 1985 in Voyager umbenannt wurde. Die Firma entwickelte sich in den späten 80er Jahren zu einem der Wegbereiter von Multimedia-CD-ROM s. *A Hard Day's Night* (1993) war die erste digitale CD-ROM, die einen kompletten Film enthielt. 1994 beteiligte sich der deutsche Verlagskonzern Holtzbrinck an der Firma, die jedoch 1998 aufgelöst wurde. Holtzbrinck behielt den Markennamen Voyager, die amerikanischen Partner widmeten sich als Criterion DVD-Video.

VUVKU (Vseukrainkoe fotokinoupravlenie). Die 1922 – auf Basis des 1919 gegründeten Vseukranskij kinokomitet – geschaffene Allukrainische Film- und Fotoverwaltung. Das Filmstudio der Ukrainischen Sowjetrepublik unterhielt Ateliers in Odessa und Jalta. 1928 entstand schließlich in Kiew das Kievskaja kinostudija VUFKU, das 1930 in Ukrainfil'm umbenannt wurde, 1939 schließlich in Kievskaja filmstudija. Nach dem Tod des bedeutendsten ukrainischen Filmregisseurs Aleksandr Doženko werden die Kiew-Studios in Doženko-Studios umbenannt. Vergleiche **Lenfil'm**, **Mosfil'm**, **Sovkino**.

W3C (World Wide Web Consortium) siehe **Standard**.

Walkman. Miniaturisierter Tonband-Kassettenspieler, der Ende der 70er Jahre von **Sony** auf den Markt gebracht wurde und die Rezeption von Musik radikal verändert hat. Aus dem hergebrachten Gemeinschaftserlebnis wurde ein isoliertes und isolierendes Hören in den unterschiedlichsten Lebenssituationen. Der Markenname der Firma Sony wurde zur allgemeinen Bezeichnung und wurde mittlerweile auch auf andere Medien übertragen, so auf Sonys Video Walkman.

Walt Disney Productions siehe **Disney**.

Wandermaske (Travelling Matte). **Kombinationsaufnahme**-Verfahren, bei dem über verschiedene Kopiervorgänge mit der Bildhandlung mitlaufende **Masken**-Filme hergestellt werden, die auf der **optischen Bank** zu einem neuen Filmstreifen (Hauptfilm) zusammenkopiert werden. Eine Vordergrundhandlung kann auch durch das **Blue-Screen**-Verfahren gewonnen werden. Siehe **Rotoskop**, **Chroma Key**.

Warme Farben. Die Farben auf der linken Seite des sichtbaren Spektrums: Rot, Orange, Gelb. Vergleiche **Kalte Farben**.

Warner. Die Brüder Harry, Jack, Albert und Sam Warner gründeten die Firma Warner Bros. Pictures, Inc. im Jahre 1923, nachdem sie bereits seit 1907 im Filmgeschäft tätig waren. 1925 schluckten sie **Vitagraph** mit Ateliers in Brooklyn und an der Westküste. Nachdem sie sich mit Rin-Tin-Tin-Filmen vor dem Bankrott retten konnten, wurden sie mit *Don Juan* (1926) und vor allem *The Jazz Singer* (1927), die mit dem **Vitaphone**-System gedreht wurden, die gefeierten Pioniere des **Tonfilms**, auch wenn ihre **Nadelton**-Technologie nach wenigen Jahren aufgegeben wurde. Mit der Firma First National übernahm Warner Bros. auch das Studio in Burbank. In den 30er (unter Produktionschef Hal Wallis) und 40er Jahren waren Warner-Filme für knappe Etats, soziale Themen und ökonomisch motivierten Realismus bekannt. Mehr als zwanzig Jahre lang beuteten die Brüder ein Genre nach dem anderen aus – Gangster- und Detektiv-Geschichten, **Musicals**, **Biopics**, Kriegsfilme, **Film Noir** – und produzierten oft die besten Beispiele, während sie die künstlerische Entwicklung M-G-M und Paramount überließen. Berühmt wurde auch die WB-Animations-Abteilung mit Zeichnern wie Tex Avery, Friz Freleng und Chuck Jones und Figuren wie Daffy Duck, Bugs Bunny und Roadrunner. Siehe **Elstree**.
1956 erreichte das Studio seinen Tiefpunkt, als es sein Archiv mit den Produktionen vor 1950 verkaufen musste. 1967 wurde Warner Bros. von der kanadischen Firma Seven Arts übernommen, und Warner war dann eher als TV-Vertrieb und Plattenfirma bekannt. Zwei Jahre fusionierte der Geschäftsmann Steven J. Ross Warner Bros.-Seven Arts mit seiner Firma Kinney National Services, die Parkhäuser und Bestattungsinstitute betrieb, änderte den Namen in Warner Communications und begann, sein Reich in einen Medien-Konzern umzugestalten. Er expandierte schnell auf den Gebieten Musikgeschäft, Unterhaltungsparks, Verlage, Sport und Kabel-Fernsehen und erkannte vor allen Konkurrenten die Bedeutung der Mikrocomputer-Revolution für das Unterhaltungsgeschäft. Während Ross in Manhattan seine vielfältigen Deals abwickelte, ließ er das Management in Burbank in Ruhe walten. In 25 Jahren hatte das Studio nur zwei Leitungs-Teams. Der Agent Ted Ashley regierte still, aber effektiv 1969–80. Das Team Robert A. Daley (CEO / Aufsichtsratsvorsitzender) und Terry Semel (COO / Generaldirektor) setzte den Führungsstil fort. 1989 krönte Ross seine Karriere, indem

er Warner Communications mit dem Zeitschriftenverlag Time Inc. zu Time Warner Inc. fusionierte, dem größten Medien-Konzern der Welt. Nach Ross' Tod (1992) übernahm Gerald Levin (von Time) die Leitung. Belastet durch die kostspielige Übernahme, verkaufte Time Warner beträchtliche Anteile an U.S. West und Toshiba. 1995 – nur wenige Wochen, nachdem er den Kauf von **CBS** durch Ted Turner verhindert hatte – verkündete Levin die Übernahme von **Turner Entertainment** für 7,5 Milliarden. Neben Aktivitäten auf den Gebieten Zeitschriften (Time, People, Sports Illustrated, Entertainment Weekly), Kabelsender und Technologie (**CNN**, **HBO**, **TBS**, Time Warner Cable) und Musik (Warner Music Group: Atlantic, Elektra, Rhino, Sire, Warner Bros.) betreibt die Firma im Sektor Warner Filmed Entertainment Film- und Fernsehproduktion (unter dem traditionellen Namen Warner Bros.) sowie die aus einem Verleih für Independent-Produktionen hervorgegangene Firma **New Line Cinema**.
Am 10. 1. 2000 verkündete Steve Case die Fusion von **AOL** und Time Warner zum größten Multi-Medien-Konzern der Welt. Bereits zwei Wochen später kam der traditionsreiche Plattenkonzern **EMI** auch noch als Teil der Warner Music Group zum Konzern.

WDR (Westdeutscher Rundfunk). Nach der Aufspaltung des **NWDR** 1956 entstandene öffentlich-rechtliche Rundfunkanstalt für das Land Nordrhein-Westfalen. 1967 Sendebeginn des 3. WDR-Fernsehprogramms, WDF/Westdeutsches Fernsehen. Größte Sendeanstalt der **ARD**.

Webcam. Kurz nachdem das **WWW** 1994 zu einem internationalen Phänomen wurde, begannen einzelne Websites, Bilder von strategisch positionierten Kameras zu übertragen. Ein eifriger Web-Surfer kann also «die ganze Welt» betrachten. Das Neue daran ist, dass es (fast) in Realtime geschieht. Die ersten Webcams dienten dazu, das Wetter in verschiedenen Städten zu zeigen. Später präsentierten gewisse Web-Künstler sich und ihre alltäglichen Tätigkeiten. Die stets aktiven Verkäufer von Internet-Sex entdeckten die Reize für Voyeure und platzierten Kameras in Duschen, Toiletten und «unter dem Tisch». Das vielleicht ambitionierteste Webcam-Projekt wurde von IBM im Juli 1996 eingerichtet, als Kameras an über zwanzig Austragungsorten der Olympischen Spiele von Atlanta installiert wurden. Ein Jahr später übertrug die Pathfinder-Weltraumsonde Live-Bilder vom Mars – ein bedeutendes Ereignis der Web-Geschichte.

Website. Im **Internet** die Spielwiese für Selbstdarsteller oder das kostengünstige Publikationsmedium für Akademiker und arme Dichter. Vergleiche **Homepage, URL**.

WebTV. 1995 von ehemaligen Apple-Technikern gegründet, zielte die Firma auf den großen Markt jener Nutzer von Fernsehgeräten, die keinen Computer besaßen. Ein Gerät (**Modem**) stellt über den speziell programmierten Server der Firma die Verbindung zum World Wide Web her. Nach knapp zwei Jahren machten die Gründer Kasse und verkauften die Firma für 400 Millionen Dollar an **Microsoft**.

Weichzeichner (Soft Focus). Durch Verwendung von speziellen Filtern oder Tüll erreichte optische Weichheit des Bildes, z. B. zum Erzielen einer romantischen Stimmung.

Weitwinkelobjektiv (Wide-angle Lens). Fotografische Optik mit kurzer Brennweite, die einen besonders großen Blickwinkel besitzt, die Tiefenwahrnehmung verstärkt, aber – besonders an den Rändern – linear verzerrt.

Wellenmechanik. Wellen brauchen ein Medium, durch das sie sich verbreiten können. Bei akustischen Wellen ist es z. B. Luft oder Wasser, Licht oder Rundfunk-Wellen brauchen das elektromagnetische Spektrum der Elementarteile. Alle Wellen haben zwei Dimensionen: die vertikale Amplitude und die horizontale Wellenlänge. Die Länge der Welle ist umgekehrt proportional ihrer Frequenz und wird in Schwingungen pro Sekunde angegeben (Maßeinheit: Hertz): je länger die Welle, desto niedriger die Frequenz. Empfänger können auf bestimmte Frequenzen eingestellt werden, wodurch ermöglicht wird, dass selbst die schmalen Bänder des elektromagnetischen Spektrums zahlreiche getrennte Signale übertragen können. Das **Programmsignal** wird auf die **Trägerwelle** aufgesetzt: entweder durch Modulation der Amplitude (**AM**) oder der Frequenz (**FM**). Siehe **Elektromagnetisches Spektrum**.

Werbefilm. Ein seit den Anfängen des Films verbreitetes Genre, vor allem des Kurzfilms, in dem – mit mehr oder weniger Phantasie – Produkte oder Dienstleistungen unter Nennung der Marke oder des Anbieters präsentiert werden.

Das Werk. 1991 gegründet, entwickelte sich die Firma Das Werk zu einer führenden europäischen Firma zur digitalen Bearbeitung von Filmen. Mit der Fusion mit der Filmfirma Road Movies engagierte sich Das Werk in der Filmproduktion, wobei Wim Wenders digital aufgenommene Kinofilme *Buena Vista Social Club* und *The Million Dollar Hotel* als Aushängeschilder dienen.

West End. Der traditionelle Theaterbezirk in London. Vergleiche **Broadway**.

Western (Wild-West-Film). Eines der ältesten – *The Great Train Robbery* (1903) – und jahrzehntelang erfolgreichsten Genres des amerikanischen Kinos und (in Abwandlungen) auch anderer Filmländer: Isar-Western im deutschen Stummfilm, **Italowestern** und Karl-May-Filme als westeuropäisches Gegenstück zu den politisch unterfütterten Indianerfilmen der **DEFA**, Samurai-Epen als japanische Varianten des einsamen Rächers. In den USA ergab sich die Thematik zeitlich direkt (und mit personellen Übergängen) aus der realen Situation der Eroberung des Westens sowie der Frontier. Nach großen, aufwendig produzierten Nationalepen (*The Covered Wagon*, 1923) verkam das Genre in den 30er Jahren mit **Serials** und **Pferdeopern** zum Programmfüller. Erst 1939 bewiesen z. B. *Stagecoach* und *Young Mr. Lincoln*, dass die Western-Klischees in der richtigen Anwendung auch zur Behandlung «erwachsener» Probleme taugten. In den 50er Jahren setzte mit den problemüberladenen Spätwestern eine verquälte Selbstreflexion z. B. über die Rolle der Indianer auf der Leinwand und in der Geschichte ein. Ab den 60er Jahren – nicht zuletzt unter Einfluss der brutalen Italowestern – verlor das Genre zunehmend an Popularität. Michael Ciminos eitler Monumentalwestern *Heaven's Gate* (1980) besiegelte nicht nur das Ende der Produktionsfirma **United Artists**. Nur Einzelgänger wie der ehemalige Italowestern-Star Clint Eastwood hielten den Western – oft in die Gegenwart transponiert – am Leben, bis der Oscar-Erfolg von *Dances With Wolves* 1990 eine nicht sehr anhaltende Renaissance andeutete.

White Book siehe **CD-Standards**.

Widescreen siehe **Breitwand**.

Wild Shooting. Das Drehen eines Films ohne gleichzeitige Tonaufzeichnung. Siehe **Synchronisieren, O-Ton**.

Wild Sound. Unabhängig von Bildern aufgezeichneter – und deshalb nicht **synchroner** – Ton, zumeist für **Toneffekte** und **Raumatmosphäre** genutzt.

Wild Walls siehe **Transportabel**.

William Morris Agency siehe **Agent**.

Windows. Computer-**Betriebssystem** von **Microsoft**.

Wischer (Wipe). Ein – vor allem in den 30er und 40er Jahren gebräuchlicher – optischer Effekt, bei dem ein Bild schrittweise durch ein anderes ersetzt wird, zumeist in einer horizontalen, vertikalen oder diagonalen Bewegung über die Bildfläche. Vergleiche **Blende**. Siehe **Reiß-Schwenk**.

Wochenschau (Newsreel). In der Vor-Fernsehzeit ein sehr populäres **Vorprogramm** in den Kinovorstellungen, das Aktualitäten aus Politik, Sport und Kultur unterhaltsam gemischt präsentierte. Eine Zeit lang gab es auch auf die kontinuierliche Vorführung von Wochenschauen (und Kurzfilmen) spezialisierte Kinos, meist AKI genannt. Die Wochenschau richtete sich – z. B. in Nazi-Deutschland oder anderen Diktaturen – auch intensiv als Propagandainstrument an das in- und ausländische Publikum.

Word Processor. Die speziellen Textverarbeitungs-Maschinen der 70er Jahre bildeten das Modell für den PC (Personal Computer). Entstanden in der Minicomputer-Revolution der 60er Jahre, waren die Textverarbeiter die ersten Computer-Handwerkzeuge, die – im Gegensatz zu den ungeschlachten Großrechenanlagen – dazu dienten, von einer einzelnen Person für einen speziellen Zweck genutzt zu werden. Alle verfügten über eine Software, die auf die Hardware – von der Tastatur über den Prozessor bis zum Drucker – abgestimmt war. Als die PC-Revolution 1977 mit der Einführung des Apple II begann, wurde schnell deutlich, dass diese Geräte als Textverarbeiter genutzt werden konnten, und fanden so schnell eine Marktlücke. 1980 präsentierte Archive, eine kleine Firma in Davenport, einen Personal Computer auf CP/M-Basis mit dem Schreibprogramm Wordstar und einer Funktionstastenreihe, die auf Wordstar-Kommandos programmiert war. Diese geniale Erfindung war zugleich der erste PC mit einer eingebauten Harddisk, einem 5-Megabyte-Drive. Das Gerät kostete 8000 Dollar – und das war damals billiger als alle spezialisierten Word Processor.

WWW (World Wide Web). Die Gesamtheit der nach dem **HTTP**-Protokoll arbeitenden **Internet**-Server und Clients (**Browser**). Ab ca. 1992 aus dem kurzlebigen Gopher-Protokoll hervorgegangen, realisiert das WWW ein globales **Hypertext**-System, mit dem das Internet zu einem Publikums-Medium werden konnte. Die technischen Grundlagen des WWW werden vom World Wide Web Consortium (W3C) koordiniert. Vergleiche **ARPA net**.

X

Xenonlampe. Als Lichtquelle bei Dreharbeiten oder im Projektor benutzte, mit Xenongas gefüllte sehr helle Lampe, deren Spektrum dem Tageslicht nahe kommt. Vergleiche **Bogenlicht**.

Xerografie. Ein elektrofotografischer Druck-Prozess. Xerox ist der Markenname für die ersten und erfolgreichsten Geräte zum Fotokopieren und wurde so zur allgemeinen Bezeichnung. Vergleiche **Rank**.

Xerox PARC (Palo Alto Research Center). In den 70er Jahren wurden in der Entwicklungs-Abteilung der Firma Xerox die meisten Elemente des Personal Computers entweder erfunden oder weiterentwickelt, z. B. die grafische Benutzeroberflächer, der **Laserdrucker** und die Programmiersprache PostScript. Der Maschinenprototyp, den PARC Anfang der 70er Jahre präsentierte, hieß Alto. (Die meisten seiner Elemente waren 1968 von Douglas Engelbart am Stanford Research Institute demonstriert worden.) Die Firma Xerox zog keinerlei Gewinne aus der grundlegenden Arbeit, die in PARC geleistet wurde – trotz der Ähnlichkeit der Laserdrucker-Technologie mit ihren eigenen Fotokopierern. 1981 brachte Xerox einen Computer mit einer grafischen Benutzeroberfläche auf den Markt, doch mit einem Preis von 10 000 Dollar erwies sich der STAR als kaum verkäuflich.

XML ist eine vereinfachte Weiterentwicklung des Text-Auszeichnungs-Verfahrens **SGML** (Standard Generalized Markup Language, ISO 8879). Es wird versucht, es zur generellen Austausch-Plattform für Daten aller Art auszubauen. Siehe **HTML**.

Y

Yahoo! siehe **Suchmaschinen**.

Yellow Book siehe **CD-Standards**.

Zackenschrift. Ein **Lichtton**-System, bei dem die Tonmodulationen durch verschieden große, von den Seiten in die Tonspur reichende Zacken aufgezeichnet sind. Vergleiche **Sprossenschrift**.

Zappen. Das Hin-und-her-Schalten zwischen Fernsehprogrammen vermittels einer Fernbedienung, zumeist ausgelöst durch einen Werbeblock oder langweilige Programme. Vergleiche **Couch Potato**.

Zauberscheibe siehe **Phenakistoskop**.

ZDF (Zweites Deutsches Fernsehen). Nach dem gerichtlichen Verbot des von Bundeskanzler Adenauer initiierten Deutschlandfernsehens durch das Bundesverfassungsgericht strahlte zunächst die ARD vom 1. 6. 1961 an ein zweites Programm aus. Seit dem 1. 4. 1963 sendet das in Mainz ansässige ZDF als öffentlich-rechtliche Anstalt ein Vollprogramm, das durch Anteile (30 %) an den Rundfunkgebühren und durch Werbeeinnahmen finanziert wird. Beteiligt an den europäischen Kulturkanälen **ARTE** und **3sat**, Mitglied der **EBU**.

Zeichen (Sign). In der Semiotik die Grundeinheit der Bezeichnung, zusammengesetzt aus Signifikant (dem Bezeichner) und dem Signifikat (dem bezeichneten Gegenstand oder der Idee). In der geschriebenen Sprache ist z. B. das Wort «Baum» der Signifikant, die Idee eines Baums das Signifikat. Das Zeichen umfasst beides, und der tatsächliche Baum wird als Referent bezeichnet. Im Film bleibt das Signifikat, die Idee des Baums, das gleiche, doch der Signifikant, das Bild (bzw. der Ton) des Baums, ist viel komplexer.

Zeichentrick. Die vor allem durch Walt **Disney** popularisierte **Animations**-Technik, bei der entweder direkt auf den Filmstreifen gezeichnet wird oder einzelne, auf **Folien** (Cells) gemalte Phasenbilder (bis zu 24 Bilder pro Sekunde) durch **Einzelbild-Schaltung** aufgenommen werden.

Zeilensprung-Verfahren siehe **Interlace**.

Zeitcode siehe **Timecode**.

Zeitlupe (Slow Motion). Durch **Überdrehen**, das heißt mit mehr als dreißig Bildern pro Sekunde bei der Aufnahme, entsteht bei der **Projektion** in normaler Bildfrequenz der Effekt von gedehnter Zeit, die Bewegungen sind langsamer als natürlich. Vergleiche **Zeitraffer**.

Zeitraffer (Fast Motion). Durch Unterdrehen, das heißt mit weniger als sechzehn Bildern pro Sekunde bei der Aufnahme, wird die Zeit bei der **Projektion** gerafft, die Bewegungen erscheinen beschleunigt. In Extremfällen kann durch **Einzelbild-Schaltung** eine über Wochen ablaufende Entwicklung auf wenige Minuten zusammengezogen werden (Siehe **Time-lapse Photography**). Vergleiche **Zeitlupe**.

Zensur. Seit den Anfängen griff der Staat prüfend und verbietend in die Filmproduktion ein. Durch Selbstkontrolle (vergleiche **FSK**, **Production Code**) versuchte die Filmindustrie das staatliche Verbotsrisiko zu mindern. Die Zensur richtet sich – je den Zeitumständen entsprechend – vor allem gegen politische, sexuelle oder gewalttätige Darstellungen.

Zentraleinheit siehe **CPU**.

Zoetrop. **1.** Die «Bildertrommel» war als **optisches Spielzeug** ein Vorläufer des Kinos. Angeregt durch Joseph Plateau, der – gleichzeitig mit Simon Stampfer – in den 30er Jahren des 19. Jahrhunderts aus den stroboskopischen Scheiben das Lebensrad entwickelt hatte, beschrieb der Brite William George Horner 1834 das Prinzip einer rotierenden

Trommel, auf deren Innenseite sich eine Serie von Bildern (Zeichnungen oder Fotos) befindet, die durch Schlitze in der Außenwand betrachtet, sich zu bewegen scheinen. Aus Horners Daedaleum wurden im Laufe der Jahrzehnte mehrere Varianten (Zootrop, Zoetrop) entwickelt und als Spielzeug vermarktet. Ein Zoetrope mit plastischen Modellen eines Vogels baute 1888 Etienne-Jules Marey. Vergleiche **Praxinoskop**.
2. Seit den 60er Jahren benutzte Francis Ford Coppola den Begriff als Bestandteil des Namens seiner diversen Produktionsfirmen (American Zoetrope, Omni Zoetrope, Zoetrope Studios), die zumeist finanziell scheiterten.
3. New York Zoetrope, ein 1975 (als Coppola das Wort gerade nicht benutzte) von James Monaco in New York gegründeter Verlag für Film- und Medienliteratur.

Zoom. Die Aufnahme mit einem Zoom-Objektiv (Transfokator, **Gummilinse**), das während des Drehens kontinuierlich seine **Brennweite** verändern kann. Zooms werden heute häufig an Stelle von **Fahraufnahmen** benutzt, besitzen jedoch eine andere perspektivische Wirkung.

Zoopraxiscope. Eadweard Muybridges vergrößerte Weiterentwicklung des **Praxinoskops**, mit dem er seine Reihenbilder von Menschen und Tieren in Bewegung auch projizieren konnte. Siehe **Kinematoscope**.

Zweiakter. Ein Film von etwa 20 Minuten Länge, z. B. waren die meisten Stummfilm-Komödien oder viele Western-**Serials** Zweiakter. Siehe **Einakter**.

Zweiband (Double System). Eine Filmkopie, bei der sich Bild und Ton auf zwei getrennten Filmstreifen (deshalb auch: zweistreifig) befinden. Der Schnitt findet normalerweise mit Zweibandkopien statt, sodass Bild und Ton einzeln geschnitten werden können. Ebenso verwendet das Fernsehen meist Zweibandkopien. Zum normalen Vertrieb an Kinos werden kombinierte **Massenkopien** hergestellt.

Zweier siehe **Two Shot**.

Zweikanalton (SAP, Second Audio Program). Nach der – relativ späten – Einführung des Stereo-Fernsehens in den 80er Jahren ergab sich die Möglichkeit, die zwei Tonkanäle außer für den stereophonen Ton auch dazu zu nutzen, zwei unterschiedliche – auswählbare – Tonspuren zu übertragen, z. B. Original- und Synchronton oder laufende Bildbeschreibungen für blinde Fernsehnutzer.

Zweizoll. In den 70er Jahren das analoge Bandformat der professionellen **MAZ**-Maschinen (**Ampex**), von denen der größte Teil der Fernsehsendungen gefahren wurde. Die auf großen und schweren Spulen befindlichen Bänder wurden mechanisch mit einer **Klebelade** geschnitten.

Zwischennegativ (Internegative). Ein von einem **Positiv** gezogenes **Negativ**, das dazu dient, weitere Positiv-Kopien (**Massenkopien**) zu produzieren, ohne das wertvolle Original-Negativ zu «verbrauchen».

Zwischenschnitt. Das Einfügen der Aufnahme z. B. eines Gegenstandes in eine kontinuierliche Szene, oft zur Überbrückung von Anschlüssen zwischen zwei verschiedenen Aufnahmen (Takes) einer **Einstellung (2)**. Vergleiche **Insert**.

Zwischentitel. Ein Schrifttitel, eventuell mit grafischem Hintergrund, der in die Filmhandlung eingeschnitten ist. Beim Stummfilm dienten Zwischentitel zur Erläuterung der Handlung oder zur Wiedergabe von Dialogen.

ANHANG VI

REGISTER

Register der Filmtitel

Kursive Seitenzahlen verweisen auf Abbildungen

Personenregister

Kursive Seitenzahlen verweisen auf Abbildungen